# 街　道

7639.7万元，完成任务数的127.33%，2010年完成8236.90万元，完成任务数的103.4%;积极扶持失地农民1210户、2632人外出租地种菜种花15934.06亩；完成农村劳动力转移培训（引导性培训）2448人，技能培训743人，绿证培训2期100人次，短期实用技术培训11期432人次，劳动力转移就业2349人次；实现村庄生活污水全收集，人口自然增长率控制在5.5‰以内；辖区未发生重大森林火灾、安生生产事故；先后被市级表彰为“无毒社区”先进单位、先进平安街道、无邪教街道、消防工作先进单位，被县级表彰为党风廉政建设年度考核一等奖、“云岭先锋”工程考核二等奖、安全生产目标责任制考核优秀单位、安全生产工作先进集体（单位）、社会治安综合治理暨平安创建工作目标责任考核一等奖、创先争优活动优秀基层党组织等。

地址：呈贡新区省中医学院旁
电话：0871-7492019
传真：0871-7492687
邮编：650500

街道社区两委换届动员会

雨花街道征地

征地工作会

街道为民服务中心

街道召开创先争优活动动员会

街道组队参加新区（县）建党89周年文艺会演

街道举办失地农民就业现场招聘会

# 呈贡年鉴

# CHENG GONG NIAN JIAN

## 2011

昆明呈贡新区管理委员会
呈 贡 县 人 民 政 府 编

德宏民族出版社

**图书在版编目（CIP）数据**

呈贡年鉴（2011）/ 昆明呈贡新区管理委员会　呈贡县人民政府　编 - 潞西：德宏民族出版社，2011.6

ISBN 978-7-80750-490-0

Ⅰ.①呈… Ⅱ.①呈… Ⅲ.①呈贡县—2011- 年鉴 Ⅳ.①Z527.44

中国版本图书馆 CIP 数据核字（2011）第 112417 号

| | |
|---|---|
| 书　　名 | 呈贡年鉴（2011） |
| 作　　者 | 昆明呈贡新区管理委员会<br>呈贡县人民政府　编 |

| | | | |
|---|---|---|---|
| 出版·发行 | 德宏民族出版社 | 责任编辑 | 王稼祥 |
| 社　　址 | 芒市勇罕街 1 号 | 责任校对 | 芒市 |
| 邮　　编 | 678400 | 封面设计 | 陈连全 |
| 电　　话 | 0692-2124877　2112886 | 版式设计 | 朱晓虹 |
| 网　　址 | www.dmpress.cn | 印　　刷 | 昆明鹰达印刷有限公司 |

| | | | |
|---|---|---|---|
| 开　　本 | 大 16 | 版　　次 | 2011 年 6 月第 1 版 |
| 印　　张 | 30.25 | 印　　次 | 2011 年 6 月第 1 版 |
| 字　　数 | 900 千 | 印　　数 | 1—600 |
| 书　　号 | ISBN 978-7-80750-490-0/Z·150 | 定　　价 | 180.00 元 |

# 《呈贡年鉴》（2011）编辑委员会

顾　　问　周峰越〔中共昆明呈贡新区工委书记、中共呈贡县委书记〕
　　　　　陈庆鸿〔呈贡县第十四届人大常委会主任〕
　　　　　朱理学〔政协呈贡县第七届委员会主席〕
主　　任　缪　军〔中共昆明呈贡新区工委（县委）副书记、昆明呈贡新区管委会主任、呈贡县人民政府县长〕
副 主 任　杨绍斌〔中共昆明呈贡新区工委委员、县委常委、党工委（县委）宣传部部长〕
　　　　　韩　扬〔呈贡县人民政府副县长〕
委　　员　沈开宏〔呈贡县第十四届人大常委会办公室主任〕
　　　　　杨德龙〔呈贡新区综合办公室副主任、呈贡县人民政府办公室副主任〕
　　　　　李　伟〔呈贡新区综合办公室副主任、中共呈贡县委办公室副主任〕
　　　　　李　凯〔政协呈贡县第七届委员会秘书长、办公室主任〕
　　　　　唐荣华〔呈贡新区党工委（县委）党史县志办公室主任〕
　　　　　王艳明〔呈贡新区（县）统计局局长〕

# 《呈贡年鉴》（2011）编辑部

主　　编　唐荣华
责任编辑　唐荣华〔新闻图片　特载　大事记　呈贡新区(县)概况　政治〕
　　　　　杨春富〔呈贡新区建设　新农村建设　军事　法制　综合经济管理　国土·住建·环保　附录　目录　索引〕
　　　　　杭　松〔商贸·旅游　教育·科技　文化·新闻　卫生·体育　社会　人物　街道概况　托管街道概况〕
　　　　　杨　帆〔工业　交通·电力　农·林·水　邮政·电信　财政·税务　金融·保险〕
英文要目翻译　赵　芳

# 《呈贡年鉴》（2010）撰写人员

（按部类顺序排列）

唐荣华　字秉翔　张宝珍　马娅莉　李春莲　黄秀云
路艳伟　杨旭艳　刘　钰　罗　成　马娓仙　郑学坤
李稀梅　李向葵　傅　玲　朱莲英　张　蘋　晋翠芬
杨　福　杨　海　雷　警　冯为宏　李　军　朱　辉
潘建东　李　凯　白志林　柴家杰　晋永华　颜吉祥
李　槿　何鹏程　喻　清　李　宝　杨树花　郭智敏
程　慧　马　林　李丽娟　李　杰　张礼泽　李　德
凌维军　许定国　何建龙　李建珊　段伟芬　武文莹
王忠良　冯聪华　李　青　樊　彪　李文云　施袁霞
谭永斌　李　永　旃　旎　赵　斌　郑　骁　昝　红
杨兴仁　严顺仙　段学英　李庆银　岳超玉　陈小波
陈云珑　李效愚　李佩根　王　艳　马　瑞　陈云猛
杨祖丽　马庆玉　文玉宏　李艳萍　郭江瑞　黄伟浩
刘　虹　张富洪　肖　婷　刘　焱　杨体荣　刘国春
罗飞燕　玉　狄　陈日高　李红燕　李永泉　吴俊勇
付红珍　杨　静　赵　瑞　罗成恒　杨相国　张俊琼
缪宗祥　金玉泽　孙俊奎　李　莉　李晓洪　王丹燕
靳睿睿　李正智　向廷锡　马琼丽　刘　瑛　张　琳
何顺勇　吴继明　刘去成　汤跃萍　陈　宏　李桂兰
潘　菊　梁永琼　倪　萍　方俊翔　李喜忠　杨春富

# 编 辑 说 明

一、《呈贡年鉴》是昆明呈贡新区管委会（县政府）主办的综合性地方年鉴，是系统反映呈贡新区（县）情的大型年刊，是集知识、信息、资料为一体的具有公报性、资料性、权威性的工具书。本年鉴经呈贡县人民政府批准，从2003年起逐年编辑出版，国内外公开发行。

二、编辑出版《呈贡年鉴》，旨在全面系统地记载现代新昆明呈贡新区建设和呈贡县全面建设小康社会的历史进程，为各级领导科学决策提供参考，为社会各界了解呈贡提供较全面、系统的最新信息资料，为各有关部门和单位开设一个宣传自我的园地和窗口，同时也为编纂和续修县志积累资料。

三、本年鉴由新区（县）各街道、各部委办局、各人民团体指定专人撰写并经撰写单位领导审核同意，由《呈贡年鉴》编辑部编辑整理，报经新区（县）四班子领导最后审定。文中所用数据以新区（县）统计局提供的数据为准，领导干部名录由党工委（县委）组织部最后审定。

四、本年鉴全面系统地记录了2010年呈贡新区（县）在深化改革、扩大开放，加快推进现代新昆明呈贡新区建设和全面建设小康社会的进程中，国民经济和社会各项事业发展的基本情况。为突出现代新昆明呈贡新区建设和社会主义新农村建设的成就，将有关内容从相应部类中提出，单独设立了"呈贡新区建设"、"新农村建设"部类。

五、本年鉴设特载、大事记、呈贡新区（县）概况、政治、呈贡新区建设、新农村建设、军事、法制、综合经济管理、农·林·水、工业、交通·电力、邮政·电信、国土·住建·环保、财政·税务、金融·保险、商贸·旅游、教育·科技、文化·新闻、卫生·体育、社会、人物、街道概况、托管街道概况、附录25个部类。

六、本年鉴采用分类编辑法，以条目为主体，体例分一、二、三、四级目四个层次。一级目为大部类，如政治、法制等；二、三级目排在一级目与条目之间，如政治下设中国共产党昆明呈贡新区工作委员会·中国共产党呈贡县委员会、昆明呈贡新区管理委员会·呈贡县人民政府等，中国共产党昆明呈贡新区工作委员会·中国共产党呈贡县委员会又下设综合办公室、史志工作等；四级目为撰写单元（条目），用黑体字加【】号作标题。

七、大渔、马金铺、洛羊3个街道和七甸街道分别于2008年5月1日和2010年7月1日由县政府委托3个开发（度假）区和阳宗海管委会管理，本年鉴中涉及新区（县）的有关数据，除特别注明的外，均不含已委托管理的4个街道的相关数据。

八、本年鉴在编纂过程中，得到了各级领导、各有关部门（单位）的大力支持，在此谨表谢忱。

《呈贡年鉴》编辑部

# 呈贡新区（县）行政区划图

内部用图

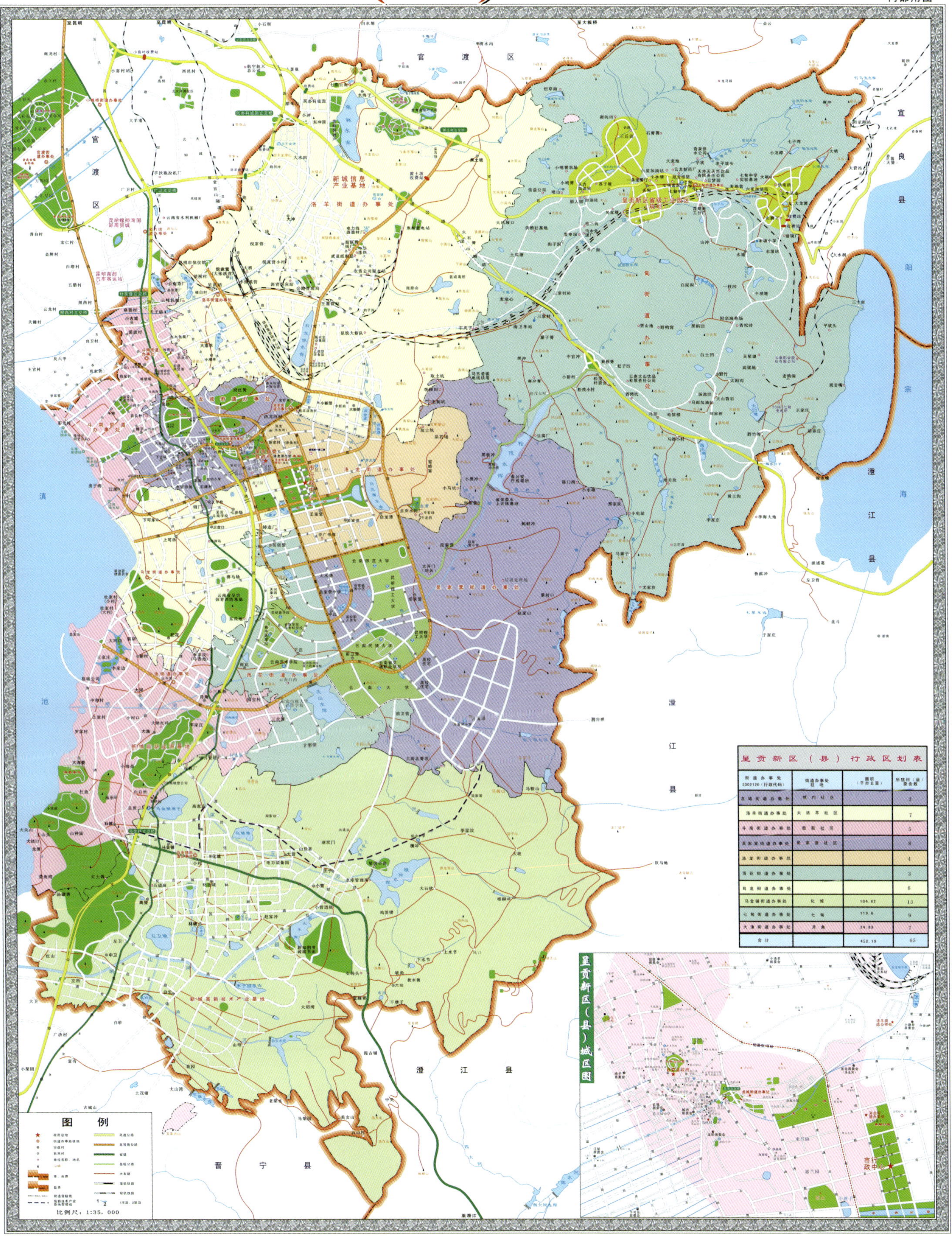


呈贡新区（县）行政区划表

| 街道办事处 5302120（行政代码） | 街道办事处驻地 | 面积（平方公里） | 所辖村（居）委会数 |
| --- | --- | --- | --- |
| 龙城街道办事处 | 城内社区 | | 3 |
| 洛羊街道办事处 | 大洛羊社区 | | 7 |
| 斗南街道办事处 | [illegible]社区 | | 5 |
| 吴家营街道办事处 | 吴家营社区 | | 8 |
| 雨龙街道办事处 | | | 4 |
| 雨花街道办事处 | | | 3 |
| 乌龙街道办事处 | | | 6 |
| 马金铺街道办事处 | 化城 | 104.82 | 13 |
| 七甸街道办事处 | 七甸 | 119.6 | 9 |
| 大渔街道办事处 | 月角 | 24.83 | 7 |
| 合计 | | 452.19 | 65 |

# 数字看发展

## 新区（县）一、二、三次产业构成图（%）

三产业
34.1
一产业
21.8
二产业
44.1
2005年
二产业
38.3
一产业
12.2
三产业
49.5
2009年
三产业
40.0
一产业
9.5
二产业
50.5
2010年

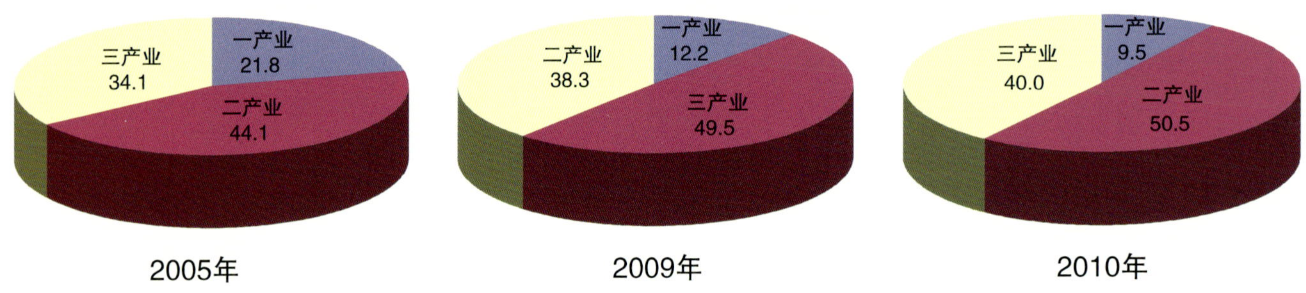

## 新区（县）国民经济主要指标对比图（亿元）
（2005年　2009年　2010年）

2005年
2009年
2010年
180
160
140
120
100
80
60
40
20
0
29.34
61.22
70.8
6.39
7.46
6.69
12.94
30.31
35.81
10.01
23.46
28.3
2.01
5.31
7.22
1.74
9.52
9.66
16.98
121.91
176.77
7.38
12.46
17.77
25.77
150.15
109.14
地区生产总值
第一产业
第二产业
第三产业
地方一般预算收入
地方一般预算支出
固定资产投资总额
社会消费品零售总额
城乡居民储蓄存款余额

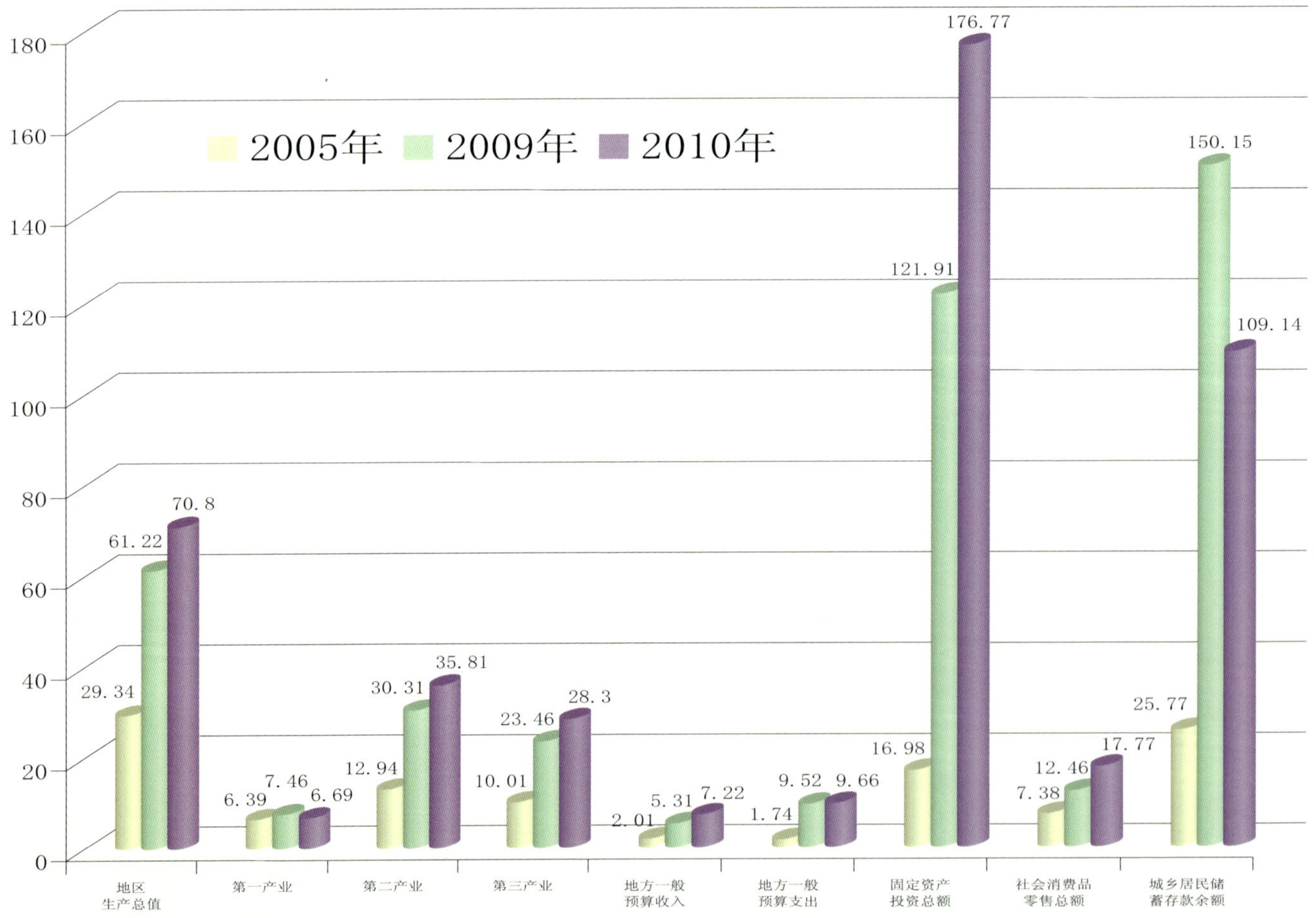

# 图表展辉煌

## 新区（县）蔬菜、花卉种植面积和水果、粮食产量对比图
（2005年　2009年　2010年）

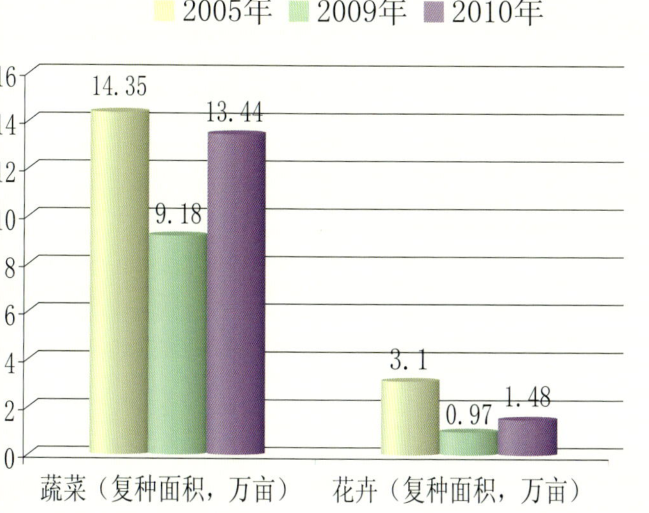


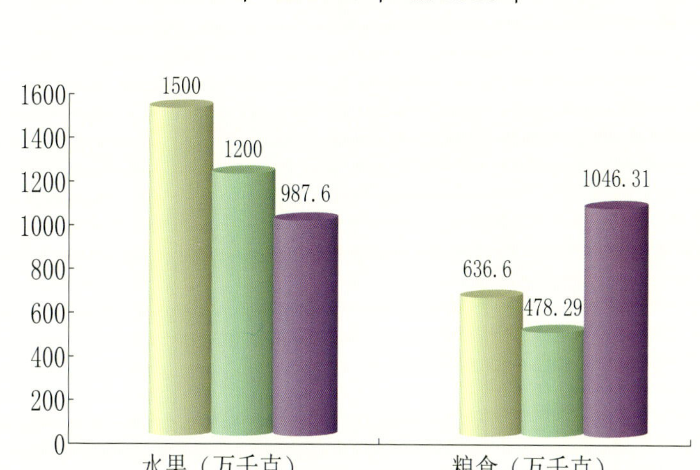


## 新区城乡人民生活水平对比图
（2005年　2009年　2010年）

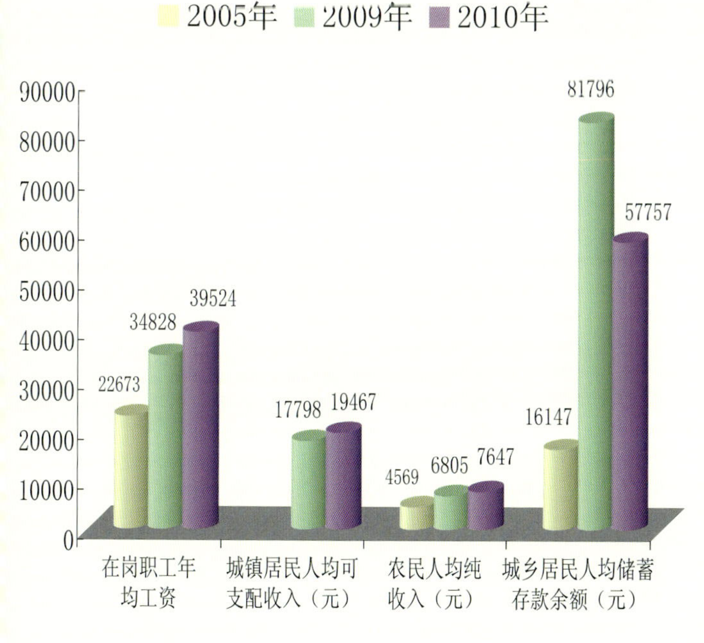


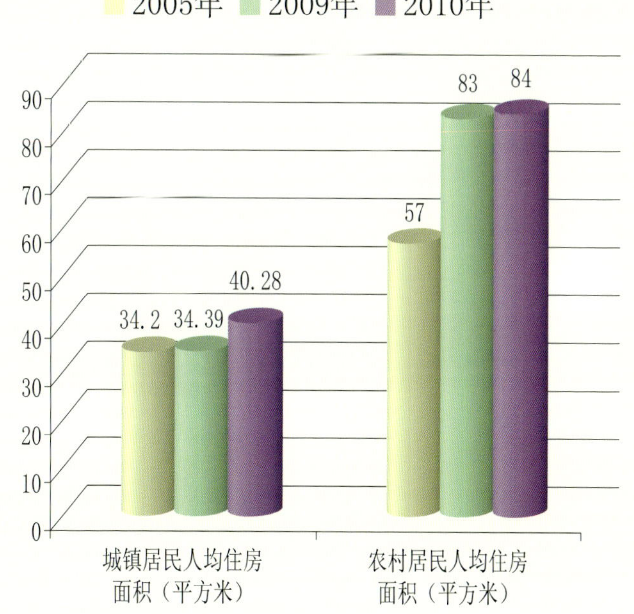

# 呈贡新区

省委中心学习组与会领导在呈贡新区调研

省长秦光荣（前排右三）等领导在云南艺术学院呈贡校区调研

国家住建部副部长仇保兴（左二）在呈贡新区视察

常务副省长罗正富（前排右三）等领导在呈贡检查昆明火车南站和缪家营大桥建设情况

新区党工委（县委）书记周峰越（中）在嵩明察看呈贡租地种菜的失地农民在6月30日洪涝灾害中的蔬菜受灾情况

昆百大新区购物广场等3个项目开工仪式

（本版图片由唐荣华　摄）

# 建 设 剪 影

省委常委、市委书记仇和（前排左三）率参加市城乡基础设施建设和工程质量推进会的与会领导约100人在松茂水库除险加固工程工地观摩

省委常委、宣传部长张田欣（前排左四）等领导在呈贡新区云南艺术学院调研

云南大学呈贡校区落成典礼

呈贡新区举办首届文化艺术节

斗南花卉产业园区奠基暨郎缪小学开工仪式

周峰越（左一）等新区（县）领导参加抗旱救灾水源工程建设

（本版图片由唐荣华　摄）

# 云南荣宇实业集团

2004年，中共中央总书记、国家主席胡锦涛（右）在东方花园酒店接见明宇集团董事会主席张建明（左）。

四川明宇集团是以旅业（酒店）为主导，置业（地产）为支柱，商贸、金融投资为辅助的现代化大型民营企业集团，经营资产数十亿元，产业分布在以成都、南充、昆明为轴心的中国西部，拥有7家高星级酒店、2家酒店管理公司、4家房地产公司。在建的明宇金融广场位于成都东大街，投资12亿元，主楼高13层，建设总面积13万平方米，建成后将成为中国西部最顶级的首席金融标志性建筑。

云南荣宇实业集团有限公司成立于2000年9月，是在国内知名企业明宇集团强力支持下发展壮大的。

公司秉承“诚信务实、和谐共赢”的理念和呈贡新区“亲商、扶商、富商”的政策支持，已发展成为一个创新精神与务实精神并重的公司。历经10年的发展，经过长期的培训、管理，集合了众多的商界精英和行业内一流的专业人才，打造了属于自己的人才资源、客户、市场，快速而稳定地实现了投资融资担保、酒店服务、房地产开发经营、建筑设备租赁销售、仓储物流、餐饮休闲会所、项目短期借贷等多种投资的密切融合，为客户提供了优质、专业、高性价比、多资源整合的多项业务，取得了良好的业绩和公认的信誉。为昆明新机场建设单位、云南世博总承包公司在内的百余家建筑公司及房地产企业融资担保30余亿元；向昆明市级行

商会会长出席会员单位开业庆典活动

商会多功能会议室

商会捐赠活动之一

# 云南呈贡四川商会

政中心、高校园区建设提供数万吨建筑钢材及机械设备；为房地产及建筑单位提供融资担保和资金支持。

呈贡工商业联合会四川商会成立半年来，充分发挥了商会引领和聚合的作用，取得了明显的业绩，带动了南方电网旗下的滇能电力租赁公司等10余家企业，共投入资金5亿余元用于新区建设。目前，随着荣宇公司业务的进一步发展，投资视觉已延伸至越南、老挝等周边国家。

随着呈贡新区建设的不断推进，荣宇公司将始终坚持“服务大局，多元融资，以人为本，唯才是举”的经营和用人理念，将忠诚、感恩、责任融入经营之中。荣宇人将本着创新、诚信、务实、合作双赢的企业文化精髓，执着追求责任与效益、公司与个人的高度统一，致力打造独树一帜的融资担保和城市建设的品牌，更好地为呈贡新区城市化建设服务。

呈贡工商业联合会四川商会会长 云南荣宇实业集团有限公司董事长 任 荣

办公大楼

商会成立大会

商会周年庆典

商会成立揭牌仪式

商会商务接待专用车

地址 云南昆明彩云中路
电话 0871-6201666
传真 0871-6201888
邮编 650500
邮箱 543795962@qq.com

# 昆明七甸永圣酱菜食品有限公司

昆明七甸永圣酱菜食品有限公司总经理　郭永圣

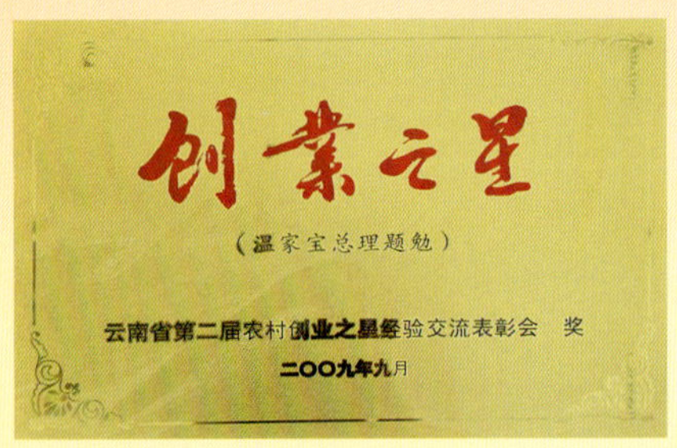

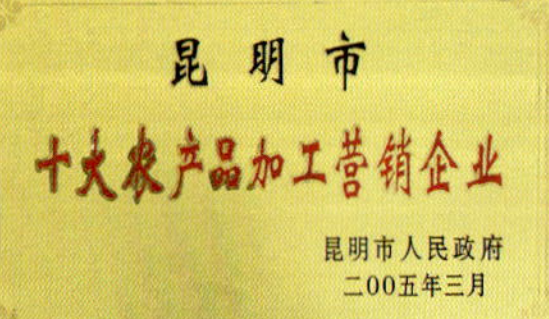


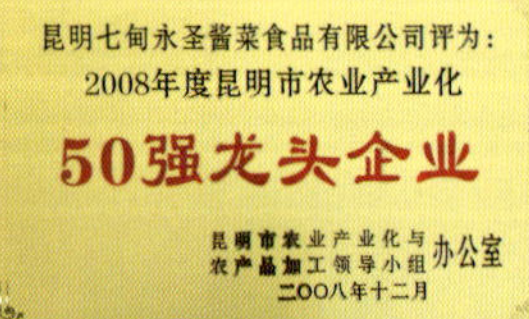


七甸卤腐厂创建于1985年，至1999年注册成立昆明七甸永圣酱菜食品有限公司，从业人员300人。所注册使用的"七甸"牌商标被认定为云南省著名商标，生产"七甸"牌卤腐、七甸老酱、什锦酱、豆瓣酱、糟辣子、太和豆豉、风味豆豉等酱菜食品40余个，年生产能力1万余吨，固定资产1000万余元。

多年来，公司一直本着"以质量求生存、以信誉求发展、服务第一"的理念，受到了广大消费者的好评，得到各级政府部门的表彰。其中，产品连续荣获第四、五、六、七届"云南省消费者喜爱商品"，2008年获"消费者喜仁的云南食品"，第五届昆明国际农业博览会优质产品银奖、昆明名牌产品等称号；2002年以来，公司多次荣获昆明市农业产业化重点龙头企业、昆明市十大农产品加工营销企业，并于2009年9月荣获温家宝总理题勉"创业之星"等荣誉称号。

秉承"造一流产品、做一流服务、做好食品为大众"的宗旨，为消费者生产出优质、安全、健康的酱菜食品是我们的目的，为消费者提供高质量的产品和满意的服务是我们的心愿。企业在继续保持和发扬传统的酱菜生产工艺的同时，将不断探索和引进现代的生产加工技术，努力提高产品质量和管理水平；在保持传统酱菜独特风味的同时，不断开发出更新、更多、更好的为消费者所喜爱的产品，开拓更宽、更大、更具竞争力的市场。

地址　云南省昆明市呈贡县七甸乡七甸
电话　0871-7451166　7452888
传真　0871-7451168
邮箱　qidian601@sina.com
邮骗　650502

# 目　录

## 特　载



## 大事记



## 呈贡新区（县）概况



## 政　治

### ·中国共产党昆明呈贡新区工作委员会·<br>·中国共产党呈贡县委员会·

新区（县）级机关工委



老干部工作



机构编制



纪检·监察



·呈贡县人民代表大会常务委员会·



·昆明呈贡新区管理委员会·呈贡县人民政府·



新区（县）级机关事务管理



·中国人民政治协商会议呈贡县委员会·

## ·三部一委·



## ·群团组织·

## 呈贡新区建设

## 新农村建设



## 军　　事



## 法　　制

审　判



司法行政



消防管理



## 综合经济管理

发展改革和经济贸易



统　计



工商行政管理



质量技术监督



审　计

### 招商引资



## 交通·电力

### 交　通



### 电　力



### 公路运输管理



## 邮政·电信

### 邮　政



### 中国电信股份有限公司呈贡分公司

**中国移动通信集团云南有限公司呈贡分公司**



**中国联合网络通信有限公司呈贡分公司**



## 国土·住建·环保

**国土资源管理**



**住房和城乡建设**



**环境保护**



**滇池保护**

**园林绿化**



**城市综合管理**



## 财政·税务

**财　政**



**国　税**



**地　税**



## 金融·保险

**中国银行业监督管理委员会云南监管局呈贡办事处**



**中国人民银行呈贡县支行**

## 商贸·旅游

### 供　销



### 粮　食



### 烟　草



### 旅　游



### 政务服务



## 教育·科技

### 教　育

科学技术



气　象



## 文化·新闻

文　化



档　案



广播电视



## 卫生·体育

卫　生

**体　育**



# 社　会

**人口和计划生育**



**人力资源和社会保障**



**民政事务**



**人民生活**



# 人　物

## 街道概况

## 托管街道概况

**七甸街道**



## 附　　录





## 索　引

# CONTENTS

## Three Headquarters and One Administration Committee



## Mass organizations



## Chenggong New District Construction



## Military

## Legal System



## General Economic Management



## Agriculture · Forest · Water



## Industry



## Traffic · Power



## Postal · Telecommunications



## Land · Housing · environmental



## Finance · Tax



## Finance · Insurance

## Trade · Tourism



## Education · Science and Technology



## Culture · News



## Health · Sports



## Society



## Characters



## Overview of Residential District



## Overview of Hosted Residential District



## Appendix

## Register of the Advanced Commended by Nation , Province and Municipality in 2010



## Index

# 特　　载

责任编辑：唐荣华

## 以一步实现全域城市化工作为主线 推进呈贡新区经济社会发展再上新台阶

——2011年1月8日在呈贡新区党工委暨中共呈贡县委十一届七次全体（扩大）会议上的报告

中共呈贡新区工委书记、中共呈贡县委书记　周峰越

各位委员，同志们：

下面，我代表新区党工委和县委常委会向大会作报告，请予审议。

这次新区党工委会议和县委全会的主要任务是：认真学习贯彻党的十七大、十七届五中全会、中央经济工作会议、省委八届十次全会和市委九届七次全会精神，深入贯彻落实科学发展观，回顾总结“十一五”时期的工作，审议《中共呈贡新区工委（县委）关于制定国民经济和社会发展第十二个五年规划的建议》，研究部署2011年及今后一段时期的工作，组织动员新区党员干部和群众，以一步实现全域城市化工作为主线，推进呈贡新区经济社会发展再上新台阶。

### “十一五”时期工作回顾

刚刚过去的“十一五”，是呈贡发展史上极不寻常、极不平凡的五年。面对复杂多变的国际环境和艰巨繁重的改革发展任务，在市委、市政府的正确领导下，新区党工委（县委）团结带领全县人民，坚定不移贯彻落实科学发展观，锐意改革创新，奋力攻坚克难，有效应对国际金融危机冲击，战胜百年不遇严重旱涝灾害，圆满完成“十一五”规划确定的各项目标任务，新区建设取得重大进展，跨越式发展迈出坚实步伐。

**经济实力显著增强。**2010年，呈贡新区（县）实现地区生产总值70.3亿元，为“十一五”规划任务的108.2%，年均增长19.3%；地方财政全口径一般预算收入7.03亿元，为“十一五”规划任务的117.2%，年均增长29.3%；社会消费品零售总额达17亿元，为“十一五”规划任务的130.8%，年均增长18.2%；固定资产投资176.77亿元，为“十一五”规划任务的232%，年均增长59.8%；城镇居民人均可支配收入达19 313元，为“十一五”规划任务的148.6%，年均增

长 14.5%；农民人均纯收入达 7 648 元，为“十一五”规划任务的 127.5%，年均增长 10.9%。三次产业结构由“十五”末的 22∶44∶34 调整为“十一五”末的 10∶51∶39。连续几年被评为全省县域经济十强县。

**城市建设快速推进**。以规划为指导，市级行政中心、春城财富中心、白龙小区等一批项目全面竣工，吴家营片区、雨花片区、乌龙片区建设快速推进。核心区路网基本形成，累计建成城市道路 135 公里，轨道交通、新区至机场公路、环湖东路、黄马公路呈贡段加紧建设，水、电、气、通信等配套设施建设同步进行。市级机关开始搬迁，总部经济、楼宇经济、金融 CBD 发展环境持续改善。9 所高校累计完成投资 95.4 亿元，9 所高校全面招生，入住师生 8 万余人。新型社区规划工作完成，政策保障逐步完善，各地块建设有序推进。城北、城南污水处理厂和生活垃圾焚烧发电厂项目建设进展顺利，新区污水处理厂深度处理工程完工并正常运行。新区建设有序推进，城镇化率从 2006 年的 49.5%提高到 2010 年的 54.2%。

**征地拆迁有序进行**。2010 年，完成金融园区、亚广传媒、轨道交通首期工程等 24 个项目的征地任务，征地 11 616 亩；完成南中央大道、七彩云南第壹城及“退人退房”等项目所涉及的拆迁任务，拆除各类建筑物 19.92 万平方米，搬迁苗木林地 61.15 亩。新区建设以来，累计完成征地 11.36 万余亩，完成 7 个村庄搬迁。

**投资环境日益优化**。认真开展“效能呈贡”建设活动，健全责任追究体系，完善行政问责制度，形成紧张、快捷、高效运转的工作模式。强力推进“三最四低”投资软环境建设，为创业创富创造空间。新区行政审批项目由 370 项减为 37 项，行政事业性收费项目由 128 项减为 34 项，政府政务中心服务窗口增加到 24 个，建成了行政审批电子监察系统和视频监察系统。2010 年，共引进内资项目 62 个，内资 53.26 亿元；引进外资项目 4 个，到位外资 6 496 万美元。三年来，累计完成招商引资内资 159 亿元，外资 1.35 亿美元，以云白药为代表的一批产业项目入驻新区。

**生态环境持续改善**。在公园、道路、沟渠、新农村示范点、交通沿线面山、滇池湖滨湿地等方面大力开展增绿补绿和视觉补差工作。2010 年，种植乔木、攀援植物 41.34 万株，超额完成市下达的任务。“十一五”时期，累计完成城乡园林绿化 624.3 公顷，新增城市绿地面积 338.96 公顷。目前，建成区绿地率达 37.12%。先后荣获全市城乡绿化和生态建设工作一等奖、全省绿化工作先进单位、全国绿化模范县、全国绿化奖章等殊荣。加强入滇河道重点整治，有序推进“四退三还”工作，湖滨湿地生态建设成效显著。强化对有污染排放企业的监督检查，确保各类污染物达标排放；万元 GDP 能耗同比下降 4.2%，规模以上工业万元增加值能耗下降 7%。

**市容市貌整体改观**。以“四创两争”为契机，认真开展市容市貌综合整治工作，加大对私搭乱建、违章施工等不文明行为的查处力度。在进一步巩固和提升创建国家卫生城市、省级园林县城成果的基础上，创建国家环保模范城市 26 项考核指标已达标 24 项；争创国家生态市、文明城市、节水型城市工作积极推进；争创“中国人居环境奖”、国家森林城市步伐加快。城市形象明显提升，人居环境持续改善。

**民生得到切实保障**。打造城乡统筹无障碍、制度衔接无缝隙的阳光医保，失地农民基本医疗保险个人承担部分由县级财政全额补助，参保率达 98%以上，在全省率先实现全民医保的目标。城镇职工基本养老保险的人数达 7 200 人；参加企业职工工伤保险的人数达 5 682 人，完成目标数的 123.5%；参加企业职工生育保险的人数达 4 044 人，完成目标数的 115.5%；参加农村养老保险参保人数 12 020 人。“十一五”期间，全县共转移培训失地农民 26 884 人，转移就业 22 499 人；扶持失地农民外出租地种菜、种花21 642 人次，累计租地面积 174 698.9 亩，发放扶持补助资金 4 522.49 万元；上级补助、部门整合、社会帮扶、群众筹资（投劳）累计投入 4 040 万元，在 14 个社区和 19 个自然村，开展了以“试点村建设、整村推进、村容村貌整治、重点村建设”为主要内容的社会主义新农村建设，受益群众达 12 224 户 3.58 万人。

**社会事业全面进步**。实施“科教兴区”战略，科技对经济增长的贡献率进一步提高。稳步推进教育综合改革，积极改善办学条件，“两基”成果不断巩固，各类教育协调发展。推进文化体制改革，培育文化产业，繁荣文化事业，丰富群众文化生活，以“呈贡新区我的家”为主题，搭建新区和高校文化互动平台，组织片区 9 所高校开展呈贡新区首届文化艺术节活动，历时一个多月，演出 10 场，新区群众 10 万人次观看了演出。积极探索精神文明建设的长效机制，以创建文明单位、文明村、文明小城镇、“十星级文明户”为载体，组织开展文化、科技、卫生“三下乡”活动，倡导健康、科学、文明的生活方式。人口自然增长率控制在 6‰以内。党校、党史、工会、共青团、妇联、工商联、残联、老龄、民政、“双拥”、民兵预备役等工作得到加强。计生、卫生、新闻、广电、邮政、通信、档案、气象、统计、环保、滇保、林业、金融保险、民族宗教等各项社会事业取得新成绩，平安呈贡建设深入推进，新区社会稳定，社会治安良好。

**党的建设不断加强**。深入开展学习实践科学发展观活动，党的建设科学化水平不断提升。强化理论武装，积极推进学习型党组织、学习型机关、学习型社会建设。注重新闻策划和舆论引导，弘扬新区建设主旋律，大力营造和谐舆论环境。围绕推进科学发展、促进社会和谐、服务人民群众、加强基层组织的总体要求，紧密结合阵地建设、机制创新、强化服务、改善民生、维护稳定、征地拆迁、生态建设和“四创两争”等重点工作，创新活动载体，突出实践特色，引导各级党组织和党员参与“服务新区创先进，立足岗位当先锋”活动，认真开展“创先争优”活动，实现“创先争优”与新区建设互促共进、同频共振。开展“共产党员抗旱先锋”行动和“城乡党组织结对抗旱心连心”活动，筹集抗旱救灾特别捐献资金，建成抗旱应急工程，解决人畜饮水和农田灌溉问题。以机构改革、社区换届为契机，进一步优化党的基层组织设置，加大非公经济、“两新”组织、外出租地群体党组织建设力度，扩大党的工作覆盖面。加强党员队伍建设，贯彻发展党员“四制”，严把入口关，增强党员队伍活力。坚持按照“民主、公开、竞争、择优”的原则，不断完善干部任用推荐提名、公开选拔、竞争上岗、差额选举、无记名投票表决等制度，提高干部选任工作的科学性和公正性。加强干部管理工作，不断提高领导干部的执行力、创新力。严格执行民主集中制，坚持群众路线，变群众上访为干部下访，真诚倾听群众呼声，真实反映群众愿望，真情关心群众疾苦。认真听取人大和政协对重大决策、重要工作的意见，支持人大、政协履行职能，人民代表大会制度、政治协商制度不断完善，爱国统一战线继续巩固。支持社区居委会按照章程实施民主管理，基层组织依法自治的能力得到提高。筑牢思想道德防线，促进领导干部廉洁从政，把反腐倡廉工作与经济、政治、文化、社会建设工作一起部署、一起落实、一起检查、一起考核、一起推进，形成了“横向到边，纵向到底”的工作格局。

2010年，是全面完成“十一五”规划各项目标任务的最后一年，新区发展持续加快，各项工作都取得了新的成效。但是，我们也要清醒地看到，在发展中也面临着一些问题，主要是服务业发展缓慢，新区支撑产业不强；土地资源紧缺，发展后劲不足；机遇性税收比重大，新税源增长点不多；新型社区建设严重滞后，保民生保稳定任重道远。对于这些问题，我们必须高度重视，采取有效措施，积极加以解决。

## 2011年及今后一段时期工作总体要求

今年是中国共产党成立90周年，是实施“十二五”规划的开局之年，也将是呈贡新区发展面临新机遇和新挑战的一年。国家西部大开发战略的深入实施和省委、省政府实施“两强一堡”战略，为呈贡新区的发展创造了良好的外部环境。随着现代新昆明建设进程的加快，市级行政机关搬迁的带动效应，9所高校迁建的聚集效应，轨道交通建设的拉动效应，以云白药为代表的产业支撑效应，必将有力促进呈贡的又好又快发展。新区发展的历史证明，抢先一步就赢得发展的主动权，迟缓一刻就会被动落伍。在新的历史起点上，能否乘势奋进，再创辉煌，把呈贡新区的事情办好、办实，让新区人民真正享受到城市化发展的成果，真正成为新区开发建设的衷心拥护者、积极参与者、最大受益者，这不仅是市委、市政府的重托，也是新区干部群众的殷切企盼。我们一定要审时度势，正视困难，善于在发展中抓机遇，在竞争中求发展，以更加豪迈的气魄、进取的精神、昂扬的斗志，增强工作的使命感、紧迫感和责任感，齐心协力、团结干事，开创新区科学发展的新局面。

2011年及今后一段时期县委工作的总体思路是：认真贯彻落实党的十七大、十七届五中全会、中央经济工作会议、省委八届十次全会和市委九届七次全会精神，深入贯彻落实科学发展观，紧紧围绕建设昆明现代化城市示范区、科学发展示范区、品质春城示范区的目标，加快“一步城市化”进程，着力培育支撑产业，大力发展低碳经济，构建和谐稳定新区，全面加强党的建设，努力推进呈贡新区经济社会发展再上新台阶。

2011年，新区经济社会发展的主要预期目标建议为：地区生产总值增长15%以上，地方财政一般预算收入同口径增长13%以上，全社会固定资产投资增长30%以上，社会消费品零售总额增长20%以上，城镇居民人均可支配收入增长10%以上，农民人均纯收入增长10%以上；城镇登记失业率控制在4.5%以内，人口自然增长率控制在5‰以内，万元GDP能耗下降2%左右，二氧化硫排放量、化学需氧量分别比上年削减0.5%。

按照上述指导思想和目标任务，要重点抓好以下工作。

### 一、加快“一步城市化”进程

按照市委、市政府“一板块‘一步城市化’、二板块城乡一体化、三板块城乡统筹，三个板块协调推进”的要求，呈贡新区作为第一板块，现代新昆明建设的先行区，将在全市率先实施“一步城市化”，农村直接向城市转化。因此，我们不仅要有“一步城市化”的思想、思维、意识和理念，更要有推进“一步城市化”的思路、措施、能力和水平，充分发挥市场配置资源的基础性作用和政府的引导推动作用，以科学规划为引领，制度创新为动力，统筹兼顾为方法，加快形成城乡规划、基础设施、产业发展、就业和社会保障、生态环保、社会事业、政策措施一体化的新格局，努力走出一条具有时代特征、昆明特色、城乡融合、和谐发展的“一步城市化”道路。按照“一年突破、两年见效”的要求，力争城镇化率2015年达到75%以上。

（一）坚持“三高、三化、三精”原则，强化规划建设和管理

以规划为引领，实现城市规划全覆盖。进一步完善现代服务业发展规划、城乡建设规划、土地综合利用规划、产业功能布局规划、交通体系建设规划、环境保护及生态建设规划。加快推进城市基础设施建设、公共设施建设，实现城市规模扩张、功能完善、品质提升有机结合。实施数字化城管工程和网格化管理，实现多部门信息资源共享，提高城市管理科技含量。切实加强对城市基础设施、市政公用设施、市容市貌和卫生环境的管理；继续深入开展道路交通、城乡环境、绿化管养、市场秩序和违法建筑整治工作；层层落实责任，推进管理重心下移和执法关口前移，实现城市管理方式精细化、手段信息化、目标人性化、功能科学化。加大新区城市管理综合行政执法力度，推进“四创两争”工作上台阶。树立服从服务的思想，创新城市管理机制，完善城市管理的方式方法，为市级机关和9所高校创造良好的工作和生活环境。

（二）坚持以人为本，建立健全失地农民保障

建立健全三个层次保障体系。一是建立健全社会保障体系。土地出让金、土地增值收益优先安排用于被征地农民基本生活保障和养老保障。完全失地的人员参加失地农民养老保险，适当提高个人缴纳部分补贴标准；完全失地的人员（含其抚养的未成年子女）参加城镇居民基本医疗保险，全额补贴个人缴纳部分。建立健全居民大病救助体系，探索建立与城镇相衔接的农村工伤、生育保险制度。二是建立健全就业服务体系。整合现有各级各类人才市场、人力资源市场和培训机构，加强农民职业技能培训，深入实施“两后双百”工程，重点解决“一步城市化”过程中失地农民就业问题，千方百计保障“农民失地不失业、失地不失利、失地不失房”。充分发挥失地农民创业就业协会的作用，认真落实失地农民创业就业优惠政策，以拉近感情、贴近服务为着力点，引导和帮助失地农民，以资金积累和种植技术优势，外出租地种菜种花，开辟就业空间，拓宽致富门路。加大招商引资力度，大力发展民营经济，加快培育壮大二、三产业，提供更多的就业岗位。三是建立健全公共服务和基层民主权力保障体系。统筹规划建设，逐步建立起与城镇居民生产生活相配套的路水电气、通信和互联网、广播电视等基础设施；科技、教育、文化、体育、医疗、养老、救济等基本民生设施；污水、垃圾处理，绿化、亮化、美化等生态环境设施以及支撑城乡建设发展、服务城乡居民的金融服务设施。加强基层民主法制建设，推进城乡依法治理，保障基层群众的知情权、参与权、表达权、监督权，完善民主选举、民主决策、民主管理、民主监督制度。

全面加快新型社区暨失地农民保障性住房建设。把加快新型社区暨失地农民保障性住房建设作为改善民生的落脚点，有序推进“统规统建”工作。按照城市社区模式，坚持无障碍规划、全覆盖设计和有界面建设。从规划、用地、资金等方面保障新型社区暨失地农民保障性住房建设。认真明晰地测算好规划空间账、土地面积平衡账、建设资金平衡账、房地产市场容量账，采取政府引导、企业参与、市场运作的方式，建设统一规划、统一标准、统一建设、统一分配、统一管理的新型社区，努力实现农民市民化和居住社区化。积极探索社区发展的运作机制，谋划社区产业支撑，不断增强社区的“造血”功能。

引导农民参与支持“一步城市化”。坚持远近结合，立足当前，着眼未来，完善土地补偿款分配办法，引导集体经济组织和失地农民自愿将集体资产和土地补偿款，以入股的形式注入社区股份制经济实体，参与新型社区暨失地农民保障性住房建设，参与片区园林、绿化、物管、市政基础设施建设等。通过参与开发、建设和管理，实现集体资产良性循环，促进失地农民就业创业，在为集体经济注入活力的同时，使失地农民有稳固的收入来源。

（三）坚持统筹谋划，同步推进老城改造

按照“一步城市化”的要求，综合考虑地理、经济、社会、资源、环境等要素，科学定位老城功能性质和产业特色；加大基础设施建设力度，增强老城的发展后劲和承载能力；坚持生态优先，完善体制机制，加大“四创两争”力度，提升老城管理服务水平。通过坚持不懈的努力，到2015年，力争把老城改造成为产业特色彰显、生态环境良好、综合管理有序的品质城区。

## 二、着力培育支撑产业

（一）发挥优势，优化提升第一产业

按照特色化、集群化、精品化的要求，推进传统农业向现代都市农业跨越。充分发挥农业产业的特色优势，加大市场培育力度、龙头企业强度，建设与昆明都市型现代农业体系相融合的有新区特色的都市农业。加快推进斗南花卉产业园区项目建设，努力建成面向东南亚的花卉交易中心、文化旅游中心、研发中心和花卉总部，打造中国昆明斗南国际花卉园艺博览会展平台。充分发挥斗南花卉、龙城蔬菜、呈贡宝珠梨的品牌效应，提升农产品交易中心、信息中心、价格中心、研发中心的地位。充分发挥失地农民就业园的资源优势，完善产业发展规划、逐步配套基础设施，做好失地农民就业园开发建设工作。力争用五年左右的时间，把失地农民就业园建设成为新区重要产业基地。通过对失地农民就业园的开发和建设，带动新区南部片区的开发建设，逐步解决新区发展空间不足的问题。

（二）集聚集群，强势加速新型工业化

按照优势资源高度集中、产业发展高度集群、土地利用高度集约的要求，重点发展以农特产品深加工为主的绿色产业、以生物制药为主的生物资源开发产业、以劳动密集型为主的建筑建材业。按照项目实施一批、策划一批、竣工一批的要求，抓储备、抓服务、抓对接，确保新区入驻项目源源不断。加大项目策划、储备和报批力度，积极争取国家和省市的政策支持、资金扶持，提高土地单位投资强度，提高项目引进质量。继续策划一批生物资源开发、绿色食品生产、新型材料制造等产业项目，包装一批与生物制药关联度高的配套产业项目。用五至十年的时间，把呈贡新区建设成为中国西部地区生物资源研发生产中心、新昆明电子信息技术配套基地、面向东南亚、南亚的现代国际物流枢纽。

（三）突出重点，优先发展第三产业

优先发展第三产业是抢抓国家实施新一轮西部大开发战略和省委、省政府“两强一堡”战略机遇的迫切需要，是加快转变经济方式、走可持续发展之路的重要途径，是进一步提升经济总量、扩大社会就业、保障和改善民生、实现新区科学发展新跨越的有力支撑。要充分认识第三产业特别是服务经济在国民经济发展中的重要地位和作用，在政策扶持上优先，从规划、税收、财政、价格、金融等方面给予系统支持；在生产要素配置上优先，从用地、资金、人力、信息等方面给予配套支持；在工作安排上优先，像抓一产、二产一样抓三产，像抓工业经济一样抓服务经济，尽快形成以服务经济为主的第三产业大发展的态势。

**积极发展总部经济**。按照“核心带动、轴线发展、优势集聚、突出特色”的思路，加快建设新区中央商务区。积极扶持现有企业总部，加快培育本地优势企业总部，大力引进国内外大型企业在新区设立区域总部，鼓励现代服务业、先进制造业、高新技术产业和优势传统产业等研发中心、销售中心、采购中心、营运中心、会展中心、软件中心落户新区。以云桂铁路云南有限责任公司总部、昆明移动公司总部、亚广传媒中心、上海东盟大厦、中置信商业广场、昆明市“金融产业园区”等商务、金融、总部企业中心为龙头，吸引一批金融、咨询、服务机构陆续进驻投资兴业。积极争取国内外银行、保险、证券等各类金融机构落户新区。通过政府推动和市场导向，打造立足云南，辐射西部，服务东盟，面向东南亚、南亚的区域性跨境人民币金融服务示范区，发挥跨境人民币金融服务在新区经济发展和城市功能优化中的先行作用，争取到2020年，基本建成与昆明经济实力、地位相适应的区域性跨境人民币金融服务中心。

**着力发展文化产业**。坚持政府引导力、企业主体力和市场配置力“三力合一”的原则，以9所高校和亚广影视传媒等为依托，重点发展规划设计、教育培训、咨询策划和文化艺术产业，构建中介服务和电子商务两大创意平台，丰富高校学生业余文化生活，保障新区城市可持续发展。以创作、创造、创新为手段，以创意文化为内容，以体现创意成果为价值，全面提升新区城市文化底蕴。以科技教育机构、高新技术产业和高智力人群高度聚集为载体，建设集学、研、产、住为一体的中央智力区（CID）。通过推进校区、园区、商务区、社区“四区”联动，不断形成“城市的大学、大学的城市”发展格局。

**培育和发展服务外包产业**。依托高校智力资源优势，优先发展软件服务外包业。重点发展信息技术服务、医药服务、物流服务、蔬菜花卉服务等领域的服务外包，加快发展区域性国际化教育、医疗、文化、物流、旅游、休闲、金融等服务外包产业群。依托高校科技文化优势，吸引有实力、有潜力、有眼光的投资主体，投资系统操作服务、系统应用服务、基础技术服务等信息技术外包（ITO），投资企业内部管理服务、企业业务运作服务、供应链管理服务等业务流程外包服务（BPO），投资研发服务、动漫设计与制作、工业设计、检验检测服务、咨询服务、医疗服务、法律服务等知识流程外包（KPO）。充分发挥信息化的“转换器”、“助推器”的作用，加快推进智慧转化为财富战略，不断提升呈贡新区发展的科技文化和智慧艺术含量。

**加快发展商贸物流业**。尽快形成以财富中心为核心的商贸区，完善米兰园、惠兰园商业服务配套设施建设，提升新区商业形态。高起点推进沿街商业网点的增量、扩容与整合，通过多渠道招商，引进一批实力强、品牌响、档次高的商贸服务企业。着力推进“双百市场工程”和“农超对接工程”。通过改扩建与升级改造，在集散地和主销区，培育一批功能完备、信息灵敏、运行高效的重点市场和骨干市场。推进“一网多用”，推动城乡经营网络对接，实现工业品下乡与农产品进城双向流通。

**积极发展花卉和旅游会展业**。在斗南片区，打造与云南花卉产业发展相匹配、交易方式先进、功能齐全、带动推广力强，集花卉交易、物流、会展、信息指导、文化旅游和研发培训为一体的国际花卉交易中心；在乌龙片区和白龙潭片区完善商住、餐饮、文化娱乐设施配套，打造旅游观光、体育休闲、运动健身集聚区。依托云南白药集团及香港康捷生物制药集团项目，建设生物制药科研基地和生物药品会展交流中心。

（四）激活民间资本，重视招商引资工作

针对新区多批次、大规模征地拆迁后群众手中有一定的资金积累优势，通过市场导向和政策取向，引导群众宜工则工、宜商则商，倡导创业规模不论大小干起来就行、税收不论多少能增收就行，变群众攒钱建房为投资创业创富，变劳务输出为创业发展经济，真正使一切创业要素充分集聚起来、活跃起来。牢固树立人人都是新区形象，处处体现发展环境的意识，以转变服务作风，提高服务质量为切入点，深化效能呈贡活动，打造亲商护商发展环境，用优良的环境招商引资，选商选资。充分调动各级各部门的积极性，强化招商引资的紧迫感，责任感，突出“借时招商”，抓住资本加速向中西部转移和省委、省政府实施“两强一堡”战略的有利时机，提高引资规模、质量和水平，实现“招商引资”向“招大引强”的战略转变。加强产业链招商，围绕主导产业上下游产品，建立健全重点招商项目库，以好项目、大项目招好商、引名商。瞄准世界500强和中国500强企业、企业总部、上市公司，锲而不舍做工作。

**三、大力发展低碳经济**

培育低碳产业。发展低碳经济，保持能源消耗和二氧化碳排放处于低水平，既是实现可持续发展的必由之路，也是践行科学发展观的重要手段。坚持以培育低碳产业、发展低碳经济、强化低碳管理、倡导低碳生活为切入点，坚持政府推动、规划引导、示范带动、公众参与、循序推进，努力把呈贡新区建设成为昆明低碳产业示范区。

坚持源头控制。充分发挥规划对发展低碳经济的引领作用，建立统一、集中、高效的规划管理体制，制定完善新区低碳产业发展规划。积极引进低碳项目，发展低碳产业。按照发展低碳产业的要求，提高新建企业的准入门槛，严格实行环境一票否决制度，决不让高碳排放量项目落户新区。

坚持基础配套。创建低碳机动化城市交通模式。推行轨道交通、公共交通为主的交通模式。保留和扩展自行车道和步行道，大力发展地铁、快速交通、公交专用道、普通公交等建设，以“快、准、廉、优”为目标来优化公交出行方式，减少交通的碳排放和城市空气污染。倡导绿色建筑和建筑节能，采用节能减排新技术和经济激励政策，促进企业采用节能新技术，推行绿色城市基础设施建设。

坚持产业升级。坚持工业化、城市化、信息化“三化”并举，以工业化支撑城市化，以城市化促进工业化，以信息化带动工业化和城市化。大力发展低消耗、低污染、高利用率、高循环率的“两低两高”产业，用高新技术和先进适用技术改造提升建筑建材等传统产业；加快发展以生物制药和生物化工为主的生物创新产业；积极培育以光电子和软件开发为主的电子信息产业；做优做精以旅游、商贸为主的第三产业。

坚持环保优先。下最大的决心、用最大的气力、以最硬的手段，落实节能减排各项措施。坚决淘汰落后生产工艺。全面推行清洁生产，落实达标排放，有效降低污染物排放，实现增产不增污和增产减污。建立完善节能减排的政策法规体系和激励约束机制，确保完成节能减排约束性目标。坚持生态建设产业化、产业发展生态化。

**四、努力构建和谐新区**

健全社会保障体系。通过政府提供小额贷款担保、开发公益性岗位等举措，重点做好零就业家庭、低保家庭、高校毕业生、复转军人、残疾人等特殊群体的就业，逐步提高退休人员基本养老金、部分优抚对象和城乡居民最低生活保障水平。进一步扩大养老、医疗、失业、工伤、生育保险的覆盖面，逐步提高保障标准。抓紧制定呈贡新区保障性住房建设中长期规划，积极争取国家和省、市对保障性住房建设的优惠政策，加快保障性住房建设，切实解决困难群众和中低收入群体住房难的问题。关爱弱势群体，通过社会慈善、群众互助等方式，对城乡困难群众进行生活、医疗、教育援助。

繁荣社会各项事业。坚持多元化办学格局，大力实施教育均衡工程，推进优质教育均衡化、公平化和普及化。建立健全有利于教育发展的体制机制，着力打造新区教育高地。鼓励社会各类培训机构开展职业技能培训。积极引进各类优秀人才和紧缺人才。建立健全疾病信息网络、预防控制和医疗救治体系，提高公共卫生服务能力和突发公共卫生事件应急处置能力。加强文化体育基础设施建设，开展全民健身运动，用足用好高校片区人才智力资源和新区传统文化资源，增强新区文化创造力、凝聚力和感召力，打造开放型多元特色文化，不断满足人民群众日益增长的精神文化需求，使新区逐步成为现代新昆明建设中充满文化创新活力、具有重要文化影响力的城市。做好意识形态工作，提高舆论引导能力。加强社会主义核心价值体系建设，全面实施市民素质提升工程，推进人的文明素质与城市文明程度同步提高。深入开展公民思想道德教育活动，认真做好文明单位（村）的创建和管理工作，为改革、发展、稳定提供精神动力。围绕管理有序、服务完善、文明祥和的目标，加快推进社区管理体制改革创新，全力打造服务型社区、互助型社区、便利型社区。做好科技与信息、人口与计生等工作，促进妇女儿童事业、老龄事业、残疾人事业健康发展。

切实维护社会稳定。民计民生是和谐之本、稳定之基。不论在任何时候、任何情况下，都要高度关注民计民生，利民安民富民，最大限度地增加和谐因素，最大限度地减少不和谐因素。随着开发建设的深入推进，各种矛盾易发多发、相互交织，维护社会和谐稳定的任务十分繁重。要牢固树立稳定是硬任务，保稳定就是保发展的意识，高度重视和正确处理新形势下的人民内部矛盾，继续开展领导干部定期接访、下访、走访活动，逐步形成长效机制，提高新形势下做好群众工作的本领。继续加强和改进信访工作，完善信访工作责任制，畅通诉求渠道，引导人民群众以理性合法的形式表达诉求、解决矛盾、维护权益。及时排查化解各种矛盾，努力化解老矛盾，有效预防新矛盾，把问题解决在萌芽状态。抓好安全生产，搞好食品安全，坚决防止重特大安全事故。强化社会治安综合治理，完善社会治安防控体系，依法严厉打击各种刑事犯罪活动，支持政法机关依法行使职权，不断深化司法体制改革，维护社会公平正义，提高人民群众的安全感和满意度，努力创造和谐稳定的社会环境。

推进民主法制建设。坚持和完善人民代表大会制度，支持人大及其常委会依法履行职权。坚持和完善中国共产党领导的多党合作和政治协商制度，充分发挥人民政协的职能作用。支持工会、共青团、妇联等群团组织依照章程开展工作。进一步加强和改善党对统一战线工作的领导，团结一切可以团结的力量，调动一切积极因素，形成齐心协力谋发展、团结干事建新区的强大合力。做好国防动员、"双拥"、民族宗教和老干部工作。

## 五、全面加强党的建设

要完成上述目标任务，实现新区的又好又快发展，必须坚持以科学理论为指导，以科学制度为保障，全面加强党的思想、组织、作风、制度建设和反腐倡廉工作，提高各级领导班子和领导干部的执政能力和领导水平。

### （一）充分发挥表率作用，领导干部自觉做勤政廉政的模范

各级领导干部要自觉作善于学习的表率，按照科学理论武装、具有世界眼光、善于把握规律、富有创新精神的要求，建好用好基本阵地，创新学习基本方式，积极推进学习型党组织、学习型机关、学习型社会建设。把学习作为提高素质、增长本领、做好工作的根本途径，系统学习党的路线方针政策，广泛学习新区建设所需的各方面知识，弘扬理论联系实际的优良学风，切实增强贯彻党的基本理论、基本路线、基本纲领、基本经验的自觉性和坚定性，切实增强战略思维、创新思维和辩证思维能力，切实增强工作的原则性、系统性、预见性和创造性。要自觉作思想解放的表率，不断破除束缚科学发展的陈旧观念、思维定势和行为习惯，以与时俱进的精神和敢为人先的勇气破解发展难题。在思想解放中凝聚共识、在思想解放中改革创新、在思想解放中跨越赶超，以新的思想解放引领新的发展。要自觉作求真务实的表率，树立正确的政绩观，既要干好当前更要谋划长远，既要报喜更要报忧，主动听真话，鼓励说实话，恪尽职守，真抓实干，敢抓敢管，善抓善管，坚决反对搞形式主义。要自觉作亲民爱民的表率，牢记党的宗旨，坚持立党为公、执政为民，切实关心群众疾苦，处处为群众着想，多办顺民意、解民忧、惠民生的实事好事。要自觉作艰苦奋斗的表率，牢记"两个务必"，树立过紧日子的思想，厉行节约，勤俭办一切事业，反对大手大脚、铺张浪费，减少不必要的开支，真正把有限的资金和资源用在发展经济和改善民生上。要自觉作廉洁自律的表率，加强党性修养，增强纪律观念，牢固树立马克思主义的世界观、人生观、价值观和正确的权力观、地位观、利益观，自觉规范从政行为，自觉接受党内外监督，严格遵守廉洁自律各项规定，始终保持共产党人的高风亮节。

### （二）夯实基层基础工作，不断提升党组织引领科学发展的能力

要坚持分类指导、整体推进的原则，着力提高基层党建工作水平。不断强化社区党组织的地位和作用，对"一人兼"的社区要加强教育引导，防止"一言堂"，搞独断专行；对社情复杂、矛盾突出的重点社区、难点社区，在进行整顿的同时，要集中力量帮扶。街道党工委要紧密联系实际，制定新形势下"两委"班子建设制度和工作考核制度，形成用制度管人、用制度规范工作的长效机制。深入开展效能建设活动，加强机关干部的纪律观念教育，加大治懒治庸力度，突出解决好个别机关单位党员干部在职不在岗、在岗不尽责的问题。扩大党建工作覆盖面，积极探索"两新"党组织发挥作用的新途径、新举措，不断扩大党组织的影响力。深化"三级联创"活动，推动基层党建工作统筹发展。新区上下要倍加珍惜和维护团结稳定的大好局面，县委坚持总揽全局、协调各方，支持人大、政府、政协开展工作，充分发挥方方面面的积极作用，使大家都能各司其职、各尽其责。县级四班子领导要按照"管工作、管队伍、管廉政"分工要求，团结协作，认真履责，努力形成分工负责、权责一致、行为规范、运转协调的工作格局。各级领导干部特别是党政一把手要有容人气量，处理好各种关系，凡事多交心通气。主要领导对其他班子成员和下属要多推荐，多支持，多鼓励，积极推动和帮助他人成功。要认真贯彻党的民主集中制原则，不断完善议事决策机制，凡是重大事项和重大决定，都要广泛听取各方面的意见和建议，经过充分酝酿、协商和讨论后，集体研究决定。

### （三）完善选人用人机制，造就高素质的干部队伍

选准用好干部，关系事业兴衰。要深化干部人事制度改革，坚持民主、公开、竞争、择优，健全选人用人机制，提高透明度和公信度，选准干部，配强班子，聚集人才，建设队伍，为新区经济社会发展提供强有力的组织保证。一要坚持用人导向，德才兼备，

以德为先，注重从履行岗位职责、完成急难险重任务、关键时刻表现、对待个人名利等方面考察识别干部，真正把那些政治上靠得住、工作上有本事、作风上过得硬、人民群众信得过的干部选拔到领导岗位上来。二要搭建锻炼的平台。有计划地安排年轻干部到信访机关、搬迁安置、项目建设、农村基层、招商引资等复杂环境、关键岗位、艰苦地方锻炼，在实践中摔打砺练、提升能力。切实抓好后备干部队伍建设，重视妇女干部、党外干部培养选拔，使干部队伍始终保持旺盛的活力。三要公开公平公正选拔。按照“选拔内容突出实践性，运行程序突出规范性，测评方法突出多样性”的要求，进一步创新竞争性选拔干部方式，努力提高选人用人公信度。不断加大年轻干部的选拔任用力度，把谋划工作有思路、面对工作有激情、推进工作有实绩的年轻干部推出来、选上来、用起来，切实让年轻干部早一点进入重要岗位。四要从严监督管理。加强和改进干部考核工作，进一步提高考核质量，整合考核资源，增强考核的真实性、准确性，充分发挥考核在干部管理工作中的导向、评价和监督作用，深入实施干部履职问责问效制度，警示“耽误事”的干部，调整“不干事”的干部，惩治“失职渎职”的干部。同时，也要加大对干部的保护力度，让有能力有本事的干部大胆地干事创业。

（四）加强教育管理监督，保持党的先进性和纯洁性

党要管党，从严治党，关键是从严抓好班子、带好队伍、管好干部。各级党组织对广大党员干部要严格要求、严格教育、严格管理、严格监督，并贯穿到干部工作的全过程。加强和改进干部教育培训，着力增强做好群众工作、公共服务、社会管理和维护稳定的本领，提高谋划发展、统筹发展、优化发展、推动发展的能力。加强作风建设，大兴求真务实之风，密切联系群众，以实实在在的政绩取信于民。要加强党内民主建设，保障党员主体地位和民主权利，严格遵守党的纪律特别是政治纪律，切实维护党的团结统一。要进一步健全决策目标、执行责任、考核监督三个体系，完善考核内容，提高考核质量，强化考核结果运用，增强考核的科学性、针对性和准确性，充分发挥考核的导向和监督作用。要积极推进惩治和预防腐败体系建设，坚持标本兼治、综合治理、惩防并举、注重预防的方针，严格落实党风廉政建设责任制，积极推进反腐倡廉制度创新，认真落实廉政准则规定的各项报告制度，建立健全强化预防、及时发现、严肃纠正的工作机制。坚持用制度管权、管事、管人，强化权力制约和监督，加大查办案件和专项治理工作力度，坚决惩治腐败行为。

同志们，新的征程已经开启，新的目标催人奋进。让我们紧密地团结起来，深入贯彻落实科学发展观，在市委、市政府的正确领导下，奋力拼搏，扎实工作，为开创新区转型发展、科学发展、和谐发展新局面而努力奋斗！

## 名词解释

**城市化**：是指由农业为主的传统乡村社会向以工业和服务业为主的现代城市社会逐渐转变的历史过程，具体包括人口职业的转变、产业结构的转变、土地及地域空间的变化。

**一步城市化**：按照市委、市政府一板块“一步城市化”的要求，呈贡新区作为第一板块，要加快品质提升，着力完善城市功能，改善人居环境，通过实施“迁村并点、生态移民、统规统建”，集中建设城市居住区，在160平方公里规划区范围内农村直接向城市转变。一步城市化，既是城市建设的目标，也是城市发展的过程。

**四创两争**：创建“国家园林城市”、“国家卫生城市”、“国家环保模范城市”和“全国文明城市”；争取“联合国人居城市奖”和“国家生态城市”。

**四退三还一护**：指为推进湖滨生态修复工程，在滇池环湖公路内侧实施“四退三还一护”。即：退塘还湖、退田还林、退房还湿和退人护水。

**两强一堡**：指建设绿色经济强省、民族文化强省和中国面向西南开放的桥头堡。

**三高、三化、三精**：三高指城市规划要高起点、高标准、高品位。三化指城市建设要标准化、规范化、工艺化。三精指城市管理要精心、精细、精品。

**两后双百**：指对未能升学的初、高中毕业后有培训和就业愿望的本市户籍学生进行100%的职业技能培训，100%推荐就业。

**农超对接工程**：指农户和商家签订意向性协议书，由农户向超市、菜市场和便民店直供农产品的新型流通方式。

**CBD**：全称 Central Business District，即中央商务区，是一个城市现代化的象征与标志，是城市的功能核心，是城市经济、科技、文化的密集区，一般均位于城市的黄金地带，集中了大量的金融、商贸、文化、服务以及大量的商务办公和酒店、公寓等设施，具备完善的市政交通与通讯条件，便于现代商务活动的场所。

**CID**：全称 Central Intelligence District，即中央智力区，是指高新产业尤其是软件研发、服务外包等知识密集型产业最集中的区域。

**ITO**：全称 Information Technology Outsourcing，是指企业以长期合同的方式委托信息技术服务商向企业提供部分或全部的信息功能。常见的信息技术外包涉

及信息技术设备的引进和维护、通信网络的管理、数据中心的运作、信息系统的开发和维护、备份和灾难恢复、信息技术培训等。

BPO：全称 Business Process Outsourcing，即业务流程外包。是指将一个使用 IT 的业务流程（如财务和会计、人力资源、付款服务、供应链管理、运营、销售、市场和客户服务等）委托给一个第三方机构，让其按照一整套定义好的规范来拥有、管理和运作整个业务流程，实现降低成本，同时提高服务质量的目的。

KPO：全称 Knowledge Process Outsourcing，即知识流程外包。一般来说，它是指将公司内部具体的业务承包给外部专门的服务提供商。KPO 的中心任务是以业务专长而非流程专长为客户创造价值。KPO 将业务流程外包更甚者整个外包产业推向更高层次的发展，更多地寻求先进的分析与技术技能，以及果断的判断。KPO 更加集中在高度复杂的流程。这些流程需要有广泛教育背景和丰富工作经验的专家们完成。工作的执行要求专家们对某一特殊领域、技术、行业或专业具有精准、高级的知识。

# 政府工作报告

## ——2011年1月19日在呈贡县第十四届人民代表大会第五次会议上

呈贡县人民政府代理县长　缪　军

各位代表：

现在，我代表县政府向大会报告工作，请各位代表连同《呈贡新区（县）国民经济和社会发展第十二个五年规划纲要（草案）》一并审议，并请县政协各位委员提出意见。

## 一、2010年工作回顾

2010年是呈贡新区建设发展较为困难的一年，同时也是全面完成“十一五”各项目标任务、新区建设取得新的可喜成绩的一年。受各种不利因素的影响和制约，新区建设资金严重短缺，固定资产投资动力不足，项目推进难度较大。面对困难，县政府在市委、市政府和县委的坚强领导下，在县人大及其常委会的法律监督、工作监督和县政协的民主监督下，带领全县广大干部群众，坚定信心、迎难而上、团结拼搏，使经济社会保持了良好发展势头，

**——经济平稳快速发展。**全年预计实现地区生产总值70.3亿元，同比增长15%；地方财政全口径一般预算收入7.03亿元，增长32.5%；全社会固定资产投资176.77亿元，增长45%；外贸进出口预计完成9 762万美元，增长83.7%；城镇居民可支配收入19 313元，增长8.5%；农民人均纯收入7 648元，增长8.2%；社会消费品零售总额17亿元，增长21%；辖区内金融机构存款177.4亿元，增长16.2%。非公经济实现增加值27.98亿元，占地区生产总值的39.8%。再次荣获全省县域经济“十强县”荣誉。

**——产业结构不断优化。**加快农业产业结构调整步伐，第一产业实现增加值6.6亿元。完成工业总产值119.41亿元，增长24.41%，其中规模以上工业企业总产值106.98亿元，增长29.37%。贸易、服务、旅游等产业快速发展，第三产业实现增加值27.7亿元。三次产业结构调整为10：51：39。

**——招商引资成效明显。**加大招商引资工作力度，年内引进内资项目62个、其中央企2个，外资项目4个；实际到位内资53.26亿元、外资6 496万美元，圆满完成市级下达的目标任务。依托市县级融资平台共融资近40亿元用于新区建设。拓宽中小企业融资渠道，批准设立7家小额贷款公司。

**——征地拆迁顺利开展。**完成金融园区、亚广传媒、轨道交通首期工程等24个项目的征地任务，共征地11 616亩。收储土地6 584.81亩，供应土地1 922亩。拆除各类建筑物19.92万平方米，搬迁居民1 339户3 234人。

**——基础设施逐步完善。**全年路网建设共投资17.78亿元，新建城市道路18.18公里，配套管网设施建设与路基工程建设同步推进。三期路网全面开工，四期路网开工14条，呈七公路完成呈贡段油路铺设。轨道交通呈贡段隧道施工进展顺利，行政中心站主体工程竣工。环湖东路及环湖截污工程基本完工。垃圾焚烧发电厂和洛龙河污水处理厂建设顺利推进，粪便无害化处理项目开工建设。投资6 500万元建成七甸片区供水工程。

**——重点项目有序推进。**云南白药集团整体搬迁项目累计完成投资11.3亿元，主体工程基本完工。上

海东盟商务大厦、七彩云南第壹城等重大项目开工建设。市级公务员小区A地块项目竣工交付使用，基本完成滇池星城及周边配套设施建设。9所高校累计完成投资95.4亿元，建设面积396.6万平方米。高校全部实现招生，入住师生8万余人。5个高校配套住宅地块累计完成投资85.79亿元，建筑面积350.6万平方米。斗南花卉产业园主体工程奠基。工业园区云铝4万吨铝圆杆、云龙制药等14个项目竣工投产，云白药原料药中心、昆明嘉华食品等26个在建项目顺利推进。

**——民生得到切实保障**。建设被征地人员保障性住房3 081套，建成安置周转房1 868套，统筹安置项目涉迁和“三类房”居民1 592户。高度重视被征地人员的创业和就业工作，在全市率先出台了《呈贡新区促进创业和就业工作实施意见》，成立了呈贡新区失地农民创业就业协会，安排资金800万元扶持被征地人员创业就业。全年提供有效就业岗位5 685个，城镇新增就业人数2 448人，在全市一板块排名第一。组织职业技能培训2 077人。城镇登记失业率控制在3.5%以内。扶持被征地人员外出租地种菜种花共11 059人，兑付补助资金2 792万元。县财政配套资金708万元，为居民全额购买基本医疗保险，参保率达98%以上，在全省率先实现了城市化的全民医保目标。安排财政资金实行差额补贴，使农村低保对象享受城镇居民最低生活保障待遇。兑付资金1 031万元，补贴汽车、家电、摩托车下乡和汽车、家电以旧换新。汽车、液晶电视等消费品逐步进入新区普通百姓家庭。成功战胜百年一遇的特大旱灾和8·16水灾。气象预报预警和地质灾害防治工作得到加强。开展第六次全国人口普查工作。计生工作成效明显，被评为省级计划生育优质服务县。

**——社会事业全面进步**。全年投入教育经费1.36亿元，比上年增长50.19%。建成雨花小学和吴家营中心小学。“两基”迎国检工作顺利通过国家教育督导组的检查验收。昆明市延安医院呈贡新区医院综合住院楼项目主体工程竣工；市中医院累计投资8 000万元，完成基础工程建设；建成斗南、惠兰园社区卫生服务中心。医疗卫生体制改革有效推进，全面实施国家基本药物制度。加强食品药品监督管理，全年无重大食品药品安全事故发生。科技投入1 320万元，新增专利申请和授权73件，被评为国家级科技进步先进县。整合高校文化资源，成功举办新区首届文化艺术节。加强文物保护工作，新增7个市级文物保护单位，完成文庙一期修缮保护工程。消防二中队和特勤一中队业务用房开工建设。顺利完成社区“两委”换届选举工作。民族宗教、外事侨务、保密、档案、修志、双拥、国防后备力量、民兵预备役工作不断加强，妇女儿童、老年人、残疾人等事业取得新进步。

**——生态建设取得实效**。启动低碳城市建设战略。万元GDP能耗下降4.2%，化学需氧量、二氧化硫排放量分别下降3.7%和13.8%。实施森林城市和万亩苗木基地建设工程。完成城乡绿化624.3公顷，森林覆盖率达到48.5%；新增城市绿地面积338.96公顷，城市建成区绿地率达37.12%。荣获全国城乡绿化模范县、全国绿化奖章、全省绿化工作先进单位等荣誉。“四退三还一护”工作完成退房98户、退人269人，建设湖滨林带和生态湿地1 502亩，入河口和湖内湿地945亩。强化城市管理综合行政执法，拆除滇池面山、城市面山等临违建（构）筑物2.1万平方米，拆除外挑设施1.5万平方米，修复破损道路4 565平方米。加大环境卫生整治力度，投入1 191万元，购买环卫机械设备26台，做好新区主次干道日常清洗保洁工作，道路高压冲水率保持在20%以上，机械化清扫清洗道路面积累计1 252平方公里。“四环十七射”道路两侧控制区环境综合治理、“六清六建”等工作成效明显。“四创两争”工作全面开展，“创园”成功、“创卫”通过技术评估，创建省级园林县城工作通过考评。

**——平安建设成效明显**。深入开展争创“省级先进平安县”活动，围绕“构建平安呈贡、建设和谐新区”的要求，狠抓社会矛盾化解、社会管理创新、公正廉洁执法三项重点工作，全面推进综治维稳工作。大力开展科技强警和技防网络建设，强化“网格化”布警。完善打黑除恶长效机制，严厉打击“命案”、“两抢一盗”等违法犯罪。被省评为创建无毒社区先进县。全年无较大以上安全生产事故和交通安全事故发生，被国家交通运输部、公安部等六部门评为平安畅通县。

**——政府建设不断加强**。坚持和完善县政府向县人大及其常委会报告工作、向县政协通报情况制度。认真办理人大代表意见、建议和政协提案，办结率均达100%，满意率分别达85.2%和90.8%。完成政府机构改革，政府内设部门职能职责不断优化。深入开展“创先争优”活动和法制政府、责任政府、阳光政府、效能政府建设。进一步规范县政府议事机制和办事程序，强化集体决策功能。调整优化“三部一委”职能，进一步理顺关系。逐步推行预算单位公务卡管理制度。加大对政府性投资建设项目的审计力度，节约建设资金4 147万元。行政审批事项不断减少，审批时限进一步压缩。加大督查监察力度，严格落实廉政建设责任制。积极支持四个开发（度假）区开发建设好托管区域。

各位代表！以上成绩来之不易，是在市委、市政府的正确领导下，县委统筹全局、科学决策的结果；是县人大依法监督、县政协民主监督和全力支持的结果；是全县广大干部群众，全体驻呈部队官兵、武警部队官兵和所有新区建设者共同努力、辛勤劳动的结果。在这里，我代表县政府，向全县人民，各人民团体和各界人士，表示诚挚的感谢！向驻呈各解放军部队、武警部队官兵和公安干警，表示诚挚的感谢！向所有为新区建设作出努力和贡献、所有对新区建设给予关心和支持的朋友，表示诚挚的感谢！

在看到成绩的同时，我们也清醒地认识到，我们的工作还存在不少困难和问题。一是被征地人员保障性住房建设受政策瓶颈、资金瓶颈、土地指标瓶颈制约，投融资主体缺失、历史欠债较多、建设资金缺口巨大、用地指标紧缺，项目推进举步维艰；二是产业结构不合理，服务业发展不充分；三是社会稳定和安全生产形势严峻；四是生态环境保护和滇池治理工作压力增大，城市管理水平不高，城市功能不完善。我们将高度重视这些问题，在下步工作中采取有力措施，切实加以解决。

## 二、2011 年工作安排

2011 年是“十二五”的开局之年，是新区建设“十年成规模”的攻坚之年，也是我们服务市级机关、全面经受考验的关键一年。机遇与挑战同在，希望与困难并存。我们一定要响应市委号召：争科学发展之先，创和谐社会之优，围绕建设中国面向西南开放的区域性国际城市示范新区，以更加昂扬的奋斗意志，更加奋发的精神状态，更加扎实的工作作风，努力把工作做得更好，不辜负全县人民的期望。

2011 年政府工作思路是：以邓小平理论和“三个代表”重要思想为指导，深入贯彻落实科学发展观，认真贯彻落实党的十七大、十七届五中全会和中央经济工作会议精神，按照省委八届十次全会、市委九届七次全会和县委十一届七次全会部署，以一步实现全域城市化为主线，以发展现代服务业为主攻方向，以扩大投资为主要抓手，以改善民生为根本出发点和落脚点，抓住机遇，开拓进取，加速推进“三个示范区”和低碳城市建设进程。

2011 年，新区经济社会发展的主要预期目标建议为：地区生产总值增长 15%以上，地方财政一般预算收入同口径增长 13%以上，全社会固定资产投资增长 30%以上，社会消费品零售总额增长 20%以上，城镇居民人均可支配收入和农民人均纯收入增长 10%以上，人口自然增长率控制在 5‰以内。

做好今年的政府工作，要把握好以下三个要点：

一是要千方百计扩大投资。新区建设 7 年来的经验告诉我们，什么时候项目推进快，经济发展就好，各方面矛盾就能得到更好解决；什么时候项目推进慢，经济发展就会遇到困难，问题就多，工作就被动。因此，必须千方百计扩大投资、扎扎实实推进项目特别是重大项目建设。

二是要千方百计保障民生。新区建设的最终受益者是新区群众，根本动力也在新区群众。新区群众答不答应、满不满意，是我们工作的衡量尺，也是新区建设成功与否的关键所在。必须把保障好、维护好、发展好新区群众的利益作为我们工作的根本大计，千方百计保障民生，赢得新区群众的理解、拥护和支持。

三是要千方百计保护环境。建设良好的生态环境是现代城市发展的主题之一，也是呈贡新区建设的优势所在、特色所在和希望所在。必须把打造低碳城市作为主旋律，以更加积极的行动，让新区山更绿、水更清、城更美。

今年，要重点抓好以下七个方面工作：

### （一）调整产业布局，优先发展现代服务业

四个街道和工业园区的托管，使新区产业布局和产业发展环境发生了巨大变化。我们必须顺应形势，结合实际，把现代服务业作为产业发展战略的主攻方向，切实提高现代服务业在经济增长中的贡献率。

*积极推进中央商务区建设*。沿彩云南路和中央公园两侧，规划以金融保险、商务办公、电子信息、休闲娱乐为一体的现代都市中央商务区，建设区域性国际金融中心。今年力争引入 3 家以上有实力的投资商参与开发建设。抓住昆明建设泛亚金融中心契机，参与跨境人民币结算试点工作，争取设立跨国中心结算银行，构建覆盖东盟的人民币结算网络服务体系。服务并督促昆明移动公司、亚广传媒中心、上海东盟商务大厦、中置信商业广场、实力心城、七彩云南第壹城等项目尽早建成，带动吸引一批金融、咨询、服务企业总部进驻新区投资兴业。

*大力发展文化创意产业*。依托 9 所高校和亚广影视传媒集团等文化资源优势，在雨花吴家营片区发展文化创意产业。构建中介服务和电子商务两大创意平台，引导和培育具有地域和民族特色的文化市场主体，加快形成以创意设计、现代传媒、动漫游戏、广播影视、演艺娱乐、文化旅游、广告会展、艺术培训为重点，相关文化产业联动发展的文化产业基地，打造有时代活力的个性空间和创意文化基地。

*加快发展商贸产业*。积极配合和服务好白龙潭片区、乌龙片区商业配套建设；完善米兰园、惠兰园商业服务配套，尽快形成以财富中心为核心的商贸区；推进中国—东盟商贸港项目建设；加快建设商业步行街、大型超市等配套项目。着力引进实力强、品牌响、档次高的商贸服务企业，逐步提升新区商业水平，让新区群众创业在新区、消费在新区。

*促进农业升级转型*。发挥龙城蔬菜的品牌效应，巩固和提升交易中心地位。斗南花卉产业园区年内完成一期土地收储，开工建设主场馆。依托园区，建设面向东南亚的花卉文化培训中心、拍卖交易中心、商贸会展中心、研发中心和花卉总部，协助举办好2011年中国昆明国际花卉展览会，做好2013年第八届中国花卉博览会申办工作。依托万溪冲宝珠梨生态保护区，培育集花木供应、生态休闲、旅游观光、冷藏物流为一体的都市农业新亮点。

*发展生物制药产业*。服务好云南白药集团、香港晨兴集团等企业建设发展，建设生物制药科研基地和生物药品会展交流中心，打造国内极具竞争力的生物制药研发基地。

### （二）着力扩大投资，强力推进项目建设

市级机关全面进驻、高校师生逐步入住、云南白药等大企业的整体搬迁，是呈贡新区建设迎来的又一重大机遇。要树牢机遇意识，增强抓机遇的主动性、提高抓机遇的时效性，把扩大投资、拉动经济发展作为新区建设最直接、最有效的手段之一，切实抓紧抓好。

*加大引资融资工作力度*。充分发挥市级机关进驻新区带来的聚集优势和拉动效应，利用高校入驻新区形成的人气、智力和消费优势，大力开展引资融资工作，确保完成市级下达的招商引资任务。出台新区2011年招商引资政策和财税奖励优惠政策，突出做好重大项目的储备、引进、落地和后续服务。以基础设施、公共服务设施、现代服务业为平台，运用多种手段，推进引资融资工作。鼓励街道和社区发展集体经济组织，采用多种方式参与新区建设。继续发展小额信贷业务，进一步拓宽中小企业融资渠道，创新融资方法，广泛吸纳社会资本和民间资金参与新区建设。

*把握好投资方向和结构*。坚持统筹兼顾、突出重点，加大基础设施、公共服务设施、保障性住房、民生工程、生态环保工程、现代服务业等项目的投资力度。特别对在建路网、学校、医院等基础设施和民生工程，倾向性地予以保障，做好续建和收尾工作。严格执行规划用地、节能、环保、安全等市场准入标准和产业政策，防止重复建设和低效率投入，坚决杜绝污染环境项目落地新区。加强政府投资建设项目资金的监管、审计和绩效评价，确保公共投资资金有效用于新区建设和改善群众生活。

*扩大基础设施建设投入*。预计投入基础设施建设资金28亿元，其中路网建设投入19亿元，力争总长85公里的三、四期路网全面建成，呈七公路竣工通车，列入《昆明市道路交通建设白皮书》2011年度任务的7条道路全面开工建设。确保粪便无害化处理项目、垃圾焚烧发电厂、洛龙河污水处理厂及配套管网建成投入使用。确保完成中央公园建设任务。做好各项服务工作，保障轨道交通呈贡段工程建设顺利进行，完成呈贡北站、广播电视大学站建设。积极配合推进铁路东南环线和云桂铁路建设。

*加强公共服务设施建设*。总投资2.39亿元的呈贡一中高中部建设项目基本建成；完成县级机关办公用房选址等前期工作，将各街道办公用房纳入被征地人员保障性住房建设项目统筹安排；启动县级公务员小区二期工程建设。做好服务保障，配合支持好省、市各项目建设。高校及配套项目建设年内计划投资25亿元，各高校实现主体搬迁，入住师生达10万人以上；市体育学校暨全民健身中心项目计划完成主体工程建设任务；总投资12亿元的师大附中、附小和云大附中、附小，计划完成投资3.14亿元；市委党校项目计划基本完成主体工程；市老干部活动中心计划投资1亿元，完成主体工程建设；市中医院计划投资1.5亿元完成主体工程；昆医附一院计划投资4.5亿元实现部分建筑封顶；加快推进省中医学院附二院建设。

### （三）优化功能配套，全面提升城市品质

按照市委、市政府“全域城镇化”的有关要求，以一步实现全域城市化为主线，全面实施城市化战略，加快现代化城市建设步伐。

*不断优化城市规划*。把规划作为城市化战略的龙头工作，根据新区建设发展实际，不断优化总体规划，在总体规划和控制性详细规划基础上，强化专项规划编制。做好各项规划之间的衔接。加强与省、市业务部门的协调联系，确保专项规划和重点建设项目进入省、市的盘子。加快对中央公园、火车站中轴线、彩云路沿线等重点地带的规划。拓展城市规划的深度和广度，构建地下、地面、地上相衔接的建设性规划体系。邀请优秀设计单位参与规划方案竞标，聘请专家参与规划方案评审，听取群众意见建议，实行方案优选。

*逐步完善城市功能*。结合新区城市规划全覆盖实际，强化规划执行的严肃性。加快文化广场、城市雕塑、教育文体设施和商业中心建设，融合行政功能、

商务功能、旅游功能，打造功能齐备的“行政中心”；充分发掘大学园区蕴涵的文化教育和人才科技潜力，发展创新型经济，打造全省的“科教核心”；依托中央商务区、商务楼宇、总部经济、文化创意、服务外包、花卉总部等产业形态，打造“产业高地”；以“四创两争”为助推，加快“百湖城市”和滇池湖滨生态环境建设，将自然景观、建筑景观和历史人文景观有机结合，打造“宜居新城”；规划建设好泛亚经济合作片区，建设滇池泛亚论坛永久性会址，打造“泛亚平台”。

提升城市管理水平。研究分析市级机关和高校进驻对城市管理工作带来的影响，创新方法，整合资源，加强城管执法。充分发挥“数字城管”网络互联、信息互通、资源共享作用，推动城市管理信息化进程。切实加强对城市基础设施、市政公用设施的管理，加大市容市貌、道路交通、城乡环境、市场秩序和违法违章建（构）筑物整治力度；实施市政设施管理、绿化管养和卫生保洁工作市场化运作，做到全面覆盖、不留死角。进一步转变执法理念、强化服务意识，做到严格执法与热情服务有机统一，为市级机关人员和高校师生提供良好的工作、学习和生活环境。

**（四）破解瓶颈制约，全力建设保障性住房**

被征地人员保障性住房建设是庞大的系统工程，是新区建设成功与否的关键环节，也是当前工作的难点。要统一思想，合力攻坚，少点议论评论，多点躬身践行，上下左右联动，形成推进合力。

强化项目建设保障。要加强与省、市国土部门协调联系，解决被征地人员保障性住房用地指标紧缺问题，抓紧办理有关手续。争取上级支持，尽快明确投融资主体，或采取配套商业开发用地模式，将项目用地划分为被征地人员安置区和可供市场开发商住区，引入实力强、信誉好的大企业、大公司垫资合作开发建设。

加快工程建设进度。争取雨花4号地块项目三季度前交付使用，完成王家营和中庄两个社区的整体搬迁工作。洛龙乌龙1号地块，雨花1号地块三期、2号地块二期、5号地块项目完成前期各项审批手续，启动建筑基础施工。其余地块抓紧进行项目开工前各项审批和招商引资工作，尽快开工建设。

完善社区功能配置。按照城市社区模式，坚持无障碍规划、全覆盖设计和有界面建设。在获批准的概念性设计方案基础上，根据各地块安置规模，抓紧制定和优化调整控详规和修详规，使建筑外观与新区城市布局、城市景观相协调。完善社区功能，规划建设文化、教育、卫生、体育、老年活动中心和商业网点等配套设施，满足社区居民生活需求。力争把每一个被征地人员保障性住房居住区都建成设施齐全、功能完善、环境优美的现代化城市样板区。

**（五）着力保障民生，全面推进社会建设**

保障民生是新区建设的根本要求，只有保障好民生，新区才有和谐稳定，新区建设发展才有牢固的基础和持久的动力。

认真做好劳动保障工作。统筹解决城乡居民就业，城镇登记失业率控制在4.5%以内。着力解决被征地人员就业问题，积极开发公益性岗位，继续支持和鼓励被征地人员外出租地种菜种花。启动劳动监察网络化和网格化建设。全面落实城乡居民最低生活保障制度。加快建立覆盖全民的城市社会保障体系。预算安排财政资金1383万元，用于被征地人员参加养老保险和城市居民基本医疗保险补助。

切实提高教育教学水平。始终把教育放在优先发展的位置，巩固提高“两基”成果。启动普通高中和学前三年教育普及工作。加快标准化学校建设，突出抓好龙城斗南片区的中小学建设。充分发挥300万元民办教育发展资金的杠杆作用，扶持民办学校，营造民办教育发展的良好社会氛围。稳步推进教学改革，大力推进素质教育，不断提高教学质量。认真落实城乡义务教育“两免一补”和贫困生资助政策。加强教师队伍建设，全面实施绩效工资制度，保障教师待遇。继续解决好外来务工人员子女上学问题。努力提高教育教学水平，办群众满意的教育。

扎实抓好医疗卫生工作。继续推进医药卫生体制改革，全面落实“五项重点”改革工作。统筹医疗卫生基础设施建设，充分发挥社区卫生服务中心和服务室功能，完善城乡医疗保健服务网络。继续扩大基本医疗保险覆盖面。稳步推进公立医院改革。启动县中医院业务用房建设。强化对企事业单位和学校的卫生监督管理工作，抓好重大疾病、恶性传染病防控，增强重大突发传染病防控处置能力。做好妇幼保健、爱国卫生工作，不断提高群众卫生健康水平。加强医德医风建设，规范医务人员职业行为，积极化解医患纠纷，稳步提高医疗卫生服务质量。

大力发展科技文体事业。保障科技经费投入，加大知识产权保护力度，做好科技工作。加快发展公益性文化事业，完善公共文化服务体系。继续开展全民健身运动，加强街道、社区文体基础设施建设，确保完成市级下达的社区文化室、健身路径、健身乐园建设任务。组织参加昆明市第四届运动会，力争取得好成绩。加强文物和非物质文化遗产保护。启动新区体育场、体育馆、文化馆、图书馆和群众文化活动中心、泛亚文化艺术中心建设。

切实维护社会和谐稳定。巩固新一轮“平安呈贡”

创建成果，深入推进“三项重点工作”，完善社会治安防控体系，加强社会治安综合治理。加强政法队伍建设，抓好岗位练兵。深入开展打黑除恶专项斗争，继续保持对各类违法犯罪的高压严打态势，增强新区群众的安全感。高度重视并认真做好信访工作，积极化解各类矛盾。推进和谐社区创建工作。强化食品药品质量监管，做好安全生产特别是建设领域安全生产工作，遏制重特大安全事故发生。健全重大自然灾害、突发公共安全事件应急处置机制，增强防灾减灾能力。积极探索老年人管理服务新机制。加大劳动监察执法工作力度，维护外来务工人员合法权益。继续做好民族宗教、外事侨务、保密、档案、气象、修志、双拥、民兵预备役、国防后备力量、人口计生、妇女儿童、残疾人等工作。

**（六）强化环境保护，扎实推进生态建设**

围绕打造低碳城市目标，狠抓生态建设，把生态优势、环境优势转化为巨大的物质财富和美好的精神享受。

*树立低碳理念倡导低碳生活*。加大宣传教育力度，依托学校特别是高校建设低碳宣传教育基地，教育引导新区群众树立低碳理念、强化低碳意识。用低碳理念指导城市规划建设，从规划源头减少能源消耗和降低碳排放。倡导低碳生活，落实能效标识制度，引导群众使用高能效产品，培养低碳消费模式和生活习惯。

*狠抓滇池治理和城乡园林绿化*。巩固“四退三还一护”工作成果。强化入湖河道及支次沟渠综合整治，巩固洛龙河、捞渔河、马料河综合治理成果，确保水质稳中渐好。强化一湖两江“四全”整治工作，防止出现反弹。扎实抓好“六清六建”工作。全域禁止挖砂采石取土。加快森林城市建设步伐，继续抓好中低产林改造、五采区和滇池面山植被修复、植树造林工作，今年要新增城乡绿化面积33.3公顷。推进万亩苗木基地建设，大面积增加城市绿地，强化园林绿化管养和改造。今年要新增城市绿地面积121公顷，建成区绿地率达39%，绿化覆盖率达45%。

*强化环境保护落实节能减排*。严格新建项目准入条件和环境影响评价制度、污染物排放总量控制制度。加大执法力度，严厉打击环境违法行为。化学需氧量和二氧化硫排放量均下降0.5%。以工业、交通特别是建筑业为重点，做好节能工作，提高能源效率。强化节能目标责任考核，扎实推进重点节能工程、企业节能行动和节能产品惠民工程。确保万元GDP能耗下降2%左右。

*巩固和扩大“四创两争”工作成果*。继续加大“四创两争”工作力度。巩固提升“创园”和“创卫”工作成果；确保“创模”及“创节水”通过国家评审，“创文明”通过国家专家组验收；扎实推进中国人居环境奖、国家森林城市、国家生态市、联合国人居奖创建工作。

**（七）加强自身建设，切实提高行政能力**

按照“法制政府、阳光政府、责任政府、效能政府”的要求，切实加强政府自身建设，不断适应新区发展的新形势、新要求，做到务实高效、清正廉洁。

*严格依法行政*。按照建设法治政府的要求，全面推进依法行政。自觉接受县人大及其常委会的法律监督、工作监督，主动接受县政协的民主监督，高度重视并认真办理人大代表议案、建议和政协建议案、提案。广泛听取各人民团体和社会各界的意见和建议。切实保障人民群众的选举权、知情权、参与权、表达权和监督权。健全完善内部监督机制。

*强化管理服务*。全面正确履行政府职能，更加重视公共服务和社会管理。巩固和深化行政审批制度改革成果，简化审批程序，减少审批环节，压缩审批时限，规范审批程序，提高审批效率。认真解决征地拆迁、规划调整、环境保护、劳动纠纷、涉法涉诉等方面损害群众利益的突出问题，保障群众的合法权益。

*狠抓勤政廉政*。强化政务公开，完善督查制度；坚持勤俭行政，反对铺张浪费，降低行政成本。精简会议和文件。强化行政问责，严肃追究失职渎职、不作为、乱作为工作人员责任。加强廉政建设，全面落实廉政建设责任制。严格执行政府性投资建设工程“八个百分之百”规定，强化审计监督，严厉查处重点领域特别是建设工程领域违法违纪行为，坚决纠正损害群众利益的不正之风。深入开展反腐败斗争，坚决惩治一切腐败行为，以良好的政府形象取信于民。

各位代表！今年，呈贡新区建设发展将迎来一个新高潮，我们要坚定意志不松懈，团结干事不争论，把握良机不错失，树立吃大苦的思想，做好干大事的准备，推进呈贡新区经济社会发展再上新台阶！

## 三、关于《呈贡新区（县）国民经济和社会发展第十二个五年规划纲要（草案）》的说明

县委《关于呈贡新区（县）国民经济和社会发展第十二个五年规划的建议》，提出了未来五年新区经济和社会发展的奋斗目标、指导方针和主要任务。根据《建议》精神，县政府制定了《呈贡新区（县）国民经济和社会发展第十二个五年规划纲要（草案）》，已提

请大会审查。下面，我就几个问题作简要说明。

**（一）《纲要（草案）》的编制过程**

县委、县政府高度重视“十二五”规划编制工作。2009年8月，县政府就开始部署有关准备工作。《纲要（草案）》的编制是一个引进智力的过程。按照县委“要借助外力，选好编制单位，编制一个具有超前性、可操作性，能够切实指导好新区未来五年经济社会发展的纲要”的要求，通过竞争性谈判，选择了昆明市委党校为编写单位。全县各有关部门、街道和编写单位，对新区经济社会发展的若干重大问题开展专题研究，重点研究了9个课题，编制了32个重点项目，摸清了新区经济社会发展的基本情况，为“十二五”规划编制奠定了基础。在规划编制过程中，县委召集了中心组学习（扩大）会和常委会专题研究规划编制，县政府多次召开各类会议对规划编制进行讨论研究，并组织省、市、县专家组对规划纲要进行论证评审，在新区范围内开展多种形式的征求意见活动。人大代表、政协委员和各界人士提出了许多有价值的意见建议。《纲要（草案）》的编制过程，是发扬民主、集思广益、引进智力、科学决策的过程。

**（二）“十二五”的发展基础和发展条件**

《纲要（草案）》全面回顾总结了“十一五”期间新区经济社会发展情况。认为：“十一五”期间，新区经济总量不断扩大，综合实力明显增强；三次产业协调发展，经济结构不断优化；城市建设快速推进，“五年出形象”目标顺利实现；生态环境持续改善，绿色城市面貌显现；体制机制不断创新，四区加盟新区开发建设；投资环境日益优化，招商引资取得成效；社会事业全面进步，和谐发展局面进一步形成，“十一五”规划确定的主要任务圆满完成，并为实施“十二五”奠定了坚实的基础。《纲要（草案）》还全面分析了“十二五”期间新区发展面临的机遇和挑战。

**（三）“十二五”的指导思想和主要目标**

《纲要（草案）》对“十二五”时期新区经济社会发展面临的机遇和面对的挑战进行了系统分析，提出“十二五”时期，新区经济社会发展的指导思想是：坚持邓小平理论和“三个代表”重要思想，深入贯彻落实科学发展观，围绕建设昆明现代化城市示范区、科学发展示范区和品质春城示范区的总体目标，以一步实现全域城市化为主线，加快发展现代服务业，强势推进被征地人员保障性住房建设，全面建设绿色低碳城市，着力保障和改善民生，共建和谐开放新区，打造行政中心、科教基地、产业高地、宜居新城、泛亚平台五大功能区，团结干事，敢为人先，齐心协力，攻坚克难，把呈贡新区建设成为现代新昆明城市核心区、中国面向西南开放的区域性国际城市示范新区。

综合考虑新区发展趋势和发展条件，提出今后五年新区经济社会发展的总体目标是：经济保持跨越式发展，综合经济实力和竞争力明显增强；新区“一步城市化”水平显著提高；现代服务业和战略性新兴产业体系基本形成，主导产业支撑作用明显增强，建立较为完善的社会事业和优良的生态环境体系，自主创新能力、区域竞争力和可持续发展能力明显提升；环境资源与人口协调发展，新区人民生活明显改善，社会更加和谐稳定。到2015年，率先实现全面建设小康社会目标，基本建成中国面向西南开放的区域性国际城市示范新区。

“十二五”期间新区主要经济社会发展目标为：

——经济发展方面。地区生产总值年均增长15%以上，三次产业结构比调整为5∶50∶45；地方财政一般预算收入年均增长16%以上；全社会固定资产投资年均增长25%以上；社会消费品零售总额年均增长20%以上。

——社会发展方面。城镇化率达75%以上，高中毛入学率达90%以上，人均受教育年限达到12年以上，人口自然增长率控制在5‰以内，城镇登记失业率控制在4.5%以内。

——居民生活方面。城镇居民人均可支配收入和农民人均纯收入年均增长10%以上，人口平均预期寿命超过77岁。

——资源环境方面。环境空气质量优良率达90%以上，森林覆盖率达50%以上，城市绿化覆盖率达48%以上，万元GDP能耗总体下降8%。城镇生活污水集中处理率、生活垃圾无害化处理率均达100%。

《纲要（草案）》提出了新区经济和社会发展总体布局和定位。规划了“一核四片”空间布局和行政中心、科教基地、产业高地、宜居新城和泛亚平台五大功能。

**（四）“十二五”的主要任务和工作重点**

《纲要（草案）》对“十二五”时期新区经济社会发展、城市建设、生态环保和民生保障等方面作出了全面部署，明确了主要任务和工作重点。

一是加强规划建设管理，实现城市规划全覆盖，强化城市基础设施现代化，提高城市管理水平，同步实施老县城改造，全面推进新区“一步城市化”进程。

二是转变经济发展方式，优先发展现代服务业，培育发展战略性新兴产业，发展和提升高端特色品牌农业，促进产业结构转型升级。

三是切实改善民生，建立健全社会保障体系，加快被征地人员保障性住房建设，重点解决被征地人员的安置、就业和社会保障。

四是全面开展生态环保建设，深入开展水环境综合治理，强化园林景观建设，强力推进节能减排，积极发展循环经济，着力建设低碳新区。

五是加强区域合作，广泛参与泛亚经济合作，加强国内区域经济合作，扩大对外贸易领域和规模，提高新区对内对外开放水平。

六是加快推进社会建设，实施科教引领、人才强区战略，坚持教育优先发展，健全公共卫生服务体系，繁荣新区文化事业，加强就业服务和社会保障体系建设，完善社会管理体系，加强民主法制建设，推进和谐社区建设，着力构建和谐新区。

七是加强政府建设，大力推进服务型政府、法治型政府、廉洁型政府和效能型政府建设，打造效能新区。

**（五）“十二五”的发展措施和实施保障**

《纲要（草案）》根据“十二五”期间的目标和任务，制定了狠抓招商引资工作、着力做好融资工作、创造经济发展的人文环境、坚持发展民营经济、创新人才工作机制、积极争取省市支持等六个方面的发展措施，提出了强化组织实施、实施重大项目、完善规划体系、加强监督考核等四个方面的实施保障。

各位代表！“十一五”的五年，我们实实在在地看到了新区发生的巨大变化；“十二五”的五年，我们要让广大新区群众真真切切地感受到新区建设带来的实惠！

各位代表！艰辛成就伟业、奋斗铸就辉煌。呈贡新区建设又站在了一个新的历史起点上，让我们在县委的正确领导下，凝聚全体新区建设者的智慧和力量，牢牢把握机遇、勇敢面对挑战，为开创呈贡新区更加美好的未来而努力奋斗！

# 呈贡县人民代表大会常务委员会工作报告

## ——2011年1月20日在呈贡县第十四届人民代表大会第五次会议上

呈贡县人大常委会主任　陈庆鸿

各位代表：

我受呈贡县第十四届人民代表大会常务委员会的委托，向大会报告常委会2010年的主要工作和2011年的工作意见，请予审议。

### 2010年的主要工作

2010年是实施“十一五”规划的最后一年。一年来，县人大常委会在中共呈贡县委的领导下，在市人大常委会的指导下，认真学习贯彻党的十七大和十七届四中、五中全会精神，深入学习实践科学发展观，紧紧围绕县委十一届六次全会和县十四届人大三次会议提出的各项目标任务，认真行使宪法和法律赋予的职权，开拓创新，扎实工作，为促进呈贡经济社会又好又快发展发挥了应有的作用。

**一、依法行使重大事项决定权**

过去的一年，县人大常委会紧紧围绕呈贡经济建设和社会发展中的重大事项，依法行使重大事项决定权。2010年，县人大常委会作出决定、决议3项，即：《关于批准〈呈贡县人民政府关于提请县人大常委会同意县政府投资呈贡一中高中部建设项目列入年度投资计划及逐年还款计划的议案〉的决定》、《关于批准呈贡县2009年度地方财政决算的决议》、《关于批准〈呈贡县人民政府关于呈贡县2010年地方财政预算调整情况的报告（草案）〉的决议》。

**二、依法行使监督权**

县人大常委会以对人民高度负责的态度，以县委的重大决策和全县人民最关心、最直接、最现实、最根本的利益为重点，以确保宪法和法律法规得到有效实施为目标，采取听取专项工作报告、视察、检查等形式，切实加强对“一府两院”的工作监督和法律监督。听取和审议“一府两院”专项工作报告10项，提出审议意见33条。其中：听取和审议县人民政府专项工作报告8项，提出审议意见28条。如为加强对政府融资情况的监督，提高政府融资资金使用效益，听取和审议了县人民政府《关于政府融资资金管理使用情况的报告》，提出审议意见4条。为加强对县人民政府实施呈贡县新型社区规划建设工作的有效监督，听取和审议了县人民政府《关于新型社区规划建设情况的报告》，提出审议意见4条；听取和审议县人民法院专项工作报告1项，即为督促县人民法院进一步加强执行积案清理工作，听取和审议了县人民法院《关于执行积案清理工作的情况报告》，提出审议意见3条；听取和审议县人民检察院专项工作报告1项，即为督促县人民检察院进一步加强和改进反贪污贿赂工作，听取和审议了县人民检察院《关于反贪污贿赂工作的情况报告》，提出审议意见2条。组织部分市、县人大代表对我县部分宗教活动场所管理、县人民政府实施城市园林绿化建设管养、呈贡新区中小学标准化建设等工作情况进行视察，向县人民政府提出建议19条。所提出的审议意见和建议，分别交由县人民政府和县人民法院、县人民检察院办理和落实。县人大常委会相关委（室）对县人民政府和县人民法院、县人民检察院的办理落实情况进行跟踪督办。

**三、依法行使选举任免权**

县人大常委会始终坚持党的领导，正确处理党管干部和人大及其常委会依法选举任免干部的关系，严格执行《中华人民共和国地方各级人民代表大会和地方各级人民政府组织法》、《中华人民共和国全国人民代表大会和地方各级人民代表大会选举法》等法律法规和《呈贡县人大常委会人事任免规则》的有关规定，依法行使选举任免权。2010年，县人大常委会依法任免干部67人(次)，其中：免去县人大常委会工作人员职务1人(次)；接受县人民政府县长辞职1人(次)，任命县人民政府代理县长1人(次)，任免县人民政府副县长9人（次)，任免县人民政府组成部门工作人员29人(次)；任免县人民法院工作人员22人(次)；任免县人民检察院工作人员4人(次)。根据昆明市换届选举工作领导小组的统一安排和部署，于2010年12月16日至18日召开了县十四届人大四次会议，依法选举产生了呈贡县出席昆明市第十三届人民代表大会的代表21人。

**四、认真做好代表工作**

一是进一步加强常委会组成人员与代表、代表与选区选民的联系。根据《呈贡县人大常委会关于常委会组成人员联系代表的通知》、《呈贡县人大常委会办公室关于县人民代表大会代表联系选区选民的通知》要求，常委会组成人员分别到所在选区开展调查研究，与所联系的代表及选民进行座谈，听取代表和选民对“一府两院”及人大工作的意见和建议。按照《呈贡县人大常委会办公室关于县委推荐到各选区选举的县级领导干部代表向选区选民述职的通知》要求，县委推荐到各选区选举的15名县级领导代表分别到选区向选民述职，得到了选区选民的充分肯定。二是重视代表建议办理工作。及时将县十四届人大三次会议收到的61件代表建议，分别交由县人民政府办理54件、经开区管委会办理4件、高新区管委会办理2件、滇池旅游度假区管委会办理1件。为加强对代表建议办理工作的督查力度，县人大常委会组织部分县人大代表对县人民政府有关部门办理代表建议的情况进行了检查。通过县人民政府、经开区管委会、高新区管委会、滇池旅游度假区管委会及其职能部门的努力，代表建议都按规定办理完毕。代表对办理情况表示满意的53件，占承办数的86.9%；基本满意的8件，占承办数的13.1%。三是进一步落实人大代表知情知政权。及时将《呈贡县人民代表大会常务委员会公报》、《人大工作简讯》印发给代表，并为代表征订了《中国人大》、《云南人大》、《昆明人大》等刊物，供代表学习。组织9名县人大代表列席了县人大常委会会议。四是组织代表参加持证视察、调研等活动。如组织部分市、县人大代表对大渔街道和马金铺街道新型社区（安置房）建设、呈七公路改扩建工程进展情况等进行视察，对呈贡一中高中部建设等工作进行调研等。五是研究制定和贯彻执行《呈贡县人大代表之家管理办法（试行)》。县人大常委会和10个街道人大工委创建了“人大代表之家”，代表的活动得到进一步加强。

**五、加强人大宣传工作**

为进一步加强新形势下的人大宣传工作，不断开创我县人大宣传工作新局面，研究制定了《呈贡县人大常委会办公室关于进一步加强人大宣传工作的意见》，召开了全县人大宣传信息工作座谈会，对2010年的人大宣传信息工作进行总结，对2011年的工作作了安排；对县人民代表大会、常委会会议和代表视察、调研工作通过呈贡电视台等媒体及时进行宣传报道；召开常委会会议前在呈贡电视台上发布公告，邀请本县公民参加会议旁听。6位本县公民旁听了5次县人大常委会会议；印发《呈贡县人民代表大会常务委员会公报》5期、《人大工作简讯》31期，对县人大常委会的工作和代表活动情况进行宣传；积极向《新区》(双月刊)、《昆明人大信息》、《昆明人大》杂志、《昆明日报》等刊物投稿、报送信息，反映县人大常委会和代表履职的情况，多渠道、多形式地宣传人民代表大会制度。

**六、规范街道人大工委工作**

参照《昆明市区（市）人民代表大会常务委员会街道工作委员会工作办法（试行)》的有关规定，加强对街道人大工委工作的领导和指导，进一步规范了人大工委工作。坚持街道人大工委主任列席县人大常委会会议制度，组织街道人大工委主任参与视察、调研等活动。积极参加和指导街道人大工委组织的活动，协调解决好工作中遇到的困难和问题。指导各街道人大工委搞好“人大代表之家”的管理和服务工作。

**七、认真做好群众来信来访工作**

常委会把信访工作作为联系人民群众，了解社情民意的渠道；作为监督国家机关依法行政、公正司法的有效手段；作为宣传法制，把矛盾和纠纷解决在基层的阵地。2010年，共接待群众来信来访36件104人(次)，交办率达100%。对人民群众的来信来访，坚持统一管理、专人负责、妥善处理。对重要信访，常委会领导亲自接待，亲自催办督办，协调有关部门及时解决。对受理的信访件，做到事事有答复、件件有落实，为化解社会矛盾、促进社会和谐发挥了应有的作用。

**八、圆满完成县委交给的各项工作任务**

按照县委的统一安排，常委会四位副主任在履行好自身工作职责的同时，分别在“三部一委”兼任指挥长、党工委书记、副指挥长，深入征地、拆迁、招商引资等工作第一线；常委会机关干部积极参与南中央大道征地拆迁和“四退三还”涉及的部分拆迁工作，积极参与做好社区“两委”换届选举的指导和督导工作，圆满完成了县委交办的各项工作任务。

**九、切实加强常委会机关自身建设**

一是坚持党对人大工作的领导。认真贯彻省委人大工作会议精神，牢固树立党的意识和大局意识，把握正确的政治方向，坚持在县委领导下开展人大工作，把县委的决策部署贯彻落实到人大各项工作之中。坚持重大事项向党委报告制度，及时向县委报告人大工作开展情况，主动争取县委对人大工作的领导和支持。二是认真组织开展“效能呈贡”建设活动。研究制定了《呈贡县人大常委会机关关于开展“效能呈贡”建设活动的实施方案》，并认真抓好学习提升、查摆问题、整改推动、考核验收等四个阶段的各项工作的落实。三是认真组织开展创先争优活动。研究制定了《呈贡县人大常委会机关党支部深入开展创先争优活动的实施方案》，机关党支部和党员分别作出了公开承诺，并严格兑现承诺。四是认真组织开展“三个一”主题实践活动。研究制定了《呈贡县人大常委会机关领导班子和领导干部继续深入开展“三个一”主题实践活动实施方案》，机关领导班子和领导干部自觉努力做到“个人形象一面旗”、“工作热情一团火”、“谋事布局一盘棋”。五是认真开展“读好书、求新知”学习活动。按照建设学习型组织和学习型机关的要求，制定了读书活动工作计划，为实职副科以上干部购买了《盘活城市》、《思路决定出路》等书籍，并按要求认真组织学习。通过各项活动的开展，机关干部特别是领导干部的综合素质进一步提高，工作作风进一步转变，工作效率进一步提升，为常委会依法履职以及完成各项工作任务奠定了基础。六是抓好制度创新工作。研究制定和修改完善了《呈贡县人大常委会办公室关于进一步加强人大宣传工作的意见》、《呈贡县人大代表之家管理办法（试行）》、《呈贡县人大常委会办公室关于县委推荐到各选区选举的县级领导干部代表向选区选民述职的通知》、《呈贡县人大常委会机关财务管理规定》、《呈贡县人大常委会机关公务卡管理暂行办法》，促进了各项工作的有效开展。七是抓好机关干部教育培训、综治维稳和平安建设、节能降耗、保密等工作。八是认真组织做好机关及职工宿舍区的市容环境专项整治工作，并积极协助城内社区搞好“四创两争”工作。九是认真抓好党风廉政建设责任制的贯彻落实，树立廉洁、务实、高效、守纪的良好形象。

各位代表，县人大常委会一年来所取得的成绩，是县委正确领导的结果；是全体人大代表，县人大常委会各工作机构工作人员共同努力的结果；是全县人民积极监督支持的结果；是县人民政府、县政协、县人民法院、县人民检察院，以及“三部一委”、各街道、各部门大力支持配合的结果，也凝聚着历届县人大常委会领导付出的艰辛努力。在此，我谨代表县人大常委会，向关心、支持人大工作的所有同志和社会各界人士表示衷心的感谢，并致以崇高的敬意！

各位代表，在总结成绩的同时，我们也清醒地看到，对照宪法和法律赋予地方人大常委会的职权，对照党的十七大精神的要求，对照呈贡经济社会发展的需要和人民群众的期望，常委会的工作还存在一些差距和不足，主要是：对常委会作出的审议意见（决议、决定）的跟踪监督问效力度还需进一步加强，代表的履职能力还需进一步提高，街道人大工委的工作还需进一步提升。对于这些问题和不足，我们将高度重视，并采取有效措施努力加以改进。

## 2011年的工作意见

2011年，是实施“十二五”规划的开局之年。县人大常委会工作的指导思想是：高举中国特色社会主义伟大旗帜，以邓小平理论和“三个代表”重要思想为指导，认真贯彻党的十七大和十七届五中全会及市委九届七次全会精神，深入实践科学发展观，坚持党的领导、人民当家作主和依法治国的有机统一，在中共呈贡县委的领导下，按照县委十一届七次全会的部署，紧紧围绕建设昆明现代化城市示范区、科学发展示范区、品质春城示范区的目标，快速推进全域城市化进程，认真行使宪法和法律赋予的各项职权，突出工作重点，高度关注民生，为全面推进民主法制建设，构建和谐稳定新区，促进呈贡经济社会发展再上新台阶作出新的贡献。在新的一年里，县人大常委会要着力抓好以下六个方面的工作：

**一、认真学习贯彻县委全会精神，为实施“十二五”规划发挥人大常委会的作用**

全面学习贯彻县委十一届七次全会精神和县十四届人大五次会议精神，动员全县人民为实现“十二五”规划宏伟目标而努力奋斗。县委十一届七次全会是在我县全面完成“十一五”计划，精心谋划“十二五”发展规划的关键时期召开的一次重要会议，会议对未来五年和2011年全县经济社会发展的目标任务提出了明确要求。县十四届人大五次会议将要审查批准我县的“十二五”规划纲要，这是今后五年我县经济社会发展的宏伟蓝图，是全县人民团结一致共同努力的奋斗目标。人大常委会要围绕大局，支持“一府两院”把宣传好、贯彻好、落实好会议精神作为今年重要的工作任务，动员全县人民紧紧围绕县委工作部署顽强拼搏，扎实苦干，为顺利实施“十二五”规划发挥应有的作用。

**二、服务中心工作，认真审议决定重大事项**

始终不渝坚持党的领导，紧紧围绕全县改革、发展和稳定大局，围绕落实科学发展观，建设社会主义民主政治，构建社会主义和谐社会，加快发展等重大问题和重点工作及人民群众普遍关注的热点问题，听取和审议国民经济和社会发展计划执行、财政预算执行、财政收支审计、经济发展、城市建设与管理、居民安置就业、社会保障及行政执法机关和司法机关执法执纪情况的专项工作报告，并就有关重大问题及时作出决议决定。同时，要加强检查督促和跟踪问效，确保决议和决定得到更好地落实。

## 三、依法履职，加强对“一府两院”的监督

县人大常委会要紧紧围绕全县工作大局，以构建和谐呈贡为主题，精心安排常委会议题，开展形式多样的视察检查活动，进一步做好监督工作，增强监督实效。一要加强法律监督，着重围绕与当前经济社会发展、人民群众利益密切相关的法律法规，开展执法检查和调研，监督整改执法中存在的突出问题，为加快发展营造良好的法治环境。二要加强工作监督，坚持抓大事、重实效的原则，着重围绕发展计划、财政预算、规划建设、征地拆迁、招商融资、新型社区建设、社会保障等工作，通过审议专项工作报告、视察和执法检查、专题调研等形式，认真研究并督促解决带有全局性、普遍性和倾向性的问题，支持和促进“一府两院”工作的开展。通过有力和有效监督，促进依法行政和公正司法，维护好群众合法权益，发挥好人大在维护群众利益和社会和谐稳定中的作用。

## 四、在县委的领导下，依法做好人事任免工作

坚持党管干部和人大依法任免的原则，按照《呈贡县人大常委会人事任免规则》审议好有关人事任免事项，充分发扬民主，广泛听取意见，使县委推荐的人选经过法定程序成为地方国家机关的工作人员，全面完成各项选举和人事任免任务，为加快发展提供组织保证。

## 五、进一步加强代表工作，充分发挥代表作用

一要保障代表知情权，加强对代表的学习和培训，安排代表列席常委会会议，着力提高代表履职水平。二要加强和规范代表在大会闭会期间的活动，积极组织代表广泛开展各种活动。围绕全县工作重点，深入开展专题视察和调研，充分发挥代表在构建和谐呈贡中的作用。三要改进代表议案、建议、批评和意见办理工作，提高“一府两院”等单位办理“建议”的质量。对事关经济社会发展大局和群众切身利益的重点“建议”，邀请代表一起督办，检查落实情况，促进“建议”办理质量进一步提高。四要继续坚持常委会组成人员联系代表、代表联系选区选民制度，认真听取代表和选民的意见。五要做好人大代表和人民群众的来信来访工作，切实维护好他们的合法权益。六要继续加大对街道人大工委工作的指导，促进工作规范有序开展。七要组织好市人大代表呈贡代表小组活动，加强与呈贡的省、市人大代表联系，为他们履职提供保障，做好各项服务工作。

## 六、加强常委会机关自身建设，不断提高人大工作的整体水平

要继续把加强常委会自身建设作为行使好职权的重要前提和保证，不断推动人大机关的思想、组织、作风和制度建设。一是不断加强思想政治建设，组织人大常委会组成人员、机关工作人员和街道人大工委的同志深入学习党的基本理论、科学发展观、法律法规、党的十七届五中全会精神和人大业务知识，增强政治敏锐性和鉴别力，提高思想素质和业务工作能力。二是继续开展好创先争优活动，促进各项工作取得新成绩。不断完善人大常委会会议制度，提高会议质量和审议水平。不断加强和改进宣传工作，坚持奖励制度，努力提升宣传工作水平。三是加强人大干部队伍建设，重视干部的培养和交流，关心干部职工的工作和生活，充分调动他们的积极性。提升机关干部服务人民代表大会、常委会、主任会议的能力和水平，为做好人大工作创造良好条件。四是认真贯彻落实党风廉政建设责任制，教育干部职工加强党性锻炼和思想道德修养，切实做到廉洁勤政。

各位代表，2011年是实施“十二五”规划的第一年，新的形势和任务赋予了县人大及其常委会新的使命。让我们高举中国特色社会主义伟大旗帜，以邓小平理论和“三个代表”重要思想为指导，全面贯彻落实党的十七届五中全会精神，坚持科学发展观，在中共呈贡县委的领导下，更好地发挥地方国家权力机关的职能作用，与时俱进，开拓创新，积极推进我县社会主义政治文明和民主法制建设，为完成本次大会提出的各项任务，为开创新区转型发展、科学发展、和谐发展的新局面而努力奋斗！

# 政协呈贡县第七届委员会常务委员会工作报告

## ——2011年1月18日在政协呈贡县第七届委员会第四次会议上

呈贡县政协主席　朱理学

各位委员：

我受中国人民政治协商会议呈贡县第七届常务委员会的委托，向大会作工作报告，请予审议,并请列席的同志提出意见。

## 一、2010年工作回顾

2010年是聚力冲刺“十一五”，科学谋划“十二五”的关键之年，也是呈贡新区城市化建设取得新发展的一年。一年来，县政协在昆明市政协的指导下，在中共呈贡县委的领导下，在县政府及各部门的支持下，学习贯彻党的十七大，十七届四中、五中全会精神，以邓小平理论和“三个代表”重要思想为指导，把促进新区科学发展作为履职的首要任务，把关注民生、促进社会和谐作为履职的重要使命，拓宽参政议政的广度和深度，突出团结、民主两大主题，组织动员全县政协委员和各界人士，认真履行政治协商、民主监督、参政议政职能，为促进新区经济社会又好又快发展献计出力、建言献策。

### （一）议政建言，促进新区科学发展

议重点，抓协商。县政协采取会前调研、会中协商、会后集智的形式，围绕“十二五”规划编制、提升城市品质、新型社区建设、“四创两争”等重大问题，进行了认真的协商讨论。坚持县政协主席列席县委常委会、副主席列席县政府常务会制度。在七届三次会议上，委员对“一府两院”的工作报告进行了全面协商，围绕规划建设、软环境建设、社会事务、失地农民社会保障、提案办理等五个方面内容，提出22条建议。组织召开党组会议7次，常委会议4次，主席会议16次。党组会议对23名干部任免进行了任前协商。第十一次常委会，商请县政府许玉文副县长通报了呈贡新区（县）抗旱救灾和森林防火工作情况。按照协商在县委建议之前，人大通过之前，政府执行之前的原则，第十二次常委会，商请县政府副县长母正荣、县发展和改革局局长尚平同志对呈贡新区“十二五”规划编制工作进行了说明。常委会围绕科学谋划“十二五”提出：吃透区情，把握发展阶段；找准问题，理清发展思路；科学定位，合理确定目标；突出重点，明确发展任务；落实项目，为规划实施提供支撑；聚焦智慧，提高规划的科学性等六个方面的协商建议。

议难点，勤调研。围绕新区建设发展的工作重心，县政协领导带队对新型社区建设、社区集体经济发展、和谐社区建设、失地农民社会保障及就业、城市建设管理等五个重点课题开展调研，形成了《关于加快推进社区经济发展的调研报告》、《关于维护社会稳定，创建和谐社区的调研报告》、《关于推进新型社区建设的调研报告》、《关于加强城市建设管理的调研报告》、《关于失地农民社会保障及就业安置情况的调研报告》，提出意见、建议37条。各界别组围绕中心工作，对新区发展中存在的一些突出问题进行了调研，并提出了相应的意见建议。这些调研成果，得到了县委、县政府领导不同程度的重视和基层单位的认同，有力促进了新区经济建设和社会各项事业的协调发展。

议发展，提建议。县政协常委会以进一步提升新区城市品质为主题，组织委员到水务、林业、文化等部门和各街道调研，并到现场实地视察。经常委会专题协商，向县政府提出了《关于在呈贡新区进行水系景观规划建设，提升新区城市品质的建议案》、《关于加快呈贡新区东南面山绿化景观规划建设，提升新区城

市品质的建议案》、《关于加快呈贡新区文化规划建设，提升新区城市品质的建议案》。围绕把新区打造成为天蓝、水清、树绿、城美、和谐的“百湖之城”、“森林之城”、“文化之城”提出15条建议。水系景观规划建设的建议案上报后，云南电视台《云南新闻联播》栏目作了专题报道；文化新区建议案提出后，《昆明日报》作了摘登，《云南政协报》作了深度报道。

**（二）关注民生，促进新区和谐稳定**

*关注新型社区建设。*在围绕解决制约新区发展的困难、问题和矛盾方面，县政协积极提出自己的意见、建议。组成由县政协主席为组长，政协班子领导、委室主任和新区建设工作指挥部、县委政策研究室、县住建局等有关部门人员参加的调研组，对新型社区建设进行了深入的调查研究，以专题协商意见和调研报告的形式就推进新型社区建设提出意见和建议。结合新型社区建设中存在资金短缺，土地、规划等手续办理周期长，地方财政不堪重负等问题、困难，借鉴天津、重庆、成都等先进地区的经验，提出了《关于推进一步城市化，加快失地农民保障性住房建设的实施方案》和《关于加快十三个地块新型社区暨失地农民保障性住房建设的建议》。

*关注社会事业发展。*县政协紧紧围绕新区建设大局和人民群众普遍关心的热点、难点问题，组成调研组，深入到各部门、各街道和广大人民群众中对失地农民社会保障、和谐社区建设等课题进行调研；对呈贡一中高中部建设、新区城市基础设施建设等工作进行了视察；对失地农民社会保障、公交一体化建设等民生提案进行了专项督办。在对呈贡一中高中部建设情况视察后，建议施工方、县教育局及相关部门要定期分析影响制约工程项目建设进度的因素，及时解决存在的问题，确保工程顺利推进。通过视察和督办，促进了新区基础设施和社会事业建设，为新区经济和社会事业的共同发展作出了不懈的努力。

*关注群众生活。*面对百年一遇的严重干旱，县政协及时组织、动员政协委员、机关干部参与全县“抗旱先锋行动”。按照县委的要求，对全县抗旱救灾工作进行督导，组织相关部门人员召开工作推进会，取得了积极的成效。动员机关干部职工捐款4.4万元。企业家委员弘扬“致富思源、富而思进、发展企业、回馈社会”的精神，在抗旱救灾爱心捐赠活动中共捐款捐物37.6万元。8月16日短时单点暴雨形成洪涝灾害，县政协机关全体干部职工，第一时间深入到下庄等社区居委会与街道、社区干部共同研究问题，解决困难。

**（三）凝心聚力，促进新区民主团结**

*凝聚民主之力，推动工作落实。*坚持提案督办制度，由分管副主席带领提案委，新区目督办和提提案委员、相关界别委员，对《关于农村新型社区建设的建议》、《关于加快新区公交一体化建设的建议》等4件重点提案进行了督办。并适时召开提案办理工作会议，会同新区目督办研究分析了提案办理中存在的不足，提出意见建议，加大提案办理落实力度。通过带领提案委员与承办单位开展面对面协商，进一步促进了提案人与承办单位的联系，推进了提案整体办理成效的提高。三次会议以来，审查立案的65件提案，已全部办理结束。其中，满意和基本满意的62件，占95.4%，不满意的3件，占4.6%。

在开展民主监督中，我们继续把民主监督纳入政协履职各个环节，寓监督于调研视察之中、协商建言之中、支持配合之中。组织委员对园林绿化、重大基础设施建设、呈贡一中高中部建设的情况进行了专项视察，社科、工、青、妇界界别组对县看守所、拘留所工作进行了视察。对县政府机构改革、社区“两委”换届等工作开展了民主监督。根据重大决策听证制度和相关法律法规的规定，组织政协委员22人次参加了《呈贡县开展相对集中行政处罚权实施方案》、《呈贡县创建国家级创业型城市实施方案》等政策法规制定的听证。先后推荐了20余名政协委员担任政府特邀监督员、“四创两争”监督员、人民陪审员等职务，受聘委员密切联系群众，积极反映群众呼声，参与了专项检查、行风治理和民主评议等活动，切实有效地开展民主监督。

*凝聚委员之力，参与新区建设。*县政协牵头，新区综合办、投资促进局、工商业联合会等部门共同承办了呈贡新区企业家代表座谈会。新区（县）四班子主要领导、分管联系领导和相关部门主要负责人与35位企业家委员、代表开展交流座谈。企业家代表们围绕新区本土企业如何团结发展，共同推进新区建设积极建言献策。新区党工委、县委周书记在座谈中，向企业家代表们介绍了近几年新区急需建设的项目，引导企业家们围绕现代服务业、创意文化产业等方面，直接或间接参与新区建设。座谈会结束后，县政协办公室将政协委员和非公企业家代表对新区发展的意见建议，企业面临的困难和阻碍企业发展的历史遗留问题，整理上报新区党政主要领导和送相关职能部门，促使一些问题得到解决。达到了“政府了解企业，企业理解政府；政府支持企业发展，企业促进新区发展”双赢的目的，在企业家代表中引起较大的反响。乘座谈会的东风，企业家委员“走出去、请进来”，积极为外地企业到新区投资牵线搭桥，如：山国勇委员领办的大山公司与雀巢公司合作，李兴委员领办的龙城农产品有限公司与楚雄州金沙房地产开发有限公司合作等，加大招商引资力度，为新区经济发展做出了应有的贡献。

*凝聚机关之力，投身新区建设。*政协机关全体干部职工积极投身于新区建设，政协主席参与了抗旱救

灾、新型社区建设、社区换届选举的督导工作。三位副主席分别在征地拆迁指挥部、建设工作指挥部、工业园区管委会担任副指挥长或副主任，参与到新区征地、拆迁，新型社区建设，服务企业发展等工作中。机关干部服从新区建设大局，按照县委、县政府的要求积极参与各个地块的征地、拆迁等工作。一年来，县政协参与了黄马高速公路、市老干部活动中心等项目的征地工作；参与了“四退三还”、南北中央大道等项目的拆迁工作；参与了七甸片区抗旱救灾应急供水工程建设工作；参与了新区“四创两争”监管工作等。

**（四）发挥优势，促进新区对外开放**

联谊交流，宣传新区。参加省市政协各种联系会议，积极发展同兄弟县（市）区政协的友好交流，先后接待了全国政协重点提案视察组、市政协全会委员视察组、驻闽全国政协委员考察团；接待了普洱思茅区、昭通水富县、盘龙区、石林县等友好政协考察团。参加了全省十八地州二十县（市）区政协联系会议、昆明市十四县（市）区政协横向联系会议。在昆明市政协工作经验交流会议上，呈贡政协作了题为《围绕中心　服务大局　为推进新区跨越式发展献计出力》的大会交流发言。配合云南电视台、《云南政协报》记者对新区相关工作的采访，在省市媒体上刊登报道11条。积极为《新区》刊物供稿，每期都有政协稿件刊载。《呈贡政协》出刊4期，编发《政协简讯》22期。通过各种形式的联谊宣传，向外界介绍了新区发展情况和有关政策，有力地宣传了呈贡，展示了新区风采。

做好文史资料征集工作。“笔墨当随时代”。我们始终按照“存史、资政、团结、育人”的宗旨，坚持政治性、史实性、生动性的原则，做好文史资料征集、出版工作，为呈贡经济社会发展服务。完成《呈贡县政协志（1950–2008）》的印刷出版。编辑出版了呈贡文史资料第十辑《新城纪事》，从政协文史资料的角度，记述反映了呈贡新区启动建设以来的一些重要事件、重大政策、取得成就及部分干部在推进新区建设中的所见、所闻、所感，是一本记录新区发展历程的重要文史资料。

**（五）开拓创新，促进政协事业发展**

常委会强化学习，形成共识。常委会以强化大局意识，规范自身行为，树立良好形象为重点，秉承更加重视学习，让学习成为一种信仰；更加善于学习，让学习成为一种自觉；更加崇尚学习，让学习成为一种态度的学习宗旨，把强化学习教育摆在重要位置。组织县政协常委学习了党的十七届四中、五中全会精神，学习了省委、市委政协工作会议和市委九届六次全会、县委十一届六次全会精神，学习低碳城市建设的有关知识。为进一步突出常委会协商的针对性，确保意见的准确性，强化建议的操作性，邀请县级相关部门负责人列席常委会议，听取意见建议。

委组活动经常性，建言献策。县政协八个界别组按照“五个一”活动的要求，经常性组织学习讨论，围绕新区发展提出建议。经济界别组组织委员讨论了《呈贡新区（县）国民经济和社会发展第十二个五年规划纲要（征求意见稿）》，围绕指标体系，失地农民就业安置，发展第三产业，规划实施等六个方面提出了意见和建议。社科界别组针对新区建设征地、拆迁、安置、就业中的维稳工作进行了调研，形成了《关于呈贡新区维护社会稳定的几点工作建议》。此外，经济界别组组织委员到天津滨海新区等先进地区学习城市建设、管理、经营的成功经验；特邀界别组到昆明经济技术开发区学习考察高新技术产业；教育、文化、体育、新闻界界别组到红河州考察教育文化事业；农林科技界界别组到墨江县、峨山县考察呈贡失地农民外出租地情况等，进一步丰富了委员的活动内容。

加强机关建设，提高服务水平。县政协机关以“内强素质、外树形象、争创一流”为目标，组织开展了“效能呈贡”建设、创先争优活动，修订完善了机关财务、公务卡管理制度，强化内部管理。通过深入学习，进一步更新了思想观念，切实增强机关干部投身和参与新区建设的积极性和创造性，树立了政协机关的良好形象，为完成县政协的各项任务提供有力保障。

各位委员、各位同志，政协工作的有序、有效开展，是县委正确领导和市政协关心、指导的结果，是各级党政组织大力支持的结果，是全体政协委员共同努力和社会各界积极配合、真诚帮助的结果。在此，我谨代表县政协常委会，向所有关心、支持政协工作的领导和各界人士，向为政协事业付出辛勤努力的全体政协委员，表示诚挚的敬意和衷心的感谢！

在肯定成绩的同时，我们也清醒地看到，我们的工作中还存在一些不足之处，如：履行职能的科学化水平有待进一步提高；民主监督的力度有待进一步加强；参政议政的方式有待进一步创新；发挥委员主体作用的途径有待进一步探索。这些都需要我们在今后的工作中积极加以改进。

## 二、2011年工作任务

2011年是实施“十二五”规划的开局之年。在新的一年里，县政协常委会工作的指导思想是：以邓小平理论和“三个代表”重要思想为指导，深入贯彻落实科学发展观，在中共呈贡县委的领导下，以建设昆明现代化城市示范区、科学发展示范区、品质春城示范区为目标，围绕党委、政府的中心工作，维护一个核心、突出两大主题、履行三项职能、发挥四个作用，为推进新区经济社会又好又快发展作出人民政协新的贡献。

**（一）维护一个核心**

政治协商制度是中国共产党领导的多党合作的重要体现，是党和国家实行科学民主决策的重要环节。县政协要以邓小平理论、“三个代表”重要思想和科学发展观统揽政协工作，坚持正确的政治方向，认真贯彻落实《中共中央关于加强人民政协工作的意见》和《中共云南省委关于支持人民政协履行职能发挥作用的意见》，始终与新区党工委、县委、新区管委会、县政府认识同向、目标一致、使命相连；坚决贯彻落实新区党工委、县委的重大决策和工作部署，戮力同心、众志成城、矢志不渝。切实发挥政协党组的政治核心作用，确保县委重大部署在政协工作中的贯彻落实。开好每季度一次的常委会议，每月一次的主席会议，认真审议县政协及常委会工作中的重大事项。

**（二）突出两大主题**

进一步增进社会各界的团结。充分发挥政协组织广泛代表性和巨大包容性的优势，把不同党派、不同民族、不同阶层的人团结起来，把不同界别、不同利益群体的力量和智慧凝聚起来，调动一切积极因素、团结一切积极力量，努力为发展减少阻力、增加动力、形成合力，努力把党工委、县委的各项决策部署切实转化为社会各界人士的共同行动。

积极营造和谐民主的社会氛围。坚持收集民情、汇集民意、反映民愿，通过召开委员反映社情民意座谈会，切实保障各界人士、政协委员发表意见的权利。充分尊重和体谅各界人士在信仰、价值观、具体利益上的差异，让来自各方面的，有利于广大人民群众根本利益的意见建议，能够在人民政协这个大家庭中得到充分表达。发挥信息员队伍作用，深入基层，深入群众，深入实际，维护好人民群众的利益，努力在全社会营造和谐民主的氛围。

**（三）履行三项职能**

提高政治协商质量。从巩固党的执政地位，提高党的执政能力的高度，进一步提高对政治协商重要性的认识。重点就城市管理、维护社会和谐稳定等热点、难点问题，通过政协各种例会，举办专题议政会，认真组织委员开展协商活动。同时，要围绕协商议题，认真做好协商的各项准备工作，让参加协商的常委、委员知上情，明下情，使协商意见有的放矢，建议有理有据、切实可行，不断提高政治协商的质量和水平。

加大民主监督力度。坚持寓监督于履职中，按照“少、精、深”的原则，围绕县委、县政府重大决策和重点工作的实施情况、群众反映强烈的热点难点问题、县政协有关建议的落实情况，从有利于改革、发展、稳定的大局着眼，有重点地选择项目，开展视察、督查等活动。重点跟踪、督促各种建议、提案的办理情况，使政协提案的促进作用显著提高。通过举办企业家代表座谈会、情况通报会等方式，就转变经济增长方式、促进区域经济协调发展、提升新区城市品质，提出一些前瞻性、建设性的意见和建议。

拓宽参政议政渠道。充分发挥政协联系广泛的优势，继续采取上下联动的办法，与有关部门联合调研，把有关界别的人才组织起来，把各方面的智慧集中起来，把外地的先进思路借鉴过来，深入研究，不断提高建言立论的水平和参政议政的成效。围绕建设“三个示范区”的目标，就文化新区建设、服务保障等有关问题集中力量开展调研，积极建言立论，为党委、政府科学、民主决策提供参考。突出提案在政协工作中的全局性地位，引导广大委员围绕“十二五”开局中的热点、难点、重点问题，积极建言献策，多提高质量的提案。

**（四）发挥四个作用**

发挥委员的主体作用。加强委员教育和培训，健全和完善委员管理、激励机制，在委员中开展“为呈贡发展建功立业，为政协事业增光添彩，争当优秀政协委员”活动，引导委员提出高质量提案、反映有价值的社情民意、参与调研视察活动。政协委员要发挥联系广泛的优势，以服务市级行政机关搬迁，促进新区发展，维护社会稳定为重心，多做沟通协调、解疑释惑、排忧解难工作，围绕人民群众思想认识上的“困惑点”，正确引导，理顺情绪；围绕矛盾的“易发点”，见微知著，常抓不懈；围绕可能出现矛盾的“突出点”，未雨绸缪，防患未然。

发挥专委会的职能作用。各专门委员会要围绕新区经济社会发展和群众关心的热点难点问题，开展对口协商、专项视察、课题调研等活动，充分发挥专委会的职能作用。以视察调研活动为依托，进一步落实对口联系制度，不断丰富专委会的活动内容。做实文史资料征集工作，突出真实性，广征博采，更好地挖掘、总结、整理我县丰厚的历史文化资源，做好政协文史资料的征集、编辑、发行工作，切实将那些有价值的史料早日推向社会，为全县人民提供宝贵的精神食粮。

发挥界别组的专业作用。各界别组要按照“五个一”活动的要求，把学习放在突出位置，继续发扬人民政协自我学习、自我教育的优良传统。紧密结合界别实际，探索创新政协工作的新领域、新途径和新举措。积极为各界人士履行职能搭建平台、创造条件，充分发挥他们在政协工作中的作用。今年将研究制定界别小组履职活动规则，各界别组要发挥专业性强的特点，围绕新区生态建设、历史文化遗产保护利用、城乡教育均衡发展等方面的内容开展调研视察，献计出力。

发挥机关的保障作用。深入开展学习型、创新型、服务型机关建设，教育政协机关干部牢固树立为中心工作服务、为委员履行职能服务的观念，不断提高政协机关的组织、参谋、联络、协调、综合能力。本着务实、创新的原则，进一步加强机关的思想、作风、组织建设，提高工作水平和工作效率。建立健全县政协各项规章制度，确保政协各项工作有章可循、规范有序。加大对政协工作的宣传力度，办好《呈贡政协》杂志，加强与新闻宣传部门的密切联系，及时反映政协工作动态，突出对重要活动和创新性工作的宣传报道，全面展现委员风采。

各位委员、同志们，在充满希望的2011年，让我们更加紧密地团结在以胡锦涛同志为总书记的党中央周围，高举中国特色社会主义伟大旗帜，以邓小平理论和“三个代表”重要思想为指导，深入贯彻落实科学发展观，在中共呈贡县委的坚强领导下，更加准确地把握人民政协的科学定位，更加自觉地服务党委、政府的中心工作，更加扎实有效地履行政治协商、民主监督、参政议政职能，同心同德，锐意进取，不辱使命，不负重托，努力推进政协事业再上新台阶，为实现新区科学发展作出新的更大的贡献！

# 深入推进党风廉政建设和反腐败斗争为加快推进呈贡新区城市化进程提供有力保证

## ——2011年1月26日在中共呈贡县纪委十一届六次全体（扩大）会议上的工作报告

呈贡新区党工委委员、县委常委、新区（县）纪委书记 钟启锋

各位委员、同志们：

我代表县纪委常委会作工作报告，请予审议。

这次全会的主要任务是：深入贯彻党的十七届五中全会精神，按照十七届中央纪委六次全会、省纪委八届六次全会、市纪委九届六次全会和呈贡新区党工委暨县委十一届七次全会的要求，总结2010年新区（县）党风廉政建设和反腐败工作，部署2011年工作任务。新区党工委（县委）对这次全会十分重视，专题研究了2011年反腐倡廉工作，新区党工委（县委）书记周峰越同志将作重要讲话，我们一定要认真学习、深刻领会、坚决贯彻落实。

## 一、2010年工作回顾

刚刚过去的2010年，新区纪检监察机关在新区党工委（县委）、新区管委会（县政府）和市纪委、市监察局的领导下，坚持围绕中心、服务大局，以改革创新精神深入推进以转变干部作风、提高行政效能为重点的经济社会发展软环境建设，深入推进以健全完善惩治和预防腐败体系为重点的反腐倡廉建设，党风廉政建设和反腐败斗争取得了新成效，为新区有序有效建设和发展提供了坚强的政治和纪律保证。

### （一）认真履行督查职责，确保各项决策部署的落实

新区纪检监察机关深入学习贯彻党的十七届四中、五中全会精神，认真履行职责，严明党的纪律特别是政治纪律。采取跟踪督办、重点督办、目标倒逼等方式，加大对中央、省、市、县重大决策执行情况的监督检查力度。建立健全督查工作领导责任制，将督查任务立项并分解细化，明确目标、任务、措施、时间进度、责任单位和责任人，对纳入督查的事项实行“月报告”制度，针对发现的问题，责令相关单位限期整改并严肃追究有关责任人，做到督有目标，查有依据，责有对象。全年对19个中央扩大内需投资项目、65个重点建设项目、241个政府投资建设工程项目、33个政府采购项目、涉及新区的2次3宗国有经营性土地“招拍挂”、73次工程建设招标投标等工作情况进行监督检查，保证了中央和省、市、县重大决策部署的贯彻落实。对新区各部门落实“十一五”目标任务情况开展了专项督查；联合有关部门，对“十一个零申报”、违规加层无序建房、征地拆迁、招商引资、项目落地、滇池治理、“四创两争”、整治建筑物立面挤占公共空间等工作开展立项督查；对节能减排、环境保护、土地市场秩序整顿、园林植物浇灌、抗旱救灾、森林防火、矿产资源开发、中小学校舍安全等工作进行督促检查。全年共办理督查督办件306件（其中：上级交办17件，本级交办275件，本委自立14件）。

**（二）扎实转变干部作风，优化经济社会发展软环境**

在“两年”活动的基础上，以“效能呈贡”建设活动为抓手，对各级各部门机关及其工作人员依法行政、工作效能、服务态度、政务公开、廉洁从政等情况开展明察暗访和督促检查，定期通报服务承诺落实情况和领导干部公务电话接听办理情况。通过开展“千名客商评价昆明软环境”活动，共征求意见建议3条，及时发现并纠正存在的问题，制定整改措施3项。在各级各部门全面推行重大决策听证、重要事项公示、重点工作通报、政务信息查询制度，实施行政绩效管理、行政成本控制、行政行为监督、行政能力提升制度。全年共组织全县37家县级行政机关围绕116个关键岗位、200个重点环节，排查廉政勤政风险463条，制定防范措施480条，参与重大决策听证监察17次。组织66家单位“一把手”围绕“提升工作效能、创造一流业绩”，在呈贡电视台作出公开承诺。把行政问责作为推动效能监察工作的重要手段，共办理17件问责件，对29人进行了问责和追究（其中：科级干部6人，一般干部13人，其他人员10人），有力促进了干部作风转变、工作效能提升和软环境优化，综合评议机关作风工作群众满意率达93.4%。

**（三）查处违纪违法案件，严厉惩处腐败分子**

高度重视信访工作，充分发挥反腐败协调小组联合办案作用，综合运用多种办案手段，加大案件查处力度。全年县纪委监察局共受理群众来信来访和电话举报120件（次），初步核实业务范围内违纪线索33件（次），立案8件，结案8件，共处分8人（其中科级干部2人），通过办案挽回经济损失约14万元，收缴违纪资金56万多元。坚持严惩腐败与保护干部并重，为10名党员干部澄清了举报失实的问题，对15件轻微违规问题进行了适当处理，保护了广大党员干部改革创新的积极性。通过严格依纪依规办案，督促发案单位建章立制、堵塞漏洞，加强教育和管理，做到件件有落实，事事有交代，较好地发挥了执纪办案的治本功能。严把案件质量关，做到人性化办案，所办理的案件中未发生申诉、复议案件。

**（四）加大专项治理力度，解决群众反映强烈的突出问题**

深入推进工程建设领域突出问题专项治理工作，排查投资规模为500万元（含）以上的政府性投资项目165个，围绕工程项目决策、城乡规划管理、招标投标活动等7个项目环节进行督促整改。开展检查义务教育经费使用情况2次，参加医院集中招标采购药品4600万元，严格落实中央强农惠农政策，切实减轻农民负担，严肃查处截留、挪用、克扣强农惠农补贴资金和乱收费、乱罚款、乱摊派等违法违纪行为，积极参与农村公益事业“一事一议”财政奖补试点工作，涉及农户1.2万多户，兑付补贴资金87万多元。巩固公路无“三乱”工作成果，坚决纠正和查处以罚代纠、以罚代管及其执法不规范问题，确保鲜活农产品运输“绿色通道”畅通。深入治理商业贿赂，共查办案件3件3人，涉案金额44万元。政务、厂务、村务公开工作进一步深化，街道100%实行了“零户统管”，居委会100%实行了“村财站管”，与群众利益密切相关的公共服务行业和部门普遍推行了办事公开制度。以关注民生、反映民意、维护民利为目标，新区领导做客“春城热线”，回答或办理意见反馈42条。

**（五）全面贯彻《廉政准则》，抓好领导干部廉洁自律工作**

组织新区各级党组织和党员领导干部认真学习贯彻《廉政准则》，举行专题讲座2次，各部门党政主要领导为基层上廉政党课187次，坚持向科级以上领导干部赠阅廉洁教育读本1 200多册、廉政台历450本，发送廉政手机短信和公开信1 680人(次)，组织征订、播放反腐倡廉优秀电教片40多部，设立手机版《新区快讯》“廉政之窗”专栏，组织30多名纪检监察干部参加市级案情通报会，组织160多名领导干部到法院旁听违法典型案件审判、380多名党员干部到警示教育基地接受教育，通过以案说纪、以案说法、以案说理，进一步加强了教育的针对性和有效性。积极推进廉政文化进机关、进社区、进学校、进农村、进企业、进家庭活动，创建6个“廉政文化示范点”。督促落实党内监督条例，领导干部报告个人重大事项30多人(次)，述职述廉和勤廉公示500多人(次)，新区(县)党政主要领导同下级党政主要负责人进行谈心谈话55人(次)，任前廉政谈话40多人(次)，纪委领导同下级党政负责人谈话35人(次)，领导干部经济责任审计9家14人。对公款出国(境)旅游、公车私用、公务接待奢侈浪费、清理整顿“小金库”、厉行节约等工作开展了专项治理，对节假日值班纪律、公务用车明察暗访32次，领导干部廉洁自律意识明显增强，廉政账户至今共存入5.1万元。

**（六）加强制度改革创新，推进从源头上防治腐败工作**

积极组织协调新区各级各部门围绕用制度管权、管事、管人、管社会，进一步深化干部人事制度、司法体制、行政管理和社会体制、市场机制改革，深化财税和投融资体制改革，完成制度创新192项。完善党风廉政建设责任制，把落实责任制、惩防体系建设、领导班子和领导干部年度考核结合起来，并注重考核结果的运用，进一步巩固了齐抓共管反腐倡廉建设的良好局面；深化行政审批制度改革，行政审批事项从原有的424项精简为37项，行政事业性收费项目由128项减至34项；深化干部人事制度改革，积极推行公开选拔、公推直选、连续公开差额推荐等制度，实施选人用人责任审查、机构编制责任审核和任期经济责任审计；完善工程建设项目招投标制度，加强建设工程管理，政府性投资建设工程项目（含采用 BT、BOT、TOT 等方式）认真落实“八个百分之百”要求；深化财政管理制度改革，进一步完善和规范财政转移支付制度，实施了非税收入管理办法，推行了公务卡结算制度；深化投融资体制改革，建立“投建管”相分离、“借用还”一体化的运行机制。

**（七）加强队伍自身建设，为反腐倡廉工作提供有力的组织保证**

全面深入开展“创先争优”活动，继续巩固“做党的忠诚卫士、当群众的贴心人”主题实践活动成果，按照中央纪委《关于进一步加强和改进纪检监察干部队伍建设的若干意见》，开展向王瑛、刀会祥等同志先进事迹学习活动，层层签订“五严守、五禁止”责任书，组织纪检监察干部参加中央、省、市纪委学习培训 67 人（次），对纪检监察干部严格要求、严格教育、严格管理、严格监督。在新区党工委（县委）、新区管委会（县政府）的高度重视下，中纪发〔2009〕9 号、10 号文件得到较好的贯彻落实，人员编制、经费保障、装备配置等方面得到全面加强，有力促进了县级纪检监察机关建设，为深入推进反腐倡廉建设提供了有力保障。

回顾一年的工作，在肯定成绩的同时，我们也清醒地认识到，当前新区的反腐倡廉形势仍然严峻，任务依然艰巨。一些群众反映强烈的问题还没有得到根本解决，不作为、乱作为、慢作为等效能低下问题依然存在；一些重点领域和关键环节以权谋私、失职渎职案件时有发生；少数党政领导干部对党风廉政建设责任制落实不够，没有认真履行“一岗双责”，农村基层党风廉政建设需进一步加强；纪检监察机关干部队伍的思想观念、履职能力还不能完全适应新形势新任务的要求，部分基层纪检监察工作力度还很薄弱等。对此，我们必须高度重视，以更加坚决的态度、更加有力的措施，把新区的反腐倡廉建设工作进一步引向深入。

## 二、2011 年主要任务

2011 年是全面实施“十二五”规划的开局之年，是中国共产党成立 90 周年，也是呈贡新区发展面临巨大机遇和严峻挑战的一年，各方面工作任务十分繁重，纪检监察工作责任重大。我们要认真学习贯彻胡锦涛总书记在十七届中央纪委六次全会上的重要讲话精神，坚持以人为本、执政为民，认真解决损害群众利益的突出问题和反腐倡廉建设中群众反映强烈的突出问题，深入推进党风廉政建设和反腐败斗争。今年工作的总体要求是：高举中国特色社会主义伟大旗帜，以邓小平理论和“三个代表”重要思想为指导，深入学习实践科学发展观，全面贯彻落实党的十七届五中全会精神，按照十七届中央纪委六次全会、省纪委八届六次全会、市纪委九届六次全会和呈贡新区党工委暨县委十一届七次全会的部署和要求，坚持标本兼治、综合治理、惩防并举、注重预防的方针，加强以保持党同人民群众血肉联系为重点的作风建设，加强以完善惩治和预防腐败体系建设为重点的反腐倡廉建设，着力解决反腐倡廉建设中人民群众反映强烈的突出问题，围绕中心、服务大局，突出重点、整体推进，改革创新、狠抓落实，努力提高反腐倡廉建设科学化水平，以党风廉政建设和反腐败斗争的新成效迎接建党 90 周年，为顺利实施“十二五”规划、加快新区“一步城市化”进程、建设昆明现代化城市示范区、科学发展示范区、品质春城示范区提供有力保证。

**（一）加强监督检查，保证党的十七届五中全会精神和省市县重大决策部署的贯彻落实**

*加强对党委、政府重大决策部署贯彻落实情况的监督检查。*新区各级纪检监察部门要认真学习贯彻党的十七届五中全会精神，准确把握“十二五”规划的指导思想、总体思路、目标任务和重大举措，全面领会党的作风建设和反腐倡廉建设的新部署新要求，紧紧围绕科学发展这个主题和加快转变经济发展方式这条主线，把保证中央、省、市和新区重大决策部署的落实作为一项重要职责来加强监督检查。会同有关部门对中央、省委、市委的重大决策部署执行情况开展监督检查，坚决纠正有令不行、有禁不止现象，严肃查处违纪违规行为，确保政令畅通。重点对新区党工委（县委）十一届七次全会及政府工作报告中确定的主要工作任务完成情况进行立项督查，对新区各个重大建设项目和重要工作任务的进展落实情况进行监督检查，特别要强化对做好服务市级行政中心办公、加快新区“一步城市化”进程等工作的督促检查，及时发现问题、督促整改。对拖着不办、顶着不干、落实不力的进行严厉问责并公开曝光，强力推进新区建设各项工作任务的落实。通过不断完善监督检查机制，健全监督检查制度，建立纪律保障机制，进一步提高监督检查的科学化、制度化、规范化水平。

*坚决维护党的政治纪律。*深入开展政治纪律教育，引导广大党员干部增强党的意识、宗旨意识、执政意识、大局意识和责任意识，坚定政治立场，增强政治敏锐性和政治鉴别力，在思想上、政治上、行动上自觉同以胡锦涛同志为总书记的党中央保持高度一致。严禁散布违背党的理论和路线方针政策的意见，严禁公开发表同中央精神相违背的言论，严禁编造、传播政治谣言，严禁以任何形式泄露党和国家秘密，严禁参与各种非法组织和非法活动。各级纪检监察部门要

加强对政治纪律执行情况的监督检查，对违反党的政治纪律的，视情节轻重给予批评教育或组织处理；对造成严重后果的，依纪依法予以惩处。

*严肃换届工作纪律。*根据上级安排，今年呈贡县委将进行换届选举，要检查坚持“十个严禁”、“五个一律”等要求的贯彻执行情况，严肃查处严重违反组织人事纪律的行为，对跑官要官、买官卖官、拉票贿选、突击提拔干部和诬告陷害等违纪违法行为，要按照有关规定严厉惩处，为换届工作营造风清气正的良好氛围，匡正选人用人风气。

**（二）推进作风建设，进一步优化经济社会发展软环境**

新区各级纪检监察部门要切实承担起协助党政班子抓党风政风建设的重要职责，紧紧围绕实现“十二五”时期呈贡新区经济社会发展目标任务，继续解决干部作风和行政效能方面存在的问题，为新区科学发展新跨越打造优质软环境。

*大力弘扬党的优良作风。*要以保持党同人民群众血肉联系为重点，大力弘扬密切联系群众之风，认真落实中央关于加强和改进群众工作的各项要求，改进群众工作方式方法，健全领导干部联系点和定期接访、下访等联系服务群众制度，建立维护群众权益和化解社会矛盾机制，督促领导干部带头做好群众工作，坚决纠正脱离群众的不良风气。大力弘扬求真务实之风，认真落实关于促进科学发展的党政领导班子和领导干部考核评价规定，坚决纠正不切实际、不顾民力、急功近利的决策和乱铺摊子、乱上项目、劳民伤财的行为，对搞“形象工程”和“政绩工程”引发重大事件或造成重大损失的，要严肃追究责任。大力弘扬艰苦奋斗之风，认真落实中央和省、市有关厉行节约的规定，严格执行财经制度和工作纪律。大力弘扬批评和自我批评之风，加强党性修养和实践锻炼，坚决反对逢迎讨好、互相吹捧等庸俗作风，自觉克服好人主义。要继续狠刹乱议论、乱猜测、乱编造、乱告状的歪风邪气，狠抓反面典型，严肃追究责任，对扰乱人心、诬告陷害、诽谤他人的，发现一个、查处一个，决不姑息迁就。要加强对领导干部作风建设情况的监督检查，及时发现和纠正在思想作风、学风、工作作风、领导作风和生活作风方面存在的突出问题，着力克服官僚主义、形式主义、弄虚作假、心浮气躁、铺张浪费等问题。

*进一步优化经济社会发展软环境。*继续深入开展“效能呈贡”建设活动，加快政府职能转变，健全部门之间协调配合机制。对行政审批制度改革开展“回头看”，进一步巩固和深化成果，坚决纠正和严肃查处变相审批、违规审批和利用审批权谋取私利等行为，进一步落实“阳光政府”、“效能政府”相关制度，深入推行“五办作风”、“一线工作法”、“工作成果倒逼法”。加强对农村保障性住房建设、重大基础设施建设、城市管理、四创两争等重点工作的督办、查办，对涉及到项目立项、土地申报供应、规划审批、征地拆迁等前期工作分解立项到责任单位、责任领导、责任岗位，挂牌推进、限时办结，着力治拖、严肃查推，失责必问、有错必纠，促使各级机关和干部牢固树立发展为要、服务为本、效能为先的理念，建一流队伍、育一流作风、创一流服务，打造“三最四低”优质软环境。

**（三）强化工作措施，加快构建具有新区特色的惩治和预防腐败体系**

按照新区（县）《关于贯彻落实〈建立健全惩治和预防腐败体系 2008—2012 年工作规划〉的实施办法》及其分工方案的部署和要求，切实抓好各项工作任务的落实。

*加强对领导干部的教育和监督。*进一步增强反腐倡廉教育的针对性和实效性，以理想信念教育和党性党风党纪教育为重点，深入开展示范教育、警示教育和岗位廉政教育，引导党员干部树立以人为本、执政为民的理念；深入推进廉政文化建设，扩大创建“廉政文化示范点”领域，探索在公共场所、城市公园创建“示范点”，建立健全新闻发言人制度和案件通报制度，加强反腐倡廉网络宣传，努力营造良好的社会舆论氛围；开展廉政风险防范管理工作，努力减少和控制诱发腐败的风险；认真贯彻党内监督条例，严格执行领导干部述职述廉、诫勉谈话、函询、罢免或撤换等制度，加强对民主集中制执行情况的监督检查，提高民主生活会质量；继续深入开展领导干部经济责任审计工作；坚持党内监督与党外监督、专门机关监督与群众监督相结合，不断拓宽监督渠道。

*健全反腐倡廉制度。*积极组织协调新区各级各部门加大力度，深层次、全方位推进制度创新工作，努力形成用制度管权、按制度办事、靠制度管人的有效机制。要适应新区反腐倡廉的需要，围绕保证党委、政府决策部署的贯彻落实，建立健全定期检查、专项督查、明察暗访等制度，加快建设重点工作、重大项目督查督办电子监察系统；围绕解决人民群众反映强烈的问题，进一步完善公务接待公务卡结算、因公出国（境）学习考察管理办法、公务用车管理等制度，建立健全及时发现问题、快速处理问题和源头预防问题机制；围绕治理重点领域腐败问题，进一步规范工程建设招投标，健全防治商业贿赂长效机制等；围绕抓好自身建设制度创新，确保全面落实加强纪检监察队伍建设的各项要求。要认真开展制度廉洁性评估，积极探索推广“制度＋科技”等预防腐败经验。加强对制度执行情况的监督检查，在提高制度执行力上下功夫。

*纠正损害群众利益的不正之风。*联合有关部门重

点解决群众反映强烈的食品药品安全、环境保护、安全生产、专项基金和资金监管等方面的突出问题。加大对征地拆迁行为的监管，督促完善被征地农民社会保障机制，坚决制止违法违规强制征地拆迁行为。完善公路“三乱”监督网络和快速反应机制，继续治理教育乱收费、医药购销及医疗服务中的不正之风，规范行业协会、市场中介组织、公共服务行业的服务和收费行为。

加大惩治腐败力度。始终保持查办案件的强劲势头，对腐败分子要一查到底，决不姑息，决不让其逃脱党纪国法的惩处。要按照中央、省、市的部署和要求，严肃查办发生在领导机关和领导干部中的贪污贿赂、失职渎职案件，重点领域和关键环节中的违纪违法案件，严重违反政治纪律和组织人事纪律的案件，重大责任事故和群体性事件涉及的失职渎职及背后的腐败案件；严肃查办商业贿赂案件，发生在基层政权组织和重点岗位的以权谋私、滥用职权的案件，以案谋私、贪赃枉法和为黑恶势力充当“保护伞”等案件；严肃查办挤占挪用、截留贪污扩大内需、救灾、扶贫等专项资金的案件。针对新区正处于“大改革、大开放、大建设、大发展”时期的实际，要加大经济、建设领域反腐败力度，坚决纠正和查处项目决策、招标投标、土地出让、规划审批、资金使用等方面存在的违纪违规问题，保证“项目优质、干部优秀”。要进一步健全查办案件工作组织协调机制，加强跨地区、跨部门、跨行业案件查处的协作配合。改进信访举报、案件审理和案件监督管理工作，建立健全腐败案件及时揭露、发现、查处机制，严格依纪依法、安全文明办案，进一步发挥查办案件的治本功能。

深化重点领域改革。配合和督促有关部门深化行政管理体制、干部人事制度、司法体制和工作机制改革。进一步精简和规范行政审批事项，积极推行绩效管理和行政问责，加大涉及重大公共利益审批事项的听证力度。认真贯彻落实《关于深化干部人事制度改革的意见》，规范干部选拔任用提名制度，稳步推行差额选拔干部制度，整治跑官要官、买官卖官、拉票贿选等问题。完善对司法权运行的制约监督机制，健全司法公开、司法回避、司法问责等制度规范，确保司法机关公正廉洁执法。深化财政管理体制改革，加强财政资金监管，完善和规范财政转移支付制度；深化投融资体制改革，建立“投建管”相分离、“借用还”一体化的工作体制，形成决策科学、执行顺畅、监督有效的运行机制；完善国有资本收益管理制度，深化公共资源交易制度改革，加强对国有资产交易监管，完善政府采购法规制度体系；继续做好规范公务员津贴补贴工作，从而进一步加强廉政风险防范机制建设。

**（四）着力解决群众反映强烈的突出问题**

在切实做好反腐倡廉经常性工作的同时，要适应发展变化的新形势，顺应人民群众的新期待，集中力量、抓住热点、破解难点，努力在解决群众反映强烈的突出问题方面取得新成效。

认真落实《廉政准则》，着力解决领导干部廉洁自律方面存在的突出问题。一要全面落实《关于领导干部报告个人有关事项的规定》和《关于对配偶子女均已移居国（境）外的国家工作人员加强管理的暂行规定》。领导干部要按规定要求，主动、如实报告有关内容，纪检监察机关要与组织(人事)部门加强调查研究，完善配套制度，强化工作措施，认真负责地组织好相关工作，同时要严格执行纪律，注意把握政策，严肃查处违规违纪行为。二要坚决整治领导干部违规收受礼金问题。严禁领导干部以各种名义接受管理和服务对象以及其他与行使职权有关系的单位或者个人的礼金和各种有价证券、支付凭证，对违反规定构成违纪的，严肃追究党纪政纪责任;涉嫌犯罪的，移送司法机关处理。三要巩固党政机关厉行节约、制止奢侈浪费工作成果。完善因公出国（境）管理制度，建立健全禁止公款出国（境）旅游长效机制。认真执行关于党政机关公务接待的管理规定，严格公务接待经费预算管理，深入推进公务卡制度。继续严格控制党政机关办公楼等楼堂馆所建设。继续认真治理违反规定多占住房、买卖经济适用房或租赁廉租住房等保障性住房，利用职务之便接受可能影响公正执行公务的宴请以及旅游、健身、娱乐等活动安排，利用职权委托理财、获取内幕信息谋取不正当利益等问题。推进规范公务员津贴补贴工作。落实关于领导干部离职或退休后从业的有关规定。今年，将适时组织开展一次对《廉政准则》执行情况的专项检查。

深入推进专项治理，努力遏制消极腐败现象和不正之风在一些领域易发多发的势头。一要深化工程建设领域突出问题专项治理。认真贯彻《关于解决当前政府投资工程建设中带有普遍性问题的意见》，配合有关部门抓好排查整改工作，督促落实“八个百分之百”规定，严肃查处违规项目审批、规划调整以及规避招标、虚假招标、转包、违法分包等问题，对领导干部在招投标过程中打招呼、批条子、发短信等违法违纪行为，一经发现，一律先免职再查处。深化对国有建设用地使用权和矿业权出让制度执行情况的清理，严肃查办在土地矿产资源审批、项目实施、工程质量、资金使用、政府采购及执纪执法中的案件。大力推进工程建设、土地使用权、矿业权市场体系建设和信息公开、诚信体系建设。二要深化“小金库”专项治理。巩固治理成果，加强整改落实，健全防治“小金库”长效机制，继续深入开展社会团体、国有及国有控股企业“小金库”治理工作。三要深入开展庆典、研讨会、论坛过多过滥问题专项治理。严格执行《关于严格控制和规范会议文件庆典论坛的若干规定》、《关于规范领导干部参加社会庆典活动的暂行办法》等制度规定，严格审批程序，加强经费监管，规范领导干部行为。未经批准的，各级党政机关一律不得举办庆典、研讨会、论坛等活动；经批准举办的，要纳入财政预算，接受审计监督；领导干部未经批准不得出席此类活动。四要认真开展公务用车问题专项治理，切实加强公务用车管理。认真落实党政机关和领导干部公务用车配备使用管理办法。会同有关部门集中开展党政机关公务用车专项治理，重点纠正超编制超标准配备公务用车和违规换车、借车、摊派款项购车、豪华装饰及公车私用私驾等问题。积极推进公务用车制度改革。事业单位、国有企业也要结合实际制定相关规定并抓好落实。

大力加强基层党风廉政建设，着力解决发生在群众身边的腐败问题。新区各级各部门要结合新区征地拆迁工作实际，建立健全社会保障体系和公共服务、基层民主权力保障体系，深入贯彻新区《深化农村基层党风廉政建设实施意见》，认真解决虚报浮夸、作风粗暴、与民争利等问题，加大对损害群众利益行为的问责力度，坚决纠正对群众疾苦漠不关心、对群众呼声置若罔闻、对群众利益麻木不仁，甚至与民争利、以权谋私的行为，维护农民群众合法权益，以基层党风廉政建设的实效取信于民，最广泛地动员和组织广大群众理解新区建设、支持新区建设、参与新区建设，真正成为新区开发建设中最直接的受益者、最衷心的拥护者、最积极的参与者。认真落实《关于党的基层组织实行党务公开的意见》，要以落实群众知情权为重点，加大政务公开、司法公开、厂务公开、村务公开和公共企业事业单位办事公开力度，畅通群众反映问题、表达合理诉求的渠道，认真倾听群众意见，接受群众监督，维护群众利益，充分发挥广大群众的监督作用。

## 三、切实抓好反腐倡廉各项任务的落实

新区各级各部门和纪检监察部门要进一步增强责任感和紧迫感，以更加坚定的信心、更加坚决的态度、更加有力的措施推进反腐倡廉各项工作。

### （一）认真落实党风廉政建设责任制

要根据中央新修订的《关于实行党风廉政建设责任制的规定》，研究制定新区的实施办法，坚持和完善反腐败领导体制和工作机制。新区各级领导班子要对职责范围内的党风廉政建设负全面领导责任，主要负责人不仅要率先垂范、严格自律，还要管好班子、带好队伍，认真履行第一责任人的职责，做到重要工作亲自部署、重大问题亲自过问、重点环节亲自协调、重要案件亲自督办；其他成员要对职责范围内的党风廉政建设负主要领导责任。党委、政府工作部门要抓好本部门、本系统、本行业的反腐倡廉建设，抓好所承担的牵头和配合任务的落实。纪检监察机关要认真履行组织协调职责，积极协助党委、政府搞好责任分解和检查考核，并把检查考核结果作为对领导班子总体评价和领导干部业绩评定、奖励惩处、选拔任用的重要依据。要进一步加大责任追究力度，发现有对党风廉政建设工作领导不力、职责范围内明令禁止的不正之风得不到有效治理、造成不良影响的，对本地区、本部门、本系统发现的严重违纪违法行为隐瞒不报、压案不查或处理失之以宽、失之以软的，疏于监督管理、致使领导班子成员或者直接管辖的下属发生严重违纪违法问题的，要严格追究有关领导班子和领导干部的责任。

### （二）全面履行纪检监察两项职能

新区纪检监察机关要切实履行党章赋予的职责，认真检查党的路线、方针、政策和决议的执行情况，积极协助党委加强党风建设和组织协调反腐败工作。要在加强党的纪律检查工作的同时，严格执行新修改的行政监察法，充分发挥行政监察职能作用。进一步加强和改进执法监察工作，强化对国家行政机关遵守和执行法律、法规和政府的决定、命令情况的检查，防止和纠正行政不作为、乱作为行为；进一步加强和改进廉政监察工作，以强化对权力的制约和监督为重点，严肃行政纪律，坚决查处以权谋私、严重损害国家和人民利益的行为；进一步加强和改进效能监察工作，开展对行政机关及其公务员的绩效考核和绩效评估，切实解决机关工作中存在的推诿扯皮、效率低下、资源浪费等问题。加强对政务公开和纠正损害群众利益不正之风工作的组织协调和检查指导；加强对具有公共事务管理职能的组织及其人员的监察；加强对受委托从事公务的组织及其人员的监察。

### （三）努力提高反腐倡廉建设科学化水平

新区各级纪检监察部门要积极适应新形势新任务的要求，坚持解放思想、实事求是、与时俱进，及时总结推广实践中创造的新经验，借鉴先进地区的有益做法，大力推进反腐倡廉理念思路、工作内容、方式方法和体制机制创新。要自觉把以人为本、执政为民的要求贯穿于反腐倡廉建设的全过程和各个方面，牢固树立服务大局、以人为本、统筹兼顾的理念，正确处理治标和治本、惩治和预防的关系。要坚持以改革的精神、创新的思路、发展的办法解决滋生腐败的深层次矛盾和问题，不断深化重点领域和关键环节改革，最大限度地减少体制障碍和制度漏洞。要切实转变纪检监察工作方式方法，坚持用系统的思维、统筹的观念、科学的方法推进反腐倡廉建设，不断增强惩治和预防腐败的有效性。要大兴调查研究之风，加强理论

研究和政策研究，不断深化对新形势下反腐倡廉工作特点和规律的认识。

**（四）大力加强纪检监察机关队伍建设**

认真贯彻落实中央纪委《关于进一步加强和改进纪检监察干部队伍建设的若干意见》，继续在新区纪检监察机关深入开展“创先争优”活动和“做党的忠诚卫士、当群众的贴心人”主题实践活动，努力建设一支政治坚强、公正清廉、纪律严明、业务精通、作风优良的干部队伍。继续推进学习型纪检监察机关建设，认真组织纪检监察干部学习政治理论，钻研纪检监察业务，广泛了解和掌握各方面知识，着力提高服务、保障和促进科学发展的能力，着力提高做好群众工作和维护社会和谐稳定的能力，着力提高有效防治腐败的能力。结合今年县委、县纪委换届，切实把党性好、作风正、能力强、威信高的干部选拔到纪检监察机关中，侧重选调和录用一批熟悉经济、法律、审计等业务的干部到纪检监察机关工作。深入推进干部人事制度改革，扩大干部公开选拔和竞争上岗范围，加大干部轮岗、挂职、交流力度。进一步完善配齐纪检监察机关派出机构统一管理，积极探索纪检监察派出机构发挥作用的办法和措施；积极探索街道纪工委发挥职能作用的有效途径，加强国有企业纪检监察组织建设。对纪检监察干部严格要求、严格教育、严格管理、严格监督，督促严格遵守“五严守、五禁止”规定，对出现的苗头性问题要早打招呼早提醒，对不适合在纪检监察机关工作的要坚决调离，违纪违法的要严肃处理，树立纪检监察干部可亲、可信、可敬的良好形象。

同志们，深入开展党风廉政建设和反腐败斗争，任务艰巨，使命光荣，责任重大。让我们坚定信心、振奋精神、努力开创新区党风廉政建设和反腐败工作新局面，为建设昆明现代化城市示范区、科学发展示范区、品质春城示范区和低碳城市提供坚强的纪律保证！

# 2010年领导干部名录

(2010.1～2010.12)

## 新区领导名录

### 中共昆明呈贡新区工作委员会

书　　记　周峰越
副书记　吴庆昆（至12月）
　　　　缪　军（12月起）
　　　　冉德涛
委　　员　李荣华（至8月）
　　　　肖向飞（至3月）
　　　　王健雄
　　　　高焕彬（至8月）
　　　　钟启锋　蔡继林（至11月）
　　　　杨绍斌　杨　雄（白族）
　　　　马宏途（回族）
　　　　李俊民　曾尔树
　　　　顾　巍（8月起）

### 昆明呈贡新区管理委员会

主　　任　吴庆昆
副主任　李荣华（至8月）
　　　　王健雄
　　　　高焕彬（至8月）
　　　　肖向飞（至4月）
　　　　李俊民　曾尔树
　　　　顾　巍（12月起）

## 县委、县人大 县政府、县政协领导名录

### 中共呈贡县委

书　　记　赵德光（彝族，至2月）
　　　　周峰越（5月起）
副书记　周峰越（主持工作，至5月）
　　　　吴庆昆（至12月）
　　　　缪　军（12月起）
　　　　李兴华（3月起，挂职2年）
常　　委　赵德光（彝族，至2月）
　　　　周峰越　吴庆昆
　　　　李兴华（3月起）
　　　　冉德涛
　　　　李荣华（至8月）
　　　　肖向飞（至3月）
　　　　钟启锋　蔡继林（至11月）
　　　　杨绍斌　杨　雄（白族）
　　　　马宏途（回族）
　　　　简　金　王健雄
　　　　高焕彬（至8月）
　　　　母正荣
　　　　韩小艳（女）
　　　　顾　巍（8月起）
　　　　齐超英（12月起）

### 呈贡县人大常委会

主　　任　陈庆鸿
副主任　赵　芳（女，哈尼族）
　　　　赵崇华　郭　能
　　　　岳绍萍（女）

### 呈贡县人民政府

县　　长　吴庆昆（至12月）
副县长　李荣华（至9月）
　　　　肖向飞（至5月）
　　　　李俊民　王健雄
　　　　高焕彬（至9月）　曾尔树
　　　　母正荣　许玉文（女）
　　　　张义强　黄忠伟
　　　　陈吉岳（5月起）
　　　　段　超（8月起）
　　　　顾　巍（9月起）
　　　　缪　军（12月起，代理县长）
　　　　韩　扬（12月起）
　　　　王　兵（12月起，挂职3年）
县长助理　王　兵（至12月）
　　　　郭静雨（女）

### 政协呈贡县委员会

主　　席　朱理学
副主席　山　聪　沙　敏（回族）

李　勇（兼）
杨莲芝（女）
秘　书　长　李　凯

## 新区“三部一委”领导名录

**洛龙乌龙片区建设指挥部（至4月）**
指　挥　长　李俊民
政　　　委　杨绍斌
副指挥长　张义强
岳绍萍（女）
沙　敏（回族）

**呈贡新区建设工作指挥部（4月起）**
指　挥　长　李俊民（4～6月）
母正荣（6月起）
政　　　委　钟启锋（4月起）
常务副指挥长　王　兵（6月起）
副指挥长　沙　敏（回族，4月起）
张明华（6月起）

**雨花吴家营片区建设指挥部（至4月）**
指　挥　长　高焕彬
政　　　委　钟启锋
副指挥长　赵崇华
山　聪
段竹英（女）

**★呈贡新区高校片区服务指挥部（4月起）**
指　挥　长　赵崇华（4月起）
政　　　委　杨绍斌（4月起）
副指挥长　岳绍萍（女，4月起）
方　能（6月起）

**龙城斗南片区建设指挥部（至4月）**
指　挥　长　肖向飞
政　　　委　冉德涛
副指挥长　赵　芳（女，哈尼族）
母正荣
黄忠伟
王　兵

**呈贡新区征地拆迁工作指挥部（4月起）**
指　挥　长　李荣华（4～11月）
顾　巍（11月起）
政　　　委　冉德涛（4月起）
副指挥长　蔡继林（4月起）
杨　雄（4月起）
简　金（4月起）
母正荣（4～6月）
赵　芳（女,哈尼族,4月起）
黄忠伟（4月起）
山　聪（4月起）
齐超英（4月起）
土绍波（4月起）
王　兵（4～6月）
段　超（6月起）
韩　扬（6月起）
张景灿（6月起）

**呈贡工业园区管理委员会**
主　　　任　李荣华（至2月）
马宏途（回族，2～11月）
张义强（11月起）
党工委书记　杨　雄（白族，至2月）
郭　能（2月起）
常务副主任　马宏途（回族，至2月）
副　主　任　许玉文（女）
张义强（6月起）
杨莲芝（女）
郭静雨（女）
王亚华（12月起）
专职副主任　龚永武（8月起）

## 法、检领导干部名录

**呈贡县人民法院**
院　　　长　张立志
副　院　长　何小龙　刘光兴
纪检组长　张　学
政治处主任　马跃华
执行工作局局长　郑洪斌
办公室主任　王忠良
审判委员会专职委员　冯　丽（女）
金永红
行政审判庭庭长　李兴辉
立案庭庭长　谢正明（至5月）
马兴东（回族，5月起）
民事审判第1庭庭长　黄　云(女)
民事审判第2庭庭长　马兴东（回族，至5月）
马金铺法庭庭长　李　明
审判监督庭庭长　谢正明（5月起）
司法警察大队大队长　李东升（哈尼族）

**呈贡县人民检察院**
检　察　长　李庆华

副检察长 李治伦（至5月）
张建文
涂蓉（女）
潘荣华（11月起）
纪检组长 潘荣华（至11月）
政治处主任 晋娅丽（女）
县反贪局局长 沐虹
办公室主任 李毅俊
专职检察员 张琼娥（女）
武文莹
反渎职侵权局局长 马锡典
民事行政检察科科长 段国伟
控告申诉科科长 罗玉华（女）
公诉科科长 李恭
监所检察科科长 尹忠
侦查监督科科长 高虹
职务犯罪预防科科长 尹培忠
司法警察大队大队长 王培通

## 新区党工委（县委）各部门（单位）、群团组织领导干部名录

### 新区（县）综合办公室

主任 蔡继林
常务副主任 刘燚（至7月）
副主任 杨相国（至7月）
郭清（至8月）
李伟 马龙
王毅强
方能（8月起）

### 新区（县）纪委

书记 钟启锋
副书记 杨友志 包雪松(至9月)
常锐（9月起）
办公室主任 任云（女）
信访室主任 李亚京
党风宣教室主任 郭春华
执法监察室主任 朱振学
纪检监察室主任 祁叔锋
干部人事室主任 李艳萍（女）
案件审理室主任 莫存平
效能监察室主任 张勇
新区(县)政府纠风办主任 杨友志（至11月）
常锐（11月起）
新区(县)政府纠风办副主任 马晓荣（回族）
第一纪工委书记 王利华
第一纪工委副书记、监察分局局长 李红梅（女）
第二纪工委书记 王树琼（女）
第二纪工委副书记、监察分局局长 赵春萍（女）
第三纪工委书记 王汝祥
第三纪工委副书记 毕建楠
第三纪工委副书记、监察分局局长 沈红玲（女）
第四纪工委书记 杨亚慧（女）
第四纪工委副书记、监察分局局长 孙应懂

### 新区党工委（县委）办公室

主任 蔡继林
副主任 李伟 郭清（至8月）
杨相国（至7月）
马龙 方能（8月起）
室务委员 李亚楠（女）
杨海
新区党工委(县委)机要局副局长 唐文荣
新区（县）保密局局长 杨相国（至7月）
新区(县)保密局副局长 唐文荣

### 新区党工委（县委）委组织部

部长 杨雄（白族）
常务副部长 胡蓉（女）
副部长 王思旭
马怀谦（回族）
杨旭海
部务委员 管光茂 张凤媛（女）
新区党工委(县委)电教中心主任 杨绍坤
副科级组织员 刘钰（6月起）

### 新区（县）级机关工委

书记 王耀武

### 新区党工委（县委）老干部工作局

局长 王思旭
副局长 杨利伟

### 新区党工委（县委）宣传部

部长 杨绍斌
常务副部长 刘燚（8月起）
副部长、新区(县)文明办专职副主任 张成金
副部长 郭慧芬（女，至7月）
黄明
部务委员 赵凤珍（女）

### 新区党工委（县委）统战部

部长 沙敏（回族）
副部长、台办主任 杨海丽（女）
副部长 尹绍荣

**新区党工委（县委）政法委员会**

书　　　　记　马宏途（回族）
副　书　记　陈兴平（至5月）
　　　　　　黄忠伟（5月起）
专职副书记、办公室主任　刘本贵
办公室副主任　郑学坤
新区（县）综治办主任　刘本贵
新区（县）综治办副主任　李勇洪
新区（县）610办公室主任　刘本贵

**新区党工委（县委）政策研究室**

主　　　　任　李树贤
副　主　任　李稀梅（女）

**新区党工委（县委）机构编制办公室（7月起）**

专职副主任　马　旺（7月起）

**新区党工委（县委）党校·新区（县）行政学校**

党校校长　陈庆鸿
行政学校校长　李荣华
书记、常务副校长　段竹英（女）
办公室主任　刘　钰（至6月）
教务科科长　刘　刚
培训科科长　杨耀芳（女）

**新区党工委（县委）党史县志办公室**

主　　　　任　唐荣华

**新区（县）总工会**

主　　　　席　郭　能
副　主　席　戚梁萍（女）

**团新区（县）委**

书　　　　记　董　皎（女）
副　书　记　何鹏程

**新区（县）妇联**

主　　　　席　赵　芳（女，哈尼族）
副　主　席　华艳琼（女）

**新区（县）工商联**

主　　　　席　山　聪
常务副主席　李存华

**新区（县）残联**

理　事　长　聂　晶（女）
副理事长　陈宏海

## 县人大工作机构领导干部名录

**办公室**

主　　　　任　沈开宏
副　主　任　杨继康
　　　　　　罗丽华（女）

**财政经济工作委员会**

主　　　　任　何有聪
副　主　任　高　璋

**教科文卫工作委员会**

主　　　　任　杨　锋

**城乡建设环境保护工作委员会**

主　　　　任　刘春林

**人事代表联络工作委员会**

主　　　　任　何兴荣

**法制工作委员会**

主　　　　任　郭继坤

**民族宗教华侨工作委员会**

主　　　　任　杨　冬（白族）

## 新区管委会（县政府）各部门（单位）领导干部名录

**新区管委会（县政府）办公室**

主　　　　任　刘　燚（至8月）
副　主　任　杨相国（至8月）
　　　　　　郭　清（至9月）
　　　　　　李　伟　马　龙
　　　　　　郭德平
　　　　　　杨德龙（8月起）
　　　　　　方　能（9月起）
室务委员　李建珊（女）
新区（县）政府便民服务热线办主任　李琼珍（女）
新区（县）信访局局长、新区（县）法制办主任　马　龙
新区（县）信访局副局长　李琼珍（女）

**新区（县）发展改革和经济贸易局（至7月）**

局　　　　长　尚　平（至8月）
书　　　　记　余章俊（至7月）
副　局　长　姚　芸（女，至8月）
　　　　　　袁海鸿（至8月）

**新区（县）发展和改革局（7月起）**

局长 尚平（8月起）
书记 张桂仙（7月起）
副局长 姚芸（女，8月起）
袁海鸿（8月起）

**新区（县）教育局**

局长 李劲松（至9月）
郭清（9月起）
书记 郭增锐
副局长 马凤升（回族，至8月）
蒋莉（女，8月起）
李元慧（12月起）
副书记 马春

**新区（县）科学技术局（至7月）**

局长 焦静（女，至8月）

**新区（县）科学技术和信息化局（7月起）**

局长 焦静（女，8月起）
书记 何锦（7月起）

**新区（县）监察局**

局长 常锐（9月起）
副局长 邢蔚莹（女）
谢国良（5月起）

**新区（县）民政局**

书记、局长 马汝新（至8月）
书记 储华（8月起）
局长 储华（9月起）
副局长 李荣兴

**新区（县）司法局**

书记、局长 赵南山
副局长 郝洪流（8月起）

**新区（县）财政局**

局长、书记、新区(县)国有资产管理局
局长、县政府金融工作办公室主任 尹宏
副书记 赵云杰（至7月）
副局长 赵云杰
陈永文（女，8月起）
新区(县)财政国库集中支付中心主任 陈永文（女）

**新区（县）人事劳动和社会保障局（至7月）**

局长 马怀谦（回族，至8月）
副局长 晋琼华（女，至8月）
龙星星（女，至8月）
新区（县）社保局局长 柏涛
新区(县)劳动服务就业局局长 文成莲（女）
新区(县)医保中心主任 周晓东
新区(县)机构编制委员会办公室专职副主任 马旺

**新区（县）人力资源和社会保障局（7月起）**

局长 马怀谦（回族，8月起）
副局长 晋琼华（女，8月起）
龙星星（女，8月起）
新区（县）社保局局长 柏涛
新区(县)劳动服务就业局局长 文成莲（女）
新区(县)医保中心主任 周晓东

**新区（县）环境保护局**

局长 张庆非
副局长 缪文彬
副局长、环境监察大队大队长 土绍云
副局长 王玉枝（女，聘任）

**新区（县）建设局（至7月）**

书记 张忠（至2月）
张明华（2~7月）
局长 张忠（至3月）
张明华（3~8月）
副局长 李贵荣（彝族，至8月）
张毅（至8月）
赵文庆（至8月）
马军山（聘任，至8月）

**新区（县）住房和城乡建设局（7月起）**

局长 张明华（8月起）
书记 张明华（7月起）
副局长 李贵荣（彝族，8月起）
张毅（回族，8月起）

**新区（县）交通局（至7月）**

局长 李武（至8月）
书记 李武（至7月）
副局长 谢国良（至4月）

**新区（县）交通运输局（7月起）**

局长 李武（8月起）
书记 李武（7月起）
副局长 李济留（8月起）

**新区（县）城市管理综合行政执法局**

局长 李谷荣（至8月）

张　雁（8月起）
书　　　　记　张　雁（7月起）
副　局　长　杨枝勇（聘任）
李　龙（聘任）

**新区（县）林业局（至7月）**
局　　　　长　朱培荣（至8月）
书　　　　记　朱培荣（至7月）
副　局　长　李志刚（至8月）
李云春（至8月）
新区(县)森林公安分局局长　李志华（至6月）
新区(县)森林公安分局副局长(主持工作)　周　泽（6月起）
新区(县)森林公安分局政委　朱培荣（至6月）

**新区（县）园林绿化局（7月起）**
局　　　　长　朱培荣（8月起）
书　　　　记　朱培荣（7月起）
副　局　长　赵文庆（8月起）

**新区（县）农业局（至7月）**
局　　　　长　夏红武（至8月）
书　　　　记　夏红武（至7月）
副　局　长　杨　明（至8月）
李　富（至8月）

**新区（县）农林局（7月起）**
局　　　　长　李谷荣（8月起）
书　　　　记　李谷荣（7月起）
副书记、纪委书记　李云春（7月起）
副　局　长　杨　明（8月起）
李志刚（8月起）
新区(县)森林公安分局副局长　周　泽

**新区（县）滇池管理局（至7月）**
局　　　　长　山　林（至8月）
副　局　长　王云华（至8月）
市滇管执法总队呈贡执法一中队中队长　黄世建（至8月）

**新区（县）水务局**
局　　　　长　李　猛（至7月）
山　林（8月起）
书　　　　记　何　锦（至7月）
山　林（7月起）
副　局　长　陈　勇
王云华（8月起）
黄世建（8月起）

**新区（县）投资促进局（至7月）**
常务副局长　陈晓波
副　局　长　柴绍武（聘任）

**新区（县）经济贸易和投资促进局（7月起）**
局　　　　长　陈晓波（9月起）
副　局　长　柴少武（9月起）
王　博（9月起）

**新区（县）文化体育局（至7月）**
书记、局长　杨　利（至8月）
副　局　长　杨　宏（至8月）
蒋　莉（女，至8月）

**新区（县）广电局（至7月）**
局　　　　长　郭慧芬（女，至7月）

**新区（县）旅游局（至7月）**
局　　　　长　杨　利（至8月）

**新区（县）文体广电旅游局（7月起）**
局　　　　长　郭慧芬（女，8月起）
书　　　　记　郭慧芬（女，7月起）
副　局　长　杨　宏（8月起）

**新区（县）卫生局**
局　　　　长　刘东云
副　局　长　杨丽芬（女）
李　莉（女，回族，12月起）

**市延安医院呈贡新区医院（县人民医院）**
院　　　　长　刘志明
书　　　　记　唐　哲
副　书　记　黄永康
副　院　长　李茂盛（白族）

**新区（县）中医院**
院　　　　长　刘　瑜（选聘）
副院长、副书记　马兴科（回族，至4月）

**新区（县）食品药品监督管理局（8月起）**
局　　　　长　李卫灿（9月起）
副　局　长　李　艳（女，9月起）
张正康（9月起）

**新区（县）人口和计划生育局**
局　　　　长　胡国平
副　局　长　张　黎（女，至8月）

**新区（县）审计局**

局长 李赋
副局长 陈云雄

**新区（县）统计局**

局长 王艳明
副局长 戚华 杨彦

**新区（县）民族宗教局（7月起）**

局长 尹绍荣
副局长 马再忠（回族）

**新区（县）安全生产监督管理局**

局长、书记 张雁（至8月）
副局长 蒋文辉（8月起）

**新区（县）政府便民服务中心（至7月）**

副主任 蒋文辉（至7月）

**新区（县）政府政务服务管理局（7月起）**

局长 杨相国（8月起）
书记 杨相国（7月起）
副局长 张黎（女，8月起）

**新区（县）公共投资建设管理中心（至7月）**

副主任 李济留（至7月）
陈昌（至7月）

**新区（县）拆迁安置局**

局长 张景灿
副局长 李刚（聘任）
陈亚明（聘任）
李斌（聘任）
韩志明（聘任）

**新区（县）级机关事务管理局**

局长 李彦
副局长 张晶晶

**新区（县）国土资源局（至7月）**

局长 土绍波（至7月）
书记 苑立华（至7月）
常务副局长 唐洪（至7月）
副局长 杨兴华（女，至7月）
李沅（彝族，至7月）
张华（至7月）

**新区（县）档案局（馆）**

局（馆）长 李艳芬（女，11月起）

**新区（县）公安局（至7月）**

书记、局长 黄忠伟（至7月）
政委、副书记、纪委书记 郑文忠（至7月）
副局长 张中跃（至7月）
何绍清（至7月）
高红林（至7月）
昌宏（至7月）
陈强（至7月）
王云生（至7月）
龙玉坤（5~7月，挂职2年）
赵新立（5~7月，挂职1年）
指挥中心主任 张双平（至7月）
指挥中心副主任 梅昆（至7月）
政工监督室主任、督察大队大队长 郑世成（至7月）
政工监督室副主任、纪检监察室主任 车伟（至7月）
政工监督室副主任 肖卫飞（女，至7月）
法制室主任 杨猛（至7月）
法制室副主任 李桂兰（女，至7月）
警务保障室主任 蔡卫红（女，至7月）
警务保障室副主任 李成宝（至7月）
公共信息网络监察大队副大队长 普建（至7月）
国保大队大队长 陈志宏（至7月）
国保大队副大队长 杨学祥（至7月）
治安大队副大队长 李跃彬（至7月）
李云春（至7月）
刑侦大队副大队长 蒋仕坤（至7月）
毛凤喜（至7月）
经侦大队大队长 李新贤（至7月）
经侦大队副大队长 顾林杰（至7月）
交警大队副大队长 杨绍聪（至7月）
周泽（至7月）
禁毒大队大队长 张福荣（至7月）
禁毒大队副大队长 马立新（回族，至7月）
李发龙（至7月）
城关派出所副所长 张枝（至7月）
龙街派出所所长 施荣华（至7月）
龙街派出所副所长 缪晓勇（至7月）
吴家营派出所所长 李春平（至7月）
吴家营派出所副所长 王有福（至7月）
七甸派出所所长 王能（至7月）
七甸派出所副所长 莫俊杰（至7月）
石龙湖派出所副所长 李富良（至7月）
看守所所长 祁叔荣（至7月）
看守所副所长 刘义（至7月）
拘留所所长 马荣林（至7月）

拘留所副所长　赵宝祥（至7月）
戒毒所所长　杨贵富（至7月）

**新区（县）粮食局**

局长　张桂仙（女）
书记　王克来（至7月）
副局长　杨冬萍（女）

**新区（县）供销社**

主任、书记　赵　文
副主任　尹聪华

## 垂直管理部门（单位）领导干部名录

**市公安局呈贡分局（7月起）**

书记、局长　黄忠伟（7月起）
政委、副书记、纪委书记　郑文忠（7月起）
副局长　张中跃（7月起）
何绍清（7月起）
高红林（7月起）
昌　宏（7月起）
陈　强（7月起）
王云生（7月起）
龙玉坤（7月起，挂职2年）
赵新立（7月起，挂职1年）
张永斌（10月起，挂职18个月）
指挥中心主任　张双平（7月起）
指挥中心副主任　梅　昆（7月起）
政工监督室主任、督察大队大队长　郑世成（7月起）
政工监督室副主任、纪检监察室主任　车　伟（7月起）
政工监督室副主任　肖卫飞（女，7月起）
法制室主任　杨　猛（7月起）
法制室副主任　李桂兰（女，7月起）
警务保障室主任　蔡卫红（女，7月起）
警务保障室副主任　李成宝（7月起）
公共信息网络监察大队副大队长　普　建（7月起）
国保大队大队长　陈志宏（7月起）
国保大队副大队长　杨学祥（7月起）
治安大队副大队长　李跃彬（7月起）
李云春（7月起）
刑侦大队副大队长　蒋仕坤（7月起）
毛凤喜（7月起）
经侦大队大队长　李新贤（7月起）
经侦大队副大队长　顾林杰（7月起）
交警大队副大队长　杨绍聪（7月起）
禁毒大队大队长　张福荣（7月起）
禁毒大队副大队长　马立新（回族，7月起）
李发龙（7月起）

城关派出所副所长　张　枝（7月起）
龙街派出所所长　施荣华（7月起）
龙街派出所副所长　缪晓勇（7月起）
吴家营派出所所长　李春平（7月起）
吴家营派出所副所长　王有福（7月起）
石龙湖派出所副所长　李富良（7月起）
看守所所长　祁叔荣（7月起）
看守所副所长　刘　义（7月起）
拘留所所长　马荣林（7月起）
拘留所副所长　赵宝祥（7月起）
戒毒所所长　杨贵富（7月起）

**市国土资源局呈贡分局（7月起）**

局长　土绍波（7～10月）
苑立华（11月起）
书记　苑立华（7～11月）
土绍波（11月起）
常务副局长　唐　洪（7月起）
副局长　杨兴华（女，7月起）
李　沅（彝族，7月起）
张　华（7月起）

**新区（县）食品药品监督管理局（至8月）**

局长　李卫灿（至8月）
副局长　张正康（至8月）
纪检组长　李　艳（女，至8月）

**呈贡供电有限责任公司**

董事长　陈文才（至7月）
总经理　黄　炜
书记、副总经理　刘晓毅（7月起）
副总经理　杨家录（彝族）　曹艳明
工会主席　汤志新
总会计师　张　青（女）

**新区（县）质量技术监督局**

局长　赵　文（至1月）
蔡　斌（1月起）
副局长　刘荣坤（至1月）
陈柄旭（1月起）
纪检组长　江　涛

**新区（县）地方税务局**

局长、书记　宋鸿志
党组副书记　唐梦莎（女）
副局长　杨　锋（白族）
曹亚青（女）
纪检组长　章耀武

一分局局长 杨　勇
二分局局长 何建安
三分局局长 倪建明
四分局局长 张国祥
稽查局局长 蒋志明

**新区（县）国家税务局**

局长 陆　勇
副局长 马莉辉（女，回族）
毛鸿春
纪检组长 李延玲（女）

**新区（县）工商行政管理局**

局长 朱红彪（至6月）
副局长 陈　进（9月起，主持工作）
肖　勇　段玉飞
王志勇（10月起）
纪检组长 杨　伟（至11月）

**市公路运管局呈贡县分局**

局长 李　睿
副局长 李绍明

**新区（县）邮政局**

局长 郭云祥

**中国电信呈贡分公司**

经理 李　业
副经理 蔡旭涛　吕少峰

**中国移动呈贡分公司**

经理 赵德仓
副经理 盛云川（至5月）
马　瑞（5月起）

**中国联通呈贡分公司**

总经理 陈　尧（至8月）
张　华（8月起）
副总经理 王　明

**新区（县）气象局**

副局长 田　静（女）

**省银监局呈贡办事处**

主任 刘　焱（女）

**新区（县）人民银行**

副行长 李红伟（主持工作）
纪检组长 刘　红（女）

**工商银行呈贡支行**

行长 黄　勇（至11月）
副行长 张金华（11月起，主持工作）
陈小昆　余　云
赵丽红（女）
周　琨（2月起）

**建设银行呈贡支行**

行长 张小波
副行长 李　杰
委派会计 姚　丽（女）

**农业银行呈贡支行**

行长 郭春生
副行长 游永昆　郑　勇
代剑宇

**新区（县）信用联社**

理事长 赵嘉贵（至6月）
陈永岗（6月起）
主任 陈永岗（至6月）
监事长 李文武（至9月）
杨利勤（9月起）
副主任 李文武（6月起，主持工作）
易封书（至6月）
吴永鸿
张金坤（9月起）

**中国人寿呈贡县支公司**

总经理 俞　晓
副总经理 钱卫民

**呈贡烟草专卖局（分公司）**

书记、局长、经理 严　波
副经理、工会主席 杨　寅
副局长 曹　强

**中国银行呈贡支行**

行长 唐　勇（至5月）
罗天云（5月起）
副行长 于　燕（女）
王伟成

**富滇银行昆明呈贡支行**

行长 高坤华
副行长 张颖萍（女）

风险总监　沙　俊（回族）

## 县政协工作机构领导干部名录

**办公室**

主任　李　凯

副主任　杨艾坤

**教文卫体及文史资料委员会**

主任　李建功

**经济科技委员会**

主任　李忠仁

**社会工作委员会**

主任　杜丽华（女）

**提案工作委员会**

主任　李宏春

**城乡建设环境资源委员会**

主任　张少华

## 街道领导干部名录

**龙城街道**

党工委书记　杨　云

党工委副书记、办事处主任　张　聪

人大工委主任　曹润生（至11月）

党工委副书记、纪工委书记　张　萍（女）

党工委副书记　杨　凡（12月起，挂职2年）

办事处副主任　范文涛　龚　雪（女）
杨建华
陈洪波（11月起）

武装部长　马　明（回族）

**洛龙街道**

党工委书记　张明华（至4月）
包雪松（9月起）

党工委副书记、办事处主任　贾小双

人大工委主任　李学文

党工委副书记、纪工委书记　倪　虹（女）

党工委副书记　王顺能（12月起，挂职2年）

办事处副主任　李　林　李　波
周　浩

武装部长　李　喜

**斗南街道**

党工委书记　冉德涛（兼，至2月）
李劲松（8月起）

党工委副书记　储　华（至8月）　杨黎明

党工委副书记　周清忠（12月起，挂职2年）

办事处主任　杨黎明（5月起）

党工委副书记、纪工委书记　郝洪流（至8月）

办事处副主任　楚继兴　李　顺
李志坚　储　华（至2月）
张增福（聘任）
杨黎明（至5月）

武装部长　高　峰（女）

**乌龙街道**

党工委书记　李绍根

党工委副书记、办事处主任　李继坤

党工委副书记　潘　菊（女，12月起，挂职2年）

办事处副主任　杨德龙（至8月）　郭　林
袁　华　段成良

武装部长　段成良

**吴家营街道**

党工委书记、人大工委主任　徐贵明

办事处主任　杨跃云

党工委副书记、纪工委书记　李锦龙

党工委副书记　胡敬光
曾　华（12月起，挂职2年）

办事处副主任　李应书　赵　津（女）
王剑祖

武装部长　谢达云

**雨花街道**

党工委书记、人大工委主任　柳锦屏

党工委副书记、办事处主任　高艳屏（女）

党工委副书记、纪工委书记　段崇德

党工委副书记　侯文辉（12月起，挂职2年）

办事处副主任　晋绍鸿
赵永俊

武装部长　晋绍鸿

## 托管街道领导干部名录

**洛羊街道**

党工委书记　骆亿庆（至1月）
税康生（1月起）

党工委副书记、办事处主任　包明华（至8月）

人大工委主任　李玉莲（女）

党工委副书记、纪工委书记　文俊波（8月后主持行政工作）

办事处副主任 晋莉彬 罗 春（至5月）
陆文龙
张 磊（女，彝族，6月起）
李培昆（1月起）
武装部长 李 顺（至8月）
吕广年（12月起）
办事处主任助理 张 磊（女，彝族，至6月）
祁 普

**大渔街道**

党工委书记 张少祥
党工委副书记、办事处主任 施永生（至2月）
周 多（2月起）
人大工委主任 刘金祥
党工委副书记、纪工委书记 杨云松
党工委副书记 李艳晴（女，回族，12月起，挂职2年）
办事处副主任 李红云（至7月）
杨丽萍（女，至7月）
张 伟
杜 海（女，7月起）
冉意辉（7月起）
武装部长 吴 疆

**马金铺街道**

党工委书记、办事处主任 张建昌（至7月）
刘新云（7月起）
党工委副书记、纪工委书记 李 强
党工委副书记 赵 敏（4月起）
徐兴德（4月起，挂职2年）
赵德华（12月起，挂职2年）
人大工委主任 王春元
办事处副主任 李新宏 杨 征
周丽菠（女）
段会全 杨蓉蓉（女）
武装部长 赵 敏

**七甸街道**

党工委书记 李随军
党工委副书记、办事处主任 王贵宝
人大工委主任 杨绍忠
党工委副书记 牛晶珊（女，4月起，挂职2年）
办事处副主任 查燕鸿 郭李萍（女）
母正国 刘增国（至5月）
孔凡东（至9月）
李炳华（10月起）
张自良（10月起）
武装部长 杨贵宏

〔以上领导名录由新区党工委（县委）组织部审定〕

（唐荣华）

# 大 事 记

责任编辑：唐荣华

## 年内十件大事

根据全市统一部署，新区（县）组织开展临街建筑物立面挤占公共空间设施整治工作，共拆除整治了1 222户居民住户的防盗笼等外挑设施。

新区（县）遭受百年一遇的旱灾。新区（县）社会各界纷纷慷慨解囊奉献爱心，其中共产党员抗旱救灾特别捐款3 298 575.4元。

龙城斗南、洛龙乌龙、雨花吴家营3个片区建设指挥部分别更名为呈贡新区征地拆迁工作、建设工作、高校片区服务3个指挥部。

根据中央的统一部署，新区（县）组织开展创先争优活动。

呈贡县被授予全国绿化模范县称号。

雨花街道三岔箐村完成整体拆迁工作，拆除农房及附属建筑物面积12 855.22平方米。

县政府将七甸街道整体移交阳宗海管理委员会托管。

县政府开展机构改革，设置24个工作部门和2个管理机构。

新区（县）突降单点暴雨，降水量达168.7毫米，造成6个街道、29个社区、4 800余户、7.9万余人受灾，无人员伤亡。

呈贡县创建省级园林县城工作通过省专家考评组验收。

## 1月

**1日** 新区（县）2009年度征兵工作结束，99名适龄青年应征入伍。其中，男性94名，女性5名；大学（含在读）12名，大专（含在读）8名，高中、中专、技校46名，初中33名；非农户口24名，农村户口75名。

**8日** 中共昆明呈贡新区工委暨中共呈贡县委十一届六次全体（扩大）会议在县法院大会议厅举行。

（唐荣华　摄）

新区党工委委员、28名县委委员、3名县委候补委员出席会议；县纪委委员，新区（县）实职副科以上干部，县级离（退）休老领导代表，部分市、县党代表，企业家列席会议。会议审议并通过了新区党工委书记、县委副书记周峰越代表新区党工委和县委常委会作的题为《团结干事　敢为人先　乘势推进新区有序有效建设和发展》的工作报告。

全会充分肯定了2009年新区党工委、县委紧紧围绕新区建设“十年成规模”的目标，团结带领新区（县）干部群众深入学习实践科学发展观，克服困难，保增长、保民生、保稳定，在经济社会发展、推进开发建设、改善生态环境、加强党的建设和各项社会事业方面所取得的成效；提出2010年新区（县）经济社会发展主要目标建议为：地区生产总值、地方财政一般预算收入、社会固定资产投资、社会消费品零售总额、城镇居民人均可支配收入、农民人均纯收入分别增长15%、13%、45%、18%、8%、8%以上，城镇登记失业率控制在4%以内，人口自然增长率控制在5.5‰以内；决定2010年的工作必须彰显新区城市特色，努力建设品质新区；围绕新区功能定位，大力发展现代服务业；继续扶优扶强，推进新型工业化；坚持城乡统筹，推进城乡一体化进程；加强生态建设，增强可持续发展能力；着力改善民生，全面发展社会事业；推进改革开放，创造发展活力动力；把握发展先机，超前谋划“十二五”。

**10日** 致公党云南省委副主席、市政协副主席林怡平，市委统战部部长贾天鹏等领导到新区（县）调研“农民市民化”工作情况。副县长许玉文等陪同。

**9～11日** 政协呈贡县第七届委员会第三次会议在新区（县）警务综合大楼报告厅举行。142名县政协委员出席会议；新区（县）领导，县政协老领导及新区（县）属部委办局、街道、市垂直管理部门党政主要领导参加会议；市政协副主席常敏莅临会议指导。会议审议并通过了县政协主席朱理学代表县政协常委会作的《政协呈贡县第七届委员会常务委员会工作报告》；协商并赞同县长吴庆昆作的《政府工作报告》、常务副县长李荣华作的《呈贡县人民政府关于办理县政协七届二次会议政协提案的情况报告》、县法院院长张立志作的《呈贡县人民法院工作报告》、县检察院检察长李庆华作的《呈贡县人民检察院工作报告》及《呈贡县2009年国民经济和社会发展执行情况与2010年国民经济和社会发展计划（草案）的报告》（书面）、《呈贡县2009年地方财政预算执行情况与2010年地方财政预算（草案）的报告》（书面）等；对政协工作7个先进集体、31名先进个人、20名优秀政协工作者、10件优秀提案、2篇优秀调研报告进行了表彰。会议决定要牢牢把握团结和民主两大主题，紧紧围绕改革、发展、稳定的大局，始终与新区党工委（县委）、新区管委会（县政府）认识同向、目标一致、使命相连，围绕核心、贴近中心、同心协力完成新区党工委（县委）确定的各项工作任务。

（唐荣华　摄）

新区党工委书记、县委副书记周峰越在闭幕式上作题为《凝聚力量　建设新区》的讲话，就进一步做好政协工作提出了认清形势，进一步增强加快发展的使命感；牢固树立和落实科学发展观，积极履行政协职能；调动一切积极因素，为建设和谐新区作贡献；加强自身建设，进一步提高政协工作水平；加强和改善党对政协工作的领导5点要求。

**10～12日** 呈贡县第十四届人民代表大会第三次

（唐荣华　摄）

会议在县法院大会议厅举行。150余名县人大代表出席会议；新区（县）领导，县人大老领导及新区（县）属部委办局、街道、市垂直管理部门党政主要领导列席会议；市人大常委会副主任田翎莅临会议指导；洛龙街道的王学云等4名公民旁听大会，开创呈贡县公民旁听县人代会的先河。会议审查并通过了县人大常委会主任陈庆鸿代表县第十四届人大常委会作的《呈贡县人民代表大会常务委员会工作报告》、县长吴庆昆作的《政府工作报告》、常务副县长李荣华作的《呈贡县人民政府关于办理县十四届人大二次会议代表议案和建议的情况报告》、县法院院长张立志作的《呈贡县人民法院工作报告》、县检察院检察长李庆华作的《呈贡县人民检察院工作报告》及《呈贡县2009年国民经济和社会发展执行情况与2010年国民经济和社会发展计划（草案）的报告》（书面）、《呈贡县2009年地方财政预算执行情况与2010年地方财政预算（草案）的报告》（书面）等。

会议确定新区（县）2010年经济社会发展的主要目标为：地区生产总值、地方财政一般预算收入、社会固定资产投资、社会消费品零售总额、城镇居民人均可支配收入、农民人均纯收入分别增长15%、13%、45%、18%、8%、8%以上，人口自然增长率控制在5.5‰以内；要求全体县人大代表要努力学习建设城市、管理城市、经营城市的知识，宣传贯彻本次大会的各项决定决议，密切联系人民群众，努力反映民情民意，履行好人民代表的光荣职责，在招商、融资、建设、征地、拆迁等工作中起好模范带头作用，全力支持呈贡新区建设，为建设一个更加繁荣、富裕、文明、和谐的呈贡新区作出更大的贡献。

**13日** 出席市第十二届人民代表大会第六次会议的人大代表到市级行政中心、部分在昆高校呈贡校区等地观摩。

**15日** 新区党工委书记、县委副书记周峰越对新区（县）的宣传工作提出新的要求：一是要统一思想，充分认识做好宣传工作的重要性和必要性，要跟上和赶超新区开发建设的步伐，形成强大的舆论声势，宣传好新区开发建设、招商引资、征地拆迁、安置就业等方面的思想思维思路、机制体制体系、政策措施办法；二是要抓住重点，突出一个“新”字，更新观念、更新思维、更新思路，宣传新的思想、新的习惯，让广大干部群众、高校师生、外来务工人员接纳新区文化，研究制定出新的政策措施办法，推动征地、拆迁、就业等工作；三是要加强领导，创新宣传模式，将《呈贡新区》更名为《新区》，由季刊改版为双月刊，在单月每月20日前发行，把《新区》办成出谋划策、释疑解惑、体察民意、了解民忧的阵地，并在互联网、电视、广播等媒介上刊载《新区》，构建起有文、有图、有声、有色的《新区》宣传网络体系，让领导者、决策者、投资者、观光者、居住者读到《新区》就能基本读全新区的城市规划、建设管理、招商融资、征地拆迁、农民安置等方面的内容。

**15日** 市政协常务副主席张建伟，副主席汪叶菊、杨品才、傅汝林、林怡平率出席市政协十一届五次会议的政协委员到市级行政中心、大学园区、前卫营社区、洛龙公园等地视察。新区（县）领导朱理学、李荣华、蔡继林、杨绍斌等陪同。

**20日** 新区（县）临街建筑物立面挤占公共空间设施整治工作结束。根据市统一部署，新区（县）及时成立临街建筑物立面挤占公共空间设施整治工作领导小组及办公室，积极组织新区（县）居民住户开展防盗笼等外挑设施拆除整治工作，共拆除整治了1 222户居民住户的防盗笼等外挑设施，其中机关、事业单位的居民住户706户，企业单位的居民住户301户，其他居民住户161户。

**19～21日** 新区（县）在县委党校举办学习贯彻党的十七届四中全会精神干部培训班。新区（县）实职副科以上干部，社区党委（总支、支部）书记、居委会主任，大学生村官共400余人参加培训。新区（县）领导周峰越、吴庆昆、冉德涛等参加开班动员大会。

**21日** 江尾康乃馨花卉科技专业合作社挂牌成立。该合作社现有成员208户，全部为外出租地农户。合作社成员在晋宁、宜良、嵩明、富民等县租种土地面积4000余亩，占本社区外出租种土地面积的一半。合作社除引进新技术和新品种外，将聘请专家指导合作社成员采用统一标准生产同一个商标、品牌、规格的康乃馨，以提高社员生产的花卉质量和效益。

**23日** 市专项办检查组到新区污水处理厂、捞渔河综合治理项目施工现场察看工程建设资金、项目审批、施工和监管、工作台帐等方面的情况。新区（县）领导李荣华、钟启锋等陪同。

**27日** 台北市政府和议会考察团到呈贡斗南花卉市场、洛龙公园、市级行政中心、大学园区等地参观考察新区规划建设、花卉产业发展、滇池治理、生态环境保护、园林绿化等情况。

**29日** 市政协主席田云翔率参加市政协主席会议的全体人员到呈贡视察轨道交通工程建设情况。新区（县）领导周峰越、吴庆昆、李荣华等陪同。

**31日** 根据国务院和省、市“关于做好农民工权益保护、保障工资支付”的要求，自2009年9月1日以来，新区管委会（县政府）组织新区（县）职能部门人员开展了农民工工资支付情况专项检查，并推行《呈贡新区建设领域农民工工资保证金》的制度。期间，新区（县）境内的建筑企业、公司需交纳农民工工资保证金共814.88万元（实际到帐资金520.88万元）；依法调处劳动争议案件33件；受理并办结拖欠农民工工资案件104件，为2 014名农民工追讨到拖欠工资共698.9万元。

## 2月

1日 市委常委、副市长黄云波到呈贡调研投融资体制改革进展情况。新区（县）领导周峰越、吴庆昆、李荣华，昆明新都公司总经理王汉等陪同。

2日 副市长刘光溪率市相关部门负责人到呈贡滇池生态湿地公园调研“四退三还一保护”和河道治理情况，到亚广北路、金融中心项目、滇池泛亚论坛项目拟选址地调研项目规划、融资情况。要求要着力保护生态环境，统筹安排，合理规划，切实做好项目选址、融资工作。新区（县）领导肖向飞、李俊民、曾尔树等陪同。

**3日上午9：30** 新区（县）七甸街道七甸社区老街居民住房因电线老化短路发生火灾。经新区（县）消防大队、云铝股份公司消防队、七甸街道机关干部和社区群众积极扑救，于11时将火扑灭。此次火灾共烧毁房屋16间21耳，涉及居民14户、47人，无人员伤亡。

**4～5日** 新区（县）组织开展2010年文化、科技、卫生“三下乡”活动，共发放科普日历挂图4 500张、知识产权保护宣传材料100份、“崇尚科学·反对邪教·构建和谐社会”漫画扑克500副、农科资料8 000份，开展科技咨询服务200人次。新区（县）领导周峰越、王健雄、杨绍斌、郭能、杨莲芝等参加了在幸福小区举行的启动仪式。

**5日** 中共呈贡县纪律检查委员会第十一届五次全体会议在县法院会议厅举行。县纪委委员、新区（县）实职副科以上干部、社区党委（总支、支部）书记等参加会议。新区党工委委员、县委常委李荣华主持会议。新区党工委委员、县委常委、新区（县）纪委书记钟启锋传达了中纪委、省纪委、市纪委全会精神，代表县纪委作工作报告，并与“三部一委”等部门负责人签订了党风廉政建设责任书。

新区党工委书记、县委副书记周峰越在会上提出各级各部门要抓好教育引导，筑牢思想道德防线；学习实践，提升干部队伍素质；作风改进，营造新区干事氛围；查处惩治，坚决杜绝腐败行为；制度建设，努力形成长效机制5点要求。

**8日** 市委常委、宣传部长张红苹，市人大常委会副主任宋黎明率慰问组到呈贡梅子社区慰问老党员困难户、低保户、“五保户”等困难群众。新区（县）领导周峰越、杨绍斌、韩小艳、赵崇华等陪同

**9日** 新区（县）2010年政法工作暨打黑除恶动员大会在新区（县）警务综合大楼报告厅举行。会议传达了全国、省、市政法工作会议精神，安排部署了2010年新区（县）政法和打黑除恶工作，并对2008~2009年度社会治安综合治理暨平安创建工作先进集体（45个）、2009年度打黑除恶工作先进集体（15个）进行了表彰，签订了2010年度社会治安综合治理暨平安创建目标责任书。新区党工委书记、县委副书记周峰越在会上要求新区（县）政法部门要认清形势，切实增强维护社会和谐稳定的责任感、紧迫感；要加强组织领导，深化打黑除恶专项斗争，巩固打黑除恶专项斗争成果，为将呈贡新区建设成为昆明现代化城市、科学发展、品质春城示范区创造和谐稳定的社会环境。新区（县）分管政法工作的领导，各街道、部委办局、驻呈单位负责人，社区书记和主任及受表彰单位代表共300余人参加会议。

**20日** 新区党工委书记、县委副书记周峰越在新区（县）警务综合大楼报告厅召开的呈贡新区干部大会所作的题为《加快开发建设速度 努力掀起呈贡新区建设的新高潮》的讲话中，对保稳定、保发展，加快2010年新区建设提出5点要求：一是突出一个“早”字，各项重点工作早部署、早安排、早落实；二是突出一个“保”字，确保新区经济发展速度不滑坡、质量效益好、增长见效快；三是突出一个“稳”字，为新区建设创造一个稳定和谐的社会环境；四是突出一个“新”字，为新区建设营造一个良好的舆论氛围；五是突出一个“督”字，确保各项目标任务落到实处。

**20日** 市委常委、宣传部长张红苹率昆明广电集团、报业集团等部门负责人到呈贡境内的市传媒产业基地选址地调研。新区（县）领导周峰越、吴庆昆、王健雄、杨绍斌等陪同。

**21日** 根据中共昆明市委昆干〔2010〕64号文件通知：免去赵德光同志中共呈贡县委书记、常委、委员职务。

**25日** 黄（洛羊街道黄土坡）马（马金铺）高速公路开工建设。该路全长30.99千米，投资概算35.08亿元，建成后将成为昆明新机场与环滇池城市群快速交通体系的一部分。省委常委、市委书记仇和，市、新区（县）有关领导等参加开工仪式。

**28日** 新区（县）在白龙潭山脚举行森林防火扑火演练。新区（县）防火办、街道专业扑火队、公安消防大队、民兵应急分队、七彩云南应急分队参加演练。新区（县）级班子成员和“三部一委”领导，各街道、部委办局负责人观摩了演练。

## 3月

**2日** 市人大常委会主任杨远翔等一行6人到县人大常委会进行工作调研。

**2日** 普洱市政府考察团一行19人先后到洛龙公园、大学园区、市级行政中心、前卫营社区考察新区规划建设、村庄搬迁、新型社区建设、居民生产和生活情况。新区（县）领导周峰越、钟启锋、许玉文等陪同。

**4日** 根据中共昆明市委昆干〔2010〕82号文件通知：李兴华同志任中共呈贡县委委员、常委、副书记职务（挂职2年）。

**5日** 新区（县）在县法院大会议厅召开2010年招商引资工作大会。会上，张义强副县长传达了市委、市政府招商引资工作会议精神；新区党工委（县委）组织部部长杨雄通报了2009年新区（县）招商引资工作目标任务完成情况；新区管委会主任、县长吴庆昆部署了2010年招商引资任务，提出招商引资目标为实际引进外资6 500万美元、内资55亿元人民币，并代表新区管委会（县政府）与呈贡工业园区、部门、街道签订了2010年招商引资考核目标责任书。

（唐荣华 摄）

新区党工委书记、县委副书记周峰越在会上作题为《再鼓干劲 再创佳绩 努力实现呈贡新区招商引资工作新跨越》的讲话，提出新区（县）各级各部门要牢固树立发展是第一要务，招商引资是第一要事的理念，进一步深化对招商引资工作的认识；认真总结和发扬2009年招商引资工作的经验，切实谋划和解决当前工作中存在的问题；坚定信念，发扬“团结干事、敢为人先”的新区精神，努力实现招商引资新跨越3

点要求。新区（县）实职副科级以上干部，市垂直管理部门和金融单位主要负责人，社区书记、主任，重点企业代表等参加会议。

**6日** 新区（县）在县城中心文化广场举行“抗旱救灾献爱心”捐助活动仪式。新区（县）实职副科级以上领导干部及部委办局、人民团体、企（事）业单位代表，驻呈部队和省、市属企（事）业单位代表共6 000余人参加仪式，并现场捐款55万元及矿泉水等救灾物资。其中，新区（县）工商业联合会四川商会、云南天外天天然饮料有限公司等8个单位共捐款40.6万元。

**11日** 市委常委、常务副市长李文荣率市政府相关部门负责人先后到呈贡南北中央大道、云白药集团、云大附中呈贡校区等项目施工地调研核心区金融CBD规划、新型社区建设一号地块三期项目和昆医附一院呈贡新区医院建设等情况。新区（县）领导周峰越、吴庆昆、李荣华、肖向飞、赵崇华、李俊民、齐超英等陪同。

常务副市长李文荣（左二）在呈贡调研

（唐荣华 摄）

**12日** 市委副书记李邑飞、市大常委会副主任董利华、副市长李喜、市政协常务副主席张建伟等领导到呈贡工业园区调研园区规划、基础设施、项目落地及建设等情况。新区（县）领导周峰越、马宏途、郭能、杨莲芝等陪同。

**15日** 省人大常委会农业工作委员会主任、省“抗大旱 保民生 促春耕”专项督办工作组组长阿扎率工作组到呈贡七甸片区给水工程1号泵站、中坝塘水库等地督查中央、省抗旱救灾工作会议精神的贯彻落实情况。市人大常委会副主任张显忠，新区（县）领导吴庆昆、郭能、许玉文等陪同。

截至3月上旬，新区（县）已干涸水库、坝塘8个，受灾面积38 515亩，受灾人口37 279人，有10 117人、1 580头大牲畜饮水困难，其中严重缺水社区、自然村8个；抗旱救灾工作已投入人力13万人次、车辆7万辆次、抗旱设备5万台次、大米60吨、电42万度、燃油285吨，累计投入抗旱资金500余万元；建设小坝塘8个、小水池30个、小水窑756个、小泵站7个、配套小水渠47 150米、配套引水管33 850米。

**16日** 湖南省绥宁县考察团一行15人到呈贡市级行政中心、洛龙公园、大学园区、前卫营社区等地参观考察新区城市路网、征地拆迁、新型社区建设情况。新区（县）领导王健雄等陪同。

**17日** 副市长赵德光率市水利、农业等部门负责人到呈贡殷联社区、梅子社区、松茂水库等地调研抗旱救灾工作。新区（县）领导周峰越、吴庆昆、许玉文等陪同。

**18日** 国家农业部副部长陈晓华一行到呈贡昆明晨农绿色产品有限公司考察工厂化育苗、科技研发及新区（县）农产品质量安全保障体系建设情况，对新区（县）的蔬菜种植、市场检测、农资经营、流通环节监管等工作给予了肯定。

**18日** 新区党工委书记、县委副书记周峰越在县委党校、惠兰园小学、南中央大道等地调研时，提出新区（县）文化设施建设工作要以孔子学院建设暨文庙修缮作为老城改造的切入点，通过修复文庙和建设孔子学院，再造呈贡文庙，提升新区（县）的文化品位。

**20日** 上海同济大学党委考察团到呈贡洛龙公园、市级行政中心、大学园区等地考察新区规划理念、建设进展、入滇河道治理等方面的情况。副市长何波，新区（县）领导肖向飞等陪同。

**20日** 国家民政部区划地名司司长代金良率调研组一行5人到呈贡洛龙公园、中央公园、市级行政中心、大冲片区等地调研新区规划理念、区位优势、功能区定位、基础设施、项目引进、产业发展、生态湿地建设等情况。市委常委、常务副市长李文荣，新区（县）领导周峰越、吴庆昆、韩小艳等陪同。

国家民政部区划地名司司长代金良（中）在洛龙公园考察

（唐荣华 摄）

**21日** 山东济宁市考察团一行6人到呈贡洛龙公园、市级行政中心、大学园区等地考察新区城市化进程、发展理念、产业结构、基础设施、招商引资、被征地人员就业、环湖生态建设等方面的情况。新区（县）领导冉德涛、蔡继林等陪同。

**22日** 德宏州党政考察团到呈贡中央公园、大学园区、亚广传媒项目建设工地考察新区城市规划和建设等方面的情况。省委常委、市委书记仇和，常务副市长李文荣，新区（县）领导周峰越、吴庆昆、李荣华、黄忠伟等陪同。

**25日** 市政协常务副主席张建伟等领导到呈贡赵家山、刘家营、中央大道视察旱情、灾情、找水、打井工程进展情况和新区（县）征地、搬迁、路网、城市基础设施配套、新型社区建设情况，走访慰问部分受灾群众。新区（县）领导周峰越、朱理学、李俊民、许玉文等陪同。

**27日** 中国国民党第六区书记张耀伟率台湾南部农业参访团到呈贡斗南花卉市场、芊卉公司、昆明国际花卉拍卖交易中心参观考察花卉种植、销售方式、成交量及农业发展等方面的情况。省委统战部副部长童凤华，市委统战部长金志伟，新区（县）领导周峰越、吴庆昆、沙敏等陪同。

**28日** 台湾高雄中华文化经贸交流发展协作会参访团一行52人到呈贡洛龙公园、大学园区、市级行政中心等地参观考察新区规划建设情况。副县长许玉文等陪同。

台湾高雄市中华文化经贸交流发展协会参访团一行52人在洛龙公园参观考察 （唐荣华 摄）

**31日** 根据中共昆明市委昆干〔2010〕99号、101号文件通知：免去肖向飞同志中共昆明呈贡新区工作委员会委员，中共呈贡县委常委、委员职务。

**3月** 在国家科技部组织的2007～2008年度全国县（市、区）科技进步考核中，新区（县）首次通过了全国科技进步考核。

## 4月

**2日** 新区（县）在七甸街道野竹社区黄土沟村对门山李海子大地召开抗旱救灾水源工程建设现场推进动员大会。周峰越、吴庆昆、李兴华、陈庆鸿、朱理学等新区（县）四班子领导及所属部委办局有关人员，驻呈某铁甲团官兵参加大会。新区党工委（县委）副书记、管委会主任、县长吴庆昆在会上作动员讲话。会后，全体参会人员开挖了容积分别为20立方米的水窖共65个。为应对百年一遇的旱灾，新区（县）计划建设应急饮水工程共17件，已完成10件，7件正在进行；饮水困难人员34 232人，已解决饮水困难人员30 460人，正在解决饮水困难人员3 772人。

新区（县）在黄土沟举行抗旱救灾水源工程建设推进会 （唐荣华 摄）

**7日** 大理州委中心学习组考察团到呈贡大学园区、市级行政中心等地考察呈贡新区规划建设情况。新区（县）领导周峰越、吴庆昆、蔡继林等陪同。

大理州委中心学习组考察团在市级行政中心参观考察 （唐荣华 摄）

**9日** 市纪委督查组到呈贡督查扩大内需促进经济增长暨治理工程建设领域突出问题落实情况并给予了充分肯定。

**10日** 新区（县）昆百大新城购物广场、标准厂房、县第一中学高中部3个重大项目举行开工仪式。省、市领导仇和、李邑飞、杨远翔、田云翔、李文荣，新区（县）领导周峰越、吴庆昆、冉德涛、李兴华、

昆百大新区购物广场等3个项目开工建设
（唐荣华　摄）

陈庆鸿、朱理学等参加仪式。

**12日**　省委常委、宣传部长张田欣率省、市有关领导及职能部门负责人到云南广播电视大学、云南大学、云南艺术学院、昆明医学院呈贡校区等地调研省部分在昆高校呈贡校区建设情况。

省委常委、宣传部长张田欣（中）等领导在呈贡云南艺术学院调研　（唐荣华　摄）

**15日**　按照市委、市政府的统一部署，从2月26日起，新区（县）成立社区“两委”换届选举工作领导小组，制定《关于做好社区换届选举工作的实施意见》，并抽调相关人员组成指导组、督导组，指导和帮助各社区严格依照《中国共产党章程》、《中华人民共和国村民委员会组织法》等法律法规和市、新区（县）关于做好社区换届选举工作意见的规定，指导38个社区按程序完成了“两委”换届选举工作，共选举“两委”委员382名（党组织委员211名、社区居委会委员240名），平均年龄40.6岁。其中，在38名社区党组织书记中，连任30人，新当选8人，平均年龄44.5岁；在38名社区居委会主任中，书记、主任职务“一肩挑”的5人；“两委”成员“交叉任职”69名；34名大学生村官全部以高票当选社区居委会副主任。

**15日**　省人大代表第二小组一行15人到呈贡冰心默庐、张天虚故居和市体育学校暨全民健身中心建设工地等视察新区（县）文化设施规划建设情况，并在市土地储备交易中心呈贡分中心会议室进行了座谈。新区（县）领导吴庆昆、陈庆鸿、王健雄、岳绍萍等陪同。

省人大代表视察张天虚故居
（唐荣华　摄）

**20日**　美国能源基金会专家罗伯特等一行到呈贡参观考察，并与新区（县）领导周峰越、吴庆昆、李荣华、王健雄、李俊民、钟启锋、母正荣、韩小艳等就呈贡新区建设中如何构建低碳可持续发展的生态城市进行了互动交流。

**21日**　市委副书记李邑飞率市有关部门人员到呈贡七星山等地调研新区建设情况。新区（县）领导周峰越、李兴华、李俊民陪同。

市委副书记李邑飞（中）在呈贡七星山调研
（唐荣华　摄）

**21日**　临沧市临翔区人大常委会主任唐永恒率代表团一行7人到呈贡考察人大监督工作及代表工作。县人大常委会主任陈庆鸿、副主任赵崇华等陪同，并就依法开展人大监督、代表工作进行交流。

**22日**　省委常委、市委书记仇和率全市城乡基础设施建设和工程质量推进会全体参会人员到呈贡松茂水库加固工程、中华小学呈贡校区、城市轻轨呈贡北站、滇池湿地建设工地观摩项目进展情况，对工程建设质量提出严厉要求。

省委常委、市委书记仇和（前排右一）率参加全市城乡基础设施建设和工程质量推进会领导约100人在松茂水库除险加固工程工地观摩　　（唐荣华　摄）

**23日**　省文联副主席黄映玲率省委文化调研组到呈贡调研文化事业和文化产业发展情况并给予肯定。新区（县）领导周峰越、吴庆昆、王健雄、杨绍斌等陪同调研并参加座谈交流。

**23日**　滇沪两地合作项目“上海·东盟商务大厦”举行开工典礼。该项目为集精品商业街、文化体验街、休闲娱乐街、中央步行街“四街一体”的办公、购物、餐饮、娱乐“一站式”的商业中心，由上海中发集团和云南云锰集团等企业共同投资建设，总投资额为8.5亿元，含3幢塔楼，主楼高123.8米，建筑面积18.65万平方米。省东南亚南亚经贸合作发展联合会主席牛绍尧，国家建设部驻昆明贵阳督查组江厥中、陈加耘，上海市委办公厅处长苏达明，新区（县）领导周峰越、吴庆昆、陈庆鸿、朱理学等参加典礼。

**26日**　中央扩大内需促进经济增长政策落实暨工程建设领域突出问题第二检查组陈大江特派员等3人到新区（县）人民医院综合楼、龙城文化站建设现场视察、检查项目建设及工作台帐等，对项目建设推进情况表示肯定。新区（县）领导王健雄、钟启锋等陪同。

**23～28日**　新区（县）滇池管理局会同洛龙、斗南、龙城街道组织机关干部职工、社区群众及相关人员对本区域内的“三河十一沟”及滇池湖滨带开展“河道保洁周”活动。此次活动投入经费26.8万元，出动人员1 242人次，车辆100余辆次，清挖河道和沟渠39.67千米，清运河道内淤泥、漂浮物、杂草、垃圾1.45万余立方米。

**28日**　新区（县）组织城管、司法、建设、公安等部门和斗南街道共400人，动用大型吊车、氧焊切割机、运输车等多种设备对斗南街道小古城社区麻莪村18户居民住房的2 000余平方米违法加层进行强制拆除。

**29日**　新区（县）召开2010年第二次政府全会暨政府系统廉政工作和效能政府建设工作会议。会上，新区管委会主任、县长吴庆昆总结了2009年政府系统廉政、“纠风”和“效能政府”建设工作，提出建设人民满意政府、打造效能政府，完善反腐机制、促进廉洁从政的工作要求，并与“纠风”责任单位签订目标管理责任书；李俊民副县长就行政效能管理、成本控制、行为监督、能力提升4项制度建设进行安排部署；表彰了2009年民主评议机关行业作风先进单位；聘请了2010～2011年县政府特邀监察员。新区党工委（县委）、县人大常委会、县政协分管（联系）领导，新区管委会（县政府）班子成员，各街道、部门行政主要负责人和特邀监察员等共200余人参加会议。

**29日**　新区（县）在公安大楼大会议厅举办领导干部专题讲座。广东省东莞市政协主席刘树基以《改革开放30年东莞经济社会发展的回顾与思考》为题，从发展概况、时间和空间、理念与对策3个方面介绍了东莞30年来改革发展的历程、成绩和经验。新区（县）副科级以上干部、市属垂直管理部门和金融系统负责人、社区书记和主任共300人参加讲座。

**30日**　继3月6日在县城中心文化广场举行“抗旱救灾献爱心”捐助活动仪式之后，新区（县）各界人士、驻呈官兵继续纷纷慷慨解囊，奉献爱心，共捐助抗旱救灾资金4 192 121.21元。其中，共产党员抗旱救灾特别捐款3 298 575.4元，社会各界人士抗旱捐款827 443.81元，文明单位抗旱救灾捐款10 895元，83个单位、3 880名职工捐款55 207元。

**30日**　省纪委常委王薇薇率省纪委第四调研组到呈贡大学园区、市级行政中心等地调研新区规划和建设情况。新区（县）领导钟启锋等陪同。

## 5月

**5日**　市委常委、市纪委书记应永生到呈贡麻莪村、斗南村实地检查已按规定拆除或正在拆除的违法加层农房的整治情况。新区（县）领导周峰越、李荣华、钟启锋、蔡继林等陪同。为贯彻落实4月18日全市“集中整治农房违法加层和无序建房动员大会”精神，新区党工委（县委）、新区管委会（县政府）制定工作方案，采取政策和法规宣传、落实工作责任、督查督办等措施，已拆除95户农户的违法加层和无序建房，总面积为7 034.79平方米。

**4～8日**　新区（县）组织38个社区的71名新当选的社区书记和主任到云南财经大学进行半军事化、封闭式培训，以提高社区干部的服务水平和综合素质，为在履职期间能够“会干事、能干事、干好事”打下基础。

**8日** 新区（县）规划土地委员会揭牌。

**10日** 市委常委、副市长黄云波率市发改、财政等部门负责人到呈贡调研投融资体制改革、土地储备规划全覆盖情况。新区（县）领导周峰越、吴庆昆、李荣华、母正荣、李俊民、曾尔树、赵崇华、张义强等陪同。

**11日** 市委常委、常务副市长李文荣，副市长赵德光，市政府秘书长赵学峰等到呈贡云南白药、物流中心、捞渔河治理项目建设工地调研。要求市、新区（县）各级各部门要采取措施帮助解决好迁建工作的问题和困难；希望云白药集团明确提出各个阶段的目标和任务，在今年内完成主体工程的迁建任务。新区（县）领导周峰越、吴庆昆、赵崇华等陪同。

**12日** 新区（县）民政、建设、公安、城管、水务、教育、交通、卫生、科技部门及驻呈武警消防中队等20余个单位的100余人在县城中心文化广场举行全国第二个“防灾减灾日”宣传活动，广泛宣传了防灾减灾知识。

**14日** 市人大常委会副主任、捞渔河河长董利华率视察组到呈贡捞渔河、乌龙大沟及支流沟渠实地检查综合治理工作情况，要求在5月28日前挖通松茂水库的出水口，6月底完成周边设施的整治和绿化，做好河道保洁、垃圾清运、雨污管道铺设连接、河岸苗木补栽和护理等工作，确保捞渔河综合整治工作再上一个新台阶。新区（县）领导吴庆昆、赵崇华等陪同。

**18日** 市专项办综合组副组长高黎明一行到呈贡调研工程建设领域突出问题专项治理工作。新区（县）领导钟启锋、李俊民等陪同。

**15日** 新区（县）抗旱救灾重点工程——七甸片区供水工程正式通水。该工程近期日供水1.2万吨，远期日供水6万吨，总投资13 225万元。

**20日** 副市长赵德光到呈贡洛龙河水源地（白龙潭、黑龙潭）、中下段河道察看出水量、水质、流量及河道治理情况，要求在近期内做出对白龙潭、黑龙潭水源地的保护规划，拆除违章建筑，采取封闭式保护；加快河道治理进度，河道截污管道所涉及的征地、拆迁工作在7月底前完成，并在10月底前全线贯通；选好树种、草种，在10月底前完成绿化，争取使洛龙河的整治工作质量进入全市35条入滇河道的前三名。县委常委、县武装部政委简金等陪同。

**20日** 孟连县党政考察团到呈贡洛龙公园、市级行政中心、大学园区、呈贡工业园区、环湖湿地参观考察轨道交通、路网等城市基础设施建设情况。新区（县）领导钟启锋等陪同。

**18～21日** 新区（县）科技、宣传、卫生、民政、环保、文化体育、农业、龙城街道等20余个部门（单位、企业）在县城中心文化广场等地开展主题为“携手建设新型新区，助推呈贡和谐发展”的科技活动周活动，向群众宣传科技知识。

**21日** 新区（县）召开深入开展创先争优活动动员大会，安排部署新区（县）的创先争优活动。会议要求新区（县）各级党组织要把创先争优活动作为当前的一项政治任务，精心组织实施，迅速掀起创先争优新高潮，以创先争优活动促进新区建设。

**21日** 市委常委、市纪委书记应永生到呈贡马料河呈贡段、清水大沟调研河道截污、清淤、绿化及洛龙河污水处理厂建设情况。新区（县）领导周峰越、钟启锋等陪同。

**21日** 根据4月23日新区党工委（县委）、新区管委会（县政府）印发的《关于三部一委深化改革的实施意见》，龙城斗南、洛龙乌龙、雨花吴家营3个片区建设指挥部分别更名为呈贡新区征地拆迁工作、建设工作、高校片区服务3个指挥部揭牌。新区（县）班子主要领导周峰越、吴庆昆、陈庆鸿、朱理学为3个指挥部揭牌授印。

新区党工委书记周峰越（左）向征地拆迁指挥部指挥长李荣华授印（唐荣华 摄）

**23日** 市“四创两争”工作督查组分3个组对新区（县）的主干道、公园、小区、学校、餐馆等进行督查，在对新区（县）创建国家卫生城市工作给予肯定的同时，要求新区（县）各级各部门要提高认识，明确责任，以形成“主攻新城区，兼顾老城区”的创卫格局。新区（县）领导周峰越、吴庆昆、王健雄、李荣华、杨绍斌、赵芳、杨莲芝等陪同。

**25日** 新区（县）召开创建和谐社区动员大会，提出新区（县）创建和谐社区总目标是：从2010年到“十二五”末，使新区和谐社区建设一年进一位，力争进入昆明和谐社区建设前列；到2011年，新区30%的社区达到“六好”要求；到2015年，新区100%的社区达到“六好”要求，实现和谐社区建设新跨越。新区（县）副科级以上干部、社区书记和主任参加会议。

**26日** 全国政协常委、提案委员会副主任、中直机关工委常务副书记孙淦率重点提案调研组一行21人

中直机关工委常务副书记、全国政协提案委副主任孙淦（前排左三）在市级行政中心视察

（杨春富 摄）

到呈贡洛龙公园、市级行政中心、大学园区调研新区城市规划和建设情况。省领导罗正富、陈勋儒、罗黎辉，市政协主席田云翔，新区（县）领导周峰越、朱理学、王健雄等陪同。

**26日** 根据吴庆昆县长提请，经呈贡县第十四届人大常委会第十七次会议通过，决定免去肖向飞同志的呈贡县人民政府副县长职务，决定任命陈吉岳同志为呈贡县人民政府副县长职务，报呈贡县第十四届人民代表大会第四次会议备案。

**27日** 中共昆明市委（昆干〔2010〕169号）通知：经报省委同意，市委研究决定周峰越同志任中共呈贡县委书记。

**27日** 呈贡县被授予全国绿化模范县称号。

**28日** 市人大常委会副主任董利华率检查组到呈贡松茂水库、捞渔河及其“河长林”种植地等地检查入滇河道两侧绿化、截污管道铺设等情况。新区（县）领导吴庆昆、赵崇华等陪同。

**30日** 新区（县）邀请北京大学领导力研究中心首席管理学家、清华大学国际工程项目管理研究院特聘教授、中山大学客座教授、《中国商业评论》编委张建华在新区（县）警务大楼报告厅作题为《打造有执行力的团队》专题讲座。新区（县）副科级以上干部及社区书记、主任参加讲座。

**30日** 福建省政协主席梁绮萍率驻闽全国政协委员一行20余人到呈贡洛龙公园、市级行政中心、大学园区、昆明国际花卉拍卖交易中心、芊卉花卉公司、滇池湖滨湿地参观考察新区城市规划建设、滇池综合治理、花卉产业发展情况。市领导田云翔、李倩、傅汝林、卢克俭，新区（县）领导周峰越、朱理学、王健雄等陪同。

## 6月

**1日** 市委常委、常务副市长李文荣到呈贡环湖东路、白龙潭等地调研基础设施规划、项目建设进展情况。要求各在建项目要加快推进速度，抢抓工期，实行工期倒排制，按规定的时限完成任务；要按规划保质保量地完成工程建设，合理布局商业网点；要严把施工安全关，杜绝不安全事故；新区绿化既要体现主色调和基调，又要体现丰厚度、层次感和均衡性；要以“房在树中、树在房中、人在树中、树在人中”为目标，对河道两侧进行增绿补绿，实现绿化美化的景观效应。新区（县）领导周峰越、李荣华、韩小艳等陪同。

**4日** 市人大常委会副主任、老昆（明）石（林）路路长董利华到呈贡大风垭口、天力加油站、下菜凹调研，对呈贡境内昆石路道路两侧50米控制区内的拆临拆违、建绿透绿、环境卫生综合整治工作给予肯定，要求做好临违建筑普查、绘制成图、围栏修缮、垃圾清运等方面的工作。县人大常委会副主任岳绍萍等陪同。

**7日** 省委常委、市委书记仇和率参加全市生态文明建设会议的领导共121人到呈贡白龙潭山观摩石漠化植被恢复工程，对新区（县）的绿化、白龙潭山石漠化植被恢复工程取得的实质性成效给予充分肯定。要求新区（县）各级各部门要继续加大树林管护力度，巩固石漠化荒山植被恢复工程所种各种植物的成活率，使荒山能尽快绿起来。

参加市生态文明建设工作会议的与会领导121人观摩白龙潭石漠化植被恢复工程 （唐荣华 摄）

**8日** 参加“合作促发展、共建桥头堡——中国青年企业家昆明活动日”的120余名青年企业家到呈贡洛龙公园、市级行政中心、大学园区等地参观考察城市规划、基础设施、滇池治理、园林景观建设情况。副市长阮凤斌、副县长张义强等陪同。

**9日** 市人大常委会主任杨远翔到呈贡黄（洛羊街道黄土坡社区）马（马金铺街道庄子社区）高速公路3个标段项目部调研工程招标、地线勘测定界、征地（道路长22.4千米，面积2 425.9亩，已完成征地面积632.05亩）拆迁工作进展情况。要求各部门和施工单位要充分认识黄马高速公路在省、市公路网中的重要地位，倒排施工时间表，对已交付土地的标段要在本月20日前尽快进场施工，工程线路和3座立交桥的选点修建要合理规划，预留好公路两侧的控制线；呈贡新区（县）、昆明经开区、昆明高新区要尽快对工程立交桥周边的土地进行收储，有针对性地提前做细做好征地拆迁工作；在严格执行土地补偿政策的基础上，合理运用各种优惠政策解决征地拆迁中的困难和问题，切实维护人民群众的利益。新区（县）领导周峰越、赵崇华等陪同。

**10日** 新区（县）雨花街道三岔箐村完成整体拆迁工作。此次拆迁涉及农户42户、非农户7户，共133人，拆除农房及附属建筑物面积12 855.22平方米，列入安置面积12 631.91平方米，其中搬迁安置面积12 012.97平方米、兑付补偿款及安置费320.56万元。

**6～10日** 在昆明国贸中心举行的第18届中国昆明进出口商品交易会、第3届南亚国家商品展期间，新区（县）、呈贡工业园区布置2个展位参展招商，呈贡工业园区管委会、县政府分别与云南重工经贸有限责任公司、云南中高投资发展有限责任公司、成都颠峰软件集团、云南潮汕总商会负责人在兰花宾馆签订了商贸会展、失地农民保障性住房、昆明软件及服务外包全球交付中心、工程机械配送中心、商务会所5个项目的合作框架协议，招商总金额为人民币321亿元。

**17日** 市人大常委会副主任、昆（明）石（林）高速公路路长夏静到呈贡昆石高速公路小团山隧道、福璟水晶点、浑水塘、凹塘子等地调研该道路两侧50米控制区内拆临拆违、建绿透绿、环境卫生整治情况。要求核查核实情况，加快拆临拆违速度，坚决、按时、按量完成拆临拆违任务；各部门要加强监管，沟通协调，形成合力，明确部门目标，结合新区实际因地制宜地制定绿化美化方案，建绿透绿，维护绿化美化成果。新区（县）领导吴庆昆、岳绍萍等陪同。

**20日** 市委常委、常务副市长李文荣，副市长王道兴、陈勇到呈贡调研环湖东路乌龙浦隧道施工建设进展情况。要求各相关部门要尽快制定前（前卫营）新（新村）路下穿昆（明）玉（溪）高速公路的施工方案，争取早日开工建设。新区（县）领导吴庆昆、李俊民等陪同。

**21日** 常务副省长罗正富率督查组到呈贡督查昆明铁路枢纽东南环线昆明新南站、缪家营铁路大桥建设项目推进情况。要求各级各部门要密切配合，尽快整改阻碍项目推进的问题，完善设计方案，使新南站内外各项配套设施实现无缝衔接。新区（县）领导吴

常务副省长罗正富（中）带队到呈贡检查昆明火车南站建设情况（唐荣华 摄）

庆昆、李荣华、赵崇华等陪同。

昆明铁路枢纽东南环线起点为晋宁县昆阳镇，终点为呈贡新区（县）昆明铁路新南站，为一级双线电气化铁路，长36.43千米，设计时速200千米，新建车站2个、线路所1个，桥隧比为54%。其中，主要工程包括15座特大桥、6条隧道、34个涵洞、8座框架桥、6座公跨铁立交桥、2处站场，站房总建筑面积237 187平方米，最高可同时容纳人数为1.2万人，总投资24亿元，工期为3年。

**23日** 省委党校迪庆州县处级干部培训班学员共40人到呈贡洛龙公园、大学园区等地考察现代新昆明规划构想、道路交通、物流片区、滇池治理、生态环境、园林绿化等方面的建设情况。新区（县）领导冉德涛等陪同。

**25日** 市委副书记李邑飞到呈贡调研新区（县）社区党组织有人管事、有钱办事、有处议事，构建区域化党建格局“三有一化”建设试点工作并给予了肯定。新区（县）领导冉德涛、杨雄等陪同。

**28日** 省委常委、市委书记仇和率市工信、民政、人社、规划、卫生、共青团等部门负责人到呈贡走访各街道，要求街道干部学习建筑方面的知识，要干一行学一行，干一行爱一行，干好事干实事；新区

省委常委、市委书记仇和（中）在龙城街道走访（唐荣华 摄）

(县)要围绕建设现代化城市、科学发展、品质春城3个示范区和生态城市、和谐城市的目标,围绕“三高”、“三精”、“三化”把城市规划好、设计好、建设好、开发好、管理好、经营好;三个开发区要遵循新区的规划设计进行开发建设,建设风格要与新区相适应;派出所、街道办事处等公共设施建设要与新型社区建设相结合,杜绝单幢建筑和独立小院建设;要结合“四退三还”、基础设施建设、迁村并点等工作,启动拆迁安置房建设,精心设计住宅建筑,要有写字楼的形象、住宅的功能,建筑物外观颜色要简洁;要大力开展绿化工作,通过绿化将大气、水、土壤、森林、生物环境联系起来,建成生态城市;要深化规划设计,优化建设环境,加快建设开发进程;要大力开展招商工作,围绕建设、招商,大力发展创意、动漫、高端制造业和旅游业;要确保社会稳定和谐,把民生放在第一位,以人为本,民生为先,富民为要。新区(县)领导周峰越、吴庆昆、李荣华、蔡继林等陪同。

**29日** 新区党工委(县委)在县法院召开新区(县)庆祝建党89周年暨“创先争优”表彰大会。会上,新区党工委(县委)表彰了“创先争优”活动先进集体和优秀个人;新区党工委(县委)书记周峰越作了重要讲话。会后,举行了新区(县)庆祝建党89周年暨第十届“云岭先锋颂”文艺汇演,新区综合办、洛羊街道等20支代表队、600余名党员登台演出了《祖国不会忘记》、《红旗颂》等40个节目。新区(县)副科级以上干部、县委党建工作督导组成员、大学生村官、受表彰先进集体负责人和优秀个人参加表彰大会。

**30日** 昆明市公安局呈贡分局移交昆明市公安局管理。3月19日,根据《昆明人民政府机构改革实施意见》和《昆明市公安局主要职责内设机构和人员编制规定》,呈贡县公安局更名为昆明市公安局呈贡分局,为市公安局的派出机构,政法专项编制351名(省下达的控制数另计),管理体制比照五华、盘龙、官渡、西山4区公安分局的管理体制执行。

**6月** 新区(县)完成抗旱水源建设工程。去年秋季以来,新区(县)和全省大部分地区一样遭受了原百年一遇的特大干旱,部分水库坝塘干涸,多个社区、自然村3万余人发生饮水困难。在抗旱救灾工作中,投资110万元完成干涸水库坝塘应急修复工程6件;开挖小水窖(池)790个,建设小泵站7个、小坝塘9个,新建设小水渠600米,铺设小型饮水管道41.17千米;投资1 152万元完成抗旱应急工程项目12项,解决了近3万人及464条大牲畜的饮水困难。

新区(县)机关干部参加抗旱救灾水源工程建设
(唐荣华 摄)

## 7月

**1日** 县政府将七甸街道整体移交阳宗海管理委员会托管。根据省政府《昆明阳宗海名胜区管理委员会设立方案(暂行)》和省编制委员会《关于设立昆明阳宗海风景名胜区管理委员会的批复》,决定设立昆明市政府直接领导和管理的阳宗海风景名胜区管理委员会,依法对呈贡县七甸街道、澄江县阳宗镇、宜良县汤池镇的经济社会事务实行一体化管理。根据2月签订的《阳宗海风景名胜区管理委员会托管呈贡县七甸街道办事处经济事务协议书》和5月27日签订的《托管呈贡县七甸街道办事处移交签认书》,确定5月31日为七甸街道整体移交阳宗海管理委员会的基准日,托管开始日为7月1日。托管范围是该街道所辖的9个社区,面积126平方千米,人口约1.6万人。托管内容为七甸街道辖区内的政治、经济、社会事务、资源、机构、人员、资产及2010年度重点工作等。

**3日** 江苏省盐城市考察团一行19人到呈贡洛龙公园、市级行政中心等地考察现代新昆明“一湖四片、一湖四环”规划及城市路网、城市景观、公园建设情况。副市长陈勇、县人大常委会副主任郭能等陪同。

**4日** 德宏州人大常委会考察团先后到呈贡洛龙公园、大学园区、市级行政中心考察现代新昆明规划及道路基础设施建设、高校建设及师生入住等方面的情况。县人大常委会主任陈庆鸿、副主任赵芳等陪同。

**5日** 新区党工委(县委)书记周峰越率新区(县)领导冉德涛、朱理学、许玉文、齐超英及新区(县)农业局、斗南街道和江尾社区负责人在嵩明县县长张正平及相关人员的陪同下,到嵩明县嵩阳镇、杨桥镇了解在嵩明县租地种菜种花的呈贡失地农民遭受洪涝灾害情况。周书记一行深入新区(县)失地农民租用土地的田间地头,看望和慰问遭受洪涝灾害的群众,了解他们的受灾情况,并在县失地农民外出就业嵩明站主持召开会议,要求相关部门要制定具体的调研和走访计划,进一步做好受灾、受损情况统计,在调研的基础上形成救助方案,给予群众适当的经济补偿;要鼓励群众积极开展生产自救,尽快恢复生产,减少损失;要建立保险系统,鼓励群众购买农业保险;

新区党工委（县委）书记周峰越（中）在嵩明查看在嵩明县租地的呈贡失地农民在6·30洪灾中的损失情况

要建立异地、流动基层党组织，为外出租地农户提供利益保障、信息咨询等服务。

6月29日20时至30日8时，嵩明县普降暴雨，降雨量达177.3毫米，造成600余户在嵩明县租地种菜种花的新区（县）失地农民的9 550亩农作物受灾，直接经济损失7 000余万元。

**6日** 市“一湖两江”流域水环境综合整治专家督导组组长李培山率市“一湖两江”流域水环境综合整治专家督导组到呈贡胡家庄人工湿地、小松子园污水处理点、白龙潭污水收集处理点、柏枝营中水处理站、中庄周转房中水处理站、麻莪村人工湿地净化处理设施项目所在地检查村庄污水收集处理设施建设情况，在充分肯定新区（县）村庄污水收集处理设施建设工作的同时，要求加紧建设在建项目，保证质量，早日建成；已完工的项目要尽快验收，早日投入使用。

**8日** 广西壮族自治区有关领导到昆明国际花卉拍卖交易中心参观考察呈贡花卉发展历程、品种、种植、营销等方面的情况，并在交易大厅通过模拟拍卖的方式体验了拍卖流程。省领导李纪恒、仇和，新区（县）领导周峰越、蔡继林等陪同。

广西壮族自治区领导（前排左）参观考察斗南花卉拍卖交易中心 （唐荣华 摄）

**15日** 贵州省贵阳市花溪区政府考察团一行10人到呈贡洛龙公园、大学园区、市级行政中心参观考察现代新昆明“一湖四片、一湖四环”规划及城市路网基础设施建设、支柱产业发展、高校师生入住等方面的情况。新区（县）领导吴庆昆、张义强等陪同。

**15日** 临沧市党政考察团到呈贡大学园区、城市轨道交通小王家营站建设工地参观考察现代新昆明规划建设、城市轨道交通、高校师生入住等方面的情况。省、市领导仇和、李文荣，新区（县）领导周峰越、吴庆昆、蔡继林等陪同。

**16日** 市人大常委会主任杨远翔率市人大、市政府等部门人员组成的视察组到呈贡工业园区调研“中国昆明铜业有限公司高精电工铜材项目”第一、二期投资和建设情况。新区（县）领导周峰越、吴庆昆、陈庆鸿、马宏途、郭能、张义强等陪同。

**17日** 国家发展和改革委员会牵头组织的农业调研组一行10人到呈贡斗南花卉市场、昆明国际花卉拍卖交易中心调研花卉品种、种植、分类、包装、拍卖流程、营销方式等方面的情况。省政协副主席王学智、副市长李喜、副县长陈吉岳等陪同。

**17日** 省委常委、市委书记仇和率市委工作会议参会人员到呈贡工业园区观摩。

市委工作会参会人员在呈贡工业园区观摩 （唐荣华 摄）

**21日** 新区（县）召开副科级及其以上领导干部参加的重点项目推进会，贯彻市委工作会议精神。新区党工委（县委）书记周峰越要求各级各部门在下一步工作中要打破条块分割的局面，与高校协作共进，做到不推诿、不扯皮，尽心尽力做好每项工作；要认清形势，实行投、建、管分离；要凝聚力量向前冲、一心一意谋发展，对重点项目重点推进、全力推进，重点道路由新区（县）领导亲自抓，尤其是中央公园和中央大道的建设工作要重点抓紧抓好，争取在2011年全面完成新区14条道路的建设任务；各指挥部“一把手”要亲自“挂帅”，深入工地，深入项目，确保工程顺利进行；要强化监督，明确职责，促进各项工程快速推进，争取按时、按质、按量完成任务。

**22日** 新区（县）领导冉德涛、王健雄、钟启锋做客昆明信息港春城会客厅，以效能呈贡建设为主题，就广大群众和网友提出的呈贡新区总体规划、建设、被征地人员社会保障、住房安置、大旱之年对花卉生产所造成的影响等方面的问题进行现场解答，受理群众投诉。

**22日** 省委书记白恩培率省委中心组一行130余人到呈贡大学园区调研。新区（县）领导周峰越、李荣华、蔡继林等陪同。

省委中心学习组与会领导在呈贡新区调研

（唐荣华 摄）

**23日** 非洲法语国家公共政策研修班成员一行32人到呈贡洛龙公园等地参观考察现代新昆明规划及呈贡新区8大片区功能定位、投资、基础设施、城市景观、公园建设等方面的情况。

**24日** 新区（县）召开副科级以上领导参加的政府机构改革工作动员会，全面启动县政府机构改革工作。根据《呈贡县人民政府机构改革实施意见》，此次政府机构改革以转变政府职能为核心，以理顺职责关系为重点，明确和强化责任，优化政府组织结构，规范机构设置，完善行政运行机制，推进依法行政，提高行政效能；坚持以人为本，执政为民，着力解决制约地方经济社会发展的突出矛盾和问题，逐步建立起权责一致、分工合理、决策科学、执行顺畅、监督有力的行政管理体制。县政府机构改革后，设置县政府办、发展和改革局、教育局、科学技术和信息化局、民政局、司法局、财政局、人力资源和社会保障局、环境保护局、住房和城乡建设局、交通运输局、城市管理综合行政执法局、园林绿化局、农林局、水务局、经济贸易和投资促进局、文体广电旅游局、卫生局、食品药品监督管理局、人口和计划生育局、审计局、统计局、安全生产监督管理局、政府政务服务管理局24个工作部门和2个管理机构；监察局（与纪律检查委员会机关合署办公）、民族宗教局（与县委统战部实行“一个机构、两块牌子”）均列入政府部门序列，不计入政府工作部门机构个数。

**26日** 市委常委、组织部长郭红波率市国土、规划、建设等部门相关人员到位于呈贡乌龙片区、占地40余亩的市老干部活动中心选址地调研，督办项目建设推进工作，磋商解决规划、拆迁、土地报批等问题。新区（县）领导周峰越、吴庆昆、李荣华、韩小艳等陪同。

**27日** 新区党工委（县委）书记周峰越率新区（县）领导简金、母正荣、赵崇华、张义强及国土、建设、环保等部门负责人对中置信广场、上海东盟大厦等17个重点项目建设进展情况进行督促检查。要求新区（县）各相关部门要做好项目服务工作，为项目建设铺平道路；规划、招商等部门要强化责任，限期完成项目相关证照手续办理，使项目建设合法化；指挥部要进一步做好土地征用后续手续；用地方要在同等价位的基础上，考虑让当地群众来做土方工程，全力维护群众利益。

## 8月

**3日** 根据县长吴庆昆的提请，经呈贡县第十四届人大常委会第十八次会议通过，决定任命：段超同志为呈贡县人民政府副县长，报呈贡县第十四届人民代表大会第四次会议备案。

**4日** 在“火把节”（农历六月二十四日）当天，主题为“丰富群众文化生活，弘扬民间文化传统”的新区（县）第五届山歌文化节在洛龙公园分3个赛场进行，来自省内外的118名选手不论性别、年龄、地域，分花灯组、山歌对唱组参加比赛。

**6日** 河南省郑州市政协主席李秀奇率员到呈贡洛龙公园、大学园区、市级行政中心、昆明国际花卉拍卖交易中心参观考察现代新昆明“一湖四片、一湖四环”规划、城市轨道交通建设、滇池治理、产业发展、高校师生入住等方面的情况。市政协主席田云翔，新区（县）领导吴庆昆、冉德涛、山聪等陪同。

**12日** 南京大学考察团到呈贡洛龙公园、市级行政中心、昆明理工大学呈贡校区参观考察呈贡新区基本情况、功能区规划建设、河道综合治理、园林绿化和大学园区的规划理念、规模、建设、学生入住等方面的情况。新区（县）领导王健雄等陪同。

**14日** 刚果（金）、刚果（布）、马里、塞内加尔4国客人组成的代表团一行14人到呈贡斗南花卉市场、芊卉公司、昆明国际花卉拍卖交易中心参观考察花卉品种、种植、拍卖流程、营销模式等方面的情况。副县长陈吉岳等陪同。

**16日** 根据中共昆明市委昆干〔2010〕228号和昆干〔2010〕230号文件通知：顾巍同志任中共呈贡县委委员、常委和中共昆明呈贡新区工作委员会委员；免去李荣华同志中共呈贡县委常委、委员和中共昆明呈贡新区工作委员会委员职务；免去高焕彬同志中共呈贡县委常委、委员和中共昆明呈贡新区工作委员会委员职务。

**16日2～15时** 新区（县）突降单点暴雨，降水量达168.7毫米，造成6个街道、29个社区、4 800余户、7.9万余人受灾，无人员伤亡。其中，倒塌房屋19户，县城低洼地最大积水深度达130厘米，县城小商品城的200户商铺被淹；农作物受灾面积18 264亩。灾情发生后，新区（县）按照防汛应急预案及时成立4个应急指挥小组，采取"分片包户"的形式深入一线组织和指导各街道开展抢险救灾工作；发动党员2 000余名、武警和预备役官兵650余人对古城、江尾、斗南、下可乐等重灾区进行抢险救援；核拨资金150万元用于受灾群众安置、疏挖河道沟渠、排洪设备维修及物资储备等；组建医疗及环境卫生小分队深入灾区开展义诊、消毒。同时，市防汛办增派大量专业人员携带排洪设备投入防汛抢险工作；市第六纪工委派员深入灾区察看灾情；副市长李喜、陈勇及时赶赴呈贡察看灾情，指导救灾工作。

**17日** 副省长孔垂柱率省水利、民政、农业、财政等部门领导到呈贡斗南、下可乐、古城社区等地察看在"8·16"水灾中被淹倒塌的房屋、受灾农作物和受灾群众的安置情况，并对救灾工作提出要求。

**18日** 新区（县）组织副科级以上干部、垂直管理部门及驻呈金融单位负责人，社区书记、主任等在雨花街道下庄社区尖山脚（云南大学呈贡校区旁）开展2010年城乡园林绿化植树活动。

**21日** 甘肃省兰州市党政代表团一行32人到呈贡大学园区、市级行政中心参观考察。省委常委、市委书记仇和，副市长黄云波，新区（县）领导吴庆昆、冉德涛等陪同。

兰州市委书记卢武成（左三）在新区参观考察

（唐荣华 摄）

**23日** 位于马金铺街道境内的白云、韶山2座小（一）型水库除险加固工程通过省水利厅验收并投入运行。白云、韶山2座小（一）型水库的除险加固工程于2008年5月开工，分别于2009年11月5日、2009年7月30日竣工。其水体功能定位为灌溉兼防洪，库容共485万立方米，总投资概算1 757.05万元。其中，白云水库除险加固工程投资概算1 153.43万元，韶山水库除险加固工程投资概算603.62万元。

**26日** 省、市垂直管理的呈贡县食品药品监督管理局移交呈贡县人民政府管理，列为县政府工作部门，除继续履行其原来的食品药品监督管理职能外，还增加了对化妆品、保健品等方面的监督检查职能。在移交仪式上，市药监局负责人、副县长王健雄在该局的人事档案、资产负债等移交材料上签字，对相关事宜进行交接。

**26日** 市人大常委会原主任、市"一湖两江"督导组组长李培山，市人大常委会原副主任、市总工会主席杨丽率市"一湖两江"流域水环境综合整治专家督导组到呈贡乌龙1号、2号地块，滇池湿地公园等地视察"四退三还"工作进展情况。新区（县）领导吴庆昆、陈庆鸿、段超等陪同。

**30日** 市委调研督查组到新区（县）各街道检查开展"创先争优"服务承诺活动，调研为民服务中心人员到位、一站式办理业务等工作情况。新区（县）领导周峰越、冉德涛等陪同。

## 9月

**1日** 新区（县）积极向市政府汇报，并与有关高校及部门、单位协调，采取多种措施解决高校新生报到期间（8月22日至9月13日）呈贡大学园区8万余名入住师生的出行问题。其中，增加昆明火车站和主城西部、西北部、北部、南部、东南部客运站6条专线车直达各高校呈贡校区，各条专线安排公交车5～50辆；缩短170路、170路专线、909路公交车的发车时间；云南大学、云南师范大学、云南广播电视大学安排20辆大巴车，解决师生出行问题。

**3日** 市人大检查组到呈贡龙城、吴家营街道和呈贡工业园区检查"清理闲置一年以上的土地"的情况，对涉及云南鹏海公司、昆明学院等的5宗闲置土地的相关情况将形成书面材料上报市委、市政府作出具体的处理意见。新区（县）领导顾巍、岳绍萍等陪同检查。

**6日** 国家卫生、发改、财政、工信等部委专家组成的考评验收组到新区（县）进行实现消除碘缺乏病目标达标考核验收，对新区（县）消除碘缺乏病目标完成情况总体比较满意。新区（县）领导王健雄等陪同检查。

**8日** 副市长赵德光在新区（县）主持召开省部分在昆高校呈贡校区维稳工作现场会，要求新区（县）和省部分在昆高校呈贡校区要处理好涉及社会安全稳定的治安、交通、供水、城管等工作，为高校师生提供一个良好的学习和生活环境。市公安、信访、住建等部门负责人，云南大学、云南民族大学等9所高校负责人，新区（县）领导周峰越、杨绍斌、顾巍及职能部门负责人参加会议。

**9日** 新区（县）在县法院会议厅召开庆祝2010年教师节暨表彰大会，对新区（县）教育工作先进集体、优秀教育工作者及2010年高考、中考、教学质量成绩突出的学校和个人进行了表彰。新区党工委（县委）书记周峰越在会上对新区（县）的教育工作提出要认识教育对培养人才、发展科学技术、提高人民思想道德素质和科学文化素质的重大意义，不断增强抓好教育工作的紧迫感和责任感；要认清当前新区（县）教育工作所面临的形势，清醒地认识教育发展中存在的问题和差距，不断增强抓好教育工作的坚定性和自觉性；要狠抓各项强教兴教措施的落实，强势推进基础设施建设，有效扩充教育资源，不断增强教育工作的针对性和时效性3点要求。

**14日** 国家住建部副部长仇保兴一行到昆明理工大学呈贡校区、城市轨道交通呈贡站建设工地调研。要求要合理利用每一寸土地，建设一个绿色、生态、环保的城市交通系统，建设一个真正的现代化城市；要坚决杜绝城中村的出现，城乡“一体化”不是“一样化”，城乡“灰色地带”要一盘棋规划；要真正认识物流的含义，不要把物流区建设成仓库式的物流区。市长张祖林、副市长陈勇，新区（县）领导周峰越、蔡继林、齐超英等陪同。

国家住建部副部长仇保兴（左二）在呈贡新区视察

（唐荣华　报）

**14日** 市政协副主席汪叶菊率市文联组织的文艺家协会采风创作小组一行20余人到呈贡，就“奋力推进昆明科学发展新跨越”的专题，对新区（县）的历史传承、地域特色、文化特点、文化产业发展等进行调研。新区（县）领导王健雄、杨绍斌等陪同。

**16日** 呈贡县国土资源局移交昆明市国土资源局管理。新区党工委委员、县委常委顾巍代表新区（县）与昆明市国土资源局负责人在移交协议书上签字。新区（县）领导周峰越及市、新区（县）国土资源、财政、人力资源和社会保障等职能部门负责人出席签字仪式。根据《关于印发呈贡县人民政府机构改革实施意见的通知》（呈办发〔2010〕1号），呈贡县国土资源局更名为昆明市国土资源局呈贡分局，调整为市级部门的派出机构，不计入县政府机构个数。

**16日** 市委常委、副市长黄云波，市委常委、统战部长金志伟在新区（县）主持召开市委统战部活动中心建设项目推进会。要求市、新区（县）要加强组织领导，成立督办协调小组，明确具体责任人，及时筹措并利用好资金，确保工程于2010年12月10日前开工建设；要本着提高土地利用率的原则，按照内部功能需求确定建设规模，防止出现浪费土地的现象；市、新区（县）相关部门要加强沟通，做到项目的整体设计与新区建设的风格相协调。新区（县）领导周峰越、吴庆昆、顾巍、赵崇华及市、新区（县）职能部门负责人参加会议。

**16日** 新区（县）第一个园林协会——呈贡刘家营园林协会正式挂牌成立，29名会员民主选举产生了协会班子成员并通过了协会章程。新区（县）职能部门负责人为协会授牌、授印。刘家营社区常住人口166户、494人，土地面积2.5万亩，其中森林面积1.2万余亩、果园面积200亩。协会将为社区园林绿化产业的技术、营销、管理提供服务，以带动社区居民逐步实现由单一的蔬菜种植向园林绿化产业的转变，走新的增收致富的发展之路。

**17日** 新区（县）在新南亚风情园举行2010年离（退）休干部中秋茶话会及慰问活动。新区党工委（县委）副书记、新区管委会主任、县长吴庆昆主持会议。新区党工委（县委）书记周峰越在会上向全体离（退）休干部通报了新区建设的成就，希望老干部继续关心支持新区建设，促进新建设飞速发展。

**19日** 呈贡宝珠梨种植示范区通过专家组的考核验收，成为全国农业标准化示范区。2008年，呈贡宝珠梨种植示范区被国家标准化管理委员会列为全国第六批农业标准化示范区建设项目以后，新区（县）建立并完善了“龙头＋基地＋标准＋农户”的生产经营模式，完成示范面积2 000亩，实现示范区项目1万亩全覆盖；示范农户1 200户，培训果农3 000人次；每亩平均增产300公斤、增收600元，增加销售总额600万元。

**27日** 呈贡县园林绿化局举行揭牌仪式。县委副书记李兴华主持仪式。新区党工委（县委）书记周峰越、副县长陈吉岳致辞并授印。新区（县）领导陈庆鸿、朱理学及新区（县）部委办局、市园林绿化局负责人参加仪式。县园林绿化局为县政府工作部门，正科级，行政编制10名，其中局长1名、副局长3名；内设办公室、园林绿化管理科、园林规划建设科，主要职责为县境内城乡园林绿化发展规划和年度计划的制定，组织进行园林绿化、生态建设，指导和监督城市绿化行政执法工作等。

**29日** 新区（县）被征地人员基本养老保险任务完成，参保总人数为11 771人。其中，年内新增2 144人，占任务数的107.2%；符合领取养老金人数9 108人，占参保总数的77.38%；每人每月领取养老金最高689.32元、最低160元。

**30日** 春城公园建设项目竣工。该项目实际用地面积389 655平方米，道路面积28 116平方米，硬质铺装面积26 845平方米，新建建筑（基层面积）1 850平方米，绿地面积31 967平方米，于2009年9月开工建设，概算投资8 000万元。

## 10月

**1日** 经新区管委会、县政府研究决定，从即日起，新区（县）农村居民最低生活保障标准比照城市居民最低生活保障标准执行，每月人均补助标准由79元提高到172元；按照“城乡低保对象每人每月11元”的标准核发城乡低保对象价格补贴。按照昆明市“城市低保对象每人每月20元，农村低保对象每人每月10元”的相关规定，核发城乡低保对象3～12月份临时生活补助。

**8日** 参加全市2010年第四季度扩大投资暨项目推进会的与会领导到呈贡观摩呈（呈贡新区）七（七甸）公路改扩建项目、云铝8万吨中高强度宽幅铝合金板带生产车间建设情况。

**12日** 市政协主席田云翔率部分政协委员到呈贡云白药职工住宅小区、影视佳园住宅小区、市中医院呈贡新区医院工地、回回营社区原址改建安置地、雨花片区村庄搬迁地（4、5号地块）视察。要求加快项目的推进，尤其是要督促已具备条件的项目尽快启动、加快建设速度；对于目前手续不完善的项目要尽快完善手续，使企业合法、顺利地开工建设；在体制上多思考，争取政策和资金的支持，全面启动回迁安置房的建设工作；创新做法，找准切入点，整合资源，将工程建设与现实结合起来，加强中、小学等配套项目的建设。新区（县）领导周峰越、吴庆昆、朱理学、母正荣、顾巍等陪同。

**14日** 江苏省宿迁市市长缪瑞林率市政府代表团到呈贡城市轨道交通省广电大学站建设工地、市级行政中心参观考察。市委副书记李邑飞，新区（县）领导周峰越、吴庆昆、蔡继林、齐超英等陪同。

宿迁市市长缪瑞林（左二）一行在市级行政中心考察　　（唐荣华　摄）

**14日** 新区（县）在公安大楼报告厅召开贯彻落实市委、市政府2010年第四季度扩大投资暨项目推进会精神大会。新区党工委（县委）副书记、管委会主任、县长吴庆昆在会上通报了新区（县）2010年前3个季度的经济运行及投资情况，重点分析了新型社区、基础设施、民生工程项目滞后和重点招商引资项目建设进度缓慢等问题，明确要求各级各部门、开发建设单位、重点投资企业进一步强化、理顺工作机制，加强督查督办，确保年度目标任务全面完成。新区党工委（县委）书记周峰越要求围绕建设“三个示范区和低碳城市”的目标不动摇，牢牢紧扣跨越发展的主题，不讨论、不议论、不争论，凝心聚力谋发展，说实话、出实招、干实事，脚踏实地促发展。新区（县）实职副科级以上干部参加会议。

**15日** 省委常委、统战部长黄毅一行到呈贡调研新区（县）宗教工作和基督教中心教堂建设、社会服务及云南神学院班组设置、学员构成、教学等情况。副市长赵德光，新区（县）领导周峰越、黄忠伟、沙敏等陪同。

**15日** 副市长黄云波率市土地、规划、目督办等部门负责人到呈贡调研新区（县）2010年土地收储工作推进情况。要求新区（县）要进一步明确工作目标，制定有效的工作方法，千方百计地完成年初制定的收储任务，为加快城市化、工业化进程做好保障；在征地拆迁过程中要把群众的利益放在首位，按照城乡一体化的思路解决群众的问题；市级相关部门要加强与呈贡的联系，做到超前、全方位服务，市纪委、目督办等部门要加强督促检查，做到提前过问、检查，市土地、土储中心要尽快制定出详细的工作方案，报市政府审批后实施。新区（县）领导周峰越、吴庆昆、顾巍、郭能、赵崇华、张义强等陪同。

**15日** 中国少年先锋队呈贡县第一次代表大会在华怡酒店举行，来自全县的少先队员、辅导员、少先队工作者代表共70余人出席会议。会议以举手表决的方式选举产生了少先队呈贡县第一届工作委员会，表彰了3个优秀雏鹰大队、6名优秀辅导员、16名优秀少先队员。新区（县）领导杨绍斌、赵芳、杨莲芝及共青团、教育等部门负责人应邀参加会议。在少先队呈贡县一届一次工作会议上，决定特邀新区（县）领导王健雄、杨绍斌担任少先队呈贡县第一届工作委员会名誉主任；以举手表决的方式，选举县教育局党委书记郭增锐、团县委书记董皎为少先队呈贡县第一届工作委员会主任。

**16日（农历“九·九”重阳节）** 新区（县）在洛龙公园举行5 000余名老年人参加的第二十四届敬老节庆祝活动，组织开展了耍龙灯、打腰鼓、花灯演唱等丰富多彩的文艺表演和游园活动。

**17日** 新区党工委（县委）中心学习组在晨农公司召开理论学习（扩大）会议。会上，通报了新区党工委（县委）中心学习组讨论研究《呈贡新区（县）“十二五”规划纲要》、招商引资、基础设施和新型社区建设工作的情况；工业园区、发改、投资促进等部门负责人作表态性发言。会议对各级各部门完成“十一五”任务和做好“十二五”的开局工作提出以下要求：要理清思路，明确重点，明确责任单位和具体责任人，在抓落实上下功夫，认真梳理工作中存在的问题，查找原因，解决问题；负责同志要充分发挥标兵、旗帜、模范作用，既当指挥员又当战斗员，在克服困难中提升能力，在解决问题中打开局面；要统筹谋划，牢固树立抓项目、抓建设就是抓经济的理念，加大投资力度，加快基础设施建设；要扩大投资，拓展招商引资渠道，为已签约的项目落地创造条件，扎实推进项目建设；要按照“有利于发展、有利于群众、有利于工作推进”的要求，敢想敢干、敢抓敢管、敢于突破，实现新型社区建设的新突破；要进一步完善城乡统筹就业创业的政策、机制、措施，加大公益性岗位开发力度，鼓励企业和单位吸纳城乡劳动力就业，鼓励被征地人员自谋职业、自主创业；要全面落实被征地人员的医疗、养老和最低生活保障的规定，让群众享受到新区建设发展带来的实惠和成果。

（唐荣华　摄）

新区（县）实职副县领导及各街道、部委办局主要负责人参加会议。

**18日** 副市长王道兴率市规划、住建、城管等部门负责人到新区（县）垃圾处理厂、捞渔河污水处理厂、洛龙河污水处理厂及“四退三还”农民搬迁周转安置房建设工地调研。新区（县）领导吴庆昆、段超等陪同。

**19日** 副市长李喜率市城管、林业等部门负责人到米兰园、海汕泡沫加工厂、龙城街道苹果园等地查看滇池面山治理工作情况。要求各级各部门要尽快完成滇池面山拆临拆违工作，实施好重要节点美化亮化工程，使城市环境得到有效提升；要尽快把面山空地纳入公共绿地管理范围，尽快完成空地的增绿补绿工作；要继续做好绿地的管养工作，务必杜绝肆意侵占绿地种菜的现象。新区（县）领导李兴华、陈吉岳等陪同。

**20日** 市委常委、统战部长金志伟一行到老昆（昆明）洛（打洛）公路麻莪村南连接线工程指挥部、捞渔河等地检查道路综合治理工作。要求继续开展道路两侧拆临拆违工作；要根据实际情况尽快制定方案，做好道路规划设计、改造和绿化美化工作；要加强与上级部门的沟通和协调，多方筹措资金；要保证道路通畅，路面平整。新区（县）领导吴庆昆、李兴华、沙敏等陪同。

**20日** 市人大常委会常务副主任宋黎明、副主任夏静率部分市人大代表到呈贡龙城街道综合文化站改扩建项目、市中医院迁建项目、郎缪小学标准化建设项目建设工地视察。要求进一步明确责任，加强与上级部门的沟通，做好协调工作，加快推进项目建设；要分析和查找阻碍项目推进的原因，积极寻找解决问题的办法，尽快完成项目建设；要多方筹措，保证资金投入。新区（县）领导周峰越、吴庆昆、母正荣、赵芳等陪同。

**22日** 市委副书记李邑飞到呈贡工业园区调研项目建设情况。要求各级各部门要准确定位园区主导产业，认清产业优势及发展前景，围绕主导产业，引进各种配套服务体系，依托园区规划建设一个集生产生活于一体的新型工业园区；希望企业能够进一步扩大规模，多从周边吸收劳动力，以高度的责任感解决周围群众的就业问题，把部分生产工序及业务外包给当地群众，在节约成本的同时也有效地解决周边地区经济发展；发展开放型经营模式，项目建设要统一规划布局，一并完善配套设施的建设；充分利用地区资源，要提前做好长远打算，制定产业扩能升级发展战略，不断增强市场竞争力。新区（县）领导周峰越、吴庆昆、马宏途、母正荣、顾巍、张义强、赵崇华、郭能、杨莲芝等陪同。

**22日** 市委新农办验收组到七甸街道头甸村、王家庄村对新区（县）2010年新农村省级重点建设村进行检查并同意验收。2010年，新区（县）有省级重点建设村9个，截至7月底已投入建设资金1 165余万元，惠及2 377户。其中，拆迁重建危房21户，实施村内道路硬化和修复砂石路面33条，新增村内公共绿化面积1 240平方米、路灯181盏。县委副书记李兴华等陪同。

**27日** 由北京大学、上海大学、云南大学联合举办的主题为“魁星阁学术贡献”总结与反思暨纪念费孝通先生诞辰100周年学术研讨会在龙城街道古城社区举行。新区（县）领导李兴华、王健雄、杨绍斌，费孝通先生的女儿费宗惠和来自北大、上大、云大3所大学的40余名专家学者参加研讨会。

**28日** 市气象局利用手机网络已实现全覆盖的优势，在新区（县）正式设立“气象信息绿色通道”。即以手机短信的形式及时发布当地的气象信息，市民也可通过编辑手机短信发送到相应号码定制到呈贡的天气预报信息，以更好地指导生产生活，最大限度地减轻气象灾害造成的损失。新区（县）领导李兴华、许玉文、张义强、山聪出席仪式并按下仪式启动球。

## 11月

**2日** 市人大常委会老领导李培山、杨丽率市“一湖两江”流域水环境综合治理专家督导组到呈贡乌龙社区检查滇池“四退三还”征地拆迁、安置房建设、湿地恢复工作。新区（县）领导陈庆鸿、段超等陪同。

**3日** 瑞士苏黎世市前文物局长维尔纳·斯图兹和文物保护专家玛格丽特·克里斯腾森博士到呈贡考察文庙修缮工作。认为文庙修缮工作要秉承“对古建筑物只能是修复，不能拆除重建”的思路，并对维修油彩绘画等细节问题提出意见和建议。新区（县）领导周峰越、王健雄陪同。

昆苏友好城市合作瑞方项目组负责人鲁道夫·鲍姆加特内（右三）一行视察呈贡文庙修复情况

（唐荣华　摄）

**4日** 呈贡工业园区、云南烟草烟叶公司举行云南烟叶350万担仓储物流中心项目签约仪式。该项目建设主体为省烟草烟叶公司，选址地为呈贡工业园区，用地面积370亩，建筑面积36万平方米，预计投资约8.9亿元，建设周期为2年。新区（县）领导周峰越、吴庆昆、李兴华、陈庆鸿、朱理学、马宏途、顾巍、郭能、张义强、杨莲芝和省烟草烟叶公司、省烟草专卖局领导，市、新区（县）发改、环保、财政、烟草专卖等部门负责人参加签约仪式。

**9日** 省政府滇池水污染防治专家督导组在视察呈贡垃圾焚烧厂、捞渔河（昆明理工大学呈贡校区段、云白药段）等地后，组织召开滇池治理重点项目检查现场会。要求建立健全水污染防治工作管理制度，培养一支相适应的专业技术队伍，保证水污染处理设备能稳定持续地工作；抓紧在建水污染处理项目的施工，强化管理，确保质量；按照生态化要求来调整绿化规划，入滇河道堤岸宜坡则坡、宜草则草，以显现出保护生态和治理环境的双重效益，达到入滇河道治理的目的。省政府督导组组长牛绍尧，副市长王道兴及市“一湖两江”流域水环境综合治理专家督导组成员，云白药、省部分在昆高校呈贡校区的领导，新区（县）领导周峰越、吴庆昆、陈庆鸿、杨绍斌、段超，省、市、新区（县）水务、环保、城管部门和沿湖街道的负责人等参加会议。

省政府专家组在呈贡检查滇池治理项目建设情况

（杨春富　摄）

**11日** 新区（县）在规土委会议室举行昆苏友好城市合作项目——呈贡文庙修复保护项目合作座谈会暨瑞士友好协会修缮保护捐资活动。瑞士苏黎世市前文物局长维尔纳·斯图兹代表瑞士友好协会向呈贡文庙修复保护项目捐赠修缮资金人民币1.2万元；新区党工委（县委）书记周峰越向瑞士友好协会颁发荣誉证书。新区（县）领导王健雄、齐超英，昆苏友好城市合作中方项目组负责人、市规划局副局长邵陆，市、新区（县）住建、土地、规划、文体广电旅游等职能部门负责人和文物保护专家参加活动。

昆苏友好城市合作瑞方项目组维尔纳·斯图兹(左)向新区党工委(县委)书记周峰越捐赠呈贡文庙修复资金　　(唐荣华　摄)

**12日**　新区(县)于4月28日启动的革命遗址普查工作完成。按照中央和省、市委关于开展革命遗址普查工作的部署和要求，新区(县)采取成立革命遗址普查工作领导小组、制定普查方案、提出普查线索、召开动员会等措施，按照“统一部署、分级负责、分工协作、共同参与”的原则，牵关单位新区党工委(县委)史志办与各街道、部门、驻军密切配合，基本查清了新区(县)9处革命遗址、18处其它遗址的历史沿革、现状、保护措施及发展方向、存在问题和困难等，对于更好地保护和利用新区(县)的革命遗址将产生积极的作用。

**17日**　呈贡县创建省级园林县城工作通过省专家考评组验收。2008年以来，新区(县)按照规划先行、生态优先、以人为本和突出地方特色及系统性、可操作性的原则，制定实施了城市绿地系统规划、生态建设规划，推进公园、城市面山、公路沿线、住宅小区绿化和滇池湿地建设，累计投资5.77亿元，县城建成区公共绿地面积达200.43万平方米，绿化率达42.2%，人均绿地面积为18.87平方米。专家考评组在观看了“创园”专题片、查看工作台帐后，分2个检查小组实地查看了洛龙公园、米兰园、昆(明)玉(溪)高速入城景观绿化美化和垃圾焚烧发电厂、中水回用处理、空气及地表监测点等市政设施建设及使用情况后，一致认为：呈贡县的“创园”工作领导重视，措施有力，创园水平高，成效显著，亮点突出，以洛龙公园、春融公园、彩云南路为代表的园林绿化指标均达到或超过了标准，代表了全省“创园”工作的最高水平，为全省树立了榜样，待省政府批准后即可正式认定为云南省园林绿化县城。新区(县)领导周峰越、吴庆昆、李兴华、朱理学、王健雄、杨绍斌、赵芳、陈吉岳、杨莲芝、齐超英及“创建办”、“创园办”、园林、城管等部门负责人参加考评验收。

**19日**　新区(县)“四创两争”工作领导小组在县公安大楼报告厅召开扩大会议，贯彻落实昆明市“四创两争”工作会议精神。会上，通报了“创园”工作考核验收情况；新区管委会(县政府)与相关单位签订目标责任书。会议要求各级各部门要进一步增强“四创两争”的信心和决心，在正视差距中奋发图强，在聚焦任务中明确思路，在通盘考虑中抓住重点，在创新机制中激发活力，在自觉行动中形成合力。新区(县)实职副科以上干部和社区书记、主任参加会议。

**22日**　省领导秦光荣、仇和、杨保建、倪慧芳、丁绍祥，市领导黄云波及省、市相关部门领导到呈贡参加云南大学呈贡校区落成庆典仪式，并就物价问题到云南艺术学院、云南广播电视大学呈贡校区食堂调研。新区(县)领导周峰越、吴庆昆及高校负责人陪同。在云大呈贡校区落成庆典仪式上，秦省长启动庆典按钮，标志着历时两年、按全日制在校生2.3万人规划、投资17.46亿元、占地面积4 016亩、建筑面积约56.61万平方米的云大呈贡校区一期建成，并已入住师生1.1万人。

秦光荣省长(前排中)在云南艺术学院呈贡校区视察　　(唐荣华　摄)

在云大呈贡校区召开的座谈会上，秦省长强调：要加紧研究制定贯彻落实国务院常务会议精神和国务院《关于稳定消费价格总水平保障群众基本生活的通知》的具体措施，切实抓好学生食堂“价格要稳、质量要好、数量要足、品种要多”的工作，努力把市场物价上涨对学校食堂造成的影响降到最低，确保学生能够吃饱吃好，安心学习，确保教学生活秩序和谐稳定。

**23日**　市委常委、昆明警备区政委方兴国到呈贡调研云铝年产8万吨高精宽幅铝合金板带项目、县医院改扩建项目进展情况。新区(县)领导周峰越、简金、韩小艳等陪同。

**24日**　呈贡新区失地农民创业协会成立。在召开的第一次全体会员大会上，选举产生了协会第一届理事会。一届一次理事会议以无记名方式选举新区党工委副书记、县委常委冉德涛为协会会长，选举副县长许玉文等20人为协会副会长，选举协会秘书长、副秘书长各1人。新区党工委(县委)书记周峰越向协会会长冉德涛颁发聘书，并与新区党工委(县委)副书记、管委会主任、县长吴庆昆一同为协会授牌。县政协主席朱理学向协会授印。根据协会章程，协会将建设成为新区（县）失地农民创业的驿站、政府联系失地农民的桥梁，在引进现代农业的同时，将种菜种花的优良技术传承下去，发挥技术优势，巩固品牌效应，发展外延式农产品，不断拓展新的创业门路和就业空间，为群众谋福利。

（唐荣华　摄）

**25日**　副市长、洛龙河“河长”赵德光率市级相关部门领导到呈贡黑龙潭和白龙潭水源保护区、洛龙河水环境综合治理A1和A2工程段、截污管昆（明）玉（溪）公路顶管工程及河道景观绿化施工工地检查。要求新区（县）各级各部门要高度重视洛龙河水环境综合治理工作，按照市委、市政府的要求，做好河道两岸“退人退房”、村庄污水收集、河岸绿化和景观建设等工作，将洛龙河建设成为水最清、景最美的入滇河道之一。新区（县）领导周峰越、吴庆昆、蔡继林、段超等陪同。

**26日**　香港工商界知名人士考察团及部分企业集团负责人一行27人到斗南花卉市场、昆明国际花卉拍卖交易中心、洛龙公园、市级行政中心、大学园区等地参观考察现代新昆明城市规划和建设、花卉产业发展情况。市人大常委会副主任夏静，新区（县）领导周峰越、吴庆昆等陪同。

**29日**　新区（县）在县委党校（文庙）举行孔子书院成立仪式暨植树活动。新区（县）四班子领导及孔子书院建设暨文庙修缮工作领导小组成员单位，各街道、县委党校、文体广电旅游、园林、住建、城管部门负责人等参加。

呈贡新区举行孔子书院揭牌仪式

（唐荣华　摄）

**29日**　中国昆明斗南花卉市场通过省工商部门的“5A级诚信市场”验收。

**30日**　年内，新区（县）高校毕业生实现就业256人，就业率达92.8%（其中家庭困难毕业生就业率100%），圆满完成市级下达的目标任务。

## 12月

**2日**　新区（县）2008年起投资1 258万元实施的花卉营销物流科技服务示范工程和投资255万元实施的长1.5千米的“斗南迎宾大道”（老昆洛公路至斗南花卉市场）节能环保“绿色光亮”工程通过市科技局组织的项目中期评估验收。

**7日**　由欧亚华都（宜兴）环保有限公司采用BOT模式投资建设的新区（县）粪便无害化处理项目开工建设。该项目占地面积33.5亩，总投资约5 500万元，建成后将解决粪便二次污染、定期清掏污水管网、减轻管网堵塞等问题，对实现废物资源化利用、环境保护、城市文明卫生、构建低碳社会具有积极的意义。副市长王道兴，新区（县）领导周峰越、吴庆昆等参加开工典礼。

**7日**　广西壮族自治区防城港市市长莫恭明率市政府考察团一行13人到呈贡城市轻轨云南广播电视大学站、市级行政中心、大学园区考察现代新昆明城市规划和建设情况。副市长何波，新区（县）领导吴庆昆、王健雄等陪同。

防城港市政府市长莫恭明（中）一行在市级行政中心参观考察

（唐荣华　摄）

**9日**　根据中共昆明市委昆干〔2010〕338号文件和昆组干〔2010〕202号文件通知：免去蔡继林同志中共呈贡县委常委、委员，中共昆明呈贡新区工作委员会委员职务。

**9日** 年内，新区（县）完成职业技能培训2 077人次，举办现场招聘会9场次、提供有效岗位5 685个，新增城镇就业2 448人；完成创业培训109人，核发“贷免扶补”贷款51人，申报开发公益性岗位461个、审批上岗363人，城镇职工养老保险参保7 200人，被征地人员养老保险新增参保2 529人，核定失业保险1.2万人，城镇登记失业率控制在3.47‰以内。

**17日** 根据中共昆明市委昆干〔2010〕417号文件通知：齐超英同志任中共呈贡县委委员、常委。

**20日** 新区（县）2010年民主评议机关作风活动结束，36个县级行政部门及垂直管理部门、14个行业部门、21个进驻政府服务管理中心的单位窗口、行政部门67个基层站所围绕新区发展、改善投资环境、改进机关作风、提高工作效率的目标开展了评议工作。

**21日** 中共中央第二地方巡视组到呈贡大学园区、昆明经济技术开发区（洛羊街道）等地考察呈贡新区城市规划和建设情况。新区（县）领导周峰越、吴庆昆、钟启锋、杨雄、齐超英等陪同。

**24日** 新区（县）召开创建国家生态县工作推进会，对创建国家级生态县、国家级生态街道和市级生态社区工作进行安排部署。要求各级各部门要提高认识，广泛宣传，强化措施，创新机制，抓好落实。

**11月28日至12月26日** 新区党工委（县委）、新区管委会（县政府）在县城中心文化广场主办“呈贡新区首届文化艺术节”。云南大学、昆明理工大学等9所迁入呈贡的高校和云南财经大学的学生利用周末演出了10场内容精彩纷呈的文艺节目，展现了当代大学生的青春丰采，丰富了新区（县）群众的文化生活，观众总数达6万余人次。新区（县）副县以上领导及共青团、宣传、文体广电旅游、街道负责人和学生、职工代表等参加开幕式。

呈贡新区举办首届文化艺术节

（唐荣华 摄）

**29日** 根据呈贡县人民政府县长吴庆昆的提请，经呈贡县第十四届人大常委会第二十一次会议通过，并报呈贡县第十四届人民代表大会第五次会议备案，决定任命韩扬同志为呈贡县人民政府副县长，王兵同志为呈贡县人民政府副县长（挂职三年），缪军同志为呈贡县人民政府副县长、代理县长；根据吴庆昆同志的辞职报告，决定接受吴庆昆同志辞去呈贡县人民政府县长职务。

**30日** 新区（县）在斗南花卉市场举行斗南花卉产业园奠基暨郎缪小学开工仪式。斗南花卉产业园区规划总用地1 000亩，投资30亿元，按照“一次规划，整体推进、一步到位”的原则，采用“政府主导、市场运作、企业管理”的模式进行开发建设，建成后将成为“一个主体、两个市场、五大中心”及国际花卉总部基地。新区（县）领导缪军、李兴华、陈庆鸿、山聪等参加仪式。

斗南花卉产业园区奠基暨郎缪小学开工仪式

（唐荣华 摄）

**31日** 新区（县）在景明北路举行2011年“迎新年 庆元旦”万人长跑活动。新区（县）级班子领导及所属机关、企业、事业单位干部职工，驻呈部队官兵，部分在昆高校呈贡校区师生，外来务工人员共5 000余人组成11个方队参加了长跑活动。新区党工委委员、县委常委、新区管委会副主任、副县长王健雄主持仪式。新区党工委副书记、管委会主任、副县长、代理县长缪军致词。新区党工委（县委）书记周峰越为长跑活动鸣枪发令。

（唐荣华）

# 呈贡新区(县)概况

责任编辑：唐荣华

【位置　面积】　呈贡新区（县）位于滇东高原滇池盆地东部、省会昆明市主城区东南面的滇池东岸（东经102° 45′ —103° 00′ ，北纬24° 42′ —25° 00′ ），东西最宽25千米，南北最长32．5千米，县城北距昆明主城区12千米。新区（县）境北与官渡区接壤，东和宜良、澄江两县毗邻，南与晋宁县交界，西隔滇池与西山区相望,属昆明市所辖的近郊县和现代新昆明呈贡新区，是享誉中外的滇中“花乡、菜乡、果乡”和中国花卉第一县。

新区（县）辖区面积因行政区划的变动而变化。清康熙七年（1668年）至1955年12月，县境面积为446.50平方千米。1956年1月，呈贡县的化城、中卫、安江、富有、白云、马金铺、大营、横冲、海晏9个乡划归晋宁县，县境面积减为304.58平方千米。1957年12月，原澄江县所属的马郎乡（今马郎、野竹、胡家庄）划归呈贡县，全县辖区面积增至340.15平方千米。1958年呈贡县被撤消并入晋宁县，1961年又从晋宁县划出成立昆明市呈贡区，所辖面积为456平方千米。1965年恢复呈贡县至今。2009年末，新区（县）辖区面积为461平方千米。

【建置沿革】　约2800前的西周昭穆时期，呈贡新区（县）小古城天子庙一带已建有奴隶制地方侯王城邦。西汉元封二年（前109年），呈贡新区（县）的古城地区为益州郡的呈贡镇（城），县境北部地区属益州郡所辖的谷昌县，南部地区属益州郡所辖的滇池县。大理政权时期，岳侯高智升遣土官伽宗在呈贡县古城村筑土城，名伽宗城，属鄯阐府阳城堡部。元宪宗六年（1256年）立呈贡千户所，隶属阳城堡万户，下辖呈贡、诏营、切龙、雌甸、塔罗、罗忽、安江、安棚、大吴龙和乌纳山区。至元十二年（1275年），割呈贡、诏营、切龙、雌甸、塔罗、罗忽6城及乌纳山区置呈贡县，不久改为晟贡县。明洪武16年（1383年）复为呈贡县，下辖4里。清康熙7年（1668年），归化县制撤销，所辖2里并入呈贡县，并废里改乡。清雍正五年（1727年），改属晋宁州领县，直隶云南府。民国开元直隶云南省。1927年，呈贡县所辖6个乡改为4个区，区下共辖69个乡（镇）。1950年1月12日成立呈贡县人民政府，隶属云南省玉溪专区，下辖平原、三台、果园、七星、梁王、海宝6个区。同年8月，并平原、三台为平原区，并果园、七星为果园区，并梁王、海宝为梁王区，3区共辖27个乡。1958年全县建为乐园、幸福2个人民公社，下辖19个管理区。同年12月10日，呈贡县建制撤销并入晋宁县为呈贡人民公社。1961年4月从晋宁县划出龙街、吴家营、大渔、洛羊、马金铺5个人民公社成立呈贡区，隶属昆明市。1963年呈贡区增设七甸人民公社，全区辖6个人民公社。1965年9月1日恢复呈贡县建制，仍隶属昆明市。1984年全县撤公社建为1镇6区，下辖59个乡、3个乡级镇和3个乡级办事处。1988年区（镇）改乡（镇），全县设龙城、洛羊2个镇和龙街、七甸、吴家营、大渔、马金铺5个乡，下辖65个办事处。1999年龙街乡更名为斗南镇，全县辖4乡3镇。

2003年5月，根据云南省委、省政府提出的“一湖四环”、“一湖四片”的现代新昆明的战略构想，呈贡县的龙城镇、洛羊镇、斗南镇、吴家营乡、大渔乡的160平方千米区域被确定为现代新昆明的东城区，后又称为呈贡新城，2006年9月后改称为呈贡新区。2007年12月，呈贡县辖龙城镇、洛羊镇、斗南镇、吴家营乡建制撤销，分别设立龙城、洛羊、斗南、吴家营4个街道，其辖区范围分别为龙城镇、洛羊镇、斗南镇、吴家营乡的辖区范围。

2008年5月1日，呈贡县马金铺乡的86.88平方千米范围由呈贡县人民政府委托昆明高新技术开发区管理委员会管理，大渔乡的24.99平方千米范围由呈贡县人民政府委托昆明滇池旅游度假区管理委员会管理，洛羊街道的71.44平方千米范围由呈贡县人民政府委托昆明经济技术开发区管理委员会管理，全县辖区面积461平方千米，实管龙城、斗南、吴家营3个街道和七甸乡，实管面积277.69平方千米。

2008年9月23日后，呈贡县按照县改区的体制机制，强化区的功能，弱化县的功能，减少行政层级，县、新城管委会实行老人老办法、新人新办法的原则进行实体化管理改革：成立“中国共产党昆明呈贡新区工作委员会”和“昆明呈贡新区管理委员会”，并与中国共产党呈贡县委员会和呈贡县人民政府合署办公，实行一套班子两块牌子。成立呈贡新区洛龙乌龙、雨花吴家营、龙城斗南片区建设指挥部和呈贡工业园区管理委员会（以下简称为“三部一委”），实行指挥长（主任）负责制，各部（委）设定人员为50人，主要职能是负责管辖范围内的规划设计、开发建设、征地拆迁、农民安置、招商引资、经营管理、社会事务等，并完成新区党工委（县委）、新区管委会（县政府）下达的各项任务；明确了各部（委）建设管辖范围、机制体制、人员编制、管理权限、工作经费、内部机构设置及各部（委）领导组成人员、片区实体化管理办法。同年10月6日，呈贡新区（县）将实际管理的4个乡（街道）调整设置为7个街道，为新区党工委（县委）、新区管委会（县政府）派出机构。一、保留龙城、斗南、吴家营3个街道。其中，龙城街道行政区划面积为9.47平方千米，辖城内、古城、龙街3个社区；斗南街道行政区划面积为11.27平方千米，辖殷联、斗南、梅子、江尾、小古城5个社区；吴家营街道行政区划面积为56.39平方千米，辖万溪冲、前卫营、段家营、刘家营、柏枝营、缪家营、郎家营、中庄、王家营9个社区。新增设洛龙、乌龙、雨花3个街道。其中，洛龙街道行政区划面积为17.76平方千米，辖洛龙、吴家营、白龙潭3个社区；乌龙街道行政区划面积为18.41平方千米，辖上可乐、下可乐、乌龙、七步场、三岔口、松花6个社区；雨花街道行政区划面积为16.54平方千米，辖下庄、雨花、回回营3个社区。七甸撤乡改街道，行政区划、辖区面积不变。

2009年，七甸乡和已托管的大渔乡、马金铺乡先后撤乡改街道。

2010年7月1日，呈贡县七甸街道的126平方千米范围由呈贡县人民政府委托阳宗海管理委员会管理。年末，新区（县）辖龙城、斗南、吴家营、洛龙、乌龙、雨花6个街道29个社区及已托管的洛羊、大渔、马金铺、七甸4个街道36个社区。

**【民族　人口】**　呈贡新区（县）是一个以汉族人口居多的多民族聚居区。2010年末，新区（县）居民主要分为汉、回、彝、白、哈尼、壮、傣、苗、傈僳、拉祜、佤、纳西、景颇、瑶、藏、布朗、阿昌、怒、普米、德昂、独龙、蒙古、基诺、水、满、布依等37个以上民族。新区（县）总人口267 573人，其中户籍人口（含已托管的4个街道）188 962人，流动人口（不含已托管的4个街道）78 611人。户籍人口中，总户数61 714户，户籍总人口188 962人。其中，男性93 593人，占户籍人口总数的49.53%；少数民族人口13 188人，占户籍人口总数的6.98%。年内共出生人口2 063人，出生率为10.92‰；死亡人口1 934人，死亡率为10.23‰；人口自然增长率为0.69‰。新区（县）实管范围内的人口密度为每平方千米1 242人。

**【自然概貌】**　呈贡新区（县）境内地势东高西低呈3级台阶状。西部为滇池东岸湖滨平原，是昆明断陷盆地东区，处昆（明）勐（腊）公路以西至滇池湖岸，面积约77平方千米，占新区（县）总面积的17%。该地域地势平坦，大部地区海拔1 888～1 910米，高差在22米以内；中部有浅丘，南部多海拔2 000～2 070米孤山。中部为丘陵，是平原向山地的过渡带，面积154平方千米，占新区（县）总面积的34%。该地地表波状起伏，大部分海拔1 910～2 000米，相对高差不足100米，多低山与浅丘分布。东部为石灰岩山地，属梁王山系余脉，元时称北段为乌纳山区，海拔2 000～2 820米，面积230平方千米，占新区（县）总面积的49%。主要有向阳山、乌纳山、盐臼山、西路山、支锅山、凤凰山、蛇山、对歌山、风口山、菠萝山、拖磨山、小团山、杨家大山诸峰。

新区（县）境东界为金沙江水系和珠江水系分水岭地带。境内的马料河、洛龙河、捞鱼河、梁王河、南冲河均汇水滇池，瑶冲河（七甸河）在石夹子入落水洞，6河均属金沙江水系，境内总长99.1千米，迳流面积429.05平方千米，年均迳流量10 156万立方米。境内的水利蓄水工程设施随着呈贡新区建设的不断推进呈逐年下降趋势。2010年末，新区（县）共有蓄水工程102件（含已托管的42件），其中中型水库3座（含已托管的2座）、小（一）型水库5座（含已托管的3座）、小（二）水库19座（含已托管的11座）、蓄水量1万立方米以上的小坝塘28座（含已托管的15座）、蓄水量1万立方米以下的小坝塘49座（含已托管的11座）；年末蓄水量（含托管水库、坝塘）为788.63万立方米。新区（县）土地总面积45 463公顷，林地面积为24 661.2公顷，有林地面积21 995.1公顷，森林覆盖率为48.5%，林木绿化率为49.4%。

**【气　候】**　呈贡新区（县）的气候属低纬高原季风型。因呈贡地处北回归线附近之低纬度，太阳高度角较高，阳光比高纬度地区更近于直射，加之高原上空气较稀薄，透射强，光质好，故日间能获得较多热量，反之，夜间失热也较快。又因一年中太阳高度角变化不很大，故冬夏温差小，昼夜温差大。每年11月至次年4月，呈贡上空受南亚次大陆偏西干暖气流控制，降水稀少，空气干燥，为旱季；5～10月，由于受孟加拉湾洋面而来的西南季风影响，空气温暖潮湿，加上高原的抬升和夏季空气对流的增强，多阵雨和雷雨，为雨季。气候特点是：春秋相连冬短，无明显的四季之分；旱季雨季分明，有显著的干湿之别；夏秋温凉多阵雨，冬春晴暖甚干旱；四季少寒暑，有雨变成冬；早晚清风凉，中午热烘烘。2010年，新区（县）又是一个偏暖年，热量资源、降水资源正常，冬春气温升降幅度较大，雨季开始期、结束期偏早，主汛期内大（暴）雨天气较为集中，洪涝灾害明显，冬春气温升降幅度较大，对农业生产是一个利弊皆有的中等偏下年。年内，年平均气温为16.5℃，比多年平均值偏高1.7℃，比上一年偏高0.1℃，年极端最高气温为31.1℃，出现在5月23日，年极端最低气温为0.0℃，出现在12月16日；年降雨量为852.8毫米，比历史平均值偏多55.1毫米，比上一年偏多301.9毫米，先后出现6次大雨及以上天气过程，最大一次降水量为8月16日的169.5毫米，且降水过程时间短、强度大，形成洪涝灾害；日照总时数为1 643.9小时，比历史平均值少25.7%，年日照百分率为37%；最多风为东风，平均风速为2.4米/秒，最大风速为10.0米/秒；相对湿度为69%，最小相对湿度为4月8日的11%；全年有霜日数为111天。

**【基础设施】** 新区（县）道路通畅，交通便捷，昆河、南昆2条铁路，昆洛、昆河2条国道，安石高等级公路，昆玉、昆石2条高速公路穿境而过，城市一级主干道彩云路和正在建设中的环湖东路与昆明主城相连接；新区（县）所有自然村实现了村村通公路，其中所有街道和64个社区、133个自然村实现了公路油路化，已形成了以县城为中心，支干相连，村寨相通的公路网络；新区核心区100千米城市路网已建成通车。2010年末，新区（县）境内拥有公路（不含已建成的100千米城市道路）385.98千米。其中，国道60.58千米，省道67.9千米，县道67.6千米，乡道131.64千米，村道39.48千米，专用公路18.79千米，每平方千米拥有公路0.85千米。

（唐荣华　摄）

电力设施建设力度不断加大。2010年末，新区（县）境内共有500千伏变电站1座，220千伏变电站4座，110千伏变电站6座，35千伏变电站5座。新区（县）配电网络比较合理，形成了220千伏、110千伏、35千伏变电站联网，昆明供电局和呈贡供电有限责任公司两家供电的格局，供电能力强。

通讯发达，电信光缆已通达各社区，能为广大群众提供数据、语音、图像传输及电路租用等综合业务，可满足不同层次用户的通讯需要。2010年末，中国电信呈贡分公司有固定电话用户5.1万户，宽带（ADSL）用户2.3万户，CDMA用户3.3万户；中国移动呈贡分公司有移动电话用户25万户；中国联通呈贡分公司有固定电话用户100余户，移动电话用户6万余户。

新区（县）教育资源丰富。2010年末，新区（县，不含大渔和马金铺街道，下同）共有完全中学2所（含已托管的民办1所），初级中学5所，九年一贯制学校5所（含民办3所），小学34所（含民办6所），教学点6个，幼儿园25所（含民办17所）；中等专业学校1所；迁建大学9所，已入驻入住学生为79 396人。

医疗卫生条件不断改善。2010年末，新区（县）共有各级各类医疗卫生机构101个。其中，县级医疗卫生机构5个，社区卫生服务中心4个，社区卫生服务站2个，村卫生室38个，个体私营诊所42个，民营医院1所，厂矿职工医院2所，门诊部2个，驻呈大学医务室5个；病床总数为351张；在职卫生技术人员591人（医师273人、护士196人、乡村医生77人，其它卫技人员45人）；每千人拥病床1.3张、医师1.01人、护士0.73人。

**【呈贡新区建设】** 招商引资成效明显。认真开展“效能呈贡”建设活动，健全责任追究体系，完善行政问责制度，形成紧张、快捷、高效运转的工作模式。强力推进“三最四低”投资软环境建设，为创业创富创造空间。新区行政审批项目由370项减为37项，行政事业性收费项目由128项减为34项，政府政务中心服务窗口增加到24个，建成了行政审批电子监察系统和视频监察系统。年内，引进内资项目62个，其中央企2个、外资项目4个，实际到位内资53.26亿元、外资6 496万美元，圆满完成市级下达的目标任务。依托市县级融资平台共融资近40亿元用于新区建设。拓宽中小企业融资渠道，批准设立7家小额贷款公司。

征地拆迁顺利开展。完成金融园区、亚广传媒、轨道交通首期工程等24个项目的征地任务，共征地11 616亩，收储土地6 584.81亩，供应土地1 922亩。完成南中央大道、七彩云南第壹城及“退人退房”等项目所涉及的拆迁任务，拆除各类建筑物19.92万平方米，搬迁苗木林地61.15亩，搬迁居民1 339户

3 234人。

基础设施逐步完善。全年路网建设共投资17.78亿元，新建城市道路18.18千米，配套管网设施建设与路基工程建设同步推进。三期路网全面开工，四期路网开工14条，呈七公路完成呈贡段油路铺设。轨道交通呈贡段隧道施工进展顺利，行政中心站主体工程竣工。环湖东路及环湖截污工程基本完工。垃圾焚烧发电厂和洛龙河污水处理厂建设顺利推进，粪便无害化处理项目开工建设。投资6 500万元建成七甸片区供水工程。

重点项目建设有序推进。云南白药集团整体搬迁项目累计完成投资11.3亿元，主体工程基本完工。上海东盟商务大厦、七彩云南第壹城等重大项目开工建设。市级公务员小区A地块项目竣工交付使用，基本完成滇池星城及周边配套设施建设。9所高校累计完成投资95.4亿元，建设面积396.6万平方米。高校全部实现招生，入住师生近8万人。5个高校配套住宅地块累计完成投资85.79亿元，建筑面积350.6万平方米。斗南花卉产业园主体工程奠基。工业园区云铝4万吨铝圆杆、云龙制药等14个项目竣工投产，云白药原料药中心、昆明嘉华食品等26个在建项目顺利推进。

省委常委、宣传部长张田欣（前排左三）等领导在呈贡广电大学调研（唐荣华　摄）

民生保障得到加强。建设被征地人员保障性住房3 081套，建成安置周转房1 868套，统筹安置项目涉迁和“三类房”居民1 592户。高度重视被征地人员的创业和就业工作，在全市率先出台了《呈贡新区促进创业和就业工作实施意见》，成立了呈贡新区失地农民创业就业协会，安排资金800万元扶持被征地人员创业就业。全年提供有效就业岗位5 685个，城镇新增就业人数2 448人，在全市一板块排名第一。组织职业技能培训2 077人。城镇登记失业率控制在3.5%以内。扶持被征地人员外出租地种菜种花共11 059人，兑付补助资金2 792万元。配套财政资金708万元，为居民全额购买基本医疗保险，参保率达98%以上，在全省率先实现了城市化的全民医保目标。安排财政资金实行差额补贴，使农村低保对象享受城镇居民最低生活保障待遇。兑付资金1 031万元，补贴汽车、家电、摩托车下乡和汽车、家电以旧换新。汽车、液晶电视等消费品逐步进入新区普通百姓家庭。成功战胜百年一遇的特大旱灾和8·16水灾。气象预报预警和地质灾害防治工作得到加强。开展第六次全国人口普查工作。

生态建设取得实效。启动低碳城市建设战略。万元GDP能耗下降4.2%，化学需氧量、二氧化硫排放量分别下降3.7%和13.8%。实施森林城市和万亩苗木基地建设工程，在公园、道路、沟渠、新农村示范点、交通沿线面山、滇池湖滨湿地等方面大力开展增绿补绿和视觉补差工作，完成城乡绿化624.3公顷，森林覆盖率达到48.5%；新增城市绿地面积338.96公顷，城市建成区绿地率达到37.12%。荣获全国城乡绿化模范县、全国绿化奖章、全省绿化工作先进单位等荣誉。“四退三还一护”工作完成退房98户、退人269人，建设湖滨林带和生态湿地1 502亩，入河口和湖内湿地945亩。强化城市管理综合行政执法，拆除滇池面山、城市面山等临违建（构）筑物2.1万平方米，拆除外挑设施1.5万平方米，修复破损道路4 565平方米。加大环境卫生整治力度，投入1 191万元，购买环卫机械设备26台，做好新区主次干道日常清洗保洁工作，道路高压冲水率保持在20%以上，机械化清扫清洗道路面积累计1 252平方千米。“四环十七射”道路两侧控制区环境综合治理、“六清六建”等工作成效明显。

**【社会事业】**　全年投入教育经费1.36亿元，比上年增长50.19%。建成雨花小学和吴家营中心小学。“两基”迎国检工作顺利通过国家教育督导组的检查验收。昆明市延安医院呈贡新区医院综合住院楼项目主体工程竣工；市中医院累计投资8 000万元，完成基础工程建设；建成斗南、惠兰园社区卫生服务中心。医疗卫生体制改革有效推进，全面实施国家基本药物制度。加强食品药品监督管理，全年无重大食品药品安全事故发生。科技投入1 320万元，新增专利申请和授权73件。整合高校文化资源，成功举办新区首届文化艺术节。加强文物保护工作，新增7个市级文物保护单位，完成呈贡文庙一期修缮保护工程。消防二中队和特勤一中队业务用房开工建设。顺利完成社区“两委”换届选举工作。民族宗教、外事侨务、保密、档案、修志、双拥、国防后备力量、民兵预备役工作不断加强，妇女儿童、老年人、残疾人等事业取得新进步。

**【平安建设】**　围绕“构建平安呈贡、建设和谐新区”的要求，狠抓社会矛盾化解、社会管理创新、公正廉洁执法三项重点工作，全面推进综治维稳工作。大力开展科技强警和技防网络建设，强化“网格化”布警。完善打黑除恶长效机制，严厉打击“命案”、“两抢一盗”等违法犯罪。被省评为创建无毒社区先进县。全年无较大以上安全生产事故和交通安全事故发生，被国家交通运输部、公安部等六部门评为平安畅通县。

**【四创两争】** 按照市创建国家园林城市、国家卫生城市、国家环保模范城市和全国文明城市及争取联合国人居城市奖和国家生态城市的“四创两争”工作的统一部署，围绕把呈贡新区建设成为昆明现代化城市示范区、科学发展示范区、品质春城示范区和低碳城市的目标，结合呈贡新区建设实际，以完善市政设施、开展市容环境和交通环境综合整治、绿化美化亮化新区、治理滇池、改善城市水环境为重点，对照标准，分解任务，明确职责，狠抓落实，努力把呈贡新区建设成为集湖光山色，融人文景观和自然风光于一体的森林城市，环保型、园林化、可持续发展的宜居城市。年内，国家园林城市创建工作纳入全市一体化创建，已获得国家园林城市称号，省园林县城创建工作已通过省级专家组的考评验收；“创卫”工作通过了国家专家组的暗访考核和技术评估；“创模”、全国文明城市创建、争取联合国人居城市奖和国家生态城市工作取得初步成效。

（唐荣华　摄）

**【党的建设】** 深入开展学习实践科学发展观活动，党的建设科学化水平不断提升。强化理论武装，积极推进学习型党组织、学习型机关、学习型社会建设。注重新闻策划和舆论引导，弘扬新区建设主旋律，大力营造和谐舆论环境。围绕推进科学发展、促进社会和谐、服务人民群众、加强基层组织的总体要求，紧密结合阵地建设、机制创新、强化服务、改善民生、维护稳定、征地拆迁、生态建设和“四创两争”等重点工作，创新活动载体，突出实践特色，引导各级党组织和党员参与“服务新区创先进，立足岗位当先锋”活动，认真开展“创先争优”活动，实现“创先争优”

（唐荣华　摄）

与新区建设互促共进、同频共振。开展“共产党员抗旱先锋”行动和“城乡党组织结对抗旱心连心”活动，筹集抗旱救灾特别捐献资金，建成抗旱应急工程，解决人畜饮水和农田灌溉问题。以机构改革、社区换届为契机，进一步优化党的基层组织设置，加大非公经济、“两新”组织、外出租地群体党组织建设力度，扩大党的工作覆盖面。加强党员队伍建设，贯彻发展党员“四制”，严把入口关，增强党员队伍活力。坚持按照“民主、公开、竞争、择优”的原则，不断完善干部任用推荐提名、公开选拔、竞争上岗、差额选举、无记名投票表决等制度，提高干部选任工作的科学性和公正性。加强干部管理工作，不断提高领导干部的执行力、创新力。严格执行民主集中制，坚持群众路线，变群众上访为干部下访，真诚倾听群众呼声，真实反映群众愿望，真情关心群众疾苦。认真听取人大和政协对重大决策、重要工作的意见，支持人大、政协履行职能，人民代表大会制度、政治协商制度不断完善，爱国统一战线继续巩固。支持社区居委会按照章程实施民主管理，基层组织依法自治的能力得到提高。筑牢思想道德防线，促进领导干部廉洁从政，把反腐倡廉工作与经济、政治、文化、社会建设工作一起部署、一起落实、一起检查、一起考核、一起推进，形成了“横向到边，纵向到底”的工作格局。

**【经济情况】** 2010年，新区党工委（县委）、新区管委会（县政府）在市委、市政府的坚强领导下，坚持党委执政、政府施政、人大督政、政协议政的有机统一，坚定不移贯彻落实科学发展观，面对新区建设资金严重短缺，固定资产投资动力不足，项目推进难度较大的困难，带领全县广大干部群众，坚定信心、迎难而上、团结拼搏，有效应对国际金融危机冲击，战胜百年不遇的严重旱涝灾害，使新区（县）的经济社会保持了良好发展势头。年内，新区（县）实现地区生产总值70.81亿元，比上一年增长15%。其中，第一产业增加值6.7亿元，比上一年下降14%；第二产业增加值35.81亿元，比上一年增长19.2%；第三产业增加值28.3亿元，比上一年增长19.2%。一、二、三产业结构由12.2∶49.5∶38.3调整为9.5∶50.6∶41.4。财政总收入完成10.1亿元，比上一年增长5.95%；一般预算收入7.03亿元，比上一年增长32.49%；全社会固定资产投资实现176.77亿元，比上一年增长45%；全社会消费品零售总额完成17.77亿元，比上一年增长21.09%；城镇居民人均可支配收入19 467.11元，比上一年增长9.37%；农民人均纯收入7 648元，比上一年增长8.2%；万元GDP能耗下降4.2%；非公经济实现增加值28.17亿元，比上一年增长12.3%；金融机构各项存款余额1 774 429万元，比上一年末增加247 654万元，增长16.22%，各项贷款余额1 147 412万元，比上一年末增加234 706万元，增长25.72%。再次荣获全省县域经济“十强县”荣誉。新区（县）经济社会发展中的主要困难和问题是：被征地人员保障性住房建设受政策瓶颈、资金瓶颈、土地指标瓶颈制约，投融资主体缺失、历史欠债较多、建设资金缺口巨大、用地指标紧缺，项目推进举步维艰；产业结构不合理，服务业发展不充分；社会稳定和安全生产形势严峻；生态环境保护和滇池治理工作压力增大，城市管理水平不高，城市功能不完善。

（唐荣华）

# 政　治

责任编辑：唐荣华

## ·中国共产党昆明呈贡新区工作委员会·中国共产党呈贡县委员会·

【简　述】　2010年，在市委、市政府的正确领导下，新区党工委（县委）以邓小平理论和"三个代表"重要思想为指导，认真学习贯彻党的十七大、十七届五中全会、中央经济工作会议、省委八届十次全会和市委九届七次全会精神，团结带领新区人民，坚定不移贯彻落实科学发展观，锐意改革创新，奋力攻坚克难，有效应对国际金融危机冲击，战胜百年不遇严重旱涝灾害，圆满完成"十一五"规划确定的各项目标任务。年内，新区（县）实现地区生产总值70.81亿元，比上一年增长15%。其中，第一产业增加值6.7亿元，比上一年下降14%；第二产业增加值35.81亿元，比上一年增长19.2%；第三产业增加值28.3亿元，比上一年增长19.2%。一、二、三产业结构由12.2：49.5：38.3调整为9.5：50.6：41.4。财政总收入完成10.1亿元，比上一年增长5.95%；一般预算收入7.03亿元，比上一年增长32.49%；全社会固定资产投资实现176.77亿元，比上一年增长45%；全社会消费品零售总额完成17.77亿元，比上一年增长21.09%；城镇居民人均可支配收入19 467.11元，比上一年增长9.37%；农民人均纯收入7 648元，比上一年增长8.2%；万元GDP能耗下降4.2%；非公经济实现增加值28.17亿元，比上一年增长12.3%；金融机构各项存款余额1 774 429万元，比上一年末增加247 654万元，增长16.22%，各项贷款余额1 147 412万元，比上一年末增加234 706万元，增长25.72%。再次荣获全省县域经济"十强县"荣誉。

【城市建设】　城市建设快速推进。新区以规划为指导，市级行政中心、春城财富中心、白龙小区等一批项目全面竣工，吴家营片区、雨花片区、乌龙片区建设快速推进。核心区路网基本形成，累计建成城市道路135千米，轨道交通、新区至机场公路、环湖东路、黄马公路呈贡段加紧建设，水、电、气、通信等配套设施建设同步进行。市级机关开始搬迁，总部经济、楼宇经济、金融CBD发展环境持续改善。9所高校累计完成投资95.4亿元，9所高校全面招生，入住师生近8万人。城北、城南污水处理厂和生活垃圾焚烧发电厂项目建设进展顺利，新区污水处理厂深度处理工程完工并正常运行。新区建设有序推进，城镇化率从2006年的49.5%提高到2010年的54.2%。

【征地拆迁】　年内，完成金融园区、亚广传媒、轨道交通首期工程等24个项目的征地任务，征地11 616亩；完成南中央大道、七彩云南第壹城及"退人退房"等项目所涉及的拆迁任务，拆除各类建筑物19.92万平方米，搬迁苗木林地61.15亩。新区建设以来，累计完成征地11.36万余亩，完成7个村庄搬迁。

【投资环境优化】　认真开展"效能呈贡"建设活动，健全责任追究体系，完善行政问责制度，形成紧张、快捷、高效运转的工作模式。强力推进"三最四低"投资软环境建设，为创业创富创造空间。新区行政审批项目由370项减为37项，行政事业性收费项目由128项减为34项，政府政务中心服务窗口增加到24个，建成了行政审批电子监察系统和视频监察系统。年内，共引进内资项目62个，内资53.26亿元；引进外资项目4个，到位外资6 496万美元。三年来，累计完成招商引资内资159亿元，外资1.35亿美元，以云白药为代表的一批产业项目入驻新区。

【生态环境建设】　生态环境持续改善。在公园、道

参加全市城乡基础设施建设和工程质量推进会的与会领导在斗南滇池湿地生态景观公园观摩

（唐荣华　摄）

路、沟渠、新农村示范点、交通沿线面山、滇池湖滨湿地等方面大力开展增绿补绿和视觉补差工作。年内，种植乔木、攀援植物41.34万株，建成区绿地率达37.12%。先后荣获全市城乡绿化和生态建设工作一等奖、全省绿化工作先进单位、全国绿化模范县、全国绿化奖章等殊荣。加强入滇河道重点整治，有序推进“四退三还”工作，湖滨湿地生态建设成效显著。强化对有污染排放企业的监督检查，确保各类污染物达标排放；万元GDP能耗同比下降4.2%，规模以上工业万元增加值能耗下降7%。

**【市容市貌整治】**　以“四创两争”为契机，认真开展市容市貌综合整治工作，加大对私搭乱建、违章施工等不文明行为的查处力度。在进一步巩固和提升创建国家卫生城市、省级园林县城成果的基础上，创建国家环保模范城市26项考核指标已达标24项；争创国家生态市、文明城市、节水型城市工作积极推进；争创“中国人居环境奖”、国家森林城市步伐加快。城市形象明显提升，人居环境持续改善。

**【民生保障】**　打造城乡统筹无障碍、制度衔接无缝隙的阳光医保，失地农民基本医疗保险个人承担部分由县级财政全额补助，参保率达98%以上，在全省率先实现全民医保的目标。城镇职工基本养老保险的人数达7 200人；参加企业职工工伤保险的人数达5 682人，完成目标数的123.5%；参加企业职工生育保险的人数达4 044人，完成目标数的115.5%；参加农村养老保险参保人数12 020人。“十一五”期间，全县共转移培训失地农民26 884人，转移就业22 499人；扶持失地农民外出租地种菜、种花21 642人次，累计租地面积174 698.9亩，发放扶持补助资金4 522.49万元；上级补助、部门整合、社会帮扶、群众筹资（投劳）累计投入4 040万元。在14个社区和19个自然村，开展了以“试点村建设、整村推进、村容村貌整治、重点村建设”为主要内容的社会主义新农村建设，受益群众达12 224户3.58万人。

**【社会事业】**　实施“科教兴区”战略，科技对经济增长的贡献率进一步提高。稳步推进教育综合改革，积极改善办学条件，“两基”成果不断巩固，各类教育协调发展。推进文化体制改革，培育文化产业，繁荣文化事业，丰富群众文化生活，以“呈贡新区我的家”为主题，搭建新区和高校文化互动平台，组织片区9所高校开展呈贡新区首届文化艺术节活动，历时一个多月，演出10场，新区群众6万人次观看了演出。积极探索精神文明建设的长效机制，以创建文明单位、文明村、文明小城镇、“十星级文明户”为载体，组织开展文化、科技、卫生“三下乡”活动，倡导健康、科学、文明的生活方式。人口自然增长率控制在6‰以内。党校、党史、工会、共青团、妇联、工商联、残联、老龄、民政、“双拥”、民兵预备役等工作得到加强。计生、卫生、新闻、广电、邮政、通信、档案、气象、统计、环保、滇保、林业、金融保险、民族宗教等各项社会事业取得新成绩，平安呈贡建设深入推进，新区社会稳定，社会治安良好。

**【党的建设】**　强化理论武装，积极推进学习型党组织、学习型机关、学习型社会建设。注重新闻策划和舆论引导，弘扬新区建设主旋律，大力营造和谐舆论环境。创新活动载体，突出实践特色，引导各级党组织和党员参与“服务新区创先进，立足岗位当先锋”活动，认真开展“创先争优”活动，实现“创先争优”与新区建设互促共进、同频共振。开展“共产党员抗旱先锋”行动和“城乡党组织结对抗旱心连心”活动，筹集抗旱救灾特别捐献资金，建成抗旱应急工程，解决人畜饮水和农田灌溉问题。以机构改革、社区换届为契机，进一步优化党的基层组织设置，加大非公经济、“两新”组织、外出租地群体党组织建设力度，扩大党的工作覆盖面。加强党员队伍建设，贯彻

周峰越（左一）等新区（县）领导参加抗旱救灾水源工程建设

（唐荣华　摄）

发展党员“四制”，严把入口关，增强党员队伍活力。坚持按照“民主、公开、竞争、择优”的原则，不断完善干部任用推荐提名、公开选拔、竞争上岗、差额选举、无记名投票表决等制度，提高干部选任工作的科学性和公正性。加强干部管理工作，不断提高领导干部的执行力、创新力。严格执行民主集中制，坚持群众路线，变群众上访为干部下访，真诚倾听群众呼声，真实反映群众愿望，真情关心群众疾苦。认真听取人大和政协对重大决策、重要工作的意见，支持人大、政协履行职能，人民代表大会制度、政治协商制度不断完善，爱国统一战线继续巩固。支持社区居委会按照章程实施民主管理，基层组织依法自治的能力得到提高。筑牢思想道德防线，促进领导干部廉洁从政，把反腐倡廉工作与经济、政治、文化、社会建设工作一起部署、一起落实、一起检查、一起考核、一起推进，形成了“横向到边，纵向到底”的工作格局。

## 重要会议

【常委会议】　2010年，新区党工委（县委）召开第十一届常委会议共计21次，深入讨论研究了事关呈贡经济社会发展和干部人事变动等重要事项，通报学习中央、省、市领导讲话和上级重要会议精神。

【党工委（县委）全会】　中共昆明呈贡新区工委（扩大）会议、中共呈贡县委十一届六次全体（扩大）会议于1月8日在县法院二楼大会议厅召开。全会的主要任务是以邓小平理论和“三个代表”重要思想为指导，深入贯彻落实科学发展观，按照党的十七大、十七届四中全会、中央经济工作会议和省委八届八次全会、市委九届六次全会精神，紧紧围绕科学发展新跨越目标，继续实施大投资方略、强化大项目支撑，着力做大经济总量、调整经济结构，着力扩大对外开放、深化改革创新，着力推进城乡一体、统筹区域发展，着力实施科教引领、促进文化繁荣，着力保障民生改善、构建和谐社会，着力治理滇池污染、建设生态家园，全面完成“十一五”规划各项目标，为“十二五”期间更好更快发展奠定坚实基础。全会确定新区党工委（县委）要从彰显城市特色，努力建设品质新区；围绕功能定位，大力发展现代服务业；继续扶优扶强，推进新型工业化；坚持城乡统筹，加速城乡一体化；加强生态建设，增强可持续发展能力；着力改善民生，全面发展社会事业；推进改革开放，创造发展活力动力；抢抓发展先机，超前谋划“十二五”8个方面开展工作。会议号召新区（县）广大干部群众要建立并学会应用重点法、一线法、倒逼法、激励法、并列法5

（唐荣华　摄）

种方法推动工作。会议审议并通过了县委十一届六次全会的工作报告（书面）和会议决议。在会议开幕式上，新区党工委书记、县委副书记（主持工作）周峰越以《团结干事　敢为人先　乘势推进新区有序有效建设和发展》为题发表了重要讲话。

【其他会议】　2010年，新区党工委（县委）共召开各类专题会议36次。其中大型会议11次。

新区（县）干部大会，于2月20日召开。新区党工委书记、县委副书记（主持工作）周峰越在会上以《加快开发建设速度　努力掀起呈贡新区建设的新高潮》为题发表了重要讲话，要求新区（县）的工作要突出一个“早”字、一个“保”字、一个“稳”字、一个“新”字、一个“督”字，以更加紧迫的责任意识，更加饱满的精神状态，更加有力的办法措施，切实保稳定、保发展，加快开发建设速度，努力掀起呈贡新区建设的新高潮。

新区（县）社区“两委”换届选举工作部署会议，于2月26日召开。会议传达贯彻了全市村（社区）“两委”换届选举工作部署会议精神，安排部署了新区（县）社区“两委”换届选举工作。

新区招商引资工作会议，于3月5日召开。会议总结了2009年招商引资工作的经验，剖析了当前工作中存在的问题。新区党工委书记、县委副书记（主持工作）周峰越在会上以《再鼓干劲　再创佳绩　努力实现呈贡新区招商引资工作新跨越》为题发表了重要讲话，充分肯定了新区（县）面对金融危机造成的不利影响和市考核标准调整变化的情况，新区（县）的招商引资工作仍然取得了超额完成年度目标任务的成绩；要求进一步统一思想，深化对招商引资工作的认识，树立发展是第一要务、招商引资是第一要事的理念；号召新区（县）广大干部群众坚定信念，发扬“团结干事、敢为人先”的新区精神，实现招商引资新跨越。

新区2010年宣传思想工作会议，于3月30日召开。会议紧紧围绕建设昆明现代化城市示范区、科学发展示范区、品质春城示范区的目标，总结回顾了2009年新区（县）的宣传工作在理论武装、舆论引导、文化建设、对外宣传、文明创建等方面取得的显著成绩，安排部署了2010年的宣传思想工作。新区党工委书记、县委副书记（主持工作）周峰越在会上发表了重要讲话，要求新区（县）广大干部群众要进一步认清形势，提高认识，切实增强做好宣传思想工作的责任感和使命感，不断强化理论武装工作，创新宣传思想工作的思维方式，提高宣传思想和文化工作的水平，营造良好的社会舆论氛围，为推进新区建设实现跨越式发展提供强大的精神动力、思想保证和舆论支持。

新区2010年组织工作会议，于3月30日召开。会议总结了新区（县）2009年组织工作取得的成绩，安排部署了2010年新区（县）的组织工作。新区党工委书记、县委副书记（主持工作）周峰越在会上以《坚持创新精神　提升服务水平　为建设三个示范区提供坚强的组织保证》为题发表了重要讲话，阐明了组织工作是党的全部工作的基础，是党的事业兴衰成败的关键，号召新区（县）广大干部群众要清醒认识党的建设所处环境的深刻变化，切实增强做好组织工作的责任感和使命感，以更加开放的思想，更加超前的思维，更加清晰的思路，大力推进组织工作的改革创新。

新区纪念建党89周年暨“创先争优”表彰大会，于6月29日召开。会议表彰了市级“五好”社区、市级党建示范点、先进基层党组织、优秀共产党员、优秀党务工作者及抗旱先锋党组织、抗旱先锋党员。新区党工委（县委）书记周峰越在会发表了重要讲话，要求新区（县）各级党组织要充分发挥战斗堡垒作用，在深入贯彻落实科学发展观、积极开展“创先争优”活动的基础上，围绕加快昆明现代化城市示范区、科学发展示范区、品质春城示范区建设的目标，积极引导广大党员立足本职发挥先锋模范作用，在推动“效能呈贡”建设、服务人民群众的实践中建功立业。

新区2010年基础设施和重点项目建设工作推进会，于7月2日召开。会议通报了上半年新区（县）的基础设施和重点项目建设工作进展情况，表彰了上半年基础设施和重点项目建设先进单位，新区（县）有关单位的主要负责人在会上作了承诺发言。新区党工委（县委）书记周峰越在会上发表了重要讲话，阐明了当前征地拆迁、项目建设和推进工作存在的问题，并对新区（县）的重点基础设施建设作了要求和安排部署。

新区贯彻落实市委市政府第四季度扩大投资暨项目推进工作会议精神大会，于10月14日召开。会议对新区（县）扩大投资和项目推进工作作了全面安排部署，各指挥部和项目方负责人作了表态性发言，新区管委会（县政府）与有关单位签订了责任书。新区党工委（县委）书记周峰越在会上发表了重要讲话，要求新区（县）广大干部要树立全局意识，树立经营城市的理念，树立抓经济工作就是抓项目落地、开工、推进和竣工的思想，确保招商引资项目落地；号召新区（县）各部门要在学习本次全市扩大投资暨项目推进工作会议精神的基础上，认真研究怎么引进项目、包装项目、推动项目建设。

新区党工委（县委）中心组理论学习会议，于10月16～17日召开。会议讨论研究了新区“十二五”规划纲要、加快基础设施和新型社区建设工作及招商引资工作，书面通报了新区党工委（县委）班子及班子成员的“创先争优”公开承诺书，新区（县）各有关部门及投融资公司的主要负责人在会上作了承诺发言。新区党工委（县委）书记周峰越在会上发表了重要讲话，围绕“统一思想，把智慧集中起来；形成合力，把力量凝聚起来；迎难而上，把瓶颈突破开来；打开局面，把信心树立起来”4个方面对下一步的工作进行了阐述和安排。会议进一步统一了思想，明确了当前需要抓紧抓牢的各项重点工程和重点工作，为再次掀起新区建设的新高潮，圆满完成各项年度目标任务奠定了坚实的基础。

新区机关党组织“创先争优”活动推进会，于11月10日召开。会议要求广大干部群众进一步解放思

（唐荣华　摄）

（唐荣华　摄）

想、振奋精神，以高度的政治责任感，以改革创新的精神、求真务实的作风，扎实推进“创先争优”活动，不断增强党组织的创造力、凝聚力和战斗力，为推动呈贡新区经济社会率先发展、和谐发展、跨越式发展提供组织保障和强大动力。新区党工委（县委）书记周峰越以《深化思想认识　以“创先争优”活动推动呈贡新区科学发展新跨越》为题发表了重要讲话，阐明了加深认识和理解“创先争优”的丰富内涵，不仅有助于明确方向、掌握标准、制定措施、抓好落实，更有助于增强各级党组织和党员参与“创先争优”活动的主动性。

新区失地农民创业协会成立暨第一次全体会员大会，于11月24日召开。新区党工委（县委）书记周峰越以《认清形势　强力推进新区农村劳动力转移工作再上新台阶》为题发表了重要讲话，指出成立协会是新区建设顺势而谋的创举，是广大人民群众的迫切希望，是促进新区失地农民就业创业的桥梁和纽带，要求协会要充分发挥自身优势，围绕增收致富这“一个中心”开展工作，为失地农民再创业提供专业化和规模化“两个平台”，积极宣传党的路线、方针、政策，拉近各级政府和广大失地农民群众的距离，为新区建设作出应有的贡献。

（字秉翔）

## 新区（县）综合办公室

**【简　述】**　2010年，新区（县）综合办公室紧紧围绕呈贡新区建设和新区党工委（县委）、新区管委会（县政府）的中心工作，坚持“团结、守纪、周密、高效、求实、创新”的传统和作风，增强服务力，提高执行力，切实履行“服务领导、服务机关、服务基层”的职责，充分发挥办公室的中心枢纽、参谋助手、综合协调和督促检查作用，有力推动了各项工作的顺利开展。

**【办文工作】**　按照制作规范化、审批程序化、运转快节奏的要求，认真做好新区党工委（县委）、新区管委会（县政府）及办公室有关文件的草拟、校对、制作等工作，严把政策关、行文关、文字关、体式关，努力做到行文规范、准确、无误。对文件、传真、电报批办工作进行了改革，注重文件转办过程中各环节的衔接和跟踪落实，不断规范公文处理程序，认真做好各类文件、电报、传真的收发、办理工作，公文处理质量和运转效率明显提高。年内，共印发新区党工委（县委）、新区管委会（县政府）和办公室各类文件52种、2 199个；接收处理电子政务文件8 748个、传真文件262个；编发会议纪要130期、会议通知116个，印发《呈贡新区信息》43期、《要情通报》6期；收发中央、省、市、新区（县）各级各类文件4 102余件。

（张宝珍）

**【信息工作】**　紧紧围绕中央和省、市委、政府及新区党工委（县委）、新区管委会（县政府）的中心工作，按照省委办公厅直报点的要求，以新区建设为重点，将新区（县）社会经济发展情况、贯彻上级党组织各项决定决议情况、新区建设推进情况、各项工作开展的经验和做法及发生的重特大事件及时准确地上报省委办公厅、市委办公厅、市政府办公厅，较好地完成了省委办公厅、市委办公厅、市政府办公厅信息考核任务。年内，共收到新区（县）各部门上报信息2 457条，整理报送省委、市委、市政府办公厅各类信息1 100条。其中，直报省委办公厅信息处各类信息1 077条，被采用118条、省委领导批示2条、被中共中央办公厅采用48条，信息考核名列全省第14名，全市5个信息直报点第1名；上报市委办公厅各类信息1 088条，被采用205条、市委领导批示2条、被省委办公厅采用69条、被中共中央办公厅采用46条，考核成绩名列全市第5名；上报市政府办公厅各类信息1 000余条，被采用66条、被省政府办公厅采用2条，考核名列全市第7名；编发《呈贡新区信息》43期、《要情通报》6期。

（马娅莉）

**【目督工作】**　按照“把握大局，围绕中心，突出重点，抓住关键”的工作思路，紧紧围绕把呈贡新区建成“昆明现代化城市示范区、科学发展示范区、品质春城示范区”和“低碳城市”的目标，扎实开展督促检查工作，有力地推动了市委、市政府，新区党工委（县委）、新区管委会（县政府）重大决策和重要工作部署的全面贯彻落实，促进了新区的跨越式发展。一是完成了市委常委会、市政府常务会、专题会等重要会议要求督办的市级督办件159件；二是完成了县委常委会、县政府常务会、专题会等重要会议要求的督办事项100余项次的督办工作，有力地推动了重点工作的顺利推进；三是完成了领导交办的各类督办事项150余项、领导批示件127件，印发各类督办通知72份、督查通报30份，真正做到了“批则必查，查则必果，果则必报”；四是根据市委、市政府年内下达给新区（县）的主要工作目标任务和市委、市政府的年度工作要求，结合县《政府工作报告》，将年度工作目标任务分解立项下发到各街道、部委办局中心，各目标责任单位每季度末对目标执行情况认真进行季度自查，并书面上报自查情况报告，新区（县）目督办根据各目标责任单位季度自查的情况，会同新区（县）有关

新区党工委（县委）书记周峰越（中）等领导检查南中央大道建设进展情况 （唐荣华 摄）

部门进行抽查，发现问题及时协调解决，重大问题按程序报新区党工委（县委）、新区管委会（县政府）领导研究决定，以月报、季报、半年报并抽调各部委办局中心对各目标责任单位进行定期和不定期的检查，切实抓好了目标任务的日常管理工作；五是在深入调查研究的基础上，对各街道、各部委办局中心的目标体系、考核办法进行了修改和完善，建立完善了各街道、各部委办局中心、工业园区责任部门每月25日前将经济发展目标、项目建设任务完成情况上报目督办的定期报告制度，目督办定期对目标任务进展情况进行通报，接受干部群众监督，调动了各级领导抓项目建设的积极性、主动性，增强了紧迫感、责任感；六是围绕党委、政府的重大决策、重大工作部署，采取“年初抓分解，按月催进度，季度排重点的方式对重点工作事项开展督查，督促各部门比力度、比进度、比效果，促进了核心区一期、二期路网的全面完工，三期、四期路网的快速推进，城北、城南污水处理厂和生活垃圾焚烧发电项目、“四退三还”、“四创”工作、入滇河道整治建设等重点工作的顺利开展。目标管理督查的主要做法及经验：一是健全工作运行机制，定岗定责，明确任务，促进督查工作制度化、科学化；二是不断强化督查力度，对重点工程、重点项目、重点工作定期进行督查，把项目建设作为促发展、快发展的有效载体来抓，明确工作的目标任务，层层分解，细化量化工作任务，责任到人；三是坚持把争取领导的重视和支持与开展工作紧密联系起来，动员各级领导亲自抓督查，特别是对大局性工作、重点难点工作和事关群众利益的工作要动员各级领导亲自抓，勤过问，抓落实，切实发挥领导在督查工作中的示范带头作用，以强化督查工作的权威；四是落实督查部门负责制，充分发挥督查部门的组织协调职能，对一个部门、一个单位解决不了的问题，主动牵头，积极协调相关部分工负责，配合协作解决问题，抓好工作落实；五是对进度较慢、落实情况较差的重点工作，采取专题督查方式进行督促落实，及时将有关情况形成《督查专报》向主要领导汇报，为决策提供参考，较好地推动了一些重点、难点工作的落实，有效增强了督查工作的针对性。

（李春莲）

**【保密工作】** 坚持“发展、创新、服务”的工作思路，以强化保密技术手段、法规制度、宣传教育、监督检查、案件查处和队伍建设为工作重点，创新保密工作方法和工作思路，明确任务和目标，认真开展保密工作。一是贯彻执行党和国家有关保密工作的方针、政策，及时传达、学习中央和省、市保密委员会及保密局的会议精神，在新区（县）大张旗鼓地掀起学习宣传新《保密法》的高潮。年内，组织新区（县）78个单位（包括市属直管单位11个）签订了保密承诺书的领导干部、涉密人员、计算机信息系统及网络使用、管理人员和保密员及其他有关公务人员1 500人（厅级领导2名，处级领导24名，科级领导285名，其他人员1 189名）开展了保密技术知识竞赛活动；组织各机关、单位征订新《保密法》释义590本，宣传挂图71份，为学习宣传新《保密法》打下了坚实的基础；印发新《保密法》法规宣传材料3 000余份；在新区门户网站及电子政务网登载新《保密法》法规，号召新区（县）各机关、单位积极开展新《保密法》的学习教育活动；在呈贡电视台滚动播出新《保密法》的相关内容15天，向新区（县）广大人民群众宣传新《保密法》；在新区（县）主要街道悬挂了新《保密法》颁布实施的横标；在《新区》刊物上刊登了有关新《保密法》的内容；刻录了4盘新《保密法》光碟，由新区（县）司法局的司法宣传车进行广泛宣传；在新区（县）的宣传栏内张贴新《保密法》挂图一套（8张），方便群众知晓新《保密法》的主要内容，提高其保密意识和保密观念，行使对党和国家安全利益的保护和维护权利；在新区（县）的中学中利用广播、黑板报向师生宣传新《保密法》的相关内容。二是组织开展保密知识讲座和保密形势教育工作。7月16日，邀请省国家保密局副局长戚桥海为新区（县）副科以上领导干部及各机关、单位办公室主任200余人作了题为《做好新形势下保密工作对新区建设的重要意义》的专题讲座；11月5日，邀请省国家保密局宣传教育处处长周芳华和科技处副处长任敏为新区（县）涉密人员进行了题为《如何深入学习、准确把握新修订〈保密法〉》和《如何做好新形势下计算机保密工作》的保密知识专题培训，新区（县）各机关、单位办室主任、涉密工作人员、信息公开发布员、专（兼）职保密干部及新录用公务员等230余人参加了培训。三是深入基层开展保密宣传教育工作。8月31日，联系邀请省国家保密局检查法规处处长傅学保为县农村信用合作社人员作了题为《金融服务业保密工作重要性》的保密知识专题讲座，并播放了保密警示教育片；10月28日，新区（县）保密局人员为洛龙街道有关人员进行了新《保密法》学习辅导，提高了基层干部职工对新《保密法》的认识。四是制定下发了《关于进一步规范新区（县）各机关、单位保密工作议事机构的通知》，对机构设置、人员组成进行了规范，明确了保密领导小组的职能职责。五是健全保密工作管理机制。按照“谁主管、谁负责”的原则，新区党工委（县委）保密委与各机关、单位的党政主要领导签订了《保密责任书》，各机关、单位主要领导和保密领导小组组长与本机关、单位的涉密工作人员签订了《保密承诺书》，技术保障人员和维修人员签订了《保密协议书》。六是采取定期或不定期方式对党政机关、单位的保密要害部门、部位，计算机网络、电子政务网络、公众信息网络和办公设备、存储移动介质等进行专项检查和抽查，防止泄密事件发生。5月20日，新区（县）保密局配合省国家安全局检查组对部分机关、单位的计算机使用情况进行了检查；6月22日，对新区（县）范围内的7个省、市直管单位的文件资料、计算机、信息系统管理和制度建设等方面的情况进行了保密检查。七是制发指导、规范新区（县）各机关、单位贯彻落实中央和省、市、新区（县）对开展保密工作的相关政策和要求的各类文件22件。八是配合新区（县）教育、人事、卫生、组织等部门开展各类考试和面试工作，确保了各次考试、面试工作的顺利进行。九是对辖区内的旧货市场、废品收购部、网吧等场所进行了为期5天的专项检查，共检查废品收购站30余户、网吧10余户，发放宣传通知30份，从源头上杜绝了非法交易涉密文件资料的发生。十是加强了网络窃密泄密防范工作，建立了长效监督检查机制。十一是做好文件资料的销毁和管理工作，先后4次与市文件资料销毁中心联系，对20余个单位的文件资料、老化计算机等保密物品进行了销毁，帮多个单位购买了保密袋，确保了保密资料和物品的管理和销毁更加规范。十二是对党政机关、单位需对外发布和公布的信息进行了保密审核和把关，完成了80余万字的2010年版《呈贡年鉴》的保密审核工作；完成了206份(任务数130份)《保密工作》杂志的征订工作。十三是对辖区内60余户印刷、复印行业进行了年检换证，定期或不定期地对复印、印刷行业进行保密检查和抽查，并向其工作人员宣传保密知识和相关法律法规。十四是加大失泄密案件查处力度，联合相关部门调查处理失泄密案件3件。

（黄秀云）

**【信访工作】**　新区党工委（县委）、新区管委会（县政府）高度重视信访工作，始终坚持“发展是第一要务，稳定是第一责任”，积极开展领导干部大接访、大下访和律师参与信访接待活动，妥善处理涉及群众切身利益的热点、难点问题和群体性上访问题，对来信来访做到件件有着落，事事有回音。年内，新区（县）街道以上党政机关共接待和办理人民群众来信来访3 734件（次），比上一年下降54%。其中，县属部委办局办理2 009件（次），比上一年下降25%；街道党政机关办理567件（次），比上一年下降65%；新区（县）信访局办理1 158件（次），比上一年下降70%。新区（县）信访局办理的1 158件（次）来信来访中，来信172件，比上一年下降29%；来访986件（次），比上一年下降72%；集体访32批873人（次），比上一年批（次）下降22%、人（次）下降74%。无进京上访、无5人以上到省上访、无50人以上大规模到市上访、无造成重大影响的群体性上访，在全市信访工作目标考核中名列第一名，新区（县）信访局受到市信访局的表彰和奖励。

（路艳伟）

**【法制工作】**　新区（县）的法制工作坚持以邓小平理论和“三个代表”重要思想为指导，认真贯彻落实党的十七大依法治国基本方略，深入学习实践科学发展观，加强新区（县）的民主法制建设，为优化新区（县）软环境提供了保障。年内，完成了县政府组成部门的“三定方案”，明确了34个行政执法主体及执法依据的清理、公告；按时完成了新区（县）规范性文件的清理公告工作，共清理规范文件344件，其中保留83件、废止245件、宣布失效4件、拟定修改12件；新区（县）29个（含8个直属部门）行政执法部门全部完成了与市级业务主管部门的行政处罚自由裁量权规范细化的对接、对外公布和报备工作，共规范行政处罚自由裁量权细化项目2 190项；完成了新区（县）29个行政执法部门行政执法案件的自评自查工作，共评查行政许可案件160 350件，行政处罚案件43 272件，其中适用一般程序办理的行政处罚案件2 055件、适用简易程序办理的41 217件，自评自查无不合格案件，在此基础上，新区（县）政府行政执法评查组对新区（县）农业、城管等16个部门的行政执法案件进行了重点评查，共抽查案件200件，其中评出优秀案件60件、一般案件120件；完成了内部审批项目清理和规范细化工作，将原有的63项内部审批项目精简为32项（其中取消30项、合并3项、由管理服务事项转入2项），并对32项内部审批项目从审批内容、设定的法律依据、审批条件、申请材料、申请表格及申请书、受理机关、决定机关、审批程序、办理时限、证件及有效期限、法律效力、收费、年审及年检13个方面进行了规范细化，按要求在各部门办公场所和政务办公内网上进行了公开；组织新区（县）

60余名法制骨干进行了行政审批综合业务知识、重大决策听证相关知识及市级行政审批、行政复议办理相关知识培训；受理行政复议1件，代理应诉状告县政府的行政诉讼案件5件；举行重大决策听证17次，超额完成了市政府的目标任务（市政府目标任务15次），切实保障了人民群众的知情权、表达权、参与权、监督权；开展了《中华人民共和国行政复议法》的宣传活动，发放了宣传资料1.2万份，接待群众咨询100余人（次）；在新区（县）继续推行“对初次违法的行政管理相对人进行教育规范、再限期整改、最后依法实施处罚”的“三步式”行政执法程序为主要内容的规范行政执法程序工作，为营造新区（县）优质的经济社会发展软环境，促进对外开放和推动社会经济全面发展提供更好的法制环境。

（杨旭艳）

## 组织工作

**【简　述】**　2010年，党工委（县委）组织部在新区党工委（县委）的正确领导下，在各级组织人事、纪检监察部门的具体指导和监督支持下，坚持以邓小平理论和“三个代表”重要思想为指导，深入贯彻落实科学发展观，围绕新区建设大局，以改革创新精神抓紧抓实抓细抓好组织人事工作和干部人才工作，为加快推进昆明现代化城市示范区、科学发展示范区、品质春城示范区和“低碳城市”建设提供了强有力的组织保障和人才支持。年末，新区（县）共有基层党组织（不含年内托管的七甸街道和上划管理的公安、国土部门）264个。其中，党（工）委27个（含15个社区党委），党总支23个，支部214个，共有党员5 738名。党员队伍中，女党员1 727名，占党员总数的30.1%；机关及企事业单位党员1 863名，社区党员3 070名，离（退）休党员755名。

（唐荣华　摄）

**【“创先争优”活动】**　根据中央和省、市委的统一部署，5月21日，新区（县）正式启动了深入开展创建先进基层党组织、争当优秀共产党员活动（简称“创先争优”活动），新区（县）的338个党组织、6 696名党员参加了活动。活动开展过程中，按照围绕推进科学发展、促进社会和谐、服务人民群众、加强基层组织的总体要求，紧密结合阵地建设、机制创新、强化服务、改善民生、维护稳定、征地拆迁、生态建设和“四创两争”等重点工作，紧扣“新区先锋”主题，创新活动载体，突出实践特色，引导各级党组织和党员“服务新区创先进，立足岗位当先锋”，以实际行动加快实现新区科学发展新跨越，实现“创先争优”与新区建设互促共进、同频共振。年内，举办了“七一”表彰纪念活动，对在新区建设和抗旱救灾中表现突出并作出积极贡献的20个先进基层党组织、10个抗旱先锋党组织、50名优秀共产党员、30名优秀党务工作者和22名抗旱先锋党员进行了表彰；摄制先进典型电教片2部，制作室外宣传标语233条，各种宣传橱窗（展板）48个，评选设置“创先争优党员先锋岗”100个，配备室内立式和桌面党旗（国旗）111面，营造出浓厚的“创先争优”氛围；开展了不同形式的“创先争优”公开承诺；社区“每月一星”评选活动扎实推进，评选“居民需求调查之星”2个。

**【社区“两委”换届】**　按照省、市委的安排部署，坚持严格程序、依法操作，切实加强对社区“两委”换届选举工作的督促指导，积极发展基层党内民主。全面推行公推直选，公开公平公正选举，共选出“两委”成员382名，平均年龄40.6岁。其中，社区党组织委员211名，社区居委会委员240名；妇女委员82名，占21.5%；高中学历的76名，占19.9%；大专以上学历的82名，占21.5%；社区党组织书记和主任“一肩挑”的5名；“两委”成员交叉任职的69名，占18.1%。社区“两委”班子结构进一步优化，整体功能进一步增强。将符合条件的3个社区党总支改设为社区党委，进一步提升了组织功能。换届结束后，组织社区党组织书记和居委会主任进行了为期5天的封闭式集中培训，提升了社区干部的履职能力；积极推进党务公开工作，督促新区（县）所属的7个街道、38社区及各机关单位共292个基层党组织认真开展党务公开工作，其中党委13个、总支30个、支部249个，党务公开覆盖面达100%。

**【“云岭先锋”工程】**　实施固本强基工程，着力夯实科学发展的组织基础。扎实抓好第三批学习实践科学发展观活动，集中开展以解决基层实际困难为重点的整改工作“大会战”，着力解决了一些影响和制约本单位发展及人民群众反映强烈的突出问题，办理了一批群众普遍关心期待的实事好事，推动了新区（县）各

参加抗旱救灾水源工程建设的共产党员
（唐荣华　摄）

项工作的科学发展。按照有利于加强党的领导、有利于党组织开展活动、有利于党员发挥作用的原则，进一步优化党组织设置，建立健全党的基层组织体系，扩大党的工作覆盖面。对新区（县）政府组成部门党组织进行优化调整，进一步理顺隶属关系，撤并（更名）机关党组织13个，新成立新区（县）园林绿化局、党工委（县委）机构编制委员会办公室和新区（县）城市管理综合行政执法局3个党支部。进一步加大非公有制经济组织党组织组建力度，成立了昆明新南亚风情园商贸有限公司党支部，新区（县）“两新”组织党组织增加到23个。根据外出租地党员增多的情况和分布状况，在嵩明成立了新区（县）第2个外出租地流动党员党支部。继续实施“抓两头，带中间”工作法，在机关、事业单位、社区和非公企业党组织中深入开展“五个好”基层党建示范点创建活动，新创基层党建示范点11个，创建面进一步扩大，创建成果进一步巩固，示范带动效应显著增强。同时，按照一个党组织一个对策的办法，采取选好配强班子、项目资金扶持、建立帮扶对子、强化督促检查等措施，集中人力、物力和财力，继续做好2009年以来排查出的26个相对后进薄弱基层党组织的整顿提高工作，使18个得到转化提高，整顿转化率达69%，达到了先进基层党组织上水平、中间基层党组织上台阶、相对后进基层党组织变面貌的目的。继续在党员干部中深入开展“个人形象一面旗、工作热情一团火、谋事布局一盘棋”主题实践活动，党员干部的示范带头作用得到发挥，领导干部的创新力、执行力和凝聚力得到增强。健全完善基层干部激励保障体系，探索和完善了社区“两委”班子薪酬制度，变补贴为薪酬，提高基层干部的工资、医疗保障等待遇，并注重在实践中发现、推荐政治素质好、参政议政能力强的优秀社区书记担任各级党代表、人大代表、政协委员。认真实施“一个社区一名大学生”计划，年内补录大学生村官3名，全部大学生村官在社区居委会换届中通过“专职专选”当选为居委会副主任。深入开展“共产党员抗旱先锋行动”和“城乡党组织结对抗旱心连心活动”，筹集“共产党员抗旱救灾特别捐献资金”3 238 914.4元；投资1 152万元建成12项抗旱应急工程，解决了3万人、464头大牲畜饮水困难及1 000亩农田灌溉问题，确保了保民生、保稳定目标的实现。

**【干部人事工作】**　坚持党管干部和党管人才的原则，严格遵守《党政领导干部选拔任用工作条例》的规定，积极稳妥地深化干部人事制度改革。以实施公推制、提名制、聘任制、竞争制为重点，积极探索实行多种提名方式，健全主体清晰、程序科学、责任明确的干部选拔任用初始提名制度。坚持“由多数人选人，在多数人中选人”，进一步规范了干部初始提名工作，扩大了提名环节的民主、干部群众的参与权和选择权。结合新区建设对干部人才队伍结构的要求及新一轮机构改革的实践，以优化干部队伍年龄结构、文化结构、性别结构和党派结构为重点，下功夫推动新区（县）干部队伍结构优化升级，努力提升各级领导班子领导科学发展的综合能力。继续深化干部管理工作制度创新，拟定了《呈贡县改任非领导职务干部管理暂行办法》；继续加强科级领导干部思想政治和综合能力建设，每季度进行一次测评，及时掌握科级干部工作情况；进一步规范干部民主推荐、确定考察对象、考察、酝酿、讨论决定工作程序，提高干部选任工作的科学性和公正性；修改和完善了《呈贡县关于对县管领导干部实行任前公示制的意见》和《呈贡县县管领导干部任职试用期办法》，规范群众反映、受理、调查、处理的程序和方法，使公示制真正成为干部群众参与和监督干部选拔任用的一种有效形式。年内，新区党工委（县委）共提拔科级干部10名，其中正科级干部4名、副科级干部6名；调整科级干部58名，其中机构改革调整科级领导干部43名。坚持以竞争择优的原则加大公开选拔科级领导干部力度，按照省委组织部的要求，认真做好选拔优秀村（社区）党组织书记担任街道领导干部工作，选拔1名社区党委书记担任街道副主任；圆满完成了公开选拔副科级领导干部工作，经笔试、面试、体检、考察，选拔2人分别担任新区（县）教育局、新区（县）卫生局副局长；配合市委组织部认真做好面向全国公开选拔街道党工委副职工作，吸收安置街道党工委副职6人。积极吸收招录新公务员，优化公务员队伍结构，完成了县法院招录10名公务员、县检察院招录5名公务员的相关录用工作。完成了对56名新提拔的科级干部进行试用期满转正考核工作。年末，新区（县）共有科级以上干部286人，其中县级领导干部43人、科级领导干部243人（不含直管单位）。

【干部教育】 抓实办好干部教育工作，努力推进新一轮大规模干部培训。年内，围绕干部工作需要，举办了一期以新区建设、征地拆迁、执政能力建设、和谐社区建设为内容的社区干部专题培训；积极探索利用高校对社区换届后的“两委”班子主要干部进行了包括党的建设、军训、经济发展知识、社区工作、城市发展、征地拆迁等内容丰富的培训工作，培训新一届社区干部100余人；举办了一期社区基层干部培训班，共培训社区副书记、副主任、社区小组长258名；各街道共组织了6期社区“两委”成员参加的任前培训，同时选派6名新当选的社区干部到云南农业大学省农村干部学院培训20天；选派6名社区党组织书记参加了市委组织部组织的“党建五好社区”异地培训；组织新区（县）各社区党组织书记、在社区任职的“优秀大学生村官”共36人到四川省委党校开展了为期1周的“统筹推进城乡一体化建设”为主要内容的异地教育培训。按照市委组织部的要求，选派了1名副县领导参加县（处）级以上党政领导干部安全生产培训；选派1名干部到市信访局挂职锻炼；完成了6名街道党政主要干部参加“西部地区公务员赴港培训班”学习的选派工作；完成了昆明市第十七期中青年后备干部培训班参训学员的选派工作；组织6名企业管理人员赴浙江学习民营企业发展的成功经验，以提高企业经营管理人才综合素质；组织8名干部分别参加了农业产业化、新型工业化、城镇化和教育现代化专题培训学习；认真组织新区（县）副县以上领导干部参加云南省领导干部在线学习工作。继续鼓励并支持党政人才采取多种形式参加各级各类学历教育，采取以奖代补的方法鼓励干部攻读研究生学历，年内对5名获得研究生毕业证的科级领导干部发放奖金共3万元。

（唐荣华　摄）

【干部监督】 认真贯彻执行《党政领导干部选拔任用工作条例》和《中共中央组织部关于加强组织部门干部监督工作若干意见（试行）的通知》精神，坚持以正面教育为主、预防为主、事前监督为主，把干部监督工作贯穿于干部培养教育、考察考核、选拔任用、日常管理的各个环节，防止和杜绝了干部“带病上岗”和“带病提拔”及“跑官要官”、“买官卖官”不正之风情况的发生。加强对领导干部经济责任审计工作，定期召开领导干部责任审计和干部监督工作联席会议，进一步扩大干部监督管理工作的覆盖面。坚持政治挂帅、安全第一的原则，严把因公出国（境）审批程序质量关。年内，县委常委会讨论表决干部60名，未发现一起违反任用条件和工作程序的情况；对10名拟提拔干部进行了任前公示，公示期间均未收到举报件；委托新区（县）审计局对5个单位的5名领导干部进行了经济责任审计；审查办理出国（境）人员手续9件，涉及18人（县处级5人，访问、考察、经贸洽谈12人，参加培训6人），均没有出现外出不归、晚归以及违背外事工作纪律的情况。

【人才工作】 坚持党管人才原则，加强宏观指导，积极推进新区（县）人才工作发展。建立以能力和业绩为导向的人才评价标准，不断丰富人才评价手段，拓宽人才评价渠道，努力形成多元化的人才评价体系。扎实做好人才调研工作，积极探索人岗匹配、人得其岗、岗得其人的用人机制。坚持分类指导，结合不同行业、部门分工的特点，扎实推进各类别人才队伍科学化、规范化建设。年内，在各机关、事业单位进行了一次全面系统的第一学历情况统计工作，为实现人尽其才的人才工作目标打下了坚实的基础；组织开展了“读好书、求新知”的活动，要求每名干部年底前完成《盘活城市》和《思路决定出路》两本书的学习；继续抓好专业技术人才队伍建设，给予评选出的7名优秀专业技术人才每人每月200元的工作补贴；积极向市委推荐了一名获得过省政府特殊津贴的高级农艺师参加省委联系专家的评选；组织了15名企业管理人才参加了为期3天的“2010昆明论坛——后危机时代的企业发展”培训；组织推荐了首届昆明市春城人才奖参评人选，1人获得了“首届春城人才奖”荣誉称号。

【党员发展】 认真贯彻发展党员“四制”，严把入口关，切实加大在生产工作一线、高知识群体、青年学生和新的社会阶层中发展党员的力度，发展党员工作质量不断提高，全年共发展党员120名。着力抓好党员队伍日常管理，进一步完善党员分类管理办法，坚持和完善“三会一课”、党员政治生日、党员党性定期分析、党员目标管理、民主评议党员等制度，健全不合格党员处理机制，严格按照《党章》和党内有关规定及时处置不合格党员。扎实抓好党员素质提升工作，通过远程教育、电化教育、专题讲座等途径对党员开展全方位、多层次的教育培训，全面提升党员素质。

**【党员电化教育】** 按照“健全网络，完善机制，强化播放，注重实效”的总体要求，积极组织开展党员干部现代远程教育“学、用”工作。新区（县）46个电信模式远程播放站点已全部建成并投入使用，实现了新区（县）、街道和社区三级站点建设播放全覆盖。将远程教育学用工作纳入各级党组织党建目标考核内容，做到远程教育工作与党建工作同步安排、同步实施、同步考核。注重远程教育管理员队伍建设，聘请大学生村官担任党建工作和远程教育工作信息员，定期召开例会开展远程教育学、业务培训和经验交流；建立健全了远程教育管理员的管理、考评制度。注重学用的实效性，把远程教育同加强基层党组织建设、拓宽社区群众致富渠道相结合。年内，集中对新区（县）6名街道党工委副书记和76名社区远程教育站（点）管理人员进行了专题培训；对新区（县）评选出来的15个远程教育工作先进单位和14个优秀播放站（点）给予表彰奖励，共发放奖金2.3万元；认真制作完成了《党员领头雁　群众主心骨——吴家营街道党工委先进事迹》、《平凡的岗位　奉献的舞台——记优秀党务干部王思旭》、《引领群众成为新区建设最大受益人的实践者——记优秀党员赵彦祥》3部专题片和《古城社区和谐曲》1部参评片。

**【边疆党建长廊建设】** 按照市委组织部的要求，深入开展“四真”携手行动推进边疆党建长廊建设对口联系工作。从党建交流、干部人才培养、物资援助等方面继续加强对潞西市的对口帮扶工作，进一步巩固扩大边疆党建长廊建设工作的成果。年内，新区（县）援助潞西市边疆党建长廊村级活动场所建设资金12万元；党工委（县委）组织部与潞西市委组织部签定了补助芒海镇赖南村拱抗村民小组建设党员活动室协议书，协议补助建设资金5万元；应潞西市委组织部邀请，对援建的村级活动场所进行了竣工验收，双方围绕党政人才共育、素质提升共抓、党建信息共享、社会事业共兴、科学发展共促等方面工作进行了深入交流；投入培训经费2.5万元，采取专题讲座、实地参观考察等方式对潞西市委组织部组织的43名农村乡土人才进行了专题培训；经协商，自2011年起，增加潞西市遮放镇作为对口联系乡镇。

**【“三有一化”工作】** 紧密结合全市和谐社区建设工作会议精神，以“三有一化”为重点开展加强社区党的建设，促进和谐社区建设试点工作。按照有人管事、有钱办事、有处议事，努力构建区域化社区党建工作格局的要求，选择以龙城街道古城社区、洛龙街道白龙潭社区、吴家营街道刘家营社区及前卫营社区作为试点，由党工委（县委）分管领导和有关部门负责人结对联系，实施分类指导，充分发挥优势，突出工作重点。采取公推直选的方式选拔社区党组织书记，选优配强社区居委会主任，保障社区党建工作有专人抓落实，实现了有人管事。建立健全了以新区（县）财政拨款为主的社区经费保障机制，从年内起，每年由新区（县）财政给每个社区党组织核拨2万元工作经费，保证有钱办事。把基层社区办公场所纳入新型社区规划，实现了办公用房和党组织活动场所用房不少于400平方米的建设目标。在新区（县）29个社区全面推行“四议两公开”工作法和“社情简报”季报制度，开辟了新区党群共建新通道；扎实推进“边疆党建长廊”建设、深入开展“县包乡、乡包村”活动，初步实现了信息互通、优势互补、资源共享、共同发展的目标。

**【为民服务体系建设】** 创新社会管理体制机制，深化“三级联动”，大力推进为民服务体系建设。督促新区（县）所辖6个街道、29个社区充分发挥现有场地、人员的作用，对原有为民服务窗口进行了升级改造，建成敞开式、开放性的为民服务大厅。优化街道为民服务中心功能设置，初步实现了为民办事机构、带班值班领导、办事工作人员以及公章手续“四进入”和机构进驻、窗口受权、人员落实“三到位”，由街道党政主要领导兼任为民服务中心主任，实行便捷式办公、透明化行政、人性化管理，实现了管理制度、服务事项、服务流程“三上墙”。对为民服务中心各窗口实行“创先争优”承诺制，倡导窗口作贡献、真情暖民心的政府服务新风尚。按照“一站式办公、一条龙服务、一条鞭管理、一次性办结”的要求，积极探索新区（县）政务服务管理局（便民中心）、街道为民服务中心、社区为民服务站三级联动为民服务机制，努力探索权重下放、调控有力、街道垂管、联动一体的服务模式。龙城街道实现了街道为民服务中心和社区为民服务站的同阵地建设，保证了街道——社区两级联动、服务接力、全程代办的有效开展。积极创新为民服务的渠道和领域，以募集捐赠等方式建立起了共产党员为民服务“爱心超市”，把为民服务中心同街道、社区公益事务紧密结合起来，同关爱困难、扶贫扶弱紧密结合起来，丰富了为民服务体系建设的内容，拓展了为民服务中心的辐射领域。年内，各街道、社区为民服务窗口共受理各类事项30 165件，办结30 032件，办结率99.6%。

**【党员关爱工作】** 注重党内人文关怀，认真落实党内关爱激励帮扶机制，建立了社区“两委”干部离职生活补助制度和社会保障制度。年内，对符合条件的266名离职村（社区）干部进行定期走访慰问；对符合补助政策的离职老乡干部给予一次性生活补助；对未享受一次性补助的离职老乡干部，通过定期慰问的方式，按照任职年限长短发放一定生活补助共3.48万元；坚持对建国前入党的老党员、建国前参加革命工作的离休老干部进行定期走访慰问和发放生活补助；扎实做好对困难党员、社区70岁以上老党员的春节、中秋、“七一”走访慰问工作，切实把党内关爱激励帮扶机制落到实处，促进党内和谐，带动社会和谐。

**【自身建设】** 进一步深化并拓展“讲党性、重品行、作表率，树组工干部新形象”活动，着力提高组工干部适应新时期组织工作发展要求和服从服务于新区建设的能力和水平。坚持部机关理论学习务虚制度，认真组织开展机关讲坛教育活动，打造学习型组工干部队伍。组织开展了“进组织部门为了什么、在工作岗位上干了什么、在干部群众中的形象是什么、离开组织部门留下什么”大讨论活动，强化公道正派意识，筑牢拒腐防变的思想道德防线。组织开展了“亮身份、献爱心、系民情”主题实践活动，鼓励全体干部职工自觉加强自身社会意识、责任意识和大局意识，把人民群众的冷暖牢系心间，在党和人民群众需要的时候能够亮出身份、走在前头、冲在一线。严格执行《党政领导干部廉洁从政若干准则》8大类52条禁令，坚决抵制贪污腐化的行为，切实当好新区党工委（县委）选拔任用干部的参谋，杜绝和遏制了“封官许愿”、“跑官要官”和干部工作中“跑风漏气”等不良行为和倾向，不断提高干部选拔任用工作公信度和群众满意度。认真开展“效能呈贡”建设活动，贯彻落实首问首办责任制和限时办结（答复）制，大力推行“一线工作法”，力争情况在一线掌握、思路在一线形成、问题在一线解决、工作在一线落实，真心实意为干部群众答疑解难，做到件件有登记、有分析、有落实、有回音。开展以查服务意识强不强、查作风实不实、查创造性强不强、查机制顺不顺为主要内容的“四查”活动，全力整顿部机关作风。实施绩效考核，对各职能科、室、中心进行设岗定责，积极探索人岗匹配、人得其岗、岗得其人的岗位工作强效机制。

（刘　钰）

## 宣传思想工作

**【简　述】** 2010年，新区（县）宣传思想工作在新区党工委（县委）的坚强领导和市委宣传部的关心指导下，在新区（县）各级各部门的支持配合下，坚持以邓小平理论和“三个代表”重要思想为指导，全面落实科学发展观，认真学习贯彻落实党的十七届三中、四中、五中全会精神和市、新区（县）党代会精神，紧紧围绕新区党工委（县委）、新区管委会（县政府）的中心工作，按照新闻宣传“三贴近”要求，不断创

（唐荣华　摄）

新宣传工作新方法，做到了围绕中心、服务大局，贴近实际、注重策划，突出特色、主题鲜明，为全面建设小康社会、构建和谐呈贡，为把呈贡建设成为“三个示范区”和低碳城市创造了良好的舆论环境，提供了强有力的思想保证和舆论支持。年内，先后创新建立了新区（县）新闻发言人制度，新区（县）读书活动考评制度，开通了手机《新区快讯》;《新区》刊物被省新闻出版局评为云南省第三届连续性内部出版物金奖，党工委（县委）宣传部被新区党工委（县委）、新区管委会（县政府）评为2008～2010年先进平安单位，2人被省新闻出版局评为优秀编辑，1人被省委党校评为优秀学员，2人被新区（县）公务员考核领导小组评为优秀公务员。

**【理论学习教育】** 结合实际，制定计划，统筹安排理论教育工作，认真组织开展新区（县）“领导干部培训日”及干部教育活动，成效明显。一是认真贯彻落实中央和省、市委及宣传部门关于干部理论学习教育工作的有关文件和会议精神，结合新区（县）工作实际，制定下发了《关于“领导干部培训日”制度督察工作的实施意见》、《中共呈贡新区工委（县委）关于创建学习型机关　加强和改进干部学习制度建设的实施意见》、《中共昆明呈贡新区工委　中共呈贡县委关于推进学习型党组织建设的实施意见》、《中共呈贡县委组织部　中共呈贡县委宣传部关于在全县干部中开展读书活动的通知》、《中共呈贡县委组织部、中共呈贡县委宣传部关于对“读好书、求新知”学习活动进行考核的实施意见》，对新区（县）干部的理论学习教育工作作出安排部署，明确了学习目标、任务和要求。同时，认真按照市委的统一安排和部署，及时通知新区（县）处级以上领导按时参加市委组织的领导干部理论培训日学习，并按照市委宣传部的有关文件及会议要求，建立健全了县处级领导干部学习备案制度。二是紧紧围绕工作实际，先后组织开展了新区（县）理论人才队伍建设、社科人才队伍建设、宣传思想工作以及加强和改进社区宣传文化工作情况4次专题调研，形成

《呈贡新区（县）理论人才队伍建设情况调研报告》、《呈贡新区（县）社科人才队伍建设情况调研报告》、《呈贡新区（县）宣传思想工作调研报告》、《关于加强和改进基层社区宣传思想工作的调研报告》上报市委宣传部及相关部门，供领导决策时参考。年内，党工委（县委）中心组紧密结合新区建设实际，召开了2次专题理论学习教育活动。认真贯彻落实《关于“领导干部培训日”制度督察工作的实施意见》、《中共昆明呈贡新区工委、中共呈贡县委关于推进学习型党组织建设的实施意见》等文件精神，加强对各街道和新区（县）级各部门党组织完善、落实各项学习制度的指导和督促，从市委宣传部领取并及时发放《昆明市领导干部培训日学习笔记》50余本，供县处级领导干部学习时使用；统一制作下发了《呈贡新区（县）领导干部培训日学习笔记》300余本供科级领导理论学习时使用，并实施了理论学习笔记调阅和督察制度，建立了理论学习的长效机制。三是把理论学习教育活动与新区（县）各项工作结合起来，紧扣“深入学习贯彻落实科学发展观”这一主题，深入开展了党的十七届四中全会、市委九届六次全会、新区党工委（县委）十一届六次全会精神、科学发展观、向郑垧靖、沈浩、梅阳林、普发兴等同志学习的一系列专题学习教育活动。年内，邀请省内外专家学者为新区（县）干部进行了党的十七届四中全会精神、市委九届六次全会精神、民族团结教育、学习广东东莞城市建设经验、打造有执行力的团队、保密知识、城市规划建设、预防和惩治腐败工作等专题理论学习讲座8期，并严格考勤，要求不能参加学习的干部写出书面请假条说明原因，并进行备案；组织开展了“读好书、求新知”学习教育活动，结合中央和省、市的有关理论学习要求及新区（县）建设实际，向领导干部推荐了《思路决定出路》、《盘活城市》、《昆明冲击波》、《七个怎么看——2010年理论热点面对面》、《骨干是折腾出来的》、《发现东盟》、《划清四个重大界限》学习读本等理论学习书籍4批，发放领导干部学习资料9期1 198本，为新区（县）实职副县级领导干部订送《昆明冲击波》、《中国怎么样——驻华记者如何讲述中国故事》、《领导干部每天读点金融学》、《发现东盟》等理论书籍200余本，刻录了《呈贡新区形象宣传片》、中央电视台记录片《华尔街》等电教学习DVD光盘，供新区（县）领导及广大干部职工学习时参阅使用；组织开展了学先进、树典型，推荐表彰优秀宣传干部活动，在各街道推荐的基础上，经过认真考察，向市委宣传部推荐报送了2名基层优秀宣传干部参加省、市优秀宣传干部的评选表彰，1人荣获云南省首届“丹心为民宣传奖”；组织开展了“呈贡新区（县）庆祝建党89周年暨“创先争优”歌颂比赛、山歌文化节、创先争优表彰大会、2010年社科学术论文征集等活动，向省社科联选送优秀论文6篇参评，其中3篇论文荣获云南省第四届社会科学学术年会暨云南省第十三次哲学社会科学优秀论文奖。四是在新区（县）掀起理论学习的热潮，各级各部门和广大干部职工积极深入基层调研，理论联系实际，撰写“效能呈贡”、《干部选拔任用四项监督制度》专题学习教育活动心得体会文章700余篇，撰写理论文章及调研报告300余篇，在省、市、新区（县）级期刊上发表了100余篇。其中，在《新区》期刊上发表文章83篇（县处级以上领导26篇、科级领导21篇、一般干部8篇、以单位或部门集体名义发表的28篇），在省、市各类期刊上发表8篇（《云南人事人才》期刊发表了1篇、省纪委《清风窗》第4期发表1篇、省纪委《调研参考》第5期发表1篇、省委办公厅《云南通讯》第3期发表1篇、云南省第四届社会科学学术年会暨云南省第十三次哲学社会科学优秀论文3篇、市纪委《昆明纪检调研》第2期发表1篇）。

（唐荣华　摄）

**【对内宣传工作】**　注重新闻策划和舆论引导，大力营造和谐舆论环境，为新区建设营造良好的社会舆论氛围。年内，制定了县第十四届人大三次会议和县政协七届三次会议的《宣传方案》，组织新闻媒体对县第十四届人大三次会议和县政协七届三次会议的盛况进行了宣传报道；围绕新区党工委（县委）、新区管委会（县政府）的中心工作，组织对新区（县）春节文化体育系列活动、“三下乡”活动、“效能呈贡”建设、学习实践科学发展观活动、“打黑除恶”、抗旱救灾、创建卫生城市、就业创业、社区“两委”换届选举、和谐社区建设、新区建设进展等重点工作进行了宣传报道，为新区建设营造了良好的舆论氛围；按照新区党工委（县委）主要领导的指示要求，完成了《呈贡新区》（季刊）更名为《新区》（双月刊）及改版相关工作，并不断提高刊物质量，创新刊物形式、丰富刊物内容，努力把《新区》办成广大读者喜爱的刊物，办成为新区建设鸣锣开道、凝聚人心、鼓舞斗志的重要舆论阵地；继续指导新区（县）新闻媒体提升新闻报道质量，充分利用县城中心文化广场宣传栏开展专项宣传，共出防治艾滋病知识、创建卫生城市、行风评议工作、防灾减灾日等专题宣传栏10期，完成了6期《新区》的编辑出版发行工作及出版了1本合订本，编辑上报和下发了18期《宣传简讯》；牵头协调组织相关部门制作展板参加新区（县）“综治维稳宣传月”活动启动仪式，协调组织相关部门开展了“民族团结宣传周”活动；制定了2010年艾滋病防治宣传工作方案并认真组织落实，按时上报防艾宣传教育工作总结，并顺利接受市级考核组的检查；积极参与了“五五”普法与“四五”依法治县的宣传教育工作和考核验收，在《昆明日报》和《新区》期刊上策划专版宣传，积极参与禁毒、610、安全生产、抗旱救灾、防灾减灾、林权改革、征兵宣传等专项社会宣传教育工作，树立了新区（县）良好的社会形象；组织开展了新区（县）科技周、禁毒宣传月、第六次全国人口普查的宣传工作；完成了《呈贡新区农村宣传思想工作交流材料》的撰写；认真组织新区（县）广大干部群众观看了影片《情暖万家》和《袁隆平》，并进行了学习讨论。

**【对外宣传工作】** 扩大对外宣传，塑造品质新区的对外新形象。年内，组织文字、图片资料在《昆明日报》出专版宣传云白药、昆三中、春城公园建设情况；组织文字资料，配合市委宣传部组织市级媒体完成了就贯彻落实市委九届六次全会精神对新区党工委（县委）书记周峰越的专访；配合《昆明日报》、昆明电视台记者完成对新区（县）拆除防盗笼工作的采访；协调联系市级新闻媒体对拆除违法加层工作进行报道；配合《云南信息报》记者完成了对新区（县）“竞争力”的专题采访；协调组织《云南日报》、《春城晚报》、云南电视台、《昆明日报》、《都市时报》、昆明电视台、昆明广播电台等省、市媒体对新区（县）的抗旱救灾工作进行了报道；配合云南电视台完成对新区（县）建设低碳城市、百湖工程、园林绿化、路网建设、招商引资、新型社区建设、社会保障等专题的采访拍摄；协调组织《云南日报》、《昆明日报》、昆明电视台、昆明人民广播电台等媒体对新区（县）促进创业、就业工作进行采访报道；配合云南电视台记者完成对优秀共产党员——梅子社区党委书记的采访拍摄；组织反映新区（县）建设成就的文字、图片资料入编云南日报社《春城博览》编委会编撰的《2010年上海世博会·宣传会刊》；配合北京水立方数码科技公司摄制组完成了《呈贡新区形象宣传片》的拍摄；参与策划、组织了“昆明呈贡新城经济发展高端研讨会”，进一步扩大了新区（县）的宣传效应；协调联系省、市媒体对新区园林绿化再提升工作进行报道；配合《生活新报》完成了对“呈贡新区商业渐显聚合效应”的专题采访报道；配合《昆明日报》记者完成了市委工作会期间对新区党工委（县委）书记周峰越的专访；配合昆明电视台围绕“呈贡新区贯彻落实市委工作会议精神”主题，完成了对新区管委会主任、县政府县长吴庆昆的采访；牵头组织文字材料，配合昆明电视台、《昆明日报》就新区（县）的“三化”建设对新区党工委（县委）书记周峰越的专访报道；组织文字材料，配合市级媒体完成了“呈贡新区生态文明建设”集中采访报道；参与了8月16日新区（县）洪灾中各级新闻媒体采访报道的组织协调工作；组织文字材料，配合中国新闻社云南分社美国《侨报·今日云南》编辑部围绕呈贡新区的职能定位、区位优势、优势产业、规划建设等对新区党工委（县委）书记周峰越的专访；组织文字材料，配合市级媒体完成对新区（县）生态文明建设的采访报道；在省委宣传部组织的“桥头堡建设大家谈·滇中经济区”大型主题采访活动中，配合中央、省、市近30家新闻媒体完成了对“斗南花卉产业园项目建设”的集中采访；配合《昆明日报》记者开展了8·16水灾救援的后续报道；协调市级新闻媒体对新区（县）扩大投资暨项目推进工作会、新区（县）“敬老节”活动进行报道；配合昆明电视台记者开展了对新区（县）的招商引资、园林绿化、工业园区建设等内容的采访报道；配合昆明电视台记者完成了“天气预报”呈贡宣传图片的拍摄；拟定了《关于建立呈贡新区新闻发布和新闻发言人制度的实施意见（试行）》，督促各街道、部门完成了新闻发言人和新闻联络员的推荐上报工作，组织新区（县）47名新闻发言人前往上海复旦大学新闻学院参加呈贡新区（县）2010年新闻发言人培训班学习，并将部分新闻发言人所撰写的体会文章刊载在《新区》刊物上；关注新闻热点问题，认真应对并积极协调处理了多起因处理不当或矛盾纠纷引发的新闻事件，及时化解了新闻危机；参与了“民工围堵春融公司讨要工资事件”的新闻媒体协调工作，协调处理了《都市时报》等媒体记者对“俊发地产农民工讨要工钱事件”的采访报道和《云南经济日报》、云南电视台《都市条形码》记者对中庄、殷联、胡家庄等社区“两委”换届选举的采访报道及昆明电视台《街头巷尾》栏目记者对小古城违法加层的采访报道。

**【文明城市创建】** 按照市“创建办”和新区党工委（县委）的要求，与新区（县）“创建办”认真研究了创建全国文明城市工作，对新区（县）创建文明城市工作进行了分工，召开了新区（县）创建全国文明城市工作动员大会，下发了创城工作目标任务分解表，安排布置了新区（县）创建全国文明城市工作。在新区（县）2010年宣传思想工作会上，表彰了省、市、新区（县）级文明单位（村），下发了《呈贡新区关于开展文明社区创建活动的实施意见》、《昆明市文明和谐社区建设综合指标体系》，拟定下发了《关于印发〈呈贡新区创建全国文明城市任务工作分解〉的通知》和《呈贡新区创建全国文明城市指标任务分解表》。组织开展了“传唱新童谣、做一个有道德的人”网上签名寄语活动。

**【文明市民素质提升】**　采取积极有力措施，认真开展提升市民文明素质工作。年内，组织新区（县）1 000余名学生参加了签名寄语活动，各单位组织动员家长和孩子2 000余人参加了活动；认真开展了昆明市第二届道德模范评选和美德少年评选活动，并上报了评选推荐名单；按照市文明办工作安排，下发了关于推荐昆明市第二届道德模范候选人的的通知，召开了新区（县）文明办、政法、工会、妇联、团委、工商等部门有关人员参加的推荐会议，经过认真分析、讨论、评比、审核并报新区（县）分管领导同意，推荐上报了5名道德模范和3名美德少年，其中4名道德模范和3名美德少年受到了市文明委的表彰；组织新区（县）政法、教育、街道、企业等部门领导8人于8月8日参加了《云南省首届中华传统美德讲坛》；组织开展了全国第八个公民道德宣传日宣传活动；组织开展了“爱国歌曲大家唱”活动，推荐了3名选手参加了市“爱国歌曲大家唱”比赛。

**【群众性精神文明建设】**　制定下发了《呈贡县文明委关于2010年精神文明建设工作安排意见》、《关于广泛开展“我们的节日·清明节主题活动的通知》。7月13日，在新区（县）教师进修学校举办了创建市、新区（县）级文明单位（村）领导干部培训班，60余人参加了培训。9月，在新区（县）人事劳动和社会保障局召开了市、新区（县）级文明单位（村）创建培训会，为30名大学生村官讲授了题为《争创全国文明城市，促进新区跨越式发展》的有关内容，给新区（县）180名入党积极分子讲授了社会主义核心价值体系建设的理论知识。10月10～14日，配合市考评组对新区（县）17个申报市级单位和2个申报市级文明村进行了考评；组织文明委成员单位对年内15个申报新区（县）级文明单位和4个申报县级文明村进行了考评。

**【文化建设和文化产业】**　按照新区党工委（县委）、新区管委会（县政府）的统一部署，以建设学习型、务实型、创新型协会为目标，坚持培养人才、出作品、服务社会、服务人民、服务新区建设作为工作的出发点和落脚点，认真履行联络、服务、协调的职能，团结带领新区（县）广大文艺工作者，认真开展了文化建设和文化产业工作。年内，按照市文联的工作部署，制定了《呈贡县文联“创先争优”活动实施方案》，组织各协会主席传达了市文联关于“创先争优”的工作部署及要求；认真组织开展了解放思想大讨论和学习实践科学发展观活动，以提高文艺家的政治思想素质；对新区（县）春节期间的文艺活动进行了认真策划，春节期间，斗南滇戏花灯爱好者协会自费在斗南社区演出了《血手印》、《山伯访友》等群众喜爱的花灯剧目，新区（县）民间文艺家协会组织下属6支花灯团队深入到三岔口、中庄、小新册、大哨、马郎等社区进行文艺演出30场，参与演出人员达150余人（次），实现经济收入5万元；在七甸街道小哨箐村召开了2010年新区（县）文联工作会议；会同新区（县）文体广电旅游局组织街道文化站站长开展了各街道文化资源状况调查，形成了《呈贡新区文化资源调研报告》上报市文联；与新区党工委（县委）老干局在新区（县）老年大学开办了花灯唱腔、表演艺术2个班，培训100余人；组织摄影爱好者11人到会泽县大桥乡拍摄黑颈鹤照片，组织摄影爱好者7人到昆明植物园拍摄红叶；组织13人到临沧参加“司岗里狂欢节活动”；组织作家协会会员、书画家协会会员共25人到楚雄大姚、姚安体验生活，见证新农村建设；接待了市文联组织的“亮点昆明”文艺家到呈贡的采风活动；组织戏剧爱好者排练文艺节目参加昆明市笑咪乐呵新昆明文艺汇演，节目《春风化雨》获表演三等奖；斗南滇戏花灯爱好者协会筹集资金90多万元在七甸街道小哨箐村建盖戏台。

9月7日，召开了新区（县）文化产业专题调研座谈会。会上，新区（县）文化馆、各街道及文化站等相关人员就新区（县）文化产业发展现状、主要问题和困难、有利条件和制约因素、产业目标、思路和对策等进行了认真讨论，并形成了1篇调研报告；全面完成了呈贡有线电视台转企改制工作，成立了呈贡有线电视台董事会。

**【党群部门联席会议】**　6月24日和12月10日，分别召开了2010年新区（县）上半年和下半年党群部门联席工作会议。新区党工委（县委）宣传、统战、史志和新区（县）总工会、团委、妇联、工商联、科协、残联9个部门实职副科以上干部参加了会议。会上，组织学习了中纪委第五次全体会议精神和《中国共产党党员领导干部廉洁从政若干准则》；参会各部门负责人分别简要汇报了本单位上半年和下半年的工作和党风廉政责任制落实情况，提出了存在的不足、需要改进的问题和下一步的工作思路；新区党工委委员、县委常委、宣传部长杨绍斌对各单位的工作分别进行点评并提出要求，以达到统一思想、沟通交流、增进团结、相互学习、促进工作的目的。

**【党报党刊征订工作】**　10月，新区（县）召开2011年度党报党刊征订工作会议，制定下发了《关于做好

领导杨绍斌作开班动员讲话，市宗教局马慈明局长、市民委马宏谋副主任作了相关的专题讲座，市伊协马勇副会长讲授了伊斯兰教基本知识，县民宗局宣讲了相关民族宗教政策法律法规，培训取得较好的效果。坚持每季度采取以会代训的方式组织街道办事处分管民族宗教工作的领导和兼职干部学习党的民族宗教政策及国家有关民族宗教方面的法律法规，不断提高基层干部对新时期做好民族宗教工作重要性的认识，促进基层民族宗教工作的顺利开展。积极组织新区（县）宗教教职人员和管理人员参加市委统战部、市宗教局在市委党校举办的宗教教职人员培训班及市伊斯兰教协会、市佛教协会举办的培训学习，提高教职人员和管理人员素质。二是认真做好宗教和谐稳定工作。在春节、中秋节前夕，分别组织召开了新区（县）宗教界人士座谈会，听取意见建议并进行慰问，做好团结工作；在宗教节日期间，新区（县）民宗部门积极参加各宗教举行的庆祝活动，看望、慰问信教群众，向广大信教群众宣传宗教政策法律和新区建设成果，教育、引导广大信教群众支持新区建设；认真排查调处涉及宗教方面的矛盾隐患及纠纷，积极配合有关部门妥善解决了云南民族大学建设中涉及前卫营社区“三郎庙”的拆除问题；积极在宗教场所进行爱国主义和法律法规的宣传教育活动。三是依法加强对宗教事务的管理。年内，对新区（县）批准登记的7个宗教活动场所的财务、治安、消防、文物保护等管理制度建立情况及场所的房屋、构筑物消防安全等情况进行了一次综合检查，同时，加强对各宗教活动场所宗教节日和重大宗教活动的指导,确保宗教活动正常有序，无安全事故发生。认真做好7名伊斯兰教群众参加朝觐活动的各项工作，杜绝了零散朝觐现象；指导中庄基督教堂完成了第四届管理组的换届选举工作；继续深入开展和谐宗教场所创建活动，通过考核推荐，石碑村教堂受到市宗教局的表彰；继续做好“云南冲福音戒毒辅导站”的监控、稳定工作，防止境外宗教势力的渗透活动。6月24日，10名人大代表和县人大机关的部分干部实地视察了中庄基督教堂、城内清真寺、呈贡三台寺的管理情况并给予了充分肯定。四是认真完成市宗教局安排的对“香港乐施会调查”、“农村小寺小庙基本情况的调研”、“批准开展宗教场所危房情况的调查”、“宗教教职人员生活待遇基本情况的调研”、“基督教私设聚会点的整治”、“新区宗教场所规划意见”等专项工作。

**【港澳台侨海外统战工作】** 加强与台胞台属、港澳同胞及眷属、归侨侨眷、海外华侨华人的沟通交流，增进友情亲情，做好宣传服务工作，巩固和促进和谐的海内外同胞关系。一是开展节日座谈、走访、慰问和联谊活动，加强爱国主义、对台方针政策和新区建设的宣传教育力度，引导台胞台属、归侨侨眷等统战人士发扬爱国主义精神，发挥血缘亲缘的优势和桥梁纽带作用，积极做好对外宣传工作，让海外更多的人了解呈贡、熟悉呈贡、关心和参与呈贡新区建设，为新区建设做贡献。在春节、中秋期间，走访慰问了台胞台属、归侨侨眷40人、起义投诚人员16人、黄埔同学4人；组织召开台胞台属、归侨侨眷代表人士座谈会2次；5月，在福保文化城举行了30余人参加的台胞台属代表联谊活动。二是认真做好港澳台及海外侨团组织来呈贡观光、考察、交流的接待服务工作，促进两岸经济文化交流。年内，先后接待了台北市政府和台北市议会考察交流团30人、台湾南部农业参观访问团20人、高雄市中华文化经贸交流发展协会参观访问团52人、台湾中天电视台采访团5人，并受到各参访团好评。三是认真做好涉台涉侨信访、投诉工作，5~10月，协调配合有关部门妥善调处了昆明美明洋公司（侨资企业）、昆明亚都花卉公司（日资企业）与斗南社区市场管理人员因卫生收费、项目建设等问题引起的矛盾纠纷和冲突。四是认真办理台侨事务，根据部分台属的要求，将整理的“大陆居民办理前往台湾地区探亲手续程序”发给每位台属，为办理去台探亲的相关手续提供方便；为4位台属、2位归侨侨眷办理了相关事宜的证明材料。8月，会同嵩明县台办帮助新区（县）台属张玉仙协调解决了其侄子（台胞）张景昆在嵩明县小街镇投资2 100万元人民币经营蔬菜冷藏、加工等项目的土地手续完善问题。五是按市侨办的要求，完成了“需要援助捐建的侨爱小学情况”和“散居归侨侨眷基本情况及贫困归侨侨眷扶贫开发工作的情况”的调研，并按时上报了相关的材料。

部领导（左二）陪同中国国民党党部第六区书记张耀伟（右二）所率台湾南部农业参访团在昆明国际花卉拍卖交易中心参观（唐荣华 摄）

**【其它工作】** 一是协助完成了政协呈贡县第七届三次全会筹备和会议期间的服务工作。二是按新区党工委（县委）、新区管委会（县政府）按要求，抽调4名领导干部及职工参与了有关村庄、企业的拆迁和征地工作。三是积极组织开展“向旱灾灾区献爱心捐助”活动。其中，3月组织单位干部职工捐款3次；4月23日，协调市基督教三自爱国运动委员会为旱情严重的吴家营街道刘家营、段家营2个山村小学各送去100件价值共5 000元左右的瓶装矿泉水，为七甸街道野竹村委会黄土沟村群众送去价值4 000余元的125只塑料蓄水桶，并协调县水务局组织送水车送去10吨自来水分发给每户群众；积极争取市级抗旱专项经费6.5万元，给予少数民族地区回回营社区、城内社区第六居民小组补助抗旱经费1万元，对28户困难少数民族群众、老党员、老干部、统战人士和6名困难学生各给予1 000元的粮油等生活必须品和现金补助；单位党支部被新区党工委（县委）授予“抗旱先锋党组织”荣誉称号。

**【自身建设】** 深入学习贯彻中央和省、市、新区（县）有关会议精神，积极开展“创先争优”、“效能呈贡”建设等活动，不断提高统战干部队伍的整体素质。一是认真抓好干部职工的学习培训，积极组织人员参加市委统战部、市民委、市宗教局等有关部门举办的统战、民族、宗教、台侨等工作方针政策的学习培训和考察，不断提高干部职工的理论、政策水平和履职能力。二是积极开展“创先争优”、“效能呈贡”建设活动，把“创先争优”与“效能呈贡”建设活动、深入实施“云岭先锋“工程与巩固学习实践科学发展观活动成果结合起来，积极开展创“五个好”先进党组织、争当“五带头”优秀共产党员、“读好书、求新知”、“五比五创”等主题活动，不断深化对科学发展观规律和新区（县）实际情况的认识，形成勤学习、讲效益的风气，为加快实现新区（县）的科学发展新跨越作出贡献。

（马娓仙）

## 政法工作

**【简　述】** 2010年，在新区党工委（县委），新区管委会（县政府）的坚强领导下，新区（县）各级党政组织和政法各部门紧紧围绕“三个示范区”和“低碳城市”建设目标，以“构筑平安呈贡，建设和谐新区”为主题，深入推进社会矛盾化解、社会管理创新、公正廉洁执法3项重点工作，建立完善8个方面的工作体系，不断探索新方法、采取新举措、建立新机制、谋求新突破、实现新发展，全面提升政法工作服务新区建设发展的水平，有效解决影响新区（县）社会和谐稳定的源头性、根本性、基础性问题，为新区（县）重大项目入驻、城市基础设施建设、征地拆迁等各项工作顺利开展营造了平安稳定的社会环境。

**【维护稳定工作】** 2月9日，召开了新区（县）实职副科以上干部和社区书记、主任及相关部门负责人300余人参加的新区（县）政法工作暨打黑除恶动员大会。会上，新区党工委（县委）、新区管委会（县政府）和街道、县综治成员单位签订了《2010年度呈贡新区（县）社会治安综合治理维护稳定暨平安创建工作目标责任书》；兑现了7个街道、38个综治成员单位2008～2009年度社会治安综合治理暨平安创建工作目标责任制考核奖；表彰奖励了2009年度新区（县）打黑除恶工作先进集体；新区党工委书记、县委副书记（主持工作）周峰越在会上作了重要讲话。会议要求，新区（县）各部门要深入推进3项重点工作，建立完善政法综治维稳工作层层负责多方协调的矛盾纠纷化解、高效有力的应急处置、高强度快节奏的打黑除恶打防、科学周密的社会治安防控、便捷有效的流动人口服务管理、开放透明的执法监督、精干高效的组织领导、坚实可靠的保障8个工作体系，不断深化平安呈贡、法治呈贡建设，全力打造和谐新区品牌，为乘势推进新区（县）有序有效建设和发展营造和谐稳定的社会环境提供坚强有力的司法保障。年内，新区党工委（县委）、新区管委会（县政府）将打黑除恶专项经费、信访维稳经费纳入财政预算；组建了100人的特警中队，加强了维稳专门力量和应急保障建设；针对征地、拆迁、重大项目推进过程中存在的不稳定隐患，新区党工委（县委）、新区管委会（县政府）从部、委、办、局抽调群众工作经验丰富的部门领导和机关干部深入社区做宣传、解释、教育、发动工作；各街道明确1名副书记或副主任专抓综治维稳工作；党工委（县委）政法委、新区（县）综治委在“两节”、“两会”和上海世博会等敏感时段期间，组织开展了综治维稳工作专项督查检查，确保了新区（县）社会的稳定。

**【社会矛盾化解工作】** 进一步完善矛盾纠纷排查、预警、化解、应急处置和社会稳定风险评估5项工作机制，继续开展新区（县）级领导大接访和街道班子领导、中层干部大接访、大下访活动，印发了《呈贡新区（县）人民调解以奖代补实施方案（试行）》，建立了人民调解“以奖代补、以案定补”工作机制，新区（县）司法局制定了《考核实施细则》，将矛盾纠纷分为简易程序纠纷（又分口头、简易纠纷）和普通程序纠纷（又分一般、疑难、重大纠纷）进行考核奖励，每季度进行一次考核，对调解成功并且文书制作达标的纠纷案件，每件分别给予20元、50元、100元、300元、500元的奖励，并对考核评定情况及时进行反馈，每年评选十佳调解能手和优秀调解委员会。建立完善新区（县）、街道信访工作接访制度、接谈制度、承办领导批示办理制度、矛盾纠纷排查调处制度、责任人包案制度、限时办结制度、督查督办制度、考核制度，党工委（县委）政法委、新区（县）综治委每月认真组织开展社会治安重点地区和矛盾纠纷“两项排查”，集中清理涉法涉诉信访积案和案件评查活动，努力解决好“法度之外、情理之中”的信访问题，认真落实街道矛盾纠纷重大活动重点排查、敏感时期超前排查、共性问题联合排查、突出问题专项排查等“5排查制度”。年内，新区（县）7件涉法涉诉信访积案已息诉罢访5件，县法院执行局被评为全市“清理执行积案先进集体”；新区（县）信访局对梳理出的20件重点信访案件全部实行责任包保；新区（县）共调处各类矛盾纠纷2 054件，调处成功2 020件，成功率为98.34%；共接待和办理人民群众来信来访3 734件（次），比上一年下降54%，无进京非正常上访，无50人以上群体性到省、市上访。

**【社会管理创新工作】** 积极探索新区（县）社区矫正工作新模式，依托中国电信股份有限公司呈贡分公司在全省第一个建成了采用3G网络方式对社区矫正对象进行监管的“心之桥”社区矫正信息系统监管平台，将新区（县）、街道两级社区矫正工作机构、矫正工作者和社区矫正对象信息录入监管平台，新区（县）、街道社区矫正办公室随时对辖区内社区服刑人员利用监管平台实施抽查和监管，矫正对象定期的思想活动汇报等也通过该平台进行，减少了频繁走访给矫正对象带来的心理压力，并保证了信息的准确及时。新区（县）司法行政机关成立了集心理咨询、心理矫治、法制宣传教育、日常管理教育为一身的社区矫正“心耘”工作室，利用“心耘”工作室这一平台对矫正对象进行个性、智力、一般心理健康测验和临床心理评定，并利用“心耘”工作室中的个人电子信息档案及矫正对象的矫正方案、监控等级、矫正期限、教育改造和考核奖惩等各种资料，有针对性地开展个案心理治疗，逐步实现社区服刑人员心理健康教育的常态化，达到心理矫正和行为矫正的有机结合，使新区（县）的社区矫正工作取得了显著成效，48名矫正对象无一人重新违法犯罪；建立失地人员法律援助工作站，为外出租地人员提供及时有效的法律服务。制定出台了《呈贡新区（县）平安建设物业小区分色管理机制的实施意见（试行）》、《呈贡新区（县）争创“平安社区·无盗楼院”工作方案（试行）》，在新区（县）范围内实行分色挂牌管理，对各物业小区（大厦）实行“绿、黄、红”三色管理，根据警情将物业小区（大厦）定级为“社会治安综合治理绿色平安小区”、“社会治安综合治理黄色提示小区”、“社会治安综合治理红色警示小区”，每季度进行分色考评等级评定，对年内两次评定为“红色警示小区”的物业管理小区，取消评优资格，每半年定期通过报纸等媒体对外公布评定为“社会治安综合治理绿色平安小区”的物业管理小区（大厦）名单，进一步规范小区安全管理和软硬件设施安全标准，提升小区居民的安全感。龙城街道成立了“米兰园片区综治服务站”，对片区内住宅小区、楼宇、工地、学校、公园等实施分色管理，指导片区各小区物管和单位着力强化内部安全防范，督促片区各单位加强人防、物防、技防工作，积极参与片区联防群治活动；服务站组建了一支专职联防队，在驻站民警的指导下，负责片区内的治安巡防工作，确保片区做到社会矛盾联调、治安问题联治、邪教活动联防、社会管理联抓、便民实事联办，形成整体活力，努力营造该片区和谐、幸福、平安的社会治安环境。建立高校片区综治联席会议制度，加强与新区（县）各高校的沟通联系，提供良好服务，开展高校周边治安环境综合整治工作，切实维护好高校片区的社会治安秩序。

**【公正廉洁执法】** 建立开放透明的执法监督体系，强化公正廉洁执法。深化社会主义法治理念教育，细化执法标准，严密执法程序，做到严格、公正、规范执法，不断提高政法队伍的执法水平和执法公信力。深入开展涉法涉诉信访积案清理化解和案件评查专项活动，实现“案结事了、息诉罢访”的工作目标。加强查办和预防职务犯罪工作，推动反腐败斗争深入开展。年内，共受理贪污贿赂、渎职侵权案件线索16件，立案7件8人，挽回经济损失49万元。深入推进依法治县工作，开展法制宣传和警示教育58次，进行预防调查106次。积极推进政法干警执法业绩档案建设，县法院建成了数字化法庭，强化了对执法人员、执法活动、执法场所的监督。

**【平安创建工作】** 新区党工委（县委）、新区管委会（县政府）制定出台了《呈贡新区创建省级平安县工作方案》、《关于开展新一轮平安社区创建的实施意见》，建立平安社区创建“以奖代补”激励机制，明确提出在2010年底前将新区（县）范围内的所有社区创建为“呈贡新区平安社区”，在2012年以前所有社区创建为“呈贡新区先进平安社区”，并采取“以奖代补”的方式每年对创建或者保持为“呈贡新区平安社区”和“呈贡新区先进平安社区”的分别给予“以奖代补”资金3万元、5万元。为形成新区（县）平安创建各部门齐抓共管的强大合力，新区（县）综治委制定下发了《关于新区（县）各部门、各单位联系服务社区做好综治维稳暨平安社区创建工作的通知》，组织66个部门对29个社区的综治维稳暨平安社区创建工作进行定点联系服务，明确提出联系服务做到“三个到位”（联系到位、服务到位、指导到位），新区（县）综治维稳委对联系服务实行“捆绑”考核，确保对社区难点、热点问题底数清、情况明，社区各项工作日趋制度化、规范化、有亮点、出成效，进一步巩固和深化“平安街道”、“平安单位”、“平安家庭”等平安创建细胞工程，夯实平安创建基础工作。年内，新区（县）通过了“省级先进平安县”的考核验收，达到了“部级平安畅通县区”创建标准，被授予全省“创建无毒乡镇工作先进县”称号；1个街道被评为市级平安街道，3个单位被评为市级平安建设先进集体，3个社区被评为市级平安社区，驻呈3所高校、3户企业被评为市级平安建设先进单位；新区（县）综治维稳委组织对127个平安创建单位进行了考核验收。

**【防范和处理邪教问题工作】**　加强反邪教警示教育宣传工作，提高新区（县）广大人民群众防邪反邪的能力。认真做好“法轮功”练习人员的回访帮教工作，做好“敏感日”的防范控制，加强对邪教组织捣乱破坏活动的防范力度。年内，新区（县）共发生散发“法轮功”反动资料的事件21件，破获“法轮功”案件3件，打处“法轮功”违法人员2人，查获收缴反动宣传资料521份、书籍37本、光碟152盘、小册子98册、录像带16盒、录音带22盒、印有“法轮功”宣传口号的人民币57张、小卡片122张、护身符179个；依法取缔2起非法宗教活动；投入资金3万元，制作发放各类反邪防邪宣传品5万余份，展出展板、挂图1 000余块（张）次，受教育群众近7万人。

**【打黑除恶工作】**　按照“有黑打黑、无黑除恶、无恶治邪、无邪治乱”的工作思路和“打早打小、除恶务尽”的原则，新区（县）打黑除恶工作领导小组研究制定了《呈贡新区2010年度打黑除恶工作方案》、《呈贡新区打黑除恶工作考核办法（试行）》，确定了每月的打击重点，进一步强化、细化各项工作措施；对公安机关各派出所、刑侦、治安、经侦、禁毒大队实行“一月一考核、一月一排名、一月一奖励”；坚持严打与整治并举，建立打黑除恶与反腐同步运行机制，创新案侦模式，丰富侦查手段，强化诉讼环节，坚持铁案标准，始终保持对黑恶势力的高压态势。年内，新区（县）召开打黑除恶公开宣判大会3次，打掉涉恶犯罪团伙2个，抓获涉案人员7人，缴获作案用车2辆、赃款2万余元，破获刑事案件13件；抓获涉黑犯罪团伙逃犯1人、涉恶犯罪团伙逃犯1人，取得了全市第二板块考核第一名的好成绩。

**【社会治安防控工作】**　加强公安机关的“网格化”布警，组织社区、企（事）业单位深入开展群防群治，严格落实内设科、室、队、所包保片区、路段责任制。依托已经建成的23个警务室，把新区（县）划分为51个警区，调动治保会、内保组织等群防群治力量，在重点部位、要害部门、治安复杂地区等设置12个卡点，围绕辖区的彩云路、三铝线、昆洛公路等9条主要路线开展全天候或分时段的治安巡逻防控。年末。新区（县）共有城市报警监控探头280个，出入城卡口探头15个，固定目标报警点130个，内部监控探头5 700个。深入开展治安重点地区和治安突出问题的排查整治，制定了《治安重点地区整治工作方案》、《呈贡新区斗南花卉市场重点整治工作方案》，组织新区（县）公安、工商、卫生、食品药品监督等相关职能部门联合开展综合专项整治。深入开展“扫黄打非”专项行动，坚决清除“黄赌毒”现象，共组织对各类行业场所开展清查治理9次，清查各类娱乐场所511户（次）。制定下发《关于加强校园及周边治安综合治理工作的通知》，认真组织开展校园安全专项整治行动，对辖区各类幼儿园和中、小学各项安全工作落实情况进行检查，在上学、放学期间安排警力和人员维护学校及周边的秩序，开展校园及周边综合清理整治工作。年内，新区（县）每所中、小学校配备了2名保安人员，落实了校园专职保安工作经费，无学校安全事件发生。2010年，新区（县）共破获各类刑事案件941件，与比上一年上升8.1%，打处384人，比上一年上升29.2%；查处治安案件1 573件，查处违法人员2 128人。批捕232件407人，起诉218件394人。共受理审判执行案件2 070件，审结、执结1 906件。“两抢”警情比上一年下降42.8%，盗窃案件发案率比上一年下降0.7%，群众安全感进一步提高。

**【流动人口管理服务工作】**　按照“公平对待、服务全上、合理引导、完善管理”的原则，积极探索“以证管人、以房管人、以业管人”的流动人口服务管理新机制。强化劳动保障措施，切实妥善化解处置因劳资纠纷引发的社会矛盾，向建设单位、施工企业、务工人员积极宣传《劳动法》、《劳动合同法》、《国务院关于解决农民工问题的若干意见》、《云南省建设领域农民工工资支付管理暂行办法》等法律法规，联合对各企业用工情况进行检查，对工资发放、参加保险、促进就业方面进行了系统全面的督导检查，大力推行农民工工资保证金制度。抓好实有人口的管理工作，做好人口统计，加强出租房及流动人员的清查登记工作。

**【政法队伍建设】**　坚持以党建带队建，抓班子带队伍，从严治警，从优待警，进一步凝聚警心，鼓舞斗志。新区（县）政法各部门积极开展岗位练兵、业务练兵，大力提升综合素质。安排政法部门领导参加市、县组织的新闻发言人培训，提升应对新闻媒体的能力。开展“创先争优”、“学先进、争先进”等活动，在继续实行政法部门副科以上干部定点联系服务“三部一委”、街道、社区做好维护社会稳定工作的基础上，把构建和谐警民关系作为政法工作“软实力”的重要措施。新区党工委（县委）政法委、新区（县）综治委制定下发了《关于开展2010年春节千人送温暖走访慰问活动的通知》，组织机关干部和政法干警617人捐款7.25万元，走访慰问社区3个，政法综治一线部门9个，县政法系统副科以上干部走访慰问挂钩联系的38个社区综治工作者和困难群众181人，进一步加强了政法综治工作和广大群众的沟通联系，为开展工作打下了良好的群众基础。

（郑学坤）

## 政策研究

**【简　述】** 2010年，新区党工委（县委）政策研究室以邓小平理论和“三个代表”重要思想为指导，深入贯彻落实科学发展观，围绕新区党工委（县委）、新区管委会（县政府）的中心工作，解放思想思维思路，以全面推进新区（县）城市化为主线，以进一步转变机关作风、提高工作效率为动力，认真学习城市经营管理知识和征地、拆迁、就业、招商、引资、社保等相关法律法规及政策，深入开展调查研究，认真做好新区党工委（县委）、新区管委会（县政府）重要政策、重大决策的调研及文稿起草工作，充分发挥以文辅政的作用，圆满完成了各项工作任务。

**【重要文稿起草】** 围绕建设“昆明现代化城市示范区、科学发展示范区、品质春城示范区”目标，按照“效能呈贡”建设和“创先争优”活动的要求，坚持解放思想、求真务实、与时俱进，注重对国家和省、市方针政策、法律法规以及先进发达地区经验做法的学习研究，贴近新区党工委（县委）、新区管委会（县政府）的中心工作，认真履行职能，超前谋划，深入调研，深入剖析，深度研究，以体制、机制创新为重点，提出具有前瞻性、针对性和可操作性的政策建议，高质量地完成了新区党工委（县委）、新区管委会（县政府）领导交办的重要文件、文稿、讲话稿起草任务。其中，完成了《县委工作报告》、《县委书记周峰越在会议结束时讲话》、《会议决议》等县委十一届六次全会重要材料起草任务；结合市委九届六次全会精神和呈贡新区开发建设实际，丰富了新区（县）建设昆明现代化城市示范区内涵；起草了建设低碳新区的实施意见；编印了《新型社区暨保障性住房政策选编》；起草了呈贡新区新型社区建设实施意见、建设方案、垫资请示等系列文件；修改完善了县委、县政府《关于加强构建和谐社区的实施意见》、《关于加强和改进社区服务的实施意见》；参与了《呈贡新区十二五规划》的编制工作；起草了《呈贡新区一步城市化工作方案》；认真完成了县委十一届七次全会工作报告调研和起草工作；编印了《呈贡新区政研文稿选编〈2010度〉》，共收入政研文稿12篇，7万余字，内容涉及经济、社会、党建等方面，对促进新区（县）又好又快发展起到了一定的借鉴作用；起草了《呈贡新区新型社区暨失地农民保障性住房建设方案》等相关材料5篇；到有关街道和社区上党课10余次；完成了县委、县政府领导和市委政研室安排的有关任务；完成了新农村建设的相关工作；完成了呈贡新区一步城市化建设工作领导小组办公室日常工作。

**【调查研究】** 围绕把呈贡新区建设成为昆明现代化城市示范区、科学发展示范区、品质春城示范区的目标，深入开展调查研究，听取干部群众意见，掌握第一手材料。采取走出去学习的方法，先后到大连、天津、武汉、长沙等地参观考察，拓展视野，借鉴先进发达地区的成功经验，结合新区（县）实际，重点分析研究了新型社区暨失地农民保障性住房建设，加快新区（县）一步城市化进程的现实基础、重点难点、政策支撑，细化了建设的指导思想、基本原则、目标定位、发展重点，提出要坚持科学规划为引领，按照“一步城市化”的要求，加快城乡规划编制，实现城乡规划建设管理全覆盖；以提升新区品质为切入点，构建推进“一步城市化”的有效载体和平台；全面深化户籍制度改革，逐步消除城乡户籍制度差别，引导农民有序转变为城镇居民；通过农地重新整理、村镇重新建设、要素重新组合，在“撤村并居、迁村并点、生态移民，统规统建”中，中小城镇和重点规划村联动建设新型居住社区、新型产业园区（工业园区和农业产业园区）、新型商贸服务区，实施农村土地承包经营权（林权）、农民宅基地和住房、农村集体资产所有权置换城镇社会保障、城镇产权住房和股份合作社股权“三个置换”，加快新型社区暨失地农民保障性住房建设，同步建立起支撑“一步城市化”的城乡居民住房、就业、社会保障、公共服务和基层民主政治权力保障体系；切实加强基层组织建设，实现“四集中”、“三转变”，即实现居住向新型居住社区集中、工业和现代农业向新型产业园区集中、商贸及服务业向新型商贸服务区集中、有条件的农民向城镇集中，实现农业向非农产业转型、农村向城市转化、农民向市民转变。针对新区开发建设实际，通过深入调查研究，及时向县委提出了“彰显城市特色，努力建设品质新区；围绕功能定位，大力发展现代服务业；继续扶优扶强，推进新型工业化；坚持城乡统筹，加速城乡一体化；加强生态建设，增强可持续发展能力；着力改善民生，全面发展社会事业；推进改革开放，创造发展活力动力；促进科学发展，超前谋划‘十二五’”等8个方面的工作建议。

【“十二五”规划建议】　按照新区党工委（县委）、新区管委会（县政府）的要求和新区（县）经济社会发展“十二五”规划编制工作方案，紧紧围绕建设昆明现代化城市示范区、科学发展示范区和品质春城示范区的总体目标，围绕“五年出形象、十年成规模、二十年建成”的新区发展阶段性目标，进一步激活思想思维，创新体制机制，完善政策措施，坚持开创性，突出操作性，起草了《中共呈贡新区工委（县委）关于制定呈贡新区（县）国民经济和社会发展第十二个五年规划的建议》。在《建议》起草过程中，始终注意把握了以下几点：一是坚持贯彻中央和省、市精神与呈贡实际相结合，充分体现党中央、国务院要求云南要建设中国面向西南开放的桥头堡，省委、省政府要求抓住桥头堡建设的机遇，深入实施现代新昆明发展战略，市委、市政府提出要争科学发展之先、创和谐社会之优，把昆明建设成为中国面向西南开放的区域性国际城市，呈贡新区作为昆明市第一板块、城市核心区，要实施一步城市化，要着力优化布局、完善功能、提升品位，成为区域性国际城市核心职能的空间载体。同时，紧密结合呈贡实际，不断深化对县情的认识，认真把握发展的现状和趋势，使《建议》提出的指导思想、目标任务、重大举措更加符合呈贡实际，突出呈贡发展特色。二是坚持工作的连续性和创新性相结合，重申和强调了县委第十一次党代会以来县委提出的一系列符合科学发展观要求、被实践证明行之有效的发展思路和政策措施。同时，根据“十二五”时期新的形势和任务，努力做到创新发展，把呈贡未来5年发展放在经济全球化大趋势下，放在全省、全市发展大背景下来思考、来谋划。三是坚持突出思想性、把握方向性与体现指导性相结合，突出科学发展这个主题，突出呈贡新区一步城市化这条主线，引导新区（县）各方面把思想统一到“十二五”发展的指导方针和奋斗目标上来，把行动统一到“十二五”发展的各项任务上来。四是坚持立足当前与谋划长远相结合，坚持从长远着眼，从近期着手。从长远着眼，就是要紧紧围绕新区发展定位，为实现新区转型发展、科学发展、和谐发展打下坚实基础；从近期着手，就是各方面工作都要把握“十二五”时期经济转型的阶段性特征，明确发展目标，提出具体措施。《建议》全面回顾了“十一五”期间新区（县）经济社会发展的巨大成就，认真分析了“十二五”期间新区（县）经济社会发展面临的挑战和机遇，提出了“十二五”期间及今后更长时期新区（县）经济社会发展的指导思想、发展定位、指导思想、主要目标、重点任务和对策措施，明确提出了“十二五”时期的主要发展任务是：加强规划建设管理，全面推进一步城市化；优先发展现代服务业，培育和发展新兴产业；坚持集聚集群发展，强势加速新型工业化；积极发挥品牌优势，做强做优特色农业；坚持以人为本，着力解决被征地农民的就业、安置和社会保障；全面开展生态环保建设，加快建设低碳呈贡；加快推进社会事业全面进步，构建和谐呈贡。

【决策参考】　根据新区党工委（县委）领导的要求，结合新区（县）开发建设的实际，提出了《关于实施三个置换全面推进呈贡新区一步城市化的工作方案（建议稿）》、《呈贡新区（县）社区集体经济股份合作制改革试点指导意见（建议稿）》、《关于成立呈贡新区一步城市化建设工作委员会的建议》、《呈贡新区保障性住房建设相关政策和几点建议》、《关于编制呈贡新区保障性住房建设“十二五”规划的建议》、《呈贡新区低碳产业发展纲要（建议稿）》、《呈贡新区建设工程文明施工管理办法（建议稿）》、《关于加快昆玉一体化发展的意见和建议》等，以《决策参考》的形式，送新区（县）领导决策参阅。

【文稿编辑出版】　年内，完成了《再造春城——呈贡新区建设五周年纪实》编印工作。全书352页，分为综合篇、区位篇、决策篇、蓝图篇、带动篇、基础篇、产业篇、建设篇、景观篇、和谐篇、大事记11个篇目，是新区（县）第一本以图为主的大型画册。该书以纪实的手法，采取图文并茂、以图为主的形式，通过展示新区开发建设成就，对5年来新区建设的发展历程、重大事件、重要活动、重大成果进行回顾，旨在激励新区（县）人民建设美好新区的信心和决心，继续发扬创新求实，勇敢谨慎的新区精神，为把呈贡新区建设为昆明现代化城市示范区、科学发展示范区、品质春城示范区而奋斗。

【其它工作】　认真完成市委政研室安排的工作任务，向市委政研室报送各类信息材料42份。配合市委政研室完成了区域性国际城市子课题研究任务。积极参与重点项目的征地、拆迁、安置等工作和建设指挥部研究制定新型社区暨失地农民保障性住房建设相关政策。深入联系点宣传党的路线方针政策，宣传县委、县政府的重大决策、决定，宣传新区建设的形势和任务；到城内、龙街、古城、上下可乐、一中等单位讲解新区政策形势10余场次；到联系点上党课4次、调查研究6次、联系困难户2户，联系点未发生群体上访、纠纷等影响稳定的事件。按照县委、县政府的要求，认真开展了软环境建设活动，建立健全了各种制度台帐，并向社会作出了工作服务质量承诺。

【队伍建设】 认真贯彻落实中央和省、市、新区（县）关于依法行政的相关规定，正确执行政策，实行政务公开，接办事项按规定时限办理完成。领导班子团结务实，作风民主，全室干部作风踏实，廉洁自律，学习、团结、民主氛围好。深入推进学习型机关建设，积极参与“创先争优”和“读好书、求新知”学习活动，进一步提高全室人员的开拓创新能力、政治鉴别能力和科学发展能力。全室党员干部认真学习政策法规和政研业务等相关知识，做到学习教育与工作两不误、两提高。按照建设高素质干部队伍的要求，坚持从思想教育入手，不断洗脑充电，坚定理想信念；加强作风建设，端正学风，向领导学，向群众学，向同事学，工作中讲究雷厉风行，不扯皮推诿，既是指挥员又是战斗员；强化党风廉政建设，认真履行一岗双责，从思想上筑牢拒腐防变的防线，不以权谋私，不腐化堕落。坚持把培养后备干部作为政研工作继往开来的大事来抓，采取送出去学习提高、工作中压担子、方法上言传身教等各种途径加强培养，着重从思想政治、业务知识水平、勤政廉政等方面提高综合素质。

【作风建设】 倡导“五办作风”，全面落实“治庸计划”，继续推行“首问负责制、限时办结制和服务承诺制”、“一线工作法”和“工作成果倒逼法”，健全内部管理机制，明确工作目标、任务和完成时限，加强跟踪问效，无问责问效情形。严格执行党风廉政建设的各项规定，自重、自省、自警、自律，自觉遵守党纪政纪，决不利用工作之便谋取任何不正当利益，有效防止和严肃处理不作为、乱作为和不廉洁的行为。无不廉洁不廉政行为。

（李稀梅）

## 新区党工委（县委）党校·新区（县）行政学校

【简　述】 2010年，新区党工委（县委）党校、新区（县）行政学校在新区党工委（县委）、新区管委会（县政府）的领导下，在上级业务主管部门的支持和指导下，坚持以邓小平理论和“三个代表”重要思想为指导，全面落实党的十七大、十七届四中、五中全会、市委九届六次全会和县委十一届六次全体（扩大）会议精神，巩固和扩大科学发展观学习实践活动的成果，结合“效能呈贡”建设和“创先争优”活动的开展，加大队伍建设和管理的力度，不断增强校党支部、校委会班子的凝聚力、向心力和战斗力，围绕新区党工委（县委）、新区管委会（县政府）的中心工作和新区建设发展的需要，加强同各部委办局及各街道、社区的联系，团结协作、开拓创新，积极开展干部培训、函授教育，较好地发挥了党校在党的干部教育事业中的“熔炉”、“阵地”和主渠道作用，为新区（县）的经济社会发展作出了应有的贡献。

【函授教育】 按照中共中央党校函授学院和省委党校函授学院的有关要求，大力加强党校函授教育的教风、学风建设，把好质量关，切实做好函授学历教育的收尾工作。一是加强与上级党校的联系，按照教务管理工作规范化、制度化的要求，按时完成函授资料的上报，制定学期教学计划及课程安排，督促教师完成正常的授课，加强班级管理，提高面授到课率；二是严格教学管理，积极开展教学改革与创新，组织教师参加各种教学研讨和教学公开讲评活动，促进教师之间的学习交流，提高教师的素质，使教师在授课过程中能根据新区（县）的实际问题和基层的实际需求来讲授课程，让学员学有所用；三是严格按照省委党校函授学院的要求，认真组织2008级村（社）本科班48人的毕业论文撰写辅导及答辩工作。

【干部培训】 充分发挥党校、行政学校在干部培训中的主渠道作用，积极配合新区（县）有关部门组织完成了十七届四中全会精神学习培训班、老干部读书班、村（社区）干部培训班、新区“两新”组织书记培训班共2 000人（次）的培训工作，并及时组织校党支部、校委会班子成员深入基层进行回访，在调查研究培训工作成效的基础上，进一步加强了同基层组织的联系，及时将收集到的大量有价值的社情民意向有关部门反映，受到了主办单位和学员的好评。选派教师深入街道及社区讲授党课，用中国特色社会主义理论及其最新成果武装基层党员干部，取得了良好的效果。按照新区（县）“三普”教育培训工作领导小组的要求，与相关部门紧密配合，采取多种方式完成了新区（县）公职人员2 350人（次）的电子计算机应用培训测试工作。

【文庙修缮、孔子书院建设工作】 为了进一步挖掘、保护呈贡传统文化资源，打造品质春城示范区，5月，新区党工委（县委）、新区管委会（县政府）决定投资200万元开展文庙修缮一期工作，并成立了孔子书院建设暨文庙修缮工作领导小组，下设办公室在新区党工委（县委）党校，党校书记、常务副校长任领导小组副组长，教务科长被抽调为办公室工作人员。校领导班子和全体教职工将文庙修缮和孔子书院建设作为全校一件大事来抓，积极主动地与相关部门联系，协助承建部门开展招商引资、招投标及各种论证，认真

新区党工委（县委）书记周峰越（右四）陪同国际友人到孔子书院视察工作　（土大年　摄）

做好文庙修缮、孔子书院建设的协调、服务工作，保证了文庙修缮一期工程的顺利完成。11月29日，呈贡新区孔子书院正式挂牌成立，后续工作正在有序进行中。

**【服务新区建设】**　紧紧围绕新区党工委（县委）、新区管委会（县政府）的总体工作思路，开拓创新、求真务实，不断创新干部教育短期培训工作的理念和模式，努力提高服务新区建设的能力，较好地完成了新区党工委（县委）、新区管委会（县政府）安排的培训任务。根据新区（县）的统一安排，教务科长下到雨花社区担任新区（县）学习实践科学发展观工作队队长,在历时1年的工作中，为雨花社区的村集体经济发展和村庄搬迁做了大量的工作。充分发挥党校多媒体教室的功能和作用，免费为下庄社区失地农民进行了为期2个月的计算机操作技能培训，取得了良好的社会效益。高度重视全体教职工及在校学员的普法宣传教育工作，认真完成了新区（县）法制办安排的各项普法教育任务，提高了全体教职工的法制意识。

**【科研、调研工作】**　根据新区党工委（县委）、新区管委会（县政府）的统一部署，结合党校实际，深入基层调研，为政府决策提供详实、可靠、有用的信息参考。3月初，深入联系点吴家营街道下庄社区调研，形成了《关于新型社区集体经济的调研报告》。4月25～28日，组织全校教师参加了市委党校组织的全市党校系统教师培训，并在会上作了交流发言，提搞了全校教师的理论水平和专业技能。年内，全校教师共撰写各类论文、调研报告14篇，并分别参加了市哲学社科学会、市总工会和市妇联组织的论文征集活动。

春节前夕，新区（县）领导到党校看望教职工　（土大年　摄）

**【队伍建设】**　以“效能呈贡”建设和“创先争优”活动为契机，着力加强校党支部、校委会班子建设和教职工队伍建设。一是坚持民主集中制原则，做到重大事项通过支委、校委班子扩大会议集体讨论、集体研究、共同决策；二是狠抓学习型队伍建设，在广大教职工中开展多读书、读好书活动，不断增强教职工学习的自觉性、主动性和积极性；三是切实加强对班子成员的勤政廉政教育，以思想防线建设和理想信念建设为重点，严格按照中央、省、市和新区（县）有关廉洁自律的规定规范班子成员的思想和行为，进一步健全党务、政务公开制度，将班子的工作置于全体教职工的监督之下；四是着力加强对青年教师和后备干部思想政治谈话制度，帮助他们加强党性修养和锻炼，提高综合素质；五是根据年初同新区党工委（县委）党风廉政建设责任制领导小组签订的《党风廉政建设责任书》和建立健全教育、监督并重的惩治和预防腐败体系的总体要求，按照支委、校委会狠抓落实、各科室具体负责的目标任务分解模式，采取廉政谈话、廉政警示教育等方式，确保了党风廉政建设责任书各项工作的落实。

**【精神文明建设】**　坚持以科学发展观为指导，切实开展精神文明设。年内，组织全体教职工参加了新区（县）的“庆元旦”万人长跑活动；组织女教职工参加了新区（县）庆祝“三八”国际劳动妇女节活动；组织全体教职工到通海孔庙参观学习；组织全体教职工观看了故事片《村官普发兴》，以激励广大教职工爱岗敬业、乐于奉献的工作热情；积极响应新区党工委（县委）、新区管委会（县政府）的号召，全体教职工和党员共为灾区捐款14 270元；积极组织单位职工参加职工医疗互助；积极开展“模范职工小家”活动，为构建和谐新区贡献党校教职工的智慧和力量。

（李向葵）

## 史志工作

**【简　述】**　2010年，新区党工委（县委）党史县志办公室在新区党工委（县委）、新区管委会（县政府）的领导下，在省、市业务部门的指导下，坚持以马列主义、毛泽东思想、邓小平理论和“三个代表”重要思想为指导，以“效能呈贡”建设和“创先争优”活动为契机，不断巩固学习实践科学发展观活动成果，按照“个人形象一面旗、工作热情一团火、谋事布局一盘棋”的要求，牢固树立“有为才有位”的观念，紧紧围绕新区建设和新区党工委（县委）、新区管委会（县政府）的中心工作，强化内部管理和单位作风建设，充分发挥党支部的战斗堡垒作用和党员的先锋模范作用，按照建设昆明现代化城市示范区、科学发展示范区和品质春城示范区的目标要求，在人员少、工作任务重和工作头绪多的情况下，加强工作的计划性和协调配合，狠抓工作效率的提高，默默无闻地勤奋工作，较好地完成了新区党工委（县委）、新区管委会（县政府）和省、市业务部门下达的史志工作任务，受到了组织和领导的充分肯定。

**【党史大事征编】** 随着新区建设的快速推进，新区（县）的各种大事、要事、新鲜事一年比一年多。为全面准确地记录新区建设的历史，新区党工委（县委）党史县志办公室主动与新区（县）广电局、“三部一委”、各部委办局及街道联系，安排专人从各种报刊、杂志、工作信息、工作简报等资料中搜集、核实有存史价值的大事资料，按期完成了146余条6.2万余字的《呈贡县党史大事选》的编写工作，并及时上报了省、市委党史研究室和新区（县）级领导，下发各有关街道及相关部门，受到省、市委党史研究的充分肯定，被市委党史研究室评为二等奖。

**【省、市级年鉴稿件撰写】** 省、市级年鉴中的州（市）、县（市）区概况栏目，是在省、市级刊物上介绍、宣传各州（市）、县（市）区的重要平台。呈贡新区建设作为现代新昆明建设的主战场，其建设和发展情况受到各方关注。为在省、市级出版的“官书”中比较完整、详细地记录新区建设情况，新区党工委（县委）党史县志办公室高度重视省、市级年鉴稿件的撰写工作，由主任亲自担任撰稿人，在广泛收集、查阅近50万字的资料并认真进行分析、研究、归纳、整理的基础上，为2010年版《云南年鉴》、《云南小康年鉴》撰写并提供了近2万字的呈贡新区（县）文字资料，为2010年版《昆明年鉴》撰写并提供了近3万字的呈贡新区（县）和呈贡新城管委会的文字资料，并精选了50余幅新区建设图片资料供省、市级年鉴选用，使出版的省、市级年鉴中的呈贡县情资料和呈贡新区资料做到了图文并茂，受到了省、市级年鉴编辑部的一致好评，连续第8年被市地方志编纂委员会评为优秀撰稿人，被《云南年鉴》社评为资深撰稿人。

**【《昆明城市史》资料撰写】** 根据市委组织部制定的《昆明城市史》（第二辑）的编纂出版方案和新区（县）领导的安排，室领导在认真查阅有关资料的基础上，按要求完成了近6 000字的《昆明城市史》（第二辑）呈贡新区建设资料的撰写、上报工作，使呈贡在《昆明城市史》中第一次有了记载。

**【年鉴编辑出版工作】** 《呈贡年鉴》编辑出版，是新区党工委（县委）党史县志办公室每年必须完成的一项重要工作。为高质量地完成2010年版《呈贡年鉴》的编辑出版任务，新区党工委（县委）党史县志办公室根据年鉴的编辑出版目的和要求，在认真分析研究的基础上，制定了《2010年版〈呈贡年鉴〉编辑出版实施方案》，经新区党工委（县委）、新区管委会（县政府）同意转发新区（县）实施。在年鉴的编辑过程中，新区党工委（县委）党史县志办公室在人员少、任务重、工作繁杂的情况下，采取领导带头、分工负责的办法，全室人员团结协作、加班加点、默默无闻地勤奋工作，在加强对年鉴稿件各承撰单位业务指导的基础上，对征集到的年鉴稿件进行反复修改、补充、加工整理，于9月在全市率先完成了近100万字的2010年版《呈贡年鉴》的编辑出版、发行工作，使得2009年新区（县）的经济、社会等各方面的情况得以全面、准确地记载、保存。

**【县志续修工作】** 在上一年聘请市内一名修志专家对180余万字的《呈贡县志》（1978—2005）分纂稿进行审修，形成120余万字的审修稿的基础上，为确保县志编纂出版的质量，办公室主任在完成省、市年鉴稿件撰写、《呈贡年鉴》编辑出版等其它工作的前提下，利用一切可以利用的时间对120余万字的整部志稿进行了逐字逐句地总纂、修改、补改和完善，并根据志书内容插入了100余幅珍贵的历史图片，使县志编纂质量明显提高，最终形成了110万字的送审稿，于年末将送审稿分送市地方志编纂委员会办公室、市辖的13个县（市）区地方志办公室和新区（县）四班子主要领导、已离（退）休的县历届四班子主要领导、县志编纂委员会组成成员及有关人员审阅，成为全市第一个严格按照省、市政府第二轮地方志续修断限要求完成志书送审的县（区），受到市地方志办公室领导的充分肯定，并在召开的全市地方志系统联席会议上进行了经验交流。

**【党史正本编写工作】** 继续安排人员对65万余字的《中共呈贡地方史》（1927～1978）撰写的初稿进行了初步修改，使党史正本编写工作继续在全市各县（市）区中处于前列，受到上级业务部门的充分肯定与好评。

**【新区建设资料收集整理工作】** 本着全面记录呈贡新

区建设的史实，为子孙后代留下呈贡新区建设珍贵的历史资料的信念，室领导在工作任务十分繁重的情况下，坚持主动深入新区建设第一线，不间断地开展新区建设图片、文字资料的收集、整理工作；每次参加会议、活动，都主动收集图片、文字资料。同时，根据新区（县）领导的安排，积极完成了60余次有关领导、来宾到呈贡的视察、调研、参观考察的资料收集工作，为完整地记录呈贡新区建设和呈贡的发展历史作出了积极的努力。年内，共收集图片资料4 000余幅，并建立了较为完整的呈贡新区建设图片资料库；为省、市出版的年鉴和其它资料及《新区》杂志、新区（县）有关部委办局提供了600余幅有存史价值的图片资料，受到了省、市业务部门和新区（县）领导及有关单位的充分肯定。

**【革命遗址普查】** 根据中央和省、市委关于开展革命遗址普查的部署和要求，新区党工委（县委）党史县志办公室在人员少、工作多的情况下，抽调2人具体负责新区（县）革命遗址普查的组织与实施，并对新区（县）革命遗址普查的方法、步骤和措施进行了认真的分析研究。为确保普查不重、不漏，提出了以街道为普查单元的普查方法和印发革命遗址、其他遗址普查线索等相关资料的措施。在此基础上，积极向新区党工委（县委）分管领导汇报，牵头成立新区（县）革命遗址普查领导小组，制定下发了普查工作实施方案，召开了新区（县）普查工作专题会议，将普查任务分解落实到各街道和有关部门，使普查工作做到了人员落实，责任明确，经费到位；将革命遗址普查工作与此前由新区（县）文化部门组织开展的文物普查工作结合起来，做到资源、信息共享，以提高普查工作效率。对呈贡飞机场等一部分重点遗址，室领导与有关人员亲自前往普查；对街道在普查工作中反映出的难点问题及时想办法协调解决，保证了新区（县）普查工作的顺利进行；对各街道上报的普查资料进行认真细致地审核把关，按期查清了新区（县）9处革命遗址和18处其它遗址的历史沿革、革命活动、保护措施及现状、发展方向、保护工作中存在的问题和困难等情况，并按规定和时限完成了普查资料的上报，高质量地完成了新区（县）革命遗址普查工作任务，被省委办公厅表彰为全省革命遗址普查工作先进集体。

（唐荣华　摄）

**【党史专题调研】** 认真开展党史专题资料的编写上报工作。年内，根据市委党史研究室的安排，按时完成了“呈贡县土地改革运动”和“呈贡县“三反”、“五反”运动”2个专题课题的研究工作，撰写并上报了近万字的《呈贡县土地改革运动概况》和万余字的《呈贡县“三反”、“五反”运动》专题资料。

**【“创先争优”活动】** 根据新区党工委（县委）的统一部署，认真组织开展了“效能呈贡”建设和“创先争优”等活动，全室人员的工作作风、工作效率明显提高，促进了全室各项工作任务的完成，使全室的党史地方志工作走在了全市各县(市）区的前列。年内，单位的党史、地方志工作在全市召开的党史、地方志工作会议上分别进行了经验交流；一名同志经市党史、地方志部门推荐，先后于7月被云南省地方志编纂委员会表彰为2008～2009年度全省地方志系统先进工作者、10月被中共云南省委表彰为全省党史工作先进个人。

**【其它工作】** 积极参与新区建设工作。年内，按照新区党工委（县委）、新区管委会（县政府）及有关部门的安排和要求，在工作任务十分繁重的情况下，仍积极安排人员先后参与了县委工作报告草拟、政协会议服务、《新区》杂志编辑和有关部门文稿草拟等工作，参与了新区党工委（县委）、新区管委会（县政府）编纂出版的《再造春城——呈贡新区建设六周年纪实》的文稿撰写、编辑及校对工作，参与了新区（县）文联《花映新城》的编辑工作，较好地发挥了党史地方志部门的资政作用。

**【自身建设】** 加强政治、业务建设，利用每周星期五政治学习时间开展政治理论学习，采取以会代训的方式开展针对性的业务培训和工作讲评，不断提高全室人员的政治理论水平和业务能力。根据中央和省、市委及新区党工委（县委）的统一部署，认真组织开展了“效能呈贡”建设和“创先争优”活动，全室人员的作风进一步改进、服务质量进一步提升、工作效率进一步提高、能力进一步增强、行政行为进一步规范。巩固了“云岭先锋”工程和保持共产党员先进性教育活动成果，按照党员先进性要求和公务员的“八不准”，强化单位内部管理，要求全室人员牢固树立了

"有为才有位"的思想，深入扎实地开展"五比五创"实践活动，在单位内部营造出了一个比学赶超的良好工作氛围，做到了领导班子团结，作风民主，干部队伍纪律强、素质高，党风廉政好，为各项工作任务的完成打下坚实的基础。

（唐荣华）

## 新区（县）级机关工委

【简 述】 2010年，新区（县）级机关工委在新区党工委（县委）领导下，认真学习贯彻党的十七届五中全会精神，高举中国特色社会主义伟大旗帜，以邓小平理论和"三个代表"重要思想为指导，巩固和扩大学习实践科学发展观活动成果，紧紧围绕新区党工委（县委）中心工作，以服务中心、服务大局、服务基层、服务党员为根本出发点，在基层党组织中深入开展"效能呈贡"和"创先争优"活动，着力构建充满活力、富有效率、保障有力、有利于科学发展的机关党建工作机制，充分发挥党组织的政治和组织保证作用，积极投身新区建设，努力完成各项工作任务。年末，新区（县）级机关工作委员会辖基层党组织49个（总支11个，支部38个），党员1 352名（含预备党员11名）。其中，妇女党员395名，占党员总数的29.2%；少数民族党员106名，占党员总数的7.8%；35岁及以下党员309名，占党员总数的22.8%；36～45岁党员425名，占党员总数的31.4%；46～54岁党员279名，占党员总数的20.6%；55～59岁党员84名，占党员总数的6.2%；60岁及以上党员255名，占党员总数的18.8%；研究生文化的党员30名，占党员总数的2.2%；大学本科文化的党员574名，占党员总数的42.4%；中专文化的党员126名，占党员总数的9.3%；高中、中技文化的党员67名，占党员总数的4.9%；初中及以下文化的党员160名，占党员总数的11.8%。

（傅 玲 摄）

【专题教育活动】 紧紧围绕新区建设目标，以开展讲党性、重品行、作表率活动为载体，以提升效能、改进作风为重点，组织开展专题教育，全面加强机关党的建设，为新区建设的顺利推进提供组织和思想保证。年内，重点组织各总支、支部学习贯彻落实党的十七届四中、五中全会、县委十一届六次全体（扩大）会议、县委组织工作会议和新修订的《党和国家机关基层组织工作条例》、《中国共产党党员领导干部廉洁从政若干准则》等精神；举办和参与旨在提高党员干部综合素养的讲座和培训班，引导机关广大党员加强现代科学文化知识学习和业务技能培训，完善党务干部的知识结构，增强服务新区建设发展的本领；组织所属党员观看了《村官普法兴》、《可爱的中国》等电影；认真总结学习实践科学发展观活动取得的主要做法和经验，努力把学习实践活动的成果转化为推进机关党建工作的动力和长效机制，促进机关广大党员干部在科学发展观认识上再提高、工作上再践行、行动上再落实。深入开展"效能呈贡"建设活动，成立了领导机构，制定了活动实施方案，发放征求意见表54份、收回44份，征求到创先争优、工作效能、制度创新、工作作风、服务态度、廉政建设6个方面的意见5条，召开专题民主生活会开展批评与自我批评、制定了整改措施，从认真履职，服务基层；转变作风，提高服务质量；减少办事环节，提高工作效率；加强制度建设，规范工作程序；加强廉政建设，廉政勤政；违诺追究，严肃问责6个方面制定了制定了"效能呈贡"建设活动承诺书，并在电视台向社会作了公开承诺，自觉接受广大党员、群众、社会各界和新闻媒体的监督。根据新区党工委（县委）深入开展"创先争优"活动领导小组的统一安排部署，成立了新区（县）级机关工委深入开展"创先争优"活动工作领导小组，组织所属总支、支部的全体党员深入开展"创先争优"活动。活动中，新区（县）级机关工委所属各总支、支部分别成立的相应机构，建立了党委负总责，各总支、支部书记亲自抓的工作格局；为防止活动走过场，成立了新区（县）级机关工委"创先争优"活动督查指导组，多次深入各总支、支部开展督促检查和指导；按照创建先进基层党组织"五好"、争当优秀共产党员"五带头"的要求，各总支、支部和所属党员广泛开展了公开承诺活动，并将公开承诺事项落实情况纳入机关党建考核目标和民主评议党员内容；以提高服务质量、提高办事效率、提升服务水平、转变工作作风为重点，把"创先争优"活动作为推进机关党建工作的重要抓手，作为提高基层党组织凝聚力、战斗力的重要途径，做到主题鲜明、载体灵活、措施得力、讲求实效，体现机关部门各自的特色；坚持将"创先争优"活动与"效能呈贡"建设相结合，形成了"讲党性、重品行、作表率"的良好机关作风，各级党组织的战斗力、创造力、执行力进一步提高，党员干部大局意识进一步增强，全局意识更加牢固，全心全意为人民服务的宗旨意识更加坚定。11月，新区（县）“创先争优”活动现场推进会与会人员观摩了县法院党总支、县工商局党总支、县政务服务管理局党支部的“创先争优”活动开展情况，受到了与会领导的高度评价和充分肯定。

**【“云岭先锋”工程】** 以“创先争优”活动为载体，全面实施“云岭先锋”工程。4月中旬，召开了所属总支、支部书记、副书记、委员会议，安排部署了《呈贡县县级机关工委2010年机关党建工作意见》，与55个基层党组织签订了《2010年永葆先进性·“云岭先锋”工程目标考核责任书》。积极探索创新更加灵活、务实、管用的党组织设置方式和管理模式，加强对到期总支、支部的换届选举工作，推行以公推直选方式选优配强机关党组织班子，把机关党组织建设成为推动发展、服务群众、凝聚人心、促进和谐的战斗堡垒。年内，对到期的8个总支、支部进行了换届选举，督促县政府机构改革后机构调整撤并部门的党组织及时进行了委员补选，理顺党员管理关系，成立了县级机关工委机关党支部。切实加强党建示范点创建工作，把创建示范点工作与“创先争优”活动结合起来，确定县信用联社党总支、县文体局党支部为基层党建示范点和“创先争优”示范点，积极探索推行典型材料交流互动、成功经验传经互动、先进人物示范互动、典型现场参观互动等形式，提高机关党建工作水平。组织相对薄弱的新区（县）国土资源局党总支、新区（县）科技局党支部等6个总支、支部开展整顿提高工作，采取一个基层党组织一个对策的办法，因地制宜、分类指导，综合创建、联动互补、条块结合，强班子、结对子、促民主等措施进行集中整顿，使上述基层党组织的面貌明显改观。按照发展党员工作“十六字”方针和党的十七届四中全会《决定》提出的“注重质量、优化结构”的要求，大力推进、改进机关党员发展工作，认真落实入党介绍人资格审查制、预审制、公示制、票决制，积极推行发展党员推荐制、责任追究制，进一步推进和提高了党员发展工作的制度化、规范化、科学化水平。10月14～15日，牵头组织举办了2010年度新区（县）机关、企（事）业单位入党积极分子培训班，培训177人，80人取得培训合格证书。年内，共研究审批吸收预备党员12人，研究审批预备党员转正29人。

**【党风廉政建设】** 把提升效能、改进作风作为机关党风廉政建设的重要工作。一是加大从源头上预防和治理腐败的工作力度，坚持把党风廉政建设工作与业务工作一起研究部署、一起督促检查、相互促进、共同发展。二是落实“一岗双责”，明确了主要领导在党风廉政建设中的责任，积极推行“统一领导，齐抓共管，组织协调，部门各负其责，党员积极参与反腐”的领导体制和工作机制、努力营造人人肩上有担子，个个身上有责任的齐抓共管工作格局。三是将党风廉政建设工作纳入与55个基层党组织负责人签订的《永葆先进性“云岭先锋工程”目标责任书》，制定《党风廉政建设和反腐败工作计划》，将全年党风廉政建设和反腐败主要工作任务分解到各基层党组织，使党风廉政建设与机关党建工作紧密联系，切实做到有部署、有落实、有检查、有考核。加强反腐倡廉意识教育，积极开展“党风廉政学习教育月”活动，利用政治学习和办公会时间，组织党员干部深入学习《中国共产党章程》、《中国共产党党内监督条例》、《中国共产党纪律处分条例》、《建立健全教育、制度、监督并重的惩治和预防腐败体系实施纲要》、中纪委《关于严格禁止利用职务上的便利谋取不正当利益的若干规定》，教育全体党员自觉做到依法行政和廉洁从政。年内，组织党员学习3次，看电教片1次；处理所属总支、支部违法违纪党员3人，其中开除党籍1人、党内警告2人。

**【制度建设】** 建立健全以党章为根本、以民主集中制为核心的制度体系，进一步健全完善了《县级机关工委工作职责》、《县级机关工委办公室工作职责》、《县级机关组织科工作职责》、《县级机关工委书记岗位职责》、《县级机关工委委员工作职责》、《个人岗位职责》等共11项工作岗位职责和《县级机关工委委员会议制度》、《县级机关工委办公会议制度》、《公文办理制度》、《学习制度》、《财务管理制度》、《保密制度》、《考核管理办法》、《考勤值班及卫生管理制度》8项工作制度，县级机关工委工作进一步得到规范。坚持民主集中制原则，落实好“三会一课”制度，发展党员、机关党建等重大事项坚持召开工委委员和纪工委委员会议进行集体讨论，工委内部事项坚持办公会讨论制度。积极探索党务公开和党建创新工作，制定了《呈贡县县级机关工委党建创新工作方案》，确定并实施了健全完善县级机关党建工作绩效管理制度、全面推行党务公开制度2个创新项目，以会议、文件、简报、设立公开栏的形式全面开展党务公开工作，共印发党务公开简报、信息专栏18期。

**【其他工作】** 在建党节开展先锋颂文艺汇演系列活动，成功举办了第十届“云岭先锋颂”文艺汇演，新区（县）20个县属党委、基层总支、支部组队参赛，600余名党员登台演出。积极组织所属总支、支部的广大党员参与抗旱救灾工作，牵头组建了61人的“共产党员抗旱先锋队”，于4月2日组织县委部门50名

参加抗旱救灾水源工程建设的机关共产党员
（傅　玲　摄）

党员到七甸乡黄土沟村开展了义务挖水窖劳动；积极组织开展抗旱救灾捐款，51 个基层党组织、1 230 名党员、265 名非党干部职工向灾区捐款达 1 497 231.9 元。开展城乡结对帮扶活动，所属总支、支部均与社区党组织建立了帮扶联系点，从社区基层组织建设、经济发展、征地拆迁、新型社区建设、困难党员群众救助等方面开展帮扶活动。春节前夕，各总支、支部均分别到各党建联系点开展慰问活动，县级机关工委在经费紧张的情况下，为联系点七甸大哨社区党支部困难党员送去了 15 桶油和 15 袋大米。组织开展“创先争优”和“共产党员抗旱先锋行动”评选活动，所属基层党组织中 2 个被市委表彰为“抗旱先锋党组织”，被新区党工委（县委）表彰的“抗旱先锋党组织”1 个、“抗旱先锋党员”2 人、先进基层党组织 4 个、优秀共产党员 13 人、优秀党务工作者 11 人。7 月 13 日，组织 50 名预备党员和入党积极分子到三台山革命烈士纪念碑为烈士敬献花圈、重温入党誓词、义务清扫县城中心文化广场和街道、清除绿化带垃圾。

（傅　玲）

## 老干部工作

**【简　述】**　2010 年，新区党工委（县委）、新区管委会（县政府）认真落实中央、省、市关于进一步推进新形势下老干部工作科学发展的意见精神，始终坚持把老干部工作作为事关新区（县）改革、发展和稳定的一项重要工作来抓，调整充实了新区（县）老干部工作领导小组，将老干部工作纳入新区（县）党建目标进行考核，将原国税局一栋 6 层约 1 600 平方米的办公楼划拨给新区党工委（县委）老干局和新区（县）老年大学使用，改善了办公和教学环境。新区党工委（县委）老干局坚持主动向领导小组汇报工作，适时召开专题会议分析和调研老干部工作，及时研究解决重大问题，做到政治上尊重老干部，思想上关心老干部，生活上照顾老干部。依据省、市有关文件精神，落实老干部政治待遇和生活待遇，及时按标准落实老干部公用经费、特需费、生活补贴；完善老干部解困资金，解决老干部实际困难；引导老干部发挥余热，服务新区建设；加强老年大学管理，提高教育教学质量；组织老干部开展各种有益身心健康的活动。年末，新区（县）共有离退休干部 530 人。其中，离休干部 59 人（本县离休干部 40 人，易地安置离休干部 19 人），副科以上退休干部 242 人，中高职干部 229 人。离休干部中，男 51 人，女 8 人；年龄 90 岁以上的 5 人，80～89 岁的 38 人，74～79 岁的 16 人；享受副地（厅）级待遇的 2 人，享受县（处）级待遇的 1 人，享受副县（处）级待遇的 24 人；1943 年 4 月至 1945 年 5 月参加革命工作的 4 人。副科级以上退休干部中，女 20 人，男 222 人；享受副地（厅）级待遇的 2 人，享受副县（处）级以上待遇的 110 人。中高职退休干部中，女 84 人，男 145 人。

**【落实政治待遇】**　认真落实离退休老干部情况通报、政治理论学习、组织生活、阅读文件、走访慰问、参观考察、参加重要会议及在职领导联系老干部 8 项政治待遇。2 月 1 日和 9 月 17 日，分别组织 300 余名离退休老干部参观了新区建设情况，并在新南亚风情园召开了新春茶话会和中秋茶话会，新区党工委（县委）书记周峰越通报了新区（县）的经济社会发展情况，发放了节日慰问金。坚持每月 27 日组织离休干部开展政治学习，主要学习中央和省、市有关重要会议精神，学习新区建设的各项决议、决定和政策，通报新区（县）各行各业的工作情况，让老同志及时了解国际国内政治经济形势、党和国家的大政方针及新区建设的情况。在选派老干部参加省、市举办的读书班的同时，举办了新区（县）老干部读书班，200 名离退休干部参加了培训。为每位老干部订阅了《老同志之友》和

新区党工委（县委）、新区管委会（县政府）举行新区（县）老领导新春座谈会　（唐荣华　摄）

《支部生活》，给离休老干部和副县以上退休老干部增订了《老干部参考》、《昆明日报》。加强老干部老党员的党性修养，充分发挥老干部党支部的战斗堡垒作用，建立20个离退休干部党支部。

**【落实生活待遇】** 完善离休费保障机制，建立离休干部医药费保障机制，保证离退休费和离休干部遗属生活补助费按时足额发放。春节前夕，新区（县）四班子领导带队慰问了新区（县）500多名离退休老干部，分片看望了抗日战争时期参加革命工作的老干部4人、离退休干部遗属65名、困难户10户，共支付慰问金10万余元；利用建立的老干部特困资金共补助离休干部特困户6人3 600元、退休干部特困户5人2万元、离休干部遗属1人特困费2 000元。中秋节前夕，慰问了新区（县）500多名离退休老干部，共支付慰问金4万余元，发放公用经费、特需费19万余元。看望生病住院和生病在家的离退休老干部的50人，支出经费5 000多元，让老干部、老同志感受到了党和政府的温暖。

**【组织文娱活动与引导老干部发挥余热】** 组织、鼓励开展丰富多彩的文体活动。每天早晚组织开展健身操、红球舞、打腰鼓、羽毛球、太极拳（剑、扇）、柔力球、门球、气排球等各项活动，全年（不论节假日）开放老干活动中心现有的活动场所、设施，解决老干部节假日无活动场所问题。2月1日，组织300余名老干部参观了洛龙公园、惠兰园小区、昆明医学院、云南中医学院、云南师范大学、市级行政中心等建设情况。积极组织老干部参加市活动中心的各项文体竞赛。3月7日，组织8支门球队开展了“三八”门球赛。4月23日，组织新区（县）离休干部和实职副县级以上退休干部70余人到昆明周边地区参观考察了城市建设、经济发展。6月29日，组织10支老干部门球队开展了庆祝“七一”门球比赛。7月，组织离休干部61人到空军医院进行了健康检查。10月14日，邀请市延安医院专家为老年大学学员作保健知识讲座。10月15日，组织老干部开展庆“敬老节”游园活动。10月21日，组织离退休干部351人开展麻将、象棋、乒乓球、气排球友谊比赛。11月25日，邀请市司法局法制宣传处丙副处长为老年大学学员300多人作《食品安全法》及建和谐社区法制专题讲座。充分发挥离退休干部在落实科学发展观、促进新区经济社会又好又快发展中的推动作用，共有50名老干部参与了医务、行风监督、党建督导，县志编写、交通协管、税务协查、卫生监督、医疗服务、青少年教育、法律咨询、义务宣讲新闻、网吧巡视、治安联防等活动，并参与新区建设中的征地、拆迁协调等工作。

**【老干部活动中心建设】** 加强新区（县）老干部活动中心建设，投入资金对活动中心进行了重新装修和改造，新添置了6张棋牌桌、2张乒乓球桌，新设了1个阅览室，添置各种书刊1 500余册，中心可容纳100余名老干部同时进行各种娱乐活动，使中心真正成为了老干部“学习知识的课堂、文化活动的场所、欢度晚年的乐园”。对7月30日成立的市老干部书画协会呈贡大组和呈贡诗协大组给予“热心、耐心、细心”地服务，为老干部提供一个学习活动、交流谈心、发挥作用、得到关心照顾的温馨之家。

**【老年大学】** 突出地方特色，努力办好老年大学，使老年大学成为老年人学习新知识、新技能、追求较高的精神境界的一个平台。聘请县人大原主任张宝华为新区（县）老年大学校长；各街道成立了老年大学分校，授予分校校牌，并开办了教学班，延伸老年大学学习网络；加强师资队伍建设，聘请省戏院、省艺术学院、市花灯团、市诗书画协会和呈贡花灯人才等15位老师任教；从有助于激发学习兴趣、增强学习效果出发，结合老年人的特点，合理设定教学科目，规范教材，按“三点”(即多学点、学好点、学精点）的要求开展教学，结合呈贡“花灯之乡”的特点，花灯成为老年大学教学的重点。年内，新区（县）共招收学员1 500余人（次），开设了花灯唱腔及表演、花灯歌舞、诗书画、民族舞蹈、健身舞、二胡、简谱知识、声乐等专业41个班。其中，下庄、前卫营、王家营、刘家营、雨花、白龙潭、吴家营、中庄、上可乐、斗南、洛龙、练鹏尾12个社区共开办20个班，校本部开办17个班，校外办班4个。7月26日，举办了呈贡新区2009～2010年度老年大学结业汇报演出。10～11月，邀请专家到老年大学为学员举办了老年保健、法律法规知识讲座。10月29日，参加了“东盟10+3文化人力资源开发合作研讨班”代表团莅临云南民族大学期间的演出，以花灯剧《游春》歌颂了美丽富饶的云南。11月2～3日，组织了花灯班的老师和街道分管老年大学分校的领导一同赴楚雄姚安参观学习省花灯艺术周的演出。

**【自身建设】** 新区党工委（县委）老干部局以“效能呈贡”建设和“创先争优”活动为契机，以团结干事、提升工作效能、创造一流业绩为目标，加强学习，党员干部以身作则、率先垂范，努力使全局工作人员既有听得进闲话的耐心，又有把事情做下去的恒心，始终保持务实的作风。一是坚持每周五的干部职工政治理论和业务学习，组织在职党员学习《毛泽东选集》第二卷《反对自由主义》全文，教育党员干部克服自由主义，勇于同一切不正确的思想和行为作斗争，要求党员干部要以“一团火、一面旗、一盘棋”

的热情对待工作，不利于工作的事不要做，不利于团结的话不说。二是停办老干部诊所，对老干部门诊用房进行公开招租；对原出租的铺面进行清理、理顺关系，使国有资产发挥最大的效益。三是大力推进“零距离工作法”，确定每月27日为局领导接待日，认真解决离退休干部最关心、最直接、最现实的利益问题，积极接待和处理了15批（次）的老干部来信来访。其中，对易地离休干部赵之来反映其因住房拆迁后在昆明支付7 800元租房住的问题，经与新区（县）住建局多次协商，由住建局补助6 000元、老干部局补助1 800元给予解决。四是加强制度建设，制定了《呈贡县老干部局办公室岗位职责》、《呈贡县老干部活动中心工作人员岗位职责》、《呈贡县老年大学办公室岗位职责》等，做到按制度办事，用制度管人，活动中心亮牌上班，节假日实行轮班。五是抓作风，树形象，在机关组织开展“三问三看”活动，要求每一个干部职工问一问自己究竟为老干部工作作了多少奉献，看一看工作作风是否务实；问一问自己究竟为离退休干部办了多少事，看一看工作成效是否明显；问一问自己究竟为克难解困想了多少办法，看一看工作本领是否增强。以“讲党性、重品行、作表率”为主题，树立为老干部服务的光荣感、责任感，要求做到思想认识到位、履行职责到位、工作措施到位，用乐于奉献、吃苦耐劳的精神和饱满的政治热情、周到细致的服务，分类分层次地做好老干部工作。

（朱莲英）

## 机构编制

**【简　述】**　2010年，新区党工委（县委）编办在新区党工委（县委）、新区管委会（县政府）和新区（县）编委的领导下，在市委编办的指导帮助下，深入贯彻落实科学发展观，按照省、市、新区（县）关于机构编制管理的相关会议及文件精神，紧紧围绕新区建设各项中心工作，切实强化机构编制管理，认真做好政府机构改革工作，努力推进事业单位分类改革，积极推进街道机构改革工作，为新区（县）的经济社会发展提供机构保障。

**【县政府机构改革】**　根据全省州（市）、县政府机构改革工作电视电话会议精神，经过认真研究、反复酝酿，形成了《呈贡县人民政府机构改革方案》上报省编办备案。6月24日，市委、市政府正式批复了《呈贡县人民政府机构改革方案》。7月24日，召开了县人民政府机构改革动员大会，正式启动了县人民政府机构改革工作。至11月底，县人民政府机构改革工作基本完成，基本做到了班子到位、机构牌子到位、印章启用到位、“三定”规定印发到位。这次机构改革，县人民政府设置工作部门25个（暂空1个）、部门管理机构2个。其中，24个工作部门为县人民政府办公室（人民政府法制办公室、应急管理办公室）、发展和改革局、教育局、科学技术和信息化局、监察局（监察局与纪律检查委员会机关合署办公，列入政府工作部门序列，不计入政府机构个数）、民政局、司法局、财政局（加挂国有资产管理局、金融办公室牌子）、人力资源和社会保障局、环境保护局、住房和城乡建设局、交通运输局、城市管理综合行政执法局、园林绿化局、农林局、水务局、经济贸易和投资促进局、文体广电旅游局、卫生局、食品药品监督管理局、人口和计划生育局、审计局、统计局、民族宗教局列入政府工作部门序列，不计入政府机构个数（民族宗教局与县委统战部实行“一个机构、两块牌子”）、安全生产监督管理局、人民政府政务服务管理局；农林局加挂畜牧兽医局、人民政府扶贫开发办公室牌子，水务局加挂滇池管理局牌子，经济贸易和投资促进局加挂中小企业局牌子。2个部门管理机构为人民政府法制办公室由人民政府办公室管理，粮食局由发展和改革局管理。呈贡公安分局为昆明市公安局的派出机构，不计入县政府机构个数；呈贡国土资源分局为昆明市国土资源局的派出机构，不计入县政府个数；原与人事劳动和社会保障局合署办公的机构编制委员会办公室单独设置，列入党委机构序列，名称为中国共产党呈贡县委员会机构编制办公室，保留呈贡县机构编制委员会办公室牌子。

**【事业单位分类改革准备】**　事业单位进行机构分类，既是深化事业单位管理的重要基础，又是推进事业单位机构改革的重要依据。事业单位分类改革是在对事业单位职能准确定位的基础上，按行政、公益、经营3个类型分类改革，以进一步理顺政事、事企关系。年内，根据事业单位分类工作涉及面广、政策性强、事业单位履行职责的主要依据和实际履行职责情况及事业单位经费渠道和经济效益等情况，提出了事业单位改革初步意见并报新区（县）编委研究，为适时开展事业单位分类改革工作创造条件。

**【乡镇机构改革调研】**　根据10月11日中央编办召开的全国乡镇机构改革工作电视电话会议精神，为认真贯彻落实会议精神，配合农村税费改革和农村综合改革、加快推进城乡经济社会一体化进程，新区党工委（县委）编办按照统筹安排、突出重点、周密部署、协同推进的要求，认真开展了乡镇机构改革的调研工作，为乡镇机构改革的顺利实施、确保中央和省、市各项改革要求落实到位打下坚实的基础。

**【机构编制实名制管理】** 以机构编制基础信息平台为载体，在新区（县）范围内推进机构编制实名制管理，即在“三定”工作的基础上，将每个单位所核定的编制分解成不同岗位，使每一个在职在编的人员对应一名编制、一本证书、一个编号，确保了机构编制“三定”落实到位，实现机构设置、编制核定与人员管理规范化、科学化。为提高机构编制管理水平，新区党工委（县委）编办严格遵守机构编制“三个一”审批原则，规范机关事业单位编制准入事前审核制度，防止并杜绝超编、混编、超职数配备人员。

**【编制审核】** 根据省、市有关文件精神，凡新区（县）级机关、事业单位新增人员（新录用、聘用人员、调入人员、公开选调人员、安置军队转业干部，安置复员退伍军人等）需到新区党工委（县委）编办办理人员编制使用审核手续。对擅自改变编制适用范围、超编、超结构配备的人员，机构编制部门不予入编。各机关、事业单位须每年到新区党工委（县委）编办进行年度审核。

**【人员编制统计工作】** 认真开展机关、事业单位机构编制管理，及时了解和掌握各机关、事业单位的机构编制执行情况，定期分析研究机构编制的现状，防止机构编制的反弹，确保机构改革成果。在机构编制的日常管理中，建立健全新区（县）机构编制台帐，每半年向新区（县）编委领导汇报新区（县）的机构编制情况，让领导及时了解机构编制、人员情况，为领导决策提供依据。根据上级编制部门的要求，准确、及时地完成新区（县）机构编制的统计工作。

**【事业单位登记管理工作】** 根据上级《关于开展网上办公和实时汇总事业单位登记管理数据的通知》精神，新区党工委（县委）编办积极配合上级业务部门开展事业单位登记管理工作。年内，积极选派人员参加了省编办、省事业单位登记管理局组织的网上登记培训；按照上级的要求，进一步规范了事业单位法人年度检验工作；清理数据、整理事业单位登记档案资料，开展了网上事业单位登记和实时汇总事业单位数据；完成了已托管的洛羊、大渔、马金铺3个街道事业单位管理工作的移交；按时完成了新区（县）交通局下设事业单位“呈贡县交通运政管理所”移交昆明市公路运输管理局直管的事业单位变更登记工作；认真开展了事业单位设立、变更、注销登记及年度检审工作。

**【其他工作】** 年内，根据上级部门的要求，完成了涉及机构编制的批办卡办理和有关数据的统计上报工作；配合新区党工委（县委）组织部、新区（县）人社局完成了招录公务员计划申报工作；完成了洛羊、大渔、马金铺、七甸4个街道托管人员编制移交；完成了人大建议和政协提案的办理答复工作。

（张　蘋）

# 纪检·监察

**【简　述】** 2010年，新区（县）纪检、监察部门在新区党工委（县委）、新区管委会（县政府）和市纪委、市监察局的领导下，坚持围绕中心、服务大局，以改革创新精神深入推进以转变干部作风、提高行政效能为重点的经济社会发展软环境建设，深入推进以健全完善惩治和预防腐败体系为重点的反腐倡廉建设，党风廉政建设和反腐败斗争取得了新成效，为新区的有序有效建设和发展提供了坚强的政治和纪律保证。

**【党风廉政建设责任制】** 积极争取党委、政府的高度重视和大力支持，将党风廉政建设纳入总体工作规划，新区（县）主要领导做到反腐倡廉的重要工作亲自部署、重大问题亲自过问、重点环节亲自协调、重要案件亲自督办，新区（县）领导班子明确每位成员的具体责任，通过定期召开常委会议分析党风廉政建设和反腐败工作形势，督促各部门切实履行反腐倡廉职责，形成反腐倡廉工作合力。不断推进惩防体系建设，把反腐倡廉职责具体化、制度化，做到“一岗双责”。制定下发了《贯彻落实<建立健全惩治和预防腐败体系2008～2012年工作规划>实施办法》和分工方案，将工作任务具体细化分解到各相关部门，明确了工作目标、责任领导、牵头部门、协办部门、完成时限和保证措施。新区（县）、街道、社区层层签订了党风廉政建设责任书和领导干部党风廉政建设“一岗双责”责任书，形成责任目标落实“横向到边，纵向到底”的工作格局。

省纪委领导到呈贡调研

〔新区（县）纪委　供稿〕

【反腐倡廉教育】 2010年，以认真开展对《中国共产党党员领导干部廉洁从政若干准则》及相关法规的学习教育为重点，召集新区（县）科级以上领导干部听专题讲座2次，各部门党政主要领导为基层干部上廉政党课37次；新区（县）纪委向科级以上领导干部赠阅廉洁教育读本1 200多册、廉政台历450本，发送手机廉政短信和致家属的廉政公开信1 680人次；组织征订、播放反腐倡廉优秀电教片40多部；坚持开展以旁听违法案件审理、到警示教育基地参观学习、召开案情通报会为主要形式的警示教育活动；深入开展廉政文化进机关、进农村、进社区、进企业、进学校、进家庭活动，建成廉政文化示范点6个，宣传反腐倡廉工作成果，营造了“以廉为荣、以贪为耻”的良好社会氛围。

【领导干部廉洁自律工作】 坚持推行领导干部勤政廉政公示制度，严格执行党员领导干部报告个人有关事项、诫勉谈话、任前廉政谈话、民主生活会、函询等制度。积极推行“阳光政府”4项制度和行政监督制度，不断提高政务透明度，自觉接受社会和群众的监督；严格执行廉洁从政相关规定，贯彻落实厉行节约9项要求，加强因公出国（境）管理，治理领导干部借婚丧嫁娶等事宜和以赌博等名义收钱敛财问题，促进干部廉洁自律；严肃查处公车私用、公车私驾和酒后驾车问题；整治公务接待中讲排场、比阔气等不正之风。认真抓好党内监督制度的落实，充分发挥全委会对重大问题的决策作用，完善重大决策、重要干部任免、重大项目安排、大额度资金使用票决制。年内，新区（县）对9个单位的14名领导干部进行了经济责任审计，廉政账户共收到存款5.1万元。

【督查督办和专项治理工作】 采取跟踪督办、重点督办、目标倒逼等方式，加大对中央、省、市重大决策执行情况的监督检查力度。建立健全督查工作领导责任制，新区（县）纪委、监察局主要领导直接参与督查。围绕重点工作，将督查任务立项并分解细化，明确目标、任务、措施、时间进度、责任单位和责任人，对纳入督查的事项实行“月报告”制度，及时向上级部门反馈发现的问题和困难，做到督有目标，查有依据，责有对象。2010年，新区（县）对个19个中央扩大内需投资项目、65个重点建设项目、247个建设工程项目、25个政府采购项目、2次国有经营性土地“招拍挂”、68次工程建设招标投标活动等工作情况进行了监督检查，保证了中央和省、市、县重大决策部署的贯彻落实。对市、县重要工作进行任务分解立项，突出重点、集中力量开展督查，确保用时间进度倒逼责任单位和责任人，按时限完成工作任务。与有关部门联合对“十一个零申报”、违规加层无序建房、征地拆迁、招商引资、项目落地、滇池治理、“四创两争”、整治建筑物立面挤占公共空间等工作开展专项督查；针对重点行业和重点领域，开展工程建设领域突出问题专项治理，对节能减排、环境保护、土地市场秩序整顿、抗旱救灾、森林防火、矿产资源开发、中小学校舍安全等工作进行督促检查，对新区（县）各部门“十一五”目标任务工作落实情况进行督查等。年内，共办理督查督办件306件，其中上级交办17件、本级交办275件、本委自立14件。

市委常委、市纪委书记应永生（前右一）在呈贡调研
〔新区（县）纪委　供稿〕

【效能呈贡建设】 按照全市实施“效能政府四项制度”的有关要求，开展以“效能呈贡”为主题的软环境建设活动。年内，调整了新区（县）经济社会发展软环境建设工作领导小组，研究出台了“效能呈贡”建设活动工作方案，认真进行活动动员，安排部署各阶段主要任务，制定了具体落实措施；按时、按质、按量向市软建办报送“效能呈贡”建设活动的工作情况；开展学习教育，邀请广东省东莞市政协主席、党组书记刘树基同志为新区（县）实职副科以上领导干部进行了《改革开放30年东莞经济社会发展的回顾与思考》的专题讲座，邀请云南省组织建设专家张建华教授为新区（县）实职副科以上领导干部进行了《打造有执行力的组织　做有执行力的人》的专题讲座；开展了“四对照四讨论”活动，广泛征集意见，召开专题民主生活会，66个部门深入查找“提升工作效能、争创一流业绩”方面存在的突出问题198个；扎扎实实开展自查自纠工作，制定出领导班子整改方案，提出工作措施，明确整改部门、责任人和工作时限，对征求到的31条建议进行了认真分析，对征集到的364条意见进行了整改落实。

【问责问效】 以行政效能监察为抓手，切实解决“三靠”思想和机关“庸、散、懒、慢、拖”等现象，进一步解决学习不浓、观念不新、责任心不强、作风不实、效率不高等问题。对各级机关和各部门及其工作人员的依法行政、工作效能、服务态度、政务公开、廉洁从政等情况进行明察暗访和督促检查，及时发现并纠正存在的问题，严肃查处行政机关及其工作人员不作为、乱作为的行为，对办事不力、推诿扯皮，给新区建设造成不良影响的单位和责任人实施严厉的问责问效，确保各项重点工作顺利推进。年内，新区（县）对在工作范围和岗位职责内履职不力的5名科级干部和11名一般干部实施了问责，有力地促进了机关干部作风的转变，提高了办事效率和服务水平。

**【违纪违法案件查处】**　从严执纪，坚决查处违纪违法案件。高度重视信访工作，对每件信访件的处理、初核、调查方案的制定审核及最终结案等都认真研究、慎重决定。年内，新区（县）纪委、监察局共接到信访举报95件，其中本委接到65件、市纪委交办30件，初步核实违纪线索30件，失实了结21件（适应处理14件），属实转立案7件；共查处违反党政纪案件9件9人，给予党政纪处分3人，其中给予党内警告1人、留党察看1人、开除党籍1人，所办理的案件中未发生申诉、复议的现象。

**【源头预防和治理腐败工作】**　进一步深化干部人事、司法体制、行政管理、社会体制、市场机制、财税和投融资体制改革，推进从源头预防和治理腐败工作。一是行政审批事项从原有的424项精简为39项，行政事业性收费项目由128项减至34项。二是各单位结合实际，将审批时限在规定时间内压缩至2/3或1/2，新区（县）政务服务中心实现“两集中、两到位”，行政审批电子监察系统建设全面完成。三是加强建设工程管理，新区（县）所属单位（部门）对承担的政府性投资建设工程项目（含BT、BOT、TOT等方式）认真做到“八个百分之百”。四是以加强“三资”管理为重点，切实加强农村基层党风廉政建设，新区（县）的7个街道对机关站所财务实行了“零户统管”，在38个社区224个小组100%实行“村财乡管”，街道机构改革和农村基层站所管理体制改革积极稳妥推进，农村基层干部选拔任用、村民自治、政绩考核评价和激励等机制进一步健全，政务、村务、财务公开工作不断规范。

**【纠风治乱工作】**　以人为本，深入开展纠风治理工作。围绕解决损害群众利益的突出问题，深入治理教育乱收费，不断规范学校办学收费行为，纠正医药购销和医疗服务中的不正之风，组织检查义务教育经费使用情况2次，参加医院集中招标采购药品4 600万元。严格落实中央强农惠农政策，切实减轻农民负担，严肃查处截留、挪用、克扣强农惠农补贴资金和乱收费、乱罚款、乱摊派等违法违纪行为。积极参与农村公益事业“一事一议”财政奖补试点工作，完成粮食综合直补面积3.18万亩，涉及农户12 463户，兑付补贴资金87万元。巩固公路无“三乱”工作成果，坚决纠正和查处以罚代纠、以罚代管及其执法不规范问题，确保鲜活农产品运输“绿色通道”畅通。以关注民生、反映民意、维护民利为目标，做客“春城热线”，回答或办理意见反馈42条。组织开展民主评议机关、部门、行业作风工作，积极向媒体公开曝光，不断拓宽监督渠道。

**【民主评议机关作风工作】**　围绕新区发展、改善投资环境、改进机关作风、提高工作效率、构建和谐呈贡的目标，认真组织开展民主评议机关行业作风工作。2010年，新区（县）被列为民主评议机关和行业作风的评议对象分3类共117个单位，分别是县级行政执法部门及垂直管理部门36个、行业部门14个、基层站所67个。评议工作在各单位按要求结合单位实际制定出评议实施方案及开展自检自查、本系统内部行政主管部门组织进行评议的基础上，新区（县）纠风办组织特邀监察员、评议员及社会各界人士组成测评小组，采取民主测评、综合测评、召开座谈会及明察暗访等形式，到各参评单位开展评议，共发放测评表2 415份，收回2 413份，收回率99.92%，测评情况在新区（县）公证处的监督下由新区（县）统计局进行统计，报经新区（县）民主评议机关和行业作风工作领导小组审定后向社会公布。

〔新区（县）纪委　供稿〕

**【纪检监察信息工作】**　积极开展纪检监察信息撰写上报工作。年内，新区（县）纪委、监察局向省、市纪委和县级部门上报信息共182篇（次），被中纪委采用4篇（次），被省级采用7篇（次），被市级采用29篇（次），被县级采用12篇（次）；报送调研文章5篇（次），被省级采用3篇（次），被市级采用1篇（次），被县级采用2篇（次）；新区（县）各单位（部门）上报县纪委相关信息583篇，编辑《呈贡纪检监察信息》21期（不含特刊）；进一步加强对信息工作的考核，积极争取宣传报道奖励经费，对被省、市、县采用的信息实行双稿酬制，共兑现稿酬5 550元，给予表现突出的单位和优秀信息员奖励4 100元。

**【制度创新】** 按照中纪委和省、市纪委全会关于重点抓好反腐倡廉制度建设的要求，深入推进反腐倡廉制度创新，不断提高反腐倡廉建设的制度化、科学化、规范化水平。年内，结合新区（县）实际，共申报制度创新成果项目124项，其中以县委、政府文件出台的33项，以街道、部门文件出台的91项。

**【纪检监察机关自身建设】** 认真落实中纪委9号、10号文件精神，积极争取新区党工委（县委）、新区管委会（县政府）支持，切实加强新区（县）纪检监察机关自身建设。年内，增设了监察中心和问责办，使新区（县）纪检、监察机关的内设科室达到11个、纪工委监察分局4个，增强了纪检、监察的力量；落实经费保障，将新区（县）纪委公用经费和业务经费全额纳入财政预算，人均公用经费参照政法系统最高标准来执行，使新区（县）纪检监察机关年人均保障经费达到4.1万元；通过市政府集中采购配发了一批价值49万余元的办公办案装备，使新区（县）纪检、监察机关的公务用车达到9辆，配齐配强了台式电脑、笔记本电脑、摄像机、数码照相机、复印机、投影机、录音笔等办公办案设备，并为7个街道纪工委配发了台式电脑、笔记本电脑、一体机、数码相机、录音笔、碎纸机等；人员编制为65名，实有49名，办公办案设备和力量不断加强。

**【干部队伍建设】** 加强制度建设，建立了《呈贡县纪委加强纪委委员工作十项制度》、《呈贡县纪检监察干部准入制度》、《呈贡县纪委中心学习组学习制度》等。注重业务学习，选派1人到上级机关跟班学习，17人参加中纪委培训，49人参加省、市纪委培训学习，自行组织培训139人（次）。注重实践锻炼，积极派员参与新区建设征地拆迁工作，开展岗位交流等，不断提高干部队伍整体素质。

（晋翠芬）

# ·呈贡县人民代表大会常务委员会·

**【简　述】** 2010年，县人大常委会在新区党工委（县委）的领导和市人大常委会的指导下，认真学习贯彻党的十七大和十七届四中、五中全会精神，深入学习实践科学发展观，紧紧围绕新区党工委（县委）十一届六次全会精神和县十四届人大三次会议提出的各项目标任务，认真行使宪法和法律赋予的职权，开拓创新，扎实工作，为促进呈贡经济社会又好又快发展发挥了应有的作用。年内，共召开县人民代表大会2次、人大常委会会议7次，听取和审议县人民政府专项工作报告10项，提出审议意见33条，作出决议决定3项；任免县人大常委会机关和“一府两院”工作人员67人（次）；组织市、县人大代表开展执法检查、视察活动6次，县人大代表视察、检查35次（含各街道人大工委组织的活动）。

**【县十四届人大三次会议】** 呈贡县第十四届人民代表大会第三次会议于1月9～12日在县人民法院召开，147名县人大代表出席会议，113名有关领导列席会议。会议审查和批准了县《政府工作报告》、《呈贡县2009年国民经济和社会发展计划执行情况与2010年国民经济和社会发展计划（草案）的报告》、《呈贡县2009年度地方财政预算执行情况和2010年度地方财政预算（草案）的报告》、《呈贡县人大常委会工作报告》和《呈贡县人民法院工作报告》、《呈贡县人民检察院工作报告》。会议要求县人大常委会要在中共呈贡县委的领导下，深入贯彻落实科学发展观，为建设昆明现代化城市示范区、科学发展示范区、品质春城示范区努力工作，圆满完成本次大会提出的各项工作任务，为建设一个更加繁荣、富裕、文明、和谐的呈贡新区作出更大贡献。大会期间，共收到代表建议61件，会后分别交由县人民政府

（唐荣华　摄）

（54 件）、经开区管委会（4 件）、高新区管委会（2 件）、滇池旅游度假区管委会（1 件）办理。

【县十四届人大四次会议】　呈贡县第十四届人民代表大会第四次会议于 12 月 16～18 日在县人民法院召开，137 名代表出席会议。会议依法选举王希三、李喜、谢新松、王有祥、李庆平（女）、周峰越、陈庆鸿、吴庆昆、岳绍萍（女）、田军、马力（回族）、马丽娟（女，回族）、李玉兰（女）、杨昌红、沈家贵、刘后云、李娜（女）、郭亚琼（女）、戴红（女，壮族）、刘明劲、马会祥（回族）为呈贡县出席昆明市第十三届人民代表大会代表。

（唐荣华　摄）

【决定重大事项】　县人大常委会紧紧围绕呈贡经济建设和社会发展中的重大事项，依法行使重大事项决定权。年内，先后作出了《关于批准〈呈贡县人民政府关于提请县人大常委会同意县政府投资呈贡一中高中部建设项目列入年度投资计划及逐年还款计划的议案〉的决定》、《关于批准呈贡县 2009 年度地方财政决算的决议》、《关于批准〈呈贡县人民政府关于呈贡县 2010 年地方财政预算调整情况的报告（草案）〉的决议》，为推进呈贡新区建设起到了重要作用。

【监督工作】　县人大常委会以对人民高度负责的态度，以新区党工委（县委）的重大决策和新区（县）人民最关心、最直接、最现实、最根本的利益问题为重点，以确保宪法和法律法规得到有效实施为目标，采取听取专项工作报告、视察、检查等形式，切实加强对“一府两院”的工作监督和法律监督。年内，先后听取和审议了县人民政府《关于政府融资资金管理使用情况的报告》、《关于呈贡一中高中部建设情况报告》、《关于 2010 年 1—6 月份国民经济和社会发展计划执行情况的报告》、《关于 2010 年 1—6 月份财政预算执行情况的报告》、《关于 2009 年度呈贡县本级财政预算执行情况和其它财政收支情况的审计工作报告》、《关于新型社区规划建设情况的报告》、《关于办理县第十四届

县人大常委会对新区（县）园林绿化工作进行视察

（杨　福　摄）

人民代表大会第三次会议代表建议、批评和意见的情况报告》、《关于贯彻落实〈关于继续在全县开展法制宣传教育与依法治县工作的决议〉的情况报告》，听取和审议了县人民法院《关于执行积案清理工作的情况报告》、县人民检察院《关于反贪污贿赂工作的情况报告》，共提出审议意见 33 条；组织部分市、县人大代表对新区（县）部分宗教活动场所管理、县人民政府实施城市园林绿化建设管养、呈贡新区中小学标准化建设等工作情况进行了视察，向县人民政府提出建议 19 条。所提出的审议意见和建议，分别交由县人民政府和县人民法院、县人民检察院办理和落实，县人大常委会相关委（室）对县人民政府和县人民法院、县人民检察院的办理落实情况进行跟踪督办。

【人事任免】　县人大常委会始终坚持党的领导，正确处理党管干部和人大及其常委会依法选举任免干部的关系，严格执行《中华人民共和国地方各级人民代表大会和地方各级人民政府组织法》等法律法规和《呈贡县人大常委会人事任免规则》的有关规定，依法行使人事任免权。坚持拟任命人员任前法律知识考试、与常委会组成人员见面、表态性发言和颁发任命书、宣誓、提出依法履职要求等制度，增强了被任命人员的责任意识、法制观念和主动接受人大及其常委会监督的自觉性。年内，县人大常委会依法任免干部 67 人（次）。其中，免去县人大常委会工作人员职务 1 人；接受县人民政府县长辞职 1 人，任命县人民政府代理县长 1 人，任免县人民政府副县长 9 人（次），任免县人民政府组成部门工作人员 29 人（次）；任免县人民法院工作人员 22 人（次）；任免县人民检察院工作人员 4 人（次）。根据昆明市换届选举工作领导小组的统一安排和部署，于 12 月 16～18 日召开了县十四届人大四次会议，依法选举产生了呈贡县出席昆明市第十三届人民代表大会的代表 21 人。

【代表工作】　一是根据有关规定和要求，进一步加强常委会组成人员与代表、代表与选区选民的联系，县

市、县人大代表对新区（县）中小学标准化建设情况进行视察 （杨 福 摄）

委推荐到各选区选举的15名县级领导分别到选区向选民述职，得到了选区选民的充分肯定。二是重视代表建议办理工作，及时将县十四届人大三次会议收到的61件代表建议中的54件交由县人民政府办理、4件交由经开区管委会办理、2件交由高新区管委会办理、1件交由滇池旅游度假区管委会办理。为加强对代表建议办理工作的督查力度，县人大常委会组织部分县人大代表对县人民政府有关部门办理代表建议的情况进行了检查。通过县人民政府、经开区管委会、高新区管委会、滇池旅游度假区管委会及其职能部门的努力，代表建议都按规定办理完毕，代表对办理情况表示满意的53件，占承办数的86.9%；基本满意的8件，占承办数的13.1%。三是进一步落实人大代表知情知政权，及时将《呈贡县人民代表大会常务委员会公报》、《人大工作简讯》印发给代表，并征订了《中国人大》、《云南人大》、《昆明人大》等刊物供代表学习；组织9名县人大代表列席了县人大常委会会议。四是组织代表开展持证视察、调研等活动，其中组织部分市、县人大代表对大渔街道和马金铺街道新型社区（安置房）建设、呈七公路改扩建工程进展情况等进行视察，对呈贡一中高中部建设等工作进行了调研。五是研究制定和贯彻执行《呈贡县人大代表之家管理办法（试行）》，县人大常委会和10个街道人大工委创建了“人大代表之家”，代表活动得到进一步加强。

**【信访工作】** 县人大常委会坚持把信访工作作为联系人民群众、了解社情民意的渠道，作为监督国家机关依法行政、公正司法的有效手段，作为宣传法制、把矛盾和纠纷解决在基层的阵地。2010年，县人大常委会共接待群众来信来访36件104人（次），交办率达100%。对人民群众的来信来访，坚持统一管理、专人负责、妥善处理。对重要信访，常委会领导亲自接待，亲自催办督办，协调有关部门及时解决。对受理的信访件，做到事事有答复、件件有落实，为化解社会矛盾、促进社会和谐发挥了应有的作用。

**【宣传工作】** 高度重视新形势下的人大宣传工作。年内，研究制定了《呈贡县人大常委会办公室关于进一步加强人大宣传工作的意见》；召开了全县人大宣传信息工作座谈会，对2010年的人大宣传信息工作进行总结，对2011年的工作作了安排；对县人民代表大会、常委会会议和代表视察、调研工作通过呈贡电视台等媒体及时进行宣传报道；常委会会议召开前在呈贡电视台上发布公告，邀请6位本县公民旁听了5次县人大常委会会议；印发《呈贡县人民代表大会常务委员会公报》5期、《人大工作简讯》31期，对县人大常委会的工作和代表活动情况进行宣传；积极向《新区》（双月刊）、《昆明人大信息》、《昆明人大》杂志、《昆明日报》等刊物投稿、报送信息，反映县人大常委会和代表履职的情况，多渠道、多形式地宣传人民代表大会制度，先后有29篇（条）文章被《昆明日报》等市级媒体和刊物采用，41篇（条）被呈贡《人大工作简讯》采用。

（唐荣华 摄）

**【街道人大工委工作】** 认真参照《昆明市区（市）人民代表大会常务委员会街道工作委员会工作办法（试行）》的有关规定，加强对街道人大工委工作的领导和指导，进一步规范各人大工委工作。坚持街道人大工委主任列席县人大常委会会议制度，组织街道人大工委主任参与视察、调研等活动。积极参加和指导街道人大工委组织的活动，协调解决好工作中遇到的困难和问题，指导各街道人大工委搞好“人大代表之家”的管理和服务工作。

**【参与新区建设工作】** 按照新区党工委（县委）的统一安排，常委会4位副主任在履行好自身工作职责的同时，分别在“三部一委”兼任指挥长、党工委书记、副指挥长，组织开展征地、拆迁、招商引资等工作；常委会机关干部积极参与了南中央大道征地拆迁和

“四退三还”涉及的部分拆迁工作，参与社区“两委”换届选举的指导和督导工作，圆满完成了新区党工委（县委）交办的各项工作任务。

**【自身建设】** 坚持党对人大工作的领导，认真贯彻省委人大工作会议精神，牢固树立党的意识和大局意识，把握正确的政治方向，坚持在县委领导下开展人大工作，把县委的决策部署贯彻落实到人大各项工作之中。坚持重大事项向党委报告制度，及时向县委报告人大工作开展情况，主动争取县委对人大工作的领导和支持。认真组织开展“效能呈贡”建设活动，研究制定了《呈贡县人大常委会机关关于开展“效能呈贡”建设活动的实施方案》，并认真抓好学习提升、查摆问题、整改推动、考核验收等4个阶段各项工作的落实。认真组织开展“创先争优”活动，研究制定了《呈贡县人大常委会机关党支部深入开展创先争优活动的实施方案》，机关党支部和党员分别作出了公开承诺，并严格兑现承诺。认真组织开展“三个一”主题实践活动，研究制定了《呈贡县人大常委会机关领导班子和领导干部继续深入开展“三个一”主题实践活动实施方案》，机关领导班子和领导干部自觉努力做到“个人形象一面旗、工作热情一团火、谋事布局一盘棋”。按照建设学习型组织和学习型机关的要求，组织开展“读好书、求新知”学习活动，制定了读书活动工作计划，为实职副科以上干部购买了《盘活城市》、《思路决定出路》等书籍，并按要求认真组织学习，为机关干部特别是领导干部依法履职以及完成各项工作任务奠定了基础。坚持制度创新，研究制定和修改完善了《呈贡县人大常委会办公室关于进一步加强人大宣传工作的意见》、《呈贡县人大代表之家管理办法（试行)》、《呈贡县人大常委会办公室关于县委推荐到各选区选举的县级领导干部代表向选区选民述职的通知》、《呈贡县人大常委会机关财务管理规定》、《呈贡县人大常委会机关公务卡管理暂行办法》，促进了各项工作的有效开展。加强机关干部的教育培训和综治维稳、平安建设、节能降耗、保密等，组织开展机关及职工宿舍区的市容环境专项整治，积极协助城内社区搞好“四创两争”工作。认真抓好党风廉政建设责任制的贯彻落实，树立廉洁、务实、高效、守纪的良好形象。

（杨　福）

## ·昆明呈贡新区管理委员会·呈贡县人民政府·

**【简　述】** 2010年，新区管委会（县政府）在市委、市政府和新区党工委（县委）的正确领导下，在县人大及其常委会的法律监督、工作监督和县政协的民主监督下，以邓小平理论和“三个代表”重要思想为指导，深入贯彻落实科学发展观，全面落实党的十七大和县委全会精神，扎实抓好省、市各项决策部署的贯彻落实，战胜经济社会发展中遇到的各种困难和挑战，较好地完成了“十一五”规划的各项任务，为实施“十二五”规划奠定了坚实的基础，积累了宝贵的经验。年内，新区（县）实现地区生产总值70.81亿元，比上一年增长15%。其中，第一产业增加值6.7亿元，比上一年下降14%；第二产业增加值35.81亿元，比上一年增长19.2%；第三产业增加值28.3亿元，比上一年增长19.2%。一、二、三产业结构由12.2：49.5：38.3调整为9.5：50.6：41.4。财政总收入完成10.1亿元，比上一年增长5.95%；一般预算收入7.03亿元，比上一年增长32.49%；全社会固定资产投资实现176.77亿元，比上一年增长45%；全社会消费品零售总额完成17.77亿元，比上一年增长21.09%；城镇居民人均可支配收入19 467.11元，比上一年增长9.37%；农民人均纯收入7 648元，比上一年增长8.2%；万元GDP能耗下降4.2%；非公经济实现增加值28.17亿元，比上一年增长12.3%；金融机构各项存款余额1 774 429万元，比上一年末增加247 654万元，增长16.22%，各项贷款余额1 147 412万元，比上一年末增加234 706万元，增长25.72%。再次荣获全省县域经济“十强县”荣誉。被评为省级“计划生育优质服务县”；“四创两争”工作全面开展，“创园”成功、“创卫”通过技术评估，创建省级园林县城工作通过考评；全年无较大以上安全生产事故和交通安全事

（唐荣华　摄）

故发生，被国家交通运输部、公安部等六部门评为“平安畅通县”。

（杨　海）

**【重要会议】**　2010年，新区管委会（县政府）召开新区管委会主任办公会暨县政府常务会议22次。会议由新区管委会主任、县政府县长吴庆昆（第22次由新区管委会主任、代县长缪军）主持，管委会（县政府）班子成员，县人大、县政协、县人武部有关领导及管委会（县政府）有关部门和街道负责人根据会议安排出席或列席会议。会议主要就新区管委会主任办公会暨县政府常务会议事规则、呈贡一中高中部项目的请示等161个关系新区（县）经济社会发展的重大事项作了讨论研究和决策部署。

（雷　警）

**【征地拆迁工作】**　进一步深化“三部一委”改革，成立新区征地拆迁工作指挥部，按照“合法合规、理性平和、周密部署、讲求策略、民生第一”的原则，按照《云南省征地统一年产值标准和征地区片综合地价补偿标准》（试行）、《呈贡新区征地青苗和地上附着物补偿标准》、《云南省城市房屋拆迁管理条例》、《昆明市主城区城镇房屋改造拆迁补偿安置管理办法》、《昆明市主城区集体土地房屋改造拆迁补偿安置管理办法》等相关政策，严格依法开展征地拆迁工作，维护被征地拆迁农民（业主）的切身利益，推进新区建设和发展。年内，完成24个项目的征地11 616.41亩。其中，昆三中、市中医院住宅项目征地227.83亩，金融园区项目征地153.25亩，市老干活动中心项目征地47.36亩，总部基地及商业项目征地316.6亩，市体育学校项目征地210.98亩，呈贡一中片区土地储备征地567.56亩，呈政储（2008）65号地块征地402.15亩，呈政储（2009）033号地块征地112.75亩；亚广传媒项目征地430.3亩，城市轨道交通首期工程项目征地110.11亩，环湖东路及截污干渠项目征地783.68亩，洛龙河污水处理厂及进场道路项目征地211.55亩，滇池环湖“四退三还”生态建设江尾段征地511.2亩，“黄马”高速公路项目征地373.76亩，三岔口整村储备征地1 577.63亩，七步场整村储备项目征地2 317.78亩，江尾整村储备征地1 974.73亩，园丁三期项目征地366.29亩，呈政储（2009）010号地块征地140亩，驼峰街三岔口段、上可乐段及环湖公路补征地47.31亩，政府储备四号地块征地41.64亩，政府储备五号地块征地16.48亩，南中央大道（驼峰街）建设项目征地558.48亩，洛龙一号路（民安街）项目征地117亩。完成26.06万平方米建（构）筑物拆迁和114.48亩苗木的搬迁任务。其中，拆除了洛龙河截污管网A、D、E段涉及的建筑5.3万平方米，城市轨道交通涉及的建筑2.5万平方米，亚广北路、亚广西路涉及的建筑1 900平方米，中央公园二期建设涉及的建筑6 220平方米，祥园街建设涉及的建筑1 110平方米，福鑫达水上乐园建筑1.33万平方米，七彩云南第一城项目涉及的1.09万平方米，五华房地产置换用地项目涉及的建筑4 430平方米，南中央大道项目建设涉及的建筑2.84万平方米，“退人退房”搬迁工作涉及的建筑1.42万平方米，龙回路建设涉及的建筑1.32万平方米，驼峰街三岔口、上可乐段建设涉及的建筑2.76万平方米，南连接线高速公路建设工程涉及的建筑4.66万平方米，昆三中及市中医院配套项目建设涉及的建筑1.49万平方米。

（冯为宏）

**【项目建设工作】**　基础设施建设项目：轨道交通呈贡段于6月实施隧道施工；行政中心东站主体工程于11月竣工；环湖东路及环湖截污工程基本完工；垃圾焚烧发电厂和洛龙河污水处理厂分别完成工程量的50%和30%，粪便无害化处理项目开工；投资6 500万元建成七甸片区供水工程，保证了6万人的饮水安全。农民安置房建设项目：农村保障性住房雨花4号地块项目总投资13.7亿元，建设安置房3 081套；雨花5号地块局部基坑开挖；洛龙乌龙1号地块核发建设工程规划许可证和施工许可证；雨花1号地块3期、2号地块2期核发建议工程规划许可证，其余地块正加紧办理前期手续；建成安置周转房1 868套，统筹安置项目涉迁和“三类房”居民1 592户。配套服务设施项目：投资1.32亿元，基本建成中华小学、雨花小学和吴家营中心小学；5个高校配套住宅地块累计完成投资85.79亿元，建筑面积达350.6万平方米；市级公务员小区A地块竣工交付使用，完成滇池星城及周边配套设施建设；市延安医院呈贡新区医院综合住院楼项目主体工程竣工；市中医院累计投资8 000万元，完成基础工程建设；建成斗南、惠兰园社区卫生服务中心；新区（县）消防一中队和特勤一中队办公楼开工建设。工业及商业地产项目：工业园区云铝4万吨铝圆杆、云龙制

（唐荣华　摄）

药等14个项目竣工投产；云白药原料药中心、昆明嘉华食品等26个在建项目顺利推进；云南重工经贸有限公司等13个项目备案签约；云南白药集团整体搬迁项目累计完成投资11.3亿元，主体工程基本完工；上海东盟商务大厦、七彩云南第壹城等重大项目开工建设。

（李　军）

【路网建设工作】　年内，因受国家货币政策调整和市级投融资体制改革等不利因素及村庄未搬迁的影响，新区范围内道路建设无开工、竣工项目，新区各投融资公司共完成投资17.9亿元，对南中央大道等46条在建的三期、四期路网道路进行续建，新建成城市道路18.18千米，配套管网设施建设与路基工程建设同步推进，使新区建成道路通车里程增加到150余千米。

（朱　辉）

## 新区（县）级机关事务管理

【政府采购】　新区（县）的政府采购工作由新区（县）财政、监察、审计和机关事务管理等部门共同组织实施。政府采购的实施，严格遵循公开、公平、公正的原则，依据国家有关政策、法律、法规，将政府采购资金按采购计划列入政府采购专户，实行集中管理、统一采购、统一支付。2010年，新区（县）的政府采购共有3大类30余项，采购物资涉及计算机、办公家具和设备、专用车辆、防汛抗旱物资、农药检测设备、指定服务、定点保险等项目，预算采购金额2 983万元。通过招投标等采购方式，实际支付采购资金2 706万元，节约资金277万元，节约率9%。

【综合服务】　大力开展公共机构节能工作。采取成立新区（县）公共机构节能工作领导小组，向新区（县）各公共机构发放《昆明市公共机构节能工作资料汇编》60册，广泛开展节约能源资源的宣传教育工作，使广大干部职工进一步统一思想，提高认识，增强做好节能工作的紧迫感、责任感和使命感；要求各公共机构成立节能工作领导小组，明确职责，做到组织到位、措施到位，认真做好节能工作；在新区（县）机关办公区域100%推广使用高效节能照明灯；建立能耗统计与管理体系，开展能耗统计和报送工作等措施，实现了新区（县）“十一五”期间节水、节电、节油、节材、单位建筑能耗和人均能耗总体水平降低20%的目标任务。

积极组织县政府小区开展“四创两争”工作，制定完善小区管理规定、绿化管理工作职责、环境卫生管理工作职责等，清理规范小区停车位，增补绿化树木200余株，维修管道50余处，使小区的安保、绿化、环境卫生管理工作明显提升，将一个有住户120户的陈旧小区整治成为“园林式小区”，为新区（县）的平安建设和“四创两争”工作做出贡献。

【安全管理】　围绕防火防盗、禁毒、打击邪教、外来流动人员和出租房管理等重点难点热点问题，以矛盾纠纷、交通安全为重点，以创建平安和谐小区为目标，加强制度建设，认真扎实地抓好县政府小区的综治维稳和平安建设工作，保证了年内县政府小区的安全稳定。

【会务服务】　2010年，县级机关事务管理局积极参与了新区党工委（县委）全体（扩大）会议、县人大会议、县政协会议、新区党工委（县委）中心理论学习组会议、新区（县）干部大会、新区（县）经济工作会等重大会议的筹备工作，圆满完成了会场布置、会务用车、代表用餐住宿等后勤服务工作和领导交办的其它工作任务。

【接待及后勤保障】　认真搞好接待工作。2010年，共接待中外和省内外考察团260批次1.3万余人，为优化投资环境、树立呈贡良好形象做出了积极贡献。加强公务用车管理，为新区（县）四班子领导的政务工作提供公务用车100余台（次），为公务接待、调研检查、参观考察等活动提供公务用车150余台（次），出色地完成了车辆保障任务。

加强后勤管理工作。在原有规章的基础上，完善修订了《机关公务接待管理办法》、《后勤服务质量标准》，对新区（县）党政机关和事业单位的车辆编制重新进行了审核；积极做好各科室人员的工资福利、人事调动、职务晋升、养老保险、目标管理考核及退休人员工资福利等组织人事管理工作；加强干部周转房使用管理，对25套干部周转房的管理实施专人负责制，坚持按标准配置，节约留用的原则进行规范化管理。

美国哈佛大学院长皮特（左三）在市级行政中心考察　（唐荣华　摄）

（潘建东）

# ·中国人民政治协商会议呈贡县委员会·

**【政协呈贡县七届三次全会】** 1月9～11日，政协呈贡县第七届委员会第三次会议在新区（县）警务大楼报告厅举行，来自新区（县）20个界别的142名县政协委员出席会议。市政协副主席常敏莅临会议指导。新区党工委（县委）、县人大、新区管委会（县政府）、新区（县）人武部、县法院、县检察院领导，县政协原老领导，新区（县）属各街道、部委办局、市垂直管理部门、新都公司党政主要领导参加了会议。

会议听取、审议并通过了县政协主席朱理学所作的《政协呈贡县第七届委员会常务委员会工作报告》，听取、讨论并一致赞同县长吴庆昆作的《政府工作报告》、县法院院长张立志作的《呈贡县人民法院工作报告》、县检察院检察长李庆华作的《呈贡县人民检察院工作报告》及《呈贡县2009年度国民经济和社会发展执行情况与2010年国民经济和社会发展计划（草案）的报告》（书面）、《呈贡县2009年度地方财政预算执行情况与2010年地方财政预算（草案）的报告》（书面）。会议听取了县政府常务副县长李荣华所作的《关于呈贡县政协第七届二次会议政协提案办理情况的报告》，同意大会提案审查委员会关于七届三次会议提案审查情况的报告。会议对政协工作7个先进集体、31名先进个人、20名优秀政协工作者、10件优秀提案、2篇优秀调研报告进行了表彰。会上，通报了县政协收集整理委员们围绕规划建设、软环境建设、社会事务、失地农民社会保障、提案办理等5个方面提出的22条意见建议。

新区党工委书记、县委副书记（主持工作）周峰越在闭幕式上作题为《凝聚力量　建设新区》的讲话，对县政协2010年的工作提出了认清形势，进一步增强加快发展的使命感；牢固树立和落实科学发展观，积极履行政协职能；调动一切积极因素，为建设和谐新区作贡献；加强自身建设，进一步提高政协工作水平的4点要求。

（唐荣华　摄）

会议通过了《政协呈贡县第七届委员会第三次会议决议》，指出：2010年是完成“十一五”规划和谋划“十二五”规划的重要一年。在新的一年里，要以邓小平理论、“三个代表”重要思想和科学发展观统揽政协工作，学习贯彻中共十七大、十七届四中全会、市委九届六次全会、县委十一届六次全会精神，进一步提高广大政协委员的政治思想素质。紧紧围绕改革、发展、稳定的大局，始终与新区党工委（县委）、新区管委会（县政府）认识同向、目标一致、使命相连，贯彻落实新区党工委（县委）的重大决策和工作部署，围绕核心、贴近中心、同心协力完成新区党工委（县委）确定的各项工作任务。坚定信心，凝心聚力，以“增进团结、维护稳定、促进发展”为工作重点，为推进新区建设和发展，发挥新作用，实现新作为，作出新贡献。

**【七届十次常委会】** 2月26日，政协呈贡县第七届委员会常务委员会召开第十次会议。县政协副主席山聪主持会议。会议学习了市委九届六次全会和县委十一届六次全会精神，学习了新区党工委（县委）、新区管委会（县政府）《关于呈贡新区建设低碳城市的实施意见》；审议并通过了《政协呈贡县委员会2010年工作要点》，并对2010年的重点课题调研、专题视察和重点提案督办工作进行了安排和部署；听取并审议了政协各专委会、界别组2010工作计划；听取了提案委对七届三次全会提案情况的汇报。山聪副主席在会上要求全体政协委员要切实增强大局意识、创新意识和质量意识，做到加强理论学习，提高思想素质；加强实践锻炼，提高履职能力；加强组织谋划，提高工作质量。

**【七届十一次常委会】** 6月3日，政协呈贡县第七届委员会常务委员会召开第十一次会议。县政协主席朱理学主持会议。会议商请县政府副县长许玉文通报了新区（县）抗旱救灾和森林防火工作情况；审议通过了《关于在呈贡新区进行水系景观规划和建设，提升城市品质的建议案》和《关于加快呈贡新区东南面山绿化景观规划建设，提升新区城市品质建议案》。

【七届十二次常委会】 9月16日，政协呈贡县第七届委员会常务委员会召开第十二次会议。县政协主席朱理学主持会议。会议专题协商了《呈贡新区（县）国民经济和社会发展第十二个五年规划（征求意见稿）》；商请县政府副县长母正荣、新区（县）发展改革局局长尚平对“十二五”规划编制情况作了说明；审议通过了《政协呈贡县委员会关于呈贡新区（县）国民经济和社会发展第十二个五年规划的建议》、《政协呈贡县委员会关于加快呈贡新区文化规划建设，提升新区文化品质的建议案》。朱理学主席在会上强调要科学分析“十二五”时期面临的挑战和机遇，科学把握“十二五”时期规划的发展主线，扎实推进规划编制工作；要求广大政协委员和机关干部要认真学习领会胡锦涛总书记在深圳经济特区建立30周年庆祝大会上的讲话精神，更加注重学习，更加注重建良言、献良策，更加注重工作质量，更加注重反映社情民意，更加注重作风建设，充分发挥人民政协的优势和特色，深入调研，认真思考，献计出力，当好推动科学发展、促进社会和谐的排头兵，在改革开放和新区建设中取得新进展、实现新突破、迈上新台阶。

【县政协党组民主生活会】 3月30日，县政协党组召开以“提升行政效能、改进干部作风”为主要内容的民主生活会，党组成员朱理学、山聪、沙敏、李凯参加会议。6月11日，县政协党组召开以深入学习实践科学发展观为主要内容的专题民主生活会，党组成员朱理学、山聪、沙敏、李凯参加会议。在专题民主生活会上，与会成员按照要求，从本人的思想作风、学风、工作作风、领导作风、生活作风方面存在的问题、原因和今后努力的方向等进行了认真深刻地的自我剖析；从工作大局和团结的愿望出发，互相查找差距，指出不足，收到了实效。

【政治协商】 在县政协七届三次全体会议上，全体委员认真协商了县人民政府工作报告、国民经济和社会发展计划草案、财政预算草案以及县人民法院、县人民检察院工作报告；围绕“十二五”规划编制、提升城市品质、新型社区建设、“四创两争”等重点课题、重点项目等进行了认真的协商讨论，提出意见建议68条。党组会议对23名科级干部任免进行了任前协商。

【民主监督】 把民主监督纳入政协履职各个环节，寓监督于调研视察之中、协商建言之中、支持配合之中。组织各专委会对县政府机构改革、社区“两委”换届等工作开展了民主监督；对园林绿化、重大基础设施建设、呈贡一中高中部建设、看守所工作等进行了专项视察，形成了《关于呈贡新区生态园林建设工作的视察报告》、《关于对〈加快新区公交一体化建设〉提案督办的反馈意见》等视察报告5篇。根据重大决策听证制度和相关法律法规的规定，组织委员22人（次）参加了《呈贡县开展相对集中行政处罚权实施方案》、《呈贡县创建国家级创业型城市实施方案》等政策法规制定的听证。先后推荐了20余名政协委员担任人民陪审员、政府特邀监督员、“四创两争”监督员等职务，受聘委员密切联系群众，积极反映群众呼声，参与了专项检查、行风治理和民主评议等活动，切实有效地开展民主监督。

【参政议政】 围绕新区建设发展的工作重心，县政协领导带队对新型社区建设、社区集体经济发展、和谐社区建设、失地农民社会保障及就业、城市建设管理等5个重点课题开展调研，撰写了《关于加快推进社区经济发展的调研报告》、《关于维护社会稳定，创建和谐社区的调研报告》、《关于推进新型社区建设的调研报告》、《关于加强城市建设管理的调研报告》、《关于失地农民社会保障及就业安置情况的调研报告》、《关于呈贡新区生态园林建设工作的视察报告》等高质量的调研视察报告10篇，提出意见、建议137条。各界别组围绕中心工作，对新区（县）发展中存在的一些突出问题进行了调研，并提出了相应的意见建议。这些调研成果，得到了新区党工委（县委）、新区管委会（县政府）领导不同程度的重视和基层单位的认同，有力促进了新区（县）经济建设和社会各项事业的协调发展。

【团结和谐工作】 一是努力搞好县政协内部的团结和谐，充分发挥政协各委室、界别组的作用，激发委员参政议政的积极性、主动性和创造性。二是创新机制，搭建好理论学习平台、了解政情平台、调查研究平台、建言献策平台，让委员知情参政，提高建言献策的针对性和实效性，使委员的真知灼见能够通过多种途径及时向党政领导及部门传递。3月10日，县政协牵头，与新区（县）综合办、投资促进局、工商业联合会等部门共同举办了呈贡新区企业家代表座谈会，新区（县）四班子主要领导、分管联系领导和相关部门主要负责人与35位企业家委员、代表开展了交流座谈；县政协办将政协委员和非公企业家代表对新区（县）发展的意见建议、企业面临的困难和阻碍企业发展的历史遗留问题整理上报新区（县）党政主要领导并送相关职能部门，促使一些问题得到解决，达到了“政府了解企业，企业理解政府；政府支持企业发展，企业促进新区发展”的双赢目的，在企业家代表中引起较大的反响。三是加强交流联谊活动，做好大团结、大联合的工作，努力促进不同民族、不同信仰的人民群众的和谐相处；举办了民族宗教界委员座谈会；先后接待了全国政协重点提案视察组、市政协全会委员视察组、驻闽全国政协委员考察团和普洱思茅区、昭通水富县、盘龙区、石林县等友好政协考察团在呈贡的视察考察活动；参加了全省十八地州二十县（市）区政协联系会议、昆明市十四县（市）区政协横向联系会议；在市政协工作经验交流会议上，呈贡政协作了题为《围绕中心　服务大局　为推进新区跨越式发展献计出力》的大会交流发言。

**【提案工作】**　在县政协七届三次全会上，委员们提出了选题准、立意高、观点新、分析深、建议实的高质量提案65件（含闭会期间1件）。此后，县政协加强了对提案的督办力度，由主席、副主席带队对《关于引导失地农民正确消费，搞好再就业的建议》、《加快新区公交一体化建设》等5件重点提案进行了重点跟踪督办，并对办理情况进行了反馈。9月7日，县政协副主席杨莲芝组织县政协提案委、新区（县）目督办召开提案督办会议，通报了政协提案办理的情况，对提案办理工作进行了认真的分析和研究。通过督办、催办、共商多种形式，促进一些人民群众关心的热点、难点问题的解决，提案办理质量和委员满意度有了新的提高，65件办结的提案中，满意和基本满意的62件，占95.4%，不满意的3件，占4.6%。

为提升新区品质，县政协在组织专委会充分调研的基础上，向新区管委会（县政府）提交了《关于在呈贡新区进行水系景观规划建设，提升新区城市品质的建议案》、《关于加快呈贡新区东南面山绿化景观规划建设，提升新区城市品质的建议案》、《关于加快呈贡新区文化规划建设，提升新区城市品质的建议案》。围绕把新区打造成为天蓝、水清、树绿、城美、和谐的“百湖之城”、“森林之城”、“文化之城”提出了15条建议，云南电视台《云南新闻联播》栏目对水系景观规划建议作了专题报道；《昆明日报》对文化新区建议案作了摘登，《云南政协报》对新区文化建设作了深度报道。

**【投身新区建设】**　根据县委安排，县政协主席朱理学担任了抗旱救灾、新型社区建设总督导，并对部分社区换届选举工作进行督导。3位副主席分别在新区征地拆迁指挥部、建设工作指挥部、工业园区管委会担任副指挥长或副主任，参与新区征地、拆迁、新型社区建设、服务企业发展等工作。年内，县政协领导及机关干部参与了黄马高速公路、市老干部活动中心等项目的征地工作；参与了“四退三还”、南北中央大道等项目的拆迁工作；参与了七甸片区抗旱救灾应急供水工程建设工作；参与了“四创两争”监管工作等。

**【关注民生】**　组成由县政协主席为组长，政协班子领导、委室主任和新区建设工作指挥部、县委政策研究室、县住建局等有关部门人员参加的调研组，对新区（县）的新型社区建设进行了深入的调查研究。结合新型社区建设中存在的资金短缺，土地、规划等手续办理周期长，地方财政不堪重负等问题、困难，借鉴天津、重庆、成都等先进地区的经验，提出了《关于推进一步城市化，加快失地农民保障性住房建设的实施方案》和《政协呈贡县委员会关于全面加快新型社区暨失地农民保障性住房建设的建议》。

面对百年一遇的严重干旱，县政协及时组织、动员政协委员、机关干部参与新区（县）的“抗旱先锋行动”。按照县委的要求，对新区（县）的抗旱救灾工作进行督导，组织相关部门人员召开工作推进会，取得了积极的成效。动员机关干部职工捐款4.4万元。企业家委员弘扬“致富思源、富而思进、发展企业、回馈社会”的精神，在抗旱救灾爱心捐赠活动中共捐款捐物37.6万元。8月16日短时单点暴雨形成洪涝灾害后，县政协机关全体干部职工第一时间深入到下庄等社区与街道、社区干部共同研究问题，解决困难。

积极协调县政协委员参与新区建设，其中云南德华企业集团、云南佰贤建设开发有限公司、云南信誉建筑开发有限公司以BT模式投资2.2亿元建设的前卫营新型社区一期工程于11月竣工验收并交付使用。开展扶贫助学活动。其中，李强等委员对新区（县）的19名贫困学生进行长期的帮扶济读；县政协机关干部职工向台湾灾区、妇女儿童基金捐款3 200元。

**【委员队伍建设】**　加强指导，营造氛围。按照县政协双层联系制度的要求，着眼于发挥委员在本职工作中的模范作用、政协工作的先进作用、界别群众中的代表作用，更好地调动了委员的参政议政积极性，县政协主席、副主席加强了对所联系界别组组长和常务委员的联系和指导，各委室主任加强了与所联系委员的联系，及时掌握委员的思想、工作情况，建立了亲密、和谐、融洽的关系。

根据《政协呈贡县委员会关于进一步发挥界别作用的意见》要求，各界别组按照“五个一”（即政协小组要完成一个计划、一次调研、一次考察、一次通报、一个总结）的要求，采取邀请有关部门党政领导通报经济运行、招商引资、项目建设等情况，组织委员到外地进行学习考察、到企业参观学习等多种形式，丰富学习内容，扩大委员的知情范围和参与的积极性、实效性。年内，经济界别组组织委员到天津滨海新区等先进地区学习城市建设、管理、经营的成功经验，对新区中心粮食储备库建设情况进行了调研；社科界别组组织委员对新区建设征地、拆迁、安置、就业中的维稳工作进行了调研，对县看守所、拘留所的工作进行了视察；特邀界别组组织委员到昆明经济技术开发区学习考察高新技术产业；教文体、新闻界界别组组织委员到红河州考察教育文化事业；农林科技界界别组组织委员到墨江县、峨山县考察呈贡失地农民外出租地情况等。

**【文史资料工作】** 按照“存史、资政、团结、育人”的宗旨，坚持政治性、史实性、生动性的原则，做好文史资料征集、出版工作，为呈贡经济社会发展服务。年内，编纂出版了《呈贡政协志（1950—2008）》、呈贡文史资料第十辑《新城纪事》。其中，《呈贡政协志》记载了政协呈贡县委员会第一届至第六届的历史及1950年11月至1954年2月呈贡县各界人民代表会议协商委员会的历史。《新城纪事》从政协文史资料的角度，记述反映了呈贡新区启动建设以来的一些重要事件、重大政策、取得的成就及部分干部在推进新区建设中的所见、所闻、所感，是一本记录新区发展历程的重要文史资料。

**【党支部工作及机关内部建设】** 在机关党员和干部中深入开展了“效能呈贡”、“三个一”主题实践活动和“创先争优”等专题学习教育活动。县政协党组、机关党支部从创新理念、提高素质、强化服务、改进作风着手，加强领导，精心组织，周密部署，务求实效，利用周五学习、党小组会、支部大会，采取上党课、电化教育、专题培训、讨论座谈多种形式，加强理论学习，增强党性修养，做到党支部有学习计划安排，党小组有学习记录，党员干部有学习笔记和学习体会，使机关干部作风进一步改进、服务质量进一步提升、工作效率进一步提高、干部能力进一步增强。年内，县政协秘书长代表机关对开展“效能呈贡”建设和“创先争优”活动进行了公开承诺，机关党员干部共撰写心得体会文章11篇，召开专题民主生活会2次，领导与委室部门负责人交心谈心2次，发放征求意见表96份，接受党内外群众的监督；县政协机关党支部与七甸街道机关党支部开展互助共建活动，组织召开七甸街道大学生村官、部分社区书记座谈会1次，定期帮扶慰问4名困难党员、4名困难群众。

按照“积极主动、突出重点、体现特色、讲求实效”的要求，选择优秀的调研报告、信息等向各有关单位和新闻媒体投稿，大力加强政协工作的宣传。年内，在《云南政协报》、《昆明日报》等省市媒体上刊登报道文章11篇；为《新区》刊物报送稿件23篇，采用23篇；编辑《政协简讯》22期，《呈贡政协》季刊出刊4期。

调整充实了县政协机关工会、普法、保密、社会治安综合治理及平安单位创建工作领导小组，做到机构、制度健全，责任领导明确，人员、经费落实，确保各项工作的落实。组织完成了《食品侵权责任法》、《突发事件应对法》等法律、法规的普法学习任务，参训率、考试合格率均达100%。机关工会组织开展适合机关特点的文化体育活动3次，促进了机关精神文明建设。县政协提案委被市政协评为“2010年度先进集体”，县政协机关荣获“2008－2010年先进平安单位”荣誉称号。

**【老干部工作】** 把老干部工作放在更加突出的位置，形成了党组负责人亲自抓、党组成员具体抓，机关党支部、工会具体组织实施的良好工作格局。设立了老干部活动室，征订了《家庭医生》、《老年报》等报刊供老干部学习使用。从车辆、经费上大力支持老干党小组开展活动，及时向他们传达上级精神，定期通报新区（县）经济社会发展情况，广泛听取老干部的意见和建议。年内，共组织老干部活动5次，组织到湖南张家界学习考察1次，申报老年高龄补助3人，看望接着住院老干部6人（次）；机关工会组织活动2次。

**【廉政建设】** 切实加强对反腐倡廉工作的领导，认真落实党风廉政建设责任制和领导干部“一岗双责”，认真学习宣传贯彻《关于实行党风廉政建设责任制的规定》，严格遵守和执行《中国共产党党员领导干部廉洁从政若干准则》。在常委会、政协界别组活动中，教育引导政协委员严于自律，遵章守法，诚信经营，积极为社会作贡献。深入开展党员电化教育，组织机关干部学习了村官普发兴先进事迹，观看了《慎交友警示录》等警示教育片。不断完善修改了县政协委室工作职责、人员岗位职责，健全和完善了上下班、机关财务、车辆使用等内部各项纪律制度，形成了较完善的制度防范体系，促进了党风廉政建设和干部廉洁自律工作的开展。

（李　凯）

# ·三部一委·

## 呈贡新区建设工作指挥部

**【简　述】** 2010年4月，新区党工委（县委）、新区管委会（县政府）决定对原按区域化综合化设立的“三部一委”进行专业化改组，在原新区洛龙乌龙片区建设指挥部基础上，组建专业化的新区建设工作指挥部，作为新区党工委（县委）、新区管委会（县政府）的派出机构，行使相应的行政权力，主要负责新区管辖范围内的新型社区、基础设施和重点工程建设工作。指挥部设指挥长1名、政委1名、副指挥长和指挥长助理若干名、工作人员10名（选聘），实行指挥长负责制。6月，新区党工委（县委）、新区管委会（县政府）对建设工作指挥部的领导班子和管理体制作了进一步调整，由指挥部负责新区保障房、基础设施和重点工程建设的组织、协调、督促工作，并将新区（县）建设局纳入指挥部工作体制，指挥部制定了《呈贡新区建设工作指挥部岗位目标责任制》，明确了各级领导及各部门的工作原则、部门职责及工作目标、工作要求等。

**【领导分工】** 7月，指挥部第2次指挥长办公会研究通过了指挥部领导班子成员分工，制定了班子成员联系重点项目的工作制度。其中，指挥长母正荣负责指挥部全面工作，联系市新农投资有限公司和市土地储备中心；政委钟启锋负责指挥部各项工作的督查落实以及指挥部的组织保障、思想发动等工作，联系高校片区建设指挥部，负责雨花1号地块3期、雨花2号地块2期、雨花回回营地块建设项目推进工作；常务副指挥长王兵负责指挥部常务工作，统筹协调农村保障性住房项目建设工作，分管项目管理办公室，联系新区规划土地委员会办公室、市规划局呈贡分局、新区（县）国土资源管理局、昆明高新技术产业开发区，负责洛龙乌龙1号地块、洛龙乌龙3号地块建设项目推进工作；副指挥长沙敏分管综合办公室，联系新区征地拆迁工作指挥部、昆明经济技术开发区，负责雨花5号地块、龙城斗南2号地块建设项目推进工作；副指挥长张明华协助常务副指挥长王兵分管项目管理办公室，兼任项目管理办公室主任，联系新投、新都、春都、春融公司、昆明滇池国家旅游度假区，负责雨花4号地块、洛龙乌龙4号地块建设项目推进工作；指挥长助理常锐协助沙敏副指挥长工作，兼任综合办主任，负责信访工作。

**【内设机构】** 4～6月，指挥部内设综合办公室、新型社区建设办公室、基础设施建设办公室、重点项目建设办公室。7月后，指挥部内设综合办公室和项目管理办公室，综合办公室下设综合科、财务科，重点项目管理办公室下设农村保障性住房建设项目管理科（简称一科）、重点建设项目管理科（简称二科）、基础设施建设项目管理科（简称三科）。

**【政策调研】** 为从根本上掌握推动工作的正确办法，指挥部和项目管理办公室干部认真学习研究了国家和省、市有关土地、规划、城建、融资等方面的法律法规和政策文件，重点学习市委、市政府关于城中村改造、保障房建设、以地融资、项目管理等政策文件；到西山、官渡等地进行了学习考察，学习了解其他省市推动城市化、解决征地农民安置的可行办法；与部分投资商、建筑商和相关土地、规划、城建、金融管理部门深入访谈、咨询取经；深入了解新区（县）需安置社区的社情民意情况，认真统计“三房”和需安置人口；学习掌握新区（县）先后出台的政策措施，努力做到合理衔接。在深入调研的基础上，指挥部拟定了《呈贡新区加快新型社区暨被征地农民安置保障性住房建设工作方案》、《呈贡新区新型社区建设领导小组职责和议事决策机制》、《部门挂钩督办机制》、《呈贡新区“宅基地换房”暨农村保障性住房建设实施方案》等政策文件和BT项目框架协议、BT代建合同、招标公告、招标文件、资格预审文件以及城中村改造土地整理合作协议书等规范文本，为新型社区建设打下良好的工作基础，并根据各地块的情况，制定了各地块的具体推进方案，做到路径清楚，计划周详，责任明确，有序推进。

**【保障性住房建设模式】** 根据农民保障性住房建设的政策和工作机制变动较大的实际和项目业主变更情况，积极探索保障性住房建设模式。一是采取BT模式建设雨花四号地块，由新区管委会作为项目业主，昆明新都公司负责资金筹措，鑫盛达建筑公司、裕顺房地产公司、红河远大公司组成联合体分包代建，年末已完成投资约10.1亿元，支付回购资金1.3亿元。二是宅基地换房模式，采取城增村减的用地方式，逐步解决新型社区建设用地指标不足的问题，6月，国土部门同意将新区城增村减用地指标650亩用于龙一地块，解决了龙一地块先期开工的用地问题。三是捆绑开发模式，为解决土地和资金不足问题，尝试将计划用于农村保障性住房建设的土地分为保障房用地和经营出让用地，并深入测算各地块内保障房（含商铺）、纯商品房及其他配套设施的建筑面积、建设成本、土地配比、土地出让基价等，作为各地块捆绑开发的决策依据。根据市政府对全市投融资体制改革文件规定，由昆明新农投资公司负责呈贡新区农村保障性住房的建设工作，10月昆明新农投资公司并入昆明新都公司后，改由昆明新都公司作为呈贡新区农村保障性住房的项目业主。

**【招商洽谈与资金筹措】** 农村保障性住房建设是新区关系重大的民生工程，土地、规划、资金是新型社区建设的3个基本支点。通过邀请领导来视察，到相关部门走访，向上级递送报告等方式，增进各级领导和相关部门对新型社区建设工作的了解，争取领导的支持和其他部门对新型社区建设的帮助。通过向新闻媒介通报情况等方式，宣传新区，宣传新型社区建设，吸引社会各界人士关注新区，关注新型社区建设，吸引投资商以新型社区建设为锲入点参与新区建设。收集整理各地块的相关素材并制作成幻灯片，详细向有意参与新型社区建设的投资商、开发商、建筑承包商介绍各地块的招商办法，开展招商洽谈。年内，共接待投资商40余批（次）。积极研究探索城增村减用地方式，协助新区(县) 土地部门开展新型社区建设用地的报件工作，争取和协助土地储备出让中心开展土地收储出让相关工作，与新都投资公司、新农投资公司、新都置业公司、新投项目管理公司、春融公司、春都公司等项目业主单位、代建公司和设计单位紧密配合，不断优化项目规划设计，完善规划手续。制定新型社区项目代建协议、招标文件等指导文件，服务好新都公司、新农投资公司和代建公司。制定下发关于加强新型社区项目建设的通知，明确了各地块各环节的工作时限，并加强协调督查，促进相关工作在克服困难中推进。

**【项目推进】** 加强项目管理，指导已完工并投入使用的吴家营临时周转房、中庄大水塘临时周转房、下庄雨花临时周转房、乌龙周转房等各施工单位做好资料收集和竣工验收工作，协助解决各项后续问题；协助高校片区服务指挥部和代建、施工单位做好已竣工的雨花一号地块一期、二期和雨花二号地块一期新型社区相关工程竣工资料的整理归档，完善相关的用地、规划手续并积极向上争取资金，支付工程欠款；督促承建单位加强对正在建设的雨花四号地块的管理，加快施工进度，协调建设资金及市政单位尽早开展水电气等相关工程的设计和施工；研究解决洛龙乌龙一号地块、雨花吴家营五号地块等项目推进中遇到的问题，落实开工前的准备工作，重点是与新区（县）规土、规划、土地部门及相关设计单位加强联系，并与新农

（唐荣华　摄）

投资公司、有意向的投资商协作，筹措建设资金，协调做好2011年开工项目的规划设计和用地的前期工作。

**【雨花四号地块建设】** 选址于云南师范大学西侧，规划总用地面积438.3亩，规划净用地面积44.55亩，道路用地面积93.6亩。地块设计栋数45栋，总建筑面积57万平方米，其中住宅37幢总户数3 081户、会所2座、酒店1个、卫生院1个、商场2个、幼儿园1所、小学1所，容积率2.06，建筑密度23.93%，绿地率41.2%，概算造价13.7亿元，2008年8月后分4个标段陆续开工建设。年末，先开工部分主体已基本断水。

**【雨花吴家营一号地块三期】** 选址于昆明理工大学东南侧，规划用地面积412亩，建筑面积43.25万平方米,总投资约12亿元，建设安置房2 776套，主要解决柏枝营、郎家营、缪家营3个社区1 955户、5 120人的第二套住房及经营性用房。年末，已完成土地平整和修规报审，正在完善施工图设计及前期手续。

**【雨花吴家营二号地块二期】** 选址于云南民族大学南侧，规划用地面积199.2亩，建筑面积25.43万平方米,总投资约7.6亿元，建设安置房1 319套，主要解决前卫营社区595户、1 552人的第二套住房及经营性用房。年末，已完成修规报审，正在完善施工图设计及前期手续。

**【雨花吴家营五号地块】** 选址于雨花现状村庄北侧，总用地面积888亩，净用地面积523亩。一期用地面积384亩，总建筑面积66万平方米，地上总建筑面积50.8万平方米，地下总建筑面积15.4万平方米，设计户数4 681户，设计人口14 979人，建筑密度24.9%，地下机动车停车位4 660个，预计工期2年，总投资16.5亿元。年末，已取得规划用地许可证，完成修建性详规设计评审、人防工程审定、路网加密方案评审等工作，完成场地局部基坑开挖，正在办理建设工程规划许可证。

【洛龙乌龙一号地块】 选址于昆玉公路西面，省体育训练基地南面，总用地面积 2 046 亩，计划安置上可乐、下可乐、乌龙、松花 4 个社区居民 3 655 户、10 355 人，由昆明春融房地产开发有限公司负责建设。年末，已完成规划红线审批工作，新型社区规划红线确定用地范围为 781.82 亩，并完成项目选址意见书的审批；完成一期 465 亩的清表工作，修建性详细规划设计的总建筑面积约 140 万平方米。

【洛龙乌龙三号地块】 选址于洛龙村现状村庄北侧，规划用地面积 823 亩，建筑面积 127.87 万平方米,总投资 30 亿元，建设安置房 6 057 套，主要安置洛龙社区 849 户、2 163 人。年末，已完成概念性规划设计，正在完善修建性详细规划设计。

【洛龙乌龙四号地块】 选址于吴家营现状村庄，规划用地面积 766.3 亩，建筑面积 118 万平方米,总投资 25 亿元，建设安置房 5 811 套，主要安置吴家营、白龙潭 2 个社区 1 438 户、3 876 人。年末，已完成概念性规划设计，正在完善修建性详细规划设计。

【雨花回回营地块】 选址于回回营现状村庄北侧，规划用地面积 166.9 亩，建筑面积 30 万平方米，总投资 7.8 亿元，建设安置房 1 229 套，主要安置回回营社区 574 户、2 100 余人。年末，已完成修规报审，正在完善初步设计及前期手续。

【龙城斗南二号地块】 选址于龙城镇北侧，呈兴路西侧，规划用地面积 1 905.38 亩，建筑面积 329.89 万平方米,总投资 70 亿元，建设安置房 11 095 套，主要安置城内、古城、梅子、殷联 4 个社区 4 714 户、11 607 人。年末，已完成 150 亩用地平整和概念性规划设计，正在完善修建性详细规划设计。

【龙城斗南一号地块】 选址于龙城镇北侧，呈兴路西侧，规划用地面积 1 309.2 亩，总建筑面积 239.5 万平方米,总投资 50 亿元，建设安置房 11 888 套，主要安置江尾、龙街 2 个社区 2 829 户、6 971 人。年末，已完成概念性规划设计，正在完善修建性详细规划设计。

【龙城斗南三号地块】 选址于斗南现状村庄东侧，规划用地面积 1 100.2 亩，建筑面积 182.4 万平方米，总投资 40 亿元，建设安置房 5 293 套，主要安置斗南、小古城 2 个社区 2 402 户、7 675 人。年末，已完成概念性规划设计，正在完善修建性详细规划设计。

【洛龙乌龙二号地块】 选址于七步场现状村庄东侧，锦绣大街北侧，规划用地面积 388.8 亩，建筑面积 40 万平方米，总投资 12.5 亿元，建设安置房 4 338 套，主要安置七步场、三岔口 2 个社区 967 户、2 751 人。年末，已完成概念性规划设计，正在完善修建性详细规划设计。

【刘家营、段家营、万溪冲社区地块】 规划用地面积 346.5 亩，建筑面积 33 万平方米，总投资 8.3 亿元，主要安置刘家营、段家营、万溪冲 3 个社区 823 户、2 832 人。年末，正在开展项目选址工作。

【民工工资清偿】 由于资金筹措困难，已建工程出现资金支付不及时的情况。在中秋节和年末，指挥部领导积极协调建设单位和施工企业筹措资金 1.61 亿元解决了民工工资问题，避免了民工因欠薪而引发群体性事件，保证了社会稳定。

【吴家营周转房建设】 选址于吴家营现状村庄东南面，总用地面积 32.5 亩，建筑面积 2.1 万平方米，建周转房 304 套。项目由新都置业公司负责筹资，原洛龙乌龙片区建设指挥部负责组织实施，项目于 2009 年 6 月启动，2010 年春节前实现拆迁户入住，3 月完成竣工决算审计。村民入住后，实现拆除原民房 4.2 万平方米，保障了景明北路、亚广北路和中央公园三期的建设需要。

【乌龙周转房建设】 选址于乌龙街道三岔口以南，占地面积 123.9 亩，建设周转房 28 栋 800 套，5.8 万平方米。项目由昆明新都置业公司负责组织建设，2009 年 11 月初开工，2010 年 8 月底全部完工投入使用。

（白志林）

## 呈贡新区高校片区服务指挥部

【简　述】 2010 年 4 月，呈贡新区雨花吴家营片区建设指挥部更名为呈贡新区高校片区服务指挥部。一年来，高校片区服务指挥部在新区党工委（县委）、新区管委会（县政府）领导下，紧紧围绕高校片区建设与管理这一工作中心，加强协调与配合，各项工作取得了可喜的成绩，保证了片区各高校工作的顺利开展。

【征地工作】 2010 年，高校片区服务指挥部开展了师大附中附小、云大附中附小、黄马高速公路、市级公务员小区二期、垃圾焚烧发电厂进场道路、四期路网（谊康南路、韶光街、铁路东南环线）、市委党校、云师大置换用地、220 千伏石城电站等 14 个项目的征地工作，累计征地面积 3 506.88 亩，拨付征地资金约 2.7 亿元。其中，市级公务员二期项目总用地面积

520.97亩，涉及新区雨花街道下庄社区的321.79亩和雨花社区的37.71亩的征地工作于2月完成，兑现征地补偿费4 001.54万元，马金铺街道辖区内（未托管）的征地于11月9日签订了征地协议，3 014.66万元征地补偿费由高校服务指挥部拨付到高新区；云师大附中、附小总用地面积206.15亩，涉及中庄社区的45.14亩土地于3月7日签订征地协议，涉及郎家营社区的161.01亩土地于9月28日签订征地协议，共兑现征地补偿费2 106.86万元；云大附中、附小总用地面积216.47亩，涉及郎家营社区，9月15日完成216.49亩征地协议签订，兑现征地补偿费2 212.49万元；垃圾焚烧发电项目进场道路总用地面积80.9亩，涉及段家营社区，8月17日签订征地协议，兑现征地补偿费744.66万元；韶光街总用地面积为26.96亩，涉及中庄社区，6月29日签订征地协议，兑现征地补偿费275.56万元；谊康南路总用地面积为37.3亩，涉及中庄社区，6月29日签订征地协议，兑现征地补偿费381.21万元；220千伏石城输变电站项目建设用地涉及昆明高新技术产业开发区马金铺街道2个社区、昆明滇池旅游度假区大渔街道2个社区，用地总面积50.05亩，涉及马金铺街道的24.49亩土地于11月16日签订征地协议，12月1日高校服务指挥部把征地补偿费416.26万元拨付到马金铺街道；市委党校补增用地面积为47.3亩，涉及缪家营社区，于9月8日签订征地协议，兑现征地补偿费490.51万元；黄马高速公路涉及万溪冲、前卫营、刘家营、段家营、郎家营、缪家营5个社区的2 136.85亩土地的征地全部完成，共兑付征地补偿费11 143.85万元。

**【村庄搬迁】**　全力开展村庄搬迁工作。年内，完成了村庄搬迁四号地块E区建设、高校配套服务项目建设涉及的中庄社区352户832人的搬迁，拆除房屋35 442.17平方米；完成了市中医院呈贡医院建设项目用地范围内涉及回回营5户28人的搬迁、二组集体公房拆除，拆除面积3 268.49平方米，兑付拆迁补偿及过渡期安置补助费148.87万元；完成了云南广播电视大学、云广路等建设项目涉及下庄社区三岔箐村整体搬迁，共搬迁49户133人，拆除面积12 787.07平方米，兑付拆迁补偿费335.69万元；对艺苑路、中医路、雨花路等路网建设项目涉及下庄、雨花社区部分居民搬迁户的基础数据进行了调查，完成了搬迁前的准备工作；完成了回回营新社区建设涉及的新月冷库、三八塑料厂、回回营三组集体建材仓库的搬迁，支付补偿款210.25万元；委托并配合滇池旅游度假区完成了云白药建设项目涉及元宝村109户248人的整体搬迁，拆除房屋167 665.66平方米。

**【企业拆迁及线路迁改】**　积极协调开展片区内建设项目涉及企业的拆迁及电力、通信线路等的迁改工作。年内，先后完成了龙枝西路、雨花3号路、云岭路、新吴雨路、韶光街等路网建设涉及15户企业的拆迁、苗圃的搬迁及线路的迁改的工作，兑付拆迁补偿经费1 288.79万元；完成了云南民族大学建设项目前卫营村庄搬迁树木的移栽协调和寺庙的拆除，兑付拆迁补偿费23.68万元；完成了云南大学、云南广播电视大学、云南艺术学院、云南交职学院、昆明医学院、昆明理工大学等各高校用地范围内电力、电信等线路迁改工作，共支付迁改经费1 081.32万元；协调完成了云南大学、云南广播电视大学、云南艺术学院3所大学外部供电线路的建设；完成师大附中附小、云大附中附小、市委党校建设涉及的移动线路迁改、苗圃搬迁的前期统计工作；完成了亚广配套住宅项目建设用地范围内涉及的10千伏电力线路、昆明联通、昆明长途电信光缆等线路的迁改及私人苗木基地的搬迁；完成了捞鱼河整治工程涉及的中国移动线路、10千伏电力线路的迁改；完成了云桂铁路建设项目新莲隧道建设涉及的电力线路迁改工作；完成了黄马高速公路建设项目征地范围内涉及拆迁物的测绘统计和初步评估；完成了铁路枢纽东南环线涉及范围内拆迁物的调查；完成了轨道交通建设高校片区范围内苗木、线路迁改等拆迁物的调查。

**【周转房建设】**　积极完成雨花、三岔箐周转房建设工作。其中，雨花地块周转房总用地面积为55 921.1平方米,总建筑面积为9 774.34平方米，含7栋120套周转房，120套工具房，会堂、垃圾房、厕所各1栋，于6月30日竣工验收，12月21日交付使用；三岔箐地块周转房总用地面积为19 401.4平方米，总建筑面积6 991.44平方米，含7栋84套周转房，84套工具房，会堂、垃圾房、厕所各1栋，于4月30日竣工验收并交付使用。

**【捞渔河综合整治】**　捞渔河发源于松茂水库，是流经呈贡规划主城区的天然河流，全长15.04千米，其中新区范围内总长10.37千米（上段松茂水库至梁王路段长3.6千米、中段梁王路至昆玉高速公路段长6.77千米），河道平均比降为4.93‰，径流面积123平方千米，河道水质为三类。捞渔河新区段10.37千米水环境综合整治工程按河道防洪一百年一遇规划设计，总规划投资概算11.23亿元。其中，松茂水库至梁王路段总投资19 851.42万元，采取政府直接投资模式由新区（县）水务局负责建设，已基本完成整治；梁王路至万青路段长1.45千米，总投资18 057.38万元，由昆明理工大学负责建设，截污管道采取BT模式、河道及景观采取BOT模式建设，现河道整形基本完成，河道两侧种植4排骨干树乔木1.36万株、灌木6.88万余株；万青路至彩云南路段长 1.4 千米，总投资 20 554.68 万元，由云南民族大学负责建设，截污管道采取 BT 模式、河道及景观采取 BOT 模式建设，现各项工程已经基本完成，河道两侧种植 4 排骨干乔木 1 700 株；彩云南路至云南白药用地界线段长 1.63 千米，总投资 7 107.69 万元，截污管道由昆明新投建设项目管理有限公司采取 BT 模式负责建设，河道及景观由云南白药集团采取 BOT 模式负责建设，现各项工程已经基本完成，云南白药集团段沿彩云南路河道两侧已基本完成绿化；云南白药用地界线至昆玉高速路段长 2.29 千米，总投资 50 234.1 万元，由昆明新投建设项目管理有限公司采取 BT 模式负责建设，现整治工作已完成，一标段栽种乔木 3 380 棵、地被完成约 5.5 万平方米。

**【绿化工作】** 4 月 10～20 日，完成了彩云路与昆明医学院交叉口绿化及彩云路云白药段路沿石、绿化带、人行道景观和人行道侧面场地绿化改造工程。

**【保障性住房建设】** 积极开展保障性住房一号地块三期、二号地块二期及回回营新社区的建设工作。其中，一号地块三期工程为柏枝营、缪家营、郎家营 3 个社区 5 120 人搬迁居民的安置住房，总用地面积 412.63 亩，总建筑面积 60 多万平方米，估算投资 13.5 亿元；二号地块二期建设工程为前卫营社区 1 652 人搬迁居民的安置住房，总用地面积 199 亩，总建筑面积 30.98 万平方米，估算投资 8 亿元；回回营新型社区地块一期建设工程为回回营社区原址改建安置项目，预计安置 2 100 人，一期规划用地 166.91 亩，净用地 116.05 亩，总建筑面积 29 万余平方米，估算投资 7.3 亿元。年内，一号地块三期、二号地块二期已分别与云南友源云发投资有限公司和云南骐辉投资有限公司签订了招商引资协议，积极协调昆明新都投资有限公司和市规划局呈贡分局完成了两个地块“两证一书”的申报工作。

**【高校建设】** 高校建设顺利推进。至年末，云南师范大学、云南民族大学、昆明理工大学、昆明医学院、云南中医学院、云南艺术学院、云南大学、云南交通职业技术学院、云南广播电视大学 9 所高校建设面积为 396.6 万平方米，累计完成投资 95.4 亿元，9 所高校入住学生为 79 396 人。

**【教职工住宅建设】** 高校教职工住宅建设全面推进，已完成建筑面积 350.6 万平方米，累计完成投资 85.79 亿元。其中，雨花毓秀小区规划用地面积 664.4 亩，净用地面积 567.15 亩，共建住房 4 000 余套，总建筑面积 102 万平方米，已交房 1 000 余套；书香大地小区规划用地面积 515 亩，净用地面积 353.71 亩，76 万平方米主体工程全部完成，小区道路基本成形，绿化工作已启动并部分完成，目前正进行室外景观施工；实力锦城小区规划用地面积 440 亩，净用地面积 368.95 亩，64 万平方米主体工程全部完成，小区道路基本成形，绿化工作已启动并部分完成，目前正进行室外景观施工；天水嘉园小区规划用地面积 353 亩，净用地面积 299.25 亩，外墙面施工已经基本完成。

**【路网、云白药建设】** 高校周边的下庄路、学苑路、艺苑路 A 段、中医路、云岭路、雨花 3 号路、博大路 1 段、博大路 2 段、雨花 6 号路、云广路、民大路、兴园路、月华街、郎溪街和致远路共 15 条主要市政道路已大部分竣工通车，基本能够保证高校师生的出行。云南白药集团整体搬迁项目主体工程基本完成，累计完成投资 11.3 亿元。

**【服务工作】** 7～9 月，高校片区服务指挥部多次协调组织新区（县）城市管理综合执法、交通等相关部门召开专门会议，积极做好高校搬迁的各项服务工作，保证了高校搬迁中未发生任何安全等事故。积极协调组织新区（县）城市管理综合执法、公安等部门和吴家营、雨花街道开展高校周边环境的综合整治，加大校园周边治安巡查力度，积极推进“平安校园”的创建工作。

（柴家杰）

## 呈贡新区征地拆迁工作指挥部

**【简　述】** 呈贡新区征地拆迁工作指挥部于 2010 年 4 月由呈贡新区龙城斗南指挥部更名成立。一年来，征地拆迁工作指挥部认真贯彻执行新区党工委（县委）、新区管委会（县政府）《关于三部一委改革的实施意见》，迅速统一思想，整合组建队伍，深入调查研究，理顺管理关系，按照建设“效能呈贡”的要求和“合法合规、理性平和、周密部署、讲求策略、民生第一”的原则，全力推进征地拆迁工作有力、有效开展。年内，组织完成征地 8 853.55 亩，完成拆迁 10.36 万平方米，完成苗木搬迁 61.15 亩。

**【征地工作】** 完成征地 8 853.55 亩。其中，昆三中、市中医院住宅项目征地 224.32 亩，城市轨道交通首期工程征地 110.11 亩，呈贡一中片区土地储备征地 712.09 亩，环湖东路及截污干渠项目征地 783.68 亩，洛龙河污水处理厂及进场道路项目征地 211.55 亩，滇池环湖“四退三还”生态建设江尾段征地 511.2 亩，三岔口整村储备项目征地 1 577.63 亩，七步场整村储备项目征地 2 317.78 亩，园丁三期项目征地 366.29 亩，江尾整村储备项目征地 1 974.73 亩，呈政储

〔033〕号项目征地 2.47 亩，乌龙社区（B 地块补征）征地 3.6 亩，政府储备四号地块征地 41.64 亩任务，政府储备五号地块征地 16.48 亩。

【拆迁工作】　完成 10.36 万平方米建筑的拆迁和 61.15 亩苗木的搬迁任务。其中，拆除南中央大道建设项目涉及的建筑 2.8 万平方米，拆除龙回路涉及的建筑 500 平方米，拆除亚广北路涉及的建筑 600 平方米，拆除中央公园二期及祥园街涉及的建筑 500 平方米，拆除洛龙河截污管网 A、D、E 段涉及的建筑 2.5 万平方米，拆除城市轨道交通涉及的建筑 2.5 万平方米，拆除“四退三还”涉及的建筑 1.3 万平方米，拆除七彩云南第一城项目涉及的建筑 1.1 万平方米。

【党风廉政建设】　紧紧围绕《呈贡新区（县）2010 年党风廉政建设（三部一委）责任书》，强化各级领导及成员意识，切实抓好党风廉政建设责任制工作，一是注重宣传教育，深入开展社会主义核心价值体系的学习教育和实践活动，有针对性地开展警示教育；二是严格公务接待、公务用车，建立健全监管措施；三是深入推行“五办作风”、“一线工作法”和“工作成果倒逼法”，落实党风廉政 3 项制度，切实提高行政效率和执行力；四是切实加强建设工程管理，对承担的政府性投资建设工程项目（含采用 BT、BOT、TOT 等方式）坚决做到“八个百分之百”，保证了年内未发生违法违纪情况。

（晋永华）

## 呈贡工业园区管理委员会

【简　述】　2010 年，呈贡工业园区管委会在新区党工委（县委）、新区管委会（县政府）的正确领导下，在省、市各有关部门和新区（县）各委办局的大力支持配合下，围绕工业突破、招商引资、园区建设主题，调整机构、重组队伍、强化管理、改革创新，以规划为先导、项目建设为引领、招商引资为重点、征地拆迁为保障、实体化改革为动力、经济增长为发展目标，坚持高起点、高标准规划建设，坚持市场运作、实体经营、综合开发、配置资源、有序发展，实施重点突破、重点发展，做大产业，做优项目，创新管理机制和开发模式，园区各项工作呈现新气象、新格局、新局面。年内，完成规模以上工业增加值 10.84 亿元，占目标任务的 100%；完成规模以上工业主营业务收入 59.40 亿元，占目标任务的 100%；规模以上工业利税总额 2.12 亿元，占目标任务 1.70 亿元的 124.7%；地方财政一般预算收入完成 1.32 亿元，占目标任务 1.09 亿元的 121.2%；工业固定资产投资完成 21.15 亿元，占目标任务 20.52 亿元的 103.1%；基础设施投资完成 7.67 亿元，占目标任务 5.99 亿元的 128%；收储土地面积 2 242.72 亩，占目标任务 2 000 亩的 112.14%；完成“五通一平”面积 2 075.73 亩，占目标任务 2 000 亩的 103.8%。

【招商引资工作】　面对竞争日益激烈的形势，工业园区管委会始终按照新区党工委（县委）、新区管委会（县政府）的工作思路，紧紧围绕园区重点工作，积极组织和协调有关部门，充分发挥园区职能部门干部职工的智慧和力量，千方百计招商引资，力求在重点难点工作上实现突破。年内，完成招商引资到位市外境内资金 20.25 亿元，占目标任务 18 亿元的 112.5%；实际到位外资 4 783.2 万美元，占目标任务 1 500 万美元的 318.88%；完成亿元以上工业项目开工 5 个，占目标任务 4 个的 125%；竣工项目 3 个，占目标任务 2 个的 150%。

【产业项目】　实施产业强区战略，按照园区产业规划，认真把好产业入园关，做强主导产业，做大特色产业。以促落地、促到位、促建设为重点，开展项目推进工作。强势推进市场潜力大、产业关联度高的重大产业项目。至年末，园区内竣工、续建、新建项目共 34 个，其中竣工投产项目 12 个，试生产项目 4 个，在建项目 18 个，形成了以绿色食品加工产业、生物制药产业、新材料加工产业为主的产业聚集效应。

【基础设施】　按照园区发展规划和产业布局，把强基础作为切入点，大力推进以道路、给排水及土地平整为主的基础设施建设，发挥基础设施的先导效应，增强园区的吸引力和凝聚力。针对重点项目成立建设推进指挥部，积极与多方面协调，为基础设施建设排忧解难，保障项目快速推进。年内，总投资 6 500 万元的七甸片区给水工程已竣工并投入使用；投资 6 000 万元、日处理 5 000 立方米污水的污水处理厂已竣工并正式投入运行；建成标准厂房 5.88 万平方米，占目标任务 4 万平方米的 147%；园区水、电、路、气、通信等重点基础设施的建设也取得明显进展。至年末，已建成园区道路 12 条，总长 9.02 千米，总造价 2.64 亿元；在建道路 4 条，总长 10.35 千米，总投资概算 17 亿元。在建道路中，呈七公路建设项目已完成工程量的 40%；七甸大哨片区 1、2 号路和小哨箐片区 1、2、3 号路已基本完工，完成投资 9 750 万元；大哨片区 3 号路及小哨箐片区 4、5 号路网建设项目已完成部分路基换填及基路槽工程；小哨箐 6 号道路、广南片区 1、2 号道路已完成施工图设计；中心片区 1～6 号道路已完成初步设计。

（颜吉祥）

# ·群团组织·

## 新区（县）总工会

**【简　述】** 2010年，新区（县）总工会在新区党工委（县委）和市总工会的领导下，坚持以“三个代表”重要思想为指导，认真学习实践科学发展观，按照“组织起来，切实维权”的工作方针，围绕中心，服务大局，开拓创新，攻坚克难，全面完成了各项工作目标任务，工会组建、会员发展、维权、帮扶等重点工作取得明显成效，荣获昆明市工会工作目标考核一等奖。年末，新区（县）有各类工会组织278个（不含已托管的洛羊、大渔、马金铺、七甸4个街道，下同），基层工会涵盖法人单位数351个，职工总数21 065人，工会会员20 428人，其中女会员8 179人，农民工会员13 002人。

**【组织建设】** 按照“组织起来，切实维权”和扩大工会组织覆盖面的要求，坚持把工会组建和会员发展作为开展党工共建、创先争优活动的重要内容来抓，并作为工会工作年度目标考核的重要内容。在深入调查摸底的基础上，对目标任务及时进行了分解，落实了责任单位、责任领导。采取抓住重点，突破重点，分类指导，整体推进的方法，着力抓好私营企业工会组建和农民工入会工作。在各级党组织的重视支持下，经各级工会，特别是街道、私营企业工会联合会的奋力拼搏，年内，新建工会组织87个，发展新会员6 652人。9月下旬，按照省、市、新区（县）有关会议要求，新区（县）总工会组织开展了推进“党工共建、创先争优”暨“广普查、深组建、全覆盖”百日集中行动，并成立了领导小组，制定下发了实施意见。各街道工会加强与新区（县）统计、地税、工商等部门的对接并深入摸底调查，查清新区（县）具备建会条件的企业法人单位（不含4个托管街道）为209个，职工总数（含农民工、劳务派遣工）11 953人；已建企业工会组织法人单位数达178个，企业工会建会率达85%；企业工会会员10 921人，职工入会率达91%。

**【帮扶送温暖工作】** 充分利用新区（县）困难职工帮扶分中心这一工作平台开展送温暖工作，特别是注重抓好元旦、春节和国庆、中秋两大节日的走访慰问活动，把困难职工的冷暖挂在心上。年内，代表新区党工委（县委）、新区管委会（县政府）看望慰问困难职工316人（次），支出慰问经费16.53万元；积极争取省、市总工会的补助资金，为5名省、市困难劳模解决补助金10 680元；在“金秋助学”活动中，对2名考入大学的困难职工子女分别给予了3 500元、4 000元的资助，帮助他们圆了大学梦；加强与县信用联社和新区（县）人社、工商等部门的沟通协调，深入宣传、调查，全面完成了“贷免扶补”创业小额贷款任务，10名创业人员共得到小额贷款50万元；在新区（县）工会系统积极开展了向旱灾地区献爱心活动，3 880名职工共捐款55 207元。

**【职工医疗互助活动】** 坚持把实施云南省职工医疗互助活动作为缓解职工看病难、看病贵的一项“民心工程”，纳入工会年度目标责任考核的重要内容，做到主要领导亲自抓，分管领导具体抓，并在机关人员紧缺的情况下配备2名工作人员重点抓落实。在各级党政的关心重视和广大职工的大力支持下，经各级工会干部的奋力拼搏和各代办员的辛勤工作，新区（县）实施省第七期职工医疗互助活动目标任务如期完成，参加职工6 467人，完成任务数6 379人的101.4%，统筹互助金52.22万元。认真做好职工医疗互助活动后续服务工作，确保互助金的安全运行。年内，共办理医疗互助补助金287人、12.2万元，新区（县）代办点被授予昆明市工人先锋号。继续组织221名女职工参加了昆明市第三期“女性安康团体重大疾病保险”活动。

**【建功立业活动】** 以党工共建、创先争优活动为载体，围绕新区建设，组织广大职工开展了多种形式的建功立业活动。一是组织开展了“转方式、调结构，工会有作为、职工作贡献”大讨论活动，各级工会干部和职工共撰写大讨论文章118篇；二是组织1 947名职工参加了全省“百万职工节能减排百题知识竞赛活动”；三是组织参加了昆明市“红五月”职工艺术节文艺调演，呈贡代表队获一等奖第一名，新区（县）总工会获优秀组织奖；四是认真组织开展了昆明市第二十二届劳动模范的推荐评选工作，经各级工会和广大职工广泛提名推荐，县劳动竞赛委员会评审，推选产生了6名候选人，并按时组织了材料上报。年内，共涌现出市级先进集体22个、县级先进集体2个、市

〔新区（县）总工会　供稿〕

级先进个人54名，其中荣获昆明市和谐企业称号4个、昆明市工人先锋号称号5个、昆明市五一劳动奖状称号1个、昆明市五一劳动奖章称号3人、昆明市优秀农民工称号2人；培育并推荐上报市总工会党工共建创先争优示范点3个。

**【维权保障工作】**　加强工会维权机制建设，成立了新区（县）总工会劳动法律监督委员会、劳动争议调解委员会和各街道、委办局系统工会2个委员会，加强劳动关系方面矛盾纠纷的排查、调解工作，配合政府有关部门按照《劳动合同法》对企业用工、企业工资支付、劳动安全卫生等情况开展了调查、检查。在新区（县）的“三下乡”、综治维稳宣传月活动中，制作展板4块，向社区居民和农民工发放有关维权知识宣传资料9 913册（份）。在开展“广普查、深组建、全覆盖”百日集中行动中，加强督促指导，工会代表职工与企业签订区域性、行业性和单独工资集体协商协议共覆盖企业113户、覆盖职工5 543人，签订率达46.6%（任务指标为40%）。以呈工〔2010〕20号文件下发了《关于2010年厂务公开民主管理工作的意见》，督促指导国有改制企业、城镇集体企业、事业单位和部分私营企业推行了厂务公开制度，有效推进了基层民主政治建设。继续组织职工参加了昆明市“安康杯”竞赛活动，推荐上报市优胜企业2户、先进个人5名，为推进企业安全生产起到了积极作用。加强劳动关系预督机制建设，切实做好职工队伍稳定工作，年内，共接待处理职工来信来访25件、48人（次），做到事事有答复，件件有落实，办结率达100%，有效化解了矛盾，保证了新区（县）职工队伍无群体性上访事件发生。

**【财务经审工作】**　继续推进工会经费税务代收，促进了工会经费收入的稳定增长，为工会开展各项活动提供了有力的物质保障。工会经审工作力度加大，新区（县）总工会经费审查委员会对第六期职工医疗互助活动经费进行了审计，组织经审互助组对各级工会2009年度工会经费预决算执行情况进行了全面审计，对下级工会经费的审计达到了全覆盖，确保了工会经费的正确使用方向，促进了工会系统的党风廉政建设。

**【自身建设】**　进一步巩固和扩大科学发展观学习实践活动成果，认真抓好整改落实后续工作。结合实际，按要求组织开展了“效能呈贡”建设活动、党工共建创先争优活动、党的基层组织建设年活动，推动了工会各项工作的有效开展，工会机关作风大为改进，办事效率明显提升。深入调查研究，先后对工会组织建设状况、女职工特殊利益维护情况、低收入职工家庭住房状况、低收入困难省市劳模情况、新区（县）私营企业分布情况等开展了调研。完成了市总工会十四大代表选举、委员推荐，以及相关4个材料的上报任务，为昆明市工会十四大的顺利召开做出了积极努力。

组织开展农民工维权知识宣传

〔新区（县）总工会　供稿〕

深入推进文明机关创建活动，在评先评优、慰问困难职工等工作中，坚持公开民主，认真落实公示制度。免费为基层工会和会员办理工会社团法人资格证、会员证，办理工会经费返还106个单位、52.97万元。在办理基层工会请示件中，践行服务承诺，基本上做到特事特办、急事先办和随到随办，工会“职工之家”的形象进一步提升。

（李　槿）

## 共青团新区（县）委

**【简　述】**　2010年，共青团新区（县）委在新区党工委（县委）、新区管委会（县政府）和团市委的正确领导和指导下，以党的十七大和十七届五中全会精神为指导，以“服务中心、服务大局、服务青年，维护青少年合法权益”为宗旨，按照“夯实基础、突出重点、力求实效”的工作思路，紧贴党政工作中心当好助手，不断深化青年致富工程和青年创业工程，推进文明城市创建工作；坚持党建带团建，以非公经济组织团建为重点，切实加强团的自身建设，团的事业在创新中有了新发展。

【思想政治教育】 加强对青少年的理想信念教育。以弘扬和培育爱国主义为核心的伟大民族精神为目标，加强中华民族传统道德、艰苦奋斗和社会主义国家公民意识教育，引导广大团员青年树立正确的世界观、人生观和价值观。以“五四”青年节、“六一”儿童节、成人宣誓仪式、团课、团会等重大节庆活动为契机，开展系列主题教育活动。以“讲文明，树新风”为重点，在广大青少年中开展知识竞赛、演讲比赛和抵制黄赌毒、倡导文明生活方式的宣传活动，共发出禁毒倡议书1万余份。

【抗旱先锋行】 充分发挥团员青年在抗旱救灾工作中的生力军和突击队作用，组织广大团员青年深入到段家营社区、赵家山村、吴家营中学、七步场小学等旱情严重的社区、自然村、学校进行送水活动。3月15日，组织昆明机场集团50余名志愿者将所带饮用水600件、生活用水12吨发送到受灾严重的段家营社区农户家中。4月2日，新区（县）团委积极响应新区党工委（县委）号召，组织60名团员青年到受灾严重的七甸街道黄泥沟自然村为村民挖掘储水窖3个。在整个抗旱活动中，新区（县）团委先后协调联系到团中央、团省委、北京团市委、昆明机场集团、昆明CY集团等9个行政、企事业单位捐赠饮用水2万余件、大米200袋、食用油100桶，并全部送到受灾群众手中。

【七彩云南保护行动】 实施“一湖两江”青年保护行动，按照团市委的要求，组织新区（县）各级团组织的广大团员青少年和社会公众重点开展了对洛龙河流域的生态环境监测和保护活动。年内，举办了以“保护母亲湖、建绿色家园”为主题的环保夏令营活动，进一步加深了在校中小学生对滇池流域环境状况的认识；建立洛龙河生态监护站12个，组建生态监护队35支，确定生态监护点28处，开通监护热线5条，清除河道垃圾24.85吨，河岸植树13 537株；招募了1 800多人的青年环保志愿者服务队，组织开展了环保宣传和绿化美化活动，发放保护母亲河宣传资料5 000余份、宣传画150张。

【精神文明建设】 青年文明工程与构建和谐、平安、文明新区紧密结合并不断巩固发展。年内，新区（县）各级团组织紧紧围绕党政中心工作，把“青年文明号”、“青年文明社区”、“青年文明校园”的创建活动与服务新区建设相结合，打响共青团的工作品牌，共申报省级“青年文明号”2个、市级“青年文明号”5个，共命名县级“青年文明号”9个，团新区（县）委的挂牌联系点——万溪冲社区被评为省平安社区。

【新区文化艺术节】 成功承办了历时1个月的以“呈贡新区——我的家”为主题的新区首届文化艺术节，邀请驻呈9所高校和云南财经大学进行了10个专场演出，参加演出的大学生超过1 000余人（次），驻足观看的新区（县）群众超过6万人（次），既为新区与驻呈高校的文化交流搭建了平台，提高了驻呈高校认识新区、热爱新区、建设新区的热情，又丰富了新区（县）群众的文化生活，对推动新区经济、文化协调发展，大力营造和谐发展的良好社会氛围，营造富有文化气息的文明新区起到了积极的推动作用。

【青年志愿者行动】 不断深化青年志愿者行动。3月，团新区（县）委以青年志愿者日为契机，以弘扬奉献、友爱、互助、进步的志愿精神为主题，组织开展了涉及便民服务、扶贫帮困、环境清洁、清除“白色污染”等内容的青年志愿者奉献月活动，其中参加便民服务的单位有28个、志愿服务者近2 000余人（次），共发放各类宣传资料1万余份，接受便民服务的市民达5 000余人（次）。5月4日，团新区（县）委在洛龙公园举行了纪念“五四”运动91周年暨“四创两争先锋行”活动启动仪式，组织400余名团员青年重温了入团誓词，表彰了2009年度新区（县）级“青年文明号”，发出了争做文明市民、保护环境卫生、爱护新城家园的倡议，在洛龙公园沿线开展了卫生保洁、河道整治等志愿服务活动；部分街道组织团员青年开展了“保护母亲河”入滇池河道的清污整治活动。6月3日，组织130余名团员青年在彩云路小王家营立交桥路段开展了卫生清洁大扫除活动，清除了道路两侧绿化带内的杂草、乱石，维护路段2 000余米。

【青年创业就业】 加强创业就业培训，积极引导失地青少年、大学毕业生、大学生村官创业就业。年内，发动基层团组织对7个街道进行了为期1个月的失地、

〔团新区（县）委　供稿〕

失业青少年专题调研活动，并对全部失地的18～35岁青年农民的情况进行了专题分析研究，提出了相应的创业帮扶和就业办法，为20名创业者争取到“贷免扶补”创业资金100万元；大力开展农村青年劳动力转移培训及劳务输出工作，配合新区（县）有关部门完成转移培训6 258人，其中技能培训718人，转移输出劳动力5 009人，其中省外转移300人（含国外转移10人）、省内县外转移1 671人、县内转移3 038人。

**【帮扶济困献爱心】** 继续开展“爱心助学”活动，通过不间断的拜访企业，筹集“爱心助你上大学”捐款5万元，并资助了10名贫困大学生上学。走访了大成学校、明星学校等21所农民工子女学校，实地考察了学校的教育教学情况，详细了解各校的办学模式和办学中所遇到的问题，并组织新区（县）的21个团组织与4 760名农民工子女进行接对帮扶，在六一儿童节期间为200名贫困农民工子女发放了价值2万余元学习用品；筹款8.3万元资助贫困学生。

**【团的组织建设】** 加强组织建设，全面推行公推直选。在团省、市委的统一部署和安排下，深入新区（县）各街道、社区对团总支（支部）书记公推直选工作进行专题调研，及时了解掌握和解决各街道、社区公推直选工作中存在的问题和隐患，保证了新区（县）35个社区团组织的总支（支部）书记公推直选换届工作于4月顺利完成，并对新当选的团干部进行了上任培训。加强“两新”（新经济组织、新社会组织）组织团建工作，在“两新”组织中新建团组织70个。

**【第一届少代会】** 10月15日，胜利召开了呈贡县第一届少代会，50名代表出席会议。会议选举产生了由主任2名、副主任2名、委员21名组成的第一届少工委领导班子，聘请了2名县级分管领导担任名誉主任，邀请2名退休老领导担任顾问；研究了今后3年少先队的工作，表彰了2009年的优秀雏鹰大队、优秀少先队员及优秀辅导员，并培训了新一批少先队辅导员。

（何鹏程）

## 新区（县）妇女联合会

**【简　述】** 2010年，新区（县）妇女联合会以党的十七大精神、邓小平理论和“三个代表”重要思想为指导，坚定不移地贯彻落实科学发展观，按照“党政所急、妇女所需、妇联所能”的工作准则，不断深化“双学双比”、“巾帼建功”、“五好文明家庭”、“双合格”四大主题活动，坚持一手抓发展，一手抓维权，把握“围绕中心、服务大局、立足实际，以人为本、服务妇女”的工作定位，从新区建设的实际出发，议大事、干本行、抓载体，努力提高新区（县）妇女的思想道德素质、科学文化素质和文明健康素质，团结动员新区（县）妇女为新区建设和市妇联下达的目标任务而努力奋斗。年末，新区（县）共有街道妇女联合会6个，基层妇女组织80个（机关事业单位的妇委会48个、非公有制妇女组织3个、社区妇代会29个），妇女之家（妇女学校）29个。

**【实施“巾帼科技致富工程”】** 以“双学双比”竞赛活动为载体，实施“巾帼科技致富工程”，引领妇女全面参与社会主义新农村建设。组织开展农村妇女实用技术、家庭美德、健康知识、城市化生活、家庭理财等培训，其中开展新型女农民素质培训14期，培训妇女866人（次）；失地妇女技能培训8期，培训妇女380人（次）。争取资金1万元，修建母亲水窖20个。选送2人参加了省妇联“女科技致富带头人”培训班学习。积极开展妇女创业就业工作，认真实施“妇女创业就业援助行动”，26名下岗失业人员获得小额担保贷款196万元，县妇联小额贷款工作站被评为昆明市妇女创业就业工作先进集体，培训了84名巾帼创新业带头人，培育市级巾帼创新业示范基地2个、巾帼创新业示范带头人2名，呈贡大丰收商贸有限公司被命名为“昆明市女大学生创业就业实践基地”，呈贡风格发型大脚足疗养生中心被命名为昆明市“巾帼创新业示范基地”并受到表彰，李玉芬等3人被表彰为昆明市“巾帼创新业带头人”，李双萍被评为昆明市优秀创业指导老师，段竹仙等2人被评为昆明市妇女创业就业工作先进个人。

**【实施“社区服务工程”】** 以“巾帼建功”竞赛活动为载体，实施“社区服务工程”。积极参与“三下乡”活动，在幸福小区和松花社区历时2天的“三下乡”活动中，发放《妇女权益保障法》2 000份、呈贡新区文明市民标准2 000份、呈贡新区“十不公约”2 000份、关爱生命远离毒品宣传资料200份、健康教育手册140份、节能减排宣传资料100份、清洁家庭行动宣传资料2 000份，向妇女和家庭发出“争创文明社区、争做文明市民”倡议书2 000份，并开展了现场维权和家教咨询活动。开展“巾帼文明岗”创建活动，按照成熟一家命名一家的原则，县人民政府政务管理局政务服务中心被命名为“巾帼文明岗”。

**【创建“五好文明家庭”】** 以创建“五好文明家庭”为载体，在“五好文明家庭”和“美德进万家”创建活动中团结、教育、引导广大妇女自尊、自信、自立、自强，倡导文明健康的生活方式，保持乐观向上的生活态度。开展创建“和谐家庭”活动，组织家庭才艺展示，并开展了评优评先。年内，新区（县）各级妇女组织共表彰“五好文明家庭”25户。组织开展以“争创文明社区（单位），争做文明市民”为主题的家庭清洁活动，争创市级家庭清洁先进集体1个，市级清洁家庭户4户，创建市级零家庭暴力示范社区3个，创建省级平安家庭户4户。

**【“双合格”教育实践活动】** 以“双合格”教育实践活动为载体，开展未成年人教育和家长培训。在庆祝第61个国际儿童节期间，组织开展了系列活动，为孩子们献上的节日祝福及爱心慰问金共计8万余元。其中，组织开展了儿童健康卫生知识宣传教育；动员家长和孩子2 000余人参加了“传唱新童谣、做一个有道德的人”网上签名寄语，加强“五好小公民道德教育”，以家庭为活动切入点，倡导家庭美德，把贯彻落实“双合格”及小公民道德建设活动紧密联系起来，营造绿色家园，共创美好生活。加强小公民道德建设，与新区（县）教育局共同组织了“庆祝六一，健康成长幼儿文艺”比赛，评出三等奖5名，二等奖3名，一等奖1名；开展“献爱心、送温暖”活动，走访、慰问贫困学生500名，送去了5 000多套学习用具；开展“爱老敬老，从我做起”志愿者服务活动及贫困儿童扶贫助学“结对子”活动等。认真做好“春蕾计划”各项工作，推荐6名女童到市级“春蕾班”学习，录取4名；开展多种形式的宣传教育培训，增强家长的家教知识，为更好地教育孩子提供帮助；各街道结合实际开展家教知识培训3期，培训家长561人。年内，新区（县）争创省级示范家长学校5所，市零家庭暴力示范社区3个，新区（县）妇联被评为省示范家庭教育指导中心。

**【纪念“三八”妇女节】** 3月5日，新区（县）妇联与新区（县）文化体育局在县城中心文化广场联合举办了庆“三八”趣味运动会，新区（县）各街道、企（事）业单位的近1 200名妇女参加了拔河比赛、双人带气球迎面接力赛、套圈比赛，新区（县）公安局一队和二队双双获得双人带气球迎面接力比赛的一等奖，吴家营街道段家营社区代表队获得拔河比赛第一名，吴家营中心学校二队和春融公司代表队分享套圈比赛一等奖，其他25个队分别获得二、三等奖；表彰了6个“双学双比”先进集体、6名“双学双比”先进女能手、1个巾帼科技致富示范村、6个优秀妇女之家（妇女学校）、20名优秀妇女干部。各街道妇联、29个社区的妇代会、机关事业单位妇委会按照县妇联《呈贡县妇联纪念2010年“三八”国际劳动妇女节安排意见》的要求，组织文体活动10场；宣传了冯丽、李云芬等一批优秀妇女典型；举办了以女性素质教育为主题的讲座14场，800余名妇女参加；举办了有关女性知识、健康保健等内容的培训10场，1 000余名妇女参加了培训；开展法律法规宣传、咨询等服务7场，300余人接受了面对面的服务；组织看望贫困、年老女性及贫困学生等70余人。

**【维护妇女合法权益】** 充分发挥新区（县）妇女维权网络的作用，教育引导妇女学法、知法、守法，用法律维护自身合法权益，接待来信来访74件，处理74件，处理率达到100%。巩固新区（县）、街道、村（社区）维权站点岗“三级”维权网络建设，畅通信息，做到普通信访当面答复，特殊信访村（社区）2天、街道3天、新区（县）级5天内答复。整合维权工作资源，继续与其他部门协作，提高信访办理质量。经常性为妇女儿童提供法律政策咨询、援助、特殊案例分析等服务，采取电话联系和深入家庭2种方式对新区（县）妇联调解过的信访件进行回访，满意率达90%以上。组织采取发放宣传材料、广播、黑板报、文艺演出、“三下乡”、办培训班、召开各种会议等形式向广大妇女宣传“两纲”、“两法”、共发放《婚姻法》、《妇女权益保障法》、《未成年人保护法》、《老年人权益保护法》、家教文摘、妇女儿童工作、不让艾滋病进我家等各种宣传资料3万余份，为保障妇女儿童的合法权益创造良好的社会环境，增强广大妇女知法、守法、懂法、用法意识。组织开展《呈贡县农村留守儿童情况调查》，进一步密切与各职能部门的联系，优化维护妇女儿童合法权益的社会环境，维权工作得到进一步加强。

**【社区妇代会换届】** 在新区（县）妇联的具体指导和街道妇联及社区“两委”的高度重视下，按照与社区“两委”换届同步实施的原则，制定社区妇代会换届具体实施方案，于5月20日前完成了各社区妇代会换届工作，共选举产生了社区妇代会主任38名，委员239人，并将选举结果报新区（县）妇联备案。其中，进入社区“两委”的妇代会主任28人；委员平均年龄38岁，45岁以下的177人；大专以上学历的9人，中专8人，高中39人，初中212人，小学以下的13人；回族10人（含七甸街道）。换届后的各社区妇代会及时进行了分工，落实责任制，建立和完善学习培训、工作会议、代表联系户等工作制度，保证了妇代会的工作正常运转。

**【争创“巾帼示范社区”】** 围绕“把妇联组织建设成为党开展妇女工作的坚强阵地和深受广大妇女信赖和热爱的温暖之家”和建设“学习型、创新型、实干型、服务型”妇联组织为目标，以创建巾帼示范社区为载体，以“巾帼创新业、岗位创一流”为主要内容，紧紧围绕创建“五个好”先进妇联基层组织、争当“五带头”优秀妇联干部的要求，提升基层妇联工作活力，在推动科学发展、构建和谐呈贡、服务妇女群众、加强基层组织实践中建功立业。强化服务理念，完善“党建带妇建，妇建服务党建”工作机制，大力实施强基固本工程，投入经费2.1万元组织梅子社区等7个社区按“五好五有”标准开展“巾帼示范社区”创建活动，7个妇代会组织广大社区妇女开展尊老爱幼活动7次，对1 000余名老人进行了走访慰问，配合相关部门组织妇女开展手工制作、女性健康、妇女素质、烹饪等培训10期，培训妇女700名，并多方为妇女提供就业信息；组织巾帼志愿者服务队开展为民服务，组建3支“巾帼文艺队”以小品、舞蹈、花灯等形式宣传党和政府的政策、法律法规、科技知识，歌颂生产生活中涌现出的先进人物事迹，教育广大妇女抵制封建迷信，远离黄、赌、毒等违法行为；开展“学习型家庭”、“绿色家庭”、“平安家庭”等活动，评选出省级“平安家庭”4户。11月初，新区（县）妇联对7个社区的“巾帼示范社区”创建工作进行了督促检查，督促各个示范点做好迎接市妇联复查的准备工作。

**【自身建设】** 以创建学习型妇联组织，争做学习型干部，树立终身学习理念为主题，认真学习党的十七大和全国妇女第十次代表大会精神，紧紧围绕新区党工委（县委）、新区管委会（县政府）的中心工作和新区建设各项目标任务，结合新时期妇女工作的新目标、新任务、新特点，深入开展学习党的新时期妇女工作理论、方法和论述，不断更新知识，提高综合素质和创新能力。开展“党性教育”活动，围绕践行“三个一”创先争优，支部向全体党员作出服务承诺，每个党员也作出了承诺，并公开接受党员、干部、群众的监督。通过“效能呈贡”建设活动专题民主生活会、“创先争优”活动专题民主生活会、革命传统教育、走访座谈、经验交流等多种形式进行党性教育，使妇联干部成为政治坚定、党和人民信得过、靠得住的力量，树立起了责任意识，珍惜岗位荣誉，自觉做到比学习、比工作、比奉献和学先进、赶先进、当先进。开展“岗位奉献”活动，围绕提升能力素质创先争优。以开展“创建学习型妇联组织、争当学习型妇联干部”为主题，营造崇尚学习的浓厚氛围，不断提升妇联干部的理论、政策水平和实践能力，努力建设一支高素质的妇联干部队伍。在新区（县）妇委会中深入开展“爱读书读好书善读书”、“妇联干部岗位读书”活动，征集论文30多篇，选送10篇报市妇联，受到好评。在建设“四型组织”，加强“三种能力”建设方面下功夫，先后选送2名县妇联干部到上海、杭州等地学习，24名妇委会干部到省工青妇干校学习培训，举办了7个街道的妇联主席、38个社区妇代会主任及委员共300名妇女干部参加的为期1天的妇干培训班。开展“组织创新”活动，围绕加强基层组织建设创先争优。结合新区建设的需要，广泛开展城市发展、市民生活、文明市民等引导性教育学习。认真执行廉洁自律各项规章制度，坚持民主集中制原则，做到班子团结，无违法违纪行为。按照新区（县）民主评议机关作风的要求，有针对性地制定了整改措施，保证了民主评议机关作风工作的顺利开展。及时准确做好各类数据、统计报表的收集工作，并按档案管理标准要求实现电子版文档规范管理，按要求完成了上级各种表格数据的填报工作。按规定完成了党报党刊的征订任务。认真做好信息交流工作，向市妇联《昆明妇女》、《妇工简讯》投稿45篇，向市妇联宣传部报《思想动态》12期，自编《妇工简讯》15期。

（喻　清）

## 新区（县）工商业联合会（商会）

**【企业家代表座谈会】** 3月10日，新区（县）工商业联合会（商会）组织召开了新区（县）35名优秀企业家代表参加的“呈贡新区企业家代表座谈会”，广泛征求企业对新区建设以及非公企业发展的意见和建议，新区（县）四班子领导和有关职能部门负责人参加会议。会上，各与会企业家畅所欲言，提出了许多很有建树的意见建议；新区党工委（县委）书记周峰越，新区管委会主任、县长吴庆昆分别作了重要讲话，表示要采取多种措施为企业的发展提供机遇、创造条件。会后，新区党工委（县委）、新区管委会（县政府）采取有效措施解决了云南龙城农产品经营股份有限公司投资的龙城批发市场农产品商贸交易区开工建设、呈贡坤宝经贸有限公司龙城购物中心改扩建等问题。

（苏路明　摄）

**【服务工作】** 3月24日，组织召开了2010年融资工作会，新区（县）53户非公民营骨干企业负责人参会，新区党工委委员、县委常委、宣传部长杨绍斌，新区党工委委员、副县长曾尔树，副县长张义强，县政协副主席、新区（县）工商联主席山聪等领导出席会议。会上，广东发展银行昆明分行的融资专业人员为参会人员详细介绍了中小企业融资产品、票据业务、保理业务等金融知识，表示会后将采取“一对一”、上门跟踪服务的方法，为有资金需求的企业提供融资服务。坚持向会员赠送《新区》、《昆明呈贡新区投资指南》、《云南商会》、《云南工商》、《昆明市政府公报》、《昆明商会》、《呈贡工商联简讯》等文件资料，为企业的生产经营和发展服务。针对企业用地难的问题，加强与新区（县）土地、规划、建设等部门的联系，及时为会员提供土地招拍挂信息，进行服务指导。4月，将吴家营片区中部J2009－10－1、10－Ⅱ、10－Ⅲ号地块使用权挂牌交易的信息通知到副会长、执委单位，使有用地需求、有规模和实力的本土企业第一时间掌握信息，积极参与土地竞买。11月，及时将呈政储〔2008〕－065号地块和呈政储〔2009〕－012号地块共691.57亩土地及呈贡工业园区10块土地共计762.43亩出让的信息通知到副会长、执委单位，并带领有意向的企业实地查看地块，为参与土地竞买做好准备工作。

**【招商引资】** 2010年，新区党工委（县委）、新区管委会（县政府）下达给新区（县）工商联的招商引资任务是完成引进内资500万元。为确保招商引资任务的完成，新区（县）工商联积极与企业协调，引进内资项目2个1 000万元。其中，引进楚雄州金沙房地产开发有限公司投资500万元参与云南龙城农产品批发市场农产品商贸交易区项目并按期开工建设；配合引进云南一条龙绿化有限责任公司投资500万元的苗木、园林绿化工程项目。积极为市工商联联系的云南辉煌铜业有限公司的铜业精加工项目落地呈贡工业园区做好协调服务工作。

（苏路明　摄）

**【宣传工作】** 一是深入企业宣传党和国家鼓励、支持和引导非公经济发展的方针政策与法律法规，宣传新区党工委（县委）、新区管委会（县政府）促进非公经济发展的政策措施，宣传非公经济在建设中国特色社会主义事业中的重要地位和作用。二是加强与新闻媒体联系，及时对新区（县）工商联开展的招商引资、光彩事业、安置就业、学习培训等活动进行宣传报道，宣传报道非公企业及非公经济人士的先进事迹，三是编发《工商联简讯》11期（总编发56期），上报市、新区（县）信息50篇。四是积极向政府推荐表彰先进非公企业和优秀非公经济人士。五是强化企业宣传，协调昆明晨农企业集团、昆明新知集团有限公司、云南鑫盛达企业集团有限公司、云南佰贤集团有限公司、云南龙城农产品经营股份有限公司、云南信誉建筑工程有限公司、云南永达企业（集团）、云南良润科技有限公司、昆明七甸永圣酱菜食品有限公司、昆明斗南花卉有限公司、云南呈达企业集团有限公司、云南祥宇律师事务所、昆明翠香酒家、云南荣宇实业集团有限公司14户优秀企业在《新区》杂志上刊载宣传专版，展现了新区（县）非公企业的形象。

**【学习培训】** 4月13～16日，组织云南信誉建筑工程有限公司、云南鑫盛达企业集团、云南龙城农产品经营股份有限公司有关人员参加了昆明市2010年非公经济代表人士培训班的学习培训。4月20～22日，组织云南德华企业集团、云南佰贤（集团）有限公司、云南龙城农产品经营股份有限公司、七彩云牛乳业股份有限公司等32户企业会员参加了“2010昆明论坛——后危机时代的企业发展”学习培训。5月30日，组织昆明晨农企业集团、云南德华企业集团、昆明诺仕达企业（集团）、云南佰贤（集团）有限公司等30户企业会员参加了新区干部专题理论学习培训。

**【光彩事业】** 2010年，面对新区（县）遭遇的百年不遇的特大旱灾，新区（县）工商联积极倡导会员单位履行社会责任，为党委、政府分忧。3月6日，在县城中心文化广场举行的新区党工委（县委）、新区管委会（县政府）向旱灾灾区献爱心的现场捐赠仪式上，新区（县）工商联8户企业会员共捐赈灾款物达40.6万元。其中，新区（县）四川商会捐款13.8万元、云南天外天天然饮料有限公司捐款3万元和价值达10万元的矿泉水、云南佰贤（集团）有限公司捐款6.8万元，昆明新知集团有限公司捐款2万元，云南德华企业集团捐款2万元，昆明晨农企业集团捐款1万元，云南信誉建筑工程有限公司捐款1万元，云南呈贡绿园有限公司捐款1万元。昆明晨农企业集团资助昆明理工大学贫困学生包继缘、云南大学贫困学生唐琦每人5 000元学费。

**【参与新区建设】** 新区（县）工商联副会长单位云南佰贤企业集团有限公司、云南德华企业集团、云南信誉建筑开发有限公司参与了前卫营村庄整体搬迁的新型社区建设，投资达2.6亿元。昆明晨农企业集团、云南龙城农产品经营股份有限公司推动特色蔬菜产业实力进一步增强。云南裕顺企业集团积极参与县城改造，在原橡胶厂建盖写字楼。云南鑫盛达企业集团支持轨道交通建设，拆除了王家营路口大楼，在老昆洛路斗南花卉市场路口旁新建星级酒店和回族餐厅。云南一条龙企业集团积极向园林、绿化产业发展。七彩云南第一城投资新建了占地500亩，集餐饮休闲、文化旅游、购物商住为一体的标志性建筑。

**【“贷免扶补”工作】** 按照市工商联的要求，积极开展对创业者的“贷免扶补”工作，多渠道对有创业意向和贷款需求人员的贷款项目、家庭、本人、资金需求情况及信誉程度、偿还能力等开展逐一的详细摸底调查，做到情况明确，心中有底，圆满完成了市工商联下达的给8个创业者进行“贷免扶补”的工作，为创业者提供无息贷款40万元。

**【相关工作】** 配合相关部门做好企业党建和工会建设工作。年内，指导新区（县）20个非公企业党组织（总支2个、支部18个）的424名党员开展了科学发展观教育活动，新发展非公企业党员8名，新组建工会42个；组织8户企业负责人和企业职工代表200余人（次）参加了新区打黑除恶公开宣判大会等。

（李　宝）

## 新区（县）残疾人联合会

**【简　述】** 2010年，新区（县）残疾人联合会在新区党工委（县委）、新区管委会（县政府）领导下，在新区（县）各有关部门的关心支持下，以残疾人社会保障体系和服务体系建设为重点，构建以“残疾人便民服务中心、残疾人文体活动中心、社区残疾人服务中心”为支撑的残疾人服务体系，认真履行“代表、服务、管理”3项职能。年内，争取省、市、县资金107.95万元，使3 511名残疾人得到了实实在在的利益。

**【街道残联换届工作】** 4月，根据《呈贡新区综合办公室关于印发〈呈贡新区（县）基层残疾人组织规范化建设实施方案〉的通知》精神，印发了《关于各街道残联换届工作的指导意见》，指导新区（县）各街道先后召开了第五届残疾人联合会代表大会，确定了街道残联今后3年的工作目标和任务。此次换届工作是新区（县）街道残联首次召开代表大会选举产生街道残联主席团主席及执行理事会理事长，在新区（县）基层残疾人组织建设工作中具有里程碑意义。

**【建立社区残疾人组织工作】** 3月初，新区（县）残联向新区38个社区下发《关于聘用社区残疾人专职委员的通知》，在新区（县）人事劳动社会保障局和新区（县）保密局的指导帮助下，在新区（县）第四纪工委的监督下，新区（县）残联对应聘社区残疾人专职委员人选进行了拟任培训、笔试、面试、政治审查，择优选拔了38名社区残疾人专职委员，并在所任职社区进行了公示。4月26日，38名聘用人员签定了《工作协议》，正式成为社区残疾人专职委员；成立了各社区残疾人协会，确定各社区主任兼任社区残协主席，做到了社区残疾人工作有人员、有办公场所、有经费保障。

**【“三个中心”投入运行】** 9月13日，新区（县）残疾人联合会便民服务中心揭牌成立。中心以争创“一流服务、一流效率、一流业绩”为目标，设立三大服务窗口和用品用具展示大厅，为广大残疾人提供“便残、利残、扶残、助残”的全方位服务，成为残疾人工作“一条龙服务、一站式办理”的优质高效服务平台。购置一批文化体育设施，设立了阅览室、棋牌室、音乐室、体育活动室、康复练习室，强化了新区（县）残疾人综合服务中心的服务功能。采取配发办公设备等扶助措施，组织2个社区开展了社区残疾人服务中心建设试点工作，并为其配备了电脑4台，康复训练器械1套。9月29日，试点社区残疾人服务中心挂牌。

**【管理与培训】** 为进一步规范社区残疾人工作，新区（县）残联制定下发了《呈贡新区（县）社区残疾人工作专职委员考核细则》，将明确社区残疾人专职委员的工作任务、工作内容、工作程序、工作标准的《社区残疾人专职委员工作职责》、《残疾人证办理程序》等制度制作成墙牌下发38个社区残疾人协会，要求在社区残协办公室悬挂，使社区残疾人专职委员从上岗起就以规范化、制度化的标准开展工作。按照“个人形象一面旗，工作热情一团火、谋事布局一盘棋”和“五好”、“五带头”的要求，用“人道、廉洁、服务、奉献”八字精神来打造“三个中心”的干部队伍，用良好的服务态度、高效的服务效率、优良的工作业绩来要求干部队伍。以业务知识培训为抓手，结合参观学习全国先进工作县区五华区威远社区残疾人工作经验，以社区残疾人工作基础知识、社区康复知识、精神病防治康复基础知识为重点，组织开展了4期残疾人工作者培训，培训212人（次），使参训人员熟练掌握了基层残疾人工作的内容、工作方法，提高了新区

（县）、街道、社区3级工作者的业务水平。为新区（县）7个街道残联和38个社区残疾人协会征订了《中国残疾人》、《三月风》杂志。

**【残疾人保障体系建设】** 积极做好城乡贫困残疾人低保工作。年内，新区（县）148名城镇残疾人纳入了城镇居民最低生活保障、221名农村残疾人纳入农村低保；新区（县）残疾人全部免费纳入城镇居民医疗保险，815名残疾人的个人参保费用57 050元由新区（县）财政全部承担。实施“阳光家园”计划——残疾人托养服务工作，对新区（县）的160名残疾人开展了托养服务。其中，将新区（县）的150名贫困重度残疾人纳入居家安养扶助，给予每人每年800～1 200元的生活补助；建立机构托养点1个，托养残疾人10人，每人每月给予补助资金150元。结合整村搬迁和迁村并点工作，实施了“安居温饱工程——残疾人危房改造”工作，对搬迁困难的残疾农户的危房进行危房改造，对10户贫困残疾人给予每户7 000元危房改造补助，共补助资金7万元。开展“送温暖活动”——贫困残疾人走访慰问工作，在春节、助残日、抗旱期间走访慰问残疾人265户，送去慰问金7. 95万元和560元的米、油等物品。

**【扶残助学“春雨行动”】** 继续开展扶残助学“春雨行动”，补助资金6 600元扶助22名义务教育阶段残疾学生及残疾人子女就学，给予4名考取中专的残疾人子女一次性补助6 000元。认真落实残疾人教育“两免”和残疾学生特困补助制度，将新区（县）98名在校残疾儿童少年和172名贫困残疾人家庭子女纳入教育“两免”扶助之中。

**【残疾人康复】** 开展“光明工程——白内障复明工作”和“百万贫困白内障康复工程”，免费为67名白内障患者实施了复明手术。开展困难精神病患者免费服药工程，将38名困难精神病患者纳入免费服药。开展“扶手行动——家庭无障碍改造和用品用具供应”工作，免费为20户重度残疾人的住房进行了改造，安装方便残疾人活动的支撑扶手20套。为困难残疾人免费发放辅助器具9件，其中轮椅7辆、助行器1个、坐便器1个。

**【“爱耳日”活动】** 成立新区（县）第11个全国“爱耳日”活动领导小组，围绕人工耳蜗——重建听的希望的“爱耳日”活动主题，新区（县）、街道两级残联深入社区大力宣传、普及防聋知识，提高广大群众的防聋意识，并在县城和街道醒目之处张贴宣传资料100份；协调县人民医院、县中医院在3月3日设立特别门诊，为5名耳疾患者进行义诊，免挂号费、诊查费102元。

**【残疾人培训工作】** 实施残疾人“素质”工程，遵循实用性、针对性、突出性的原则，以职业技能、艺术鉴赏培训为重点，组织开展了插花、摄影、家庭急救知识集中培训4期，培训残疾人226名。积极动员残疾人参加新区（县）卫生、就业、团委、妇联等部门和街道、社区组织的培训，参训残疾人265人。

**【按比例安置残疾人就业工作】** 继续开展按比例安置残疾人就业工作，依托新区（县）地税局发放《按比例安置残疾人就业单位基本情况表》600余份，收取残疾人就业保障金80万元；对2名残疾人开展失业登记，建立残疾人员失业登记信息台帐，累计安置残疾人就业78名。

**【“助残日”活动】** 在第20个全国“助残日”工作期间，新区（县）残联组织开展了“走出家门，看精彩世界”等主题活动，组织肢体残疾人协会的35名残疾人走出家门，感受新区城市建设的变化，并游览了金殿。各街道残联和各社区残协也结合自身工作实际开展了丰富多彩的助残活动。其中，龙城街道城内社区举办了首届以“幸福社区，关爱残疾人”为主题的活动，向社区残疾朋友们宣讲了基本的健康知识；龙城街道龙街社区组织61名残疾人开展了以“加大扶持与救助力度，帮扶农村贫困残疾人”为主题的活动，并为每名残疾人发放了100元节日慰问金，使残疾人感受到了党和政府对他们的关心与帮助。

**【残疾人信访和办证工作】** 年内，接待残疾人来访36人（次），协助公安部门处理30余名外地残疾人驾驶机动轮椅车从昆玉公路呈贡口驶入昆玉高速公路的突发性残疾人群体性事件，帮助7名残疾人办理了残疾人机动轮椅车年检，并为他们发放了燃油补助共2 800元，核发第二代《中华人民共和国残疾人证》1 234本，无集体上访事件发生。

（杨树花）

# 呈贡新区建设

责任编辑：杨春富

## 征地工作

【简 述】 2010年1月,新区党工委（县委）、新区管委会（县政府）决定成立呈贡新区规划土地委员会。5月8日，呈贡新区（县）规划土地委员会举行揭牌仪式。新区（县）进一步规范了城乡规划建设和土地管理等重大事项的议事机制，发挥了新区（县）级班子的集体智慧，强化了规划、土地等部门的职能作用，实现了规划和土地资源的有机结合，提升了新区城市规划建设和土地管理的水平，为推进城市化建设进行了具有突破性意义的探索和实践。

5月，呈贡新区征地拆迁工作指挥部成立后，认真贯彻执行新区党工委（县委）、新区管委会（县政府)《关于三部一委改革的实施意见》，按照建设“效能呈贡”的要求，推进新区（县）征地拆迁工作有力有效开展。指挥部及所属单位（部门）切实加强对承担的政府性投资建设（含采用BT、BOT、TOT等方式建设）工程项目的管理，坚决做到“八个百分之百”，切实提高行政效率和执行力。

（郭智敏）

【政策和条例】 2010年，新区（县）在征地拆迁工作中，按照“合法合规、理性平和、周密部署、讲求策略、民生第一”的原则，认真贯彻执行《云南省征地统一年产值标准和征地区片综合地价补偿标准》(试行)、《云南省城市房屋拆迁管理条例》、《昆明市主城区城镇房屋改造拆迁补偿安置管理办法》、《昆明市主城区集体土地房屋改造拆迁补偿安置管理办法》等相关政策。同时，结合新区（县）的实际，新区党工委、县委、新区管委会、县政府制定和实施了《关于三部一委深化改革的实施意见》，进一步深化改革，成立新区征地拆迁工作指挥部，整合组建队伍；深入调查研究，理顺管理关系；严格依法开展征地拆迁工作，依法做好征地拆迁工作；制定和实施了《呈贡新区征地青苗和地上附着物补偿标准》，维护被征地拆迁农民（业主）的切身利益，切实保障群众利益，推进新区建设和发展。

（冯为宏）

【土地利用总体规划】 2010年，新区（县）编制了土地利用总体规划、第二轮矿产资源规划，进行了土地进行储备土地勘测验收工作。一是编制土地利用规划。按照国家、省、市的相关文件精神和编制规程，新区（县）编制完成了《呈贡县土地利用总体规划(2010–2020年)》及乡级土地利用总体规划(2010–2020年)，并顺利通过听证、昆明市国土资源局组织的专家论证及审查；通过云南省国土资源厅组织的专家论证及审查并受到了高度评价，将于2011年实施，为合理和有序利用土地资源奠定基础。二是编制专项土地利用规划。年内，昆明市国土资源局呈贡分局完成了《呈贡县第二轮矿产资源规划》编制工作，已通过省、市专家的论证和审查，确保了昆明市所属行政辖区矿产资源规划的完整性；完成了呈贡县“十二五”土地利用规划编制工作并通过审查，已提交新区（县）发改局，并报新区管委会（县政府）审批；按照云南省旅游局和云南省国土资源厅的要求，协调新区（县）广电文体旅游局开展旅游土地利用规划编制。三是储备土地勘测验收。根据市政府相关会议精神，昆明市国土资源局呈贡分局就新区管委会（县政府）与市政府签订的《昆明市2010年土地收储目标责任书》中涉及的供应计划项目，进行了征地资料的收集、整理、装档。实地勘测验收了总部基地及商业用地、市老干活动中心、呈政储〔2009〕033地块、金融园区、呈政储〔2008〕65号地块、呈贡一中片区、市体育学校、昆三中及市中医院住宅、亚广传媒、七甸片区储备土地项目共10个、面积4 633.67亩，并完成了土地移交，确保了新区建设用地。

【建设用地报批】 2010年，新区（县）建设用地报批有序推进。一是用地报批项目。新区（县）全年建设用地报批共8个批次，面积5 647.47亩，其中呈贡新区4个批次，面积3 397.87亩；滇池国家旅游度假区2个批次，面积1 232.02亩；昆明高新技术开发区2个批次，面积1 017.57亩。二是独立选址项目。新区（县）全年完成独立选址项目共30个，面积5 305.63亩。其中呈贡新区25个项目，面积4 806.10亩，年内已经上报项目16个，面积3 481.8亩，正在组件项目9个，面积1 324.30亩；昆明高新技术开发区上报项目4个，面积488.23亩；滇池国家旅游度假区上报项目1个，面积11.30亩。三是临时用地项目。新区（县）全年临时用地项目3个，面积40.64亩。其中已上报批准项目2个，面积23.90亩，正在办理项目1个，面积16.74亩。四是城乡建设用地增减挂钩试点方案编制及报批。根据呈贡新区规划土地委员会2010年确定的失地农民保障性住房用地（新型社区用地）计划，昆明市国土资源局呈贡分局积极协调项目业主单位，并配合街道组织涉及的居委会完成了四个地块的走界及报件签字工作。此外，照省、市实施全域城市化的总体部署和要求，新区（县）多方争取建设用地指标，积极探索，编制了乌龙片区龙一地块呈贡新区城乡建设用地增减挂钩方案。

**【征地工作】** 新区（县）征地拆迁工作有序进行，完成了亚广传媒、轨道交通首期工程、韶光路、谊康南路、金融园区、呈政储〔2008〕65号地块、驼峰街西段、师大附中、昆明市委党校、环湖公路补征、垃圾焚烧发电厂进场道路、王家营社区城中村改造等24个省、市、新区（县）重点项目建设的征地任务，年内征地11 616.41亩，累计完成征地11.36万余亩。其中，金融园区项目153.25亩；市老干活动中心47.36亩；总部基地及商业项目316.60亩；亚广传媒项目征地430.3亩；昆三中、市中医院住宅项目征地227.82亩；昆明市城市轨道交通首期工程征地110.11亩；乌龙社区居委会（市级机关公务员小区B地块）补征3.59亩；驼峰街三岔口段、上可乐段及环湖公路补征地47.313亩；南中央大道（驼峰街）建设项目558.475亩；黄土坡至马金铺高速公路373.76亩；呈贡县第一中学高中部项目建设用地、片区土地储备712.09亩；环湖东路及截污干渠项目783.68亩；洛龙河污水处理厂及进场道路项目211.55亩；滇池环湖“两退三还一保护”生态建设江尾段511.20亩；三岔口整村储备1 577.64亩；七步场整村储备项目2 317.78亩；园丁小区三期366.29亩；江尾社区整村储备1 974.73亩；昆明市体育学校210.98亩；呈政储〔2008〕65号地块402.15亩，呈政储〔2009〕033号地块112.75亩，呈政储（2009）010号地块140亩；政府储备四号地块41.64亩、五号地块16.48亩；洛龙一号路（民安街）117亩。截至12月，累计完成集体土地征收、土地储备总面积10 150.59亩。

**【土地供应】** 2010年，昆明市国土资源局呈贡分局完成招、拍、挂、出让供地19宗，面积2 181.04亩，收缴土地出让价款269 783.21万元；协议出让供地2宗，面积124.49亩，收缴土地出让价款909.87万元。

（程　慧　字秉翔　郭智敏　杨春富）

## 拆迁工作

**【简　述】** 2010年是“十一五”的最后一年，也是蓄势冲刺“十二五”的关键之年。呈贡新区党工委（县委）、新区管委会（县政府）紧紧围绕把呈贡新区建设成为科学发展、品质春城、现代化城市“三个示范区”和“十年成规模、二十年建成”的目标，团结带领新区（县）的党员、干部、职工围绕新区建设的中心工作，切实转变作风，践行“一线工作法”，结合各自的工作职责，以求真务实的工作作风，真抓实干的工作态度；深入街道、社区、被拆迁人员的家中，宣传新区建设的重要意义，解释拆迁安置补偿政策；充分发挥各职能部门的作用，密切配合新区（县）征地拆迁工作指挥部、街道、社区、村组，努力做好村庄搬迁、高校迁建、路网建设以及省、市重点项目建设涉及到的拆迁安置工作。

（程　慧）

**【拆迁工作】** 2010年，新区（县）完成了南中央大道、七彩云南第壹城及“退人退房”等项目所涉及的拆迁任务，拆除各类建（构）筑物总面积26.08万平方米，搬迁苗木林地114.48亩。其中，南中央大道项目拆除建筑物面积2.84万平方米；南连接线高速公路建设项目拆除建筑物面积4.66万平方米；亚广北路、亚广西路项目拆除建筑物面积1 860平方米；中央公园二期、祥园街项目拆除建筑物面积6 220平方米；昆明城市轨道交通项目拆除建筑物面积2.5万平方米；七彩云南第壹城项目拆除建筑物面积1.1万平方米；

前卫营村庄拆迁现场

（李　刚　摄）

五华房地产置换用地拆除建筑物面积 4 430 平方米；洛龙河截污管网 A、D、E 段项目拆除建筑物面积 5.30 万平方米；福鑫达水上乐园拆除建筑物面积 1.32 万平方米；龙回路拆除建筑物面积 1.32 万平方米；“四退三还”项目拆除建筑物面积 1.42 万平方米；驼峰街三岔口、上可乐段项目拆除建筑物面积 2.76 万平方米；昆三中及市中医院配套项目拆除建筑物面积 1.49 万平方米。

（程　慧　宇秉翔　冯为宏）

**【村庄搬迁】**　新区（县）拆迁安置局会同相关街道、部门、单位组织人员广泛宣传拆迁安置政策，争取群众对新区建设的理解和支持，在规定的时限内完成7 个村庄拆迁任务，保证新区建设有序推进。相关职能部门在开展调查研究的基础上，组织人员深入街道、社区、村组参与村庄拆迁工作，积极推进村庄搬迁、群众安置工作。6 月 10 日，为保证云南广播电视大学、云广路等项目的顺利推进，完成了三岔箐村整体拆迁工作，涉及农户 42 户、非农户 7 户，共 133 人，拆除农房及附属建筑物面积 12 855.22 平方米，列入安置面积 12 631.91 平方米，其中搬迁安置面积 12 012.97 平方米；兑付补偿款及安置费 320.56 万元。年内，新区（县）先后完成了前卫营村的整体搬迁，完成了中庄、大水塘、三岔口、上可乐、乌龙、三岔箐、小王家营、回回营 8 个村庄的部分搬迁，共搬迁群众 1 343 户、3 286 人，拆除房屋面积 19.04 万平方米。

**【重点建设项目拆迁】**　积极支持省、市重点项目建设需要，新区（县）拆迁安置局配合、参与指挥部和街道完成了昆明市地铁建设首期工程呈贡段项目建设所涉及的拆迁工作。该项目建设所涉及企业 9 个、苗圃 18 个，职工 60 户、农户 41 户，拆除房屋面积 2.96 万平方米；完成南中央大道建设项目建设的搬迁工作，涉及三岔口、上可乐的农户 139 户，个体、私营企业 22 户，拆除企业的各类房屋总面积 2.64 万平方米。

**【水环境治理项目拆迁】**　按照昆明市关于滇池水环境治理相关工作要求，新区（县）拆迁安置、国土等职能部门积极配合、服务、协调相关街道完成了洛龙河截污管网 A 段项目建设的拆迁，涉及李福良砂厂等个体、私营企业 7 个；完成了洛龙河截污管网 D、E 段项目建设的拆迁工作，涉及云南省烟草公司昆明公司呈贡分公司、呈贡新区（县）审计局办公用房、呈贡审计事务所 3 个单位，职工 23 户；开展水环境治理项目建设的搬迁工作，所涉及的白龙潭水上乐园签订拆迁协议，完成拆除建筑物的工作。

**【拆迁补偿资金管理】**　根据省、市、新区（县）有关会议精神和要求，新区（县）拆迁安置局严格按照资金使用管理规定和拨付程序，认真做好村庄搬迁、高校片区建设涉及的企业搬迁、收储土地范围内涉及的拆迁、部分重点项目建设涉及的企业拆迁资金支付和管理工作，有力地推动了各项拆迁补偿工作的按时完成。年内，新区（县）兑付村庄搬迁安置补偿资金、建设项目拆迁补偿资金共 2 906.5 万元。

**【招商引资】**　2010 年，新区（县）拆迁安置局在完成拆迁安置工作的同时，坚持“招商引资为第一要务和第一政绩”的理念，牢固树立了招商引资目标意识、发展意识和落实意识。按照新区管委会（县政府）年初制定的招商引资工作的总体安排布置，坚持“走出去”和“引进来”的原则，与招商分队密切配合、互通情况，共同努力，抓住昆明城市轨道交通建设的契机，及时引进了“中铁集团（五局）有限公司”参与新区建设，引进的项目为“昆明轨道交通小王家营到呈贡北站盾构区间工程”，引资总额为人民币 892 万元，为引内资 500 万元（无外资任务）任务数的 178.4%，为新区（县）的招商引资工作作出了贡献。

（程　慧）

## 路网建设

**【路网建设】**　因受国家货币政策调整和市级投融资体制改革等不利因素及村庄未搬迁的影响，新区范围内道路建设在年内无开工、竣工项目。新区各投融资公司共完成投资 17.9 亿元，南中央大道、古滇路等 46 条在建的三期、四期路网道路进行续建，包括龙回路、亚广北路、亚广西路、祥园街等 16 条道路在内的核心区路网基本形成，轨道交通、新区

正在建设的南中央大道

（李　刚　摄）

（县）至昆明新机场公路、环湖东路、黄土坡至马金铺高速公路呈贡段加紧建设，水、电、气、通信等配套设施建设同步进行。为推进高校片区和新区路网建设的顺利进行，新区（县）拆迁安置等职能部门作为协议签订主体，加强与昆明新都公司的工作对接，配合、服务、协调新都公司、高校片区指挥部、街道组织开展了高校迁建项目和路网建设项目涉及到的线路迁改及拆迁清障工作。年内，新区新建城市道路18.18公里，配套管网设施建设与路基工程建设同步推进，使新区建成道路通车里程增加到150余公里。

**【黄土坡至马金铺高速公路】** 2月25日，呈贡新区（县）境内起点于洛羊街道黄土坡，止点为马金铺的高速公路开工建设，该路段全长30.99公里，投资概算为35.08亿元，建成后将成为昆明新机场与环滇池城市群快速交通体系的一部分。省委常委、市委书记仇和，市、新区（县）领导及职能部门负责人参加开工仪式。

**【2号地块配套道路】** 2010年8月1日，呈政储〔2008〕002号地块配套道路建设项目开工建设。该项目位于呈贡新区（县）龙城斗南片区东侧，道路定位为城市Ⅰ级次干道，总长约1 650米，连接线长125米，横断面宽度30米，项目估算总投资约为16 547.09万元。年内，已累计完成工程量20%，完成可研、水保、地灾、用地压覆矿产资源调查等前期工作，取得《建设工程规划许可证》，申请办理林业砍伐证书；电信线路及军用通信光缆迁改，部队天线阵地搬迁；完成土方现状测量工作；完成工程一标段施工便道修建，工程二标段进行土方开挖。

（字秉翔　程　慧　朱　辉）

## 项目建设

**【市政建设】** 新区（县）城市化建设有序推进，城镇化率从2006年的49.5%提高到2010年的54.2%。新区城市建设以规划为指导，市级行政中心、春城财富中心、白龙小区等项目全面竣工，吴家营片区、雨花片区、乌龙片区建设快速推进；新区核心区路网基本形成，累计建成城市道路135公里，轨道交通、新区至机场公路、环湖东路、黄马公路呈贡段加紧建设，水、电、气、通信等配套设施建设同步进行；9所省部分在昆高校累计完成投资95.4亿元，全面招生，入住师生达8万余人；城北、城南污水处理厂和生活垃圾焚烧发电厂项目建设进展顺利，新区污水处理厂深度处理工程完工并投入运行。

**【项目推进会】** 为加快推进新区城市基础设施和重点项目建设，完成年初既定目标和任务，新区（县）三次召开项目建设工作推进会。一是新区（县）干部大会。2月20日，新区（县）召开实职副科级以上干部等人员参加的会议。新区党工委书记、县委副书记周峰越作题为《加快开发建设速度　努力掀起呈贡新区建设的新高潮》的讲话，对保稳定、保发展，加快2010年新区建设提出突出“早、保、稳、新、督”五个字的要求，确保各项目标任务落到实处。二是上半年的项目推进会。7月2日，新区（县）召开2010年基础设施和重点项目建设工作推进会。周峰越书记在会上阐明了征地拆迁、项目建设和推进工作存在的问题，并对新区重点基础设施建设作了要求和安排部署。会议通报上半年基础设施和重点项目建设工作的进展情况；表彰了表彰上半年基础设施和重点项目建设先进单位；相关单位的主要负责人在会上作了承诺发言。三是贯彻落实市委、市政府第四季度扩大投资暨项目推进工作会议精神大会。10月14日，新区（县）召开贯彻落实市委、市政府第四季度扩大投资暨项目推进工作会议精神大会。周峰越书记在会上要求围绕建设“三个示范区和低碳城市”的目标，紧扣跨越发展的主题，不讨论、不议论、不争论，凝心聚力谋发展，说实话、出实招、干实事，脚踏实地促发展，要求新区（县）广大干部要树立经营城市的理念，树立抓经济工作就是抓项目落地、开工、推进和竣工的思想，确保既定目标任务圆满完成。会议对新区（县）扩大投资和项目推进工作作了全面安排部署；指挥部和项目方负责人作了表态性发言；新区管委会领导与有关单位负责人签订了责任书。

**【基础设施建设】** 2010年，新区（县）在建基础设施项目建设进度为：轨道交通呈贡段于6月实施隧道施工；昆明市级行政中心工程于11月全部竣工；环湖东路及环湖截污工程基本完工；新区（县）垃圾焚烧发电厂和洛龙河污水处理厂分别完成工程量的50%和30%，粪便无害化处理项目开工；七甸片区供水工程建成，投资6 500万元，可保证6万人饮水安全。

**【安置房建设】** 新区（县）失地农民安置周转房建设有序推进，各个项目的建设进度为：农村保障性住房雨花4号地块项目，总投资13.7亿元，建设安置房3 081套；雨花5号地块局部基坑开挖；洛龙乌龙1号地块，已核发建设工程规划许可证和施工许可证；雨花1号地块3期、2号地块2期项目，已核发建设工程规划许可证，其余地块正加紧办理前期手续。年内，已建成安置周转房1 868套，统筹安置项目涉迁和“三类房”居民1 592户。

【服务设施建设】 新区（县）配套服务设施项目建设全面展开，各项工程的建设进度分别为：中华小学、雨花小学和吴家营中心小学基本建成，总投资1.32亿元；9所省部分在昆高校累计完成投资95.44亿元，开工建设面积396.6万平方米，全部实现招生，入住学生8万余人；5个高校配套住宅地块项目累计完成投资85.79亿元，建筑面积达350.6万平方米；市级行政中心已具备交付使用条件、市级公务员小区A地块竣工交付使用；滇池星城及周边配套设施建设完成；昆明市延安医院呈贡新区医院综合住院楼项目，主体工程竣工；昆明市中医院累计投资8 000万元，基础工程建设完成；斗南、惠兰园社区卫生服务中心建成；呈贡新区消防一中队和特勤一中队项目开工建设。

【工业和商业项目】 呈贡工业园区内的云铝4万吨铝圆杆、云龙制药等14个项目竣工投产，云南白药原料药中心、昆明嘉华食品等26个在建项目顺利推进，云南重工经贸有限公司等13个项目备案签约。其中，云南白药集团整体搬迁项目累计完成投资11.3亿元，主体工程基本完工；上海东盟商务大厦、七彩云南第壹城等项目开工建设。

（李　军）

【“三区”项目建设】 新区（县）洛羊、马金铺、大渔街道分别托管昆明经开区、高新区、滇池国家旅游度假区后，各区在年内的招商引资、项目建设有序推进。一是昆明经开区项目建设。截至9月30日，昆明经开区已有19个产业项目落地开工，其中亿元以上工业项目15个，占全年任务的93.75%。10月8日，昆明经开区大冲工业片区4个项目开工建设，投资总额达23.3亿元。二是昆明高新区项目建设。3月，昆明高新区第一批6个重点项目开工建设，总投资21.6亿元。10月8日，第二批总投资34.51亿元的10个项目开工建设奠基仪式在马金铺街道举行，项目名称分别为：云南省食品药品监督管理局检测实验中心、云南医药工业股份有限公司医药生产周转基地、云南理想药业有限公司药品生产基地、云南昊邦制药有限公司制药生产基地、瑞升烟草技术（集团）有限公司中式卷烟配套研发基地、云南滇缆实业有限责任公司电线电缆生产基地、云南铜业康柏尔实业有限公司有色金属新材料产业孵化基地、云南乾元光能产业有限公司光电产业开发基地、云南华涛实业有限公司三川能源研发总部大楼、云南美瑾奇奥传媒有限公司泛亚国际（昆明）动漫产业园。三是滇池国家旅游度假区项目建设。10月11日，滇池国家旅游度假区举行贯彻传达省委工作会议及昆明市第四季度扩大投资暨项目推进会议精神动员会，提出要“奋战80天，冲刺四季度，全力确保全年各项任务顺利完成”的工作目标。2010年1～9月，实现增加值、第三产业增加值、财政收入、社会固定资产投资完成67.1亿元、64.5亿元、8.6亿元、36.4亿元，同比分别增长49.3%、49.6%、30.8%、74.6%。

（杨春富）

【开工项目】 2010年，呈贡新区（不含托管街道）项目建设有序推进，各个重大项目相继开工建设，分别为：4月10日，呈贡新区（县）昆百大新城购物广场、标准厂房、呈贡县第一中学高中部三个重大项目举行开工仪式。4月23日，滇沪两地合作项目“上海·东盟商务大厦”举行开工典礼。该项目为集精品商业街、文化体验街、休闲娱乐街、中央步行街“四街一体”的办公、购物、餐饮、娱乐“一站式”的商业中心，由上海中发集团和云南云锰集团等企业共同投资建设，总投资额为8.5亿元，含三幢塔楼，主楼高123.8米，建筑面积18.65万平方米。11月4日，呈贡工业园区、云南烟草烟叶公司举行云南烟叶350万担仓储物流中心项目签约仪式。该项目建设主体为省烟草烟叶公司，选址地为呈贡工业园区，用地面积370亩，建筑面积36万平方米，预计投资约8.9亿元，建设周期为2年。12月7日，昆明市滇池水污染综合治理重点工程之一，由欧亚华都（宜兴）环保有限公司采用BOT模式投资建设的新区（县）粪便无害化处理项目开工建设。该项目位于乌龙浦村，占地面积33.5亩，总投资约5 500万元，建成后将解决粪便二次污染、定期清掏污水管网、减轻管网堵塞等问题，对于实现废物资源化利用、环境保护、城市文明卫生、构建低碳社会具有积极的意义。12月30日，呈贡新区（县）斗南花卉产业园奠基暨郎缪小学开工仪式在斗南花卉市场正门右侧广场举行。其中，斗南花卉产业园区为昆明市“十二五”重点项目和农业、旅游业

全市第四季度扩大投资暨项目推进会的全体与会人员在呈贡工业园区观摩　（唐荣华　摄）

发展重点项目，规划总用地1 000亩，投资30亿元。建成后将成为“一个主体、两个市场、五大中心”及国际花卉总部基地，每年鲜切花成交量预计80亿枝、交易额60亿元，并将带动物流服务、旅游观光、包装和储运等行业收益18亿元，年创利税6亿元，提供就业岗位6万个，将带动云南花卉产业发展，成为亚洲最具规模和水平的花卉生产、交易、物流、会展、研发和价格信息指导中心。

（字秉翔）

**【省部分在昆高校呈贡校区】** 截至2010年9月，云南大学、昆明理工大学等9所在昆高校呈贡校区建设项目全面推进，实现全面招生，入住学生总数8万余人。其中云南大学呈贡校区，按全日制在校生2.3万人规划，投资17.46亿元、占地面积4 016亩、建筑面积约102.95万平方米，累计开竣工面积62万平方米、完成投资13.9亿元，入住学生1.1万人；昆明理工大学呈贡校区，按全日制在校生3.6万人规划，投资22.82亿元，占地面积2 989亩、建筑面积约100.32万平方米，累计开竣工面积84.38万平方米、完成投资18.27亿元，入住学生1.44万人；云南师范大学呈贡校区，按全日制在校生3.6万人规划，投资23.49亿元，占地面积3 000亩、建筑面积约103.16万平方米，累计开竣工面积88.7成平方米、完成投资20.8亿元，入住学生1.6万人；云南民族大学呈贡校区，按全日制在校生1.66万人规划，投资9.15亿元，占地面积1 666亩、建筑面积约53.2万平方米，累计开竣工面积45万平方米、完成投资13.6亿元，入住学生1.1万人；昆明医学院呈贡校区，按全日制在校生1.4万人规划，投资9.36亿元，占地面积1 633.96亩、建筑面积约41.89万平方米，累计开竣工面积38万平方米、完成投资9.2亿元，入住学生5 400人；云南中医学院呈贡校区，按全日制在校生5 000人规划，投资7亿元，占地面积823亩、建筑面积约17.6万平方米，累计开竣工面积19.26万平方米、完成投资5.3亿元，入住学生5 023人；云南艺术学院呈贡校区，按全日制在校生8 000人规划，投资6.55亿元，占地面积800亩、建筑面积约21.17万平方米，累计开竣工面积21.18万平方米、完成投资5.5亿元，入住学生4 100人；云南广播电视大学呈贡校区，按全日制在校生5 000人规划，投资4.2亿元，占地面积800亩、建筑面积约14.96万平方米，累计开竣工面积16.2万平方米、完成投资3.7亿元，入住学生5 018人；云南交通职业技术学院呈贡校区，按全日制在校生9 000人规划，投资5.84亿元，占地面积593亩、建筑面积约17.44万平方米，完成投资5.1亿元，入住学生6 284人。

（杨春富）

**【呈一中高中部】** 呈贡县第一中学高中部建设项目总用地面积为204.8亩，总投资约2.39亿元，总建筑面积57 059.23平方米，容积率0.411，建筑密度9.42%，绿地率53.3%。昆明春都城市建设投资有限公司项目为代建管理单位，投融资主体为呈贡县国有资产经营投资公司，责任主体为新区（县）教育局。2010年5月，该工程项目正式启动建设。12月，已完成可研、水保、地灾、环评、矿产压覆、地质勘查、滇管审查意见书、项目选址意见书、建设用地预审意见、用地规划许可证、建设工程规划许可证等项目前期手续办理，完成所移交部分建设土地的场地平整及进场道路的修复工程；完成建设项目地块内呈贡电信、长话、呈贡有线、昆广网络、铁通、联通、移动、电力、军用光缆及自来水集中通过老县城的部分线路、光缆、管线迁改工作。

**【县医院住院部楼】** 呈贡县人民医院综合住院楼建设项目位于县医院院内东侧，占地面积约1 620平方米，总建筑面积约17 190平方米；建筑层数地上10层，地下1层，设210床。总投资概算4 663万元。项目业主单位为呈贡县人民医院，昆明春都城市建设投资有限公司为代建管理单位。2009年6月24日，签订代建合同，于同年9月10日正式开工建设。截至2010年12月，已完成项目主体工程及初装修，进行内外装修工程施工，电梯全部安装完成；其它安装工程已完成60%。

施工中的县医院综合住院部

（春都公司　供稿）

**【截污和水环境治理项目】** 春都公司、新都投资公司于2009年8月24日签订代建合同，由春都公司负责洛龙河新城截污及水环境综合治理工程D、E

段截污管网建设项目的代建工作。项目总投资约为5 196万元，其中D标段起点为春融街西口至富康路沿河路口，E标段起点为沿河路富康路口至环湖东路接入截污干渠，两个标段全长3 559米。年内，完成工作井、接收井、检查井、顶管开挖及铺设等工程，累计完成投资约1 959万元，约为总工程量的92%。

(马 林 字秉翔)

## “四创两争”工作

**【概 况】** 为全面贯彻落实市委九届四次全体（扩大）会议精神，继续巩固“云南省园林城市”的成果，新区党工委（县委）、新区管委会（县政府）将“四创两争”工作纳入市一体化创建。新区（县）创建工作领导小组、总指挥部、分指挥部对各项创建工作的目标和任务进行了细化、分解，明确牵头单位、责任单位、完成时限，并进行跟踪督办、查办，各项创建工作按计划推进，确保创建国家环保模范城市、国家卫生城市、国家森林城市、全国文明城市及争创联合国人居奖（含中国人居环境奖）、国家节水型城市和生态市的各项指标达标。

**【巩固“创园”成果】** 新区（县）将“四创两争”工作纳入全市一体化创建，为巩固国家园林城市创建成果，以巩固提升“创园”为契机，持续不断地抓好城乡园林绿化，从城市增绿到乡村补绿，从公路建绿到矿山复绿，从山林扩绿到河滨添绿，全方位、多层次地推进城乡园林绿化建设。在绿化层次、绿化特色、绿化品质上下够功夫，形成全覆盖、立体式、多网络的绿化大格局，努力营造良好环境，创建云南省园林县城工作已于2010年11月17日通过省级专家考评验收，荣获得云南省园林城市称号。

“绿”色宜人

(李丽娟 摄)

**【“创园”措施】** 2010年，新区（县）为确保“创园”成功，组织开展了大量的工作。一是发动群众参与，全力抗旱保苗，在罕见的高温、少雨、缺水的情况下，为保证栽植树木的成活率和新区园林绿化苗木不受损失，多措并举，抗旱保苗。采取了每天16小时和24小时轮班浇灌制，做到人闲车不闲；增加浇灌车辆，发动群众动用各种农用车、浇灌车、人力车100多辆，保证了运载能力；对于板结或吸水性差的土壤采取用钢筋、铁锹撬松土壤和增施农家肥等措施，增强土壤的透气性及水分参渗能力，提高浇水质量。经市园林局、市目督办、市监察局、市财政局组成的建成区乔木种植抽查小组，对新区（县）的5个抽查点的乔木种植情况进行抽查，抽查结果成活率达98%。二是完成绿化建设任务，确保新区绿化更上新台阶。年内，昆明市下达给新区（县）的城市园林绿化任务是3 116亩。其中：公园绿地面积2 203亩、道路附属绿地386亩、单位附属绿地527亩、乔木种植任务14万株、攀援植物10万株。新区（县）加大监督检查和服务指导力度，确保任务的完成。至11月，已累计完成4 945亩，占任务的158.85%。其中：公园绿地2219.7亩，占任务的100.69%；道路附属绿地610.5亩，占任务的159.8%；单位附属绿地2 114.85亩，占任务的401%；乔木种植187 274株，占任务的133.7%；攀援植物226 101株，占任务的226%。三是完成创建省级园林县城资料汇编，实现创建成功。2009年11月30日，新区（县）的“创园”工作通过了昆明市专家评审组的初评。2010年，围绕昆明市委《关于加快推进“四创两争”工作的实施意见》等相关文件的要求，在不断加快硬件基础建设的同时，着力做好资料的收集汇编和园林单位、园林小区的创建工作。6月，根据省住房和城乡建设厅的要求，依靠自已的力量，按质按量完成了《2009年补充资料汇编》工作，将全部申报资料上报了省住房和城乡建设厅。在资料的汇编工作中，是昆明市第一个完成了上报任务的县（市、区），受到省、市领导和有关部门负责人的高度赞扬。四是清除彩云路两旁绿化带内的杂草，换植死树，确保新区形象。组织人员对彩云路两侧绿化带内的杂草进行了一次全面的清除工作，投入工时共3 800个，清除杂草面积32.34万平方米。为落实新区党工委（县委）书记周峰越在9月21日在抗旱保苗现场工作会上作出的关于“更换死树、抗旱保苗”的指示精神，新区综合办公室《关于加强绿化管养，清除绿化带、公园等处枯死树木的通知》的要求，巩固呈贡新区绿化景观成果、提升新区形象，确保创建省级园林县城、国家卫生城市、国家文明城市工作的顺利进行，新区（县）对所辖区域内的死树进行彻底更换，年内已进行更换的范围是老县城道路、石龙路、彩云路，更换的品种有香樟、天竺桂、乐昌含笑等，更换树木共2 500株。

五是对呈黄立交、小王家营立交和官渡交界处绿化带的绿化景观情况进行改造。

**【绿化带景观改造】** 新区（县）“四创办”组织人员多次现场踏勘，对呈黄立交、小王家营立交和官渡区交界处绿化带的绿化景观情况进行了技术分析，查清了造成几次改造失败的根本原因主要是种植土层薄、整块地形面积过大、雨季排水不畅，并采取措施对立交桥附近区域的绿化景观进行改造。一是按照1.5%的坡比增加土层量。以满足植物生长需要的土层，增加雨水的渗透度，便于滤水；提高视角感观度，提高景观效果。二是建设盲沟排水系统。在地块内建设放射状的盲沟排水系统，将桥面雨落管道的雨水向四周排放，既可排除集水区的浸涝问题，又可提高失水区的保湿度。三是建设喷灌浇灌管网。利用便利的洛龙河水，通过水泵抽水加压喷灌的形式解决浇灌问题，既减少了大量的管理运行成本，又提高了浇灌的效果。呈黄立交等路段绿化带改造项目的总面积为3.44万平方米，总投资概算400万元，工程于12月完成。

**【“创卫”动员会】** 采取措施，贯彻省、市创建国家卫生城市专题工作会议精神，巩固提升创建国家卫生城市成果。1月20日，新区（县）召开创建国家卫生城市专题工作会议，新区（县）领导吴庆昆、李荣华、王健雄、肖向飞、钟启锋、蔡继林、杨绍斌、母正荣、李俊民、黄忠伟、山聪、杨莲芝及“三部一委”、各街道、社区、相关单位（部门）负责人120多人参加了会议。新区管委会主任、县长吴庆昆在会上指出：昆明市创建国家卫生城市工作，已到了关键性、决定性的阶段，进入到了最后拼搏、最终冲刺的阶段。会议的目的就是动员新区（县）上下立即行动起来，动员一切可以动员的力量，采取一切可以采取的措施，拿出最好的成绩来迎接“创卫”技术评估检查。要求通过强化冲刺阶段的组织领导，鼓足干劲再冲刺、攻克难点保达标、强化责任抓落实；精心组织，扎实工作，严格督查、奖惩，确保责任落实；全力以赴，做好迎检的各项准备工作，全面完成各项创建工作任务，确保通过技术评估，以早日实现国家卫生城市的目标。

整治后的县城道路

（李丽娟　摄）

**【“创卫”活动】** 新区（县）开展文明城市宣传和“创卫”义务劳动，为县城形象增光添彩，“创卫”工作常抓不松懈。7月13日，在县委组织部、县创建办、城管局等相关部门的组织下，新区（县）新区（县）属街道党工委、机关工委所属总支、支部的180多名新党员和入党积极分子分为3个组，手持扫把等劳动工具，来到县城人员流动大、人口比较集中的文化广场、农贸市场、街心花园、老街等区域，打扫环境卫生，把参与创建国家卫生城市工作作为入党宣誓活动结束后的第一件事，对新区“创卫”工作常态化起到了积极助推的作用。通过党员身体力行，参加“创卫”活动，号召市民参与到环境卫生整治工作中来。

**【巩固“创卫”成果】** 新区（县）“创卫”工作虽然与昆明市的“创卫”工作一同通过了国家组专家的技术评估，但距离正式命名还有年余的时间。在此期间，新区（县）机构不撤、人员不散、干劲不减，认识到“创卫”工作只有起点，没有终点，只有进行时，没有完成时，每天从零开始，经过长期不懈的努力，切实巩固提升“创卫”成果。通过总结前阶段的工作经验，狠抓落实，并克服麻痹松劲和盲目自满情绪，树立真抓实干、争创一流和长期作战思想，把“创卫”工作抓紧、抓实、抓好。在职能部门和单位全力推进工作的同时，还组织新党员和入党积极分子参加了义务劳动等，确保广大群众看得见、摸得着、享受得到“创卫”的成果。

**【“创卫”技术评估】** 5月27日，新区（县）召开创建国家卫生城市迎接技术评估工作动员大会，安排部署相关工作，确保顺利通过“创卫”技术评估。新区（县）领导周峰越、吴庆昆以及新区（县）实职副科以上干部，中央、省、市驻呈部分单位、企业、公司的负责人等参加了会议。新区党工委书记、县委副书记周峰越在会上指出，“创卫”攻坚已经到了决战阶段，必须保持清醒的头脑，认真查找差距和不足，切实增强紧迫感和使命感，使思想认识达到新的高度。把实施综合整治放在更加突出的位置，切实改善城市环境。充分发挥好社区居委会的职能职责，形成全方位、多层次、多系统齐抓共管的局面。从即日起到6月6日，新区（县）暂停一切与“创卫”无关的考察、视察、调研、考评、座谈等活动，全体干部职工一律取消休假，集中精力、全力以赴做好“创卫”技术评估迎接工作，明确提出以下要求：肯定成绩，总结经验，坚定“创卫”决战决胜的信心；明确目标，突出重点，扎实做好创建国家卫生城市各项工作；强化领导，狠抓落实，确保圆满实现创建国家卫生城市目标。新区（县）级领导要身先士卒，做好表率，带头抓好督促检查落实；各部门要按照联系点的有关要求，配合包干联系街道、社区严防死守；各街道办事处、职能部门的“一把手”要切实履行好“第一责任人”的职责，对本单位、本部门的“创卫”工作亲自抓，亲自检查督促；各有关单位要密切配合，主动参与，充分发挥各自优势；加强协调配合，对“创卫”工作中遇到的实际问题，对一些重要问题急事急办、特事特办，形成齐心协力抓创建的强大合力。要把督促检查贯穿于“创卫”工作的各个环节，健全考核制度，改进督查方式，将全面督查和重点督查相结合，确保实现创建国家卫生城市目标。

会上，新区党工委（县委）副书记、新区管委会主任、县长吴庆昆对新区（县）“创卫”技术评估工作进行了全面安排部署，明确了技术评估的具体时间为6月1~5日。要求各级各部门认真领会、传达会议精神，针对存在问题，立刻进行整改；围绕技术评估，全面实施达标，要落实、落实、再落实，要反复抓、抓反复，确保在“创卫”国家专家技术组评估工作中不丢分。

**【取缔无证“七小”行业】** 形成了强有力的整治合力，联合执法，专项整治，坚决取缔无证照“七小”（小网吧、小歌舞厅、小诊所、小饮食店、小旅馆、小浴室、小美容美发店）经营户，坚决取缔“钉子户”，严厉打击违法违规经营行为，保障了人民群众身体健康，进一步巩固了“创卫”整治成果。2010年3月3日，在前期“对无证照户按照40%规范经营、30%过渡经营、30%予以取缔”的基础上，新区（县）组织卫生、公安、环保、质监、城管等职能部门及龙城街道办事处、相关社区的人员58名，集中开展了取缔无证照“七小”专项整治行动，整治并取缔无证照“七小”行业经营户44户。其中，无证餐饮店15户，小熟食店2户，小副食店6户，性病诊所6个，非法小诊所8个，小美容美发店3户，无证小旅馆4户，共收缴医疗器械、药品、床等物品价值约5 000元；收缴电视机及机顶盒30台，价值2.4万多元。

**【“创环”指标达标】** 2010年，新区（县）全面完成了省、市下达的创建国家环保模范城市的主要污染物年度总量削减任务。其中，市政府下达的减排任务是：洛龙河污水处理厂于年底前建成，为削减化学需氧量创造条件；削减二氧化硫450吨。洛龙河污水处理厂已完成桩基工程，土建工程12月底完

水清景美

（李丽娟　摄）

工。云南铝业股份有限公司炭素煅烧回转窑烟气脱硫工程于2009年完成技改后，通过加强管理，2010年1~11月份削减二氧化硫781吨，超任务数331吨，提前完成年度任务。

**【环保监察】** 近三年来，新区（县）未发生重大、特大环境污染和生态破坏事故，未发生违反环保法律法规的重大案件，各项排污指标做到达标排放，限量排放。年内，新区（县）出动监察人员540人次，检查排污单位106个，其中重点污染源15个、一般污染源91个，检查废水、废气防治设施105台（套）。对新区（县）有违法行为的36个排污单位进行查处，共立案32起（件），对12个违法单位罚款13万元；督促完成使用高污染燃料设备进行改燃或停用243个、432台（套）。截至2010年11月底，新区（县）范围内无重大、特大环境污染和生态破坏事故发生。

**【创建全国文明城市】** 以《全国文明城市测评体系》内容为工作标准，严格按照市委、市政府《关于全面提升市民素质的实施意见》，新区（县）对照《责任分解通知》的要求，提出了“一年有起色、两年见成效、三年大提升”的工作目标，全力抓好创建全国文明城市各项工作整改工作，力争实现2011年进入全国文明城市行列的目标。一是强化宣传教育，全面提升市民文明素质。围绕社会关心的公德问题，针对当前存在的不文明行为，各部门、街道、社区利用广播、黑板报、宣传栏、宣传单、文艺演出、举办创建培训班讲授创城知识等多种形式，广泛宣传落实“争创文明城市、争做文明市民”，全面提升市民文明素质活动的重要性、必要性，提高创建参与面，提升市民文明素质活动的主动性和积极性，广泛动员，全民参与。通过寓教于乐的形式大力宣传社会公德，普及科学知识，引导干部职工和群众增强健康、科学、文明的生活意识，掌握健康生活的科学知识，养成文明健康的行为

举止，革除陋习，移风易俗。同时，结合岗位活动及时报道动态信息，宣传典型事例，对不文明行为进行曝光，形成了强大的创建宣传舆论声势。二是加强领导，落实目标任务。加强组织领导，调整了“创城”总指挥部、分指挥部人员，落实责任，对“创城”工作指导思想、工作目标、工作态度、工作内容、任务和要求等作了全面部署，确保“创城”工作扎实有序进行。各部门、街道、社区等组织开展了“爱国、敬业、诚信、友善、文明、和谐”等社会基本道德规范的宣传教育，开展了以社会公德、职业道德、家庭美德、个人品德建设为主要内容的实践活动，发放倡导“争做文明市民、创建全国文明城市”等宣传资料共3万余份。三是召开新区（县）2010年宣传思想工作会。组织全县中小学生完成了中央文明办组织的“做一个有道德的人”网上签名活动。发出市民“十不”公约宣传材料1 600多份，开展市民“十不”公约宣传活动，倡导做有道德的公民。组织开展了2010年市级文明单位（村）新申报和到届重新申报工作，初推名单已报市文明办；完成了省文明办组织的“抗震救灾英雄少年”评选投票工作；3月，对创建文明城市的工作进行布置和督查；在县法院举办了由昆明市道德模范巡讲团成员主讲的巡讲报告会。7月29日，新区（县）推荐第二届“昆明市道德模范”领导小组召开有关单位负责人参加的会议，安排道德模范评推工作评选推荐了5名道德模范上报市文明办。四是召开了创建全国文明城市工作动员大会。会上，全面安排布置了新区（县）创建全国文明城市的工作，下发了“创城”工作目标任务分解表。此外，在县城中心文化广场组织开展了第九个“公民道德宣传日”的宣传活动，发出宣传教育资料、读本共计2万余册。五是组织召开了新区（县）创建全国文明城市工作推进会，组织各部门负责人参观学习昆明海洁公司的“创卫创城”工作流程和相关设施，并作工作经验交流等。

**【创建全国节水城市】** 2010年，昆明市创建国家节水型城市工作，已经通过国家专家组的考核验收。按照市“四创两争”工作总指挥部的部署和要求，新区（县）将继续高标准、高质量地全力做好迎接创国家节水型城市的考核验收准备和巩固提升等工作，充分展示昆明的特色、亮点、水平和成果，确保2011年6月顺利授牌。

**【创建国家生态县】** 2010年，按照各项申报要求，新区（县）围绕创建国家生态县（市）的5项基本条件、22项建设指标，收集整理近3年的相关档案资料，撰写创建生态县工作报告、技术报告，制作专题宣传片、图册等相关申报材料，已完成创建国家生态县的目标确定、方案拟订及组织实施等工作，将于2011年3月底前完成所有申报前的准备，并向省环保厅提出验收申请。从2011年起，全面启动市级生态村创建工作，用3年时间，按“442”（2011年、2012年各完成40%，2013年完成20%）的推进比例，全面启动实施，分批达标验收。期间，将加强对街道、村级创建推进和指导力度，加快涉农街道创建工作步伐，重点扶持条件较好的街道提前申报。

**【人居环境奖指标】** 按照“要获得联合国人居奖，必须首先获得中国人居环境奖”的相关规定，争创中国人居环境奖是“四创两争”工作的主要目标之一。在前两年进行“四创两争”工作的基础上，新区（县）按照争创联合国人居奖的任务和要求，进一步加大工

新区（县）副科级以上领导干部开展义务植树活动
（唐荣华 摄）

作力度，采取强有力工作措施，加速推进中国人居环境奖新指标任务全面完成，为申报联合国人居奖工作奠定坚实基础。一是廉租房、公租房、保障性住房建设。年内，完成廉租房住房建设任务，计划建盖57套，已完成建盖60套，每套建筑面积59.49平方米。年初，新区（县）公赁租房建设整体交房，于3月完成竣工决算审计。由政府免费租给景明北路、亚广北路和中央公园三期项目建设拆迁产生的无房户居住。此外，按计划分步实施农村居民危房拆除和重建工作。二是节能减排工作情况。成立以新区（县）主要领导为组长的节能工作领导小组，明确能源管理人员，做到组织到位，措施到位，经费到位，确保节能工作有人抓、有人管。积极邀请省、市有关专家对再生能源和建设工程节能减排对建筑企业负责人等150余人进行了专业培训，进一步推动了新区（县）建设领域节能减排工作的全面开展。三是推广使用高效节能照明灯，办公区域（办公室、车库、公厕等）节能灯使用率达到100%。全面建立能耗统计与管理体系，完成2005～2009年能耗统计和报送工作，实现“十一五”期间节水、节电、节材、单位建筑能耗和人

均能耗总体水平降低20%的目标任务。以2009年为基数，实现节能、节水各4%以上。

创建一个宜居环境

（李丽娟 摄）

【创建国家森林城市】 2010年，市委、市政府将国家森林城市创建工作纳入“四创两争”工作目标，同步实施、同步开展、同步推进，全力确保2013年实现创建国家森林城市的目标。为此，新区（县）创建国家森林城市工作全面启动，提出在当前和今后一个时期，创建国家森林城市要全力抓好以下9个方面的工作：一是科学制定方案，筑牢基础工作；二是大力实施林业重点生态工程；三是大力实施城市森林生态系统工程；四是大力实施面山生态修复工程；五是大力实施城市生态隔离林带工程；六是大力实施绿色通道工程；七是大力实施水源保护区工程；八是大力实施城镇绿化工程；九是大力实施村庄绿化工程。

（李丽娟）

## 春融公司

【简 述】 昆明春融房地产开发有限公司围绕新区党工委（县委）、新区管委会（县政府）新区建设的中心工作，完成了惠兰园小区、洛龙河公园等工程项目的收尾、审计及资料归档工作；采用拍卖的方式处置惠兰园小区部分商铺、米兰园剩余住宅等资产，回收资金；抓紧做好已建设项目的结算、审计、办证、移交等后续工作，为新区（县）的经济建设和社会事业发展做贡献。

【建设工程收尾工作】 2010年，昆明春融房地产开发有限公司先后组织相关的建筑公司完成了惠兰园小区、公安警务综合大楼、国税综合楼、工商办公楼、检察院综合楼、残疾人康复中心、经济适用房、洛龙河公园等工程项目的收尾、审计及资料归档工作。其中，惠兰园小区开通了煤气，无线信号全覆盖，安装了发电机按照及消防验收工作灯；各项工程的城建档案归档整理，查缺补漏等。年内，完成了惠兰园项目等40个合同的报送审计工作；完成了米兰园小区、惠兰园小区、百合园小区售后的相关工作，其中惠兰园小区产权证组件报件工作正在进行。

【主要工作】 昆明春融房地产开发有限公司在年内组织开展以下三个方面的工作：一是部分住宅和商铺的拍卖。为缓解负债压力，公司采用拍卖的方式处置房产，回收资金，其中惠兰园部分商铺、米兰园剩余住宅10套、百合园剩余别墅6套等。二是处理信访事务。在接待来访人员时，相关人员始终保持谦虚平和的态度，认真负责的精神，尽力帮助来访群众解决困难，认真办理信访部门和领导批办、交办的各类信访件。三是项目结算和审计。继续抓紧做好已建设项目的结算、审计、办证、移交等后续工作，年内已审计21项，正在审计（报审）54项，待报审8项。同时，加紧进行米兰园、惠兰园两个小区产权证办理的工作；将惠兰园车库移交物业公司，对片区资料、小区资料进行整理，为将要进行的城建档案、小区业主委员会等的移交作准备；公共建设资产向新区（县）相关部门的移交前的准备。此外，公司积极争取新区（县）新型社区农村保障性住房、配套商业设施建设的组织实施和融资工作。

（李 杰）

## 春欣公司

【简 述】 根据昆明呈贡新区管理委员会、呈贡县人民政府《关于印发呈贡新区建立完善融资平台实施方案的通知》精神，昆明春欣开发投资有限公司于2008年12月2日组建成立。为非自然人出资有限责任公司，其职责、职能、经营范围是：负责呈贡工业园区开发建设的投资；负责引导和促进重大产业项目开发、建设的投资；负责新兴产业的开发和投资；负责投资开发形成的存量国有的资产运作；负责地方政府交办的其他开发投资职能。2009年12月28日，对公司的职责、职能、经营范围进行了调整，增加了土地开发及土地项目整理职能。2010年，根据发展需要和工程建设需要，公司成立了办公室、财务室、工程部、总工办、合同预算部、质量安全检查委员会6个内设机构，逐步完善公司体系，并按照新区建设的需要组织开展活动，全力为新区区建设服务，圆满完成了年初确定的各项任务。此外，按照《公司法》等相关法律法规，公司进一步规范了用工方式，与录用员工签订了劳动合同18份，并按相关规定和要求为18名聘用人员购买了“五险一金”。

**【呈七公路招标】** 由宏发集团（香港）有限公司、云南马澄川公路投资开发有限公司、中铁十八局第二工程有限公司组成的呈（呈贡县城）七（七甸街道）公路改扩建工程BT融资建设中标联合体因融资严重不到位，工程量达不到进度，违反合同约定，继续履行合同存在问题。昆明春欣开发投资有限公司与该联合体协商后，经双方同意，于2010年1月6日签署了《昆明春欣开发投资有限公司第9期议纪要》，解除了《呈贡新呈七公路改扩建项目BT融资建设合同》。

3月17日，昆明春欣开发投资有限公司依法按程序组织完成了该道路改扩建工程二、三、四、五、六标段的重新招投标工作（由于铁路规划方案的影响，一标段的施工招标暂不能进行）。中标单位分别为二标段中铁五局集团第三工程有限责任公司、三标段陕西达禹建设工程有限公司、四标段云南巨和建设集团有限公司、五标段无锡市政建设集团有限公司、六标段云南金沙江建设工程有限公司，呈（呈贡县城）七（七甸街道）公路改扩建工程新的中标单位已于2010年5月15日正式进场施工。

建设中的呈七公路二标段

（张礼泽　摄）

**【融资和投资】** 2010年，为确保工程顺利推进，维护社会稳定，呈（呈贡县城）七（七甸街道）公路改扩建工程采用BT融资方式进行建设。一是代支付工程资金。昆明春欣开发投资有限公司依法代支付呈七公路改扩建工程BT融资建设农民工工资674.21万元。二是指定结算主体。9月15日，昆明春欣开发投资有限公司按程序依法指定云南马澄川公路投资开发有限公司作为呈七公路改扩建工程BT融资建设已完工程的结算主体，于9月28日依法代支付该道路改扩建工程BT融资建设已完工项目工程872.75万元。三是融资和贷款。10月22日，根据银行贷款审查相关文件精神的要求，经呈贡工业园区管理委员会批准同意后，昆明春欣开发投资有限公司组织召开了由呈（呈贡县城）七（七甸街道）公路改扩建工程最大贷款银行广发发展银行昆明国贸支行牵头，其他贷款银行参与的地方政府融资平台贷款清查工作会谈，并邀请昆明市财政局及新（县）相关职能部门的负责人参加了会谈。会后，形成了《昆明呈贡新区管理委员会　呈贡县人民政府同意并承诺锁定呈贡工业园区规划范围内部分地块土地收益作为呈七公路改扩建工程贷款还款保障》，其主要内容包括：一号地块（原锁定的5块地块内）。面积831.86亩，为住宅用地，计划出让时间2013年。按最低出让价格计算，预计最低出让收入约8亿元。六号地块（新增）。为文华学院用地（独立选址，已收储面积304.52亩，年内完成出让；按最低出让价格计算，预计最低出让收入约3亿元。七号地块（新增）。该地块为住宅用地，面积251.59亩，位于新呈（呈贡县城）七（七甸街道）公路与老昆（昆明）石（石林）公路交叉口，已于2009年已进行了收储，计划于2011年出让，预计最低出让收入2.5亿元。八号地块（新增）。面积394.44亩，为住宅用地，位于新呈（呈贡县城）七（七甸街道）公路瑶冲河片区，未收储。预计于2011组织土地报件上报省国土厅，计划于2014年出让，预计最低出让收入4亿元。九号地块（新增）。面积101.76亩，为商业用地。位于新呈（呈贡县城）七（七甸街道）公路与老昆（昆明）石（石林）公路交叉口，已于2009年进行了收储，计划于2012年出让，预计最低出让收入6 000万元。

**【视察和考察】** 2010年，在昆明春欣开发投资有限公司和新区（县）相关职能部门、街道、社区干部群众的支持下，呈（呈贡县城）七（七甸街道）公路改扩建工程项目采用BT融资方式进行建设，各施工建设单位相互协作，使工程顺利推进，成效明显，受到

新区（县）领导率队视察呈七公路

（张礼泽　摄）

前来视察的新区（县）领导和人大代表的一致好评。11月23日，呈贡县人民政府副县长、呈贡工业园区管委会主任张义强率新区（县）职能部门负责人，到呈（呈贡县城）七（七甸街道）公路改扩建工程建设工地视察。12月3日，呈贡县人大常委会主任陈庆鸿、县委政法委书记马宏途、县政府副县长张义强，市、新区（县）的部分人大代表，到呈（呈贡县城）七（七甸街道）公路改扩建工程二、三、四、五、六标段项目建设工地视察。

（张礼泽）

## 春都公司

【简　述】　昆明春都城市建设投资有限公司成立于2008年10月，是经昆明呈贡新区管委会、呈贡县人民政府授权从事城市基础设施投资、建设、运营的专业城市建设投资公司。按照《公司法》的要求，公司建立、完善法人治理机构，设立了董事会和经理层，内设综合办公室、计划财务部、合同预算部、工程技术部、项目发展部、监察审计部共6个工作部门。公司设董事长兼总经理1名，副总经理2名，总经理助理2名，部门负责人5名，工作人员8名。公司股东为呈贡县排水公司、呈贡县国有资产管理局。2010年，公司主要负责呈贡县第一中学高中部建设项目、呈贡县人民医院综合住院楼建设项目、洛龙河截污及水环境治理工程D、E段3个代建项目，管理呈政储〔2008〕002号地块配套道路建设项目。

【呈一中高中部项目】　呈贡县第一中学高中部项目总用地面积为204.8亩，总投资约2.39亿元，总建筑面积57 059.23平方米，容积率0.411，建筑密度9.42%，绿地率53.3%。按照办学规模60个教学班，在校生达3 000人的全日制省一级一等高中部的标准进行规划和建设。昆明春都城市建设投资有限公司项目为代建管理单位，投融资主体为呈贡县国有资产经营投资公司，责任主体为呈贡县教育局。2010年5月，该工程项目正式启动建设，省委常委、市委书记仇和等领导出席开工奠基仪式，呈贡新区党工委（县委）、新区管委会（县政府）领导参加了开工仪式。12月，已完成可研、水保、地灾、环评、矿产压覆、地质勘查、滇管审查意见书、项目选址意见书、建设用地预审意见、用地规划许可证、建设工程规划许可证等项目前期手续办理，完成所移交部分建设土地的场地平整及进场道路的修复工程。通过公开招投标方式，确定了代理招标、造价咨询、监理、修建性详细规划及设计、土方施工等单位，完成了进场道路的协调及修复工作、清表工作，基本完成土方施工工程，进行基坑开挖。完成建设项目地块内呈贡电信、长话、呈贡有线、昆广网络、铁通、联通、移动、电力、军用光缆及自来水集中通过老县城的部分线路、光缆、管线迁改工作，涉及到组杆共6个，主、支、次线路23条，除电电力线路外，其余线路的迁改工作全部完成。

呈贡一中高中部建设项目鸟瞰效果图

（春都公司　供稿）

【住院部楼建设项目】　呈贡县人民医院综合住院楼建设项目位于呈贡县人民医院院内东侧，占地面积约1 620平方米，总建筑面积约17 190平方米；建筑层数地上10层，地下1层，设210床。总投资概算4 663万元。其中，申请国债资金1 300万元，其余资金由地方配套解决；建安工程费4 312万元，工程其它费用439万元，工程预备费238万元。项目业主单位为呈贡县人民医院，昆明春都城市建设投资有限公司为代建管理单位。2009年6月24日，签订代建合同，于同年9月10日正式开工建设。经招标，确定了项目招标代理、监理、造价、勘察、设计、环评编制单位及基础、土建、消防设施工程、二次装修等施工单位。截至2010年12月，已完成项目主体工程及初装修，进行内外装修工程施工，电梯全部安装完成；其它安装工程已完成60%，开展室外及附属工程准备工作。

【截污管网项目】　根据新区管委会的相关文件精神，昆明春都公司、昆明新都投资公司于2009年8月24日签订了洛龙河截污及水环境治理D、E段项目代建合同，由昆明春都公司负责洛龙河新城截污及水环境综合治理工程D、E段截污管网建设项目的代建工作，项目总投资约5 196万元。其中，D标段起点为春融街西口至富康路沿河路口，全长1 499米；E标段起点为沿河路富康路口至环湖东路接入截污干渠，全长2 060米。此后，昆明春都公司专门组建工程管理项目部，经公开招标确定造价咨询、监理及3个标段的施工单位。截至2010年12月，该项目建设顺利推进，累计完成投资1 959万元；已完成工作井16座、接收井4座、检查井8座；完成顶管2 810米，其中下穿昆玉高速公路顶管 52 米，压密注浆 24 544 米，完成总工程量的 92%。建成后，该项目可解决呈贡老县城污水排放问题，对洛龙河水环境治理及滇池保护将发挥重要的作用。

**【2 号地块配套项目】** 呈政储〔2008〕002 号地块配套道路建设项目位于呈贡新区龙城斗南片区东侧，道路等级定位为城市Ⅰ级次干道，总长约 1 650 米，连接线长 125 米，横断面宽度 30 米，估算总投资约 16 547.09 万元，于 2010 年 8 月 1 日项目开工建设。年内，该项目已完成可研、水保、地灾、用地压覆矿产资源调查等前期工作，取得《建设工程规划许可证》，申请办理林业砍伐证书；完成民用电信线路、军用通信光缆迁改，完成部队天线阵地搬迁；工程进度方面，完成土方现状测量工作，工程一标段已完成施工便道修建，工程二标段进行土方开挖等相关工作，完成总工程量的 20%。

（马　林）

# 新农村建设

责任编辑：杨春富

**【概　述】** 呈贡县新农村建设工作队及省级重点建设村工作在新区党工委（县委）、新区管委会（县政府）的正确领导下，在市委新农办、市农业局的帮助支持下，以党的十七届三中全会精神为指导，坚持科学发展观，按照昆明市新农村建设“九有”目标和“缺什么补什么”的原则，着力解决农民群众最关心、最急需、最受益的实际问题，下派了呈贡县第四批新农村建设工作队。在跨年度实施省级重点建设村工作中，围绕农业增效，农民增收，农村和谐、文明、繁荣的总体目标，持续开展村容村貌整治，加大基础设施建设力度，强化农村公共服务，重点建设村农业基础得到明显改善，生态环境保护取得进展，精神文明建设取得成效，社会事业得到较大发展，基层民主政治建设和党的建设进一步加强。2010年，新区（县）农民人均纯收入达到7 647元，比上年增长12.37%；农村居民住房人均住房面积84平方米，比上年增长1.2%。

市新农村建设工作总队总队长李兴华（左二）听取工作汇报　　（郝　强　摄）

**【机构和措施】** 2010年，新区党工委（县委）、新区管委会（县政府）按照省、市的相关要求，全面加强对新农村建设工作的领导，积极开展各项工作。一是健全组织机构。新区（县）设立了建设社会主义新农村指导员工作总队，省委组织部选派的厅级领导干部李兴华同志担任总队长，兼任呈贡县委副书记、县委新农村建设工作队领导小组常务副组长；市委组织部选派的处级领导干部周朝云同志担任县工作总队副总队长；街道工作队长兼任街道党工委副书记。按照省、市新农村建设工作队领导小组“五个一”的要求，新区党工委（县委）成立了新区（县）新农村建设工作队领导小组，下设办公室在县委新农办，具体负责工作队指导员日常管理。二是完善规章制度。新区（县）为加强对下派指导员工作的领导，实施了《呈贡县新农村建设工作队管理考核办法（暂行）》，进一步完善工作例会、月报表上报、入户调查走访、民情恳谈、考勤登记、请销假、“活动”月制度和工作考核等管理制度，对指导员驻村工作纪律、工作任务、管理考核等方面作出明确规定。同时，街道也结合实际制定了相应的管理办法，切实加强对指导员的管理。三是加强指导员的学习和培训。新农村建设工作队、县委新农办采取以会代训的形式对指导员进行了培训，学习的内容包括社会主义新农村建设的指导思想、目标、任务、措施，村民委员会换届选举相关知识，村级党组织换届选举的程序，新区建设进展情况等，为指导员配发了《民情日记》记录本，省、市编印的新农村建设读本。街道党工委明确街道党工委副书记、新农村建设工作队长加强对指导员的管理，定期或不定期召开会议，传达上级党委、政府的指示精神；加强理论学习，及时研究解决指导员工作中出现的问题，有效帮助解决指导员在工作和生活中遇到的实际困难和问题，促进工作队顺利开展工作。同时，各级部门迅速行动，大力支持下派工作队员，积极为指导员创造良好的工作、学习和生活条件；社区也真诚地欢迎指导员到基层工作和学习，安排了学习、生活的场所和设施，准备好炊具、床褥、被子。其中，大部分的社区配备了电脑，有的还为指导员接通了宽带网，方便了指导员的生活和工作，使指导员能够做到工作安心，生活舒心。四是严肃工作纪律。新区（县）要求下派的新农村建设工作队指导员正确认识工作的重要性和必要性，按照新农村建设工作队派驻工作要求，服从七甸街道党工委、街道办事处的领导，与原单位工作脱钩，积极熟悉所在地的基本情况，在基层工作中培养和锻炼；要求指导员主动向上级党委、政府请示汇报工作，及时报送工作信息及工作材料，利用工作之余的时间走访群众，加强社情民意调查研究，及时反映问题，为上级党委、政府决策提供依据和参考。在驻地新农村建设工作中，新农村建设工作队围绕“指导”下功夫，做到了指导不指挥、帮助不包办、监督不对立、到位不越位，对内做好出谋划策，对外当好“桥梁和纽带”。指导员就位后，各人都能自觉遵守政治纪律、组织纪律、工作纪律和群众纪律，自觉服务中心，服从大局，认真履行新农村建设指导员工作职责。五是培养和锻炼。工作队始终密切联系群众，牢记群众利益无小事，遇到群众来访反映问题时，热情接待，耐心细致工作，争取群众的支持和帮助，生活中力求做到不动群众的一草一木、一针一线，主动为群众做力所能及的事情，与群众和谐共处。由于七甸街道交通相对较远，乘车不便，工作队员坚持星期一至星期五吃住在派驻社区，自己解决吃住问题和交通问题，没有在所在地报销生活费用，没有接受驻地的奖金补贴，没有接受群众吃请，没有使用单位公车现象。

村内道路建设

（杨春富　摄）

**【指导员下派】**　根据市委的部署，新区党工委（县委）统一安排，于2010年3月下派了社会主义新农村建设第四批工作队。在新区党工委（县委）的领导下，在县委新农办、街道党工委、街道办事处的关心和支持下，新农村建设工作队围绕中心，深入一线，立足实际，紧紧将抗旱救灾、社区“两委”换届选举、春耕备耕、护林防火等重要工作作为首要任务来抓，为加强七甸街道社会主义新农村建设，推动基层基础设施建设作出了积极贡献。一是指导员下派情况。新区（县）第四批新农村建设工作队1支、人员11名。其中，省级单位下派2人，市级下派2人，新区（县）单位3人，七甸街道派出4人；中共正式党员11人；副科级及以上干部5人；分别下派到七甸街道所辖的9个社区开展工作，参与、指导当地的社会主义新农村建设，推动当地经济社会发展。截至2010年12月31日，新区（县）第四批新农村建设工作队工作情况分别是：下派指导员农村的街道办事处1个、建制村和社区居委会9个，队长（副队长）列席街道党委、政府重要会议70人次；市级为第四批工作队安排工作经费3 000元，市、新区（县）有关部门领导到第四批工作队指导和检查工作30次，县委新农办领导小组专门开会研究有关工作10次，制定阶段性工作计划2个；市、新区（县）新农办培训指导员110人次，街道培训指导员90人次；建立指导员工作台帐，编发工作简讯10期；市、新区（县）级电视宣传媒体专题报道第四批指导员工作5次，工作队组织交流40次。二是指导员及派出单位工作情况。为社区办实事130件，参与街道、村中心工作180人次，指导员参与抗旱工作11人、参与社区“两委”换届工作11人次；指导员走访农户900户次，总队长走访农户150户次；宣传党在农村的方针政策1 000人次；为社区完成驻村摸底调查报告11份，提出合理化建议100条，其中被采纳92条；制定驻村工作计划9人，参与调解矛盾纠纷200起；组织召开党员会议、上党课18次；召开各种形式的群众会议60次，组织举办文艺表演6场；帮助驻村发展党员13人；帮助驻村制定和完善各项制度90个；参加抢险救灾11人次；指导员参加社区“两委”会议112人次；指导员帮助制定的发展规划20个，争取到位的项目11个；指导员参与争取到位的资金220.5万元，其中抗旱资金55万元；指导员帮助争取到位的各类物资（折合）45.1万元；派出单位计划项目支持5个，其中到位资金13.5万元；呈贡县新农村建设工作队总队长、县委副书记李兴华把云南财经大学安排给的工作经费3万元，委托云南华众照明工程有限公司为马寨子、野竹、黄土沟、水塘村安装路灯8盏。投入使用后，为群众解决了晚上行走的照明问题，受到群众的称赞；派出单位领导到挂钩村调研指导10次，派出单位与挂钩村签订承诺书的9个，其中省级单位2个；总队长调研建制村48个，总队长直接指导建立完善县级规章制度5个。

**【指导员履职】**　新农村指导员在驻村（社区）工作期间，依靠干部、党员、群众，积极配合、协助、支持社区“两委”开展工作，认真履行指导员的工作职责。一是全面参与中心工作。协助社区“两委”完成抗旱救灾、社区“两委”换届选举、春耕备耕、护林防火等一系列重点中心工作，为“两委”开展其他日常工作做好参谋助手，协助所在社区“两委”班子服务好“三农”；深入推进基层民主政治建设、法制建设、和谐社会建设，为推进基层组织建设和辖区经济社会建设积极出策出力。年内，新区（县）新农村工作队和指导员共争取到省、市、新区（县）属单位和企业捐赠的抗旱救灾资金25万元，抽水机10台，洒水车2辆，抗旱物资价值40万元。市、新区（县）电视台多次对捐赠活动进行宣传报道，指导员积极投入抗旱救灾，深受当地群众好评。二是深入开展调查研究。各驻村（社区）指导员通过入户调查、召开居民座谈会等形式，摸清驻村的基本情况，了解和掌握干部群众生产和生活中比较关心的热点、难点问题，为下步开展工作积累了大量一手资料。期间，指导员走访农户900余户，队员间交流12次，完成摸底调查900份，完成农村社会经济发展调研报告11篇。三是大力宣传党的方针和政策。指导员认真学习农业农村法规和新农村建设相关文件，新区（县）建设的相关政策等，参加街道例会48次，参加社区“两委”会议112次。其中，参与社区党总支、党支部会议40多次，利用广播、黑板报、标语等多种形式，及时向村干部和村民宣传党的方针政策、法律法规，充分调动广大基层干部群众参与新农村建设的积极性，配合街道、社区党政组织开展关于“三农”政策宣传1 000余次，接受宣传的群众达1万余人次。四是积极加强服务指导。指导员发挥自身优势，紧紧依靠七甸街道、派出单位的党政组织，协助赵家山村、大哨村2个自然村申报为省级2010年村容村貌整治项目村，争取到省、市、新区（县）级补助资金30万元；万溪冲、太阳沟、马寨子、三家村4个自然村获省级2010年重点建设村立项，省、市、新区（县）级补助资金160万元。其中，太阳沟、马寨了、三家村于2010年7月托管阳宗海风景名胜区管理委员会后，由其组织实施项目建设。五是配合推进经济社会发展。协助申报省级重点新农村建设，参与七甸街道组织的农房清理整顿、环境卫生整治等工作。配合农房清理300多户，清理违规建房7户；配合社区“两委”开展工作，参与办实事130件，参与调解矛盾纠纷200件；召开各种形式的群众会议200余次，协助社区劳动力转移900人。六是稳步推进基层组织建设。依据《七甸街道社区居务公开民主管理制度建设工作实施意见》，驻村指导员紧紧围绕工作队“制度建设月”活动要求，配合社区“两委”制定、修订各项规章制度，建立健全各类制度、职责、考核责任，不断健全完善民主选举、民主决策、民主管理、民主监督等居民自治机制，为今后开展工作奠定良好基础。协助社区“两委”切实加强农村基层党组织建设，协助所在社区规范各种文字材料的归档建档工作，形成长期的工作机制。协调好社区“两委”班子、自然村支部、村组的工作，从中不断加强团结，从而提高整体的战斗力和凝聚力。年内，9名指导员协助所驻村

即将收获的青花

（杨春富　摄）

制定了工作计划及发展规划，组织召开党员会议及上党课30次，发展驻村党员13人；提出合理化建议100条，其中被采纳92条。七是全力争取派出单位支持。指导员积极争取派出单位支持，促进农村经济社会全面发展，各派出单位结合指导员所驻村的实际情况，与社区“两委”班子领导积极沟通交流，明确社区发展思路。各派出单位主要领导到指导员驻地调研并看望指导员49人次。其中，昆明市委编办、昆明市城管局领导在建党节前夕带队到驻村慰问老党员、困难党员，送去慰问品和慰问金；争取派出单位对所驻社区进行挂钩帮扶活动，其中总队长争取到上级抗旱救灾资金30万元、基础设施建设资金8万元；省人大支持指导员驻村建设资金3万元，物资3.6万元；云南大学支持指导员驻村建设资金3万元，物资折价1.5万元，在新区（县）开办云南大学成人高等学历教育，招收学生150人；协助驻地创建“蔬菜协会”1个，争取项目2个、资金15万元；市委编办、市人力资源和社会保障局支持指导员驻村建设资金1万元，争取项目3个、资金26万元，争取昆明市2011年市级立项项目1个；昆明市城管局支持新农村建设资金1.5万元；新区（县）指导员积极参与争取当地企业资金支持新农村建设，投入资金共60万元。其中，云南天外天天然饮料有限责任公司为七甸村基础设施建设捐款20万元，村民文化活动中心捐款30万元；昆明七甸永圣酱菜食品有限责任公司为七甸村基础设施建设捐款10万元。

**【工作成效】**　新区（县）第四批新农村建设工作队和指导员驻村以来，围绕新农村建设的目标任务，积极协助配合社区“两委”订计划、抓落实、出成效，在村容村貌整治、基础设施建设中发挥了积极作用，取得了明显成效。一是基础设施建设明显改善。在新农村建设中，七甸街道办事处全面加强以道路、农田水利设施、人畜饮水工程为主的基础设施建设，不断夯

实现代农业发展基础，着力改善农民生产生活条件，促进农民持续增收。指导员在驻村工作中，全力帮助社区做好各项农村基础设施建设，社区基础设施建设得到明显改善。驻村（社区）完成饮水管道工程17.15千米，新建沟渠1.2千米，完成小泵站工程3个，修建乡村公路长1千米，清理修建灌溉沟渠5 380米，新修小水窖603个。二是村容村貌整治成果显著。驻村（社区）指导员积极宣传环境保护的法规和政策，在“四创两争”工作中，配合社区“两委”开展村容村貌整治工作，坚持把村容村貌、环境美化绿化作为新农村建设的重要内容和突破口，着力解决农村脏、乱、差的问题，促进乡风文明建设。年内，协助所驻村种植林木8 637株；开展爱国卫生月活动，参加人员1 600人次，清运生活垃圾280吨，清挖污水沟360米，清除违章占道9处，清除小广告200张，水井消毒9口，完成污水收集处理建设的自然村12个。三是基层民主健全完善。驻村（社区）指导员配合基层党总支、党支部建立健全工作机制，健全完善社区“两委”的决策机制，制定完善社区重要事务决策程序和管理办法；配合加强民主管理及制度建设，稳步推进社区组织建设的规范化、民主化、科学化；不断提高基层党员的综合素质，形成长期的工作机制；积极协调好社区“两委”班子、自然村党支部、村组之间的工作，不断加强团结，从而提高整体的战斗力和凝聚力；配合“两委”规范各项管理规章制度、经济合同、违法违章建筑拆除方案的制定，引导居委会以制度来进行科学的管理。同时，严格按照《居民委员会组织法》的规定“一事一议”的原则，积极配合居委会贯彻居民代表大会表决制度、重要事务公示（公告）制度、居民代表监督审议制度，配合社区干部对于一些重大的事务入户问卷，进行调查，广泛征求群众意见及建议，得到大多数群众的支持和同意才组织实施。在居务管理中施行“五议五公开”机制，对集体经济收入与使用、土地承包、集体财产发包以及社会公益事业等的决策，坚持公开透明，力争做到规范化、制度化。在财务管理中，配合社区居委会坚持按期公示、公告制度，使居民明白居务的进展情况，公开居委会的财务收支情况。

**【表彰先进】** 2010年度，新区（县）第四批新农村建设指导员工作受到上级党委和政府的充分肯定，有7名同志分别受到省、市、新区（县）的表彰和奖励。其中，新区（县）新农村建设工作队总队长、县委副书记李兴华分别被省委、省政府和市委、市政府授予“云南省第四批新农村建设工作优秀总队长”、“昆明市第四批新农村建设工作优秀工作队总队长”称号；牛晶珊同志分别被省委、省政府和市委、市政府授予“云南省第四批新农村建设工作优秀工作队长”、“昆明市第四批新农村建设工作优秀工作队长”称号；高小秦同志被省委、省政府授予“云南省第四批新农村建设工作优秀指导员”称号；陈燕同志被市委、市政府授予“昆明市第四批新农村建设工作优秀指导员”称号；杨彦、孙应懂、胡新林同志被县委组织部授予“呈贡县第四批新农村建设工作优秀指导员”称号。

**【工作经验】** 在新农村建设工作中，新区（县）按照省、市的要求开展各项工作，有力有序地推进了新农村建设。一是强组织、有保障。新区（县）第四批新农村建设指导工作增设了工作总队，由街道工作队长兼任街道党工委副书记，省、市分别选派厅级、处级领导干部担任总队长、副队长，市选派后备干部担任队长，兼任新区（县）、街道副书记，增强了组织保障，使得新农村建设工作队的工作能在新区（县）、街道、社区各个层次的决策中体现出来，改变了前三批新农村建设工作队“两头重、中间轻”的现象，即省、市高度重视，老百姓迫切希望，县、乡镇（街道）指导员作用得不到充分发挥的现象得到改善，工作队组织能力、协调能力、决策能力明显提高。二是提素质、强管理。在第四批新农村建设指导员下派中，根据省、市委关于下派新农村建设指导员的要求，通过个人申请、单位推荐、组织审查的方式，从省、市、新区（县）有关部门和街道抽调政治素质较好，工作热情高的机关干部组成工作队，加强了新农村建设组织力量。指导员下派到各村前，统一进行了以新农村建设和农村工作知识为主的任前培训，要求指导员制定工作计划，驻村后由街道组织基层工作知识培训；要求指导员严格工作纪律，列席街道党工委、办事处召开的有关会议，参加社区“两委”会议。新区（县）新农村建设工作总队、县委组织部、县委新农村工作队办公室的领导不定期到指导员所驻村巡查指导员工作情况，与指导员座谈交流。三是重学习、懂政策。指导员都参加新区（县）、街道组织的培训，采取集中学习和自学相结合、理论学习和实践学习相结合的方式，通过电视、广播和党报党刊等多种渠道，深入学习党在农村的一系列方针、政策和有关法律法规，重点学习了《社会主义新农村工作指导员手册》、《昆明市新农村建设工作指南》、《呈贡新区建设政策法规汇编》以及各级领导有关推进社会主义新农村建设的讲话精神和农村科技文化知识，切实掌握主要的支农惠农护农政策法规。深入到群众中进行民情恳谈，虚心向农民群众学习、向基层干部学习，到田间地头、村村户户进行政策宣传，入户访谈，到征地拆迁的村庄宣传拆迁安置补偿办法，在实践中不断提高解决实际问题的本领。四是重调查、懂民情。为了解和掌握村情民情，熟悉工作环境，进入工作状态，指导员利用同村组干部入户工作的时机，走访群众，了解社情民意；利用村组干部集中学习和开会的机会进行交心谈心，了解掌握所驻村的基本情况和群众关心的热点、难点问题，增进了与村组干部和群众的了解，增进了党群干群关系，为开展好新农村建设指导工作奠定了良好的群众基础。五是真抓实干。指导员驻村后，紧紧围绕新区党工委（县委）、新区管委会（县政府）的中心工作，密切配合社区“两委”开展工作，确保了各项工作任务的完成。针对在走访调查过程中群众反映的热点、难点问题，指导员本着当好富民强村的服务员、矛盾纠纷的调解员和制度建设的督导员的思想，与社区“两委”共同研究，积极出主意，想办法，创造条件，解决问题，为七甸街道全域顺利托管阳宗海风景名胜区管委会做了大量卓有成效的工作，扎扎实实地为基层群众办实事。

**【省级重点村建设】** 按照“市协调、县负责、街道主抓、村实施”的工作机制，新区（县）全面推进社会主义新农村省级重点村建设工作，按要求完成了各项任务，取得新的成绩。

组织领导。新区党工委（县委）、管委会（县政府）对省级重点村建设情况十分重视，明确由县委新农村建设工作领导小组及其办公室具体负责此项工作。项目实施单位主要在七甸街道各社区（自然村），七甸街道成立了相应的工作领导小组主抓此项工作，县委新农办、七甸街道及时解决项目推进工作中出现的各种问题，指导制定项目实施方案和具体工作方案，上报各个阶段工作情况，确保工作顺利推进

建设资金。2009 年，通过申报，新区（县）七甸街道的 9 个自然村被列为 2009 年度省级重点新农村建设项目村（建设周期为 2009 年 7 月至 2010 年 7 月），分别为头甸社区头甸村、胡家庄社区土家庄村、七甸社区七甸村、马郎社区马郎小村、马郎社区黑蚂凹村、马郎社区汤池凹村、野竹社区黄土沟村、广南社区广南村、大哨社区新发村共 9 个村，项目计划投入建设资金 1 164.6 万元，其中省级补助 135 万元，市级补助 180 万元，新区（县）级补助 180 万元，集体投入资金 705.99 万元。截至 2010 年 7 月末，已投入建设资金 1 165.99 万元，其中，村民筹资 46.5 万元，村民捐资 5 万元，村民投工投劳 600 个，村民以工折资 10 万元，集体投入 705.99 万元，争取财政“一事一议”及挂钩帮扶资金 252.5 万元，企业支持及整合资金146 万元。

建设内容。完成拆除重建危房 21 户，加固改造 114 户，受益农户 135 户，实施村内道路硬化及修复砂石路面 33 条、15.9 公里，修建挡墙 14 件、4 578.35 立方米；安装涵管 175.9 米，解决 2 064 户、6 073 名村民路难行的问题；新建公厕 1 座、面积 200 平方米，垃圾处理房 6 个；新增村内公共绿化、美化村内环境 1 240 平方米，植树 1 150 株；新建村内公共场所2 个、面积 80 平方米，科技文化活动室 1 个、面积 1 000 平方米；安装村内路灯 181 盏；安装人畜饮水管网 20 582 米，建蓄水池 2 个、容积 600 立方米，整治排水沟 3 754 米；农业产业发展项目种植绿化苗木 240 亩。

工作措施。一是严格审核上报。根据省、市对省级重点建设村项目实施的总体要求，县委新农办、七甸街道的领导和相关人员深入调查了解各个社区的实际情况，对基层班子团结、积极性强并有一定集体经济基础的村进行认真的审核。各项目村结合村情，围绕改善农民生产生活条件、村庄道路、人畜饮水、生态建设、农村社会事业发展等方面制定了新农村省级重点建设村实施方案，特别是在建设项目、投资预算、经费来源和时间进度安排上，街道新农村建设工作领导小组严格审核把关，将相关的材料上报县委新农办同意后，才将其上报市新农办审批。二是严格监督、专款专用。新区（县）按照“政府引导、农村为主、社会参与”的投入模式，广泛筹集资金，对省、市、新区（县）下达的 495 万元补助资金实行专户管理，专款专用。坚持按项目进度拨付款项，发挥新农村省、市、新区（县）重点建设村资金的使用效益。三是统筹兼顾，因地制宜。在项目实施中，按照“集约用地、资源共享”的原则，统筹规划，精心组织。在认真推进原上报项目的同时，在抗旱救灾的特殊时期，加大了人畜饮水工程的建设力度，真正将项目资金用在了重点工作中。

建设成效。一是村庄面貌转变明显。通过精心组织，各个省级重点村结合当地实际，大力开展道路硬化、美化、绿化建设，环保垃圾池（房）、公厕建设，公益文化活动场建设等一系列工程项目实施，使群众生产生活环境进一步改善，项目村内垃圾做到“组保洁、村收集、乡转运、县处理”。项目村面貌焕然一新，营造出人人爱护环境美化家园的浓厚氛围。二是生产生活条件得到改善。各个项目顺利实施后，新建

黑蚂凹村进村道路

（杨春富　摄）

的基础设施工程相继投入使用，产生了良好的经济、社会和生态效益，让农民群众切实享受到了新农村建设带来的实惠，农村生产生活条件得到改善，夯实了经济发展和农民增收的基础。通过实施人畜饮水项目，农民群众用上了洁净的自来水，饮水安全得到保证，对于预防和减少疾病，保障人民群众身体健康发挥了重要作用。三是社会治安得到加强。通过实施亮化工程，使项目村彻底改变了夜晚出行困难的问题。

新建的基础设施先后投入使用，产生了良好的经济和社会效益，有力的促进了七甸水果、蔬菜、酱菜、矿泉水、餐饮业的发展。修复了黑蚂凹村进村砂石路2.2公里，外地收购蔬菜的车辆可以直接进入村内收购蔬菜，彻底改变了原来用牛车把蔬菜从田间地头运到三（三岔口）铝（云南铝厂）公路上，再装上汽车运到市场销售的状况；安装饮用水管网20 582米，使旱情较重的村庄的村民饮用上自来水，抵御了百年不遇的干旱；马郎小村村内外道路硬化及田间道路修复后，“五·一”节期间每天到该村采摘购买樱桃的人数达千人，车辆络绎不绝，全村经济收入显著增长，较好地实现了农业增效、农民增收，其中最多的一户农户家樱桃收入达6万元；广南社区村内道路硬化后，1 016人彻底结束了世代村民晴天一身灰、雨天一脚泥的历史；呈贡工业园区大哨片区周边的村庄面貌得到较大改善，招商引资速度提升，产业支柱力度增强。

**【考核验收】** 重点村建设项目完成后，县委新农办在9个自然村开展村民满意度测评，共涉及农户2 377户，被调查农户60户，社区居民满意度达93.3%，基本满意达6.7%。效果显示，新区党工委（县委）、新区管委会（县政府）领导高度重视省级重点村工作，切实做到立党为公、执政为民，情为民所系，利为民所谋。七甸街道社区人民群众也共享了新区建设的成果。经2010年10月20日市农办牵头，由市财政局、市审计局、市扶贫办组织对新农村省级重点建设村的考核验收，新区（县）9个省级重点村通过市级考核验收，评定为良好。

**【村容村貌整治】** 2010年，开展村（社区）村容村貌整治工作，切实改善当地居民群众的生产生活条件，在省、市农业及财政部门的帮助支持下，吴家营街道郎家营社区赵家山村、七甸街道大哨村列入省村容村貌整治项目村。通过精心组织，大力开展“四清四化”（“四清”即清理村内土堆、石堆、柴草堆、粪草堆，做到堆放有序；清理村内柴草、粪便垃圾，做到定点存放、定期处理；清理乱挖乱围，平整地面，拓宽村内公共空间；清理人畜屋舍混建，实行有效分离。“四化”即修整村庄街道，清除乱搭乱建，做到村庄整洁、道路硬化；整治村内臭水沟、死水塘，做到环境

建设中的新农村示范点

（杨春富 摄）

净化；村庄四旁，村内空闲地植树进行绿化；建设农村环境卫生长效保障机制，实现村庄亮化）活动，着力解决村庄脏、乱、差问题，促进乡风文明。经过一年的集中整治，实施道路建设、建设垃圾收集点、公厕、村庄绿化、文化活动场所建设等一系列项目实施，村内垃圾做到“组保洁、村收集、街道转运、县处理”。项目建设村群众生产生活环境改善，村庄面貌焕然一新，投入建设资金共150万元，其中省级补助20万元，新区（县）级补助15万，社会资金32万，村级集体资金83万。截至2010年12月，修建村内道路1.1公里，垃圾房5间，新建人畜饮水管道900米，公厕1座，建成科技文化室11间，共1 723平方米，运动场一块800平方米，深水井一口，安装变压器1台，赵家山村人畜饮水问题得到了根本解决，大哨村面貌发生了重大改变。

**【头甸村建设】** 2009年度，根据中共昆明市委办公厅《昆明市2009年省级新农村重点建设村实施方案》的通知，七甸街道头甸社区居委会头甸村被列为云南省社会主义新农村省级重点村建设。按照呈贡新区综合办公室相关文件精神的要求，于2010年7月组织完成了观音寺村人畜饮水工程、观音寺村村口小型农贸市场砼道路建设工程、头甸小组道路亮化工程、村容村貌绿化工程及文体设施建设。

建设前的基本情况。一是村内基本情况。头甸村是头甸社区居委会辖区内的一个自然村，设1个居民小组，即头甸社区居委会头甸居民小组。面积9平方公里，耕地面积800亩，人均耕地0.78亩；村内人口为农业人口，民族为汉族，共320户、1 025人。二是经济和社会事业发展概况。2008年，头甸村经济总收入为442.90万元，其中农民人均纯收入4321元。农民主要经济收入来源为种植白菜、玉米、豌豆等和外出劳务收入；建立和完善了新型农村合作医疗制度，参加新型农村合作医疗人数达1 025人，参保率达

100%，农民的基本医疗得到有效保障；辖区内贫困学生享受到国家“两免一补”的优惠政策；实施了农村贫困人员最低生活保障，被征地人员基本养老保险工作。三是村内基础设施情况。全部农户已通电，并安装有线电视；农田有效灌溉面积200亩，高稳高产农田面积100亩；村内建有垃圾房5个、垃圾池3个。四是存在问题和困难。头甸村地属山区，气候干燥，居住比较集中，耕地属于山地，干旱时节会长时间出现，农户饮水及灌溉困难，自然地理、气候等条件差；水利基础设施建设滞后，有效灌溉面积少，农业基础设施建设较差，严重制约着本村的经济发展；经济结构单一，科技水平低，耕作方式落后，管理粗放；文体设施差，村民精神文明建设得不到有效提高。

建设后的基本情况。一是基础设施建设工程。水利建设包括建人畜饮水管网1 500米，蓄水池2个、600立方米；工程总投资76万元，资金来源为省级补助7.5万元、市级补助10万元、新区（县）级补助10万元，整合13万元，自筹35.5万元。二是村容村貌整治工程。全年完成安装路灯65盏，绿化植树500株；总投资40万元，资金来源包括市级补助5万元、新区（县）级补助5万元，自筹30万元。三是文体设施建设工程。全年建设多功能活动室1个、面积500平方米，新修篮球场1块、乒乓球室1个；总投资20万元，资金来源为市级补助5万元、新区（县）级补助5万元，自筹10万元。四是危旧房改造工程。危旧房改造15户，总投资17万元，资金来源包括省级补助7.5万元，自筹资金9.5万元。五是有待完成的项目情况。因资金紧缺，观音寺村民小组路灯亮化工程需40万元资金，该项目在年内尚末具备实施的条件，待筹措资金条件到位后，将积极完成亮化工程。

马郎村新建的文化活动中心、篮球场

（杨春富　摄）

**【省级重点村验收】**　根据省、市《关于印发2009年云南省社会主义新农村省级重点建设村实施方案的通知》和《关于印发2009年云南省社会主义新农村省级重点建设村实施方案的通知》精神，省、市安排新区（县）2009年度省级重点建设村为七甸街道的头甸村、王家庄村、七甸村、马郎小村、黑蚂凹村、汤池凹村、广南村、新发村、黄土沟村共9个。新区（县）按照“生产发展、生活宽裕、乡风文明、村容整洁、管理民主”的要求，按照“缺什么、补什么”的重点村建设内容和项目，着力解决农民群众最关心、最急需、最受益的实际问题。认真组织各项目村的规划、实施方案的编制和评审，扎实抓好项目建设工程。县委新农办、昆明市委农村工作领导小组办公室组织相关人员，对新区（县）2009年度省级新农村重点建设情况进行考核，听取了呈贡县建设社会主义新农村工作领导小组办公室的《呈贡县2009年省级新农村重点建设村报请市级考核验收报告》。认为：县委新农办按照省、市的相关要求，完成了对9个省级重点建设村的全面验收，建设项目评为优良；新区（县）重点村建设项目实施后，新建的基础设施投入使用，产生了良好的经济社会和生态效益，让广大群众切实感受到新农村建设的成果。

（李　德）

# 军　事

责任编辑：杨春富

## 新区（县）人民武装部

【简　述】　2010年，呈贡新区（县）人民武装部工作在昆明警备区、新区党工委（县委）、新区管委会（县政府）的正确领导下，坚持以“三个代表”重要思想为指导，按照科学发展观的要求，本着“强班子、攻弱项、创特色、求发展”的工作思路，重点抓党委班子和干部队伍建设，军事训练、正规化建设达标、机关办公地点整体搬迁事宜等工作，机关建设、基层全面建设水平得到了进一步提高，人民武装工作有了长足的进步和发展。新区（县）人民武装部被昆明警备区评为“正规化建设先进单位”和“安全稳定工作”单位。

【班子和队伍建设】　2010年，新区（县）人民武装部党委班子进行了较大调整。党委班子针对新组建领导班子成员较新的实际，从维护团结、充分发挥党的核心领导作用入手，认真分析了班子建设现状，查找存在的优势和不足，下力抓了党委班子自身建设。一是党委班子建设。认真落实《党委工作条例》和党组织生活制度，严格按照“十六字”原则，研究决策重大问题。在推荐使用干部、征兵和涉及职工切身利益的工作和生活问题上，能够做到公开、公正、公平，做到群众满意。二是加强党委中心组学习。抓好学习和实践科学发展观的活动，重点学习了胡锦涛总书记“6·25”重要讲话、十七大报告等相关会议和文件精神，把党委一班人的思想统一到十七大精神上来。三是注重干部队伍的培养和锻炼。经部党委会议讨论，决定选派四名同志参加了昆明警备区组织的“纲要”成果培训。其中，凌维军参谋在培训中被评为优秀学员。此外，机关干部主动在本职岗位上实践锻炼，充分发挥主观能动性和个人特长，积极出主意、想办法，认真落实各项工作，机关干部职工思想觉悟和综合素质进一步提高，队伍稳定，工作敬业。

【思想政治教育】　新区（县）人民武装部坚持“两个武装”学习，真正把思想政治建设摆在各项工作的首位，把学习贯彻科学发展观作为第一位的政治任务，狠抓了“党委中心组带机关”的理论学习活动。4月，组织开展了培育“当代军人核心价值观”主题教育活动，大力加强新形势下军队思想政治建设，进一步强化了干部职工全面发展和履行使命的精神支柱。6月，开展“增强党性、严守纪律”专题教育整顿及“回头看”活动，大力纠治“七类”倾向性问题。7月，组织开展了领导干部的“增强国防观念、提高军事技能”国防教育活动，昆明市市级班子成员参加了活动。9月15日，采取板报宣传、散发宣传单、电视讲座、国防知识咨询等形式，组织进行了群众性的“全民国防教育日”集中宣传活动。其中，七甸街道、洛羊街道办事处结合实际，开展了“国防教育进社区”的宣传教育活动。

【安全管理】　2010年，新区（县）人民武装部认真贯彻落实上级人民武装部门关于安全稳定工作规定和指示精神，按照省军区“六个管好”要求，以武器弹药库管理为中心，以人员和车辆管理为重点。进一步完善了各项制度和措施；健全规范了“四个秩序”，狠抓“两个经常性”工作的落实，确保了安全稳定。一是认真学习贯彻成都军区、云南省军区安全稳定工作电视电话会议精神；二是通过提高干部、职工的能力素质，促进安全稳定工作的落实；三是突出抓好人员、枪弹和车辆管理；四是扎实开展不安全隐患的清理排查。

【民兵组织建设】　新区（县）人民武装部以新时期军事战略方针为指导，以《民兵工作条例》为依据，认真贯彻上级有关文件精神，积极适应军事斗争准备、市场经济发展的需要，狠抓了城区民兵、交通沿线、重点街道民兵的组织配置，合理配置和有序管理民兵专业技术分队、对口专业分队人员。加强对新入队民兵的政治审查力度，严防政治不合格的人员混入民兵组织，确保组织纯洁；加强形势战备教育和根本职能教育，开展爱国主义教育和革命英雄主义教育，进一步巩固民兵队伍的思想基础；调整民兵干部，完成新区（县）本年内的民兵整组工作任务。

**【民兵军事训练】** 2010年8月，根据昆明警备区的相关要求，结合新区（县）面临新情况和新问题，新区（县）人民武装部分两期组织民兵应急分队、步兵分队和空军专业分队进行军事训练，经历了训前准备、开训动员、组织实施、总结表彰四个阶段，第一、二期民兵训练时间各为10天。其中，以应急维稳、森林防火、抗洪抢险、队列和射击训练为主，军事训练应训人数、实训人数均达到了规定的标准，政治教育工作取得明显成效；有效提高了民兵在维护社会稳定、护林防火、抗洪抢险、抗震救灾等重大突发性事故的应急能力，基本上达到了军事训练和政治教育的预期目的。在每期训练结束前，进行了民兵军事训练课目的汇报表演，受到了前来观摩新区党工委（县委）、新区管委会（县政府）、县人大、县政协领导及相关街道武装干部的好评。此外，在第一期民兵批训练期间，组织140名参训民兵参加了新区（县）“8.16”抗洪抢险救灾，充分发挥了民兵组织在完成急、难、险、重任务的重要作用，为新区城市建设、经济建设、社会各项事业发展作出了贡献。

**【机关正规化建设】** 坚持依法治军、从严治军，狠抓了正规化建设。新区（县）人民武装部深入学习贯彻军委有关文件精神，依据上级人武部门制定的“五个规范”，修订完善了各类措施和规定，贯彻落实好保密制度，严格涉秘载体管理。3月，开展了“条令学习月”活动，组织大家重温条令、条例、规章、制度，靠制度规范行为，进一步规范“四个秩序”。严格落实民兵武器仓库“三铁一器”和“双锁联管”制度，武器装备达到了“四无”标准，做到了帐、物、卡相符，完好率达到95%以上。4月，为涉密电脑配备了干扰器，在涉密场所安装了手机屏蔽器等，切实履行保密制度，不断加强保密管理。

**【基层武装部建设】** 2010年，新区（县）人民武装部统一了基层软件资料、业务资料的格式和样式，大多数的基层武装部都能严格按照《基层规范化建设标准》和统一规定，认真开展了自身建设和民兵组织建设，按照工作标准的要求进行建设，使民兵组织的战斗力有了大幅度提高。经过近年来的努力，新区（县）进一步完善配套了基层武装部的硬件，各街道为基层武装部长配齐了服装，大部分单位为基层武装部配备了专用电脑和办公电话，逐步配备了相关的设施。此外，各基层武装部投入精力抓好民兵应急分队训练，各单位的民兵组织快速动员和遂行任务的能力得到进一步增强。雨花街道组织了民兵防汛、防火救灾演练活动，七甸街道民兵参加街道火灾扑救工作，检验了基层武装部、民兵组织建设的成果。

**【“双拥”共建】** 2010年，新区（县）人民武装部组织开展军事设施保护宣传5次，协调军用光缆改迁建设2条，新铺设光缆1条。组织昆明市公安局呈贡分局机关的干部、警察对新入驻新区（县）的部队周边环境进行了安全普查，为部队建设和发展创造一个安全环境。与地方相关部门加强协调，帮助驻呈部队解决了军人子女入学入托的问题，入学入托人员3名；协调地方有关部门解决驻呈某部干部战士的生活用水问题。组织有关部门分批次慰问野外驻训部队和参加抗旱救灾部队，送去慰问金5万元、猪肉等食品数千公斤。

**【军事志编纂】** 7月初，按照昆明警备区的要求，新区（县）人民武装部组织开展了军事志编纂工作。认真修改和补充了需要完善的部分内容,完成了送审稿工作，主官签署了书面的评审结论，通过昆明警备区军事办的验收。7月底，经新区（县）人民武装部党委讨论，一致同意印刷出版《呈贡县军事志》，投入资金4万元，已印刷成书。

**【防汛救灾】** 2010年5月中旬，新区（县）人民武装部组织民兵150余人、协调驻呈部队某部官兵300余人，出动三轮垃圾车100余辆，先后疏通了新区（县）水龙沟、新沟等沟渠4 500米，共清挖（运）淤泥、杂草、垃圾60余吨，增强了防洪排涝功能。

**【抗旱救灾】** 3～5月，面对新区（县）持续干旱的严峻灾情，新区（县）人民武装部迅速启动了抗旱救灾应急预案，发动民兵组织、驻呈部队投入抗旱救灾工作。一是成立应急队伍。各街道落实抗旱救灾物资储备，做好抗旱保民生工作；分别成立了民兵抗旱救灾应急队伍，每支队伍的人员不少于30人。全年出动民兵投入抗旱共56 013人次，出动运水机动车70 646辆次，累计投入机动抗旱设备38 523台（套）；清挖沟渠20.2公里，清淤除障8 200余立方米。二是发挥桥梁纽带作用，主动协调驻呈部队和消防武警大队积极参与抗旱救灾工作。据统计，驻呈部队和消防武警官兵参与抗旱3 500人次，车辆601台次，运送饮用水3 010立方米，解决饮水困难问题2 204人；清理引水沟渠20

公里，架设管道12公里，挖掘小水窖5口、水池100余个，浇灌农作物1 200亩；组织人员和车辆为灾区群众运送矿泉水6 000余件、粮食80吨、蔬菜5 000公斤。

**【森林防火】** 新区（县）人民武装部结合新区（县）气候干旱、森林防火形势严峻的形势，组织开展了预防森林火灾的活动。一是修订完善森林防火灭火预案。以新区（县）的民办联防队为基础，建立护林防火联防群护和整体联动运行体系，为护林防火提供人力保障。二是成立灭火队伍。组织成立了灭火训练示范班，人数10人，开展单兵识图用图、灭火机具操作、班（组）灭火战术、清理火场技术等训练，提高了单兵和班（组）协调一致的作战能力；参加地方灭火演练2次；各街道分别组建民兵扑火分队，每支队伍的人员不少于30人，由新区（县）人民武装部统一训练，提高民兵防火及火场避险、自救等能力。三是宣传森林防火知识。组织编写了《民兵森林防火训练教材》，制成教学光盘，下发到街道武装部供相关人员参考学习，做好森林防火宣传教育。年内，新区（县）开展森林防火宣传活动共15次，民兵宣传员走村入户宣传450余户，印制布标和制作宣传牌40余条，发放宣传资料500余份，张贴、刷新标语600余块（条），为新区（县）中小学生上防火安全宣传教育50余课。四是扑火灭火工作情况。通过组织民兵扑火分队参加火灾演练,提高了民兵扑火分队遂行任务的能力。年内，新区（县）累计出动民兵扑火分队600余人次，扑灭火灾6起，保护退耕还林2 000余亩，挽回经济损失15余万元。

**【征兵工作】** 2010年，新区（县）人民武装部公正、顺利、安全、圆满地完成了新区（县）征兵73名的任务，其中驻藏部队新兵40名，驻内地部队新兵33名。9月中旬，在新区（县）展开了兵役登记工作，摸清了底子。10月18日，新区（县）宣传动员广大适龄青年踊跃报名参军，报名参军适龄青年共270余人，参加街道初检230余人。按照1∶3比例，通知参加县级体检人员165人，体检合格人员87人；参加政审人员130名，体检和政审双合格人员78人。在此基础上，根据国防部应征青年体格检查和政治审查标准，按照“全面衡量，择优定兵”的原则进行集体定兵，新区（县）征兵工作领导小组及其办公室工作人员最终确定了应征入伍人员73名。其中，硕士研究生1名，占1.4%；大学毕业生2名，占2.7%；高中毕业生19人，占26%；初中毕业生51人，占69.9%；城镇居民6人、占8.2%，农村居民67人，占91.8%。

（凌维军）

## 驻呈部队

**【简　述】** 2010年，中国人民解放军某部队司令部直属队（以下简称司令部直属队）在上级党委的正确指导下，在驻地政府和人民群众的大力支持下，坚持以科学发展观为指导，以《军队基层建设纲要》为依据，以集团军首长提出的建设一流“样板队”为目标，扎实打基础、全面抓落实。坚持高标准、高质量抓直属队全面建设，使直属队全面建设始终保持协调发展、全面推进、稳步提高的良好势头。

**【组织建设】** 司令部直属队坚持按照“组织健全、制度落实、活动经常、作用明显”的标准，加强组织建设，党员队伍和干部队伍建设得到全面加强。年内，司令部直属队重点对如何发挥营级党委作用进行了有益的探索，一个营级单位党委被上级表彰为先进营党委。

**【战备训练】** 司令部直属队依托大项任务和比武竞赛活动，进一步强化战备训练工作，所属各分队的战斗力水平成建制的得到了提高。年内，司令部直属队先后参加了狙击手比武集训、电抗部队“三个一百”比武竞赛，参加了军区组织的“猎鹰10”行动等，有4名官兵受到军区级以上表彰。

**【政治工作】** 2010年是司令部直属队政治工作全面“丰收”的一年，部队政治工作取得长足进步，受到上级的充分肯定。司令直属队在全军各类学术杂志和研讨会发表研究文章20篇，其中关于开展新兵思想政治教育、“践行科学发展观、学习兰州好九连”活动的2篇经验文章，被集团军转发；新成立的新闻报道组成效明显，所撰写的各类文章在军区级以上媒刊载64篇，中央级媒体刊载31篇。年内，由司令部直属队创办的《军号》报，内部发行22期。

**【“后装”建设】** 2010年，以参加全军通用电子装备“两成两力”建设试点演示任务为契机，司令部直属队的“后装”工作完成了对四个营级单位“后装”库室的规范建设，“后装”保障水平明显提高。

**【正规化建设】** 司令部直属队贯彻新《军队基层建设纲要》，狠抓了四个秩序的规范，突出了基层经常性工作的落实，重点对照《纲要》规定的8个方面的日常工作要求，积极开展“双学双争”和“创先争优”活动，部队全面建设扎实推进。年内，一个营级单位荣记集体三等功，一个营级单位被集团军表彰为“基层建设标兵单位”。

【外事工作】 在解放军“三总部”、军区、集团军的指导下，司令部直属队侦察分队圆满完成了“友谊行动2010”中国罗马尼亚陆军山地部队联合训练任务，有力的促进了两军之间的了解和交流。6月，参加赴黎巴嫩维和的官兵凯旋归来，不仅为人类的和平事业做出了贡献，也为伟大的祖国争了光，为人民军队添了彩。

【安全管理】 年初，司令部直属队成立呈贡管理办公室，进一步完善和规范了各项管理规定，狠抓“六个管好”。8月，司令部直属队在呈贡营区安装了营区监视系统，设立了监控室，确保了营区的安全。年内，司令直属队无严重违纪，无失管失控人员，确保了部队安全稳定，被上级表彰为安全稳定工作先进单位。

【军民共建】 司令部直属队坚决贯彻落实上级关于积极参加驻地“三个文明”建设的重要指示，积极探索新形势下开展军民共建的特点和规律，广泛开展形式多样、内容丰富、成效明显的军民共建活动，受到了驻地政府和人民群众的普遍好评。年内，司令部直属队参加了驻地政府组织的万人长跑活动、驻地学校的搬迁工作；在抗旱救灾中大显身手，先后出动一个建制营、10余台装备车辆参加了楚雄等地的抗旱救灾，被地方群众誉为“百姓救星”、“救灾先锋”。

（许定国）

## 武警呈贡县中队

【简　述】 中国人民武装警察部队是中华人民共和国的一支重要武装力量。武警呈贡县中队隶属于武警云南总队昆明市支队。多年来，实现了“执勤目标安全无事故”，多次被评为基层建设先进党支部和先进中队，多次受到了上级部门的表彰和奖励，树立了武警部队“威武之师、文明之师”的良好形象。在支队党委、新区党工委（县委）、新区管委会（县政府）的正确领导下，深入贯彻省、市、新区（县）的相关会议精神，党支部“一班人”端正指导思想，结合工作实际，正视问题找差距，“揭露矛盾求发展”，树牢“全面建、整体上”的思想。在突出抓好自身建设的同时，全体官兵正视困难，团结一心，勇于拼搏，坚持抓安全稳定、抓执勤训练、抓管理教育、抓规范统一，顺利完成了营房搬迁工作，圆满完成了以执勤和处突为中心的各项工作任务。

【新址建设和搬迁】 武警呈贡县中队新址位于新区（县）洛羊街道。2008年9月，监区建设项目开始动工修建，至2010年9月建成，于同年12月投入使用。其中，看守所总占地面积70余亩，建筑面积36 000平方米。

中队官兵成功担负“12·17”呈贡县看守所在押犯武装押解勤务 （武警呈贡县中队　供稿）

【队伍建设】 2010年，武警呈贡县中队始终以把强化官兵思想意识、增强教育针对性和灵活性为重点，不断提高官兵政治思想素质，确保出色地完成各项任务。一是加强政治教育，官兵政治思想觉悟得到提高。在政治教育和思想政治建设中，始终以“政治合格”为总要求，认真分析政治思想建设的实际，引导官兵增强革命事业心和工作责任心，端正服役态度，提高做党和人民忠诚卫士的意识，确保中心任务的完成。党支部高度重视，把整个政治思想建设放在各项工作的首位，坚持马克思列宁主义、毛泽东思想、邓小平理论、“三个代表”重要思想及党的十七大精神，教育官兵做有理想、有道德、有文化、有纪律的新时期革命军人。通过开展“牢固树立当代革命军人核心价值观”专题教育，开展历史使命、理想信念、战斗精神、“四反五防”、“四不一保持”、警示性法治教育、密切内部关系教育、党团课教育等活动，不断提高官兵的思想政治觉悟。大力开展了“日学一条、周析一案、月讲一课”的普法活动，狠抓预防犯罪工作。二是以人为本，大力加强支部班子队伍建设，确保官兵思想的集中统一。坚持从思想上、组织上、作风上、制度上全面加强党建工作，不断提高党支部的自建能力，不断提高领导中队全面建设的能力。4月，武警呈贡县中队的干部班子调整后，建立了新一届党支部委员会，选举产生支部委员5名，达到了基层党支部建设的要求；健全了各种组织的机构，加强了党支部的主心骨的作用。坚持重大问题集体讨论决定的原则，在中队建设等重大问题上，不搞“个人说了算”和

"家长作风"，尤其是在处理战士的入党、入团、选学、转干、奖励、处分等问题上，做到集体讨论研究后再作出决定，实行政策、规定、标准、条件、程序、结果"六公开"，真正做到"党支部用人满意，群众满意党支部用人"。三是抓紧制度不放松，保证党支部生活正常化和决策科学化。坚持和落实好党日、党课、会议、汇报、报告工作、民主评议党员、民主生活会"七项制度"，切实做到组织严密，登记统计规范，党支部班子人心齐、作风正、干劲大、工作实、作用明显。加强班的团结和协作，做到"主官有事常通气，支委无事常交心，学习开会不少一人，集合站队不掉一个，团结协作齐用劲，分工负责大家抓"，心往一处想，劲往一处使，拧成一股绳。以党支部为核心，突出"三支队伍"建设；培养军事小教员，思想骨干，党员模范骨干；学习模范先进典型，提高"争先创优"的氛围；充分发挥武警委员会和团支部的助手作用，利用团支部、武警委员会，使官兵树立"以队为家"的思想意识。四是严格党支部会议，提高党支部"三个能力"。坚持民主集中制的原则，集聚个人智慧，形成拳头力量，发挥整体优势，形成民主决策、集体领导的良好氛围，增强了党支部的凝聚力和战斗力，不断提高党支部解决自身问题和领导本单位全面建设的能力。在日常工作中，严格落实议会制度，遇有事情及时召开支委会，做出公正、合理、有利于中队建设利益长远的决议。五是严格落实民主生活会，做到小事讲风格，大事讲原则，形成"有问题相互查，有困难大家帮"的良好氛围，不断提高党支部成员的整体素质，推动部队建设向前发展。六是加强党支部思想作风建设。新的党支部班子调整后，以科学发展观为指导，以提高素质、优化结构、改进作风和增强团结为重点，坚持"听党话、跟党走"的原则，紧紧围绕创建基层先进支部的目标，努力建设一个坚强的领导班子，建设一个过硬的基层中队。加强干部理论学习，深入分析支部存在的问题，并制定整改措施，有效地提高支部发现问题、分析问题和解决问题的能力。七是加强对组织成员的教育、管理、发展。加强对党员和团员队伍的培养教育，用马列主义、毛泽东思想、邓小平理论、"三个代表"重要思想、科学发展观武装头脑，提高了思想和政治素质。加强对党员的管理，组织管与制度相结合，配合上级开展党员先进性教育、抵御"四不"教育，在思想上时刻保持与党支部高度一致，确保每个党员不脱管、不放松、不越轨。不断提高其组织指挥和管理教育能力，强化对骨干的培养，在军事技能、组织指挥、思想教育引导等方面进行侧重培养，把思想基础好的同志列入培养对象，建设一支能带好战士、管好兵的骨干队伍。做好组织成员的发展工作，从源头上保证组织队伍的纯洁性，严格按标准、按比例发展党员、团员，发展工作积极性高、干劲足、模范作用好的同志加入组织，中队团支部在本年内向党组织推荐党员发展对象5名，党支部发展党员2名，团支部发展团员4名。本支部深入开展民主评议党员活动，通过自我评估、群众评议、支部把关，被评为合格党员9名，有1名优秀党员在"七·一"节受到大队党委的通报表彰。通过民主评议党员，切实评出了先进，评出了干劲，评出了革命事业心和工作责任感。

**【纲要学习】**　按照三级党委扩大会议精神，武警呈贡县中队全面实现《军队基层建设纲要》，围绕"按纲建队"的规划目标，在基层建设上下功夫、见成效，解决了制约基层建设的"拦路虎"和"瓶颈"问题。通过全体官兵的共同努力，软件、硬件建设上升，高标准、正规化的整体水平明显提高，得到进一步的发展。一是强化《纲要》意识。通过开展《纲要》再学习、再教育活动后，"学纲要，用纲要"的意识明显增强，把《纲要》学习进入周表，并以表格的形式制定出工作计划，做到"安排工作用纲要统揽，检查工作用纲要对照，总结工作用纲要衡量"。二是建设意识明显增强。按照《基层正规化管理若干规定》的要求，武警呈贡县中队在统一营区库、室的同时，注重强化设施管理，加强营区绿化美化。在一季度内，武警昆明市支队首长三次莅临中队新址检查指导工作，并派工作组具体指导。开展"按纲自建"活动，绿化了营区环境，完善了厨房等生活设施，投资4.5万元。三是着力解决发展不平衡的问题。通过抓落实，武警呈贡县中队把主要时间、人力、精力用在解决中队发展不平衡的问题上，"按纲自建"得到了发展，整体水平明显提高。四是大力开展"双争"活动。进一步制定和量化了"双争"评比细则，落实了"双争"活动的"月评"、"季评"制度。全体官兵"干在平时、比在平时，争在平时、评在平时"的"双争"氛围日趋浓厚。年内，中队官兵有1人荣立三等功一次，9人被评为优秀士兵，9人被中队嘉奖；中队被新区党工委（县委）、新区管委会（县政府）评为"平安单位"。

**【执勤和勤务】**　2010年，武警呈贡县中队党支部始终坚持执勤工作中心地位不动摇，扎实开展"向规范三班四哨要形象，向落实勤务制度要安全"的活动，执勤和"处突"的能力明显提高，确保执勤目标安全，圆满完成了各项临时勤务工作。一是加强执勤教育，看清当前形势，牢固树牢居安思危的思想意识。中队领导加大了查勤力度，加强执勤战备教育，组织官兵学习《执勤规定》、《情况处置规定》及相关的文件精神，教育官兵熟悉掌握履行职责和处置突发性事件的规定，保证哨兵遇有情况能够拉得出、打得赢。二是搞好专勤专训。按照强化一线执勤，做到“一线坚固，二线应急，三线能快速支援”的要求，武警呈贡县中队认真抓好哨兵反袭击、情况处置、“四哨”动作、执勤基本动作等科目的训练，正规执勤动作，提高“一招制敌”的能力；深化巩固专勤专训的效果，把执勤训练动作与实际工作紧密结合起来，规范执勤动作，全面提高官兵的执勤和“处突”能力。三是狠抓勤务制度落实。认真落实支队“三员一兵一组”组勤模式，落实好“三人应急小组”制度，并测试到位时间，提高了“三人应急小组”反应速度；圆满完成了元旦、春节、“五一”节、“八一”节、国庆节、中秋节期间的战备动员和战备工作；严格落实了干部“双十二”小时的查铺查哨制，督促哨兵认真履行好职责和检查人员在位情况；抓哨兵的警容警姿和礼节礼貌的训练；认真落实了中队周队务会讲评、班每周的安守目全防事故和执勤研究，中队每月的执勤形势分析会制度，认真分析每月的执勤、战备通报，及时查找存在许多安全隐患，始终坚持“硬件不足软件补”的原则，分析原因，查找问题及时解决执勤中的“常见病”、“多发病”；提高官兵的认识，将在部队执勤中发生的事故案件及时传达学习，不断增强官兵居安思危的忧患意识四是积极参加和配合完成各类临时勤务。根据新区党工委（县委）、新区管委会（县政府）的要求，经武警昆明支队批准，武警呈贡县中队官兵在完成固定勤务的同时，在年内出动兵力100余人次，多次参加了武装押解勤务，做到周密计划，严密组织，圆满完成了多项重大临时勤务，受到各级领导的好评和人民群众的赞誉。其中，在“8·16”呈贡县抗洪抢险工作中，第一时间快速出动，为保障人民群众生命财产安全做出了卓越贡献；第三季度，担负了昆明市公安局呈贡分局组织的城市武装联合巡逻勤务，为新区（县）“严打整治”行动出力，确保了国庆期间地方的稳定繁荣；担负了两次公判和一次公审大会的武装警戒勤务；在各级领导和全体官兵的共同努力下，担负了“12·17”看守所在押犯转押任务，将全部在押犯安全转移到新看守所。

中队官兵担负“8·16”特大暴雨抗洪抢险勤务
（武警呈贡县中队　供稿）

**【军事训练】**　依据“支队月军事训练计划”的要求，武警呈贡县中队在军事训练稳中求进，主要开展了“四哨动作”、“五步法”、器材使用、擒敌术、射击等科目的军事训练，不断提高部队的战斗力，确保官兵“拉得出、打得赢”。一是抓“结合”，提升能力。把干部骨干的组织指挥与阶段性军事汇操结合，不断规范了干部骨干的指挥业务能力，提高了战士的训练积极性，进一步规范了战士们的动作要领；把军事训练的进度与上级工作检查的阶段性工作重点结合起来，提高了训练质量和阶段性工作的效果；把干部的跟班随队训练与干部跟踪问效结合起来，提高了干部的训练积极性和主动性，特别是在早操上干部全员到位，效果明显，当好了模范。二是注重基础科目的训练和体能训练的结合，圆满完成了年度训练任务。把抓教员的备课示教与按纲施训统一起来，在训练中统一动作、标准、要求，提高了训练的质量；依靠训练尖子，充分发挥“小教员”能力，带动了全队的军事训练，针对不同战士的身体素质分层次训练，求质量过关；把“支队月军事训练计划”与中队的周工作安排结合起来，讲时间，讲效果，与季节的变换相联系，合理安排，提高了训练的科学性、灵活性。

**【从严治警】**　坚决贯彻从严治警方针，武警呈贡县中队狠抓经常性基础性工作落实，部队管理秩序正规，警政警民关系和谐，官兵的法纪法规意识进一步增强，部队风气正、士气高，无违规违纪问题发生。一是内部关系密切。除加强内部关系教育外，干部端正对士兵的根本态度，关心战士的成长，解决实际困难，敏感问题上公平、公开、公正。充分运用有效载体搞好“深知兵、真爱兵”活动，做好“重点人”的思想转化工作。通过密切内部关系教育，干部端正了对待士兵的根本态度，彻底杜绝了打骂、体罚和侵占士兵利益的现象。干部关心和爱护战士，做好新兵下连队的思想稳定和适应工作，有效地杜绝了私自逃离部队的现象；做好伤病战士和少数民族战士的思想工作，从经济上给予支持，从行动上给予关心，使战士都能安心治病，安心工作；做好落榜考生的思想工作，确保思想稳定；积极开展谈心交心活动，拉近了官兵的距离，官兵关系、兵兵关系融洽，内部关系进一步密切。二是外部关系和谐。武警呈贡县中队严格遵守群众纪律，与驻地居民和睦相处，未发生警民纠纷现象，形成了一个拥政爱民的良好氛围。积极支援地方建设，特别是在新区（县）综合治理工作中作出了积极的贡献。参加新区（县）组织开展的“创建文明县城、人人有责，做文明市民、从我做起”等环保宣传教育活动，健全和完善环境卫生管理制度。

【后勤保障】 武警呈贡县中队加强后勤队伍建设，后勤综合保障能力不断提高。一是专业技能培训活动。通过组织人员参加武警昆明市支队举办司务长、炊事员、军械员等专业兵培训，着力提高后勤专业人员素质；在后勤部领导和相关科室指导下，采取司务长交叉任职；加强对后勤工作的检查指导力度，完成了中队财务审计；生活设施建设得到加强。二是落实“四项设施”建设会议精神。认真落实“四项设施”建设现场会精神，严格执行武警昆明市支队《关于强力推进基层“四项设施”建设的决定》。采取“突出重点、加强协调”等办法，在支队首长大力支持下，先后投入20余万元，对新营房、“四项设施”进行建设，扩建训练场、库室，增添绿化植物，改变基础设施滞后的面貌；严格伙食把关和经费管理，提高伙食质量和经费使用效率，真正把经费用在刀刃上。

中队官兵为创建卫生城市作贡献

（武警呈贡县中队　供稿）

【精神文明建设】 在努力做好执勤和“处突”任务的同时，武警呈贡县中队严格执行武警昆明市支队的有关指示精神，深入教育，细致工作，做好文明单位的申创工作。积极开展“三学习一尊重”、“爱心献功臣”、“三爱”、“三迎”等一系列活动，教育和引导官兵树牢“视人民为父母，视驻地为故乡”的思想，积极为社会公益事业作贡献。在“创建文明县城、构建和谐社会”活动中，先后组织人员清扫整修新区（县）的街道，派出学雷锋活动小组12个（组），促进了警民“鱼水工程”的发展；加强与地方党委联系，不断争取地方各级党委、政府对部队建设的关心和支持，做好文明单位的创建工作，积极争创市级文明单位。

（何建龙）

## 呈贡预备役部队

【简　述】 2010年，呈贡预备役部队在团党委和呈贡新区党工委、县委的正确领导下，始终坚持以邓小平理论和“三个代表”重要思想为指导，深入贯彻科学发展观，主动参加团营政治理论学习和政治教育，积极投入军事训练。在新区（县）各预编单位的大力支持下，不断完善基层连队建设，有效落实各项活动，部队建设全面、稳定、科学发展，圆满完成了团党委和呈贡新区党工委、县委安排部署的各项工作任务。

【思想教育】 主动学习政治理论，打牢思想根基。按照团理论学习和政治教育计划，全体官兵认真抓好“当代革命军人核心价值观”主题教育学习；深入贯彻科学发展观，采取集中教育与分散教育，主渠道教育与社会化教育相结合的方式，强化教育的针对性和实效性；引导预备役官兵树立正确的世界观、人生观和价值观，不断提高全营官兵的思想政治觉悟，确保了官兵在政治上的坚定和思想道德上的纯洁。

【军事训练】 强化军事训练，提高实战能力。严格按照团党委的部署，主动抓好成建制的预备役官兵的入队训练和专业训练。按照大纲的要求，新组建连队进行了入队训练，营部及各连队、应急分队按《团军事训练指示》要求完成专业和应急训练，参训率达到100%；进一步提高了参训官兵的业务技能，培养了专业技术过硬的骨干队伍，提高了广大预备役官兵的军事技能；强化了服从意识、大局意识，增强了军事综合素质，增强了成建制遂行多样化任务的能力，圆满完成了上级安排的各项任务。

【基层建设】 切实抓好基层建设，提高建设水平。根据团基层建设标准，坚持“分步实施，全面推进”的原则，在巩固原有基层正规化建设的基础上，以预编兵力调整为契机，坚持高标准、高起点抓好新建连连部正规建设，先后完成了基层部队的正规化建设；进一步建立健全规章制度，完善各类登记、统计、和资料，全面提高基层部队的整体建设水平。一是注重预任军官队伍建设，提高整体素质。通过组织“预备役军官进岗活动、连队官兵归队活动”，进一步增强了预任军官国防观念和使命意识。二是强化作风纪律建设，确保安全稳定。始终把加强作风建设贯穿各项工作，积极开展“安全在心中、安全在岗位、安全在自己”的活动。三是进一步完善了安全工作预案，签订了安全工作责任书，结合训练和平时各项活动对预备役官兵进行安全教育，不断强化全营官兵安全理念，有效杜绝了各类安全隐患，确保了安全稳定。四是积极“参建参治”，为维护社会稳定作贡献。积极组织预备役官兵开展“参建参治”，发挥预备役部队遂行急难险重任务突击队的作用，圆满完成了抗旱救灾工作、抗洪抢险、扑灭山火等任务，受到各级领导的一致好评。

（李建珊）

# 法　制

责任编辑：杨春富

## 公　安

【简　述】　2010年，在呈贡新区党工委（县委）、新区管委会（县政府）及上级公安机关的坚强领导下，昆明市公安局呈贡分局紧紧围绕“保增长、保民生、保稳定”的总要求，深入推进社会矛盾化解、社会管理创新、公正廉洁执法“三项重点工作”和公安信息化、执法规范化、和谐警民关系“三项建设”，全面深化平安呈贡建设，着力完善社会治安防控体系，加强基层基础建设，强化社会治安综合治理。团结进取，求真务实，真抓实干，创造性地开展工作，实现了“公安队伍形象明显改善、执法素质明显加强、服务水平明显提升、警民关系更加和谐、社会治安更加稳定、人民群众更加满意”的目标，有效地维护了辖区社会政治稳定和治安稳定，较好地完成了各项工作任务。

【班子建设】　昆明市公安局呈贡分局党委抓班子建设，提高决策指挥水平，以过硬的班子带优秀的团队。一是突出政治建警。坚持党对公安工作的绝对领导，以科学发展观为统领，紧紧围绕服从服务于新区建设和经济建设的中心，创造性地开展各项公安保卫工作。从抓班子入手，把提高班子成员的思想政治素质放在首位，加强政治理论学习，树立科学的发展观和正确的政绩观，增强政权意识和忧患意识，增强做好公安工作的责任感和使命感，提高决策指挥水平。二是坚持民主集中制的组织原则，凡涉及全局性的重大问题，如干部人事问题、民警奖惩、重大工作部署、大项的经费开支、“大、要、疑、难”案件的处理、基础设施和装备建设等，都一律经党委集体或局长办公会议研究决定，集思广益，不搞“一言堂”，提高决策的民主化、科学化水平，增强了决策透明度，增强了班子团结和战斗力。班子成员之间经常沟通，增进团结，自我完善，改进工作方法，提高领导艺术，为广大民警作出表率，形成了坚强有力的领导核心。三是完善学习制度建设，保持领导班子先进性。昆明市公安局呈贡分局进一步建立健全了《呈贡分局党委理论学习中心组学法制度》、《呈贡分局领导干部法律学习培训制度》，在坚持个人自学、每周集中学习、党委中心组专题学习的基础上，领导班子成员结合各自的工作职责，不断拓宽学习的内容和范围。

【制度和机制创新】　新区建设大发展、大建设、快速推进，形成了流动人口大量涌入、常住人口急剧增加、人口综合素质提高改变、实有人口动态管理、大学生群体急剧增加、社会治安动态管控、失地农民就业安置、征地拆迁、市级行政中心迁入、打击整治工作、信息化建设、队伍整体素质、执法规范化程度、内部监督管理措施、公安行政管理工作等方面存在的问题越发显得突出，给新区（县）的社会管理带来了新的压力。昆明市公安局呈贡分局把工作的出发点定位在更好应对各种复杂情况、复杂局势上，把工作的着力点放在推进机制创新、切实提高能力水平上，早调研、早安排、早部署、早落实，制定实施了推进社会管理创新工作的方案措施，在管理理念、警务机制、工作方式上不断创新，在创新中提升公安工作的效能，提升社会管理能力水平。一是创新社区警务机制。从规范社区民警勤务入手，创建了社区民警“五员工作法”、社区警务“哨兵工作法”等，对社区民警的管理、监督、考核、奖惩等日常工作进行规范，让每一名社区民警进社区都围绕“信息采集的主线”开展工作，对社区民警当好信息员、巡逻员、调解员、宣传员、帮扶员“五员”，对民警工作进行固化、量化、程序化，夯实了社区维稳、治安管理基础。二是创新工地流动人口管理。针对新区建设带动了流动人口大量涌入的实际，建立《工地人员循环登记本》和临时用工人员信息报备制度，扫除人口管理盲区。三是创新住宅小区治安管理防控工作。学习借鉴五华分局的“小区三色管理办法”和西山分局的创建

"无盗楼院"的做法，进一步增强小区物业管理部门的安全防范意识，提升防控效果。四是创新商业网点的治安管理措施。加大固定目标报警系统推广和建设进程，通过"送服务、送保险、送设备"的模式，在最大程度让利于民的基础上，取得了社会效益和经济效益的双丰收，提升了科技创安的水平。五是创新"五个一"。按照建好一个警校联合警务室、开好一次大学校区治安工作联系会、办好一个警务宣传栏、上好一堂安防教育课、开展一次对校园周边的治安秩序整治行动的"五个一"要求，创新高校和大学生群体的管理方式，抓好管理和服务工作，使学校与公安机关形成联动，让广大师生与民警互动，参与治安管控工作，提升高校维稳、治安管控的效能。

**【维护社会稳定】** 抓好"维稳"工作，全力维护社会和政治稳定。一是创新情报信息工作。紧紧抓住维护高校和农村稳定两个阵地，抓住超前收集情报信息和社会矛盾纠纷排查调处两个关键环节，建立健全"国保大队、派出所、信息员"三级国保情报信息网络和三级情报信息研判制度，与有关部门建立的"国保情报协作机制"，准确、全面、及时搜集和掌控情报信息。年内，昆明市公安局呈贡分局及时收集上报"维稳"信息、国保信息，为新区党工委（县委）、新区管委会（县政府）掌握情况、科学决策提供了有力的支撑。二是加强国保重点对象的管控工作。积极开展全方位的摸排管控，逐人落实监控措施，特别是在"上海世博会"和广州亚运会期间，实现了"各类重点管控人员无一人失控漏管"的目标。三是健全各种矛盾化解机制。昆明市公安局呈贡分局先后建立健全了矛盾纠纷排查化解机制、"五位一体联调联处工作机制"、"信访积案化解机制"，努力从源头上排查化解各类矛盾纠纷，全年排查化解各类矛盾纠纷共168起。四是开展"五早五抓"工作。从"五早五抓"工作入手，即早谋划，抓统筹决策；早搭班子，抓组织领导；早部署，抓组织发动；早落实，抓责任措施；早见效，抓整体推进。抓好征地、拆迁、重点工程建设维稳工作，确保了新区建设的顺利推进。五是创新网上维稳引导机制。组建了专门网上舆情引导队伍，从下属部门确定具有一定的新闻评论功底、文字表达能力较强的民警15名，并进行了网络舆情评论员业务培训；制定了《互联网舆情导控和网络评论员队伍建设工作意见》，收集上报各类互联网信息，上报有害信息，发布各类引导帖子和评论帖子、文章，顺利完成了网络信息安全保卫任务。六是提高处置突发性事件的能力。从抓处置机制、专业队伍、完善预案、加强演练等方面着手，抓群体性事件处置工作，组建了专门的处突专业队伍特警中队，提高了有效妥善处置群体性事件的能力。9月，新区（县）群体性上访为零，实现了多年以来的历史性突破。年内，处置各类突发性群体事件共82起，与上年177起相比减少95起，下降53.67%。在社区"两委"换届、征地、拆迁、新型社区建设、重点工程建设中，新区（县）都没有出现影响稳定的事件发生。

**【"网格化"布警】** 昆明市公安局呈贡分局紧抓防控工作，进一步健全和完善防控体系。一是创新巡逻模式。组建特警队加强巡逻防控工作，并推行由治安、特警对新区（县）巡逻防控负总责和弹性时间工作制、叠加时间工作制等制度，每天从局机关、业务部门抽出部分警力，下沉到派出所加强"网格化"布警巡逻防控工作；每个派出所每天24小时至少有一辆巡逻车屯警街面，加强街面特警、交警一线警力24小时巡逻防控，适时组织特警、武警、派出所民警开展武装徒步巡逻工作；建立不留缝隙的巡控机制，切实堵塞巡逻防控盲区、漏洞。二是强化堵卡查缉工作。科学合理的设置治安防控卡点，组织特警、交警、派出所及参与派出所捆绑"网格化"布警防控的机关、业务部门的人员进行堵卡布控。其中，由特警负责出入新区的主要出入城口设置固定堵卡点，加强对过往车辆及人员盘查缉查工作。三是开展"扎口行动"加固防控。结合日常进行的"网格化"布警防控工作，在新区（县）主要交通出入口布卡设点，每周组织警力统一进行"扎口行动"，对过往的所有人、车、物进行逐一盘查，增加打击、防控、威慑违法犯罪的效果。四是加强群防群治工作。新区（县）整合由专业化、工薪化的协勤队伍280人，主要协助特警、交警、派出所开展警务工作；组成治保组织29支，有治保人员273名；组成保安公司1个，保安人员783名；组成单位治安保卫队伍36支，人员661人；组成施工建设工地的群防群治队伍，保安人员231名，深入开展巡逻防控工作，弥补防控力量不足问题，提高了群防群治的能力和水平。五是"六长"到位，打防"两抢"犯罪。明确了辖区派出所所长、辖区派出所刑侦中队长、巡逻中队长、社区中队长，参与辖区派出所捆绑防控部门的主要领导、刑侦大队长，参与辖区派出所捆绑打击工作的刑侦中队长"六长"为打防"两抢"（抢劫、抢夺）犯罪的直接责任人。规定一旦发生"两抢"犯罪，该辖区所涉及到的"六长"必须在第一时间赶赴现场，组织调查侦破案件，开展围追堵截、抓捕作案人员的工作；无故不到现场，参与工作或措施不力、责任不落实的，分局给予内通报批评，严厉问责。年内，新区（县）"两抢"警情接报数为131起，与上年同期接189起相比下降58起，下降30.7%。六是提高技防水平。在原有基础上，新区（县）新增建设了城市报警监控探头、出入城卡口探头、固定目标报警点探头、内部监控探头，基本实现了全覆盖，提高了科技创安的水平。七是接报警情况。在新区大建设、大发展，人、财、物大流动，各种社会矛盾日益突出的背景下，昆明市公安局呈贡分局实现了确保新区（县）治安基本平稳的目标。年内，接报有效报警共12 408起，其中刑事警情2 583起，治安警情3 409起，盗窃警情2 135起，“两抢”警情131起。与上年同期相比接有效报警8 580起相比，有效报警上升3 828起，上升44.6%；刑事警情上升220起，上升9.3%；治安警情下降358起，下降9.5%；盗窃警情上升236起，上升12.1%；“两抢”警情下降58起，下降30.7%。

**【整治工作】** 昆明市公安局呈贡分局坚持“零容忍、宽整治”的原则，抓整治，夯实基层基础工作。一是加强出租房、流动人口整治。积极开展社区警务工作，建立了社区民警“五员”工作机制、“哨兵工作法”、施工工地流动人口“信息报备制”等工作机制。依托信息化手段，加强出租房、流动人口管控整治工作，全年共录入暂住人口信息72 923人、出租房信息9 155间，新区（县）流动人口、出租房信息采集率达100%以上。二是狠抓行业场所治安管理整治。加强行业场所阵地控制，以旅馆业治安管理信息系统升级改造为龙头，开展特种行业治安防控网建设，旅馆业治安信息系统安装率达到100%；建立了公共娱乐、服务场所、殊特行从业人员治安管理档案，积极推进机动车修理业、印章业和娱乐业服务场所的治安信息系统建设。采取集中整治及日常清查相结合的方式，对歌舞厅、电游室等娱乐场所及二手手机市场、旧货、典当、金银首饰加工、废旧金属收购等重点行业进行滚动式动态整治清查共20余次，督促各行业场所规范服务行为和硬件防范设施，查处违法违规经营行业。三是依法惩治“黄、赌、毒”违法犯罪活动。加大对娱乐行业场所的专项清查工作力度，狠狠打击违法经营的“黄、赌、毒”娱乐场所、电子游戏室场所，依法惩治涉黄、涉赌、涉赌人员，全年查处涉赌治安案件共159起，查获违法人员714人；收缴并集中销毁电游赌博机170余台，收缴赌资3.6万元；查处卖淫嫖娼案件55件，查处卖淫嫖娼人员133人、“收教”54人；抓获强戒吸毒人员122名。四是严格管理危爆物品和枪支。开展危爆物品管理专项整治行动，组织开展全面细致的安全大检查，做到摸清底数、建立档案，与危险物品单位负责人逐一签订安全管理责任书9份。严格督促落实安全管理责任，严防危爆物品丢失、被盗、被抢案事件的发生，检查摸排涉爆单位、涉枪单位，发现隐患2起，已落实整改2起。五是严厉打击涉枪涉爆违法犯罪活动取得成效。新区（县）全年查处非法携带枪支枪支、弹药、管制刀具案件共52起，查处违法人员57人，收缴民用枪支、导火索、管制刀具、雷管、仿真枪、炸药等违禁物品。六是强化治安重点地区整治。严格整治责任、措施和验收标准，昆明市公安局呈贡分局制定了《社会治安重点地区排查整治工作方案》、《斗南花卉市场及周边地区社会治安综合整治工作方案》等方案。实施“局领导分片包干负责整治”的工作方法，加大整治力度，组织人员对斗南花卉市场及周边地区开展社会治综合整治，在各个派出所辖区内确定一个重点地区开展整治，所确定的治安重点地区的治安面貌已得到改变，达到了综合整治的要求。七是狠抓校园及周边社会治安秩序整治。昆明市公安局呈贡分局在刑侦大队成立专职队伍，对高校、中小学校及周边治安情况进行研判，加大对危害校园师生人身、财产安全的各类违法犯罪活动的打击力度；组织中小学校都配置了保安人员；加强高校、中小学校的安保力度和巡逻防控力度。7月30日，高校及周边治安秩序行动组成立后，联合工商、文体广电、食品药监、城管、卫生等职能部门和单位开展对高校周边的综合清理整治工作，集中开展综合整治4次，查处取缔违法违章经营行为，高校及周边秩序明显改善。新区（县）全年共出动警力2 800人次，检查学校70所，整改隐患147处；发现影响校园内部不安定因素33条，消除33条。

**【服务工作】** 昆明市公安局呈贡分局狠抓管理，不断提升行政效能，在年内圆满完成了警卫保卫工作任务91起，开展了各项服务和管理工作。一是进一步简化了民爆物品审批，消防工作审批，户籍工作审批手续，增加了车辆挂牌、车辆检测、驾驶员审验、身份证办理等便利措施。二是大力开展交通安全宣传。严把机动车检测关，开展了涉牌、涉证、酒后驾车等专项治理和除隐患、防事故、保畅通活动，确保道路畅通，交通秩序良好。年内，新区（县）办理机动车注册登记5 552辆，检测机动车8 669辆，查处交通违法行为11万余次；发生道路交通事故121起、死亡9人、受伤159人、经济损失22.75万元，交通事故、死亡、受伤、经济损失数与上年同比分别下降6.9%、44.4%、6.5%、0.2%。三是加大消防宣传和消防隐患排查力度。新区（县）全年无重大火灾及死亡事故发生；发生火灾17起，与上年同期相比下降50%；无人员死亡、受伤，与上年持平；经济损失17.79万元，与上年相比上升119.6%。四是开展窗口规范化建设，提升窗口服务形象。新区（县）全年完成户口登记、审批766件，其中办理网上迁移户口300件，制作临时身份证1 382个，办理核发军人身份证34个,完成居民身份证审核签发 7 751 份。五是规范网吧安全管理，强化行政管理职能。进一步强化实名上网制度的落实、网吧视频监控系统的建设工作，全面取缔实名卡上网，启用二代证上网。加强对网吧的日常巡查，全年检查网吧共 325 个次，联合工商、文化等部门对辖区内的网吧进行拉网式大清查，共清查网吧 39 个、239 个次，其中取缔“黑网吧”4 个，停业整顿 2 个、警告 4 个，收缴电脑 50 台。

**【“三项”建设】** 公安信息化、执法规范化、和谐警民关系“三项”建设是新时期公安事业发展的平台和力量支撑。按照国家公安部党委和省、市公安机关的关于开展“三项建设”的部署，昆明市公安局呈贡分局加强组织领导，制定和实施了“三项”建设的实施方案、细则、考核办法、工作机制等，组织开展信息化基础知识的培训、轮训、推广、应用活动；加强执法规范化建设，打牢民警执法基础，提高执法公信力；开展对民警的宗旨意识、群众观念、群众路线教育，不断提升服务和质量和水平。通过强力推进“三项”建设，提高了服务的效能，奠定了跨越式发展基础。

**【公安信息化】** 2010 年，昆明市公安局呈贡分局的公安信息化建设迈出了新步伐，成效明显。一是加强组织领导，营造信息化建设和运用的氛围。分局专门抽调人员组建设“信息办”专职负责信息化日常规划和管理工作；党委定期、不定期地召开专题会议，研究解决信息化建设工作中的重大问题。二是加强硬件基础设施建设。全年信息化建设投入经费共 1 179.8 万元，信息化建设所需的装备设备已全部达到上级的要求，并能适应工作需要。三是强力推进信息化应用培训。将信息化培训作为提升公安科技战力最直接有效的手段和措施，以全警信息化轮训为牵引，投资近 100 万元，建设了信息化培训教室，面积为 125 平方米；有序开展信息化基础知识、应用技能培训工作，将民警培训考试成绩纳入本部门的年度考核，组织培训民警共 18 期，参与轮训和考试民警共 480 名。四是促进警务系统推广应用。先后制定和实施了《信息化建设实施方案》、《信息化建设工作实施细则》、《信息化建设应用考核办法》、《信息化自动预警情报查处工作机制》等，强力推进信息化的应用工作。年内，新区（县）通过移动警务终端核查人员信息共 11 021 条，核查车辆信息 10 532 条，查获吸毒人员 20 名；通过预警平台统计、抓获网上逃犯 91 人，查获吸毒人员 203 人，其中强戒 15 人；通过网上布控抓获各类嫌疑人 114 名、找回失踪人员 2 名，没有发生任何布控重点人员失控的事件。五是公安基础数据信息化。坚定不移地推动公安基础数据信息化，采集整合人口、住地、阵地、情报、犯罪、物品六大基础信息资源，全警动员，全警采集，全年共采集人、案、物、住等基础信息和社会信息数十万条，其中流动人口、出租房信息采集工作已基本结束，社会信息采集量超过昆明市公安局下达任务数的 2 倍多。按要求对刑事、行政办案所有环节的资料信息，特别对违法犯罪人员、违法犯罪人员身份证、刑事作案成员手机 SIM 卡等信息做到尽可能地采集，使数据做到了量多、面广、鲜活，为开展信息化应用打下坚实基础。六是积极探索研究信息化的技战法。依靠网上排查、网上串并、网上追逃等新型工作模式，充分利用警综平台、网上布控、自动预警、落地查控等手段，发挥城市报警监控系统、出入城卡口抓拍系统等科技设施的作用，强化对可疑物品、可疑人员的查控比等工作，改变传统的破案件方式和侦查手段，挖掘新的破案增长点，提升信息化实战能力。年内，新区（县）利用现场痕迹、物证、指纹等直破刑事案件 36 件，抓获网上逃犯 83 人；通过城市报警监控系统、出入城卡口抓拍系统抓获违法人员 12 人。七是依托“大情报”系统，加强情报信息研判。建立“日通报、周讲评、月分析”情报信息研判制度，对各类情报信息实行短期、中期、长期研判。根据研判结果及时调整布防部署，有针对性地实施巡逻、伏击、盘查等行动，实现警力跟着警情走，实现“精确指挥、精确打击、精确防控”，引领公安信息化向前迈进。

**【执法规范化】** 紧扣公正廉洁执法、加强执法规范化建设工作目标，昆明市公安局呈贡分局在规范制度、强化培训、实战指导、执法安全、考核考评上下功夫，不断打牢民警执法基础，切实提高执法公信力。一是开展“执法警示教育、执勤养成教育”活动，解决了“为谁掌权、为谁执法、为谁服务”的思想认识问题，使理性、平和、文明、规范执法的理念深入警心。二是创新执法教育培训机制。坚持“向素质要警力、向培训要效率、向考试要成果”的原则，充分利用信息化手段创新培训模式，通过“周通报讲评”、执法服务队上门培训、开辟“旁听庭审”课堂、编写“精品案例”以案说法、运用网络法制课堂等形式，为办案实战提供实用的法律指导；采取集中培训、举办专题讲座、通报典型案例的方法，多角度为基层和民警提供法律培训、服务、保障，提高民警的执法素质。三是制度建设和机制创新工作。制定和实施了《办理行政案件具体操作规范》、《110 接处警常见警情处置规范》、《涉案财物管理规定》等，形成了健全的公安执法制度体系；创新“日审、周析、月查、季评、年考”的执法考评新机制，把执法监督考评的触角延伸到每一个执法环节；严格实行案件“五级审核”制度、案件集体研究制度，完善内部执法监督机制，强化办案的监督、指导，规范案件办理，明确执法责任，提高办案效率；应用警综应用平台，实现了案件的网上流转、网上审批、网上办案，大力推进网上执法流程管理，形成执法信息网上录入、执法流程网上管理、执法活动网上监督、执法质量网上考核的执法办案新模式，实现对执法办案活动的全程化、实时化、动态化监督，使全局执法进一步规范化。四是畅通外部监督渠道。积极推进警务公开，推行执法告知制度，最大限度地将执法依据、执法程序和执法结果公之于众，确保执法权力始终在阳光下规范运行；坚决纠正各类违法执法行为，大力整治执法中存在的突出问题，尤其是滥用强制措施、滥用枪支警械、刑讯逼供等问题；充分发挥人民群众、社会各界、新闻媒体的监督作用，增强了执法透明度，提高了执法公信力。

**【警民建设】** 昆明市公安局呈贡分局把人民群众对公安工作是否满意作为评价公安工作的标准，警民关系进一步和谐。一是开展警民互动活动。开展了对民警的宗旨意识、群众观念、群众路线教育；创新落实了教育培训机制，提升民警的服务能力；开展了“民警大走访”、“民警进万家”、“警民相约警务室”等警民互动活动；开展了“开门评警”和对群众安全感和“满意度”的民主测评，与人民群众增进了解，树立了公安机关的良好形象。同时，依靠信息化手段加强和谐警民关系建设。探索利用信息化等现代科技手段，创新社会管理和服务举措，提升网上便民服务质量和效能；探索建立网上走访机制，广泛听取社会各界和广大群众对公安工作的建议和意见，为群众提供优质高效的服务，并接受社会各界和广大群众的监督。二是推行科级领导干部联系社区工作制度，突出领导走访。实行“五个一”工作制度，建立了科级领导干部定点联系社区工作制度，将分局的44名副科以上干部定点联系社区38个，开展综治和维稳工作。年内，科级领导干部进社区工作220人次，排查不稳定苗头48起，组织协调开展化解36起，帮扶群众51人次；为基层的43名治保、调解主任和88户贫困群众送去慰问金共3.52万元。三是关注民生，全力抢险救灾。年内，面对百年不遇的持续高温干旱，分局的全体干警大力弘扬“一方有难、八方支援”的传统美德，直接参与森林防火巡查90余天；深入社区宣传防火防灾科普知识，细致地排查不稳定因素，全心全意为人民服务；为抗旱救灾活动捐款捐物，捐款共68万余元；参与抗旱工程建设，为山区群众挖掘水窖2个，为山区小学送瓶装矿泉水2万余瓶。四是发出百封征求意见信。经昆明市公安局呈贡分局党委研究决定，为使公安工作服务于新区群众，进一步征求群众对公安机关在开展社会治安防控、社会管理和服务、新区公安队伍科学发展等方面的意见和建议，发出了征求意见信100封。五是推行“和谐警民关系测评卡”，增强和谐警民关系建设。6月，开始在接警、处警、执法、接待人民群众上访和调解等工作中实行民警服务测评卡，让报警人、求助人、上访人、办理证照人员填写民警服务测评卡，使民警自觉接受人民群众监督，以增进警民关系、改进服务工作、提高效能建设。六是推行政务公开，提高服务效能。按照“依法公开、及时有效、突出重点”的原则，采取各种有效措施，积极组织开展政务公开工作，以进一步实现人民群众对公安工作的知情权、表达权、参与权和监督权，全年公开发布政务信息共90条，接受政务信息查询网及“96128”政务信息查询、专线查询78人次。

**【队伍建设】** 坚持政治建警、从严治警和从优待警，昆明市公安局呈贡分局抓队伍建设，努力建设一支忠诚可靠、纪律严明、有坚强战斗力的公安队伍。一是狠抓政治建警。不断创新和改进政治工作的内容、形式和手段，组织民警开展了学习实践科学发展观、学习十七届四中全会精神等活动，狠抓民警的理想信念教育，提高了民警的政治鉴别力、积极进取力、警察职业力和内在素质力，使队伍始终保持正确的政治方向。通过建立思想政治工作责任机制、经常性的调研机制、工作考核机制和领导班子成员表率作用机制“四大机制”，提高了队伍的战斗力。以“战训合一、轮训轮值”为主，创新教育训练模式，重点加强了社区民警培训和信息化应用、信息化技战法、执法培训，培养了一批岗位能手和业务骨干，民警的实战水平有了新的较大的提高。以绩效考评为着力点，抓实目标管理。科学设定了部门的工作目标、考核指标、考核办法和奖惩措施，坚持月考、半年考、全年考和单项工作考相结合，与“评先评优”相挂钩。严格兑现奖惩，使各项工作做到了有部署、有检查、有量化、有评比、有督查、有落实、有奖惩，工作落到实处，形成了“比、学、赶、超”的浓厚氛围。二是狠抓从严治警。认真执行从严治警的规定，重点加强了“五条禁令”、“六条警规”、警车管理的督查力度，进一步完善了教育监督与制度建设并重的工作机制，民警的遵纪守法意识明显增强。开展“内务秩序”整治活动。积极开展了“争创昆明公安排头兵”活动，进行“查思想查执法查纪律查作风”教育整顿，狠抓了民警上下班、着装、请销假、言行举止、警容仪表等养成教育，呈现出了人精神、物整洁的良好状况。建立了《督办工作责任追究制度》、《警务大楼值班备勤制度》、《警务车辆管理规定》、《印章管理规定》等规章制度，做到了以制度管人、以制度管事。充分发挥自身部门的职能作用，进一步改进和加强了警务督察、纪检监察、内部审计、执法检查、护警维权等工作，采取明察与暗访相结合、不定期对基层所队进行突击检查等多种形式，对民警进行全方位的监督，提升了内部监督水平。三是坚持从优待警。开展了“创优争先、立功创模”活动，真正“让吃苦的人吃香、让实干的人实惠”。其中，全年有5名民警荣立三等功，有18个科室所队、24名民警分别受到省、市、县级的表彰；龙街派出所被评定为“一级派出所”；交管大队东大河岗亭被省文明委评为“省级先进岗组”；呈贡分局被授予市级“五一劳动奖状”；呈贡县被评为省级“创建‘无毒社区’先进县”、国家级“平安畅通县”。实行了民警生日慰问、红白喜事慰问、民警子女考录大学慰问和民警及其家属生病探望制度。全年走访慰问了因公牺牲民警家属6名、离退休民警52名、患重大疾病民警1名、困难民警职工及家属12名，发慰问金共7万余元。认真实行民警体检、休假、大病医疗互助保险、意外伤害保险制度，解除了民警的后顾之忧。开展了主题为“昆明大发展、呈贡大建设、公安怎么办”和“严打整治行动我做什么、怎么做”的大讨论活动，开展了“爱读书、读好书、善读书”活动，确立了“忠诚、公正、拼搏、奉献、廉洁”的人民警察核心价值观，增强了民警对警察职业的归属感和自豪感。

**【案件侦破】** 抓打击，增强打击效能。昆明市公安局呈贡分局紧密结合新区（县）的治安状况，创新打击侦破机制，在解决打击犯罪的“瓶颈”、“打防不同步”、“打击成本高、消耗大、效率低”、“重大案轻小案”方面下功夫，建立了“刑侦大队对全局破案打击负总责、与各派出所捆绑考核”、侦破大要案件、刑事案件协调联动处置、犯罪信息研判和预警“四机制”，牢牢把握住打击侦破工作的主动权。一是开展命案侦破工作。坚持“命案必破”、“命案必防”的理念，严格遵循、运行命案工作机制以及失踪人员工作机制。坚持重兵投入，快侦快破，始终把侦破命案作为重点工作来抓。年内，新区（县）发生八类命案共13件，破12件（均为现案），破案率92.3%。二是进行“打黑除恶”斗争。严格落实“打黑除恶”工作机制，坚持“抓早抓小、露头就打、除恶务尽”的原则，把“打黑除恶”工作放在刑侦工作的重要位置，全力遏制抢劫、敲诈、聚众斗殴、寻衅滋事、非法拘禁等重大恶性案件。新区（县）全年打掉各类违法犯罪团伙共190个，其中刑事犯罪团伙55个、行政违法团伙135个，抓获刑事犯罪团伙人员212名，破案117件。三是积极开展专项斗争。昆明市公安局呈贡分局先后组织开展了“冬季行动”、“严打整治行动”、“打黑除恶”、打击涉车犯罪等一系列专项斗争，持续开展“压发案、争破案，追逃犯、抓现行”的竞赛活动，有力维护了社会治安稳定。四是开展经常性的打击“两抢一盗”行动。进一步健全了打击流窜犯罪、“两抢一盗”犯罪侦破责任机制，做到既抓大案又管小案，新区（县）全年立“两抢”案件共233件，与上年同期立67件相比上升166件，上升247.8%；破“两抢”案件60件，与上年同期破70件相比减少10件，减少14.3%；盗窃案件立案2 945件，与上年同期立804件相比增加2 141件，增加266.3%；破盗窃案件794件，与上年同期破704件相比增加90件，增加12.8%。五是严厉打击涉毒犯罪。织开展了“打零收戒”、“禁毒南线行动”等专项行动，破获涉毒案件共38起，抓获涉毒人员45人，强戒122人，收缴精制毒品16.99公斤。六是开展经济犯罪侦查工作，新区（县）全年破获合同诈骗、职务侵占等经济犯罪案件共20起，为单位、个人挽回经济损失2512万元。七是立破案件情况。年内，新区（县）破各类刑事案件共941件，与上年破871件同比上升8.1%；打处人员共384人，其中逮捕326人、劳教6人、直诉52人，与上年打处297人数相比增加87人，上升29.2%；查处治安案件共1 573起，与上年查处1 358起相比增加215起，上升15.8%；查处违法人员2 128人，与上年处理违法人员651人相比增加1 477人，上升226.9%。

**【大案选录】** 2010年，昆明市公安局呈贡分局参与了在辖区内发生的重案、大案的侦破工作，认真查处各种为害人民生命财产的案件，全力维护社会稳定。一是蔡某等人抢劫杀人案。4月1日9时许，七步场社区空心砖厂旁水渠边发现一尸体。接报后，分局迅速成立专案组对案件展开调查，经查死者系宜良县男子张某某，进行“串并”分析后，确定该案与另外3件抢劫机动车驾驶员案件属同伙人作案。经串案侦查，于4月4日将涉嫌抢劫杀人的贵州省纳雍县的蔡某、王某抓获。二是“6·16”抢劫杀人案。6月16日上午10时许，分局接到群众县民政局职工宿舍院内有人被打死的报警。案发后，分局迅速启动命案侦破机制，并成立专案组展开调查，查明死者系云南铝厂职工刘某，确定湖南籍男子李某某、贺某某、殷某某、喻某某及妇女罗某5人有重大作案嫌疑。专案民警先后辗转云南、湖南、重庆、广东等地展开追捕工作，于8月20日在广东省江门市将此案主要犯罪嫌疑人李某某抓获，供述了对受害人实施抢劫、杀害的犯罪事实。三是“6·19”杀人案。6月19日18时，在县城西门巷68号出租房内发现两具男尸。昆明市公安局、呈贡公安分局的领导高度重视，及时赶赴案发现场组织指挥侦破工作。经专案组调查，确定死者为重庆市大足县人赵某某、李某某，死者的老表伍某某有重大作案嫌疑，追捕组先后辗转重庆、山西、陕西等地追缉，于8月4日在西安市将伍某某抓获。四是“9·15杀人案”。经专案组调查后，查明云南省永善县龙某某与马龙县高某某为恋人关系，因感情纠葛，高某某于9月15日将龙某某杀死后在现场自杀死亡。五是黎某某杀人案。经专案组调查后，查明湖南省邵阳县人黎某某与湖南省邵东县人王某某系姘居关系，因感情纠葛，黎某某于11月22日将王某某杀死后，逃至古城村自杀死亡。六是李某某、马某某等8人抢劫案。为有效遏制辖区内“两抢”、盗窃案件的高发势头，重点打击违法犯罪活动，分局成立了专案组对辖区内抢劫工地案展开调查。经跟踪守候，于12月25日凌晨，将正欲盗窃一工地的犯罪嫌疑人云南省昭通市人马某某、李某某、李某某和鲁甸县人马某某，贵州省威宁县人马某某、马某某、马某某和纳雍县人刘某某8人抓获，并破获抢劫工地物资案5件。七是朱某某、卢某某、李某某等人敲诈勒索、抢劫案。2009年9月25日至2010年1月9日，该作案团伙在昆（明）至石（林）高速公路新区（县）辖区内，采用驾车“碰瓷”的方式敲诈勒索、抢劫过往车辆驾乘人员财物的案件，作案频繁，手段恶劣，造成了严重的社会影响。经抽调精干警力组成专案组，经奔赴晋宁、澄江、宜良、安宁等地查找案件线索，收集案件材料，“串并”案件信息，发现在昆玉、昆楚、昆曲、东绕城高速公路，二环快速公路上也有此类案件发生。经布控，专案组获取了一辆无牌灰色马自达6嫌疑车辆的影像资料有重大作案嫌疑，摸排出广东省茂名市高州县人朱某某等人有作案嫌疑。在官渡分局凉亭派出所的配合下，专案组于1月21日将广东籍男子朱某某、曾某某、卢某某、袁某某抓获，于2月3日在兴呈路将广东籍的该犯罪团伙成员卢某某、李某某抓获，交代了在昆石、昆玉、昆楚、昆曲、东绕城高速公路及二环快速公路上以“碰瓷”敲诈勒索、抢劫13件的犯罪事实。八是“垂柳山庄”系列抢劫案。12月1日以来，米兰园至县城的洛龙河便道连续发生了多起侵害女性的抢劫案件。案发后，分局成立专案组开展案件回访调查、案件“串并”、刻划犯罪嫌疑人特征、模拟画像等工作，锁定鲁甸县男子徐某某有作案嫌疑。随后，发现鲁甸县男子施某某系同案的主要犯罪嫌疑人，于1月14日在县城中心文化广场将徐某某、施某某抓获，供述其在米兰园至县城洛龙河便道沿线抢劫案件4件。

（段伟芬）

## 检　察

**【简　述】**　2010年，在县委、市检察院的领导下，在县人大及其常委会的监督、县政府的支持和县政协的民主监督下，县检察院以邓小平理论和“三个代表”重要思想为指导，深入贯彻落实科学发展观，始终坚持党的事业至上、人民利益至上、宪法法律至上，强化社会主义法治理念，围绕新区工作大局，强化法律监督职能，抓好社会矛盾化解、社会管理创新、公正廉洁执法三项工作，着力保障民生，着力维护社会和谐稳定。认真开展“恪守检察职业道德，促进公正廉洁执法”主题实践活动、“创先争优”活动、“效能呈贡”建设和“反特权思想，反霸道作风”专项活动，为实现呈贡新区经济社会又好又快发展作出了积极的努力。

县检察院始终坚持把检察工作置于县委的绝对领导之下，紧紧围绕县委中心工作和呈贡新区建设，牢固树立服务意识。在贯彻落实县委中心工作上，执行坚决，确保政令畅通，特别是在维护稳定方面，充分发挥打击、预防、监督、保护的职能作用，将促进全县经济平稳较快发展作为重要任务，切实增强服务的针对性和实效性，努力为呈贡新区建设“十年成规模”提供有力的司法保障。

**【刑事检察】**　始终把维护社会稳定，促进社会和谐作为检察机关的首要任务，充分履行批捕、起诉等检察职能，坚决打击各类刑事犯罪活动。一是“打黑除恶”专项斗争。严厉打击爆炸、杀人、伤害、绑架等严重暴力犯罪，突出打击严惩影响群众安全的抢劫、抢夺、盗窃等多发性侵财犯罪。深入开展“打黑除恶”专项斗争，严惩危害农村稳定、侵犯农民权益的犯罪。加大对破坏市场经济秩序犯罪的打击力度，突出打击生产销售伪劣产品、金融诈骗犯罪，完善和落实行政执法与刑事司法相衔接的工作机制，督促行政执法机关及时移送涉嫌犯罪案件。二是严格执行法律与执行刑事政策相统一。在办案中贯彻落实“宽严相济”的刑事司法政策，把严格执行法律与执行刑事政策有机统一起来，切实做到该严则严、当宽则宽、宽严适度。积极探索刑事和解机制，对无逮捕必要或证据不足的74人不予批捕，对情节显著轻微的4人不予起诉，尽可能减少社会对抗，增加和谐因素。三是加强刑事立案监督和侦查监督工作。年内，县检察院开展立案监督2件3人，公安机关立案2件3人；监督本院自侦部门立案3件4人。坚持对重、特大案件提前介入，强化引导侦查取证工作，参加重大刑事案件讨论14件，现场勘查2件，向公安机关发出提供法庭审判证据意见书31份，发出检察建议3份。四是加强刑事审判监督。依法对审判机关的庭审活动进行监督，派员出席法庭支持公诉共147件，建议县法院适用简易程序审理51件；审查法院刑事判决、裁定205份，提出抗诉1件（已改判），检察长列席审判委员会1次。五是落实检察环节的社会治安综合治理工作。积极参与“省级平安先进县”的创建活动，促进社会治安秩序根本好转。结合办案分析研判社会治安形势，针对发现的社会管理漏洞，提出规范管理、完善制度、消除隐患的对策建议。开展了送法进社区、进企业、进学校、进机关、进工地活动，不断提高人民群众的法律意识。年内，县检察院受理公安机关提请批捕各类刑事犯罪案件共269件481人。审查后，批准逮捕共232件407人，其中纠正漏捕24人；不捕37件74人，结案率100%。受理移送审查起诉案件264件507人，上年结存1件5人，退侦重报53件157人。经审查，起诉218件394人，不诉2件4人，上报市检察院审查起诉18件27人，退回补充侦查72件214人，侦查部门撤回4件13人，未结4件17人，结案率98.7%。

**【反贪污贿赂】** 认真落实中央关于反腐败斗争的部署，按照办案“规模、质量、效率、效果、安全”相统一的原则，切实加强组织领导，突出办案重点，加大办案力度。一是按照“一要坚决，二要慎重，务必搞准”的原则，突出办案重点，积极稳妥查办案件。二是始终注重提高案件质量，不断强化证据意识、程序意识。坚持把办案工作的重心放在依法、全面收集和固定证据上，确保办理的每一件案件事实清楚、证据确凿。三是始终注重追求良好的办案效果。坚持法律效果与政治效果、社会效果的有机统一。四是认真落实办案安全防范制度。严格制定和执行安全防范预案，落实看审分离，实行办案安全防范责任人制度，确保了办案安全。五是健全与纪检监察、审计等部门的案件线索移送和工作联系制度。拓宽发现和获取职务犯罪案件线索的渠道，形成打击合力，共同促进新区（县）反腐败工作的深入开展。年内，县检察院受理贪污贿赂案件线索共14件，立案5件5人，侦查终结6件6人（含去年积存1件1人），移送审查起诉4件4人，移交公安机关并案起诉2件2人，通过办案挽回经济损失共49万元。

**【反渎职侵权】** 认真贯彻中央《关于加大惩治和预防渎职侵权违法犯罪工作力度的若干意见》，高检院《关于加强和改进新形势下惩治和预防渎职侵权犯罪工作若干问题的决定》，县检察院把反渎职侵权与反贪污贿赂作为检察机关开展反腐败斗争的重要抓手，加大查办渎职侵权犯罪的力度。一是开展工程建设领域渎职犯罪专项工作，继续查办危害林业、土地和矿产资源的案件。二是邀请人大代表对反渎职侵权工作进行视察，参加视察的人大代表对县检察院的反渎职侵权工作给予了充分的肯定，提出了意见和建议。三是按照高检院、省院、市院的部署，开展了大练兵、大学习、大比武活动，促进了反渎人员业务的提高，为确保案件质量提供保障。年内，县检察院受理渎职侵权案件线索2件，立案2件3人，侦查终结移送审查起诉2件3人。

**【职务犯罪预防】** 按照“教育为先，关口前移”的工作要求，县检察院进一步加强职务犯罪预防工作，积极开展预防职务犯罪工作。年内，以开展预防和查办职务犯罪案件为重点，立项开展预防9件；结合办案认真剖析案件，向发案单位提出预防职务犯罪检察建议11件；开展法制宣传和警示教育58次；开展预防咨询46次，进行预防调查106次，在预防调查中发现职务犯罪线索1件，已立案查处。

**【监所检察】** 2010年，县检察院进一步加强监所检察工作，检察看守所收押犯罪嫌疑人共397人，检察出所322人，审查各类法律文书500份，检察加带戒具8人次。召开联席会议10次，给在押人员上法制课3次，受教育人数646人次。同在押人员谈话作笔录100人次，接待在押人员约见9人次，配合清监4次，进行安全检查10次，书面纠正刑罚执行和监管活动中的违规行为3件，均得到及时纠正。审查减刑、假释、保外就医案件3件3人，纠正提请减刑不当案件2件2人。

**【民事行政检察】** 2010年，县检察院组织开展民事行政检察工作，受理不服民事、行政判决、裁定案件共18件。审查后，提请抗诉1件，建议提请抗诉1件，提出再审检察建议2件；办理刑事附带民事诉讼、公益诉讼等非抗诉案件8件。此外，对人民法院判决、裁定正确的申诉案件，做好当事人的服判息诉工作。申诉人均表示息诉，不再上访和申诉。

**【控告申诉检察】** 继续坚持检察长接待日制度、领导包案制度和检察官约访、回访制度，完善涉检信访案件风险评估预警机制，扎实开展集中清理涉检信访积案专项工作和案件评查工作，妥善处理群众诉求。组织开展了主题为“依靠群众、反腐倡廉、服务大局”的举报宣传周活动，引导群众正确进行举报，提高人民群众对腐败行为进行举报的积极性。年内，县检察院受理群众来信来访共57件，其中举报12件，控告38件，申诉7件。

【人民监督员制度试点工作】　2010年6月，县编办批复县检察院增设人民监督工作办公室，为县检察院更好地开展人民监督员试点工作提供了组织保障。年内，县检察院召开人民监督员例会4次，案情通报会1次，人民监督员对1件拟作不起诉的案件进行监督表决，同意县检察院的拟处理意见。

【队伍建设】　县检察院始终把队伍建设作为检察事业可持续发展的根本，多管齐下，努力打造高素质检察队伍。一是加强思想政治建设。深入开展“恪守检察职业道德、促进公正廉洁执法”主题实践活动，引导检察人员始终坚持“三个至上”、“四个在心中”。大力弘扬忠诚、公正、清廉、文明的检察职业道德，检察人员的大局意识、责任意识、公正廉洁执法的意识不断增强。通过开展“创先争优”、“三个一”主题实践活动，“建设学习型党组织、学习型检察院”活动，充分发挥党组织的战斗堡垒作用和党员先锋模范作用，着力提高检察人员的政治素质，以党建促队建。二是加强领导班子建设。把领导班子建设作为队伍建设的重点，4名班子成员参加了高检院组织的素能培训，服务大局和创新工作的能力得到进一步提高。加强对干部的管理和监督，严格执行述职述廉、重大事项报告制度，全面推行廉政档案制度，增强了班子的凝聚力、执行力和战斗力。三是大力加强纪律作风建设。深入开展“反特权思想、反霸道作风”专项教育活动，不断提升检察机关执法公信力和社会形象。

【党风廉政建设】　加强自身反腐倡廉建设，确保队伍公正廉洁执法。认真落实中央《建立健全惩治和预防腐败体系2008～2010年工作规划》及省检察院《实施办法》，县检察院进一步增强领导干部“一岗双责”和检察干警自觉遵纪守法的意识；层层签订了党风廉政建设责任状，实行了党风廉政工作与检察业务工作同部署、同落实、同检查，形成党风廉政建设齐抓共管的局面。强化公正廉洁执法的理念，增强检察人员的自律意识，建立了融教育、制度、监督于一体的廉政风险防控机制。认真执行述职述廉、重大事项报告、廉政档案制度，执行“一案三卡”、公务用车管理的纪律和条规，加快执法业绩档案建设步伐，县检察院干警在年内未发现有违法违纪行为。

【强化监督】　县检察院加强自身监督，确保依法正确行使检察权。一是自觉接受人大、政协监督。不断强化接受监督意识，认真落实人大的决议和要求，及时主动地向县人大及其常委会报告工作，坚决维护人大的监督权威。制定了进一步加强与人大代表和政协委员的联系制度，邀请人大代表、政协委员随案视察重大案件的出庭公诉情况，向人大常委会报告关于反贪污贿赂工作情况。二是切实加强内部监督。认真执行职务犯罪案件审查逮捕报上一级检察院审查决定，撤案、不起诉报上一级检察院批准等制度，不断完善侦查、逮捕、起诉、控申相互制约机制，将检察工作岗位履职纳入内部监督体系，努力从源头上防控滋生腐败的问题。

【创新机制】　创新刑罚执行和监管活动监督方式，协助有关部门和基层组织加强对社区服刑人员的帮教、管理。县检察院重点对交付执行、监督管理、变更执行、执行终止等监外执行环节进行监督，准确掌握本地区社区矫正对象的底数，有效防止脱管、漏管。建立专人办理未成年人犯罪案件的办案机制，针对未成年人犯罪案件的特点制定不同的方案，进一步树立以教育为主、惩罚为辅的观念，运用批捕、起诉职能，协同有关部门做好青少年犯、初犯、偶犯的教育、感化和挽救工作。体现刑罚教育和惩罚相结合的目的，实现了法律效果和社会效果的统一。

（武文莹）

## 审　判

【简　述】　县法院在新区党工委（县委）的坚强领导下，在县人大、县政协和上级法院的监督指导下，在新区管委会（县政府）和全县人民的大力支持下，始终坚持“党的事业至上、人民利益至上、宪法法律至上”指导思想，认真贯彻落实科学发展观，以“社会矛盾化解，社会管理创新，公正廉洁执法”三项工作为重点，牢固树立司法为民宗旨。认真落实年初制定的工作思路，抓审判，带队伍，谋改革，圆满完成了以审判工作为中心的各项任务，有力地推动了新区建设又好又快发展。年内，县法院共受理各类案件2 070件，审结1 906件，结案率92%。与去年同期相比，收案增加58件，结案基本持平。通过加强审判流程管理，组织开展案件质量评查，全年的审判工作继续呈现出收案数上升、上诉率低、维持率高、案件质量稳步提高的良好态势。

【刑事审判】　2010年，县法院受理刑事案件共247件，审结233件，结案率94%。在所结案件中，案件数量居前三位的分别是盗窃案、故意伤害案、交通肇事案，共计153件，占全年刑事总收案数的62%；出现了信用卡诈骗罪、投放危险物质罪、爆炸罪等类型案件；聚众扰乱社会秩序罪涉案人数不断增加，共判处聚众扰乱社会秩序罪被告人17人；职务犯罪案件增幅较大，共有9件，比去年上升一倍。按照县委政法委和昆明市中院的统一安排部署，县法院组织开展了“打黑除恶”和禁毒专项斗争。在呈贡新区（县）打黑除恶公开宣判大会上，先后3次对破坏新区建设、严重侵害人民生命财产犯罪的15案42名刑事被告人进行公开宣判，维护群众权益，彰显法律权威，震慑了犯罪分子，教育了人民群众。

**【民事审判】** 县法院全年受理民商事案件共1 317件，审结1 196件，结案率91%。其中：在侵权类纠纷案件中，因呈贡新区（县）近年来人口数量剧增，交通流量大，导致道路交通事故频发，由事故引发的损害赔偿纠纷案件增幅较大，此类案件共189件；在经济类纠纷案件中，建筑合同纠纷、合伙纠纷、股权转让纠纷三类案件有明显增长，买卖合同纠纷、借款合同纠纷、租赁合同纠纷三类案件数量的仍然居多，但与去年同期相比略有下降。

**【行政审判】** 县法院全年受理行政案件共7件。其中，诉讼案件2件，非诉行政审查案件5件，结案率100%。经审查，5件非诉行政案件都裁定准予执行行政机关的具体行政行为，支持了行政机关依法行政。

**【执行工作】** 县法院全年受理执行案件共521件，执结471件，执结率90.40%，实际执行到位案款为3 253万余元，并向县第十四届人大常委会第十七次会议专题报告了清理执行积案工作情况。在巩固清理执行积案成果的基础上，深入开展创建“无执行积案先进法院”活动，执行工作步入良性发展。

**【立案、信访、申诉复查】** 继续做好院长、庭长和日常接待三级信访接待制，县法院全年接待群众来访共619件、1 351人次，处理群众来信20件。在坚持落实《首问接待告知制度》的基础上，研究制定了《呈贡县人民法院信访工作机制》，对重大信访案件实行院领导包案负责制，妥善解决信访老案4件，收到了“劝息、稳控”的效果。

**【综合治理】** 在“依法、公正、高效”地审理好各类案件的基础上，县法院延伸审判职能，积极参与省级先进平安县创建活动。紧紧围绕“构筑平安呈贡，建设和谐新区”的要求，重视加强综治维稳工作，贯彻落实平安建设目标责任。加大矛盾纠纷排查调处力度，定期或不定期的进行矛盾纠纷排查，通过不同方式，妥善处理可能激化的矛盾。自觉服从服务新区建设大局，安排干警参加征地、拆迁和到市、县信访局参与接访。圆满完成“五五”普法工作，顺利通过了县普法领导小组和市考核组的考核验收，并得到充分肯定。

此外，面对严峻的旱情，组织全体法官干警一手抓审判，一手投入抗旱救灾，向灾区人民捐款89 730元；组织法官干警冒着酷暑高温，到联系帮扶的七甸街道野竹社区黄土沟村，帮助群众挖水窖，解决灾区群众饮水难的问题，用实际行动帮助灾区人民渡过难关；组织党员放弃休息时间，义务到护林防火形势严峻的山林路口堵点检查，严防清明节期间发生山火。认真做好健康教育工作，顺利通过县、市“创卫”考核组的验收，推动了新区“四创两争”的工作。

**【队伍建设】** 2010年，县法院公开招录本科以上学历人员10名，为法院长远发展提供人才保障。进一步加强人民陪审员工作，设立人民陪审员管理办公室，完成人民陪审员的换届选任工作，选任新一届人民陪审员15名。经培训合格后，人民陪审员开始正式履职，共参与审理了不同类型的案件28件。深入开展“人民法官为人民”等专题教育，组织法官、干警到北京大学进行“法官能力建设与素质提升”培训，到滇西抗战纪念馆、寻甸县红军长征经过地进行爱国主义教育，更新法官司法理念，强化了职业道德。重视加强法院党的建设，在全院法官干警中认真开展“创先争优”活动，认真落实向全县人民作出的公开服务承诺，教育活动扎实有效，推动了审判为中心的各项工作稳步发展。在“创先争优”活动推进会上，县“创先争优”办组织新区（县）各单位到县法院现场观摩，并被推荐到昆明市作交流发言。深入开展党风廉政建设和“效能呈贡”建设活动，全院法官干警工作作风进一步改进，工作效能得到进一步提升，没有发生违法违纪行为。

**【法院改革】** 积极推进人事制度改革，进一步整合民事审判资源。一是经新区党工委（县委）同意，正式批准设立民事审判第三庭，进一步规范侵权纠纷案件、合同纠纷案件和传统婚姻家庭纠纷案件的审判管理。二是重视加强人民法庭建设，争取支持，人民法庭庭长职务高配为正科。三是会同县司法局，在县法院一楼设立人民调解室，由专职人民调解员在诉前对一些社会矛盾纠纷进行调解，拓宽解决社会矛盾纠纷渠道。四是充分运用数字化法庭优势，鼓励法官选出群众关注、具有一定影响和法制宣传教育价值的案件进行网络庭审直播。全年进行了网络庭审直播案件4次，取得了良好的法律宣传效果和社会效果。五是进一步重视加强网络建设，更新局域网软件，为下一步与上级法院联网作好准备。年内，已完成可视系统设备调试，初步实现三级法院视频信息共享。最高人民法院领导对县法院信息化建设工作进行专门调研后，充分肯定县法院信息化建设所采取的措施和取得的成效。由于工作起步早，措施实，县法院被云南省高级人民法院列为法院信息化建设试点单位，被最高人民法院确定为云南省唯一一家“司法公开示范基层法院”。六是进一步加强法院安保工作，设置安检和门禁系统，完成消防报警系统设施改造，确保审判工作安全、有序进行。七是设立残障人士专用通道和卫生间，为残障人士诉讼提供方便。

**【表彰奖励】**　坚持“以审判为中心”，各项工作继续得到稳步发展，多次受到上级部门的表彰奖励。县法院执行局、1名同志分别被市委政法委、昆明市中院评为“清理执行积案先进集体”、“先进个人”；3名同志分别被市文明委、市妇联、新区党工委（县委）授予“昆明市道德模范”、“昆明市三八红旗手”和“优秀党务工作者”荣誉称号；1名同志被昆明市中院荣记“个人三等功”。

**【审判案例1】**　2010年1月1日8时许，被告人刘某某途经昆明市国家经济技术开发区世林国际别墅北侧土路时，与被害人张某某相遇，被告人刘某某遂将张某某拖到荒草丛中，使用暴力、胁迫手段强行与张某某发生性关系。之后，被告人刘某某抢走张某某价值200元的一部手机。根据被告人刘某某犯罪的事实、性质、情节、对社会的危害程度以及认罪态度，县法院依照《中华人民共和国刑法》第二百三十六条第一款、第二百六十三条、第六十九条之规定判决：被告人刘某某犯强奸罪，判处有期徒刑六年；犯抢劫罪，判处有期徒刑五年，并处罚金1 500元，数罪并罚，总和刑期十一年，决定执行有期徒刑十年零六个月，并处罚金1 500元。

**【审判案例2】**　被告人杨某某系县某街道办事处人。杨某某于2010年3月4日将甲胺磷、尿素、玉米、豌豆拌制而成的混合物投放于自家青花菜地。3月6日15时许，邻村村民晋某某把30只山羊放到被告人杨某某家菜地附近吃草。后晋某某回家吃饭，山羊在无人看管的情况下进入杨某某家青花菜地，吃掉杨某某投放在地里的有毒玉米、豌豆及青花苗。当晚20时许，晋某某家山羊因中毒陆续死亡，至3月7日15时许，共死亡山羊28只。经鉴定，被毁坏青花苗价值人民币2 294元；死亡的山羊价值人民币16 985元。根据被告人杨某某犯罪的事实、性质、情节、对社会的危害程度以及认罪态度，县法院依照《中华人民共和国刑法》第一百一十四条、第六十七条第一款、第七十二条第一款、第七十三条第二款和第三款、第六十四条之规定判决：被告人杨某某犯投放危险物质罪，判处有期徒刑二年，缓刑二年。

**【审判案例3】**　2009年11月26日，就读于某职业学院的杨某某在校门外不慎摔伤，出现右手臂青紫、右胸肋处疼痛症状。同年12月1日，杨某某的班级辅导员、被告胡某某在询问杨某某的伤势情况后，将其带到自己家中，拿出自制治疗跌打损伤的药酒给杨某某，杨某某在饮用了药酒后昏迷，经送校医院抢救无效死亡。经司法鉴定：杨某某系饮用含乌头碱的药酒后，诱发心脏传导病程突发加重致心源性猝死。2010年6月24日，受害人杨某某的父母与学院达成协议，由某职业学院一次性支付12万元给受害人父母作为经济帮助，退还学费5 000元、学习驾驶费用2 700元，并承担了受害人尸检费、殡仪费及处理后事的其他支出。此后，受害人父母认为学院的经济帮助不能免除被告胡某某的赔偿责任，故以原告身份向法院提起诉讼，请求判令被告赔偿死亡赔偿金、精神抚慰金、丧葬费、误工及差旅费等共计41.5万元。县法院经审理后认为，被告胡某某作为学生辅导员，其工作职责是在工作场所内，管理学生的学习和生活。被告将受害人杨某某带到自己家中，拿自制药酒给其治伤，造成受害人死亡的行为，超越了其职责范围，亦未取得所在学院的授权或追认，被告的行为属于个人行为而非职务行为。被告胡某某对身体不适的学生表示关心是善意的，但在不确定杨某某对药酒是否存在个体差异、禁忌的情况下将药酒给其使用的行为，未尽到对他人生命及健康权的注意义务，对此次损害后果的发生，主观上存在过错，故应承担相应责任。受害人杨某某死亡时已具备完全民事行为能力，对于药酒是否适合饮用应当具备认知能力，未尽到对自身安全的注意义务，主观上亦存在一定过错。关于学院在损害后果发生后支付给两原告的补偿款12万元，系当事人的真实意思表示，学院并非赔偿义务人，其自愿支付给两原告的款项应属补偿款，不能免除被告胡某某的赔偿责任。对于原告主张的赔偿金额，根据法律规定和本案实际认定。据此，依照《中华人民共和国民法通则》第一百一十九条之规定判决：原告因其子死亡造成的损失死亡赔偿金、丧葬费、精神抚慰金、误工费、交通费、住宿费共计324 976元，由被告胡某某承担60%计194 985.6元，原告自行承担40%计129 990.4元；驳回原告的其他诉讼请求。

**【审判案例4】**　原告缪某某、余某某系夫妻关系，订于2009年12月31日举行结婚仪式，被告吴某受原告委托在其为业主的某彩扩中心进行婚礼摄像，承诺将当天的婚礼摄像过程制作成光盘，交付原告作为结婚纪念，收取报酬360元。当天，被告向原告出具了取相单一份，上面记载了原、被告姓名和联系电话，婚礼摄像一天，原告预付款200元、欠160元；双方未约定取像时间，被告按约定为原告的婚礼过程进行了摄像。一个月后，原告去取摄像光盘时，被告认为光盘已由原告的亲属取走，双方为此发生争议，经协商未果。原告向法院提起诉讼，要求被告返还预付款200元，赔偿误工费200元、精神损失费3万元。县法院经审理后认为，承揽合同是承揽人按照定作人的要求完成工作，交付工作成果，定作人给付报酬的合同。从本案被告吴某经营的彩扩中心向原告出具的取像单记载内容看，该取像单是原、被告双方之间达成的婚礼摄像协议，系双方当事人的真实意思表示，协议合法有效。从原、被告双方约定的内容及权利和义务看，原、被告之间形成承揽合同关系，但本案的承揽合同有其特殊性，定作材料是原告本人的婚礼现场，该定作材料具有特定的人身属性，原告对被告以其婚礼现场所制作的摄像资料享有所有权。本案诉争的摄像资料记载了原告夫妇人生中的重要时刻，有着特殊的纪念意义。由于婚礼过程是不可重复和再现的，该光盘记载的内容对于原告来说，属于具有人格象征意义的特定纪念物品，被告未按照双方约定将摄像资料制作成光盘交付给原告，造成记录原告婚礼现场场景的载体永久性灭失，被告的违约行为侵犯了原告对其具有人格象征意义的特定纪念物品的所有权，确实对原告造成精神上的伤害。原告主张赔偿的误工费，因证据不充分，不予认定；原告主张被告返还预付款200元，符合法律规定，本院予以支持；原告主张的精神损害抚慰金3万元，数额过高，与其损害后果不相适应，应酌情支持。据此，依照《中华人民共和国合同法》第二百六十五条、最高人民法院《关于确定民事侵权精神损害赔偿责任若干问题的解释》第四条之规定判决：由被告吴某于本判决生效之日起十日内返还原告缪某某、余某某摄像预付款200元，赔偿原告精神损害抚慰金4 000元，驳回原告的其他诉讼请求。

（王忠良　冯聪华）

## 司法行政

**【简　述】** 2010年，新区（县）坚持以邓小平理论、“三个代表”重要思想为指导，深入实践科学发展观，全面贯彻党的十七大和十七届四中、五中全会、省委八届八次全会、市委九届六次全会精神，贯彻执行中央、省、市、新区（县）政法工作会议和司法行政工作会议精神。新区（县）司法局紧紧围绕新区党工委（县委）、管委会（县政府）的中心工作，以维护社会和谐稳定为目标，以化解矛盾纠纷为主线，以强化法制宣传为重点，以拓展法律服务为载体，以夯实基层基础为首任，全面开展了各项司法行政工作，为新区（县）经济和社会各项事业建设发挥了积极的作用。

**【纠纷排查和调处】** 2010年，新区（县）司法局认真开展纠纷排查，努力化解矛盾，维护社会稳定。组织基层司法所、人民调解委员会继续开展矛盾纠纷的定期排查与动态排查活动；建立纠纷排查网络，认真排查因开展征地拆迁、就业保障、规划调整等工作产生的不稳定因素，特别是元旦、春节、五一节、中秋节、国庆节等重要节假日前，重点开展纠纷排查活动，及时了解和掌握矛盾纠纷的新情况、新动向，全年开展矛盾纠纷排查12次，调处各类矛盾纠纷2 054件，调处成功2 020件，成功率为98.34%。

**【“大调解”机制】** 巩固和完善人民调解、行政调解、司法调解相互衔接的大调解工作体系，构建“大调解”机制。新区（县）司法局主动与县公、检、法部门对接，认真开展人民调解“进法院”、“进交警”工作。在县法院、交警昆玉大队、县交警大队设立了人民调解室，发展退休的法律服务工作者、交通协管员各2名为专职调解员。其中，3个调解室在第四季度就调解纠纷298件，及时化解交通事故、家庭矛盾、人身损害等方面的矛盾纠纷，减轻群众讼累，构建和谐社会。

**【“以奖代补”机制】** 2010年，新区综合办印发《呈贡新区（县）人民调解“以奖代补”实施方案（试行）》后，新区（县）构建人民调解“以奖代补”的工作机制正式启动，所需工作经费得到落实。10月，新区（县）司法局成立了人民调解“以奖代补”考核小组，对6个街道所辖社区人民调解委员会第三季度调解的纠纷案件进行考核，兑现奖金1.8万余元。12月，对第四季度调解的纠纷案件进行考核，兑现奖金2.6万余元。

**【依法治县验收】** 2010年是“五五”普法的最后一年。新区（县）将“五五”普法工作列为重要议事日程，全面完成了各项任务，做好“五五”普法、依法治县工作总结，通过了市普法办的考核验收。一是召开普法动员会。新区（县）各街道、部门、单位组织开展了“五五”普法活动，按要求进行自检自查。在此基础上，新区（县）法制宣传教育与依法治县领导小组成员分成4个组，对各街道、部门、单位的普法工作进行检查验收。二是进行普法工作总结。新区（县）司法局组织干部职工，对新区（县）2006～2010年期间所开展的“五五”普法、依法治县工作进行总结，整理完善了各项工作台帐，于6月18日通过了市普法办的考核验收。

**【普法工作】** 按照市普法办的部署，结合呈贡的实际，新区（县）组织开展了“五五”普法最后一年的全民普法活动。一是普法内容。年内，新区（县）普法的重点内容为《侵权责任法》、《突发事件应对法》、《国务院流动人口计划生育工作条例》、《城镇企业职工基本养老保险转移接续暂行办法》等法律法规及环保生态的相关法律知识。为保证普法质量，新区（县）司法局印制了《2010年全民普法教育读本》1 200册，免费发放至各普法单位。8月5～6日，在云安会都举办了“呈贡新区（县）2010年普法骨干培训班”，新区（县）各街道、部门、单位的普法骨干参加了培训，参加人员90余名。10月，在各街道、部门、单位全面开展普法工作的基础上，组织全体干部职工进行普法考试，合格率达100%。

**【法制宣传】** 为配合新区建设，新区（县）司法局在进行日常性法制宣传教育工作的同时，组织人员在赶街天或人群聚集的地方，采取出动宣传车、摆放展板、发放宣传资料、张贴标语、法律咨询等形式，广泛深入的开展了群众性的法制宣传活动。一是日常性法制宣传教育。年初，按照新区（县）的要求，新区（县）司法局组织人员编印了法制宣传资料、日历，到各街道、社区、农贸市场等地进行禁赌专项法制宣传，向广大群众发放宣传资料、日历，净化了社会风气，营造和谐社会，树立良好的形象；在县城、大学园区、街道等地配合新区（县）政法、工商、水务、林业、交通等部门和“创建办”、法制办开展了《消费者权益保护法》、《道路交通安全法》、《森林法》、《行政复议法》、《昆明市森林防火安全规定》、《昆明市市民“十不公约”》宣传活动，发放创建国家卫生城市《倡议书》、《昆明市爱国卫生工作管理条例》、重大森林火灾案例等宣传材料。二是参与“三下乡”宣传活动。新区（县）司法局组织机关科室人员、司法所人员、公益性法律服务人员及律师事务所的律师，开展“送法下乡”活动，接受群众咨询，义务解答法律问题。三是开展专项宣传活动。开展以打黑除恶、综治维稳为重点的严打整治法制宣传，向广大群众宣传了《禁毒法》、《治安管理处罚法》、《打黑除恶宣传手册》、《信访条例》、《昆明市流动人口管理条例》等法律法规；针对呈贡新区（县）农房出现违法加层的现象，配合龙城街道、斗南街道，组织机关干部职工深入社区，开展以《城乡规划法》、《呈贡县人民政府公告》为主要内容的拆临拆违宣传；结合社区“两委”换届，采用黑板报、标语、宣传车等方式进行社区换届选举法制宣传，确保换届选举工作依法进行。四是宣传开展“12·4”法制宣传。在县城中心文化广场、幸福小区等地开展了《人民调解法》宣传教育，下发相关的资料等。年内，出动宣传车共40余辆次，人员209人次，发放法制宣传资料4.96万余份、书籍和杂志1.35万余册、日历2.98万余份，发放宣传光碟2 000余张、录音带65盒，摆放宣传展板150余块次，播放宣传磁带、光碟63盒次。

**【法治社区创建】** 新区（县）的组织、民政、司法等部门联合下发了《呈贡新区（县）“民主法治社区”创建标准（试行）》、《呈贡新区（县）“民主法治社区”申报、审核、命名办法》、《关于进一步推进“民主法治社区”创建活动的意见》、《呈贡新区（县）“民主法治社区”动态管理办法》及《呈贡新区（县）2010年创建市级“民主法治社区”工作计划》，组织开展“民主法治社区”的创建工作。年内，完成了郎家营、缪家营、前卫营、柏枝营、殷联共5个社区的市级“民主法治社区”申报创建；完成中庄等8个社区的县级“民主法治社区”创建指导工作；洛龙等2个社区完成了市级“民主法治社区”的复核工作。

**【安置帮教】** 一年来，新区（县）司法局主动协调，充分发挥司法所的主体作用，认真开展安置帮教工作，安置帮教工作开展有力，及时消除各种不安定因素，全力维护社会和谐稳定。按照市综治委《关于进一步加强刑释解教人员安置帮教工作的实施意见》要求，组织人员深入基层调查研究，定期开展刑释解教人员排查活动；对刑释解教人员摸底调查，造册登记，做到底数清、情况明；使用全国统一的帮教安置工作管理软件，切实加强对刑释解教人员的衔接管理；不断提高安置帮教率，努力减少重新违法犯罪率，安置率达100%，辖区范围内在控人员无重新犯罪情况。

**【社区矫正】** 继续对社区矫正对象进行摸底排查和开展社区矫正工作，新区（县）全年接管社区矫正对象共42名。一是建设“心之桥”社区矫正信息系统。新区（县）司法局积极争取昆明电信分公司的支持，采用3G网络的方式对社区矫正对象进行监管，于7月在全省率先建设“心之桥”社区矫正信息系统，信息化技术的应用实现了社区矫正监管工作从“人防”向“技防”的重大转变，有效防止社区矫正对象脱管、漏管，降低了社区矫正对象的重新犯罪率。至年底，新区（县）纳入“心之桥”信息监管系统的社区矫正对象有36名。通过社区矫正信息监管平台该发布关心、问候短信215条，提示到期的矫正对象9名，矫正对象进行思想汇报726人次。二是提高社区矫正工作质量，帮助矫正对象解决心理问题。新区（县）司法局从硬件改造、软件引进入手，于8月在全市创新设立了“心耘”工作室，聘请1名心理咨询师、2名心理学专业在校大学生作为志愿工作者，运用现代科技知对矫正对象进行问诊把脉。年内，社区矫正“心耘”工作室先后对龙城、吴家营、斗南3个街道的23名社区矫正对象进行了心理测试和心理评估，根据测试分析结果有针对性地开展个案心理治疗，逐步实现社区服刑人员心理健康教育的常态化，实现了心理矫正和行为矫正的有机结合。

**【律师工作】** 2010年，新区（县）职能部门结合呈贡的实际，组织开展了律师培训、推荐十佳律师候选人、参与疏导涉法信访等工作，加强对律师工作的管理和服务。一是为加强对律师工作的管理。按照市律协的安排，充分发挥律师党员在工作中的模范带头作用，新区（县）推荐李强、刘舒为优秀共产党员；推荐李强律师被推荐为云南省十佳律师候选人。二是组织律师参与省、市律师协会组织的各种业务培训，不断提升律师自身的业务水平。三是组织各个律师事务所的律师参与疏导涉法信访。每周一、周四、县长接待日分别安排律师到新区（县）信访局值班，全年派出律师参与涉法信访工作共83人次，及时为群众解答了涉及土地补偿款分配、农村集体土地出租、农村房屋拆迁补偿等方面的法律问题，有效缓解和避免了群体性上访事件。四是认真开展律师业务工作。年内，新区（县）司法局办理民事案件共312件，刑事案件55件，行政案件14件；非诉讼代理11件，代写法律文书418份；担任法律顾问31户次，接待咨询人员775人次；参与法律援助案件21件，刑事附带民事9件，未接到群众的投诉。

**【公证工作】** 2010年，县公证处结合新区建设的实际，在人少事多的情况下，认真办理各类公证事项，有效发挥了公证工作在新区建设中的重要作用，促进了新区建设发展。一是公证受理。全年受理各类公证事项共560件，办结552件。其中，经济类公证260件，民事类公证292件，与上年同期相比增加215件，增长率为61%。二是公证咨询。结合新区建设特点，加强了对涉及房地产、农村房产、原土地承包、拆迁等法律事务的咨询解答工作，全年接待来访当事人约8 000人次。三是证据保全工作。全年协调处理各类拆迁的证据保全工作共26件，参与拆迁现场监督3件，工程招投标公证47件，涉及金额近12亿元。四是参加学习培训活动。按时参加市举办的公证员培训学习及相关的活动，全体公证人员年内未出现违纪违规情况，也未出现错证和假证情况。

**【法律援助】** 严格执行《法律援助工作条例》，新区（县）努力降低法律援助门槛，做到应援尽援，重点为残疾人、妇女儿童、老年人、农民工和经济困难人员提供法律援助。一是开展法律援助日常工作。年内，县法律援助中心接待法律咨询共1 208人次，办理各类诉讼案件65件。其中，民事案件38件，刑事案件27件，代书118份，办理非诉讼案件51件。二是不断延伸服务触角，为外出租地人员提供法律援助。结合新区（县）建设中大量土地被征用，外出租地发展经济的人员越来越多的实际，新区（县）司法局于6月底在吴家营司法所成立了外出租地人员法律援助工作站，外出租地人员的合法权益一旦受到侵害，即可在第一时间反馈到法律援助工作站，及时获得法律咨询、协商调解、仲裁、诉讼代理等全方位的法律服务。法律援助工作站的成立，降低了法律援助门槛，使法律援助更具针对性，更能及时有效地为呈贡外出租地人员提供法律帮助。7月后，法律援助站工作的人员多次到晋宁、宜良、嵩明等地为新区（县）外出租地人员提供法律服务，有效维护了群众的合法权益，全年共办理诉讼案件6件，非诉讼案件6件，接待咨询100余人次。

**【法律服务】** 按照省、市司法部门的要求，新区（县）司法局组织开展基层法律服务、公益性法律服务。一是开展基层法律服务。组织各法律服务所、基层法律服务工作者完成了年检注册工作，与每个法律服务工作者继续签订了诚信档案。各法律服务所全面开展了业务工作，为新区（县）建设提供了及时的法律服务，受到街道、部门和社会群众的好评。年内，新区（县）基层法律服务所共担任法律顾问15个，代理诉讼41件，代理非诉讼法律事务22件，调解纠纷834件，协办公证8件，办理见证29件，代写法律文书143件；接受群众法律咨询2 056人次，办理法律援助事务29件，参与司法行政工作252人次，为当事人避免、挽回经济损失1 450万余元。二是开展公益性法律服务。结合新区（县）建设的实际，在市司法局的支持下，新区（县）司法局对辖区内公益法律服务人员进行了业务培训，办理了法律服务工作执业证，帮助和支持其独立开展工作。年内，新区（县）公益性法律服务人员参与了法律服务、社区矫正工作，调解纠纷共141件，代理诉讼23件，非诉代理4件，代书48件，接待法律咨询453人次；开展法制宣传65场次，走访社区矫正人员45人，办理见证17件。

**【参与新区建设】** 随着新区建设的不断推进，新区（县）司法局服从服务于新区建设。一是按照新区建设的需要，抽调力量参与南北中央大道的拆迁、江尾社区的清表、段联社区征地等工作；积极做好办公环境周边绿化、保洁工作，为全市“创卫”尽一份力。二是参与“四创”工作。5月底，为迎接“四创”工作检查，新区（县）司法局出动人员3次、25人到松花社区联系点，清垃圾、搞宣传，清扫公路、保洁周边环境，清理面积达1.2万余平方米；与乌龙街道人员

清洗沿街小广告

（郭江瑞　摄）

一起，向100余名群众宣传“创卫”的知识，清运垃圾共100余车。通过宣传发动，有30余名群众主动参与了环境保洁活动，使松花社区的环境卫生面貌有了明显的改善。

**【队伍建设】**　加强队伍建设，不断提升新区（县）司法行政队伍的综合业务能力。一是加强领导班子自身建设。新区（县）司法局党支部进行了换届选举，选举产生了新一届班子成员，为更好地带领全体党员、干部、职工做好各项工作打下了基础；完成了工会、妇委会组织的换届工作。二是开展“效能政府”建设活动。局党支部引导全体党员、干部、职工把“立党为公、执政为民”的理念贯穿于司法行政工作全过程，切实转变观念；坚持求真务实的工作作风，坚持服务为先的工作理念，坚持深入基层的工作方法，做到准确把握全局，做好深入细致的群众工作，谋长远、科学决策，抓落实、力求实效。三是深入开展党风廉政建设。按照“一岗双责”的要求，层层签订党风廉政建设责任制。四是进一步健全和完善司法行政规章制度，制定完善了《公车管理规定》、《考勤考绩制度》等制度，做到用制度管人、用制度管事，切实改变机关工作作风。

（李　青）

## 消防管理

**【简　述】**　2010年，武警昆明市支队呈贡县消防大队在上级党委的正确领导下，深入学习实践科学发展观，紧紧围绕上级党委的总体思路和具体要求，全面加强队伍建设，团结拼搏，艰苦奋斗，忠实履行职责和使命。以宣传贯彻新《消防法》为主线，以“三项”建设为重点，确保组织有力、政治教育扎实有效、中心任务圆满完成、训练质量有突破、内部安全稳定，消防管理工作逐步正规、基础日益牢固，后勤保障能力提升明显。努力推进新区（县）消防应急救援体系建设，出色完成了以防火灭火为中心的消防安全保卫的工作任务，受到上级党委、地方党政组织和人民群众的高度赞扬。

**【军事训练】**　以贯彻落实新大纲、依法从严治警为重点，按照《云南省公安消防部队建设与发展三年规划（2009～2011）》的要求，武警昆明市支队呈贡消防县大队围绕昆明消防支队提出的消防工作目标和任务及体系建设、机制建设的要求，着力在抓任务、保稳定、强素质、重保障上下功夫，实现了“执勤战备任务圆满、新大纲贯彻推进有力、管理安全规范、信息化建设明显增强”的目标，军事工作发展势头良好。在训练中，针对本大队所担负的消防安全管理的任务，以灭火救援、抢险救灾为重点，着重抓好辖区内“六熟悉”工作，针对日益突出的消防安全问题，打造了一支消防铁军。

**【战备工作】**　以全国其他地方发生的重特大火灾为戒，武警昆明市支队呈贡县消防大队制定了辖区内重点单位应急措施和预案，加强执勤保卫和消防监督检查，交多次进行检查和演练，有效的提高了防火灭火和处置突发事件的能力。针对新区（县）战备和消防任务的实际，严格按照“严于营区和利于行动”的要求，依据消防安全管理工作的相关条令、条例，制定现场营区管理规定，明确现场纪律，加强人员和车辆装备的管理控制。教育官兵严守政治纪律，不擅自接受采访、擅自发表言论；严格落实保密制度，严防失泄密问题发生；严守群众纪律，尊重人民的宗教信仰和风俗习惯，维护国家和武警公安部队的形象。

**【执勤工作】**　牢固树立服务中心的意识，本着“优化资源、整合力量、便于管理”的原则，优化执勤资源配置，以推进执勤正规化作战值班员、网络通讯员“五要素”履职、“十项内容”交接班为切入点，规范执勤方案等内容，促进执勤备战制度正规有序，为保障人民群众安居乐业和社会稳定作出了重大贡献。年内，武警昆明市支队呈贡县消防大队共出动官兵20余人次，协同完成了国庆、春节期间等各类临时勤务20余次。

**【行政管理】**　武警昆明市支队呈贡县消防大队始终把安全工作作为“保底工程”常抓不懈，叫响“安全发展、人人有责、天大地大、安全最大”的口号，着力在提升正规化管理水平上下功夫。针对不同时期容易出现的安全问题，扎实开展安全教育，使“保安全就是保战斗力、保发展、保家庭幸福、保个人成长进步”的理念深入人心。建立安全隐患“建账销账”制度，深入开展“深知兵、真爱兵”、“五个过一遍”、经常性基础性工作落实大检查活动，对安全隐患进行排查和整治，形成人人讲安全、抓安全、保安全的良好局面。

**【器材装备】** 按照消防器材和装备科学化、制度化、经常化的要求，武警昆明市支队呈贡县消防大队加强了对各类消防器材装备的管理，适时开展“管装爱装”教育，加强了对装备器材的培训和管理，确保装备器材的绝对安全。全体官兵形成了爱护武器、装备、器材的良好扭转，达到了“四会”要求，使武器、装备、器材日常管理维护工作正规有序。

**【警民共建】** 武警昆明市支队呈贡县消防大队把加强警民团结、警政团结作为精神文明建设的重要内容，积极与消防管理目标单位协调关系，广泛听取各级领导和驻地人民群众的意见，积极参加地方精神文明建设。通过努力，队所关系、警政关系、与驻地政府机关的关系、和人民群众的关系融洽和谐，部队官兵在党政机关干部和人民群众的心目中树立了良好形象。

（樊 彪）

# 综合经济管理

责任编辑：杨春富

## 发展改革和经济贸易

**【国民经济和社会发展计划执行情况】** 在新区党工委（县委）、新区管委会（县政府）的领导下，新区（县）人民按照县十四届人大三次会议确定的国民经济和社会发展计划，围绕新区“十年成规模”发展目标和工作重点，着力做好“调结构、保增长”和加快推进新区城市化建设的各项工作，全年宏观预期目标顺利完成，年度计划执行情况良好，新区建设取得新的成效。表现为：一、二、三产业协调发展；招商引资工作取得新突破；重点领域改革稳步推进；交通及市政设施建设取得新进展；生态环境治理成绩显著；节能减排工作成效明显；民生得到改善；社会事业全面进步。2010年，地区生产总值完成70.3亿元，同比增长15%，完成年度计划的103.5%；地方财政全口径一般预算收入完成7.03亿元，同比增长32.5%，完成年度计划的117.2%；全社会固定资产投资完成176.77亿元，同比增长45%，完成年度计划的96.1%；社会消费品零售总额完成17亿元，同比增长21%，完成年度计划的115.6%；城镇居民人均可支配收入达19 313元，同比增长8.5%，完成年度计划的100.5%；农民人均纯收入达7648元，同比增长8.2%，完成年度计划的104.1%；人口自然增长率控制在4.2‰以内，控制在计划范围内。

一是农业农村经济平稳发展。病险水库除险加固工程顺利开展，累计投资4 792.58万元，完成水利工程343件，解决了12 689人的饮水问题，解决了369头大牲畜饮水困难，解决了2 500亩农田灌溉用水。充分发挥斗南花卉、龙城蔬菜、呈贡宝珠梨等品牌效应，大力培育和扶持农业产业化龙头企业和外出租地农户，促进农业向服务型和流通型现代农业转变。全年实现农林牧渔业总产值11.1亿元，同比下降13%；第一产业实现增加值6.6亿元。

二是工业经济较快发展。快速推进工业园区配套基础设施建设，以促落地、促到位、促建设为重点，促进工业经济发展；工业园区云铝8万吨铝圆杆、昆明嘉华食品等15个项目竣工投产；中铝昆铜、云白药原料药中心等26个在建项目顺利推进，为工业经济注入了新的活力；完成规模以上工业增加值20亿元，同比增长19%；实现规模以上工业企业主营业务收入100亿元，同比增长25%；新增规模以上工业企业4户；非公经济增加值完成27.98亿元，同比增长15.76%；工业固定资产投资完成20亿元，同比增长48%；亿元开工项目4个，竣工2个。

三是现代服务业配套设施建设取得新进展。新区把加快发展现代服务业作为“调结构、保增长”的主攻方向。实力心城、七彩云南第壹城、昆百大新城购物广场项目正加快推进。现代服务业配套基础设施建设取得新进展。

四是消费市场得到进一步激活。认真落实扩大内需政策，新区（县）完善“家电下乡”产品补贴兑现措施，进一步激活了新区的消费市场，全年共审核兑付“家电下乡”产品5 304台，兑付财政补贴151.07万元；审核兑付汽车、摩托车下乡产品1 794辆，兑付补贴705.46万元，为176辆以旧换新车辆兑现财政补贴174.5万元。为运输企业和运输个体经营者等行业落实石油价格补贴223.6万元。全社会消费品零售总额增长21%，比上年提高1.3个百分点。外贸进出口完成9 762万美元，同比增长83.7%；第三产业增加值达到27.7亿元，增长18%，成为新区经济持续增长的一个亮点。三次产业结构由2009年的12.3∶49.5∶38.2调整为10∶51∶39。

五是招商引资工作取得新突。新区（县）投资环境不断优化，有力地促进了招商引资和重大项目建设。年内，共引进招商引资内资项目62个，引进市外资金53.26亿元；引进外资项目4个，引进外资6 496万美元。争取中央、省财政资金4.44亿元。

六是重点领域改革稳步推进。政府机构改革稳步推进，部门职责职能进一步理顺优化。完成了县有线电视台的股份制改革。深入推进了部门预算改革，试点国库集中支付改革，财政管理体制进一步优化。对“医改”五项重点任务进行了全面安排，启动了基本药物零差率销售工作。实施了各医疗卫生事业单位绩效工作改革，开展了各项基本公共卫生服务工作，公立医院改革稳步推进。实施农村初级卫生保健工作一体化管理，覆盖率达 100%。

七是交通及市政设施建设取得新进展。新区城市道路三、四期路网和呈七公路稳步推进；全年投资 17.78 亿元新建城市道路 18.18 公里；地下雨污水管网和中水管网、自来水和煤气管网、强电网和弱电网与道路建设同步推进；昆明城市轨道交通呈贡段已进入隧道施工；环湖东路及截污工程快速推进。市级公务员住宅小区 A 地块已交付使用，滇池新城正加紧建设；众和东苑住宅小区建设快速推进，市级机关配套住宅及生活设施建设有序推进。9 所高校全部招生，与学校相配套的住宅小区已部分交付使用。昆明医学院第一附属医院呈贡医院、市中医院、省中医学院附二院、延安医院呈贡新区医院、市体育学校、中华小学建设稳步推进。消防二中队和特勤一中队综合楼开工建设。

春城公园、洛龙河景观公园等一批城市公园相继建成。洛龙河污水处理厂和垃圾焚烧发电厂建设稳步推进，新区（县）污水处理厂深度处理工程完工并正常运行,呈贡新区七甸污水处理厂已竣工并正式投入运行，七甸片区给水工程已通水。

八是生态环境治理成绩显著。滇池水环境综合治理工作扎实开展，洛龙河、捞渔河、马料河综合整治稳步推进，“四退三还一护”工作完成退房 98 户，退人 269 人；建设湖滨林带和生态湿地 1 502 亩，河口和湖内湿地 945 亩。全面禁止滇池流域和其他重点区域挖砂采石取土。投入 1 191 万元，购买环卫机械设备 26 台；配合市级“创园”成功、“创卫”通过验收；大力开展“四环十七射”道路两侧控制区环境综合治理、“六清六建”工作开展成效明显。

新增城市绿地面积 507.9 亩，城市建成区绿地率达 37.12%。创建省级园林县城工作通过专家组考评验收。荣获全省绿化工作先进单位、全国城乡绿化模范县、全国绿化奖章等殊荣。

九是节能减排工作成效明显。狠抓有色金属等领域耗能大户节能技术改造，单位能耗明显下降，万元 GDP 能耗同比下降 4.2%。实施节能等惠民政策，推广高效节能灯具 2 万只；化学需氧量和二氧化硫排放量分别下降 3.7%和 13.8%。

十是民生得到改善。年内，新区（县）新增城镇就业岗位 5 685 个，城镇登记失业率 3.43%；转移农村劳动力 7 504 人；安排资金 2 792 万元鼓励被征地农民 11 059 人外出租地种菜种花；失业保险参保 1.2 万人。参加城镇职工基本养老保险的人数达到 7 200 人；县级财政全额补助失地农民基本医疗保险个人承担部分 310 万元。建设被征地农民保障性住房 3 081 套，建成安置周转房 1 868 套，统筹安置项目拆迁和“三类房”居民 1 592 户。城镇居民人均可支配收入为 19 313 元，同比增长 8.5%；农民人均纯收入完成 7 648 元，同比增长 8.2%；人民生活得到有效改善。

十一是社会事业全面进步。稳步推进校安工程及标准化小学建设工作，全面停止使用 D 级危房校舍；投入教育经费 1.36 亿元，义务教育阶段适龄儿童入学率达 100%。义务教育接纳流动人员子女 4 908 人；“两基迎国检”工作顺利通过国家教育督导组的检查验收。完成社区文化室、农家书屋及农民体育健身工程、健身乐园年度建设任务；对县文庙进行保护修缮；举办了万人长跑、首届新区文化艺术节、第五届山歌文化节等丰富多彩的文体活动。科技投入 1 320 万元，占财政一般预算支出 1.7%；新增专利申请和授权数量 73 件，引进高层次人才 73 人，被国家科技部评为国家级科技进步先进县。

**【指导思想】** 2010 年，新区经济和社会发展的指导思想是：认真贯彻落实党的十七大、十七届五中全会和中央经济工作会议精神，以邓小平理论和“三个代表”重要思想为指导，深入贯彻落实科学发展观，按照省委八届九次全会、市委十届六次全会和县委十一届七次全会安排部署，以科学发展为主题，以一步实现全域城市化为主线，以发展现代服务业为主攻方向，以扩大投资为主要抓手，以改善民生为根本出发点和落脚点，抓住机遇，开拓进取，加速建设“三个示范区”和低碳城市进程。

**【预期目标】** 中共昆明呈贡新区党工委暨中共呈贡县委十一届七次全体（扩大）会议提出了新区（县）2011 年经济和社会发展的指导指导思想、总体要求、预期目标。其中，建议新区（县）2011 年经济社会发展主要预期目标为：地区生产总值增长 15%以上；地方财政一般预算收入同口径增长 13%以上；全社会固定资产投资增长 30%以上；社会消费品零售总额增长 20%以上；城镇居民人均可支配收入和农民人均纯收入均增长 10%以上；城镇登记失业率控制在 4.5%以内；人口自然增长率控制在 5‰以内。

（李文云）

## 统　计

**【简　述】** 2010 年，新区（县）统计局坚持以邓小平理论、“三个代表”重要思想为指导，深入实践科学发展观，全面贯彻党的十七大和十七届四中、五中全会、省委八届八次全会、市委九届六次全会精神，贯彻执行中央、省、市、新区（县）统计工作会议精神。紧紧围绕新区党工委（县委）、管委会（县政府）的中心开展工作，紧密结合呈贡新区建设的中心做好统计服务；以提高统计数据质量为核心，以提高统计服务水平为宗旨，不断解放思想、扎实工作，加强统计工作改革和建设的步伐；认真搞好各项统计调查和研究，完成各项统计工作，全面、准确、及时地反映新区（县）经济社会发展情况，为党政领导科学决策提供了可靠依据，为社会各界提供了优质的统计服务。

**【统计工作】** 新区（县）统计局认真履行统计职能，完成了所承担着的综合统计、国民经济核算、农业统计、工业统计、固定资产投资及建筑业房地产统计、批发零售贸易、餐饮业统计、劳动工资统计、农村住户经济调查、城市居民生活状况调查、农产品价格和中间消耗调查等常规统计工作。同时，年内还完成了上级业务部门布置的各种临时性抽样调查工作，完成了规模以下工业企业调查、警民关系调查、文化产业调查、服务业调查；开展了创建文明城市工作问卷调查和城镇农村住户样本抽选换户工作，开展了换发《统计从业资格证书》的工作；按月编制了《呈贡县国民经济主要指标》小册子，编制《统计信息》6期，对国民经济运行情况进行深入分析，为新区党工委（县委）、县人大、新区管委会（县政府）、县政协以及相关经济工作部门决策提供参考。

**【统计法制建设】** 新区（县）继续宣传贯彻《中华人民共和国统计法》和《云南省统计管理条例》，组织相关人员深入学习统计执法程序和实施细则，做到依法行政。通过开展统计执法工作，为新区（县）的统计工作创造了良好的法制环境。

**【统计单位注册登记及年审】** 新区（县）继续加强对本辖区内统计调查单位的管理，做好统计单位注册登记工作及基本单位名录库维护、更新工作。按照法人所在地进行登记和年审的原则，全年登记、变更、注销单位10个、年审单位64个。

**【全国第六次人口普查】** 按照国务院、省、市的要求，新区（县）积极组织开展了第六次全国人口普查各项工作。2009年10月，新区（县）级普查领导小组成立。2010年4月，新区（县）级普查领导小组办公室成立，各街道办事处、社区居委会的普查机构也相继成立。6月25日至7月15日，新区（县）级普查领导小组在下庄社区居委会组织开展特殊地区试点工作。8月，按照普查方案绘制普查区电子地图，新区（县）共划分为43个普查区、625个普查小区。8～9月，按照全国第六次人口普查指导员、普查员选聘条件和配备要求，选聘普查指导员、普查员共1 369人，用18天时间对全体普查指导员、普查员分期进行业务培训。10月15～31日，普查员分头对登记对象进行入户摸底，为正式入户登记作准备。11月1～10日，普查指导员、普查员正式入户普查，对全部登记对象进行登记。11月15日至12月，新区（县）普查对象查遗补漏和普查表快速汇总、审核、光电录入工作完成。

（施袁霞）

## 工商行政管理

**【简　述】** 2010年，昆明市呈贡县工商行政管理局隶属昆明市工商行政管理局，内设机构7个，即办公室、法制科、监察室、人教科、市场管理科、公平交易科、登记注册科；派出机构4个，即城关工商分局、斗南工商分局、洛龙工商所、雨花工商所；下设县个体私营经济协会、县消费者协会两个社团组织。全局有在职职工80人，其中公务员68人、工勤人员1人、事业编制人员11人；中共党员52人；大专及其以上文化程度74人。在新区党工委（县委）、管委会（县政府）的正确领导下，呈贡县工商行政管理局围绕新区城市建设化目标和要求，服从并服务于新区（县）经济发展的大局，切实履行市场监管的职能；坚持以人为本，树立并落实科学发展观，真抓实干，开拓进取，不断加强干部职工队伍建设；改革监管模式，优化政务环境，强化服务意识，取得了较好的工作成效。

**【纪检监察】** 围绕新区工委（县委）、管委会（县政府）的中心工作，围绕新区（县）经济社会发展的需要，局党组开展了纪检和监察工作。一是加强廉政教育。以党性、党风、党纪教育为重点，推动干部队伍建设，坚决做到"五个看齐、两个确保"，即向一把手看齐、向党组成员看齐、向纪检监察干部看齐、向共产党员看齐、向中层干部看齐，确保全局干部队伍不出问题，确保通过努力各项任务指标完成情况在昆明市的位次不断前移。二是抓好风险点管理工作。局党组把风险点的管理作为体现党风廉政工作的着力点和亮点，在3个风险岗位、6个重点环节，共查找出了38个风险点，制定和实施了监督防范措施29条。三是成立效能督察队。局党组直接领导督察队，由纪检组长任督察队队长，做到敢抓敢管，不"和稀泥"。除抓好上下班、迟到早退、形象仪表之类的工作纪律外，督察队还"围绕重点工作，从任务的落实、工作质量的提升、工作效率的提高”等深层次加强督促管理；结合“图表工作法”，围绕“效能”二字开展工作，全年共开展督察10轮次，发出督察通报7期，有15名干部因违反劳动纪律、着装不规范被处以罚款，并扣除了所在部门的考核分；对12个部门发出了巡查督察建议书，要求针对工作中的不足及时整改。四是执法人员述职述廉测评。邀请参加述职测评的人员为3个街道、10所高校、4个社区及经营户代表共86人，组织工商所执法人员向监管服务对象代表述职述廉，并对工商所所长的述职述廉报告、执法人员的工作进行了测评，满意率均达96%以上。

【人事教育】 组织开展政治思想和专业知识学习，不断提高干部职工的工作能力和水平。一是目标和信念。在目标建设上，反复灌输、教育和引导，让每一个干部职工都明白“工商工作发展了、集体壮大了、地位提升了，个人的工作才有平台、发展才有依托”，倍加珍惜来之不易的成绩、和谐稳定的局面、作为工商人的荣誉，自觉自愿地融入到大集体中，积极主动地做好工作。二是制度和内容。在学习建设上，建立健全学习制度，对学习内容、时间、方式、原则、要求、检查标准等，都用“图表工作法”做出具体规定。同时，克服枯燥、机械地学习理论知识的弊端，推行运用好四种学习方法，即“抽签讲学”学习、“以强带弱、促弱增强”学习、“由学生变先生”换位学习、“同步摄录并回放点评”学习的方法，在学习中培育先进文化理念，激发拼搏创新精神。三是培养工作能力。在能力建设上，把提升能力贯穿在具体工作全过程。以“岗位技能大比武”为平台，全员培训考核注册登记、行政执法、综合技能三个方面的能力，推荐优秀人员参加省、市局组织的相关比赛。年内，全局有市级能手6人，省级能手1人。四是组织知识竞赛。以丰富多彩的活动为载体，通过组织相关的岗位人员参加《食品安全法》知识竞赛，组织基层执法办案人员到公平交易科跟班实习等活动，着力建设业务精湛、作风优良、奋发有为的干部队伍。

【法制建设】 组织开展各种普法活动，加强法制建设，提高执法的能力和水平。一是严格案件核审程序，确保案件质量。认真贯彻执行法律法规和规章的规定，严格程序，正确行使自由裁量权，统一行政处罚文书的制作与使用，尤其是对案件终结报告和行政处罚决定书的制作，严格按照“说理性”要求予以规范。二是完善执法监督制度。强化责任，规范行为，以执法责任制为总体要求，进一步完善各项执法监督制度，努力促进工商部门依法行政工作制度化、规范化、程序化、法治化建设。三是完善执法考核制度。积极完善行政执法责任制、行政执法过错责任追究制度、执法监督检查和评议考核等制度，把过错责任与年终考核直接挂钩。四是细化法制工作的内容。将法制工作分解成四项具体内容，即完成制度的清理、修订及完善工作；完成案件评查和执法检查工作；完成对执法人员的培训工作不得少于规定的次数；完成“五五”普法的年度工作。

【公平交易执法】 打击违法违规交易行为，规范市场公平交易秩序，维护社会经济健康发展。一是增强执法效能，完成各项执法工作。全年共查处各类经济违法案件215件，没收了一批用于违法生产经营的物品。二是严厉打击非法传销和变相传销行为。对城乡结合部、出租房屋、饭店、招待所等场所进行重点摸底排查，严格查处为传销活动提供经营场所、将空置房承租给传销人员进行违法活动的行为。大力开展宣传教育工作，在县城中心文化广场、吴家营街道所辖社区、驻呈高校园区进行大规模的宣传活动7次，发出打击传销书籍300余本、图画200余张、材料1.5万余份，张贴宣传画300余张，悬挂布标7幅，接受群众咨询800余人次。全年共创建无传销社区4个、无传销小区1个、无传销校区1个；遣散传销人员35人。检查各种潜在发生传销行为的出租房，人员集中地达700多处，净化了新区（县）的市场环境。三是加大执法力度，打击制售假冒伪劣商品的违法行为。开展打假治劣行动及举报落实工作5次，规范了市场经营秩序，营造公平合理、竞争有序的消费环境，维护消费者合法权益。四是开展“扫黄打非”专项整治行动。开展了三个阶段的“扫黄打非”专项整治行动，重点整治辖区内手机淫秽色情图片、净化出版物市场；打击光盘走私、贩私活动、黑网吧违规经营行为；规范经营秩序，专项查处组织购买和使用盗版教材、教辅读物的现象。通过开展“扫黄打非”专项整治工作，有效净化了市场环境，规范了各类文化市场秩序；清除了淫秽色情垃圾，最大程度地保护知识产权的权益，推动新区（县）的文化大发展、大繁荣，为促进全面建设小康社会提供有力保障。

【市场监管】 加强监督和管理，规范市场经营，促进经济发展。一是市场分类管理。按市场信用分类监管的要求，完成新区（县）内10个市场信息采集、录入工作，进行分类监管。年内，新区（县）通过A级的“诚信市场”6个，其中，2A级市场2个，3A级市场1个，4A级市场2个，5A级市场1个。二是开展“七小”行业整治。新区（县）共有小旅馆104个，小浴室9个，小美容美发厅126个。其中，整治无证照小旅馆共62个，达到规范要求的6个，基本达到要求过渡经营的42个，达不到要求被取缔的14个；取缔无证照小浴室2个；整治无证照小美容美发厅14个，达到规范经营的11个，基本达到要求过渡经营的3个。三是市场“创卫”工作。新区（县）工商行政管理部门牵头抓好农贸市场的“创卫”工作，制作布标2条，墙体广告1条，电子显屏幕每天播2次，发放宣传材料1 000余份；与市场开办方、经营户签订创卫责任书和门前“三包”责任书各500份。四是整治占道经营行为。对老县城内的南门街、兴呈路等地段的占道经营行为进行重点整治，说服教育道经营的小摊贩、商户32人，配合城管部门收缴了一批影响城市环境和形象的物品。五是开展节假日及重大活动期间的市场整治，规范监管工作。打击走私贩私，大力加强对汽车、汽车配件、粮食、成品油等重要商品的监管力度；配合新区（县）职能部门加强对煤矿、非煤矿山、危险化学品、烟花爆竹、民爆器材、消防安全、娱乐场所等行业和领域的登记审查；开展扫黄打非、打黑除恶、取缔“黑网吧”、反假币、反洗钱、禁毒等专项斗争；积极治理校园及周边环境，做好预防青少年犯罪等工作，维护新区（县）社会经济秩序和谐稳定，持续发展。

**【注册登记管理】** 进行服务承诺，按规定开展注册登记，在规定范围内进行服务和管理。一是服务承诺。新区（县）全年公示重大事项共13条，通报重点工作58次；受理96128专线咨询电话49人次，受理各类服务承诺事项21 473件，办结率达100%；所有服务承诺事项都在规定的承诺时限内办理完结，限时办结率100%，即办件达到85%以上。二是个体工商户和私营企业注册登记。截至年底，新区（县）辖区内有个体工商户共7 435户，从业人员15 175人，资金数额26 912万元。其中，年内新增个体工商户952户，从业人员2 281人，资金数额5 193万元。与去年同期相比，个体工商户、从业人员、资金数额分别增长了14.6%、17.7%、23.9%。私营企业户共976户，从业人员12 760人，注册资本金36.04亿元。其中，年内新登记私营企业200户，从业人员671人，注册资本金9.59亿元。与去年同期相比，私营企业、从业人员、注册资本金分别增长了22.58%、5.6%、36.28%。内资企业共377户，注册资本56.46亿元。其中，年内新增内资企业27户，注册资本30144万元。与去年同期相比，企业户数、注册资本金分别增长了7.4%、4.98%。三是股权出质登记。开辟新的融资渠道，全年受理股权出质登记共49件，出质股权20 045万元，被担保债权数22 198万元；注销登记8件，注销出质股权7 236万元，被担保债权2 100万元。四是开展预约服务。采用预约服务的方式，缩短动产抵押审批时限，提高工作效率，全年办理动产抵押登记共25件，抵押人涉及有限责任公司25个，为企业获取银行贷款达3亿元。

**【商标和广告监管】** 根据国家、省、市关于商标和广告监督管理的规定，对新区（县）辖区内的商标、广告进行监督和管理。一是商标注册。新区（县）全年完成新申请注册商标数21件，协助企业培育新申请认定知名商标4件，培育新申请认定著名商标2件。二是开展商标保护专项行动。新区（县）工商行政管理部门联合商品生产企业、公司、工厂开展商标保护专项行动，全年立案查处商标侵权案件共20件，案值27 779元，没收了一批商标侵权的物品。截至年末，新区（县）的注册商标总数已达199件。其中，中国驰名商标1件、地理证明商标1件，云南省著名商标25件、知名商标5件。三是加强广告登记监管。在广告审查中，严把户外广告出口关，全年受理户外广告登记共27件。将涉及医疗、药品、保健食品、化妆品、美容服务、食品、农资、房地产、金融服务、婚介服务、招生信息、旅游信息，及其人民群众安全健康息息相关的行业作为重点审核对象，对不符合广告发布规定的一律不予审批；发现广告用语不符合法律、法规要求的，要求及时整改，杜绝违法违规广告的出现。四是开展广告市场的专项整治。按照“网格到人、目标到人、责任到人”

清洗小广告

（郭江瑞　摄）

的原则，新区（县）工商行政管理部门及其所属工商所（分局）摸清辖区内各类媒介形式的广告经营者底数，清理登记辖区内的各类广告，对户外广告实施动态的监管。五是开展虚假违法广告的清理整治。全年检查各类广告经营户共335户，期刊20份，广告407条（块），检查范围涉及大中型超市4个、专业市场3个、居民委员会8个，高校5所。在检查中，对2户擅自发布烟草广告的经营户，当场下发了责令改正通知书；对2户未经登记发布的墙体广告的经营户，责令整改限期登记；对11块轻微违法广告经营户下发整改意见书，限期整改；对1户房地产广告经营户，责令停止发布相关房地产信息。

**【消费者权益保护】** 新区（县）工商行政管理部门坚决贯彻执行保护消费者权益的法律法规，打击违法经营行为，维护消费者的合法权益。一是“3·15国际消费者权益日”宣传及执法活动。结合实际，新区（县）工商行政管理部门联合消费者权益保护协会理事部门，组织开展了“3·15国际消费者权益日”宣传咨询服务和执法活动，出动宣传人员共199人次，出动执法车辆20辆，发放宣传材料4.45万份，悬挂宣传标语28条；受理消费者投诉4件，解决4件，为消费者挽回经济损失3 300元；会同食品药品监督管理等职能部门，在新区（县）垃圾处理场举行假冒伪劣商品销毁活动，销毁假冒伪劣商品价值共4.81万元。二是完善投诉工作制度。新区（县）消协明确分工，责任到人，工作人员在受理消费者投诉案件时，做到及时受理，依法公正解决，做到事事有结果，件件有着落。年内，受理消费者投诉共66件，调解成功65件，调解率为98.5%；接待消费者来访、咨询225余人次，为消费者挽回经济损失14.50万余元。三是设立消费者协会分会。新区（县）依托工商所(分局)、街道办事处设立了消费者分会8个；依托市场设立了12315申诉举报联络站，设立消费者投诉站4个；依托社区居委会设立12315申诉举报联络站，设立消费者投诉站38个。此外，在云南师范大学、昆明理工大学等4所高校和龙城购物中心、竞诚超市等3个商场分别设立也建立消费者申诉举报站、投诉站，达到了省、市消协提出的“在全县所有街道办事处、所有社区居委会，重点市场、营业面积500平方米以上的商场、超市、大学校园建立了‘一会两站’”的目标。

**【个私协会工作】** 加强对个私协会的服务和管理，促进个企业持续、快速、健康发展。一是召开个私协会理事会。年内，召开了新区（县）个私协会一届十次理事（扩大）会，审议通过了新区（县）个私协会2009年工作报告。财务收支报告，认为在2009年的工作中，新区（县）个私协会“依法建会、民主办会”理念不断强化，组织开展活动和社会公益事业产生了良好的社会影响，体现了个私协会的凝聚力和战斗力。二是订阅报刊。为个私协会会员免费订阅了2011年的党报党刊，为贯彻学习好党的路线、方针、政策、十七大精神和宣传思想战线的重要任务奠定了基础；为会员免费订购市个私协会编辑的《信息传递》100份、省个私协会编辑《信息简报》100份，及时宣传个私企业的发展动态、工作信息。三是进一步完善了《目标责任考核办法》。讨论通过了《呈贡县个私协会2010年工作目标考核责任书》，并层层签订责任书；进一步完善了会员档案的整理归档工作。通过建章立制和制定考核，避免了开展工作的盲目性，标志着基层分会的建设逐步走向科学化、制度化、规范化管理的轨道。四是进行年度统计。组织开展了新区（县）2010年度个体私营经济协会、党建统计工作；各分会组织开展了2010年度党建“登记申报、年检年报”工作。在信息采集和登记工作中，对表格填写不规范的进行了纠正。五是开展“贷免扶补”工作。认真贯彻落实省、市关于开展“贷免扶补”工作的总体部署和要求，新区（县）建立“1+3”跟踪服务机制，全年申报“两年期无息贷款”创业人员10人，获得贷款共5万元。

（谭永斌）

## 质量技术监督

**【简　述】** 2010年，在新区党工委（县委）、新区管委会（县政府）的正确领导下，在省、市质量技术监督局的关心和支持下，呈贡新区（县）质量技术监督局以邓小平理论、“三个代表”重要思想和党的十七大精神为指导，按照学习实践科学发展的总体要求，认真履行质量技术监督工作职责；坚持以质量为中心，以标准、计量为基础，开展了产（商）品质量监督检查、标准化管理、计量监督管理、特种设备安全监察、组织机构代码管理等项工作，确保了市场经济秩序的稳定，促进了县域经济的健康发展。

**【产（商）品质量监督检验】** 按照省、市质量技术监督局关于（商）品质量监督抽查计划的安排，新区（县）质监局结合呈贡实际，坚持国家质监总局提出的“两抓两提高”方针（抓源头，提高产品质量；抓基层，提高依法行政的水平），以稽查为手段，以提高产品质量为目的，严厉打击违法生产，销售假冒伪劣产品行为。一是为保护广大农民的切身利益，防止“坑农害农”的事件发生。3月21~23日，新区（县）组织人员对辖区内的化肥生产和销售企业进行了监督、检查、抽查，共出动人员22人次、车辆7辆次，在所抽查的6个销售门市、18个品种的化肥中，有17个品种合格，合格率95%。其中，对2个销售不合格化肥的企业进行了处罚。二是对辖区内的5个农药经销门市进行了多项抽查和专项检查，对2个销售不合格农药经销不合格农药的经销者进行了处罚，没收不合格农药88件。三是开展食品安全专项整治。督促生产企业严格执行食品安全管理制度、食品原料和添加剂进货制度、食品出厂强制检验制度及人员培训制度。年内，共检查食品生产企业 288 个次，责令改正和处罚未保持生产许可卫生条件、出产检验的获证企业 9 个。四是确保建材质量。4 月 18~22 日，对辖区内 8 个生产企业生产的免烧砖、混泥土普通砖厂执行新标准的情况进行抽样送检，合格率为 100%，有效地规范了产品质量的监督管理，促进了企业的发展。五是对辖区内 6 个酱菜厂、3 个生产发酵豆制品分别进行了抽检，所检产品合格率为 100%，确保了食品安全生产。六是对辖内实行市场准入的“新、老五类”食品生产企业和销售门市进行了专项监督检查。年内，新区（县）共检查 4 次，对销售奶粉商场、超市、门市进行了监督，检查生产企业 22 个、经销门市 37 个次。其中，监督、检查和抽查鲜酿制品生产企业 4 个，鲜酿制品销售摊点 8 个，白酒生产企业 4 个，生产瓶装酒生产企业 1 个，矿泉水生产企业 5 个；联合学校对学校周围 21 家小食品销售门市进行了拉网式检查；检查糕点生产企业 13 个，发放糕点店月饼生产《备案证》18 个，规范了中秋月饼市场。开展专项监督检查期间，对经商销售无“QS”标志的商品做出了责令下柜和退货处理 4 个，查处生产不合格矿泉水的生产企业 2 个，没收了一批“三无”和超期小食品。七是强化对旅游市场的监督检查。5 月 11~17 日，组织人员对辖区内石（林）安（宁）旅游线路上的珠宝玉石店、购物商场进行执法检查，对经营中文标识不全的商品的经销商下达了《责令整改通知书》1 份。八是对建筑工地进行拉网式检查。年内，新区（县）对钢筋、水泥、安全网、建筑外窗、防水材料、胶合板、安全帽、建筑扣件、配电设备以及涉及全国工业生产许可证管理的建筑材料等质量问题进行检查，确保新区建设建筑材料的质量合格。其中，1 个生产企业因违反《中华人民共和国全国工业产品生产许可证》中关于“建筑外窗不得在异地生产、加工”的相关规定，对其进行了处罚，其余企业生产加工的建筑外窗等均属合格产品。九是对汽车、摩托车配件销售门市和修理厂进行了检查、抽查。6 月 8 ~ 11 日，根据上级的检查要求，新区（县）检查和抽查本辖区内汽车、摩托车配件销售门市、修理厂 15 个，对销售不合格汽车配件、无证产品的门市、修理厂进行了立案查处；查处汽车防雾灯、安全带、轮胎等无“3C”认证产品销售门市2 个。十是抓好乳制品生产环节和流通领域的监督管理、督促检查。根据省、市的部署和安排，从讲政治、对人民高度负责的实际出发，针对“三鹿奶粉”事件的发生，新区（县）组织人员快速出击，投入乳制品安全专项整治工作。自 2009 年 12 月 24 日至 2010 年 3 月 31 日，派驻两名执法人员到云南云牛乳业有限公司实施 24 小时现场监督，对该公司生产原料、工艺、检验等各个环节进行现场监控；对原料奶进行抽样送检，确保了生产加工各个环节产品质量安全；对辖区内商场、超市、批发部、医院、学校周边的小卖部进行拉网式突击检查、抽检 22 个，抽样送检纯奶、酸奶、含乳饮料、奶粉四个系列的产品共 14 个，均未发现不合格产品；对辖区内所有食品生产加工企业、小作坊、化工产品生产企业、饲料生产企业进行检查，严查在企业食品生产加工过程中“是否存在超范围、超限量使用食品添加剂违法行为，是否存在使用‘三聚氰胺’等非食品原料用于生产加工食品的违法行为，是否在饲料中非法添加化工原料的违法行为”。年内，共检查食品生产加工企业 8 个、小作坊 24 个、饲料生产加工企业 5 个，经过检查均未发现上述违法行为。

**【行政执法】** 根据《中华人民共和国产品质量法》和云南省关于质量技术监督行政执法工作规则的精神，严格按照与市质量技术监督局签订的工作目标责任书中的各项要求，认真做好行政执法工作。年内，新区（县）查处违法案件共 198 起，其中监督检查查处案件 122 起，结案 122 起，结案率 100%；现场处罚 6 起；受理群众举报（投诉）33 起。

**【标准化管理】** 根据《中华人民共和国标准化法》、《中华人民共和国标准化法实施条例》和省政府的有关规定，新区（县）有关职能部门积极为企业提供标准信息，帮助和指导企业建立标准体系，做好制（修）定标准及标准的审理和备案工作。一是创立名牌工作。为全面实施“质量振兴经济”的发展战略，提升县域内相关企业的产品质量和品牌形象，组织开展创立名牌工作；帮助 13 个企业制定、修订、备案产品标准 18 个；帮助指导企业制定了斗南花卉等级、质量标准、斗南花卉地方标准的清理、修订。二是申报品牌的推荐和服务工作。挖掘品牌潜力，制定一段时期内创立名牌工作实施方案。按照上级要求，新区（县）做好标准数据录入工作企业 25 个；完成第六批全国标准化示范项目“昆明呈贡宝珠梨标准化种植示范区”的验收、上报宝珠梨示范成果资料；帮助 4 个企业申报参评云南名牌，并在申报推荐中实施全过程跟踪服务，争取新区多出名牌，带动地方经济健康快速发展。

**【计量器具监管】** 新区（县）对辖区的龙城农贸市场、云南铝厂集贸市场等市场中固定商店、摊点的农副产品经营户使用的台称、案称、电子称等衡器实施免费检定，有效地规范了计量器具管理。6 月 14 ~ 30 日，对辖区内龙城、斗南、吴家营、洛龙、雨花、乌龙、七甸街道办事处用于贸易结算的强制核定计量器具进行普查、归档及数据录入。按工作用途分为三类：医疗卫生类（包括县级各医疗卫生机构及各街道卫生院）；贸易结算类（包括各集贸市场、花卉市场、商场、超市和相关企业）；环境监测类（县环境监测站），年内已完成归档工作，录入强制核定计量器264台（件）。此外，全年共检验各类在用衡器428台（件），合格率94%；对检定合格的衡器分别贴了合格标签，对不合格衡器责令停止使用；对5个加油站在用的22台加油机进行了检查、检定，合格率为100%；对制、配眼镜场所、餐饮业的在用计量器具进行日常监管，收缴各种违法计量器具共37杆（台）。

**【机构代码管理】** 根据省质量技术监督局下发的《云南省组织机构代码管理办法》和《关于开展组织机构代码证书定期审查的通知》精神，新区（县）组织开展了组织机构代码工作。一是完成了代码数据清理工作，共清理不合格数据2条，保证了代码数据完整、准确。二是全年共办理代码办证、换证、年检2 214份。其中，检审1 548份，换证314份，办证352份，废置代码证书1份。三是根据省质量技术监督局的要求，在2008年的基础上，新的代码程序顺利启用、实施。

**【设备监察】** 按照《特种设备安全监察条例》要求，新区（县）围绕“安全第一、预防为主”的方针，认真抓好特种设备安全监察工作，实现了防止和减少事故的预期目标。通过对特种设备的安全监察，及时发现安全方面存在的隐患、提高了安全监察工作的有效性，掌握了本区域内特种设备安全状况，从源头上杜绝了（特）大事故的发生，有效地保证了特种设备的安全运行。一是加强巡查力度，发现问题及时查处。年内，新区（县）质量技术监督局先后开展较大规模的安全检查41次、专项安全检查19次；参加了县政府、县安委会组织开展的联合大检查，检查企业共218个、其中特种设备184台（次）、冷库企业54个，石油液化气充装站1个、8次，石油液化气销售门市35个、33次；全年共出动检查人员212人次，车辆113辆次，下达《特种设备安全监察意见通知书》31份，其中现场整改14份、责令整改17份；消除安全隐患3起，督促化学清洗锅炉28台，督促整改率100%；立案查处特种设备违法案件6起。二是落实好市局委托的特种设备注册登记和告知的行政许可事宜。年内，新区（县）完成新增特种设备109台，其中审核告知注册登记及总体验收发证11台、起重机械15台、压力容器84台；办理特种设备27台、注册登记33台，并分别建立了监管台帐。按年初工作计划抓好基础性工作，先后完成对锅炉、起重机械的调查摸底、建立完善了数据资料管理库，完成51台锅炉外部内部监督检查工作，其中外部检验31台、内部检验20台，检验率100%；检验电梯88台，其中客梯77台、病床2台、扶梯5台、载货梯4台，检验率100%；检验在用起重设备28台、检验率100%；检验压力容器123台、检验率100%。三是对小锅炉进行专项整治。8月，按照市局的部署和要求，对七甸街道加工卤腐、酱菜在用的小锅炉进行专项整治，共检验小锅炉131台。7月，对小锅炉炉操作人员进行了培训取证，160人获得操作证书。截至11月，本辖区内的锅炉彻底得到整治，消除了隐患，确保了一方平安。四是安全监察宣传。在“安全月”活动期间，新区（县）质量技术监督局制作了宣传标语，发放特种设备宣传资料1 832余份，制作特种设备宣传展板4块，宣传挂图14幅。五是建立完善的安全监察网络。年初，新区（县）质量技术监督局将特种设备监管工作已列入安全生产责任目标管理，并与各街道签订了目标责任书，共建安全监察网络6个，聘请（专）兼职安全协管员6人，充分发挥了协管员的作用。

**【月饼市场准入制度】** 贯彻落实《中华人民共和国食品安全法》，认真落实《月饼市场准入制度》，新区（县）质量技术监督局加强对中秋月饼生产企业质量安全的监管，确保中秋月饼质量安全。一是抓好中秋节《月饼市场准入制度》的落实。根据市质量技术监督局下发的《中秋月饼质量安全监督检查工作方案》的要求，于8月8日召开了新区（县）内17个糕点生产企业的月饼质量卫生工作会议，对月饼生产、销售的管理工作进行了部署，并强调：企业执行企业标准或地方标准，必须符合国家标准《月饼》（GB19855）中的有关强制性条款；生产企业生产的月饼，产品的标签标识必须真实，必须符合《预包装食品标签通则》（GB7718）的规定；严格国家发改委等四部委《关于规范月饼价格质量包装及搭售等行为的公告》的有关规定，对各阶段的市场监督检查提出了具体要求，明确了具体工作时限，确保中秋月饼质量安全。二是开展执法检查工作，确保月饼市场正常有序经营，维护人民群众的切身利益。8月26日，对新区（县）辖区内的中秋月饼生产企业进行了产品质量抽检，检查呈贡胜利糕点厂等生产企业16个，其中合格月饼生产企业14个，不合格月饼生产企业2个，不合格月饼不得进入市场销售。9月11～15日，抽调质监、卫生、工商部门部分人员48人次，对月饼生产和销售环节进行全方位的监控，综合检查申报生产月饼的企业主体资格、必备条件、卫生状况、原料和食品添加剂投放、产品包装、标志，对检查中发现问题分别按各部门职责进行处理。期间，新区

（县）对月饼的质量、卫生状况进行监督，抽样检验的月饼生产企业16个、产品批次45个，其中合格批次44个，不合格批次1个；对呈贡方圆糕点厂等14个企业发放了全市统一的《中秋月饼质量卫生合格备案登记证照》，让质量、卫生检查、检验合格的月饼进入市场。

**【队伍建设】** 按照省委提出的“领导当楷模，机关做表率，基层树形象”的要求，严格执行中纪委和省、市、县纪委关于廉洁自律的规定，新区（县）质量技术监督局始终把党风廉政建设作为一项重要工作来抓，做到年初有计划，半年有检查，年终有考核。一是开展了“创先争优”活动。按照新区党工委（县委）的部署安排，按照中央、省、市委提出的“五个好”、“五带头”的要求，围绕立足本职作贡献，创先争优当先锋。在经过阶段性活动、公开承诺等阶段后，取得了一定成效，完成了“创先争优”活动中各项工作任务。结合质监工作职能，提出了在系统内“双比”目标，即：在昆明与五华、盘龙、西山、官渡、安宁“四区一市”比；在全国与上海、厦门等先进发达地区的质监部门比。通过比较，认真分析在质监系统内各个方面所处的状况和层次，找出与“四区一市”和全国先进发达地区质监部门存在的客观差距，找出落后的根本原因，找出追赶的具体目标和措施，使思维方式有较大转变、工作有较大突破，提高了为新区建设做贡献的速度、效率和本领。二是把政治思想工作放在队伍建设首位。制定全年政治理论、党风廉政学习计划，采取党员电教、党课教育、政治学习等方式，组织党员、干部职工学习党风廉政建设方面的相关知识，开展政治思想教育。认真落实每周五的政治、业务学习制度，强化干部职工的学习意识、纪律意识和责任意识，树立了正确的世界观、人生观、价值观、自觉规范言行，在执法检查中确保了案件质量。全体干部职工严格执行了廉洁自律的各项规定，全年未发生违纪违法的现象。三是参加省、市局业务部门举办的各种培训班。通过组织人员参加各种学习、培训、教育活动，不断提高了队伍素质，增强了队伍的凝聚力和战斗力。年内，新区（县）质量技术监督局被昆明市质监局评为本系统内目标考核先进单位；被市局评为优秀公务员2人、优秀共产党员1人。

（李　永）

## 审　计

**【简　述】** 2010年，在新区党工委（县委）、新区管委会（县政府）和市审计局的领导下，新区（县）审计局坚持以邓小平理论和“三个代表”重要思想为指导，认真贯彻党的十七大精神，以开展“效能呈贡”、“创先争优”、“云审工程”建设为契机，牢固树立和全面落实科学发展观。紧紧围绕现代新昆明呈贡新区建设大局，解放思想、改革创新，加强自身建设，全面提高审计干部职工的业务技能和综合素质，两个文明建设取得较大成绩，保持了市、县两级文明单位称号。紧紧围绕服从服务于建设现代新昆明呈贡新区建设的中心，新区（县）审计局坚持审计工作主题和总体要求，坚持审计工作的“二十字”方针，全面审计，突出重点，强化服务；全面履行审计监督、服务职责，大力加强执法规范，强化对财政财务收支的真实合法性审计；切实加强专项资金审计，不断提高对政府投资建设项目审计工作的效率和质量；深入推进领导干部任期经济责任审计，积极探索效益审计路子，加强审计质量控制和计算机辅助审计的运用；为维护新区经济的健康发展和严肃财经纪律，促进勤政廉政建设，提高资金使用效益等方面作出了积极努力。

与省审计厅、市审计局调研同志共同学习新修订的审计准则

（旃　旎　摄）

**【办公地点搬迁】** 为配合洛龙河截污管网建设工程的需要，涉及新区（县）审计局、新区（县）烟草专卖局的办公楼、24户居民住房的搬迁。在拆迁过程中，全体干部职工认真、充分、细致地排查搬迁工作中遇到的困难，制定调处或调解工作方案，做好深入细致的群众工作，克服了拆迁时间紧，搬迁难度大的困难，在规定时限内顺利完成了拆迁工作，没有发生因拆迁问题而引起的职工或住户的上访事件、群体性事件。2010年4月1日，新区（县）审计局正式搬迁至惠兰园小区综合楼办公。

**【审计工作】** 2010年，新区（县）审计局依法行政，依法审计，不断提高审计工作质量和水平，全年完成审计项目、审计调查项目共72项。一是昆明市确定的审计项目、审计调查项目6项。其中，审计项目分别为2009年财政预算执行审计、税收计划执行情况审计、抗旱救灾资金物资审计、中小学校舍安全工程建设情况跟踪审计；审计调查项目为新增中央预算内扩大内需投资专项资金、2007～2009年教育经费的专项审计调查。二是政府交办审计项目66项。其中，专项资金审计7项（含审计调查2项），审计专项资金7 798万元；领导干部任期经济责任审计项目11项，其中上年交办扫尾项目9项，本年内交办2项；固定资产投资（政府投资建设项目）审计48项。经审计，全年共发现违规违纪资金124万元，管理不规范资金236万元，违规违纪资金的处理情况分别为：应上交财政3万元；应归还原资金渠道的金额51万元，应调整账务及自行纠正的金额306万元。三是全年未收到行政复议和行政诉讼。年内，审计工作认真细致，做到事实清楚，证据充分，处理恰当，被审计单位不断改进工作方法。认真纠正存在的问题，采纳审计建议94条，对做出的处理决定表示满意。使审计工作在新区（县）经济建设中真正起到“一审、二帮、三促进”的作用，充分发挥了审计监督的职能。

**【预算执行审计】** 对新区（县）2009年度本级财政预算执行情况和其他财政财务收支情况进行审计，并对“三部一委”进行了延伸审计。2009年度新区（县）本级财政预算执行情况较好，财政运行平稳，审计未发现有严重违法违纪问题。单位、项目预算资金能按预算指标及时、足额拨付；政府采购制度执行情况较好；非税收入退库事实清楚、程序合法；土地出让总价款、补缴土地价款及其他土地出让金按规定实行了收支两条线管理。年内，新区（县）审计局按计划向县政府提交了《关于2009年度呈贡县本级财政预算执行情况和其他财政财务收支情况审计结果报告》；受县政府委托于2010年7月向县人大作了《关于2009年度呈贡县本级财政预算执行情况和其他财政财务收支情况审计工作报告》，并得到县人大常委会及相关单位的一致通过。

**【延伸审计】** 2010年，新区（县）审计局对县地方税务局具体组织执行税收计划和征管情况进行了审计，并对呈贡绿园排水管网有限公司、新区（县）水务局、中山驾驶培训站等3个单位进行了延伸审计。其中，新区（县）地税局的2009年度税收计划、政策执行的情况较好，圆满完成了上级下达的全年税收任务；税收减免及退税审批程序合法，税收会计核算规范、准确，税务行政性收费及时、手续完备，代征扣税款手续费管理合规，税务管理、稽查得力，及时查补漏缴税款入库。

开展计算机辅助审计AO系统学习
（旃 旎 摄）

**【干部任期经济责任审计】** 2010年，根据昆明市领导干部任期经济责任审计工作领导小组《关于印发2010年领导干部任期经济责任审计工作方案的通知》文件精神，新区（县）审计局坚持原则，按照实现“全覆盖、全过程、动态化、信息化”的目标，本着对组织和领导干部本人负责的态度，围绕财政资金主线，开展审计。通过审计，实事求是地总结了各街道、部门在发展地方经济方面取得的成绩，提出的被审计单位存在问题及今后整改的措施，为进一步研究和制定发展规划、改进工作、加强内部管理和上级相关部门任用、管理干部提供了依据。根据新区（县）领导干部经济责任审计领导小组的要求，在审计中不怕得罪人，年内先后完成对原吴家营乡、原斗南镇、原龙城镇、原七甸乡和新区（县）人口和计划生育、交通、公投中心、建设、广播电视、便民服务中心、司法共11个乡（镇）、部门、事业单位的16名干部的经济责任审计。其中，应上缴财政3万元，应归还原渠道资金51万元，应做调帐和自行纠正处理306万元，已移送县纪委和县检察院处理1项，提出审计建议35条，要求被审计单位建立健全规章制度1份，均被被审计单位采纳。

**【政府投资项目审计】** 2010年，新区（县）审计局全面落实“八个百分之百”要求，对政府投资建设项目全面进行审计，并对部分投资金额大、建设周期长的项目开展了跟踪审计，以实现对建设项目全过程进行审计监督，促进资金使用效率和建设规范性的目的。11月，为保证审计工作的可持续性，新区（县）审计局联合新区（县）财政局，配合新区管委会制定下发了《呈贡县政府投资建设项目审计经费管理办法》，对开展审计经费保障等作了长远、细致的筹划，对审计工作具有积极的促进作用。

新区（县）审计局全年完成政府投资建设项目审计48项，项目送审总金额6.28亿元，审定投资金额5.82亿元，审减4 621.56万元，审减率为7.35%，为工程节约了大量资金，也进一步增强了建设单位依法办事的意识。其中，审减的主要原因是工程支出金额审减，具体为工程量、单价、综合单价组价和措施项目计算错误，定额子目套用错误的核减；材料价格偏高、部分项目重复计量的扣减；合同范围内变更、报审结算项目无依据和规费、税金取费有误的审减等。

**【专项资金审计】** 2010年，新区（县）进行的专项奖金审计有6项，分别为：一是对抗旱救灾资金物资的专项审计。云南省遭遇百年不遇的严重旱灾，新区（县）积极开展了抗旱救灾活动。按照昆明市审计局的统一部署，新区（县）审计局分3次对中共呈贡县委组织部、新区（县）民政局、县红十字会及县总工会进行了抗旱救灾专项资金物资的收支及管理情况的审计，并对吴家营、七甸、龙城等3个街道办事处进行了延伸审计。经审计，认为被审计单位均做到认真组织捐款捐物、捐款程序严密、渠道正规、款物保管得当，做到了专款专用。但是，由于时间紧，也存在部分捐赠资金在使用上不够及时的现象，提出了“各相关部门应及时将捐赠资金按规定用途拨付使用，解决因旱情给群众造成的生产生活困难，以及应加强对捐赠资金的管理使用，确保专款专用”的工作建议。二是对第24届昆明市青少年科技创新大赛县级科技专项资金的审计。昆明市青少年科技创新大赛是全市规格最高、规模最大、影响面最广的青少年活动。负责承办此次大赛的新区（县）科学技术局，项目费用实行单独核算，做到了专款专用，根据县财政年初预算安排110万元，严格控制预算支出，做到略有结余，审计未发现有挤占、截留和挪用项目经费行为。三是对呈贡县中、小学校舍安全工程建设资金的跟踪审计。年内，县委、县政府高度重视校安工程，认真开展校安工程各项工作。经审计，新区（县）全年共拆除D级危房3 288平方米，停止使用D级危房5 650平方米，B、C级危房2 593平方米，新建活动板房3 000平方米；对县一幼和城内小学进行了搬迁，确保了中小学校的正常教学，校安工程建设资金也做到了专项核算，专款专用。但是，也存在着部分街道辖区内的校安工程进度缓慢，师生仍然在D级危房的校舍中进行教学活动，存在安全隐患的问题，审计后提出了“尽快将D级危房中的师生迁移，消除隐患，确保教学安全；建立校安工程资金专户，严格资金管理核算，并积极筹措资金，解决现有资金缺口”的建议。四是对新增中央预算扩大内需投资专项资金的审计调查。经审计调查，中央、省、市项目资金已全部拨付给项目单位，项目单位严格按资金管理规定做到了资金的专款专用及有效使用，审计调查中未发现资金有挪用、转借、截留的现象。经抽查的20个项目已全面开工建设，投资项目大部分能按照国家有关建设程序组织实施，全部建立和落实了工程质量、安全生产等责任规定，未出现提高或降低建设标准，擅自改变建设内容及规模现象，审计后提出了“尽快完善审批手续，加快未完工项目的进展速度，及时发挥项目效益”的建议。五是对2007～2009年有关教育经费的专项审计调查。为做好“两基”迎国检工作，新区（县）审计局根据昆明市审计局的安排，对新区（县）教育局2007～2009年有关教育经费情况进行了审计调查，并对呈贡县龙城镇、斗南镇部分学校专项资金的使用情况进行了延伸审计。六是对新区（县）2008～2009年度省、市、县级民族专项资金和新区拆除临街建筑物立面、外挑设施补助专项经费的管理和使用情况进行了专项审计。

**【协助调查工作】** 新区（县）纪委、监察、审计部门抽调人员组成联合调查组，对政府投资重大建设项目开展检查工作。2010年6月10日，新区（县）召开专题工作会议，新区党工委（县委）书记周峰越，新区管委会主任、县长吴庆昆就村庄改造暨新型社区建设工作进行安排和部署。随后，新区管委会《关于加快村庄改造暨新型社区建设工作的通知》。6月11～13日，联合检查组对昆明春都城市建设投资有限公司、昆明春融房地产开发公司、昆明新投建设项目管理有限公司、昆明新都置业有限公司4个公司开展新型社区建设推进情况进行调查。经调查，春都、春融、新投、新都4个公司共收到新型社区建设启动资金总额6 009.31万元（含新都置业公司收到雨花吴家营片区建设指挥部拨付2 000万元，各公司所收资金的利息收入），总支出3 560.59万元，总结余资金2448.72万元。

清理辖区卫生死角

（旃　旋　摄）

**【其他工作】** 新区（县）审计局认真履行服务新区建设的职能。在开展好审计工作的同时，服从服务于呈贡新区建设工作，积极参与新区党工委（县委）、新区管委会（县政府）安排的支持街道拆迁和农村维稳工作。根据新区党工委（县委）、新区管委会（县政府）的安排，参与完成马料河治理征地和江尾社区土地“清表”工作；积极开展与联系社区的结对帮扶和平安社区创建工作，为深入开展新区建设、招商引资、征地拆迁等工作营造稳定和谐的氛围；按照“八个百分之百”的要求，积极与其他部门密切协作配合，加大对招投标工作和政府采购工作的监督；规范招投标和采购行为，为各项工程顺利进行服务。

（旃 旎）

## 安全生产监督管理

**【简 述】** 2010年，新区（县）安全生产监督管理局在昆明市安全生产监督管理局和新区党工委（县委）、新区管委会（县政府）的领导下，按照国务院“安全生产年”的总体要求，始终坚持“安全第一、预防为主、综合治理”的方针；深入贯彻《安全生产法》等安全生产法律法规；以科学发展观为指导，紧紧围绕现代新昆明呈贡新区建设的中心；认真履行监管职责，落实监管主体责任，加大检查和执法力度；积极开展安全隐患排查治理，及时发现和消除安全隐患，有效预防和减少了各类安全事故的发生，为呈贡新区（县）经济社会发展创造了安全、稳定、良好的环境。

**【安全生产目标管理】** 结合呈贡新区建设实际，加强安全生产目标责任管理。一是制定安全生产工作指导意见。围绕新区党工委（县委）、新区管委会（县政府）的中心工作，进一步强化政府对安全生产工作的领导，全面落实政府监管和企业负责两个主体责任，抓好新区（县）的安全生产工作，全力维护人民群众生命财产的安全，促进社会稳定。结合新区建设的实际，制定了《2010年度安全生产工作指导意见》，提出了新区（县）2010年安全生产工作的指导思想、工作目标、主要任务、工作重点、工作措施、工作要求，为新区（县）的安全生产工作打下了良好的基础。二是签订责任书和责任状。根据1月18日全国安全生产电视电话会议、1月27日全市安全生产工作会议精神、市安全生产监督管理局与新区（县）安全生产监督管理局签订的《昆明市2010年度安全生产目标管理责任状》的要求，在总结2009年度安全生产工作的基础上，结合新区（县）建设安全生产监管的特点，制定并签订了新区（县）2010年度安全生产目标管理责任书、责任状，新区管委会（县政府）与各街道办事处、县属行业主管部门等18个安全生产目标管理责任单位签订了《呈贡县2010年度安全生产目标责任状》。年内，新区（县）各级、各部门共签订《安全生产目标管理责任书》2 100余份。三是召开安全生产工作会议，安排部署新区（县）2010年度安全生产工作。2010年2月11日，新区（县）安全生产监督管理局召开了新区（县）安全生产工作会议，总结了2009年安全生产工作，安排部署了2010年安全生产工作，表彰了2009年度生产、道路交通、消防安全工作先进集体和先进个人，兑现了2009年度安全生产目标责任奖惩。四是新区（县）安委会组织成员单位相关人员，对18个安全生产目标管理责任单位落实《呈贡县2010年度安全生产目标责任状》的情况进行了督查、考核，督促责任单位进一步贯彻落实安全生产目标责任制，明确工作职责。

韩扬副县长（中）主持召开安全生产工作会议

（赵 斌 摄）

**【专项整治】** 采取有效措施，开展安全生产目标管理，加强安全生产整治，取得明显成效。一是认真开展烟花爆竹安全生产专项整治工作。按照《昆明市人民政府办公厅关于春节期间加强烟花爆竹管理的通知》精神，针对百年不遇的干旱灾情，新区（县）安全生产监督管理局于2010年2月11日召开了紧急会议，对烟花爆竹销售的时间及农村和城市的范围进行了界定，对持有《烟花爆竹经营（零售）许可证》的21个零售网点的安全监管工作进行了研究部署，并采取了有力的措施进行整治，确保新区（县）境内烟区爆竹安全经营。整治的措施和方法是：从2月11日起，一律停止颁发《烟花爆竹经营（零售）许可证》；因涉及森林防火工作的要求，收回了此前已经颁发了的七甸街道3户、吴家营街道1户零售经营户的《烟花爆竹经营（零售）许可证》，并责令其停止销售烟花爆竹。2月11～19日，新区（县）安全生产监督管理局联合相关职能部门，对县城内已颁发《烟花爆竹经营（零售）许可证》的17个零售网点进行联合安全执法检查，确保了安全。从2月16日起，新区（县）辖区内一律停止销售烟花爆竹。春节期间，新区（县）成立了联合检查组共20个，出动人员180人次，辖区范围内无烟花爆竹安全事故发生，确保了人民群众度过了一个安全、祥和、稳定的新春佳节。其中，检查烟花爆竹经营（零售）点250个次，取缔非法销售烟花爆竹临时销售点13个，收缴200头长鞭炮850封、500头鞭炮670封、5 000响盘炮437盒、10 000头盘炮26盒、各种礼花5 000余珠，对收缴的非法经营的烟花爆竹及时进行了销毁。二是加强建筑施工工地安全生产专项整治。随着新区（县）建设的不断推进，工商企业建设项目、城市基础设施建设项目大量开工，各类建设工程呈现出项目分布广、建设规模大、工期紧、任务重、施工环境复杂、安全风险多等特点。为此，新区（县）安全生产监督管理局制定和实施了《呈贡县2010年建筑施工安全生产大检查工作方案》。在3月15日至6月15日期间，开展为期3个月的建筑施工工地安全生产大检查，进一步加强对建设工程施工企业安全生产的专项整治；制定了《呈贡新区（县）建筑施工安全生产举报奖励办法》，加大打击建筑施工领域安全生产违法行为。三是昆明轨道交通呈贡段工程安全生产专项整治。新区（县）安全生产监督管理局制定和实施了《昆明轨道交通工程安全生产大检查工作方案》，在5月1日至8月31日期间，组织开展为期4个月的安全生产大检查。通过组织开展专项检查，加强昆明轨道交通工程安全生产管理，推动安全生产责任制的落实，完善安全生产长效机制，消除工程建设中的安全隐患，健全安全事故预防和应急救援体系。四是危险化学品安全生产专项整治。为加大危险化学品安全生产专项整治力度，巩固近年来危险化学品安全生产专项整治成果，有效防止危险化学品事故的发生，促进危险化学品安全生产管理水平的稳步提升，新区（县）安全生产监督管理局制定和实施了《呈贡新区（县）2010年深化危险化学品安全生产专项整治工作实施方案》、《关于开展冷库行业安全生产大检查的实施方案》，在新区（县）范围内开展危险化学品专项整治工作。年内，新区（县）安全生产监督管理局组织了2个检查组，分5次对新区（县）境内的危险化学品生产经营单位安全生产进行了大检查。通过检查，使新区（县）境内危险化学品生产经营单位的法定代表人、从业员工的安全生产意识得到了进一步提高。同时，使新区（县）境内危险化学品生产经营单位的从业人员大部分做到持证上岗，特别是冷库行业的压力容器操作工，参加了安全教育培训，经考核持证上岗。五是加强汛期安全生产工作。2010年，中国西南地区遭遇了百年不遇的干旱，而随后来涝灾给汛期安全生产工作造成了新的困难。新区（县）的职能部门和单位高度重视，充分认识做好汛期安全生产工作的重要性、紧迫性，把汛期安全生产工作摆在突出位置。如：新区（县）安全生产监督管理局制定和实施了《加强汛期安全生产工作的通知》，以指导和督促街道办事处、行业主管部门、单位，认真做好汛期的安全生产工作，做到早谋划、早准备、早行动、早预防。

**【事故控制】** 通过认真落实安全生产责任制，加强监管，加大检查力度，加大违法行为查处力度，有效控制了安全生产事故的发生。年内，新区（县）未发生一次死亡3人以上的较大安全生产事故，杜绝了一次死亡10人以上的特大安全生产事故，减少了一般性死亡事故的发生；发生安全生产事故2起，共死亡2人，占市政府下达死亡控制指标的50%，死亡人数严格控制在市政府下达的指标范围以内。

销毁非法烟花爆竹

（赵　斌　摄）

**【隐患排查】** 按照省、市政府的安排部署，新区（县）安全生产监督管理局制定和实施了《呈贡县关于开展重点行业和领域安全生产隐患排查治理专项行动的通知》，采取联合检查，分头执法的方式，整治了一批存在安全隐患的企业。对根本不具备安全生产条件和整改达不到要求的企业、单位依法进行取缔，及时排查和消除各种不安全隐患，确保了人民生命财产安全。

**【"一岗双责"】** 2010年，新区（县）根据省、市安全工作会议和文件精神的要求，组织开展了安全生产"市域全覆盖"和"一岗双责"工作。一是认真传达学习"市域全覆盖"和"一岗双责"的相关文件精神。

4月，新区（县）召开了安全生产工作例会，传达学习了《昆明市人民政府关于建立安全生产监管“市域全覆盖”制度的通知》、《昆明市人民政府关于进一步落实安全生产“一岗双责”责任制的通知》等文件精神，使新区（县）的安全生产监管工作人员理解了市政府有关“市域全覆盖”、“一岗双责”的精神。二是制定“市域全覆盖”和“一岗双责”相关制度。结合呈贡的实际，新区（县）安全生产监督管理局先后制定了《关于建立安全生产监管“县域全覆盖”制度的通知》、《安全生产监管“县域全覆盖”零申报工作实施方案》、《关于进一步落实安全生产“一岗双责”责任制的通知》，指导和督促各街道办事处、行业主管部门认真贯彻落实“市域全覆盖”制度、“一岗双责”责任制。年内，在新区（县）范围内，从新区（县）领导到各部门主要领导之间，层层签订了《呈贡新区管理委员会、呈贡县人民政府2010年度安全生产“一岗双责”责任状》共85份。其中，新区（县）领导之间签订13份，新区（县）分管领导与部门主要领导之间签订21份，部门主要领导与部门分管负责人之间签订51份。三是全面履行安全生产“一岗双责”责任。县政府常务会议组织学习《云南省人民政府关于推行安全生产“一岗双责”强化安全生产责任制的意见》，分析研究安全生产工作，将安全生产工作纳入新区（县）经济社会发展和重点工作考核范围。各级政府和部门主要领导切实负起安全生产“第一责任”。县长经常深入一线调研安全生产工作，全面掌握安全生产工作情况；新区管委会（县政府）分管领导全面落实安全生产具体责任，对安全生产重要工作、重大事项亲自抓部署、抓督促、抓检查、抓落实。各街道、职能部门、企业、单位的主要领导每季度召开一次安全生产办公会议，研究解决本地、本单位、本企业安全生产工作中的重大问题，将安全生产工作列为办公会的内容之一。年内，新区（县）安全生产监督管理局组织重大节假日“两会”等重大活动安全生产检查共4次，参与安全生产宣传教育活动3次，主持召开安全生产例会和专题会议3次。此外，组织召开由6个街道办事处、11个重点行业监管部门分管安全生产工作的负责人参加的安全生产会议共16次，具体安排部署安全生产的工作。

**【安全生产行政许可】** 根据《云南省人民政府关于推行阳光政务推进依法行政和行政审批制度改革工作计划的通知》要求，新区（县）安全生产监督管理局进一步规范细化了行政审批和管理服务项目内容。按照安全生产行政许可相关规定，对新建、改建、扩建的危险化学品生产及储存企业进行审查；对《危险化学品安全生产许可证》、《烟花爆竹（批发、零售）许可证》进行审核、审批；对非药品类易制毒化学品经营项目（第三类）进行备案，切实加强安全生产行政许可，把好安全生产源头关。

市、新区（县）联合执法人员检查烟花爆竹经营情况（赵 斌 摄）

**【事故查处】** 新区（县）安全生产监督管理局严格按照国务院《生产安全事故报告和调查处理条例》，贯彻执行《云南省生产安全事故调查处理程序规定》的规定，认真开展事故调查和处理工作。一是事故调查处理。在安全生产事故调查处理中，按照事故调查处理条例的相关规定进行调查取证，认真查证核实证据材料，做到证据的内容和形式符合要求。二是事故处理报告。严格按照生产安全事故报告的要求，对事故发生单位、概况、经过、救援、造成的人员伤亡、直接经济损失、原因、性质、事故责任认定以及对事故责任者的处理建议、事故防范、整改措施等情况提出事故调查报告，并向昆明市安全生产监督管理局、新区党工委（县委）、新区管委会（县政府）及相关部门报告发生的生产安全事故情况及处理意见。同时，按照“四不放过”原则，追究事故责任者责任，按时限、规定报请新区管委会（县政府）批复结案。事故调查处理结束后，有侧重地督促事故发生单位落实整改措施，防止再次发生安全生产事故。

**【安全宣传】** 加强安全生产宣传教育，采取发放资料、展出展板、培训学习等多种形式，进一步提高生产经营单位和从业人员安全生产意识。一是组织开展“全国六月安全生产宣传月”宣传教育活动，进一步提高全民的安全生产意识。6月8～26日，新区（县）安委会办公室组织所属相关职能部门先后在县城中心文化广场、斗南花卉市场、吴家营街道办事处等地开展了安全生产宣传咨询活动。期间，共展出各类展板80余块，发放各种宣传资料2.5万余份，受教育群众约2万余人。二是结合安全生产宣传月活动，举办生产经营单位法代表参加的安全生产知识强制培训班；组织新区（县）危险化学品、建筑施工行业的厂长、经理及安全员共300余人，参加安全生产知识培训，进一步增强了生产经营单位负责人的安全生产责任意识。三是组织了新区（县）所属街道办事处、行业主管部门安全生产监管人员、企业负责人，参加了由昆明市安全生产监督管理局召开的安全生产警示教育会，吸取事故教训，增强抓好安全生产工作的责任感和紧迫感。四是组织烟花爆竹的从业人员参加安全生产知识培训。经考核合格，50余名从业人员全部持证上岗。

**【安全生产“双基”】** 抓好安全生产基层基础工作，加强新区（县）安全生产监管队伍建设，以更加适应安全生产形势发展的需要。年内，组织新区（县）安全生产监管系统新入人员进行安全生产法律法规和业务知识培训，不断提高安全生产监管队伍的执法水平和业务素质，加快了街道办事处安全生产规范化建设步伐。在安全生产规范化建设中，新区（县）安全生产监督管理局为新区所属的6个街道办事处安监站配备了电脑、摄像机、照相机、录音笔等办公设备。加强基层监管机构硬件建设，提高了街道办事处的安全生产监管水平，为抓好街道办事处安全生产工作打下了基础。

**【安全生产执法】** 在日常安全生产监管工作中，针对行政许可机关不同、行政执法主体不同的实际情况，新区（县）安全生产监督管理局牵头建立了安全生产联合执法机制。定期与县纪检监察、检察、公安、消防及其他行业主管部门等职能部门研究工作，分析形势，制定方案；联合开展执法检查，及时整治和消除各类安全隐患，确保安全。

**【应急管理】** 新区（县）制定实施了《呈贡新区（县）重特大生产安全事故应急救援处置预案》、《呈贡新区（县）危险化学品事故应急救援预案》，加强应急救援体系建设。在日常管理中，着重督促各街道办事处、新区（县）所属行业主管部门制定、完善应急救援预案，有计划组织开展应急救援演练。年内，组织了部分中小学校、加油站、冷库等单位开展了应急救援演练。2010年2月28日，新区管委会（县政府）组织新区（县）安全生产监督管理局等部门的相关人员共500人，开展了森林防火演练。6月29日，组织呈贡钢厂等单位的人员近600人，参加了危险化学品应急救援演练、观摩活动。通过开展多种形式的应急救援演练，不断增强生产经营单位防预安全生产事故的能力，提高生产经营单位的应急救援管理工作水平，为新区（县）安全生产应急救援工作奠定了基础。

（赵　斌）

## 食品药品监督管理

**【简　述】** 2010年，在呈贡新区党工委（县委）、新区管委会（县政府）的正确领导下，在昆明市食品药品监督管理局的支持下，新区（县）食品药品监督管理局以“三个代表”重要思想为指导，认真贯彻落实科学发展观，求真务实，牢固树立和实践科学监管理念；解放思想，创新思维，完善机制，明确责任；强化监管，紧紧围绕“保障公众饮食用药安全”的中心任务，大力整顿和规范食品、药品、医疗器械市场秩序，确保食品药品安全，为促进新区（县）的跨越式发展、社会和谐稳定作出了积极的贡献。

**【机构改革】** 按照省、市关于进行政府机构改革的规定和要求，县委办、县政府办制定了《关于印发〈呈贡县人民政府机构改革实施意见〉的通知》，设立呈贡县食品药品监督管理局，为县政府工作部门，正科级。按《呈贡县人民政府办公室〈关于印发呈贡县食品药品监督管理局主要职责内设机构和人员编制规定〉的通知》，对新区（县）食品药品监督管理局的机构职责、机构、编制进行了调整。2010年8月9日，昆明市食品药品监督管理局统一将县（区、市）局管理职能向地方政府进行了移交，新区（县）食品药品监督管理局由省垂直管理改为地方政府管理，成为呈贡县人民政府的工作部门。2010年11月15日，新区（县）食品药品监督管理局与新区（县）卫生局进行工作移交。即：将食品安全综合监督、组织协调、依法组织开展对重大事故查处等相关职责，交由新区（县）卫生局履行；将食品卫生许可、餐饮业、食堂等消费环节食品安全监管和保健食品、化妆品卫生监督管理的职责，划入新区（县）食品药品监督管理局职责范围。

昆明市人民政府将呈贡县食品药品监督管理局移交给呈贡县人民政府管理　（郑　骁　摄）

【廉政建设】　加强党风廉政建设，把党风廉政建设列入党组议事日程，与其他工作同部署、同落实、同检查考核，切实改进机关作风。按照《2010年党风廉政和反腐败工作意见》、《呈贡新区（县）关于贯彻落实〈建立健全惩治和预防腐败体系2008—2012年工作规划〉的实施办法》实施方案，新区（县）食品药品监督管理局党支部制定党风廉政建设自定目标，实行分级负责制，逐级签订《廉洁自律目标责任书》，形成一级抓一级，相互监督制约工作机制，确保党风廉政建设落到实处。同时，加强执法监督，促进依法行政。一是注重事前、事中、事后反腐倡廉体系建设。即：事前，以预防为主，注重教育引导的原则，开展党性党风党纪、廉政谈话教育等学习活动，开展警示教育3次，示范教育3次，引导党员进一步坚定信念，让干部职工筑牢拒腐防变思想防线，增强宗旨意识、廉政意识和自律意识。事中，继续执行执法意见反馈制度，按季度汇总分析意见建议，调查核实相关问题，对执法人员满意程度作出评价，以预防不良行为的发生。截至10月，新区（县）食品药品监督管理局共收到反馈表45份，无干部职工违法违纪的投诉。事后，完善行政执法回访制度，对行政许可、一般程序案件结案60天后，由非本案执法人员参与进行案件回访，对在2009年被行政处罚案件当事人回访了2次。二是实行纪检监察干部参与行政执法制。在执法过程中，由纪检监察人员直接参与群众举报、上级交办以及重大食品药品监督管理案件调查和处罚工作，对案件的调查和处罚过程实行全程监督；对行政处罚合议、行政许可过程进行监督，签署监察意见，有效防范执法人员不依法办案、不廉洁现象发生；把监督管理工作贯穿于药品、医疗器械的营销和含后服务之中。三是制定和组织实施廉政制度。按照《领导干部勤政廉政公示制度实施方案》的相关规定，切实加强对领导干部的监督，开展领导干部收入申报，促进勤政廉政，全体干部职工在本年内无违法违纪行为发生。

【食品安全工作】　紧紧围绕"保障公众饮食用药安全"的中心任务，新区（县）食品药品监督管理局认真履行食品综合监督、组织协调职能，保障了新区（县）人民群众的食品、药品安全。一是签订目标责任书。新区（县）召开食品安全监管工作会议，将食品安全目标责任书分解量化到各街道办事处、职能部门，由新区管委会（县政府）分管领导与各街道办事处、职能部门的负责人签订安全工作目标责任书，落实食品安全目标责任制、责任追究制。二是进行食品安全整顿。认真贯彻全国食品安全整顿工作紧急会议精神，按照国务院2010年食品安全整顿工作安排，结合实际，对新区（县）的食品安全整顿工作进行安排部署。年初，制定印发了《呈贡新区（县）2010食品安全工作计划》，对各街道、职能部门的食品安全整顿工作进行督查和调研，确保全面完成"食品安全、二年整顿"的各项任务。三是节假日专项检查。在元旦、春节、"五一"节、"六一"节、端午节、中秋节、国庆节期间，新区（县）组织食品药品监督管理、工商、卫生、质监、农业、水务等职能部门人员开展食品安全联合检查6次。此外，新区（县）食品药品监督管理局牵头组织食品安全委员会成员单位的人员开展食品安全检查3次，保障会议期间食品安全，确保了各项重要活动食品安全。四是开展保健品、化妆品监管及调研。新区（县）食品药品监督管理局对本辖区范围内的保健品、化妆品的生产和经营情况进行调研。年内，新区（县）有保健食品销售企业共39个，化妆品生产企业1个，均未发现有违反相关规定的现象发生。五是彻底清查"2008年问题奶粉"。新区（县）成立了以副县长任组长、15个职能部门为成员单位的清查领导小组，制定实施了《关于开展呈贡新区（县）问题乳品和含乳食品清查工作的通知》，新区管委会（县政府）分管领导与街道办事处、职能部门负责人签订了《清缴问题乳粉责任状》，明确各街道、职能部门的责任，组织开展对"2008年问题奶粉"清查工作。经检查，新区（县）辖区内未发现生产加工、经营、餐饮企业经营、使用"2008年问题奶粉"的现象。六是组织开展"地沟油"、不合格一次性筷子专项整治。经检查，新区（县）辖区内未发现采购和使用来源不明食用油、"地沟油"、"不合格一次性筷子"等违法违规行为。

母正荣副县长等领导到单位检查考核工作
（郑　骁　摄）

【药品医疗器械监管】　加强监管，全面整顿和规范药品、医疗器械市场，杜绝药品、医疗器械不安全事件的发生，保障群众用药安全有效。一是监管和检查。年内，新区（县）出动执法人员共303人次，执法车辆121辆次，检查药品生产企业8个次，经营企业

184个次、医疗机构221个次，检查覆盖率100%。其中，查处药品、医疗器械违法案件共31件，结案31件，涉案药品、医疗器械价值43 465元，罚没款16 428元。二是认证和督查。做好药品经营企业行政许可服务和GSP认证督查工作，按规定程序新办《药品经营许可证》6个、变更4个、换证33个；审核、上报35个企业GSP认证申请材料；对65个企业实施GSP情况进行督促检查,对存在问题提出整改要求；出动GSP认证员7人次，配合上级职能部门完成了认证员抽调工作。三是执法和监督。以技术检测手段配合行政执法监督工作，全年完成药品抽验任务共25批次。四是继续完善诚信体系建设。健全药械生产、经营、使用单位信用信息档案，对行政瓜法的监管数据及时更新、实时掌握、快捷查询。五是电子化监管。把药品经营质量管理规范要求与现代电子信息技术相结合，定期上报的数据，清查问题药品。同时，对企业实施GSP情况动态监督，节约行政成本，提高监管效率。六是推进文明执法。积极推行说理性行政处罚，在行政处罚前与相对人进行约谈，沟通信息、交换意见，解答疑问。七是驻厂监督。适时对生产小容量注射剂、药品生产企业进行驻厂监督，一旦发现问题及时提出整改要求，经复查已基本整改到位。通过驻厂监督，逐步减少了药品生产企业不规范行为，进一步完善生产企业质量保障机制。八是对药品生产企业关键岗位人员、影响质量的关键环节实行备案管理，及时掌握原料和辅料的购进、检验、生产、人员变动情况，严防药品生产质量安全事故。九是不断加强特殊药品、兴奋剂、蛋白同化制剂、肽类激素和含麻黄碱复方制剂的监管，严防特药失控、严防流弊事件。十是加强药品和医疗器械的不良反应、不良事件的监测工作。年内，新区（县）共上报药品不良反应监测24份，医疗器械不良事件5份。十一是进一步巩固和推进农村药品供应网、监督网建设。对聘用的药品信息员进行业务培训，提高“两网”运行质量，并在社区卫生所、个体诊所全面推行医疗机构“两个规范”管理。

**【队伍建设】** 贯彻“政治坚定、业务精通、公正执法、作风优良、纪律严明、人民满意”的工作方针，建设一支高素质药监队伍。一是组织开展“创先争优”活动。认真开展动员学习，积极营造“创先争优”氛围，巩固学习实践科学发展观活动成果；明确活动载体，开展先进党员评选表彰及重温入党誓词主题实践活动；结合行政执法工作，开展好“创先争优”活动。二是深入开展“效能呈贡”建设活动。积极学习动员，认真查找问题，组织专题民主生活会，制定整改工作方案，进一步提升勤履职、重管理、讲效益的风气。三是签订目标责任书。建立主体明确、

举办“三级安全教育”讲座

（郑　骁　摄）

责任明晰、任务量化的岗位责任制，将目标责任书所列的各项工作层层分解，落实到科室，责任到人，明确工作时限，细化监管目标。四是探索建立更为公平合理的考核、考评体系。结合制度创新工作要求，对工作绩效量化考核规定进行了修改完善，使考核、考评工作能够更好地体现工作实绩，进一步提高干部职工的工作积极性；增强责任意识，加大问责力度，逐步实现单位管理工作的科学化、规范化。五是抓好学习培训。坚持“一手抓政治理论学习，一手抓业务知识学习”的机制，制定学习和培训计划，组织开展业务知识、法律法规培训，要求每个职工负责准备一个专题的内容，然后开展互动式的培训学习；组织开展普法考试，完成“三普”培训考试，提高全体干部职工综合能力。六是开展食品药品监督管理的文化建设，丰富职工精神生活，推动精神文明建设。通过组织干部职工开展篮球赛、登山等文体活动，不断丰富和延伸了食品药品监督管理文化的内涵，增强了团结互助的精神。

**【宣传工作】** 加强新闻宣传工作，不断扩大认知度，营造良好的工作发展环境。一是加强政务网站宣传。加强对新区（县）食品药品监督管理局政务网站管理，完善栏目设置，及时上传、更新政府信息公开网站的信息和四项制度内容，增强互联网信息双向交流，社会影响和认知度不断扩大。二是加强新闻媒体宣传。年内，在呈贡电视台播出工作新闻8次，争取了广大群众对食品药品监管工作的信任、理解、关心和支持。三是节假日宣传。在“3·15”消费者权益保护、科技活动周、食品安全宣传月、清理家庭小药箱等活动期间，开展药品医疗器械法规和食品安全知识宣传教育活动4次，发放宣传资料共1.5万余份，接受咨询1 000余人。四是加强信息宣传，制定和完善了信息管理制度。实行信息科室负责和奖励制，抓好信息的收集、整理、

分析、报送工作，共印发工作简讯80期，被省食品药品监督管理局网站采用6篇，被市食品药品监督管理局局政务网采用48篇。

（郑　骁）

# 农·林·水

责任编辑：杨　帆

## 农　业

**【简　述】**　2010年，新区（县）围绕新区建设各项目标任务，贯彻落实科学发展观，调整农业产业结构，因地制宜，发展特色农业，加快农业产业化发展，农业产业结构实现战略性调整，进一步强化林业生态建设，开展森林资源保护行动，深入推进以集体林权制度改革为主要内容的林业产业改革新体系。

**【粮食生产】**　粮食播种面积11 622亩，平均单产394.7千克，总产量458.69万千克。其中，小春播种面积880.5亩，平均单产77.9千克，总产6.86万千克，小麦种植324亩，因百年一遇严重旱灾绝收；蚕豆种植196.5亩，平均单产73.8千克，总产1.45万千克；马铃薯360亩，平均单产150.3千克，总产5.41万千克；大春播种面积10 741.5亩，平均单产420.6千克，总产451.83万千克，水稻种植195亩，平均单产406.7千克，总产7.93万千克；玉米种植8 725.5亩，单产479千克，总产417.98万千克；薯类996亩，平均单产152.4千克，总产15.18万千克；豆类825亩，平均单产130.2千克，总产10.74万千克。

**【蔬菜生产】**　蔬菜播种面积8.94万亩，比2009年减0.79万亩，复种指数3.47，精细特色菜播种6.365万亩，占总播种面积的71%，蔬菜上市总量18.78万吨，外销量16.91万吨，占90%；全年蔬菜销售总收入29 117万元，外销收入27 002万元，占总销售收入的92.7%；蔬菜年亩产值达11 901元；示范推广蔬菜良种10个，种植面积8 263亩，其中，名人、风度等西葫芦1 825亩，玉皇子、优秀、魔绿王西兰花697亩，美满、金太阳、皇冠瓢菜1 875亩、“早熟5号”黄白菜2 560亩；开展综合技术推广三项，完成面积93 340亩次，示范推广盛之丰、格润、菜老大等生物肥18 463亩，生物农药多抗霉素、新菌灵、乙蒜素、阿维菌素、BT、农用链霉素、宁南霉素、富足等62 145亩，物理防治技术应12 730亩（杀虫灯防治9 780亩次，黄板5.5万张，防治示范2 750亩）。在辖区组织实施无公害蔬菜生产7.661万亩，其中实施标准化种植2.374万亩，重点实施无公害标准化生产集成技术“五个一”工程，即“一盏灯”（杀虫灯）、“一张纸”（黄牌）、“一瓶水”（性诱剂）、“一瓶药”（生物农药）、“一袋肥”（生物肥），无公害生产技术应用有效控制了面源污染，提高了农业生态环境质量和蔬菜产品质量安全水平，蔬菜产品农残速测合格率99.65%，向市场供应优质无公害蔬菜15.67万吨。

**【花卉生产】**　坚持以优势产业、优势区域为重点，以市场为导向，积极开展新品种、新技术的试验和示范，提高花卉质量；完成花卉种植6 300亩，其中，康乃馨1 430.35亩，玫瑰2 083.45亩，百合456.65亩，其它2 329.55亩；产量45 656.78万枝，产值22 510.81万元，平均花卉价格0.55元/枝；实施标准化生产示范196亩，示范带动面积502亩，带动农户287户，平均亩产值比非标准化生产增加6 815.66元。

**【水果生产】**　因新区建设征用土地，水果面积由08年7.8万亩缩减至现在的1.75万亩，水果产量1.05万吨，产值2 100万元；推广宝珠梨标准化示范种植，核心示范面积2 000亩，实现示范项目1万亩全覆盖，平均亩产增加150千克，新增产值300万元，受益农户3 000户。《呈贡宝珠梨生产技术综合标准》通过专家审定，于2009年10月1日发布，2010年1月10日正式实施。

**【畜禽禁养】**　按照市委、市政府《关于做好2010年滇池治理工作的紧急通知》要求，加快滇池污染治理，改善滇池流域生态环境，确保“四全”工作的顺利实施。按照《呈贡新区（县）2010年滇池流域水环境综合治理工作实施方案及目标责任》，继续开展畜禽“禁养”工作，巩固禁养成果，杜绝新增畜禽养殖，河岸线外延200米范围内实行畜禽禁养零申报。

【农机管理服务】 围绕服务农业、服务农村、服务农机手、促进农业机械安全生产、坚持“安全第一、预防为主”的方针，落实预防道路交通重特大事故工作措施，加强农业机械的安全监理，办理各类农用拖拉机2 100台；农机化培训学校采取送教上门，就地培训等方式培训拖拉机驾驶员34人，汽车驾驶员980人；组织监理人员650人次，出动车辆130车次，利用乡（镇）赶集日或在重点路段等地对农户和机手进行路检路查及协同交通、交警部门进行结合检查210天。发放安全宣传教育材料5 500余份，与农机手签订农机安全责任书2 100份，检查各类农用拖拉机1 000台次，设置安全宣传栏7个，通过综合执法及监理部门路检、路查受教育群众人数达3 665人次；完成国家农机补贴资金86.8万元，补贴机具27台套、补贴钢混大棚147 750平米，享受补贴受益农户44户、协议数48份，拉动农民投入农机具资金122万元。

【动、植物检疫】 认真执行《动物防疫法》、《植物检疫条例》等相关法律法规，加强动、植物产品检疫和监督管理，坚持市场及产地农产品的监测。抓好蔬菜农产品农药残留快速检测工作，搞好疫情监控和防治，确保消费者合法权益，让广大群众吃上“放心肉”、“放心菜”；完成检疫猪肉9.63万头，检疫牛肉4 449头、羊肉3 744只、火腿3.729万支、白条禽36.47万只、检疫活禽30.36万只、内脏86.9万千克，检出各类病害猪肉268头，检出病死禽139只（已做无公害处理），检疫率达到100%；农产品调运检疫，签批蔬菜、花卉等306批次，5 500余吨。完成蔬菜农残检测样品5 214个，合格样品5 188个，合格率99.5%。

【农村经济经营管理】 以社区“三资”管理为核心，完善落实村级财务委托代理制。全面实施村级财务委托代理的基础上，以社区财务监督管理为重点，从制度建设、培训提高管理人员方面，推进财务管理的规范化建设。制定出《呈贡新区（县）社区集体资金资产资源监督管理暂行规定》；培训提高三资管理的队伍素质。因势利导，发展农民专业合作社。结合农村经济发展状况和特点，深入基层调研、宣传发动群众，指导规划、草拟章程发展专业合作组织。先后成立了5家专业合作社。积极推进土地流转，农村土地流转工作由于新区建设的快速推进，土地的升值和产出效能效高，大量土地被征用，人均土地较少，规模化流转难以实现。2010年实现土地流转7 978亩。

【农村能源建设】 围绕农村经济可持续发展战略，以保护生态环境，减少滇池流域面源污染，改善农村生活环境，提高农民生活质量为目标，认真开展农村能源建设和农业环保工作。争取市、县资金支持，在段家营、野竹居委会改建完成节能灶200眼，共完成沼气综全利用技术及安全使用培训300人次，沼气综合利用推广面积500亩，检修病态沼气池27户；建设完成松茂农田径流水减排示范工程，建成人工生态湿地10亩，生态沟渠500余米。

【涉农龙头企业扶持】 扶持培育和壮大市级重点龙头企业15户个，新增省级重点龙头企业3户、市级3户，1户企业产品荣获省级名牌产品。龙头企业运作良好，销售鲜蔬菜2.6万吨，速冻菜0.2万吨，酱菜系列产品2.1万吨，牛奶制品2万吨，鲜切花6.84亿枝，实现销售收入5.1亿元，利润2 330万元，上缴税金921.6万元，创汇3 080万美元，直接创汇1 933万美元，示范带动农户41.4万户，订单农户4.4万户，发展基地达15.9万亩，年支付原料收购金3.2亿元，带动农户户均增收2 310余元，对农户起到较好的示范带动作用。龙城蔬菜批发市场蔬菜交易量30亿千克，交易额25亿元；斗南花卉批发市场鲜切花交易量47.3亿枝，交易额34.4亿元；昆明国际花卉拍卖交易中心有限公司拍卖鲜切花4.7亿枝，交易额2.7亿元；农林生产资料市场交易农药、化肥、农膜、种子13.2万吨，交易额7.8亿元。组织11家企业参加第六届昆明泛亚国际农业博览会，参展展品232个，招商签约项目2个，金额25.4亿元，销售产品12 000余元，发放宣传资料3 000余份，接待参观、咨询、洽谈人数2.2万余人次。

【农业执法】 本着“便民、高效、廉洁、规范”的服务宗旨，严格按照农业行政审批程序开展种子、兽药、农药等行政审批工作，进一步规范和减少行政审批的程序和时限，提高了审批效率和服务质量。年内，共审核办结行政审批事项及管理服务事项35件，农药经营许可证33件，兽药经营许可证1件，种子经营许可证1件，接受群众来访咨询150余件。分别开展了“种子执法年”、“农药市场监管年”、“兽药经营规范年”活动，严厉查处生产、销售假劣农资的不法行为，规范农资经营秩序。全年共组织农资监督执法检查16次，3次农资打假联合执法检查和5次农药、4次兽药、2次饲料、2次生鲜乳的专项检查，检查农资经营户171户次，检查超市2个，抽查饲料标签23个，抽检农药26个，对检查中查出的假劣兽药、过期农药、包装不合格农药及标签不规范种子依法进行了查处。检查了2家超市的无公害农产品、绿色食品、有机食品的用标情况。在农资打假的同时，加强宣传工作，印发宣传资料3 000多份，参加现场咨询活动4场次，接受农业环境污染投诉1件、育苗基质质量投诉1件，都分别得到解决。认真开展农产品质量安全整治工作，在认真做好日常农产品质量安全监管的基础上，分别组织人员参加了县食安委组织的食品安全联合检查工作及重要会议的食品安全保障工作，确保了全县重大节日及重要会议期间的食品安全，杜绝重大食品安全事故发生。

**【农林科技培训】** 以农民素质教育工程为载体、以农村实用技术培训为支撑，大力加强农村实用人才队伍建设，努力培养专业技术骨干，共举办农业科技培训126期，培训农民8 650人；其中蔬菜培训53期，培训4 881人；花卉培训20期，培训1 260人；水果培训8期，培训600人；植保技术培训14期，培训529人；畜牧兽医培训10期，培训154人；农技推广培训19期，培训1 201人；种子培训2期，培训25人，提高了科技推广面和科技入户率。

**【农村劳动力培训转移】** 按照市委、市政府“三化”带“三农”，“三化”化“三农”，“三化”服务“三农”的指导思想，呈贡新区进一步加快了城乡一体化建设、统筹城乡就业、大力开展农村劳动力素质提升工程；年内,共完成农村劳动力转移培训7 507人，完成全年转移培训任务7 500人的100.09%；累计转移就业7 504人，完成全年转移就业任务7 500人的100.05%，其中省外转移200人，省内县外转移2 165人，县内转移5 139人；实现转移收入4 588万元。

**【建议、提案办理】** 2010年，新区（县）农林局共承办人大、政协提案7件；办理县人大代表建议5件；办理市政协提案1件、办理县政协提案1件，至6月底所有议提案已全部办结。在办理议提案中，始终坚持先面商，后答复的办理程序，做到重办理质量，重办理速度，达到了“两个提高”（提高见面率、提高满意率）和“三个百分之百”（办复率100%、见面率100%、满意率100%）的目标。

**【失地农民外出租地扶持】** 失地农民外出租地经过各街道、社区两次核实统计，外出租地农户5 421户，人数10 626人，租地面积83 519.90亩，其中5-10亩的115户、957.63亩，10亩以上的5 306户、82 503.53亩；外出租地的失地农民主要集中在新区建设为主的吴家营街道、斗南街道、乌龙街道、雨花街道，租地以10～50亩的户数为主，占总外出租地失地农民的95%，比上一年增加3 422户，增幅156.9%，2010年度需补助失地农民2 071万元，同时做好对外出租地的失地农民服务工作，分别在嵩明、晋宁、寻甸成立失地农民外出租地服务工作站，并于2010年12月成立呈贡新区失地农民创业协会，帮助失地农民协调解决在外租地的困难和问题。在嵩明“6.29”水灾中，积极联合县民政局，报经县委组织部批准，从共产党员特别爱心捐助款中给予698户损失较大的失地农民生产自救补助80.13万元，15户重灾户每户5 000元（共计7.5万元）的特别慰问补助。

**【“创先争优”活动】** 以邓小平理论和“三个代表”重要思想为指导，全面贯彻科学发展观，落实新区党工委、县委十一届五次全会精神，结合县情、农情、林情，解放思想、勇于创新，团结带领农林系统的广大干部职工，同心协力，认真组织开展“创先争优”活动，促进了党务工作的全面发展。通过开展“创先争优”、“效能呈贡”、“党的基层组织建设年”等主题教育活动，增强了党员干部贯彻落实科学发展观的自觉性和坚定性，不断学习，解放思想、明确目标，改进工作、提高业务能力。严格执行集体领导民主集中、个别酝酿会议决定的议事决策制度，完成局党委及九个局属支部换届工作，完善了“三会一课”，局党委与局属各支部、党员签订了目标管理责任书。在原林业局是市级文明单位的基础上开展精神文明创建活动，积极参加县庆“七一”征文、演讲、合唱、元旦万人长跑、职工运动会等活动。完成职工意外伤害保险、医疗互助等任务，关心离退休老干部生活待遇，坚持一年一度的外出参观活动及节日走访慰问活动。在“创先争优”活动中，进一步强化了行政审批实行集中审批办理和行政许可零收费制度，农林行政审批项目集中到新区（县）政务服务中心，实行“一站式”服务，真正做到便民利民。继续实施“五办”作风，“一线工作法”，“工作成果倒逼法”，严格执行领导干部问责制和承诺制。各支部、科室、站所之间严格按照局党委的统一部署和指挥，充分发挥支部、部门的职能作用，做到相互之间的协调配合，使各项工作呈现出有计划、有步骤、有重点的良好局面。制定《呈贡新区（县）年度工作目标分解立项方案》、《呈贡县农林局责任追究实施意见》、《宣传思想政治工作实施意见》、《效能作风督查工作制度》等工作规范，建立健全了“局长接待日”、“首问首办接待”、“窗口接待”、“来信来电来访处置”、“工作任务量化考核”、“工作作风倒查”、“政府信息96128接听”等制度，成立工作作风督查领导小组。新区（县）农林局纪委坚持以年初与县纪委签订的《呈贡新区（县）2010年度惩治和预防腐败体系建设及党风廉政建设责任书》为依据，把党风廉政责任制工作纳入年度各项工作目标考核的议事日程，成立领导小组，签订“一岗双责”责任书，推进廉政文化“六进”活动，严格执行政务公开制度。认真落实源头治理，实行任前公示，严格干部选拔任用各个环节的责任追究办法，选拔使用了一批优秀中青年干部，在本年度民主评议党员中，126名党员参加了评议，推举出15名优秀党员，其余111名党员为合格党员，无不合格党员。充分发挥党组织的先锋模范、战斗堡垒和组织保障作用，确保全局工作的圆满完成，在应对百年不遇的抗旱工作中，全体党员干部职工充分发挥抗旱先锋作用，全力以赴做好森林防火、抗旱保苗及其它农林工作，原林业局党支部被市委组织部和县委组织部授予“抗旱救灾先锋党组织”荣誉称号。

（昝　红）

## 林　业

**【简　述】** 2010年是新区（县）林业快速发展、提升品质、基础设施不断完善的一年。在新区（县）党工委（县委）、管委会（县政府）的正确领导和上级林业主管部门的支持帮助下，通过新区（县）林业系统广大干部职工的共同努力，完成了“十一五”林业发展各项目标任务全面完成，为实施“十二五”规划目标夯实了生态基础。荣获“全国绿化模范单位”、“全省绿化先进单位”、“云南省深化集体林权制度改革先进单位”和“2006～2010年森林防火先进单位”荣誉称号。

**【城乡绿化、生态建设】** 完成市级城乡绿化任务9 365亩，占市下计划任务4 000亩的234.1%；新增辖区绿化面积完成710亩，占市下计划任务200亩的355%，其中乌龙片区“四退三还”造林400亩，洛龙片区“五采区”植被恢复120亩，面山造林190亩；滇池面山低产林补植改造完成2 000亩，占市下计划任务1 000亩的200%；滇池流域面山抚育及补植完成2 735亩，占市下计划任务1 000亩的273.5%；2008～2009年新造林地补植完成3 410亩，占市下计划任务1 600亩的213.1%；阳宗海面山造林完成510亩，占市下计划任务200亩的255%；完成苗木基地建设任务3 005亩，占市下计划任务1 000亩的300.5%，其中农林局505亩，乌龙街道办事处300亩，雨花街道办事处300亩，吴家营街道办事处300亩，龙城街道办事处300亩，斗南街道办事处300亩，洛龙街道办事处300亩，七甸街道办事处700亩。实施完成天然林保护工程森林管护任务98 000亩，占市下计划任务98 000亩的100%，其中吴家营街道办事处14 603亩，洛龙街道9 500亩，雨花街道办事处8 100亩，斗南街道办事处923亩，龙城街道办事处1 612亩，乌龙街道办事处63亩，七甸街道办事处31 359亩，新城林场31 840亩；完成义务植树任务36.5427万株，占市下计划任务34万株的107.5%，其中七甸街道办事处完成8.446万株、吴家营街道办事处完成6万株、洛龙街道办事处完成4.0967万株、斗南街道办事处完成3万株、龙城街道办事处完成2万株、雨花街道办事处完成6万株、乌龙街道办事处完成3万株、县级机关及企事业单位完成4万株；9.2万人参加了义务植树，义务植树尽责率达到89.3%；县级政府样板林共计完成255亩，占市下计划任务200亩的127.5%（挂靠“四退三还”造林工程）。

周峰越（前排左二）等领导检查指导白龙潭片区的绿化工作　（唐荣华　摄）

**【森林病虫害】** 拟订了《呈贡县2010年林业有害生物防治方案》，开展林业有害生物9 900亩的调查工作，对龙城街道办事处张官山、新城林场的联塘林区3 300亩的云南松小蠹虫进行了人工清除和药物防治，对红棕象甲进行了普查工作，完成5 000亩森林鼠害的调查及防治工作，建立5个监测站点，全面开展森林病虫害调查监测工作。截至12月2日，共计办理检疫证132份，其中产地检疫证21份，调运检疫证111份；完成《中低产改造规划》和《昆明市创建国家森林城市呈贡县实施规划》；办理林木“两证”29份，其中林木种苗经营许可证15份，林木种苗生产许可证14份。

**【森林防火】** 去冬今春，森林防火工作克服了百年一遇的干旱，取得2010年森林防火工作无森林火灾发生的好成绩；投入344万元（专项资金218万元，各街道投入126万元），铲除防火隔离带15.6公里，开展火灾处置培训三期（近1 500人），新增专业扑火队员25人（达到60人规模），新增扑火运兵车辆2辆，开展每周一次演练及一年一次的大规模火灾扑救演练，购置及储备手持对讲机130部、灭火弹6 500发、二号工具4 700把、水枪85支、军工铲200把、帐篷30顶（套）、风力灭火机60台、风水灭火机15台、砍刀1 000把、发电机1台、阻燃手套300双、巡山护林马甲220件、油锯20台、水桶500只、割灌机4台、阻燃服180套，新建储水池54座，建盖堵卡房3间；开展讲座共计139学时，新增警示牌碑6块，完成3万份责任书的发放与签订，发放入山告知书及各类宣传资料5万份，广播电视宣传19 780余次，发放录音磁带150盒，制作了警示牌400块，出动宣传车120余台次，悬挂巨幅标语757条，张贴森林防火令7 500张，做好“12119”宣传推动工作，戒严期间共派出37个工作组、207人次，在重点时段和关键部位对重点人群严格监管，以强化火源管理为重点，最大限度地消除火灾隐患，各级签订防火责任状89份、联防协议4份，收取抵押金4.56万元；组建民兵应急扑火队伍7支共计325余人，义务扑火队31支共计2 356人；规范用火监管及非生产性野外用火监控工作，加大森林火案的查处力度，共查处违规用火10起，批评教育15人，处罚共计1.75万元。

**【林政管理】** 林政管理工作是强化林地管理，依法保护林地资源，全年共发放宣传资料2.6万份，严格依法审批各项建设工程征占用林地，确保新区建设项目的顺利实施，本年来共审核上报征占用林地报件5宗(其中窗口办理3宗)，面积178.66亩，收取森林植被恢复费95.88万元；审批办理临时使用林地2宗，34.37面积亩，收取森林植被恢复费4.5万元；严格执行年度采伐限额管理，杜绝超范围、超数量采伐情况的发生，截至12月1日共审批林木采伐26宗，发放许可证26份，执行采伐限额1803.91立方米，占指标的45%，收取育林基金72 156.48元；接待各类上访或者是举报32宗，依法取缔了非法经营旧木材窝点8个，拆除在林地中的违法建筑300余平方米，提前制止了各类违法案件6宗，查处各类林政案件18宗，批准木材加工企业1户，为19户加工销售林产品经营户予以验证；实现专人负责全县森林资源的调查和监测工作，用数据库和监测体系对森林资源动态管理，专人负责《木材运输许可证》的发放台帐管理，3月正式启动配套改革。

省人大代表视察中央公园建设情况

（唐荣华　摄）

**【森林公安】** 全年查处6件森林防火期内违规野外用火案件，累计出动警力100余人次，清查林区可疑地块20余处，创建无毒林区、无毒社区、无毒林场，林区实现了毒品原植物“零种植”的目标。严厉打击借“林改”工作之机，破坏森林资源的违法犯罪活动，积极为林权制度改革工作保驾护航。通过开展“冬季行动”、“打击盗伐滥伐林木和盗窃苗木违法犯罪专项行动”、“春季行动”、非法移植野生植物和打击林区乱倒垃圾违法行为、打击破坏野生动物资源违法犯罪等专项行动，严厉打击破坏森林和野生动物资源违法犯罪。始终保持对破坏森林和野生动物资源及林区内各类违法犯罪活动的高压态势，努力维护林区治安稳定，截至2010年10月31日，共接到报警107起，出动警力650人次，出警率和处置率达100%；共受理涉林案件52件，其中刑事案件受理1件，破案1件，抓获作案人员1人员；林业行政案件受理51件，查处51件，查处率为100%，处罚48人次，罚款17.4万元，收缴野生树木20余株，共为国家挽回经济损失十万余元；森林公安局通过开展深入贯彻“五条禁令”、“八条禁令”、“六条警规”等学习教育活动。加强了业务管理，健全了内务管理制度，提高了全体民警的业务水平，为正确处理开发与保护、利用与维护奠定基础，做到既保护好，维护好现有森林资源又要服务好新区（县）建设方面做出了积极的贡献。

**【新城林场】** 结合林场实际，坚持“以林为本、综合经营、全面发展”的方针，以“培育森林资源为重点，提高综合效益为中心，建立符合社会主义市场经济规律，体现国有林场特点的管理体制和经营机制。充分发挥国有林场在资源培育和生态环境建设中的重要作用”为指导思想，严格依照《森林法》及有关法律法规,对全场31 840亩林地施行了有效管理；重视思想政治工作，营造积极的工作氛围，传达局党委及林业支部下发的各种会议文件精神。以全面推进生态建设为主题，服从和服务于现代新昆明呈贡新区（县）建设和发展为主线，以构建林业三大体系为目标，培育功能完善的森林资源，营造想事、干事、成事并有利于林场发展的工作氛围和干部职工团结一致，勤政、廉政、求真、务实的工作态度。推广先进适用科技成果，合理利用森林资源，提高森林资源综合利用率，加大中、幼林抚育间伐工作力度，提高林分质量和林地生产力，实现森林资源持续利用。创新机制，合理引进先进种苗培育技术，培育优质城市绿化苗木。活学活用现代市场经济发展理念，抓住当前新区（县）建设需要大量的城市绿化苗木的机遇，发挥林场自身优势，在原来40亩苗圃的基础上，新培育5年生雪松苗木1 500株，2年生球花石楠苗木2 000株，红叶石楠苗木5 000株，旱冬瓜苗木5 000株，为新区（县）

建设提供优质的城市绿化苗木。根据本场属生态公益型林场，肩负着后备森林资源培育和生态环境建设的双重任务,抓好森林管护及林政管理，大力查处林业违法案件、及时查处毁林开荒和乱砍滥伐案件，有效地保护了林场的森林资源和生态环境，完成职工危旧住房改造的申报材料工作；完成2010年度中幼林抚育间伐；完成新城林场“十二.五”林业发展编制工作。设立三个病虫害监测点，专人负责监测、调查森林病虫害情况，完成林场森林防火和两个了望台的防火了望值守工作，取得了近十年来较好的成绩。

(杨兴仁)

周峰越（左三）等领导在黄土沟检查指导抗旱工作

(唐荣华 摄)

## 水 务

**【水库除险加固工程】** 年内，新区（县）水务局在新区党工委（县委）、新区管委会（县政府）的正确领导下，积极推进病险水库除险加固工程建设。完成白云、韶山2座小（一）型水库除险加固任务，完成碗家冲1座小（二）型水库除险加固任务，果林、松茂2座中型水库进入收尾工作。白云水库于2008年5月13日开工建设，完成投资1 141.53万元，2010年8月23日由市水务局组织了竣工验收。韶山水库于2008年5月13日同时开工建设，完成投资638.75万元。2010年8月23日由市水务局组织了竣工验收。碗家冲水库于2008年10月22日开工建设，于2009年8月30日完工，完成建安工程投资359.4万元。松茂水库于2008年12月23日开工，完成建安工程投资1 374.2万元，占总工程量的99.6%，2010年8月25日进行了分部工程验收，11月17日进行单位工程竣工验收。果林水库于2008年12月23日开工，完成建安工程投资1 072.7万元，占总工程量的95.9%，2010年8月25日进行了分部工程验收，于11月17日进行单位工程验收。驴子箐水库于2009年9月27日开工建设，完成建安工程投资206万元，占总工程量的82.6%。

**【抗旱救灾】** 全县遭遇了历史上百年不遇的大旱，截至2010年6月1日，全县农作物受旱面积40 101亩，其中轻旱9 596亩，重旱20 925亩，绝收9 580亩，造成经济损失3 716.20万元。7个街道办事处不同程度受旱受损，主要为蔬菜、花卉大面积受旱。因旱不仅造成了大量产值较高的农作物受旱，也造成了较严重的人畜饮水困难，85个自然村中40个自然村受到不同程度的饮水困难，达47.1%。截至6月1日，累计38 571人、640头大牲畜因旱造成饮水困难。面对日益严峻的灾情，水务局在新区（县）党工委（县委）、管委会（县政府）的领导下，全力做好抗旱救灾保民生促春耕工作。成立以局长为组长，党总支书记、副局长为副组长的抗旱救灾工作领导小组，局属各部门负责人为成员；实施了17项应急饮水工程措施解决饮水困难；先后对赵家山、大梨园、三叉箐村、土瓜塘村、汤池凹村民小组、太阳沟村组织水车送水，解决了478户1 614人的饮水困难；对现有的泵站、机械设备等进行维修保养，采取从滇池提水等方式解决农灌用水，同时采取部分工程措施解决。即斗南居委会、小古城居委会进行泵站机械设备更新；吴家营街道建20立方米小池100个，郎家营居委会赵家山村建设20立方米小水池90个，解决3 800亩农业灌溉用水；完成防汛抗旱物资采购、储备、保养和管理；采购1 500支贮水桶、10台抽水机、1台发电机，共发放1 320支贮水桶到饮水困难的社区、村。完成抗旱物资的采购、储备、管理和发放工作；储备防洪桩6 308棵、防洪袋57 080条。在抗旱工作中4台抽水机参与七甸街道、雨花街道、松花社区的抗旱，出动抽水机14台次，在捞渔河河道疏通中，出动抽水机8台次；配合武装部、农业、民政、街道做好相关工作；加强旱情、灾情分析及评估，及时上报旱情、灾情情况，对重点工作进展、完成情况专题上报。县、街道编制并启动《抗旱保供水应急预案》，明确责任人，采取有效措施，投入抗旱减灾，积极争取上级资金补助投入抗旱救灾。争取省级补助50万元，市级第一批抗旱保供水应急资金补助345万元，社会捐款20万元，县级补助30万元，同时加强抗旱资金监管，专款专用。

**【8·16洪灾】** 2010年8月16日，遭遇特大暴雨，降雨量168.6毫米；特大暴雨造成全县受灾人数7万余人、农田受灾18 284亩（其中花卉受灾3 290亩、蔬菜受灾14 994亩）、危房265户、房屋倒塌19间，直接经济损失5 887万元；按照孔垂柱副省长的指示要求，呈贡新区（县）党工委（县委）、新区管委会（县

政府）召开了“8·16”水灾后期相关工作落实会议，要求各级各部门要围绕12个方面切实做好“8·16”水灾后期相关工作。8月24日下午，许玉文副县长、段超副县长又召集水务、农林、民政、公安等职能部门的领导，听取各职能部门就落实“8·16”水灾后期相关工作会议的情况汇报；县防汛抗旱指挥部办公室结合各职能部门的汇报及制定的工作方案，明确要求各街道辖区范围内小（一）型、小（二）型、小坝塘、重点地段的责任人，严格做到责任到库、到塘、到段、到点，严防死守，确保水利设施安全度汛。8月18日，防汛抗旱指挥部办公室工作人员在水务局山局长率领下，对六个街道的抢险及防险工作进行了进一步的排查。在排查工作中，对各街道的抢险、防险工作提出具体要求，各街道迅速成立巡查小组，对水淹房、水淹点进行动态检查，严密查看房屋的损毁情况是否有新的变化和发展，坚决保障群众的生命安全。各街道对防汛抢险及防险工作要高度重视，严格遵循“雨情就是命令、汛情就是命令、险情就是命令”的原则，统一服从防汛抢险及防险的调度。信息的传递及资料的收集要及时、准确、报送口径要一致，为领导科学决策提供准确的依据。备足防汛物资，截止2010年8月16日，共贮备防洪桩6 308棵，防洪袋44 080条，发往各街道防洪袋10 000条，防洪桩100棵。水务局向上级部门争取经费补助，共争取到省市补助“8·16”水毁工程修复经费300万元，主要用于受灾比较严重的雨花、乌龙、龙城等街道范围内的河道、沟渠实施清淤除障，对倒塌的部分沟渠进行修复，并购置抽排水设备干旱时用于抽水，汛期用于排涝。

驻呈部队官兵参加新区（县）抗旱救灾水源工程建设
（唐荣华　摄）

**【水利工程建设】**　全县蓄水窖（池）、小坝塘“五小”水利工程完成率均达到或超过100%。累计完成小水窖（池）790个，占任务的101%；完成小泵站7个，占任务的100%；新建小水渠1.2公里，完成河道沟渠清挖88.44公里，占任务的190%；完成小型饮水管道41.17公里，占任务的122%；完成小坝塘9个，占任务的112%；完成更新泵站机电设备3件，占任务的100%。

**【河道沟渠绿化】**　完成河道沟渠绿化3 007米，种植柳树及适宜树种4 990株，绿化面积13 200平方米；河道沟渠（捞渔河）补植树6 940株，绿化面积11 570平方米，补植芦苇4 000株，面积2 000平方米；水库周边种植柳树及适宜树种6 900株（胸径2～8厘米），绿化面积22 100平方米。

**【水利工程管理】**　共有蓄水工程102件，总库容3 255.44万立方米，截至2010年10月10日，共降雨727.8毫米，共蓄水749.97万立方米，对水库坝塘进行检查，对在水库周边游泳、钓鱼的行为进行了清理，制作警示标牌。结合水库管理和防汛工作，召开了由全县水库坝塘管理人员参加的培训工作会议，采取以会代训的方式，提高管理人员的业务水平和管理能力。制定了《松茂水库保护管理办法》，并于2010年9月28日举行了《松茂水库保护管理办法》听证会。制定了《呈贡县防汛抢险预案》；做好防汛物资的发放，共发放防洪袋1.5万条，防洪桩100棵，出动抽水机5台次。

**【水法规宣传】**　结合“世界水日”、“中国水周”“中国科普日”、“公民道德日”等宣传活动，积极开展水法规宣传，先后在县城中心文化广场、吴家营街道幸福小区、乌龙街道松花社区开展宣传活动。宣传活动中，出动人员56人次，车辆11辆次，发放宣传材料66 000余份、环保袋4 000个，《保护滇池从我做起读本》800本，滇池明天会更好画册400份，《滇池保护条例》单行本1 000余本，摆放展板40块，悬挂布标6幅，各街道组织开展“以我所能，保护母亲湖——滇池‘百、千、万’进机关、进学校、进企业、进乡镇、进社区”宣讲活动13场次（龙城3场、乌龙3场、斗南4场、吴家营2场、雨花1场），受训人数900余人。

**【水政水资源管理】**　对辖区内水源、供水、用水等涉水行政事务进行管理。年内办理临时取水1件，办理转供水1件。加大水源保护相关法律规定宣传和执法力度，查处在松茂水库保护范围弃土水事案件两件，违法凿井2件，清理松茂水库垦植蔬菜时制作宣传牌11块，发送相关水法规宣传材料5 000份，悬挂布标3条。在水源区未审批过相关项目，在水源地未发现新的开山采石，新建、扩建排污口等行为。协同县发改局完成水资源费的调整；加强水政监察队伍建设，认真开展水政监察“四项建设”活动。

【水土保持审批工作】 做好水土保持开发建设项目水土保持方案审批及转报工作，做好项目跟踪协调服务工作，截至2010年9月22日，审批水土保持方案26件。其中县级审批21件，转市级审批4件，转省级审批1件，共征收水土保持设施补偿费47.32万元。水务窗口受理报件数163件，其中限时办结29件，无超时办结；首问首办134件，无受理投诉及行政问责等情况。

【渔业渔政工作】 落实水产品质量安全工作责任目标制管理，健全监管制度、严格执法，强化监管。按时报送监管信息，即时查处水产品质量安全违法行为，有效保护水生动物资源，即时调查处理渔业污染事故，开展渔业安全督察工作。调查处理渔业污染事故一件，加强阳宗海呈贡区域的管理，防止偷捕鱼事件发生，按照县食品安全委员会办公室要求，在节日期间对龙城农贸市场鱼摊及冷冻水产品经营户的水产品进行检查，检查中未发现销售腐败变质水产品的情况。

【党风廉政工作】 水务局全面落实党风廉政责任制各项工作任务。开展党风廉政宣传教育活动，以党性党风党纪教育为重点，加强对《中共中央关于加强和改进新形势下党的建设若干重大问题的决定》的学习，在党员干部中开展示范教育、警示教育和岗位廉政教育；开展专题教育活动，促使党员干部树立正确的世界观、人生观、价值观和权力观、地位观、利益观，做到公道正派、勤干实干，把心思和精力放在促进新区科学发展上，放在解决新区群众切身利益上，放在廉洁从政、清白做人上，筑牢廉政勤政的思想基础，推进廉政文化建设，加强反腐倡廉网络宣传，努力营造良好的社会舆论氛围。围绕建设“昆明现代化城市示范区、科学发展示范区、品质春城示范区”的目标，按照“提升工作效能、争创一流业绩”的要求，查问题、找差距、定措施，确保各项工作开好头、起好步、有进展、能突破。制定了《呈贡县水务局开展创先争优活动实施方案》，成立创先争优活动领导小组，下设办公室，具体负责创先争先优活动的组织协调、监督检查、总结典型、考核验收等方面工作。每名党员根据单位年度工作任务，结合岗位特点和个人实际，提出承诺事项；党组织和党员根据承诺目标，采取有效措施，把践诺体现到日常工作生活中、落实到实际行动上，主动兑现承诺事项；强化制约和监督机制，做好领导干部廉洁自律工作；认真贯彻执行《中国共产党党内监督条例（试行)》等各项监督制度，严格执行民主集中制、重要情况通报、民主生活会等监督制度。配合审计部门做好对领导干部的经济责任审计工作，有效预防遏制职务犯罪的发生。严禁违反规定收送礼金、有价证券和支付凭证。严禁利用职权和职务从事中介活动谋取非法利益。严禁参加赌博。严格执行民主集中制原则，将领导班子及其成员贯彻执行党风廉政建设责任制规定的情况纳入班子民主生活会对照检查。落实《中国共产党党员领导干部廉洁从政若干准则》的实施意见，严于律己，洁身自好，自觉接受监督，严格要求配偶、子女及其他亲属以及身边工作人员，坚决杜绝违反《廉政准则》行为的发生。彻底杜绝“小金库”和宕欠公款问题，规范经营性资产和非税收入管理。严格执行厉行节约相关规定，严格执行中央、省、市及新区（县）公务接待、公务用车、公款出国（境）等有关管理规定，建立健全监管措施，支持配合纪检监察机关查处违规违纪行为。落实纠风目标各项责任，坚决纠正损害群众利益的不正之风；重点解决群众反映强烈的突出问题。加强对安全生产法律法规和安全生产责任制落实情况的监督检查，制定了安全生产“一岗双责”实施方案，加大责任事故调查处理力度，加大对政府专项资金的监管，加强对大额资金的实时监控，确保专项资金安全。规范行业的服务和收费行为。按照“八个百分之百”的要求，严格工程建设管理，做到资金安全、工程安全和干部安全。督促建设单位按照招投标的要求公开招标并签订廉政建设合同，从源头上预防和治理工程建设中容易滋生的腐败现象。加强财务管理制度，规范水利资金管理，完善部门预算管理制度和预算执行审计制度。加强对专项资金的管理与监督，专款专用，强化水利基本建设资金管理，提高资金使用效益。加强对抗旱防汛资金的监督检查，确保专款专用，发挥资金效益，保障民生工程。加大对水利工程施工安全管理和检查力度，坚决查处事故背后的失职渎职行为和腐败问题。加强行政效能建设和软环境建设工作。加强作风建设，深入推行“五办作风”、“一线工作法”和“工作成果倒逼法”，提高行政效率和执行力，圆满完成各项工作任务。深化政务公开，继续推进“阳光政府”四项制度的规范化建设，完善信息公开和新闻发布制度，充分发挥“96128”政务信息查询热线等的作用，加大党风巡查、执法监察、效能监察、廉政监察、相关行业作风明察暗访等工作力度，切实解决领导干部职工作风方面的突出问题，坚决纠正脱离群众的不良风气。对工作不负责任、得过且过、推诿扯皮的干部职工进行严厉的问责。在“8.16”抗旱救灾工作中，水务局全体党员干部职工身先士卒，放弃节假日和双休日，积极投身抗旱救灾第一线，参与调研、送水入户、捐款等，全体党员干部职工150人共捐款46 943元，其中捐款1 000元以上的党员25名；新区（县）水务局捐款1万元。

【信息报送】 按照上级部门要求，认真开展政府信息公开和信息报送工作。2010年在水务局信息网上发布工作动态信息61篇，发布重点工作通报56篇，重大决策听证公告3篇。坚持向新区（县）综合办、组织部、宣传部及机关工委等有关部门报送信息共89篇，被各级采用37篇，其中国家级采用1篇、省级采用5篇、市级采用5篇、新区各级采用26篇，完成调研报告2篇，并受到新区（县）综合办公室的表彰和奖励。在云南省水土保持学会第二次会员代表大会暨学术交流会上，刘家才同志的论文《水土保持抗旱减灾成效分析》获得优秀论文一等奖。

**【工会工作】** 按照新区（县）总工会工作思路，水务局工会组织下设的4个工会小组积极开展工作，认真履行职责，组织完成好各项工作任务。根据新区（县）总工会《关于征集昆明市工会十四大有关照片素材的通知》通知要求，向新区（县）总工会提供了反映水务局在新区建设中对捞渔河的综合整治、单位开展技能培训和开展“四创两争”工作的照片3张。根据《关于申报昆明市模范职工之家模范职工小家的通知》通知要求，积极准备申报材料和相关台帐资料，向新区（县）总工会申报模范职工小家并受到昆明市总工会的表彰和奖励；根据《关于选举昆明市工会第十四次代表大会代表和推荐昆明市总工会第十四届委员候选人的通知》通知要求，向农林水系统推荐段学英作为出席会议的候选人。在新区（县）总工会召开选举大会进行差额选举时，光荣当选为出席昆明市工会第十四次代表大会的正式代表并出席了昆明市工会第十四次代表大会。局工会定期不定期组织工会委员和工会小组长召开会议，认真学习上级的有关文件精神，并做到有措施、有记录，以提高工会干部的政治思想觉悟。开展帮扶、送温暖工作，积极参加和开展多种形式的活动，维护职工队伍的团结和稳定。每逢节假日，局工会分4个工会小组，对全局一线职工、离退休人员、劳动模范进行节日走访慰问，组织职工参加健康有益的文体活动。“三.八”节期间，组织全局21名女职工参加县妇联举办的“三八”系列活动；在第七期职工医疗互助活动中98名职工，其中在职人员59人、离退休人员39人参加了此次活动；在第三期“女性安康团体重大疾病保险”活动中，局工会组织21名女职工参加了活动。

**【机构改革】** 根据《呈贡县人民政府机构改革实施意见》的通知精神，设立新区（县）水务局，加挂新区（县）滇池管理局牌子，为新区（县）政府的工作部门。新区（县）人民政府办公室通知印发了《呈贡县水务局主要职责内设机构和人员编制规定》，根据机构合并后的职责，水务局设置办公室、规划建设科、政策法规科、水政水资源科、滇池管理科5个内设机构，机关行政编制12名，其中局长1名，副局长2名。机构合并后，职工在册人数81人，其中公务员27人、专业技术人员10人、技术工人44人，公益性岗位1人，离退休人员46人；有中共党员55人。在册职工人数中，大专以上学历62人，占职工总人数的77%。下设的各部门按照各自职能职责开展工作，班子成员之间相互协调，相互配合，各项工作有序开展。

（严顺仙　段学英）

# 工 业

责任编辑：杨 帆

## 工业经济

【简 述】 2010年，呈贡新区（县）经济贸易和投资促进局在新区党工委（县委）、新区管委会（县政府）的领导下，在上级业务部门的指导下，以认真贯彻落实科学发展观，走新型工业化道路，实施工业强县为指导，以加快发展为主题，以工业突破为重点，认真贯彻落实中央、省、市扩内需、保增长的政策措施和《关于进一步加快推进新型工业化的实施意见》，深刻领会仇和书记“突破不了工业，一切都难以突破！工业是顶天立地、带动八方的产业。切切！”的指示精神，强势推进工业经济发展工作，在目标内涵上进一步细化，在工作部署上进一步深化，在具体措施上进一步狠抓落实，坚持信心不减、目标不变，有效防止了金融危机带来的影响，圆满完成了市政府下达呈贡新区（县）的工业经济各项目标任务。

【工业指标完成情况】 2010年，工业经济再创新佳绩，工业在县域经济中的主导地位更加突出，基本形成以有色金属、建筑建材、设备制造、农特产品加工等为主的工业体系。有规模以上（主营业务收入500万元以上）工业企业65户，在去年的基础上新增6户，超目标任务2户，完成目标任务的103%；规模以上工业企业完成工业增加值20.52亿元，同比增长33.3%；完成考核目标17.85亿元的115%；主营业务收入完成104亿元，同比增长30.5%，完成考核目标94.05亿元的111%；利税总额完成3.6亿元，完成考核目标4.13亿元的87.2%；其中利润完成1.59亿元，完成考核目标2.47亿元的64.4%；工业固定资产投资完成20.43亿元，完成考核目标17.56亿元的116.3%，同比增长51.3%；完成亿元以上工业开工项目4个（市认可4个）；即云南万盛碳素有限公司7 000吨/年阴极炭块焙烧技改项目、中铝昆明铜业有限公司22万吨/年高精电工铜材项目、云南辉煌铜业有限公司机械制造及铜材深加工项目、尚品置业有限公司绿色产品加工标准厂房建设项目；完成亿元以上工业竣工项目2个（市认可2个），即云铝8万吨/年铝板带项目及云南德华企业集团整体搬迁项目。

【节能减排暨清洁生产】 规模以上工业企业万元增加值能耗目标为同比下降5%，全年实际同比下降20%左右，完成考核目标的400%，万元GDP能耗目标为同比下降4.1%，全年实际同比下降4.5%，完成考核目标的110%。昆明呈钢钢铁有限公司于2010年12月31日前已提前10个月淘汰所有的炼钢和轧钢生产线，即35万吨/年30吨电弧炉2座，30万吨/年LF–40型精炼炉1座，轧钢生产线1条，在全面完成十一五节能目标的同时，又提前10个月完成了市政府下达的2011年淘汰落后生产能力、工艺技术和装置的任务。清洁生产工作开展情况，2010年市下达实施清洁生产审核企业10户，到2010年12月30日止，已有呈贡供电有限公司等13户企业通过审核验收，完成考核目标10户的130%。2005～2010年（不含托管街道），已通过清洁生产审核验收企业35户。

【非公经济】 《2010年昆明市工业突破园区建设发展目标责任书》下达呈贡新区（县）2010年非公经济责任目标为：行政区域范围内非公经济增加值16.22亿元，增长20%；非公经济税收总额4.81亿元，增长16%；非公经济从业人员3.05万人，新增0.3万人；非公经济增加值占GDP比重的25%。认真落实国务院、省、市促进非公经济发展的各项政策措施，采取有力措施强势推进，促进非公经济再上新台阶。截至年底，有私营企业967户，同比增长25.6%，本年新增200户，私营企业注册资金36.04亿元，同比增长5%，本年新增9.6亿元，雇工人数12 670人，同比增长5.6%，本年新增671人；全县有个体工商户7 435户，同比增长14.7%，本年新增952户，个体工商户注册资金2.69亿元，同比增长24%，本年新增5 193万元，有从业人数15 175人，同比增长17.7%，本年新增2 281人；有其它经济类型企业337户，同比增长 9.6%，本年新增 27 户，其它类型经济企业注册资金 56.46 亿元，同比增长 5%，本年新增 3.01 亿元；全年非公经济实现增加值 22.5 亿元，同比增长 67%，完成考核目标 16.22 亿元的 139%，占 GDP 比重的 32%。其中一季度完成 4.13 亿元，同比增长 21%，完成考核目标 16.22 亿元的 50%，占 GDP 比重为 31%；二季度完成 15.1 亿元，同比增长 20%，完成考核目标 16.22 亿元的 93%，占 GDP 比重为 42.7%；三季度完成 22.15 亿元，同比增长 18.2%，完成考核目标 16.22 亿元的 137%，占 GDP 比重的 42%；非公经济上缴税金 5.9 亿元，同比增长 65%，完成考核目标 4.81 亿元的 123%。其中，一季度完成 1.4 亿元，同比增长 108%，完成考核目标 4.81 亿元的 25%；二季度完成 3.15 亿元，同比增长 121%，完成考核目标 4.81 亿元的 65%；三季度完成 4.3 万元，同比增长 71%，完成考核目标 4.81 亿元的 89%；非公经济从业人数完成 32 130 万人，在去年 2.75 万人的基础上新增 4 630 人，完成考核目标 3.05 万人的 105%。

**【工业经济、节能暨清洁生产、非公经济运行特点】** 2010 年，工业经济实现新突破，克服百年不遇严重旱灾和金融危机持续影响的双重苦难，有效应对保持较快增长和完成节能减排任务的双重挑战，工业经济快速、健康、平稳运行，规模以上工业增加值首次突破 20 亿，规模以上工业主营业务收入首次突破 100 亿元。各项目标任务除规模以上企业利税指标未完成外，其余指标均超额完成市政府下达的目标任务；规模以上企业仍是辖区工业经济的主导力量；973 户各类企业中，规模以上企业虽然只有 65 户，但在工业经济中却占主导地位，占全部工业增加值 22.3 亿元的 92%；由此可见，全年各项指标能否完成，取决于以云铝等为主的规模以上企业；节能减排、清洁生产取得阶段性成果；提前对昆明呈钢钢铁有限公司落后生产装置进行了拆除并关闭；圆满完成了十一五节能目标；规模以上工业企业和较大规模宾馆酒店均已开展或正在开展清洁生产工作；非公经济发展迅猛，全年新增私营企业 200 户，新增注册资金 9.6 亿元，新增雇工人员 671 人；新增个体工商户 925 户，个体工商户新增注册资金 0.52 亿元，新增从业人员 2281 人；私营企业从“十五”末的 448 户发展到目前的 967 户；企业规模不断扩大；规模以上非公企业从“十五”末的 24 户发展到目前的 59 户，增长 145%，年均增长 29%，占规模以上工业企业的 90%。2010 年，59 户规模以上非公企业工业总产值上亿元的有 10 户以上，主营业务收入上亿元的有 17 户，利润上百万元的 21 户以上；企业效益不断增强；非公企业实现工业增加值 22.5 亿元，同比增长 67%，完成考核目标 16.22 亿元的 139%，上缴税金 5.9 亿元，同比增长 65%，完成考核目标 4.81 亿元的 123%。

（李庆银　岳超玉）

## 软环境建设

**【简　述】** 2010 年是“十一五”的最后一年，是新区（县）建设“三个示范区”的关键之年。为进一步巩固和扩大软环境建设成果，树立更加务实高效的工作作风，提高工作质量和效率，推进开发建设、综合实力和城市竞争力，在上一年开展“行政效能提升年、干部作风改进年”活动基础上，以“效能呈贡”建设为主，全面落实科学发展观，倾力打造“三最四低”优质发展软环境，不断巩固经济社会发展软环境建设成果。

**【“效能呈贡”建设】** 按照全市实施“效能政府四项制度”的有关要求，积极开展以“效能呈贡”建设为主题的软环境建设活动。新区（县）党工委（县委）调整了经济社会发展软环境建设工作领导小组，负责对“效能呈贡”活动的组织领导、综合协调和督促检查以及这次活动的组织实施工作。结合实际研究出台了“效能昆明”建设活动工作方案，并安排部署各阶段主要任务，制定具体落实措施。向市软建办报送“效能昆明”建设活动的工作情况。开展学习教育，邀请广东省东莞市政协主席、党组书记刘树基同志向实职副科以上领导干部进行了《改革开放 30 年东莞经济社会发展的回顾与思考》的专题讲座，邀请云南省组织建设专家张建华教授向实职副科以上领导干部进行了《打造有执行力的组织　做有执行力的人》的专题讲座。开展“四对照四讨论”活动，广泛征集意见，召开专题民主生活会，深入查找“提升工作效能、争创一流业绩”等方面存在的问题，66 个部门针对查找出来的 198 个问题，进行自查自纠工作；制定出领导班子整改方案，提出工作措施，明确整改部门、责任人和工作时限，整改进度按整改方案要求推进，对征求到的 31 条建议进行了认真分析，对征集到的 364 条意见进行了整改落实。

**【经济社会制度创新】** 重视制度建设，高起点谋划制度创新工作，成立了以新区（县）委常委、县纪委书记为组长的经济社会制度创新领导小组，将制度建设、制度创新与制度执行、制度监督有机结合，建立健全保障制度执行的工作机制，提高制度执行力，确保制度发挥应有的作用。结合快速有序推进新区（县）建设实际研究制定出台了在软环境建设及效能建设方面的《呈贡新区（县）2010 年经济制度创新工作安排意见》、《关于提高反腐倡廉制度执行力监督检查工作的实施意见》、《关于对呈贡新区（县）农村保障性住房项目相关工作实行“创先争优 挂牌推进”办法的通知》、《关于创新社会管理体制深化基层为民服务体系建设的通知》等制度。根据制度执行效果及时查缺补漏和进行完善，今年开始，县纪委监察局每年确定2～3项反腐倡廉重点制度执行情况的监督检查，并列入新区（县）纪委监察局目标管理，有效推进了新区制度创新工作。新区目督办、新区（县）创新办年初把制度创新任务安排到各单位部门，每个季度申报一次，县创新办将创新成果项目整理后向市创新办申报。加强对制度创新工作的指导和督促检查，定期或不定期地对各单位部门制度创新工作的日常协调、指导和督促检查，提升制度创新成果的标准、内容，发挥制度在建设和发展中应有的作用。把制度创新工作与年终目标考核挂钩，列入责任制检查考核内容，对工作不力的单位进行问责，对取得实际效果、促进地方经济发展、大多数群众拥护、得到上级认可的经济社会制度创新项目将给予奖励。

**【四项制度】** 根据省政府关于进一步加强政府自身建设，提高工作效能，增强政府执行力和公信力的相关要求，新区（县）以科学发展观为指导，精心组织，统筹安排，认真抓好效能政府各项制度的落实；将预算执行审计、专项资金审计、经济责任审计和绩效审计有机结合，在真实性、合法性审计的基础上，着力加大绩效审计力度，共开展政府投资建设项目审计60项，审计投资金额5.6亿元，审定投资金额为5.2亿元，审减3 397万元，审减率为7.1%，为工程节约了大量资金，增强了建设单位依法办事的意识，促进效能政府建设；压缩一般性开支，从严控制机构编制和财政供养人员，年内除执行国家政策规定外，无超编制进人；从严控制公务用车购置，公务用车政府采购一律不审批；压缩会议、庆典、论坛和出省考察的经费支出，楼堂馆所无新建；在试点的基础上，推开国库集中支付改革工作，全面推行公务卡使用，规范部门日常公务支出行为，有效降低了行政成本；全面实施行政行为监督制度，县属47家行政机关共查找关键岗位149个，重点环节216个，排查风险表现形式407条，制定风险防范措施440条；各行政机关根据工作职责作出接受监督的承诺；建立了举报、投诉、监督机制，采取设立举报电话、受理举报投诉等途径，及时发现和解决各种问题。通过设立党员先锋岗、党员示范窗口，组建党员服务队、城乡结对帮扶等发挥广大干部职工的作用，改进机关作风，提高机关效能，解决工作不实、干劲不足、执行不力、管理不严、效率不高等突出问题，进一步提速了工作进程、提升了工作质量、提高了工作效益。

**【服务承诺通报】** 落实首问首办责任制、限时办结制、服务承诺制和问责制。对43个县级机关实行服务承诺落实情况集中定期通报；40个县级行政机关共受理涉及服务承诺事项的报件数178 431件，办结件数178 363件，办结率99.96%；限时办结数159 947件，超时限办结1件，限时办结率99.99%；首问首办数116 475件，首问首办率100%，其中转办件数3 129件；在43个县级机关中，共有4个部门收到投诉24件，其中涉及服务态度方面有2件，超时办结2件，办事推诿扯皮2件，其它投诉件18件，均已办结，投诉回复率100%；共有调查核实问责事项2件。

**【严格督查严厉问责】** 围绕“征地拆迁、社区建设、招商引资”的目标定位，按照《新区（县）党工委、县委十一届六次全体（扩大）会议报告》及2010年《政府工作报告》确定了113项主要工作任务，细化方案、强化措施，责任到人、明确时限，认真落实。由新区（县）目督办、监察局对执行情况开展监督检查工作，全年共办理督查督办事项305项，建立倒逼机制，大力实施“工作成果倒逼法”，以目标倒逼进度，以时间倒逼程序，以社会倒逼政府，以下级倒逼上级，以督查倒逼落实，对在工作范围和岗位职责内不积极履行职责、推诿扯皮、不作为、乱作为等损害投资发展软环境以及严重损害群众利益的行为实施最严厉的问责，共办理问责件16件，对25名领导干部实施了问责，其中科级干部5人，一般干部11人，其他人员9人。

**【优化服务管理】** 继续推进行政审批制度和行政事业性收费制度改革，压缩办事时限，提高办事效率，简化内部办事流程，将原有的63项内部审批项目取消了30项，合并3项、由管理服务事项转入2项，年内共有内部审批项目32项，对窗口工作人员充分授权，为行政审批提速增效提供了保障，完成与市级业务主管部门的行政处罚自由裁量权规范细化的对接、对外公布和报备工作。29家行政执法部门共规范行政处罚自由裁量权细化项目2 190项，6个街道办事处的相关执法权均受职能部门委托，执行职能部门统一的政处罚自由裁量权标准，实施行政处罚260件，其中，县国税局117件、安监局2件、县林业局33件、县公安局108件；推行了“对初次违法的行政管理相对人先进行教育规范、再限期整改、最后依法处罚”的“三步式”行政执法程序，由法制办组织评查行政机关行政处罚案件43 272件，各行政执法部门在实施行政处罚案时，凡是符合“三步式”适用原则的，都严格按照“三步式”的程序实施行政处罚。开展了整顿社团组织、社会中介机构和仲裁鉴定机构活动，规范了市场秩序。

【领导干部公务电话接听办理】 根据昆明市软环境建设办公室《关于对领导干部公务电话接听和办理情况进行督查的通知》，软建办每月定期或不定期的对领导干部公务电话接听情况进行督查，保证领导干部公务电话畅通，做到高效率、快节奏，无条件、无阻力、无障碍地为百姓、为基层服务。年内，66个单位主要领导在呈贡有线电视台上就依法行政、政务公开、优质高效服务、廉洁服务、保障措施等优化经济社会发展软环境建设工作做出服务承诺，并公布了软环境建设监督电话72部接受社会的监督。对已公布的公务电话，在工作时间内必须保证有人接听，领导干部外出时，安排专人做好接听电话工作，做好公务电话接听及办理情况的记录。县软建办对公布的科级领导干部公务电话接听情况进行了督查，拨打了297部电话，均有人接听，接听率100%。各单位共接听公务电话4 533件次。经梳理，反映的主要问题有五类，一是建议类203件；二是求助类1 185件；三是咨询类1 939件；四是投诉类4件；五是其它类1 202件，对来电群众反映的问题均及时处理。

（晋翠芬）

## 招商引资

【招商引资】 根据中共昆明市委九届七次全体（扩大）会议通报，呈贡新区（县）2010年引进市外项目92个，实际到位资金53.26亿元（不含城中村改造项目），同比增长4.35%，完成年度目标的100.49%；外资项目4个，引进外资6 496万美元，同比增长56.81%，完成任务进度的108.27%。

【央企入昆指标的考核情况】 呈贡新区（县）央企入昆责任目标，引进央企2户：一户为华润（集团）有限公司的昆明汽车天然气加气项目，一户为中国烟草总公司云南省公司的云南烟草烟叶公司云南烟叶350万担仓储物流中心项目。

【总部（楼宇）经济指标的完成情况】 引进总部企业数一户，新增竣工商务楼与面积5万平方米，楼宇企业、总部企业入库税金增幅不低于15%，楼宇企业、总部企业从业人员增幅不低于15%。根据《九届市委第111次常委会议精神落实情况报告——总部（楼宇）经济评核情况报告》通报，呈贡新区（县）2010年引进总部企业数一户，完成指标的100%；新增竣工商务楼与面积5.13万平方米，完成指标的103%；评核得分105分，全市15家排名第9名。

【云南白药整体搬迁项目】 云南白药集团整体搬迁项目是为解决云南白药集团快速发展以及新昆明建设需要而确定的云南省重大建设项目；项目一期工程投资15.97亿元。项目建设内容涵盖工业制造、商业物流、药品研发以及商务办公中心于一体；整体搬迁项目建筑面积约35万平方米，设计产能为120亿元生产规模，并配套实现商业物流规模120亿元；项目规划完全按照欧盟和CGMP要求布局，胶囊剂、颗粒剂、散剂、气雾剂、片剂等14个剂型，共41条现代化的制剂生产线。整体搬迁项目以“产业、文化、旅游”为建设主题，以“节能、环保、绿色、生态”为宗旨，以“技术创新、产业升级、效率提升、循环发展”为目标，充分考虑建设成本和运行成本的现代化生物医药产业基地；云南白药整体搬迁项目建成后将成为国内最大的联合制剂厂房和国内最大的医药商业物流中心，将使生产规模扩大12倍，生产效率提高18倍，成为云南白药发展历史上的第三个里程碑，将充分扩大的生产规模，为集团未来百年的发展，为做大做强云药品牌奠定坚实的基础。

【云南亚广影视传媒中心项目】 云南亚广影视传媒中心项目是省委、省政府为促进云南广播影视业发展，加快全省公益性文化事业和文化产业发展，推进现代新昆明建设而确立的“十一五”重点项目。项目选址昆明呈贡新区（县）吴家营片区，征地500亩（净用地366.4亩），由广播影视事业核心区、演播区和产业区三部分组成。规划设计由清华大学建筑设计研究院和云南省设计院承担；项目计划于2012年建成并尽快投入使用，届时将形成在全国有一定影响力的具有创作拍摄、影视产品生产、影视科技开发及传媒服务于体的广播影视产业链、项目群，实现以东盟为重点、面向世界的广播电视对外窗口，以促进全省广播电视宣传、安全播出和事业产业的全面发展；各功能区概况：事业核心区净用地68.91亩，建筑面积160 661平方米，由一幢25层的主体建筑和三幢十层的副楼组成，投资9.85亿元；建筑功能为云南人民广播电台和云南电视台的新闻、栏目和各频道业务用房，两台和省广电局的行政办公用房；各种办公配套功能用房。2008年4月开工以来，土建主体于今年5月封顶，大楼水电、消防、空调、电梯、智能化安装及外装饰工程正在抓紧施工中，主楼发射塔已安装完成。同时，完成了广电工艺设计及施工前的准备工作，内装饰施工图设计也及基本完成，室外外环境工程招标正在进行中；已招标金额6.1亿元，完成投资3.6亿元；演播区净用地129.2亩，建筑面积约13万平米，计划投资约8亿元；建筑功能包括电视大演播剧场，各功能类型的大、中演播厅及电视后期制作的配套用房，多功能音乐厅。产业区净用地168.29亩，规划建筑面积约35万平方米，投资约15亿元，主要功能为广播影视产业项目和内容产品开发，现演播区完成了修建性详细规划设计、审核和基础工程施工招标，产业区完成了概念性规划设计。年初，接到省委、省政府“将演播区和产业区建设任务划转云南省文化产业投资集团公司管理建设”的决定和通知，年内正在办理与文投集团对项目的移交手续。

**【中铝昆明铜业有限公司项目】**　中铝昆明铜业有限公司是中国铝业公司的二级全资子公司。中铝昆明铜业有限公司高精电工铜材项目是中国铝业公司与云南省签订的战略合作协议的组成部分，打造铜加工产业园，投资总额20亿元，选址呈贡工业园七甸片区，发展规划用地600亩，建设高精电工铜材生产线及相关配套设施，形成年产电工用铜线坯、高速铁路接触线坯料、电工圆线、铜扁线以及铜排等高精电工铜材22万吨生产能力，销售收入预计达100亿元，利润总额4 662万元，项目建设周期2年。2008年6月6日，在第十六届中国昆明进出口商品交易会签订《项目投资框架协议》；完成公司工商注册登记，注册公司名称“中铝昆明铜业有限公司”，注册资金11 000万元；完成项目备案（省工信委）；获市环保局、省水利厅、省林业厅、市滇管局批复；获项目规划许可证；完成项目基础配套设施建设；园区道路、给水、排水、供电、通信设施建设基本完成；配套该项目的物流连接道路呈七路建设已动工建设，建设周期1年，完成总投资30%，预计2011年12月前竣工。2009年12月25日，举行项目开工仪式，已完成倒班宿舍主体工程、围墙工程、食堂办公楼勘察工作，正在进行铜扁材车间钢结构施工，9月底前完成钢结构工程，预计2010年12月扁材车间竣工投产。

**【招商引资大会】**　3月5日，召开2010年招商引资工作大会，传达近期市委招商引资工作会议精神，通报2009年招商引资工作目标任务完成情况。呈贡新区管委会主任、县长吴庆昆在会对2010年招商引资工作进行了部署，明确今年招商引资任务总体目标任务为实际引进外资6 500万美元，实际引进内资55亿元，分别在2009年目标任务的基础上增长8.5%、10%。吴庆昆提出，2010年，新区将不断完善“党政统一组织，条块紧密配合，部门各尽其责，上下齐抓共管”的工作机制，鼓励竞争与合作，建立有效的交流沟通平台，进一步形成层层抓招商、事事为招商的工作格局，全面实现今年招商引资的任务目标。新区（县）党工委书记、县委副书记周峰越在会上作重要讲话，指出只有把招商引资工作做好，才能有效解决财源、税源、就业等一系列问题，要求从三个方面抓好今年招商引资工作，一是要牢固树立发展是第一要务，招商引资是第一要事的理念，进一步深化对招商引资工作的认识。按照“工作有轻重，唯招商最重；工作有缓急，唯招商最急；实绩有大小，唯招商最大”的理念，全盘思考和谋划招商引资工作，做到召之即来、来之能办、办之能成。二是要认真总结和发扬2009年的招商引资工作经验，切实谋划和解决当前工作中存在的问题，新区各级干部的招商引资意识要进一步强化、服务意识要进一步增强、工作基础要进一步巩固，招商引资工作的组织、决策、服务和招商引资项目的管理、责任落实、奖惩兑现等一整套机制要进一步健全，各级各部门都要引起高度重视，认真反思，调整思路，在工作中对症下药，切实加以解决。三是要坚定信念，发扬“团结干事、敢为人先”的新区精神，努力实现招商引资新跨越。各级各部门要真正把本单位有能力、有门路的精兵强将挑出来，把有培养前途的同志推出来，交任务、压担子，在招商引资的主战场上增长才干、增强本领；新区将继续强化对招商引资和项目推进工作的领导，成立招商引资和项目推进工作领导小组，完善县级领导联系、督促、服务企业和重大项目制度；各部门、各街道也要建立健全组织，实行招商引资“一把手负责制”，扎实开展招商引资工作，突出招商重点，大力发展金融中心经济、创意经济等产业，努力完成各项招商引资工作任务。

（陈小波）

# 交通·电力

责任编辑：杨 帆

## 交 通

【简 述】 2010年，呈贡新区（县）交通运输局（以下简称“交通运输局”）以服从服务新区（县）经济社会发展大局为中心，推进重点公路项目和农村公路建设，抓好交通行业管理，注重交通和其他各项工作的全面协调发展，为新区（县）营造良好的交通环境。

【公路建设】 加强工路维修工作，方便农村群众出行。年内，完成了对斗南村道路的大中修工程；殷联、小古城村道路大中修工程已完成了公开招投标工作，启动了工程施工。

【公路改造规划编制】 结合新区（县）农村公路、国省道干线公路实际情况，编制完成了2010年农村公路建设计划及国省道干线公路改造规划编制工作。

【黄马高速公路】 完成黄马高速公路征地632.257亩，兑付征地补偿款6 134万元，配合市交通局完成开工典礼地点选址、征地及会场布置工作。

【道路综合治理】 完成前期调查归档工作，对新区（县）境内的昆玉路、老昆洛路沿线建（构）筑653宗、建筑面积487 052平方米进行外观拍照、制作卡片、建立一户一档管理制度；拆临拆违完成90%；昆玉公路两侧综合治理绿化面积305 200平方米，完成率74%。道路综合治理工作目前正在进行普查建档工作，将需绿化美化的道路按各街道管辖路段进行分解，并根据踏勘的实际情况，分别编制了乌龙、龙城、斗南、雨花绿化种植方案，对需栽种树木的范围、种植间距、苗木胸径及树冠大小等作了详细的绿化美化要求。

【建设领域突出问题治理】 按照工程建设领域突出问题治理工作的范围，把2008年以来投资额在500万元以上的项目（斗南配套道路、马阳公路及三白线大修工程）分类整理，填报报表，建立备查台帐。

【公路养护】 为确保农村公路安全、畅通，依据《呈贡县农村公路养护管理办法》，建立新区（县）、乡、村三级管理体制，成立相应的组织领导机构，年初与7个街道办事处签订了农村公路养护目标责任书，年末据此进行考核评比，做到“有路必管、有路必养”。年内，清扫辖区道路路面10次以上，清理水沟6次，清铲路肩6次；把道路边坡、涵洞、档墙稳定性、道路损坏情况列为日常巡查，及时处治出现路面病害的路段，农村公路因新区（县）及大学城建设，大部分道路成为了各个项目建设的施工便道，超限超载车辆成倍增加，致使境内的大部分公路损坏严重，提升了管理养护公路的难度，再加之今年气候反常，干旱和暴雨的袭击，地质灾害时有发生，特别是8.16水灾的影响，造成部分农村公路受灾。因此，交通运输局投入约90万元资金对水毁、损坏严重的公路进行维修及抢修，对过往车辆多的昆峨公路和乌龙公路组织人员及时进行坑塘填补，以保证公路的安全畅通；道路绿化工作采取自行栽种管养、与各街道合种管养等多种形式开展，主要交通要道三铝公路、呈七公路、马阳公路、三白公路、昆峨公路、乌龙公路、胡家庄公路、水塘公路已完成了道路绿化工作。

【路政管理】 坚持“管养并重”的方针，结合治理车辆超限运输宣传活动月、“打场晒粮”整治月、公路运输泼洒专项整治等，深入到各街道、社区、施工工地、运输车队，开展平安出行安全教育和超限运输危害宣传活动，发放宣传资料21 000余份，强化了运输业户、广大群众爱路、护路、平安出行意识。提升对新区（县）、乡公路的巡查力度，针对建设中施工车辆多、路面损坏严重的现状，对55吨以上的超限运输车辆、运输途中泼洒、污损路面的行为进行严厉查处。全年共上路巡查289天，共查处超限运输车辆5 988辆，其中超限车辆55吨以上109辆，处理污染、损坏路面案件20件，结案率达100%，通过整治，超限超载车辆比往年有所减少，有效地保护了公路、桥梁等基础设施的完好。

【交通安全生产】 加强对交通安全生产工作的领导，完善各项安全生产管理措施，落实监管力度，开展交通安全生产大检查，做到防患于未然，将事故消除在萌芽之中。结合春节、五一等重大节日保通保安全活动，对新区（县）、乡农村公路进行巡查，及时发现和消除事故隐患，确保节假日期间全县道路安全畅通。组织完成对横冲水库、果林水库水上交通安全检查工作，全年未发生人员伤亡事故和重大财产损失。重视施工现场安全管理工作，加强安全教育、安全监管、隐患整改等各个方面的工作力度，督促施工单位落实安全防范措施，多年来路面小修、漏洞清理等公路施工现场未发生过一起安全事故。自2008年“推丘”办公室设在交通运输局路政大队以来，加强对各街道的工作指导，积极培育农村客运市场，对预防重特大交通事故起到了积极的作用，为群众出行安全创造良好的交通环境。

【招商引资】 按照新区（县）2010年招商引资工作要求，交通运输局为五类任务单位，与新区（县）农林局共同引进昆明斗南花卉产业园区开发有限公司在斗南投资建设的《斗南花卉产业园区》项目，按照《昆明市2010年招商引资工作实绩考核奖惩办法》及《呈贡新区2010年招商引资工作方案》的有关规定，农林局与新区（县）交通运输局作为落地方按照60%认定引进任务，其中新区（县）农林局按照40%认定，新区（县）交通运输局按照20%认定，现已圆满完成了引进内资2 000万元的招商工作任务。

【精神文明建设】 以人为本，增强队伍素质，改进作风，树立形象。在全体干部职工中开展比工作、比学习、比服务、比效率活动，不断提高精神文明建设的内容和层次，并开展丰富多样的职工业余文化活动；重视综合治理、计生、信访、消防安全等工作，确保职工无违反计划生育、无重大上访事件、无安全事故等。

【党风廉政建设】 高度重视党风廉政建设和反腐败工作，开展理想信念和廉洁从政教育，职业道德和艰苦奋斗教育，党纪、政纪、法纪教育和交通政策法规宣传活动，开展警示学习教育，全方位筑牢拒腐防变的思想道德防线。制定对重点岗位、重点环节监督管理的对策，与从事重点岗位的工作人员一一签订廉政承诺书。严格执行工程建设项目招标制度，对公路建设的每个项目进行管理，项目的建设都实行公开招投标制，并请纪委、检察院、公证处、审计局等单位领导和相关人员参加招投标工作，与施工单位签订施工合同、安全合同、廉政合同，从源头上杜绝了腐败现象的产生。农村公路建设资金采用专户存储、专户管理、专款专用的方式，建立项目财务管理制度，上级安排补助资金全额用于工程建设直接工程费，无滞留、截留、挤占和挪用等现象，资金拨付程序合法、合规，建设资金使用情况公开透明。

【政风行风建设】 按照新区（县）政府的部署，推进政风行风建设活动，将效能建设视为提高执政能力，优化经济发展环境的大事来抓，结合交通工作的实际，对照检查，从认识、作风、制度中找出不足，提出整改措施。联系行业特点，确定工作重心，将推进作风效能建设的工作落实到农村公路建设养护、路政管理和“窗口”服务中去，为人民群众排忧解难办实事，把治理公路“三乱”、行业不正之风与机关形象建设、日常行政审批工作紧密结合起来，切实加强干部队伍作风建设。在昆明市治理公路“三乱”领导小组办公室的部署和领导下，采取公路路政巡查以“三乱”相结合，定期不定期对管辖公路进行明查暗访检查，年内无公路“三乱”现象。

（陈云珑）

## 电　力

【简　述】 呈贡县境内没有可开发的水电和煤炭资源，电能全部取自于昆明电网，形成以220千伏、110千伏、35千伏变电站分区域覆盖的供电网络。2010年末，建有500千伏变电站1座、220千伏变电站4座、110千伏变电站6座、35千伏变电站5座。电网配置合理，电能充足。呈贡供电有限公司（以下简称“公司”）负责呈贡境内的社会和人民生产、生活用电；面对新区电网规划建设任务繁重、安全生产经营管理压力增大等诸多困难，以一体化管理模式统揽工作全局，攻坚克难，经受住特大干旱、呈贡“8·16”水灾等自然灾害的考验，认真做好安全生产和供电服务工作，完成了各项工作任务。公司下设办公室、党群工作部、人事部、财务部、安全监察部、电力营销部、生产技术部、工程部8个职能部门和调度所、输变电管理所、营销稽查中心、客户服务中心、龙城供电所、吴家营供电所、洛羊供电所、马金铺供电所、七甸供电所和新城供电所10个二级机构；有正式员工144人（含离岗退养3人），农电工定额117人；公司管辖35千伏变电站3座，主变6台，总容量51 800千伏安；35千伏线路4条，总长13.238千米；10千伏线路112条，总长为839.6千米；10千伏公用配电变压器446台，总容量 332 575 千伏安；0.4 千伏及以下线路 745 千米；有用电客户 57 886 户，其中专变客户 1 791 户，特级客户 1 户，一级客户 6 户，二级客户 19 户。

【经济技术指标】 2010 年公司完成的各项经济技术指标见下表：

呈贡供电有限公司 2010 年各项经济技术指标完成情况表

| 指标名称 | 单位 | 本年完成 | 上年完成 | 同期相比（%） | 备注 |
|---|---|---|---|---|---|
| 供电量 | 亿千瓦时 | 5.24 | 4.508 | 16.24 | |
| 售电量 | 亿千瓦时 | 5.04 | 4.331 | 16.37 | |
| 平均电价 | 元／千瓦时 | 0.527 | 0.491 | 7.33 | （含税） |
| 供电总成本 | 万元 | 6858.62 | 5388.48 | 27.28 | |
| 供电单位成本 | 元／千千瓦时 | 136.09 | 124.42 | 9.38 | |
| 售电收入 | 亿元 | 2.69 | 2.13 | 26.29 | |
| 电费回收率 | % | 100 | 100 | 0 | |
| 线损率 | % | 3.87 | 3.92 | −1.28 | 线损降低 |
| 主设备完好率 | % | 100 | 100 | 0 | |
| 综合电压合格率 | % | 97.0075 | 96.7959 | 0.22 | |
| 供电可靠率 | % | 99.5031 | 99.5099 | −0.0068 | |
| 企业总资产 | 亿元 | 1.33 | 1.17 | 13.68 | |
| 固定资产原值 | 万元 | 15185.62 | 13718.72 | 10.68 | |
| 固定资产净值 | 万元 | 5707.74 | 8818.50 | −35.28 | |
| 销售收入 | 万元 | 26892.69 | 21717.57 | 23.83 | |
| 实现利润 | 万元 | 1198.20 | 850.71 | 40.85 | |
| 上缴税金 | 万元 | 1620.47 | 1197.49 | 35.32 | |
| 全员劳动生产率 | 万元／人年 | 103.76 | 86.82 | 19.51 | 按同口径计算 |

【安全工作】 继续实行安全生产责任制，层层签订安全目标、消防、交通安全生产责任书，安全生产工作目标层层分解。继续推进安全风险管理体系建设；坚持每月一次的全员安全日活动，组织员工学习安全管理文件，布置安全生产工作，播放安全警示教育宣传片，组织了 1 次安规考试、1 次三种人“两票”培训，组织外协施工单位电气作业人员 54 人参加昆明电网“两种人”资质考试；201 名员工参加《昆明供电局反违章管理办法》普考。新进员工安全教育参训率 100%；完成公司一线作业人员特种作业（电工）操作人员取证培训。对外协施工单位电气作业人员及辖区内工矿商贸企业从事电工作业的操作人员进行统一培训和考试；召开呈贡电网安全管理座谈会；开展了“安全生产月”和“安全用电进校园”专题宣传活动，接待咨询人数 800 多人次，共发放宣传资料 5 000 多份；开展各类安全隐患滚动整改工作，整改隐患 44 起；发放各类安全警示标牌 640 块。在施工场所、人流和车流量大等容易发生外力破坏事件的地区安装电力设施管理条例标示牌 104 块，防撞标识条 300 条。全年未发生重大安全生产和交通安全事故，完成了安全生产目标，实现了三个百日安全长周期。

【电网建设】 对 11 条 10 千伏线路进行绝缘化改造，总长度为 150 千米，占 10 千伏线路总长度的 23.9%；对 42 个农网台区的 0.4 千伏线路进行绝缘化改造，占 250 个台区总数的 16.8%。按照“小容量、多布点、短半径”的原则，对负荷发展过快导致电压质量低的 33 个公用变压器台区进行了增容或选点新增公用变台区，增加配变容量共计 9 520 千伏安。加大具备转供电能力线路的技术改造，24 条 10 千伏公用线路实现“手拉手”供电（两个变电站环网供电），增强了电网的互供互补能力。对 10 千伏配网进行结构优化改造，运行方式更加灵活。

【用电管理】 一季度，电力供需矛盾突出，公司在县“三电办”的支持下，按照“五保四压”原则（保障人民生活、经济增长、节能降耗目标、效益、重点用电。压停高能耗、高污染、低附加值、不符合产业政策的企业用电），积极组织开展了计划用电、错峰用电、有序用电工作，对不符合国家产业政策的“两高一资”实施了停产、限产让电措施，确保了新区建设正常用电。为降低线损，公司强化线损管理，开展了线损四分工作培训，营销人员掌握了“五步法”工作方法。

针对上级营销系统不能满足线损四分管理的要求，自主开发线损管理系统，满足公司线损四分管理要求，完成营销客户服务技术支持系统2.0转3.0的工作。落实上级部门配网非计划停运分析会议精神，召开12次非计划停运分析会，对延时送电的单位、部门进行了考核。进行了“三指定”专项治理活动，接受了昆明电监办的检查，并对存在的问题及时进行整改。建立了风险稽查控制管理体系，健全各项管理办法，全年共抽取营销业务稽查样本2 800个，发现差错样本18个，差错率0.64%。

**【经营管理】** 以提高经济效益为中心，以控制经营风险为重点，进一步优化财务管理工作流程。按综合平衡、效益优先、量入为出、实事求是的原则进行年度预算编制，并将主要经营指标分解落实到位，严格预算执行。每季度进行经济活动分析，为公司经营管理提供财务会计核算信息。开展财务管理信息系统（FMIS）的建设，实现了资产管理模块的正常运行，完成了电费、预算及工程管理模块的基础数据整理；修改公司电费交账、电费核算流程。加强公司资金的监控力度，完成公司2009年度企业所得税汇算清缴稽查、“小金库”专项治理检查工作；完成公司2010年固定资产清理。坚持唯才是举的企业用人原则，年内提拔使用干部6人，交流到禄劝供电有限公司担任副总经理职务1人。

**【优质服务】** 开展了“服务品质提升年”活动。改变传统的收费方式，由原来的客户只能在辖区营业厅缴费变为可到任何的营业厅缴费，解决了客户缴费不方便的问题。拓展缴费渠道，与呈贡县工商银行、信用联社、富滇银行签订电费代收合作协议，推广银企互联，实现了银行代扣、银行托收、自助终端缴费、工行手机银行缴费、柜台座收五种缴费方式。年内，有3万多户用电客户与呈贡信用联社签订了电费代扣协议，每月通过呈贡信用联社代扣电费。发挥“95598”服务热线的作用，为客户提供报修、咨询和信息沟通等方面的服务，全年受理电话业务10 468起（其中故障报修203起）。利用手机短信平台发送服务短信1026条，其中停电通知短信944条，用电常识26条，节日问候及其他56条。开展了走访重要客户和大客户活动，召开了大客户及行风监督员座谈会，虚心听取意见和建议，改进服务方式，开展了第三方顾客满意度测评。12月，云南省电力行业协会用户委员会进行抽样调查，公司2010年度顾客满意度指数（CSI）为93.12%，比上年提高了0.47%；测评结果表明公司2010年对顾客提供的供电质量和服务质量总体评价处于较好水平，在去年的基础上有了一定的改进提高。强化供电所班组建设，提高服务窗口的规范化服务水平。吴家营供电所荣获云南电网公司2009年度优质服务先进集体，马金铺供电所荣获云南省电力顾客满意服务明星班组。

**【员工培训】** 按照公司制定的2010年员工素质工程建设方案，进一步加大员工的业务技能培训力度，采取举办专题讲座、外派学习学习、内部培训、职业技能鉴定取证、技能竞赛活动等多种形式，开展全方位的教育培训。聘请昆明理工大学教师进行送电线路、变电运行、用电营销管理理论培训；组织了第二届线路架设与装表接电技能竞赛和首届营销知识竞赛活动；121名一线员工参加职业技能鉴定，115名员工考试合格，通过率达95.04%。通过开展多种形式的教育培训，员工整体素质明显提升，一批员工在系统内举办的竞赛和调考中取得优异成绩；公司在2010年昆明电网县级供电企业安监网调考排名第二；在《云南电网公司昆明供电局反违章管理办法》统一调考中获团体第一名，员工张思路参加南方电网公司的营销竞赛，取得团体第一名，个人第二名；员工李雪萍获得云南电网公司业扩报装调考个人第二名；员工李俊宇获得云南电网公司供电所长调考个人第四名；公司的教培工作受到了上级的表扬，云南电网公司在马金铺培训基地召开全省县级供电企业教培工作现场交流会，并将该基地作为全省农电系统教育培训的示范推荐点。

**【科技进步】** 在42条10千伏线路上共计安装148台可由调度监测并控制的智能化真空断路器，在46台环网柜内均安装可由调度监测并控制的智能化控制器，基本实现10千伏配网自动化；安装10千伏配电变压器在线监测系统265套，10千伏配电线路故障监测点192组；建设完成生产信息管理系统并投入试运行；推广带电作业新技术。年内，共计开展带电作业34次，减少停电户数459户，减少停电持续时间35.45个小时，多供电量61 553.869千瓦时。

**【党群工作】** 党支部开展了目标管理工作，“三会一课”得到坚持。正确使用党建信息系统，提高了党建标准化管理水平。年内，发展党员3名。做好新闻宣传报道工作，在《昆明供电》上稿27篇，在外报上稿13篇（幅），上报文字信息稿60余篇，图片信息200余幅。认真开展文明单位创建工作，在巩固云南省文明单位成果的基础上，公司又再度获得了云南电网公司2009～2010年度文明单位、昆明供电局2010年度文明单位的称号。工会组织开展了丰富多彩的文艺活动，员工李效愚家庭参加昆明供电局“我爱我家”家庭才艺大赛获得一等奖，退休工人文艺队参加昆明电网首届“夕阳红”文艺汇演获得二等奖。3月2日至4日，成功举办了主题为“增强员工体质　促进企业和谐”的第三届员工运动会，公司全体员工和退休工人共300余人参加了11个项目的比赛；女职工参加了三八系列活动，获得了各项目的三等奖。进行了职工书屋建设；在马金铺供电所开展了“和谐温馨供电所”试点建设工作；工会荣获昆明供电局工会目标责任制先进单位、职工书屋建设优秀组织单位称号。

**【领导调研】** 4月29日，云南电网公司副总经理赵炳松在云南农电局局长罗基庆、昆明供电局副局长张涛的陪同下到呈贡供电有限公司进行专题调研，了解呈贡公司县级供电企业基础管理达标和分局化管理情况。9月13日，中国南方电网公司副总经理贺锡强在云南电网公司总经理廖泽龙、副总经理赵炳松以及昆明供电局局长唐广学等领导的陪同下到呈贡公司调研，了解公司的生产经营情况和教培工作情况。

**【抗旱保供电】** 2月份开始，公司积极参与云南电网公司“万人下乡抗旱救灾活动”；成立抗旱工作领导小组及“党员先锋队”、“青年突击队”和“保电服务队”，积极开展抗旱救灾帮扶工作；公司员工进行了抗旱救灾爱心捐款，共计捐款21 210.10元；小分队坚持定期向帮扶点七甸街道办事处马郎居委会的汤池凹、刘家桥和广南居委会土瓜塘村送饮用水，并向马郎社区的黑马凹村送去粮油。同时，出资为呈贡洛龙村排灌站、吴家营街道办事处郎家营居委会的赵家山村、七甸街道办事处野竹居委会安装变压器、更换线路；三项工程耗资22万余元，全部由公司承担，“主动承担人会责任”的企业使命得到了体现。

**【“8·16”水灾停电抢修】** 8月16日凌晨2点多，暴雨突袭呈贡县，强降水造成县城主城区兴呈路、古银路、沿河路道路被淹，导致10条10千伏线路因雷击跳闸停电，2条10千伏线路因紧急避险停电；7：30分，公司迅速组织100多名工作人员开展线路抢修和设备检查；至11时，10条10千伏线恢复正常供电，因房屋倒塌和水淹配电设备而紧急停电避险的10千伏县城Ⅱ回、县城Ⅲ回线于当晚23：00抢修完毕，恢复供电。此次水灾共计造成停电时间51小时28分，负荷损失26 612千瓦，影响客户数24 312户。在此次灾情面前体现出的快速反映能力和在抢险工作中，公司展现出的无私奉献精神，新闻媒体给予了高度关注，先后有云南电视台、昆明电视台都市条形码栏目组和街头巷尾栏目组及呈贡县电视台均进行了现场直播报道。

**【亚运保电】** 编制《亚运会保供电方案》、《亚运会安全保卫工作方案》，组织200多人次对重点保供电场所、重点线路、变电站进行特巡，对14家重要保供电客户进行用电检查，发现问题督促整改。因工作到位，运会期间没有发生重要场所中断供电的情况，圆满完成了亚运会期间保供电任务。

**【领导班子调整】** 7月，昆明供电局对呈贡供电有限公司个别领导岗位进行调整，陈文才同志不再担任公司董事长、支部书记一职；任命刘晓毅同志担任党支部书记兼副总经理。公司实行总经理负责制，经营领导班子成员，是总经理黄炜，副总经理刘晓毅、杨家录、曹艳明，工会主席汤志新，总会计师张青；党支部班子成员，是党支部书记刘晓毅，副书记兼宣传委员，生产委员黄炜，组织委员杨家录，纪检委员汤志新。

**【获奖情况】** 年内，公司获得以下荣誉，全国电力用户满意企业、云南省园林单位、云南电网公司线损管理先进集体、云南电网公司2009至2010年文明单位、云南省电力用户满意企业特别奖、昆明市和谐企业、昆明市劳动保障一级诚信单位、昆明供电局先进基层、2010年工会信息报送先进单位、工会目标责任制先进单位、呈贡县2009年安全生产工作先进集体等荣誉称号；在2010年昆明供电局组织绩效考核中公司名列A级；公司员工获得县级以上个人荣誉28项。

(李效愚)

## 公路运输管理

**【简　述】** 在新区（县）委、县政府和市交通局、市运管局的领导下，不断健全体制机制，积极探索道路运输管理的新办法、新措施，认真落实各项目标任务，各项工作取得了明显进展。2010年被市交通运输局评为“昆明市公路运输量专项调查先进集体”，同年7月又被市交通运输局党委评为“2009～2010年度“创先争优”活动先进基层党组织荣誉称号。年末，共有营运车辆8 459辆，车辆维修248户，机动车驾驶员培训3户，运输服务业99户。完成客运量503万人、旅客周转量5 433万人（公里）、货运量541万吨、货物周转量41 531万吨（公里）。

**【客运管理】** 为认真贯彻落实昆明市委、市政府相关会议精神，根据《昆明市客运出租汽车管理条例（修订）》等相关法律、法规的规定，经新区（县）政府常务会议研究决定，对新区新增出租汽车经营权实行有偿出让。2010年8月21日下午，在昆明泛亚联合产权交易所交易大厅进行公开竞拍，经过竞价，286辆出租汽车经营权全部拍卖成功，总成交价款为1021.2万元；上述车辆已上路营运。按照市委、市政府2008

年关于加快发展城乡公共交通的有关决定，客运微型面包车不进入公交行业，新区（县）不再发展农村客运微型面包车，现有客运微型面包车在经营期限届满后退出客运市场，已起草了相关工作方案并上报了新区（县）政府。

**【货运管理】** 针对新区建设快速推进，货运车辆增加迅速的实际，及时补充办证窗口人员，提高工作效率，简化办事手续，普通货运只要材料齐全，当天就能办结。做好准运证办理工作，保证鲜活农产品及时运出。1～12月份，共办理一月期准运证20 000余份，一年期准运证2 800余份。

**【驾培市场管理】** 自驾培工作下放以来，对驾校进行严格管理，督促驾校严格按照《教学大纲》、《机动车驾驶员培训管理规定》和省市主管部门的文件精神进行教学工作，严把教学质量关。督查驾校建立健全教练员管理制度、教练车管理制度、学员档案制度、《培训记录表》管理制度。在检查中要求各驾校必须使用正版教材，未发现使用盗版教材情况。

**【客货运输】** 针对失地农民部分进入道路运输市场的实际，积极进行客货运从业人员的资质培训考核。年末，共培训从业人员2 900余人、培训合格人员2 700余人、办理从业资格证2 700余本、换发从业资格证1 800余本。

**【车辆维修管理】** 督促企业根据新区建设实际，不断更新设备，提高人员素质，以适应新区车辆发展对修理的需要。鼓励上规模、上档次修理企业的发展，如“4S店、快修连锁店”等。对路边简易修理店因设备不新、人员欠缺的限制发展并逐步淘汰。对不符合开业条件、不符合环保要求、不符合新区规划的一律不予审批，以逐步提升新区修理行业的质量和水平。

**【考核及营运车辆审验】** 完成道路运输业质量信誉（诚信）考核工作，评出AAA级机动车维修企业1户，AA级维修企业16户，A级维修企业1户；考核评定AA级三类维修业户132户。机动车驾驶员培训机构经认真核查，3户驾校2009年度考核初评为合格等次；危险货物运输企业考评结果评定为AA级。完成营运车辆审验工作；客运经营业户审验率和客运车辆审验率为94.7%；货物运输经营业户审验率和货运车辆审验率为90%；危货车辆、教练车审验率达100%；运输服务业审验率达90.8%。截至2010年10月31日，共考核道路运输驾驶员6 875人，其中AAA级2 954人，AA级驾驶员3 921人。督促货运驾驶员如实认真填写《营运货车和货运驾驶员信息登记表》，完成5 981辆货运车辆及车辆驾驶员基础数据的采集和统计工作，信息采集率达货运车辆审验率的100%。

**【运输车辆燃料消耗量的上报和2009年度燃油补贴兑付工作】** 根据上级有关文件要求，完成了112辆公交车、487辆农村客运车辆、90辆出租汽车的燃料消耗量调查统计上报工作。2010年下达的燃油补贴出租汽车为16.94万元，农村道路客运车辆为46.13万元，城市公交为160.52万元，截止2010年12月，城市公交112辆公交车，90辆出租汽车已兑付完毕，农村客运车辆大部分已兑完，剩下的正在兑付中。

**【打击非法营运】** 全年，执法人员共上路检查累计181天，2 080余人次，检查车辆18 400余四辆，查处违法、违章案件1 702件，有效维护了新区道路运输市场的正常秩序。

**【道路运输安全监管】** 每季度召开专题会议对道路运输安全生产监管进行专题研究，每周召开办公例会，通报每周安全监管工作。利用每周五的学习日组织全体职工对有关安全法律法规、文件以及会议精神进行集中学习，要求各运输企业组织驾驶员和管理人员进行安全教育学习，已组织出租汽车从业人员共100余人培训。利用宣传栏、印发宣传资料、粘贴悬挂宣传标语、看录像以及电视报纸等新闻媒体多种方式进行宣传，出动宣传车32辆次，发放宣传材料4 300多份，出宣传栏3期，粘贴悬挂宣传标语13条，电视报道3次，提高道路运输从业人员的安全意识，以及严格遵守安全法律法规的自觉性，为道路运输安全生产奠定基础。

**【道路运输安全】** 建立健全各级安全生产责任制。年初，与56家运输企业分别签定《道路运输业年度安全生产责任书》、《预防重特大道路交通事故责任书》、《危险货物运输安全责任书》、《货运配载治理车辆超限超载目标责任书》、《道路运输业消防安全责任书》。同时局领导与各部门分管领导签订安全生产“一岗双责”责任状，将安全目标责任层层分解，明确责任和安全管理目标以杜绝安全事故的发生。确保一级抓一级，层层抓落实的工作机制。建立健全各项安全管理规章制度。根据工作职责，为加强安全生产监管，结合实际，每年年初制定安全管理计划，制订了客运车辆例保制度、单位车辆管理制度，危险化学品运输考核规范，并将安全生产监管工作列入工作人员平时考核内容，将工作目标、任务和工作重点进行分解，每月进行一次考核，作为年终工作人员考核的重要内容。制定突发事件应急预案；根据省市文件精神以及新区实际，重新修订了《道路运输突发公共事件处置预案》。要求各相关运输企业和维修企业要根据职能抓紧组织本单位处置突发公共事件应急预案的编制工作，提高保障公共安全和处置突发公共事件的能力。道路运输安全监管资金到位，在编制预算时，已将安全监管所需经费列入预算，安排道路运输安全管理资金4.8万元，主要用于安全宣传及运输安全标志、标识制作，保证了安全监管工作的顺利开展。在客货运车辆办理经营许可证件时，按照一车一档建立了户籍档案，纳入管理的营运车辆户籍化管理达标率为100%。严格按照市县规定及时上报安全生产“三项行动”，安全监管“市域全覆盖”有关材料及报表，开展了旅客运输业和危险化学品运输单位的安全生产状况普查登记工作。分别于春运前、清明节、“五一”、端午节、“十一”等节假日前进行了道路运输安全生产大检查，先后开展了预防重特大道路交通事故、整治交通环境、打击非法营运专项治理工作，在各专项整治工作中，共出动执法人员165人次，车辆26余辆次。对客运企业、客运车辆，客运驾乘人员、客运经营行为以及客运站场、临时停靠站点，货运企业、车辆租赁企业、货运车辆、租赁车辆、驾驶人员以及经营行为，对车辆维修企业的安全防范、维修质量以及经营行为，对运输服务业的安全防范、操作规程以及经营行为存在隐患进行排查，共对1家危货企业，11家普通货物运输企业，19家二类以上车辆维修企业进行了隐患排查。经过排查，对道路运输行业存在部分运输企业安全生产台帐、制度及应急预案不健全、GPS监控记录不全、部分修理厂电线线路老化、私拉乱接、闸刀裸露、易燃易爆气体放置不规范等问题，作出了限期整改要求。积极协助相关部门，加快发展公共交通，11条公交线路，公交车通达率将达92.3%。

**【开展“效能昆明”及创先争优活动】** “效能昆明”建设活动结束，22项规章制度已制定完毕，领导班子带头学习制度、执行制度、维护制度，做到以制度管理人，以制度为保证推进各项工作的开展。创先争优活动正在全面推进阶段。重温了入党誓词、回顾党的成就；组织党员上党课，对党员普遍进行党性教育，进一步提升党员素质。设立党员先锋岗、党员示范窗口，通过佩戴党徽、党员先锋岗等形式促进党员发挥先锋模范作用。

**【精神文明建设】** 分局市级文明单位今年已到期，分局积极筹备，继续申报，已通过了市文明委的初步审核。申报了云南省道路运输业文明单位评选申请，积极争取获得这一荣誉称号。另外根据要求，还对2004年获得的文明示范窗口进行了复核自检，力争继续保持这一荣誉称号。为把职工组织到工会中来，更好地维护职工合法权益，根据《工会法》和《中国工会章程》的相关规定，在分局党支部的积极筹备下，经过依法选举，产生了工会委员、主席，经新区（县）总工会批准，2010年2月本单位工会委员会正式成立。

**【信访工作】** 坚持以畅通渠道、联系群众、解决问题、促进和谐为目的。通过定期接访、主动下访、召开座谈会等形式，认真听取群众意见，及时为群众排忧解难，及时有效化解了面包车、公交车等问题。做好群众来信来访、投诉的答复工作，1～12月份，收到来信来访以及投诉11件，涉及出租车、公交车、客运站点以及打击黑车等问题安排相关部门调查、处理，将处理意见及时反馈给投诉人，上报相关便民热线办公室，办结率为100%，满意率为100%。做好政协委员提案办理工作，全年收到政协委员提案3件，人大代表建议1件，全部办理完毕，满意率100%。

（陈云珑）

# 邮政·电信

责任编辑：杨　帆

## 邮　政

**【简　述】** 2010年，新区（县）邮政局全面并超额完成经营计划目标任务，在经营快速发展的同时，注重县域邮政通信服务质量的提升，营业和投递窗口服务规范化标准的强化实施，呈现出经济效益和管理效益同步提升的发展态势；全局邮政业务收入在昆明市邮政县域经济市场率先突破千万大关，经营发展实现了持续稳定发展。

**【主要指标完成情况】** 新区（县）邮政局全年完成邮政业务收入1165.02万元，完成年计划任务的107.87%，超计划进度7.87%，比上年同期增长26.71%，增长绝对值245.58万元；三大板块业务占比分别为邮务类25.43%，代理金融类55.90%，代理速递类17.71%，全局业务收入继续以快速增长的态势发展。

**【函件业务】** 通过广泛动员全局职工积极参与专项营销工作，注重收集和整理信息资源，根据不同区域客户群体的不同需求，认真分析市场实际情况，利用邮政优势资源和平台，全年累计完成54.75万元。其中，实现2010年贺卡定制及销售42.82万元，邮政DM广告开发5.5万份收入1.81万元、邮资封制作2.8万枚收入7.6万元、DM宣传册制作1.5万册收入4.27万元，邮政黄页制作49单收入3.82万元的函件业务收入，函件业务的专项营销工作，有力的拉动了函件业务的经营收入。

**【集邮业务】** 通过各阶段性的专项营销活动，利用传统节日和重大活动纪念意义的时机，全年累计完成65.73万元。全局动员积极参与2010年新春邮品营销活动，实现收入27.99万元，2010年形象册定制及销售1 300册收入30.3万元，个性化邮票56份收入1.12万元，世博邮品销售23.27万元的集邮业务收入，有效的拉动了集邮业务收入增长。

**【代理信息类业务】** 代理信息类业务充分利用邮政储蓄平台、综合平台、电信直拉平台的资源优势，做好移动、联通、电信、铁通话费代收业务，充分利用储蓄、汇兑和特快专递短信业务的特点优势，向用户做好宣传工作，积极引导用户使用短信可以随时了解银行帐户资金的动态、邮件签收信息，短信业务发展取得了较好的效果，累计完成70.82万元。

**【报刊发行业务】** 进一步加强投递服务管理工作，着力转变经营服务观念，积极拓展报刊发行市场；加大对报刊大收订的宣传力度，扩大畅销报刊发行量，以畅销报刊为切入点，扩大私费订阅比例，增加我局报刊收订流转额。同时，保质保量完成了2009春季教材的收集订数、上线要数及配送等工作，教材配送工作做到100%满意签收，累计完成96.64万元。

**【包裹业务】** 在做好窗口经营的同时，结合实际情况，认真分析客户的用邮需求，找准目标群，积极上门服务，做好大宗揽收寄递工作和大宗客户维护工作，累计完成8.38万元。认真做好驻地部队退伍老兵包裹上门收寄工作，赢得了部队官兵的肯定和表扬。

**【机要业务】** 认真抓好机要通信质量和服务质量工作，确保了机要通信的安全畅通、万无一失，全年实现机要通信全红。

**【代理速递物流类业务】** 从加强营、投窗口从业人员的业务技能水平，提高从业人员的服务质量入手，利用邮政平台的优势资源，调动全局经营生产网点窗口营业员发展速递业务的积极性，主动宣传邮政速递业务方便、快捷、安全的特点，正确引导客户选择速递邮寄方式，提高邮政网点的速递业务量，实现邮政窗口的效益最大化，累计完成206.29万元。

**【代理金融类业务】** 代理金融类业务是邮政局业务收入的支柱型业务，代理金融类业务作为一项长效高效的经营工作，对全局业务收入具有重要推动作用，因此邮政局进一步加强网点人员业务技能的培训工作，提高业务操作技能和办理业务的速度，利用网点窗口服务质量整治提升专项工作的时机，提升全县邮政网点服务水平，增强网点代理金融业务自然增长率，有效促进代理金融类业务的健康、快速、有序发展，累计完成收入 651.28 万元。

**【党风廉政建设】** 邮政局党支部按照市局党委的要求和安排，进一步加强党风廉政建设，积极开展“讲党性、重品行、作表率”教育活动，结合“廉政教育月”活动的开展，强化党员意识、自觉维护党的组织纪律、推动支部民主建设，履行党员义务。积极开展批评与自我批评，依靠组织不断提高党性，加强反腐倡廉制度的建设，提高党员干部遵纪守法的自觉性。加强我局党支部思想政治学习，将科学的人生观、价值观、发展观融入到实际的经营生产工作中，不断坚定企业发展信心。从自身思想观念转变做起，树立大局意识，凝聚企业内部核心力量，在企业快速改革发展进程中发挥先锋模范作用，遇到矛盾和困难时充分发挥战斗堡垒作用，身先士卒站在改革浪潮的最前端，充分发挥党员干部深入基层网点以身作则树新风的作用。在精神文明建设工作中，结合市局开展的一系列精神文明活动，积极调动全局干部职工参与到活动中，开展“爱邮政、爱企业、爱岗位”活动，进一步提高全局职工思想认识，凝聚职工力量，激发职工的创造活力，把广大职工引导到聚精会神搞建设、一心一意谋发展上来，树立正确的人生、价值、世界观，树立“为企业争市场，为企业争荣誉，为企业创效益，为企业做贡献”意识；进一步培养广大职工的“诚信、务实、高效、卓越”的企业精神，教育引导广大员工树立爱企如家、爱岗敬业的奉献精神；结合市局开展“创先争优”活动，继续深化企业改革进程，开拓创新，真抓实干，加快企业经营发展方式转变，实现规模与效益双提升，走上良性的发展道路。继续做好全局党员干部思想政治工作，密切干群关系，认真解决职工群众关心的难点、重点问题，为职工做实事、做好事，提高化解职工群众工作矛盾的能力和水平，锻炼提升党员干部政治立场坚定、实践体现核心价值、维护企业稳定、促进企业健康发展能力。2010 年，新区（县）邮政局顺利完成了市、县文明办组织的文明单位的验收工作。

**【安全生产】** 在加强经营发展的过程中，加强日常的基础管理工作。按照市局要求定期做好全县网点的检查工作，对网点存在的问题提出限期整改措施，加大对“邮件流”、“资金流”的检查力度。严厉查处不执行规章制度行为，特别是对存在安全隐患的问题进行现场监督整改。严格执行邮政资金管理制度，增强防抢防盗能力，提高从业人员突发事件处理能力，杜绝资金案件的发生；定期巡查网点防火防盗设备设施，消除网点安全隐患；加强邮件收寄验视制度，杜绝禁限寄、违法物品进入邮政流通渠道，避免造成不良的社会危害事件；定期对全局生产车辆进行检修，严格执行企业车辆管理办法，避免违规违章造成的事故，确保邮件、资金、财产的安全，进一步完善和加强基础管理工作。

**【服务质量】** 开展邮政服务质量整治活动，全局干部职工统一思想，转变观念，在思想意识中牢固树立“提升服务质量、维护企业形象”的观念，全局干部职工共同参与到邮政服务质量整治活动中来，进一步改善了邮政服务质量，涌现出一批因服务工作优秀得到用户肯定的同志，凭借热忱的工作态度、快速高效的业务技能、周到的服务工作、突出的创收成绩，12 名职工获得了“星级员工”的荣誉称号，为干部职工树立了良好的学习榜样。加大对用户投诉和查询的管理力度，实事求是核实投诉问题，对违规违纪的职工进行严厉处罚，有效的起到了警示作用。经过干部职工的共同努力，邮政服务工作有了较大的改善。

**【投递建设】** 在改善投递作业流程和提高全县投递员综合素质工作中，狠抓落实，查找影响和制约投递队伍建设的突出问题，下功夫着力整治长期存在的突出问题。完善了县局 10 个投递段道的优化调整，增加了 2 条机动车投递段道，满足政府和高校邮件，报刊的投送时限要求；投递作业流程优化改造，邮件趟车实行 2 个频次，从根本上解决了城区投递段道投报晚的问题；城区 4 条投递段道、2 条县政府、高校园区机动车段道实现一天 2 个投递频次的要求；邮件交接的勾挑核对、段道分拣、投递邮件登单都实现了电子化处理，大大缩短了进口邮件处理时间，满足了用户对邮件投递时限的要求，确保了新区邮政通信服务保障工作。

（李佩根）

## 中国电信股份有限公司呈贡分公司

**【简　述】** 2010 年，中国电信股份有限公司呈贡分公司（以下简称“呈贡分公司”）以科学发展观为指导，在省、市公司的领导下，围绕市公司“统筹兼顾、创新发展、量质并重，突破拐点，努力开创有效益规模化发展的新局面”的工作要求。认真落实“2010 年八项重点工作”，以乐享 3G、政企零首付等政策和校园营销实现了移动业务的发展。以宽带提速实现了宽带融合业务的快速发展，以快速复制取得了转型业务的不断增收，以提升服务树立品牌形象,以党员业务提升深化创先争优工作，在全业务经营、转型业务拓展、网络建设等方面取得了新突破，业务收入完成率名列全市郊县第二名，取得较好经营成绩。

**【经济指标完成情况】** 截至12月31日，完成全年收入率106.67%，为全公司郊县第二名。其中固网完成率为120.25%；移动业务完成率为105.84%；宽带净增9 951部，同比增长率为90%，发展量为全公司郊县第一名；固定电话净增8 028部，同比增长率为77%；移动用户净增16 150部。截至2010年12月，交换机总容量为87 574门，实装用户44 449部；CDMA机房66个，OLT 16台，CDMA用户为38 021部。目前，全区有模块局机房8个、接入网机房49个、AG机房15个、EPON机房382个、ADSL容量38 481线，实有用户24 320户。

**【市场经营】** 经营工作按市公司的八项工作要求，量质并重，以产品融合为核心，以差异化经营突破移动业务发展困境，实现政企、家庭、个人三个客户群规模发展。

**【移动业务】** 个人客户方面，做到早布局，早启动，利用乐享3G和存话费送自行车等政策，组织政企客户经理和员工到各个村摆摊设点，加大对存话费送单车政策的宣传，一季度就发展手机用户3914部，取得了开门红的好局面。同时，加强对政企客户零首付担保政策的宣传，由客户经理深入每个机关、企事业单位进行宣传，共签订发展合同16家，发展用户350部；运用灵活的政策，取得了七甸中学、大渔中学、吴家营中学等学校移动业务的突破。

**【宽带业务】** 宽带业务是目前业务产品中价值相对较高、收入稳定，对业务收入拉动相对较大，是固网收入维稳的主力产品。呈贡分公司高度重视宽带业务发展，主要通过开展了宽带提速活动和融合套餐的宣传加快宽带业务的发展，在县城主要路口投放了广告，并组织各个客户经理到各个单位和企业宣传，提高用户对1 390套餐的认知度；牢牢抓住云南中医学院、昆明理工大学、云南民族大学、云南师范大学等大学春、秋季开学之机，派出营销人员进入各个大学宣传；宽带业务的快速发展拉动了呈贡分公司2010年固网业务收入的完成，实现了固网保存激增的经营目标。

**【转型业务】** 运用成功案例向客户推广业务,并对已完成的项目提供1对1的专业服务，用优质的服务和强大的技术优势获得客户的信任，完成了“平安呈贡城市监控系统四期95个点建设和警务E通二期等项目。其中，警务E通二期项目通过呈贡分公司对一期使用警员的服务，使警员对电信品牌非常的信任，在二期建设中许多警员主动提出使用电信的E通，二期共发展用户114部。完成了信用社监控一期的32个点建设工作，使呈贡信用社监控为全省银行业最先进的监控系统；与新区（县）司法局共同建设完成了心之桥社区矫正监控系统是全省首家建设完成的系统，为46名缓刑人员配备了手机，由新区（县）司法局通过定期发短信加强对缓刑人员的管理。

**【渠道建设】** 拓展渠道，加快渠道建设，方便群众办理电信业务。在全县各街道发展了41家业务代理商、141家代办点，完成一乡一镇一店和一校一点的建设工作，在各个街道和云南师范大学等学校内开办了合作营业厅和校园店11个，方便了群众就地办理各种电信业务。同时，拓展了业务发展渠道，代理代办商宽带业务发展量由1月的24个增加到每月几百个。

**【通信网络建设】** 新建OLT设备9套，EPON点230个，新增语音21 596线、数据9 589线；扩容EPON点28个，新增语音464线，数据880线；扩容ADSL 17个站点2828线，接入网及模块局5个点592线。如新建万溪冲、大湾、云南大学、昆明理工大学等共建设20个CMDA室外宏站；实现辖区范围内1X信号覆盖率高达100%以上EV-DO信号覆盖率高达100%以上。紧紧围绕市场需求，加强网络的运营支撑能力建设，完成公安“平安城市”四期和五期建设，新建130个监控点和110指挥中心及柏枝营派出所的平台；完成呈贡农村信用社组网工程，辖区45个网点及ATM机实现视频、对讲、报警联网，按期完成了“数字城管”项目的建设，实现与公安共用71个点的联网视频采集；按期完成了GIS资源清核工作，管线及可配置实体一致率达到上级的要求。

**【风险管控】** 加大了内部控制日常检查力度，对关键风险控制点和薄弱环节进行整改跟踪，有效规避经营和管理风险。开展了闲置资产管理专项审计调查工作，加强仓库清查和废旧料清理工作。严格按工程审计要求进行了工程审计和资产卡片的建立工作。开展了小金库清查工作，经上级部门清查呈贡分公司无任何小金库存在。

**【管理创新】** 成立了校园营销响应中心，将工作能力强和新招五个大学生调入中心，提高了校园营销的响应能力。同时，将五个社区人员已一并划入中心，实现了营销中心前端和后端的高度统一；加强绩效考核办法的杠杆调节作用，坚持前端人员计件计量工作考核，后端人员专项与绩效相结合考核。通过阶段性指标的的微调，引导员工完成公专项任务，实现收入分配向工作业绩优的员工倾斜；推行一线工作法，领导带头跑客户，跑项目，后端人员提前界入项目的前期工作中，加快了项目的实施。

**【服务质量】** 对24小时装移机及时率和障碍修复率的管控，由专人进行盯防和警示，从营业受理、派单和社区经理的全程管控，对即将超时的工单采取片区人员联动协助的方法进行解决。通过半年来对装移机的管控，24小时装移机及时率达至市公司要求。对片区人员进行调整，将工作技术和工作能力强的统包人员调整；对工作不能适应的人员进行了辞退；对营业厅班长进行了调整。通过营业厅改造提升了营业环境，增强了营业厅的功能。认真执行五个一服务要求，不断提升营业厅的规范化服务。高度重视用户投诉的处理工作，用户投诉处理及时率达100%。

**【创先争优】** 按呈贡分公司要求在全体党员中组织开展创先争优工作，创新性地开展了党员业绩提升活动，要求每个党员自定出年度和季度工作目标，每季进行对照和检查，在对员工工作业绩进行公示时标明党员身份，每个季度党员会时由两名先进党员进行先进发言，对业绩排名后两名的党员进行问题查找，并由部门领导进行帮扶。全体党员发挥党员先锋带头作用，积极响应新区（县）委号召，参加了两次抗旱捐款，全部党员都捐出了半个月的工资，15名党员捐款达11 900元，目前是全公司捐款比较多的一个党支部。

**【党支部建设】** 2010年，呈贡分公司党支部深入学习实践科学发展观，按《呈贡县永葆先进性“云岭先锋”工程目标考核责任书》要求，不断加强思想建设、组织建设、作风建设和廉政建设，全面提高党员队伍素质和业务品质。充分发挥党支部的战斗堡垒作用以及党员的先锋模范作用，积极开展各项经营工作，狠抓党支部思想建设、组织建设和廉政建设工作，进行了党支部换届选举工作，发展了三名入党积极分子，改变了组织建设中的薄弱环节。同时，认真执行党员手册管理工作和结对帮扶工作，开展了后端党员与前端党员的业务结对活动。带领全体员工奋勇拼搏，不断创新，起到了良好的思想保障作用。一名党员被新区（县）委评为党员示范岗，党支部被昆明市分公司评为廉政建设先进单位。

**【工会建设】** 工会坚持每季开展一次员工喜闻乐见的工会活动，组织员工到禄劝轿子雪山开展了“展电信风采，勇攀高峰”登山活动。坚持每周开展一次员工羽毛练习活动。开展“低碳生活新主张”的主题活动，加强员工的节能意识。三八活动节开展了“慧心巧手庆三八”活动，聘请了丝网花制作老师到部门教授女员工丝网花的制作方法。协助行政开展各种劳动竞赛，在新装宽带进E9竞赛活动中连续两周获得第一名。认真落实以人为本的方针，积极关心关爱员工，看望生病住院员工4人次，为员工申报困难补助1 200元，为员工办理第六期医疗互助金1 265元，申请第六期员工互助金850元，并按时收缴了第七期医疗互助基金和员工互助基金以及省公司帮困基金，三个基金退休员工和在职员工参与率不断提升。做好员工维权工作，制定了员工工休假安排表，监督行政安排好员工的工休假。斗南支局被集团公司评为优秀支局，工会被省公司评为模范小家，被市公司评为2010年优秀工会分会。

**【安全生产】** 加大安全生产管理力度，每月开展了一次安全生产检查和隐患排查，半年开展了防火演练工作，全年无一起安全事故发生。保持了多年无安全生产事故的良好局面，员工劳动保护用品按时发放。2010年，被昆明市总工会和昆明市安全生产监督管理局评为昆明市“安康杯”优胜企业，被市级电信分公司评为安康杯竞赛二等奖。

（王　艳）

## 中国移动通信集团云南有限公司呈贡分公司

**【简　述】** 中国移动通信集团云南有限公司呈贡分公司（以下简称“呈贡移动公司”）围绕“以客户为中心”的服务宗旨，把市场发展、客户服务、网络建设、内部管理、党群工会和安全生产作为工作核心，全面完成各项生产经营任务，企业持续、稳定的为新区（县）建设、经济发展提供了优质的移动通信保障。2010年，荣获中国移动云南公司昆明分公司评选的年度先进集体称号。

**【主要经济指标完成情况】** 2010年，呈贡移动公司结合实际，开拓思路，做好业务发展，完成各项业务指标。全年计划收入完成率121.26%，排名全市区县第二名，较2009年收入增长32.34%，排名全市区县第一名。

**【客户服务】** “构建以客户为中心的品牌、服务营销、管理流程和资源配置体系”为目标，秉承“沟通从心开始”的服务理念，发扬“传、帮、带”的优良作风，提升人员业务技能和服务水平。为满足新区（县）通信需求，加大了市级行政中心片区、大学城片区、各街道办核心区域等重点地段的渠道网点建设，让客户方便、快捷地办理各类移动业务。完善客户投诉处理流程，帮助解决客户的问题和困难，确保良好的客户感知。落实昆明移动公司安排的“139贴心服务工程”，动员全体员工参与中高端客户服务工作，使客户服务的理念深入到每一位员工心中，真正做到“客户为根、服务为本”。

【农村市场发展】 继续与呈贡县人民政府共同深化开展“136农村移动信息富民工程”。以推进农村移动信息化和提升农村移动客户服务为中心，结合新区（县）农村地区的特点，着力满足农村移动通信需求，提高农村市场移动电话普及率。在整个新区（县）范围内启动了以关心公益、聆听社会为主题的“民心工程”，对2010年获得信息富民村奖的16个行政村和信息富民创建进步奖的7个行政村举行了奖励授牌仪式。呈贡移动公司通过村委会担保的形式，面向农户开展了低预存领手机的大幅优惠活动。同时，为农户提供其他信息富民产品，开展信息化普及培训，拓宽农村信息获取渠道，改善农村信息闭塞的现状，以信息化推动农业发展，帮忙农民增收，助力新农村建设。

【集团客户业务】 根据客户的具体需求，细分目标移动客户群体，拓展集团客户业务；面向政府机关、企事业单位、中小机构建设动力100集群网，面向大学高校在校学生建设校园V网，面向农村客户建设移动惠农网，为各类客户提供更方便的通信业务，降低通信成本，提升通信效率。通过努力，在集团客户规模和集团业务推广方面都取得了较大的突破，对集团单位客户的服务水平不断提升，集团业务产品的认知度也进一步提高。

【信息化推进】 与新区党工委（县委）宣传部合作开办《新区快讯》信息化业务。通过手机彩信的方式向辖区内领导干部、群众最及时地宣传报道最新时政动态和要闻，借助信息化手段推进舆论宣传工作。此外，结合新区（县）发展过程中各行各业对信息化的需求，全面提供各类信息化产品，各项信息化业务得到了有效的推进，包括校讯通、警务通、农信通、农政通、远程电力抄表等。

【网络建设】 坚持“网络是移动通信的生命线”的理念，加强移动通信网络建设，全面支撑客户需求和市场发展，确保客户对网络满意度持续改善。提前明确工作目标、人员组织、工作流程、分工职责和进度要求，通过一年的努力，完成了全年GSM、TD－SCDMA及传输网等各项建设任务，全年新开通基站52个，扩容TD基站72个，完成大学园区搬迁、市级行政中心搬迁及其他重大活动的通信保障任务。

【内部管理】 根据上级公司统一安排部署，完成员工职位梳理工作，优化组织架构，建立完善新的岗位体系、职位管理办法和薪酬管理办法，使全体员工的思想观念和工作积极性得到了提升，确保各项生产经营工作稳步推进。增强日常精细化管理，确保营销及管理工作的标准化和规范化，结合每季度劳动竞赛制定分公司内部考核体系，通过一系列强化绩效考核的实效性，使公司的市场竞争、网络建设、内部管理融为一体，精细管理能力明显提升。

【工会党建】 每季度坚持开展丰富多样工会活动，合理安排员工业务培训、交流学习。组织各种形式的联谊主题活动，以充实员工工作业务、精神文化、业余生活等多方面的需求。加强党建工作，以支部为单位，组织全体员工学习、开展党风廉政建设、廉洁从业教育。积极向新区（县）委、政府汇报沟通，完成要求办理的各项工作任务及行风民主评议。

【安全生产】 定期开展安全生产的自检自查，对存在问题做到及时发现、及时上报、及时整改；做好车辆的日常维护及管理工作，严格执行持证上岗制度；保证消防设施、消防器材、安保设备等符合公司安全生产的相关规定。在账务、资金管理上，加强资金及账务、库存管理安全，做到人防、技防同时到位；在日常生产经营中反复加强对员工的安全教育，严格执行各项规范流程和公司制度，全年未发生任何安全生产事故。

（马　瑞）

## 中国联合网络通信有限公司呈贡分公司

【简　述】 中国联合网络通信有限公司呈贡分公司（以下简称呈贡联通公司）围绕“抓机遇、保增长、调结构”的总体目标，强化融合2G业务和3G业务优势。坚持移动与宽带并重、服务与维系客户资源的经营思路，探索拓展全业务发展模式，通过一年来的努力，各项工作取得了较好的成绩。

【经营业务】 范围包括GSM移动通信业务、WCDMA3G移动通信业务、国内国际长途电话业务，本地电话业务、数据通信业务、固定电话宽带业务和互联网租线业务（接入号16500）、卫星通信业务、电信增值业务、以及与主营业务有关的其他电信业务。服务网号为 130、131、132、155、156、186、145。GSM 移动通信业务稳步发展，连续两年实现规模增长，信号覆盖不断升级，用户群体不断壮大，公司经营业务全面，可向企业和单位提供企业炫铃、企信通等多种服务，可满足不同企业的个性通讯需求。“沃家庭”AB 计划的正式上市，通过“宽带 + 固话 +2G 手机”与“宽带 + 固话 +2G 手机 +3G 手机”的捆绑组合模式，用户可享受包括合账缴费、家庭成员间本地通话全免费、3G 与宽带双重优惠，超值增值业务及赠送业务应用体验等在内的“五大创新”优惠方案，真正实现家庭信息化的“一站式”服务。随着第三代移动通讯技术的普及，联通 3G 采用全球通用的 WCDMA 技术，能够提供包括可视电话、无线上网、手机上网、手机电视、手机音乐等多种优势突显的信息服务，用户规模得到快速增长。

**【网络建设】** 辖区内目前拥有用基站数量共 115 个，其中 GSM（2G）站点 118 个（2010 年新增 40 余个），WCDMA（3G）站点 81 个（2010 年新增 56 个），新城区内重要楼宇分布站点 16 个（含 2G 和 3G），网络全面覆盖了龙城、新城及其余街道办事处。2009 年，中国联通与中国网通合并后，公司加大了对固网业务的投资建设力度，固话宽带网络已全面覆盖了新老城区；为确保政府、企业及民用通信的畅通。公司先后完成对传输网络的建设和改造工作，新建第二平面 10G 骨干环，配合新区（县）政府规划建设，突出重要保障对象和重点保证工程，确保网络成环率达到 90%以上。随着市级行政中心的搬迁和新城建设，市联通公司将继续加大对新区（县）的网络、网点建设的投资力度，为新区（县）建设和发展提供优质的通信保障。

**【服务工作】** 营业厅实现移动、固网、等全业务受理，推进全业务办理一台清、一单清服务，并对客户提出的疑问进行耐心、细致的解答，引导、帮助客户完成所需业务的办理工作。在服务大厅内设有《客户意见薄》，定期收取客户意见和建议，并结合实际改进和完善服务工作中出现的问题。规范投诉处理工作，落实首问负责与限时办结制度，严禁推诿客户现象发生，完善宽带服务规范，缩减相关工作流程，严格落实宽带“装移维”的服务承诺。随着 3G 业务的快速发展针对 3G 业务推出了手机报、手机上网、无线上网卡、手机音乐、手机电视、手机邮箱等新产品，并专门开设了 3G 体验专区，内设有 iPhone、乐 Phone 等各类高中低档 3G 手机，让用户亲身体验 3G 业务及相关产品，设立人工受理专席。由客户经理提供一对一服务，搭建网上营业厅平台实现 3G 产品的在线销售和业务受理。严格执行国家制定的电信业资费政策和标准，明码标价，合理收费，并向社会承诺“话费误差，双倍返还”。持续对会员用户进行上门服务，对会员提出的意见和建议及时向相关部门反应，并规定时限内给予用户答复。

**【内部管理与团队建设】** 强化各部门之间的凝聚力和创新力。每周各部门召开工作例会，总结上周工作和制定本周工作计划，做到以纪律管人、以成绩管人，杜绝工作拖沓、马虎；重视员工的基础知识教育和专业技能的培训，不定期组织员工进行各类业务和综合知识学习，学《员工职业道德守则》及《反舞弊暂行规定》等；开展学分制培训，年终学分不足者不得参与评选优秀，以此激励全体员工进行全面学习，提高全体员工综合素质。建立健全相关制度及应急预案，做好反腐倡廉等工作，年初与市公司签订《党风廉政建设责任书》。在开展创优争先等活动中，积极响应政府号召与新区（县）科技局、气象局等单位合作，参与各类科普活动和配合相关部门开展民主行风评议等活动。同时，为丰富员工的业余文化生活，定期和不定期组织开展各种工会文化活动；被共青团云南省委评为云南省“青年文明号”。

**【安全生产】** 坚持“安全第一、预防为主”的原则，认真抓好安全生产工作，按照“谁主管、谁负责”的管理原则。年初，与联通昆明市分公司签订了《安全生产责任书》、《保密责任书》。组织员工学习在安全生产中必须掌握的防范技能，有效排除工作中存在的安全隐患，定期或不定期的对员工进行安全生产知识方面的教育培训工作，从而强化安全管理的严肃性，提高员工遵纪守法的自觉性，年内未发生重大安全事故。

（网通供稿）

# 国土·住建·环保

责任编辑：杨春富

## 国土资源管理

**【简　述】** 2010年，是实施“十一五”规划的最后一年，也是新区建设实现“五年出形象”目标的关键一年。新区（县）以党的十七大、十七届五中全会精神为指导，贯彻国家、省、市关于国土资源管理的政策，按照市委、市政府提出的呈贡新区建设“五年出形象、十年成规模、二十年建成”的要求，认真落实科学发展观，以“解放思想、深化改革、扩大开放、科学发展”大讨论活动为切入点，紧紧围绕“效能呈贡”建设和招商引资工作，深入贯彻落实“五个彻底”的具体要求，提高认识，加强领导，精心部署，完善机制。坚持以更新的思路、更准的定位、更好的办法、更大的力度建设“三最四低”投资环境，强力推进“效能呈贡”建设和招商引资工作。一年来，在上级部门的正确领导和大力支持下，呈贡分局围绕“五年出形象”的总体目标，按照上级部门下达的“呈贡计划”、供应计划、国土资源管理目标责任，新区（县）所属街道、部委办局相互协作，全体干部职工共同努力，圆满完成了国土管理的任务。昆明市国土资源局呈贡分局被昆明市人民政府授予2010年度昆明市国土资源管理目标责任一等奖。

**【隶属关系调整】** 按照昆明市人民政府办公厅《关于印发昆明市国土资源局主要职责内设机构和人员编制规定的通知》文件要求，设立昆明市国土资源局呈贡分局。2010年9月16日，呈贡新区管委会（县政府）在县检察院办公楼7楼会议室举行新区（县）国土局上划仪式。市、新区（县）国土资源管理、财政、编办、审计、人力资源和社会保障局及相关部门的干部职工参加会议。会上，新区管委会（县政府）分管领导与市国土资源管理局主要领导进行了移交签字，并先后作表态发言。新区（县）人力资源和社会保障局局长宣读移交协议书。昆明市国土资源局呈贡分局局长代表全局干部职工讲话，表示呈贡县国土资源局上

（丁宏光　摄）

划后，将按照市国土资源局和新区（县委）、管委会（县政府）的统一部署，围绕新区发展的实际需要，加强内部管理，在提高干部队伍的思想和业务素质上狠下功夫，努力把全局干部职工培养成一支更加适应新区发展、团结战斗、保障有力的国土资源管理队伍。

**【队伍建设】** 土地问题是制约新区（县）建设发展的首要因素，要实现新区建设“五年出形象，十年成规模，二十年建成”的战略目标，解决好土地管理问题是国土资源管理部门的一个重要任务，也是各级各部门的一个重要课题，更是对国土管理工作的一个严峻挑战。一是狠抓队伍建设，提高工作效率。从思想教育入手，切实转变工作作风，提高服从服务新区建设的能力，以适应现行土地管理法规的需要。积极采取扎实有效的措施，把应该做、必须做的工作提前做好。坚持以培养有理想、有道德、有文化、有纪律的社会主义实用性人才为目标，大力加强思想道德建设。利用每周五的学习时间，认真学习党的路线、方针、政策、基本知识，学习国土管理法律法规及相关配套文件精神，积极组织业务培训。认真做好职工的思想政治工作，正确处理好个人、集体和国家三者之间的利益关系，正确处理好职能、权力和责任之间的关系，全体干部职工做到政策清、思路明，积极为县委、县政府（部委）在土地征收和项目招商用地上做好参谋

助手，有力发挥部门的职能作用；抓软环境建设，提高行政效能。二是按各阶段的要求，认真开展经济社会软环境建设活动。通过层层承诺、人人承诺，新区（县）国土部门的全体干部职工进一步增强紧迫感和责任感，明确工作职责，以实际行动践行承诺，牢固树立“效能呈贡”建设的意识，开展国土系统软环境建设的活动。实行窗口办文的方法，将行政审批项目由4项缩减至2项，真正做到便民、利民、服务于民，让群众满意；深入推进“效能呈贡”建设活动，认真开展“四对照四讨论”活动，对照查摆出的问题，召开了专题民主生活会进行深刻剖析，制定了2010年“效能呈贡”建设民主生活会班子整改方案。三是以集中授课的方式，组织全局干部职工参加了计算机、普通话、外语培训，共培训213人次；组织全局干部职工开展了“读好书，求新知”活动，阅读了《七个怎么看》、《盘活城市》、《金融的逻辑》、《思路决定出路》等书籍；以“创先争优”活动为主题，组织党员干部观看电教片《袁隆平》、《加强党性修养》、《责任的呼唤》，电教培训16次；组织部分科长、所长到县法院参加旁听2次。四是组织开展案例剖析、预防职务犯罪专题宣讲会。参加省、市国土资源管理系统和新区（县）组织的警示教育活动，发挥反面典型的警示教育作用，在思想上筑起反腐倡廉防线，做到警钟长鸣。五是抓督办工作，确保新区建设快速推进。年内，完成上报近2 000个阅办、督办、批办件。昆明市国土资源局呈贡分局全面系统的收集整理国土系统文件、资料近3 000份，充分反映新区建设新动态，确保新区建设目顺利推进；依法行政、热情服务，使领导放心，群众满意。

**【党风建设】** 加强组织领导，昆明市国土资源局呈贡分局专题研究党建工作，发挥党支部的战斗堡垒作用和党员的先锋模范作用，以党风建设带动行风建设，促进国土资源管理工作。一是全面推进“云岭先锋”工程，巩固先进性教育活动成果。合理安排教育学习内容，使学习更具有针对性，做到经常化、制度化、规范化。加强对党员干部的教育、管理、引导，深入贯彻中共中央《关于加强党员经常性教育的意见》等四个长效机制文件，落实中共中央《关于严格禁止利用职务上的便利谋取不正当利益的若干规定》，省委组织部《十八项基层党建工作制度》，巩固和发展先进性教育活动成果。严格执行“四大纪律八项要求”，保持党员队伍的先进性保持党员先进性，不断增强党员意识。从自己本职工作做起，用新思路、新方法做好本职工作，对照“解放思想大讨论”和“双比战略”活动中提出的具体要求，全面完成岗位目标责任制，以实际行动为新区建设建功立业。二是建立对党员有效的考核激励约束机制。结合岗位特点和工作实际，党总支、党支部与49名党员分别签订了党员目标责任书，纳入年终考核。倡导“八个方面”的良好风气，创建“党员先锋岗”、“党员示范窗口”情况进行了认真检查和清理，让窗口服务行业的党员真正成为“为人民服务”的模范和先锋。三是加强监督，完善党员行为约束机制。加强对党员、干部、职工的政治思想教育，把教育学习作为加强党员队伍建设的根本环节，保证教育学习的时间、人员、内容的落实。如：采取政治学习、电化教育、警示教育等方式，教育广大党员干部要管住自己的头脑——不胡思乱想；管住自己的嘴——不胡吃乱喝；管住自己的腿——不胡跑乱跳；管住自己的手——不胡拿乱要；管住自己的一生——不胡作非为。通过上述教育，让党员认识到注重自我修养，保持共产党员的先进性，既是一种品质，又是一种能力，还是一种行为，是品质、能力、行为三者的统一。四是坚持和完善党员干部联系群众制度。广大党员干部牢记“两个务必”，立足本职，做好联系工作。加强领导班子思想政治建设，开展“民情恳谈”活动，开展“执行力、创新力、凝聚力”建设；在服务窗口开展了首问负责制和承诺服务，接受群众监督。五是加强对党风廉政建设工作的组织领导。推进反腐倡廉工作深入开展，昆明市国土资源局呈贡分局党总支、党支部班子成员在上、下半年召开党风廉政建设工作会各1次，将党风廉政建设纳入国土管理目标进行考核、检查。结合党风廉政建设，要求各部门、国土所管好自己的人，履行好自己的职责。六是以制度建设为核心，认真履行“一岗双责”。党总支把党风廉政建设与机关形象建设、日常行政审批工作紧密结合起来，按照要求制定了班子、系统的防控措施，着力解决存在的问题。坚持做到“为民、务实、清廉”，落实“八个坚持，八个反对”的要求，事事想着群众，做群众利益的忠实代表。利用周五政治学习、中心学习组学习时间，开展廉政风险防范管理工作，认真开展了争创学习型、创新型、服务型、务实型、廉洁型机关活动，排查部门、个人风险点66条，防范措施66条。

**【行风建设】** 采取措施，认真落实纠风目标各项责任，昆明市国土资源局呈贡分局与下属单位签订责任书，坚决纠正行业不正之风，加大监管力度，抓好行风、“纠风”、资金管理等重点工作。一是转变作风，推行首问负责制。对来办事的人员实行首问首办责任人，即窗口工作人员对来办事的群众，属于自己职责范围内的事项，按规定及时给予答复、办理、解决；不在自己职责范围内的热情接待，将其介绍到相关部门或窗口，并交接、落实经办人，没有推诿、扯皮现象发生。二是强化服务意识，实行服务承诺制。简化办事流程，提高行政效率，规范文明用语，提供优质服务，所有窗口单位工作人员上班时间一律讲普通话，做到“文明、礼貌、热情、周到”的服务。根据职能分工和工作要求，对服务的内容、程序、时限以及服务标准等事项向社会作出公开承诺，工作中不推诿扯皮，按照承诺办事。三是严格依法行政，规范行政审批行为。执行《中华人民共和国行政许可法》、《中华人民共和国行政处罚法》和国土管理等法律法规，按照法定条件、程序、权限和范围行使行政审批权和行政执法权；规范行政处罚自由裁量权，法律、法规规定有自由裁量权幅度的，一律按照下限标准执行；将行政审批项目由4项缩减至2项，做到公正、公平执法，执法过程行为文明、规范，真正做到便民、利民，让群众满意。四是执行收费规定。严格执行市政府公布的收费项目和收费标准，杜绝私立收费项目等乱收费行为。五是强化资金管理，严肃财经纪律。在实际工作中，建立和完善规章制度，严格执行“收支两条线”的管理规定，组织财会人员学习《会计法》，所有收费均按规定开出票据，由新区（县）财政统一收取；严格财务审批，从源头上把好关，财务审批由局长一支笔签字。

**【土地规划编制】** 2010年，按照国家、省、市的相关要求和编制规程，组织开展了土地利用规划编制工作。一是新区（县）、街道土地利用总体规划编制。新区（县）编制完成了《呈贡县土地利用总体规划（2010～2020年）》及街道的土地利用总体规划（2010～2020年），并先后两次通过了昆明市国土资源局、云南省国土资源厅组织的专家论证及审查，并受到了高度评价；组织进行了审查听证，将于2011年开始组织实施，为合理和有序利用土地资源奠定基础。二是矿产资源规划编制。昆明市国土资源局呈贡分局完成了呈贡县第二轮矿产资源规划编制工作，通过省、市专家的论证审查，确保了昆明市所属行政辖区矿产资源规划的完整性。三是完成了新区（县）“十二五”土地利用规划编制工作，经新区（县）发改局将成果提交报新区管委会（县政府）审查，并获通过。四是按照云南省旅游局、云南省国土资源厅的要求，昆明市国土资源局呈贡分局积极协调新区（县）广电文体旅游局开展新区（县）旅游土地利用规划编制。

**【规划预审】** 严格依法、按规定开展新增建设用地规划预审工作，对报件单位做到热情服务，严格审查，按时限出具初审意见，并及时上报预审，依法实施土地利用年度计划。一是为新区重点项目提供了用地指标保证。根据新区建设发展需要，积极协调办理建设的独立选址及批次用地建设用地指标，现已完成核拨建设用地指标518.67亩，其中独立选址260.45亩，批次用地258.22亩。二是完成新增建设用地预审报件情况。年内，新区（县）完成了用地初（预）审报件22宗，总面积为11 324.73亩。完成昆明市呈贡一中高中部建设、昆明市黄土坡至马金铺高速公路建设、昆明市委党校等22个项目的初（预）审意见。

**【征地拆迁】** 2010年，新区（县）先后完成了多个省级、市级、新区（县）级重点项目所需土地的征收工作。一是征收集体土地。完成韶光路、谊康南路、金融中心、65号地块、驼峰街西段、师大附中、昆明市委党校、环湖公路补征、垃圾焚烧发电进场道路、王家营社区城中村改造等项目的土地征收工作，总面积为10 150.59亩。二是征地资料的收集、整理、装档。根据市政府相关会议精神，昆明市国土资源局呈贡分局对照呈贡新区管委会（县政府）与市政府签订的《昆明市2010年土地收储目标责任书》中所涉及的土地，按照项目供应计划进行实地勘测验收，并完成了土地移交，确保了新区建设用地。10个项目名称分别是总部基地及商业用地、市老干活动中心、033地块、金融园区、65号地块、呈贡一中片区、市体育学校、昆三中、市中医院住宅、亚广传媒、七甸片区储备土地项目，总面积为4 633.67亩。

外业成果检查验收会

（丁宏光 摄）

**【建设用地保障】** 2010年，新区（县）根据国家、省、市有关国土资源管理的规定，结合新区建设的需要，为入驻企业和项目建设提供建设用地保障。一是土地批次报批。新区（县）完成土地批次报批共8个批次，面积5 647.47亩。其中，新区4个批次，面积3 397.87亩；昆明滇池旅游度假区2个批次，面积1 232.02亩；昆明高新技术开发区2个批次，面积1 017.57亩。二是独立选址项目报批。新区（县）完成独立项目共30个，面积5 305.63亩。其中，新区25个项目，面积4 806.10亩，已上报项目16个，面积3 481.8亩，正在组件项目9个，面积1 324.30亩；昆明高新技术开发区已上报项目4个，面积488.23亩；度假区已上报项目1个，面积11.30亩。三是临时用地项目报批。新区（县）完成临时用地项目3个，面积40.64亩。其中，已上报批准项目2个，面积23.901亩，正在办理项目1个，面积16.74亩。四是失地农民保障性住房用地计划拟订。根据呈贡新区规划土地委员会确定的失地农民保障性住房用地（新型社区用地）计划，昆明市国土资源局呈贡分局积极协调项目业主单位，并配合街道组织涉及的居委会完成了4个地块的走界、报件、签字等工作，经多方争取建设用地指标，以保障失地农民的安置。此外，按照省、市、新区（县）实施“全域城市化”的总体部署和要求，积极探索城乡建设用地增减挂钩试点，启动了新区乌龙片区龙一地块新区城乡建设用地增减挂钩方案编制工作。

黄土坡至马金铺高速公路段家营段实地放线
（丁宏光　摄）

【土地供应】　按照国家、省、市的相关规定，昆明市国土资源局呈贡分局组织进行各项目建设用地招、拍、挂出让工作。年内，新区（县）完成招、拍、挂出让供地19宗，总面积2 181.04亩，收缴土地出让价款26.99亿元；协议出让供地2宗，面积124.46亩，收缴土地出让价款909.87万元。

【地籍管理】　新区（县）认真做好基础工作，规范地籍管理。昆明市国土资源局呈贡分局全年共颁发国有土地使用证792本，面积为5 131.71亩，其中办理个人已购住房登记颁发国有土地证710本；受理土地抵押登记20宗，抵押面积2 638.33亩，抵押金额22.08亿元；办理注销登记5宗，分别是上可乐社区（亮亮糖果厂）国有土地使用权证、银乐钢厂荒山证、银乐钢厂集体土地证、杨鸿荒山证、东亚龙兰国有土地使用权证；受理、调查土地权属争议3宗，分别是果林水库土地权属争议（该争议进入了司法程序）、松茂水库土地权属争议、大冲与江尾“两权分离地”；处理郎家营白琼珍、富达租赁公司荒山证（市纪委督办）等土地历史遗留问题。

【巡查监察】　严格执行土地动态监察巡查制度，建立健全巡回监察台帐。一是建立和完善制度、台帐。昆明市国土资源局呈贡分局加强档案资料的分类管理，进一步健全了国土资源违法案件统计台帐、国土资源法律文书登记制度、受理举报国土资源违法登记制度。二是开展巡查和检查。坚持预防为主的方针，加强对新区（县）重点地段、公路沿线、新城周边用地情况的巡查，重点是对新区主干道沿线的检查。年内，新区（县）实施动态巡查工作日共93个，出动人员441人次，发现并制止各类土地违法苗头案件27件，协助街道处理各类违法苗头20件，配合强制拆临拆违12件，有效遏制了国土资源违法苗头上升的趋势。三是查处国土资源违法案件。严格依法行政，既持证办案，又亮证执法，对违法行为当事人，始终坚持以耐心说服、宣传教育为主。在办案过程中既严格遵守法律程序，又注重事实依据、法律依据，该告知的告知，该举行听证的举行听证、充分保障当事人的权益。四是复核转让土地。在土地出让转让过程中，认真贯彻昆明市国土资源局呈贡分局行政办公会议的决定，由局务会会审，严格复核，把好第一道关口。年内，依法查处土地违法案件11宗，其中按程序立案查处11宗；下发《接受用地检查通知书》129宗、下发《责令停止国土资源违法行为通知书》15宗；申请县法院强制执行1宗，下发限期土地开工建设5宗。

【核查土地图斑】　认真核查项目建设用地的图斑，杜绝各类违违违法用地。一是卫星图斑核查。年内，卫星摄片执法检查涉及新区（县）土地图斑共49个，面积976.62亩。经调查核实，初步判定：已取得建设用地手续的土地图斑23个，面积342.3亩；未取得建设用地手续、违法和疑似违法的土图斑共26个，面积601.3亩。其中，对新区（县）范围内未报即用的9宗违法用地，已立案查处并组件上报，共计罚款457 145元；涉及吴家营街道的第58、第59号土地图斑上的各类建筑物，已由街道自行组织人员进行了拆除。二是新增用地图斑核查。按照国土资源部的要求，新区（县）列入2009年度新增建设用地的增补图斑共计3宗，面积为5 463.81亩，其中耕地1 809.26亩。通过对2009年度土地卫片执法检查涉及违法图斑的分类，经汇总新区（县）2009年度违法占用耕地面积为529.28亩，新增建设用地占用耕地面积为6 744.09亩，违法占用耕地面积占新增建设用地占用耕地总面积的比例为7.85%。在新区（县）范围内对占用农民集体土地进行非农建设的违法行为开展拉网式调查、对无用地手续的单位及个人进行专项清理。通过调查下发接受用地检查通知书96宗，其中洛龙街道10宗、乌龙街道29宗、吴家营街道7宗、雨花街道2宗、龙城街道5宗、斗南街道43宗；下发《责令停止国土资源违法行为通知书》15宗、其中私挖乱采2宗。

**【专项治理】** 根据新区（县）工程建设领域突出问题专项治理工作领导小组办公室的布置安排，昆明市国土资源局呈贡分局于10月配合中央检查组对新区（县）建设工程领域专项治理工作进行了检查，检查的项目共165个，具体情况分以下几类：已批已征69宗，其中规费未清16宗；已征地，上报待批13宗（已组件上报市局窗口，待国土部门审查批准）；已征未批的30宗；未征未批3宗（昆明市国土资源局呈贡分局未接到任何相关的工作任务）；正在办理供地的4宗；已供地的4宗；已发证的23宗；租地的3宗（经县政府确定采取租用方式作为绿化用地）；未接到红线的5宗；原址改造的7宗；托管区域4宗。在下步工作中，新区（县）将针对存在已征未批涉及30个用地项目问题，积极协调上级国土部门，在建设用地指标上予以倾斜；对条件成熟的用地项目，尽快组织农用地征转报批工作，尽快完善用地手续。

**【矿产资源管理】** 2010年7月以前，昆明市国土资源局呈贡分局加大对七甸辖区内保留的7个砖厂和部分矿泉水企业的日常监管力度，并于7月1日将此项工作移交给昆明市国土资源局阳宗海分局。同时。积极配合协助昆明市国土资源局阳宗海分局做好托管区矿山管理、监管等相关工作。根据昆明市政府相关要求，配合昆明市国土资源局于2010年9月将新区（县）现有矿泉水、地热水企业管理、监管及收费等职能统一移交新区（县）水务局。

**【地质环境保护】** 本着“防灾无小事”的理念，新区（县）把地质灾害防治当作地质环境保护工作的“重中之重”来抓，积极开展地质环境管理、地质灾害防灾工作。年内，新区（县）组织开展的地质环境保护工作分别是：组织地质灾害监测人员培训，共培训人员42人，完成了新区（县）地质灾害各隐患点的排查、上报工作；完成新区（县）《2010年地质灾害防治方案》和《突发性地质灾害应急预案》的编写工作，已上报政府审批；组织召开《呈贡新区（县）2010年度地质灾害防治方案（征求意见稿）》听证会，参加会议的相关人员共计42人；对各街道地质灾害防治工作制度进行检查10次，对各隐患点进行不间断巡查25人次，全年共发放地灾防治“两卡一书”共计76份，其中隐患通知书17份、防灾明白卡17份、避险明白卡42份；排查地质灾害隐患点8个，其中属原有隐患点需要复查的6个，属新排查出的隐患点需要核查的2个。9月25日，经由省、市专家组现场认定，新排查出的云南省交通职业技术学院不稳定斜坡属新增地灾隐患点，并被省、市列为灾害险情较为严重的不稳定滑坡，经多次实地巡查、现场核实，已对省交职学院隐患点发放了地灾防治“两卡一书”，并督促该校安排专人进行监测。

**【法律法规宣传】** 昆明市国土资源局呈贡分局结合新区建设，在县城中心文化广场、街道等地设立宣传点，组织开展了“地球日”、“土地日”、“12·4全国法制宣传日”、“三下乡”宣传和咨询服务。同时，利用广播、电视、报刊等宣传媒体，对土地管理法规政策工作动态、社会热点问题等进行宣传报道。年内，新区（县）共办理人大建议3件、政协提案4件；办理来信来访33件，其中上级部门转来交办的信访答复件30件，来访3件、8人次，做到件件有答复；协助法院查封土地6宗、解封3宗、查询4宗。

**【便民服务】** 服从服务于新区建设，全力做好国土资源管理工作，提升政务服务中心窗口的工作效能。一是提高工作效率和服务水平。新区（县）政务服务中心国土资源管理窗口是简化办事程序，体现为民、便民、利民，建设“责任、阳光、高效、廉政”的机关形象的重要载体和平台，其业务服务范围是土地登记、土地利用工作，办理时限均为承诺件。在新区党工委（县委）、管委会（县政府）的正确领导下，在省、市国土资源管理部门的指导下，相关部门配合和支持窗口开展工作，协调办件手续，对窗口工作给予优先保障。进驻新区（县）政务中心的窗口工作人员结合工作实际，扎实工作，热情服务，不断提高窗口办事效率，方便了项目建设用地单位，确保窗口各项工作稳步推进。二是严格遵循办事程序，依法办事。年内，新区（县）政务服务中心国土资源管理窗口接待咨询人员260人次，受理各类土地登记共508宗，均在承诺办事期限内办结，未受到任何单位或个人的投诉。其中，受理土地出让21宗，转让2宗，划拨1宗，抵押20宗。三是实行电子审批，提高行政效率。年内，投入100多万元安装电子政务系统，已投入使用，窗口与局机关实现网络互联，做到业务审批窗口的业务审批办文事项全部依靠电子审批，实现“前台受理、后台审批”的服务方式。不断优化投资环境，方便群众办事，简化办文程序，压缩办文时限，为办事企业提供优质高效的服务，行政效率进一步提高。

**【抗旱救灾】** 按照省、市国土资源管理部门“关于抗旱救灾地质找水工作”的统一安排和部署，昆明市国土资源局呈贡分局完成了在吴家营街道办事处郎家营社区赵家山村打一口“抗旱救灾深水井”的任务。在短短几天里，全体干部职工积极开展向旱灾区献爱心捐助活动，捐款人数 76 人，捐款总额 74 502 元。其中：向新区（县）总工会捐款 760 元；干部职工捐款 5 250 元；组织共产党员特别捐款 68 492 元，副处级领导干部捐出一个月实发工资（含津贴）。

（郭智敏）

## 住房和城乡建设

**【概　述】**　在新区党工委（县委）、新区管委会（县政府）的正确领导下和上级业务主管部门的指导下，新区（县）住房和城乡建设局深入落实科学发展观，紧紧围绕“把呈贡新区建设成为昆明现代化城市示范区、科学发展示范区、品质春城示范区”的目标，认真履行工作职责，精心组织，团结一致，迎难而上，全面推进各项工作，有力地促进了住房和城乡建设工作。以优质服务推进重点项目建设为重点，加强建设系统干部职工队伍自身建设、软环境建设、“效能呈贡”建设；以服务呈贡新区建设为主线，多措并举，强化建筑市场和房地产市场的管理，做好新型社区建设工作；市政基础设施配套功能进一步完善，城市建设、绿化、美化、规范化水平进一步提高，城市建设总体服务功能进一步增强，人居环境进一步改善；各项工作有计划地稳步实施并取得了明显的成效，为新区建设做出了贡献。

**【建筑市场和建设工程管理】**　严格按照“管理与服务相结合办事”的要求，抓好建筑市场和建设工程管理工作。新区（县）住房和城乡建设局认真贯彻执行《中华人民共和国建筑法》及国家建设部《建设项目施工管理办法》的相关法律法规，遵照云南省关于建设项目施工管理的相关规定，按照市委、市政府“八个百分之百”的要求开展工作，切实加强对入住新区的建设项目的管理，规范建设行为，热心服务建设项目，确保工程质量及生产安全。

市督查组检查新区（县）建筑工地安全生产工作

〔新区（县）安监局　供稿〕

**【招投标管理】**　2010 年，按照《中华人民共和国招投标法》及省、市的招标、投标的相关规定，新区（县）住房和城乡建设局共办理招标投标监督备案 66 项，拦标价 9.55 亿元，中标金额 8.38 亿元；完成工程合同备案 66 项。其中，采取竞争性谈判招标（两次公开招标失败）的项目 5 个，采用邀请招标方式招标（均为非国有投资）的项目 5 个，公开招标项目56 个。

**【项目审批】**　按照《行政许可法》等法律法规和国家、省、市的相关规定，新区（县）住房和城乡建设局组织开展建筑工程项目审批管理、服务工作。年内，按程序审批、核发《建筑工程施工许可证》39 项，建筑面积 210.11 万平方米，合同价 270 127 万元；按程序审批、核发《装饰装修工程施工许可证》1 项，建筑面积 800 平方米，合同价 46 万元；批复基本建设项目初步设计审批 12 项；完成施工图设计文件审查备案 21 项，建筑面积 106.63 万平方米；完成新区（县）辖区内建设项目用工和持证人员备案 23 项。

**【企业劳保费管理】**　严格按规范程序办理建设工程社会保障及劳动保险费的收缴与拨返的规定，新区（县）住房和城乡建设局检审 2009 年《昆明市建设工程社会保障费筹集管理手册》7 宗，新办 1 宗。年内，预收建筑业企业劳保费共 20 项，总金额 9 637.69 万元；拨返建筑业企业劳保费施工单位 21 个，总金额 6 981.47 万元。

**【持证上岗】**　根据云南省建设厅关于建筑行业各类人员培训的要求，开展建筑企业管理。一是特种工和“五大员”持证上岗。新区（县）住房和城乡建设局组织新区（县）辖区内建筑企业的特种工、“五大员”（资料员、施工员、测量员、材料员、安全员）参加业务培训，配合昆明市主管部门核发放了上岗证 500 余个。年内，新区（县）住房和城乡建设局结合新区（县）的实际情况，动员和支持各街道以街道为单位，组织本区域内的建设企业开展组件申报、办理施工资质等工作，各街道正在进行此项工作的组件工作。二是农民工持证上岗。全年现场举办农民工安全生产免费培训 78 次，培训农民工 13 251 人次。邀请市、新区（县）安全生产教育专家到施工工地现场，结合工程事故案例及工地现场实际，讲解自我防护知识和安全操作技能，现场进行考试，考试合格者发放安全教育培训合格证书。三是“三类人员”持证上岗。强化安全管理人员安全教育，举办施工企业、监理单位

“三类人员”安全生产教育培训班两期，培训人员800多人，要求专职安全员必须熟悉《三标九规范》，项目经理和技术负责人、监理必须懂得五个安全技术专项方案，对参加培训的人员发放《建筑施工“三类人员”强化教育安全教育证》。

**【工程质量管理】** 新区（县）主管职能部门、建筑企业的干部职工充分认识到监管工作的重要性，统一思想，增强监管意识，依法行政，认真贯彻落实《建设工程质量管理条例》，深化《建设工程质量目标责任制》，加强和改进对工程建设各个环节的监督管理，有效遏制重大工程质量事故的发生，减少一般性工程质量事故，为呈贡新区建设创造了良好的环境。2010年3月25日，新区（县）在华怡酒店召开了工程质量工作会议，县政府、市住建局领导及企业负责人共400余人参加会议。会上，对2009年质量监督工作进行了总结，对2010年质量监督做了安排；通报表彰了2009年质量管理先进单位；市住建局的专家为参会人员进行了有关建设工程法律法规的知识讲座；市主管部门、新区（县）领导和新区（县）所属的13个建筑施工企业负责人分别签订了《2010年度建筑工程目标管理责任书》，把工程质量工作列入议事日程，纳入管理目标，使目标责任制所列的各项工作落到实处。经过新区（县）质量管理工作者的努力，组织开展质量管理工作，确保了本辖区内无重大工程质量事故发生。年内，新区（县）住房和城乡建设局发出工程质量巡查记录共86份，报监工程质量覆盖率100%；完成竣工备案项目1个，面积1.85万平方米，质量报监率100%，竣工备案工程一次验收合格率为90%以上；进行工程质量监督注册项目共24个，建筑面积29.95万平方米。其中，市政道路8.32万平方米，场平5.33万平方米，绿化工程6.41万平方米。

**【安全监管】** 2010年，按照国家、省、市关于建设工地安全生产监督管理的规定，新区（县）住房和城乡建设局组织开展了安全生产监督和管理工作。一是服务安全备案。按国家基本建设程序的要求，完成服务安全备案工程项目共137个，安全监督覆盖率要求达到100%。二是创建安全质量标准化工地。新区（县）辖区内的项目建筑工地获市级项目工程标准化示范工地6个、市级优良工地15个，实现了安全监管“县域全覆盖”，共涉及建筑面积550多万平米，市政道路12条、30余公里；进行施工现场起重机械30米下井吊登记86台，塔吊告知79台。三是安全制度监管。对安全监管工作提出具体、明确、量化的规定，成立安全组织机构，配备人员，投入资金；编制安全管理制度、安全防护措施、安全专项方案、消防、文明施工措施、应急预案；与辖域范围内重点建设项目、建筑施工企业签订《2010年度安全生产目标考核责任书》48份。四是专家论证备案。5月19日，新区（县）召开建设工程专项整治及6月安全生产月推进会，参会人员232人。市、新区（县）相关领导到会指导工作，并对专项整治工作和六月“安全生产月”活动进行了安排部署，重大危险源、高大模板、深基坑等接受专家论证备案共30多个。五是安全检查。全年开展建设工程安全检查179次，参加检查人数1 365人次；检查施工企业147户，共下发安全报监备案通知26份，限期整改通知书264份，停工通知书36份；查处安全隐患1 617条，重大安全隐患142条。六是精心组织，开展“安全生产月”宣传。采取现场接受群众咨询、悬挂宣传标语等方式，向广大群众进行安全生产宣传。活动中，设置展板21块、发放《昆明市建设工程项目施工现场安全监督管理办法》、《昆明市建设工程文明施工管理办法》及安全警示宣传资料1.5万余份。七是安全培训和教育。大力开展农民工安全免费教育，夯实安全生产基础。全年现场举办农民工安全生产免费培训班78次，培训农民工13 251人次。邀请市、新区（县）安全生产教育专家到施工工地现场，结合工程事故案例及工地现场实际，讲解自我防护知识和安全操作技能，发放了《安全教育知识读本》1.3万余份，现场进行考试，考试合格者发放安全教育培训合格证书。八是“三类人员”教育。强化安全管理人员安全教育，举办施工企业、监理单位“三类人员”安全生产教育培训班两期，培训人员800余人。通过培训使专职安全员必须熟悉《三标九规范》，项目经理和技术负责人、监理必须懂得五个安全技术专项方案，对参加培训的“三类人员”发放《建筑施工“三类人员”强化教育安全教育证》。

市督查组领导与韩扬副县长（中）研究建筑行业安全生产工作 〔新区（县）安监局 供稿〕

**【工程款和农民工工资“清欠”】** 根据国务院、省、市“关于做好农民工权益保护、保障工资支付”的要求和安排，按照昆明市建设领域工程款“清欠”办公室《关于调查了解近期建设领域拖欠工程款情况及相关情况的通知》和《呈贡新区建设领域农民工工资保障金支付管理试行办法实施细则》规定，新区（县）住房和城乡建设局在办理施工许可证的审批时，严格执行统计上报拖欠工程款情况。积极配合相关部门认真开展农民工工资“清欠”工作，依法开展农民工权益保护工作。自2009年9月1日以来，新区（县）抽调人事劳动和社会保障、建设、安全监察、公安、工会等部门的人员，开展农民工工资支付情况专项检查，切实保护农民工的权益，维护了社会稳定。同时，向建设施工单位宣传劳动法、劳动合同法等法律法规，推行《呈贡新区建设领域农民工工资保证金》的制度，截至2010年1月31日，新区（县）境内建筑企业、公司交纳农民工工资保证金共814.88万元（实际到帐资金520.88万元）。其中，新区（县）2009年内处理农民工投诉案件，依法调处劳动争议案件33件；受理并办结拖欠农民工工资案件86件，为1 861名农民工追讨拖欠工资共610.6万元。2009年12月至2010年1月31日，新区（县）查处克扣、拖欠农民工工资案件18件，为153名农民工追讨拖欠工资88.3万元；1月6日，成功调处农民工死亡（1人）赔偿纠纷1件，由施工方一次性支付死亡赔偿金13.5万元。

**【工地“创卫”】** 结合“四创两争”工作，新区（县）强化“创卫”和文明施工管理水平，切实做好建筑工地“创卫”长效管理工作。一是建筑工地“创卫”。2010年1月31日，新区（县）“四创两争”总指挥部成立了“创卫”建筑工地专项工作领导小组，决定于即日起对辖区内建筑工地进行了专项整治。年内，共检查建设项目82个，施工企业140余个，发出建筑工地“创卫”不合格项整改通知书80份、新区（县）建筑工程项目检查情况登记表41份、建设工地限期整改通知书41份、整改不合格项目458项。二是文明施工管理。要求各建筑施工企业、监理企业要提高认识，切实加强组织领导，成立工作领导小组，精心组织，周密部署，落实具体工作措施，做到横向到边，纵向到底、不留死角、不走过场，所有在建工地均“创卫”达标、文明施工。

**【节能减排基金管理】** 2010年，新区（县）完成了本区域内民用建筑能耗和节能信息统计工作，对节能减排、节能专项基金进行管理。一是数据统计和上报。按照省住建厅关于2009年民用建筑能耗和节能信息统计工作的要求，新区（县）按市住建局的工作安排，对辖区范围内的公共建筑、行政办公建筑以及民用住宅进行节能调查。同时，建立公共机构能耗统计报告制度，对统计数据报送、汇总、分析和管理等工作实行专人负责，按时限按要求完成了数据统计和上报工作。二是通过了国家级的专项检查。12月中旬，按照中央、省、市关于新型墙体材料节能专项基金的管理规定，国家住建部的检查组对新区（县）建设领域节能减排工作专项检查并获通过。按照建筑节能的要求收缴、管理和返还建筑散装水泥专项资金，预收散装水泥专项资金16项，金额647.46万元；返退散装水泥专项资金1项。预收新型墙体材料节能专项基金15项，金额1 667.62万元；返退新型墙体材料节能专项基金1项。

**【配套设施建设】** 随着城市化建设的步伐不断加快，新区（县）组织开展了市政基础设施、配套设施建设。一是老县城内文庙一期修缮项目。项目于2010年6月开工建设，于9月30日竣工。12月，项目建设完成并已初验。二是雨花小学建设项目。该项目与新型社区4号地块项目同步实施，主体工程已竣工于2010年12月31日竣工。三是电力线路迁改项目。5月，35千伏跑马山线迁改项目开工，迁改线路长7.47公里，其中架空线路2.12公里，进入地下管沟线路5.35公里，至8月中旬已全部完工。110千伏果呈线迁改项目迁改线路长约4.75公里，已完成迁改线路1.85公里，剩余部分2.89公里，因与南中央大道建设工程用地冲突调整线路迁改通道并重新设计，年内基础施工已经完成，等待下达停电计划穿电缆线。

**【路网建设】** 2010年，新区（县）通过加快推进三期17条、四期12条路网的建设，初步构建城市化交通网络。其中，2009年白皮书建设项目涉及6条路，总长18公里，投资22.3亿元。2010年白皮书建设项目涉及14条路，总长45.9公里，投资约55亿元。

**【污水处理】** 截至2010年12月31日，呈贡县污水处理厂技改尾水一级处理的深度处理建设工程结束，各项设施运转正常，全厂工艺运行稳定，运行状态良好。年内，呈贡县城污水处理厂共运行365天，实际运行率100%；收集处理老县城城市生活污水共404.99万立方米，污水收集处理率76.5%，COD削减量为366.79吨；平均日进水量1.15万立方米，经环保监测部门不定期抽样监测，出水水质各项指标已稳定达到（GB18918–2002）一级A标准。

**【人民防空】** 人民防空和防震减灾工作，直接关系到人民群众的生命财产安全，是城市建设中不容忽视的专项工作。新区（县）住房和城乡建设局针对呈贡新区总体规划，从立足长远的角度出发，加大对城市人防工程及人防设施建设。坚持平战结合的方针，加强了对人防工程和警报设施的维护管理，以保护人民群众生命财产安全。在组织开展人民防空工作，做好防空工程的同时，每年还积极组织开展“9·18”防空警报警示教育活动，发放《人民防空知识读本》2 000余册。

**【防震减灾】** 在防震减灾方面，完善修改新区（县）的防震减灾预案，增强了县城抵御各种自然灾害和及时组织救助的能力。积极做好防震减灾及建设知识的宣传，注重防震减灾的宣传教育工作，向广大群众分发《防震避震常识》、《地震知识100问》、《地震来了怎么办》、《应对地震灾害，公众自救互救常识》等宣传图册、图片、光碟共3 500多册；完成地震安全农村民居工程拆除重建补助项目工程，受益农户200户。

**【房地产管理】** 2010年，新区（县）住房和城乡建设局共办理房屋产权收件4 208宗，产权登记总面积234.09万平方米，其中单位办证37件，面积15.64万平方米；房产抵押登记404件，抵押面积15.09万平方米，抵押金额4.05亿元，抵押注销523宗，抵押归档396宗；产权产籍整理归档938件；对外查阅档案432卷，房产交易登记435件，交易面积6.49万平方米。房屋安全鉴定10宗，面积4 356.59平方米；核发商品房预售许可证5份，预售面积211.79万平方米，其中住宅174.56万平方米、非住宅37.24万平方米。此外，还对直管公房进行维修保养、垃圾卫生治理，周边环境管理以及廉租房物业管理工作。

**【住房制度改革管理】** 2010年，新区（县）共办理房改房变更所有权人51件，变更面积2 900.81平方米。办理房改房上市交易登记备案121件，交易面积8 553.3平方米。单位住房资金审批发放使用单位3个，共计16.78万元，出具未享受过房改政策、未领取过住房补帖、无房证明等各种证明共12件。

**【农村保障性住房建设】** 根据新区建设时序，按计划于2010年开工建设农村保障性住房建设项目5个，总占地4 100亩，建设安置房面积约300万平方米，可安置10个社区8 100户、22 213人。一是雨花四号地块项目。位于呈贡新区雨花片区北部，计划安置王家营、中庄两个社区1 484户、4 089人，建筑面积56.99万平方米。项目总用地面积438.06亩，总建筑面积56.43万平方米。截至2010年12月，建筑结构主体工程已断水，完成工程量的80%，完成投资约10.07亿元，正在办理关行政审批手续。二是雨花5号地块项目。2008年3月25日，取得了呈贡新城管理委员会项目立项的批复，批复本地块净用地面积888亩，总建筑面积为93.4万平方米，解决雨花、下庄两个社区1 766户、3 674人搬迁安置住房问题。2009年11月23日，项目开工建设，已先后完成了场地清平、围栏搭建、地勘、试桩及检测、土石方开挖清运等工作。但由于规划没有最终确定，资金尚未落实，导致工程于2010年10月25日再次停工。三是洛龙乌龙一号地块项目。位于云南省体育训练中心旁，占地781.82亩，总建筑面积约167万平方米，其中地上118.35万平方米，地下48.66万平方米，容积率2.72，建筑密度24.8%，绿地率47.1%，安置区住宅建筑均为33层，总投资约60亿元，工期预计3年。经公开招投标，确定了项目地质勘察工程单位、初步设计及施工图设计单位、地块清表和简易围墙的施工单位。年末，正在进行一期基坑（土方开挖）、基坑（土方开挖）监理及项目建筑方案的公开招标工作。四是雨花一号地块三期项目。总用地面积357.93亩，净用地面积合301.35亩，总投资约15亿元，安置回迁2 600户、5 120人。总建筑面积54.76万平方米，其中住宅建筑面积23.81万平方米，公共服务设施建筑面积17.91万平方米，地下建筑面积13.04万平方米；停车位3 662个，其中地下2 897个，立体停车位765个。该项目已经按照原有修规批复完成设计，现场已完成场地平整和地勘工作。五是雨花二号地块二期项目。规划用地面积199.17亩，净用地149.2亩，总投资约6.8亿元，安置回迁616户、1 652人。总建筑面积25.43万平方米，其中地上建筑面积19.73万平方米，地下建筑面积5.69万平方米。该项目已经按照原有修规批复完成了施工图设计，现场已完成地勘工作。此后，根据呈贡新区规划土地委员会2010年第23次全体会议纪要“关于退距和增加建筑高度为90至100米”的要求，对方案进行了调整，新调整方案已报呈贡新区规划土地委员会。

（陈云猛　杨祖丽）

## 环境保护

**【简　述】** 2010年是“十一五”规划的收官之年，在新区党工委（县委）、新区管委会（县政府）领导下，在省、市环保部门的指导帮助下，新区（县）环保局健全和完善环境保护工作机制，认真履行统一监管职责，加强环境管理，结合新区建设创造性地开展工作。严格环境执法，严格控制高污染、高能耗和资源开发利用项目，把好建设项目准入关，掌握环境质量状况；加强生态保护工作，加强环境监测，开展环境专项整治、检查，防止环境污染和生态破坏事故发生，全面实施生态建设工程、环境治理工程、污染减排工程；采取更加有力的措施，改善环境质量，修复生态环境，促进生态平衡，保障群众身体健康；开展形式多样的环保宣传教育活动，提高全民环保意识；注重自身建设，高效地为呈贡新区建设服务，实现新区科学发展。

【队伍建设】 新区党工委（县委）、新区管委会（县政府）高度重视环保机构及队伍能力建设，贯彻落实市编办批准的有关环保机构编制及人员设置的文件精神，不断提高环保队伍工作的能力和水平。年内，新区（县）环境保护局行政编制由9人增加至15人，环境监察大队编制由12人增加至15人，环境监测站编制由8人增加至10人，全局人员编制（含事业编）由原来的28人增加到40人。其中，通过公务员公开招考，环境监察大队新增人员2名。始终把队伍建设放在突出的位置，常抓不懈，按照"分工不分心、相互配合、共同推进"的工作原则，新区（县）环境保护局班子成员遇事不推诿、不扯皮，共同研究解决问题的方法和措施。加强职工的学习教育培训力度，参加国家、省、市环保部门和新区（县）组织的计算机、重点工业污染源监测、环境监察等13个方面的学习培训，共38人次。

【环境质量】 采取有效的措施，加强了辖区内的监测工作，常年对区域内的地面水、饮用水、建成区环境空气和噪声进行监控，按月进行降尘、硫酸盐化速率的监测，对建成区进行环境噪声监测，确保了新区（县）环境质量保持基本稳定，部分指标比上年有所改善。一是空气质量。年内，新区（县）城市建成区环境空气质量超二级标准，其中二氧化硫、二氧化氮达二级标准，可吸入颗粒物超二级标准；监测降水共44场，降水总量464.5毫米，降水pH值范围为5.75～8.25，未出现酸雨。声环境质量达2级标准。二是居民饮用水质量监测。重视饮用水源管理，保障饮用水安全。新区（县）环境保护局每季度对居民饮用水源（吴家营3眼地下深水井）现场检查1次，每月监测1次，全年无污染饮用水源的违法行为，饮用水井水质达标率为100%。同时，为提高应对集中式饮用水水源突发安全事件的能力，制定了《呈贡新区（县）集中式饮用水水源突发安全事件应急预案》。

【建设项目审批及验收】 严格执行《中华人民共和国环境影响评价法》等规定，对建设项目的环境保护实施分类管理，按建设项目对环境的影响程度进行环境影响评价，没有降低评价等级。一是项目审批。年内，新区（县）共接到建设项目报件283个，审批243个，否决40个，申报的环境影响评价文件审批执行率100%。其中：县级批准的项目总投资14.68亿元，环保投资545万元，环保投资占总投资的3.71%；省、

昆玉高速公路交通事故导致废油泄漏应急处置现场
（宋华金　摄）

市级批准的项目总投资206.02亿元，环保投资3.22亿元，环保投资占总投资的1.56%。新区（县）环境保护局所审批及验收项目均在承诺期限内办结，无越权审批和违法审批的情况。二是项目验收。按照《建设项目竣工环境保护验收管理办法》的要求，严格按照验收条件的规定，符合验收标准并通过验收的项目104个，总投资2.34亿元，环保投资1 319.7万元，环保投资占总投资的5.64%，验收项目的环境保护设施"三同时"执行合格率达100%。

【环境监察】 加强对辖区内污染源的日常监督管理，确保污染防治设施的正常运行和污染物的稳定达标排放。一是污染源排放检查。年内，新区（县）环境保护局检查各类排污单位共106个，出动人员540人次。其中，重点污染源15个、182人次，一般源污染源91个、358人次，检查废水、废气等污染治理设施105台（套），污染防治设施正常运转率100%，各个企业做到污染防治设施正常运转，无异常排放。二是专项整治。开展"整治违法排污企业、保障群众健康"环保专项行动，出动监察人员246人次，出动车辆118辆，对辖区内纳入环境管理的企业进行了拉网式排查，共排查企业62个，立案查处35起，处罚款4万元。其中，关停严重违法企业5个，分别是马琼珍冰瓶加工厂、呈贡利民塑料制品厂、呈贡福康白龙潭水上乐园、昆明东晟混凝土有限公司、吴福辉塑料颗粒加工厂。三是开展联合执法，打击环境违法违规行为。新区（县）环境保护、滇池管理、公安、城市管理部门联合执法27次，对河道沿岸的企业和单位进行专项整治，取得显著成效。其中，云南师范大学等8所高校产生的污水经处理后，作为绿化用水和景观用水；对污染严重的加工企业进行取缔，取缔蜂窝煤加工厂4个、塑料加工厂5个；取缔在县城中心文化广场产生噪声扰民的经营性演唱活动5起，解决群众群众休闲场所的噪声污染问题。四是重金属污染专

项整治。新区（县）环境保护局高度重视重金属污染防治工作，为有效预防重金属污染，制定了《呈贡县重金属污染防治方案》，开展重金属污染专项整工作。严把新建项目准入关，将重金属污染控制在源头。结合污染普查情况全面排查，分析新区（县）辖区内的排污企业，做到全面排查又突出重点，排查产生重金属污染物的企业共3个。其中，云南景新绿化园艺工程有限公司虽然使用铜铬砷盐防腐液，但其工艺是在密闭的罐体中浸泡木材，溶液循环使用不外排，装防腐液的桶由防腐液供应单位回收。加强现场监察，每季度对重金属产生和排放企业现场检查1次，全年无重金属污染物排放情况。

昆明瑞丽江食品饮料有限责任公司污水全面截流深度处理设施（宋华金 摄）

**【环境整治】** 按照新区党工委（县委）、新区管委会（县政府）的要求，新区（县）环境保护、水务等职能部门和有关街道继续加大城市环境综合整治力度，工业企业实现了全面达标，取得了突出成效。一是入滇河道治理。年内，马料河、洛龙河、捞渔河3条入滇河道水环境综合治理基本完成，其中捞渔河污水处理厂已建成投入试运行，洛龙河污水处理厂已完配电间、鼓风机房和脱水车间、3号生化池的主体工程，预计2011年5月投入运行；马料河整治工程正在施工；县城污水处理厂深度处理工程已完工，出水水质达一级A标准。二是垃圾处理项目建设。新区（县）垃圾焚烧发电厂综合楼、垃圾池及主厂房结构的二层结构已完工，完成土建工程量的65%，正在进行基础柱混凝土浇筑及基础土方回填，完成投资约1.4亿元，计划2011年7月投入运行。三是污水管网、处理站建设。新区（县）排水管网工程建设有序推进，已完成雨水管网建设154.2公里，超过“初步设计批准的146.8公里”的要求；9所高校、3个新型社区均建设了中水处理站，并投入使用。

**【全面截污】** 认贯彻落实《昆明市人民政府关于“一湖两江”流域水环境保护工作的若干规定》，新区（县）环保局配合相关职能部门、单位抓好“一湖两江”（滇池，长江、珠江）流域的“四全”(全面截污、全面禁养、全面绿化、全面整治）工作。结合新区（县）实际，研究制定了《呈贡新区（县）滇池流域污水全面截流收集处理设施工作方案》，加强对本区域内被列入市政府公告中的18个工业企业的管理，指导和督促各个工业企业加快污水处理设施建设。6月13日，在市环保局的指导下，通过各有关部门的共同努力，18个工业企业完成全面截流工作，通过了市工业污水办的验收，提前17天完成市政府下达的目标任务。其中，关闭4个、接入市政污水管网7个，自建了污水处理系统的工业企业7个，都实现了外排污水达标排放；14个工业企业新投入治理经费138.1万元，新增污染治理设施10台（套），新增污水处理能力545吨/天，每年减少废水排放量1.73万吨，削减化学需氧量46.51吨、氨氮1.61吨、磷酸盐0.1吨。

**【生态环境保护】** 2010年，新区（县）认真贯彻落实国家、省、市有关环境保护的法律法规，开展生态环境保护工作。一是制定工作方案，细化目标任务。制定和实施了《呈贡新区（县）2010年“创模”主要目标任务分解》、《呈贡新区（县）2010年争创国家生态县主要目标任务分解》、《呈贡新区“六清六建”工作实施方案及其考核办法和问责规定》、《呈贡新区建设低碳城市的实施意见》、《呈贡新区关于加强生态文明建设的工作意见》等规范性文件，指导呈贡新区生态文明建设。二是“创模”工作。新区（县）“创模”26项考核指标已达标、基本达标24项，待马料河水环境综合整治工程和垃圾焚烧发电厂项目工程完工后，马料河水质可达到Ⅳ类水的阶段性保护目标，生活垃圾实现无害化处理，即可实现“地表水水质和生活垃圾无害化处理”2项指标的达标，全面完成“创模”工作。三是“创生态县”工作。新区（县）已基本具备了“创生态县”的5项基本条件；在22项考核指标中，必须完成的16项约束性指标已完成12项，6项参考指标已完成3项，预计2011年3月即可将创生态县的申报材料上报省环保厅。四是继续推进农村环境综合整治工作，改善农村生态环境质量。经新区（县）环境保护、滇池管理等职能部门和相关街道的共同努力，新区（县）完成环境治理工作的村庄共28个。其中，争取中央农村环保专项资金85万元，完成了小松子园村居民生活污水治理工程；争取市级资金100万元，开展农村环境综合整治。

**【污染减排】** 新区（县）继续坚持污染减排工作“目标不变、标准不降、力度不减”的要求，加强对污染减排企业的监管力度，巩固减排工程所取得的成效。一是全力推进在建减排工程，超额完成市政府下达的减排任务。年内，新区（县）削减二氧化硫801吨，超目标任务351吨。其中，督促昆明新都公司加快洛龙河污水处理厂建设，现已完成配电间、鼓风机房和脱水车间、3号生化池的主体施工作业，正在开展进水泵房沉井主体及围护桩、1号生化池和二沉池、3号二沉池、综合楼及倒班宿舍的主体施工，预计2011年5月底完工并投入试运行。二是化学需氧量减排。昆明市未下达化学需氧量减排量，但通过对已建减排工程的监管，新区（县）削减化学需氧400.61吨。其中，呈贡县污水处理厂减排化学需氧量370.18吨、呈贡绿园排水管网有限公司减排化学需氧量30.43吨。污染物总量控制在市政府下达的“十一五”指标以内。共使用化学需氧量指标18.79吨，与控制指标91.29吨相比结余72.5吨；使用二氧化硫指标8 158.3吨，与控制指标8 389吨相比，结余230.7吨。

**【环保宣传】** 新区（县）环保局组织人员参加文化、科技、卫生“三下乡”活动，开展环保宣传，提高了群众环保意识。一是宣传环保法律法规和环保知识。采取发宣传材料、现场咨询、张贴宣传画、摆放宣传展板、播放环保法律法规录音带等形式进行宣传，努力构建全民参与和支持环保工作的大环保格局。全年共开展环保宣传活动10次，出动宣传人员32人次，车辆10辆次，摆放展板48块，悬挂宣传标语11条，接受各类咨询129人次，向公众发放宣传资料34 600份，投入环保宣传经费4 800元。二是创建市级绿色学校。新区（县）创建市级绿色学校1所（七甸学校），圆满完成市环保局下达的创建1所绿色学校的任务。三是刊播环保信息。利用广播、报纸、电视等媒体刊播“七彩云南保护行动”信息27条，发放手机短信1 000条次，向新区（县）人民群众广泛宣传环保法律、法规知识。

“六·五”世界环境日宣传活动

（李文义　摄）

**【信访办理】** 对于群众的来信来访，新区（县）环保局做到热情服务、认真记录、妥善解决、件件有答复。全年收到群众来信来访37起，调查处理37起，办结率为100%，共处罚款14.6万元。办理政协委员提案1件，得到了政协委员提案人的肯定和表扬。本区域内全年无重大突发性环境污染事故发生。

（马庆玉）

## 滇池保护

**【简　述】** 在新区党工委（县委）、新区管委会（县政府）、新区（县）滇池流域水环境保护治理工作指挥部的领导下，新区（县）水务局贯彻落实《滇池水污染防治“十一五”规划》、《昆明市2010年滇池流域水环境综合治理方案》，按照“治湖先治水、治水先治河、治河先治污、治污先治人、治人先治官”的思路，对照与市委、市政府签订的《滇池流域水环境综合治理目标责任书》的要求、目标、任务，提高认识，完善制度，把滇池流域水环境综合治理工作与新区建设紧密结合起来；坚持日常工作不放松，做好“三河十一沟”综合治理、“四退三还一保护”工作；全面协调、督促、配合、推进滇池治理任务的落实，进行湖滨湿地建设、渔政监督管理，圆满完成了滇池保护工作。

**【机构改革】** 2010年7月，呈贡县进行了政府机构改革。根据《呈贡县人民政府机构改革实施意见》的通知精神，设立呈贡县水务局，县滇池管理局的职责划入县水务局，加挂呈贡县滇池管理局牌子，为县政府的工作部门。县政府办印发了《呈贡县水务局主要职责内设机构和人员编制规定》。根据机构合并后的职责，呈贡县水务局设置办公室、规划建设科、政策法规科、水政水资源科、滇池管理科5个内设机构，机关行政编制12名，其中局长1名，副局长2名。机构合并后，干部职工在册人数81人，其中公务员27人、专业技术人员10人、技术工人44人，公益性岗位1人；离退休人员46人；中共党员55人；大专以上学历62人。

**【队伍建设】** 新区（县）水务局以开展“创先争优”、“效能呈贡”、软环境建设活动为载体，进行基层党组织、党员先进性、干部职工廉洁勤政教育活动，全面落实岗位目标责任制、党风廉政责任制等各项工作任务。一是开展学习和教育活动。以党性、党风、党纪教育为重点，在党员、干部、职工中深入开展示范教育、警示教育和岗位廉政教育，树立正确的世界观、人生观、价值观和权力观、地位观、利益观，做到公道正派、勤干实干。二是开展“创先争优”活动。制定了《呈贡县水务局开展创先争优活动实施方案》，围

"三下乡"法规宣传

（郭江瑞　摄）

绕"创建先进基层党组织、争当优秀共产党员"的主题，创建先进党组织要努力做到"五个好"，即领导班子好、党员队伍好、工作机制好、工作业绩好、群众反映好；争当优秀共产党员要努力做到"五带头"，即带头学习提高、带头争创佳绩、带头服务群众、带头遵纪守法、带头弘扬正气。三是强化制约和监督机制，做好全局领导干部廉洁自律工作。认真贯彻执行《中国共产党党内监督条例（试行）》规定的各项监督制度，严格执行民主集中制、重要情况通报、民主生活会等监督制度。积极配合审计部门做好对领导干部的经济责任审计工作，有效预防遏制职务犯罪的发生。四是开展"纠风"专项治理工作。制定安全生产"一岗双责"实施方案，落实"纠风"目标责任。加强对安全生产法律法规和安全生产责任制落实情况的监督检查，加大责任事故调查处理力度，加大对政府专项资金的监管，坚决纠正损害群众利益的不正之风。五是进一步落实源头治理工作。按照"八个百分之百"的要求，严格工程建设管理，做到资金安全、工程安全和干部安全。督促建设单位按照招投标的要求公开招标并签订廉政建设合同，从源头上预防和治理工程建设中容易滋生的腐败现象。六是加强财务管理制度。加强对专项资金的管理与监督，进一步规范水利资金管理，完善部门预算管理制度和预算执行审计制度；专款专用，认真执行水利专项资金支付制度，强化水利基本建设资金管理，提高资金使用效益。七是"效能呈贡"和软环境建设。围绕着把呈贡新区建设成为昆明现代化城市、科学发展、品质春城"三个示范区"的目标，按照"提升工作效能、争创一流业绩"的要求，查问题、找差距、定措施，切实加强作风建设，深入推行"五办作风"、"一线工作法"和"工作成果倒逼法"，切实提高行政效率和执行力；进一步深化政务公开，继续推进"阳光政府"四项制度的规范化建设，确保各项工作开好头、起好步、有进展、能突破。

（严顺仙　段学英）

**【宣传教育】**　利用"三下乡"活动、"世界水日"、"中国水周"、科技活动宣传周等时机，新区（县）水务局组织开展群众性的保护滇池的宣传教育活动。一是保护母亲湖宣讲活动。继续开展"以我所能，保护母亲湖——滇池百、千、万进企业、进农村、进学校、进机关、进社区"宣讲活动16场，其中龙城街道3场，斗南街道4场，吴家营街道3场，乌龙街道3场，雨花街道3场，参加人员1 410人次。紧紧围绕"你我同参与，保护母亲湖"的主题，广泛深入开展滇池保护与治理宣传教育活动7次，分别在斗南、乌龙街道举办了"从我做起、身体力行，我为滇池治理做贡献"的专项活动，并组织共青团员、中小学生进行了义务清扫（捡）垃圾活动。二是新闻媒体和公益广告宣传活动。在呈贡电视台开设了滇池保护治理宣传专栏，组织报道新区滇池保护治理工作40次，广泛宣传滇池保护与治理的知识；在县城主要路口设置"全面截污、全面禁养、全面绿化、全面整治，展滇池风采，共建生态、和谐、文明新区"、"保护滇池从我做起，治理滇池全民参与"大型户外公益广告宣传牌2块，进行保护滇池宣传；结合《昆明市河道保护条例》颁布实施，在主要入湖河道及沟渠边埋设了"河（段）长责任制"标牌3块，河道警示牌40块，其中，洛龙河18块，捞渔河17块，马料河5块；每个社区、村委会都设立有宣传保护滇池的标牌和专栏。此外，还适时组织省、市级新闻媒体的记者对新区（县）辖区内的滇池治理与保护工作进行采访报道，在市级以上报刊宣传报道19次。三是创新滇池治理宣传方式。大力开展环境保护教育，将中小学开展品德教育、社会实践、环境保护教育活动结合起来，不断拓展宣传教育的深度和广度，新区（县）中小学开展滇池保护宣传教育活动面达85%以上。从课堂主渠道入手，与学科教学相结合，组织开展"绿色生活"、"保护环境"、"热爱地球"、"保护地球"、"关爱动物"等教育；与学校德育紧密结合，在节假日里组织学生进行环保教育，在插花、园艺、书画、义务劳动等活动中对学生进行环保教育，使学生从小养成关注环境，做保护环境的主人意识，养成良好的行为习惯。通过主题班会、演讲、征文、小广播等形式，在中小学生中广泛开展主题教育活动9次，广泛普及环境保护、滇池保护知识。四是印发滇池治理宣传资料。结合新区建设和环境保护的实际，新区（县）水务局与县委宣传部、团县委联合编印滇池保护的宣传材料3万余册（份），发放各种滇池保护的宣传材料共7万余册，增强了群众的环保、滇保意识。

**【"四退三还一护"】**　2010年，新区（县）水务局配合相关职能部门、单位抓好"一湖两江"（滇池，长江、珠江）流域的"四全"（全面截污、全面禁养、全面绿化、全面整治)、"四退三还一护"(退田、退塘、退房、退人，还湖、还湿、还林，保护滇池）工作。一是滇池湿地建设。按照滇池湿地建设施工设计要求，积极协调配合省城投公司组织滇池湿地的修复与重建工作。截至年底，已完成"退田退塘"及湖滨生态建设2 447 亩，其中建设湖滨湿地 813.59 亩，湖滨林地688.06 亩，河口湿地 200 亩，湖内湿地 745 亩。种植各种苗木近 220 万株，其中芦苇、水葱、荷花、水芹、香蒲、菖蒲、睡莲等水生植物 150 余万株，竹子 30 余万株，香樟、桂花、中山杉、重阳木、银杏、滇朴、榕树、垂柳等乔木 10 万余株，其中种植胸径为 5 厘米以上中山杉 29 500 株，"退塘还湖、退田还湿"工作已完成 94%。二是"退人退房"工作。新区（县）滇池保护界桩外延 100 米范围内的"退人退房"工作，涉及斗南街道和乌龙街道范围的企业 5 个、企业用房和居民小组公房面积共 5 701 平方米，农户 442 户、1 154 人、农房面积 62 188 平方米。其中：斗南街道涉及斗南社区彩龙村、江尾社区房子湾，农户 344 户、885 人、农房面积 50 281.76 平方米，居民小组公房及企业用房面积 2 065.4 平方米；乌龙街道涉及乌龙村6 个居民小组 98 户、269 人、农房面积 11 906.23平方米，居民小组公房和企业用房面积 3 636 平方米。5 月 30 日，滇池管理职能部门配合新区（县）滇池治理工作领导小组办公室，采取委托专业评估机构进行评估，参照新区（县）村庄搬迁办法，以货币补偿的形式，对两个街道居民小组公房、企业用房进行拆除，总面积 5 701.4 平方米，退人 57 人，圆满完成了 5 企业、居民小组公房拆除工作。其中，乌龙片区的"退人退房"工作采取周转安置的方式进行，所涉及农户98 户、269 人的周转房选址于三岔口，已于 2009 年10 月下旬开工建设，投资约为 2 000 万元。年内，已全部完成搬迁协议签订，并搬迁了 91 户，其余 7 户待新型社区建成后随整村搬迁一并实施。

**【污水处理方案制定及调整】** 《昆明市人民政府关于批转滇池流域污水全面截流收集处理设施建设工作方案的通知》提出，新区（县）在 2009 年需完成 10 个村庄的污水收集处理设施建设任务，2010 年需完成34 个村庄污水收集处理设施建设任务。2010 年，按照"接管优先"的思路，结合昆明市滇池流域水环境综合治理指挥部《滇池流域集镇、村庄污水收集处理设施建设实施意见》的要求，新区（县）制定了实施方案，明确在新区 107 平方公里核心区内不再新建象麻莪村、乌龙村等开放式和分散处理的村庄污水收集处理设施。提出把原来要求建污水处理设施的 12 个村庄的污水接入已建、在建的市政污水收集管网中；结合新型社区建设，建设新型社区中水处理站；按照市政府"全面截污和不让一滴污水进滇池、进河道"的要求，增加了刘家营、段家营、雨花、下庄等村庄污水收集管网建设。5 月 8 日，通过调查和梳理，经请示市政府办公厅、市生活污水办后，对新区村庄污水处理设施建设任务进行了调整。即：完成白龙潭、回回营、江尾、万溪冲及小王家营、练朋尾、殷家村合建的共 5 个村庄污水收集处理设施建设；完善中庄、大王家营中水处理设施并投入试运行；完善三岔箐、大梨园、斗南、小梅子、大梅子、上可乐、下可乐、松花铺、龙街、小古城、溪波、吴家营共 12 个村庄污水收集管网，对应接入市政污水收集管网进行集中处理；将七甸街道所属的 12 个村庄污水收集处理设施建设任务，调整给阳宗海风景名胜区管理委员会组织完成。

**【污水处理设施建设】** 年初，新区（县）滇池管理局协助、配合各街道结合实际，因地制宜，狠抓落实，积极开展村庄污水处理设施的可研设计、立项报批、招投标，稳步推进污水处理设施建设工作。截至 8 月28 日，于 2009 年开始建设的麻莪、乌龙、柏枝营、郎家营、缪家营、大水塘、前卫营、七甸、头甸、大哨村共 10 个村的污水处理设施建成；需要在 2010 年建成的 34 个村庄污水收集处理设施建设，已经建成了22 个，即彩龙村（调减）、江尾（湿地处理）、小王家营、殷家、练朋尾、白龙潭、回回营、万溪冲（植物氧化塘 + 三级表流湿地)、大梨园、三岔箐（进云广大道截污管)、斗南、小梅子、大梅子、上可乐、下可乐、龙街、松花铺（拟进环湖截污干渠，已完成收集系统建设，待环湖截污干渠沉沙池建成后即可接入）；小古城、溪波村（拟进马料河截污管网，已完成收集系统建设并接入马料河旁的沉淀池进行简易处理）；吴家营（进亚广北路)；大王家营、中庄村（自建中水回用施设）。同时，结合呈贡新区建设的实际，完成了下庄（自建污水处理系统)、刘家营、段家营（进捞渔河截污管网)、雨花（自建污水处理系统）4 个村庄处理设施建设。

**【再生水设施建设】** 加强节水工作，继续推进再生水设施建设。新区（县）建成的柏枝营、郎家营、缪家营、前卫营和正在建设的王家营、下庄安置房均同步配套建设有中水处理和回用设施，进驻新区的大学和企业分别按要求建设了中水回用设施。组织对入湖河道以及新区 160 平方公里范围内的中央、省属单位、驻呈部队，新区（县）所属的机关、企（事）业单位的生产生活用房及公共设施的雨水、污水排放现状进行了全面调查，对能进入市政污水管网的刘家营、段家营、大梨园等村庄生活污水，结合"滇池流域污水全面截流，收集处理"的要求，全部就近接入了捞渔河、洛龙河截污管网及新区市政污水管网进行处理；

对雨污混流排放的单位，以及外排污水未进入市政污水收集管网的单位及在建工程项目，都按照《呈贡新区（县）采取拼户拼院方式建设区域性污水处理再生利用设施工作方案》，采取“拼户、拼区、拼院”的方式，建设区域性污水处理再生利用设施，实现再生水综合利用。

**【入滇河道整治】** 新区（县）除重点抓好区域内的“三河”（洛龙河、马料河、捞渔河，）综合整治外，还对入湖河道的支流、沟渠“十一沟”（清水大沟、老泊口沟、关沟、水龙沟、江尾新沟、山楂沟、牛屎沟、龙王庙沟、第三沟、乌龙大沟、新沟，另外再加上新河、梁王河、瑶冲河，境内入滇河道实际为14条）进行了综合整治。一是洛龙河水环境综合整治。工程项目投资13 029.2万元，其中中央资金投资7 517.73万元，国债资金3 709.26万元（含中央扩大内需资金3 197.73万元），省级配套资金3 650万元，县级地方资金50万元，企业自筹1 811.47万元。截至12月31日，A、B、C、D和E标段建设工程内容已完成，累计完成截污管建设9 088米，完成建设比例95%；完成河道整型治理2 550米，完成建设比例98%；A、B段绿化、防洪通道和游路工程已基本完成。二是捞渔河截污及水环境综合整治。工程累计完成投资3.06亿元。按照“因地制宜、分段治理、突出特色”的原则进行综合整治，努力恢复河道生态和景观功能，三个河段的规划定位为：上段（长3.6公里），田园生态景观河道；中段（长2.85公里），城市生态、文化、休闲景观河道；下段（长3.92公里），城市生态，森林公园、湿地景观河道。年内，已完成了河道两岸截污干管的埋设，长17.3公里，其中北岸10.9公里，南岸6.4公里；对河道进行了生态修复，将河段整治成了生态河堤，栽种胸径为3～50厘米各类树木共计6万余株，绿化面积80万平方米，绿化工程完成率96%。督促河道两侧的企业和大学自建了中水处理站，实现中水回用和污水全面截流，截污工程完成率100%。对河道两侧土地实施征地、拆迁，总面积2 409亩。其中，拆迁企业9个，面积17.63万平方米；线路迁改、拆除企业5个，迁改线路共13条，征地拆迁工程完成率100%。组织进行了清淤，清除各类杂草、淤泥300余吨。对河道进行了拓宽改造，河床由原来的平均宽不足4米，拓宽到12～20米，河堤高度整形为2.5米，河道开挖及整治完成率97%。三是马料河水环境综合整治。工程初设审批工作由市滇管局统一组织完成，施工图设计由官渡区政府组织完成；施工单位为长江航道局，监理单位为云南恒丰监理有限公司。11月前，从农学院旁某驻呈部队围墙至老昆洛路的征地工作结束，面积32亩，清表2 000余平方米；搬迁了河道旁的伊桂奶牛养殖场，奶牛900余头；关停污水外排企业6个，拆除河道拓宽范围内旺业彩砖厂企业用房13 800平方米。11月28日，工程施工单位进场施工，年内已完成格宾石笼120立方米，土方240立方米，管道基坑开挖280立方米，修复排水沟砌石116立方米。

**【河道清淤保洁】** 切实加强入滇河道的管护，抓好“三河十一沟”的清淤保洁工作。一是河道清淤。认真贯彻落实河（段）长责任制，将新区（县）域内河道及沟渠污染防治工作责任分解到各居委会，责任到人；聘请21名河道保洁员组建了专业保洁队伍，对3条主要入湖河道进行日常保洁；15名保洁员对沟渠进行日常管护，清理清运各类垃圾、淤泥约2 069吨，其中河道约419吨，沟渠约1 650吨。3～5月，在汛期来临之前，结合防汛的实际，新区（县）滇池管理局协助和配合街道组织千余人清理河道淤泥，对县域内沟渠进行专项整治，共投入资金20余万元，清除河道垃圾、杂草约600余吨、清挖淤泥700余立方米。“8·16”特大暴雨洪灾发生后，再次配合各街道组织人员，开展入滇河道支流、沟渠集中清淤整治活动，共清理河道沟渠长12 000余米，打捞淤泥、垃圾、杂草等1 200余吨。二是“河道保洁周”活动。新区（县）积极响应省“九湖办”《关于在九湖流域开展“河道保洁周”活动的通知》、昆明市滇池流域水环境综合治理指挥部办公室《关于在滇池流域主要入湖河道及支流沟渠开展“河道保洁周”活动的通知》，精心策划，全面掀起“清洁河道，保护湖泊”的热潮。4月23～28日，组织开展了新区（县）“河道保洁周”活动，将宣传和贯彻《昆明市河道管理条例》、“创卫”、汛前清淤保洁工作统一安排，投入经费26.8万元，组织街道、机关、事业单位、沿河（湖）街道及居委会的广大群众踊跃参与活动，出动人员共1 242人次，垃圾清运车、三轮摩托车辆100余辆次，清挖河道、沟渠长39.67公里，清理入滇河道（含瑶冲河整治）内漂浮物、淤泥，沿岸杂草、垃圾14 500余立方米，使县域内河道清淤保洁，实现了“三无一通一堵”（河底无淤积、水面无杂物、河岸无垃圾，河道排水畅通，河岸堵住排污口）。减少了淤泥对水质的污染，改善了河道支流（沟渠）水质，减轻了滇池污染负荷。

**【执法监管】** 深入贯彻落实《昆明市河道管理条例》、《昆明市入滇河道水环境控制目标及河（段）长责任制管理办法》，按照“分段监控、分段考核、分段问责”的管理要求，新区（县）进一步完善长效管理机制，建立定期与不定期巡查相结合的工作机制和举报制度。组织人员对河道及沟渠进行巡查检查，对在河道沿岸施工的单位进行宣传，要求施工单位采取措施，做到封闭施工，杜绝施工废土、污水排入河道，对发现违

收缴的违章占道经营三轮车

（郭江瑞　摄）

规排污、垃圾乱堆乱放等污染河道的问题及时处置，督促整改；对不按要求整改的，媒体披露，严厉重罚；对巡查过程中发现的洗衣服、垂钓行为，执法人员进行现场宣传教育，予以纠正。同时，鼓励个人及企业对违法排污、乱建、乱盖等违法行为进行举报，做到违法排污立即查、河道绿化有人护、河道保洁有人管，实行排污“零申报”，保持河道综合整治效果。

**【执法处罚】** 加大执法惩罚工作力度，坚决查处违法排污行为。严格按照《昆明市人民政府关于进一步规范行政执法程序提高行政执法水平的实施意见》的有关规定，新区（县）滇管综合执法大队对各种违法排污行为按“三步式”执法程序，给予处罚。即：第一步，对初次轻微违法的行政管理相对人先进行教育规范；第二步，实行限期整改；第三步，再依法实施处罚。年内，新区（县）滇管执法大队对主要入滇河道及沟渠日常巡查458次，发现各种违规违法行为114起，说服教育现场纠正100起，立案查处14起，收缴罚没款6.45万元，有力地遏制了侵占河堤，向河道内乱倒垃圾，乱排污水等违法行为的发生。各主要入湖河道水清岸洁，景观明显改善，洛龙河入湖口水质稳定达到Ⅲ类地表水，捞渔河出境断面水质达到Ⅲ类地表水，马料河达到景观用水要求。

**【滇池水体保洁】** 采取日常保洁与突击清除相结合的办法，加大滇池湖面保洁和垃圾、漂浮物的打捞、清运力度。年内，新区（县）将滇池水面垃圾、漂浮物打捞工作承包给打捞公司，由打捞公司每天组织6～10人对滇池水面垃圾和漂浮物进行清理打捞；由新区（县）滇池渔政监督管理站认真做好监督管理，每月进行1～2次检查。5月15～18日，在做好日常保洁工作的情况下，组织呈贡县第三建筑工程公司动用挖掘机4个台班，运输车辆3辆，清理了乌龙湾旁原马庄鱼塘和斗南抽水站旁的垃圾，清运垃圾、淤泥70余车、300余立方米。

**【渔政执法】** 严格按照市渔业行政执法的相关文件规定，切实加强滇池渔政监督管理，做到“依法管理，文明管理，安全管理。”年内，新区（县）渔政执法部门出动人员346人次，巡逻艇164艇次，收缴轮胎113架，大鱼网423张，有力地打击了偷捕滇池水产品的不良行为，维护了滇池渔业秩序。同时，出动监管人员298人次，监管小艇45艇次，组织打捞人员900人次，船只300船次，清运三轮摩托车40车次，取缔违禁渔具504套，竹竿5 982根，打捞垃圾22 50吨，协助公安机关处理水上死亡事故4起。有效保护了滇池水域清洁及水体景观。

**【滇池湖滨带管理】** 加强对滇池湖区域的保护和管理，预防和杜绝各种不法行为。一是宣传教育。在新区（县）范围内组织开展《滇池保护条例》宣传活动，向群众介绍滇池水体保护知识；二是加强了日常监管检查力度，杜绝破坏滇池水体保护界桩的行为，保证了界桩100%的完好率。年内，在对新区（县）滇池水体保护区范围和湖滨带进行检查时，没有发现有围湖造田、围堰养殖、开垦种植、挖塘养殖、违章建筑及其它缩小滇池水面和侵占、破坏湖滨带的行为。

**【行政审批服务】** 推行服务理念，最大限度地减少办事环节、简化办事程序、缩短办事时限、削减前置性条件，给投资者以最便捷、最主动、最高效、最优质的服务，努力做好行政审批服务工作。年内，按照“发展与保护并重”的原则，新区（县）职能部门的人员对新入驻的11个项目全程跟踪服务，主动深入企业调查了解情况，排忧解难，配合企业办理有关规划、基建等手续；协调市滇管局及时办理滇池流域开发建设项目的审查审批手续，赢得了企业和投资商的好评。

**【服从和服务工作】** 围绕征地拆迁的中心工作，新区（县）水务局不断强化大局意识和责任意识，抽调精干力量，服从和服务于新区建设：出色地完成了乌龙村“退人退房”搬迁、黑龙潭水产养殖基地拆迁等任务；抽调4名执法人员，协助配合新区（县）“四创两争”开展工作，进行“七小”行业（小网吧、小歌舞厅、小诊所、小饮食店、小旅馆、小浴室、小美容美发店）整治、环境卫生检查，切实做好清理整顿及日常监管工作，促进实现“创卫”共同目标。同时，根据《滇池流域水环境综合治理目标责任书》明确的任务，指导、督促、配合新区（县）滇池流域水环境保护治理工作成员单位组织开展水环境治理的工作。

【渔业渔政】 严格执法，强化监管，落实水产品质量安全工作责任目标制管理。新区（县）健全监管制度，按时报送监管信息，进一步加强滇池、阳宗海呈贡所区域内的渔业渔政执法和管理，防止偷捕事件发生，有效保护水生动物资源；开展渔业安全督察工作，及时调查处理渔业污染事故，及时查处水产品质量安全违的法行为。年内，人员调查处理渔业污染事故1件。此外，按照新区（县）食品安全委员会的要求，在节日期间对龙城农贸市场鱼摊及冷冻水产品经营户的水产品进行检查，未发现销售腐败变质水产品的情况。

（文玉宏）

## 园林绿化

【简　述】 新区（县）园林绿化局自2010年7月新组建成立以来，按照建设现代新昆明的发展战略要求，围绕建设“现代化城市示范区、科学发展示范区、品质春城示范区”的总体目标，找准建设国家园林城市、“全国文明城市”、“国家生态城市”和将呈贡新区建成“绿色新区”、“低碳城市”，实现城乡绿化全覆盖的工作定位，明确和强化园林绿化职能、职责，优化内部结构和分工，疏理完善行政事务及审批，积极开展行政审批工作、依法行政。通过全局干部职工的努力拼搏，新增绿地率、绿化管养和绿化改造等任务优质完成，园林绿化的地位、作用和形象得到了新的提升。

【机　构】 2010年7月16日，根据《中共呈贡县委办公室　呈贡县人民政府办公室关于印发呈贡县人民政府机构改革实施意见的通知》文件精神，设立呈贡新区（县）园林绿化局，机构规格为正科级，内设行政科室3个，暂无事业机构编制设置。核定行政编制10名，其中领导4名（1正3副）。呈贡新区（县）园林绿化局为县政府工作部门，负责创建园林绿化城市工作；全局实有在职干部职工34人，其中科级干部3人（局长1人，副局长2人），公务员1人，事业人员30人（19人为三台山、洛龙公园管理所，属非财政全额拨款人员，目前自筹供养工资）；党员14人，退休职工9人。

9月27日，园林绿化局举行揭牌仪式。市园林绿化局、新区（县）领导、三部一委指挥长（主任）及街道、部委办局党政主要领导和市土储中心呈贡分中心、新都公司、新农投资有限公司、春融公司、春都公司主要负责人等参加仪式。新区（县）党工委副书记、县委副书记李兴华主持仪式；市园林绿化局领导和新区（县）党工委书记、县委书记周峰越为呈贡县园林绿化局授印、揭牌。

【队伍建设】 紧密结合新区园林绿化工作实际，不断解放思想，勇于探索创新，完善发展思路，创新发展举措，组织调动全局每一个干部职工充分发挥主观能动性，迅速形成工作合力，最大限度地提高行政效能，各项工作有机地融入到“创先争优”活动大潮中来。通过组织开展“效能呈贡”和“创先争优”活动，不断增强了领导班子和全局党员干部职工的执行力、创新力、凝聚力，行政效能得到了提高，干部作风有了明显改进，切实做到了抓机关促基层，抓领导促干部、抓党员促职工，党员干部的学习自觉性不断增强，思想观念不断解放、思维方式不断拓宽、思路更加清晰，工作方法不断改进、业务水平和工作能力显著提高。重视工会、妇委会工作，选举成立工会、妇委会组织，认真履行职责；做到工作有专人管，经费有保障，工会、妇委会工作能正常开展；关心退休干部职工生活待遇，解决问题和困难，组织参加有益身心健康的文体活动。

【宣传教育】 积极利用“全国科普日”和“三下乡”活动宣传园林绿化法律法规，普及园林绿化知识，形成全民共创绿化新区的良好局面。年内，共发放《昆明市城镇绿化条例》650份，《园林绿化知识问答集锦》500份，并张贴标语。通过图文并茂的展板、画册，大力宣传了环境保护、绿化美化新区家园等方面的知识，不断提高了广大人民群众保护环境、建设美好家园的思想意识。

【项目合作】 为贯彻落实好市委工作会议精神，努力把呈贡新区建设成为生态良好、环境优美的“现代化城市示范区、科学发展示范区、品质春城示范区和低碳城市”，解决新区绿化建设长期以来苗源靠外地，绿化无特色的问题，积极推广应用特、优、新、奇苗木，在拓展绿化特色的基础上，确保5～8年苗木自给率达到95%以上。2010年8月5日，新区（县）党工委

新区党工委书记、县委书记周峰越（前排左）代表呈贡新区与中科院热带植物园签署合作协议

〔新区（县）园林局　供稿〕

（县委）书记周峰越、县委副书记李兴华、县人大原主任张宝华、县政府副县长陈吉岳及新区（县）园林、农林、民政等部门负责人一行9人到西双版纳热带植物园参观考察植物园建设及热带植物，双方本着互惠互利、优势互补、平等自愿和诚实信用的原则，呈贡新区管理委员会与中国科学院西双版纳热带植物园签署了苗木基地建设意向性合作协议。

**【省级园林县城创建】** 2009年11月，在市园林局初步对呈贡新区创建省级园林县城初步验收的基础上，新区（县）一年来再落实创建省级园林县城各项指标。2010年11月17日，省住房和城乡建设厅副巡视员康向萍带领专家组一行8人对呈贡新区进行考评验收。在听取了新区（县）管委会主任、县长吴庆昆代表县委、县政府所作的创园工作汇报并观看了创园工作专题片和查看了创园工作台帐资料后，考评组分成园林绿化组和市政检查组对洛龙公园、彩云路、洛龙河、检察院、米兰园、恒鹏花园、昆玉高速入城景观等绿化美化情况和污水处理厂、垃圾中转站、垃圾焚烧发电厂、中水回用处理、空气及地表监测点等市政工程建设使用情况进行了实地查看。在检查结束后的意见反馈会上，考评组对呈贡新区创建省级园林县城工作给予很高的评价，认为呈贡新区的创园工作领导非常重视，措施非常有力，创园水平非常高，成效非常显著，亮点非常突出，以洛龙公园、法院、春融公园及彩云路为代表的园林绿化各项指标均达到或超过了创园标准，代表了全省的最高水平，为全省创园工作树立了榜样；对如何进一步做好园林绿化基础设施建设，突出花乡、果乡特色等方面工作提出了更新更高的要求和更好的建议和方法；最后经专家组评议，一致通过验收，呈贡新区成功创建成为省级园林县城。

**【园林绿化】** 自组建以来，组织人员对接管的绿化进行了实地勘察，对辖区行道病虫害、彩云路段绿化带、小王家营立交桥和呈黄立交桥绿化进行整治、改造。从10月至11月，对彩云路杂草进行清除工作，共投入工时3 800个，清除杂草面积323 400平方米，总计投资32.34万元；对小王家营立交桥和呈黄立交桥绿化进行绿化改造，按照1.5%的坡比增加土层量，不仅满足植物生长需要的土层，而且增加了雨水的渗透度，同时提高了视角观赏度和景观效果。在地块内建设放射状的盲沟排水系统，将桥面雨水管道的雨水向四周排放，既可排除集水区的浸涝问题，又可提高失水区的保湿度；利用两座立交桥便利的沟水和洛龙河水，通过水泵抽水加压，形成喷灌式浇灌，解决该地块浇灌问题，不但减少了大量运行成本，而且提高了浇灌效果；对桥墩进行垂直绿化，采用挂网式绿化，种植爬墙虎、长青藤等，使立交景观得到有效改善，两个立交改造的面积共计34 446平方米，清除杂石1 000多立方米，总投资约为400余万元；根据新区综合办公室关于“加强绿化管养清除绿化带公园等处枯死树木的通知”精神，对管辖区内的死树进行了更换，更换树种为香樟、天竺桂、乐昌含笑等共计2 500株；针对县城区行道树病虫害严重的情况，采取委托专业公司进行修枝整形和杀虫除病工作，并进行了冬季防虫刷白，共组织修枝整形和防虫刷白150万株；开展古树名木调查和保护工作。根据《昆明市园林绿化局关于加强滇池周边古树保护的函》文件的精神，组织了普查小组，对辖区规划范围内的古树名木和古树后续资源进行了普查；在新区规划区内，共有古树名木444株；本次普查还在大渔村发现了直径为52.5厘米的罗汉松1株，江尾村直径为43～58厘米的柏树4株，及时对以上古树制定管理措施，落实责任制度，采取先行挂牌、建档建卡，做到一树一卡，并有专人管理。对未通过鉴定的古树名木上报市园林绿化局，请专家进行鉴定确认，根据专家鉴定结果，列出保护等级，按不同等级落实管护资金，真正把古树名木和古树后续资源的保护落到实处。

**【指标完成情况】** 年内，累计完成新增绿地4 945.05亩，占市下达任务数3 112.95亩的158.85%；其中，公园绿地2 219.7亩，占任务数2 204.4亩的100.69%；道路附属绿地610.5亩，占任务数382.05亩的159.8%；单位附属绿地2 114.85亩，占任务数526.5亩的401%；乔木种植217 274株，占任务数14万株的155.2%；攀援植物226 101株，占任务数10万株的226%。

（李艳萍）

## 城市综合管理

**【概　述】** 按照呈贡县人民政府办公室《关于印发呈贡县城市管理综合行政执法局主要职责内设机构人员编制规定的通知》和中共呈贡县委办公室、呈贡县人民政府办公室于2010年7月16日下发《关于印发呈贡县人民政府机构改革实施意见的通知》文件精神，呈贡县城市管理综合行政执法局的主要负责是：新区（县）建城区城市管理综合行政执法工作；市政设施的管理和维护工作；新区市政道路路灯的管护；新区（县）环境卫生管理工作。在呈贡新区党工委（县委）、新区管委会（县政府）的正确领导下，全体干部职工通力协作，通过加强领导、精心组织、大胆创新、扎实工作，较好地完成了新区党工委（县委）、新区管委会（县政府）交办的各项任务，其中圆满完成了招商引资任务，引资人民币2 000万元，为新区

（县）的经济和社会发展作出了贡献，为“四创两争”建设、打造文明靓丽新区（县）作出了贡献。

**【队伍建设】** 新区（县）城市管理综合行政执法局继续加强城市建设管理队伍建设，进一步提高执法队伍的凝聚力、战斗力，促进了城市综合行政管理各项工作的顺利进行。一是培训工作。在开展好日常工作的同时，会同县政府法制办组织开展各种执法培训和技能培训，不断提高城管理人员的综合行政执法水平。二是人员聘任工作。大胆创新，科学合理地重组执法队伍，实施工作岗位、执法人员双向选择，即在执法大队的4个中队中，协勤人员与各中队、中队长之间可以相互选择；实行挂牌上岗制度，杜绝执法中的违规行为，坚决辞退有损城管队伍形象的人员。三是制定和实施城市管理综合执法工作的制度和措施，提高了执法人员自身素质，调动了工作积极性。在城管工作中能够做到文明执法，依法执法，秉公执法，规范执法，按规法和条例办事，更好地促进了执法工作由管理型向服务型转变。

城管综合执法大队人员清洗路面

（郭江瑞　摄）

**【目标和任务】** 2010年，新区（县）城市管理综合行政执法局的主要工作目标和立项分解任务全面完成。一是垃圾清运率100%。按照环境卫生“组保洁、村收集、乡转运、县处理”的四级管理机制，在调查的基础上，科学布局垃圾收集点和清运线路，各清运组对各垃圾堆放点做到16小时轮班巡查，并及时清运垃圾。年内，县环卫站收集清运的老县城居民的生活垃圾总量为3.57万吨，收集清运率达100%，确保了生产生活垃圾日产日清，并建立了规范完整的台帐。二是绿化覆盖率42.2%。1～8月，新区（县）城市管理综合行政执法局完成新增绿地面积1 134亩，种植乔木52 648株，种植攀援植物101 101株的绿化任务，新区建成区绿化覆盖率已达到42.2%。经市级检查，抗旱保苗工作成活率达98%，得到市级主管部门和分管领导的肯定、表彰，有两名同志分别被评为市、县级先进个人。8月，新区（县）政府组成部门进行机构改革后，原来为新区（县）城市管理综合行政执法局园林绿化职能交由新区（县）园林绿化局行使，已完成相关的工作移交、资料移交。年内，完成了省级园林单位的创建申报复核工作，并通过了专家组验收。

**【专项任务】** 新区（县）城市管理综合行政执法局完成了新区党工委（县委）、管委会（县政府）工作报告中所列的城管工作专项任务。一是启动数字化城管工作，实现多部门信息资源共享，提高城市建设管理科技含量。按照昆明市人民政府《关于加强城乡环境管理和综合行政执法工作的意见》、昆明市人民政府目督办《关于对昆明市数字城管系统建设工作进行立项督查的通知》的文件要求，新区（县）迅速整合资源，形成合力，快速推进新区城市数字化管理平台建设。经过努力，在年内完成了新区（县）数字化平台的建设工作，并通过了专家组验收。数字化平台的建成，将使新区的城市管理工作上水平、上档次。二是坚持严格执法管理与人性化服务有机统一，实现由管理型向服务型转变。加强城市建设管理队伍建设，强化业务培训，健全管理制度，分析推进城管工作的热点、难点问题，明确责任主体，增强工作动力和活力，不断提高建设管理城市的能力。

**【环卫工作】** 贯彻落实城市管理综合执法的相关规定，完善激励机制，调动各方面的积极性，新区（县）环境卫生管理工作情况取得新成效。一是道路清扫保洁工作。年内，新区（县）所承担的老县城道路、彩云中路（与官渡接壤处至呈黄立交桥段）、石龙路等道路的清扫和保洁面积达60万平方米，清扫和保洁卫生质量达到国家二级路质量标准。二是生活垃圾清运工作。按照环境卫生“组保洁、村收集、乡转运、县处理”的四级管理机制，老县城居民的生活垃圾清运做到了日产日清，全年清运垃圾共3.57万吨。三是环卫设施建设。全面完成市政府下达的环卫设施建设任务，排名全市6个县（市、区）第二名。大力推进果皮箱市场化运作方式，在老县城主要街道设置带广告位的果皮箱200只；投入经费200万元，在大学片区、市级行政中心周边路网新安装果皮箱3 000只，并对辖区道路果皮箱进行了修理；投入资金1 328.9万元，新购置环卫车辆30辆；投入资金1 220万元，新建垃圾中转站4座，公厕8座。四是做到科学合理处置生产、生活垃圾，全年填埋处理垃圾共18.25万吨。五是新增保法人员和设施。年内，新增保洁人员600余人，新建垃圾收集房72间、收集点535个，添置三轮垃圾

环卫工人清洗路面

（郭江瑞　摄）

收集车185辆，人力收集车5辆；每天出动高压冲洗车对县城道路进行洒水、降尘，每月10日、20日、30日或节假日冲洗街道，确保道路清洗率大于20%。年内，新区（县）创建国家级卫生城市工作通过了上级主管部门组织开展的技术评估。

**【拆临拆违】**　2010年，按照市委、市政府关于临违建筑“冻结存量，杜绝增量”的工作要求，新区（县）加强政策法规宣传教育，采取群众举报、新闻媒体曝光、跟踪追查、正常巡查等方式，强力推进拆临拆违工作，严格查处违章建设行为。一是农房违法加层管理。年内，新区（县）共拆除152户，建筑面积11 484.79平方米。二是滇池面山和城市面山临违建（构）筑物整治。全年共拆除16个地块，建筑面积11 357.5平方米。三是开展“四环十七射”道路两侧临违建（构）筑物整治。年内，新区（县）共拆除26个地块，建筑面积21 362.18平方米。四是住宅小区临违建（构）筑物整治方面，全年共拆除80个地块，建筑面积2 197.97平方米。五是外挑设施整治。按时限要求，新区（县）完成了辖区范围内机关、事业单位（含全额拨款、差额拨款、自收自支）的自有产权房及单位办公楼挤占公共空间的外挑式设施第一阶段整治工作，共拆除1 223户，建筑面积15 290.24平方米，在昆明市14个县（市、区）中率先完成此项工作，并得到了市级主管部门和领导的肯定。

**【市容市貌整治】**　年初，按照城市管理“精心、精细、精品”的要求，根据新区（县）“四创两争”工作目标、责任和工作要求，制定了整治工作方案，对辖区内的市容市貌存在的脏、乱、差等方面存在突出问题进行集中整治，并督促和指导6个街道办事处的市容市貌整治工作。一是对违反规定、乱停、乱放占用人行道的机动车驾驶员进行处罚教育，全年共纠正、处罚违规停车8 500余起。二是对流动经营的马路摊点和占道经营的门店，以“死盯死守”和“流动巡查”相结合的工作方法进行治理，共清理流动商贩3.2万余人次，违章占道经营6 310余处，暂扣各类三轮车、烧烤车1430余辆。三是对老县城主干道的店铺广告进行清查，共取缔违规广告牌1 500余块，查处乱涂、乱画、乱贴、乱挂广告1 400余起，清洗城市小广告3.2万余条（幅、张）。四是建筑垃圾及运输车辆整治。要求城区所有建筑工地全面做到封闭施工，规范管理，沿街工地设置标准围挡，其它工地设置实体围墙，出入口必须硬化，配备冲刷设施，建筑垃圾和工程渣土按照指定路线运输，定点倾倒，尽量做到渣土清运不污染城市路面。此外，新区（县）城市管理综合行政执法局多次与相关街道协调，落实建设项目所产生建筑垃圾倾倒点的选址工作，以解决新区建筑垃圾管理工作的燃眉之急，保障建筑垃圾处置工作的正常开展。

**【市政设施管理】**　新区（县）城市管理综合行政执法局结合新区城市管理中出现的新情况、新问题，加强对市政设施的管理与维护。积极筹措资金，克服各种困难，开展市政设施管护工作，及时修缮破损市政设施，确保市政设施完好。年内，共修复桥梁破损护栏132米，校正修复支座48个，及时修复破损、被盗的市政设施5处。

**【户外广告管理】**　长期以来，新区（县）存在着户外广告数量多、设置杂乱、侵占道路绿化、影响公共交通等问题。根据户外广告牌设置规划和相关管理规定，新区（县）城市管理综合行政执法局采取发放市政管理方面法律、法规宣传材料等方式，积极宣传户外广告的相关规定，不断规范户外广告的管理工作。年内，新区（县）对建成区主要街道户外设置广告牌进行了规范管理，涉及经营户95户，下发限期整改通知书21 800份，拆除户外广告牌共181块。同时，通过“广告文明工程”的实施，从一个侧面展示了新区（县）社会经济活动的新面貌、新形象，基本实现“四个明显”，即户外广告管理明显规范，户外广告外观设计制作明显上水平、上档次，公益广告明显增多。

**【燃气安全管理】**　常年开展液化气安全经营管理工作，确保燃气经营市场安全经营，保证人民群众的生命财产安全。在做好日常审批工作的同时，新区（县）城市管理综合行政执法局组织相关人员开展大规模的液化气安全生产经营大检查和整治工作2次，确保了新区燃气经营市场安全、规范、有序，年内末发生不安全事故。

**【亮化美化】** 在注重新区城市景观亮化美化日常管理与维护的同时，新区（县）城市管理综合行政执法局科学管理、合理控制使用能源。在保障照明功能的前提下，适时调整城市道路两旁路灯的开关灯时间；进行了石龙路部分照明设施节能改造试点示范项目的试验工作，起到了降低能耗的作用；完成了部分路灯的改造和更新，帮助街道、社区居委会检修路灯10盏；配合城市轨道交通及新区路网建设、道路开口，迁移、拆除路灯设施19次；开展了新区及老县城内路灯清洗、刷漆美化亮化工作；完善彩云路及石龙路路灯专用电缆设施的防盗功能，并及时恢复被盗电缆12次，亮灯率均达到98%以上。

清洗果皮箱

（郭江瑞 摄）

**【党建工作】** 加强基层党的组织建设，提高了党支部的战斗堡垒作用和党员的先锋模范作用。一是基层组织建设。按照《中共呈贡县县级机关工作委员会关于对<呈贡县城市管理综合行政执法局成立中国共产党呈贡县城市管理综合行政执法局支部委员会请示>的批复》要求，新区（县）城市管理综合行政执法局经过精心筹备，于11月29日成立了中共呈贡县城市管理综合行政执法局支部委员会，选举出了支部书记和委员，制定了党员管理制度，党支部逐步建设、逐步规范、走向正轨。二是党风廉政建设工作。高度重视党风廉政建设工作，认真执行党风廉政建设责任制，把制度建设贯穿于反腐败工作的各个环节，做到了开展“创先争优”、“云岭先锋·永葆先进性工程”、“效能呈贡”建设等工作与党风廉政建设工作的紧密结合；建立了局行政管理规定和党建例会制度，严格执行党的政治纪律、组织纪律、经济工作纪律和群众工作纪律，全体党员和干部职工无触犯党纪国法和违反廉洁自律规定的行为发生。

**【安全生产】** 以预防为主、防治结合、加强教育、群防群治的原则，新区（县）城市管理综合行政执法局建立了安全生产领导责任制和责任追究制，不断完善内部安全生产工作规章制度和突发性事件处置预案，大力开展宣传教育活动。同时，在职能工作中，确保市政设施、广告设施、燃气经营安全措施以及安全执法保障措施得到落实，在年内无重大安全生产事故发生。

**【平安创建】** 认真贯彻呈贡新区综合办《关于印发呈贡新区创建省级平安县工作方案的通知》等文件精神和新区党工委（县委）、新区管委会（县政府）关于创建平安单位的相关工作要求，新区（县）城市管理综合行政执法局做到综治维稳、创建平安单位与城市管理并重，做到了思想认识到位，安全措施到位，责任落实到位，确保了综治维稳、平安创建各项目标的实现。年内，通过了新区（县）社会治安综合治理维护稳定责任单位的考核验收，被龙城街道办事处推荐为“呈贡新区先进平安单位”。

**【文明单位创建】** 一年来，按照新区党工委（县委）、新区管委会（县政府）创建全国文明城市的要求，新区（县）城市管理综合行政执法局把创建文明城市工作作为2010年城市管理工作的重心，及时制定计划，认真开展新区市容市貌整治，经过了的不懈努力，优质地完成了文明创建的各项工作任务。一是强化市政管理工作，加大环卫保洁工作力度，确保城区无卫生死角，生活生产垃圾日产日清。二是注重加强执法队伍建设，提高执法人员素质，确保执法人员依法执法、文明执法。三是大力开展宣传活动，对市民进行创文明宣传，为文明创建工作营造良好氛围。

**【建议和提案办理】** 按照新区党工委（县委）、新区管委会（县政府）关于加强机关效能建设的部署，按照依法、简化、便捷、效能的要求，新区（县）城市管理综合行政执法局不断创新载体。坚持把服务基层、服务群众作为开展工作的出发点和落脚点，促使办事效率提速增效，认真办理督办件、人大建议、政协提案、重要信访件，促进了新区（县）的经济和社会发展。一是坚持面商制度，认真组织办理人大代表建议和政协委员提案。全年办理人大建议、政协提案共21件，其中主办件人大建议6件、政协提案3件，办理工作做到了按时、按质、按量完成，答复工作满意率达100%。二是信访件和交办件的办理。年内，共收到信访件及便民热线办公室转来的交办件26件，每件均按办理要求，认真进行了答复和办理，人民群众反映的问题切实做到了件件有答复，事事有交待。三是认真办理昆明新闻城市文明岗曝光栏目所涉及到呈贡新区城市管理方面的曝光事件。自开展此项工作以来，新区（县）城市管理综合行政执法局安排专人，每天按时收看昆明新闻城市文明岗栏目，及时将曝光事件通知到所辖的街道和部门整改落实，做到了及时有效的处理。年内，共办理城市文明岗曝光事件31件，办结率达到100%。

**【保密工作】** 新区（县）城市管理综合行政执法局结合工作实际，切实把保密教育工作贯穿于日常工作中，多次在干部职工会议中强调做好保密工作的重要性，并组织全体干部职工认真学习《中华人民共和国保密法》、《国家工作人员保密守则》等保密工作规章制度。制定并完善保密制度，工作中的涉密内容，基本上能按《保密法》的相关规定进行妥善的处理，保证涉密文件、记录、信息等在传递、使用过程中的安全，年内无泄密事件发生。

（郭江瑞　黄伟浩）

# 财政·税务

责任编辑：杨 帆

## 财 政

【简 述】 2010年初，经新区（县）人代会审议通过，财政一般预算收入任务确定为同比增长13%，达到5.99亿元；市级下达新区（县）确保任务为同比增长15%，达到6.10亿元，力争任务为同比增长18%，达到6.26亿元。8月，经省政府研究，成立昆明阳宗海风景名胜区管理委员会，将七甸街道整建制委托阳宗海管委会管理；9月初，市级追加一般预算收入任务同比增长32%，达到7.01亿元。为确保任务的完成，经多次协调，市级将七甸街道托管后产生的地方财政一般预算收入数并入任务考核。由于此项收入未缴入县国库，为使文本数据与县国库决算入库数据、财政年终决算报表数据相吻合，在文本中表述一般预算收入时，除特别注明的情况外，地方财政一般预算收入数据一律采用县级国库决算入库数。

【财政收入】 2010年，完成财政总收入10.11亿元，比上年增收5 678万元，增长5.95%，首次突破10亿元大关。实现地方财政全口径一般预算收入7.03亿元（含七甸街道8至12月份征管关系划转后由阳宗海管委会征收的1 570万元），占市追加任务7.01亿元的100.37%，比上年完成数5.31亿元增收1.72亿元，增长32.49%；实现本级地方财政一般预算收入6.88亿元，为调整预算6.59亿元的104.38%，比上年完成数5.31亿元增收1.57亿元，增长29.53%；政府性基金预算收入完成1 965万元，为调整预算1 952万元的100.67%，比上年1.9717亿元减收1.78亿元，减少90.03%；地方财政收入中税收项目完成情况，增值税完成3 636万元，为调整预算的100.72%，同比下降18.24%；营业税完成40 411万元，为调整预算的104.56%，同比增长67.07%；企业所得税完成1 604万元，为调整预算的112.96%，同比增长113.01%；个人所得税完成1 107万元，为调整预算的92.48%，同比增长152.16%；资源税完成228万元，为调整预算的84.13%，同比下降19.15%；城市维护建设税完成2 550万元，为调整预算数的105.28%，同比增长50.80%；房产税完成1 169万元，为调整预算数的89.92%，同比下降7.44%；印花税完成1 292万元，为调整预算数的100.47%，同比增长37.45%；城镇土地使用税完成1 031万元，为调整预算数的90.68%，同比增长5.96%；土地增值税完成1 316万元，为调整预算数的109.67%，同比增长341.61%；车船使用和牌照税完成629万元，为调整预算数的103.97%，同比增长23.33%；耕地占用税完成2 218万元，为调整预算数的101.84%，同比下降65.42%；契税完成5 944万元，为调整预算的147.90%，同比下降11.20%；非税收入完成5 618万元，为调整预算数的85.43%，同比增长34.24%；其中，专项收入完成1 737万元，为调整预算数的101.46%，同比增长26.88%；行政事业性收费收入完成759万元，为调整预算数的88.77%，同比下降5.71%；罚没收入完成2 019万元，为调整预算数的105.60%，同比增长1.92%；国有资本经营收入1 027万元，为调整预算数的50.15%；国有资源有偿使用收入完成59万元，为调整预算数的184.38%，同比增长96.67%；地方财政基金预算收入完成1 965万元，其中，散装水泥专项资金收入完成1万元；墙体材料专项基金收入完成5万元，为调整预算数的100%，同比下降86.49%；国有土地使用权出让金收入完成1 867万元，为调整预算数的100.48%，同比下降90.48%；育林基金收入完成8万元，为调整预算数的133.33%，同比下降33.33%；残疾人就业保障收入完成84万元，为调整预算数的101.20%，同比增长47.37%。

【财政支出】 2010年，地方财政支出完成7.96亿元，为调整预算7.60亿元的104.62%，比上年减支2 316万元，下降2.83%；地方财政一般预算支出完成7.76亿元，为调整预算7.41亿元的104.72%，比上年增支1.54亿元，增长24.84%。省、市级一般预算专项补助支出完成1.90亿元（结转下年支出53万元），比上年

1.26亿元增支6 409万元，增长50.75%；政府性基金预算支出完成1 965万元，为调整预算1 952万元的100.67%，比上年减支1.78亿元，减少90.03%；省、市级政府性基金预算补助支出4 952万元，比上年679万元增长629.31%；地方财政一般预算支出主要项目执行情况，一般公共服务支出1.04亿元，为调整预算的102.11%，同比增长21.61%；国防支出329万元，为调整预算的126.05%，同比增长98.19%；公共安全支出1.11亿元，为调整预算的110.80%，同比增长53.73%；教育支出1.36亿元，为调整预算的108.91%，同比增长50.19%；科学技术支出1 320万元，为调整预算的89.07%，同比增长16.09%；文化体育与传媒支出1 041万元，为调整预算的110.98%，同比增长55.84%；社会保障和就业支出7 217万元，为调整预算的104.56%，同比增长26.75%；医疗卫生支出3 267万元，为调整预算的136.07%，同比增长107.82%；环境保护支出2 173万元，为调整预算的279.31%，同比下降15.02%；城乡社区事务支出9 926万元，为调整预算的79.66%，同比下降19.78%；农林水事务支出5 687万元，为调整预算的107.71%，同比增长40.80%；交通运输支出769万元，为调整预算的139.31%，同比增长80.52%；资源勘探电力信息等事务支出324万元，为调整预算的103.18%，同比增长8.72%；商品服务等事务支出107万元，为调整预算的117.58%，同比增长10.31%；金融监管支出41万元，为调整预算的117.14%，同比增长28.13%；国土资源气象等事务支出373万元，为调整预算的108.75%，同比下降60.49%；住房保障支出2 224万元，为调整预算的118.74%，同比增长43.67%；粮油物资储备管理事务支出488万元，为调整预算的100.41%，同比增长17.03%；其他支出7 171万元，为调整预算的99.99%，同比增长34.57%；地方财政基金预算支出完成1 965万元，其中，社会保障和就业支出84万元，为调整预算数的101.20%，同比增长47.37%；城乡社区事务支出1 867万元，为调整预算数的100.48%，同比下降90.48%；农林水事务支出8万元，为调整预算数的133.33%，同比下降33.33%；资源勘探电力信息等事务支出6万元，为调整预算数的120%，同比下降83.78%。

**【财政收支平衡情况】** 2010年，地方财政一般预算收入6.8 75亿元，上级补助收入2.13亿元，上年结余556万元，收入方总计9.06亿元；地方财政一般预算支出7.76亿元，上解支出1.31亿元，支出方总计9.06亿元；收支相抵，实现财政收支平衡，略有节余的年度目标（上述数据以市对县决算批复为准）；政府性基金预算收入1 965万元，政府性基金预算支出1 965万元，政府性基金预算实现收支平衡；政府性基金预算收支大幅下降的主要原因是按照《昆明市人民政府关于进一步加强国有土地使用权出让收支管理的通知》要求，从2010年起土地出让收入全部缴入市级财政专户，纳入市级财政预算统一安排，只给5%的基础设施建设经费，造成了政府性基金收支均同比大幅下降。

**【非税收入管理】** 严格按照“收缴分离、收支两条线”的管理规定。实施非税收入征管，督促职能单位将征收的非税收入及时足额缴入财政，纳入综合财政预算，使政府非税收入管理逐步规范，收支管理更加科学。2010年完成政府非税收入5 618万元，其中，专项收入1 737万元，行政事业性收费收入759万元，罚没收入2 019万元，国有资本经营收入1 027万元，国有资产有偿使用收入及其他收入76万元；非税收入的强化管理，促进了一般预算收入任务的圆满完成。

**【支持经济发展】** 重视招商引资工作，通过深化软环境建设，全面提高服务和支持企业改革发展的能力，推进经济增长方式的转变。落实支持和鼓励企业发展的各项扶持政策，为45家企业申报了专项资金补助和财政贴息项目，争取各类财政补助资金2 547万元。开展“贷免扶补”工作，发放各类贷款320户，1 587万元，财政补助贴息资金79.6万元，支持和鼓励了大中专毕业生、失地农民、失业妇女、失业青年创业就业。安排失地农民外出租地补助1 102万元、安排800万元创业就业基金、拨付160.2万元用于补助吸收被征地人员的企业缴纳社会保险和开发就业岗位，支持失地农民再就业。落实扩大内需政策，进一步完善家电下乡产品补贴兑付措施，为5 304台（件）家电下乡产品兑付财政补贴资金151.07万元。审核兑付汽车摩托车下乡产品1 794辆，兑付补贴资金705.46万元。为176辆以旧换新车辆兑付财政补贴资金174.5万元。为城市公交企业、农村道路客运经营者和城市出租车等行业落实石油价格补贴资金223.6万元。

**【加大民生投入】** 在可用财力极其有限的情况下，千方百计筹措资金保障惠民政策的落实；支持教育事业优先发展，标准化学校建设、校舍安全工程和教学仪器设备购置、改善办学条件投入3 720万元。深化农村义务教育经费保障机制改革，安排农村义务教育公用经费761万元。落实农村义务教育家庭贫困寄宿学生生活补助，安排贫困寄宿学生生活补助230.65万元；安排民办学校办学水平及规模化等奖励124万元。落实社保政策，继续完善城市居民最低生活保障制度和农村居民最低生活保障制度，拨付城市居民最低生活保障资金98万元，确保了享受城市低保待遇的贫困家庭3 197户，城市低保人员5 045人次领到了生活保障金，拨付农村居民最低生活保障资金29万元，确保了享受农村低保待遇的贫困家庭2 445户、2 913人次农村低保人员领到了生活保障金，确保城镇居民和农村居民低保对象应保尽保，全面实施城镇居民基本医疗保险制度，县级财政配套资金708万元用于城镇居民医疗保险个人缴费补助，安排24.8万元用于城镇居民医疗保险制卡费用，已有80 512人参保。落实强农惠农政策，加大“三农”投入，进一步完善“一折通”惠农资金支付方式，通过“一折通”发放农资综合补贴、粮食直补、农机具购置、退耕还林等补贴108万元，调动农民生产积极性；安排病险水库除险加固资金380万元。安排抗旱救灾资金1 473万元；安排“8·16”抗洪抢险资金620万元，努力降低自然灾害带来的损失。

【推进财政管理监督】 按照“效能呈贡”建设要求，认真落实行政成本控制政策，严格预算执行，实现了“因公出国（境）经费零增长，公务用车购置经费零增长，楼堂馆所一律不新建，会议、庆典、论坛和出省考察经费压缩20%”的既定目标。组织开展财政结余资金清查，对692万元沉淀资金进行调整安排，提高财政综合保障能力。扎实开展党政机关、事业单位“小金库”治理“回头看”和社会团体、国有及国有控股企业“小金库”专项治理工作，布置了4户县属国有及国有控股企业“小金库”自查自纠工作，对2户进行了重点检查，规范财务管理行为。抓好调查研究、培训和检查工作，逐步使会计事务管理走上了规范化、科学化的路子，积极开展会计人员业务教育，提升会计从业人员素质，提高会计信息质量。组织159人参加会计从业资格考试、82人参加会计职称考试；组织132人参加村级会计委派制学习。为1 209名会计从员人员开展了年度继续教育培训及从业资格证注册登记工作。组织了全县性的资产清查工作，从理顺关系，摸清家底出发，将110户行政事业单位资产情况纳入资产清查信息系统，实现国有资产信息化管理；严格按程序和规定办理行政事业单位资产处置事宜，确保国有资产保值增值。草拟并听证了《呈贡新区（县）行政事业单位国有资产处置管理暂行办法》，为完善国有资产管理奠定基础。

【财政管理体制改革】 继续完善部门预算编制改革，细化编制内容，规范基本支出和项目支出的编制程序，健全定员定额标准体系，提高部门预算编制效率和透明度，制定了《财政预算追加实施意见》，规范财政预算追加行为，从严控制行政成本。选取了三家行政事业单位试点国库集中支付制度改革，总结运行经验，探索国库单一账户体系构建模式，为“横向到边、纵向到底”的总体改革要求奠定基础。先期启动了公务卡管理工作，按照节俭、高效、廉洁的原则，制定了《预算单位公务卡管理暂行办法》，规范财政授权支付业务，提高预算单位财务管理水平，逐步深化国库集中支付制度改革。落实管采分离，规范采购程序，推行“阳光采购”，不断提高采购质量和效率；2010年，完成政府采购2 751.44万元，比上年增加205.43万元，增长8.07%，节约资金289.26万元，节约率9.51%，对办公自动化产品的采购参加了市级公开招标，确定了协议供货商，规范了20万元以下办公自动化设备的采购行为，提高了采购效率，为规范全县公共资源管理交易行为，拟报了《关于建立呈贡县公共资源管理交易统一平台实施意见的请示》，经县委、县政府研究决定，下发了《关于成立呈贡县公共资源交易中心的通知》搭建起公共资源管理交易平台；按照明确偿债主体，建立预警机制的要求，草拟并听证了《呈贡新区（县）政府性债务管理办法（暂行）》，规范政府性债务管理行为，积极筹措安排偿债准备金6 929万元，努力化解和防范财政运行风险。

【工资统发】 继续推进和完善工资统一发放工作，完成了工资统发软件升级，改革了工资统发管理制度，即由原来的财政审核录入工资数据、代管代发，改为由预算单位审核录入工资数据，上报财政，财政代发；规范了工资统发，确保了职工工资和离退休费的按时到帐，增强了财政资金的统一调度和管理，为国库集中支付打下了基础。年内，共统发工资金额1.33亿元，其中发放教师工资金额为3 495万元，占全县工资支出的26%；统发工资支出中，县级共发放工资1.23亿元、乡（镇）级共发放资金1 053万元。

【金融服务职能】 组织开展小额贷款公司试点工作，在严格程序，认真审核的基础上，批准设立了7家小额信贷公司，已开业6家；审批设立了2家融资性担保公司，已开业1家，拓宽了中小企业融资渠道。按照主动清理、主动整改、主动保全、主动规范、强化管理、防范风险、提升信用的要求，组织开展了政府性债务清理工作，规范融资平台行为、加强贷款管理、禁止违规担保。协助配合政法部门做好“金座”非法集资和隆格兰非法股份转让事件，有效化解社会不稳定因素。认真学习领会市投融资体制改革政策精神，在广泛调研，多方搜集资料的基础上，提出了投融资体制改革的总体思路，多次向新区（县）委、县政府及市政府分管领导汇报，努力整合现有融资资源。积极探索国有资产经营投资公司转型经营思路，按照市级要求，提出了投融资公司改革方案。

【完善制度建设】 进一步对内部管理规章制度进行全面梳理、完善，结合新区建设实际，逐步建立起涵盖机关管理各个方面、各个环节的制度体系，做到有章可循、违章必究，促进机关管理的法治化、制度化。

进一步完善岗位目标责任制，对每项工作和每个岗位都建立工作标准，做到“定任务、定时限、定质量、定责任”，坚持半年、年终对照标准进行考核，以提高办事效率和工作质量。按照规范、科学的要求，规范行政许可、政务公开、公文运转、预算编制、资金拨付、行政审批、组织人事管理等工作程序，做到科学严谨，实现了日常工作规范化、重点工作预案化、软性工作日常化。

**【队伍建设】** 坚持“两手抓，两手都要硬”的方针，把精神文明建设同财政队伍建设、财政业务建设有机结合起来，不断提高干部队伍政治业务素质。认真学习贯彻党的十七大精神，以科学发展观为统领，结合“创先争优”等学教活动和“省级文明单位”、“省级园林小区”、“廉政文化进机关”、“基层党组织互帮共建”、“基层党建示范点”、“思想政治巡察”及“创建无毒社区”等创建活动的开展为契机，再塑了财政机关良好形象，为圆满完成财政工作各项目标任务奠定了坚实基础。结合新区建设的新形势，广泛采取以会代训，上党课，播放电教片和自学等形式对干部职工进行系统的政治业务培训，适时提高财政队伍的业务素质。结合新区（县）委、县政府目标任务督查工作要求，不断建立和完善干部管理制度，进一步分解、明细各部门岗位职责，及时更新政务公开栏内容，坚持首问责任制、办事时限制，加强自我约束，规范公务行为，机关作风和廉政建设得到进一步加强。开展有益的文体活动，增加干部职工集体荣誉感和团结拼搏的凝聚力，以活动为载体、把精神文明建设落实到丰富多彩的文娱活动中，寓教于乐、潜移默化、陶冶情操、启迪智慧、激发干部职工的工作热情。2010 年，被中共云南省委、云南省人民政府评为“省级文明单位”；被昆明市人民政府办公厅评为“昆明市财税系统先进集体”；被昆明市财政局表彰为部门决算工作三等奖，全市财政系统信息工作二等奖；被昆明市总工会授予“昆明市模范职工之家”称号；先后被新区（县）委、县政府、机关工委表彰为党政信息工作先进单位；党风廉政建设责任制工作先进单位；“基层党建示范点”；庆“七一”暨纪念建党八十九周年文艺演出组织奖等荣誉称号；机关宿舍被云南省住房和城乡建设厅授予“云南省园林小区”光荣称号。

（刘　虹）

## 国　税

**【收入完成情况】** 2010 年，呈贡新区（县）国家税务局（以下简称“国税局”）共组织税收收入 2.19 亿元（不含七甸 9 ~ 12 月收入），比上年增收 2 099 万元，增长 10.61%；完成地方一般预算收入 5 509 万元（按考核口径含七甸 9 ~ 12 月收入，已剔除了财监办退税 27 万元），比上年增收 745.5 万元，增长 15.65%，占政府下达考核目标 5 470 万元的 100.71%。

**【收入特点】** 各税种增减幅度差异较大，其中增值税、消费税的减幅分别为 17.63%、90.91%，企业所得税则实现了 265.89%的增长。各税种收入不平衡，由于存在区划调整税源减少的客观因素，收入目标的实现主要靠企业所得税的大幅度增长来拉动。

**【税源分析】** 2010 年国内增值税收入 1.47 万元，比上年减收 3 135 万元，下降 17.62%；主要减收因素为，区划调整的不可比因素减收 4 250 万元，其中 2009 年 1 季度 3 个托管街道的税收在呈贡征收，4 月份划出后导致 2010 年税源比上一年减收 1 432 万元。9 月后，七甸街道纳税户税收征管关系变更，税源减收 2 818 万元；2010 年 1 ~ 8 月份，七甸街道主要重点税源企业减收 1477 万元，因云南铝业 2009 年 12 月份跨期收比上一年减少 2 000 万元，2010 年铝产品销售价格高于上年，使应税销售收入增加，带动增值税增收，抵减了一部分减收因素，共减收 984 万元，万盛炭素有限公司存在不可比减收因素 456 万元，主要是 2008 年出口产品享受免抵调库税收优惠政策，当年签订合同的免抵调库收入 456 万元发生在 2009 年 1 ~ 3 季度，而本年无发生数，其次当年产品销量减少减收 37 万元，共减收 493 万元；其它因素减收 240 万元，由于新区（县）发展定位以及整体规划要求，昆明东晟混凝土有限公司拆迁减收 165 万元，其它减收 50 万元，烟草公司销售下降减收 25 万元；主要增收因素为，因经济素增收 1 704 万元，由于经济逐步复苏，部分企业出现了增收的势头，其中 2010 年 1 ~ 8 月份，七甸街道的云南大山饮品有限公司新增两条生产线，使产量、销量增加，与上一年相比增收 1 177 万元，天外天天然饮料有限责任公司增收 58 万元，呈贡供电有限公司供电量增加，供电价格同比增长 8.48%，税负同比上升 0.51%，增收 204 万元，强力地基管桩分公司因市场需求增加，增值税增收 114 万元。云南电力器材有限公司增收 130 万元，其它企业增收 21 万元；管理增收 1 128 万元，其中纳税评估收入 225 万元，企业自查收入 90 万元，稽查查补收入 763 万元，其它措施增收 50 万元，国内消费税收入 2 万元，比上年减收 20 万元，下降 90.91%。主要是消费税纳税企业区划调整，税源减少；企业所得税收入 7 230 万元，比上一年增收 5 254 万元，增长 265.89%，2010 年收入总量的大幅增长，主要靠企业所得税收入增长拉动，主要增收因素为，经济因素带动企业效益增长增收1 357 万元，其中春城财富置业有限公司结算一期房地产所得税收入 1 017 万元，同比增收 671 万元，昆明春融房地产开发有限公司入库 204 万元，云南大山饮品有限公司 1～8 月份入库 532 万元，同比增收 343 万元，强力地基管桩分公司增收 128 万元等。呈贡县农村信用合作联社执行免税政策到期，2010 年缴纳企业所得税 3 616 万元；加强管理增收 281 万元，其中纳税评估收入 35 万元、企业自查补税收入 59 万元，稽查查补收入 187 万元。

**【管理创新】** 以“新区、新貌、新思想、新路子、新措施、出成绩”为思路在各项工作方面努力创新、发展。在普通发票换版推行工作中为降低推行阻力，减轻纳税人购买设备的经济负担，与专业市场配合，由市场方提供设备，个体户领购发票后可使用市场方设备开票，此举受到了纳税人的好评。工作总结计划会议制，为全局各项工作的迅速推进、查缺补漏、总结经验教训提供提供了良好的前提条件和操作平台。建设“凝聚力”培训班，提高干部、职工工作的主动性、能动性、积极性和团结协作能力。

**【税收征管】** 增值税方面严格执行总局、省局对享受增值税即征即退优惠政策的纳税人实行先评估、后退税的规定，评估企业 2 户，增值税即征即退 32 万元。在增值税备案减免方面，按新税法相关规定执行，实行一年一备案，2010 年共计备案减免企业 254 户，充分利用增值税税负预警系统，查找薄弱环节，分行业、分地区、分税种开展增值税纳税评估，规范流程，评估 11 户，补缴增值税 31.8 万元。按月完成固定资产抵扣的清理工作，加强重点企业监管，全年累计申报的固定资产进项税额 701 万元。企业所得税方面，根据企业实际情况，对一些规模小、难以建账的企业实行核定征收，核定征收企业 75 户，占正常开业户 21.12%。加强减免税管理，严格执行审批、备案审核制度，享受过渡期优惠政策减免即西部大开发优惠 5 户，事前备案减免优惠 16 户，事后备案减免优惠 3 户，小型微利企业所得税减免 6 户，企业所得税应汇算企业 344 户，应汇算已汇算率达到 100%，盈利 128 户，亏损 166 户，零申报企业 50 户，相比上一年新增汇算企业 7 户。车辆购置税方面，排量 1.6 升以下乘用车减征 5%减收车辆购置税 8 万元，减征 7.5%减收车辆购置税 655 万元，共计办理免税车 54 辆，免税 397.3 万元。出口退税管理方面，国税局所属出口企业 34 家（包括外资 4 户），其中一般纳税人 17 户，8 户出口蔬菜，9 户出口鲜花，17 户小规模纳税人出口鲜花；全年共计免抵退税额 1 935.9 万元，免抵税额 15.9 万元，应退税额 1 920 万元，已退税额 1 671 万元。发票管理方面，加强票种核定、发票发售、验旧、缴销、使用等日常管理检查，强化监控管理，定期发布监控数据，对发票种类、数量控制进行清理调整，做好源头控管。全年经发票验旧对 427 户次纳税人补税 47.64 万元，对各类发票违章处罚 22 户，罚款 3.15 万元，严厉打击转借、代开、虚开发票等违法违章行为。严格库房安全及库房管理，置自动报警装置，安排人员实行 24 小时值班，非管票人员不得进入库房，发票出库、入库有两人在场，做好库房防盗、防潮、防蛀、防火、防鼠、防霉变工作，严格发票的领发手续，按月对各库房的发票进行盘点，做到账实相符、账账相符、账表相符，节假日对发票库房进行盘点，并封存库房。

**【税收执法】** 税法宣传，调整税收宣传活动领导小组，综治维稳宣传活动相结合，做到税法宣传与普法宣传共同推进，现场答复税收咨询 12 条，宣传相关政策 98 条，发放宣传资料 683 份；走进大学与在校大学生讨论涉税知识 8 条，宣传税收政策 125 条，发送宣传资料 340 份，活动中宣传小组从大学生们身上取得了有关服务渠道、网络销售行为管理等方面的新见解和新方法，达到宣传与学习双赢的效果；社区宣传历时 5 天，发送资料 930 份，走访个休户 212 家，现场回答咨询问题 15 个。开展“税收·发展·民生”主题税收短信征集活动，征集税收短信 5 条；税务稽查，辅导纳税人自查 93 户，辅导自查补税 1 119.68 万元，加收滞纳金 98.47 万元，罚款 6.02 万元；稽查检查 17 户，已结案 15 户，其中有问题 12 户，查补税款 119.28 万元，罚款 13.37 万元，加收滞纳金 8.76 万元，查实率 86.7%；处罚率 11.21；结案率 86.7%；整顿和规范税收秩序的纳税人 108 户，其中有问题 106 户，补缴税款收入 1 238.95 万元，加收滞纳金 107.24 元，处予罚款 19.39 万元。执法检查，开展以税收执法权、税务行政管理权为主要内容的执法检查，增强税务干部责任意识、风险意识、促进规范执法，依法行政。依法治税，以提高税收执法的质量和效率为目标，将依法行政和依法治税贯穿到强化税务管理的各项工作中，促进税收执法工作依法行政和规范执法，组织“五五普法”考试，增强了广大干部的法律、法纪意识。认真落实《昆明市国家税务局税务行政处罚自由裁量细化规则》及其细化标准，积极推行《昆明市国家税务局税务行政处罚自由裁量监控系统》，减少了基层税务干部的执法风险。大力推进税收执法责任制和税收执法责任追究制，强化执法监督和执法考核，开展行政执法案卷质量评查活动。

**【信息化建设】** 应用系统推行情况、数据分析利用，推行财税库银横向联网，使用税务与组织机构代码信息共享系统、启用云南省国家税务局新版普通发票开票软件，设置临商发票代开点 3 个。根据业务部门需求，编写了超一般纳税人标准未认定预警和普通发票比对2个小程序并投入使用；信息化基础设施建设及税收信息化管理维护工作，严格完成相关软件升级、测试等工作，及时维护计算机软、硬件，保证各应用系统的顺利升级和运转正常；发行企业防伪税控开票金税卡23套，注销发行防伪税控金税卡36套，为企业做变更发行24户（开票机数量26台），发行维护44户（开票机数量50台）；做好县局电子政务网、FTP、办公自动化等系统后台数据库的日常维护、升级和数据备份工作以及服务器的维护；做好视频会议系统设备的测试、联调及管理。信息化及网络化建设，做好计算机网络安全维护工作，内外网严格分开，确保网络畅通，没有出现影响工作的软、硬件故障。

**【软环境及作风建设】** 围绕“效能”建设活动开展作风建设，通过召开专题民主生活会，全体职工撰写学习心得体会；向社会各界发出征求意见表125份，收回率100%，满意率达99%，意见建议2条。开展内部自检自查纠正内部工作，针对征求意见建议及自检自查存在问题制定整改方案、措施和完成时限，整个软环境及作风建设工作得到进一步完善。

**【廉政建设】** 签订廉政纠风目标管理责任书集体12份、个人51份，年度考核评议均达95分以上；签订税企廉政公约2 052份；发出问卷调查表200份，收回200份，无不满意票发生，满意率达100%；无涉及违规违纪人员。

**【精神文明建设】** 精神文明建设工作，以邓小平理论、“三个代表”重要思想和科学发展观为指导，狠抓“三个文明”建设，强化思想教育，树立正确的世界观、人生观、价值观。严格遵守税务职业道德，坚持文明办公，为纳税人提供优质服务。开展“创先争优”活动以建设学习型机关、服务型队伍、效能型部门为主，与开展“个人形象一面旗、工作热情一团火、谋事布局一盘棋”的“三个一”主题活动结合起来，同推动“效能呈贡”建设活动紧密结合，抓好组织税收收入、推进依法治税、加强税收征管、改进纳税服务、强化干部队伍建设和党风廉政建设等工作。深化实施“云岭先锋”工程工作，加强党员队伍建设，充分发挥党组织的战斗堡垒作用，积极创新基层党建工作；保持省国税局文明单位1个，先进领导班子1个，省妇联巾帼文明示范岗1个，2009年10月市级文明单位通过验收，2010年3月受到市政府的表彰。

**【教育培训】** 按照干什么学什么、缺什么补什么的要求开展了业务培训，同时继续推进“一对一”“多对一”“一对多”培训工作机制，使干部职工的综合素质能逐步提升。组织两期共57人到辽宁税务专科学校进行为期9天（72学时）的综合业务拓展培训。有针对性对税管员、办税员、企业财会人员等进行所得税汇算及相关业务辅导，对大厅业务人员进行培训，对税款核定、发票换版等工作进行了辅导培训，共组织培训12期，873人次参加，达到了每人每年不少于12天脱产培训的学习目标，投入资金30多万元。

（张富洪）

## 地　　税

**【简　述】** 2010年，是全面落实党的十七届四中全会的重要一年，也是呈贡新区建设快速推进的关键之年，做好地方税收工作，对于实现呈贡新区跨越式发展有着极其重要的意义。一年来，在新区（县）党工委（县委）、管委会（县政府）的关心和支持下，在昆明地方税务党组的正确领导下，新区（县）地税局坚持以“三个代表”重要思想为指导，统筹协调、科学发展，锐意进取、真抓实干，认真贯彻落实省、市、县重要会议精神，围绕组织收入中心，积极适应新区改革变化，卓有成效开展各项工作，圆满完成了上级下达的各项工作任务。为新区经济社会发展提供了有力的财力保障，为现代新昆明新区建设做出了积极的贡献。

**【主要指标完成情况】** 2010年，累计入库地方各税6.91亿元，同比增长31.03%，增收1.64亿元；完成地方一般预算收入5.99亿元，同比增长32.03%，增收1.45亿元，占2010年新区（县）人大通过的全县一般预算收入增长13%（5.12亿元）的116.84%，超收8 629万元；占昆明市政府下达呈贡县一般预算收入增长15%（5.21亿元）的114.81%，超收7 722万元；占昆明市政府调整下达呈贡县一般预算收入增长32%（5.98亿元）的100.03%，超收15万元，圆满完成上级年初下达的税收任务和追加任务。地税局累计征收社会保险费1.04亿元，五个险种的平均征收率为100.44%。其中，养老保险费收入2 989.71万元；医疗保险费收入6 673.17万元；失业保险费收入459.28万元；工伤保险费收入137.35万元；生育保险费115.69万元。累计征收残疾人就业保障金80.31万元。累计征收工会经费448.76万元。

**【收入工作特点】** 在七甸街道办划转的情况下，地税局总体收入仍呈增长态势，地方各税除房产税、资源税、耕地占用税和契税外均为增长，其中增长超过1倍的税种有个人所得税和土地增值税。营业税是增量最大的税种，同比增收1.63亿元。增收主要原因是新区（县）建设的深入，城市基础设施建设、高校建设对税收增长起到强有力的推进作用。高校住宅小区和政府公务员小区开发建设基本完成，进入交房期，建筑安装业营业税和房地产业营业税在强劲的固定资产投资拉动下大幅增长。个人所得税是增长幅度较高的税种，同比增长171.2%。增长主要原因大型企业财产转让所得和工资薪金个人所得税入库数较高。从规费收入来看，排除七甸辖区划转对收入的影响，2010年累计完成规费收入1.09亿元，较上年同比增收498万元，增幅为4.79%。

**【依法治税】** 为迎接昆明市政府行政中心搬迁工作，维护新区社会稳定，有效净化税收环境，地税局始终坚持依法治税、严格执法。认真落实新企业所得税法、新营业税暂行条例、耕地占用税暂行条例、农民工大学生创业、下岗再就业税收优惠及房地产交易等税收政策，全年办理下岗再就业减免税及残疾人减免税4户。完成减免税调查、审批4户，减营业税、个人所得税等税种2万多元。完成西部大开发享受优惠政策续办6户的调查、上报工作。办理二手房交易相关手续184户，减免相关税额累计271.01万元。共办理退税审批14户，退税金额合计67.19万元。全年，地税局稽查局共实施稽查14户（件），已全部结案。对10户企业进行约谈，共计组织查补（催缴）入库各项税（费）1 455.68万元。组织入库税款与上年同期入库数相比增收554.87万元，增长62%，顺利完成了市局稽查局下达的1.5%的查处指标。在打击假发专项整治行动中，联合国税、公安部门开展检查治理工作，通过采取一系列行之有效的措施，有效堵截了税源漏洞，整顿和规范了地方税收秩序，维护了税法尊严，净化了税收环境。

**【纳税服务】** 在第19个全国税收宣传月活动中，地税局本着“突出地方特色、突出纳税人需求、突出征管主业，面向纳税人、党政部门和社会各界开展多种形式的税收宣传”的主导思想，紧扣“税收·发展·民生”主题，深度宣传本单位深入贯彻落实科学发展观、积极服务于新区经济发展和社会稳定大局的重大举措和工作成效，就税务部门组织收入、税收征管、队伍建设、纳税服务，以及税收热点政策进行宣传，方便纳税人全面了解掌握税收法律、法规和办税程序，全方位、多视角地展示税务部门的良好形象和精神风貌。业务科室和管理分局相继开展送税法进企业、进党政机关和送税法进学校活动，极大地拓展和强化了税收宣传的影响面和渗透力。同时，有效开展纳税人需求调查，认真做好办税辅导和政策咨询工作。健全完善纳税信用等级评定管理办法，建立纳税信用激励和动态管理机制，对不同纳税信用等级的纳税人，进行区别管理和开展服务。建立纳税提醒工作机制，利用手机短信、电话语音提示、电子触摸屏公告等方式，提醒纳税人如期履行纳税义务。

向路人发放“税收·发展·民生”主题宣传材料
（董 泉 摄）

**【税收征管】** 地税局将“加强税收管理，确保完成全年收入任务”列为2010年度目标管理倒逼重点工作；保证组织收入工作领导到位、责任到位、措施到位、落实到位。加强日常督办，及时了解工作进度；针对今年财政税收任务下达到各个街道办的转变，及时调整工作思路，加强与各个街道办的沟通协调，保证顺利完成全年税收任务。坚持执法与服务相结合的原则，积极营造公开、公平、公正的纳税环境，采取五项措施进一步规范了定期定额户核定工作：一是对辖区内各个行业进行深入调研，制定行业的定额核定参考标准；二是业务科室全程参与核定工作，实现了内部的“第三方监管”；三是严格按照自行申报、核定定额、上级核准、定额公示、下达定额、定额公布六个步骤进行，努力实现行业间税负的公平、公止；四是主动与国税部门沟通协调，将增值税双定户核定数据及时传递，提高征管质量和效率；五是把核定工作质量作为各项考核工作的重要项目，加强执法监督，起到规范执法，加强征管和保护干部的多重作用。税源管理工作在去年的基础上，继续完善协税护税体系建设，实现项目基础信息、进展情况和纳税情况的资源共享，全面掌握辖区内在建重点工程项目情况，实现全面税源监控，做好项目跟进，做到重点税源底子明、情况清、数据准、管到位，切实形成全面覆盖，齐抓共管的协税护税工作机制，保障税收的有效实现。同时，认真总结2009年三个开发（度假）区实体化管理涉税工作经验，认真核对MIS2.0系统七甸辖区管户信息，整理征管档案，顺利完成了七甸向阳宗海分局划转的各项工作，实现了征管、规费等业务平稳交接。

**【信息化建设】** 按照《昆明市地方税务局关于开展云南地税综合管理信息系统V2.0数据清理工作的实施意见》及《昆明市地方税务局关于对云南地税综合管理信息系统V2.0规费数据进行清理的通知》要求，于3

月开始对云南地税综合管理信息系统V2.0中省局规定的数据进行了认真细致的清理。为确保清理工作取得实际效果，一方面进行周密、细致的安排部署，另一方面强化业务知识和操作技能的学习，对原始清理数据逐项、逐条进行了核实和修改，并严格按时间要求向市局反馈信息。整个清理工作做到了有组织、有保障、职责明确、责任到人。认真贯彻“边清理、边整改、边建制、边总结、边提高”的工作要求，克服时间紧、任务重的困难，圆满完成了数据清理各阶段的任务，进一步理清了征管数据。实现了以数据为准、用数据管理、凭数据说话。依托数据大集中系统中的海量信息，更好地开展税收经济分析、企业纳税评估、税源监控、税务稽查等项工作，为决策提供有效依据。同时，制定全面、可行的信息化工作制度和应急预案，增强风险防范意识，提高网络安全事件防范和应对能力，确保信息系统安全平稳运行。

**【内部管理】** 按照上级部门的统一安排部署，结合工作实际，严格执行省、市、县下发和本单位制发的财务、固定资产、公文、保密、安全保卫、综治维稳、信访等一系列工作制度，切实提高内部管理水平，并成功创建“省级园林单位”。一年来，全局深入开展全民节能活动，推进节约型地税机关建设。在新区全面开展“效能呈贡”建设活动的氛围中，地税局以该项活动为载体，以提升干部素质能力为保证，利用信息化手段，不断提高工作效率和服务质量，夯实机关效能建设工作的基础。从纳税人反映最突出的问题出发，解决机关效能建设方面存在的问题。加大监督检查和责任追究力度，建立长效机制，确保机关效能建设取得实效，推动“效能政府”四项制度深入贯彻落实。认真组织开展“六好”创建综合考评工作，着重从统一和规范“六好”资料、加强日常考核工作、提高考核针对性三个方面入手，推进考核工作的规范化和精细化。使考核工作更具针对性、操作性和实效性。

**【教育培训】** 为适应新区日新月异的快速发展，高效有序地解决好新城建设进程中产生的新矛盾、新问题，为新区建设提供财力保障。地税局领导干部坚持学习，不断提高自身的政治素质、业务水平和领导艺术，不断增强领导班子整体的判断能力、决策能力、执行能力、管理能力、协调能力，全局上下形成良好的学习氛围，干部职工在工作中不断更新知识结构，自我完善。人教部门针对实际情况，完善了教育培训制度；教育培训工作坚持“突出税收业务、彰显特色、分级分类、注重实用、责任明确和时间紧凑”的原则，以提高干部素质能力为核心，以政治理论、政策法规、税收业务知识和岗位技能、反腐倡廉、职业道德等为教育培训内容，分级分类实现全员培训。通过开展“读好书，求新知”、“忠诚教育”和“七个一”等专题学习活动，推进学习型机关建设，大力引导全体地税干部增强效率意识和服务意识。切实做好领导干部、新进人员、高层次专业化人才培养，推广普通话全员培训，继续开展以爱岗敬业、公正执法、诚信服务、廉洁奉公为基本内容的职业道德教育，为税收工作提供有力的思想保证、精神动力和智力支持。

**【队伍建设】** 在内强队伍、外树形象工作原则的指导下，党总支把开展创先争优活动与开展“讲党性、重品行、做表率”活动有机结合起来，与开展“个人形象一面旗、工作热情一团火、谋事布局一盘棋”的“三个一”主题实践活动有机结合起来，深入开展“比学习，创一流素质；比团结，创一流队伍；比服务，创一流作风；比效能，创一流业绩；比奉献，创一流形象”的“五比五创”主题实践活动。通过设立党员先锋岗、党员示范窗口、组建党员志愿者服务队、城乡党员结对帮扶等方式，进一步增强党组织的创造力、凝聚力和战斗力，发挥充分发挥党组织的政治核心作用和党员的先锋模范带头作用，为圆满完成税收工作各项目标任务奠定坚实基础。面对2010年年初旱灾，积极开展“共产党员抗旱救灾特别捐助活动”，全局党员和局党总支共向灾区捐款70 430元。盛夏时节，呈贡县又突遭特大暴雨侵袭，灾情发生后，积极与国税部门进行沟通协调，针对受灾后需要停业整顿的157户纳税人的实际情况，批准其办理停业，有效减少受灾商户间接损失。

**【党风廉政建设】** 在2010年的工作中，认真落实党风廉政建设责任制，继续深入开展反腐倡廉教育，深入推进地税廉政文化建设。聘请特邀监察员为队伍发展和行业作风建设提意见、出主意，督促全局改进工作作风，改善服务态度，提高办事效率，促进勤政廉政建设。利用每周五政治理论学习时间通过观看先进个人事迹和廉政教育影片等多种方式加强对党员干部特别是领导干部的理想信念、党风党纪、廉洁从政和艰苦奋斗教育。领导干部带头厉行节约，认真学习、贯彻落实厉行节约的要求和廉洁从政规定，抵制铺张浪费和奢靡之风，促使广大干部职工增强厉行节约、反对奢侈浪费的责任感和紧迫感，使全局上下形成了学廉、崇廉、守廉、倡廉的良好氛围。在新区（县）党工委（县委）、管委会（县政府）开展的以“依法行政、服务态度、办事效率、认真履职、政务事务公开、勤政廉洁”等为主要内容的民主评议机关行业作风工作中，地税局在参评的36个行政管理部门中荣获第四名，在垂直管理部门中位列第一。在市行评办组织开展对办税服务厅进行明察暗访、行风效能监测的工作中得到了市行评办的一致好评。

（肖　婷）

# 金融·保险

责任编辑：杨　帆

## 中国银行业监督管理委员会云南监管局呈贡办事处

【简　述】　2010年，中国银行业监督管理委员会云南监管局呈贡监管办事处（以下简称银监办事处）在云南银监局和直管办协调处的领导下，认真贯彻中国银监会及云南银监局2010年工作会议精神，紧紧围绕云南银监局2010年工作的总体要求：全面贯彻中央经济工作会议和银监会工作会议精神，以邓小平理论和“三个代表”重要思想为指导，深入践行科学发展观，认真贯彻落实中央经济工作会议及银监会工作会议的部署，更加注重监管政策引领，更加注重监管方式转变，全面强化监管能力建设，不断提升监管有效性，为地方经济平稳较快发展作出积极贡献。办事处紧紧围绕“有效监管强化年”和“内部管理强化年”两条工作主线，不断加强监管能力建设，进一步完善监管手段、增强监管预见性，着力防范重点行业信贷风险，有效促进了辖区内银行业持续稳健发展，银行业金融机构资产负债规模稳步增长；各项贷款均衡增长；不良贷款继续保持“双降”；利润继续保持增长。

【监管对象】　根据监管职责划分，银监办事处负责对辖区内各银行业金融机构的非现场监管工作，重点监管对象是呈贡县农村信用合作联社（以下简称信用社）和邮政储蓄机构，对其他商业银行机构的监管主要是根据云南银监局的授权或委托来开展，重点是对有关机构高级管理人员和机构网点市场准入方面的监管。年内，全县银行业金融机构网点共有54个。其中，信用社机构30个，中国工商银行呈贡县支行机构4个，中国农业银行呈贡县支行机构7个，中国银行呈贡支行机构1个，中国建设银行呈贡县支行、新区支行机构2个，富滇银行股份有限公司昆明呈贡支行机构3个，中国农业发展银行呈贡县支行机构1个，上海浦东发展银行昆明呈贡支行机构1个，呈贡县邮政储蓄机构5个（其中有2个支行）。

【监管工作】　牢牢把握“落实宏观调控”和“强化风险管控”两个监管重心。2010年，办事处坚持“有保有控”为抓手，积极推动经济与银行业发展方式转变；坚持以重点风险管控为主线，维护银行业安全稳健运行；坚持以深化改革创新为动力，不断拓展金融服务的广度和深度；坚持以审慎监管为准则，不断提升监管方式的前瞻性和有效性；坚持以合规建设为平台，增强各项监管政策的执行力。以“五个坚持”为工作主线，密切跟踪分析形势，正确把握宏观经济的走势，根据新形势新情况着力提高政策的针对性和灵活性，不断完善信贷管理，促进经济平稳较快发展。围绕监管有效性，加强风险监管工作；按照管法人、管内控、管风险的要求，以对信用社的非现场监管为中心，按照总会及省局对非现场监管工作的要求，充分利用非现场监管手段，提高非现场监管工作的系统性、连续性和有效性。积极倡导监管与服务相结合的理念，按时搜集、汇总和上报各类非现场监管报表和资料，有效使用监管信息资源，加强对信用社非现场监管信息系统报表的审核监测分析工作，结合具体实际及存在的业务风险，向其发出了《风险提示书》，督促其加强对风险的重视及整改。继续全面动态地收集、汇总和分析了辖区内各银行业金融机构的业务经营状况，按季撰写金融运行状况及风险分析报告，对全县银行业金融机构的业务经营状况进行了分析和监测，持续跟踪存在问题和风险，进行风险提示，并提出相应的监管意见和要求，积极倡导监管与服务的理念，充分发挥了对辖区内银行业机构的“窗口指导”的作用。为及时掌握辖区内金融机构地方政府融资平台贷款的风险情况，办事处于年初就建立了银行业金融机构的地方政府融资平台贷款台账。

按照银监会及省局合管处的工作安排，建立了对唯一法人社即呈贡县农村信用合作联社的“地方政府融资平台贷款”风险监测台账系统。规范监管行为，优化监管手段；严格按照有关规定和职责权限授权，根据新区建设的村庄搬迁整合工作，为充分发挥金融网点的服务功能，不留金融服务空白区，积极引导银行业金融机构科学合理调整金融网点及自助设备的布局，认真做好属地银行业金融机构有关金融监管行政审批事项的初审工作。做好信用社分社搬迁工作；因新区道路建设营业场所面临拆迁、修建轻轨的原因，将殷联分社从旧址斗南街道办事处殷联居委会（新昆洛路与老昆洛交叉口）搬迁至斗南街道办事处殷联居委会小王家营村95号营业，将七步场分社从旧址乌龙街道办事处七步场社区居委会与三岔口社区居委会交界处搬迁至乌龙街道办事处七步场社区居委会七步场村386号附1号营业的2个分社搬迁的有关行政申请事项进行了审查，并做出同意搬迁的批复。

做好分社临时停业初步审查工作。师大分社于2010年7月15日至2010年8月27日暑假期间临时停业的行政申请事项进行了初步审查，并将初审意见上报省局合管处。做好放置ATM自动取款机报备案工作；分别于2010年8月17日在大渔街道办事处怡合园小区32幢1号商铺放置ATM机1台；2010年11月2日在云南艺术学院、云南广播电视大学呈贡校区各放置ATM自动取款机1台的备案事宜进行了初审，并提出了初审意见上报省局合管处。根据省局国有银行监管二处的委托调查，对中国农业银行龙街、洛羊分理处分别拟搬迁至信息产业基地、洛羊镇辰龙大厦一楼营业，并升格更名为支行的事项进行了实地调查并提出了调查意见。对信用社的联社及基层社的高管任职资格核准及报备的初审。对袁娘的基社任职资格核准申请进行了初审意见上报；对李艳华、李颖、晋华和吕忠生四位同志的基社任职资格备案材料进行了审查，并将初审意见上报省局合管处；对陈永岗、李文武、张金坤、杨利勤四位同志的联社任职资格的核准申请进行了审查，并将初审意见上报省局合管处。

做好属地有关金融监管行政审批事项。2010年3月24日，为配合央行票据兑付后的考核工作，对信用社2009年度经营管理信息披露工作，按照信息披露范围及披露方式的有关规定，审核同意了信用社2009年度经营管理信息披露工作。2010年7月2日，经审查，为更好的提升信用社在新区的整体金融服务形象，丰富金融产品结构，创新金融服务手段，拓宽服务领域，弥补资产业务品种单；缺乏灵活性的问题，办事处受理了信用社申请开办金碧贷记卡业务初审工作，并提出了初审意见上报省局合管处。完成了对信用社修改章程的审核工作；根据云南银监局相关文件要求于2009年9月30日完成了定向募股6 000万元工作。云南银监局又于2010年3月15日的文件批复呈贡县农村信用合作联社将注册资本金由4 940.13万元变更为10 880.13万元，由此信用社的注册资本、股权结构及企业法人和自然人入股前十名股东发生变动。2010年7月6日，办事处对信用社第二届第二次社员代表大会决议提交的《呈贡县农村信用合作联社关于对章程部分内容进行修改的报告》进行了审查，并将变更事项报告省局合管处。2010年11月2日，对信用社申请9 000万元定向募股方案及相关材料进行了初审，并提出了审查意见上报省局合管处。根据“法人监管信息系统”的非现场监测的相关指标，利用2009年内的跟踪监管信息资料，以及信用社的经营管理状况，按照对资本充足率状况、资产质量状况、管理状况、盈利状况、流动性状况五个方面的测评评价，对信用社2009年度进行了综合评级。信用社2009年度监管评级结果为四A级。按季对《呈贡县农村信用合作联社2008～2010年达标升级规划目标》进行监测，各项指标进展趋势良好。在办事处人员紧张，工作任务较重的情况下，克服人少事多的困难，积极支持局机关监管处室的工作。2009年12月11日至2010年1月11日，1人参加对中信实业银行票据业务贸易背景真实性现场检查工作；2010年3月10日至3月19日，1人参加泰京银行昆明分行的内部控制、操作风险现场检查工作；2010年3月29日至6月30日，1人参加农业银行云南省分行的贷款偏离度现场检查工作；2010年11月19日至12月10日，1人参加银监会组织的云南银监局对中信银行南京分行“小金库”专项治理现场检查工作。现场检查期内较好地完成了现场检查工作任务，得到了有关监管处室的充分肯定。

**【防案工作】** 2010年初，配合新区（县）公安分局完成了银行业金融机构安全评估检查验收和金融安全大检查验收阶段工作。督促银行业金融机构深入开展案件专项治理工作，认真落实防范操作风险“十三条意见”和“十个联动”要求，构建案件防范长效机制，年内金融机构运行平稳健康，无案件发生。根据《中国银监会办公厅关于印发2010年现场检查计划的通知》安排，办事处参加了省局组织的对晋宁县、呈贡县的农行、农村信用社、邮政储蓄网点的枪支、弹药管理及使用情况的安全保卫工作的专项现场检查工作。督促银行业金融机构加强对员工依法合规经营意识和职业道德教育，关注重点岗位和重点环节的风险隐患，切实有效地防范操作风险发生和案件。

**【内部管理】** 办事处认真落实“一岗双责”，抓好云南银监局系统2010年纪检监察工作会议精神、思想政治工作会议精神的贯彻落实；把纪检监察工作、思想政治工作同业务工作有机地结合起来，渗透到日常监管工作之中。通过学习培训、沟通谈心、开展集体活动等方式，增强团队精神和集体荣誉感，努力打造一支敬业务实、学习创新、团结和谐、积极进取的战斗集体。通过省局组织的“进一步推进学习型党组织建设”、“开展创建先进基层党组织和争做优秀共产党员”、“比学习、比干劲、比创新、比贡献”的一系列活动，要求办事处职工坚持只有学习，才能不断进步的理念，把加强学习，树立正确的世界观、人生观、价值观作为首要工作常抓不懈。学习先进典型，教育和激励员工立足岗位，奋发向上，创造新的业绩。学习《中共中央关于制定国民经济和社会发展第十二个五年规划的建议》，准确把握党中央的新判断、新部署和新要求，坚持以科学发展为主题，以加快转变发展方式为主线，切实把思想认识和行动统一到中央的决策部署上来。紧密结合监管工作实际，积极探索，切实在转方式、调结构、防风险、促发展上做文章，努力提高基层监管水平，更好地服务于呈贡县域经济的发展大局。紧紧围绕中心工作，强化大局意识，继续深入监管机构，把对辖区内银行业机构季度经营报表分析作为一项日常工作，根据每季度银行业报表数据的变化，确定调查事项，深入银行业机构开展调查研究。根据省局办公室的督办通知，完成了《当前农村信用社部分网点持续亏损状况值得关注》专题调查情况报告、《呈贡县农村信用社支持失地农民创业的做法》专题调查情况报告、《呈贡办事处关于经济开发区（托管区）等银行业金融机构金融服务情况调查报告》专题调查情况报告。

（刘　焱）

## 中国人民银行呈贡县支行

【简　述】　2010年，中国人民银行呈贡支行（以下简称“支行）围绕年初工作部署，结合支行实际，以深入学习中国特色社会主义理论体系为主线，以“创新金融服务，支持经济发展”和创建“模范职工之家”为载体，以进一步提升基层央行履职能力、增强职工队伍的凝聚力、战斗力；着力维护辖区金融秩序稳定、促进新区经济又好又快发展为根本目的，开拓创新，高效履职，积极作为，较好地完成了年内各项工作任务；支行先后被表彰为昆明中支“优秀基层党组织”、成都分行级“模范职工之家”、成都分行级“创新金融服务，支持经济发展”先进集体。

【基本情况】　支行是中国人民银行的派出机构，受人行昆明中心支行直接管辖。根据上级“三定”方案内设机构为两科一室，即基础业务科、综合业务科、办公室，年内在册在编职工17人，离退休6人，班子成员为党支部书记、党组成员、副行长李红伟（主持工作），党组成员、纪检组长刘红。

【领导班子建设】　以学习为切入点，以专题调研为牵引，以集体领导为根本，以作风建设为突破口，以职工全方位民主监督为助力，狠抓班子自身建设。严格落实中心组带中层干部学习制度，年内完成6个专题、12天规定时间的学习，组织心得体会交流6次；10月，专题学习邀请到昆明中支工会主任王建东、宣传部部长高烽进行现场指导。通过专题学习，使支行对开展党组中心组学习的形式、内容及现实意义有了更加深入的了解，为今后提高中心组学习质量起到了重要作用；围绕花卉、蔬菜特色产业发展、失地农民再就业、新区城镇化推进、金融产品创新等涉及当地经济金融的热点话题班子成员分别带队深入实地调研。年内，上级行下达的支行调研课题均已完成；全面贯彻民主集中制原则，认真执行《党组议事和决策规定》。坚持重大问题集体研究决定，坚持大事讲原则、小事讲风格，营造了浓厚的民主氛围；以领导干部作风着手，带头抓学习、带头抓落实、带头讲团结、带头守纪律，为职工树好形象、做好表率；坚持行务公开、财务公开，注重增强工作透明度，全方位接受群众监督，促进班子建设质量。

【队伍建设】　利用每周三集中学习时机，开展经常性思想教育，筑牢职工珍惜岗位、爱岗敬业、服务大局的思想基础。积极组织形式多样的业务练兵竞赛活动，启发职工勤学习、爱思考、善钻研的自觉性。引导职工积极参与“创新金融服务，支持经济发展”和“创先争优”等主题实践活动，在参与中增长才干、提高本领。充分保障职工的知情权、监督权和参与权，充分调动职工的工作主动性，日趋形成团结、和谐、向上的工作氛围。定期组织丰富多彩的文体活动，在增强体质的同时，提升队伍的凝聚力和战斗力。严格按照昆明中支《关于做好辖内县支行中层干部竞聘上岗工作的意见》，认真制定支行竞聘工作实施方案，对支行中层干部实行全员公开选拔、竞聘上岗。在此基础上，对支行部份岗位进行了调整充实，进一步调动了干部职工的工作热情和积极性。

【货币政策执行】　学习中央经济工作会议、全省人民银行工作会议精神，深入领会适度宽松货币政策的内涵，准确判断辖区经济金融形势，贯彻执行国家宏观调控政策。引导辖区金融机构合理控制信贷投放，优化信贷结构，促进经济结构调整，有力支持新区建设和县域经济协调健康发展，金融运行总体平稳，存贷款增速较往年有所放缓。截至2010年末，全县金融机构各项存款余额177.44亿元，较年初增加24.76亿元，增长16.22%；各项贷款余额114.74亿元，较年初增加23.47亿元，增长25.72%。继2009年存款突破百亿元后，年内贷款余额也突破百亿，成为昆明辖内继官渡、西山两区后第三个存贷款过百亿的县区。充分发挥中央银行“窗口指导”作用，积极引导金融机构合理信贷投入。结合新区实际下发了《2010年呈贡县货币信贷指导意见》，引导金融机构信贷资金合理投放；农村信用社适时推出了失地农民专项贷款、失地农民再就业贷款，帮助农民实现二次就业。针对弱势群体，农村信用联社与政府有关部门配合，推出了“贷、免、扶、补”创业贷款业务。农行推出“接力贷”服务。中国银行成为在呈贡高校园区首家办理助学贷款的金融机构，为困难大学生在一定程度上解决了求学资金难题。引导辖区金融机构拓宽信贷领域，支持中小企业发展。工商银行为解决中小企业融资难问题，推出了“商品贸易贷款”特色服务。即针对原来中小企业贷款期限短、抵押物落实难的问题，提高贷款期限。同时，拓宽了企业的质押范围，降低了准入门槛，中国银行为花卉企业办理结售汇业务，方便了外资企业的结算；建设银行对2 000万元以下小企业贷款，简化贷款手续，只要担保抵押落实即可放款，无需通过验资机构验资。

**【金融服务工作】** 全年共办理业务44 572笔，其中预算收入缴款39 789笔，金额10.61亿元；退库85笔，金额303万元；拨款4 135笔，金额10.30亿元；共退回不合规业务10笔，金额30.2万元。做到收入划分正确、报解及时、退拨有据，无延压国库资金；准确、及时上报国库核算系统及国库统计系统的各种日、月、季、年报表，未发生迟报、少报、漏报、错报。

**【结算管理工作】** 根据《呈贡县金融系统结算管理综合考核评比办法》，对3个结算先进集体和18位先进个人进行了表彰。按照上级行相关要求，对辖区银行业金融机构进行了人民币银行结算账户管理参与者资格理论考试，共组织考试2次，人数253名。根据《行政处罚法》和《支付结算管理办法》，针对结算单位签发空头支票及印鉴不符支票发出《行政处罚通知书》7份，罚金68 749元，全部缴入中央金库；针对辖区金融机构电子对账不及时的问题，于10月份下发文件对电子对账工作提出明确要求。经过两个月来的运行，各家金融机构对该项工作的重视程度得到了明显的提高，对账不及时的情况得到了明显改善。

**【信贷登记咨询系统建设】** 年末，共新办贷款卡64户，办理贷款卡年审226户，严格落实了贷款卡办理和年审工作。认真、细致、耐心做好个人征信报告的查询工作。年内，共为32人提供了个人信用报告的查询工作。

**【反洗钱工作】** 克服支行人员少、工作多的矛盾，抽调业务骨干配合上级反洗钱部门组织的反洗钱工作检查，通过参加外出检查，大大提高支行业务人员的综合素质。在辖区内利用每季度一次的例会深入宣传反洗钱法，提升金融机构工作人员反洗钱工作能力。

**【金融统计服务】** 完成辖区金融统计月报，按季对金融运行情况进行分析，为金融机构和政府领导提供决策依据。做好蔬菜价格的收集、上报，为总行决策提供依据。

**【人民币管理】** 进一步加强辖区反假人民币工作，多渠道向地方政府反映当前人民币反假工作重要性，为有效净化人民币流通环境争取到了保障。全年，共收缴假人民币83 490元，上交昆明中支历年积存假币383 515元；为公安部门鉴定真假人民币3次，为群众鉴定真假人民币12次。

**【金融稳定工作】** 配合县金融办，召开各行、社“一把手”参加的金融维稳工作会议，有效强化金融系统的责任意识、风险意识和稳定意识。配合县金融办等相关部门完成了对小额贷款公司的检查工作，按时上报相关报表。做好日常金融风险监测，积极参与对辖内金融机构的现场检查，及时发现和解决风险隐患点，做好农村信用社改革以后的日常监测工作。

**【创先争优工作】** “创新金融服务，支持经济发展”业务竞赛活动，是人民银行提高职工业务素质，提升基层县支行履职能力，更好地支持地方经济发展的重要举措。支行研究确立了“内强职工素质、外树人行形象、辐射商业银行、追求精品服务”的活动思路，充分发挥组织、协调、整合作用，着力改善辖区信用环境、服务环境、支付环境。对内，结合支行业务工作实际，组织开展了包含人民币管理、人民币银行结算账户、征信知识、支付结算等业务知识的“业务竞赛月”活动；对外，经过2个多月的细致筹备，成功举办了辖内9行、社代表队参加的呈贡县“创新金融服务、支持经济发展”金融知识业务竞赛活动。组织参与上级行相关处室开展的“创支”活动竞赛，在货币信贷业务竞赛、节能减排业务竞赛中我支行均取得了第一名的好成绩。经过全行一年来的努力，支行“创支”工作被表彰为“成都分行级先进集体”、王梅同志被表彰为“成都分行级先进个人”。

**【农村支付服务环境】** 2009年末，呈贡县被确定为云南省改善农村支付服务环境建设三个试点县之一。为切实完成农村支付环境建设工作目标，充分发挥金融服务“三农”的作用，支行于年初成立了以分管行长为组长、各银行机构分管领导为成员的改善农村支付环境建设领导小组，负责改善辖区农村支付环境建设工作的组织、指导、协调和监督。经过一年来的努力，改善农村支付环境试点工作取得了明显成效；在昆明中支支付结算处的直接指导下，协调银联公司增加斗南花卉市场、晨农农产品有限公司等龙头企业POS机具设置数量，并监督落实惠农政策，降低服务收费标准。指导县农村信用社对昆明晨农农产品有限责任公司实行电子化结算，减少现金流通；在斗南花卉市场推行“刷卡无障碍一条街”建设。截至2010年末，金融机构共发出各类银行卡447 308张，较上年末新增105 865张；ATM机91台，较上年末新增21台；POS机201台，较上年末新增105台；惠农卡发卡量18 525张，较上年增加5 021张，银行卡发行量和机具布放量均全面完成了2010年的目标任务。

**【宣传活动】** 利用区位优势，在辖区开展“金融知识进社区系列”活动；针对当前新区建设大量土地被征用、失地农民大幅增多的现状，支行积极联系县金融办、银监办，组织县农村信用社、农业银行等金融机构，定期开展“送金融知识下乡宣传”活动，向失地农民、花农、花商送去必要、实用的金融知识和金融产品信息，推动扩大农村金融知识普及，帮助广大群众提高防范风险、树立理财意识。普及征信知识，提高在校大学生的信用意识，结合人总行关于开展“创新金融服务，支持经济发展”活动要求，在昆明中支征信管理处、工会办、团委的领导和大力支持下，支行与云南师范大学呈贡校区团委紧密合作，举办了为期半年的征信知识进校园系列活动。征信知识进校园系列活动由“名师讲诚信”知识讲座、“诚信与我”征文比赛、征信知识普及宣传等几个方面组成。5月17日，在征信宣传校园活动尾声之际，支行与师大团委联合举办了信合杯“诚信与我”优秀征文颁奖晚会，将宣传活动推向高潮，活动得到了总行相关部门的肯定，“央行青年论坛”专栏对此项活动进行了交流报道。针对目前新区建设明显加快的特点，为进一步让地方政府了解国家宏观调控政策的实施情况及国际、国内金融热点，支行领导班子落实相关人员负责自办刊物《金融信息参考》报送县委四班子相关领导，让地方政府领导及时掌握金融政策。年内，已上报24期，得到了地方政府及昆明中支相关领导的高度好评。

**【安保与社会治安工作】** 狠抓落实，建立健全长效内控机制是支行综治工作的核心，一把手积极履行安全保卫治安第一责任人和工作管理目标责任制，并督促层层抓落实，做到安全保卫工作与社会治安综合治理工作与业务工作同布置、同落实、同检查、同评比、同奖惩。抓好安全文明小区和无毒社区的创建工作是支行建设的重要组成部分，支行把创建“安全文明小区”与“保卫工作”“社会治安综合治理”工作有机结合起来，抓好创建安全文明小区的建章立制工作，进一步规范内部治安保卫工作，努力提高单位预防和控制犯罪侵害治安事故。从大院管理、用电安全、网络安全、用火安全但等方方面面，无一不体现着支行对安全管理的重视。年内，实现“六无”，无恶性刑事治安案件；无邪教组织人员的破坏活动；无群体性事件；无重特大火灾等安全事故；无黄、赌、毒等社会丑恶现象；无职工违法犯罪现象发生；为全行干部职工营造一个安全、和谐的工作生活环境。

**【党风廉政建设】** 以加强党风廉政建设责任制落实为抓手，着力强化责任意识；认真执行支行党风廉政建设责任制考核办法；分管领导与科室签订《党风廉政建设责任书》，形成了党风廉政建设工作“一把手”负总责，纪检组长主抓，职工积极参与，一级抓一级，层层抓落实的工作格局；以加强领导干部廉洁自律和党内监督为重点，着力强化廉政意识；根据中支统一部署，扎实开展“制度落实年”和“案件治理”回头看活动；以昆明中支内审专项检查整改为契机，强化防范意识。针对上级内部审计检查发现在问题，专题逐一查找原因、讨论整改措施，明确了问题整改时限和要求；以警示教育为辅助，着力强化法纪意识；支行积极联系新区（县）纪委和检察院，组织中层干部前往新区（县）法院，旁听了职务犯罪案的开庭审理；支行联合县信用联社，聆听检察院领导关于“预防职务犯罪”知识讲座，起到了较好的警示作用。

（杨体荣）

## 中国工商银行呈贡县支行

**【简　述】** 2010年，在省分行营业部和新区党工委（县委）、新区管委会（县政府）的正确领导下，全行上下认真贯彻省分行两级行长会议精神。坚持以科学发展观为统领，牢固树立“四硬”经营理念，以“劳动竞赛”、“创先争优”及“夯实基础、强化管理”主题教育活动为契机，紧紧抓住新区建设的重要发展机遇，加速观念转变，以发展为第一要务，全行上下齐心协力，奋力拼搏，加强全面风险管理与内部控制。进一步夯实资产质量，努力提升同业占比和系统排名，各项业务保持了良好的发展势头，核心经营指标——经营利润连创新高，主线业务取得重大突破，服务质量，党风廉政建设和内控案防等取得了显著成绩。年末，实现（扣除资产减值损失后）利润4 859万元，比上年增加365万元，增长8.12%；人均创利72.5万元，较上年人均增加5万元（含柜员工）；实现净利润3714万元，比上年增加393万元。

【机构设置】 支行内设机构为办公室、经营科、业务科、保卫科。下设对四个对外营业网点：支行营业室、城关储蓄所、新街储蓄所，王家营分理处。现有员工67人，其中在册正式职工54人，柜员合同工13人。

【"劳动竞赛"活动】 支行党支部通过层层宣传发动，定目标、强措施、抓落实。充分发挥党支部和党员的先锋模范作用，结合实际，调动全行干部员工的积极性、主动性，抓住一季度银行业务的黄金季节，精心组织，周密部署，攻坚克难。紧紧围绕主线开展竞赛，经过100天的艰苦奋战，收到显著成效，各项存款突破14亿大关，对公存款、储蓄存款双双突破7亿大关。截至4月10日，账面利润、大个金专业、各项存款、中间业务等各项业务成绩突出，支行在营业部考核排名位列前茅：大个金专业绩效综合排名第六名，突出进步支行第一名，优秀贡献支行第四名；支行四个网点有3个进入营业部前50强，其中城关所排名第七，进入明星网点，机构存款排名第二，为完成全年经营目标任务打下了坚实的基础。

【大个金业务】 开展规范化服务，着力抓好服务质量提升工程。坚持组织开展个金业务流程演练及营销培训，除积极组织派遣员工参加营业部组织的各种培训外，支行还组织了一系列的培训活动，各网点也利用每天的晨会组织学习培训，不断提高服务技能。加大对优质对优质客户营销，全面提升工商银行的服务质量。利用中秋、国庆、春节等重大节日组织召开联谊会、培训会、产品推介会等，组织业务拓展、联系客户工作，做到全行总动员，加大对业务市场的渗透力度，营销活动从县城扩展到农村。通过全行员工的共同努力，大个金业务与上年相比又有新的发展。其中个人网上银行新增5 779户，个人电话银行新增4 268户，手机银行新增4 980户，其中新增网银证书客户排名营业部第一。办理信用卡张1 133张，灵通卡9 654张。销售理财产品6.5327亿元，代理销售非货币基金862万元，代理销售保险1 505万元。优质客户占比快速上升，其中达标客户692户；20～50万元客户数726户；50～100万元客户数730户；100～800万元客户数319户。大个金业务的持续快速发展，直接推动我行网点综合排名大幅提升。在营业部表彰2010年度效益突出贡献及营业突出贡献单位中获得了三个单项奖，支行营业室、城关所获综合贡献奖；在"扩户、挖转、增存"专项竞赛第一阶段，获七个专项奖。其中个人金融业务获奖占四项，2个网点、2名个人做出突出贡献并分获专项奖励。

【贷款业务】 积极营销公司优质贷款，努力提升盈利能力。支行坚持以扩增存贷规模、提高资产质量为核心，以加强信贷管理为重点，以各项信贷制度落实为基础，抓营销、抓管理、抓落实。由于信贷政策改变的原因，已经确定的贷款不能按时放出，导致公司贷款负增长1.1351亿元，但公司中间业务收入仍达508.5万，完成计划100万元任务指标的508%，不良贷款余额3万元，占比0.001%，其中公司不良贷款连续第六年保持零余额。个人贷款净增2 056.43万元，完成计划2 000万元的102.82%；围绕呈贡新城建设，全方位营销、抢占先机，使一批新的优质客户到工行落户。根据省分行营业部提出的专项竞赛的精神，在支行领导的大力支持下，主动营销，实现新开帐户49户；其中，云南电路线路器材厂，全部业务在我行办理，并成为本行存款大户；成功营销巨朝投资公司，并通过巨朝投资公司介绍福建商会钢材市场，现已有6家在我行开户，明年将会有40家客户到支行落户，为下年年公司业务奠定了基础；狠抓个人贷款，成功发放个人贷款1 088万元，取得小组排名第二，全辖排名第三的好成绩。发挥员工的积极性、主动性，成功营销个人黄金积存9 500千克，其中单笔最高营销达5 000克。同时，在支行领导高度重视下，通过经营科积极努力，省行、营业部、支行三级联动及上级行和各相关部门的精心指导、通力协作，于2010年12月22日成功为客户办理了全省第一笔黄金质押贷款120万元，实现了支行黄金质押贷款零的突破。通过强化存量贷款和新增贷款的管理，使资产质量保持优良，全部不良贷款仅3万元，占比为0.002%，公司不良贷款连续六年保持零余额。各项贷款余额11 264万元；其中，项目贷款99 340万元，个人住房贷款余额3 570万元，比年初增加186万元，个人消费贷款2 453万元，比年初增1 871万元。

【存款业务】 由于呈贡存款资源有限，加之市场竞争激烈，农村兑付的土地款虽然提供了揽存机遇，但大量土地款直接划拨到信用社，困难与机遇并存，支行高度重视，攻坚克难，多次召开行务会和职工大会安排部署，总结上年营销经验，反复宣传发动，修改完善考核奖励办法，层层明确目标任务及措施要求。充分调动了全行员工抓存款的积极性、主动性，尤其是正式成立对外营销的小分队后，成效更加显著，小分队成员不辞辛劳，每天坚持走村窜寨上门营销，以理财为主，在营销理财产品的同时，想办法增储拦存，抓住一切可能的机会，宣传营销，经常放弃休息，加班加点，确保了储蓄存款和理财产品双丰收。年末，人民币各项存款余额16.34亿元，较年初增加4.05亿元，人均存款2 513万元，人均增存77万元。其中：公司存款3.45亿元，较年初增加5 309万元，增18.22%。储蓄存款余额7.51亿元，较年初增加1.18亿元，增长18.64%。

**【中间业务】** 支行始终坚持把拓展中间业务收入作为全行工作的重要一环来抓，坚持两手抓，即一手抓传统业务，一手新业务拓展，尤其是通过抓委托贷款、涉农贷款、商品融资、代理他行库箱寄存及接送业务，有效拓展了中间业务收入来源。新区建设发展很快，但仍处于起步阶段，地域狭小，资源有限，为确保中间业务的平稳快速发展，支行在年初就制定了一套完整的发展中间业务计划、措施和考核办法，将目标任务特别是短板业务层层分解落实到科室、网点及客户经理，实施全方位分层次营销，并取得了显著效果，抓住农村对付土地款的有利时机，在做好传统业务的同时，全方位营销各种理财产品、代理保险，办理银行卡等，实现个金业务中间业务收入 439 万元（不含信用卡）。在坚持抓好传统中间业务的同时，积极办理贸易融资、对公理财、涉农优质贷款等，实现中间业务收入 800 多万元；同时注意多渠道挖掘中间业务，积极拓展市场，先后为浦发行、农发行和晋宁支行办理款箱寄库和守押任务，为中石油和电力公司天天上门收箱，实现中间业务收入 40 万元。全年累计完成中间业务收入 1 372 万元，超额完成营业部下达中间业务的 159 %；在营业部考核排名第一位。

**【网点建设】** 合理调整人力资源，构建个人客户营销体系，进一步修订了网点负责人和“三大经理”的工作职责，为网点负责人实施综合管理和走出柜台营销提供了制度保障，同时也为扩展离柜业务奠定了基础。制定和落实了客户经理工作职责及考核机制，激发了客户经理的工作干劲和工作热情。完善各项主线业务营销考核奖励办法，充分调动了全体人员的营销积极性。分层次服务明显提升，主要表现在：个金业务由经营产品逐步向经营客户转变；坚持对不同的客户群体和需求实施组合产品营销策略；加大对外来经销商的营销，运用组合营销方式，并使其成为一个新的客户群体；通过引导与分流，营业厅排长队现象明显缓解。先后在昆明医学院、云南民族大学、昆明理工大学开设了自助银行，新区中的网点布局按时推进，春融支行和米兰支行已装修完成，市行政中心网点和支行已开始装修。其它计划新建网点已上报待批，上述工作的顺利跟进，为支行在新城的竞争布局和发展打下坚实基础。

**【业务发展与安全经营】** 不断完善内控制度，借“夯实基础、强化管理”主体教育活动之机，掀起学习、推广、应用《业务操作指南》的热潮，加大日常监督和检查力度，抓好整改落实。以提高运行效率和运行质量为重点，构建运营集约化、管理一体化的运行管理体系，彻底整改威胁业务安全运行的违章作业行为。积极做好防控工作，主动防范风险，努力构建完善的案件防范长效机制，各科室、网点针对日常业务查找工作隐患，围绕主线业务有目的、有重点的组织业务技能和内控培训，保证内部控制和业务发展协调统一。深化保卫工作规范化管理，不断完善安防设施，健全安全保卫应急机制，对护卫公司加强协调沟通，对护卫人员加强管理教育，确保守押安全；加强涉及我行员工资金安全部位的控制，安防设施及时检查维修，发现问题及时整改，安防能力进一步增强。

**【服务工作】** 不断增强员工服务意识，牢固树立现代金融服务理念。坚持一手抓教育，一手抓管理，在全行员工中加强现代金融服务理念教育，自觉提高规范化服务的自觉性和主动性。注重打造服务目标客户的良好网点环境，增强网点竞争力，最大限度发挥自助设备的业务分流作用，离柜业务占比逐步提高。发挥支行营业室和城关储蓄所核心网点的示范作用，提升了对高端客户的服务层次。定期召开服务例会，定期研究服务工作，以服务态度、服务质量、服务效率为主要内容，在坚持“三声”服务的同时，规范了服装、统一了发型，规范了柜台物品摆放。通过“实战”锻炼、培训提高、鼓励升级和活动促进等各种方式提高员工综合素质。同时，注意关心职工生活，改善职工福利、组织丰富的文体活动等，充分调动职工的积极性。

**【党风廉政建设和案防工作】** 认真贯彻落实党风廉政建设会议精神，从严从实抓好党风廉政建设、案防内控工作。把“创先争优”活动与“主题教育”紧密结合起来，突出“实践特色”做到“立足岗位争优秀，推动发展做表率”。建立和完善各项规章制度，加大行务公开力度和行风建设力度，抓好党风廉政和案防工作“两个责任制”具体工作的落实。召开领导干部一年一度的民主生活会，要求班子成员认真撰写发言提纲，对照《党员领导干部廉洁从政准则》，认真分析查找班子和自身在思想、工作和作风及廉洁自律方面存在的问题，填写“三项制度报告表”，剖析存在问题的思想根源，同时组织开展满意度测评，把领导干部至于职工群众监督之下，确保领导干部廉洁勤政。重新调整了党风廉政建设领导小组、案防工作领导小组。年初制定措施计划，明确责任目标，制定并下发了《呈贡支行党支部党风廉政建设责任制任务分解表》，将任务层层分解落实到分管行长、部门及个人，重新修改签订了党风廉政建设和案防责任书、内控责任书、安保责任书、保密责任书等五个责任书，将任务责任进一步明确到相关部门和个人。每两个月召开一次的安防分析会，各部门、各网点的问题当期整改率达到了 90%以上，案防责任得到了较好落实。市级文明单位建设再次通过检查验收，全年无案件事故，实现安全经营。

（刘国春）

# 中国农业银行股份有限公司呈贡县支行

**【简　述】** 中国农业银行股份有限公司呈贡县支行（以下简称农行）面对呈贡新区建设的机遇，结合农行股份制改革提出的新要求，以加快业务有效发展为第一要务，以科学发展观为统领，以增强综合竞争力为主题，以提升企业价值为核心，以改革创新为动力，团结务实，有效推进各项业务工作健康快速发展。年内，实现利润 5 121 万元，比上年末增加 1 684 万元，增幅为 49%。

**【存　款】** 年末，各项存款余额 234 855 万元，较年初增加 6 930 万元，增长 3.04%，完成年初营业部下达计划任务的 11.95%；存款市场存量和增量占比均在全县金融同业中排名第二，其中对公存款余额 74 142 万元，较年初减少 28 764 万元，负增长 27.95%；储蓄存款余额 160 713 万元，较年初增加 35 694 万元，增长28.55%，完成计划任务的 127.48%，储蓄业务增长势头强劲，在营业部 10 个县（区）行中，全年增量位居第三。

**【贷　款】** 年末，各项贷款余额 191 877 万元，较年初增加 58 888 万元，其中法人客户贷款余额 175 118 万元，较年初增加 52 158 万元，增加 29.8%；长期贷款 52 296 万元，占比 77.6%，项目贷款 123 258 万元。一批新的集团性大型客户和小企业客户纷纷落地农行，信贷业务支持领域有效拓宽，信贷结构更趋合理，支行综合竞争实力进一步增强。个人住房贷款余额 15 618 万元，较年初增加 6 616 万元，增长 73.49%，较去年同期增加 6 616 万元，完成营业部下达 8 000 万元计划任务的 82.7%；全年累计发放贷款 788 799 万元，累计收回贷款 19 911 万元；贷款市场存量和增量占比在全县金融同行业中均列第二位；不良贷款余额 3 631 万元，占各项贷款余额的 1.89%，不良率控制在上级行规定的范围内。

**【中间业务】** 年末，中间业务收入 1 034 万元，完成营业部下达 1 000 万元任务的 103.4%，其中银行卡业务收入 399.4 万元；代理保险业务收入 43.95 万元；电子银行业务收入 114.64 万元；投资银行业务收入 296.18 万元。中间业务收入呈现多样化的良好格局。

**【外汇业务】** 年末，累计结售汇业务量 718 笔、金额 6 126 万美元，完成计划任务的 175%，结售汇 502 笔、金额 4 599.01 万美元，完成全年计划任务的 183.96%；外汇买卖收入 50.46 万元人民币，外汇业务发展居营业部第二名，占当地外汇市场份额的 50%以上。

**【电子化建设】** 电子化建设蓬勃发展。4 月，在昆明国际花卉拍卖中心新设自助设备 1 台，进一步充实农行自助设备服务能力。9 月，针对呈贡高校园区搬迁，为及时解决大学生就近取款问题，无偿为云南大学呈贡校区新设自助设备 7 台。每日派专人负责对省中医学院、昆明理工大学、交职院等 15 台离行式 ATM 机进行日常维护和加钞工作。目前，支行共有 ATM 机 24 台，自助柜员机的快速发展，有效地分流了柜面业务，为新区群众提供 24 小时的金融服务，彰显出呈贡农行人务实、优质的工作作风。

**【内部管理】** 在全行树立合规经营理念，固化全行员工风险意识和合规意识，先规范后发展，靠合规促发展，靠合规促转型，努力巩固和捍卫一类行成果，2010 年度内控综合评价等级认定为一类行。

**【案件治理】** 认真开展案件风险排查工作；成立了案件专项治理工作领导小组，专门抽调人员配合上级行检查组对我行进行的集中排查，并对排查中发现的问题，及时进行了落实整改。同时，建立了存在问题目录库，层层签订了《防控案件承诺书》和《员工合规操作防控案件责任书》，将案件防控责任层层分解落实到具体的责任人，员工遵章守纪、合规操作的自觉性和主动性明显增强，为有效遏制各种案件的发生，确保支行安全经营，创建合规文化，构建平安农行打下坚实基础。

**【精神文明】** 始终把员工思想教育放在第一位，支行部（室）每周二上午学习，各网点坚持每周至少组织学习一次，做到有学习、有签到、有记录，通过学习增强思想凝聚力和战斗力。制定业务培训计划，从业务知识、管理理论、营销技能、规章制度、礼仪化妆、

支行参加营业部“打造优秀大型上市银行”系列活动歌咏比赛获集体一等奖　（黄振声　摄）

安防演练等方面开展培训，累计培训300多人次，96位同志顺利通过培训考试。同时，从行长到员工有60多人参加了上级行组织的业务培训，培训面达到100%，为培育一支业务精、政治硬、作风正的干部员工队伍奠定了坚实基础，为创建学习型银行营造了良好氛围。领导干部带头开展作风建设，以身正求人正，靠作风树行风；在全行大兴精神文明建设，积极参加营业部组织的"打造优秀大型上市银行"系列活动，先后有12人在活动中荣获单项奖，并荣获《歌咏比赛》集体一等奖，再展市级文明单位风采。

（罗飞燕）

## 中国建设银行股份有限公司呈贡支行

**【简　述】**　2010年，中国建设银行股份有限公司呈贡支行（以下简称"呈贡建行"）以客户服务为中心，以市场为导向，以发展为主线，按照内控和案件制度执行年和服务提升年的管理要求，强化内部经营管理，提升服务质量和内部控制，千方百计地夯实经营基础，全行各项业务取得平稳发展，行风、行貌焕然一新，完成了各项工作任务，实现了经济效益的突飞猛进。会计核算工作正常有序地开展，无重大事故案件发生，CCBS核心业务系统、个贷系统、公积金系统、证券系统、V3系统、CTS系统、后台业务集中处理系统、稽核系统、柜面业务实时监测系统、反洗钱系统均稳定运行，会计基础等级复验二级，对公客户对帐率均为100%。全年实现利润3 888万元，其中中间业务收入672万元。

**【存款业务】**　截至年末，一般性存款5.84亿元，比年初减少5 373万元，其中，企业存款3.28亿元，比年初减少6 601万元，储蓄存款2.58亿元，较年初新增1 228万元；今年面临新都公司代转存资金的大量支用，对呈贡建行的企业存款提出严峻的考验，呈贡建行及时转变经营思路收集信息寻找稳定的存款源，通过掌握维修资金和公积金存款的情况，及时采取三级联动营销取得了近7 000多万的稳定存款。个人业务方面，因大量失地农民获得了政府兑付的资金，经过深入了解和掌握投资渠道，重点对失地农民积极营销保险业务和推荐购买理财产品，使呈贡建行取得了良好的销售业绩。

**【贷款业务】**　年末各项贷款余额为12.01亿元，个人贷款余额1 071万元，较年初净新增426万元，全年无不良贷款。

**【服务管理】**　围绕"以客户为中心"的经营理念，以提高客户满意度为宗旨，严格执行建设银行网点转型要求。采取统一着装、挂牌服务、规范文明职业用语、推行人性化服务，提高了服务效率和客户满意度。在产品营销中，坚持风险评级准入制度，把合适的产品推销给合适的客户。积极推广电子银行，引导客户使用电子化自助服务。安排个人业务岗，积极向客户宣传健康合理的理财观念，实现了客户理财与银行业务的共同发展。在今年的工作中，确立了管理和发展为主线的工作思路和目标，认真贯彻执行上级行的要求和指示，一直将科学、务实、创新、民主的工作方法和思路贯穿工作始终。在工作上力求创新但不冒进，力求稳健但不保守，结合地方经济和市场特点，抓住市场机遇顺势而为，按照商业银行"三性"原则积极稳妥的推进各项工作，领导班子确立以发展为主线，以稳健和安全经营为基础，以效益兴行为目标。通过上下统一思想，转变观念，按股份制企业经营管理思路和方法，规范员工业务操作和领导管理行为。从基本的应知应会入手，提升全行的服务水平、工作质量，积极通过市场竞争扩大业务规模。结合内控和案件制度执行年以及服务提升年的要求，从制度入手，加强职工队伍的学习和指导，不断营造学习奋进、创先争优的环境，经过持续抓机制转变和思想意识的转变，员工队伍的执行力、凝聚力和市场竞争力得到很大的提升，特别是行风、行貌得到极大改善。

**【风险管理】**　在日常管理过程中，加强内部控制制度的检查落实工作。组织员工对以往违规事件进行分析学习，加强员工的警示性和风险防范意识教育，加强对员工思想行为的排查工作，积极引导和教育员工规范操作。在执行中，结合上级行的突击检查和自查查找出的问题，举一反三的进行整改，促使员工从思想上充分认识了风险管理的意义，结合内控制度，拟定了一些切合实际的管理措施，形成了办事有标准、操作有制度、岗位有制衡、工作有检查、过程有监控，事后有考核。定期或不定期地组织会计人员进行业务学习、培训，不断提高会计人员业务水平。在日常工作中发现问题及时进行纠正，杜绝柜面操作风险隐患。全行员工遵循一切业务务必以"合规经营"的指导思想，一直保持较好的管控水平。按照风险内控体系推进的要求，全面推行会计规范化管理，精心配制工作岗位，及时修改工作场所文件，明确操作的文件依据、岗位职责，不断提高操作的规范性和核算的正确性。严守信贷纪律，坚持审、贷分离的工作体制，做好贷前调查、贷时审查、贷后检查工作，实现了不良金额为零的经营目标。严格现金尾钞管理和查库制度，加强内部现金调配，努力降低备付率，全年未出现大额现金差错。层层签订安全目标责任书，把风险防控量化到具体岗位，全年安全营运无案件发生。加大对安全设施的投入，基本做到营业大厅监控无死角。定期或不定期对职工进行安全教育和突发事件应对演练，切实提高防范水平，确保职工生命安全和国家财产不受损失。

**【企业文化建设】** 主动关爱职工，充分调动员工的积极性，在全行营造了良好的企业文化氛围，为完成各项工作任务奠定了良好的基础。倡导以客户为中心的服务理念，着重强调二线为一线服务，一线服务大众客户的一盘棋思想，优化内部制约与协调机制，提高市场反应能力。工作中坚持人本主义，按时缴纳社保5项基金，切实维护职工利益，提高职工的归属感。管理中充分发挥职代会作用，疏通内部利益诉求渠道，努力创建和谐建行。生活中关爱职工身体健康，按年定期进行身体检查，做到疾病早发现早治疗。开展职工医疗互助公益活动，切实减轻患者负担。在职工培训中引入思想健康培训内容，教育职工正确对待内部分配的差距问题，树立正确的财富观。

（王　狄）

## 呈贡县农村信用合作联社

**【简　述】** 2010年，呈贡县农村信用合作联社（以下简称“呈贡联社”）按照省、市联社提出的“加强管理、合规经营、夯实基础、创新发展、强化管理、严控风险”的经营思路和经营方针，在人行、银监等部门的关心帮助和呈贡新区（县）各级政府各部门的大力支持下，紧紧围绕“特区”、“新区”找思路，统一思想，创新改革，各项业务保持了健康发展的良好势头。经营管理工作取得了新进展，全年无任何安全事故，向上级领导、各有关部门和全体社员交上了一份满意的答卷。

**【主要经营指标完成情况】** 年末，呈贡联社各项存款余额为90.52亿元，较年初净增7.13亿元，增长8.55%；存款市场份额51.02%；各项贷款余额为53.05亿元，较年初净增12.30亿元，增长30.18%；贷款市场份额46.23%，年末存贷比58.60%；全年实现总收入5.11亿元，总支出2.86亿元，营业利润2.26亿元，净利润1.69亿元；营业利润较上年同期增加1.75亿元，翻了两番。全年，“安贷宝”实现业务收入62万元；累计发行金碧卡3 936张，金碧卡刷卡消费金额为1.80亿元；新增特约商户32家，新增ATM机8台。

**【监管指标完成情况】** 年末，呈贡联社总资产为97.57亿元，负债总额为92.86亿元，所有者权益总额为4.71亿元；增资扩股9 000万元。年末，股本金余额为1.99亿元，贷款损失准备余额2.41亿元，贷款损失准备充足率465.63%，拨备覆盖率169%，资本净额6.60亿元，核心资本净额4.71亿元，资本充足率11.42%，核心资本充足率8.15%，企业抗风险能力得到进一步增强。

**【贷款业务】** 在国家宏观调控政策实施后，呈贡联社在认真分析解读省、市联社和中央经济工作会议精神之后，及时转变经营思路，调整信贷审批营销机制，将信贷工作重心转移到贷款结构调整和资产质量的改善上。按照省银监局和省、市联社的要求，积极清理处置“政府解包还原贷款”，加强新增贷款管理，全面开展贷款结构调整工作。积极清收盘活不良资产，不良贷款实现“双降”，信贷资产质量进一步好转。呈贡联社用年初前三个月的时间完成了全年近70%的贷款营销任务，保证了年度经营效益的圆满实现，并在当年12月份提前做好了2011年的信贷项目储备，为2011年保任务、保效益、保发展积极谋篇布局；与县妇联合作办理发放“下岗失业人员小额担保贷款”26笔，金额196万元；与县劳动就业服务局、县工商局等单位合作办理发放“贷、免、扶、补”创业小额贷款104户，金额550万元。

**【不良贷款】** 年内，呈贡联社圆满处置了最大一宗不良信贷资产——呈贡铸造厂不良资产，收回本金116万元；顺利处置了鑫龙大酒店抵债资产，信合大厦及闲置房产共实现租赁收入426万元。全年，共清收央行专项票据已置换不良贷款4笔，合计本金111.75万元；年末，四级分类不良贷款余额3 486万元，占比为0.66%，较去年同期净下降2 725万元，下降0.86个百分点。其中，逾期贷款135万元，占比0.03%，呆滞贷款3 351万元，占比0.63%；五级分类不良贷款余额1.42亿元，较年初净下降9 470万元。不良贷款占比2.68%，较年初下降3.13个百分点，无损失类贷款；全年，共收回表外已核销呆账贷款618万元，年末尚有表外已核销呆账贷款余额7 771万元。

**【中间业务】** 年内，与财政部门开展了代理涉农资金代理工作，与县电力公司开展了为期两年的代收电费业务合作，实现中间业务收入408万元，较上年翻了一番。呈贡联社已开办了代理失地农民养老保险收缴发放等多项中间代理业务。

**【班子和队伍建设】** 2010年7月，因工作需要，赵嘉贵理事长和易封书副主任调离呈贡联社；通过公开竞聘，呈贡联社新组成了以陈永岗、李文武、杨利勤、吴永鸿、张金坤五位同志为成员的新一任领导班子。年内，按照法人治理工作的要求，组织召开了社员代表大会、理事会、监事会和职工代表大会，审议通过了《章程修正案》等几个重大事项和重大投资决议，及时调整了基建工作领导小组等多个机构组成人员。在队伍建设中，县联社提出了将“综合考核”、考评、考试（简称“三考”）结果作为干部职工年度称职与否、续聘与否、岗位变动与否等的重要依据的人事管理新机制；完成了斗南信用社主任等九个中层干部岗位公开竞聘和新一轮干部职工双选双聘工作；将次年开展的全体干部职工民主评议工作提前到当年12月份进行，中层干部和职工同台述职接受全体人员考评，行政效能全面“提速”。按照“建设学习型党组织，打造学习型团队”的工作要求，建立起了县联社党委、县联社机关、各基层信用社三级中心学习网络，将“服务创优工程”和“精细化管理工程”列为了中心学习组的长期学习内容和学习重点，邀请各经营社主任不定期参加县联社每月初的社务会。通过学习培训，干部职工理论水平、操作技能、领导艺术和思想修养明显提高。

**【服务创优工作】** 呈贡联社继续开展“生日慰问”和重大节日亲情短信慰问等营销活动。全面推开了“服务创优”工作，进一步明确了“服务创优”的组织架构和工作方案，开展了“星级”营业网点和服务明星评选表彰活动。全面推行晨会制度，不断加强硬件设施建设、规范网点建设等视觉文化建设，适时开展“服务创优”检查考评工作。通过调研，及时修偏“服务创优”工作方式、工作机制，“服务文化”建设有了新进展。

**【精细化管理】** 呈贡联社坚持以“综合考核办法”为管理主线，实施定量目标管理、定性考核管理的经营发展模式。通过完善制度、提高团队执行力、加大考核奖惩力度，探索和尝试职责明确、责任到人的精细化管理。以斗南信用社信贷集中管理和县联社营业部大客户集中管理为试点，将信贷业务发展需要和人力资源进行整合，积极探索客户经理、派遣工和一般员工的绩效考核办法。新增设了业务发展部和基社综合办公室内勤岗位，经营管理水平上了一个新台阶。

**【机构网点建设】** 启动了县联社、洛羊、吴家营信用社综合办公楼的购建和斗南、古城分社营业用房的购建等工作。同时，为解决新职工住宿问题，对龙城信用社职工宿舍进行了清理和周转房改造；完成了新册分社、中庄分社、七步场分社、殷联分社、前卫营服务点等多个营业网点的搬迁、选址和开业等工作。

**【党建和群团工作】** 呈贡联社积极开展丰富多彩的群团工作；为方便基层党支部开展工作，经县级机关工委批准，呈贡联社以基层信用社为框架，在9月份将基层党支部由原来的4个增调为9个，顺利完成了新老支部委员的换届选举工作。开展了“创先争优”活动，推出了“党员政治生日贺卡温暖党员心‘五个一’工程”，顺利完成了年度党员民主评议工作。共青团、工会组织开展了“放飞梦想、成就自我、建设农信”职工辩论赛，激发了广大职工爱社爱岗的自豪感。参加了呈贡新区（县）“创新金融服务，支持经济发展”金融业务竞赛，获得了第一名的优异成绩，充分展示了呈贡信合人团结协作、敢于胜利的“团队文化”。

**【内部控制和案件防范】** 5月，按照省、市联社的安排部署，全面开展了信贷真实性和账户合规性自检自查工作，对检查存在问题及时进行整改完善。11月，配合省联社信贷真实性和账户合规性专项检查组，再次对存量贷款对象、用途等的真实性和账户使用合规性等进行了全面摸底排查，积极防范经营风险；重新修订和完善了《干部交流和员工岗位轮换管理办法》等60余项人事、信贷、科技信息、安保等方面的规章制度，为经营管理工作提供了新的制度保证。开展了新的会计达标升级工作，基础业务操作流程和操作行为得到进一步规范。为进一步加强反腐倡廉工作，预防和杜绝“职务犯罪”案件发生，呈贡联社与县检察院共同建立了全省信用社首家“职务犯罪”预防工作长效机制，将党风廉政建设工作上升到了法律层面，严防道德风险。

**【安全保卫工作】** 9月，呈贡联社建成了集多家银行监控联网系统多项优异功能于一身、全市一流的视频监控报警对讲联网系统。通过该系统，呈贡联社实现了对现金、人员、安保、“服务创优”等工作监督检查的全覆盖，在安全保卫工作中迈出了可喜的一步。全年没有发生案件，实现了“安全年”的工作目标。

集多项优异功能于一身、全市一流的视频监控报警对讲联网系统 （陈日高 摄）

【企业文化建设】 春节前后，呈贡联社在服务辖区40个自然村（社区）开展了为期21天的“感恩社会、回馈百姓”免费送电影下乡营销宣传活动。6月末，组织开展了“呈贡新区（县）‘信合杯’街道篮球邀请赛”，通过借赛事搭台，广交了朋友，与受邀参赛的15个部委办局和街道代表队加强了沟通，增进了友谊。同时，通过多种渠道开展宣传工作，“品牌文化”逐步提升。继续打造以班子领导为亮点的“精英文化”，利用OA系统宣传平台，向省、市联社和全省农村信用社宣传报道呈贡联社热点、亮点和工作成就；编印《工作简讯》和《呈贡信合通讯》两份内刊，在引导培育呈贡联社阳光、先进企业文化的同时，通过一点一滴日积月累的文化渗透，有效改善了外部人文环境。

（陈日高）

## 富滇银行股份有限公司昆明呈贡支行

【简 述】 2010年，富滇银行股份有限公司昆明呈贡支行（以下简称“支行”）围绕富滇总行战略发展规划及管理行战略发展目标，加大市场拓展力度，存款业务稳定增长。年末，账面利润3581万元，人均创利81.38万元；各项存款余额158 684万元，比年初增加22 793万元，增长16.77%；各项贷款余额为61 237万元，不良贷款余额为零。

【其它业务】 大力开展中间业务，推广电子银行业务，为新区（县）企业和个人提供多元化的融资理财渠道和便捷的支付结算功能。年内，办理票据贴现总金额1 563万元、保函438万元、委托贷款2 851 89万元，代收代付电费、煤气费等户数累计9 747户，较年初增加5 330户；个人网银（专业版和短信版）年末累计达568户，公司网银年内新增13户。

在大学园区、社区支行营业网点等地开展各类金融知识宣传活动，向在校大学生、社区居民讲解富滇“易缴费”、富滇e乐、支付宝卡通、手机银行等电子银行知识及银行代收代付产品、银行卡的使用、电子银行、个人征信记录等金融知识；对授信客户开展一对一的征信知识宣传、解释、培训工作，提高社会公众的信用意识和维权意识，并在提高ATM、DCM自助设备使用效率上取得良好的社会效果。

【业务拓展】 在提高服务水平的同时创造新的业务增长点，与呈贡供电有限公司签订代收电费合作协议，自2010年9月1日起代收新区（县）辖区电费，先后到幸福小区、白龙潭小区、新南亚风情园、柏枝营小区、大新册、前卫营社区进行电费、煤气费委托代扣营销业务推广。大力推广公务贷记卡，并采取柜面营销的方式做好激活社保卡、开通电话银行等工作，不断提升富滇银行的知名度及认知度，打造富滇的服务品牌。

支行职工在幸福小区发放代收电费、金融产品宣传折页

（黄 娟 摄）

【服务管理】 导入以价值创造为核心的管理理念，规范岗位管理，优化激励约束，强化绩效考核，提高工作效率及人均利润，努力提高专业化服务水平，强化员工业务操作规范性和“以客户为中心”的服务理念，建立服务监督考核机制，成立工作检查小组，定期、不定期地对前台部室的工作人员的着装、服务、卫生、业务及执行制度情况进行全面检查。在营业网点配大堂经理、客户引导各1名，分流柜面业务、缩短客户等候时间，提升服务质量。

【安保工作】 支行与各部室经理逐级签订《安全保卫责任书》，明确责任；每季度定期专题召开案防、安防分析会，检视安保工作现状，结合实际工作的问题以及全体员工意见、建议，进行讨论分析，并作出下一步的工作部署；开展安防预案和安防、消防器械实际操作演练，让员工及保安人员熟悉防抢预案、火灾预防及有关消防常识，并掌握灭火器正确使用方法，增强员工的安防工作意识，锻炼员工在面对突发事件时的应变和判断能力；日常工作中重视加强在行和离行机具的巡查、管理与维护工作；提高安全防范意识，为客户提供安全优质服务，确保全年无事故和零案件。

【队伍建设】 抓学习，促发展，努力提高职工素质。启动“打造学习型银行”活动，平均每月举行两次全行学习例会，传达富滇总行文件精神、组织职工学习各种规章制度；各部室和二级支行每周开展自办培训，学习“三办法一指引”、《富滇银行会计管理及会计核算

安保干部讲解灭火器使用方法

（李雪云　摄）

业务流程》、《富滇银行柜面现金业务操作规程》等业务知识，分析业务操作流程中的重点、难点，对业务基础薄弱的柜员和客户经理进行引导。开展综合柜员业务基础操作考试，参考人数13名，合格率100%。结合“创先争优”活动开展“可以系列教育”培训，以德、能、勤、绩、廉为标准，要求职工参照标准从心态、能力、业绩、执行力等方面进行深刻反思，自问“我可以了吗？”从而发现问题并解决问题；发挥支行党员的先锋模范作用，带动全行职工做好本职工作；建立职工书屋，藏书600余册，内容涉及经济、文学、百科等方面，为广大员工的学习提供便利；购买投影仪等设备，以改善学习培训条件。

（李红燕）

## 中国银行股份有限公司昆明市呈贡支行

**【简　述】**　中国银行股份有限公司昆明市呈贡支行在省分行的正确领导下，贯彻落实省分行年初工作会议精神，抓好各项工作的落实，干部员工团结奋进，努力工作；在经营管理中不断完善内部管理，努力拓展各项业务，各项工作取得了一定成效。

**【存款业务】**　年末，人民币存款余额181 287万元，较上年增加93 603万元，完成全年目标任务的107.71%；其中公司存款95 887万元，较上年末减少16 945万元，完成全年目标任务的23.53%；金融机构存款70 590万元；储蓄存款14 810万元，较上年末增加6 068万元，完成全年目标任务的40.72%。外币存款余额197万美元，较去年末增加–1 832万元，完成全年目标任务的–6 106.67%；其中公司存款158万美元，较去年增加–1 854万美元，完成全年目标任务的–18 540%；储蓄存款39万美元，较去年增加22万美元，完成全年目标任务的110%。

**【贷款业务】**　年末，人民币贷款余额68 525万元，较去年末增加45 578万元。其中公司贷款60 966万元，较去年末增加41 885万元；零售贷款7 557万元，较去年末增加3 693万元，完成全年目标任务的45.04%。

**【中间业务收入情况】**　我行中间业务收入427万元，完成全年目标任务的58.96%；其中公司业务收入121.80万元，完成全年目标任务的40.60%；国际结算收入67.80万元，完成全年目标任务的69.90%；资金业务收入1万元，完成全年目标任务的19.97%；国内结算收入24.51万元，完成全年目标任务的54.46%；个人金融收入55.83万元，完成全年目标任务的70.94%；银行卡收入155.76万元，完成全年目标任务的78.67%；年末实现税后利润2 455.65万元。

**【营销活动】**　年初，按照省分行“开门红”营销活动的通知精神，组织全行干部员工召开全员营销和持续营销动员大会，完善激励机制，使员工充分认识“开门红”活动的重要性。抓住一季度是各项业务发展的黄金季节，以中高端客户为主要对象，兼顾基础客户开展对外营销活动。坚决打消“等、靠、要”的想法，克服畏难情绪，鼓舞士气，增强员工业务营销的信心，为完成全年储蓄业务指标打下坚实基础。总结营销工作的成功经验及吸取失败的经验教训，结合实际制定行之有效的营销方案。

**【IT蓝图投产】**　一季度正值我行IT蓝图投产上线的关键时期，为落实省分行IT蓝图投产动员会议精神，使IT蓝图投产工作紧张有序进行，确保IT蓝图上线前后各项工作顺利开展，支行成立工作领导小组，合理利用有限的人力资源，圆满完成省分行蓝办下达的各项指令。

**【业务的拓展】**　根据市场的发展及营销情况，适时调整公关重点和服务对象，力求稳定老客户不断发展新客户。由领导带头，先入为主，捕捉业务发展的相关信息，因地制宜制定营销方案，在得知下可乐村及七步场村将兑付土地补偿款这一信息，支行立即召开专题营销会议，制定详细的营销方案。通过协调各方面的关系为突破口，组织具有营销工作经验的干部员工进村进行针对性营销。在营销的过程中，经过干部员工的共同努力以及作了大量深入细致的思想开导工作后，让广大村民对中国银行有了一个全方位的认识，觉得中国银行是可靠的银行，把钱存在中国银行放心，营销工作收到了很好效果，村民的土地补偿款超过三分之一的金额存入我行。

【内部管理】　不断加强思想政治教育和业务技能学习，提高员工的综合素质。按学习计划组织干部员工进行理论学习，加强班子建设，认真学习党的知识，贯彻落实科学发展观，大力抓好职工队伍建设；通过学习教育，激发干部员工爱行敬业，引导员工树立正确的世界观、人生观及价值观，立足实际搞好本职工作。进行深入细致，扎实有效的思想政治工作，达到全行干部员工提高认识，转变观念，统一思想之目的，以改革促进我行业务的发展。在抓干部员工的思想政治教育的同时，支行把员工业务技能的不断提高列为重要工作来抓，采取多种形式进行业务技能的学习培训及测评考核，在实际业务工作中综合技能水平，服务质量有明显提高，为搞好对客户的服务奠定了坚实基础。以客户为中心，开展文明优质服务，促进各项业务的发展。认真贯彻执行总行、省分行有关文明优质服务的要求，把此项工作列为重要工作抓紧抓好。成立文明优质服务督查组进行监督、检查。文明优质服务始终坚持以客户满意为标准，不断向深层次发展。加强领导，常抓不懈，成立文明优质服务督查组进行日常检查督促。落实《中国银行柜台文明优质服务细则》、《员工行为守则》、《文明礼貌用语》，组织员工认真学习《细则》，要求员工熟记细则条款，牢记文明礼貌用语并很好应用在实际工作中；每周由督查组两名成员进行督查，文明优质服务要求与星级柜员评定、绩效考核挂钩，各项服务最大限度地满足了客户的要求。采取多种形式把文明优质服务工作落到实处，始终坚持统一着装，挂牌服务，规范文明用语，公开监督电话，设立意见本、大堂经理、咨询台，不断完善服务设施，改善服务环境，做到双手站立接柜，客户来有迎声，走有送声，让客户高兴而来，满意而归，确保服务质量，受到社会各界的好评。此外，继续做好上门服务工作，为客户排忧解难，以热情、周到的服务赢得了客户的赞誉。加强党、团、工组织建设，积极开展寓教于乐，健康向上的活动，不断增强凝聚力和战斗力。党建工作在省行党委的统一领导下，按照“创先争优”计划，支部工作始终坚持抓党建促发展的工作思路，组织全体党员及入党积极分子认真党的基本知识，学习时事政治。坚持“三会一课”制度，教育全体党员在工作中起好先锋模范作用，争当优秀共产党员。在思想上、政治上、行动上与党中央保持高度一致。党员自觉接受群众监督，树立“一个党员一面旗帜”，每位党员在不同的岗位上，勤奋努力工作，充分发挥党的先锋模范作用。发挥团组织的助手和桥梁作用，在广大青年团员中开展爱岗敬业、“岗位能手”活动，积极参加上级行组织的各种活动。工会组织结合实际开展多种形式的寓教于乐的活动，干部员工关系融洽，增强了团队协作精神，形成合力积极工作。

【党风廉政建设】　明确对党风廉政建设应负的责任，年初制定党风廉政建设工作计划，责任落实，做到党风廉政建设与金融业务工作紧密结合，把党风廉政建设责任制量化管理工作列为重要议事日程，防范和化解金融风险，保证各项业务合法稳健运行，适时分析研究党风廉政建设和反腐工作。《廉政准则》的颁布实施，是党中央在新形势下大力推行反腐倡廉建设的有力举措，目的是为了规范党员领导干部廉洁从政行为，更是给党员领导干部系上了一道道“安全网”。支行认真组织干部员工学习《廉政准则》，要求党员干部作深入学习、带头落实、接受监督的表率。通过学习，统一思想，提高认识，建设一支团结、廉洁、高效的领导班子，为各项业务的发展，实现全年目标任务作出应有的贡献。领导干部认真自觉执行《廉政准则》，坚决执行个人重大事项报告制度，收入申报，礼品礼金登记，建立了干部廉洁档案；全年上缴礼金及代金券共 12 500 元。

【安全工作】　加强制度建设，狠抓各项规章制度的落实，把规章制度的落实贯穿于履行职责的全部工作过程之中，并结合工作实际，严格对照检查，发现问题及时整改，定期或不定期对各项规章制度的落实进行了全面细致的检查，做到不留死角，使我行的所有业务和各个业务环节都严格置于制度规范之下，切实做到有章可依，有章必循，高度重视内控工作的开展，将内控纳入全行的重要工作日程，严格按照“全面内控、全员内控、全程内控的工作目标，不断加强内控精细化管理，逐步提高内控管理水平，确保无事故案件发生。

（李永泉）

## 中国人寿保险公司呈贡支公司

【简　述】　2010 年，是中国人寿保险呈贡县支公司突破自我、不断发展的一年。各项任务指标的完成值达到历史的最好水平，内控管理水平得到更进一步的提高。落实科学发展观的要求，在市分公司党委、总经理室的关心、支持下，齐心协力、锐意进取，紧跟省公司的战略部署，把握主动，明确目标，扎实措施，合力攻坚，强势奋进，保持了业务持续、健康发展。

【经营工作】　截至 12 月 30 日，共完成保费收入 1 850 万元，比去年同期的万元增长了 60%；其中新单保费完成 580 万元，比去年同期的万元增长了 52%；期交保费完成 850 万元，比去年同期的万元增长了 45%，10 年期保费完成 320 万元，比去年同期增长了 35%；短险保费完成 210 万元，比去年同期的万元增长了60%；中介趸交保费完成850万元，比去年同期的万元增长了59%。

【个险业务】 从思想上坚定信心，明确方向，充分认识市场形势，抓住机遇，直面挑战。上级公司多次在各种会议中强调，今后的市场竞争日趋激烈，同业公司不断从各个方面和我们展开较量，在这种市场环境中，只有迎头赶上，积极发展才是硬道理。公司上下充分领会上级精神，认识到决不能被动地围着公司的计划指标转，而是应该积极地开拓市场，利用各种时机，转变各方面人员的观念，变“要我发展”为“我要发展”。对于销售一线的业务人员，反复强调，取得业绩占领市场才是根本，意识到做一份保单就占有一块市场。树立起发展的新观念，不断占领市场份额，用服务和士气与同业竞争，营销团队才能在市场大潮中立于不败之地；攻克了思想上的堡垒，统一了发展观念，才从根本上增强了凝聚力，公司的个险队伍呈现出积极主动、健康向上的精神面貌；适时进行营销职场的调整与规划。年初，将城区营销的两个职场重新进行人力调整，划分为三个职场，形成职场间的相互竞争、奋勇达标的态势。针对全年各阶段经营重点，积极配合市公司各项安排，结合实际情况，适时推出竞赛方案，有针对性地进行业绩拉动。从年初开始，就针对一年的工作方向，倡导全体业务伙伴达到基础目标，并持续努力实现高要求。在全年的工作中，业务伙伴始终沿着既定方向努力，实现了整体工作的持续性和有效性。公司也适时推出各类业务竞赛方案，有效地提升了团队士气和工作积极性，为全年发展进行了有效的拉动。如：年初，推出业务竞赛方案，全面提升规模保费，实现了开门红；年中，围绕分散型业务的发展要求，推出了“”的竞赛活动，充分调动广大业务伙伴的工作积极性，保证了目标顺利达成；四季度，根据上级公司的部署安排，推出相关的方案提升十年期交业务发展，有效地拉动了业绩增长。一手抓基础管理，提高团队素质，维护团队稳定；一手抓产品说明会，提高保费，保证目标达成。认真分析团队实际，从基础工作入手强化各项工作的落实，保证团队素质的稳步提升，实现稳定发展。抓好基础工作，立足长远发展，是中国人寿长期以来始终坚持的方向，在2010年，基础管理工作又上了新的台阶。从早会经营、出勤管理、系统培训、职场建设等多个方面，加强点滴培养，使各项工作有序开展，团队形成了规律性的工作习惯，团队素质不断提升，队伍稳定性不断增强。在早会经营方面，始终高度重视，要求组训下大力气保证每次早会的效果，进一步做好出勤管理，对所有人提出明确的考勤奖惩机制，引导团队进一步端正风气，养成良好工作作风，有力地推动了各项工作的落实。此外，在活动管理、举绩率管理等多个基础管理方面也都进行了深入持续的探索与实践，为持续健康发展奠定了坚实的基础。

抓基础管理的同时，认真做好产品说明会的组织保障工作，开展形式多样的客户答谢活动，使个险业务持续发展。高密度的产品说明会是一个突出特点，充分利用各种时机，坚持举办各类产品说明会，取得了显著的效果。充分利用现有条件，开展形式多样、不拘一格的答谢会版本。答谢会的举办局面如火如荼，高潮迭起。为了给业务人员搭建好销售平台，确保每场说明会的质量与效果，无论是高端客户还是普通客户的产品说明会，每次都要进行认真细致的准备，从说明会的流程安排到奖品设置。从主持主讲到礼仪服务人员的演练，每一个细节都要精心策划、充分准备，讲师、组训人员积极配合，服从公司大局，经常加班加点，展现出良好的团队协作氛围，产品说明会给业务伙伴提供一个很好的展业平台和约访借口，使各类业务得到良好发展。积极响应保监委和总经理室的号召，进一步发展县域保险，利用乡镇网点扩大公司影响，提升战斗力。多年来，在乡镇网点建设方面成效显著，已形成了以县公司为中心，个乡镇保险营销服务部的合理布局，农网业务的增长成为目前公司业务发展的一个重要方面。网点完成期交总保费达300万余元、卡折业务100万余元，其他个农村网点各项业务指标也均比往年有了长足的发展。通过农村网点广大业务伙伴的辛勤工作，不仅给广大农村群众带去了保障，普及了保险知识，同时为公司带来了保费。在经济效益显现的同时，网点建设带来的社会效益更加明显，在设有营业网点的乡镇，保险公司的影响力占据突出地位，保险的社会意义和作用得到老百姓的认同，为事业的长远发展奠定了坚实的基础。

【收展业务】 收展部门的工作有了较大的发展与改观，改变了以往只收不展的做法。每位收展人员通过续收为拜访理由，接触客户，加强沟通，有效的提高了期交新单业绩，真正成为了“收”“展”队伍。2010年，收展部共收取续收保费300万元，占全部应收保费的10%；全年期交保费共达成200万余元，比去年增长了70%。收展队伍如果充分发挥能力，以“收”带“展”，是有着非常大的潜力可挖。因此，更进一步的加强收展队伍的建设，充实人员，提高队伍素质，充分挖掘老客户资源，使收展力量得以壮大，成为一支有战斗力的展业队伍。

【团险业务】 为全面开拓团业短险市场，在团业部下属成立了综合销售部，选聘了一些有能力、有背景、有水平的资深业务人员充实到团险一线，培养出团个险的综合销售能手。通过目前的工作实践证明，由于团业队伍建设得到了加强，抓住了短险业务发展中的关键因素，团险业务有了较快的发展，取得了良好的业绩。短险保费完成400万元，比去年同期万元增长了50%，为市分公司完成年任务作出了应有的贡献。在市公司的指导、支持下，解放思想，锐意进取，成功的进入行业，通过采用险对其行业人员进行承保，开拓出一条业务发展的新路。同时，在计生与母婴安康险上，公司要求团险综合销售人员主动出击，找路子，走出去，直接到基层开展保险宣传。以政府承保学生险的基础上，积极与劳动局、教委等部门联系，得到县政府、教育部门的大力支持，2010年此项业务收效明显，为短险业务发展奠定了坚实的基础，为以后的工作提供了创新思考的榜样。

**【中介业务】** 兼业代理是“上规模”的关键，采取了一系列积极措施，保证中介业务的正常健康发展。一方面，是支持中介队伍的发展建设，在政策上给予倾斜；另一方面，充分放权至中介部，由其根据市场情况，及时出台方案，保证市场份额不降、银保阵地不丢。全年，中介趸交保费1 200万元，比去年同期万元增长了60%。中介业务虽发展较大，但也存在不足，如费用控制不科学。在中介业务方面从基础管理入手，科学的合理安排执行政策；出台各类方案，全司动员，调动内勤人员的积极性，全司上下一盘棋，完成了上级公司下达的任务目标。

**【内控管理】** 县支公司作为基层展业单位，既有一线展业部门，也有相关的客户服务、业务处理等职能部门。在全面发展业务的同时，做到依法合规经营，符合公司管理的各项要求。使各部门形成合力，有效的让管理推动业务健康发展，借业务发展促进管理水平。为了更好地做好各部门间的配合工作，多次召开办公会、协调会，以工作目标为会议目的，既强调管理的重要性及原则性，也提倡原则性与灵活性相结合，更好的提高各部门的主观能动性，增强大局意识，使各部门、各部门负责人都能从公司的全局角度考虑问题、解决问题，年内各项业务、财务、客服检查均已顺利通过，没有发生重大违规违纪的情况。此外，加强执行力建设、加强内控，成立了办公室，统一了派车调度，合理有序的安排车辆使用，对于日常办公用品、耗品，都要求必须有申报、审批方可领用；对于超权限的业务、财务处理，要求必须严格按规章制度上报，不得越权。

**【学习教育】** 学习是进步的根源，党的十六大提出，“要形成全民学习、终身学习的学习型社会”，全员广泛深入的认真学习科学发展观。充分了解掌握了科学发展观的第一要素是发展，核心是以人为本，基本要求是全面协调可持续，根本方法是统筹兼顾，按照“统筹城乡发展、统筹区域发展、统筹经济社会发展、统筹人与自然和谐发展、统筹国内发展和对外开放”的要求，学会了正确处理加快发展与风险防范的关系，正确处理公司效益与社会效益的关系。同时，强化抢抓机遇观念，强化第一要务观念，强化经济效益观念，强化合规经营观念，强化创新进取观念。找准着力点，增强抢占市场的紧迫性，作为基层保险公司，更要抓住重点，实行城乡联动，促进城乡一体化发展，下大力气开拓中心集镇和农村市场，要加强服务，加快网点建设步伐，扩大中心集镇的辐射作用。大力发展团险综合销售、中介理财师队伍，实行全方位和多途径多渠道展业；完善和创新展业方式，以短促长，实现长短并举；加大售后服务工作力度，建立理赔公示制和服务公开承诺制，不断地提高服务质量；在日常工作中，鼓励各部门员工、伙伴在工作中积极创新，用科学发展观指导工作事业的进步。

（吴俊勇）

# 商贸·旅游

责任编辑：杭　松

## 供　销

【简　述】　新区（县）供销合作社联合社机构规格为正科级。人员编制9名（其中：工勤人员1人），内设办公室、人事教育科、经济发展科、审计财会科4个科室。有下属企业6个。其中：直属公司4个，即：呈贡县福兴达商贸有限公司、呈贡县京福酿造有限公司（其厂房已于2008年5月20日按时正式移交县拆迁局拆除）、呈贡县土产日用杂品公司、呈贡县农业生产资料有限公司（该公司资产已于2005年10月被昆明市中院拍卖）；呈贡县基层供销社社有资产管理办公室（即：大渔供销社、马金铺供销社、洛羊供销社、吴家营供销社、七甸供销社。其中：大渔供销社、马金铺供销社、洛羊供销社、七甸供销社已划归三个开发区及一个管委会管理）；呈贡县烟花爆竹专业经营中心。截止2010年12月，全系统有在册职工292人。有在职职工71人。其中，县社机关在岗公务员2人，工勤人员2人，提前退休2人；下属企业在职职工65人（含在岗7人、内退4人、其他职工等54人）。有离退休人员221人（其中：机关离、退休18人，企业退休203人）。

（付红珍　摄）

【经济指标完成情况】　2010年，新区（县）供销社圆满完成了年初市供销社下达的各项经济指标。全系统年初计划完成商品经营总额8 500万元，实际完成8 728万元，占年计划的102.7%；计划实现利润77万元，实际实现利润79万元，占年计划的102.6%；计划销售化肥3.19万自然吨，实际完成销售3.24万自然吨，占年计划的101.5%；计划培训人员500人（次），实际组织培训541人（次），占年计划的108.2%。

【扭亏增盈】　新区（县）供销社党委、理事会紧紧围绕稳定、和谐、发展这一主题，树立科学发展观，不断拓展经营业务，提升企业竞争实力，建立健全和完善相应措施，促进各项工作任务落实。一是为实现全系统完成年利润77万元总目标，新区（县）供销社年初就把全系统总目标任务分解到各直属公司和基层社，并与其签订了《经济目标责任书》、《平安建设工作目标管理责任书》、《安全生产管理目标责任书》，落实目标责任人，切实做到各负其责，层层落实。二是采取多种形式，搞活经营，盘活现存资产。随着现代新昆明呈贡新区建设步伐加快，新区（县）供销社积极盘活现有资产，促进企业发展，增加企业收入。对全系统的经营网点仍以承包、租赁营业执照的方式向内部职工和社会自然人进行承包或租赁。三是进一步加大对烟花爆竹特种经营的规范管理力度。新区（县）供销社严格按照国家政策及《烟花爆竹安全管理条例》规定，切实加强对烟花爆竹专业经营中心的管理，理顺经营体制，依法经营；按照国家经营烟花爆竹政策法规，建立健全各项规章制度，进一步规范烟花爆竹经营场所，呈贡县烟花爆竹专业经营中心设有专业仓库和样品间，做到设施配套齐全，确保了经营场所的安全；层层签订安全生产责任书，新区（县）供销社专门与呈贡县烟花爆竹专业经营中心签订《烟花爆竹经营（批发）安全目标管理责任书》。实行专人负责、专人管理、责任到人，杜绝安全隐患的发生。

【深化改革】 新区（县）供销社把深化改革推进供销合作社“二次创业”作为工作重点，加快改革步伐。结合全面推进供销社“二次创业”工作，全面贯彻落实省、市有关供销社改革发展会议精神，根据云发〔2008〕14号、昆发〔2009〕5号以及《关于印发〈关于深化改革推进供销合作社“二次创业”的实施意见〉的通知》文件精神，将“二次创业”工作任务落到了实处。一是建设8个标准化综合服务社，共投入资金9万元，按照标准化综合服务社建设规范，各项建设指标均符合标准化综合服务社建设要求，11月15日已通过市供销社考核验收。二是在新区（县）供销社基层社有资产管理办公室建设“呈贡县供销社乡村信息采集点”1个。采集点电脑、办公设备等硬件投资到位，信息采集主要围绕本地区农产品、农资需求和农业产业发展进行采集。信息采集点的建设，扩大了供销社的宣传力度，树立了供销社的良好形象。三是7月1日由马金铺基层供销社引进合作项目，利用马金铺基层供销社土地、房屋建筑物等进行合资开发，投资建设昆明市马金铺汇丰招待所。充分发挥了供销社在建设社会主义新农村中的重要作用，提高为“三农”服务的能力。

改造后的标准化综合服务社

（马为民 摄）

【征地拆迁】 为支持呈贡新区建设，努力做好征地拆迁工作，新区（县）供销社在人少事多的情况下，党委书记（理事会主任）长年在各街道办事处所属社区进行征地拆迁工作。一是1月先后完成环湖东路截污干渠斗南社区境内的征地任务和完成雨水收集站征地任务；二是3至6月份，完成地铁小王家营站点的征地拆迁任务；三是6至7月份在斗南社区彩龙村进行村庄搬迁入户宣传动员工作；四是10月至12月，在殷联社区进行省市重点项目“水产品市场”征地拆迁工作。同时，完成招商引资任务。呈贡新区下达新区（县）供销社招商引资任务500万元，经过与新区（县）住建局等部门组成的招商引资分小组共同努力，新区（县）供销社完成招商引资任务600万元，超额20%。

【创卫工作】 做好供销系统内卫生整治工作，积极开展“创卫”工作。根据县“四创两争”工作指挥部的要求，在新区（县）供销社办公楼、辖区宿舍加强卫生整治工作。新区（县）供销社与各责任单位签订《环境整治责任书》，投入资金12万元。通过全面整治，改变了过去环境卫生脏、乱、差的状况。指挥部采取明查暗访的形式进行实地检查，对供销社卫生整治工作给予通报表扬，有力支持了呈贡新区“创卫”工作。

【党的建设】 新区（县）供销社党委下设6个基层党支部，有党员105名（含预备党员2名）。其中：离退休党员52人；在岗党员6人；其它47人（挂靠、内退、辞职）。新区（县）供销社党委设5个委员。新区（县）供销社党委紧紧围绕新区党工委（县委）、新区管委会（县政府）中心工作及呈贡新区建设，狠抓党的基层组织建设和党员、干部理论学习培训工作。一是层层签订责任书。新区（县）供销社分别与下属各公司、基层社签订《永葆先进性“云岭先锋”工程目标考核责任书》、《党风廉政建设目标管理责任书》，做到层层落实，责任到人。二是认真开展“创先争优”活动，成效显著。为确保活动取得成效，新区（县）供销社及时成立由县供销社党委书记、理事会主任担任组长、副主任担任副组长的“创先争优”活动领导小组，制定“创先争优”活动实施方案，做好宣传工作。设立党员先锋岗3个，制作宣传标语4条，出黑板报6期，组织参加新区（县）非公经济党组织培训5人（次）。三是做好各基层党支部换届选举工作。各基层党支部三年任期届满，4月，先后分别召开各支部换届选举工作会议，顺利完成换届选举工作。完成了呈贡县供销社离退休党员联合党支部、呈贡县基层供销社联合党支部、呈贡县福兴达商贸有限公司党支部、呈贡县供销社机关党支部换届选举工作。京福公司、农资公司党支部涉及支部合并换届，预计次年初完成换届选举工作。四是培训教育经费得到保障。为使各基层党支部能正常开展各种活动和培训教育，新区（县）供销社党委在经费非常困难的情况下，制定下发了《关于拨给各基层党支部党员活动经费的通知》，将“每个党员每年给予50元活动经费补助标准”提高到100元，从2010年1月1日起执行，较好地保证了各基层党支部工作的顺利开展，使全系统党组织活动达到制度化和经常化。五是将反邪教宣传教育工作纳入党员的党课教育工作，利用各种会议进行宣传教育。六是开展警示教育。6月26日，组织供销系统全体党员集中观看电教片《廉洁治家警示录》、《慎独慎微警示录》。七是积极开展城乡结对互助活动。9月15日，新区（县）供销社党委书记到上可乐社区开展城乡结对帮扶活动，与上可乐基层党组织进行互帮互助。

**【稳定工作】** 随着呈贡新区建设的不断深入，新区（县）供销社系统干部职工许多切身利益随之受到冲击和影响，尤其是过去作为供销社主要经营业务的农资购销，因为随着土地不断减少受到了严重的冲击。为此，新区（县）供销社党委、理事会结合供销系统的实际，重视信访工作，认真排查全系统的不稳定因素，坚持实事求是的原则，本着依靠组织、依靠群众的思想，采取有效措施处理好历史遗留问题和难点热点问题，确保全系统的稳定工作。年内，新区（县）供销社党委在经费非常困难的情况下，想方没法筹集资金，偿还了部份历史债务，归还县农行贷款65万元；协调做好县农资有限公司职工交五项保险的问题。

**【精神文明建设】** 随着呈贡新区建设步伐的加快，新区(县) 社党委、理事会积极开展爱国主义、集体主义、社会主义教育，号召全体干部职工，要以大局为重，坚决服从新区党工委（县委）、新区管委会（县政府）的决定、决议，服从和服务于呈贡新区建设。一是教育全系统干部职工牢固树立全心全意为人民服务的思想，克服工作中“畏难怕烦”情绪，按照《公民道德建设实施纲要》的要求，开展了树立文明经商、礼貌待客、诚实守信的供销社形象，较好杜绝假冒伪劣商品和坑农害农事件的发生。二是重视加强县社机关自身建设，强化机关为基层服务意识。建立健全各项规章制度和激励机制，杜绝在服务过程中“吃拿卡要报”等损害公司及职工群众利益现象。年内新区（县）供销社召开各类会议，费用都由县社机关承担，不向基层搞摊派。到基层帮助工作，一切从简，切实减轻了基层企业的负担。三是关心支持县供销社老龄委工作。安排专人负责此项工作，组织参加登山、游园等活动，支出老体协会员活动经费1.25万元，使活动制度化、经常化。新区（县）供销社老体协组织人员参加新区（县）老体协文艺演出活动，获得2个一等奖，1个三等奖。3月5日，组织6名女职工参加新区（县）妇联举办“三·八”妇女节纪念活动，其中，套圈比赛荣获二等奖。6月26日组织召开系统“七·一”建党节党员大会，到会党员76名，会上对供销系统2008年度、2009年度涌现出来的19名优秀共产党员进行表彰奖励。12月31日，积极组织职工参加“庆元旦”全民健身万人长跑活动。通过开展一系列文体娱乐、竞赛活动，丰富了职工的文化生活。

〔新区（县）供销社　供稿〕

**【扶贫济困】** 新区（县）供销社始终把维护职工权益作为党委、理事会的一项重要工作来抓，想方设法为困难职工排忧解难。一是将企业职工纳入日常管理，建立健全困难职工档案，并履行“第一责任人”的职责，将送温暖活动逐步制度化、规范化。在建党节、中秋节、春节等重大节日，对系统内的困难党员、困难职工，党委班子都能做到及时地走访慰问。年内，全系统共慰问困难职工及离退休职工370人次，送慰问金6万余元。其中：慰问本系统252人次，送慰问金3万元；慰问困难党员送慰问金3 400元。二是开展“寒窗助学”送温暖活动，为供销系统困难职工子女1名考取云南保山学院，向新区（县）总工会申请寒窗助学补助金4 000元。三是积极组织人员参加第七期医疗互助活动。根据县总工会安排及要求，新区（县）供销社党委及时召开专题会议研究，要求各基层单位以党支部书记为第一责任人，工会主席具体负责落实医疗互助活动。新区（县）供销社所属三个基层社（马金铺、大渔、洛羊）先后划归三个开发区托管，新区（县）供销社积极与市帮扶中心联系，做好职工医疗互助的衔接工作，确保职工能按时参加工会医疗互助活动。全系统除划出三个开发区人员，有205人参加了第七期医疗互助活动。针对生病住院职工，符合报销条件的人员，及时到新区（县）总工会办理报销手续，将报销费用及时送到本人手中，体现了“有病人帮我，无病我帮人”的团结互助精神。四是开展“情系三农，抗旱救灾”献爱心捐款活动，先后分别向新区（县）民政局、新区（县）红十字会、新区（县）总工会开展的捐款活动捐款1.13万元。

（付红珍）

## 粮　食

**【主要经济指标完成情况】** 新区（县）粮食局为保证

完成与昆明市粮食局签订的目标管理工作考核责任，把促进购销、增效益作为全局的中心工作，贯彻于全部工作始终。年初制定了《企业目标管理责任制》，与下属公司签订了《企业目标管理责任书》。在购销经营中控制成本、降低费用，搞好增收节支工作，同时积极抓好城乡市场销售，不断提高城乡市场占有份额，促进扭亏增盈工作。2010年市下达销售任务3900万元，利润指标25万元。全年实现销售收入4019万元，占任务数的103%；全年实现利润120万元，占任务数的480%。

**【粮食流通统计】** 新区（县）政府积极支持新区（县）粮食局搞好社会粮食流通统计工作，每年给予工作经费5.5万元，新区（县）粮食局高度重视，配备了专人负责统计工作。粮食行政管理部门统计工作做到经费保障，人员到位。积极做好社会粮食流通统计工作。2010年纳入定期统计的粮食经营户24户，占呈贡辖区内工商注册登记户数24户的100%。统计报表数据准确率达90%以上。按时按质报送会计、统计报表和财务分析材料并按要求报送专项统计调查分析。

**【粮食仓储及储备粮管理】** 新区（县）粮食局按照“一符、三专、四落实”和“四无”指标对储备粮进行管理，制订了一系列的工作措施，对县级储备粮、县级应急成品粮、动态成品粮、油脂等储备任务，均已按质按量完成储备。为加强县级储备粮管理，确保储备粮需要时购得进，用得上，输得出，结合自己实际完善了《呈贡县储备粮管理规定》，对县级储备粮规模，严格按规定执行，并在规定时限进行轮换。年内，由于干旱严重，为降低储备粮风险，新区（县）粮食局创新储备粮轮换机制，把原来“先轮出，后轮入”轮空期四个月，转变为“先轮入，后轮出”的储备粮轮换方式，确保储备粮安全。加强仓储管理：建立仓储管理目标责任制，与公司签订目标责任书，保管员持证上岗，新区（县）粮食局分管领导带领相关人员每月进行一次定期储粮安全、库容库貌、环境检查，储备粮粮面平整，实行100%散装，按时报送粮食库存报表，并做好保密工作。实行科学储粮：对所有仓库实行机械通风改造，实行储备粮环流熏蒸，大部分粮仓实行了电子测温，县级储备粮科学储粮率达95%。加快仓储设施建设和改造，年内投资45万元用于仓库的改造；新区（县）中心粮库建设已列入县“十二五”规划，正在积极筹措中。加强储备粮库存管理，严格执行《粮油仓储管理办法》和《粮油储藏技术规范》。年内，没有管理不善，工作不到位造成储粮安全事故。县级储备粮“一符”率达100%，实行专仓储存、专账记载、专人保管，做到数量、质量、品种、地点四落实，“四无”率达100%，且无严重虫粮。

**【军粮管理】** 军粮供应队伍健全。严格按省局核定的6人编制定岗定员，工作人员政治素质高、业务能力强，熟悉军粮供应政策。对工作人员实行岗前及在岗培训，坚持持证上岗、年度考核制度。会计人员具备专业技能和资格，持证上岗。呈贡县新区（县）粮食局在贯彻《军粮供应管理暂行办法》的同时，严格按照《军粮供应电子购粮设备安全管理责任书》的规定，扎扎实实地做好新区（县）的军粮供应工作。军粮站具有独立法人资格，土地产权明晰，规章制度健全，并实行财务专户独立核算，有完备的营业室和仓储及其他基础设施，有完备的军人服务设施和健全的规章制度，按照《责任书》、和《保密法》严格执行军粮供应政策，完成上报各种报表，管理好军粮供应证卡。严格军粮统购分销制度，军供粮（特级粳米、特制一等小麦粉）严格统筹品种，不私自购粮供应部队，军粮实行专库储存，并达到“一符四无”标准，定期更新军粮标准样品台，与供应实物吻合。坚持“一批一检一报告”制度，并保留检验单和已供样品备查。年内，无质量责任事故，无违反军粮财务制度现象发生，无泄秘事件发生。

**【粮食市场管理】** 认真组织学习贯彻《粮食流通管理条例》和《云南〈粮食流通管理条例〉实施办法》以及《昆明市粮食局行政执法监督检查制度》、《昆明市粮食局行政执法责任追究制度》。5月进行了一次“粮食科技宣传周”活动并在主要粮食市场中经常组织宣传，组织职工和经营户学习宣传相关的粮食政策法规2次。依法执行粮食收购资格审批制度和定期审核制度，规范和完善了粮食收购许可证的审批工作。严格按程序和时限办理粮食收购许可证。对相关内容和程序进行了公示，缩短了办结时限，并按规定完成登记上报。对已取得粮食收购许可证的6家单位进行无事检查，按规定进行年审，并按时上报总结材料，按照持证情况及时变更，许可证办理手续完备，资料齐全。

贯彻落实国家和省政府粮食工作行政首长负责制的有关要求，根据形势发展和省、市《粮食应急预案》，制定、完善了新区（县）的《粮食应急预案》、《呈贡县县级动态成品粮储备库存管理办法》、《呈贡县县级应急成品粮储备库存管理办法》、结合《昆明市粮食应急预案》，组织相关人员学习宣传《粮食应急预案》并与企业签订《应急加工委托协议书》、《粮食应急销售委托协议书》，确保遇异常情况或突发事件时粮食市场和价格基本稳定，参与组织粮食应急演练。

做好“阳光政务”工作，不断健全行政审批、执法等管理制度。依法执行粮食收购资格审批制度和定期审核制度，规范和完善了粮食收购许可证的审批工作，并向社会公开。

【放心粮油】 积极推进放心粮油进社区工作，完成专题调研活动。新区（县）粮食局不断创新机制，完善管理制度，加强了对3家放心粮店的监管力度。一是进一步完善连锁店经营管理制度，建立了放心粮油店创建的标准、规章制度和承诺书。二是加强财务资金管理制度，确保经营资金的严格监管。三是完善监管机制。四是奖励制度执行四个统一：即统一粮店名称，统一商品经营范围，统一销售价格，统一购配送。年内，对放心粮店共检查了6次。

【粮食流通监督检查】 按照《粮食流通管理条例》的要求不断完善信息通报机制，年内，按规定及时报送日报、周报、月报，并在新区（县）政府网站上发布各类粮油信息14次。

为进一步加强粮食市场监管，维护正常的粮油市场秩序，保障社会稳定，新区（县）粮食局加强对粮食需求、库存、价格的监测和动态分析，在农贸市场、超市、加工企业等建立了5个粮油监测点，并将监测情况和动态分析在政府网站上进行发布。积极支持粮食购销企业探索稳定产销合作业务。全县粮油供应正常，无供应断档、抢购粮食情况发生，无粮油商品因质量卫生造成人员伤亡事故。采取多种形势建立健全联合检查制度。积极与工商联系，加强粮油市场检查。全年共计联合检查12次，其中节日检查4次，职能粮食流通检查12次，并建立记录台账。建立完善粮油行情监测网点，在粮油市场、加工点、超市建立了粮油行情监测网点5家。监测数据能够全面反映辖区市场价格平均趋势，没有出现监测数据错误的情况。粮食收购统计表做到上报粮油数据真实可靠，及时、准确，并按时报五日进度表。为加强粮食流通监督检查，经新区（县）编委批准成立了粮食监督检查科。建立健全监督检查相关规范制度，按新区（县）制度认真落实粮食监督检查工作并有台账记录，依法开展粮食案件查处工作。

【招商引资工作】 年内，新区（县）人民政府下达新区（县）粮食局招商引资任务2000万元（内资）。新区（县）粮食局高度重视，认真分析，指定有一定能力的人员负责招商引资工作，并积极到新区（县）投资促进局跟班学习工作，经过多方努力，到10月底已经完成新区（县）下达的招商引资任务（内资）2000万元人民币并经有关部门认可。

【落实安全生产目标管理责任制】 坚持“安全第一、预防为主”的方针，认真贯彻《中华人民共和国安全法》，全面落实安全生产管理责任，督促公司、站建全自我约束机制，加强对公司、站安全生产管理监督检查工作。年初与各公司、站签订了《安全生产目标责任书》，认真履行了安全生产管理职责，确保了本单位的安全生产；每季度对各公司、站进行一次人员安全、财产安全、车辆安全、粮食安全等全面检查；对粮食仓库及库存粮食采取三五检查制，每天查粮温、水份，对虫害情况密切监督，对防虫的化学药品，设专人、专门地点保管，实行“谁主管，谁负责”，杜绝化学药品流入民间。由于公司、站在安全生产工作中措施落实、责任落实、人员落实，加强了事故隐患的整顿和危险源监控工作，确保了全年无安全事故发生。

【社会治安综合治理】 新区（县）粮食局坚持“两手抓，两手都要硬”的工作方针，认真落实年初与龙城镇签订的社会治安综合治理目标考核责任书，开展以各公司为重点的治理工作，对特殊的治安问题采取重点防范措施，进一步加强各种形式的群防群治，积极宣传贯彻《公民道德实施纲要》，杜绝黄、赌、毒等社会丑恶现象，加大治理力度，新区（县）粮食局完善了各项社会治安综合治理制度，确保了粮食系统的平安。

（杨　静）

## 烟　草

【简　述】 呈贡烟草专卖局（云南省烟草公司昆明市公司呈贡分公司）实行两块牌子一套班子合署办公，主要负责呈贡县的烟草专卖管理和卷烟销售工作。2010年末，局下设客户服务分中心、专卖监督管理办公室、综合办公室、财务会计科、人事劳资科、安全保卫科、企业管理科。在岗干部职工28人，其中实职副科级以上干部3人。

【经济指标完成情况】 年内，呈贡烟草专卖局紧紧围绕“烟叶防过热、卷烟上水平、税利保增长”的工作目标，按照“抓布局、提质量、增效益、树形象”的总体思路，围绕卷烟经营中心任务，加强基层建设和基础管理，强化专卖工作力度，提高卷烟销售网建营运水平。全年实现销售收入2.85亿元，同比上年的2.12亿元增加0.73亿元，增34.50%。实现税利3 976.27万元，比上年增长75.82%。实现税费508.2

万元，比上年减少 8.21 万元，减 1.59%（因税收调整，所以年内比上年减少）；实现利润 3 468.07 万元，比上年增长 98.73%。

【卷烟销售】 2010 年，始终以“强化服务理念、提升服务质量”为指导，以“三满意”为目标，紧紧围绕“卷烟上水平”创新服务模式，提高服务质量。按照“主动、真情、责任、精细”的要求，在全体营销人员中，开展珍爱品牌、尊重市场、情系客户的活动，力求从服务理念、服务流程、服务模式上全面提升营销水平。

2010 年，共销售卷烟 13 199 箱，完成年计划 11 555 箱的 114.23%，比上年的 11 485 箱增加了 1 714 箱，增长 14.92%；实现单箱销售额 21 602.16 元，比上年的 18 458.33 元增加 3 143.8 元，增长 17.03%；一、二类卷烟比例 15.86%，比上年的 11.74%增长 4.12 个百分点。被云南省烟草专卖局评为 2010 年“云南省卷烟营销创新先进单位”荣誉称号。

【专卖管理】 2010 年，呈贡烟草专卖局充分发挥保障作用，大力加强法制宣传教育，营造“两烟”市场环境；建立长效机制，加强市场监管，严厉打击违法经营。年内，按照国家烟草专卖局烟草专卖零售许可证合理布局要求，延续换发和办理烟草专卖零售许可证 322 户，注销 69 户。截止 2010 年末，全县辖区共有烟草专卖零售许可证持证户 1 359 户。

回回营村作为全省、全市非法经营烟叶重点整治区域。呈贡烟草专卖局按照“疏堵并举，打防结合，综合治理，全面推进”思路，加大力度打击非法经营烟叶行为。烟叶收购期间，呈贡烟草专卖局在回回营区域设立举报点（电子录像监控室）。组织专卖、应急大队及公安、工商等部门执法人员 30 多人，车辆 6 辆，每天 4 班不分节假休息日，对进出回回营村的 6 条主要道路进行 24 小时的堵卡监控，并对出入村的重点车辆进行排查登记。通过加强宣传教育，依法查处严厉打击贩运烟叶行为，违法经营烟叶行为有了明显下降，大案要案明显减少，执法环境有了明显的改观，有效地遏制了回回营村非法经营烟叶的行为。

全年共查获涉烟违法案件 38 起。其中：涉案卷烟 7 885.5 条，案值 32.72 万元；涉案烤烟 990 千克，案值 2.59 万元；查获无证经营 14 起，查获各类卷烟 1 106 条，案值 6.61 万元；查获未在当地烟草批发企业进货 13 起，查获各类卷烟 637.9 条，案值 4.61 万元；无烟草专卖品准运证运输烟草专卖品（卷烟）案 5 起，查获各类卷烟 3 614 条，案值 21.5 万元；销售非法生产的烟草专卖品案件 4 起，查获各类假冒卷烟 231.6 条；立案查处无烟草专卖品准运证运输烟草专卖品案件 1 起，查获初烤烟叶 990 千克，案值 2.59 万元；查获非法复烤烟叶窝点 1 个，销毁锅炉等复烤设备一批。

【安全管理】 呈贡烟草专卖局认真落实“一岗双责”的安全工作责任制，开展以消防安全为中心，交通、生产、治安安全为重点的安全工作。认真组织开展了“安全生产年”、“百日消防安全无事故竞赛”、“春夏安全专项整治”、“百日交通安全无事故竞赛”、“安全生产月”专项治理活动。年内，共举办安全培训、警示教育3 次，参训人员共计 200 余人次；开展应急疏散演练 1 次，40 余人次参加；刊发安全简报、安全小常识 12 期。定期开展驾驶员集中学习教育，组织专兼职驾驶员交通安全学习 14 次、参加人员 200 余人次。开展各类安全检查、综治排查 60 余次，参加人员 120 余人次，检查中发现一般安全隐患 1 起，对发现的安全隐患已按照隐患整改要求进行了整改。加强制度建设方面，坚持按职业健康安全体系的要求开展工作，严格执行“七条禁令”，制定实施了班后检查制度。通过全体干部职工的共同努力，圆满完成全年安全目标、指标，实现了全年安全无事故。

【内部管理】 一是完善制度建设。年内，除在实际工作中不断修改完善绩效考核、业务接待、工作例会、严格考勤、信息维护、领导带班值班、交通车辆管理等多项制度外，还制定月工作调研制度，进一步转变工作作风，促进服务质量和管理水平的提高。

二是加强管理体系换版。重视管理体系换版工作，加强新版体系知识的培训，不断提高职工认识，严格按管理体系开展工作，加强对存在问题的改进，完善痕迹管理，保证了新版管理体系的正常运行。

三是完善督察考评和绩效分配办法。按照公正公开、注重实绩、群众公认、分类考核的原则，逐步建立完善了与管理体系紧密结合的督察考评和绩效分配办法，围绕管理目标指标，以卷烟经营中心任务为重点，按月进行严格考核。对专销人员实行了动态考核，服务质量、工作业绩挂钩绩效工资，体现多劳多得，有效地调动了职工积极性。

四是严肃预算管理，努力开拓资金筹措渠道，开源节流，增收节支，保证了公司各项经济指标的顺利完成。在费用控制方面，采取预算审批的方式，对定额以外的费用，必须先层层审批，没有审批发生的费用，一律不予报销。在现金预算方面，为提高现金预算的准确性，在实际支付时做到，没有现金预算项目的不予支付，超预算支付标准的不予支付，从而提高了现金预算意识。通过预算管理有效手段，促进了各项工作的开展。

**【创建优秀县级烟草专卖局】** 根据云南省烟草专卖局的相关要求，呈贡县烟草专卖局紧紧围绕全面建设“严格规范、富有效率、充满活力”的云南烟草的总体要求，以“四要”良好作风建设为抓手，深入贯彻落实“重心下移、着眼基层、突出服务、加强基础”的工作方针，加强基层建设、基础管理，规范基层生产经营，努力促进基层建设水平提高，基础管理工作扎实、员工队伍素质提升、企业凝聚力增强，为构建和谐烟草、保持企业持续健康发展打下坚实基础，制定了《呈贡县烟草专卖局关于开展创建优秀县级烟草专卖局活动的实施方案》，成立“创建”活动领导小组，负责创优活动的组织、协调等相关工作，经过艰苦努力，基本达到了创建标准要求。

**【企业文化和精神文明建设】** 2010年是昆明烟草“做人做事、三自三清”实践促效年和企业文化建设年，为进一步完善企业文化形象建设，呈贡烟草专卖局根据昆明烟草企业文化内容策划并制作了“企业文化建设专题宣传栏”；同时在会议室制作了“荣誉陈列柜”、“读书角”、“职工风采展示墙”。除此之外还充分利用网络、简报、板报、会议等形式，开展宣传教育，进一步提高职工对“做人做事、三自三清”实践活动暨企业文化建设的内涵及重要意义的认识。同时积极组织职工参加系统内征文活动，5月份向市公司推荐优秀文章9篇。此外，公司还围绕践行“利国惠民、至爱大成”核心理念和“做人做事，三自三清”组织团队建设培训；开展“每月大家谈”。通过开展多种形式的活动，营造了浓厚的企业文化建设氛围。

把文明单位创建作为一项长期工作来坚持，结合“三个四、一保一促”活动的开展，与各项业务工作同安排、同部署、同检查、同考核，形成文明创建活动的长效机制，一如既往地按照“两手抓、两手都要硬”的方针推进精神文明建设。新区（县）精神文明指导委员会考评组对呈贡县烟草专卖局县级文明单位创建工作进行了考评验收并给予了较高评价，同意推荐县级文明单位的评选。

继续开展学习型企业建设，全年开展各项培训20次，共计培训404人次，1 747个学时。在岗职工培训率达100%，培训合格率达100%。其中：374人次参加了公司组织的团队建设、业务技能、法律法规、党史党课、纪检专题、消防交通安全等知识教育（含实操）培训；有7人次参加了职业资格培训；23人次参加学历教育培训。同时，工会组织开展3个兴趣小组培训班（瑜珈、羽毛球、摄影），所有职工都热诚的投入到兴趣小组培训活动。另外，分公司还对零售客户成立客户之家夜校培训班。通过内容丰富、形式多样的培训，使分公司职工整体综合素质得到了全面的提升。

（赵　瑞）

# 旅　游

**【简　述】** 2010年新区（县）旅游局坚持“安全第一”的方针，依法行政，规范旅游市场，搞好假日旅游接待工作，加强宣传营销，提升竞争能力，服从服务于新区中心工作。全年累计完成营业收入4.85亿元，比上年的4.49亿元增长了8%；完成营业税及附加606.1万元；接待国内外游客万277.6万人次。年内，设立旅行社分社1家、旅行社营业网点1个。

**【旅游安全】** 年初，为避免责任安全事故的发生，制定了《呈贡县旅游安全检查计划》和《呈贡县旅游紧急救援预案》，与昆明市旅游局签定了《旅游安全生产责任书》，按照责任书的要求进行了分解。为认真落实责任书，避免责任事故的发生，坚持黄金周安全联合大检查、专项检查和巡查相结合。大检查联合公安、工商、消防、卫生、技术监督对新区（县）的旅游企业进行拉网式的检查，主要针对新区（县）旅游企业的消防设施是否完好，制度是否完善，电梯、锅炉、压力容器、游乐设施每年是否年检和维护，安全通道是否通畅，食品进货渠道是否到正规厂家进货，是否有过期食品，卫生是否合格，生熟食物是否分开储藏等。通过检查，对发现的安全隐患，限期整改，将存在的问题反馈到有关部门，由有关部门进行处理。年内，旅游企业未发生一起安全责任事故。

按照市旅游局要求，围绕“安全生产月”总体部署要求，全面推动新区（县）旅游行业2010年“安全生产月”各项工作的落实。一是按照“安全生产月”总体部署和“关爱生命、安全发展”的活动主题，成立了以局长为组长、副局长为副组长的活动领导小组。并把有关安全生产的文件发放到辖区内各企业，共出动车辆2台次、人员9人次，宣传旅游安全知识，要求企业在重要位置悬挂“安全生产月”活动横幅、标语、彩旗、气球，张贴各类安全招贴画、宣传挂图，营造浓厚的“安全生产月”活动气氛。二是组织旅游企业和旅游从业人员进行应急预案演练。共出动车辆1台次、人员5人次，指导2个企业进行应急救援预案演练。呈贡华怡商务酒店请新区（县）消防大队对酒店30名员工进行消防安全培训，请消防官兵讲授了消防安全知识和消防灭火栓及消防灭火器等的使用方法，及遇到紧急情况的处理办法；斗南花卉商务酒店请新区（县）消防大队指导消防演练。华怡商务酒店、斗南花卉商务酒店和呈贡宾馆采用黑板报、演讲、知识竞赛、张贴宣传画等多种形式，对100名员工开展各具特色的“安全生产月”主题宣传活动，增强提高员工的安全意识和提高安全素质，培养员工法制意识和遵章守纪意识，增强应对突发安全事故的自救互救能力。

坚持黄金周安全联合大检查、专项检查和巡查相结合。年内，共进行了联合大检查3次、专项检查5次、平时巡查25台次，出动人员70人次。联合公安、工商、消防、卫生、技术监督对新区（县）的旅游企业进行拉网式的检查，通过检查，对发现的安全隐患，限期整改。年内，旅游企业全年未发生一起安全责任事故。

**【假日旅游】** 每年的黄金周，是游客比较集中，营业收入较多的一段时间，按照全国假日办和假日办电视电话会议精神，年初制定了《呈贡县2010年黄金周假日旅游接待工作方案》和《假日旅游应急预案》，各个黄金周还制定了方案，下发了《关于认真做好春节、“五一”、“十一”黄金周假日旅游接待工作的通知》，要求各企业充分认识做好黄金周旅游接待工作的重要意义，切实做好各项准备工作，力争以优美的环境，优良的秩序，优质的服务接待八方游客。黄金周期间，启动了呈贡县假日旅游协调领导小组办公室的工作程序，办公室24小时值班，完成了统计、信息交流和突发事件的应急处理，黄金周景点景区、购物场所共接待游客5.86万人次，营业收入1 713万元。

**【旅行社】** 随着新区建设的快速推进和经济发展，现行旅行社已经不能满足旅游业发展的需要。年内，引进了1家旅行社分社和1个旅行社营业网点（昆明风情国际旅行社有限公司呈贡分社和昆明旅行社呈贡营业网点）。

**【依法行政】** 为打造阳光政府，提升行政效能，做到依法行政，从内部制度着手，建立健全各种规章制度。建立了旅游行政处罚程序、旅游行政赔偿程序、旅游行政执法公示制度、旅游行政执法文书管理制度、旅游行政执法文书档案管理制度、旅游行政执法统计制度、旅游行政执法错案责任追究制度、旅游监察人员评议制度、旅游监察人员培训制度等。减少审批环节，将原来的行政审批事项全部改为服务项目。完成了行政审批项目下放和新区（县）2010年依法行政目标考核。取消1项变更备案内部审批项目。

**【旅游市场清理整顿】** 3月，对质价不符、收取回扣的违法行为进行清理，净化了旅游市场，打击了违法行为。

**【一岗双责】** 按照党风廉正建设的要求，实行一岗双责。部门领导与局领导签订了《一岗双责责任书》。加强队伍的建设，强化纪律管理，全年未发生一起执法犯法案件和吃、卡、拿、要的现象。

**【宣传促销】** 完成旅游宣传册的制作，对呈贡新区范围内的旅游景点，旅游接待酒店的线路及地址作出明确标识。制作旅游宣传册，拍摄收集照片80多幅，撰写文字2 000字，印刷3 000册；协助市旅游局出版《昆明旅游指南》。

**【旅游统计】** 做好每个月的《旅游景点及其他旅游单位基本情况月报表》和《乡村旅游接待人设营业收入月报表》的统计上报和宾馆饭店的网上报表，做到准确、及时。7月至8月对全县旅游项目投资做了详细的统计，对项目的总投资、完成项目情况及项目的推进程度都作了详细的统计并上报到市旅游局。10月，完成呈贡乡村旅游信息的统计，使全市对呈贡的乡村旅游有了更全面的了解。

**【创建文明县城】** 为全面贯彻落实新区党工委（扩大）会议、县委十一届五次全体（扩大）会议精神，按照呈贡县“四创两争”工作领导小组的要求，为做好新区（县）文明县城创建工作，实现2010年创建成昆明市文明县城的目标，要求各旅游企业按照创建昆明市文明县城的要求做到：宾馆员工着装整洁规范，佩戴服务标志；用语文明，态度诚恳，遵守工作纪律；提供热情、及时、周到的服务；客房随时保持清洁卫生，摆放整齐雅观；餐厅做到服务主动热情，卫生达标，场地、桌椅、餐具清洁，饭菜质量上乘；做好安全防范工作，保证客人人身财产安全。

**【扶持鼓励政策】** 为贯彻落实云南省酒店业发展大会精神，发挥休闲度假旅游资源、行政中心和大学城优势，完善呈贡新区旅游设施，促进旅游转型升级，制定了《呈贡县促进酒店业发展的扶持奖励办法》（送审稿）。

（罗成恒）

## 政务服务

**【简　述】** 新区（县）人民政府政务服务管理局在原便民服务中心基础上，于2010年8月正式更名。政务服务大厅设有审批服务窗口26个，政务服务分中心4个，窗口工作人员60人，行政审批事项65项（县本级34项），服务事项124项，是全省行政审批事项最少的县级单位之一。服务大厅设有监察窗口1个，结算中心窗口1个，商务中心1个。政务服务中心办公面积有面积1 000平方米。一层设有电子触摸屏和电子显示屏，可随时查询办事指南，显示相关办事信息等。建有行政审批服务网络平台1个，行政审批电子监察系统1个，三级联动专线网络平台1个。8月，新区（县）6个街道成立为民服务中心。

2010年，新区（县）人民政府政务管理局坚持以“务实、服务、高效、创新”为宗旨，坚持为呈贡新区企事业单位和社会提供优质政务服务。全年政务服务中心接办各类审批服务事项69 693件，其中，社会服务类约占总数的71%，经济类占总数的12%，其它类占总数17%。结算中心共受理人民币结算业务726万余元。6月，新区（县）政务服务中心被呈贡新区党工委授予“先进基层党组织”称号。9月，获得新区（县）“巾帼文明岗”称号。公安窗口、工商窗口、地税窗口因热情服务，为群众排忧解难，获得办事群众赠送锦旗3面。工商窗口吴晓波同志被评为昆明市政务服务系统政务服务明星，政务服务管理局张俊琼同志被评为昆明市政务服务系统政务服务工作先进个人，呈贡县人民政府政务服务管理局被评为昆明市政务服务系统政务服务工作先进单位。

**【完善授权委托制】** 新区（县）党工委（县）委、新区（县）管委会（县政府）加强了对政务服务工作的领导。2010年8月呈贡新区机构改革，将原便民服务中心更名为呈贡县人民政府政务服务管理局。政务服务管理局认真落实市委、市政府和县委、政府对政务服务工作“两集中、两到位”和“四进中心”工作要求。10月，新区（县）召开了政务服务工作专题会议，县长吴庆昆专门就政务服务工作提出工作要求，县纪委书记强调要把政务服务工作纳入重点督促检查范围。截止11月中旬，新区（县）24个政府组成部门中有行政审批事项的部门，全部在政务服务中心设立了窗口，并确定国税、地税、运政、交警大队车管所设立政务服务分中心。政务服务管理局认真梳理了新区（县）服务审批事项，完善了“授权委托制”，窗口所在单位领导与窗口签订行政审批授权决定书，确立首席代表，设立行政审批A、B角责任制。

**【开展标准化窗口服务活动】** 年初以来，政务服务管理局积极开展政务服务工作标准化窗口建设活动。按照政务公开标准化、服务行为标准化、服务质量标准化、窗口管理标准化的要求，确定了政务服务工作“六个规范”（着装规范、语言规范、纪律规范、办件规范、材料规范、文档规范），实现行政审批提速增效。各窗口办理的承诺件，平均压缩审批时限50%。政务中心上下协调，齐心协力，做到能当天办结的当天办，能立即办的立即办，“中心”办理的即办件比例达到60%以上，80%的承诺件可实现一周内办结，大大缩减了办事时限。即办率、办结率达到100%。坚持“一次性受理，一次性告知、一次性办结”的行政审批、服务机制，做到“一站式”服务。日常督查抽查中没有发现被群众投诉的严重事项。

**【提升政务服务管理整体水平】** 新区（县）人民政府政务服务管理局积极开展“创先争优”活动。局党支部向全社会作出了六项公开承诺。一是坚持依法行政、热情服务；二是实行公开办理制；三是实行首问负责、一次告知制；四是实行限时办结；五是实行联合审批制；六是畅通投诉渠道，实行责任追究制。党支部完善工作制度，加强工作监督，积极创建先进党支部活动。与窗口建立互动机制，加强与部门和窗口的协调沟通，实现“中心”、部门、窗口“三方”的良性互动，积极争取部门领导对行政审批服务工作的理解与支持。全部窗口实行挂牌上岗，设立“先进党员示范窗口”和“先进党员先锋岗”，鼓励党员积极争当优秀党员。结合“创先争优”活动，加强政务服务大厅建设，放置了10台饮水机，购置了12台电风扇，设置了打印复印和代写文书、自动取款等服务功能。为办事群众提供了舒适的办公、办事环境。印制5 000册便民服务联系卡，向基层单位和办事群众发放。群众满意率达95%以上。

加强对服务窗口的管理。设立了投诉监督电话及监督电子邮箱，随时接受群众的监督和举报。同时，从工作纪律着手，坚持每日窗口巡查制，确保工作时间内窗口工作人员全部在岗，认真履行工作职责。实行平时考核与年终考核相结合，通过各项管理措施，强化了制度约束，增强了自律意识，规范了行政服务行为。“中心”人员出勤率达到98%以上。

**【成立街道为民服务中心】** 指导各街道加快进行为民服务中心建设。8月，政务服务管理局积极推行三级联动为民服务体系建设，各街道为民服务中心基本建成。政务服务管理局为各街道配备了专用电脑，8月30日，建设完成了三级联动专网。

9月份，进一步完善各街道为民服务中心内部设施建设，各种规章制度、工作职责、办事流程、图表等上墙公示。各街道为民服务中心建设进展顺利，服务人员、办公用品、制度规章全部到位，达到市级标准要求。

（杨相国　张俊琼）

# 教育·科技

责任编辑：杭　松

## 教　育

**【简　述】** 2010年初，新区（县）管理范围内有完全中学1所，初级中学2所，九年一贯制学校3所（含民办1所，企业办1所），小学20所（含民办2所），教学点2个，幼儿园17所（含民办12所、企业办1所）。全县公办在职教职工1 045名，其中专任教师956名；在校高中学生1 486人，初中4 593人，小学11 244人，在园（班）幼儿4 170人（其中民办1 883人）。7月1日，七甸街道委托阳宗海风景名胜区管委会管理，学校也随之托管。9月呈贡新区（县）实际管辖6个街道（不含已托管的洛羊、大渔、马金铺、七甸四个街道）。有完全中学1所，初级中学2所，九年一贯制学校1所（含民办1所，呈贡育才学校），小学15所（含民办2所），幼儿园13所（含民办10所）。其中，有省级二级一等完全中学1所，省级一级三等初中1所，省级示范小学1所，省级示范幼儿园2所，省级文明单位1个，省级文明学校4所。12月，新区（县）在职教职工889名，其中专任教师813名；在校高中学生1 486人，30个教学班；初中3 573人，125个教学班；小学9 389人，279个教学班；在园（班）幼儿3 256人，117个教学班，3～6周岁幼儿入园（班）率90.05%。

**【思想政治工作】** 2010年，深入学习实践科学发展观，围绕科学发展观学习实践活动中查找出来的问题，结合教育现状，制定工作方案，进行整改。以“开展‘创先争优’活动，办人民满意的教育”为主题，制定实施方案，开展“创先争优”活动。活动中建立党委负总责、书记亲自抓，共青团、工会齐抓共管的工作机制；抓住教育发展中心工作，围绕教职工、学生和家长关心、关注的热点难点问题，组织党支部和全体党员进行公开承诺，提高服务水平。开展“三树立三争当”主题实践活动、创建学习型党组织活动，比师德、比业务、比效率、比贡献。将龙城中心学校作为县级“创先争优”活动推进先进典型，召开现场会，促进创先争优活动开展。实施“云岭先锋”工程，巩固先进性教育活动成果。健全“云岭先锋”工程目标责任制，不断完善民主评议党员、流动党员管理、“三会一课”等党内规章制度；定期召开组织生活会和民主生活会。组织党员干部学习党的路线、方针和政策；坚持每月一次中心组学习制度，理论学习与提高业务能力教育培训相结合。加强后备干部队伍建设，把工作热情高、具有一定教育教学管理能力的教职工，选拔到领导岗位上。拓宽干部培训方式，通过自学、专题培训、深入基层调研、参观学习等方式，不断提高干部管理水平。年内组织6名中小学校长参加省市组织的各种培训活动；组织民办中小学、幼儿园校园长22人到普洱市参观学习，组织4名校（园）长参加市级校（园）长岗位培训。严格领导干部问责制，坚持和完善诫勉谈话和函询制度，利用政务信息公开网、举报电话、举报信箱等多种途径，加强干部队伍的监督，完善干部考核。推进党内民主建设，健全和完善党内生活、议事等制度，发挥班子整体效能。以拓宽思路、增强教育针对性和实效性为重点，采取不同形式加强党员培训，增强党员的组织观念和党性原则。年内，举办专题讲座10次，培训入党积极分子12人。有6名教师被列为发展对象，8名教师加入党组织，12名预备党员按期转正。开展“走进学校、走进群众、面对困难、正视矛盾”的主题活动，抓实薄弱党组织的整顿提高工作。局党委与吴家营街道中庄社区党委结成互帮互助活动共建单位，帮助社区做好党员教育工作。加强对工青妇组织的领导，以党建促工建，以党建带团建，调动教职工的积极性和主动性，增强凝聚力和战斗力；开展特困职工进行慰问和救助活动。上半年，在抗旱救灾工作中，协调街道、自来水公司等部门及时解决师生生活用水困难，解决了马郎小学、吴家营中学等校师生生活用水困难；组织机关工作人员参加抗旱救灾水源工程建设，为野竹居委会黄土沟村民开挖水窖；组织300余名党员积极参加“共产党员抗旱救灾特别捐献”活动，捐款47万余元。关心离退休老教师的学习和生活，帮助解决实际困难和问题。拟定《呈贡新区中小学幼儿园“园丁工程”实施意见》，加强教师队伍建设。签订师德师风目标责任书，进一步规范教师的言行，年内没有发生严重违反师德师风现象。强化未成年人思想道德建设。加强“效能建设”，改善教育发展软环境。实施《行政行为监督制度》、《行政绩效管理制度》、《行政成本控制制度》、《行政机关行政能力提升制度》，提高机关的服务能力。树立“抓软环境建设就是促发展”的理念，增强工作的积极性和主动性，营造“比、学、赶、超”的良好氛围。贯彻落实行政问责制、首问首办制、限时办结制和服务承诺制“四项制度”，结合教育系统实际推行“五办”作风，推行阳光政务，建设效能机关，清理、精简、压缩审批项目，提高行政审批效率，提高办事效率和服务质量，改善教育发展软环境。

**【德育工作】** 深入贯彻落实《公民道德建设实施纲要》，成立新区（县）第一届少先队工作委员会、教育局关心下一代工作委员会，营造促进青少年健康成长的良好环境；在中小学课堂教学中渗透社会主义核心价值体系；建立完善德育室、校史室、文化走廊、特色橱窗等宣传阵地，抵制各种有害文化和腐朽生活方式对学生的侵蚀和影响，营造和谐优美、健康向上、具有浓郁人文气息的育人氛围；发挥社会环境的德育功能，开辟学校德育活动新途径，构建社会、家庭、学校三位一体的德育网络；建立“社会活动基地”，并结合学生的思想道德教育和安全教育，开展献爱心送温暖、帮助社区孤寡老人等活动。年内，推荐评选2010年度省、市、县三好生、优秀学生干部、优秀班集体，新区（县）学生获省级三好学生20名、优秀学生干部5名，获先进班集体1个；获市级三好学生8名、优秀学生干部2名、先进集体1个；获县级三好学生45人、优秀学生干部21人、先进班集体15个。省级三好学生呈贡一中：雷浩伟（初一1班）、李世杰（初一2班）、何青晏（初二2班）、张小松（高一1班）、李自强（高一2班）、郑姝妹（高二文1班）、牛祥（高二理1班）；吴家营中学：杨小青（初二1班）、马鹏瑜（初二6班）；斗南中学：杨灿（初一5班）、杨文婷（初二6班）；七甸学校：庞雅馨（初二4班）、陈守礼（初二6班）；呈贡育才学校：李梦（初二2班）；云南铝厂学校：李金诚（初二1班）；龙街小学：缪琪（五年级1班）；十四冶小学：杨敏（六年级9班）；斗南小学：李鑫玉（五年级1班）；马郎小学：陈羽裳（六年级）；吴家营中心学校：缪新颖（四年级1班）；省级优秀学生干部名单：呈贡一中张亮（初二1班）、李娜（高二文1班）；斗南中学何子祎（初二4班）、殷联小学王源（六年级）、下庄小学杨欣茹（六年级2班）；省级先进班集体：呈贡一中高二文1班。市级三好学生名单：呈贡一中马俊敏（初二2班）、斗南中学毕亚强（初二2班）、呈贡育才学校邹婷（初二3班）、七甸学校石伟（初二5班）、云南铝厂学校张骁（初二1班）、水塘小学胡鹏愉（三年级1班）、吴家营中学杨欢（初二6班）、龙街小学王睿敏（五年级1班）；市级优秀学生干部：呈贡一中杨扬（初二3班）、吴家营中学张翔（初二2班）；市级先进班集体：斗南中学初一3班。县级三好学生名单：七甸学校庞宇婷（六年级3班）、何涵（五年级2班）；呈贡育才学校张甜（七年级）、赵晨曦（六年级1班）、吴雅琳（六年级2班）；古城小学陈兰兰（四年级9班）、陈琳（四年级7班）；十四冶小学陈丽宇（四年级8班）；龙街小学李丹（五年级6班）、杨玉葵（五年级1班）、付裕涵（五年级4班）；城内小学王李丹盈（二年级2班）、李雨珊（三年级4班）；洛龙小学马梓怡（四年级）、七步场小学秦燕（三年级）、可乐小学郑贤（四年级1班）、殷联小学王源庆（三年级1班）、江尾小学李钰（四年级1班）、斗南小学宋冰瑶（五年级2班）、乌龙小学郭瑞环（四年级）、小古城小学朱婷婷（五年级）、梅子小学金蕊（五年级）；七甸中心学校王静婷（五年级）、郭清（三年级）、晋愉爽（三年级）、何洁（五年级）、彭金缘（四年级）；呈贡大成学校陈联明（六年级1班）、呈贡明星学校马永志（二年级1班）。县级优秀学生干部名单：呈贡一中袁瑜馨（初一2班）、宋林伟（高一2班）；七甸学校李方成（八年级6班）、唐福林（六年级1班）；龙城中心学校刘一凡（四年级2班）、彭啸南（五年级2班）；斗南中学王颖（初三4班）、城内小学李若添（四年级3班）、小古城小学刘晓辉（六年级）、七步场小学陈盟（四年级）、可乐小学李青（六年级）、殷联小学刘月（四年级）、江尾小学杨瑞（三年级）、斗南小学李婧玉（四年级1班）、梅子小学杨海清（二年级2班）、乌龙小学龙丹（二年级）、呈贡育才李旭东（六年级3班）；七甸中心学校胡爽（二年级）、李腾（五年级）；呈贡大成学校袁仲菲(二年级1班)、呈贡明星学校安艳（四1班）。县级先进班集体：呈贡一中初二1班、高一1班；斗南中学初一3班、初三5班；吴家营中学七年级5班、龙街小学二1班、城内小学二4班、可乐小学三年级1班、斗南小学二年级1班、呈贡育才学校五年级2班、七甸学校七年级5班、七甸学校四年级3班、广南小学五年级、呈贡大成学校二年级2班、呈贡明星学校一年级1班。

**【“普法”教育】** 新区（县）教育局组织开展“五五”普法宣传教育活动。组织参与《中华人民共和国侵权责任法》、《中华人民共和国突发事件应对法》、《国务院流动人口计划生育工作条例》、《城镇企业职工基本养老保险关系转移接续暂行办法》等和环保环保生态相关法律法规学习培训和考试，合格率为100%。

**【"两基"工作】** 普及程度：新区（县）2010学年小学适龄儿童、少年17 076人，入学率100%，小学在校生年辍学率0；初中6 875人，毛入学率100.99%；初中适龄少年毛入学率101%，在校学6 943人，辍学2人，辍学率为0.03%；残疾儿童少年18人，在校18人，入学率100%；15周岁人口中初等教育完成率、17周岁人口中初级中等教育完成率100%，全县青壮年非文盲率达100%。

教师配备率：2010学年新区（县）有小学班级458个，配备教职工994人，师生比为1：19.61，配备率为100%；有初中班级148个，配备教职工531人，师生比为1：12.2，配备率为100%。

教师学历合格率：2010学年新区（县）有小学专任教师896人，大专以上学历730人，高中阶段毕业学历165人，小学教师学历合格率为99.89%；初中专任教师483人，本科及以上学历372人，专科学历109人，初中教师学历合格率为99.59%；2010年新补充教师13人，学历合格率为100%。校长持证上岗，校长任职条件合格率达100%；岗位培训合格率达100%。

办学条件：2010学年新区（县）小学生均占地面积11.78平方米，合格校数比例为100%；初中生均占地面积29.69平方米，合格校数比例为100%。新区（县）小学生均校舍建筑面积4.74平方米，合格校数比例为100%；初中生均校舍建筑面积8.01平方米，合格校数比例为100%。新区（县）小学、初中教学用房均已达标，教学用房达标率为100%。合格校数比例为100%。新区（县）六配套合格校数比例为100%。新区（县）中小学2008年锁定的D级危房，2010年校安工程实施排危之后已经全部拆除或封闭停止使用。新区（县）中小学生课桌椅配备率为100%。新区（县）小学生均藏书9.66册，初中生均藏书14.3册。图书配备小学合格校数比例为100%；中学合格校数比例为100%（2010年10月县政府划拨经费按小学生均15册、初中生均20册配备图书）。新区（县）小学教学仪器配备合格校数比例为91.18%、中学合格校数比例为80%（2010年10月县政府划拨经费按国检要求配备教学仪器，合格校数比例达95%以上）。新区（县）小学文体器材合格校数比例为100%；中学文体器材合格校数比例为90%（2010年10月已配足）。新区（县）小学、中学均按原定标准配备了劳技（劳动）课设备，劳技课设备配备合格率中学、小学均为100%。新区（县）中小学按照要求配备有能满足教学要求的实验器材，实验教学普及率90%以上。信息技术课设备配备率，新区（县）小学人机比为22：1；中学人机比为11：1。

教育经费：2009年财政经常性收入46 963万元，比上年增长30.5%，教育财政拨款15 735万元，比上年增长35.7%。小学生均预算内教育事业费5 373元，生均预算内公用经费1 839元；初中生均预算内教育事业费5 711元，生均预算内公用经费1 885元。2009年教职工年平均工资小学达到43 274元/人，初中达到44 349元/人。

安排外来务工者人员子女就学：2010学年，义务教育阶段外来务工人员子女在我县小学就读4 052人，初中856人，总数4 908人。义务教育阶段外来务工人员子女与当地学生享受同等待遇。

**【"两基"迎国检】** 2010年是两基工作接迎国检之年。新区（县）成立了以新区管委会主任、县人民政府县长任组长，新区管委会副主任、县人民政府分管教育副县长任副组长，县教育、财政、审计、地税、人事等21个成员单位、7个街道办事处主要领导为成员的新区（县）"两基"迎国检工作领导小组。并在新区（县）教育局设立办公室，负责"两基"迎国检日常工作。呈贡新区管理委员会呈贡县人民政府印发《呈贡新区（县）"两基"迎接国家教育督导团检查验收的工作实施方案》、《呈贡新区（县）"两基"迎国检工作日程安排》和《呈贡新区（县）"两基"迎接国家教育督导团检查验收工作指导督查组的通知》等文件，统筹安排、部署呈贡"两基"迎国检工作。县政府分别与各街道办事处及成员单位签订"两基"迎国检工作目标责任书，明确工作职责、目标任务、完成时限。各成员单位、街道、学校，分别成立组织领导机构，保障各项任务的落实。4月29日，新区（县）教育局召开新区（县）中小学"两基"迎国检工作会，对新区（县）"两基"国检的7个方面35项指标达标情况进行了初步分析。5月28日，召开新区（县）"两基"迎国检工作动员大会，县四班子主要领导及分管联系领导、21个成员单位、7个街道以及全县各中小学领导参加会议。"两基"迎国检办公室先后对各中小学及成员单位联络员进行了5次专题培训。新区（县）财政局对教育经费"三个增长"、教育费附加以及中央、省、市专项资金等落实情况进行自检自查，对存在问题提出可行解决方案报县委、政府决策。新区（县）审计局按照上级要求，开展教育经费审计。新区（县）发改局将发展基础教育纳入全县国民经济和社会发展"十二五"规划纲要，并指导做好教育中长期发展规划。新区（县）卫生局开展学校食品卫生安全检查及各种传染病防治工作。新区（县）文体广电旅游局联合县教育局利用网络平台、广播电视、标语、板报、手册等方式进行"两基"迎国检知识宣传，营造良好的社会舆论环境。工商、公安等部门联合加大校园周边市场、治安环境综合整治力度，确保校园安全。各

新区（县）领导专题研究“两基”迎国检工作
〔新区（县）教育局　供稿〕

街道、部门相继召开系列专题会议进行宣传动员，发动迎检工作。向干部、群众发放“两基”迎国检知识手册、宣传单2万余份，在街头设置长期性标语40余条，设置宣传画20余幅，制作了“两基”成果展室和电视专题片，发出“两基”迎国检工作简报13期。各中小学利用校会、国旗下讲话、校园广播、宣传橱窗等阵地，发放《“两基”知识问答》、《致家长的一封信》等宣传资料，制作板报、手抄报等形式大力宣传“两基”迎国检工作，提高师生、家长、社会知晓率。呈贡新区管委会（县政府）安排12万元作为“两基”迎国检前期专项工作经费，为培训工作、文件材料制作等提供经费保障；针对部分中小学图书、教学仪器、文体器材等设备不足的情况，新区（县）县财政拨150万元经费用于添置“两基”迎国检教学设备，确保各中小学“两基”35项指标全部达标。完善督查督办制度，强力推进迎检工作。6月17～18日、9月13～14日市政府两次对新区（县）工作进行督查。对照国检5大项35项指标，全面开展自查、督查，找准存在问题，并制定相应措施进行整改落实。9月，完成县级自评，接受了省、市人民政府教育督导团的检查。11月26日，呈贡新区管委会（县政府）形成了《呈贡新区（县）“两基”迎国检自检自查报告》和《呈贡新区（县）“两基”迎国检工作汇报材料》。12月，云南省“两基”迎国检工作顺利通过了国家教育督导团的检查验收。

**【贫困学生扶助工作】**　开展“两免一补”工作。2010年寄宿制学生3 300人补助经费共203.08万元，中等职业学校国家助学金5.57万元、生活补助费4.08万元、涉农专业学费补助2.4万元，全部按要求发放到每个学生手中。开展“扶贫济困送温暖”、“寒窗助学”活动，协调县工商联合会、团县委、妇联、信用社等部门对贫困学生进行资助；开展生源地助学贷款工作，帮助13名学生申请助学贷款75万元。市级补助5万元，对2010年考入高等院校新生32人进行补助（省外2 000元，省内1 500元）。扶持大学生创业。办理贷免扶补大学生创业人员10人，为大学生创业提供保障。年内，新区（县）没有学生因贫困而辍学。

**【师训工作】**　2010年师训工作按照“重心下移，阵地前移”的思想，主要开展中小学幼儿园校（园）长培训（含民办）、小学优秀语文教师培训、预备骨干教师培训、新教师培训、“英特尔·未来教育”项目培训、中小学幼儿园班主任培训、教师履职晋级培训等等。倡导并激励教师自主阅读、交流互动，做学习型教师。小学语文优秀教师培训19人（培训已进入第三年）。主要阅读《王松舟教学思想与经典》、《听窦桂梅老师讲课》、《中国著名特级教师思想录》等著作，学习品味教育大师的风范和精髓；阅读文学名著《水浒传》、《红楼梦》、《三国演义》、《西游记》、《城南旧事》等，以积淀浓厚文化底蕴；读儿童文学：《风的旱冰鞋》、《皮皮鲁传》、《鲁西西传》、《女儿的故事》等，以感悟童心童趣，内化提升教学实践能力。由著名特级教师唐朝霞的引领，开展阅读教学、美文诵读竞赛、“一课连上”研讨等活动；听取全国阅读教学一等奖获得者王欢、隋晶老师的公开课《水》、《姥姥的剪纸》等；参加全国小学教育专家教学研讨会，听取著名特级教师王崧舟的公开课《与象共舞》和专题讲座《文本细读与文本诗意的开掘》、孙双金的公开课《走近李白》和专题讲座《名师成长密码解读》、吴琳的公开课《将相和》和专题讲座《语文课堂中的小故事与大道理》等；到滇池度假区实验学校跟班学习，由名师恽岚、隋晶等指导引领。学员与名师专家对话研讨，解决自己在课堂教学中存在的问题、困惑。小学预备骨干教师培训47人，举办《教师的终身学习与发展》专题，引领教师树立终身学习理念，要求学员自读《给教师的建议》、《好课是这样炼成的——品读名师经典课堂》（语文卷、数学卷）等，并开展读书交流活动。中小学、幼儿园班主任培训759人，选择《做一个专业的班主任》、《今天，我们怎样做班主任》、《中小学班主任工作优秀案例》等，全县购买教材共计1 588册。让教师挤时间在书籍中、网络媒体上学习，结合“走出去，请进来”的方式学习。年内举办中小学幼儿园校（园）长培训（含民办）329人次；“英特尔·未来教育”项目培训150人；中小学幼儿园新教师培训62人；中小学幼儿园校本培训759人；地方选修课程培训858人次；中小学幼儿园教师履职晋级培训213人；各类短期专题讲座431人次（含民办）。总计培训3 627人次。县教师进修学校学校荣获“英特尔·未来教育”项目培训国家级组织管理先进单位奖。参与“英特尔·未来教育”十周年庆典活动，学科教师投稿、上报优秀应用作品集，其中李月华（斗南中学）、余艳萍（呈贡进校）、杨红（省继教中心）合作完成的《斗南花卉——

花为媒》获国家级一等奖。新区（县）教育系统开展的“读书月”活动中，教职工参与“读书交流”活动。购买了《走近最理想的教育》、《贴错标签的孩子》、《差异发展教学研究》、《跟苏霍林斯基学当老师》、《生命教育课》、《邱学华怎样教小学数学》等教育教学书籍，自主阅读，写读书心得，互动交流。派出进修学校教师参与了各级组织的有关培训，参加了省继教中心组织的《当代青少年心理问题反思与回应对策》、《小学语文课堂教学问题诊断与教学技能应用》的培训、昆明市教师培训机构培训者培训，国家级中青年学科骨干教师云南片区培训会，全国小学教育专家教学研讨会等。听取窦桂梅、吴正宪、于永正等专家的展示课和专题讲座，王松舟、孙双金、黄爱华、华应龙等的公开课和专题讲座。组织有关数学教师参加全国小学教育专家教学研讨会，听吴正宪的公开课《搭配》和讲座《让儿童人格成长中烙下数学的印》，黄爱华的公开课《垂直》和讲座《策略性师生沟通》，华应龙的公开课《六年级复习课》和讲座《播种太阳》；李世杰的公开课《组合图形的面积》。组织小学预备骨干教师培训、提升七甸教师素质培训、中小学幼儿园新教师培训等，聘请了有关专家施锐（名师工作室）、杨姝、王珺、李彦璇（市级学科带头人）进行《图形的变换》、《桂花雨》课堂教学示范，开展了《小学数学中‘图形的变换’教学内容目标把握和教学的策略》、《正确把握各学段阅读教学目标切实提高阅读教学实效》专题讲座，学员在课堂中学习，在专题中提升，在研讨中反思，学习把握目标、分析教材、应用教学策略、掌握教学技能等。组织新区（县）小学数学和语文教师参与昆明市教育促进会名师讲学团伍昆英（名师工作室）《新课程背景下怎样提高小学数学课堂教学效率》、恽岚老师《如何提高语文阅读教学效率》专题讲座。聘请省特级教师施锐到七甸学校进行听评课指导、上示范课、专题讲座、与教师互动交流，共同分析解决问题。利用高校园区的资源优势，在校本培训、班主任培训活动中聘请专家、名师开展有关讲座、对话研讨活动。龙城中心学校聘请云南理工大学教授郑益生作《情商与素质》讲座、聘请全国优秀班主任、武成小学的石梦媛老师开展《班主任工作管理秘笈》讲座；吴家营中心学校聘请云南师范大学教授尚云、陶云分别做《班级管理的艺术及方法》、《教师心理问题与调适》专题讲座；斗南中心学校聘请特级教师景海莲到学校现场研讨问题，分析问题，提出解决策略，并开展了《通过教育理念更新——寻现代特色学校发展之路》专题讲座；吴家营中学聘请李保坤教授作《当前学校德育教育的一些思考》讲座；县一、二幼聘请有关幼教专家开展《如何让家长参与幼儿园的活动》、《如何让家长了解幼儿园课程》、《如何通过家长工作的成功开展有效促进班级管理工作》等专题讲座；斗南中学聘请原师大附中校长杨其盛开展《如何管理班级，如何做一名优秀教师》的专题讲座；县一中组织教师参加全国“中小学班主任工作方法与班级管理经验交流”培训，听取《转型时期学校德育的思考与实践》专题报告，利用现代化手段向先进地区学习观摩班级主题活动“我宽容、我快乐”，帮助教师转变管理思想，改进管理方法，促进教育质量的提升。实施集体备课、磨课，同伴互助的“行动研究”、优化课堂教学、提高教学质量的策略。为教师的对话交流、同伴互助、资源共享、合作提高、终身发展提供平台和阶梯。加大师训经费投入，年内，中小学幼儿园师训经费投入198 150元。

**【教育教学管理与质量监控】** 加强目标管理，监控教育教学质量，层层落实责任，提高办学质量效益。2月26日，召开新区（县）教育行政干部会议，教育局与各级各类学校签订教育目标管理责任书（从本年起，将学校教育教学常规管理和教育教学目标工作分开考核：上半年进行常规管理考核，年终进行目标工作考核）。3月初，组织各级各类学校分层次召开校级和中心学校提高质量研讨会，教育科派人参与指导。各类学校教师参与面达100%。3月31日、4月1日，在各级学校召开研讨会的基础上，教育局组织县级质量研讨会，分别在惠兰园小学、进修学校召开新区（县）小学、中提高质量研讨会。4、5月份，在新区（县）召开研讨会的基础上，教育科人员到各学校进行检查，督促研讨会上所制定的各项措施落到实处。4月份，教育局组织两个组对呈贡一中、县一幼、七甸学校和七甸中心学校的广南、水塘、野竹、乌郎等小学开展工作调研。调研工作围绕学校基本情况、教职工对奖励性绩效工资发放的意见、对学校班子建设和教师建设的意见或建议，对学校发展的思考或建议、各校（园）公推直选后校（园）长履职情况、教职工对公民办教师流动的认识、看法、意见建议等方面开展调研。深入了解学校办学现状，总结和积累教育教学管理新经验、新办法，加以推广；掌握教职工思想动态和学校管理中存在的不足，帮助学校发现问题、解决问题，提高学校管理水平和办学质量效益。加强检查督促，落实常规管理。于6月28日至30日完成了对新区（县）中小学、幼儿园进行了2009学年常规管理工作进行了检查。11月份，对新区（县）各级各类学校进行教育目标考核；12月，新区（县）教育局接受市、县考核。分别获市级教育目标考核二等奖、县级一等奖。

**【教研工作】** 树立“科研兴教”的意识，组织教研员参加全国的学科教材培训。组织新课程课标及新教材培训11次，计245人次参加；组织各学科教研活动

57次，1 239人次参加；组织课题组专题活动10次，90人次参加；下学校开展教研活动32次，独立开设专题讲座14次，全体教研员下乡听课580节次。组织一至九年级学科中心组活动、教材分析、课例观摩、教学研究课、教师集体备课、专题讲座等活动。引导教师转变观念，促进教师专业发展。按照《呈贡县教育科研课题研究管理规程》的要求，为学校教师进行课题研究举行专场报告、专题培训。安排布置“十二五”第一批课题的申报工作，指导教师开展课题研究。指导帮助薄弱学校，针对吴家营中学的实际情况，教研员与该校教师共同切磋提高课堂教学效益的途径和方法。采取跟踪听课、共同准备、同上一堂课等方法解决教师教学中的困惑和疑问，解决实际问题。在新区（县）毕业班中，开展九年级语文、数学、思想品德、英语、物理、化学等六个学科复习研讨会、研究课、专题研究等系列活动。聘请昆明市区有独特见解的初三年级教师为新区（县）开设专题讲座和辅导，提高中考复习的针对性和实效性；邀请市教科院中考学科命题组进行专题指导研讨；组织3次中考模拟统测；邀请昆明市高考学科教研员为呈贡一中高三年级进行9个考试学科教学诊断及高考复习指导工作。促进教师素质提高和学生全面发展，开展下列活动：2010年中小学幼儿园教师教育科研论文征集评选活动，收集中小学幼儿园教师论文449篇（其中，137篇送云南省教科院进行评审，获一等奖16篇，二等奖29篇，三等奖86篇，鼓励奖6篇；312篇由县教科所评审，获一等奖49篇，二等奖178篇，三等奖85篇）；教研员5篇教育科研论文在市级以上教育理论刊物上公开发表，9篇获省级以上一、二、三等奖；精选2008年、2009年中小学论文两年来获得一等奖的优秀论文91篇，刊印了《呈贡县2010年中小学幼儿园优秀论文集》；组织参与全国第六届中学生作文大赛，选送271篇参加全国的评审；九年级学生参加初中毕业英语口语考试和理、化、生实验操作考试；组织教师参加省、市教科院承办的中小学幼儿园各学科课堂教学竞赛活动；组织呈贡县2010年小学语文、数学、英语等学科课堂教学竞赛；参加昆明市六县区第十二届（禄劝）教研协作研讨会，李红艳、王青青两位教师作课比赛均获一等奖。中学、中心学校开展教育科研课题研究，促使教师逐步向学者型、科研型、专家型转变。中学和中心小学组建教科室、学科中心教研组和学科年级备课组，逐步形成教研网络。编写了《呈贡县2009学年度下学期期末考试质量分析报告》一书，为教师教学提供借鉴。

2010年，新区（县）教科所县级文明单位到届重新申报，该所成立文明单位创建领导小组，围绕工作目标，开展创建活动，顺利完成创建工作。

**【教育质量】** 各级各类学校按国家和云南省课程计划开设课程，合格率100%。2009学年小学在校学生16 073人，初中在校学生6 727人，品德评定均合格，合格率为100%。小学毕业班学生2 679人，毕业2 679人；初中毕业班学生2 116人，毕业2 116人，毕业率均为100%。小学毕业学生2 679人，体育合格2 679人；初中毕业学生2116人，体育合格2 116人，合格率均为100%。初中毕业学生2 116人，全科合格人数1 764人，全科合格率为83.36%。全县中小学运动会举办率均为100%。呈贡一中高考上线率达到100%，比2009年（88.66%）提高11.4个百分点；高中阶段毛入学率为91.25%。

**【招生考试】** 2010年招考工作，新区（县）招生考试委员会贯彻落实市招委有关文件精神，制定下发《关于呈贡县2010年中小学招生考试工作有关问题的通知》，对本县招生计划、组织考试、招生程序、招考程序等作出明确规定和要求。小学毕业学生全部免试升入初中，新区（县）义务教育阶段学校招收初中新生1 523人（含外来务工人员子女）；普通高中招收新生536人；因县职业高中并入昆明市财经商贸学校，市教育局未下达本县招生指标。

根据《云南省教育厅关于印发云南省初中毕业生升学体育考试的实施意见的通知》，新区（县）招考办成立体检工作领导小组，下发《关于做好2010年呈贡考区普通高校、高中（中专）招生体检工作的通知》，参加体检的初中毕业学生共2 088人次。1月14日，组织招考办工作人员和体育教师参加昆明市中考体育教师培训。2010新区（县）考区考生有2 081人，设9个考点。年内，新区（县）录取普通高中965人（其中呈贡一中536人，市内普高429人）；录取各类五年制大专、中专669人。根据省市有关政策性奖励加分规定，按照优、免、补的奖励政策，年内，共有863人享受了政策性加分。根据昆明市中招办《关于昆明市2010年高中阶段招生加分照顾的规定》及省市招办的有关规定，年内，新区（县）符合高中阶段招生加分照顾规定的有31人。新区（县）考区（含托管区大渔、马金铺、洛羊、七甸）考生2 081人，其中呈贡户口考生2 041人。实考人数2 056人，600分以上169人，最高分665分（统计不含加分）。普高录取965人（其中呈贡一中536人，市内普高429人），各类五年制大专、中专669人。

2010年高考，新区（县）政府成立招生考试领导小组、报名资格审查工作组和体检工作组等。按照《招生简章》和《云南省普通高等学校招生报名户籍审查暂时规定》的要求，审查每位报考学生的学籍、高中毕业证、会考成绩、考生本人户口和父（母）亲户口等进行审查。实行报名数据四级检查，加强对移民考生的审查，按有关文件要求，对户口有疑问的，请新区（县）公安局户籍科核实，经核查后不符合报名条件的考生，取消报名资格。高考报名和志愿填报全部在网络上进行。年内，新区（县）参加全国普通高校招生考试及全省“三校生”考试报名考生共429人。其中普通高考报名400人（文史类208人、理工类192人），“三校生”报名29人（经管类6人、计算机信息类17人、文秘类3人、教育类3人）。

全县普通高考上线率99.7%，其中呈贡一中上线率100%，高考共录取考生365人，录取率为93%；参加高职考32人，上线率为47.8%。按照《云南省2010年普通高等学校招生工作规定》中的各项加分政策，对考生加分类别及分值向社会进行公示。办理了176名考生加分手续，其中农业人口独生子女164人。

2010年全国高等教育自学考试，上半年第59次考试报名900人，报考科次1 840科，559人合格，合格698科次。下半年举行第60次自学考试，报名982人，报考科次2 535科，377人合格，合格781科次。上半年有15人取得毕业证（其中本科4人，专科11人）。下半年第61次自学考试报名860人，报考科次2 811科。

成人高等教育考试报名154人，其中：高起本36人，高起专118人。

**【托管学校】** 7月1日起，七甸街道整建制托管于昆明阳宗海风景名胜区，学校也随之托管。其中，九年一贯制学校2所：七甸学校、云铝学校（企业办）；小学5所：水塘小学、广南小学、野竹小学、马郎小学、松茂小学；幼儿园4所：七甸中心幼儿园、七甸心怡幼儿园（民办）、七甸紫童幼儿园（民办）、云铝幼儿园（企业办）。

**【人事工作】** 2010年教师职称评审工作，4月份根据新区（县）人事劳动和社会保障局核定给各学校高、中级专业技术职务的“结构比”情况，按1∶1.5的比例，将名额分配给各级学校。各校按校内推荐方案推荐出符合晋升条件的教师报教育局，新区（县）教育局经过审核并组建专家组对被推荐教师听评课，最后推荐出评审对象进入各评委会进行评审。新区（县）人事劳动和社会保障局专业技术人员管理科及昆明市人事局专业技术人员管理处分别进行了资格审核。申报晋升中学高级的16名教师申报材料交由昆明市高评委组织评审。10月21日、22日组织召开了呈贡县中、初职评审委员会评审通过了40名中职、53名初职专业技术人员，并按政策规定进行了聘任和调资工作。本年新教师的招聘录用的工作自3月份起，按照昆政办通〔2004〕82号文件精神，对各级各类学校编制进行测算，需求补充新教师人数经报请呈贡新区管委会和昆明市人事劳动和社会保障局同意，并制订《呈贡县第一中学高中教师招聘公告》《呈贡县特岗教师面试方案》。根据《昆明市教育局关于2010年度特岗教师招聘指标执行计划和招聘考试安排的通知》要求组织报名、资格审查和考试工作，整个过程接受纪检监督部门和社会的监督。7月6日呈贡一中高中教师招聘完成工作，招聘高中教师7人；由省教育厅直接招聘定向教师8人，于8月底前完成。8月17日完成2010年度市级特岗教师招考面试工作，安置市级招录特岗教师5人。9月6日新教师聘任工作结束。促进薄弱学校的建设和发展，缓解薄弱学校和农村学校教师供需矛盾，安排评为中、小学高级教师的青年教师到薄弱学校或农村学校任教一年，期满后方可聘为高级教师职称。安排呈贡一中晋升中学高级教师专业技术职务的教师2人到吴家营中学支教1年。年内，办理了11名教职工法定退休手续；完成了、12名教师学历变动增资工作；办理了6位病故人员的善后工作。完成了云南省农村中小学校教学骨干培训、昆明市第五届普通中学学科带头人和骨干教师等的推荐工作、云南省教育功勋奖候选人3名、云南省中小学名校长候选人3名、昆明市第九届“十杰百优”4名百优教师、第三期赴新西兰考察学习英语教师2名、云南省中小学骨干教师培训学员2名、云南省中小学校教学骨干培训学员4名等推荐工作。按照昆明市教育局的布置完成呈贡县教育系统内8名昆明市学科带头人、24名骨干教师2010学年度的考核工作。根据《中共昆明市委办公厅昆明市人民政府办公厅关于在全市进行“三普”教育培训的实施意见》，制定了在新区（县）机关事业单位公职人员普及外语教育培训工作实施方案，并承担全县机关事业单位公职人员外语培训的工作。自2009年10月至2010年7月，受训人员达5 300多人次，英语和越南语的培训测试工作全面完成。年内认定24名符合条件人员的教师资格（其中初中教师资格14人、小学教师资格3人、幼儿园教师资格7人）。根据有关文件精神，继续做好原民办教师享受适当生活补助费的报批工作。已有204名年龄达到50周岁的原民办教师领取了生活困难补助费，补助费共计78 636元。年内，组织教育系统专业技术人员参加继续教育《低碳经济》学习培训和考试。7月1日起，七甸街道托管到阳宗海风景名胜区，交办了七甸学校在职在编87人、市级特岗教师2人、“三支一扶”人员1人、退休教职工21人和七甸中心学校在职在编73人、市级特岗教师5人、退休教职工21人的人事档案。

**【职业教育和农村成人教育】** 本年呈贡职业高级中学教师18人中有8人成为“双师型”教师（文化课和专业课），占44.44%。完成了“云南大学学历短期培训”

培训60人的任务；完成了呈贡新区（县）党工委组织的“入党积极分子”188人的培训任务。14名教师、68名学生参加计算机专业技能考核，82人取得了中级技能证书。农村劳动力转移培训39人和劳务输出39人。受县教育局委托开办“两后双百”工程培训保安专业1个班，培训40人，职业技能鉴定考核合格39人。学生参加高职考32人，上线率为47.8%。

呈贡职业高级中学与昆明市财经商贸学校合并，2009年7月22日，昆明市人民政府办公厅作出《昆明市人民政府办公厅关于市财经商贸学校与呈贡县职业高级中学合并问题的回复》，原则同意实施《昆明市财经商贸学校与呈贡县职业高级中学合并方案》，并要求严格按照相关法律法规和程序办理合并手续。据此，市财经商贸学校与呈贡县教育局拟定了《昆明市财经商贸学校与呈贡县职业高级中学移交方案》，该方案经市商务局和呈贡新区管委会（呈贡县人民政府）研究同意实施。4月8日，昆明市人民政府办公厅作出《昆明市人民政府办公厅关于市财经商贸学校与呈贡县职业高级中学移交问题的回复》，原则同意实施《昆明市财经商贸学校与呈贡县职业高级中学移交方案》，要求市商贸局和呈贡新区管委会（呈贡县政府）负责，严格按照相关法律法规和程序办理移交手续。7月2日，两校举行移交仪式，移交单位呈贡县教育局代表与接收单位昆明市财经商贸学校代表、监交单位和鉴证单位代在《呈贡县职业高级中学与昆明市财经商贸学校合并人事档案、国有资产移交签字册》上签字。呈贡县职业高级中学正式并入昆明市财经商贸学校，原呈贡县职业高级中学校址将作为昆明市财经商贸学校实训基地，承担地方各级各类培训及本部学生实训工作。

根据昆明市教育局职成教处转发的《云南省教育厅关于开展农村成人文化技术学校办学情况调研工作的通知》的要求，完成农村成人文化技术学校调研工作。4月28日召开了全县中心学校负责成人教育相关人员的工作会议，布置辖区内成人文化技术学校办学情况调研任务。于5月31日，形成调研报告报市教育局。将扫盲工作纳入教育目标管理，完成了全年200人扫盲任务。落实中央和省市扫盲经费4.3万元。扫盲工作共支出经费4.5万元。

**【“两后双百”工程】** 完成“两后双百”工程培训推荐就业任务，2009～2010年度市两后双百办下达培训任务18人，2010～2011年度2人，为方便开展工作将两年任务合并进行培训。10月初，新区（县）教育局制定下发《关于印发“两后双百”培训方案的通知》，依托原呈贡职中，举办“两后双百”培训班1个（开设保安专业），参加培训40人，39人取得职业技能鉴定考试合格证，并已推荐就业。

**【学前教育】** 发挥省一级园的示范窗口作用。3、4月份，组织新区（县）一幼、二幼举办开放日活动，对新区（县）各公民、办幼儿园、学前班开放，通过一日教学活动，引导各级各类学前教育规范管理，提高保教水平。5月，组织幼儿园园长培训，到先进地区和优秀幼儿园参观考察。11月14日，组织新区（县）幼儿园园长、教育科全体人员参加全国学前教育工作电视电话会议，学习、贯彻《国家中长期教育改革和发展规划纲要2010-2020》精神，推进学前教育事业发展。6月，组织完成辖区内幼儿园幼儿发展水平测评；联合新区（县）妇联组织新区（县）2010年儿童节“幼儿文艺汇演”比赛。坚持传染病预防工作，10～11月，配合相关部门参与幼儿手足口病的防控工作，坚持疫情日报制度。12月29日，完成对吴家营中心幼儿园县级评估，新区（县）教育局下发《关于认定吴家营中心幼儿园为云南省二级一等示范园的通知》。年内新区（县）管理范围内有幼儿园13所（含民办10所），在园幼儿在园（班）幼儿3 256人，3至6周岁幼儿入园班率90.05%。

**【民办教育】** 新区（县）管理范围内共有民办中小学3所，其它办1所（九年一贯制学校，云南铝厂学校），民办幼儿园13所，其它办1所（云南铝厂幼儿园），民办非学历短期培训机构13个。9月底在校小学生2 508人，占全县在校小学生总数的22.31%；在校初中生597人，占新区（县）在校初中学生总数的13%；在园（班）幼儿1 883人。新区（县）民办教职工320人，其中专任教师209人。2010年，审批成立了民办幼儿园2所（呈贡县博怡金童幼儿园、呈贡县七甸紫童幼儿园）、民办非学历短期培训机构4个（呈贡县斗南美诗尼插花艺术培训中心、呈贡县小新星少儿英语培训部、呈贡金鼎培训部、呈贡县乐音琴行培训部），引入民间资金61万元。依法对擅自办学进行整治，年内对4所基本符合条件的，新区（县）教育局要求其整改后补办申报审批手续，纳入规范管理；5所不具备办园条件的，责令停止办学。民办中小学、幼儿园教师履职晋级培训、校长培训、骨干教师培训及认定、“国培计划”实施、到主城区挂职锻炼学习、教师专业技术职务晋升、学校和师生评优评先等，与公办学校一视同仁。5月份，组织民办校（园）长到昆明、普洱等地对先进民办学校和幼儿园参观学习，在参观学习中进行培训，在培训学习中提高。11月，组织民办校园长8人参加昆明市2010年民办学校校（园）长培训，让校、园长对《国家教育改革发展中长期规划纲要》深入了解，坚定对发展民办教育的信心。开展公民办学校（园）互派干部、教师交流学习工作。于去年9月份选送了1名民办幼儿园园长、2位教师到昆明主城区学校挂职和进修学习，6名公、民办学校教师在县内公、民办学校交流、进修学习。1月，对派出交流、学习的人员进行考核鉴定，兑现生活补贴每人150元/月。同月，兑现上年度民办学校奖励10万元。9月9日，中共呈贡新区党工委（县委）、新区管委会（县政府）召开“呈贡新区（县）庆祝2010年教师节暨表彰大会”，呈贡育才学校被评为中考质量二等奖，县政府给予育才学校8 000元奖励；民办学校3名教师被授予优秀教育工作者称号。10名学生分别被评为省市县级三好学生、优秀学生干部，4个班级被评为县级先进班集体。12月，新区（县）教育局作出《关于表彰奖励2010年度民办学校年检、教育目标考核先进集体的决定》，表彰民办先进集体11个、办学规模奖1个。兑现奖金计44万元。5月，完成辖区内民办中小学、幼儿园、非学历短期培训机构的2009学年目标考核和年检工作。本年度年检合格中、小学校3所：呈贡育才学校、呈贡大成学校、呈贡明星学校；合格幼儿园11所、幼儿班2个：呈贡县斗南幼儿园、呈贡县锦瑞幼儿园、云南铝厂幼儿园、呈贡金贝贝幼儿园、七甸心怡幼儿园、呈贡斗南童星幼儿园、呈贡快乐宝贝幼儿园、呈贡斗南利民幼儿园、呈贡斗南阳光幼儿园、呈贡江尾小红花幼儿园呈贡梨乡幼儿园呈贡玉成幼儿班、呈贡蓝天幼儿班；合格非学历短期培训机构9个：呈贡启航艺术培训中心、呈贡高欣计算机培训中心、呈贡青少年计算机培训站、呈贡宏韵艺术培训学校、呈贡新旅程外语培训学校、琴声飞舞艺术培训学校、呈贡通艺艺术培训部、呈贡小松树艺术培训部、呈贡丽源舞蹈培训部。向市级推荐优秀民办小学、初中2所（呈贡育才学校、呈贡大成学校）、优秀幼儿园2所（呈贡县锦瑞幼儿园、呈贡县斗南幼儿园）、短期培训机构2个（呈贡县启航艺术培训中心、呈贡县高新计算机培训中心）。4月，鼓励民办学校、园申报省级发展民办教育专项资金，新区（县）财政分别给予呈贡育才学校、呈贡大成学校、呈贡明星学校各10万元项目配套资金；给予锦瑞幼儿园、快乐宝贝幼儿园各5万元，项目配套资金共计40万元，待申报成功后即以兑现。9月，根据昆明市财政局、昆明市教育局《关于印发〈昆明市民办教育发展专项资金管理办法〉的通知》和昆明市教育局、昆明市财政局《关于做好2010年昆明市民办教育发展专项资金申报工作的通知》精神。呈贡育才学校、呈贡大成学校申报优秀一等奖、呈贡明星学校申报优秀三等奖项目申请，经审核，材料属实。新区（县）教育局、财政局联合发文推荐上报。待申报成功后，将从本县民办教育专项资金中再给予奖励。11月，新区（县）财政局、教育局联合下发《呈贡县发展民办教育专项资金管理办法（实行）》和《关于做好2010年呈贡县民办教育发展专项资金申报工作的通知》，开展本年度的申报、审批工作。根据民办学校、园申报情况，新区（县）财政用于发展民办教育专项资金120余万元。年内支持民办幼儿园改善办园条件，为6所民办幼儿园向上级申报了新建、改扩建项目，省级补助学前教育专项资金6万元。

**【体卫艺工作】** 做好《昆明市学生体质健康促进办法》的宣传工作；制定了呈贡县2010年中考体育考试实施方案；于3月25～27日，举办呈贡县第十四届中小学生田径运动会；组织新区（县）各级各类学校继续开展“亿万学生阳光体育运动”系列活动；12月，联合新区（县）文体局，组织学生参加昆明市中小学生运动会，获小学组团体总分第四名。

举办了新区（县）第十四届中小学生艺术节系列活动并选派优秀学生参加了昆明市中小学生艺术节。加强对新区（县）学校卫生工作的规范化管理，对辖区学校食堂、卫生工作进行了3次专题检查；举办了新区（县）学校骨干教师防治艾滋病培训班；督促学校做好传染病防控工作，重点做好手足口防控工作，坚持一日一报疫情防控制度；对新区（县）的体育设施及校医配备工作进行专题调研；组织学校做好校园绿化和水污染排放工作，打造绿色和谐校园。建立团队干部例会制度，组织团队干部参加省、市、县组织的培训活动；组织新区（县）15所小学参加了昆明市益达校园口腔健康教育活动；举办了昆明市首届少先队辅导员技能大赛呈贡县初赛，选派优秀少先队辅导员参加昆明市复赛；举办了新区（县）2010年学校团队干部培训班；组织新区（县）部分团队干部到官渡区教育局交流学习，并邀请对方优秀团队干部到新区（县）指导交流工作；配合团县委成立了新区（县）第一届少工委；推荐评选了2010年昆明市优秀少先队员；通过各种形式组织全县各级各类学校积极参与抗旱救灾工作，协调了7 000余瓶装饮用水送到吴家营中学及斗南中心学校。

斗南中心学校举办“建和谐校园 做魅力教师”演讲暨文艺汇演活动 〔新区（县）教育局 供稿〕

**【行风建设】** 层层落实党风廉政责任制，党政主要领导认真履行第一责任人的廉政职责，形成党政齐抓共管的反腐败领导体制和工作机制。坚持收费承诺、师德师风建设承诺、防治商业贿赂承诺。坚持廉洁文化进机关、进校园活动，营造“以廉为荣、以贪为耻”的良好氛围和社会风尚。贯彻落实中央《中国共产党党员领导干部廉洁从政若干准则》、《中国共产党党内监督条例》等一系列廉政准则和规定，推动教育系统反腐倡廉各项任务的落实。落实政务信息公开四项制度，及时将呈贡教育重大事项、重要决策和重要信息进行通报；将学校、幼儿园的重要工作和重要事项进行公开，接受社会各界监督。落实廉政谈话制度，年内，教育局党政领导班子先后与科室负责人、学校领导进行廉政谈话20余人次。规范教育收费，落实收费公示制、收费承诺制、责任追究制，严肃查处违规收费行为。健全反商业贿赂长效机制，严明财经纪律，严格控制经费支出，落实政府采购制度，严格执行建设工程“八个百分之百”的规定，确保工程质量和安全。开展专项检查，及时发现和制止行业不正之风。年内，对中小学、幼儿园的收费工作进行专项检查3次，对公车管理和值班纪律等情况进行明查暗访7次。在2010年县纪委对委办局党风廉政目标考核中，新区（县）教育局获党风廉政目标管理考核一等奖。

**【创建工作】** 2010年“双创”工作，创建省级文明学校4所（呈贡一中、龙街小学、斗南小学、可乐小学）；市级文明单位8个（呈贡一中、呈贡县第二幼儿园、呈贡县七甸马郎小学、呈贡县斗南小学、呈贡县可乐小学、呈贡县斗南中学、呈贡县乌龙小学、呈贡县吴家营中心学校）；县级文明单位6个（呈贡县教育科学研究所、呈贡县七甸街道水塘小、呈贡县七甸街道野竹小学、呈贡县吴家营中心幼儿园、呈贡县十四冶小学、呈贡县洛龙小学）；新区（县）所有学校、幼儿园均创建为县级文明学校；创建市级语言文字示范学校1所（龙街小学）；市级绿色学校1所（七甸学校）。

**【教育督导】** 创新督导评估机制，加大教育督导工作的频度与力度，推进中小学校综合督导评估和乡镇人民政府教育工作督导评估，针对“普九”巩固提高工作，开展教育难点、热点专项督导。开展“两基”迎国检工作，从普及程度、教师队伍建设、办学条件、教育经费、教育质量、学校安全管理、扫除青壮年文盲等7个方面开展自检自查。根据市人民政府教育督导团2010教育督导工作要点，开展县级人民政府教育督导自评的前期准备工作。对照国检35项指标，对已达标的项目进一步加大巩固力度，未达标的制定整改措施，确保达标。按照省市的要求，强化目标责任管理，对各项指标任务进行分类整理，层层分解“两基”指标；完善“两基”各类表册，对辖区内各中小学“两基”工作进行检查，并做好档案资料的收集整理和归档，做好“两基”迎“国检”的各项准备工作。9月份，完成了县级自评工作，接受了省、市人民政府教育督导团的检查。同时开展成了2010年教育事业统计基础工作，在各学校所有基表填充完整的基础生，于9月底进行了汇总、校验，10月初完成按时上报。6月下旬，对全县公办学校教学常规工作进行了专项检查考核。完成对辖区内4所中学的初中学生完成了学籍的查验工作。对民办学校整体办学水平开展督查。对筹设民办学校进行教育管理、办学条件、师资配备、安全措施等方面的督查。有针对性地开展专项督查，转发《云南省人民政府教育督导团　云南省教育厅关于开展中小学体育工作专项督导评估的通知》，开展全县中小学体育专项督导工作，在各学校自检自查的基础上，组织相关人员进行专项督导，促进学校体育工作健康发展。贯彻落实国家、省市关于切实减轻中小学生过重负担的精神，治理教育乱收费工作。4月份组织县级督学开展全县中小学“减负提质”专项督导。9月份联合有关部门开展了减轻中小学生负担工作的专项督导检查，并接受了市级检查、县区间交叉检查。

**【宣传信息工作】** 重视宣传和舆论引导工作。2010，教育机关和各级各类学校征订党报党刊14种。及时上报教育改革中的新经验和重大教育信息，向市县有关部门报送信息47条，被采用12条。每月编辑《呈贡信息》简报1期，向有关部门报送。

**【农村标准化学校建设】** 农村标准化学校建设2009年二季度教育局完成了呈贡一中高中部建设项目的地质勘察、建设用地清表、征地手续善完等工作后，于2010年5月份将该项目整体移交春都公司进行融资建设。该项目已完成线路迁改和土方开挖、初验，进入基坑开挖。吴家营中心小学：总用地72亩，项目总投

新建成的吴家营中心小学教学楼一角

〔新区（县）教育局　供稿〕

资估算 6 812.04 万元，校舍建筑面积 25 898 平方米，办学规模为 60 个教学班。该项目已于 2010 年 5 月初竣工并交付使用。雨花小学：总用地 15.6 亩，项目总投资估算 1 368 万元，校舍总建筑面积 5 832 平方米，办学规模为 18 个教学班。该项目于 2009 年 7 月初开工建设，2010 年 2 月主体工程竣工。年底，装修工程接近尾声，将与整个小区同步交付使用。郎缪小学：项目占地 31.5 亩（净用地），项目总投资概算 3 307 万元，校舍总建筑面积 8 496.7 平方米，办学规模为 24 个教学班。已完成施工和监理招标，于 12 月 30 日正式开工建设。

**【信息技术教育】** 2010 年，为加强教育信息化建设，全县中小学共添置教师用计算机 423 台（其中台式计算机 42 台，笔记本电脑 381 台），新建多媒体教室 10 个，更新计算机网络教室 2 个，添置学生用计算机 120 台，共投入资金 342.5 万元。各学校充分利用现有的电教设备，提高教师应用现代信息技术辅助教学的水平，分学科、分内容收集收集整理和下载课程教学资源，提供给教师使用，提高设备的使用效益和管理水平。全面推进中小教师现代教育技术培训工作，提升教师的教育技术能力。年内组织 5 名中小学校长参加上级组织的培训，提高校长用科技手段的管理水平；组织了 150 名教师参加远程培训学习，更新教学理念，提高现代教育技术的水平。各中小学利用远教资源和现代教育技术设备辅助教学的学习培训，并把教师利用远教设备辅助教学列入对教师的岗位考核。组织中小学教师参加昆明市第九届多媒体教育软件制作评审活动，选送了多媒体课件 17 个，课例 7 个。课件有 3 人获得二等奖、3 人获得三等奖；教学课例 2 人获二等奖，4 人获三等奖。帮助教师准确理解和把握高中新课程理念、目标、结构、内容定位和教学要求，为深入推进高中新课程改革提供师资保障，2010 年 8 月 7 日到 16 日组织呈贡一中 38 位教师参加普通高中新课程改革远程知识培训。培训采取分散学习与集中学习相结合的方式，利用网络平台组织学员收看视频课程、学习相关资料，参与案例研究、专题讨论和网上交流互动等活动，加深领悟高中新课标的理念。本次培训 38 位教师均取得合格证，部分被评为"优秀学员"。

**【信访工作】** 畅通信访渠道，按照《信访条例》的规定做好群众来信来访和接待工作。年内，共查处和核实群众来信来访和举报案件 11 起（其中昆明市教育局交办的 6 件信访件和呈贡县信访局交办的 3 件信访件），做到件件有着落，事事有回音，让群众满意。年内，无涉及教育方面的群体性上访和越级上访事件发生。开通了 11 部举报电话，设立了举报电子邮箱，做好来信来电来访工作，安排专人做好 96 128 政务信息电话接听工作，及时查处和落实 96 128 转接反映的各类问题。年内共收到县政府督办件 26 件，均按时限要求完成。办理人大建议和政协提案。新区（县）教育局承办县人大建议 3 件、县政协提案 7 件（其中市政协委员提案 1 件，县政协委员提案 6 件）。所有提案，已在 7 月份以前办结，人大代表和政协委员满意率均达 100%。

**【表彰奖励】** 9 月 9 日，"呈贡新区（县）庆祝 2010 年教师节暨表彰大会"在新区（县）法院会议厅召开。会上表彰第二届"呈贡教师之星"4 人：马院平（呈贡一中）、王利群（呈贡一中）、马秀珍（斗南中学）、郑丽（龙城中心学校）；教育工作先进集体 3 个：呈贡一中、龙城中心学校、斗南中心学校；优秀教育工作者 25 人：杨云波（呈贡一中）、钟桂兰（呈贡一中）、李雪梅（呈贡一中）、邓曼（呈贡一中）、刘蕊（斗南中学）、赵永生（斗南中学）、高秀兰（吴家营中学）储新丽（吴家营中学）、茹亚兰（龙城中心学校）、杨文水（龙城中心学校）、马宗旺（龙城中心学校）、俞菊花（龙城中心学校）、鲁鹏珍（斗南中心学校）、王丽（斗南中心学校）、王孝芬（斗南中心学校）、缪云燕（吴家营中心学校）、马春梅（吴家营中心学校）、文慧琼（吴家营中心学校）、王艳霞（县一幼）、陈玫丹（县二幼）、冯海军（呈贡育才学校）、罗伊选（呈贡大成学校）、杨增王（呈贡明星学校）、庞丛林（县教师进修学校）、李存凤（县教育科学研究所）。按照《呈贡县人民政府关于呈贡县中高考教学质量奖励实施办法的批复》，县政府兑现奖励 17.24 万元。

〔新区（县）教育局　供稿〕

**【语言文字工作】** 贯彻《国家通用语言文字法》和《云南省国家通用语言文字条例》，落实《昆明市人民政府办公厅关于转发加强语言文字工作意见的通知》，开展语言文字工作。按照市委、市政府《关于在全市进行"三普"教育培训的实施意见》要求，根据呈贡新区（县）公职人员普通话培训测试方案，完成了新区（县）50 岁以下公职人员的培训和测试，共培训测试1 440人。组织第十三届全国推广普通话宣传周活动。结合校园文化建设，通过龙城中心学校开展的经典美文诵读和语文教师素养大赛活动，将弘扬中华优秀文化与学校教育教学活动有机结合，增强语言文字对师生的吸引力和感染力。根据教育部、国家语委和省市《关于开展语言文字规范化示范校创建活动的意见》精神和要求，开展创建市级示范校活动。龙街小学申报市级示范校于11月16日通过市级验收。组织学生参加第二届学生规范汉字书写大赛，收到初赛作品3 200多份。配合市语委办完成《国家语委开展普通话规范问题调查问卷》，完成新区（县）广电局播音主持人4人、城镇中学教师18人、城镇小学教师18人、农村中学教师18人、农村小学教师18人、县语委办3人的问卷工作。

**【校安工程】** 新区（县）中小学校舍安全工程于2009年8月正式启动，县政府召开了呈贡县中小学校舍安全工程工作会议，通过了《呈贡县中小学校舍安全工程工作实施方案》，成立了呈贡县校安工程领导小组，县长任组长。领导小组下设工程项目办公室，技术指导办公室，监督检查办公室。新区（县）教育局、建设局抽调人员，聘请2个房屋鉴定公司，联合组成校舍排查鉴定组，对全县中小学校舍进行安全鉴定。共排查鉴定校舍117 629.76平方米，其中A级房38 483.31平方米，B级房46 933.94平方米，C级房20 360.42平方米（含进校1 696平方米），D级房11 852.09平方米。12月16日，根据有关文件要求，把呈贡县教师进修学校纳入校安工程，教学楼、学员宿舍、食堂、厕所4幢校舍排查鉴定为C级危房，面积1 696平方米。总计117 629.76平方米。2009年拆除D级危房2 611.67平方米，其中：吴家营中学2 223.23平方米（含2008年10月鉴定为D级危房的学生宿舍756平方米），下庄小学358.44平方米，回回营小学30平方米。2010年拆除D级危房3 288.22平方米，其中：呈贡一中399平方米，呈贡职中143.22平方米，松茂小学113平方米，马郎小学教学楼595平方米，野竹小学学生宿舍203平方米，殷联小学689平方米，小古城小学1 146平方米。停止使用D级危房5 649.89平方米，其中：城内小学3 288.59平方米，县一幼1 293平方米，七甸学校165平方米，洛龙小学711.3平方米，吴家营中学食堂192平方米。新建活动板房3 000.3平方米，其中：吴家营中学食堂194平方米，回回营小学厕所42平方米，松茂小学图书室87平方米，马郎小学教学楼526平方米，野竹小学学生宿舍403平方米，洛龙小学教学楼711.3平方米，殷联小学和小古城小学1 037平方米。4月19日，县一幼搬入米兰园幼儿园办学；5月4日，城内小学搬入惠兰园小学办学，解决了县一幼和城内小学学生在D级危房校舍中办学的问题；8月底，王家营小学、白龙潭小学、刘家营小学、段家营小学和吴家营中心幼儿园的校舍为B、C级危房，共2 593.4平方米，已停止使用，学生搬迁到吴家营中心小学和幸福小区幼儿园上课。9月1日，殷联小学和小古城小学活动板房教学楼建成投入使用。江尾小学的校舍、古城小学和梅子小学的厕所为D级危房尚未排除；B、C级危房（停止使用的除外）尚未进行加固改造。新区（县）教育局主动与龙城街道和斗南街道领导协商，决定对古城小学和梅子小学的D级危房厕所进行拆除重建。江尾小学D级危房正在制定改造方案。2010年，呈贡县中小学校安工程共筹措资金844.59万元，其中：中央资金86万元，县级资金757.59万元。结合标准化学校建设，共新建4 571平方米校舍，累计支出资金446.58万元（不含标准化建设项目资金）。在2011年，呈贡县中小学校安办积极争取省、市、县政府支持，多渠道筹措校安工程资金，推进校安工程进度。

搬迁到惠兰园小区的城内小学新校舍

〔新区（县）教育局 供稿〕

**【安全工作】** 2010年，贯彻落实“安全第一，预防为主，综合治理”的方针，紧紧围绕“加强学习管理、提高教育质量、构建和谐校园”的主题，强化安全措施和监管力度，确保安全与稳定。按照《关于创建“安全文明校园”的实施意见》，组织2010年的平安创建工作。各中小学、幼儿园调整充实领导小组。新区（县）教育局与学校、学校与班主任、班主任与学生及家长层层签定了《安全责任书》，层层落实安全责任制。年初，组织召开平安校园工作会议，部署2010年度平安校园创建工作。新区（县）教育局将每学期开学第一周作为安全教育周，结合《安全常识教育》内容，组织学习安全教育工作文件；对校内易发事故、重点部位、工作薄弱环节进行查改；有针对性地开展安全宣传教育，增强师生安全意识。开展丰富多彩的教育活动。利用团队活动、学科渗透等途径，通过讲解、演示和训练，对学生开展安预防教育，使学生接受比较系统的防溺水、防交通事故、防全触电、防食物中毒等安全知识和技能教育。利用学校广播站、黑板报、宣传橱窗等宣传工具及举行主题班会、讲座、安全征文与知识竞赛等方式开展安全宣传教育活动。新区（县）各校先后与派出所、交警队、少工委等结成了共建单位，完善了法制副校长、校外辅导员的聘任及联席会议制度，形成了校内外联动，学校社会齐抓共管的宣传教育格局。健全安全工作机制，修订完善了《呈贡县教育系统突发公共事件应急预案》、《呈贡县教育局防震减灾知识教育工作方案》等安全应急预案。新区（县）各中小学按照应急预案，组织开展防震自救演练、消防安全演练，使全体师生增强安全防范意识，掌握了必要的安全知识和应急避险技能。坚持长效工作机制，围绕省市和主管部门提出的安全目标任务，贯彻执行《食堂饭菜留样制度》、《消防紧急疏散预案》、《学校传染病防治工作预案》等一系列安全规章制度，依规办事，维护师生安全。四是定期组织开展校园安全检查，半年对责任落实情况进行检查监督，年终对目标完成情况进行综合考评。落实安全保障经费，并逐年增加，要求新建标准化学校建设必须按规范要求配备安全设施。创建平安校园，结合全国综治维稳电视电话会议精神和省、市、县校园安全工作要求，组织召开中小学、幼儿园校园安全工作会。制定下发了《关于印发呈贡新区（县）教育局2010年中小学幼儿园安全工作方案的紧急通知》、《关于印发呈贡县教育系统事故灾难类突发公共事件应急预案》、《关于进一步加强和落实学校安全工作各项措施的紧急通知》等文件，开展安全隐患自检自查，组织专人对校舍、食堂、消防设施、校园周边环境等进行检查，对排查出的安全隐患和问题一一登记建档造册，明确每项隐患的整改责任人，有效进行整改。1月份组织开展春节期间安全隐患排查整治；3月份和9月份分别与卫生局联合对学校的食品卫生、饮用水等进行安全检查，对存在安全隐患的学校当场进行整改；5月初，呈贡新区政法委、县政协、公安、卫生局等相关部门组成五个督查检查组对新区（县）所有中小学、幼儿园校园安全工作进行检查；6月初，联合公安、卫生、城管、工商、消防等部门，对高考考点呈贡一中周边环境进行综合治理，确保高考顺利进行；9月初，组织人员对学校保安到位到岗情况进行检查；9月底，组织人员对全县学校进行综合性安全大检查，确保中、国庆节期间校园安全；10月份，召开新区（县）中小学校园安全专题会议，研究解决校园保安配备问题，并联合新区（县）政法委、公安局再次对校园保安进行联合检查，请县保安公司对学校保安进行培训，提高保安素质，确保校园安全。校园周边环境治理。加强门卫管理，严格执行门卫24小时值班、学校领导及中层干部带班制度，坚决杜绝无关人员进入校园。充实校园安全保卫力量，共配备保安51名，安装监控设备，切实增强校园的人防、技防、物防的能力和水平。联合公安、卫生、城管等部门加强校园周边环境治理。对民办中小学、幼儿园校舍、校车超员等问题进行有效查处和整治。年内，新区（县）学校未发生重大安全事故。

**【教育“十二五”规划】** 新区（县）教育局已拟定上报了《呈贡新区教育发展“十二五”规划（2011—2015)》，待新区（县）政府批准后实施。《呈贡新区教育发展“十二五”规划》紧紧围绕教育发展纲要，确定呈贡未来五年实施的学前教育推进工程、义务教育学校标准化建设工程、普通高中建设工程、职业教育基础能力建设工程、校舍安全工程、教育信息化工程、教师队伍素质提升工程、以“三生教育”为载体的素质教育工程和德育能力基础建设工程、中小学“阳光体育”和“2+1”工程、基础教育质量提升工程、家庭经济困难学生资助工程、民族教育工程等。明确了今后五年呈贡教育的发展方向和措施，为呈贡教育在“十二五”期间有序发展奠定了坚实基础。

**【勤工俭学】** 2010年勤工俭学开展面达100%，农村中小学以种养殖为主要内容进行生产实践，活动开展面达80%；新区（县）基地接纳学生劳动实践2.3万人次。完成总产值230万元。其中种植业产值103万元，各产业销售收入51万元，其它收入76万元。实现利润总额111万元，生均收入58元。补助教育经费达111万元，用于改善中小学办学条件。

## 学校选介

**【梅子小学】** 梅子小学位于呈贡县斗南街道梅子居委会。该校历史悠久，始建于1945年。1957年为村小，招收一、二年级复式班1个班，学生40余人，由民办教师李伟、李文灿（已故）教学。1976年～1986年，由小古城大队与梅子大队在该校合办小学附设初中班，由民办教师任教。1975年校舍改扩建，扩大办学规模。1977年1月，县文教局借用该校部分教室开办呈贡县文教局首届师训班。1993年～1996年该校办为初级小学，招收1～4年级学生，到五年级时并在斗南小学就读。2010年为全日制完全小学，属斗南中心学校管理。目前校园占地面积2 800.1平方米，生均占地14平方米；建筑面积1 707.1平方米，生均8.16平米。学校设有微机室1个，学生电脑30台；形体室、多媒体室、图书室各1个；图书室藏书3 400余册，生均16.26册。2010年该校有教学班6个，在校学生206人。

该校拥有一支高素质的教师队伍。现有专任教师11人，其中本科学历6人，学历达标率为100%；教

梅子小学教师参加中心学校举办的"树师德、铸师魂"演讲比赛暨第三届教师文艺汇演

〔新区（县）教育局　供稿〕

师专业技术职称有小学高级教师8人，一级教师2人，特岗教师1人；有县级学科带头人1人、骨干教师3人。

学校的校风是：乐学多思，求实进取。学校坚持以学生为本，质量为魂的办学思想；追求"教育教学有特色，学生学有特长"的办学育人目标。开展教学研究活动，锐意向教改要质量，探索提高办学质量的新方法、新路子。语文组和数学组均开展课题研究，目前语文组正在开展《抓学生课外阅读的研究》、数学组《让学生自主整理复习所学知识》等课题，在教学中已发挥了积极作用。

该校坚持以人为本，师生参与的民主管理模式。形成了以情感投入为基础，以思想沟通为主，以民主管理为特色，激发师生主人翁意识和积极性为目的的管理特点。为教师营造良好的学习、合作氛围，搭建合作平台，提供合作机会，增进教师间的交往、合作，让每一位教都在与集体、与其他教师一起努力获取取成功、体验成功。学校主要的管理制度有《教师工作纪律制度》、《教学质量考核制度》等。在学校管理过程中，注重团队意识的培养。学校领导班子率先垂范，容人容事，淡化权力意识。实施集中领导，分层管理，权责到人的管理机制。在依照法律法规、坚持原则的基础上，把各种任务、要求和教师的情感、态度、利益、发展的需要结合起来，以公平为基础建立各尽所能、各得其所的激励和分配机制，使教师牢固地树立校兴我兴，校荣我荣的信念。学校对教师上下班从不签到、点名、查岗，但教师没有迟到、早退或旷缺现象。教师处处用职业道德规范、约束自己的言行，已形成人人爱岗敬业，乐于奉献的局面。

该校坚持流动人口子女与当地学生同等对待，落实相关待遇，体现教育公平。结合外来务工人员子女就学压力不断增大的实际，妥善安排外来务工人员子女入学。现有在校学生206人中，流动人口子女已达133人，占在校学生总数的64.56%。

学校重视校园环境绿化美化工作，积极开展创建活动，于2007年创建成市级绿色学校。

该校教育教学成绩突出。2002～2004年连续三年被评为斗南镇"先进集体"；2007年获昆明市人民政府"绿色学校"称号；2009年被呈贡新区龙斗指挥部评为"先进集体"；2010年评为"先进集体"，同年3月被昆明市妇联、市教育局、市文明办、关工委授予"流动、留守儿童示范家长学校"称号，11月又被授予云南省"流动、留守儿童示范家长学校"；2010年学校参加"亿万阳光体育与祖国同行"大课间比赛，获斗南中心学校一等奖。

（缪宗祥）

# 科学技术

【简　述】　2010年，新区（县）科学技术和信息化局认真贯彻落实党和国家的各项科技方针政策和法律、法规，紧紧围绕新区党工委（县委）、新区管委会（县政府）的中心工作和科技发展目标，抓住现代新昆明建设的机遇，解放思想、开拓创新，认真落实"科教兴呈"战略的各项措施。年内，新区（县）安排科技经费1200万元，积极开展科技下乡、科技周活动、知识产权宣传周活动，采取多种办法开展科技宣传，普及推广实用技术和科技知识；组织实施科技项目23项，取得了较好的社会效益和经济效益；认真开展了科技网络建设，积极开展科技学会、协会（研究会）的调研工作；加强与省、市大专院校的交流和合作，有力地促进了科技成果的转化，推动了新区（县）经济的发展。

【科技项目的实施】　年内，共组织实施科技项目23项。其中：市级项目8项；县级项目15项。项目总投资3.23亿元，科技经费投入1 200万元，取得了较好的经济效益和社会效益。

按照《呈贡县科技富民强县示范工程实施方案》，认真组织实施"呈贡县花卉营销物流科技服务示范工程"和"呈贡县节能环保'绿色光亮'工程"。

"呈贡县花卉营销物流科技服务示范工程"：项目充分发挥了政府职能部门对产业的引导作用，以市场为核心，使龙头企业、花卉种植大户和专业合作社利益有效连接；以互联网为纽带，使生产、加工、销售得到了有效的统一和整合。通过项目的实施，建立了企业网站，完成了内网信息平台和外网信息平台两部分的硬件和软件建设，实现了空运、陆运带水冷链运

科技活动周文艺表演

〔新区（县）科信局　供稿〕

输、空运海运货柜联运等多元化冷链物流服务，形成了经昆曼公路、昆河公路的“云花”陆路大通道，实现多渠道物流格局。项目实施时间为2008–2010年，总投资1 258万元，于2010年12月2日通过了昆明市科技局组织的专家组验收。

“呈贡县节能环保‘绿色光亮’工程”：在斗南街道办事处“斗南迎宾大道”实施太阳能路灯建设，安装太阳能照明系统101套，超额完成任务15套，总投资255万元（其中市级补助60万元，县级配套95万元），于2010年2月9日通过了由昆明市科技局组织的专家组验收。“绿色光亮工程”的实施，推进了绿色节能环保新区建设和平安呈贡建设。

“呈贡新区（县）太阳能产业发展规划”项目：与云师大太阳能研究所合作，实施《呈贡新区（县）太阳能产业发展规划》的编制项目，现已完成了初稿的撰写。

“科技特派员”项目：项目选择知明度高、声誉好、影响大的呈贡晨花园艺有限公司经理夏红伟、云南云牛乳业有限公司总经理莫春良等4人为科技特派员。通过实施该项目，对农户进行种植、养殖实用技术培训和技术服务，为农户传授种植养殖技术、提供优质种苗，回收农户的优质产品，带动了周边农民增收致富。

“科技强警——警务信息化建设”项目：项目列为县级科技计划项目（连续）实施，已建设监控探头40多个，完善了警务监控网络建设。通过实施该项目，及时发现治安情况，快速出警，减少警力20%，有效减少犯罪，降低了发案率，为构建和谐社会奠定了基础。

**【科技宣传与培训】**　积极宣传党和国家的科技方针政策、科技法规、科技知识、新城建设、农村实用技术。年内，共刊出《呈贡科技动态》16期、1 056份；刊登科技政策、法规和科普文章24篇。开展物业管理、园林绿化等多种形式的科技培训，提高广大群众的科技水平。全年共举办各种类型的科技培训班96期、7 006人次。

**【科技合作与交流】**　充分发挥科研院所、院校科技交流平台的作用，促进新区（县）科技进步。加强与科研院所、新区高校的科技合作与交流，并建立了密切的协作关系，多次进行了申报、实施科技项目的合作。先后与云南师范大学等单位进行了实施太阳能“绿色光亮”工程等项目的合作，并取得了显著成效，得到了省、市科技部门的多项表彰。为学习外地经济与科技有机结合的新模式，组织街道科技助理、科技企业技术人员到外地学习考察，对新区（县）科技创新和经济的发展起到了积极的推动作用。积极组织科技单位、企业参加科技博览会、科普产品推介会，宣传、展出自己的科技成果和新产品，提高其知名度，增加经济收入。

**【科技下乡】**　组织“三下乡”、“综治维稳”、“防灾减灾”、“科技活动周”、“科普日”等活动。活动出动科

科普日活动

〔新区（县）科信局　供稿〕

减灾防灾宣传

〔新区（县）科信局　供稿〕

技人员270人次，制作展板148块，发放《科普日历》、《避震科普常识》、《云南农村科普》等挂图1.88万张，发放科普宣传资料8.2万份，发放《崇尚科学·反对邪教·构建和谐社会》漫画扑克500副，赠送《昆明科技》、《云南科坛》等书籍8 280本（册），开展科技咨询服务9 200人次，邀请艺术团为群众演出喜闻乐见的歌舞节目。通过活动，提高了全民科技素质。

**【通过全国科技进步考核】** 3月，在新区党工委（县委）、新区管委会（县政府）的重视和科技人员的共同努力下，经过新区（县）科学技术和信息化局、科协及各相关单位的艰苦筹备，呈贡新区（县）首次通过了国家科技部组织开展的全国县（市）科技进步考核，成为国家级科技进步先进县。

**【协会管理】** 为进一步推广园林种植技术，拓宽园林产销渠道，探索失地农民增收致富的新路子，新区（县）科学技术和信息化局科技局和刘家营社区党政组织围绕新区山水园林城市建设的中心工作，组织社区居民发展苗木基地建设，于9月16日成立首家园林协会——“呈贡刘家营园林协会”。积极组织县域协会申报国家级“科普惠农兴村”计划，洛羊镇家禽养殖协会获得中国科协20万元的资金扶持；组织万溪冲社区居委会申报省级“科普惠农兴村”计划，获得5万元的资金扶持。加强协会管理工作，截至2010年12月，新区（县）共有农村专业技术协会15个，会员总数691人。其中，省级百强农技协会1个，市级先进农技协会2个，市级五十强农技协会2个，市级优秀会长4人。

刘家营园林协会成立
〔新区（县）科信局　供稿〕

**【参加昆明市青少年创新大赛】** 组织中小学师生积极参加第25届昆明市青少年科技创新大赛活动。获得科幻作文一等奖11篇、二等奖25篇、三等奖45篇；获科幻绘画一等奖13幅、二等奖15幅、三等奖24幅。新区（县）共有266人获奖，新区（县）科协获优秀组织奖。

**【公民科学素质调查】** 呈贡新区（县）被中国科协确定为云南省公民科学素质21个调查点之一，为保证科学素质调查工作圆满完成，成立了以新区党工委委员、县委常委、宣传部部长杨绍斌为组长的呈贡新区（县）公民科学素质调查工作领导小组。在县科协、各街道科协工作人员的共同努力下，调查历时15天，圆满完成了100个样本家庭的调查任务。

**【科普设施建设】** 按照有关建设要求，完成了新区（县）33个社区一个科普活动站、一个科普宣传栏、一位科普宣传员（即“一站一栏一员”）科普建设工程任务，实现了除涉及搬迁的社区外新区（县）站、栏、员全覆盖，并与新区（县）文体局共同成立了9个科普文化书屋。投资150万元，在惠兰园小区外围墙建设200米科普宣传长廊，已完成图纸设计、审批、招标等各项工作，工程进入施工阶段。建成后的科普长廊将成为集科普宣传、景观为一体的亮点工程。

**【组织推荐青年科技奖】** 七彩云乳业股份有限公司董事长莫春良获得第三届“昆明市青年科技奖”提名表彰。截止目前，呈贡新区（县）共有2人获得昆明市青年科技奖，1人获得提名奖的荣誉称号。

**【知识产权保护】** 认真组织专利申报，年内共申请专利79件，专利授权58件。组织开展“4·26”知识产权宣传周和“世界知识产权日”等活动，进行以专利、商标、著作权为主要内容的知识产权宣传，提高干部群众的知识产权保护意识。开展中小学知识产权进校园活动，1 222名中小学学生接受知识产权教育，落实了市委、市政府关于自主创新从青少年抓起的战略性任务目标。制定《“雷雨”、“天网”知识产权执法专项行动实施方案》，联合工商等部门对81种种子、农药、化肥和325种食品、用品等进行了知识产权检查，规范了市场经济秩序，维护了广大消费者、权利人和创新主体的合法权益。加强知识产权企业培育及管理，对重点企业管理人员进行知识产权知识培训，提高了知识产权保护意识。

**【机构改革】** 根据《中共呈贡县委办公室、呈贡县人民政府办公室关于印发〈呈贡县人民政府机构改革实施意见〉的通知》精神，拟定了《呈贡县科学技术和信息化局主要职责内设机构和人员编制规定》的请示，并通过了新区党工委（县委）、新区管委会（县政府）的审核批准，圆满完成了机构改革工作任务。同时，为认真贯彻落实《中共昆明市委　昆明市人民政府关于进一步加强新时期科协工作的决定》精神，拟定了《呈贡县科学技术协会关于呈贡县科学技术协会独立建制的请示》，已通过新区党工委（县委）审核批准，独立建制相关工作正进行中。

**【招商引资、征地拆迁等工作】**　引进昆明芊卉种苗有限公司到呈贡新区投资，注入资金 1 202 万元。按照新区党工委（县委）的工作部署，选派一位同志作为新区（县）科观工作队员到七步场社区协助工作。组织干部职工深入七甸街道广南社区居委会，指导做好文明卫生城市创建、森林防火、抗旱等工作。

**【政务公开】**　按照市、县政府的要求，认真完成了单位政务信息公开门户网页的维护和上传工作。年内，共主动公开政务信息 23 篇，其中，工作动态 22 条、业务及服务 1 条；政务信息查询网络共回答群众提问 2 条，答复率 100%，群众满意率 100%；发布重要事项公示信息 3 条，发布重点工作通报事项 18 项。

（金玉泽）

## 气　象

**【简　述】**　2010 年热量资源、降水资源较差。冬春气温升降幅度较大；雨季开始期正常至偏早；主汛期内大—暴雨天气较为集中，洪涝灾害明显。对农业生产而言，2010 年是一个利弊皆有的中等偏下年景。

**【气　温】**　年内又是一个偏暖年。年平均气温为 16.5℃，比多年平均值偏高 1.7℃，比上年偏高 0.1℃。年内冬春气温升降幅度较大。年极端最高气温为 31.1℃，出现在 5 月 23 日；年极端最低气温为 0.0℃，出现在 12 月 16 日。

**【降雨量】**　2010 年降雨量为 852.8 毫米，比历史平均值偏多 55.1 毫米，比上年偏多 301.9 毫米；年内一日最大降水量为 169.5 毫米，出现在 8 月 16 日。年内共出现了 6 次大雨及以上天气过程，比历史平均值属正常。

**【日照、风、相对湿度、冷害】**　2010 年日照时数为 1 643.9 小时，比历史平均值少 25.7%，年日照百分率为 37%。最多风向为东风，风向频率为 22%。平均风速为 2.4 米 / 秒；最大风速为 10.0 米 / 秒。平均相对湿度为 69%，最小相对湿度为 11%，出现在 4 月 8 日。全年有霜日数 111 天。

**【主要天气气候事件】**　2010 年冬季（2009 年 12 月至 2010 年 2 月）气温偏高，平均气温为 11.3℃，比历史平均值偏高 2.7℃，暖冬天气十分明显。年内在 12 月 16 至 17 日出现了一次明显的降温天气过程，最低气温下降至 0.0℃；为 2010 年的最低值。2010 年雨季于 4 月 30 日开始，较历史平均日期提前了 24 天，5 月雨量正常稍偏少；6 至 7 月降水偏少 83.8 毫米，全年共出现了 6 次大雨及以上天气过程，其中 8 月 16 日的降水天气过程达特大暴雨量级，日降水量为 169.5 毫米；降水过程具有时间短、强度大的特点。造成新区（县）蔬菜、花卉等农作物受灾。

**【地面测报】**　2010 年，新区（县）气象局严格执行《地面气象测报规范》和各项规章制度，无重大差错和责任性事故，上行传报率较高，测报业务质量 1 月至 12 月人工站基数 7 919.00，自动站基数 6 439.5，错情 0 条，错情率为 0.0‰。

**【预报服务】**　重要天气预报准确率逐渐提高。于 6 月 30 日、9 月 28 日报准强降水天气过程，12 月 16 日报准降温天气过程。年内，共制作气象服务材料 32 件，发布气象灾害预报 24 次。5 月开始全局职工进入抗旱防汛的备战状态。进入汛期后，严格按照市局下发的汛期气象服务工作的要求，做到了“五到位”，在人少事多的情况下，汛期实行 24 小时值班制度，遇重大气象事件，及时与市局和新区党工委（县委）、新区管委会（县政府）领导通报情况，做好决策气象服务工作。

**【依法行政】**　坚持“有所作为才能有所发展”的硬道理，积极深入乡镇进行森林防火、防汛抗旱、防雷安全生产等各项工作，新区（县）与电视台、国土资源局联合开展地质灾害的预报、预警工作，树立新区（县）气象局“行政作为”的良好形象。积极开展防雷设施技术服务工作，共为 60 家大、中型企事业单位提供防雷技术服务，并对防雷安全意识淡薄的单位、企业进行防雷安全宣传工作 40 次。加强全局普法和法制宣传教育工作，利用各种宣传时期，不断创新法制宣传形式。本着“依法治局、以人为本”的原则，不断完善本局法制建设。

**【党风廉政建设】**　全面落实党风廉政责任制，继续深入学习贯彻“三个代表”重要思想，提高党员干部的廉政素质，年内要求党员干部加强理论学习，不断提高认识，树立“立党为公、执政为民”的思想，利用政治学习时间，进行党风廉政的有关文件及材料的学习教育，同时开展批评与自我批评，强化党风廉政意识。落实党风廉政责任制，切实履行“一岗双责”，定期不定期进行局务公开，体现局内事务公开、公正、透明，监督党员干部的廉政行为，自觉端正思想作风和工作作风，提高拒腐防变和抵御不廉洁自律的能力，起好勤政廉政的带头作用。

**【宣传活动】** 组织实施了“3.23”气象日、“5.12”防灾减灾日的宣传活动，共发放宣传资料2 500余份。10月28日，在新区（县）文化广场举行了“气象信息绿色通道建设呈贡启动仪式”。

（孙俊奎）

# 文化·新闻

责任编辑：杭　松

## 文　化

**【简　述】** 认真落实“十一五”规划各项工作目标，紧紧围绕新区建设，加强文化基础设施建设，推进公共文化服务体系建设，大力发掘优秀传统文化，实施文化信息资源共享工程，做好非物质文化保护和文物保护管理工作，加大文化市场监管力度，促进文化事业和文化产业的共同繁荣发展。

**【机构改革】** 根据《呈贡县文化体育广播电视旅游局主要职责内设机构和人员编制规定的通知》精神，原呈贡县文化体育局、呈贡县旅游局、呈贡县广播电视局合并为呈贡县文化体育广播电视旅游局。

**【组织建设】** 深入开展“创先争优”活动，创建先进基层党组织。2009年被上级党组织列为“基层党组织示范点”，2010年巩固和扩大科学发展观实践活动成果，扎实开展“创先争优”活动，不断完善落实基层党建工作责任制。在机构改革工作完成后，立即向县级机关工委提出申请，将原“中国共产党呈贡县文化体育局支部委员会”更名为“中国共呈贡县文化体育广播电视旅游局支部委员会”，并将原广播电视局在新区党工委（县委）宣传部党支部的党员转入，之后及时调整充实党建工作领导小组。建立健全党建目标管理制度，坚持把党建工作与党风廉政建设工作、部门业务工作共同部署、抓好落实。

**【春节系列文化活动】** 年内，春节文化活动从2月12日开始至2月15日结束。2月12日晚的开幕式及迎新春文艺晚会上，省演出公司专业文艺团体献上了一台精彩的文艺节目，主要有歌舞、花灯、男女声独唱、器乐独奏、互动杂耍等。2月14日（正月初一）下午在新区（县）文化广场举行第四届龙舞大赛。来自吴家营、洛龙、马金铺等街道的6支舞龙队进行了两轮激烈的角逐，最后中卫社区、王家营社区舞龙队，荣获一等奖。2月15日（正月初二）下午组织新区（县）街道文艺汇演，新区（县）七个街道均组织节目参加演出。极大地丰富了新区人民群众的节日文化生活。

**【“三下乡”活动】** 在2010年2月5日～6日的“三下乡”活动中，组织文艺演出队、书法家分别到幸福小区、松花社区开展送“文化下乡”活动，开展文艺演出2场，免费书写春联400余幅。

“三下乡”活动

（李　江　摄）

**【第五届山歌文化节】** 8月4日，在洛龙公园组织举办呈贡新区第五届山歌文化节。来自昭通、会泽、禄劝、宜良、马街等市、县（区）及县内的116名选手参加比赛，选手年龄在26～69岁之间。其中，参加花灯、小调比赛的选手58名，参加山歌对唱的选手58名。活动经初、复赛决出花灯、小调特等奖1名（王莉）、一等奖2名、二等奖4名、优秀奖25名；决出山歌对唱歌王、歌后各1名（吴滔、洪梅英）、一等奖各2名、二等奖各4名、优秀奖各10名。

【“云岭先锋”文艺汇演】 6月29日，由中共昆明呈贡新区工委主办，新区党工委（县委）委宣传部、县级机关工委、新区（县）文体局承办的呈贡新区（县）庆祝建89周年暨第十届“云岭先锋”文艺汇演在新区（县）法院隆重举行。来自新区（县）各行业的20个代表队共1 000多名职工参加演出。经过激烈角逐，洛龙街道获一等奖，龙城街道、新区（县）公安局获二等奖，新区（县）教育局、雨花街道、吴家营街道获三等奖。新区（县）领导周峰越、吴庆昆、李新华、王健雄、钟启峰、杨绍斌为获奖代表队颁奖。

【呈贡新区首届文化艺术节】 12月26日，由中共呈贡新区党工委、呈贡新区管理委员会主办，团县委、新区（县）文体广旅游局承办的历时1个月的呈贡新区首届文化艺术节落下帷幕。本届艺术节分别由驻呈9所高校和云南财经大学共同组织了10场“呈贡新区——我的家”为主题的专场演出，驻呈观看的群众累计超过6万人次。演出活动，极大丰富了呈贡新区的群众文化生活，为推动呈贡新区经济文化的协调发展，活跃新区文化生活起到了积极的推动作用。同时，为呈贡新区与十所高校的文化艺术交流起到了积极的促进作用。

呈贡新区首届文化艺术节

（李　江　摄）

【电影放映】 年内，组织开展了“2131”电影放映工程，圆满完成社区电影、廉政文化进校园电影放映、广场电影放映工作任务；组织开展“纪念抗日战争胜利65周年”优秀影视剧展映12个放映点展示活动；按照县委组织部要求，面向新区（县）党员干部及农村放映电教片《村官普发兴》，放映280场。

【文艺创作】 组织开展了群众性业余文化艺术创作培训活动，培养骨干，出作品、出成果。年内，开展了少儿舞蹈、社区文艺骨干、书画摄影、民间绘画、社区体育指导员等培训班20余期；编辑出版了《新城诗词》2期，《魅力新区》摄影作品集。

【非物质文化遗产保护】 做好非物质文化遗产保护工作，挖掘民间传统文化。年内，做好非物质文化遗产项目的收集整理工作，发掘优秀传承人，申报市级非物质文化遗产项目传承人3人；组织新区（县）非物项目菱角编织参加市政府、市文化局组织的昆明市非物质文化遗产日宣传活动；对剪纸、甲马文化等项目进行收集整理，不断挖掘非物质文化遗产保护项目。建立了新区（县）非物质文化遗产保护数据库；调查整理非物质文化遗产音、像、图、文资料收集及建立非物质文化遗产数据；调查、收集、整理了呈贡花灯、滇剧、民歌、豌豆粉、乳腐、臭豆腐的音、像、图、文材料及走访、调查、记录传承人的材料。10月21～23日，为保护和弘扬传统非物质文化遗产，组织举办了呈贡新区（县）花灯、滇剧唱腔比赛，60人参加初赛，40人进入决赛，决出一等奖2名（李信、罗文海）、二等奖4名、三等奖8名，优秀奖若干。

【全国第三次文物普查】 截止2010年已完成了实地调查阶段的各项工作，对普查文物217项（新发现不可移动文物180项，复查37项）中的古遗址13项、古墓葬21项、古建筑92项、碑刻石刻27项、近现代史迹25项、其它类别文物2项约20万的文字作了修改；核对位置示意图217张（次）、文物建筑平面图117张（次）；核对增加照片约500张（次）；查对碑文拓片120份（次）。10月21日，遗产文物普查第三阶段数据汇总、文字整理经市、省、国家验收合格，已通过市级验收。新区（县）荣获省文化厅、省文物局颁发的“云南省第三次全国文物普查实地调查阶段突出贡献奖”2人。

【文物保护管理】 为在新区建设中做好呈贡新区文物普查新发现不可移动文物的保护，做了大量调查、协调工作。呈贡新区管委会县人民政府下发了《昆明呈贡新区管理委员会　呈贡县人民政府关于进一步做好村庄搬迁中文物保护及抢救性收集工作的通知》、《关于对滇池湖滨生态建设“退人退房”村庄搬迁中乌龙垂恩寺文物保护的批复》、《昆明呈贡新区管理委员会呈贡县人民政府关于对乌龙街道办事处上可乐村关圣宫进行保护修缮的批复》，有效保护了因村庄拆迁、建设涉及的乌龙垂恩寺、可乐关圣宫、吴家营关圣宫、郎家营凤鸣寺、郎家营慈心寺、缪家营关圣宫等一批普查新发现文物。

【文庙修缮工作】 请具有古建规划设计资质的大理国光公司对文庙建筑进行了规划设计并通过专家组对新区（县）文庙修缮规划方案进行了论证。论证通过后由新区（县）建设局发出了招标公告，随后进行了招投标及论证工作。提出了具体意见要求，同时对文庙修缮工程资料收集管理提出要求。6 月 4 日，举行了文庙修缮开工仪式，在文庙维修中积极配合新区（县）建设局做好相关工作。

【市级文保单位申报】 7 月，根据《关于开展第五批市级文物保护单位申报工作的通知》的要求，以文庙建筑群等 10 项（其中 3 项为新发现文物）较为重要的文物请示县政府同意上报市文物部门，评审通过 7 项。

【文物宣传】 在纪念冰心诞辰 110 周年之际，组织业务人员至福建学习考察，收集了大批资料丰富冰心默庐的展览。做好文物研究宣传工作。联合云南大学，在县级文物保护单位大古城魁阁举办了“纪念费孝通诞辰 100 周年暨‘魁阁’精神研讨会”，在研讨文物历史价值的同时，宣传和发掘新区文化旅游资源。

【文化信息资源共享工程】 实施文化信息资源共享工程，传播先进文化知识。年内，新区（县）图书馆全年接待读者 1.61 万余人；为实现信息资源共享，已完成信息共享工程县级支中心建设，并通过市级验收，现已正式对外免费开放；并举办电脑知识培训班 1 期，参训人员 22 人。同时，做好基层站点的建设工作，完成了 5 个基层站点的选址和人员培训，并将吴家营街道基层站点建在新型社区搬迁农民安置点，充分发挥文化共享工程“农文网培学校”的作用。

（王丹燕　摄）

【文化市场管理】 在开展创建全国文明城市、创建全国环保模范城市、创建全国卫生城市等工作中，加强文化市场监管工作。狠抓各项法律、法规的落实，坚持管理与服务相结合，文明执法、严格执法，不断推进文化市场规范化、制度化建设，全县文化市场规范管理取得成效。一是加强领导，建立连带责任制、限时结办制，定期抽查制，加大对文化市场的监督与管理。二是加强文化市场稽查队行政执法队伍建设，组织参加执法培训，提高业务水平，加大执法力度。三是认真组织文化市场经营业主学习有关文化市场法律、法规条例，加强和提高文化经营业主的法律素质，组织网吧等经营业主进行学习培训。四是联合公安、工商、卫生、城管等部门结合“创卫”、“创文明”城市，“迎世博”、“迎亚运”对网吧，音像、书刊经营、歌舞娱乐场所进行多次联合检查，打击违法经营，维护市场秩序的稳定。年内，被市政府表彰为“毒品预防先进单位”。

【扫“黄”打“非”】 为开展好平安呈贡创建、全国文明城市创建等工作，积极发挥部门职能作用，开展好扫“黄”打“非”工作。对新区（县）文化市场采取日常巡查、突击检查、集中检查、联合检查等形式，大力开展以保护未成年人为主题的网吧专项整治、校园周边环境整治，以打击盗版侵权、网络侵权，保护知识产权为主题的出版行业、印刷行业专项整治，以打击色情、淫秽物品为主题的文化市场、新闻出版市场“扫黄打非”专项整治。开展各种形式的大检查 100 余次，共出动执法人员 500 余人次、车辆 100 余台次，检查书报、音像、网吧、电子游戏厅等近 1 000 家次，收缴盗版书刊 2 000 余册，收缴盗版音像制品 6 000 余碟，取缔书刊音像地摊 20 户，并对收缴的非法出版物进行了集中销毁。实现了校园周边 200 米以内无经营性网吧、电子游戏厅、歌舞厅等娱乐场所的目标。

【文化基础设施建设】 督促、指导完成了龙城文化站的建设，争取市、县 20 万资金补助，设立了王家营、吴家营、殷联、缪家营 4 个社区文化室；完成市级下达的 10 个农家书屋的建设，配送价值 20 万的图书；完成信息资源共享工程新区（县）支中心建设并对外免费开放，在中庄社区等 5 个农民安置点建立了共享工程基层站点。

（王丹燕）

## 档　　案

【简　述】 2010 年是档案事业发展“十一五”规划的最后一年，在新区党工委（县委）、新区管委会（县政府）的正确领导下，在省、市档案局的指导与支持下，新区（县）档案局紧紧围绕新区的中心工作，深入学习实践科学发展观，坚持“依法治档、科技兴档、强化服务、发挥效益”的工作思路，秉持“为国管档”的理念，树立“安全第一”的意识，夯实基础，服务民生，以服务为主题，以创新为动力，积极为新区（县）的经济建设和社会各项事业发展作贡献。

**【党建工作】** 新区（县）档案局党支部按照党组织创建“五个好”和党员落实“五带头”的标准，结合党员公开承诺，认真开展“创先争优”和党的基层组织建设年活动。党支部以加快实现呈贡新区科学发展新跨越为主题，以党建的优异成绩带动档案工作整体水平的提升为目的，认真制定了《呈贡新区（县）档案局党支部关于开展创先争优活动的实施方案》，安排人员具体负责，按相关要求开展各阶段工作，及时上报材料。在活动中，以建设学习型领导班子、学习型党组织和学习型党员干部队伍为重点，把“创先争优”活动同党的建设、其他经常性工作紧密结合，充分发挥基层党组织的战斗堡垒作用和党员的先锋模范作用。

**【效能呈贡建设】** 为全面贯彻新区管委会（县政府）《关于在呈贡新区（县）开展“效能呈贡”建设活动的实施意见》，新区（县）档案局及时召开会议，对“效能呈贡”建设活动进行了专题研究，成立了效能建设活动领导小组，研究制定了实施意见，召开动员会议，以统一全局思想。在学习和开展实际工作的基础上，通过召开专题民主生活会、座谈会、发放征求意见表等形式，查找出新区（县）档案局在“效能呈贡”建设活动方面存在的问题。并针对梳理意见，对新区（县）档案局在“效能呈贡”建设方面存在的问题，提出了整改方案。同时，结合“效能呈贡”建设活动积极开展行政行为监督制度推进工作。根据具体工作职责以及省、市的统一安排，研究制定了推行行政行为监督的工作措施，并针对“关键岗位和重点环节”进行行政行为监督的要求，明确业务监督岗位为新区（县）档案局监督的关键岗位，其行政行为过程为重点监督环节，保证了新区（县）档案局开展行政行为监督工作落到实处。通过开展“效能呈贡”建设活动，解放思想、更新观念，认真履行职责，切实贯彻党的路线方针政策、新区重大决策，进一步理清档案工作科学发展思路，提高档案部门服务大局的能力。

**【馆内建设】** 一是接收档案，丰富馆藏。年内，接收新区党工委（县委）宣传部、县政协、新区（县）信访局等文书档案 3 062 件，56 卷，新区（县）管委会（县政府办）会计档案 36 卷。二是开展提供利用工作，发挥档案的服务社会的作用。全年共提供档案利用 4 505 卷次，420 件次，接待社会各界人员查阅档案 530 人次，提供资料利用 420 册次，接待查阅资料 383 人次，复印档案、资料 1 506 页。

**【业务指导】** 为确保新区（县）档案业务工作抓紧、抓实、抓出成效，新区（县）档案局要求各机关、团体、企事业单位按收集齐全、归档规范、利用方便等要求，做好档案工作。为确保案卷质量，根据各单位文档人员的具体情况，有针对性地采取分别指导、集中指导相结合的方式，先后到新区党工委（县委）宣传部，新区（县）国土资源局、水务局、林改办，县政协，斗南花卉公司，云南威信公司等单位开展了立卷归档指导工作。

**【档案执法】** 认真宣传贯彻《档案法》、《云南省档案条例》，在新制定《昆明市档案条例》颁布实施后及时做好宣传工作。把学习材料 200 多份发放到各部门和街道。同时，业务指导人员在开展指导时还进行年度档案工作执法检查，对档案工作存在问题和不足的单位，及时提出整改意见，并督促检查。新区（县）档案局还组织全体档案人员参加了执法资格培训及执法人员继续教育，在宣传档案法律法规的同时，不断提高档案执法人员的自身法律素质，提高执法水平。

**【档案室星级管理】** 2010 年，继续开展了档案室星级管理活动。年内，主要开展新区（县）人民检察院档案室晋升五星级的工作。10 月，在新区（县）档案局指导下，检察院档案室对文件材料进行了整理归档，硬件设施逐步完备，档案管理逐步进入计算机管理和检索阶段，档案管理体制、设施设备、业务建设、开发利用、信息化建设和家庭档案建设方面已经具备晋升五星级的条件。新区（县）档案局组成档案星级建设验收组，于 12 月 24 日按《云南省党政机关档案室建设验收办法（试行）》审核通过了检察院档案室晋升五星标准的申请，并颁发证书。

**【新区规划建设项目文书档案归档】** 按新区党工委（县委）、新区管委会（县政府）的要求，为认真开展新区 2003 年以来新昆明建设规划建设相关文件的整理归档工作，新区管委会（县政府）成立了规划项目建设领导小组，下设办公室，办公室设在新区（县）档案局具体负责业务指导工作。为确保这部份档案的归档工作按时、按质完成，单位人员按要求与相关部门进行接洽，开展了项目调查，并对项目审批中形成的文件材料进行了归档指导。

**【队伍建设】** 2010 年，新区（县）档案局认真抓好档案干部的政治理论、政策法规、业务知识、文化素养及技能培训，不断提高干部队伍综合素质，努力建设一支思想好、作风正、懂业务的档案队伍。一是开展专题教育。结合党风廉政建设及党员电化教育，组织党员干部收听收看相关专题材料，观看警示教育片，组织学先进活动，通过专题教育，统一思想，增强廉洁自律意识，服务意识，加强个人的道德修养，做文明、守纪、敬业的新区建设者。二是抓业务学习培训，认真开展业务学习，组织全体人员认真学习《昆明市电子文件管理与归档办法》、《昆明市档案条例》，并积极提供各种学习、开会、培训的平台和机会，让档案干部走出去，加强交流，开阔眼界，开阔思路，提升履职能力。组织2人到上海等地学习交流。年内，新区（县）档案局公开招考了1位工作人员，加强了队伍力量，改善了队伍结构。三是开展“读好书、求新知”学习活动，单位推荐《盘活城市》、《思路决定出路》两本书，作为年度个人必读书目。同时还可根据各自的工作需要和兴趣爱好，在政治理论、管理知识、业务知识等方面有所选择，通过读书学习活动鼓励党员干部努力用理论指导自己的实践，特别是要养成勤于思考，善于总结的习惯，形成学习—工作—学习的良性循环。四是落实继续教育和技能培训。组织全体人员学习《低碳经济知识读本》，并组织4人参加了“三普”培训。

**【安全保密工作】** 维护档案的安全是档案馆的一项重要工作。新区（县）档案局加强档案人员安全保密意识教育，树立“安全第一”意识。10月，组织全局6人参加新修订《保密法》知识培训。同时，在提供档案资料时，注重利用者身份和利用档案的范围，禁止重要档案、涉密档案以及涉密文件材料的借出，或超出使用范围，严格控制档案资料的复印范围。对办公设备严格按安全保密的要求进行管理，对上网信息系统进行了安全等级备案。同时，积极开展平安单位创建工作，加强对馆库的日常管理及安全保密工作，确保档案馆的安全。

**【精神文明建设】** 一是在业务工作中，改进工作作风，提高工作效率。在进行业务指导及档案提供利用时，做到文明办公，依法办事，急群众之所急，想群众之所想，积极为档案室及利用者提供便利。二是开展“献爱心、送温暖”活动,党员、干部纷纷发扬一方有难，八方支援的传统美德，向有困难的人或地区伸出援助之手。三是开展了向先进典型学习活动。认真组织党员干部向沈浩、梅阳林学习，向档案干部刘义权等先进学习，组织收看了“做一个有道德的人”节目。四是通过参加“三·八”节活动、“七·一”歌咏比赛、元旦长跑等丰富的文体活动，充实了大家的精神文化生活。

（靳睿睿）

## 广播电视

**【简　述】** 开展广播电视行业管理、广播电视新闻宣传、有线电视网络建设、节目引进和播出，全年无安全播出事故。年内，被昆明市广播电视节目播控中心评为亚运安全播出先进集体，被市政表彰为“昆明市园林单位”。

**【新闻宣传】** 认真做好日常新闻报道，做好重大节日、重大会议、重要活动的新闻宣传报道工作，圆满完成了县委全会、县纪委全会、县人代会、县政协会等重大会议，抗旱、抗洪抢险等重大事件和活动的宣传报道。制作播出了大量专栏、专题、公益广告公告等节目。合理配置了采编设备，从而7月1日开始，把《呈贡新闻》由每周2期增加为每周3期。截止2010年底，广播电视台共制作播出《呈贡新闻》130期、1 050条，播出县委、县政府、县人大、县政协各类公告通知74个，播放创卫、创文明城市、两基迎国检等公益广告、宣传片300期次，制作党教宣传片4部，行业部门宣传片2部，制作《商业驱动城市未来》专题宣传片光碟200张。全年共组织上送云南台和昆明台播出电视新闻190多条次。

**【手机报】** 组织创办《新区快讯手机报》，为新区（县）科级以上领导干部及移动手机中高端客户提供时政要闻、新区动态、廉政之窗、新闻集装箱、养生保健、天气预报等方面的信息，12月开始，每周播出5期，拓宽了宣传渠道，扩大了对外宣传面。

**【文艺节目播出】** 做好电视文艺节目播出工作。筹集资金4万多元，购买电影360多部、影视剧节目700多集，在新区（县）广播电视台黄金时段播出，有效丰富了新区群众的精神文化生活。

**【“村村通”】** 根据广电总局的安排，密切配合广电总局、科技局对新区（县）已实施了直播卫星村村通的山区群众进行机顶盒空中软件升级，确保了广播电视“村村通”正常安全收看。

**【有线电视业务】** 先后完成南中央大道、亚广传媒、市政府B地块、环湖东路江尾段等项目迁改等线路迁改23.5千米，对元宝村等部分被拆迁户、惠兰园小区等部分单位、溪波村居民小组及乌龙周转房等进行了有线电视数字化整体转换工作。共发放数字机顶盒4 989户，进一步扩大了文化宣传面，丰富了群众的精神文化生活。

**【有线台事转企】** 加大了文化体制改革工作力度，对新区（县）有线电视台顺利实施了经营性事业单位转企改制工作。根据《昆明呈贡新区管理委员会 呈贡县人民政府关于对呈贡县广播电视局〈关于呈贡有线电视台实施转企改制请示〉的批复》精神，自收自支经营性事业单位呈贡有线电视台“转企改制”已完成公司改制立项报批、企业名称预先核准、职工股权分配、在职职工安置，选举产生了董事会成员及监事会成员并完成了资产审计评估工作、资产划拨、资产报废、调整账务等事项，于12月28日正式挂牌成立。

**【招商引资】** 新区（县）政府下达原新区（县）广电局招商引资任务2 000万元人民币，已完成2 100万元人民币，完成任务数的105%。

（王丹燕）

# 卫生·体育

责任编辑：杭　松

## 卫　生

【简　述】　2010年，新区（县）卫生局各项工作在新区工委（县委）、新区管委会（县政府）的领导下，在县人大、县政协的监督下，在上级业务主管部门的大力支持和帮助下，以邓小平理论、“三个代表”重要思想为指导，全面贯彻落实党的十七届四中、五中全会精神，以服务新区建设为中心，紧紧围绕新区党工委（县委）、管委会（县政府）下达的各项工作目标任务，扎实推进医药卫生事业改革，不断加强疾病预防控制、妇幼保健、卫生监督、应急处突等各项工作，有力促进了新区（县）卫生事业发展。

【医疗单位现状】　截止2010年底，新区有各级各类医疗卫生机构101个。其中：县级医疗卫生机构5个（新区（县）人民医院、新区（县）中医医院、新区（县）妇幼保健所、新区（县）疾控中心、新区（县）卫生执法监督局）；社区卫生服务中心4个（斗南社区卫生服务中心、吴家营社区卫生服务中心、七甸社区卫生服务中心、龙街社区卫生服务中心）；社区卫生服务站2个；村卫生室38个；个体私营诊所42个；民营医院1个；厂矿职工医院2个；门诊部2个，驻呈大学医务室5个。共开设病床351张。在职卫生技术人员591人（医师273人、护士196人、乡村医生77人、其他卫技人员45人）。按2010年底新区（县）常住人口27万人计算，每千人口拥有病床为1.3张，每千人口拥有医生数为1.01人，每千人口拥有护士数为0.73人。

【卫生基础设施建设】　年内，斗南社区卫生服务中心、惠兰园社区卫生服务中心、雨花社区卫生服务中心三个项目列为中央预算外卫生基础设施建设项目。新区（县）卫生局严格按照“八个百分之百”的相关要求，加强工程建设管理，使各工程项目有序、有效推进。斗南社区卫生服务中心及惠兰园社区卫生服务中心建设项目已圆满竣工。雨花社区卫生服务中心建设项目已完成立项、选址、可研报告、可研批复、规划审批、图纸初步设计等前期工作。新区（县）人民医院综合住院楼目前已进入装修阶段，计划2011年4月份投入使用。

新区（县）人民医院新建综合住院楼项目开工仪式
（李晓洪　摄）

新区（县）人民医院综合住院楼进入装修阶段
（李晓洪　摄）

【实施国家基本药物制度】　实施国家基本药物制度是国家医改的一项重要举措，根据市级卫生行政部门的统一安排部署，新区（县）卫生局及时成立了以局长挂帅，下属各医疗卫生单位负责人为成员的卫生系统实施基本药物制度工作领导小组，同时，转发了《昆明市卫生局关于实施基本药物制度有关工作的通知》，要求各医疗单位认真遵照执行。为营造浓厚的宣传氛围，新区（县）卫生局统一制作了实施基本药物制度宣传布标46条、基本药物价格公示板92块，分别悬挂在新区（县）卫生局、各社区卫生服务中心、社区卫生服务站、村卫生室。2月24日，新区（县）卫生局组织召开呈贡新区实施国家基本药物制度工作会，对新区（县）各医疗机构实行国家基本药物制度工作进行了全面的安排部署。会后，各社区卫生服务中心、社区卫生服务站、村卫生室积极行动，2月25日起，启动了基本药物零差率销售工作。在实施国家基本药物制度工作中，严格落实上级有关补偿政策，对实施基本药物制度取消药品加成的基层医疗机构按照乡村医生每人每月200元、卫生院每人每年3.5万元的标准及时进行了补偿，保障了基本药物制度的顺利开展，真正做到了让利于民。

**【公共卫生服务均等化工作】** 全面实施国家各项基本公共卫生服务项目，严格按照《国家基本公共卫生服务规范》开展各项基本公共卫生服务工作，健全管理制度和工作流程。以重点人群和基层医疗卫生机构服务对象为切入点，逐步建立规范统一的居民健康档案，全年累计建立居民健康档案30 403份。

开展慢性非传染性疾病的预防控制工作。各社区卫生服务机构均开展了高血压、糖尿病等慢性疾病的管理工作。

开展重性精神病防治工作。7～8月组织新区（县）疾控中心相关专业技术人员完成了全县辖区内重性精神病患者筛查与登记，线索调查人数262人。经省精神病院专家诊断复核，诊断出精神分裂症98人，对所有诊断出的重性精神病患者均已建立了健康档案并纳入医学管理。

大力培养公共卫生技术人才和管理人才，提高服务质量和管理水平。年内，组织各社区卫生服务中心主任及防保专干86人参加了市卫生局的培训。8月16～20日，新区（县）卫生局于对新区（县）38个乡村医生进行了基本公共卫生知识培训，发放《昆明市基本公共卫生服务实用手册（2009年）》50册。

加强对各社区卫生服务中心、服务站、村卫生室等承担公共卫生服务工作的医疗卫生单位的指导和管理，健全基本公共卫生服务绩效考核制度。年内，经组织有关业务专家考核，兑现公共卫生补偿经费近82万余元，落实了国家医改"政府购买公共卫生服务"的政策措施，全面推进了公共卫生服务的发展。

**【疾病预防控制】** 实施免疫规划，儿童四苗覆盖率达98.2%；继续落实15岁以下人群乙肝疫苗查漏补种工作，新区（县）辖区内适龄人群接种率97.2%。

全面落实以鼠疫、霍乱、结核病、艾滋病为重点的各种传染病的防控措施，继续做好甲流监测及防控工作，圆满完成了托幼机构出现的手足口病疫情防控工作，有效杜绝了疫情的传播和蔓延。

**【妇幼保健】** 开展妇女儿童保健工作，全面落实妇幼保健各项工作措施，孕产妇系统管理率95.7%，3岁以下儿童系统管理率95.7%，孕产妇住院分娩率99.4%，婴儿死亡率6.6‰，孕产妇死亡率为零，全面完成了市级下达的各项指标任务。继续实施贫困孕产妇住院分娩救助工作制度。年内，共对14名贫困孕产妇实施救助，救助金额达8 300元。全面落实"降消"项目工作，442名孕产妇住院分娩费用得到补助，补助金额为17.68万元。

**【初级卫生保健】** 继续巩固和提高初保达标验收成果，以初级卫生保健工作为龙头，全面推进农村卫生工作，加强基层医疗卫生网络建设，进一步建立健全县、乡、村三级医疗预防保健网络，初级卫生保健覆盖率达100%。

**【扶持民营医院】** 根据《中共昆明市委 昆明市人民政府印发关于加快推进医疗卫生事业改革与发展和进一步加快民营医院发展两个文件的通知》等文件精神，落实民营医院优惠政策，积极扶持城东医院发展，将城东医院与卫生系统各医疗卫生单位一样平等对待，统一考核管理。及时、足额将新区（县）政府民营医院发展专项资金拨给城东医院。年内，新区（县）新增民营医疗机构2个。截至2010年底，民营医疗机构资产比重占总医疗资产23%，超额完成市级下达的20%的指标任务。

**【突发公共卫生事件处置】** 认真贯彻落实《突发公共卫生事件应急条例》，加强突发公共卫生事件的报告和处置工作。各医疗卫生单位严格执行24小时值班制度，保持通讯畅通，做好应急物资的储备，及时调处各类突发公共卫生事件。年内，网络直报突发公共卫生事件2起，均为一般公共卫生事件，波及人数968人，发病44人，无死亡。对上述2起突发公共卫生事件均已进行了及时、有效的处理，避免了事态的扩散和蔓延。

**【党建工作】** 年初，根据有关新区（县）卫生局不再设立基层党的委员会，成立卫生局党总支的文件批复精神，结合卫生系统党建工作实际，按照《党章》要求，通过召开党员大会（共64名党员参加），选举产生了新一届党总支委员会，系统内6个基层党支部

（卫生局机关党支部、卫生执法监督局党支部、疾控中心党支部、中医院党支部、妇幼保健所党支部、乡镇卫生院党支部）分别召开了党员大会，产生了新一届党支部委员会。年内，新区（县）妇幼保健所申报县级文明单位已初步通过了新区（县）文明委的验收，新区（县）卫生局保持市级文明单位、省级园林单位称号。

**【“创先争优”】** 根据新区开展“创先争优”活动领导小组的安排部署，新区（县）卫生局党政领导高度重视，及时成立了以党总支书记刘东云为组长、党总支副书记杨丽芬为副组长、各医疗卫生单位党支部书记为成员“创先争优”活动领导小组，并制定印发了《卫生局深入开展“创先争优”活动实施方案》、《卫生局开展“效能呈贡”建设活动实施方案》、《卫生局实施“云岭先锋”工程目标考核责任书》。5 月 31 日下午，组织了各医疗卫生单位 38 名在职党员，在县人民医院 8 楼视频会议室，参加了云南省卫生系统“创先争优”活动动员大会，会后认真组织了学习讨论活动，大家一致认为：卫生系统开展“创先争优”活动，就是要求广大干部职工，牢固树立全心全意为人民群众健康服务的理念，立足本职岗位创优秀，建佳绩，争当科学发展先锋。一年来，广大医务人员在干好本职工作的同时，积极组织党员志愿者服务队、抗旱先锋队、团员志愿者服务队等具有权威的专家医生共 35 人次，充分利用乡（镇）赶集日，先后深入到七甸、斗南、龙街、吴家营等社区为居民进行免费义诊、健康咨询服务，共计咨询人数 1 570 人次，诊治 643 人次，发放宣传资料 45 150 份，投入资金 6 300 余元，受到了广大群众的一致好评。年内，在新区（县）百年一遇的抗旱救灾期间，局党组成员分别带领工作组，在长达 2 个月的时间里，深入到七甸、吴家营等重灾区，常驻一线指导卫生救治、防疫工作，确保了灾区无重大疫情发生，确保了灾区人民群众的饮水、食品安全。在抗旱救灾中，广大党员共捐抗旱救灾款 5.64 万元。

**【党风廉政建设】** 根据《呈贡新区 2010 年政府系统廉政建设工作主要任务分解安排的通知》（呈新综办通〔2010〕156 号）要求，严格按照“谁主管、谁负责”的原则，认真抓好分管范围内的党风廉政建设工作。进一步健全党风廉政建设工作机制，成立了以局长（兼党总支书记）为组长、副局长（兼党总支副书记）为副组长，各医疗卫生单位行政主要负责人为成员的领导小组，并下设办公室，具体负责协调廉政建设工作的检查督导。年初召开了专题工作会议研究部署廉政工作，组织学习了县纪委十一届五次全会精神，与下属 7 个医疗单位签订了 2010 年党风廉政建设工作目标责任书和领导干部“一岗双责”责任书，落实了目标责任，做到了工作机构健全，责任措施落实，形成了齐抓共管的局面。

扎实开展专项治理，切实解决群众关心的热点难点问题。一是落实药品（械）集中招标采购制度，杜绝药品采购中的不正之风。严格落实《昆明市卫生局关于实行全市区（县）统一药品集中招标办法》，规范药品招标行为，杜绝了药品采购中的不正之风。年内，6 家医疗单位共参加昆明市卫生系统医院网上集中招标采购药品 307 种，价值 4 600 万元，没有违规违纪现象发生。二是完善医院管理制度，规范医疗服务行为。继续完善患者住院一日清单制度，认真落实“重大手术、特殊检查及新特药品使用前的告知程序”的规定，把医务人员《医德医风考评制度》纳入个人档案管理，并与医务人员晋职、晋级挂钩，调动了广大医务人员的工作积极性，进一步提高了医院管理规范化和科学化水平。

**【平安单位创建工作】** 卫生系统社会治安综合治理和平安建设工作按照新区党工委（县委）、新区管委会（县政府）关于“平安呈贡”工作要求，以“强化基础、创新机制、重点突破、全面提升”为抓手，落实安全责任，制定了《卫生系统平安建设实施方案》，把平安建设工作纳入党建目标考核，并与各医疗卫生单位负责人年终考核、评先评优、晋升晋级等挂钩，在考核中，实行综治维稳工作一票否决制。做到了机构健全、有制度落实，有人抓、有人管，不上交矛盾，把不稳定因素消除在萌芽状态。年内，共排查出不稳定因素 5 点，调处纠纷 5 件，调处率 100%。实现了“发案少、秩序好、社会稳定、群众满意”的目标，为平安呈贡、和谐新区建设提供了安全的卫生发展环境。

**【招商引资工作】** 在做好本职工作的同时，积极开展招商引资工作，以发展民营医院为契机，引进内资 725 万元。

**【建议、提案和信访件的办理】** 年内，新区（县）卫生局承办县政协委员提案 4 件，对 4 件提案做到认真办理，4 个提议案经征询提案人意见，均为满意。新区（县）卫生局收到重要信访件 2 件，均按时限及时有效办结。

**【保密工作】** 年内，新区（县）卫生局按照县保密委员会的统一部署和要求，认真贯彻落实中央、省、市、县保密工作的文件精神，坚持求真务实的工作作风，切实把保密工作落到实处。主要加强了组织领导，成立了卫生系统保密工作领导小组，开展了对《中华人民共和国保守国家秘密法》的学习教育，利用各种宣传媒体、简报等平台拓展保密教育范围，明确了重点部位和重点岗位责任人，加强了内部局域网的管理，确定网络安全员，建立健全网络管理制度，做到“谁上网，谁负责”和“涉密信息不上网，上网信息不涉密”。年内，无失密、泄密、窃密事件发生。

（李　莉　李晓洪）

# 体　育

**【简　述】** 认真贯彻落实《全民健身计划纲要》，加强体育基础设施建设，组织开展群众体育活动，组织参加省市各种体育竞赛，充分展示呈贡新区竞技体育水平。

**【体育系列活动】** 2月14～16日（初一至初三）在新区（县）体育场及老体协分别举办了老年气排球、门球、乒乓球、麻将和双抠比赛等老年体育活动。2月14～16日（正月初一至初三）组织了五机关篮球队下乡到江尾、中庄、大营、林塘等社区慰问表演。

**【元旦万人长跑活动】** 组织了元旦万人长跑活动。2009年12月30日上午，呈贡新区组织举办迎新年庆元旦万人长跑活动。来自呈贡新区的66家机关、企（事）业单位的干部职工、在校中学生、驻呈部队官兵、高校学生、外来务工人员等5 000余人参加了长跑活动。

**【国民体质监测】** 组织开展了全国第四次国民体质监测工作，在新区（县）二幼、新区（县）一中、呈达玻璃厂等学校、厂矿进行抽样1 152份，为将来进一步开展全民健身运动提供指导数据。

**【竞技体育】** 组织代表队参加了昆明市中学生场地自行车赛、市中小学生田径运动会、游泳等学校体育比赛，获金牌3枚、银牌6枚、铜牌6枚，4～6名21个名次。组队参加了昆明市农民工健身运动会、昆明市下岗职工运动会、昆明市农民健身点篮球赛，参加昆明市十四县市（区）体育协作会等体育竞赛活动。代表昆明组队参加省民族运动会男女龙舟队，获金牌5枚、银牌6枚、铜牌1枚。

**【群众体育活动】** 举办“三·八”妇女节女职工运动会、信合杯篮球赛、呈贡新区中秋名人桥牌邀请赛，协助吴家营街道办事处举办农民运动会，协助组织新区（县）公安局职工运动会，组织参加昆明市十四县市（区）体育协作会，组织新区（县）敬老节游园等各类群众性体育活动。

**【昆明市第四届运动会】** 做好昆明市第四届运动会的筹备工作。成立新区（县）参加市第四届运动会组委会，研究参赛项目、拟定经费预算及工作方案，申报了成年组、青少年组参赛项目。年内完成运动员的选拔工作，并展开训练。

**【全民健身】** 组织开展了8.8全民健身日健身气功展示通讯赛，100余名健身气功练习者参加活动，荣获昆明市健身气功展示通讯赛二等奖，发挥了宣传健身气功、抵制“法轮功”的积极作用。组织参加昆明市农民工健身运动会；参加昆明市下岗待岗职工运动会；参加昆明市农民健身工程点篮球赛；参加昆明市外来务工人员全民健身运动会等，促进了呈贡新区全民健身活动的开展，提高新区建设者身体素质。年内，被省体育局表彰为“2010年全民健身活动先进单位”，被省体育局表彰为“2006–2009年度云南省群众体育先进单位”。

**【协会工作】** 协助老体协组织文体活动15次，协助信鸽协会举办活动12次。协助“永达”汽车俱乐部参加中国东川汽车越野赛，协助“一条龙”摩托车队参加全国比赛，组织“永达”车队参加全国（建水站）汽车越野场地分站赛，获得较好成绩。

**【体育基础设施建设】** 为呈贡新区的斗南、江尾、小古城、松花、吴家营、柏枝营、缪家营、下庄、七甸、头甸、广南、三岔口、中庄、古城共14个村委会新建农民健身工程篮球场，并做好器材配送安装工作。在中庄、王家营、吴家营、万溪冲等居委会新建4个社区文体广场，在洛龙公园建设1个全民健身乐园，安装全民健身器材45件，在新区（县）辖区内安装了6条全民健身路径。为广大人民群众开展全民健身活动提供了活动场所，促进基层群众体育事业的发展。

（王丹燕）

# 社　会

责任编辑：杭　松

## 人口和计划生育

**【简　述】**　2010年，新区（县）人口和计划生育局在新区党工委（县委）、新区管委会（县政府）的领导下，在省、市人口和计划生育委员会的帮助指导下，紧紧围绕把呈贡新区建设成为昆明现代化城市示范区、科学发展示范区、品质春城示范区和低碳城市的目标，坚持以计划生育优质服务为主线，以流动人口管理服务为重点，以全新的工作面貌，凝心聚力抓好《中共中央国务院关于全面加强人口和计划生育工作统筹解决人口问题的决定》和《中共云南省委云南省人民政府关于进一步加强人口和计划生育工作统筹解决人口问题的决定》、《中共昆明市委昆明市人民政府关于加强人口和计划生育工作统筹解决人口问题的意见》的贯彻落实，各项工作取得重要进展并完成了市、新区管委会（县政府）下达的各项指标任务，为新区（县）经济社会持续快速协调发展和呈贡新区建设作出了应有的贡献。

**【主要指标任务完成情况】**　按照2010年初，昆明市人民政府与呈贡新区管委会（县政府）、昆明市人口和计划生育委员会与新区（县）人口和计划生育局签订的《人口与计划生育目标管理责任书》的要求，全年主要指标任务完成情况是：年内，市下达新区（县）常住人口符合政策生育率为95%以上，全年新区（县）共出生928人，符合政策生育913人，新区（县）全年实际符合政策生育率达98.38%；市下达县级计划生育事业投入保障：一是社区计划生育宣传员月报酬按照社区主要干部标准，为社区计划生育宣传员落实了1010元的月报酬（其中省、市补助360元，县级财政承担650元）。二是及时足额拨付了与省、市配套的计划生育家庭奖励资金。三是计划生育工作经费投为25万元，实际县级计划生育工作经费投入107万元；市下达按时足额兑现农业人口独生子女保健费，新区（县）按时足额兑现农业人口独生子女保健费42.34万元；市下达新区（县）计划生育奖励政策资格认定准确率为100%，新区（县）全年计划生育奖励资格认定准确率达100%；市下达群众办理《生育证》、《独生子女父母光荣证》为零投诉，新区（县）全年在为群众办理《生育证》、《独生子女父母光荣证》行政审批中实现零投诉；按照呈贡新区管委会（县人民政府）2010年新区（县）重点工作分解立项推进计划工作任务的人口自然增长率全年控制在6‰以下，全年新区（县）人口自然增长率控制在4.2‰以下。

**【宣传教育】**　新区（县）人口和计划生育局始终坚持强化首位意识，把计划生育宣传着力体现服务性，由过去的重法规宣传，变为融“政策法规、优生优育、避孕节育、生殖保健”等的新型生育文化为一体的宣传教育，并在宣传方式上具有针对性、文明性，营造了有利于进一步加强人口和计划生育工作、统筹解决人口问题的舆论氛围和社会环境。年内，把《中华人民共和国人口与计划生育法》、《中共中央国务院关于全面加强人口和计划生育工作统筹解决人口问题的决定》、《云南省人口与计划生育条例》、《云南省农业人口独生子女家庭奖励规定》、《中共云南省委云南省人民政府关于加强人口和计划生育工作统筹解决人口问题的决定》、《昆明市流动人口计划生育管理条例》、《中共昆明市委昆明市人民政府关于加强人口和计划生育工作统筹解决人口问题的意见》的宣传，融入到优生优育、避孕节育、生殖健康知识、预防艾滋病知识、关爱女孩等内容中，以婚育新风进万家活动为载体，以优质服务为主线，开展“零距离”的宣传教育和普及。一是在抓好经常性宣传的基础上，利用元旦、春节、“三下乡”活动、“三·八”妇女节、宣传月、人口日、赶集日等认真开展形式多样、内容丰富多彩的宣传教育活动。二是充分利用图文并茂的宣传折页（单）、影碟、录音带、墙报等在街道、社区居委会广泛宣传。三是全年广播电视宣传623次；贴出标语2 175条；出橱窗、黑板报93期；贴省、市人口墙报2 120张；举办各种培训班31期、3 215余人次参加；文艺演出28场次，受教育观众达32 456人次等。四是在“三下乡”宣传服务活动期间，投入经

向育龄人群开展计划生育宣传

（李正智 摄）

费近万元，发放宣传材料2 000份、避孕套1 500只，接受群众咨询35人次。五是投入3.4万元，印制2万张宣传年历、5 000个计生宣传环保袋下发街道、社区宣传。六是逐步对吴家营街道的缪家营、郎家营、柏枝营社区进行融入幸福小区新型生育文化示范社区的建设。七是全年共发放各种计生宣传材料10万余份，宣传品入户率达98%。

**【奖、优、免、补】** 继续做好农业人口独生子女家庭“奖、优、免、补”政策的贯彻落实工作。年内，新区（县）共新办领农业人口独生子女父母光荣证358户；新区（县）531户农业人口独生子女家庭享受了1 000元的一次性奖励；中考生474名和高考生136名分别享受了中、高考加分优待；小学生1 732名、初中生1 374名、大中专（高中）生584名分别享受了教育奖学金；247名年满60周岁的农业人口独生子女父母已领取了养老生活补助；落实国家计划生育特别扶助政策34人。

**【优质服务】** 新区（县）人口和计划生育干部牢固树立以人为本的经营城市理念，把优质服务同各项工作有机结合起来，有力地推进了人口和计划生育工作。年内，一手抓新区建设中计划生育优质服务新品牌的打造，一手抓服务方式的完善；落实好避孕节育措施知情选择及服务保障各项工作。10月14日，成功通过云南省人口和计划生育委员会的考核验收，荣获省级计划生育优质服务先进县的殊荣。

**【流动人口计划生育管理服务】** 呈贡新区（县）进一步贯彻落实《中共昆明市委昆明市人民政府关于加强人口和计划生育工作统筹解决人口问题的意见》，坚持维护流动人口计划生育合法权益，规范流动人口生育秩序，强化流动人口计划生育现居住地管理工作，切实加强了流动人口计划生育管理与服务工作并有新进展。年内，一是深入基层，认真调研。新区（县）政府分管领导率新区（县）人口计生局干部，深入各街道、社区调研了解流动人口的状况、计划生育的管理和服务水平、流动人口对计划生育的需求等，征求流动人口计划生育管理和服务的建议。通过调研和征求建议，制定下发了《关于做好呈贡新区2010年流动人口计划生育管理和服务工作实施方案》。二是提高认识，明确工作内容和职责。5月18日，新区（县）政府继全县人口和计划生育工作会后专题召开各街道主要领导、分管领导、计生办主任、社区书记和主任及计生宣传员参加的新区（县）流动人口计划生育工作动员会。会上，新区（县）人口计生局把“四同”工作细化成一览表发给参会人员，使各级各部门明确自己的职责和工作内容。新区（县）人口计生局局长通报上年流动人口计划生育工作情况和存在的问题，提出了下一步整改的工作意见。市人口计生委流动人口管理处处长对流动人口计划生育管理和服务工作作了说明和讲解。新区（县）政府分管领导作了重点强调：各级领导要将流动人口计划生育管理和服务工作列入重要议事日程，要协调配合，使流动人口计划生育管理和服务工作做到纵向到底、横向到边，不留死角。流动人口计划生育管理和服务工作列入督查项目，定期或不定期的进行检查和督促，对工作不力、措施不到位的将给予通报批评。三是加大投入，建立和完善人口和计划生育四级工作队伍，为人口和计划生育工作提供有力的组织保障和经费保障。在各社区计生宣传员月报酬由原来的210元增加到1 010元和上年为流动人口集中的14个社区配备16名流动人口计划生育专管员的基础上，6月又招聘了13名流动人口计划生育专管员，使新区（县）29个社区配齐了流动人口计划生育专管员，流动人口计划生育专管员月报酬740元。同时，为新区（县）204个居民小组各配备了一名流动人口计划生育信息员，每名流动人口计划生育信息员年报酬2 000元。四是提高各级计生干部服务和管理流动人口计划生育的工作水平。5月27日，新区（县）人口计生局举办了全县各级

计生协会组织学习讨论流动人口管理

（李正智 摄）

计生工作人员参加的流动人口计划生育业务知识培训班，讲解了国家、省、市《流动人口计划生育管理条例》，对流动人口计划生育“四同”(同宣传、同管理、同服务、同考核）工作内容作了具体讲解和要求。五是注重流动人口管理信息平台的信息录入与交换。六是对流动人口计划生育工作加强督查、指导力度。

社区计生协会开展民主参与、民主监督活动
(李正智　摄)

【依法行政】　新区（县）人口和计划生育局全面落实行政执法责任追究制，规范计划生育行政执法行为，大力精减压缩行政审批事项、审批程序和审批时限，健全计划生育行政执法自我约束机制和监督机制，打造“依法执法型”计划生育工程。年内，共处理历年违法生育案件54起，无一件要求行政复议，没有因执法不当损害计划生育家庭利益而导致集体上访事件发生，也没有因正在执行或拟出台的政策与计划生育家庭优先优惠政策相冲突或抵消的情形；积极推行“阳光政务”，新区（县）、街道、社区三级坚持计划生育政策公开、工作程序公开，审批结果公开、公示，保障广大群众的知情权、参与权和监督权；在政府信息公开网站上公开人口计划生育局的机构、办事指南、执法依据、执法种类、工作动态、服务承诺等；加强信访维稳工作，开通“96128”、“12356”热线电话，热情接听群众来电，把问题处理在社区。

【发展创新】　新区（县）人口和计划生育局站在从农村向城市管理和服务转变的新起点上，克服满足现状、驻足不前、不思进取，大胆开拓创新，改掉过去人口和计划生育工作中让群众无条件的服从、粗放的重管理轻服务的工作方式，改掉与社会发展、与群众需求、与尊重理解群众、与保护群众权利不相适应的做法和想法。年内，按照“效能呈贡”建设活动和“创先争优”活动的要求，组织新区（县）县、街道计划生育干部围绕如何健全完善人口和计划生育工作制度建设进行调研大讨论，认真做好工作制度的“废、改、立”工作，清理和完善一批工作规章制度。同时，局党支部分别制定了“效能呈贡”建设活动、“创先争优”活动的实施方案，对涉及全局性的工作机制问题，鼓励提出建设性的改进意见。从而保证了在计划生育服务中树立以人为本的理念，坚持科学发展观，彻底改变服务观念。

【队伍建设】　新区（县）人口和计划生育局继续从制度建设、业务培训入手，以达到提高思考的能力、依法行政的能力、群众工作的能力、合作共事的能力为目标，切实加强队伍建设。年内，一是围绕“效能呈贡”建设活动和“创先争优”活动，多次组织全局干部职工进行学习、讨论，并认真开展读书活动和撰写读书笔记；二是利用例会、集中培训等方式对街道、社区计划生育干部进行培训；三是有计划地安排干部职工参加省、市组织的业务培训；四是根据局各科室工作任务和重点，以科室为单位，分别对街道、社区计划生育干部队伍进行专题业务培训，并邀请市人口和计划生育委员会的相应处室领导授课。

【计划生育协会】　2010年，新区（县）计划生育协会在新区（县）党工委（县委）、新区管委会（县）政府的领导下和市计划生育协会、新区（县）人口和计划生育局的指导下，以科学发展观为指导，深入贯彻落实中央、省、市关于统筹解决人口问题的决定精神，依照《章程》，紧扣人口和计划生育的中心工作，围绕加强协会组织建设、提高协会服务能力、增强协会活动效果的目标，以社区协会评估认定为重点，以服务群众为主线，促进了协会各项工作的开展，为推动人口和计划生育事业实现新发展作出了贡献。一是认真组织开展社区协会评估认定工作。年内，新区（县）社区协会评估认定工作，以街道组织实施、县适时指导的方法，按照组织动员、试点运行、全面启动、督促指导、评估验收、总结推广六个阶段进行，并在5月12日通过市计划生育协会的随机抽查评估认定。通过社区计划生育协会评估认定，摸清了新区（县）计划生育协会的底数，达到预期的目的，促进了计划生育协会组织的巩固和发展。二是新区（县）各级协会紧扣人口和计划生育的中心工作和群众的需求，与人口和计划生育行政部门适时开展日常性面对面宣传服务活动。三是认真开展“5.29会员活动日”活动。今年5月29日是中国计生协成立30周年纪念日，为做好今年的宣传服务活动，新区（县）各级协会在“5.29会员活动日”前后认真组织开展拓展服务和体现生育关怀为主题的“5·29会员活动日”活动。新区（县）计划生育协会购置近4 000元的大米、食用油到吴家营街道的山区走访慰问计生家庭20户，并召集街道协会副会长、秘书长进行座谈。各街道、社区计生

局机关组织学习讨论

（李正智 摄）

协与街道、社区对所辖学校的贫困学生进行慰问。四是组织开展计划生育系列保险。按照昆明市计划生育协会、中国人寿保险股份有限公司昆明分公司联发的《关于开展计划生育系列保险的通知》的精神，积极配合中国人寿保险股份有限公司呈贡县支公司做好计划生育系列保险工作，在《母婴安康保险》险种在即将生育家庭中推开的基础上，又开展了《计划生育家庭意外伤害保险》。年内，《母婴安康保险》共投保389人份，投保金额3.6万元；《计划生育家庭意外伤害保险》共投保134个家庭，投保金额2.02万元。五是协助做好流动人口计划生育服务管理工作。年内，新区（县）计划生育协会按照国家、省、市计生协、人口计生委《关于充分发挥计划生育协会作用共同做好流动人口计划

深入社区开展“生育关怀”

（李正智 摄）

生育工作的意见》要求，以流动人口计划生育协会志愿者为抓手，协助社区流动人口计划生育管理人员做好辖区内流动人口计划生育信息的收集、报告工作。各级计生协还按照流动人口计划生育工作与户籍人口“同宣传、同管理、同服务、同考核”的要求，以街道或社区为单位，开展营造关爱流动人口的社会氛围，使计划生育协会在流动人口计划生育工作机制创新中发挥作用。

（李正智）

# 人力资源和社会保障

**【简　述】** 2010年，呈贡新区（县）人力资源和社会保障局认真贯彻落实党的十七届四中、五中全会精神，紧紧围绕新区党工委（县委）、新区管委会（县政府）中心工作，以开展“创先争优”活动为契机，以“效能呈贡”建设为动力，强化劳动和社会保障服务职能，完善社会保障体系，为呈贡新区经济社会又好又快发展提供坚强有力的人才保障和优良的社会保障环境。

**【公务员队伍建设】** 健全绩效考核机制，完成公务员年度考核工作。新区（县）应参加考核人员833人，实际参加考核人员832人；完成优秀公务员年度考核奖励工作。认真开展公务员非领导职务确定工作。确定公务员非领导职务18人；完成提高享受上一级职务层次非领导职务待遇25人。完成参照公务员法管理事业单位工作人员的公务员登记工作，涉及全县16个单位61人。认真做好公务员招录工作。招考公务员9名；选聘及招募3名高校毕业生到社区任职；招募3名“三支一扶”支医；接收军转干部4名。完成公职人员“三普”培训工作。其中：计算机培训测试2 331人；普通话培训测试1 950人；外语（英语及越南语）培训测试2 713人。完成政府系统公务员以忠诚教育为核心的培训工作。组织1 053人参加职业道德与技术方法考试。

**【军转干部工作】** 年内，认真做好自主择业军转干部工会医疗互助金活动的宣传工作，组织28名干部参加此项活动。发放企业军转干部解困补贴到29名军转干部手中，共计29.4万元。在春节、“八·一”建军节来临之际，对军队转业干部开展形式多样的慰问活动，发放慰问金3.1万元。认真做好自主择业军转干部的培训工作。组织培训4期，参加人数48人。组织25名自主择业军转干部参加抗旱救灾献爱心捐款活动，共捐款4 550元。

**【人才服务工作】** 年内，强化人才服务意识，健全人才工作机制，认真做好人才工作。培养与引进高层次人才50人；办理干部调动34人次；事业单位招录28人；认真开展大中专毕业生报到工作及档案接收转移工作；大中专毕业生报到452人（含马金铺、大渔、洛羊街道），接收大中专毕业生档案400卷，办理档案转递105人次；举办现场招聘会1场，提供招聘岗位175个，提供就业见习岗位150个。

**【专业技术人员管理】** 认真贯彻执行专业技术职务评聘分开原则，严格专业技术职务“设岗”的管理。认真贯彻落实2010年度事业单位工作人员考核证书的审核认

定工作。完成机关事业单位初、中、高、技师等36人的申报审核工作；办理专业技术人员晋升职务85人，完成岗位设置、聘用885人；积极开展专业技术职务的评价推荐申报工作，办理推荐人员121人；按照“653”工程要求，组织1368人参加《低碳经济》素质教育考试。

【工资福利】　完成新区（县）机关单位48家1 169人、参公管理事业单位268人、事业单位97家1 904人工资统计及正常晋升工资审批。

按“三定方案”对新区（县）信访工作人员情况进行摸底统计；完成公共卫生医疗单位和基础卫生院绩效工资改革，涉及8家单位160人，已全部兑现；对全县11家单位参公管理工勤人员44人进行工资套改审批、补发津补贴；共审核办理机关事业单位退休49人，企业单位及失业职工退休91人；审核办理机关事业单位保险福利待遇31人；审核审批公共卫生与基层医疗卫生事业单位退休人员津补贴，涉及单位7户50人；审核审批参公事业单位退休人员津补贴3户4人。

完成新区（县）企业工资统计及企业人工成本调查工作，完成了14家企业1 121人的工资总额备案；及时发布本地最低工资标准，进行宣传解释并监督执行；做好企业工资政策及《劳动法》相关规定的宣传与监督执行，着重宣传及贯彻执行《工资支付条例》。

【社区平台建设】　按照上级要求认真做好社区平台建设工作，及时上报工作报表和相关书面材料。成立呈贡新区（县）人力资源和社会保障局基层劳动就业社会保障公共服务平台和网络建设领导小组，指导街道办社会保障事务所开展工作。

【劳动就业】　广泛收集就业岗位，在社区举办现场招聘会，提供零距离的就业服务。深入辖区内企业、高校，通过横向、纵向、网络等多渠道收集用工信息，提供有效就业岗位5 685个，完成年目标率达284.25%。积极做好城镇失业人员再就业工作，完成新增城镇就业2 448人，完成年目标率达188.31%。城镇登记失业率为3.43%，控制在3.5%以内，完成目标率达100%。开发公益性岗位312个，实际上岗300人，完成年目标率达150%。为被征地人员举办各种招聘活动9场次，完成年目标率达300%。新增农村劳动力转移就业7 504人。

失业保险核定稳中有增，扩面工作持续增长。失业保险参保308户，参保1.2万人，完成年目标率达100%。严格做好城镇未雇工个体工商户及城镇其他从业劳动者参加失业保险工作，目前已有400名灵活就业人员参加失业保险。新增失业职工201人，接收档案201份。办理各类转出失业人员档案133份。支付失业保险金、门诊医疗补助、失业农民工一次性补助、妇女生育补助等共计1 427人次83万元。

积极开展创业贷款扶持工作。为辖区内符合贷款的91人开展创业指导、创业培训，提供“贷免扶补”，发放城镇失业人员小额担保贷款506万元。鼓励街道及社区开发就业岗位，设置奖励资金，共支出104.4万元。做好“零就业家庭”成员的就业帮扶工作。认定“零就业家庭”150户，帮扶150人上岗。积极开展职业技能培训和创业培训。全年参加职业技能培训人员达到2 077人，组织109人参加创业培训。

做好援企稳岗、稳定就业。为减轻企业负担稳定就业岗位，让在岗人员不下岗或少下岗，对辖区内的两家企业经过转岗培训，稳定就业岗位100个，补贴资金3.4万元，完成目标任务的100%。做好灵活就业人员的社会保险补贴发放工作。发放灵活就业人员养老、失业、医疗保险补贴560人，发放补贴110万元。

针对云南百年不遇的干旱，分别在六个街道举办了移民送水、送岗到社区的招聘活动共8场，85家用人单位提供3 189个有效就业岗位，为864人次免费职业介绍，514人实现了就业，388人参加技能培训，弥补了因干旱造成的损失。

完善城乡统筹就业创业政策，建立城乡统筹就业创业机制。制定了《呈贡新区促进创业和就业工作的实施意见（试行）》，完善了城乡统筹就业创业政策；建立了呈贡新区范围内的驻呈单位、用地企业和用地社区的对应帮扶社区机制；建立了开发就业岗位和职业介绍奖励机制；建立了由政府、用人单位、职业技能培训机构等各方面共担责任、共促发展的职业技能培训联动机制。

【劳动监察】　认真开展2009年新区（县）劳动执法年审工作。参加年审单位257户，涉及劳动者5 591人，补签劳动合同570份。及时受理、处理举报投诉和非法使用童工等劳动保障违法违规行为。年内，共受理举报投诉劳动保障违法案件81件，办理结案81件，办结率达100%。涉及农民工1 628人，为劳动者追讨工资1 267.4万元。

开展劳动保障监察“两网化”建设。为加大新区（县）劳动保障监察工作的开展，结合劳动执法年审、春暖行动和日常工作，大力宣传劳动保障法律、法规，逐步完善网格化的基础建设，切实保护劳动者的合法权益。成立“呈贡新区（县）劳动保障两网化建设工作小组”，开展了由各街道组织的对本辖区内国有、集体、股份制、外资和私营企业的户数进行摸底调查工作，以掌握本辖区企业分布基本状况。

大力推行农民工工资保证金制度。为规范新区（县）建设领域用工单位工资支付行为，预防和解决拖欠农民工工资问题。共收取施工单位的农民工工资保障金2710万元。

【信访仲裁】　加强劳动合同管理。督促企业做好劳动合同的新签、补签和续签工作。股份制企业劳动合同签订 11 880 份，涉及员工 3 960 人；非公有制企业劳动合同签订 3 072 份，涉及员工 1 024 人；事业单位劳动合同签订 315 份，涉及职工 105 人。办理解除（终止）劳动关系 244 人次，变更合同 399 人。受理工伤认定 92 人次，认定为工伤 67 人；到基层进行工伤调查 101 余次，调解解决 25 人次。办理劳动用工登记 80 户，涉及人员 8 576 人。

做好劳动争议处理工作。严格按照《中华人民共和国劳动争议调解仲裁法》办案规则受理处理各类劳动争议案件。受理处理劳动争议案件 52 件。其中：不符合受理条件发出不予受理通知书 4 件；依法仲裁 25 件；调解结案 23 件。案件结案率达 100%。

做好群众来信来访工作。建立信访登记制度，规范群众来信来访并做到及时处理。热情接待来访群众，做到件件有着落，事事有回音。年内，接待处理信访 70 件 163 人次，全部都按政策给予直接答复和调查核实后给予答复。

加强劳动用工登记管理工作。印发《呈贡县全面推进劳动合同制度三年行动计划实施方案》，成立以主要领导为组长、相关部门负责人为成员的劳动用工登记管理工作领导小组。年内，办理用人单位劳动用工登记管理企业 357 户，涉及员工 4 338 人。

**【社会保障监督】** 有计划、有步骤组织县社会保险基金专项治理工作，根据市劳动和社会保障局、财政局、市地方税务局、市监察局等 9 部门联合下发《关于印发昆明市社会保险基金专项治理工作实施方案的通知》的统一部署，成立“呈贡县社会保险基金专项治理工作领导小组”，研究制定社会保险基金专项治理工作实施方案，组织协调领导小组成员单位开展专项治理，督促指导各社会保险经办机构开展工作，交流通报情况，总结推广经验，协调解决工作中遇到的问题，并向市级领导小组报送工作报表和专项治理工作总结。

组织社保基金经办机构认真开展社会保险基金非现场监督工作。每季开展 1 次，年内开展 4 次，并及时上报工作报表和相关书面材料。严格与财政、税务、银行等部门的对账制度，做到帐证相符，帐表相符，帐帐相符，确保社保基金安全完整。

**【社会保险】** 一是严格做好养老金发放和离退休人员管理指导工作。根据《云南省人民政府关于落实省属企业退休人员移交属地社会化管理服务工作的实施意见》规定及市局相关会议的要求，新区（县）顺利完成了原省属十四冶一公司、云南省信用社呈贡县联社等省属破产关闭企业的退休人员的移交工作。为机关、事业单位离退休职工 1 102 人代发退休金 3 491.34 万元；为企业离退休人员 1 468 人发放养老金 1679 万元，确保离退休人员养老金按时足额发放。二是努力做好养老、工伤、生育保险工作。严格按照省、市有关指示精神和要求，积极做好企业、城镇个体工商户、灵活就业人员养老保险的参保、养老保险费的核定工作。国有企业、城镇集体企业、城镇自谋职业人员共参保 7 200 人，完成目标任务数的 100%，收缴养老保险费 2 299 万元。积极宣传《工伤保险条例》，做好参保企业工伤保险金的申报、核定和征缴工作。企业工伤保险参保人数达 5 682 人，完成目标任务数的 123.5%。共收缴工伤保险费 70.32 万元，支付 19 人工伤保险费 41.5 万元。生育保险参保人数 4 044 人，完成目标任务数的 115.5%。收缴生育保险费 60.65 万元，支付 39 人生育保险费 29.42 万元。

**【被征地人员基本养老保险】** 截止 2010 年 12 月，被征地人员养老保险累计参保人数为 12 156 人，年内，新增参保 2 529 人，完成目标任务数的 126.45%。收取养老保险费 1.71 亿余元。当月符合领保的人数为 9 248 人。月发放养老生活费 213 万余元。认真做好领取待遇资格审查工作，应参加认证人数为 8 838 人，符合领取待遇人数为 8 838 人，已核查人数为 8 809 人，未核查人数为 29 人，无冒领行为。

**【医疗保险】** 医疗保险参保人数为 97 883 人，完成年目标 100.9%。其中城镇职工基本医疗保险参保单位有 315 家，收取职工医疗保险费 5 075 万元；城镇居民医疗保险参保人数共 80 512 人，参保率为 97%，统筹基金预计支出 1 200 万元。新区共有职工医疗保险定点医疗机构 24 家，定点零售药店 14 家，城镇居民定点首诊医疗机构 9 家。新区医疗保险年内在城镇居民基本医疗保险制度创新方面做到了“两个实现”，一是在全市率先实现了城乡一体化的医疗保险体系，二是在全市率先实现了“全民医保”的目标。

**【社会保险基金管理】** 认真做好各项社会保险基金的征收、管理工作，确保各项基金安全运行，严把基金收支关。上半年新区对参加城镇职工基本医疗保险的 320 家企事业单位共计 1 万 7 千人进行了书面稽核，书面稽核率达 100%，没有发现少报、漏报缴费基数的情况。

加大了对历年欠费的治理追缴力度，采取多种办法到企业催缴、追缴，治理整改欠费 73.82 万元。其中：企业养老保险 19.82 万元；自收自支养老保险 54 万元。城镇职工养老保险信息系统网络建设已进入省级信息系统，目前运行良好，覆盖率达 100%。

**【信息安全检查】** 8 月 20 日至 9 月 30 日，新区对医院、药店等劳动保障信息系统使用单位开展了信息安全检查，随机抽查了 16 家单位，抽查率达 34.8%。

【机关作风建设】 紧紧围绕呈贡新区建设大局，巩固和扩大科学发展观学习实践活动成果，大力实施“云岭先锋”工程，深入开展党风廉政建设，加强党的执政能力建设和先进性建设，以增强党总支的创造力、凝聚力、战斗力，提高党员队伍整体素质，发挥党总支的政治核心、战斗堡垒作用和党员的先锋模范作用为目标，严格遵守并组织落实“四大纪律、八项要求”和领导干部廉洁自律各项规定。切实加强干部作风建设，倡导“八个方面”的良好风气，严格遵守和执行中央纪委《关于严格禁止利用职务上的便利谋取不正当利益的若干规定》和“四大纪律、八项要求”等各项规定，切实做到清正廉洁。严格执行“收支两条线”管理规定及财务资金管理规定，坚持民主集中制，发扬党内民主。定期组织全局干部职工进行政治和业务学习，进一步提高干部职工思想素质和工作水平，从源头上有效防止了违法乱纪行为的发生。

（向廷锡）

## 民政事务

【简　述】 2010年，新区（县）民政局在新区党工委（县委）、新区管委会（县政府）的正确领导和省、市民政部门的关心指导下，紧紧围绕新区党工委(县委)、新区管委会（县政府）的中心工作，牢固树立以民为本、为民解困、为民服务的核心理念，认真履行解决民生、落实民权、维护民利的基本职责，惠民生、重管理、强服务、促和谐。年内，救灾救济、城乡低保、基层政权、和谐社区、双拥优抚安置以及殡葬改革、区划地名、婚姻登记、老龄事业等民政工作取得了突破性的进展。新区（县）再次被省委、省政府、省军区命名为双拥模范县，被命名为全省村务公开和民主管理工作先进示范单位，荣获昆明市殡葬改革工作一等奖。新区（县）民政局荣获昆明市老龄工作目标管理责任制先进集体、昆明市退役士兵安置工作先进单位、昆明市民政工作综合评定“二等奖”以及呈贡新区2010年民主评议机关作风第二名等荣誉称号，再次创建为县级文明单位，为实现呈贡新区跨越式发展做出了新的贡献。

【党组织建设和党风廉政建设】 新区（县）民政局党支部始终坚持以邓小平理论和“三个代表”重要思想为指导，深入贯彻落实科学发展观，认真落实党风廉政建设责任制，积极创建“五好”班子，切实发挥好党支部的战斗堡垒作用和党员先锋模范作用。通过“三会一课”、创先争优、党员先锋岗、为党旗增辉”等活动，充分调动党员的积极性、主动性、创造性。

【城乡低保】 一是按时足额核放低保金。全年享受城市低保待遇人数为3 197户次5 045人次，发放城市低保金89.8万元，人月均补助标准为178元；享受农村低保待遇人数为2 445户次2 913人次，发放农村低保金24.19万元，人月均补助标准为83元。城乡低保覆盖率100%。二是提高农村低保标准。经昆明呈贡新区管委会（县政府）研究决定：自10月1日起，新区（县）农村居民最低生活保障标准比照城市居民最低生活保障标准执行。人均补助标准由原来的79元提高到172元，让新区困难群众倍感党和政府的温暖，享受到了新区发展成果。三是严格按标准发放临时生活补助和价格补贴。为确保城乡低保对象生活水平不因物价上涨而受到影响，3～12月，严格按照每人每月20元和11元的标准，发放城乡低保对象份临时生活补助和价格补贴11.07万元，有效保障了城乡困难群众基本生活，促进社会和谐稳定。

【城乡临时生活救助及医疗救助】 积极开展城乡临时生活救助及医辽救助工作。年内，审核发放城乡困难群众临时生活救助金1.88万元；资助医辽参保8 683人，切实帮助困难群众缓解救医难的问题。

【救灾救济】 一是切实帮助旱灾群众解决生活困难问题。年内，新区（县）持续干旱天气，造成7个街道40多个自然村受到不同程度的旱灾。受灾人口38 153人、饮水困难人员达8 435人，大牲畜饮水困难1 590头，受灾面积达3.53万亩。新区（县）民政局为打赢抗旱救灾保民生攻坚战，积极开展抗旱救灾捐助活动。3月6日，呈贡新区（县）在县城文化广场举行抗旱救灾“献爱心”捐助仪式，捐助活动共计接收到抗旱救灾捐赠资金413.71万元。4月17日，呈贡新区（县）在洛龙公园广场举行抗旱救灾“三无”对象救灾粮发送仪式，发放抗旱救灾粮60吨，有效缓解5 000多人的吃粮问题。二是切实做好“8.16”洪涝灾害受灾群众的救助工作。及时发放救灾粮2.97万千克，食用油212桶、矿泉水183箱、生活用品335套，有效帮助3 373户7 458人解决生活困难问题。10月19日，发放救灾粮114.84吨。三是认真开展春节、中秋节走访慰问活动。2月10日上午，呈贡新区（县）领导及相关部门的主要负责人组成8个慰问组，走访慰问部分老乡干、困难户、军烈属及老复员军人等民政对象34户，每户送去慰问金300元、大米10千克、菜油5升；慰问敬老院及五保老人56人，送去慰问金及过节费1.22万元。同时，呈贡新区（县）民政局慰问各类民政对象179户，送去慰问金3.87万元。9月17日，新区（县）民政局对辖区内的灾民、困难户及敬老院五保老人进行走访慰问，送去价值3.32万元的月饼，把党和政府的温暖送到困难群众手中，让他们共享呈贡新区建设发展的成果。四是积极开展“送温暖·献爱心”社会捐助活动。共计接收新区（县）42个单位捐款10.11万元。五是及时做好流浪乞讨人员的救助工作。对自愿前来求助的流浪乞讨人员给予及时救助，全年救助206人。

**【社会福利】** 一是切实加强农村敬老院的管理，不断提高供养水平和服务质量。新区（县）民政局与各街道签订《管理责任书》，对敬老院的管理提出了明确的要求。二是不断提高农村五保供养标准。新区（县）集中供养22人，人月均供养标准为525元；分散供养1人，人月均供养标准为285元。三是认真做好收养登记工作。全年办理收养登记17件，送养弃婴2名，为2名儿童免费安装假肢及矫形器具，帮助4名患有疝气的贫困儿童做治愈手术，有效保障儿童的合法权益。

**【基层组织建设】** 一是圆满完成社区居委会换届选举工作，着力抓好社区建设。呈贡新区（县）于2月26日上午召开社区“两委”换届选举工作部署会，全面启动社区“两委”换届选举工作。其中：38个社区居委会的换届选举从3月15日开始至4月15日结束。选举产生社区居委会主任38名、副主任38名、委员130名。选举结束后，新区党工委（县委）、新区管委会（县政府）于5月4日至8日和6月9日至11日分两批对新一届社区书记、副书记、主任、副主任及居民小组长进行全脱产培训，提高社区干部管理服务水平和综合素质，增强社区干部的纪律性和集体观念，为他们在履职期间“会干事、能干事、干好事”打下坚实基础。二是认真开展和谐社区建设试点工作。在组建工作领导机构的同时，制定下发《关于加强构建和谐社区的实施意见》及《关于加强和改进社区服务的意见》等相关文件，并于5月25日召开呈贡新区创建和谐社区工作会，全力推进呈贡新区和谐社区建设工作。四个示范点，均设立了社区服务站、图书室、“爱心超市”、文体活动场所等，并制定了相应的制度，配置设备和人员，社区服务站全面投入使用，得到社区群众的好评。三是依法做好民间组织的登记管理工作。认真组织民办非企业单位和社会团体开展深入学习实践科学发展观和创先争优活动，有效促进民间组织的健康发展。同时，开展社会团体“小金库”清理工作，杜绝私设“小金库”现象。年内，依法登记民办非企业单位30家、社会团体32家，变更1家。依法年检民办非企业单位18家，合格18家；年检社会团体17家，合格17家。

**【双拥工作】** 一是在新区群众因旱灾缺水、农田干枯的关键时刻，驻呈部队官兵把驻地当故乡、视人民为父母，积极参加抗旱水源工程建设以及送粮、送水、捐款等抗旱救灾活动，用实际行动谱写了“人民军队心系灾区，抗旱救灾当先锋”的新篇章。抗旱期间，驻呈部队出动官兵3 500人次、车辆601余台次，运送人畜饮水3 010立方，清理饮水沟渠20千米，架设管道12千米，挖小水池100余个，浇灌农作物1 200亩，运送矿泉水6 000余件，运粮120吨，运送新鲜蔬菜5吨多。4月23日，呈贡新区（县）相关领导走访慰问抗旱救灾驻呈部队，送去价值4万余元的猪肉、酱菜等食品，以表达新区人民对部队官兵的深情厚爱。二是积极开展争创第八届省级双拥模范城（县）活动，不断加强与驻呈部队的联系，共话“双拥”情、共谋新区发展大计。

**【优待抚恤】** 一是认真落实优抚对象补助自然增长机制，严格按照新的抚恤补助标准，及时、足额发放各项抚恤补助金。年内，新区（县）“三属”的定期抚恤标准为：城镇烈士遗属每人每月792元、农村烈士遗属每人每月481元，城镇因公牺牲遗属每人每月716元、农村因公牺牲遗属每人每月461元，城镇病故军人遗属每人每月768元、农村病故军人遗属每人每月444元；建国前在乡老复员军人每人每月347元、建国后在乡老复员军人每人每月332元；带病回乡退伍军人和“两参人员”每人每月222元。二是积极协调县人事、财政、卫生等相关部门，研究制定并下发了《呈贡县优抚对象医疗保障实施细则（试行）》，全县1 061名优抚对象全部纳入城镇医疗保险，有效帮助解决优抚对象治病难的问题。三是严格落实兑现义务兵家属优待金。全县有现役义务兵家庭85户，优待面达到100%。

**【退役士兵安置】** 一是始终坚持做到“五公开”，即：安置政策公开、安置对象公开、安置岗位公开、考试考核成绩公开、择优选岗结果公开，多措并举安置城镇退役士兵。年内，共接收安置退役士兵62人。其中：回农村安置的40人；符合城镇安置条件的22人。通过考试、考核，余培彬等5名退役士官选择了自己满意的岗位，其余17人均自愿申请自谋职业，发放自谋职业一次性经济补偿金226.6万元。二是积极动员退役士兵参加文化技能培训和一年以上免费教育培训，为退役士兵做好相关服务工作。

**【军队离退休干部服务管理】** 严格按照“政治待遇不变，生活待遇略为从优”的原则，认真落实军队离退休干部的相关待遇，紧紧围绕“六个老有”积极组织老干部参加各种文娱活动，让老干部们的晚年生活充满娱乐与情趣，努力建设和谐发展的军休园地，不断提高管理水平和服务质量。

【区划地名】　切实做好区划地名工作，全面完成呈—晋线联合检查工作，积极开展创卫期间地名标志牌的整治工作。重点对老城区小街小巷的地名标志牌进行了认真的清理和设置。对因道路修建、偷盗、人为损坏、门面装修、漏登等原因已损毁和不在的12条街巷的32块路牌、40块小门牌，进行了及时的修补、安装。同时，认真做好地名命名和服务工作。全年报批小区命名29个，出具地址证明163人次。

【婚姻管理】　按照省、市民政部门的相关要求，已托管的洛羊、大渔、马金铺等街道辖区内的婚姻登记工作仍由新区（县）民政局办理。全年共办理结婚登记3 268人，离婚登记930人，出具无婚姻登记证明774人，补领结婚证1 220本、离婚证46本。

【殡葬管理】　一是认真贯彻落实新修订的《昆明市殡葬管理条例》，加强殡葬管理，保护生态环境，促进社会文明进步，巩固呈贡新区（县）殡葬改革的成果。二是以清明节为契机，在呈贡新区（县）范围内开展以“文明祭扫、平安清明”为主题的宣传月活动，把防火安全、文明祭祀、绿色殡葬理念宣传到户，不断推动殡葬改革健康和谐发展。在清明、冬至节期间，干部职工放弃节假日和双休日到云南冲公益性墓地进行巡查，并采取逐户宣传的形式，耐心向祭祀群众宣传殡葬法规、防火安全管理要求及文明祭祀的新方式、新风尚，有效预防和最大限度地减少云南冲公益性墓地安全事故的发生，确保群众祭扫活动的顺利进行。年内，呈贡新区范围内火化遗体537具（其中：农业人口449具，非农业人口70具，无名尸18具），火化安葬809冢，其余全部进入经营性公墓。火化率达100%。

【老龄事业】　一是严格按照老龄工作目标管理责任书，开展政策宣传、组织培训及调研等工作，积极推动老龄事业的发展。二是加大投入力度深入开展“百村建设”。划拨10万元资金，积极扶持松花、斗南、万溪冲等社区老年协会修缮活动场所、增加设施。三是认真组织开展“敬老节”活动。对辖区内84个特困老年人进行走访慰问，每人发放慰问金300元，共发放2.52万元。10月15日，在洛龙公园举行庆祝第二十四届“敬老节”活动，大力弘扬中华民族尊老、敬老、爱老的传统美德，让老年朋友们欢度自己的节日。四是认真做好80岁以上老年人生活保健金的核发及老年优待证的办理工作，按时上报各类报表。全年发放保健补助金51.81万元，办理老年优待证1 369本，遗失补领42本。五是加强对老年群众组织的指导和管理。新区（县）的社区都成立了老年协会；新区（县）老年大学共设41个班，学员1 500人。

【人大建议、政协提案、来信来访】　严格落实首问责任制、限时办结制、服务承诺制等制度，积极推行“一线工作法”和“五办作风”，认真办理人大建议和政协提案；对群众来访做到热情接待、积极引导，有效预防和杜绝群体性上访事件的发生。全年共承办人大建议和政协提案3件，办结率、满意率均为100%。受理信访件1件，接待群众来访4次，满意率为100%。

【资金监管】　严格执行财务制度和财经管理制度，规范行政执法和管理服务行为。在进一步加强城乡低保、优抚安置、救灾救济等民政专项资金管理和使用的同时，认真做好各类社会定救资金、水库移民后期扶持资金、民办教师生活补助金的管理和使用，确保各项民政资金按时足额发放、安全运行。年内，发放城市低保金89.8万元、农村低保金24.2万元；发放城乡医疗救助金13.2万元；发放救灾资金602.1万元；发放流浪乞讨人员救助金0.3万元；发放各类优抚对象定补资金340.1万元、医疗补助金23.4万元；发放自谋职业一次性经济补偿金226.6万元；发放农村火化补助奖励金58.2万元；发放水库移民后期扶持资金118.6万元、民办教师生活补助金9.1万元、各类社会定救资金52.7万元；发放福利彩票公益金14.3万元；发放县军休所各类经费341.9万元；节日慰问民政对象8.2万元；老年人福利支出42.9万元；行政经费支出188万元；其他民政事业费支出189.3万元。均没有出现违规违纪现象。在抗旱救灾中，共接收捐赠资金413.71万元。捐款名单通过“云南省人民政府重要事项公示”网站发布，自觉接受社会各界监督。

【平安建设】　以维护社会和谐稳定为目标，以维护人民利益为根本，以维护社会公平正义为核心，以平安建设、法制教育等工作为载体，认真落实综治维稳及平安创建的各项目标任务。在认真研究制定工作方案的同时，局领导分别与科室负责人签订《2010年平安建设工作目标管理责任书》，明确目标任务，落实工作职责。真正做到“看好自己的门、管好自己的人、办好自己的事”，努力把不稳定因素减小到最低点，竭力把稳定和谐的氛围营造到最大化。

【效能建设】　以“效能呈贡”建设和“创先争优”活动为契机，以实施“阳光政府”四项制度和“效能政府”四项制度为载体，认真履行民政职能，全面提升机关效能，服务新区建设。年内，通过阳光政府四项制度网站和政府信息公开网站发布民政信息78条；编制民政工作简讯39篇；受理婚姻登记、收养登记、老年证以及社团组织登记、地名命名等报件4 328件（其中，限时办结158件，首问首办4 170件）；办结率为100%。无投诉问责现象。

【队伍建设】 新区（县）党支部始终坚持以“建设一流队伍、培育一流作风、创造一流业绩”为目标，紧紧围绕“解决民生、维护民利、落实民权”这条主线，紧贴“保发展、保民生、保稳定”的工作大局，以“创新服务，促进发展”为切入点，严格按照“个人形象一面旗、工作热情一团火、谋事布局一盘棋”的要求，教育干部职工把为民解困作为第一要事，把群众满意作为第一标准，把求真务实作为第一要求，察实情、出实招、求实效。着力建设一支“政治坚定、作风优良、纪律严明、恪尽职守、勤政为民、清正廉洁”的干部队伍，努力形成“行为规范、运转协调、公正透明、便捷高效”的行政管理体制和运行机制，推进新区民政事业又好又快发展。

（马琼丽）

# 人民生活

【城镇居民收入与支出】 2010年，城镇居民人均总收入22 398.24元。其中：工薪收入19 982.57元；经营性净收入173.37元；财产性收入229.07元；转移性收入2 013.22元。城镇居民人均总支出21 739.75元，其中，消费支出15 571.68元。人均可支配收入19 467.11元。

【城镇居民住房情况】 2010年末，城镇居民人均住房建筑面积40.28平方米，房屋产权：1.67%属于原有私房；63.33%属于房改房；35%属于商品房。

【每百户城镇居民主要耐用消费品拥有量】 2010年末每百户城镇居民拥有情况：彩色电视机111.67台、家用电脑65台、沐浴热水器75台、照相机48.33架、微波炉71.67台、普通电话68.33部、移动电话201.67部、摩托车8.33辆、家用汽车35辆。

【城镇居民生活消费情况】 2010年，城镇居民人均生活消费支出15 571.68元。其中：食品支出3 911.92元；衣着支出1 568.69元；家庭设备用品及服务支出1 057.61元；医疗保健支出760.76元；交通和通讯支出4 519.37元；教育文化娱乐服务支出1 759.36元；居住支出1 788.89元；杂项商品和服务支出205.08元。

【社会劳动者人数】 2010年末，新区（县）社会劳动者人数14 550人。其中，国有经济从业人员为5 200人，占社会劳动者人数的35.74%；集体经济从业人员为283人，占社会劳动者人数的1.94%；其他经济从业人员为9 067人，占社会劳动者人数的62.32%。

【职工情况】 2010年，新区（县）在岗职工为14 182人，比上年增加1 114人，增长8.52%。其中国有经济在岗职工为4 995人，占在岗职工总数的35.22%；集体经济在岗职工为280人，占在岗职工总数的1.97%；其他经济在岗职工为8 907人，占在岗职工总数的62.80%。在岗职工专业技术人员为3 796人，占在岗职工总数的26.77%；在岗职工女性为5 340人，占在岗职工总数的37.65%。

【职工工资情况】 2010年，新区（县）在岗职工的年平均工资（包括中央、省、市属单位职工人数）为40 004元，比上年增加14.86%。其中国有经济在岗职工年平均工资为37 305元，比上年增加19.72%；集体经济在岗职工年平均工资为190 983元，比上年增加84.36%；其他经济在岗职工年平均工资为36 602元，比上年增长6.88%。

【农村居民收入与支出】 2010年，新区（县）农民人均总收入继续保持较快增长。据全县60户农村住户调查结果表明：全县农民人均总收入17 021元，比上年增加1 536元，增长9.92%（其中：家庭经营收入14 673元，比上年增加874元，增长6.33%）；农民人均支出25 936.7元，比上年增加1 642.21，增长6.68%（其中：家庭经营费用支出8 653.6元，比上年增加85.2元，增长0.99%）。全县农民人均纯收入7 647.6元，比上年增长12.37%。扣除价格因素后纯收入实际增长8.18%。

【农村居民住房情况】 农村新区（县）居民的住房面积和住房质量不断改善，住房结构设计更趋合理。年内新区（县）农民人均住房面积84平方米。其中：钢筋混凝土结构面积人均71平方米，比上年增加5平方米，增长7.6%；砖木结构面积人均12平方米。

【农村居民耐用品拥有情况】 2010年末，新区（县）每百户农民家庭耐用消费品拥有情况：洗衣机90台、电冰箱30台、热水器60台、摩托车30辆、电话机30部、移动电话240部、彩色电视机120台、汽车30辆、电脑30台。

【农村居民消费情况】 2010年，新区（县）农村居民人均生活消费支出14 487.5元。其中：食品消费支出2 584.3元；衣着消费支出930.7元；家庭设备及用品支出873.4元；居住消费支出802.5元；医疗保健支出1 314.3元；交通和通迅支出5 165.4元；文教、娱乐用品及服务支出2 119.8元；其他商品服务支出697.1元。

（刘　瑛　张　琳　何顺勇）

# 人　物

责任编辑：杭　松

## 2010年受市级以上表彰人员名录

| 姓　名 | 所在单位 | 表彰单位 | 荣誉称号 |
|---|---|---|---|
| 宇秉翔 | 呈贡新区(县)综合办公室 | 中共中央办公厅机要局 | 全国岗位技能竞赛优秀奖 |
| 缪文彬 | 呈贡县环境保护局 | 国家环保部 | 全国第一次污染源普查先进个人 |
| 朱培荣 | 呈贡县林业局 | 全国绿化委员会 | 2009年度“全国绿化奖章” |
| 莫　雁 | 呈贡县土肥站 | 全国农业技术推广服务中心 | 全国土壤肥料信息统计工作先进个人 |
| 张思路 | 呈贡供电有限公司 | 中国南方电网有限责任公司 | 南方电网公司第四届“万家灯火”南网情深技能竞赛奖 |
| 杨　刚 | 呈贡县司法局 | 司法部 | 全国模范人民调解员 |
| 杨　刚 | 吴家营街道司法所 | 司法部 | 云南省人民调解工作先进个人 |
| 唐荣华 | 呈贡县委党史县志办公室 | 云南省地方志编纂委员会 | 2008～2009年度全省地方志系统先进个人 |
| 唐荣华 | 呈贡县委党史县志办公室 | 云南省委 | 全省党史工作先进个人 |
| 宇秉翔 | 呈贡新区(县)综合办公室 | 云南省委宣传部 | 全国“泰斗杯”演讲比赛三等奖 |
| 高玉林 | 呈贡供电有限公司 | 云南电网公司 | 先进生产工作者 |
| 黄　炜 | 呈贡供电有限公司 | 云南电力行业协会 | 2009年度云南省电力顾客满意服务明星 |
| 周　威 | 呈贡供电有限公司 | 云南电网公司工会 | 云南电网公司安全文化巡回宣讲荣誉证书 |
| 张运龙 | 呈贡供电有限公司 | 云南电网公司工会 | 2009年城农网建设与改造功臣个人 |
| 元云宝 | 呈贡供电有限公司 | 云南电网公司工会 | 2010年度先进生产工作者 |
| 元云宝 | 呈贡供电有限公司 | 云南省电力行业协会 | 全国电力行业用户满意服务明星 |
| 赵凤珍 | 呈贡县委宣传部 | 云南省新闻出版局 | 优秀编辑 |
| 华彤昆 | 呈贡县委宣传部 | 云南省新闻出版局 | 优秀编辑 |
| 赵凤珍 | 呈贡县委宣传部 | 云南省委宣传部云南省社科联 | 云南省第四届社会科学学术年会暨云南省第十三次哲学社会科学优秀论文 |
| 赵凤珍 | 呈贡县委宣传部 | 云南省委党校 | 优秀学员优秀毕业论文 |
| 角春富 | 斗南街道办事处 | 云南省人民政府第二次全国经济普查领导小组 | 云南省第二次全国经济普查先进个人 |
| 刘春鸿 | 呈贡县公安局 | 云南省公安厅 | 2009年度全省公安机关“三项建设”先进个人 |

(续上表)

| 姓 名 | 所在单位 | 表彰单位 | 荣誉称号 |
|---|---|---|---|
| 王艳明 | 呈贡县统计 | 云南省政府第二次全国经济普查领导小组 | 省级优秀组织者 |
| 戚 华 | 呈贡县统计 | 云南省政府第二次全国经济普查领导小组 | 省级优秀组织者 |
| 戚 娟 | 呈贡县统计 | 云南省政府第二次全国经济普查领导小组 | 国家级先进个人 |
| 肖建中 | 呈贡县统计 | 云南省政府第二次全国经济普查领导小组 | 国家级先进个人 |
| 张 琳 | 呈贡县统计 | 云南省政府第二次全国经济普查领导小组 | 省级先进个人 |
| 牛 文 | 呈贡县统计 | 云南省政府第二次全国经济普查领导小组 | 省级先进个人 |
| 李桂芝 | 呈贡县统计 | 云南省政府第二次全国经济普查领导小组 | 省级先进个人 |
| 角春富 | 呈贡县统计 | 云南省政府第二次全国经济普查领导小组 | 省级先进个人 |
| 王双秀 | 呈贡县统计 | 云南省政府第二次全国经济普查领导小组 | 省级先进个人 |
| 杨秀娟 | 呈贡县统计 | 云南省政府第二次全国经济普查领导小组 | 省级先进个人 |
| 李德华 | 呈贡电信分公司 | 中国电信云南分公司 | 优秀支局长 |
| 王 艳 | 呈贡电信分公司 | 中国电信云南分公司 | 巾帼先进个人 |
| 周东辉 | 大渔街道办事处 | 云南省森林防火指挥部 | 先进个人 |
| 敖燕妮 | 大渔中心学校 | 云南省妇联 | 巾帼建功标兵 |
| 马玉飞 | 中国银行昆明市呈贡支行 | 中国银行云南省分行 | 2010 年度先进个人 |
| 何红云 | 中国银行昆明市呈贡支行 | 中国银行云南省分行 | 中国银行云南省分行 IT 蓝图最佳后勤保障者 |
| 吴仕文 | 中国银行昆明市呈贡支行 | 中国银行云南省分行 | 中国银行云南省分行 IT 蓝图最佳业务人员 |
| 刘建凤 | 中国银行昆明市呈贡支行 | 中国银行云南省分行 | 中国银行云南省分行 IT 蓝图最佳协调宣传者 |
| 杨 迪 | 雨花街道办事处 | 云南省政府第二次全国经济普查领导小组 | 先进个人 |
| 任红琴 | 昆明市公路运输管理局呈贡县分局 | 云南省交通运输厅 | 云南省公路运输量专项调查先进个人 |
| 李春华 | 呈贡县疾控中心 | 云南省卫生厅 | 先进个人 |
| 晋怡欣 | 呈贡县疾控中心 | 云南省卫生厅 | 先进个人 |
| 罗丽芝 | 呈贡县疾控中心 | 云南省卫生厅 | 先进个人 |
| 梁桂莲 | 呈贡县疾控中心 | 云南省卫生厅 | 先进个人 |
| 何 祥 | 大新册社区 | 云南省护路办 | 铁路护路先进个人 |
| 杨跃云 | 吴家营办事处 | 云南省人民政府 | 云南省集体林权制度改造先进个人 |
| 杨秀娟 | 吴家营统计站 | 云南省人民政府 | 云南省第二次全国经济普查工作先进个人 |
| 白志群 | 呈贡县委党校 | 云南省委党校 | 优秀教育管理工作者 |
| 李向葵 | 呈贡县委党校 | 云南省委党校 | 优秀教师 |
| 吴小波 | 呈贡县工商局登记科 | 云南省工商行政管理局 | 云南省工商局 2009 年度注册登记能手 |
| 刘惠兰 | 呈贡县工商局斗南分局 | 中共云南省委组织部 | 2010 年干部选拔作用工作法规知识竞赛鼓励奖 |
| 李 常 | 呈贡县工商局市管科 | 云南省工商行政管理局 | 2009 年度“红盾护农”保有春耕专项执法行动先进个人 |
| 李学光 | 呈贡县森林防火指挥部 | 云南省森林防火指挥部、省林业厅 | 被授予全国森林防火工作纪念奖章 |
| 田 静 | 呈贡气象局 | 云南省气象局 | 全省气象系统抗旱救灾先进个人 |
| 王卫东 | 呈贡县国家税务局 | 云南省国家税务局 | 优秀共产党员 |

（续上表）

| 姓 名 | 所在单位 | 表彰单位 | 荣誉称号 |
|---|---|---|---|
| 尹树华 | 呈贡县人民法院 | 云南省高级人民法院 | “人民法院工作三十年荣誉奖章” |
| 赵南山 | 呈贡县人民法院 | 云南省高级人民法院 | “人民法院工作三十年荣誉奖章” |
| 王彦龙 | 大渔中学 | 昆明市委、市政府 | 优秀园丁 |
| 陈永文 | 呈贡县财政局 | 昆明市人民政府 | 昆明市民族团结模范个人 |
| 柳锦屏 | 雨花街道办事处 | 昆明市人民政府 | 昆明市森林防火先进个人 |
| 马会祥 | 回回营社区居委会 | 昆明市人民政府 | 昆明市民族团结进步模范个人 |
| 沙　敏 | 呈贡县委统战部 | 昆明市人民政府 | 昆明市第五次民族团结、进步模范个人 |
| 杨建花 | 缪家营社区居委会 | 昆明市委、市政府 | 昆明市1980—2009年人口和计划生育工作先进个人 |
| 杨绍英 | 柏枝营社区居委会 | 昆明市委、市政府 | 昆明市1980—2009年人口和计划生育工作先进个人 |
| 郑光丽 | 刘家营社区居委会 | 昆明市委、市政府 | 昆明市1980—2009年人口和计划生育工作先进个人 |
| 夏国忠 | 呈贡一中 | 昆明市人民政府 | 优秀园丁 |
| 昌亚敏 | 斗南中心学校 | 昆明市人民政府 | 优秀园丁 |
| 刘艳红 | 七甸中心学校 | 昆明市人民政府 | 优秀园丁 |
| 邱修荃 | 育才学校 | 昆明市人民政府 | 优秀园丁 |

## 2010年晋升中级、高级专业技术人员名录

| 序号 | 单位 | 姓名 | 性别 | 民族 | 出生年月 | 参加工作时间 | 专业技术资格 | 任职时间 | 备注 |
|---|---|---|---|---|---|---|---|---|---|
| 1 | 新区（县）第一中学 | 王止云 | 男 | 汉族 | 1980.6 | 2004.8 | 中学一级教师 | 2010.10 | |
| 2 | 新区（县）第一中学 | 李宝定 | 男 | 汉族 | 1979.3. | 2004.8 | 中学一级教师 | 2010.10 | |
| 3 | 新区（县）第一中学 | 毕军 | 男 | 汉族 | 1970.8 | 2003.8 | 中学一级教师 | 2010.10 | |
| 4 | 新区（县）第一中学 | 何磊 | 女 | 彝族 | 1969.11 | 2004.8 | 中学一级教师 | 2010.10 | |
| 5 | 新区（县）第一中学 | 李晓明 | 男 | 汉族 | 1967.5 | 2003.8 | 中学一级教师 | 2010.10 | |
| 6 | 新区（县）第一中学 | 吴艳玲 | 女 | 汉族 | 1980.11 | 2003.8 | 中学一级教师 | 2010.10 | |
| 7 | 新区（县）第一中学 | 蔡源淮 | 男 | 壮族 | 1981.4 | 2003.8 | 中学一级教师 | 2010.10 | |
| 8 | 新区（县）第一中学 | 杨伟 | 男 | 汉族 | 1978.12 | 2004.8 | 中学一级教师 | 2010.10 | |
| 9 | 吴家营中学 | 梁永江 | 男 | 汉族 | 1977.8 | 2001.8 | 中学一级教师 | 2010.10 | |
| 10 | 吴家营中学 | 唐永信 | 男 | 汉族 | 1974.11 | 2002.8 | 中学一级教师 | 2010.10 | |
| 11 | 斗南中学 | 杨福萍 | 女 | 汉族 | 1966.6 | 1985.7 | 中学一级教师 | 2010.10 | |
| 12 | 斗南中学 | 付媛媛 | 女 | 汉族 | 1972.1 | 1996.7 | 中学一级教师 | 2010.10 | |
| 13 | 斗南中学 | 张一卿 | 女 | 汉族 | 1969.1 | 1988.7 | 中学一级教师 | 2010.10 | |
| 14 | 七甸学校 | 周华香 | 男 | 彝族 | 1976.11 | 2001.8 | 中学一级教师 | 2010.10 | |
| 15 | 七甸学校 | 李红 | 男 | 汉族 | 1977.8 | 2001.8 | 中学一级教师 | 2010.10 | |
| 16 | 七甸学校 | 杨忠 | 男 | 汉族 | 1976.9 | 2001.8 | 中学一级教师 | 2010.10 | |
| 17 | 七甸学校 | 贾长骋 | 男 | 汉族 | 1969.6 | 1991.8 | 中学一级教师 | 2010.10 | |
| 18 | 龙城中心学校 | 李梅 | 女 | 汉族 | 1979.1 | 1998.8 | 小学高级教师 | 2010.10 | |

（续上表）

| 序号 | 单位 | 姓名 | 性别 | 民族 | 出生年月 | 参加工作时间 | 专业技术资格 | 任职时间 | 备注 |
|---|---|---|---|---|---|---|---|---|---|
| 19 | 龙城中心学校 | 李琳娟 | 女 | 汉族 | 1976.8 | 1997.8 | 小学高级教师 | 2010.10 | |
| 20 | 龙城中心学校 | 胡向丽 | 女 | 汉族 | 1974.7 | 1999.8 | 小学高级教师 | 2010.10 | |
| 21 | 龙城中心学校 | 土燕 | 女 | 汉族 | 1975.9 | 1996.8 | 小学高级教师 | 2010.10 | |
| 22 | 龙城中心学校 | 李春琼 | 女 | 汉族 | 1973.7 | 1994.8 | 小学高级教师 | 2010.10 | |
| 23 | 斗南中心学校 | 郭琼波 | 女 | 汉族 | 1978.12 | 1997.8 | 小学高级教师 | 2010.10 | |
| 24 | 斗南中心学校 | 何淑娟 | 女 | 汉族 | 1979.12. | 1998.8 | 小学高级教师 | 2010.10 | |
| 25 | 斗南中心学校 | 张丽仙 | 女 | 汉族 | 1982.12 | 2001.8 | 小学高级教师 | 2010.10 | |
| 26 | 斗南中心学校 | 王春娟 | 女 | 汉族 | 1977.7 | 1999.8 | 小学高级教师 | 2010.10 | |
| 27 | 斗南中心学校 | 杨大伟 | 男 | 汉族 | 1978.3 | 1999.8 | 小学高级教师 | 2010.10 | |
| 28 | 斗南中心学校 | 尹丽萍 | 女 | 汉族 | 1974.7 | 1994.8 | 小学高级教师 | 2010.10 | |
| 29 | 吴家营中心学校 | 李云莲 | 女 | 汉族 | 1978.11 | 1999.8 | 小学高级教师 | 2010.10 | |
| 30 | 吴家营中心学校 | 束艳 | 女 | 汉族 | 1979.3. | 1999.8 | 小学高级教师 | 2010.10 | |
| 31 | 吴家营中心学校 | 曹丽聪 | 女 | 汉族 | 1977.11 | 1999.8 | 小学高级教师 | 2010.10 | |
| 32 | 吴家营中心学校 | 杨丽萍 | 女 | 汉族 | 1979.10. | 1999.8 | 小学高级教师 | 2010.10 | |
| 33 | 吴家营中心学校 | 徐艳丽 | 女 | 汉族 | 1978.8 | 1998.8 | 小学高级教师 | 2010.10 | |
| 34 | 吴家营中心学校 | 王怀福 | 男 | 汉族 | 1953.5 | 1972.1 | 小学高级教师 | 2010.10 | |
| 35 | 七甸中心学校 | 杨舒 | 女 | 汉族 | 1979.1 | 1999.8 | 小学高级教师 | 2010.10 | |
| 36 | 七甸中心学校 | 晋福能 | 男 | 汉族 | 1958.8 | 1978.8 | 小学高级教师 | 2010.10 | |
| 37 | 新区（县）第二幼儿园 | 郑砚 | 女 | 汉族 | 1980.1 | 1999.5 | 小学高级教师 | 2010.10 | |
| 38 | 新区（县）第二幼儿园 | 段丽波 | 女 | 汉族 | 1981.5 | 1999.8 | 小学高级教师 | 2010.10 | |
| 39 | 新区（县）第二幼儿园 | 徐克薇 | 女 | 汉族 | 1979.12 | 1999.8 | 小学高级教师 | 2010.10 | |
| 40 | 新区（县）青少年宫 | 吴银霞 | 女 | 汉族 | 1980.1 | 2002.7 | 小学高级教师 | 2010.10 | |
| 41 | 新区（县）畜牧兽医站 | 普春红 | 男 | 汉族 | 1972.6 | 1992.4 | 农艺师 | 2010.12 | |
| 42 | 新区（县）蔬菜站 | 马红明 | 男 | 汉族 | 1973.11 | 1996.1 | 农艺师 | 2010.12 | |
| 43 | 新区（县）工程质量监督站 | 王彦春 | 男 | 汉族 | 1971.4. | 1994.7. | 高级工程师 | 2010.9.15 | |
| 44 | 新区（县）工程质量监督站 | 覃树昌 | 男 | 汉族 | 1965.12 | 1987.7 | 高级工程师 | 2010.9.15 | |
| 45 | 新区（县）工程质量监督站 | 张春明 | 男 | 汉族 | 1973.9 | 1995.9 | 高级工程师 | 2010.9.15 | |
| 46 | 新区（县）文化馆 | 钟玲 | 女 | 汉族 | 1964.2 | 1980.7 | 副研究馆员 | 2010.10.22. | |
| 47 | 新区（县）第一中学 | 陈建农 | 男 | 汉族 | 1970.10 | 1993.7 | 中学高级教师 | 2010.10.30 | |
| 48 | 新区（县）第一中学 | 黄晓迎 | 女 | 汉族 | 1968.11 | 1987.7 | 中学高级教师 | 2010.10.30 | |
| 49 | 新区（县）第一中学 | 余志萍 | 女 | 汉族 | 1970.8 | 1991.7 | 中学高级教师 | 2010.10.30 | |
| 50 | 新区（县）第一中学 | 朱芸 | 女 | 汉族 | 1969.11 | 1991.7 | 中学高级教师 | 2010.10.30 | |
| 51 | 新区（县）第一中学 | 张平 | 女 | 汉族 | 1967.5 | 1986.7 | 中学高级教师 | 2010.10.30 | |
| 52 | 吴家营中学 | 马顺菊 | 女 | 回族 | 1969.1 | 1991.8 | 中学高级教师 | 2010.10.30 | |
| 53 | 吴家营中学 | 马志辉 | 男 | 回族 | 1960.8 | 1981.7 | 中学高级教师 | 2010.10.30 | |
| 54 | 七甸学校 | 蹇绍林 | 男 | 汉族 | 1968.8 | 1990.8 | 中学高级教师 | 2010.10.30 | |
| 55 | 七甸学校 | 郑朝海 | 男 | 汉族 | 1955.9 | 1978.8 | 中学高级教师 | 2010.10.30 | |
| 56 | 七甸学校 | 李映仙 | 女 | 汉族 | 1968.5 | 1991.8 | 中学高级教师 | 2010.10.30 | |
| 57 | 新区（县）进修学校 | 袁刘忠 | 男 | 汉族 | 1961.6 | 1977.8 | 中学高级教师 | 2010.10.30 | |
| 58 | 新区（县）进修学校 | 李兴盛 | 男 | 汉族 | 1966.6 | 1989.8 | 中学高级教师 | 2010.10.30 | |
| 59 | 新区（县）教育科学研究所 | 王晓艳 | 女 | 汉族 | 1967.1 | 1989.7 | 中学高级教师 | 2010.10.30 | |
| 60 | 新区（县）教育科学研究所 | 李晓丽 | 女 | 汉族 | 1966.1 | 1987.7 | 中学高级教师 | 2010.10.30 | |

（吴继明）

# 街道概况

责任编辑：杭　松

## 龙城街道

【年内大事】　3月12日，龙城街道城内、古城、龙街社区选举产生新一届社区党委。

4月14日，选举产生新一届社区居委会。

4月30日，龙城街道召开效能建设动员大会，效能龙城建设活动全面开展。

5月，龙城街道文化站被省文化厅评定为省一级文化站。

5月18日，龙城街道召开干部大会，安排部署全年重点工作，对新当选的社区干部、班子成员进行培训。

5月28日，龙城街道“创先争优”活动全面开展。

6月5日，龙城街道启动龙街社区临时商务楼建设。

6月25日至7月5日，龙城街道党工委开展庆建党89周年系列活动，活动涵盖表彰抗旱先锋、走访困难老党员、开展“创卫”、开展“舒心工程”。

8月12日，古城社区昆明华励德经贸有限公司成立。

8月16日，龙城街道辖区内经历特大水灾，龙城街道全体干部群众奋起抗灾。

8月18日，龙城街道为民服务中心挂牌成立。

8月26日，龙街社区昆明龙之骏弘经贸有限公司成立。

9月10日，龙城街道举行教师节表彰大会，鼓励先进，弘扬师德。

9月28日，城内社区昆明威仁经贸有限公司成立。

11月，龙城街道城内社区建成廉政文化示范点。

12月27日，龙城街道昆明龙谦经贸有限公司正式成立。

【简　述】　龙城街道地处呈贡新区县城，是呈贡新区（县）经济、政治、文化中心。辖区平均海拔1 906.6米，年平均气温16.5度、相对湿度69%，全年无霜期257天，日照时数1 643.9小时，降水量852.8毫米。2010年，全街道辖区面积9.47平方千米，耕地面积182.4公顷，森林面积105公顷，森林覆盖率11.09%。街道辖3个社区居委会，5个自然村，24个居民小组。年末，全街道总人口31 796人，其中，非农业人口24 494人，占总人口77.03%；农村人口7 302人，占总人口的22.97%。农村劳动力4812人，农村从业人员4 265人。其中，农业从业人员1 755人，占农村从业人员41.15%；工业从业人员266人，占农村从业人员6.24%；建筑业从业人员182人，占农村从业人员4.27%；交通运输、仓储和邮电业从业人员230人，占农村从业人员5.39%；信息传输计算机服务和软件业从业人员4人，占农村从业人员0.09%；批发和零售业从业人员993人，占农村从业人员23.28%；住宿和餐饮业从业人员141人，占农村从业人员的3.31%；其它行业从业人员694人，占农村从业人员的16.27%。全街道人口密度为每平方千米3 358人。

【经济指标完成情况】　年内，全街道农村经济总收入完成8.26亿元，比上一年增长9.84%。工业总产值完成6.5亿元，比上一年增加54.54%。乡镇企业营业总收入完成12亿元，比上一年增加28.40%；乡镇企业增加值完成2.8亿元，比上一年增加32.83%。农产品加工销售产值完成49 320万元，完成外贸进出口总额5 166万美元，完成任务数的154%。财政收入完成8 993.73万元，比上一年增加48.09%；财政支出854.03万元，比上一年增加7.58%。完成招商引资实际到位内资2 397万元人民币，外资30万美元。农民人均纯收入7 211元，比上一年增长8%。

【农　业】　全街道种植业产值2 308万元，比上年减少19.8%。其中，蔬菜产量1 131.18万千克，比上一年下降2.1%；产值1791万元，比上一年增长4.9%。花卉产量1 289.7万枝，比上一年减少67.84%；产值517万元，比上一年减少55.8%。积极做好新品种、新技术的引进、试验、示范及推广工作。全年推广测土配方、平衡施肥技术3 000亩次，组织测土配方、平衡施肥技术培训7期，培训511人次。推广种植无公害蔬菜4 700亩次，蔬菜标准化种植1 400亩。完成农村劳动力转移培训8期，培训508人次，转移就业农村劳动力607人次。开展了失地农民外出租地种菜、种花的调查统计工作。全街道共有593户、955人，外出租种土地8 408.24亩。

**【非公经济】** 认真落实各项关于扶持非公经济发展的政策，不断改善投资环境，为个体、私营经济的发展做好服务，切实做到思想上放心、政策上放宽、机制上放活，全街道非公经济发展势头良好。年末，全街道有个体私营企业1 328个，其中注册登记企业64个(有限责任公司)，从业人员2 943人。工业企业26个，从业人员876人；建筑企业5个，从业人员780人；批发零售企业913个，从业人员2567人；住宿及餐饮企业101个，从业人员1142人；社会服务企业365个，从业人员703人。

**【财政金融】** 积极培植和优化财源结构，强化税收征管，积极推进财税改革，认真落实各项增收节支措施，超额完成了全年的财政收入目标任务，实现了财政收支平衡。年内，财政总收入完成18 295.88万元。其中：地方财政一般预算收入完成8 993.73万元，占目标任务数7 680万元的117.11%，与上年6 073.25万元相比增加2 920.48万元，增长48.09%；上划中央两税收入完成2 900.87万元，与上年2 278.18相比增收622.69万元，增长27.33%；上解中央、省所得税收入完成6401.27万元，与上年2 483.97万元相比增收3 917.30万元，增长157.70%。地方财政一般预算支出854.03万元，与上年793.87万元相比增支60.16万元，增长7.58%。其中：一般公共服务419.05万元，公共安全8.33万元，教育5.98万元，文化体育与传媒22.21万元，社会保障和就业8.46万元，医疗卫生10万元，城乡社区事务205.47万元，农林水事务150.34万元，其他支出24.19万元。

**【征地、拆迁和新型社区建设】** 随着新昆明建设力度不断加大，龙城街道涉及建设项目的征地、拆迁工作量也日益加大。年内，龙城街道完成新型社区、轻轨建设工程项目、原一中高中部、园丁小区、呈贡一中高中部片区、洛龙湖截污与水环境治理等项目共计1 170余亩的征地租地工作任务；完成垂柳鱼庄926平方米的拆迁；积极开展新型社区龙斗一号地块和天堂岛等项目的征地工作。围绕新区建设，全县加快了旧城改造工作进度，协助相关部门完成县城内文庙修缮工作。年初，按原龙城斗南片区建设指挥部的要求，完成了新型社区建设初期的户型征求意见工作，11月份，完成新型社区2 200余亩的土地走界任务；完成米兰园标准化市场建设工作，并已投入使用；积极推进1.43万平方米的米兰园商务楼的建设工作。做好“四环十七射”初期调查工作对昆玉路和昆洛路两侧建(构)筑物、交通标志牌、非交通标志牌进行调查，调查建筑物501宗，建筑面积34.69万平方米，交通标志牌11块，非交通标志牌11块；拆除临违建设共1 196.1平方米；认真开展辖区临街建筑物立面挤占公共空间设施整治工作，完成了辖区范围临街挤占公共空间防盗笼的拆除工作，拆除外挑式防盗笼和窗台等设施1 407平方米，安装新型防盗笼2 800平方米。

**【“四创两争”】** 龙城街道始终把“四创两争”工作作为优化经济社会发展环境、构建和谐社会的重要工作内容。结合旧城改造工作，大力开展市容环境和交通环境综合整治、绿化美化亮化城市、治理入滇河道沟渠，建立行之有效的工作机制。成立了以街道行政班子和机关干部为成员的工作组，确立责任部门和责任人，定期召开会议进行总结和部署。每个阶段有计划、有部署、有检查、有总结，做到了有专人落实、有检查评比、责任到人、各负其责，举全街道之力推进“创卫”工作。按照“组保洁、社区收集、街道转运、县处理”的工作模式，社区以居民小组为单位配备卫生保洁员46名，卫生监督员17名。为迎接国家专家组暗访，在原有基础上又增加了48名卫生保洁员和监督员。街道环卫站每天清运古城、龙街两个社区垃圾30吨(城内由县环卫站清运，日产垃圾约25吨)。不断提升群众“创卫”意识。通过编写健康教育黑板报40余块，健康教育宣传墙画6块，及每月更新的健康教育宣传栏，使广大群众了解“创卫”、支持“创卫”。中小学生卫生知晓率达100%，健康行为形成率达95%以上，居民卫生知识知晓率达90%以上，卫生行为形成率达70%以上。积极开展“七小”行业专项整治工作。由街道牵头，组织相关人员对辖区“七小”行业无证经营和经营不规范问题开展集中整治，共出动执法人员500余人次、车辆12台次，清理整顿七小单位659家，关停并转32家，达标605家，达标率96.49%。强力推进市容环境卫生整治。针对社区突出的卫生问题进行集中整治，出动人员近1.2万人次开展环境卫生综合整治，清理卫生死角860余个，清运垃圾9 000余吨，清理背街背巷2.1万米，清理沟道8 900余米。对城市“小广告、小张贴、小名片”进行了深入治理，清理“三小”广告1.5万余起。集中整治“六乱”“五堆”，共出动车辆6辆，出动人员152人次，清除乱堆杂物155吨，疏通道路27条。将16个露天垃圾池改建成封闭式，各居民小组加强对公厕的管理并规范了管理制度，新建公厕4个并按照“四无”要求对公厕进行重新粉刷和清洗便池。截止2010年底，全街道已投入660万元创卫经费。“创卫”工作已通过国家考核组验收，其它八项创建内容也按要求不断推进。

【计划生育】 坚持不懈抓好计划生育工作，加大计划生育法律、法规及生殖健康知识的宣传培训力度，全面贯彻计划生育各项方针政策。年内，全街道共出生187人，人口自然增长率控制在3.2‰以内，常住人口计划生育率为99.75%，超过99%的目标数。全年共开展广播宣传76次；出黑板报34块；张贴墙报48张、计划生育宣传标语65条；条例板6块；发放计划生育宣传日历、宣传单1 800多份；制作发放流动人口宣传资料5 100份；举办各种培训班10期，培训人员1 521人次；举办计划生育知识问答，参加人数1 176人；投入经费12 000元。强化流动人口计划生育管理与服务工作，街道组织对辖区流动人口计划生育工作专题研究3次；做到“同管理、同宣传、同服务、同考核”。流动人口信息采集13 851人，采集率92%；定期不定期开展清查活动，上门提供避孕药具4次，发避孕套共3万只，短效避孕药50板，药膜3盒，发放率96%；查处计划外怀孕、生育42例。上门发放宣传品4次，共5 100份，入户率达100%。组织0～7岁独生子女检查，受查人数251人；组织孕妇围产检查，受查人数87人。继续落实好农村独生子女户“奖、优、免、补”政策，全年发放一次性经济奖励176人8.8万元，发放独生子女保健费682人76 490元，发放养老补助39人、26 450元，发放特别扶助10人11 520元，发放高考教育奖学金53人、6.6万元，发放中小学教育奖学金313人、63 480元，发放率100%。

【科教文体卫】 加大科技知识宣传与普及力度，积极配合县级科技部门开展科技周活动和科普宣传日宣传活动，发放科普宣传资料3 000余份。完成昆明市公民科技素养抽样调查60户的走访调查工作，组织符合条件的农民技术员1人申报2010年农民技术员高级职称工作。保持教育优先发展的战略地位，教育队伍综合素质和总体水平不断提高。组织家教培训班1期，83人参加培训；做好“两基”迎国检工作，举办1期“两基”迎国检文化户口册培训及1期成人文化教育提高班、培训78人。完成“一村一名大学生”的招生工作。其中龙街社区2名；古城社区1名；城内社区1名。开设健康教育课，建立健全了健康教育档案，对社区居委会的爱卫、健康台帐实行定期交流，定期检查，大力开展健康教育宣传，举办健康教育宣传活动2次，2 700余人参加。分别在每个社区和龙城中心学校举办了四期“卫生救护知识培训班”，共有127名学生和300名社区居民参加了培训，提高了学生和居民灾害自我防范意识和自救知识。出健康知识宣传栏3期、黑板报5期；继续做好艾滋病防治入户宣传工作，发放各类宣传材料14种、5 400余份。大力开展七小行业整治和除四害活动，春季病媒生物防治投入经费1万元，组织85人次进行全面消杀四害，消毒面积达12.17万余平方米；组织病媒生物防制工作人员技术培训，参训人数为186人。

广泛开展寓教于乐、群众喜闻乐见的文艺活动，营造良好的文化氛围。举办了龙城街道春节文艺调演和干部职工万人长跑等文体活动，受到职工和群众的热烈欢迎和积极响应。5月，街道文化站被省文化厅评定为一级文化站。

【民　政】 按时足额发放各类定期及临时救助款、冬寒衣被及救济物品。认真开展对残疾人的教育、培训、康复和服务工作，及时发放临时救济金、慰问金和设备器材，将符合条件的残疾人全部纳入最低生活保障和农村特困户救助制度。积极开展尊老、敬老活动，做好老龄工作。做好双拥、优抚工作，巩固双拥成果。积极保障工青妇等群团组织活动正常开展，发挥积极作用。完成征兵任务，抓好民兵、预备役工作。加强统战民族宗教工作，维护民族团结。年内，全街道共有91名社区群众参加被征地人员基本养老保险。街道对男年满55周岁以上、女年满50周岁以上的85名参保群众给予人均1 000元的补助，共补助金额8.5万元。健全完善城镇居民最低生活保障制度，对符合条件的城镇居民做到及时上报，做到应保尽保，同时将符合条件的农村特困居民纳入农村居民最低生活保障。年内，街道辖区内享受城市低保户待遇的有2 511人次，发放保障金42.9万元；社区享受农村低保待遇的有709人次，发放保障金7.36万元。做好宣传发动，认真开展2011年度城镇居民基本医疗保险扩面工作，保证社区居民参保率。同时，办理城镇居民基本医疗保险零星参保业务3 400余份。做好劳动就业保障工作，举办农民工转移就业招聘会1场，提供岗位210余个，共有135户零就业家庭得到不同形式的就业援助。办理失业证120余份；出具《灵活就业证明》1 800余份。

【8·16水灾】 8月16日，龙城街道辖区范围内出现长时间的暴雨天气，降雨156.9毫米，是有气象记载以来降雨量最大的一次，造成古城、城内、龙街社区不同程度受灾。龙城街道辖区内共有3 711户9 032人，受灾人数7 250人，农田受灾面积2 819亩。房屋进水430户860间，造成危房185户383间，房屋倒塌37处、94间。灾情发生后，街道、社区迅速反应，启动防汛救灾工作预案，组织机关干部、社区干部、党员群众投入抢险救灾工作，组织紧急疏散转移群众366人，及时向受灾困难户发放救灾物资等，在干部和群众的共同努力下，未发生人员伤亡情况，受灾群众的生活、生产尽快得到了恢复，有效维护了人民群众的生命财产安全。

【民主法制】 加强社会主义民主法制建设，认真开展普法工作。全面推进依法行政，自觉接受各界监督，提高政府决策的民主化和科学化水平；推行和完善社会公示和听证制度，依法保障公民的知情权、参与权、表达权和监督权。进一步完善政务公开制度，把涉及人民群众切身利益的各类权力运行过程作为政务公开的内容，方便群众监督。认真抓好党政领导干部大接访和大下访工作，做好群众来信来访工作，及时妥善处理各种社会难点、热点问题，维护了社会稳定。抓好普法教育，增强全民法制意识，规范行政行为，做到依法行政。扩大基层民主，进一步完善政务公开、居务公开、财务公开制度。

**【社区两委换届选举】** 龙城街道积极加强社区居民自治工作，不断提升基层社会管理和服务水平。辖区内有3个社区居委会24个村民小组，实现了城乡基层群众自治组织的全覆盖。全面推行“四议两公开”工作法，进一步扩大了基层民主，维护和保障群众利益，促进社会和谐。

年内，顺利完成新一届社区党委、居委会的换届选举工作。党委选举中共有350多名党员参与投票，参选率达83%；三个社区居委会主任、副主任、委员全部依法选举产生。全街道应参加选举选民7 515人，实际参选7 513人，参选率达99%。全街道三个社区共选举产生了居委会主任3名，副主任3名，大学生村官专职副主任2名，委员15名。换届选举工作在坚持党的领导的前提下，充分发扬民主，严格依法办事，确保居民自治的顺利实施，促进基层政权的稳定和各项事业的全面发展。

**【平安创建和综治工作】** 以创建 “平安呈贡”为目标，以大调解、大防控和基层基础建设为抓手，做强“平安龙城”品牌。加强对社会治安综合治理工作的领导，建立街面巡控、社区管控、单位自控、立体监控的治安防范体系，开展好打黑除恶工作，认真做好矛盾纠纷排查化解工作，维护社会稳定。继续开展“警灯闪烁”进社区巡逻防范机制，配备购置电动自行车17辆，面包车2辆，部分平安建设综治责任单位增设了电子监控探头和红外线报警装置。街道全年用于综治维稳和平安建设的经费支出合计60万元（含巡防队员的工资）。建立禁毒社会工作队伍，积极开展义务帮教工作，设有矫助点1个，帮教点5个，帮教小组26个，工作人员82人。年内，列入安置帮教人员7人，社区矫正对象7名，辖区内无未成年人犯罪，无被帮教人员再次违法犯罪。全年共受理治安案件254件，查处251起，查处率达98%。受理群众来信来访及上级批转件共82件，其中立案2件。分别采取当场解决、领导包案、落实责任单位的方法给予办理，办结82件，办结率为100%。加强群防群治，年内成立米兰园片区综治服务站，发挥基层治安防范体系作用，加大对外来流动人口的管理，积极探索新形势下流动人口管理的新办法。切实加强安全生产工作、消防和道路交通安全工作，开展安全隐患大检查，有效防范安全事故的发生。全年安全生产死亡人数为零。年内街道被市政府评为创“无毒社区”先进单位、政府消防安全先进街道办事处。年内，被新区党工委（县委）和新区管委会（县政府）评为年度打黑除恶先进集体，荣获社会治安综合治理暨平安创建目标责任奖一等奖，被新区管委会（县政府）评为年度安全生产工作先进集体。

**【“创先争优”活动】** 一是以“创先争优”活动为契机，深入推进基层党的建设。在机关、三个社区、各非公经济党支部层层动员，通过墙报、黑板报、标语等多种形式进行宣传，营造“创先争优”活动良好氛围，组织引导基层党组织和党员、干部以实现科学发展任务为中心，加强队伍建设，保持党员的活力，在完成重点任务、破解发展难题上创先争优。

二是注重探索方法、总结经验、形成制度，建立健全窗口单位党组织和党员公开承诺，接受群众监督，整合为民服务中心，抓好“每月之星”的宣传、引导和评选工作。全面开展点评工作，根据街道党工委和各社区党委、直属党支部的职责任务和党员的岗位特点，进行分类点评，促进中心工作和重点任务的完成。注重总结和推荐各党组织创造的新经验和涌现的先进典型，真正把窗口服务做成群众满意工程。建立了服务情况满意度测评，制定了龙城街道“每月服务之星”评选办法和龙城街道“流动红旗窗口”评选办法，评选出流动红旗窗口2个，为民服务之星4名，并给予了通报表扬和奖励。

**【为民服务中心建设】** 完善为民服务体系建设，提高为民服务质量。为更好地方便群众，结合“创先争优”“四亮四评”的要求，街道党工委把为民服务体系建设作为“创先争优”活动的载体，在距社区群众居住地最近的地方租用办公场所，将街道为民服务中心与城内、古城、龙街社区为民服务站集中办公，投资12.19万元建设了总面积为380平方米服务大厅，实行一站式办公。整合重组后的为民服务中心，涵盖经济发展、社会事务、综治维稳、党建群团等事务，增设的咨询代办服务，大大提高了为民服务质量和效果。从8月中旬至年末，服务中心（含社区为民服务站）共办理各类管理服务事项3 809件，月平均761件；提供咨询服务4 446人次，月平均889人次。事务办结率为100%，群众满意率为100%。

**【精神文明建设】** 以群众性精神文明创建活动为重

点，以“改陋习、树新风、创文明”为主题，大力开展精神文明创建活动，组织开展大型广场文艺演出、社区文体活动、未成年人教育等宣传活动共20余次。坚持把精神文明建设与其他工作同部署、同检查和同考核，做到了思想统一、认识到位、人员和经费有保证，做到“两个文明”一齐抓，两个目标一齐定，两个成果一齐要。以创建全国文明城市、文明单位、文明社区，争当文明市民为抓手，巩固文明创建成果，涌现出一大批先进单位和个人。年内，龙街社区保持并重新创建为省级文明村，古城和城内社区成功创建为市级文明村，龙城中心学校和县第二幼儿园保持了省级文明单位称号，龙城街道机关创建成为省级文明单位、省级园林单位。年末，全街道共有星级文明户1 827户，其中九星级以上文明户有884户。

（刘去成）

## 斗南街道

**【年内大事】** 3月5日至3月15日，完成第四届社区党委换届工作。

3月15日至4月15日，完成第四届社区居委会换届工作。

3月37日，完成辖区内的县级文物现状普查工作。

4月29日，斗南街道召开残疾人联合会第五次代表大会。

5月21日，签订昆明市城市轨道交通首期工程呈贡段涉及殷联社区11户农房的拆迁协议。

6月 完成昆明市城市轨道交通首期工程呈贡段2户苗圃、8家单位企业、殷联社区11户农房、呈达玻璃厂职工宿舍楼60套住房和鑫盛达大楼的拆迁工作。

6月30日，召开斗南街道纪念建党89周年暨“创先争优”表彰大会。

（斗南街道 供稿）

7月5日，完成环湖截污干渠江尾段500亩土地清表工作。

7月8日，完成街道为民服务中心升级改造，9个为民服务窗口正式进驻办公。

为民服务中心

（斗南街道 供稿）

8月16日，遭受降雨量为169.5毫米的单点暴雨的袭击，421户农房不同程度受灾，农田受灾总面积为6 250亩，蔬菜花卉绝收面积达90%以上。

9月15日，召开斗南街道2010年创建新一轮平安社区大会。

9月28日，召开了水产品交易市场土地收储工作动员大会，土地收储工作正式开始。

11月26日，召开《斗南街道突发公共事件总体应急预案》听证会。

12月，完成第六次全国人口普查工作。

**【简　述】** 斗南街道位于呈贡县西部，东邻龙城街道，东北接洛羊街道，南与乌龙街道接壤，西邻滇池，北与官渡区毗邻，距昆明主城区12千米，辖小古城、殷联、斗南、梅子、江尾5个社区居委会、12个自然村、35个居民小组。全街道土地面积11.27平方千米，耕地面积4 327亩，海拔在1 886.5米～2 100米之间，年降雨量900～1 000毫米，全年无霜期320天，年日照量2311小时。辖区土地肥沃，气候适宜，交通便利，区位优势突出。年末，全街道有农业总户数5 779户，农业人口17 057人。农村经济总收入5.05亿元，农民人均纯收入7 260元。年内，街道共有干部职工59人。其中：正式职工47人；公益性岗位人员12人。

**【经济指标完成情况】** 2010年斗南街道年初计划完成财政收入任务数为1 750万元，实际完成财政收入1 838.64万元，超额完成88.64万元，完成任务数的105%。农村经济总收入完成5.05亿元，比上年4.68亿元增长8%；农民人均纯收入7 260元，比上年6 722元增加538元，增长8%。乡镇企业增加值目标任务数为10 000万元，实际完成10 010万元；

农产品加工销售产值目标任务数为9 000万元，实际完成9 007万元；职业鉴定人数目标任务数为10人，实际完成16人。街道各类企业营业总收入3.15亿元，实现工业增加值6 457万元；乡镇企业从业人员2 213人。全面抓好招商引资工作，引进内资3 817万元，引进外资30万美元。

【农　业】　认真做好失地农民外出租地补助工作。全年斗南街道符合外出租地补助条件的租地农户1 801户、4 005人，租地面积3.20万亩，现已完成统计上报工作。做好农业科学技术培训。在5个社区开展“测土配方”、“绿色防控”、“PP肥”、蔬菜花卉病虫害防治等培训11期，培训1 000余人。做好农村劳动力转移培训及输出工作。全街道完成农村劳动力培训1 000人；转移输出1 250人（其中省外输出40人，省内县外输出810人，县内转移400人）。

做好新品种、新技术的引进、试验、示范及推广工作。年内，推广无公害蔬菜生产12 685亩；标准化种植示范3 806亩；推广生物农药防治8 124亩；推广生物肥料3 665亩；物理防治技术推广500亩；发抗旱生物农药880瓶，使用面积900亩；完成测土配方施肥3 900亩。

【环境保护】　认真做好辖区村落污水收集处理工作。投资70万元，完成殷联社区小王家营、殷家村、练朋尾村落污水收集处理站建设。投入经费7万余元，完成江尾社区村落污水收集引流管沟渠建设，把社区村落污水引流到湖滨湿地自净后流入滇池。投入资金84万元，完成小古城村、溪波村村落污水截污沟渠整改，待马料河截污干渠铺设后进行引流。投入经费11万余元，完成斗南社区、梅子社区村落污水收集沟渠清淤除障5 600余米，清挖淤泥300余吨，待环湖截污干渠建成后引流入干渠经洛龙河污水处理厂处理达标后排放。

驻呈部队积极参与母亲湖保护活动
（斗南街道　供稿）

切实加强入滇河道、沟渠的监督管理工作。封堵洛龙河江尾社区段洗衣台6个共83米；封堵生活排污口4个；安装河道、沟渠宣传警示牌25个。辖区内实行全面禁养，加强入滇河道、沟渠的清淤除障工作。全年投工580人清理垃圾、打捞漂浮物约300吨；配备了13名保洁员负责辖区入滇河道、沟渠的日常保洁管护。在所辖5个社区开展“以我所能，保护母亲湖——滇池‘百、千、万’进企业、进农村、进学校、进机关、进社区”宣讲活动共5期；组织开展《保护母亲湖治理宣传活动》、《保护滇池》专项活动各1次，发放滇池保护宣传资料6 000册。完成100亩石漠化荒山绿化任务，绿化成活率在95%以上。

【安全生产】　狠抓安全生产、消防安全、道路交通安全及食品安全各项措施的落实，认真贯彻落实《中华人民共和国安全生产法》，牢固树立“安全责任重于泰山”、“防患于未然”的意识，定期不定期开展安全生产大检查和专项整治工作，及时消除了事故隐患，有效杜绝了重大安全事故和减少了一般性安全事故的发生。全年实现事故零发生，确保了全街道安全生产形势稳定，为全街道经济社会更好更快发展提供安全保障。

加强安全生产宣传教育工作。全年播放广播40次，出黑板报30期，悬挂布标20条，发放宣传册500份，开展安全生产巡回检查7次，共检查61家单位。开展“建设施工水电气城市生命线”安全生产专项检查，共检查了8家家具制造作坊，发现存在消防安全隐患，及时消除安全隐患，杜绝了重大消防安全事故的发生，有效保护了人民群众的生命财产安全。做好日常劳动监察巡查工作，完成了昆明市劳动保障监察信息采集统计工作，共采集834家个体工商户和企业的信息。

进行食品安全专项整治。出动人员110人次，车辆11台次，共检查137家加工销售、餐饮企业和小超市小卖铺，发现16家经营户经营手续不齐全，当即要求停业整顿补齐合法手续方可经营。

认真开展交通安全管理工作。年初与5个社区居委会及街道所属15家运输车辆较多的企业签订了交通安全目标管理责任书。开展丘北经验推广工作，建立三轮摩托车一车一档，一户一档工作。开展交通安全检查，巡回检查6次，对24家重点用车企业进行了道路交通安全检查。

【征地拆迁】　完成环湖公路斗南段截污干渠、雨水收集站、昆明城市轨道交通首期工程3个项目共193.96亩的征地清表工作。完成江尾社区政府已收储500亩环湖干渠截污项目清表腾地工作。完成马料河水环境呈贡段综合整治涉及征用小古城社区110.1亩土地勘测定界及放线工作，拆除房屋26户、大棚70多个。

积极支持轻轨项目建设。完成昆明市城市轨道交通首期工程呈贡段涉及2户苗圃25.79亩的搬迁工作及殷联社区11户农房、呈达玻璃厂职工宿舍60套住房、殷联居委会办公区域及9家企业的拆迁，拆迁面积约2.5万平方米。依法查处违法违章建设，共拆临拆违2.72万平方米。其中，拆除斗南社区农房违章建筑1.03万平方米；拆除亚都花卉违章建筑5 328平方米；拆除小古城植物王国违章建筑240平方米；拆除昆渝租赁站等4个租赁站违章建筑1.13万平方米。

**【教育、文化】** 优先发展教育，不断改善办学条件，优化育人环境。年内，投资26.1万元，配备电脑教学设备30套，新建多媒体教室2个，更换课桌椅30套；拆除小古城小学、殷联小学D级危房旧校舍，投资150万元新建临时性活动板房校舍；组队参加县、市中小学生田径运动会分别获县团体总分第一名、市团体总分第四名；参加县、市中小学生艺术节合唱比赛分别获县一等奖、市二等奖；梅子小学评为“昆明市留守儿童示范学校”；斗南小学通过市级“文明单位”复核验收。

在辖区内开展革命遗址及其它文化遗址普查，普查了江尾社区李氏故居和张氏宅院、斗南社区毕氏宅院。殷联社区居委会申报为农家书屋。完成斗南街道文化信息资源共享基层站点工程建设。开展纪念抗日战争65周年庆祝活动，到社区放电影4场次。组织社区文艺队参加春节演出、“三下乡”文艺表演。

**【科技、卫生】** 大力推进“科技进村入户示范工程”。进一步普及科普知识，共组织科技墙报、黑板报20期；举办社区群众科技讲座16次，参与群众达1 303人次，发放科技资料300余份。开展公民科学素质调查，在所辖5个社区抽样80户进行公民科学素质问卷调查。

全面做好艾滋病防控宣传工作。举办培训班8期、培训1 100余人次。坚持每月入户宣传全年共入户宣传5 585户，1.67万余人，发放宣传资料5 000余份，发放安全套5 000余支。12月3日，在斗南社区开展“遏制艾滋、履行承诺、反对歧视、增进友谊”的世界艾滋病防治周活动。发放关注艾滋病关爱农民工知识读本76本，发放珍爱生命，预防艾滋病宣传资料1 769份，发放避孕套270盒，免费为100名群众进行义诊。

加强辖区动物疫病防治控制。为了保证广大社区居民的健康，防止犬病的传染，对辖区内5个社区的犬进行强制免疫。做好爱鸥护鸥活动。设立斗南、江尾两个鸥粮投放点，专人负责海鸥的统计、观摩、喂食，防范疫病的发生。

严格按照“组保洁、村收集、街道运转、县处理”的城乡垃圾收集处置机制，由各社区分别设垃圾收集点，由街道负责垃圾的清运，全街道共配备保洁员140人负责辖区环境卫生的日常清扫保洁。与斗南迎宾路沿线商户签定“门前三包、门内达标”责任书220户，签约率98%。同时，针对斗南迎宾路、拍市路、老昆洛路和斗南花卉市场周边等重点区域的实际情况，全面开展卫生整治工作，清除卫生死角250余处，清运垃圾3.6万余吨。

**【民　政】** 全力做好优抚和困难群众的生活保障工作。办理被征地人员基本养老保险2 059人；办理城镇居民基本医疗保险15 419人。做好节日慰问金发放工作。全年共发放各类定量补助和抚恤金、优抚费87.61万元。发放抗旱救灾特别爱心捐款12.25万元。“8.16”水灾转移安置受灾群众31户，发放救灾大米8.7吨，拨付救灾资金30万元。做好高龄老人保健补助和各种困难救助。继续推行殡葬改革，认加强殡葬管理。全年发放火化奖励金11.25万元。

对8·16水灾受灾农户进行救援

（斗南街道　供稿）

**【残疾人事业】** 4月29日，召开了残疾人联合会第五次代表大会，选举产生了主席团，成立了社区残协。每个社区招聘了1名残联专职委员，为残疾人提供服务。街道残联认真解决残疾人生活保障问题。全年为辖区内的11名贫困残疾人办理了最低生活保障补助，为重度残疾人免费办理了城镇居民基本医疗保险，争取了5个居家安养名额，每人每月领取100元的生活补助。为6名残疾人办理了“阳光家园计划”每人每年享受1 000元的一次性补助。对符合做白内障手术的两名患者进行免费白内障复明手术。为191名残疾人办理了第二代残疾证。积极落实残疾人帮困助学措施，为3户残疾人家庭学生争取了每人每年300元的“春雨计划”助学金。组织残疾人参加县残联组织的编珠、刺绣等手工艺培训，送5名残疾人分别到安宁和西山区进行西点、烹饪培训。春节前期，

（斗南街道　供稿）

对辖区内的27户贫困残疾户进行了走访慰问，送去慰问金5 400元。

【失地农民就业培训】　组织培训失地人员100人，举办"移民送水，送岗到社区"暨农民工就业转移招聘会，11家用人单位现场提供咨询服务，并提供231个就业岗位供选择，达成意向性就业登记18人。组织有求职愿望的失地失业人员参加上级举办的现场招聘会，印发招工信息110期、2 750份，并根据相关招工信息推荐相应就业，提供公益性岗位15个，成功就业18人。

【社会治安综合治理】　贯彻落实县委、县政府关于"平安建设"的各项措施，定期排查调处社会不稳定因素。加强信访工作，妥善处置社会热点、难点问题。加强矛盾纠纷排查调处工作。全年共调解各类纠纷135件，调解成功133件，调解成功率98%。深入开展"平安创建"活动。立刑事案件436件，破获252件，破案率达58%。辖区无重大治安案件、刑事案件发生。加大社会治安整治力度，加强堵卡和巡逻。做好出租房及流动人口清查管理工作，经过排查辖区内无治安混乱区域和突出治安问题。

认真开展好平安宣传月活动。利用"6·26"禁毒宣传日和"12·4"法制宣传日进行宣传，出动人员100余人次，展出禁毒挂图3套，组织干部职工观看法制影片，发放各种平安创建宣传资料5 000余份，为群众提供法律咨询500余人次，受教育面达90%以上。全年共张贴各种标语500余幅，布标33幅，营造了良好的创建氛围。开展新一轮平安社区创建工作，街道及社区已通过县平安创建考核组的考核验收。11月26日，举行《斗南街道办事处公共事件预防处置预案》听证会，进一步提升应对群体性突发事件的处置应变能力。

组建了45人的基层信息联络员队伍，在辖区金融部门、社区共安装监控探头267个。创建平安家庭4 368户、平安校园5所、平安单位2个。全面增强防控能力，组建巡逻队5支，有巡逻队员186人、治保会成员75人，建立警务室3个、治安岗亭9个，各警务室配备1名警察，初步形成警民结合，干群结合、专兼结合的群防群治网络。各学校均配备了2名安保人员，负责师生安全。

【计划生育】　认真做好一孩生育证的办理和二孩生育证的审批上报工作。全年办理发放一孩生育证137本，复核审批了48份二孩生育申请。全年出生185人，其中一孩出生137人、二孩出生48人。审批办理《独生子女父母光荣证》865人。做好"奖、优、免、补"工作，兑现率达100%。做好一次性奖励366户、730人材料收集整理上报和资金发放工作；完成884人农业人口独生子女义务教育奖学金申报审批录入工作。完成育龄妇女及家庭成员个案信息采集录入工作。共采集并录入信息5 676户、16 824人。其中，育龄妇女4 917人，已婚育龄妇女4151人，2 664人持有《独生子女父母光荣证》。

开展计划生育培训。举办计划生育、生殖健康保健知识讲座2期，培训55人；举办增补叶酸生育知识培训2期、培训95人。张贴宣传计划生育政策画报25张，入户发放计划生育宣传资料2 000多份。为648名育龄妇女免费查环、查孕。积极做好流动人口计划生育服务工作。清查流动人口8 776人，建立健全流动人口计划生育管理信息台帐6 780份，发放计划生育管理服务宣传品、宣传资料1 000余份，提供免费避孕药具10 000多只，免费为辖区内流动人口386人开展生殖健康检查。

【精神文明建设】　认真开展农村群众性精神文明创建活动和学习宣传贯彻《公民道德建设实施纲要》教育活动，积极开展以讲文明、树新风为主题的系列创建活动，大力倡导科学文明、健康向上的生活方式，移风易俗，不断提高居民的文明素质。开展深入开展文明村创建活动，加强管理，提高创建水平和质量。全街道现有省级文明村1家、市级文明单位1家、市级文明村1家、县级文明单位4家、县级文明村1家。年内，殷联社区通过市级文明村顺利考核验收。广泛深入扎实地开展创建"十星级文明户"活动。各社区根据实际制定了实施方案和评比条件，每年进行一次评比检查，使此项工作落到了实处，做到经常化、制度化、规范化，创建面达95%以上。以"四创两争"工作为重点，开展专题教育活动，不断提高服务质量，全面形成文明新风尚，推进文明城市创建活动深入有效开展。在全街道开展创建"安全文明村寨"和"无毒社区"活动，创建面达100%。

（汤跃萍）

## 吴家营街道

【年内大事】 1月16日，签订中庄社区4号地块E区搬迁户搬迁协议。

中庄社区4号地块E区搬迁交房现场

（范云飞　摄）

2月15～18日，举办“吴家营街道2010年迎新春居民运动会”。

3月1日，召开吴家营街道社区“两委”换届动员暨培训会。

（范云飞　摄）

4月30日，召开吴家营街道“效能街道”建设动员大会。

5月22日，召开吴家营街道“创卫”工作推进会。

7月1日，召开吴家营街道纪念建党89周年暨“创先争优”动员表彰大会。

7月23日，举办吴家营街道“创先争优”岗位大练兵活动启动仪式。

8月16日，新区（县）遭受了百年未遇的特大暴雨袭击，街道辖区内水淹田114亩，房屋受灾面积40平方米。

9月25日，召开吴家营街道第六次人口普查动员培训大会。

11月26日，召开吴家营街道重点项目征地工作推进会。

【简　述】 吴家营街道位于呈贡新区东南部，总面积56.39平方千米，耕地面积6 869.15亩，水面面积647.6亩，林地面积29 411.95亩，园地面积3 670.3亩。全街道辖郎家营、缪家营、万溪冲、前卫营、中庄、柏枝营、刘家营、段家营8个社区居委会，10个自然村，51个居民小组。总人口77 602人，其中：户籍人口11 356人；高校在校学生60 646人；流动人口6 353人。

街道辖区内有昆明理工大学、云南师范大学、云南民族大学、云南交通职业技术学院和云南大学入驻。共占地12 264亩，总投资59.73亿元，建设面积363.72万平方米。现已完成投资50.8亿元，占总投资的85%；累计开工面积262.61万平方米，占总建设面积的72.2%。入驻学生60 646人。

2008年9月设立党工委、人大工委、办事处、纪工委和联合工会，内设“四办四中心”，即党政综合办公室、经济发展办公室、城市管理办公室、社会事务办公室和经济管理服务中心、环境卫生服务中心、农业综合服务中心和科教文卫体服务中心。人员编制为60人，其中行政编制20人，事业编制40人。现街道机关共有45人，其中公务员19人（含班子成员9人），事业人员16人，工勤人员10人（其中机关工人1人，事业工人9人）。

【经济指标完成情况】 2010年度，全街道累计完成地方财政收入13 432.96万元，占任务数11 980万元的112.13%。其中：国税完成26.42万元，占任务数25万元的105.67%；地税完成13 406.54万元，占任务数11 955万元的112.14%。全街道企业（含个体工商户）增加值累计完成2 002万元，占全年任务数2 000万元的100.10%。农产品加工销售产值累计完成1 500万

失地农民创业基地建设造价竞争性谈判

（范云飞　摄）

元，占全年任务数 1 500 万元的 100%。完成内资招商8 070 万元，占年初任务数 8 000 万元的 100.88%；外资招商 30 万美元，完成任务数的 100%。农民人均纯收入为 7 268 元，实现增长 8.1%。

2009 年 12 月由吴家营街道办事处牵头成立了昆明春溢实业企业集团。由公司开发建设的“呈贡新区失地农民创业基地”，规划总用地约 215 亩，净用地 121 亩，总投资概算 2.2 亿元，总建筑面积 10.59 万平方米。

**【土地征收】** 完成黄马高速公路项目涉及万溪冲、前卫营、缪家营、郎家营、刘家营、段家营社区 1 092.53 亩、谊康南路涉及中庄社区 37.30 亩、韶光路涉及中庄社区 26.96 亩、呈贡新区垃圾焚烧发电厂进场道路涉及段家营社区 80.90 亩、市委党校涉及缪家营社区 47.30 亩、师大附中附小涉及郎家营、中庄社区 206.15 亩、云大附中附小涉及郎家营社区 216.49 亩，共计征收土地 1 707.64 亩。

**【拆迁工作】** 完成中庄社区 4 号地块 E 区及呈贡新区失地农民创业基地项目建设的 352 户 832 人的搬迁安置，拆除老房面积 3.94 万平方米。配合完成重点项目建设的拆迁工作。

继续抓好拆临拆违工作，严厉查处农村违法加层和无序建房行为。抽调专人组成督查巡查组，形成二级巡查网络，在刘家营、段家营、万溪冲、中庄社区设置建筑材料堵卡点，每日 24 小时对辖区内违法加层和无序建房行为进行巡查和监督，对违法建设，发现一起，查处一起，拆除一起，杜绝临违建筑的增长，实现了临违建筑的零申报。对中庄社区出现的 5 户违法加层农户在规定时限内进行了拆除。

工作人员入户与中庄社区搬迁农户签订拆迁协议
（范云飞　摄）

**【换届选举】** 圆满完成社区“两委”换届选举工作。共选举产生新一届社区党组织成员 33 名（含书记各 1 名），其中中庄社区党委空缺委员 1 名。新当选的 33 名委员平均年龄为 41.79 岁，其中 35 岁以下的有 7 名，占 21.21%；36 岁至 45 岁的 15 人，占 45.45%；46 岁至 55 岁的 9 人，占 27.27%；55 岁以上的 2 人，占 6.06%。大专及以上的有 4 名，占 12.12%；高中文化的有 9 名，占 27.27%；初中文化的有 19 名，占 57.58%；小学文化的有 1 名，占 3.03%。选举居民委员会成员共 40 人，其中男性 32 人（占 80%）、女性 8 人（占 20%）；初中及以下 29 人（占 72.5%）、高中 7 人（占 17.5%）、大专及以上 4 人（占 10%）。同时，选举产生了 51 名居民小组长和 222 名居民代表。“两委”实现兼职 17 人，缪家营社区党组织书记和居委会主任一肩挑，圆满完成两委换届选举工作。

秩序井然的社区“两委”换届选举会场
（范云飞　摄）

**【第六次人口普查工作】** 自第六次人口普查工作启动以来，成立了领导小组和人普办，认真按照国家和省、市普查方案的步骤、程序和要求，精心组织，统筹安排，按计划完成 8 个社区、5 所高校人口普查工作任务。普查共划分 11 个普查区、116 个普查小区，街道组织抽调普查指导员、普查员 398 人，普查 19 758 户、登记普查对象 77 602 人。

**【法制宣传和社会治安综合治理】** 加强民主法制宣传教育，全面落实依法治理工作。年内，共组织宣传活动 63 场次，发放宣传资料 2.8 万余份、张贴告示 300 张，出黑板报 57 期，张贴标语 740 余条，悬挂布标 60 条，书写固定标语 28 条，制作标牌 12 块，制作宣传栏 21 个，张贴宣传挂图 86 份，广播宣传 600 余次，宣传覆盖率达 100%。街道 8 个社区成功创建为民主法治社区。

化解矛盾纠纷，维护社会稳定。年内，共组织矛盾纠纷排查 20 次，调处各类民间纠纷 561 件，调处成功 552 件，成功率 98.4%；排查影响社会稳定的矛盾纠纷 18 起，化解 15 起，有 3 起因政策原因正在稳控中；共受理群众来访38件，其中个人来访29件，集体访9（件）次，办结来电来信交办件24件，办结率达100%。

深入开展打黑除恶专项斗争，严厉打击违法犯罪。年内，辖区派出所共接报警5 853起，其中立刑事案件468起，破刑事案件292起，破案率为62.4%；受理行政案件683起，已查结683起，查处率为100%；打击处理各类违法人员240人，其中强制隔离戒毒36人，行政拘留131人，逮捕犯罪嫌疑人96人，追捕网上逃犯15人，追捕外地逃犯6人。调解处理150起。

加强民族宗教管理，做好防范和处理邪教工作。全年清查登记外来人口29 152人次，登记房屋出租户566户，审核登记率达100%，治安责任书签订率达100%，签订了“房屋出租治安责任书”；就近解决了流动儿童的入园入学问题；妥善处理解决了5起拖欠农民工工资和3起因在管理中地方人员与流动人员发生的矛盾冲突问题；做好春节、国庆期间社会安全稳定工作；全面开展禁毒及创建“无毒街道”工作。

以网络化布警和警灯闪烁工程为着手点，强化社区警务建设。年内，街道投资平安建设资金共31.2万元，建成了柏枝营派出所，在各高校、各社区设立了警务室，选派社区民警8人、协警8人、巡防人员106人；各社区、各单位共组织群防群治（值班、巡逻）人员232人，并组建了76名专职联防队员，作为全街道应急机动队员。对辖区内金融、电力、学校等11家重点单位进行了登记管理。

继续推行街道科级领导联系社区“八个一”工作制度，即：每个科级领导联系一个社区；每天要到社区一次；每周同联系社区研究一次工作；每周发现社区一个热点、难点问题；每周解决社区一个热点、难点问题；每周找联系社区一个社区干部居民代表谈一次心；每周找联系社区一位威望高的群众谈一次心；每周找联系社区一个热点人物谈一次心。有力维护了社会稳定和征地拆迁安置等各项工作任务完成。

**【农业综合服务】** 顺利通过集体林权制度改革工作验收，完成8个社区15 835份生态公益林管护合同的签订；签订《森林防火责任状》19份，发放森林防火入户通知书1.08万余份、入山告知书1万份，张贴森林防火公告、防火令450余份、防火条例10张、标语240条，制作森林防火宣传牌50块，书写固定标语24条，制作永久性标语3块。建盖15平方米堵卡房1间，增置了对讲机、灭火弹、风力灭火机、灭火水枪等扑火物资。完成天保工程森林管护任务3.13万亩，占计划任务的100%。完成国家重点公益林管护面积2 388亩、省级公益林管护面积1.29万亩、市级公益林管护面积2万亩。做好辖区内彩云路两旁各50米范围绿化全覆盖管养工作。完成苗木基地建设300亩，完成任务100%；义务植树6.5万株，完成任务6万株的108%。

完成农村劳动力转移培训1 200人，转移输出1 000人（其中：县内转移620人，省内转移350人，省外输出30人）。

8月16日呈贡县遭受了百年未遇的特大暴雨袭击，街道辖区内水淹田114亩，房屋受灾面积40平方米。街道联合八个社区干部和党团员志愿者服务队成立了9支抢险救灾队，投入300余人进行沟道疏通及灾情排查；并储备防洪桩300棵、防洪袋4 000条，确保防汛保泄工作顺利开展。鼓励被征地农民外出租地种菜种花，兑付2009年补助款162.29万元，审核上报年内被征地农民外出租地种菜种花709户、1 114人，租地总面积1.12万亩。

与各社区签订禁养责任书9份，发放昆明市政府禁养公告50份，完成10 531头（只）畜禽的禁养工作。完成口蹄疫预防6 752头，流感预防112 512只，使用疫苗68 556毫升。

**【社会事务】** 年内，利用广播宣传计生工作96次，出黑板报102期，贴墙报36张，张贴标语540条，发放计划生育宣传资料2 242份；举办计划生育相关知识培训5期，参训人员1 804人。全年为育龄妇女进行免费生殖健康检查19次，参加检查人数达1 823人。共对81名妇女进行叶酸增补，免费发放叶酸287瓶。做好农村独生子女“奖优免补”工作。申报2010年各种奖励扶助1 258人（户）64 403元；发放2009年各种扶助金1 336人（户）481 130元。全年人口自然增长率为负0.965‰，控制在5.5‰以内。

全年累计发放各类人员最低生活保障金442户577人计85 236元；结合旱情严重的情况，对低保户发放抗旱临时补贴1 440元。节日期间，开展为老人送温暖活动，赠送大米490千克、添置被子30床、衣裤25套、鞋子20双。全年共向老人发放受赠大米1 225千克、衣被100件；发放各类民政事业费2 710人计56.56万元。

在年内抗旱救灾中，发动党员、干部及各种群团组织捐款6.35万元。做好旱灾和“8.16”单点暴雨救灾工作。发放抗旱救灾“三无人员”救济粮6.73万千克，救济“三无人员”583户，1 773人；发放受赠抗旱救灾粮6 530千克、食用油125瓶，其它各类社会机构捐赠抗旱救灾粮6 530千克、矿泉水1 160件、食用油23瓶；发放今冬明春生活救济粮5 000千克；救济衣被280件；发放旱灾“三无人员”救济款29.15万元；发放“8.16”洪涝灾害救济粮350千克，救济款20万元。

“三沿五区”范围内坟墓整治工作。发放宣传材料1万余份，张贴公告100张，种植树木568棵，投入经费4万余元，对可视范围内的144家坟墓进行绿化遮

新区（县）领导到灾区指导抗旱工作

（范云飞　摄）

挡整治。兑现火化奖励金30人、4.5万元。清理、搬迁万溪冲等社区坟墓1 840冢，发放搬迁费75.4万元。

开展就业工作。召开现场招聘会6场，参加人数达1 280人，当场达成用工协议400人。举办吴家营街道"移民送水，送岗到社区"暨农民工转移等就业现场招聘会4期，参加人数348人，发放宣传材料144份，提供就业岗位672个。开展失地农民绿化、水电、物业管理等就业技能培训13期，参训人员达2 304人，下发用工信息143份，新增就业岗位5 954个，超额完成新区党工委（县委）、管委会（县政府）及指挥部下达的培训任务。

**【科教文卫体】**　基层文体设施建设。建成全国文化信息共享工程基层站点1个（中庄社区），配备电脑6台、投影设备1套、文化共享播放设备1套；建设社区文化室1个（缪家营社区），农家书屋1个（刘家营社区）；农村文化体育健身广场2个（万溪冲、中庄社区），建成社区室外健身路径1条。

开展各种文体活动。2月成功举办呈贡新区（县）文化科技卫生"三下乡"活动。春节期间，举办了"吴家营街道2010年迎新春居民运动会"。6月29日，组织60人的参赛队伍，参加呈贡新区（县）庆祝建

"迎新春"居民运动会

（杨大红　摄）

党89周年暨第十届"云岭先锋颂"文艺汇演，荣获三等奖。8月份组织球队参加全县"信合杯"篮球邀请赛。

在刘家营、前卫营、中庄社区设立老年大学教学点，招收学员234名，超额完成了150名的招生任务。补助资金1.5万元，支持三个教学点开展教学活动。

加大对教育的投入。按时拨给学校校长基金4万元、学前班教师工资1.2万元，在儿童节、教师节期间对师生进行表彰慰问。在学校配备保安、添置教学设备和吴家营中心学校搬迁时，在经费上给予大力支持，有力促进了中小学教育教学工作的开展。

切实做好学校、幼儿园的安全工作。积极配合完成中小学校危房改造工作，将吴家营中心幼儿园搬迁到幸福小区幼儿园内。帮助幸福小区内就读的学生解决了乘公交车上学的交通问题，发放交通补助3.32万元。

认真做好"两基"迎"国检"工作。完成了下辖8个社区2007年9月1日以来文化户口册的录入工作，并在街道辖区范围重要位置设了3个宣传栏、2条固定标语、2条布标，对"两基"迎国检工作进行宣传。

卫生工作。组织开展春冬季灭鼠及夏季灭蚊、蝇、蟑螂等病媒生物防治活动，为各社区统一发放配制灭鼠药溴敌隆77千克。开展脊髓灰质炎疫苗免疫活动。完成全街道4 047户居民的艾滋病防治宣传教育工作，共发放宣传资料8 247份，悬挂布标2条，设宣传栏4期，张贴宣传画18幅。积极开展结核病防治知识及抗旱防病等健康知识宣传，发放年历140份、折页1200份、书签1 200份、围裙80块、手提袋430个，宣传单1 200份。开展卫生救护知识进学校、进社区活动，对200多名吴家营中学学生和社区居民进行了卫生救护知识讲座。组织各社区开展向旱灾灾区献爱心捐助活动，共向新区（县）红十字会捐款4 400元。

**【"四创两争"】**　开展保洁工作。配备保洁人员135人，对多条市政道路进行清扫保洁；各社区安排70余名保洁人员进行村庄保洁。开展"七小"行业整治活动。规范有证经营户5家，取缔无证经营户2家，引导修单车配锁1户进店经营；出动人员90余人次，清理占道经营100余起，清理"三小"广告6 000份；拆除路上乱搭建的棚房20起300平方米；整治渣土运输车泼洒污染路面30余起；收缴无审批手续的灯箱、广告牌50余块；做好村庄搬迁安置1号地块内各经营户门头、店招的审批引导工作；出动人员200人次，车辆15台次，清理校园周边垃圾40余吨。

开展立面整治活动。拆除柏枝营安置小区临聚贤街面封阳台挤占公共空间5户200平方米；清理阳台上乱堆乱放杂物2吨。

开展环境卫生整治活动。组织街道人员 1 000 人次，出动车辆 100 台次、挖机 10 台次，对辖区范围内的卫生环境进行清理，共清理石头、废土等各类垃圾 100 吨；出动水车 200 台次冲洗彩云南路等重点路段，打造“创卫”亮点；共发放宣传资料 3 930 份、清理污水沟 2 500 米、清除违章占道 10 处，清除乱贴乱画小广告 2 000 张。对中庄社区出现的 5 户违法加层农户在规定时限内进行了拆除。

**【安全生产】** 年内，开展各类安全检查 120 余次，检查监管单位 60 余家，查出各类事故隐患 118 起，当场整改 106 起，其余 12 起在限期内进行了整改。

消防安全工作。成立了街道专职消防队，队员 8 人，配备消防三轮车、消防训练服、消防器材等设备。共开展消防安全检查 20 余次，对 40 个生产点进行了检查，查出隐患 15 起，当场整改 13 起，其余 2 起在限期内进行了整改。加大消防安全知识宣传普及力度，开展消防安全知识普及讲座 2 次，300 多人次参加。

**【“创先争优”】** 年初，紧扣新区党工委（县委）、新区管委会（县政府）中心工作，确立了“六个三”工作目标，并将“六个三”的推进作为开展“创先争优”活动的主题。即：加强党员、干部、班子三支队伍建设；认真做好高校、项目、群众三个服务；努力完成征地、拆迁、“四创两争”三大任务；全力推进捞渔河综合治理、新型社区建设、呈贡新区失地农民创业基地建设三大工程；积极做好招商引资、平安建设、和谐社区建设三项重点工作；努力探索社区经济发展、平安建设、农民就业安置三条途径。

围绕“六个三”工作目标，街道进一步解放思想、更新观念，在推动科学发展、促进社会和谐、服务人民群众、加强基层组织建设上下功夫。一是全面提升启动的速度，认真研究制定《关于在全街道基层党组织和党员中深入开展创先争优活动的实施意见》，明确每一阶段的具体争创目标、工作任务、工作措施，做到有章可循、有据可依。二是推进公开承诺的深度，围绕“六个三”及群众关心的民生问题公开承诺，并认真抓落实。三是继续落实“八个一”领导联系责任制度，分类分层指导社区，并细化方案，积极营造创先争优的浓厚氛围。

7 月 1 日，吴家营街道隆重召开庆祝建党 89 周年暨“七一”表彰大会，表彰了一批在以“六个三”为主题的创先争优活动中涌现出来的先进集体和优秀个人，包括 3 个先进基层党团组织、26 名优秀共产党员、优秀党务工作者、妇女工作者及团组织优秀个人，进一步促进了街道各级党组织在贯彻落实科学发展观、深入开展创先争优活动中发挥党组织的战斗堡垒作用，

（范云飞　摄）

有力调动了广大党员、干部立足本职争先进，比拼成绩谋发展的积极性。

**【便民服务体系建设】** 强化服务功能，提升服务质量，积极开展为民服务体系延伸建设。街道投入 5 万余元重新升级改造了“为民服务中心”；刘家营、前卫营社区“两委一站式”服务建设投入使用；其他社区结合实际努力做好为民服务工作。

**【和谐社区建设】** 认真开展以“三有一化”为重点的和谐社区建设试点工作。前卫营、刘家营社区分别作为省、市和谐社区建设试点，重点是从硬件设施的标准化和软件上的制度规范化完善与运作上进行了建设。

**【党建工作】** 切实加强民主政治建设。加强街道党工委自身建设，进一步完善民主科学的决策机制。充分发挥人大工委职能，做好街道工、青、妇、科协各项工作；积极推进依法治理；全面推行党务公开、居务公开，不断扩大基层民主，强化社区自治。加强领导班子和干部队伍建设。按照“成熟一个，发展一个”的原则，认真抓好入党积极分子培养，为党组织吸收新鲜血液，壮大队伍。坚持党的“三会一课”制度，把深化理论武装工作作为加强领导班子思想政治建设的首要任务来抓。组织开展以党的十七届四中全会为重点的基层党员教育培训活动，8 个社区党委（总支、支部）和街道机关党支部共 503 名党员参训（含 16 名发展对象）。加强基层组织建设。深化“三级联创”活动，狠抓基层组织建设。按照新一轮基层组织创建目标要求，进一步完善党建机制，丰富党建内容，改进党建工作方法，全面落实党建工作目标。扎实开展“基层组织建设年”活动，全面提升基层党建工作科学化水平。选优配强基层领导班子成员，抓好换届后社区“两委”成员尤其是主要负责人的培训；认真落实党建工作责任制，把抓基层党建工作情况列为考核是否称职的一项内容；在郎家营社区建设楼宇党支部的基础上，在整村搬迁的居民小区推行按楼道或单元建

团结务实的领导班子

（李　雄　摄）

立党支部。加强流动党员管理，在流动党员相对集中的地方探索建立流动党员党支部。

重视机关效能和党风廉政建设。一是开展学习宣传，营造浓厚活动氛围。二是成立组织机构，加强效能建设活动的组织领导。三是围绕发展抓效能，抓好效能促发展这一主题，召开了吴家营街道“效能街道”建设活动动员大会暨学习交流讨论会。进入整改推动阶段后，吴家营街道针对查找出来的问题，采取建章立制等“三项措施”，集中力量进行整改，工作效能明显改进。

**【建议、提案、督办、信访件办理】**　年内，共办理市、县各级各部门督查办理通知29件，办结率为100%。办理新区管委会（县政府）交办的人大代表建议6件、政协委员提案1件，办结率为100%。受理群众来访18件，其中个人来访16件，集体访2件；办结来电来信交办件8件，办结率为100%。信访总量比上年20件下降了2件。年内，未发生重大集体上访和群体性事件。

**【保密工作】**　年内，吴家营街道按照“明确责任，落实制度，加强管理，保住秘密”的工作思路，从加强保密工作组织建设入手，强化全体机关干部的保密意识教育，健全保密制度，规范保密管理，推进保密工作向着规范化、制度化方向发展。全年没有发生泄密事件和违反保密法规的现象。

（陈　宏）

## 洛龙街道

**【年内大事】**　2月12日，洛龙街道举行“黄马”高速公路征地签字仪式。

3月1日，洛龙街道召开社区“两委”换届选举工作会议，安排部署社区“两委”换届选举的相关工作。

4月13日，市人大副主任董利华同志到洛龙街道视察调研，对街道被征地人员养老、就业、新型社区建设及社会稳定等工作中存在的问题提出意见、建议，并走访了慰问帮扶对象。

4月19日，洛龙街道全面完成了社区“两委”换届选举工作。

4月28日，洛龙街道召开社区“两委”换届选举工作总结会议及洛龙街道整治违法加层和无序建房工作会议。

5月10日，洛龙街道召开残疾人联合会第五次代表大会，选举产生了洛龙街道残疾人联合会。

6月26日，洛龙街道召开庆“七一”表彰大会，表彰了2个社区先进基层党组织，2个社区抗旱先锋党组织和38名优秀共产党员。

（洛龙街道　供稿）

6月29日，洛龙街道参加呈贡新区（县）庆祝建党89周年暨第十届“云岭先锋”文艺汇演，荣获一等奖。

8月30日，市委宣传部副部长房旭东率领市委创先争优调研督查组到洛龙街道调研。

9月30日，景明北路、亚广北路涉及吴家营社区部分村庄搬迁工作正式启动。

10月24日，洛龙街道召开农房管理及“四创两争”工作会议。

11月3日，举行景明北路、亚广北路涉及吴家营社区部分村庄搬迁动工仪式。

11月25日，呈贡新区（县）考核洛龙街道党风廉政建设工作。

12月8日，呈贡新区（县）考核洛龙街道“云岭先锋”工程目标责任书完成情况。

12月27日，昆明市基督教活动中心举行落成典礼。

**【简　述】**　洛龙街道位于呈贡新区东部，东接七甸街道，南接雨花街道、吴家营街道，西接龙城街道、乌龙街道，北接洛羊街道，辖区面积 17.76 平方公里。辖洛龙、王家营、吴家营、白龙潭 4 个社区居委会，6 个自然村，28 个居民小组，常住居民 8 045 人，3 116 户，流动人口 9 461 人。有社区党委 1 个、社区党总支 3 个、机关党支部 1 个，非公有制经济组织党支部 1 个，共有党员 413 名。

洛龙街道是市级行政中心所在地，目前，辖区范围内基本建成的重点项目有市级行政中心、昆三中、春城财富中心一期、市基督教活动中心、白龙潭小区、洛龙公园、春融公园、吴家营中心学校、中华小学等。在建重点项目有中央公园、春城公园，洛龙河截污工程、亚广传媒、云桂铁路、市轨道交通轻轨建设项目等 12 个。

**【经济指标完成情况】** 完成企业增加值 1206 万元，完成任务数的 1 200 万元的 100.5%；完成农产品加工销售产值 800 万元，完成任务数 800 万元的 100%；完成固定资产投资 17.06 亿元。完成一般预算收入 1.22 亿元，占任务数 1.19 亿元的 102.87%。其中：完成地税一般预算收入 11 956.59 万元，占全年任务 11 640 万元的 102.72%；完成国税收入 233 万元，占任务数 210 万元的 110.95%。引进外资 60.83 万美元，占任务数 30 万美元的 202.77%；引进内资 1.07 亿元，占任务数 8 000 万美元的 134.02%。

**【征地拆迁】** 洛龙街道高度把征地拆迁工作作为快速推进新区建设，确保项目落地建设的重要工作来抓。在群众中广泛宣传新区征地拆迁等相关政策，掌握社情民意，积极争取群众对征地拆迁工作的理解支持。洛龙街道成立征地拆迁工作领导小组，明确工作目标任务、完成时限，将征地拆迁工作任务层层分解，落实到联系社区领导和征地拆迁工作人员，与社区签订《征地协议书》和《拆迁补偿协议书》，积极协调征地拆迁资金，实行街道领导和干部联系社区制度。年内，完成了“黄马”高速公路、昆明市快速轨道交通、金融园区用地、65 号地块、王家营社区居委会城中村改造土地储备等 5 个项目的征地工作任务，共完成征地 1 324.51 亩。完成了中央公园二期、洛龙河截污及水环境治理工程 A 段、龙回路、龙枝路等项目涉及的企业拆迁工作 24 项，完成兑付拆迁补偿资金 3 775.9 万元，完成企业拆迁面积 16.03 万平方米。

**【服务重点项目】** 为确保各重点项目的顺利落地开工建设，街道认真组织街道、社区干部群众做好服务市级行政中心、昆医附一院、云南省科学技术馆新馆、昆明市体育学校暨全民健身中心、昆明市轨道交通建设等项目的清场及施工协调服务工作，确保了各重点项目的顺利开工建设。完成吴家营、洛龙和王家营社区村庄改造工程报件协议的签字工作。完成了市级行政中心垃圾中转站和公厕建设任务。全力配合新区建设工作指挥部加快推进新型社区建设工作。完成了彩云南路轨道交通 2 个站台和锦绣大街、驼峰街、宝珠街等路网苗木迁移工作。

**【“两委”换届选举】** 洛龙街道社区党组织、社区居委会于 2010 年上半年任期届满。按照呈贡新区党工委（县委）、新区管委会（县政府）的统一部署，在新区（县）督导组、新区（县）指导组的关心、指导、帮助下，洛龙街道结合实际，加强领导、精心组织、严格程序、广泛宣传，3 月 1 日至 4 月 9 日，完成了所辖 4 个社区“两委”换届选举工作和离任经济责任审计工作，选举产生社区党组织委员 24 名，社区居委会委员 21 名。安排换届选举工作经费 10.5 万元。

**【“四创两争”】** 全年共投入城管、环卫工作经费 560 万元。建立健全管理规章制度，实行网格化管理，加大日常巡查监督力度。继续做好以市级行政中心为重点的道路保洁工作，加大对周边路网 34.8 万平方米道路进行保洁工作，实现市级行政中心区保洁工作全覆盖。加大对重点路段、重点时段的清扫保洁，出动高压冲洗车、扫地车对路面进行冲洗保洁。加强路网、社区及周边垃圾清扫、收集、运输、和监管工作，按照“组保洁、村收集、街道运转、无害化处理”的模式，辖区范围内垃圾进行日产日清。加大购置环卫设施力度，年内共购垃圾清运车、高压冲洗车、扫地车、垃圾中转站配套垃圾车各 1 辆，建设 32 个垃圾收集房和公厕，安装路灯，不断完善各种卫生配套设施，修复社区内损坏道路。

全面开展以占道经营、“七小”行业、渣土泼洒、规范店招店牌和打击非法小广告工作等为重点的综合整治活动。组织社区干部 200 余人次，对小广告进行了两次集中清除，共清除小广告 1 000 余处；开展“七小”行业和占道经营整治，关停无证小饭馆、小副食（五金）店、临时摊位 70 余个；加强路灯、窨井盖、交通隔离栏等市政设施维护、管理工作，更换窨井盖，修复交通隔离栏，加固路灯变压器。

建立街道园林绿化管养工作台帐，健全档案资料，督促绿化施工单位和辖区各苗木基地加强对绿化林木的抗旱浇水工作。圆满完成了上级下达 300 亩的绿化工作任务。

**【社区农房监管】** 认真组织落实市县关于加大农村农房违法加层和无序建房行为整治力度相关文件精神，按照“冻结存量，控制增量”的要求，加强宣传整治力度。一是建立健全街道农房管理三级巡查工作机制，落实农房管理片长责任制和社区城市管理协管员制度，及时查处农房违法加层和无序建房行为，巩固街道临违建设“零申报”成果。二是组织人员对各社区农房现状进行照相、普查、登记存档。三是加强日常三级巡查，实现临违建设第一时间发现、第一时间查处，确保有效监管。全年组织开展农房巡查500余次，查处违章建设21户，完成强制拆除和自拆、助拆面积1 232.85平方米。四是认真开展各社区“三类房”的调查摸底统计工作，按照疏堵结合的原则，组织各社区开展统归统建安置房建设户数、户型、选点等相关工作。年内，洛龙街道未出现临违建筑被市、新区（县）新闻媒体曝光事件。

街道开展机关干部述职测评

（洛龙街道　供稿）

【安全生产】　按照“安全第一，预防为主、综合治理”的安全生产工作方针，切实加大宣传教育工作力度，加强对建筑施工企业的安全管理。年内，开展安全生产检查49次，查出安全隐患4起，并督促施工企业及时进行整改落实；积极开展“五进”、“四让”道路交通安全宣传活动，加大交通环境安全综合整治，加强日常管理，严防街道辖区道路交通安全事故的发生；充分应用“食品安全宣传月”、国庆中秋等节日，开展食品安全宣传，发放宣传各类宣传材料，悬挂宣传标语80多条，检查各类食品经营单位，抽检农产品，取缔工地无证经营摊点。全年街道辖区范围内未发生安全生产事故。

【社会稳定】　洛龙街道将信访维稳作为街道经济社会发展的重要基础工作抓好抓实。一是严格落实昆明市领导干部信访工作“一岗双责”责任制，实行街道领导和部门工作人员联系社区制度，协助社区“两委”开展工作，代办社区民事，走访群众，及时掌握群众的思想动态。二是结合呈贡新区建设的快速推进，各种利益矛盾交织的实际，进一步畅通信访诉求渠道，正确宣传引导群众支持参与新区建设。三是加大社会矛盾纠纷排查化解工作力度，努力将矛盾纠纷化解在基层，化解在萌芽状态，积极做好群众征地拆迁、新型社区建设等方面的政策解释和情绪疏导工作。四是在全国和省市“两会”等重点时段，抓好街道重点人员的稳控工作。年内，完成办理各种信访件和转办件10件，热情接待来访信访群众46人次，办结回复率100%。有效调解各种矛盾纠纷210件。年内，未发生群体性事件和越级上访事件。

开展“打黑除恶”专项斗争，对流动人口较多吴家营社区进行治安重点整治，登记流动人口8 285人，清查房屋出租户724户，流动人口登记率90%、出租房登记率100%，实行动态管理。共铲除犯罪团伙33个（其中：刑事犯罪7个、行政处罚26个），涉嫌人员145人（其中逮捕19人）。加强对吸毒人员的常态管理，街道现有在册吸毒人员52人，监控率达100%。定期对吸毒人员进行家访帮教、检查，尿检率95%。年内，洛龙街道被市委、市政府表彰为“2008-2010年度昆明市平安乡镇（街道）”。

【为民服务中心建设】　结合效能街道建设和创先争优活动，设立为民服务中心，全面提升社会服务功能，完善管理服务体系建设，真正实现为民、便民、利民。一是结合街道实际，合理设置了计生、民政、群团组织等6个服务窗口。二是建立健全各项规章制度，为民服务中心实行一站式受理、一条龙服务、一次性告知、一站式办结，建立了首问首办负责制、服务承诺制、限时办结制、责任追究制等工作制度，制定实施方案，明确了为民服务中心的建设目标、任务、建设内容、人员配置，办事流程，制作了为民服务卡，并将办事流程制作成简易图，极大地方便了群众办事。三是推行阳光政务，对外公开服务项目，将办事程序、政策依据、办事人员信息、办结时限等情况及时对外公开。四是选调“素质高、能力强、业务熟、服务优”工作人员充实到中心工作。五是投资20万元，提升为民服务中心办公硬件设备，购置电脑、打印机、传真机等设备，优化服务条件。各社区成立了为民服务站，实现了新区（县）、街道、社区三级为民服务站资源共享，群众办事更方便快捷。全年共办理办结各类管理服务事项446余件。

【失地农民就业培训】　洛龙街道组织完成农村劳动力转移培训10期，培训失地群众900余人，完成劳动力转业就业1 050人。组织街道失地群众到外县租地302户，租地异地就业574人，租地面积4 988.97亩。举办农科实用技术培训班4期，参加培训人数574人。开展“移民就水、送岗位到社区”暨农民工转移就业现场招聘会1场次，联系用工单位7家，组织600多

举办失地农民就业培训

（洛龙街道　供稿）

名失地群众参加，发放宣传材料900多份，现场招聘登记280人，达成意向70人。

**【文化、教育】**　组织街道全体机关干部、社区干部参加“庆元旦迎新春”等群众性文体活动，自编自导自演歌舞、花灯、小品、小戏40场次；举办吴家营社区青年篮球邀请赛共16场；参加了新区举办的第二十四届山歌文化节活动；参加九九“重阳节”活动；做好纪念抗日战争65周年宣传活动，放映专题电影4场次。加强各社区文化活动阵地建设，完成王家营、吴家营社区农民文化健身娱乐活动场地、文化活动中心建设工作，每个文化室藏各类书刊、科普杂志500册以上。完成洛龙小学新校舍建设工作，并补助经费2万元；完成各社区迎国检“两基”教育文化户口册等相关表册基础数据录入统计上报及材料归档工作。

**【疾病预防】**　2010年，完成疾病和健康知识入户宣传29 435户次，宣传人数78 909人次；发放常见病宣传材料、艾滋病防治宣传材料49 298份；完成推广使用安全套20 000余只。做好甲型H1N1流感防控监测工作，建立健全街道、社区两级防控体系，完善学校、卫生院、社区三级“零报告”制度；做好甲型H1N1流感防控演练，发放、张贴甲型H1N1流感宣传画4 000多份；配合开展好甲型H1N1流感疫苗接种工作；完成狂犬病免疫工作。组织各社区育龄妇女、孕产妇进行健康检查。开展“抗旱救灾，预防疾病”宣传活动，发放宣传资料900多份。完成城乡居民医疗保险扩面工作。

开展甲型H1N1流感疫苗注射免疫工作

（洛龙街道　供稿）

**【村庄污水收集处理】**　为加快滇池水污染治理步伐，提高农村生活污水收集处理率，减少农村生活对河道（沟渠）和滇池的污染，完成市委、市政府确定的滇池流域村庄污水全面截流收集处理工作目标，投资80余万元，完成建设白龙潭社区和吴家营社区村庄污水收集处理项目建设任务。

**【计划生育】**　全年投入经费5.1万元，配备电脑等办公设备。年内，街道出生人口95人，办理一孩生育证61户，办理二孩生育审批30户，办理独生子女父母光荣证62户。做好流动人口计划生育管理工作。开展宣传培训31期，培训人员1 000余人；免费发放宣传手册5 000多册，避孕药具2.86万只；签订计划生育管理责任书397份。规范流动人口“四同管理”，开展生殖健康检查608人，施行计划生育手术712例，常住人口符合政策生育率97.89%。做好奖、优、免、补工作。发放农业人口独生子女家庭一次性奖励金66户、6.35万元；发放2009年高中、大学阶段农村独生子女教育奖学金70名、7 900元，小学、高中阶段奖学金439名，奖学金9.08万元。征收社会扶养费3宗，实施人口与计划生育行政处罚26宗。圆满完成了各项人口与计划生育各项任务指标。

**【森林防火】**　洛龙街道共有石漠化荒山、城市面山，山林面积7252亩。由于年初旱情严重，给森林防火工作带来的极大的困难和挑战，洛龙街道实行街道领导与责任林区护林防火“一岗双责”责任制，加大对各社区群众护林防火工作宣传力度，做到护林防火宣传进社区进农户到人到山。年内，投资26万元，配置完善防火、扑火物资设备；增加临时护林人员；增设2个堵卡点和6个临时堵卡点，增加堵卡值勤人员；新建15立方米的森林防火蓄水池3个。在防火戒严期，并实行24小时值班制度，各堵卡点和护林人员严防死守，坚决杜绝一切火源、火种上山入林，严防一切车辆、人员进山入林。年内，未发生森林火灾。

**【退耕还林和植树】**　兑付生态补偿资金2.18万元，涉及市级公益林森林面积3 461亩。完成兑付退耕还林补助资金3.9万元，兑付退耕还林面积162.46亩。完成林业绿化苗木种植面积388亩。组织街道机关干部、社区党员干部义务植树共40 967株。圆满完成了呈贡新区（县）下达的城乡林业绿化300亩的苗木种植任务和义务植树3万株的工作任务。

**【抗旱救灾】** 由于持续高温干旱天气，农作物受旱面积达2 242亩，其中蔬菜受旱面积2 142亩，花卉受旱面积100亩。为了认真做好抗旱救灾工作，街道投资完成白龙潭一级抽水站水泵、电机设备等的更换安装工作及抽水站变压器的减容重新安装工作。及时解决了白龙潭、王家营两个社区的人畜饮水困难问题和农业生产生活用水问题。开展了“共产党员抗旱救灾特别捐献活动”，全街道党组织广大党员共捐出抗旱救灾款8.4万元。投入抗旱救灾补助资金共36.72万元，补助王家营、白龙潭两个社区引水困难资金13万元；投资13万元完成了白龙潭龙洞出水口清淤除障工程及配套沟渠设施的改建立项建设。完成兑付“8.16”水灾受灾补助金额12.92万元，补助受灾群众41户，补助受灾面积达441.9亩。向各社区发放救灾粮共计26.86吨，受救助人口1 720户、4 583人。

**【洛龙河河道保洁】** 加大对洛龙河保洁、管护宣传力度。设置“保护入滇河道、严禁在河道内乱丢各类垃圾、农田废弃物等固定宣传标牌20余块，发放保护洛龙河倡议书3 000多份。做好河道垃圾打捞工作。增加河道保洁员2人，打捞河内垃圾、杂草及河道清除两岸垃圾、杂草共计90.4吨，清除各类垃圾4 520吨。加强河道巡查，严厉整治违法排污行为。

**【民政、残联工作】** 认真开展扶贫帮困、社会救济和“双拥”工作。年内，完成发放烈属、复员军人等各种定补29.94万元；兑付义务兵家属优待金4.48万元；走访慰问困难群众、军烈属、伤残军人、老乡干等，发放慰问金6 850元；完成城市低保和农村低保审批工作；完成呈贡县农村社会养老保险领取人员待遇资格认证工作；完成昆明市被征地人员养老保险领取待遇资格认证工作；完成2010城镇居民医疗保险参保工作，参保率达95%；完成优抚对象参加城镇医疗保险64人，参保率100%；完成街道年满60周岁的老年人办理《云南省老年人优待证》；对吴家营敬老院进行了全面修缮。

加强殡葬改革和文明祭祀宣传，利用“清明节”等发放各种宣传资料1 000余份；完成上报死亡人口火化35人，兑现火化奖励金8.65万元。

做好残疾人工作。年内，完成街道残联换届选举工作；完成呈贡新区残疾人基本情况摸底调查、贫困白内障复明工作；完成兑现2009年“阳光家园计划”残疾人托养服务（家庭）一次性补助金4 000元；兑现贫困残疾人居家安养扶助补助金3 000元；走访慰问残疾人，发放慰问金6 300元。

**【人口普查】** 全面开展好街道第六次全国人口普查工作。组织4个社区普查员和普查指导员开展普查培训和入户登记工作，截止11月9日已完成了人口普查登记总户数3 805户，登记人口12 382人。并对出生及死亡人口进行核准统计。

**【党建工作】** 以加强党的执政能力建设和先进性建设为主线，按照“强班子、固基础、聚人才，提高为科学发展服务的能力和水平”的要求，坚持“党要管党，从严治党”的方针，坚持“标本兼治，综合治理”的原则，加强党建工作。加强学习培训，不断提高广大党员干部的综合素质。坚持党工委中心组、党政联席会议等领导班子集中学习及周五机关政治学习制度，不断提高班子成员和广大机关干部的政治理论水平。加强学习型机关建设，投资5 000余元，建机关阅览室。开展街道机关“求新知、读好书”活动，向干部

走访慰问困难群众

（洛龙街道　供稿）

机关政治学习

（洛龙街道　供稿）

职工发放了《思路决定出路》、《盘活城市》2本书籍，并要求机关干部认真阅读，做读书笔记，并撰写心得体会。

组织街道2名主要领导干部参加了市举办的“党的十七届四中全会精神”专题培训；组织纪工委副书记参加了中纪委举办的培训班；组织组织员和社区书记参加了成都的学习培训；组织了4名社区居委会主任参加了市委组织部举办的村改居社区干部第一期培训班的学习；参加了社区“两委”干部培训班3期。

建立健全考核奖励机制，社区“两委”换届工作结束后，切实提高社区干部的待遇，进一步调动了社区“两委”主要干部的工作积极性。做好离职干部的一次性补助工作。

**【党组织建设推进年活动】** 认真开展好“三有一化”（有人管事、有钱办事、有场所议事、构建区域化党建格局）及和谐社区建设。以白龙潭社区为示范点，积极探索形成健全、完善、规范的社区党建工作管理体制和工作机制，使党组织和党的工作覆盖面进一步扩大，党组织和党员在推动发展、服务群众、凝聚人心、促进和谐方面成效明显增强。进一步健全完善党务、居务、财务公开制度，推行“社情简报”工作，实施“四议两公开”，把党务、居务公开和集体资金、资产、资源管理情况制作成“社情简报”，在居务公开栏、宣传栏公开，进一步增强了透明度。

**【“创先争优”】** 在党的基层组织和党员中深入开展创建“五个好”先进基层党组织、争当“五带头”优秀共产党员活动。洛龙街道党工委通过召开了“七一”表彰大会，会议表彰了社区“五个好”基层党组织2个，抗旱先锋党组织2个、优秀共产党员38名。通过表彰，树立了学习榜样、学习典型，增强了街道广大党员干部比学赶超、争先创优的氛围。继续开展基层党建示范点创建工作和相对薄弱基层党组织整顿提高工作，扎实开展白龙潭社区市级党建示范点和洛龙社区党总支县级党建示范点的申报和创建工作，抓好各项创建措施的落实。结合街道为民服务中心建设，实行“一站式办理、一条龙服务、一次性办结”，工作中坚持便民利民，为群众提供便捷高效的服务原则，公开服务事项、办事程序等，最大限度便民利民。

**【党员志愿者活动】** 开展党员志愿者活动，促进为民服务体系建设。年内，结合“四创两争”工作，组织街道党员志愿者163人打扫卫生20次；协助省第三人民医院专家组到吴家营社区开展送医送药义诊活动；开展洛龙河保洁活动3次；组织青年志愿者开展清理乱贴乱画、非法小广告活动5次，参加120余人次，确保了市容市貌、村容村貌整洁、干净；组织街道机关干部深入社区开展环境卫生综合整治活动4次，集中整治社区环境卫生死角；组建抗旱先锋队5支，开展“城乡党组织结对抗旱心连心”活动，帮扶社区3个，帮扶党员群众275名，解决生产用水2.7万立方米，解决抗旱救灾资金28.60万元，解决救灾物资10.22万元。

**【“效能街道”建设】** 全面开展“效能街道”建设活动，通过加强学习，广泛征求意见建议，认真查摆问题，召开专题民主生活会，撰写整改方案。加强制度建设和创新，全面改进推动工作。在工作任务繁重的时期，开展机关干部提前半小时上班制度，提高了工作效率。建立健全岗位责任制，外出办事在办公室门口张贴醒目标识，督促每一位机关干部认真履行岗位职责，脚踏实地地为群众办事。努力建设热情文明、高效廉洁、公开透明、依法行政机关，提高群众满意度，树立了街道为人民服务的良好形象。

市委调研组莅临街道检查“创先争优”工作

（洛龙街道　供稿）

召开专题民主生活会

（洛龙街道　供稿）

【基层党员队伍建设】 全年组织32名入党积极分子参加了县级机关工委举办的入党积极分子培训班。狠抓“四培四带”工作，致富能手达70%，团组织“推优”成功率达70%。全年新发展党员18名，按期转正党员16名。扎实开展“党建推进年活动”，核拨党建专项经费15万元。各社区的活动室基本达到了“十有”标准，丰富了活动内容，提升了服务效能，构建区域化党建新格局。

【精神文明建设】 组织街道机关干部参加了新区党工委（县委）举办呈贡新区（县）庆祝建党89周年暨第十届“云岭先锋”颂文艺汇演活动，荣获一等奖。洛龙街道机关、洛龙社区申报市级文明单位（村），迎接了市考评领导小组的检查验收。1名同志在呈贡新区纪念建党89周年暨“创先争优”活动中被评为优秀共产党员。

街道机关创建市级文明单位检查验收

（洛龙街道　供稿）

高度重视工、青、妇等群团组织的领导和统一战线工作，充分发挥群团组织作用。完成了共青团、妇联组织的换届选举工作，切实维护妇女儿童的合法权益。重视老龄工作，关心老干部，加强老年协会的建设和老干部慰问工作。积极开展民族团结教育，认真做好统战工作。

【党风廉政建设】 认真组织街道各级干部、党员认真学习中央、省、市、县纪委全会和新区党工委（扩大）会议精神等，进一步加强新形势下我街道领导干部作风建设。严格按照与新区（县）党风廉政建设责任领导小组签订的《呈贡新区（县）2010年党风廉政建设责任书》的要求，认真抓好街道党风廉政建设和反腐败工作。签订了党风廉政建设责任书。开展了街道主要领导与班子成员、“四办四中心”负责人、社区干部进行了廉政集体谈话活动，进一步增强了广大领导干部的廉政意识。

组织机关干部观看电影《缉毒警》、《马背上的法庭》、《袁隆平》、《村官普发兴》，收看党风廉政宣教片《一个检察长的巧取豪夺》、《失衡的秤》等。组织开展学习普发兴、郑垧靖、沈浩、梅阳林等同志的先进事迹活动。组织新任副科级以上领导干部参加廉政教育活动。通过不断学习先进事迹，进一步增强广大党员、领导、干部的廉政意识和全心全意为人民服务的意识。

严格实行财务管理各项制度，实行一支笔审批，厉行节约。加强各社区的财务、居务公开监督检查工作。加强日常车辆管理和节假日公务用车管理，严格实行除值班车辆外，其它车辆一律封停在单位，避免了公车私用。

严格督促落实居民“一事一议”制度和全程公告公示制度；严格按照“八个百分之百”的要求做好街道政府性投资建设工程项目，完成了大坟顶苗圃绿化工程、彩云南路补种行道树绿化工程、垃圾中转站及公厕建设等工程的建设任务。

（李桂兰）

## 乌龙街道

【年内大事】 3月1日至5月5日，各社区党组织、居民委员会换届选举工作圆满完成，依法选举出党组织书记6名、党组织委员37名、居民委员会主任6名、副主任6名、居民委员会委员28名。

4月30日，南大道项目涉及土地清表工作完成，项目正式进场施工。

5月底，完成南大道项目涉及上可乐社区、三岔口社区103户农户搬迁及18家企业拆迁工作。

6月10日，举办入党积极分子培训班。

6月13日至25日，完成滇池湖滨生态建设“退人退房”乌龙社区91户农户搬迁工作。

7月1日，开展纪念建党节义务植树活动。

8月16日，全街道抗洪抢险。

11月29日，成立三岔口社区驻嵩明县嵩阳镇木作社区木作村流动党员党支部。

12月26日，乌龙街道办公大楼正式搬迁至呈贡三岔口乌龙片区周转房（老昆洛路省体委后大门斜对面）。

【简　述】 乌龙街道位于呈贡县西南部，东邻雨花街道，东北接龙城街道，南与大渔乡接壤，西邻滇池，北接斗南街道。辖上可乐、下可乐、乌龙、七步场、三岔口、松花6个社区居委会，自然村6个，居民小组40个。街道行政区域面积为18.41平方千米。农用地面积5 213.1亩，其中耕地面积4 779亩。海拔在1 886.5米至2 100米之间，年降雨量900至1 000毫米，全年无霜期320天，年日照量2 311小时。2010年末辖区农业家庭户4 768户，农业人口13 615人，农村劳动力9 121人。

【经济综述】 2010年，乌龙街道党工委、办事处坚持以邓小平理论和“三个代表”重要思想为指导，深入学习实践科学发展观，认真贯彻落实党的十七大和十七届四中全会精神，在新区党工委（县委）、新区管委会（县政府）、洛龙乌龙片区建设指挥部的正确领导下，团结和带领广大干部群众，进一步解放思想、开拓创新，加快新区建设步伐，促进街道经济持续、健康、快速发展，社会各项事业全面进步。乌龙街道全年完成税收8 869.58万元（其中国税941.02万元，地税792.86万元）；完成地方一般预算收入7 763.93万元（其中国税217.71万元，地税7 546.22万元），与年初下达的6 705万元任务数相比，超收1 058.93万元，占任务数的132.28%；与上年完成的4 547万元相比，增加3 216.93万元，增长70.75%。年内，辖区农村经济总收入完成41 419万元，与上年同期相比增长6.8%；农民人均纯收入7 375元，与上年同期相比增长14.6%。年初人口总数13 380人，全年共计出生人口162人，死亡96人，人口自然增长率为3.2‰。超额完成引进内资任务8 100万元。

【征地拆迁】 积极做好新区建设征（租）地工作。完成南中央大道、园丁三期、65号地块、政法小区、新型社区龙一、龙二地块等12个项目共4 708.48亩的征地工作。其中：南中央大道253.13亩；金融园区2.13亩；总部基地及商业项目用地24.94亩；呈政储065呈地块25 304亩；市老干部活动中心47.36亩；呈政储〔2009〕033号地块130亩；呈贡一中片区项目164.19亩；市政法小区597.11亩；新型社区龙一地块1 505.80亩；新型社区龙二地块446.35亩；北中央大道374.52亩；中央公园1 039.52亩。

完成南中央大道建设涉及上可乐、三岔口社区141户农户的搬迁工作（其中：三岔口14户、上可乐129户），土地已移交施工方进行施工。完成滇池湖滨生态建设“退人退房”乌龙社区部分村庄搬迁工作，拆迁补偿协议签订工作已于6月底完成，涉及搬迁群众共99户，签订协议98户，1户未签订协议为8月份新增，目前已有93户群众搬迁至周转房居住，街道正积极动员5户未及时搬家群众和新增户尽快搬迁，保障拆迁工作顺利进行。

年内，完成片区建设项目用地范围内涉及59家企业的拆迁工作，其中：南中央大道21家、古滇路17家、诺仕达置换用地7家、园塘路、南中央大道建设涉及4家、五华房地产公司用地涉及3家、呈贡一中片区涉及7家企业的拆迁工作。

【农业科技】 鼓励农民外出租地发展种植业，街道租地农户过1 132户，租地人数2 503人，租地面积1.8万亩。分布于嵩明、晋宁、安宁及景洪、勐海等地。组织劳动力引导性培训1 200人、转移培训1 250人，实现县内转移970人，省内县外转移250人，省外输出30人。

【环境保护】 加大卫生投入力度。2月份投入127.8万购置垃圾压缩车、道路清扫车、高压冲洗车各1辆。现有垃圾清运工人8人、保洁人员29名。加强环境卫生整治，全街道卫生面貌焕然一新，全民爱卫意识深入人心。加强“四环十七射”道路两侧控制区管理，将拆临拆违、建绿透绿、环境卫生整治工作纳入街道日常工作来抓，做到时时有人监督，时时有人管理。全年共栽种乔木46 694棵，绿化面积约75 320平方米。加强森林防火工作。投入资金35万元，完成上可乐、下可乐、松花3个社区的污水收集工程。按照“污染控制、生态恢复、资源调配、监督管理、科学示范”的方针做好滇池保护工作。

【安全生产】 加强公共安全工作，突出生产安全、消防安全、交通安全和食品药品安全检查，防止重特大事故发生，有效遏制或减少事故发生率，确保零死亡指标。在安全生产检查中，全街道做到“三个结合”，一是检查与隐患整改相结合；二是检查与责任追究相结合；三是检查与建立长效机制相结合。全年共开展安全生产大检查16次，配合相关部门开展各类安全专项整治16次，参加人员120余人次。辖区无重大交通事故、火灾事故和其它安全事故发生。全年出黑板报83期。

【民政卫生】 围绕“上为党委政府分忧，下为万民百姓解愁”的宗旨，扎实有效地做好优抚、救灾救济、基层政权建设、老龄、社会事务等民政工作。依托县人力资源市场和社会保障平台，实现了上可乐、七步场社区创建充分就业社区。全街道参加社会保险人数是13 676人，其中，办理城镇居民基本医疗保险13 412人，办理被征地人员基本养老保险264人。年内，医保参保率达100%。举办各种培训10期，培训人数729人。社区18至59岁的有9 198人，实现就业1 467人，就业比例达16%。年内，在严重干旱和8·16洪涝灾害发生时发放救灾粮8 370千克，关爱金4.85万元，转移安置倒房户3户，没有群众因灾害导致断粮等影响正常生活情况发生。重视老龄工作。年内发放各社区的老年协会会长补贴2 160元。组织各社区的老人参加2010年敬老节游洛龙公园活动，并对1名百岁老人进行慰问，对14名特困老人进行“助医、助养”，资助4 200元。发放80岁以上高龄老人保健补贴341人，9.52万元。截止到12月31日，发放全街道的离职民办教师生活补助款2.20万元，发放精简下放人员、老乡干、"三属"、农村老党员等人员定期生活补助 71.71 万元。按照每人每年 5 440 元的标准，兑现 11 名义务兵家属优待金 59.84 万元，发放率达 100%。截止 1～11 月共发放"三属"、在乡老复员军人定期生活补助 18.51 万元，核发"两参人员"定期生活补助款 34.09 万元。圆满完成殡葬改革任务。截止 12 月 31 日死亡人口火化率达 100%，发放奖励金 13.35 万元。

大力开展爱国卫生运动和除"四害"活动，加大艾滋病预防宣传力度。对各社区客堂、茶室、市场、街道等公共场所进行了清扫消毒。年内，已缴费参加城镇居民基本医疗保险 13 099 人，参保率达 97%。

**【计划生育】** 严格执行国家计划生育政策，在抓好经常性教育的基础上，充分利用元旦、春节、"三八"节等节假日和"三下乡"活动，开展生育、生殖健康、避孕节育等知识宣传教育。开展计划生育优质服务，有效控制人口自然增长，稳定辖区内低生育水平。全街道年内出生 162 人，人口自然增长率控制 3.2‰以下，计划外多孩生育控制数为 0，符合政策生育率为 100%。

**【社会稳定工作】** 大力推行联合接访、领导接待日、干部大下访等制度，引导群众依法反映合理诉求和以法定渠道解决问题。定期排查社会热点、难点问题，加强群众来信来访工作，坚持于每月的 11 日开展街道党工委书记、主任接待日活动，积极预防和妥善处置群体性事件。年内，街道共调处各类纠纷 289 起，调解成功 283 起，调解成功率 98%。开展"村财站管"和"数字乡村"工作，实行居务、政务、财务公开。加强信访工作，年内，共接待来信来访 25 件，妥善处置 24 件，办结率 99%。加大群防群治力度，加强流动人口管理。年内，共登记出租屋 324 户，清查流动人员 4 070 人，初步建立了工作动态台账。做好农民工劳动关系争议的协调工作，确保不拖欠农民工工资，促进社会和谐，维护社会稳定。

**【基层民主建设】** 依法、依规完成社区"两委"换届选举工作。按照县委、政府的安排，3 月下旬至 4 月上旬，街道指导完成了所辖 6 个社区"两委"的换届选举工作。选举产生党组织书记 6 人，委员 37 人；居委会主任 6 人，副主任 10 人（其中大学生村官专职专选副主任 4 人），委员 28 人。同时完成了社区共青团、妇联、残联的换届工作，为社区日常工作开展提供了组织保障。

**【"创先争优"】** 乌龙街道党工委把"转作风、强服务、保稳定、求突破、见成效"列为活动重点，牢牢把握教育、监督、制度三个环节，始终做到活动与基层党建、为民服务体系建设、"效能呈贡"建设、文明和谐社区建设、征地拆迁、"四创两争"、招商引资、项目推进八项工作的紧密结合，深入推进创先争优活动。为推动呈贡新区乌龙片区快速发展提供坚强有力的思想保证、政治保证、组织保证、作风保证。一是充分发挥七步场、三岔两个党建示范点和各级表彰的先进个人典型示范作用，年内，申报上可乐党建示范点和三岔口社区团支部团建示范点工作有序开展。二是在牛头山建立一个 150 亩的党员创先争优先锋林，党员政治生日开展"低碳新区从我做起植树活动"。三是在上可乐社区街道老年大学分校，举办的花灯唱腔班培训学员 24 人。四是扎实做好群团工作，占领农村文化阵地。年内，建企业工会 6 家，发展工会会员 535 人。加强企业工会管理，辖区企业工会无"小金库"现象。坚持"双百方针"、"二为方针"组织丰富多彩的社区文体活动，失地农民思想意识形态阵地，倡导文明健康的生活方式。发挥共青团、妇联、老龄工作在片区建设工作中的作用。

**【党风廉政建设】** 以"制度上完善，教育上加强，律已上落实"为切入点，认真开展党风廉政建设和反腐败工作，形成良好党风、政风。大力推进党务公开工作，规范党务公开形式，提高党务公开质量，以党内民主带动基层民主，使街道党务公开工作走上规范化、科学化、制度化的轨道。全面推广"四议两公开"和"社情简报"，及时将党务、居务、财务等重大事项置于群众监督之下，推进农村基层民主法治建设。全年街道无一例违法、违纪事件发生。

**【为民服务体系建设】** 强化管理，完善为民服务体系建设，提高机关工作效能。根据市、县关于加快为民服务体系建设的有关要求，街道党工委、办事处高度重视及时召开专题会议，研究制定了实施方案、明确人员及分工职责。整合现有的人员和办公条件，改进工作作风，简化办事程序，将民政、两保、残联、计划生育、司法、信访、综治、城管等四大类 20 个职能部门进中心设置窗口办理，并选派素质高、业务熟的业务骨干进窗口工作。将服务体系延伸到各个社区，由社区书记担任站长、主任担任副站长的为民服务站，全力构建"亲民、为民、便民、惠民"的为民服务体系。实行领导带班制、轮流值班、A、B 角工作制，严格管理，确保窗口授权到位、人员落实到位。设置了咨询电话、咨询台、投诉和意见箱，严格首问首办责任制、限时办结制、服务承诺制、问责制四项制度。年内，共受理事项 1 961 件，办理了 1 882 件，办结率达 96%，得到了群众的好评。

**【精神文明建设】** 坚持物质文明、精神文明、政治文明、生态文明常抓不懈。强化公民思想道德，继续贯彻《公民道德建设实施纲要》，倡导爱国守法、明礼诚信、团结友善、勤俭自强、敬业奉献的基本道德规范，加强社会公德、职业道德、家庭美德教育。坚持每周五上午的机关政治学习、每月27日的社区干部学习和党支部“三会一课”制度集中学习，打造学习型行政机关。加强机关内部管理制度的贯彻执行，促进机关工作作风转变，推动街道各项工作顺利开展。

（潘　菊）

## 雨花街道

**【年内大事】** 1月28日，举行市级公务员（政法小区）二期征地签字。

2月24日，召开失地农民就业调研会。

举办失地农民就业招聘现场会

（雨花街道　供稿）

3月1日，雨花街道召开社区“两委”换届选举动员大会。

3月3日，县委书记周峰越、县长吴庆昆到雨花街道调研。

新区（县）领导到街道调研集体经济发展情况

（雨花街道　供稿）

3月15日，昆明中医院项目涉及回回营五户签订搬迁协议。

4月12日，雨花街道社区“两委”换届全部结束。

5月15日，下庄社区三岔菁村50户搬迁户签订搬迁协议。

6月8日，市委书记仇和到街道检查工作。

7月16日，全面完成下庄村、大梨园村、回回营社区、雨花社区村庄生活污水收集工程。

7月31日，捞鱼河整治项目（租地21.2亩）移交项目单位进行建设。

8月23日，市级检查雨花街道“创先争优”开展情况。

（雨花街道　供稿）

12月1日，接受县级对街道开展云岭先锋、廉政建设工作的考核检查。

12月6日，街道联合相关部门整治辖区私搭乱建行为。

12月13日，雨花街道启动路网涉及70多户农房搬迁工作。

**【简　述】** 雨花街道办事处，位于呈贡县南部，东与吴家营街道毗邻，南与马金铺街道（现由昆明高新技术产业区托管）接壤，西连大渔街道（现由昆明滇池国家旅游度假区托管），北接乌龙街道。辖区面积16.54平方公里，地势东高西低，地貌为丘陵，最低海拔1 911米，最高海拔2 120.8米。至2010年末，辖区有耕地约3 400亩、林地4 208.3亩、水面336.3亩、村庄870亩，其它约2 000亩。辖区处于呈贡新区核心区域，交通便利区位优势突出。街道辖雨花、下庄、回回营3个社区居委会，5个自然村，22个居民小组。至2010年末共有2376户，常住人口6 700人，其中回族1 775人，占街道常住总人口的26.49%。街道辖区还有昆明医学院、省中医学院、省广播电视大学、云南艺术学院四所高校及云南白药集团、香港康捷生物有限

新区党工委（县委）组织部检查街道“创先争优”工作　（雨花街道　供稿）

公司17个等企业，昆明市中医院、省中医附二院两所大型医院。

【经济指标完成情况】　雨花街道全年完成税收9 150.81万元（其中国税628.55万元，地税8 522.26万元）；完成地方一般预算收入8 236.90万元（其中国税145.57万元，地税8 091.33万元），与年初下达的7 955万元任务数相比，超收281.90万元，占任务数的103.54%，与上年完成的6 829万元相比，增收1 407.9万元，增长20.62%；农民人均纯收入达5 466元，比上年的5 056元，增长8.1%。

【招商引资】　雨花街道为完成年初下达的招商引资任务，成立招商引资工作领导小组，完善招商引资网络，拓宽招商引资渠道，积极做好项目的引进和洽谈工作。年内，完成内资8 000万元，外资50万美元，全面完成年初下达的招商引资任务（内资8 000万元，外资30万美元）。SONY PS2国际动漫科技园和呈贡新区汽车城等各类项目正在洽谈中。

【征地拆迁】　雨花街道全年完成征地364.08亩，报件792.48亩，完成云南广播电视大学、市中医院、艺苑路、中医路等路网和三岔菁村、回回营、雨花、下庄社区群众114户搬迁工作，安置农户114户，拆除房屋3.54万平方米，确保辖区内项目的正常建设。

【环境治理】　以四创两争为契机，投入140多万元，大力宣传创卫知识，动员社区居民积极参与环境卫生整治工作，形成创建卫生城市人人齐抓共管的良好氛围。年内，街道统一订制“创卫”宣传栏6块，发放“创卫”宣传资料1 300多份，张贴宣传画16张。与沿街经营户签订“门前三包、门内达标”责任书100多份。加强对环卫车辆的管理，并建立垃圾处置机制。做好春融西路、聚贤街、雨花路、谊康南路的道路路面保洁工作。全年清运垃圾7 600多吨。开展拆临拆违及整治农房违法加层和无序建房工作。共拆除临违建筑1 074.5平方米，拆除无证经营、占道经营摊点、无证饭馆20个，限期整改废品收购点4个。依法取缔黑诊所1个，没收药品120余盒、诊疗器具20件，并当场销毁。落实辖区村庄污水收集工程，投入150万元建设管网已竣工使用，做到100%的社区村庄污水全收集；切实抓好滇池治理工作，完成捞鱼河河道、河岸保洁和综合整治工作，组织288人次，出动车辆36台次，清理、疏理河道及村内（外）水沟1.4万多米、卫生死角10多处，清运垃圾29吨，同时全面完成畜禽禁养工作，无复养情况。

积极做好绿化、美化环境工作。年内，完成苗木基地800亩、义务植树8万株、生态隔离带140亩、造林2 000亩、种草600亩、产业结构调整2 749亩，超任务1 449亩。

完成春季灭鼠工作。发放灭鼠原药77千克，投放毒饵7 700千克。进行夏季灭蝇、蚊、蟑螂活动，投放原药10千克，有效防止疾病传播。

【森林防火】　高度重视森林防火工作，书写固定标语88条，制作永久宣传标语牌60块；张贴各类宣传标识765份，发放通告820份，黑板报宣传250期，广播宣传120次。投入资金35万元，购置设备、完成森林消防水池建设10个（20立方米）。成立四支（共120人）义务防火队，组织森林专职护林员14人，认真做好日常宣传、堵卡、巡防及演练工作。年内，未发生森林火灾。

参加新区（县）森林防火演练　（雨花街道　供稿）

【水　利】　年内，投入资金300多万元，铺设自来水管道2.9万米，接入市政管网，解决下庄村2 736人及三岔菁村714人的饮水困难；抓好抗旱水利设施建设，解决辖区农田用水困难，完成71个（下达任务67个）20立方米水池、2个小泵站、6个小坝塘的建设。

【安全生产】 积极开展安全生产、节能减排工作。全年共开展各类检查41次，共84个点查出隐患13起，当场整改9起，限期整改4起；并按市县安监部门的安排，全面完成街道安全生产规范化建设，并顺利通过验收。年内，辖区未发生重特大安全生产、食品安全和交通、消防事故。

【计生工作】 雨花街道认真贯彻落实“奖、优、免、补”奖励政策一是积极做好宣传，把相关政策宣传到位、做到宣传到户，使育龄群众人人知晓。二是做好政策的落实工作，为农业人口办理了独生子女光荣证的家庭建立健全登记台帐，并进行信息网络录入。做到把政策覆盖的对象落到实处，反复核对，决不错报、漏报。年内，共办理一孩生育证57例、二孩生育证初审23例，完成12户、23人一次性奖励金初审及申报工作；办理中、高考加分初审48人、一次性奖励金初审上报43人次，义务教育奖学金审批、申报和录入226人，独生子女保健费初审、汇总和上报259户，办理独生子女保健费初审、汇总和上报259户，向1 645名育龄妇女发放了免费药具服务卡，向41名待孕妇女发放叶酸，办理各类违反计划生育政策案件27件，录入流动人口信息4 388人，办理流出人口婚育证明455人，签订流动人口管理责任书599份，全年发放避孕套2万多支。

组织防艾滋病宣传活动

（雨花街道　供稿）

【民　政】 开展各种慰问、扶助工作，共慰问46人，发慰问金共1.9万元。慰问贫困老年人14人、共4 200元；慰问灾民8人、共1 600元；慰问老乡干部3人、共600元；慰问精简人员3人、共600元；慰问残疾群众9人、共1 800元；扶助在家安养人员6人、共7 200元；做白内障复明术3例，每人补1 000元。发放民政优抚对象奖励金：发放老复员军人定期抚恤177人次、发放5.51万元，两参人员定期抚恤796人次、16.9万元；发放退职农村老乡干定补722人次、1 296元；发放精减退职人员定补3 213元、21人次；发放百岁老人慰问金2 400元、80岁以上高龄老人保健费4.4万元、共164人次；发放民办教师补贴52人次、5 688元。

【文　化】 加强雨花、下庄、回回营社区图书室建设，新增图书和体育设施，完善社区文化室的功能。新建雨花社区文化站和下庄社区文化站，在三岔箐和大梨园新建篮球场2块，在回回营社区增设全民健身器械1套，举行篮球赛和文艺汇演等活动；在下庄、雨花社区举办了老年大学，有效地丰富了社区群众文化生活；积极抓好“两基”工作，确保两基迎国检工作圆满达标。

下庄老年大学开展活动

（雨花街道　供稿）

【为民服务】 结合“效能雨花”建设，于8月建设街道为民服务中心及社区为民服务站，实行“开放式办公、一个窗口受理、一条龙服务、一站式办结、一次性收费”管理体制。截止2010年末，办理各类服务事项400件，代办件56件，办结率100%，群众满意率100%。认真落实民生保障机制，全年农民养老保险参保913人，医疗保险参保6605人，参保率99%。

积极做好失地群众就业服务工作。安置农民就业413人，完成农村劳动力培训（引导性培训）14期，900人，技能培训217人，劳动力转移就业1 052人；扶持外出租地695户，外出租地面积9 246.38亩，租地人数1 507人。

按照新区“一步城市化”要求，积极做好雨花、下庄和回回营新型社区建设工作。

【平安创建】 牢固树立“发展是硬道理，稳定是硬任务”的思想，不断强化治安防范，大力开展矛盾纠纷排查调处工作，全面落实“平安进万家”的各项措施，通过资金保证、推进警灯闪烁进社区、依法严惩犯罪等治安防范举措，确保了辖区和谐稳定。全年，投入31万元，安装探头28个。受理治安案件41起，查处

41起，查处率100%；认真抓好调解工作，共调解各类民事纠纷和社会矛盾98件，调解成功93件，调解成功率达95%。全年内，无1起群体性事件和重大刑事案件，无1例民转刑案件。

**【精神文明建设】** 切实加强精神文明建设，强化公民思想道德教育，继续大力贯彻《公民道德建设实施纲要》，倡导爱国守法、明礼诚信、团结友善、勤俭自强、敬业奉献的道德规范。坚持每周五的政治学习、每月10日的社区干部集中学习制度，打造学习型机关。加强机关内部管理，促进机关工作作风转变，推动街道各项工作顺利开展。在大力提倡讲文明、树新风活动中，以创建文明城市为契机，不断开展文明单位创建工作。年内，街道申报县级文明单位，雨花社区、回回营社区、下庄社区申报县级文明村，已通过县文明办的检查。

**【组织建设】** 全面推进基层党组织公推直选。认真总结社区“两委”换届的经验做法，选优配强基层党组织班子成员，贯彻落实党的民主集中制，确保公推直选真正体现大多数党员的意志。

（雨花街道　供稿）

以“创先争优”为契机，结合“组织建设年”活动，围绕“效能雨花建设有新突破，推动科学发展有新跨越、促进社区和谐有新气象、基层组织有新成效”目标，通过抓街道带社区，不断加强基层党组织建设，提升基层组织建设整体水平。年内，街道发展新党员24名，下辖的回回营社区为省级民族团结示范村，雨花社区为市级“五好社区”，下庄社区为县级党建示范点。

切实抓好党管武装工作。深入社区、深入群众做好宣传发动工作，为部队输送优秀青年9人，组织街道20余名基干民兵参加训练，并在呈贡8.16水灾中奋力抢险，受到上级好评。

**【党风廉政建设】** 以“制度上完善，教育上加强，律已上落实”为切入点，认真开展党风廉政建设和反腐败工作，形成良好党风、政风，大力推进党务公开工作，规范党务公开形式，提高党务公开质量，以党内民主带动基层民主，使街道党务、政务公开工作走上规范化、科学化、制度化的轨道。年内，全面推广“四议两公开”和“社情简报”制度，及时将党务、居务、财务等重大事项置于群众监督之下，推进农村基层民主法治建设。无1例违法、违纪事件发生。

（雨花街道　供稿）

（梁永琼）

# 托管街道概况

责任编辑：杭　松

## 洛羊街道

【年内大事】　3月12日，召开社区换届选举工作动员大会。

4月21日，完成社区换届选举工作。

6月28日，昆明市委书记仇和走访洛羊街道办事处，要求从和谐社区入手推进社区建设。

7月1日，举办建党89周年庆祝活动暨“创先争优”表彰大会。

8月13日，洛羊街道举行了内设机构负责人竞争上岗竞聘演讲大会。

8月20日，洛羊街道与武警云南总队一支队一大队结成警民共建单位。

9月27日，大冲社区“城中村”改造正式动工建设。

11月19日，倪家营社区“规统建房”奠基开工建设。

【简　述】　洛羊街道位于呈贡新区（县）北部，东邻七甸街道，西接龙城、斗南街道，南邻吴家营街道，北与官渡区接壤，距昆明主城区10千米，距县城2千米。辖区平均海拔1 910米，辖区内多为丘陵、河谷、平缓山地。气候属亚热带半湿润地区，低纬度高原季风气候，森林覆盖率52.7%。托管昆明经济技术开发区国土面积71.44平方千米。街道辖7个社区居民委员会，14个自然村，44个居民小组。2010年末登记的常住居民户5 047户，常住总人口13 947人。

【经济指标完成情况】　2010年完成地方财政收入7 466.21万元，完成税收1.8亿元；完成社会固定资产投资5.56亿元，完成5.54亿元的年度任务数；实现招商引资4.3亿元；农村经济总收入完成9.99亿元，比上年增长8%；农民人均纯收入5 640元；实现辖区企业工业增加值2.5亿元，辖区农产品加工销售产值实现1.8亿元。

【征地、交地】　洛羊街道按项目建设的要求，对涉及大洛羊社区的鸿运大道、103线、呈运大道、马料河景观整治、2009年收储用地等多个项目1 034亩土地进行了收储。同时对涉及黄土坡、大新册社区的黄马公路、果林变电站项目组织实施征地工作。累计已完成螺蛳湾小商品加工基地2 076亩，昆三中及市中医院住宅224.32亩，马料河水环境整治、南连接线、经开区103线等3个项目大洛羊段236.9亩，园博园323亩，呈黄公路北段127.56亩，黄马公路小新册及大新册部分土地240亩，呈达物流225亩，王家营西货场442亩共计3 894.78亩的征地、交地工作任务，已全部交付施工方进行施工。

【园区建设】　2010年，洛羊街道全力配合做好信息产业基地、新加坡工业园区内项目建设用地的交地工作，确保了项目的顺利建设。新加坡工业园5号、6号、7号路已完成建设。经开区103号路、广福路东延线、呈黄路改扩建等道路建设也正在建设之中。对非征地类项目，做好项目跟踪服务工作。

【拆临拆违及农房建设管理】　坚决贯彻市委、市政府及管委会的工作部署，对铁路、公路沿线的临违建筑进行拆除建绿工作。洛羊街道正在加紧进行“四环十七射”的拆临拆违建绿工作，对涉及洛羊范围内的昆石高速、老安石公路、东绕城线，配合相关部门进行了沿线建筑物摸底调查。加强农房管理，严格查处违法违章建筑，在多方面做工作无效的情况下，实施了87户1万余平方米违法建筑的强制拆除，收缴泵车3辆、搅拌车2辆及施工工具若干。街道共投入机械19台班次，组织人员4 600余人次，共计投入经费90余万元进行拆临拆违工作。

【“城中村”改造】　洛羊街道将“城中村”改造工作作为推进农村城市化、农民市民化，解决社区群众生活出路问题的重要举措，列入街道重要议事日程。大冲社区“城中村”改造于9月27日正式动工建设；大新册社区“城中村”改造，项目确定由经开区投资公司负责开发，双方已谈妥改造条件，正在进行项目前期准备工作，改造用地范围内的生鲜超市已经进入地勘工作，准备进行建设；倪家营社区“城中村”改造工作，由于改造用地处在生态隔离带规划用地上，根据经开区管委会的统一安排，改为进行“统规统建房”建设，已经于11月19日进行奠基开工建设；小新册社区“城中村”改造工作，已成立“城中村”改造领导小组，正在筹备前期工作。

**【“四创两争”】** 按照“组保洁、村收集、办事处运转、无害化处理”的机制，实现“全面覆盖、不留死角、长效管理、永久保洁”的目标。街道保洁面积41.78万平方米，保洁道路5条42.66公里。年内，洛羊街道配备保洁人员221人、驾驶员及清运工29人、垃圾清运车辆10辆，新增洒水车2辆，新增垃圾箱160只，进行全日保洁，日清垃圾60余吨。开展创建国家文明城市工作。建立覆盖全街道的市民文明素质网络，组织青年志愿者对社区环境卫生及敬老院进行清洁打扫。开展创建国家环保模范城市工作。深入在企业中开展《清洁生产促进法》等法律、法规政策的学习教育，积极配合上级职能部门对企业耗煤、耗电、耗水的调研，加大对中小企业的监管检查力度，按节能和环保的标准，开展节能减排专项执法检查，严厉打击企业的违法生产经营活动。积极开展清洁农业生产示范，推广测土配方施肥工作，加快农业生态环境建设步伐，综合整治滇池面源污染。继续做好烟碱、啊维菌素类、宁南霉素、苏云金杆菌类等生物农药和农家肥、EM菌肥、榕风一号菌剂等推广工作，切实开展清洁农业生产，整治农业面源污染。广泛宣传环保工作，6月5日，街道企业办、水管站等各部门开展环保宣传日活动，发放各种宣传资料3 000份。开展创建园林城市工作。完成沥青供应站大门口至邮电所后拆临拆违地绿化工程，昆河米轨铁路沿线中铁八局大院段拆临拆违地块绿化工程，昆河米轨铁路沿线油路队段拆临拆违地块绿化工程。共种植乔木2 200株（其中：种植玉兰197株，小叶榕2 080株，天竹桂143，海藻18株，罗汉松50株，大叶黄杨球167株，桂花31株，红叶李130株，杜英50株；种植灌木3.4万株，为鸭脚木、茶梅、十大功劳。绿化面积20亩。

**【滇池流域水环境治理“四全”工作】** 认真落实入滇河道治理责任制，街道班子成员和社区干部对辖区河道分片负责，明确各河道的段长、点长，并与各社区签订河道保洁责任书，层层负责，分片包干，责任到人。加强农村农业污染源治理工作，推广秸秆直接还田技术300亩，无公害蔬菜种植1 783.9亩，黄板推广面积240亩；推广生物、物理综合生产技术364亩；推广平衡施肥综合技术364亩。在马料河河道及其支流沟渠附近增设9个固定垃圾集中收集点，做到了垃圾定点堆放和及时清运，切实提高了河道保洁成效；加强洛龙河源头污染治理力度，拆除洛龙河源头龙潭餐馆2家，拆除面积1 200平方米。配备10名河道保洁员，清除马料河、洛龙河河道淤泥、漂浮物共约12吨，确保了河面无杂草、无漂浮废弃物、河中无障碍、河岸无垃圾，实现了“水清、流畅、岸绿、景美”的目标，改善了水生态环境。加强宣传教育，发放滇池保护、爱护环境宣传材料3 000余份，设立永久性警示牌10块，集中广播宣传15次。继续加强两岸禁养工作，在两条河道已全面完成禁养的基础上，继续加大监督管理力度，做到了洛羊范围河道、面山无养殖户。

**【安全工作】** 坚持“安全第一、预防为主、综合治理”的方针，切实做好安全生产、道路交通、消防、食品、药品、学校安全等工作。全年出动人员273人次、车辆65台次，检查企业721家，责令要求消除隐患整改76家，口头要求整改23家，发书面整改通知53家；食品安全专项检查2次，检查食品企业16家，发书面整改指令书4家；对危化品、特种设备、纸制品和木材加工企业进行经常性、不间断的巡查，取缔无证照排污废旧塑料加工厂2家、非法加工染制蓝色妖姬染点源业主9家。全年未发生重特大事故。

**【社会保障】** 积极实施社会保障民生工程。养老保险由街道统一办理、统一缴费，洛羊街道农业人口13 947人，达到参保年龄的10 243人，已经办理了参保手续9 233人，其中2 155人达到领取年龄。开展城镇居民医疗保险工作，截止2010年末辖区内城镇居民医保参保人数达到13 947人，参保覆盖率100%，共投入资金97万元。积极落实就业再就业扶持政策。年内，提供有效就业岗位425人，已完成全年任务的106%；开发公益性岗位18人，完成全年任务的100%；创业培训31人，完成全年任务的155%；农村劳动力转移特别行动计划培训人数255人，完成全年任务的102%；农村劳动力转移特别行动计划新增转移人数130人，完成全年任务的130%；“贷免扶补”扶持创业人数2人，完成全年任务的100%；举办现场招聘会2场，发放各种宣传资料1万余份。发放《失业证》8人，《农民工服务手册》429人。深入各企业向全街道所有企业发放“春暖活动宣传材料”和“农民工劳动合同”，并发放维权知识宣传单900多份。积极开展就业培训，促进就业。培训学员1 205人（其中物业管理培训156人、手工制作培训99人、创业培训31人、劳动预备制培训909人）；举办现场招聘会2场，提供就业岗位2 000余个，发放宣传资料771份，组织劳务输出595人次，同时开展了一系列再就业优惠政策的宣传与解释工作。

【社会稳定】 充分发挥人民调解的作用，做好社会稳定工作。年内，共调解各类民间纠纷119件，调解成功件数117件，调解率达100%，成功率达99%。高度重视和解决农村因干群关系、土地征用、拆迁安置、环境污染、集体资产处置、村务财务公开、罢免村官、换届选举等问题引发的社会矛盾纠纷，依法保护农民的合法权益，妥善处理好农民群众最关心的各种利益关系。全年，共接待个人上访13件，集体上访（5人以上）4件，并对上访问题向群众进行答复。加强宣教教育，筑牢防范邪教防线。印发《洛羊街道反邪教宣传资料》6 000余份下发各社区散发到居民家中，提高了广大群众识别、辨别邪教的能力。

【农　业】 全面落实“一抗三保一防”责任制，大力推广节水型和旱作物农业措施，提高农业用水效率，加强灌溉用水管理。根据各社区的种植特点，举办各类培训25期，培训农户1 291人次；引导农户种植周期短、经济价值高的外销菜。认真做好农村劳动力转移、培训工作。完成劳动力转移培训1 022人（其中引导性培训850人、技能培训172人）；培训后转移就业1 068人（省外县内转移186人、县内转移882人），现已超额完成培训1 000人、转移就业900人的任务。收集、统计、核实600余户外出失地农民的相关资料，经初审符合484户，面积为7 182.36亩。每月8日、23日，做好蔬菜农药残留取样送检工作，取样送检172个，合格率达100%。做好狂犬病的防疫工作，免疫犬660只。

【林　业】 广泛开展森林防火宣传工作。发放《森林防火户主责任书》、《致学生和家长的公开信》等宣传资料8 500余份，五色宣传彩旗80套；在林区道路口、林缘周边悬挂森林防火宣传布标45条；翻新、修复永久性宣传标牌20余块；悬挂各类宣传标语200余条。街道办事处与各有林社区签订了《森林防火目标管理责任状》，共6份；街道办事处与林区周边4家企业签订了《森林防火责任书》；林业站与林业员、护林员签订了《森林防火责任书》55份。投入资金8 000余元，修复防火通道2 000多米。机关组建20人的应急扑火队伍，各社区组建不少于30人的义务扑火队伍。街道有专职林业员6人，临时护林员49人。投资10万元购买防火设备，有效保障了防火工作的开展。年内，发生森林火情1次，林火1次，过火面积2.91公顷，起火地点在小新册土窝铺山。

【水　务】 街道办事处投入经费250万元，修建大新册黑龙潭抽水站，安装进出水管道3 500米，完成砼方量300立方；投入经费80万元，完成石龙坝二级抽水站（应急）工程，安装出水管道850米，完成砼方量200立方；投入资金6万元，掩磨山村人畜饮水（应急）工程，安装DN50MM热镀锌管500米；各社区居居委会投入资金23万余元，完成岁修工程，清挖沟渠120条、7.5万米，完成土方3.97万立方。

【民　政】 巩固双拥成果，召开街道驻军、军烈属，退伍军人及家属76人参加的军烈属座谈会，投入经费16.58万元，促进了军地军民大团结。大力推进城乡社会救助体系建设，认真落实城乡低保工作。发放城市低保金7.30万元、农村低保金1.5万元，发放春节慰问金1.2万元，发放干旱一次性补助1 730元。严格按照低保政策，取消不符合低保条件的对象26户、49人，新审批城市低保1户1人。截止2010年末，全街道城市低保户33户、45人，月发放低保金9 231元。农村低保户3户、7人，月发放低保金530元。广泛宣传殡葬改革，发放宣传单2 500份，张贴公告1 750余张、标语1 450张，挂横幅7条。全年全街道死亡人数48人，火化遗体48具，火化率100%。共兑付火化补助款5.74万元，其中：骨灰盒补助2.35万元，棺木补助2.8万元，遗属公墓安葬补助3 000元，焚烧棺木补助2 800元，骨灰盒寄存费143元。

【计　生】 自制发放计划生育宣传资料3万余份。严格执行计生法规及相关政策，审核办理一孩生育证113人，审核报批二孩生育证32人。落实“奖、优、免、补”政策，完成了独生子女家庭“一次性”奖励117户，兑现2009年义务教育教育奖学金559人，兑现“一次性”奖学金106人。新申报“一次性”奖励130户、254人；申报符合特别扶助对象4人、奖励扶助35人；办理中考优待加分86人、高考优待加分16人；新申报“一次性”奖学金97人，申报2010年度义务教育奖学金588人。查处计划生育行政处罚非婚生育、抢间隔生育、无证生育27例。对违法怀孕2例采取补救措施。审核报批办理农业人口光荣证107户，按《昆明市流动人口计划生育条例》审核办理婚育证7本。全面完成了育龄妇女和家庭成员数据库信息录入、上报工作。采集录入个案信息8 437户、23 207人，育龄妇女7 136人，其中已婚育龄妇女5 768人。

【矿山关停】 根据《昆明市人民政府办公厅关于开展打击非法开采矿产资源专项行动的紧急通知》和《昆明市经济技术开发区开展打击非法开采矿产资源专项行动实施方案》的要求，5月11日，对辖区采石场还在进行开采的矿场发出拆除通知31份；5月23日，在经开区管委会的主导下，对黄土坡采石场42个采矿点进行了强拆，强拆后由国土所、企业办、城管大队、保安队安排人员在采石场主要进出路口进行24小时不间断的堵截，有效的遏制了非法采矿的行为。

【文化、体育、卫生】 开展净化社会文化环境整治宣传活动，保护未成年人的健康成长，狠抓学校周边网吧、游戏室、书刊音响制品店的清查。在东冲顶小区、大冲社区、大新册社区、小新册社区王家营农贸市场当场收缴无证经营户盗版光碟4 595张，淫秽色情盗版光碟55张；收缴盗版书刊414本，淫秽书刊44本。拆除收缴了2个无证经营网吧、电子游戏室的游戏主机板46块、电脑主机7台。在东冲顶小区再次突击检查中，认真做好传染病监测、报告、预防工作，按质按量完成计划免疫及健康教育等各项工作。针对黄土坡、大新册社区出现的麻疹病，街道及时组织卫生防疫部门投资2万余元，对黄土坡、大新册社区进行了全面的防疫工作，有效的控制了麻疹病的传染；同时做好常规性的手足口病、H1N1流感的宣传和防治工作。认真落实“艾滋病”防控及各类强化免疫措施。依法打击、取缔黑诊所7家，保护群众人身利益。投资300万元的洛羊综合文化站建设工程已经建成，并投入使用。11月，已经通过市级的检查验收，评为一级乡镇综合文化站。洛羊街道卫生院建设项目主体工作已竣工建设，预计在2011年上半年完成并投入使用。

【精神文明建设】 推进精神文明建设，完成2家“农家书屋”建设，完成了6家社区用文化室建设场地选址等工作。对辖区内广大干部职工和群众进行公民基本道德规范和法律法规、文明公约的教育培训，深入开展“我们的节日”主题活动，在“三·八”节、“七·一”等节日期间开展群众性文体活动。为加强社会主义精神文明建设，促进和谐社区建设和国防建设，密切警民关系，增进警民友谊，洛羊街道与武警云南总队一支队一大队结成警民共建单位。

【教　育】 加大教育经费投入，教师节街道投入了10万元，用于奖励优秀、先进教育工作者。针对大冲学校、中心学校、呈贡三中教室漏水、漏电的情况，街道多方筹资80余万元进行了修缮。针对校园周边安全，多方筹资为呈贡三中、中心小学等学校增配保安，新增校园保安8人，有效的确保了校园及周边环境的安全。

【武装工作】 完成民兵组织整顿工作，整组后民兵总数1 527人。其中：普通民兵1 400人；基干民兵127人。8月份，组织大冲、倪家营两社区20名民兵应急分队在洛龙参加了上级军事机关为期10天的军事训练。冬季征兵已为部队提供合格兵源10名。洛羊武装部正规化建设已完成并通过了昆明警备区的A类验收标准；社区的“青年民兵之家”建设，大新册和小洛羊按A类标准完成了“青年民兵之家”建设任务。投资20余万元，完成预备役无线电连及连部的正规化建设，分别设连部、战备室、娱乐室和休息室。

【社区换届选举】 根据经开区党工委、管委会《关于做好届满居“两委”换届选举和社区建设工作的实施意见》精神，洛羊街道于3月1日开始各社区换届选举，至6月30日完成全街道7个社区换届选举工作。洛羊街道社区党组织有党员598名，参加选举的党员有552名，参选率达92.3%。7个社区党总支换届后党总支委员34名，其中书记6名，委员28名。男性委员30名，女性委员4名。30～40周岁17名，40～50周岁15名，50周岁以上2名，平均年龄39岁。大专以上文化程度1名，高中或中专文化程度11名，初中及以下文化程度22名。此次选举连选连任的党总支书记2名，连选连任的党总支委员23名。洛羊街道有7个社区居委会，14个自然村，44个居民小组，共4 880户、14 069人。全街道登记选民10 904人、有10 676人参加选举，参选率达98%。新当选的新一届社区居委会成员34人，男性委员32名，女性委员2名。25～35岁9人，36～45岁18人，46～55岁7人，平均年龄38岁。文化大专学历2人，中专或高中学历3人，初中学历27人，小学学历2人。有3名同志当选为社区党总支委员成员；居委会成员中党员10人。全街道44个居民小组选举产生了小组长42人，副组长3人，平均年龄40岁，选举产生居民代表205人平均年龄39岁。

（倪　萍）

## 马金铺街道

【年内大事】 2月3日，马金铺街道人大工委召开原马金铺乡第八届人民代表大会代表座谈会。

街道人大工委召开原马金铺乡第八届人民代表大会代表座谈会　　（马金铺街道　供稿）

2月5日，昆明高新区党工委、管委会领导张兴华、逯康麟、党熙燕、赵成军、郭松、王桂泽、赵国红、陈秋燕及管委会各办局领导参加马金铺街道新春团拜会。

2月10日，昆明高新区管委会副主任赵成军到马金铺街道检查森林防火工作。

2月11日，在马金铺街道召开昆明高新区森林防火工作会议。

2月23日，召开马金铺街道机关干部竞争上岗和双向选择动员大会。

2月26日，昆明高新区管委会主任张兴华检查马金铺街道森林防火工作。

昆明高新区党工委书记、管委会主任张兴华（左一）到马金铺街道检查森林防火工作（马金铺街道　供稿）

2月28日，进行马金铺街道机关中层干部竞聘上岗演讲。

（马金铺街道　供稿）

3月2日，中共昆明市委常委、市委政法委书记杜敏到马金铺街道检查抗旱保苗工作。

昆明市委常委、市委政法委书记杜敏（中）到马金铺街道检查抗旱情况（马金铺街道　供稿）

3月7日，召开马金铺街道社区“两委”换届选举工作会议。

4月28日，召开马金铺街道干部大会，宣布昆明高新区党工委干部任职文件，徐兴德（挂职二年）、赵敏任马金铺街道党工委副书记。

5月17日，召开马金铺街道2010年经济工作会议。

5月20至21日，召开马金铺街道社区干部培训会。

6月21日，昆明高新区党工委及马金铺街道党工委慰问马金铺街道建国前老党员、老干部。

6月21日，召开马金铺街道庆祝建党89周年暨创先争优动员大会。

6月28日，中共云南省委常委、昆明市委书记仇和在市级有关部门及高新区党工委、管委会领导陪同下到马金铺街道办事处进行调研。

省委常委、市委书记仇和（前排右二）到马金铺街道调研（马金铺街道　供稿）

6月29日，昆明高新区2010年城乡绿化造林“百日会战”启动仪式在马金铺街道进行。

7月29日，召开马金铺街道干部大会，宣布昆明高新区党工委及管委会干部任免文件，张建昌不在担任马金铺街道党工委书记、办事处主任、昆明高技术产业开发区拆迁安置办公室主任职务，任昆明高技术产业开发区安全生产监督管理局副局长。刘新云任马金铺街道党工委书记、办事处主任、昆明高技术产业开发区拆迁安置办公室主任、昆明高技术产业开发区地方发展局副局长，不在担任昆明高新技术产业开发区社会事业局副局长职务。

10月15日，马金铺街道办事处联合昆明高新技术产业开发区综合行政执法局对滇池面山违法违章建筑进行强制拆除。

11月5日，中共昆明市委常委、昆明高新区管委会主任董保同到马金铺街道办事处调研工作。

11月11日，马金铺街道人大工委组织马金铺街道县人大代表小组活动，视察在建的马金铺标准化中学、标准化小学。

11月11至12日，组织培训马金铺街道2010年度入党积极分子培训班。

11月24日，中共昆明市委常委、高新区管委会主任董保同到马金铺街道办事处调研工作。

昆明市委常委、高新区管委会主任董保同（中）到街道调研工作　　　　（马金铺街道　供稿）

12月6日，马金铺街道秋木箐、高登两个社区居委会被昆明市普法与依法治市办公室昆明市司法局昆明市民政局命名表彰为第四批“民主法制村”。

12月17日，宣布昆明高新区党工委任职文件，赵德华任马金铺街道党工委副书记（挂职二年）。

12月31日，马金铺街道办事处举办“庆元旦迎新年”趣味运动会和“庆元旦　迎新年”文艺晚会。

**【简　述】**　马金铺街道位于昆明呈贡新区（县）南部，距昆明市区30千米。东邻玉溪市澄江县，南接晋宁县，西望滇池，与大渔街道、吴家营街道、雨花街道接壤。全街道辖区面积107.9平方千米，委托昆明高新区管理面积86.88平方千米，耕地总资源面积1 451.28公顷，林地面积5 935.6公顷，有林地面积5 146.5公顷，森林覆盖率49.6%，林木绿化率50.9%；耕地面积31 422亩。最高海拔2 820米，最低海拔1 900米。气候冬暖夏凉，年平均降雨量700—800毫米，年平均气温14.7℃，积温4 540—4 800℃，年日照时数2 230小时。交通便利，昆玉高速公路、昆洛公路、马（金铺）澄（江）高等级公路穿境而过；柏油路面总里程50千米。水资源丰富，年蓄水量1 500万立方米。电能充足，有35千伏变电站1个，110千伏变电站1个。辖化城、化古城、马金铺、高登、中卫、白云、林塘、庄子、大营、小营、横冲、风口、秋木箐13个社区居委会，33个自然村，80个居民小组。有居民10 559户，总人口29 563人。其中：男性14 457人，占总人口的48.9%；女性15 106人，占总人口的51.1%。汉族28 994人，占总人口的98.08%；其它少数民族569人，占总人口的1.92%。人口密度每平方千米273人。

**【组织机构设置】**　马金铺街道设党工委、人大工委、办事处、纪工委、人民武装部。设街道党工委书记兼办事处主任1人；街道党工委副书记4人〔1人兼任街道社会主义新农村建设工作队队长（挂职二年）；1人兼任街道纪工委书记；1人兼任街道人民武装部部长；1人昆明市统一招考年轻干部（挂职二年）〕；街道人大工委主任1人（兼任街道工会联合会主席）；街道办事处副主任5人；担任实职副科级以上干部11人；全街道在职在编干部职工共85人；离岗休养2人。街道机关内部机构设置为5个办公室、4个中心、1个大队，具体为：街道党政综合办公室、街道城市管理办公室、街道社会事务办公室、街道社会治安综合治理办公室、街道拆迁安置指挥部办公室、街道农业综合服务中心、街道经济管理服务中心、街道劳动保障就业服务中心、街道便民服务中心、街道综合行政执法大队。

**【党的组织建设】**　落实党风廉政建设和反腐败工作责任制，加强反腐倡廉宣传教育，有针对性地开展警示教育，引导广大党员干部提高道德修养，自觉做到为民、务实、清廉。加强干部用权行为的监督，加强对各级党委、政府重大决策部署执行情况的监督检查，实行严格的问责制，严肃查处不作为、乱作为、慢作为。

做好社区党组织和居委会的换届选举工作。进一步健全完善居务公开、财务公开、重大事项民主决策机制，在各社区推行“四议两公开”工作法；加强村财站管工作，规范社区财务审批手续；加强社区集体资产管理，建立合同预审制度。完成了第一届社区党组织和居委会换届选举工作，加大对新选举干部的培训及指导工作，督促各社区完善各项规章制度；建立健全社区集体资金、资产和资源管理制度，在13个社区全面实施“村财站管”制度；规范了社区集体投资建设工程招投标制度；严格执行“一事一议”制度，全面推行“四议两公开”工作法；建立健全了合同预审制度，今年预审合同6份。

在社区党组织中开展“创先争优”活动，以“五个好”党支部建设为重点，抓好“五个一工程”

（马金铺街道　供稿）

建设；落实党内“三会一课”制，做好流动党员的管理，改进党员发展工作，增强党员队伍整体活力和战斗力；落实党风廉政建设和反腐败工作责任制，自觉做到为民、务实、清廉；实施目标倒逼、限时办结和监督检查机制，确保各项工作任务落实到位。

在农村基层党组织中开展“创先争优”活动，以“五个好”（领导班子好、党员队伍好、工作机制好、工作业绩好、群众反映好）党支部建设为重点，坚持不懈抓基层打基础，把党的基层组织建设成为推动发展、服务群众、凝聚人心、促进和谐的战斗堡垒。切实落实党内“三会一课”制，做好流动党员的管理，改进党员发展工作，优化党员队伍结构，增强党员队伍整体活力和战斗力。深入开展“行政效能提升年”和“干部作风改进年”活动，以优良的党风促政风、带民风、树新风。实施目标倒逼、限时办结和监督检查机制，确保各项任务落实到位。落实党风廉政建设和反腐败工作责任制，加强反腐倡廉宣传教育，有针对性地开展警示教育，引导广大党员干部提高道德修养，自觉做到为民、务实、清廉。加强干部用权行为的监督，加强对各级党委、政府重大决策部署执行情况的监督检查，实行严格的问责制，严肃查处不作为、乱作为、慢作为。

**【队伍建设】** 推行机构人事制度改革，实行中层干部竞争上岗和一般干部双向选择机制；完善街道各部门联系居委会及建立街道机关干部联系农户制度（20户/人），切实指导好居委会各项工作及农户生产活动的开展。在街道机关内部推行干部人事制度改革，实行中层干部竞争上岗和一般干部双向选择，通过竞争调动全体干部职工的积极性和创造力，增强机关干部职工的危机感和责任感。完善社区和街道所属部门目标考核机制，根据各社区和各部门工作实际，实行差别化考核，重奖重惩，赏罚分明，做到多劳多得，少劳少得，不劳不得，彻底消除长期以来形成的“大锅饭”和平均主义思想。实施各办、中心周工作汇报制度，对上周主要工作进行总结，对本周工作进行合理安排。为切实指导好居委会各项工作及农户生产活动的开展，街道建立了各部门联系居委会及机关干部联系农户制度，每位机关干部联系20户。

**【党风廉政建设】** 落实党风廉政建设和反腐败工作责任制，加强反腐倡廉宣传教育，有针对性地开展警示教育，引导广大党员干部提高道德修养，自觉做到为民、务实、清廉。加强干部用权行为的监督，加强对各级党委、政府重大决策部署执行情况的监督检查，实行严格的问责制，严肃查处不作为、乱作为、慢作为。坚持从严治党方针，深入推进党风廉政建设和反腐败斗争，认真贯彻中央和省、市有关反腐倡廉会议精神，围绕加强党的执政能力建设和全面落实科学的发展观，坚持标本皆治、综合治理，惩防并举、注重预防的方针，用发展的思路和改革的办法，不断提高有效预防腐败的能力和水平，推动街道党风廉政建设和反腐败工作深入开展。街道党工委与党政领导班子成员签订了《廉政建设承诺书》，并建立了领导班子廉政谈话制度，党政主要领导与班子成员谈话，班子成员与分管部门负责人谈话，做到了反腐倡廉警钟常鸣。

**【征地、租地工作】** 完成2010年第二批次、昆明铁路枢纽东南环线、亚广传媒住宅项目用地、黄马高速公路、高新技术产业基地园区道路、北新路等15条道路，梁王河治理（租改征）、环湖路、渔浦寒泉公园（化城塘）等基础设施建设，新型社区二期、呈贡汽车综合性能检测站等项目用地征地工作。完成土地收储面积3 878.8亩，占全年任务数的129.29%。教育教学金1 127人、20.65万元，特别奖学金169人、19.34万元；全年清查流动人口5次，清查人数6 255人，流动人口违法生育查处率100%；流动人口婚育证明查验率100%；处理违法超生4例；深化宣传教育，广泛开展婚育新风进万家活动，组织13个社区计生协会将10 500个计划生育环保袋发放到家家户户。积极支持工会、共青团、妇联工作。

**【国土资源管理】** 整治农房违法加层和无序建房，全面开展滇池面山拆临拆违工作。坚决整治农房违法加层和无序建房行为，自拆、协助拆除、强制拆除40户违法建筑3 331.77平方米。加快推进滇池面山拆临拆违工作，完成17个临违建筑用地单位9 801平方米临违建筑的登记、造册工作，并协助拆除了5户、5 171平方米临违建筑。按照昆明市整治农房违法加层和无序建房工作领导小组办公室《关于对全市农房违法加层和无序建房再次集中检查的实施方案》及管委会相

强制拆除违法违章建筑

（马金铺街道　供稿）

关要求，马金铺街道集中力量开展了整治工作，取得了较大的成效。

【社会治安综合治理】 积极开展“民主法治社区”建设，马金铺街道秋木箐、高登两个社区居委会被昆明市普法与依法治市办公室、昆明市司法局 昆明市民政局命名表彰为第四批“民主法制村”。高登社区被评为市级“2008—2010年平安建设先进社区”；强化综治维稳工作，做好信访工作。接待群众来人、来信来访53起；受理民事纠纷269件，调解269件，调解率100%；调解成功261件，调解成功率97%。推行居务、财务适时、按时公开及居民一事一议等制度，进一步完善了村级民主决策机制。加强了90%征地补偿费兑付的监管工作，进一步完善了10%征地补偿费街道管社区用制度和民生基金管理使用制度。完成了第一届社区组织换届选举工作。牢固树立“安全第一，预防为主”的安全意识，全面做好安全生产监管及道路交通安全、食品安全、消防安全等工作，全街道没有发生较大安全事故。

加强打黑除恶工作，继续深入开展禁毒斗争，巩固和扩大无毒乡镇、无毒社区创建成果。正确把握和有效处理好新形势下人民内部矛盾，加大矛盾纠纷的排查调处力度，对不稳定问题有预见、有预案、有预防，早发现、早处理，避免事态扩大、范围扩大、矛盾激化。强化各级领导干部信访工作责任，认真对待人民群众来信来访，切实把矛盾解决在基层，消除在萌芽状态。建立健全应急管理和突发事件预警机制，积极预防和妥善处理群体性事件。

【“四环十七射”和县（乡）道路及村道两侧控制区环境整治】 按时限对昆玉高速公路、老昆洛公路道路两侧控制区的建（构）筑物、交通标志牌、非交通标志牌进行了摸底调查工作，马金铺、高登、中卫社区共有建（构）筑物418宗、交通标志牌61块、非交通标志牌30块。并对道路两侧控制区的土地权属等信息开展了全面的登记造册工作。有序开展了道路两侧控制区的环境卫生整治工作，自2010年5月起共清理卫生死角566处，清运垃圾1 050多吨，出动人员565人次、运输车辆156台次。继续加强“四环十七射”和县（乡）道路及村道两侧控制区环境整治后的管理工作。

河道环境卫生整治

（马金铺街道　供稿）

【民政、残联、老龄委、殡葬管理改革】 重视民政和双拥工作，救助临时困难户、城乡医疗救助户207户（其中粮食救助140户，城乡医疗救助25户，临时困难救助42户），发放救助金110 300元；救助流浪人员3人；投入77 800元，救治、慰问精神病人及残疾人；供养农村“五保”20人，供养率100%。慰问优抚人员及现役军人146人，送去慰问费1.75万元；慰问驻地部队3个，送去慰问金1.8万元；节日慰问困难户、散居孤儿、高龄老人、社区干部、大学生村官等133人，送去慰问金1.41万元；春节慰问女55周岁以上、男60周岁以上农村老年人4 389人，送去慰问金87.48万元；完成公墓选址、地形测绘、租地（39.44亩）、招投标工作，现正在建设中；“三沿五区”坟墓整治，农户自行整改466冢，强制拆除有墓碑坟墓150冢，新植树4 000株；兑现自行改造坟墓坟主奖励2.92万元。全街道死亡人员190人，火化190人，火化率100%，发放丧属奖励48.52万元；组织各社区开展形式多样的敬老活动，发放802名高龄老人保健费21.98万元，发放百岁寿星老人证1人，办理老年人优待证295本。

组织大学生村官学习

（马金铺街道　供稿）

【劳动和社会保障】 积极做好社会保障和就业培训，2010年完成城镇居民基本医疗保险26 857人，参保率达94.7%；完成2010年城镇居民基本医疗保险续费工作，参保居民26 875人；完成农村居民养老保险1 960人，全街道累计完成3 637人；开展引导性培训15期、培训1 640人；开展技能培训5期、培训260人；劳动力输出转移2 000人，占任务数的100%。

（方俊翔）

## 大渔街道

**【年内大事】** 1月5日，大渔街道完成大渔村委会2 878.59亩土地整体收储工作。

1月15日，大渔街道完成大河村委会2 666.04亩土地整体收储工作。

1月15日，环湖东岸干渠截污工程度假区K19+360–K24+600段工程建设合同签字仪式在昆明饭店举行。

1月，大渔街道安置危房户73户201人，分配怡和小区安置房183套。

2月2日，昆明市市长张祖林一行视察环湖东路、环湖东岸干渠截污工程度假区段建设情况。

2月3日，大渔街道完成新村村委会2 218.4亩土地整体收储工作。

2月6日，度假区管委会主任罗建宾视察大渔片区基础设施建设情况。

同日，大渔街道2010年春节文化、科技、卫生下乡活动在前新路旁举行。

2月21日，省委常委、市委书记仇和一行调研大渔片区重点基础设施建设情况。

2月24日，大渔街道召开干部大会，周多同志任大渔街道党工委副书记、办事处主任，原大渔街道党工委副书记、办事处主任施永生同志调任度假区经济发展局副局长。

3月6日，昆明市副市长王道兴一行视察环湖东岸干渠截污工程度假区段建设情况。

3月17日，度假区管委会主任罗建宾视察大渔片区基础设施建设情况。

3月19日，昆明市人大副主任董利华一行视察大渔片区基础设施建设情况。

3月29日，昆明市副市长陈勇一行在环湖东路度假区段召开工程建设现场推进会。

3月，大渔街道拆除大河边200户农房，拆除土家村9户农房。

4月1日，南省政府九湖水污染防治督导组视察环湖东路、及环湖生态工程建设情况。

4月2日，强拆姚家边姚龙房屋，清除环湖东岸干渠截污工程贯通的障碍。

4月22日，省委常委、市委书记仇和一行视察大渔片区环湖生态建设情况。

4月24日，环湖东岸干渠截污主体箱涵浇筑工程在全昆明市率先闭合，谱写了度假区建设史上灿烂辉煌的新篇章。

4月29日，昆明市人大代表呈贡小组一行调研大渔片区安置房建设情况。

4月，大渔街道拆除月角村22户农房，安置68人，分配怡和小区安置房68套。

5月13日，度假区大渔片区1、2、9、17、21、29号道路开工仪式隆重举行。

5月8日至9日，组队参加度假区举办的第二届职工趣味运动会。

5月21日，昆明市政协主席田云翔、副市长王道兴一行视察环湖东路、环湖东岸干渠截污工程度假区段建设情况。

5月，大渔街道拆除元宝村81户农房，安置209人，分配怡和小区安置房198套。

6月7日，省委常委、市委书记仇和一行视察度假区数字生态示范园建设情况。

6月28日，省委常委、市委书记仇和率相关部门走访大渔街道办事处，调研大渔片区开发建设情况。

6月29日，大渔街道举办60人参加的农产品经济人培训班。

7月6日，度假区管委会主任罗建宾一行走访慰问大渔片区困难老党员。

7月7日，大渔街道召开干部大会，杜海、冉意辉同志任大渔街道办事处副主任，原副主任李红云同志调任海埂街道管理处副主任，原副主任杨丽萍同志调任地方事务管理局民政局副局长，郭永林同志任海埂街道管理处副书记。

7月19日，大渔街道举办为期30天100人参加的计算机技能培训班。

7月20日，参加市委工作会议的领导观摩大渔欣城一期、环湖东路、环湖东岸干渠截污工程建设情况。

7月21日，大渔街道举行中层干部竞聘演讲测评会，产生4名中层正职、2名中层副职。

7月27日，度假区管委会副主任蔡正东及大渔街道领导一行9人慰问驻大渔片区77296部队及95461部队。

同日，通过双向选择，大渔街道38名一般干部走上35个工作岗位，至此，大渔街道中层干部竞聘上岗和一般干部双向选择工作完成。

8月6日，国家农业面源污染防治工作组一行10人检查调研大河村容村貌。

8月10日，度假区管委会主任罗建宾率相关职能部门调研“四环十七射”。

8月11日，大渔街道举行“爱国歌曲大家唱”选拔赛。

8月16日，大渔片区遭遇降雨量达156.9毫米的特大单点暴雨，3 678亩农田受灾，191户农房进水。

8月20日，大渔街道机关党支部选举产生新一届支部班子。

8月25日，度假区党工委书记、管委会主任罗建宾一行调研检查大渔街道创先争优暨党建工作开展情况。

9月2日，市委领导李继华一行调研督察大渔街道创先争优暨为民服务中心建设情况。

9月19日，度假区地方事务管理局局长郑云一行到大渔街道进行海晏陵园土地征收签字仪式。

9月26日，大渔街道参加度假区第二届“滇池杯”合唱节比赛。

9月27日，市人大常委会主任李培山一行视察捞渔河污水处理厂建设进展情况。

9月29日，省委常委、市委书记仇和一行视察环湖东路度假区段项目建设情况。

同日，度假区党工委副书记王光华一行调研指导大渔街道为民服务体系暨“创先争优”综治维稳等重点工作。

9月30日，大渔街道为民服务中心正式投入使用。

10月12日至16日，大渔街道人口普查领导小组到辖区7个社区，讲解入户摸底工作及《户主姓名底册》编制工作。

10月25日，大渔街道举行撤村改居委会挂牌仪式，7个社区居委会正式启用新印章。

10月26日，大渔街道人大工委组织县人大代表视察重点工程项目建设情况。

2010年10月26日至30日组织七个社区居委会的普查指导员和普查员进行第六次人口正式普查入户工作的培训。

11月1日，大渔街道正式开始第六次人口普查工作。

11月3日，度假区管委会常务副主任李峰一行调研指导大渔街道冬春救济及护林防火工作，并对各项工作提出要求。

11月5日，度假区党工委副书记王光华一行调研大渔街道义务消防队伍建设情况。

11月11日，度假区党工委书记、管委会主任罗建宾深入大渔街道进行乡界踏勘工作，并视察大渔片区重点项目建设、河道治理、抗旱饮水等情况。

同日下午，度假区管委会副主任李诚莅临大渔街道就城市管理工作进行调研和指导。

11月12日，度假区城管综合行政执法局和大渔街道办事处组织度假区城管综合执法大队组织135名工作人员对“四环十七射”之一的昆洛公路大渔街道地段范围内的5宗临违建筑物进行强制拆除。

11月18日，大渔街道办事处组织召开清除261亩生态湿地草本植物工程邀标会议，呈贡益恒隆建筑工程有限公司中标。

12月4日下午，市文明办副主任郭沫彪一行5人，就大渔街道创建市级文明单位进行考评验收。度假区文明办主任彭俊睿、大渔街道班子成员参加考评验收工作。

12月9日上午，大渔街道办事召开2010年领导干部勤廉公示动员大会，度假区纪工委副书记、监察局局长王笑影作动员讲话，街道班子成员、各社区主要领导，街道各办（中心）主任、副主任及部分职工代表参会。

12月11日，大渔街道完成220千伏变电站、公交停车场项目征地兑款工作。

12月16日，度假区管委会常务副主任、森林防火指挥部指挥长李峰一行深入大渔街道各林区检查指导森林防火工作。

12月23日下午，度假区党工委副书记王光华、度假区工委工作部部长何云虹等领导率相关职能部门，对大渔街道2010年度综合目标完成情况进行考核、考评。

同日，李艳晴同志到大渔街道挂职（2年），任大渔街道党工委副书记。

**【简　述】** 大渔街道位于呈贡新区（县）境西南部，东与雨花街道、马金铺街道相连，南与晋宁县接壤，西临滇池（滇池湖岸线长14.7千米），北接乌龙街道。辖区地势东南高西北低，呈两级台阶状：东西以台地丘陵为主，西北为湖积平原。海拔最高为南部长腰山顶2 048米，最低为西北部捞渔河入滇池口1 886米，海拔高差162米。

2010年末，街道辖7个居委会，21个自然村，47个居民小组。辖区面积25.7平方千米。户籍人口6 932户18 785人。其中：男性9 075人，女性9 710人；18周岁以下3 583人，18至60周岁的12 528人，60周岁以上2 674人。全年出生249人，死亡374人。

**【征地工作】** 万亩土地收储项目完成3个社区共计7 763.03亩的收储任务（其中：大渔2 879亩，大河2 666.04亩，新村2 218.4亩）；完成昆玉路两侧绿化征用常乐土地88.13亩，租用146.59亩；完成轻轨项目征用月角土地92.56亩；完成环湖南路景观道及环湖南路改线建设征用石城土地185.08亩；完成环湖截污干渠租用土地73.38亩。完成220千伏变电站项目征用土地116亩，清场并交付使用。

**【拆迁安置】** 全年拆迁农房192户、499人，分配安置房469套，拆迁面积34 019.2平方米。其中：环湖东路建设拆迁大河边农房80户、201人，面积15 850.97平方米，分配安置房183套；截污干渠建设拆迁9户、21人，面积1 255.22平方米，分配安置房20套；拆除海宇园艺公司三板桥基地房屋12.16平方米、水泥地坪150.8平方米、围栏21米、大门和桥涵等设施；7号路建设拆迁月角村民房22户、68人，面积4 854.98平方米，分配安置房68套；云白药项目建设拆迁元宝村房屋 81 户、209 人，面积 11 021.73 平方米，分配安置房 198 套；为推进黄马路工程，耗资 227.47 万元拆除呈贡庆誉刨花板厂；昆玉路两侧绿化用地拆除常乐村民房、白马路农机修理厂和蜂窝煤厂 873.34 平方米房屋。

**【园区建设】** 按市委、市政府关于开发区道路基础设施建设按“55”进度两年完成的要求，新开工建设大渔片区 1、2、9、17、21、29 号 6 条道路。完成大渔卫生院、大渔文化站和 3.68 公里的捞鱼河截污干管工程建设，其中大渔卫生院、文化站已投入使用。完成大渔街道大河、大渔、新村村委会土地整体收储 7 765 亩。大渔中学搬过建设工程、大渔垃圾中转站、大渔欣城 B11 地块、度假区园博园等项目正积极开展前期工作。至 2010 年末，大渔片区基础设施建设在建项目 18 项。其中，在建路道 13 条，涉及总里程 33 公里，投资概算 35 亿元。2010 年末大渔片区在建工程项目：环湖东路工程，环湖东岸干渠截污工程，大渔 1 号（古滇路）、2 号（太平关路）、3 号（飞虎路）、4 号（渔阳路四段）、7 号（渔阳路东段）、9 号（月潭路）、17 号路（华光路）、21 号路（七星路）、29 号路（海晏路）工程，新月路西段（渔浦路西段）工程，元宝路（博大路），雨花路，环湖生态建设工程，大渔欣城一期，捞鱼河雨水处理站，捞鱼河污水处理厂。

**【农房管理】** 按照市委、市政府“杜绝增量、冻结存量、长效控制、永无违建”的总体要求，采取典型拆迁、昼夜巡逻、设卡堵料等多种手段，出动巡查人员 1.58 万余人次，发出《停工通知书》、《限期拆除通知书》120 余份，驱赶施工人员 345 人次，扣押电焊机 22 台、切割机 13 台、电锤、电钻 10 台、角磨机 8 个、手推车 3 辆，扣留无牌三轮摩托车 1 辆、其它工具 390 余件。调查归档农房 5 644 户，拍摄照片 9 687 张，测算建筑面积 136.60 万平方米。签订《危房排险协议》41 份，安置危房户、住房困难户 127 户，拆迁危房面积 9 764.56 平方米。

**【生态建设】** 开展“四退三还一护”工作。完成退田退塘 2 753.89 亩（其中，界桩外延 100 米范围内 1 531.33 亩，其它范围 1 222.56 亩），已建成湖内湿地 960 亩、湖滨湿地 340 亩、河口湿地 241 亩、湖滨林带 1450 亩（含 30 556 株、550 亩中山杉生态林带），保护原有林地 900 亩，人工栽种水生植物 136.7 亩。300 亩胡家山生态隔离林带种植天竹桂、银杏、云南栾树等 2.6 万株。昆玉高速路两侧 180 亩种植香樟、樱花、滇朴等共计 4 万株。全面启动 1 970 亩昆明滇池数字生态湿地示范园项目。配备 15 名河道保洁员工作，分段包干做好捞渔河、梁王河、海晏新河、太平关新河的巡查保洁，查污堵口 6 次，打捞和清运河道沿岸及水面垃圾 14 吨。

**【抗旱防汛】** 年内，大旱导致大渔街道 3 300 余人饮水严重困难，3 450 亩农作物不同程度受灾。投资 60 万元新建蓄水池，加强水源地保护，因地制宜对小海晏村、月角村、邓家村实施抗旱应急工程。加大滇池提水力度，灌溉周边农田。机关干部职工三次向灾区捐款 30 余万元。为做好防汛工作，投入 468 个工日及 93 040 元资金，组建 8 支抢险队伍，出动挖机1 辆 3 台班、垃圾车 2 辆、清运垃圾车 8 辆，对 77 条 18 490 米沟渠清淤、除障。储备 3 台直径 100 毫米的汽油机、2 台潜水泵、3 台 30 千瓦的柴油发电机、4 台直径 100 毫米的抽水机、直径 100 毫米的管道1 600 米、75 毫米管道 400 米、防洪袋 4 100 条、防洪桩 252 根，确保防汛工作人员、物资到位，增强应急抢险抗洪能力。

**【城市管理】** 对辖区环境卫生脏、乱、差现象进行集中整治，对占道经营商铺下发限期整改通知 35 份，取缔占道经营小摊点 30 处。与沿街商铺及 128 家企业、个体户签订《“门前三包、门内达标”卫生管理责任书》，实行“组保洁、村收集、街道转运处置”的环境卫生管理机制和垃圾清运模式。结合“四创两争”及创建文明单位等中心工作，组织全体机关干部、党团员和妇女，开展环境卫生专项整治，清运处置垃圾 862 车 1.29 万吨。投资 140 多万元，新建（改建）垃圾池（房）80 个、过渡件公厕 49 个。配置 44 名保洁人员，划片分段包干辖区道路、公共场所的清扫保洁。

**【安全工作】** 街道与 7 个社区、24 家企业签订《消防安全责任书》。元旦、春节、“五·一”期间，进行消防安全大检查，组织开展消防法制常识宣传教育，张贴标语 600 余条，广播宣传 3 次。组建了 8 支志愿消防队，共计 68 人。配备各类消防专用器材。研究制定《大渔街道 2010 年道路交通事故预防方案》，与 7 个社区及 2 家企业签订《道路交通安全责任书》。与 7 个村委会、24 家企业签订《安全生产目标责任书》。全年对 24 家企业开展安全生产检查共 8 次，出动车辆 32 辆（次），出动人员 96 人（次）。

**【党建工作】** 扎实开展“创先争优”活动，以“团结务实强素质，创先争优促发展，平安和谐保稳定”为活动主题，以“三保促发展，点亮新大渔”为活动载体，在征地、拆迁、稳定等中心工作中，充分发挥党员的先锋模范带头作用。组织观看《村官普发兴》，学习小岗村第一书记沈浩同志先进事迹。顺利完成第四届村级组织的换届选举工作，选举产生第四届村党总支委员54名，第四届村民委员会成员35名。按照《关于大渔街道办事处撤销新村等七个村委会设置社区居委会的批复》文件精神，完成7个村委会改社区居委会工作，实现大渔从农村向城市转变的历史性跨越。投资31.53万元构建为民服务体系，投资10余万元制作《为民服务联系卡》、《服务指南》，为民服务中心办事流程、中心主要职责、办事原则、工作要求、工作人员服务规范、工作制度、服务事项、办事程序等制度上墙。为民服务中心设11个窗口，配备22名工作人员。按照“环节最少、程序最简、时间最短、服务最好、效率最高”的要求，共接待群众咨询784件，办结493件。

**【组织工作】** 一是加强领导班子自身建设，提高班子成员科学决策能力。按期组织学习，认真阅读《打造高绩效团队》、《提问2010——中国百姓关注的十大民生问题》等书籍，做好读书笔记，撰写心得体会，学习《公共服务职业道德与技术方法》通过考试，提高了用科学发展观指导实践、推动工作的能力。二是党员队伍建设有了新起色，机关全体公务员参加了都市经济培训，通过培训开阔了视野，拓宽了思路。抓好党员教育培训，做好党员发展工作。全年共发展党员3人，预备党员转正11人，培训入党积极分子56人。三是机关支部换届采取“公推直选”方式，选出新一届机关支部书记和委员。四是干部人事制度改革工作有了新进展。实行中层干部竞聘上岗和一般干部双向选岗工作，最终有3人待岗，激发了干部的危机意识和竞争意识，营造了能干事、想干事的用人环境。

**【综治维稳】** 年内，街道和社区两级调解委员会共调处各类矛盾纠纷100起，成功率达100%；对9名刑释解教人员和3名社区矫正对象定期给予帮教；办理法律援助案件3件，解答法律咨询43起，代写法律文书7件。5月顺利完成“五五”普法的验收，指导月角居委会完成“民主法治村”的创建。严打专项整治行动立刑事案件66起，其中立重（特）大案件44起、命案1起；打处违法犯罪分子10人，其中逮捕5人，直诉5人；抓获网上逃犯2人。加大投诉问题查处力度，共接到群众来信来访116件，做到件件有落实，事事有回音。

**【文化教育卫生】** 投资200万元兴建的大渔街道文化站竣工并投入使用。街道机关、大渔中学市级文明单位届满，重新申报并迎接市文明委的考评验收。主办“爱国歌曲大家唱”选拔赛，推荐优秀歌手参加市级比赛。组织机关干部参加度假区滇池杯合唱比赛、职工趣味运动会。大渔中学举办第十二届艺术周和“阳光体育与祖国同行”冬季长跑活动，大渔中心小学举办“今天我做主”为主题的庆“六一”活动，丰富校园生活，提高学生综合素质。卫生院全年接诊门诊人数43 194人次，住院人数573人次，业务收入204.46万元，完成一类疫苗接种2 127针次、甲流接种3 522人，服脊髓灰质炎糖丸1 837人次，麻疹疫苗强化接种1 425人。

**【民政工作】** 年内，发放各种优抚费59.45万元；兑发义务兵家属优待金7.97万元，春节、“八一”建军节期间共走访慰问两个驻地部队和优抚对象291人（次），送发慰问金14.73万元；发放救助粮5 130千克、冬寒衣被300件（套），救济困难户515人；发放城乡医疗救助款8.45万元，救助14人；发放优抚对象医疗救助款28.9万元，救助12人；发放临时困难救助款1.15万元，救助6人；发放门诊医疗救助款1.4万元，救助70人。春节、敬老节期间共慰问80岁以上高龄老人827人，发放慰问金24.81万元；慰问69至79岁特困老人60人，发放慰问金1.8万；慰问五保老人12人，慰问各类困难户110人，送发慰问金共1.8万元。开展敬老节系列表彰活动，表彰孝亲敬老之星10人、老年协会好会长3人、敬老模范村2个、老龄工作先进个人2人，发放表彰奖励金6 500元；组织文艺队参加度假区敬老节文艺汇演比赛，获得戏曲类比赛的2个二等奖，3个三等奖。与各社区签订《2010年殡葬管理工作目标责任书》，遗体火化率100%。

**【残联工作】** 年内，送5名重度精神病患者入昆明市精神病院康复治疗；走访慰问残疾人221人（次），送发慰问金2.91万元；对98名重度残疾人发放救灾救助粮1 960千克，瓶装矿泉水200余件；推荐4名残疾人参加技能培训，其中1人通过培训实现自主创业；对10名符合条件的重度残疾人，发放阳光家园家居托养费8 000元；对3户重度残疾人家庭进行无障碍设施改造，发放补助款1 668元。丧失双臂的海晏居委会残疾人郑涛，参加在广州举办的第10届亚洲残疾人运动会，夺得男子100米仰泳金牌和50米蝶泳铜牌。

**【社会保障】** 全年发放最低生活保障金12.25万元。办理养老保险新参保人员3 127人，2 393人每月按时领取养老保险金230元；办理城镇居民基本医疗保险17 844人。对10户从事个体经营和花卉蔬菜种植的失业、失地人员发放50万元的财政贴息小额担保贷款，帮助解决创业、就业中流动资金紧缺的困难。办理《失业证》106本，审核《失业证》82本。完成引导性培训 1 366 人，转移输出 1 506 人；技能培训 751 人，创业培训 41 人，126 人走上就业岗位。

【人口和计生】 按时限完成第六次人口普查工作，划分普查和绘制示意图，摸底编制《户主姓名底册》，做好入户登记、过录、快速汇总、编码等各个环节工作，做到区不漏房、房不漏户、户不漏人、人不错项，普查数据真实、准确。年内，兑现 2 户、3 人家庭奖励资金 3 360 元；兑现 185 户、361 人一次性奖励金 18.05 万元；发放 996 人中小学教育奖学金 20.70 万元；发放 163 名录取大中专、高中奖学金 18.72 万元及 1 037 户、2 042 人独生子女保健费 11.02 万元。完成育龄妇女及家庭成员信息化管理工作，电脑录入人口 18 193 人。常住人口符合政策生育率达 95%，计划生育奖励政策资格认定准确率达到 100%，群众办理《生育证》、《独生子女父母光荣证》实现零投诉。办理审批发放一孩生育证 156 本，办证合格率达 100%；办理二孩审批手续 32 件，征收社会抚养费 5 件，行政处罚 36 件。按照流动人口计划生育“四同”管理要求，清查流动人口 8 次。流入人口有 1 871 人，其中育龄妇女 659 人，已婚 487 人，放环 21 人，结扎 34 人；流出人口 264 人。办理流动人口婚育证明 250 人，办证率达 95%。

【农业林业】 成立街道防火指挥中心，采取有效措施防止森林火险，在长腰山、尖山显要位置修建 4 个防火蓄水池；在松柏公路沿线的大关山至灯笼山区域，投入资金 1.5 万元开挖全长 2 000 米的防火隔离带；在公路沿线、人口聚集及林区入口处张贴悬挂宣传标语；“清明”节期间，设置森林防火检查岗和森林防火警示牌；新增护林员加强巡查，落实森林防火责任制，营造森林防火、人人有责的良好氛围。做好森林病虫害调查、统计、上报工作。配合灭鼠专业队伍进行森林鼠害防治，防治面积 592.8 亩；对长腰山圣诞树角蝉进行试验性防治 40 余亩，效果明显。配合完成环湖南路建设征占用林地调查、大渔欣城建设树木移植、环湖南路以及铭真公司林木采伐监督工作。加大蔬菜农残检测工作力度，检测蔬菜样品 726 例，合格率 98%。检查肉品、活禽经营市场 39 次，上市猪肉 287 头、鸭 2 810 只、鸡 1 800 只。加大农药经营监管，对 15 户农药经营户进行了 2 次高毒、高残留农药专项检查。完成 540 户失地农民 5 295.79 亩 264.79 万元外出租地补助资金的兑现工作。对新申报的 1 481 户、1.47 万亩补助面积实地核实。办理家电、汽车、摩托车下乡补贴 920 户，兑发补助资金 205.76 万元。蔬菜种植面积共 1.23 万亩（含复种），总产量 4 859.7 万千克；花卉种植面积共 288.1 亩，产量 1 205 万枝。

（楚　庚　管云芬）

## 七甸街道

【年内大事】 3 月 2 日，七甸街道社区“两委”换届选举工作全面启动。

（七甸街道　供稿）

4 月 8 日，七甸街道上下齐心挖水窖，群策群力抗大旱。

7 月 1 日，七甸街道办事处正式移交昆明阳宗海风景名胜区管理委员会托管。

8 月 12 日，七甸街道完成街道为民服务中心提升改造工作。

【简　述】 七甸街道办事处地处省会城市昆明的东郊，呈贡新区（县）东北部，距呈贡新区主城 22 公里，距昆明市 18 公里。东临宜良县，南接澄江县，北依官渡区。辖区交通便利（安石公路、昆石公路、昆河线、南昆线穿境而过），区位优势突出。街道辖七甸、头甸、广南、松茂、马郎、野竹、胡家庄、大哨、水塘 9 个社区居委会，29 个居民小组。辖区面积 126 平方公里，耕地面积 8 471.5 亩，森林面积 8.79 万亩，森林覆盖率为 53.6%。有大小水库坝塘 30 余个，总蓄水量 418.5 万立方米。平均海拔 2 200 米，气候冬暖夏凉，属亚热带季风性高原气候。年末，街道总户数为 5 244 户，居民总人口为 15 379 人，人口密度为每平方公里 122 人。辖区交通便利（安石公路、昆石公路、昆河线、南昆线穿境而过），区位优势突出。

【经济指标完成情况】 2010 年，全年完成地方财政收入 8 340 万元，占年初任务数 12 000 万元的69.16%。其中，国税完成 2 741 万元，占年初任务数 3 550 万元的 77.21%；地税完成 5 599 万元，占年初任务数 8 450 万元的 66.26%。七甸街道按照年初确定的目标，加快经济发展步伐。全年乡镇企业增加值累计完成 15 793 万元，占年度目标 18 000 万元的 87.74%。工业增加值累计完成 14 117 万元，占年度目标 16 000 万元的

88.23%。农产品加工销售产值累计完成 27 526 万元，占年度目标 35 000 万元的 78.65%。辖区内有企业 359 个（含个体工商户），年末从业人数 3 935 人。企业总产值完成 66 429 万元，比上年增加 19 749 万元；出口交货值 3 140 万元；完成营业收入 66 309 万元；完成利润总额 6 571 万元；上交税金 3 035 万元；劳动者报酬 5 782 万元。农民人均纯收入 4 791 元，比上年增长 6%。

**【基础设施建设】** 加大投入力度，改善农村基础设施建设工作。饮水工程共计完成概算投资 1 221.76 万元，先后解决了涉及 6 个社区、10 个小组 4 000 余人的饮水问题及 900 头牲畜饮水困难。“五小”水利工程完成总投资 490.51 万元。其中：完成小水窖、小水池建设 603 个，开挖土石 3.62 万立方，混泥土建设 0.47 万立方，投资估算 186.2 万元；建黄土沟、马郎大村、松茂小村共三座小泵站，投资估算 21.3 万元；建小型饮水管道 17.2 万米，投资估算 157 万元；完成黄土沟、水塘、干坝塘、后头冲小坝塘清淤土方 6 万立方，投资估算 80 万元。

街道党员干部挖水窖抗大旱

（七甸街道　供稿）

**【软环境建设】** 按照转变职能、拓展服务工作领域及提供“一站式办公、一条龙服务、一次性办结、一条鞭管理”的服务要求，实施“阳光政务工程”和“效能建设工程”，切实转变政府职能，着力提高办事效率。七甸街道着力建立“联”的机制，抓住“创”的方法，认真按照“四议两公开”工作法开展社区工作，“四议两公开”工作法的实施，对增强社区党组织的创造力、凝聚力、战斗力，切实解决群众关心的热点难点问题，有效化解社区各类矛盾纠纷，进一步密切党群干群关系，保持社区和谐稳定起到积极的推动作用。

**【土地收储】** 土地收储任务 2 000 亩，实际收储2 222 亩，并配合上级部门完成云南艺术学院附属艺术学校 80.6 亩，天外天拟扩建项目 30 亩，城中村项目的组件报批工作。协助社区完成七甸 30 亩、大哨拆迁安置用地及道路扩征 7.83 亩、头甸扩征 2.02 亩、松茂呈七公路扩征 34.76 亩、广南社区土瓜塘艺术学校 87.5 亩共 162 亩土地丈量、兑付农户土地补偿费工作，配合社区，积极参与做好呈七公路建设保通、凹子山项目建设促进等工作。

**【农房整治】** 加强组织领导，成立了农房管理工作领导小组。加大宣传力度，层层签订目标管理责任书，按照属地管理的原则，对各社区书记、主任建立实施收取保证金管理制度，明确工作责任，确保有效监管。在主要路口设立堵卡点，街道辖区内共设堵卡点 8 个，加大巡查力度，坚持每天巡查制度，对发现违法加层和无序建房行为，及时制止，全面遏制了违法加层和无序建房行为。积极组织野竹、马郎、松茂 3 个社区、5 个隐患点的 9 个监测人员进行汛前培训。于 5 月中旬深入 71 户农户家中认真做好汛前宣传工作，其中：太阳沟 50 户，马郎小村 16 户，马郎大村 1 户，黑玛凹 2 户，松茂 2 户。发放预防地质灾害安全“两卡一书”，由社区牵头组织为期一天的滑坡区域内沟渠的疏通和打涝。同时积极组织马郎小村灾民整体搬迁工作的落实。

**【农　业】** 发展现代农业，繁荣农村经济，充分发挥区域优势，努力挖掘农业增效、农民增收潜力。转变经济增长方式，在科学发展上有新的拓展。坚持发展是第一要务的理念，按照“优农、强工、兴商”的思路，提高农业综合生产能力，加快产业结构调整升级，推动经济又好又快发展。抓好重点特色产业，调整种植结构，促进市场发展，坚持产量、质量、结构、效益统一原则，做精做强蔬菜产业，大力扶持和培育花卉、樱桃等特色产业。年内，蔬菜种植面积（复种）32 249 亩（2 149.93 公顷），单产 1 250 千克，总产4 031.13 万千克，总产值 8 465.36 万元。其中：白菜类种植面积 3 574 亩；绿叶菜类种植面积 3 803 亩；甘蓝类种植面积 130 亩；茄果类种植面积 1 428 亩；葱蒜类种植面积 69 亩；豆类种植面积 6 246 亩；瓜类种植面积 1 279 亩；块根块茎类种植面积 1 667 亩；花菜类种植面积 1.41 万亩。花卉种植面积 300 亩，单产 6 万技，总产 1 800 万技；绿化苗木面积 700 亩。粮食种植面积 7 126.5 亩（475.1 公顷），总产 258.03 万千克。七甸街道加大对农村剩余劳动力的培训力度，协同新区（县）就业局开展失地农民就业工作，在街道组织了七甸街道“移民就水，送岗到社区”暨农民工转移招聘会，有 9 家企业参加登记，就业人员达 72 人。年内，共完成转移培训 1 000 人，转移输出 900 人。其中：县内转移输出 680 人；省内转移输出 200 人；省外输出 20 人。完成科技培训 13 期，培训 1 000 人。加大科普宣传力度，配合县级开展科技“三下乡”活动 1 次，发放各类科普宣传材料 1 万余份。

**【林业生态】** 全面开展村庄容貌环境的绿化美化工作，对村内空地、道路交通沿线进行绿化美化。重点对安石公路、昆石公路、铁路沿线，胡家庄社区、大哨社区、七甸社区村内进行绿化。其中，昆石高速公路沿线种植各种林木 2 000 余株，安石公路沿线种植林木 1 800 余株，铁路沿线种植林木 4 037 株，胡家庄社区种植林木 400 余株，大哨社区村内绿化种植林木 300 余株，七甸社区种植林木 100 余株。

加强森林防火宣传。年内，广播宣传 1 213 次；发放《呈贡县森林防火户主责任书》4 545 份；张贴云南省森林防火命令 200 张；张贴市、县森林防火戒严公告 2 100 张；张贴七甸街道森林防火通告 100 张；发放森林防火材料 5 000 余份；街道订做防火宣传牌 25 块、布标 50 余条；悬挂森林防火警示牌 100 块、固定标语 95 余条；设立入山堵卡点 7 个，并有专人负责。加强值班带班制度，确保防火物资到位，街道与社区、护林员、驻林区企业，社区与居民、“五种人员”的监护人等签订责任书，层层落实防火责任制。在防火戒严期严禁一切野外用火，充实人员加强重点时期、重点路段的防守，杜绝火源进山，排查火险隐患。年内共投入森林防火经费 50 万元。

**【计划生育】** 始终坚持人口与发展综合决策，以人的全面发展为中心，坚持“三不变”，不断巩固“三为主”，积极推进“三结合”。认真开展计划生育优质服务创建及“奖、优、免、补”工作，全面提高计划生育管理与服务水平，进一步稳定了低生育水平。严格按照审批程序和审批条件办理《生育证》、《独生子女父母光荣证》，办证合格率 100%。年内办理一孩《生育证》102 本，二孩《生育证》54 本，《独生子女父母光荣证》30 本。符合政策生育率 98%以上。认真落实农业人口独生子女奖励扶助政策。兑现教育奖学金 1.48 万元、一次性奖励金 8 500 元、养老生活补助 1.46 万元、特别奖扶金 4 320 元。审批上报符合享受一次性奖励 15 人、低保独生子女家庭 13 户、特别奖扶 3 户。兑现义务教育奖学金 76 人、中高考奖学金 7 人、独子保健费 81 人。强化流动人口计划生育现居住地管理。招聘流动人口计划生育管理员 10 名，流动人口计划生育信息员 29 人。3～6 月份完成全部常住人口基础信息台帐的录入，共录入人口 5 529 户 16 557 人（含流动人口）。联合多部门开展了 4 次流动人口计划生育清查和管理服务工作，共清查流动人口 6 450 人次，签订《流动人口计划生育责任书》31 份，发放各种宣传资料 3 400 份，入户宣传率达 90%以上。流动人口婚育证明查验率 100%，符合政策生育率 95%，完成违法生育案件查处率 100%。规范药具管理工作。各社区居委会药具帐卡齐全，签收合格规范，药具应用率达 90%，有效率达 95%，随访率达 98%。全年共发放安全套 10 970 支。

**【医疗卫生】** 继续深化农村医疗卫生体制改革。根据医保相关政策，积极办理 2010 年度医疗保险。全街道总人口数 14 811 人，参保人数 10 232 人。全年共办理医疗保险大病补充险 2 801 人，办理失地农民养老保险 1 042 人。

**【文化教育】** 继续加大教育投入，不断改善办学条件，充实师资力量，加强教师队伍建设。全面统筹、科学规划、调整校点布局，优化教育资源配置，积极推进教育、教学体制改革，全面提高办学规模、质量和效益。认真落实国家“两免一补”政策，农村贫困学生全部享受到了“两免一补”政策的实惠。七甸中心学校 2 月份在各级组织支持下，积极消除 D 级危房，坚持“拆一建一”的原则，为松茂小学、野竹小学、马郎小学建盖了活动板房。年内，街道 7～12 周岁小学适龄人口 1 233 人，在校学生 1 368 人，入学率 100%；13～15 周岁初中学龄人口 878 人，在校学生 878 人，入学率 100%；在校学生辍学率小学、初中均为 0。

坚持“二为”方向，贯彻“双百”方针，广泛开展群众性文体活动。按照上级要求，七甸街道完成大哨、马郎、头甸、七甸、胡家庄乡级文化站的建设，并投入使用，并配备了篮球场、乒乓球桌。组织街道干部职工 42 人参加 2010 年“庆元旦”全民健身万人长跑活动。组织街道各社区、驻街道企事业单位 10 个，成功举办七甸街道办事处第九届文艺调演活动。参演节目 14 个，分别评出一、二、三等奖 6 个，组织奖 5 个。积极配合上级文化业务部门、文化稽查队对街道辖区内的文化市场及文化个体经营户进行检查，依法管理，净化街道文化市场。完成市级的“2331”放映工程。全街道放映电影 36 场。其中：科教片 18 场；长片 18 场。

**【民　政】** 全力做好困难群众的生活保障工作。开展了非农人员最低生活保障、农村贫困人员最低生活保障、被征地人员基本养老保险工作。街道共有 30 户 33 人享受城镇低保，172 户 180 人享受农村低保。1 月份开展冬春灾民救济物资发放和春节走访慰问困难群众的活动。共慰问各类人员 125 人，发放慰问金 2.52 万元、慰问物品 20 件。为 450 名灾民送去救灾粮 13.7 吨、衣被及毛毯各 60 套。“八一”建军节走访慰问军属、老复员军人、伤残军人等10人，发放慰问金3 000元。年内，发放义务兵家庭优待金20人10.88万元，发放各项民政事业费75万元，受益人达493人。临时救济4户20人，发放粮食500千克，棉被20套。年内街道遭遇百年不遇大旱。全街道7 065人受灾，饮水困难群众达4 065人，造成大牲畜饮水困难1 590头，农作物受灾面积达1 293公顷（1.94万亩），成灾面积850公顷（1.28万亩），绝收面积达636.7公顷（9 550.5亩），造成直接经济损失1 700万元，需救济人口4 080人。组织大米20吨（800袋）对800人进行救助，发放抗旱救灾资金15万元，救助人口1 680户5 041人。发放冬春前因旱灾和洪涝灾害救灾粮食23.16吨，受益人数达926人次。发放共产党员抗旱特别捐赠款15.6万元。协助新区（县）民政局发放矿泉水3 654件，受益人口393户、1 285人。发放县红十字会捐赠的大米6.5万千克、食用油1 619桶，受益人2 454人。全年火化遗体16具，共兑付火化奖励金4.85万元。

**【环境综合整治】** 全街道有52名村组道路保洁员，具体负责各社区辖区范围内的环境卫生工作。街道各级各部门认真坚持每周一次的卫生清扫活动；推行“门前三包、门内达标”责任制，按照“村组保洁、社区清扫、街道清运”的程序，做到日清日洁。全街道有效整治环境卫生，开展“七小”行业综合整治；集中力量整治七甸街环境卫生，对占道经营、乱停乱放行为开展综合执法。深入开展爱国卫生月活动，出动1 600人次，清运生活垃圾280吨，出动车辆120辆次，清挖污水沟360米，清除违章占道9处，清除乱贴乱画小广告200张，水井消毒9口，有效减少和消除了“四害”孳生场所，使街道卫生状况得到较大改观。同时完成广南村、松茂大村、小村、马寨子村、马郎大、小村、汤池凹、螺蚂凹、太阳沟村、野竹村、黄土沟村、李家村共12个自然村污水收集处理设施建设工作。

**【社会治安综合治理】** 以化解社会矛盾为主线，继续抓好矛盾纠纷排查调解工作，努力维护社会和谐稳定，坚持每月一次和重大节假日（重大活动）相结合的矛盾纠纷排查机制，建立街道、社区、村组三级排查网络，认真排查调解因征地拆迁、就业保障、规划调整等工作产生的不稳定因素。全年共排查纠纷11次，排查纠纷案件264件，调解各类纠纷199件，调解成功195件，调解成功率98%，切实做到纠纷调处率达100%。全年共出动检查人员162人次，检查单位27余家，发现各类隐患8处，当场整改隐患7处，发放整改通知书5份。派驻学校保安12人，配合相关职能部门，积极开展校园周边秩序整治，确保了校园师生生命财产安全和教育秩序的正常进行。年内，全街道刑事案件发案171件、破案52件，逮捕16人。办理治安行政案件22件，行政拘留26人，罚款8 800元，强制戒毒3人，治安调解98件。有力打击了违法犯罪，确保了社会稳定，保障了人民群众安居乐业，维护了辖区治安持续稳定。

**【为民服务】** 七甸街道为民服务中心全年共办理事项14 885件，全程代办37件，办结事项14 885件。其中：办理群众民事纠纷、接待群众来信来访60件，办结60件；企业发展服务窗口办理132件事项，办结132件；计划生育服务窗口为群众办理生育证、独子证件，办结130件，全程代办37件，办结93件；民政与残联服务窗口办理事项645件，办结645件；社会保障服务窗口办理13 365件，办结13 356件；党员、青年与妇女服务窗口办理2件，办结2件；农业林业水利动物防疫科技服务窗口办理551件，办结551件。办结率为100%。

（李喜忠）

# 附 录

责任编辑：杨春富

## 呈贡县2010年国民经济和社会发展计划执行情况与2011年国民经济和社会发展计划（草案）的报告（书面）

——2011年1月19日在呈贡县第十四届人民代表大会第五次会议上

呈贡新区（县）发展和改革局

各位代表：

受县人民政府的委托，现将呈贡县2010年国民经济和社会发展计划执行情况与2011年国民经济和社会发展计划（草案）提请县十四届人大五次会议审查，并请县政协各位委员提出意见。

### 一、2010年国民经济和社会发展计划执行情况

一年来，全县人民在县委的正确领导下，按照县十四届人大三次会议确定的国民经济和社会发展计划，围绕新区“十年成规模”发展目标和工作重点，着力做好调结构、保增长和加快推进新区城市化建设各项工作，全年宏观预期目标顺利完成，年度计划执行情况良好，新区建设取得新的成效。2010年，地区生产总值预计完成70.3亿元，同比增长15%，完成年度计划的103.5%；地方财政全口径一般预算收入完成7.03亿元，同比增长32.5%，完成年度计划的117.2%；全社会固定资产投资完成176.77亿元，同比增长45%，完成年度计划的96.1%；社会消费品零售总额完成17亿元，同比增长21%，完成年度计划的115.6%；城镇居民人均可支配收入达19 313元，同比增长8.5%，完成年度计划的100.5%；农民人均纯收入达7 648元，同比增长8.2%，完成年度计划的104.1%；人口自然增长率控制在4.2‰以内，控制在计划范围内。

#### （一）一、二、三产业协调发展

农业农村经济平稳发展。病险水库除险加固工程顺利开展，累计投资4 792.58万元，完成水利工程343件解决了12 689人饮水问题369头大牲畜饮水困难及2 500亩农田灌溉。充分发挥斗南花卉、龙城蔬菜、呈贡宝珠梨等品牌效应，大力培育和扶持农业产业化龙头企业和外出租地农户，促进农业向服务型和流通型现代农业转变。2010年实现农林牧渔业总产值11.1亿元，同比下降13%；第一产业实现增加值6.6亿元。

工业经济较快发展。快速推进了工业园区配套基础设施建设，以促落地、促到位、促建设为重点，促进工业经济发展；工业园区云铝8万吨铝圆杆、昆明嘉华食品等15个项目竣工投产；中铝昆铜、云白药原料药中心等26个在建项目顺利推进，为工业经济注入了新的活力；完成规模以上工业增加值20亿元，同比增长19%；实现规模以上工业企业主营业务收入100亿元，同比增长25%；新增规模以上工业企业4户；非公经济增加值完成27.98亿元，同比增长15.76%；工业固定资产投资完成20亿元，同比增长

48%；亿元开工项目4个，竣工2个。

现代服务业配套设施建设取得新进展。新区把加快发展现代服务业作为保增长和调结构的主攻方向。实力心城、七彩云南第壹城、昆百大新城购物广场项目正加快推进。现代服务业配套基础设施建设取得新进展。

消费市场得到进一步激活。认真落实扩大内需政策，完善家电下乡产品补贴兑现措施，进一步激活了新区的消费市场，共审核兑付家电下乡产品5 304台，兑付财政补贴151.07万元；审核兑付汽车摩托车下乡产品1 794辆，兑付补贴705.46万元，为176辆以旧换新车辆兑现财政补贴174.5万元。为运输企业和运输个体经营者等行业落实石油价格补贴223.6万元。全社会消费品零售总额增长21%，比上年提高1.3个百分点。外贸进出口预计完成9 762万美元，同比增长83.7%；第三产业增加值达到27.7亿元，增长18%，成为新区经济持续增长的一个亮点。三次产业结构由2009年的12.3∶49.5∶38.2调整为10∶51∶39。

### （二）招商引资工作取得新突破

投资环境不断优化，有力地促进了招商引资和重大项目建设。2010年，共引进招商引资内资项目62个，引进市外资金53.26亿元；引进外资项目4个，引进外资6 496万美元。争取中央、省财政资金4.44亿元。

### （三）重点领域改革稳步推进

政府机构改革稳步推进，部门职责职能进一步理顺优化。完成了县有线电视台的股份制改革。深入推进了部门预算改革，试点国库集中支付改革，财政管理体制进一步优化。对医改五项重点任务进行了全面安排，启动了基本药物零差率销售工作。实施了各医疗卫生事业单位绩效工作改革，开展了各项基本公共卫生服务工作，公立医院改革稳步推进。实施农村初级卫生保健工作一体化管理，覆盖率达100%。

### （四）交通及市政设施建设取得新进展

三、四期路网和呈七公路稳步推进；全年投资17.78亿元新建城市道路18.18公里；地下雨污水管网和中水管网、自来水和煤气管网、强电网和弱电网与道路建设同步推进；轨道交通呈贡段已进入隧道施工；环湖东路及截污工程快速推进。

市级公务员A地块已交付使用，滇池新城正加紧建设；众和东苑住宅小区建设快速推进。市级机关配套住宅及生活设施建设有序推进。9所高校全部招生，与学校相配套的住宅小区已部分交付使用。昆明医学院第一附属医院呈贡医院、市中医院、省中医学院附二院、延安医院呈贡新区医院、市体育学校、中华小学建设稳步推进。消防二中队和特勤一中队开工建设。

春城公园、洛龙河景观公园等一批城市公园相继建成。洛龙河污水处理厂和垃圾焚烧发电厂建设稳步推进，新区（县）污水处理厂深度处理工程完工并正常运行，呈贡新区七甸污水处理厂已竣工并正式投入运行，七甸片区给水工程已通水。

### （五）生态环境治理成绩显著

滇池水环境综合治理工作扎实开展。洛龙河、捞渔河、马料河综合整治稳步推进，“四退三还一护”工作完成退房98户，退人269人；建设湖滨林带和生态湿地1 502亩，河口和湖内湿地945亩。

全面禁止滇池流域和其他重点区域挖砂采石取土。投入1 191万元，购买环卫机械设备26台；配合市级“创园”成功、“创卫”通过验收；大力开展“四环十七射”道路两侧控制区环境综合治理、“六清六建”工作开展成效明显。

新增城市绿地面积5 084.4亩，城市建成区绿地率达37.12%。创建省级园林县城工作通过专家组考评验收。荣获全省绿化工作先进单位、全国城乡绿化模范县、全国绿化奖章等殊荣。

### （六）节能减排工作成效明显

狠抓有色金属等领域耗能大户节能技术改造，单位能耗明显下降，万元GDP能耗同比下降4.2%。实施节能等惠民政策，推广高效节能灯具2万只；全年化学需氧量和二氧化硫排放量分别下降3.7%和13.8%。

### （七）民生得到改善

全年新增城镇就业岗位5 685个，城镇登记失业率3.43%；年内转移农村劳动力7 504人；安排资金2 792万元鼓励被征地农民11 059人外出租地种菜种花；失业保险参保1.2万人。参加城镇职工基本养老保险的人数达到7 200人；县级财政全额补助失地农民基本医疗保险个人承担部分310万元。建设被征地农民保障性住房3 081套，建成安置周转房1 868套，统筹安置项目拆迁和“三类房”居民1 592户。城镇居民人均可支配收入为19 313元，同比增长8.5%；农民人均纯收入完成7 648元，同比增长8.2%；人民生活得到有效改善。

### （八）社会事业全面进步

稳步推进校安工程及标准化小学建设工作，全面停止使用D级危房校舍；投入教育经费1.36亿元，义务教育阶段适龄儿童入学率达100%。义务教育接纳流动人员子女4 908人；“两基迎国检”工作顺利通过国家教育督导组的检查验收。

完成社区文化室、农家书屋及农民体育健身工程、健身乐园年度建设任务；对文庙进行保护修缮；举办了万人长跑、首届新区文化艺术节、第五届山歌文化节等丰富多彩的文体活动。科技投入1 320万元，占财政一般预算支出1.7%；新增专利申请和授权数量73件，引进高层次人才73人，被国家科技部评为国家级科技进步先进县。

在肯定成绩的同时，我们更应该清醒地认识到新区经济发展的基础仍不稳定、不牢固，新区建设和发展还存在诸多困难和挑战。一是经济增长的内生动力仍然不足，产业结构不合理，服务业发展明显不足；二是重点基础设施项目完成情况不理想，城市公共服务配套设施建设相对滞后；三是被征地农民的就业、安置和社会保障等问题突出。我们务必要进一步增强忧患意识、责任意识，切实把思想和行动统一到市委、市政府和县委对当前形势的科学判断上来，正视矛盾和问题，提出措施处理好经济社会发展中急需解决的问题。

## 二、2011 年新区经济社会发展的预期目标和主要任务

2011 年新区经济和社会发展的指导思想是：要认真贯彻落实党的十七大、十七届五中全会和中央经济工作会议精神，以邓小平理论和“三个代表”重要思想为指导，深入贯彻落实科学发展观，按照省委八届十次全会、市委九届七次全会和县委十一届七次全会安排部署，以科学发展为主题，以一步实现全域城市化为主线，以发展现代服务业为主攻方向，以扩大投资为主要抓手，以改善民生为根本出发点和落脚点，抓住机遇，开拓进取，加速建设“三个示范区”和低碳城市进程。

根据县委十一届七次全会对 2011 年经济工作的总体要求，建议 2011 年新区经济社会发展主要预期目标为：地区生产总值增长 15%以上；地方财政一般预算收入同口径增长 13%以上；全社会固定资产投资增长 30%以上；社会消费品零售总额增长 20%以上；城镇居民人均可支配收入和农民人均纯收入均增长 10%以上；城镇登记失业率控制在 4.5%以内；人口自然增长率控制在 5‰以内。

实现上述预期目标，今年要着重抓好以下七个方面的工作。

### （一）以经济结构调整为主攻方向，促进产业结构转型升级

*一是优先发展现代服务业*。沿彩云南路和中央公园两侧，规划以金融保险、商务办公、电子信息、综合商务、休闲娱乐为一体的现代都市中央金融商务区，建设区域性国际金融中心。谋划围绕铁路枢纽工程和公路主要交通节点，发展物流产业，发展邮政、快递、连锁经营、仓储式超市等流通业态。引入有实力的3 家以上的投资商参与开发建设，力争今年在中央商务区建设上有新突破。在轨道交通呈贡段沿线站点和新区城市景观大道沿线布局发展楼宇经济、总部经济，积极吸引商务、金融等企业总部落地。强化服务，推进云南移动公司、亚广传媒中心、上海东盟大厦、中置信商业广场、实力心城、七彩云南第壹城、昆明市金融产业园区等项目加快建设进度；有序推进征地搬迁工作，加大土地收储力度，做好天堂岛、水产品交易市场等项目拟用地的收储工作。服务推进中国—东盟商贸港项目建设。完善市级公务员小区周边、米兰园、惠兰园商业服务配套设施建设，尽快形成以春城财富中心为核心的商贸区；加快建设商业步行街、大型超市等配套项目，着力引进实力强、品牌响、档次高的商贸服务企业，逐步提升新区商业形态，让群众购物在新区、消费在新区。依托 9 所高校和亚广影视传媒集团，在雨花吴家营片区发展创意产业，构建中介服务和电子商务两大创意平台，打造有活力的个性空间和创意文化园。依托高校智力资源优势和科技文化优势，培育和发展信息咨询服务业和软件服务外包产业。

*二是培育发展新兴工业产业*。发展以生物制药为主的生物资源开发产业，形成优势资源链、科技链、产业链，做大做强优势产业，形成生物制药产业集群。以云南白药集团整体搬迁新区为契机，发展国内领先、国际一流的生物医药产业基地，打造生产制造、商业物流、工业文化旅游为一体的新型工业产业。继续服务保障好云南白药集团、香港晨兴集团等企业建设发展，主要依托其建设生物制药科研基地和生物药品会展交流中心，形成国内极具竞争力的生物制药研发基地。

*三是优化提升第一产业*。依托斗南花卉产业园区建设面向东南亚的花卉文化培训中心、拍卖交易中心、商贸会展中心、研发中心和花卉总部，建成花木供应、生态休闲、旅游观光、冷藏物流为一体的都市农业新亮点。推进以斗南花卉、滇池风光和万溪冲宝珠梨生态园区休闲娱乐为主的旅游观光产业发展，促进农业向现代服务业转化。

### （二）加大招商和融资力度，力争更上新台阶

借助市级行政中心搬迁形成的引领、政治、服务聚集优势，利用 9 所高校入驻新区形成的人气、智力、消费优势，大力推进招商引资融资工作。尽快修改完善和出台新区招商引资政策和财税奖励优惠政策。以基础设施、公共服务设施、现代服务业为平台，运用多种手段，推进融资引资工作。继续发展小额信贷业务，进一步拓宽中小企业融资渠道。创新方法吸纳社会资本和民间资金参与基础设施、公共服务设施和农村保障性住房建设。确保完成市下达的引进市外到位资金和实际利用外资任务。

### （三）坚持规划建设管理工作，推进一步全域城市化

*一是加强规划优化和衔接工作*。严格按照一步城市化要求，根据新区建设发展实际，加快对彩云路呈贡段沿线、新区路网周边等重点地带的规划。拓展城市规划的深度和广度，积极构建地下、地面、地上衔接的建设性规划体系。

*二是强化城市基础设施建设*。结合新区市级行政中心搬迁的实际，加快城市综合交通的网络化建设，力争三、四期路网全面建成，呈七公路建成通车；积极推进粪便无害化处理项目、垃圾焚烧发电厂、洛龙河污水处理厂及配套管网建成投入使用；积极配合推进主城至呈贡新区轻轨轨道交通线和《昆明市道路交通建设白皮书》2011年度涉及呈贡建设任务；配合服务好轻轨呈贡北站和广播电视大学站建设；大力支持和服务好铁路东南环线和云桂铁路建设。

*三是加强公共服务设施建设*。配合服务好市地税局、省科技馆、市煤气抢险基地、高校及教职工住宅、市体育学校暨全民健身中心、师大附中、附小和云大附中、附小、市中医院、昆医附一院、省中医学院附二院、市老干部活动中心、市委党校项目建设；加快推进呈贡一中高中部和郎缪小学建设项目建设；力争启动县级公务员小区二期工程建设。

*四是提高城市现代化管理水平*。强化执法队伍建设，探索数字化城管工程和网络化管理；支持通信运营商加快通信传输网络硬件建设，为呈贡新区信息化发展筑牢基础；继续深入开展道路交通、城乡环境、绿化管养、市场秩序和违法建筑整治工作。层层落实责任，推进管理重心下移和执法关口前移，逐步实现城市管理方式精细化、手段信息化、目标人性化、功能科学化。

**（四）多措并举，推进农村保障性住房建设**

农村保障性住房建设是新区建设的关键环节，必须放在重中之重的位置抓紧抓好。采取政府引导、企业参与、市场运作的方式，统一规划、统一建设农村保障性住房。充分发挥各级主观能动性，借助“撤村并居”、“迁村并点”，争取上级政策、资金、土地等方面支持，切实加快农村保障性住房建设步伐。加强与省、市国土部门联系，对采取批次报件获准用地指标进行跟踪落实。统筹部署农村保障性住房建设，采用城增村减等方式解决用地指标紧缺问题，构建农村保障性住房的审批绿色通道，抓紧办理相关地块建设施工审批手续。已确定项目业主和代建主体的项目，做好综合服务、统筹协调，督促施工单位尽快开工。积极争取市级支持，采取配套商业开发用地方式，引入有实力、信誉好的大企业、大公司垫资合作建设，多渠道解决农村保障性住房建设资金问题。争取雨花4号地块项目三季度前交付使用，完成王家营和中庄两个社区的整体搬迁工作。洛龙乌龙1号地块，雨花1号地块三期、二号地块二期、5号地块项目完成前期各项审批手续，启动建筑基础施工。其余地块抓紧进行项目开工前各项审批和招商引资工作，尽快开工建设。

**（五）千方百计增加居民收入，积极扩大消费需求**

*一是努力提高居民收入水平*。着力提高居民收入、企业退休人员基本养老金、优抚对象待遇和城乡居民最低生活保障水平；落实义务教育学校、公共卫生与基层医疗卫生事业单位绩效工资政策；稳步推进收入分配制度改革，提高居民收入在国民收入分配中的比重、劳动者报酬在初次分配中的比重。完善“物价上涨与困难家庭临时性生活补贴联动机制”，保障低收入困难群体的生活质量。

*二是多渠道扩大消费需求*。加快新区市场流通网络建设，推进生鲜超市建设，积极培育节假日消费和会展消费等新的消费热点。把扩大消费与深化医药卫生体制、教育体制、住房制度、社会保障制度等改革有机结合起来，缓解居民消费的后顾之忧，增加即期消费。加强对粮食、猪肉、食用油等生活必需品、重要生产资料和成品油市场的监管，搞好市场供应，确保城乡市场供求基本平衡、价格基本稳定。

**（六）大力推进节能减排和生态建设，打造低碳城市**

*一是切实抓好节能减排工作*。完善项目节能评估审查制度，对年综合能耗超过1 000吨标准煤的新建项目进行合理用能评估，强化节能审计；大力实施建筑节能和绿色照明等重点节能工程，建立节能先进技术和产品推广平台，推进节能产品惠民工程。以工业、交通，特别是建筑业为重点，做好节能工作，提高能源效率。强化节能目标责任考核，有效控制温室气体排放，降低能源消耗强度和二氧化碳排放强度。万元GDP能耗下降2%左右。化学需氧量、二氧化硫排放量分别下降0.5%。

*二是深入开展生态治理工程*。推进和巩固洛龙河、捞鱼河、马料河综合治理成果，确保水质稳中渐好。全面实施“六清六建”，健全村庄垃圾收集清运处置机制和村庄生活污水收集处理机制。加强废水、废气、废渣等污染防治。加快滇池沿岸生态街道、生态社区建设。全域禁止挖砂采石取土，巩固“四退三还一护”工作成果，扎实做好退人退房工作，抓好生态修复工程。高度重视饮水安全，建设节水型城市。加快森林城市建设步伐，继续抓好中低产林改造、五采区和滇池面山植被修复、植树造林工作。高度重视并认真做好森林防火工作。加快推进万亩苗木基地建设，大面积增加城市绿地，强化园林绿化管养和改造，新增城市绿地面积121公顷，建成区绿地率达39%，绿化覆盖率达45%。继续加大“四创两争”工作力度。巩固“创园”和“创卫”工作成果；积极争创国家生态市、国家森林城市工作。

**（七）高度重视民生，全面发展各项社会事业**

*一是优先发展教育*。按照“保续建、保危改、保重点”的原则，完成今年中小学校舍D级危房改造任务，确保已开工和已拆除的项目学校顺利竣工。继续落实“两免一补”政策，保障全体学生平等接受义务

教育。加快呈贡一中高中部、郎缪小学校区建设。稳步推进教学改革，不断提高教学质量。加强教师队伍建设，全面实施绩效工资制度。认真落实城乡义务教育“两免一补”和贫困生资助政策。妥善解决外来务工人员子女上学问题。努力提高教育教学水平，办群众满意的教育。

二是抓好医疗卫生工作。积极稳妥推进医药卫生体制改革，全面落实“五项重点”工作。继续扩大基本医疗保障覆盖面。推进公立医院改革。启动新区中医院业务用房的建设。抓好传染病防控工作，增强重大突发传染病防控处置能力。

三是做好科技文体计生工作。保障科技经费投入，加大知识产权保护力度，做好科技工作。大力发展公益性文化事业，完善公共文化服务体系。加强街道、社区文体基础设施建设，确保完成市级下达的社区文化室、市民健身工程等文化体育项目建设任务。继续开展多种形式的节日文体活动。做好新建小区广播电视互联网通信全覆盖工作，加强文物和非物质文化遗产保护。启动新区全民健身体育场、体育馆和文化馆建设。落实做好计划生育工作，保持科学合理的人口自然增长率。

四是逐步健全社会保障体系。继续做好扩大社会保险覆盖面工作，积极推进城乡一体化社会保障体系建设，不断完善社会保障工作机制。强化各项社会保障基金的收支稽查管理，确保统筹兼顾，保值增值。按时足额发放离退休人员养老金，积极探索老年人管理服务新机制。全面落实城乡居民最低生活保障、困难群众大病医疗救助、受灾群众救助、五保户集中供养制度。鼓励支持社会各界参与慈善事业。启动建设占地 15 亩，建筑面积 6 500 平方米，总投资 3 150 万元的一站式、一体化劳动和社会保障服务中心项目建设。加快构建完善的社会保障安全网，使群众生活有基本保障、无后顾之忧。

五是构建和谐呈贡。深入推进“平安呈贡”建设，加大综治维稳经费投入，完善社会治安防控体系，加强社会治安综合治理，深入开展打黑除恶专项斗争，保持对各类违法犯罪的高压严打态势，增强新区群众的安全感。健全重大自然灾害、突发公共安全事件应急处理机制。加强防灾减灾能力建设。加强食品药品质量监管，做好安全生产特别是建设领域安全生产工作，遏制重特大事故发生。

各位代表，2011 年是“十二五”规划的开局之年，我们要在县委的正确领导下，在县人大和县政协的监督支持下，贯彻落实好县委十一届七次全会和县十四届人大五次会议精神，不负重任，攻坚克难，振奋精神，迎难而上，扎实工作，确保圆满完成好2011 年国民经济和社会发展的各项目标任务。

# 呈贡县2010年地方财政预算执行情况和2011年地方财政预算(草案)的报告(书面)

——2011年1月19日在呈贡县第十四届人民代表大会第五次会议上

呈贡新区（县）财政局

各位代表：

受呈贡县人民政府的委托，现将呈贡县2010年地方财政预算执行情况和2011年地方财政预算（草案）提请呈贡县第十四届人大五次会议审查，并请县政协各位委员提出意见。

## 一、2010年地方财政预算执行情况

2010年，在县委的坚强领导下，在县人大、政协的监督支持下，坚持以邓小平理论和“三个代表”重要思想为指导，深入贯彻落实科学发展观，认真执行县十四届人大三次会议的各项决定决议，以财政增收为核心，以强化支出管理为重点，狠抓落实，克难奋进，经济社会稳步发展，为和谐社会的构建做出了积极的贡献。

### （一）地方财政一般预算收支执行情况

2010年，实现地方财政全口径一般预算收入70 324万元（含七甸街道8至12月份征管关系划转后由阳宗海管委会征收的1 570万元），占市追加任务70 063万元的100.37%，比上年完成数53 078万元增收17 246万元，增长32.49%。实现本级地方财政一般预算收入68 754万元，为调整预算65 870万元的104.38%，比上年完成数53 078万元增收15 676万元，增长29.53%。

地方财政一般预算支出完成77 585万元，为调整预算74 087万元的104.72%，比上年62 149万元增支15 436万元，增长24.84%；省、市级一般预算专项补助支出完成19 038万元（结转下年支出53万元），比上年12 629万元增支6 409万元，增长50.75%。

县本级地方财政一般预算收支平衡情况是：地方财政一般预算收入68 754万元，上级补助收入21 329万元，上年结余556万元，收入方总计90 639万元；地方财政一般预算支出77 585万元，上解支出13 052万元，支出方总计90 637万元。收支相抵，实现财政收支平衡，略有节余的年度目标（上述数据以市对县决算批复为准）。

### （二）政府性基金预算收支执行情况

政府性基金预算收入完成1 965万元，为调整预算1 952万元的100.67%，比上年19 717万元减收17 752万元，减少90.03%；政府性基金预算支出完成1 965万元，为调整预算1 952万元的100.67%，比上年减支17 752万元，减少90.03%；省、市级政府性基金预算补助支出4 952万元，比上年679万元增长629.31%。

全县政府性基金预算平衡情况是：政府性基金预算收入1 965万元，政府性基金预算支出1 965万元，政府性基金预算实现收支平衡。

（以上数据详见附表）

## 二、2010年主要工作

### （一）克服重重困难，财政收入取得新突破

2010年，受金融政策影响，融资困难，新型社区建设难以启动，既定项目进展缓慢，财政收入组织困难；在七甸街道托管，税源减少的情况下，市追加一般预算收入任务，要求同比增长32%，达到70 063万元，比县十四届人大三次会议通过的任务净增加了10 083万元，加剧了组织收入的困难；按市级有关要求，县级土地出让收入全部缴市级，只给5%的基础设施建设经费，城市基础设施配套费全部缴市级后返40%给我县，极大地削弱了县级开发建设和解决失地农民社会保障的能力；同时，由于无资源支撑，融资平台在“解包还原”时面临无土地覆盖、无抵押的风险，融资建设及化解政府债务的压力非常大。面对这些困难，为确保财政收入目标的实现，街道、财税等职能部门牢固树立大局意识，立足区域经济实际，加大横向、纵向间的沟通协调力度，完善协税护税平台，多次召开税收分析会，认真落实各项增收措施，加大

税收和非税收入的征管力度，挖掘财税增收潜力，加强对重点税源的调研跟踪服务，圆满完成了市追加的地方财政一般预算收入任务，财政总收入实现了101 060万元，比上年增收5 678万元，增长5.95%，首次突破10亿元大关。

**（二）发挥财政职能，促进经济平稳较快发展**

大力培植和壮大财源。高度重视招商引资工作，通过深化软环境建设，全面提高服务和支持企业改革发展的能力，着力推进经济增长方式的转变。认真落实支持和鼓励企业发展的各项扶持政策，为45家企业申报了专项资金补助和财政贴息项目，争取各类财政补助资金2 547万元。

积极支持创业就业。积极开展“贷免扶补”工作，发放各类贷款320户，1 587万元，财政补助贴息资金79.6万元，有力地支持和鼓励了大中专毕业生、失地农民、失业妇女、失业青年创业就业。安排失地农民外出租地补助1 102万元、安排800万元创业就业基金、拨付160.2万元用于补助吸收被征地人员的企业缴纳社会保险和开发就业岗位，支持失地农民再就业。

努力拉动内需。认真落实扩大内需政策，进一步完善家电下乡产品补贴兑付措施，为5 304台（件）家电下乡产品兑付财政补贴资金151.07万元。审核兑付汽车摩托车下乡产品1 794辆，兑付补贴资金705.46万元。为176辆以旧换新车辆兑付财政补贴资金174.5万元。为城市公交企业、农村道路客运经营者和城市出租车等行业落实石油价格补贴资金223.6万元。

**（三）优化财政支出结构，着力保障和改善民生**

认真落实社保政策。继续完善城市居民最低生活保障制度和农村居民最低生活保障制度，拨付城市居民最低生活保障资金98万元，确保了全县享受城市低保待遇的贫困家庭3 197户，城市低保人员5 045人次领到了生活保障金。拨付农村居民最低生活保障资金29万元，确保了全县享受农村低保待遇的2 445户贫困家庭，2 913人次农村低保人员领到了生活保障金，确保城镇居民和农村居民低保对象应保尽保。全面实施城镇居民基本医疗保险制度，县级财政配套资金708万元用于城镇居民医疗保险个人缴费补助，安排24.8万元用于城镇居民医疗保险制卡费用，已有80 512人参保。

支持教育事业优先发展。标准化学校建设、校舍安全工程和教学仪器设备购置、改善办学条件投入3 720万元；深化农村义务教育经费保障机制改革，安排农村义务教育公用经费761万元；落实农村义务教育家庭贫困寄宿学生生活补助，安排贫困寄宿学生生活补助230.65万元；安排民办学校办学水平及规模化等奖励124万元。

**（四）落实强农惠农政策，加大“三农”投入**

进一步完善“一折通”惠农资金支付方式，通过“一折通”发放农资综合补贴、粮食直补、农机具购置、退耕还林等补贴108万元，调动农民生产积极性；安排病险水库除险加固资金380万元；安排抗旱救灾资金1 473万元；安排“8·16”抗洪抢险资金620万元，努力降低自然灾害带来的损失。

**（五）加强财政资金监管，提高资金使用效益**

按照“效能呈贡”建设要求，认真落实行政成本控制政策，严格预算执行，实现了“因公出国（境）经费零增长；公务用车购置经费零增长；楼堂馆所一律不新建；会议、庆典、论坛和出省考察经费压缩20%”的既定目标；组织开展财政结余资金清查，对692万元沉淀资金进行调整安排，提高财政综合保障能力；扎实开展党政机关、事业单位“小金库”治理“回头看”和社会团体、国有及国有控股企业“小金库”专项治理工作，布置了4户县属国有及国有控股企业“小金库”自查自纠工作，对2户进行了重点检查，规范财务管理行为。

**（六）深化财政管理体制改革，提高财政管理的科学化精细化水平**

深入推进部门预算改革。继续完善部门预算编制改革，细化编制内容，规范基本支出和项目支出的编制程序，健全定员定额标准体系，提高部门预算编制效率和透明度。制定了《财政预算追加实施意见》，规范财政预算追加行为，从严控制行政成本。

试点国库集中支付制度改革。选取了三家行政事业单位试点国库集中支付制度改革，总结运行经验，探索国库单一账户体系构建模式，为“横向到边、纵向到底”的总体改革要求奠定基础。先期启动了公务卡管理工作。按照节俭、高效、廉洁的原则，制定了《预算单位公务卡管理暂行办法》，规范财政授权支付业务，提高预算单位财务管理水平，逐步深化国库集中支付制度改革。

切实加强政府非税收入管理。严格按照“收缴分离、收支两条线”的管理规定，实施非税收入征管，督促职能单位将征收的非税收入及时足额缴入财政，纳入综合财政预算，使政府非税收入管理逐步规范，收支管理更加科学。2010年，完成政府非税收入5 618万元，其中：专项收入1 737万元，行政事业性收费收入759万元，罚没收入2 019万元，国有资本经营收入1 027万元，国有资产有偿使用收入及其他收入76万元。非税收入的强化管理，促进了一般预算收入任务的圆满完成。

规范政府采购管理。认真落实管采分离，规范采购程序，推行“阳光采购”，不断提高采购质量和效率。2010年，完成政府采购2 751.44万元，比上年增加205.43万元，增长8.07%，节约资金289.26万元，节约率9.51%。对办公自动化产品的采购参加了市级公开招标，确定了协议供货商，规范了20万元以下办公自动化设备的采购行为，提高了采购效率。

提升会计从业人员业务素质。积极开展会计人员业务教育，提升会计从业人员素质，提高会计信息质量。组织159人参加会计从业资格考试、82人参加会计职称考试。组织132人参加村级会计委派制学习。为1 209名会计从员人员开展了年度继续教育培训及从业资格证注册登记工作。

加强政府债务管理。按照明确偿债主体，建立预警机制的要求，草拟并听证了《呈贡新区（县）政府性债务管理办法（暂行）》，规范政府性债务管理行为。积极筹措安排偿债准备金6 929万元，努力化解和防范财政运行风险。

**（七）加大国有资产监管力度，确保国有资产保值增值**

组织了全县性的资产清查工作，从理顺关系，摸清家底出发，将110户行政事业单位资产情况纳入全县资产清查信息系统，实现国有资产信息化管理。严格按程序和规定办理行政事业单位资产处置事宜，确保国有资产保值增值。草拟并听证了《呈贡新区（县）行政事业单位国有资产处置管理暂行办法》，为完善国有资产管理奠定基础。

**（八）发挥金融服务职能，促进区域经济发展**

组织开展小额贷款公司试点工作，在严格程序，认真审核的基础上，批准设立了7家小额信贷公司，已开业6家；审批设立了2家融资性担保公司，已开业1家，拓宽了中小企业融资渠道。按照主动清理、主动整改、主动保全、主动规范、强化管理、防范风险、提升信用的要求，组织开展了政府性债务清理工作，规范融资平台行为、加强贷款管理、禁止违规担保。协助配合政法部门做好“金座”非法集资和隆格兰非法股份转让事件，有效化解社会不稳定因素。

回顾2010年，我们取得了一些成绩，与此同时，我们也清醒地看到，财政收支矛盾并没有得到真正缓解，一些深层次的矛盾和问题更加突显：经济总量小，财源结构极不合理；财政保障的可能与社会事业发展需要的矛盾更加突出。这些问题将通过深化财税管理体制改革，加快区域经济发展，逐步加以解决。

## 三、2011年地方财政预算安排（草案）

2011年地方财政预算安排的指导思想是：以党的十七大和十七届五中全会、市委九届七次全会、县委十一届七次全会精神为指导，深入学习实践科学发展观，落实积极的财政政策，紧紧围绕一步城市化工作，以“支持发展、扩大内需、确保社会和谐稳定”为首要任务，以“保增长、保支出、促发展”为工作重点，全面深化财税管理体制改革，大力优化财政收支结构，实现财政收支平衡，推动经济社会更好更快发展。

基本原则：一是围绕中心，服务大局。紧紧围绕行政中心搬迁和一步城市化工作，有侧重地保障城市管理、综治维稳和基础设施建设的需要。围绕市、县确定的中心工作、重点工作有侧重地安排预算，确保重点工作的开展和推进，促进区域经济跨越式发展。二是统筹兼顾，突出重点。以提高公共服务能力为着力点，进一步整合财政资源，妥善安排各类预算支出。不断调整和优化财政支出结构，坚持以人为本，重点向失地农民安置和保障、改善民生等领域倾斜，严格控制公用经费等一般性支出。三是艰苦奋斗、厉行节约。贯彻落实党政机关厉行节约和坚决制止公款出国(境)旅游的决定，坚持厉行节约、反对铺张浪费，发扬艰苦奋斗、勤俭办事的优良传统和作风。四是积极稳妥，收支平衡。对财政收入预算的安排要与国内生产总值等经济社会增长相适应，财政收入增幅要高于GDP增幅，确保预算编制的完整性。

按照上述指导思想及原则，编制2011年预算草案。

**（一）地方财政一般预算收支情况**

地方财政同口径一般预算收入66 924万元，增长13%。其中：税收预算收入62 018万元、非税预算收入4 906万元。地方财政一般预算支出74 189万元，下降4.38%。

地方财政一般预算收支平衡情况是：地方财政一般预算收入66 924万元，补助收入20 355万元，上年结余55万元（上年专项转移支付结转53万元、县本级财力结余2万元），收入方总计87 334万元；地方财政一般预算支出74 189万元，上解支出13 145万元，支出方总计87 334万元，收支平衡。

**（二）政府性基金预算收支情况**

政府性基金预算收入74万元，比上年下降96.23%；政府性基金预算支出74万元，比上年下降96.23%，收支平衡。

(以上数据详见附表)

## 四、2011年主要工作措施

**（一）抓好财政增收工作，确保财政与经济发展协调增长。**理性分析，科学决策，认真研究聚财之道，把组织收入作为财政工作的首要任务抓紧抓好，着力通过强化征管、开源节流、提高效益来缓解收支平衡压力，放大“财政资金四两拨千斤”的作用，吸引和带动民间资本、金融资本投放新城建设，通过发展经济增强财政发展后劲，为县委、政府各项战略决策部署和中心工作提供财力保障。

**（二）加大产业结构调整，着力培育后续财源。** 紧紧抓住行政中心搬迁的机遇，加快产业结构调整，大力发展以现代物流、现代金融和现代商务为重点的现代服务业，带动第三产业全面繁荣，培育稳固财源，为区域经济长足发展奠定基础。

**（三）大力优化财政支出结构，推动社会事业有序发展。** 着力优化支出结构，保障民生支出，按照保运转、保重点、保民生的原则，从紧安排预算，压缩一般行政支出及一切不必要的开支，严格落实行政成本控制各项内容，提高资金使用效益，集中财力确保重点支出需要，对征地拆迁、基础设施建设和失地农民安置给予倾斜，把有限的财政资金真正用在“刀刃”上。

**（四）抓好惠民政策的落实，推进公共服务均等化。** 着力改善和保障民生，从解决人民群众最关心、最直接、最现实的利益问题入手，注重构建系统配套的长效保障机制，逐步推进基本公共服务均等化，重点推进公共医疗卫生、公共文化事业、公共教育、公共交通及生活保障、住房保障、就业保障、医疗保障等基本公共服务项目和政府办实事项目的实施。妥善处理好发展与民生、公平与效率、积累与消费的关系，努力建立以政治、经济、社会效益最大化为基本取向的财政运行机制。

**（五）完善财政管理体制，不断深化各项改革。** 在试点的基础上完善并逐步推开财政国库集中支付制度改革，从源头上加强资金监管；强化政府采购管理，规范政府采购行为，加强招标采购资金监管，扎实做好工程领域突出问题专项治理工作；立足实际，创新工作方式方法，纵深推进农村综合改革；千方百计筹措资金确保津补贴制度、绩效工资改革的推进。

**（六）加强财税队伍建设，提高服从服务能力。** 紧密结合“创先争优”活动的开展，立足新形势发展的需要，有针对性地开展业务技能培训，适时更新财税干部知识结构，拓宽视野，创新思维，全面提高服从服务于一步城市化工作的能力。

各位代表，2011 年预算收支任务艰巨，使命光荣，站在新的起点上，我们将在县委的正确领导下，在县人大的监督和县政协的支持下，严格按照县委的决策部署和本次大会对财税工作提出的要求，坚定信心，振奋精神，奋发有为，扎实工作，全面完成预算收支和各项工作任务，为开创全县改革开放新局面，建设富裕文明和谐新区做出新的更大的贡献！

报告中有关数据及相应名词解释

1、2010 年地方财政全口径一般预算收入完成 70 324 万元。主要指包含七甸街道 8 至 12 月份托管阳宗海管委会后，由阳宗海管委会收取的地方财政一般预算收入 1 570 万元。2010 年市级最后下达给呈贡县的地方财政一般预算收入任务为 70 063 万元。为确保任务的完成，经多次协调，市级将七甸街道托管后产生的地方财政一般预算收入数并入呈贡县任务考核。由于此项收入未缴入呈贡县国库，为使人代会报告数据与县国库决算入库数据、财政年终决算报表数据相吻合，在报告文本中表述一般预算收入及平衡情况时，地方财政一般预算收入数据采用县级国库决算入库数，即县本级地方财政一般预算收入 68 754 万元。

2、2011 年呈贡县地方财政一般预算收入同口径预算完成 66 924 万元。按照县委、县政府地方财政一般预算收入增长 13%的目标，同口径测算依据是：按 2010 年呈贡县级国库实际入库数 68 754 万元，扣除七甸街道 2009 年决算数 9 529 万元，得 59 225 万元为基数，再增长 13%计算得出。

3、政府性基金预算收入下降原因。按照《昆明市人民政府关于进一步加强国有土地使用权出让收支管理的通知》（昆政发〔2010〕19 号）要求，从 2010 年起，呈贡县土地出让收入全部缴入市级财政专户，纳入市级财政预算统一安排。因此，2011 年全县已无土地出让收入，政府性基金预算收入只有育林基金 4 万元、残疾人就业保障金 70 万元。

# 呈贡县人民法院工作报告

## ——2011年1月19日在呈贡县第十四届人民代表大会第五次会议上

呈贡县人民法院院长　张立志

各位代表：

我代表呈贡县人民法院向大会报告工作，请予审议，并请政协委员和列席人员提出意见。

### 2010年主要工作

2010年是呈贡新区全面完成“十一五”规划各项目标的最后一年。一年来，县法院在新区党工委（县委）的坚强领导下，在县人大、县政协和上级法院的监督指导下，在新区管委会（县政府）和全县人民的大力支持下，始终坚持“党的事业至上、人民利益至上、宪法法律至上”指导思想，认真贯彻落实科学发展观，紧扣新区中心工作，以“社会矛盾化解，社会管理创新，公正廉洁执法”三项工作为重点，牢固树立司法为民宗旨，认真落实年初制定的工作思路，抓审判，带队伍，谋改革，圆满完成了以审判工作为中心的各项任务，有力地推动了新区建设又好又快发展。

#### 一、审判执行工作圆满完成

一年来，县法院共受理各类案件2 070件，审结1 906件，结案率92%。与去年同期相比，收案增加58件，结案基本持平。通过加强审判流程管理，深入开展案件质量评查，全年的审判工作继续呈现出收案数上升、上诉率低、维持率高、案件质量稳步提高的良好态势。

*严厉打击刑事犯罪，全力维护社会稳定。*受理刑事案件247件，审结233件，结案率94%。所结案件中，案件数量居前三位的分别是盗窃案、故意伤害案、交通肇事案，共计153件，占全年刑事总收案数的62%；出现了信用卡诈骗罪、投放危险物质罪、爆炸罪等类型案件；聚众扰乱社会秩序罪涉案人数不断增加，共判处聚众扰乱社会秩序罪被告人17人；职务犯罪案件增幅较大，共有9件，比去年上升200%。按照县委政法委和昆明中院的统一安排部署，县法院年内积极开展“打黑除恶”和禁毒专项斗争，先后三次在呈贡新区打黑除恶公开宣判大会上对破坏新区建设、严重侵害人民生命财产犯罪的15案42名刑事被告人进行公开宣判，震慑了犯罪分子，教育了人民群众。

*化解社会矛盾纠纷，平等保护民事主体。*受理民商事案件1 317件，审结1 196件，结案率91%。在侵权类纠纷案件中，因呈贡新区近年来人口数量剧增，交通流量大，事故频发，导致道路交通事故损害赔偿纠纷案件增幅较大，仅这类案件就有189件；经济类纠纷案件中，买卖合同纠纷、借款合同纠纷、租赁合同纠纷仍占主导地位，但与去年同期相比，略有下降，相反，建筑合同纠纷、合伙纠纷、股权转让纠纷三类案件有明显增长。

*认真审查行政行为，促进依法行政。*受理行政案件7件。其中，诉讼案件2件，非诉行政审查案件5件，结案率100%。经审查，5件非诉行政案件都裁定准予执行行政机关的具体行政行为，支持了行政机关依法行政。

*加大执行力度，最大限度保护债权人权益。*受理执行案件521件，执结471件，执结率90.40%，实际执行到位案款3 253万余元。向县第十四届人大常委会第十七次会议专题报告清理执行积案工作，并在巩固清理执行积案成果的基础上，深入开展创建“无执行积案先进法院”活动，执行工作步入良性发展。

*重视加强信访工作，积极回应群众呼声。*全年接待群众来访619件1 351人次，处理群众来信20件。继续做好院长、庭长和日常接待三级信访接待制。在坚持落实《首问接待告知制度》的基础上，研究制定《呈贡县人民法院信访工作机制》，对重大信访案件实行院领导包案负责制，妥善解决4件信访老案，收到良好的劝息稳控效果。

#### 二、队伍建设进一步加强

公开招录10名本科以上学历人员，为法院长远发展提供人才保障。进一步加强人民陪审员工作，设立人民陪审员管理办公室，完成人民陪审员的换届选任工作，新一届人民陪审员培训合格后开始正式履职，15名人民陪审员共参与28件不同类型案件的审理。深入开展“人民法官为人民”等专题教育、组织法官干警到北京大学进行“法官能力建设与素质提升”培训和到滇西抗战纪念馆、寻甸红军长征经过地进行爱国主义教育，更新法官司法理念，强化了职业道德。重视加强法院党的建设，在全院法官干警中认真开展“创先争优”活动，认真落实向全县人民作出的公开服务承诺，推动了审判为中心的各项工作稳步发展。由于教育活动扎实有效，在"创先争优"活动推进会上，县"创先争优"办组织全县各单位到县法院现场观摩，并被推荐到市里作交流发言。深入开展党风廉政建设和"效能呈贡"建设活动，全院法官干警工作作风进一步改进，工作效能得到进一步提升，全年没有发生违法违纪行为。

**三、法院改革稳步推进**

积极推进人事制度改革，进一步整合民事审判资源。经新区党工委（县委）同意，正式批准设立民事审判第三庭，进一步规范侵权纠纷案件、合同纠纷案件和传统婚姻家庭纠纷案件的审判管理。重视加强人民法庭建设，争取支持，人民法庭庭长职务高配为正科。会同县司法局，在县法院一楼设立人民调解室，由专职人民调解员在诉前对一些社会矛盾纠纷进行调解，拓宽解决社会矛盾纠纷渠道。充分运用数字化法庭优势，鼓励法官选出群众关注、具有一定影响和法制宣传教育价值的案件进行网络庭审直播，全年共进行了4起网络庭审直播案件，取得了良好的法律效果和社会效果。进一步重视加强网络建设，更新局域网软件，为下一步与上级法院联网作好准备。完成可视系统设备调试，初步实现三级法院视频信息共享。经最高人民法院对县法院信息化建设工作进行专门调研，充分肯定县法院信息化建设所采取的措施和取得的成效。由于工作起步早，措施实，县法院被云南省高级人民法院列为昆明法院信息化建设试点单位，被最高人民法院确定为云南省唯一一家"司法公开示范基层法院"。进一步加强法院安保工作，设置安检和门禁系统，完成消防报警系统设施改造，确保审判工作安全、有序进行。设立残障人士专用通道和卫生间，为残障人士诉讼提供方便。

**四、综治维稳得到加强**

在依法公正高效审理好各类案件的基础上，县法院延伸审判职能，积极参与省级先进平安县创建活动。紧紧围绕"构筑平安呈贡，建设和谐新区"的要求，重视加强综治维稳工作，认真落实平安建设目标责任，加大矛盾纠纷排查调处力度，实行定期和不定期的矛盾纠纷排查，妥善处理可能激化的矛盾。圆满完成"五五"普法工作，顺利通过了县普法领导小组和市考核组的考核验收并得到充分肯定。认真做好健康教育工作，顺利通过县、市创卫考核组的验收，推动了新区的争创工作进展。自觉服从服务新区建设大局，安排干警参加征地、拆迁和到市、县信访局参与接访。面对严峻的旱情，组织全体法官干警一手抓审判，一手积极投入抗旱救灾。通过不同方式，积极向灾区人民捐款89 730元；组织法官干警冒着酷暑高温，到联系帮扶的七甸街道野竹社区黄土沟村，帮助群众挖水窖，解决灾区群众饮水难的问题，用实际行动帮助灾区人民渡过难关；组织党员放弃休息时间，义务到护林防火形势严峻的山林路口堵点检查，严防清明节期间发生山火。

各位代表，在各级各部门的关心支持下，县法院2010年以审判为中心的各项工作继续得到稳步发展，先后被云南省住房与城乡建设厅评为"省级园林绿化单位"，法官小区被昆明市建设局评为"市级园林绿化小区"；执行局和1名同志被市委政法委和昆明中院评为"清理执行积案先进集体"、"先进个人"；3名同志分别被市文明委、市妇联、新区党工委（县委）授予"昆明市道德模范"、"昆明市三八红旗手"和"优秀党务工作者"荣誉称号；1名同志被昆明中院荣记"个人三等功"。在此，我代表全院法官干警对长期以来关心、支持县法院工作的各位代表表示衷心感谢并致以崇高敬意！

在总结经验的同时，我们也清醒地认识到，县法院工作中还存在一些不足之处：一是围绕中心、服务大局的能力还有待进一步增强；二是做好新形势下群众工作的能力还有待进一步提高；三是法官干警的综合素质特别是业务素质与新区人民群众日益增长的司法需求还有一定的差距。针对存在的不足，我们将高度重视，采取有力措施，认真加以解决。

## 2011年工作意见

2011年，是实施"十二五"规划的开局之年，也是呈贡新区经济社会实现新发展极为关键的一年。随着现代新昆明建设的快速推进，县法院2011年服务新区建设的责任更加重大，维护社会公平正义的任务更加艰巨，保障社会和谐稳定面临的挑战更加严峻，加强自身建设的要求也更加紧迫。基于新的形势和任务，县法院2011年的总体工作思路是：认真贯彻落实党的十七大、十七届五中全会、省委八届十次全会、市委九届七次全会、县委十一届七次全会精神，深刻理解呈贡"十二五"规划的精神实质，深入实践科学发展观，以深化三项重点工作为着力点，以深化司法体制机制改革为动力，以加强队伍建设为保证，充分发挥审判职能作用，打击违法犯罪，调节经济关系，化解社会矛盾，构筑平安呈贡，建设和谐新区，不断提高司法公信力，为把呈贡新区建成"现代化城市示范区、科学发展示范区、品质春城示范区"和"低碳城市"，提供良好的法律服务和强有力的司法保障。为此，2011年要重点抓好以下几个方面的工作：

**一、围绕"十二五"总体规划，为实现新区科学发展新跨越提供强有力的司法保障**

要认真学习贯彻党的十七届五中全会精神，紧扣呈贡新区"十二五"规划重点，坚持党的领导，自觉接受社会各界监督，牢固树立"为大局服务，为人民司法"的理念，进一步增强大局意识、责任意识和服务意识，把促进新区建设又好又快发展作为法院工作的重要使命；要自觉将法院工作置于新区建设中来统筹谋划和安排，找准法院工作与新区建设的结合点和切入点，努力做新区建设的捍卫者与建设者；要牢固树立稳定是硬任务意识，高度重视和正确处理好新形势下的人民内部矛盾，提高新形势下做好人民群众工作的本领；要按照“三个至上”的要求，不断增强法官干警认识和把握全局的能力，牢牢把握新区建设新变化，准确掌握新区建设新情况，更好地运用法律手段及时化解各类新矛盾，为新区建设营造和谐稳定的社会环境和良好的法治环境。

**二、发挥审判职能作用，促进新区建设又好又快发展**

刑事审判工作　要树立科学的刑事司法理念，正确把握和贯彻执行宽严相济的刑事政策，始终保持对各种严重刑事犯罪严打重惩的高压态势，继续深入开展“严打”整治斗争，把暴力犯罪、破坏社会主义市场经济秩序犯罪和多发性侵财犯罪作为打击重点，同时又要依法保障人权，确保无罪的人不受追究，最大限度地化解消极因素，最大限度地增加和谐因素；要认真贯彻落实《人民法院量刑指导意见（试行）》，积极稳妥地推进量刑规范化改革，将量刑纳入法庭审理程序，规范法官审理刑事案件的刑罚裁量权，增加量刑的公开性和透明度，提高司法公信力

民事审判工作　要发挥定纷止争、疏导息诉功能，化解社会矛盾纠纷，为实现新区经济社会平稳较快发展和改善民生提供强有力的司法保障；要通过公正高效地审理好各类民事案件，平等保护民事主体，努力创造公平有序、诚实守信的市场环境；要更加重视审理好拖欠农民工工资、非法解除劳动合同、社会保险、教育医疗、住房消费等涉及人民群众切身利益的民生案件，积极回应人民群众的新关切、新期待。

行政审判工作　要继续依法审理好新区建设中与改革、发展、稳定密切相关的案件和涉及人民群众切身利益的各类行政案件；积极开展司法建议活动，监督、支持行政机关依法行政；积极探索化解行政争议新机制，改革行政庭审方式，探索行政诉讼和解机制，尝试行政诉讼简易程序。

执行工作　要继续巩固集中清理执行积案成果，进一步更新执行观念，规范执行程序，加大执行力度，强化执行措施，提高执行到位率，最大限度地实现生效裁判所确认的债权；要健全完善执行威慑机制、困难救助机制和执行工作联动机制，努力形成党委领导、人大监督、政府支持、政法委协调、法院主办、社会各界参与配合的综合治理“执行难”格局。

**三、提升法官干警综合素质，增强服务新区建设能力**

一是认真贯彻落实中央、省、市、县政法工作会议精神，在全院法官干警中深入开展“发扬传统，坚定信念，司法为民”主题实践活动，注重引导广大法官干警按照“公正、廉洁、为民”的核心价值公正廉洁司法，确保法院正确的政治方向。二是结合“创先争优”和“效能呈贡”建设活动，狠抓作风转变，继续加大对审判纪律、工作作风、车辆管理的监督检查力度，维护法院良好形象。三是狠抓党风廉政建设不放松，继续将贯彻执行“五个严禁”纳入党风廉政责任制考核，抓好示范教育和警示教育，坚持实行廉政监察员制度，强化对审判、执行权的直接监督，确保司法公正廉洁。四是继续多渠道、多投入、大力度抓好队伍教育培训，不断提高法官干警综合素质。

**四、深化司法体制改革，狠抓审判管理创新**

要进一步加强审判管理，优化司法资源配置，推行案件繁简分流，强化均衡结案，注重审限内结案，形成符合审判规律的收结案动态平衡机制；要加强审判流程管理，进一步管好用好局域网，充分利用计算机信息网络技术，对立案、分案、开庭、裁判、执行、归档等各个流程环节进行监控管理，使审判流程管理更加科学化、规范化、精细化，实现审判、执行、信访等工作的有序运转；要加强审判绩效管理，建立审判管理与考核奖惩对接机制，将审判绩效考评结果引入到对法官的奖惩考核中，激励法官多办案、快办案、办好案；要管好用好数字化法庭，进一步规范司法行为，促进审判执行工作科学、健康、有序发展，不断满足人民群众对司法公开的新要求、新期待。

**五、认真落实司法为民措施，满足人民群众日益增长的司法需求**

要牢固树立司法为民理念，进一步强化司法便民意识，创新司法便民机制，落实司法便民措施，把实现好、维护好、发展好群众的根本利益作为法院工作的出发点和落脚点，努力解决好人民群众最关心、最直接、最现实的诉讼利益问题，最大程度地实现社会公平正义，最大限度地满足人民群众日益增长的司法需求，切实让经济确有困难的当事人打得起官司，让有理有据的当事人打得赢官司，让打赢官司且有条件执行的当事人及时实现权益；要充分利用局域网和数字化法庭优势，为当事人行使诉讼权利提供便利；要大力开展庭前调解，快捷处理简易纠纷，降低诉讼成本，减轻当事人诉累；要继续重视加强信访工作，进一步增强做好疑难信访案件工作的针对性和有效性，完善信访工作责任制，畅通诉求渠道，引导人民群众以理性合法的形式表达诉求、解决矛盾、维护权益。

各位代表，新的审判形势赋予了县法院更加艰巨的任务。2011 年，县法院将继续在新区党工委（县委）的坚强领导下，在县人大、县政协和上级法院的监督指导下，在新区管委会（县政府）和全县人民的大力支持下，以更加坚定的信心，更加务实的作风和更加有力的措施，扎实抓好以审判为中心的各项工作，为开创呈贡新区转型发展、科学发展、和谐发展新局面提供强有力的司法保障。

# 呈贡县人民检察院工作报告

## ——2011年1月19日在呈贡县第十四届人民代表大会第五次会议上

呈贡县人民检察院检察长　李庆华

各位代表：

我代表呈贡县人民检察院向大会报告工作，请予审议。

### 2010年的主要工作

2010年，我院在县委和市检察院的领导下，在县人大及其常委会的监督、县政府的支持和县政协的民主监督下，认真落实县十四届人大三次会议决议，深入推进社会矛盾化解、社会管理创新、公正廉洁执法三项重点工作，不断强化法律监督，强化自身监督，加强检察队伍建设，各项检察工作取得新进展，为保障新区经济社会又好又快发展作出了积极的努力。

**一、充分履行检察职能，深入推进三项重点工作**

始终把维护稳定作为第一责任，把促进和谐作为工作目标。立足检察职能，深入推进社会矛盾化解、社会管理创新、公正廉洁执法三项重点工作。充分发挥打击、保护、监督、预防等职能，积极为呈贡新区经济社会发展提供有力的司法保障。

（一）深入推进社会矛盾化解有新进展

1. 认真落实宽严相济刑事司法政策，积极化解刑事犯罪引发的社会矛盾

依法履行批捕、起诉职能，严厉打击严重刑事犯罪。全年共受理公安机关提请批捕的刑事案件269件481人，审查后，批准逮捕232件407人（其中追捕5人），不捕37件74人，结案率100%。受理移送审查起诉案件264件507人，上年结存1件5人，退侦重报53件157人，经审查，起诉218件394人，不诉2件4人，上报市检察院审查起诉18件27人，退回补充侦查72件214人，侦查部门撤回4件13人，未结4件17人，结案率98.7%。

在办案中贯彻落实宽严相济的刑事司法政策，把严格执行法律与执行刑事政策有机统一起来，切实做到该严则严、当宽则宽、宽严适度，积极探索刑事和解机制，对无逮捕必要或证据不足的74人不予批捕，对情节显著轻微的4人不予起诉，尽可能减少社会对抗，增加和谐因素。

2. 加强查办和预防职务犯罪工作，积极化解深层次社会矛盾

自觉把查办和预防职务犯罪置于县委统一领导的反腐败工作格局，坚持“标本兼治、综合治理、惩防并举、注重预防”的方针，不断加大工作力度，实现了查办和预防职务犯罪工作的平稳协调发展。

全年共受理贪污贿赂案件线索14件，立案5件5人，侦查终结6件6人（含去年积存1件1人），移送审查起诉4件4人，移交公安机关并案起诉2件2人，通过办案挽回经济损失49万元。受理渎职侵权案件线索2件，立案2件3人，侦查终结移送审查起诉2件3人。

在工作中，一是按照“一要坚决，二要慎重，务必搞准”的原则，突出办案重点，积极稳妥查办案件。二是始终注重提高案件质量，不断强化证据意识、程序意识，坚持把办案工作的重心放在依法、全面收集和固定证据上，确保办理的每一件案件事实清楚、证据确凿。三是始终注重追求良好的办案效果，坚持法律效果与政治效果、社会效果的有机统一。

在加大查办职务犯罪工作力度的同时，按照“教育为先，关口前移”的工作要求，积极开展预防职务犯罪工作。以对查办的职务犯罪案件开展案件预防为重点，立项开展预防9件，结合办案认真剖析案件，向发案单位提出预防职务犯罪检察建议11件，开展法制宣传和警示教育58次，开展预防咨询46次，进行预防调查106次，在预防调查中发现职务犯罪线索1件，已立案查处。

3. 认真履行控告申诉检察职能，妥善处理群众诉求

继续坚持检察长接待日制度、领导包案制度和检察官约访、回访制度，完善涉检信访案件风险评估预警机制，扎实开展集中清理涉检信访积案专项工作和案件评查工作，妥善处理群众诉求。认真开展“依靠群众、反腐倡廉、服务大局”为主题的举报宣传周活

动，引导群众正确进行举报，提高人民群众对腐败行为进行举报的积极性。全年共受理群众来信来访57件，其中，举报12件，控告38件，申诉7件。

（二）深入推进社会管理创新有新举措

1. 创新刑罚执行和监管活动监督方式

协助有关部门和基层组织加强对社区服刑人员的帮教、管理，重点对交付执行、监督管理、变更执行、执行终止等监外执行环节进行监督，准确掌握本地区社区矫正对象的底数，有效防止脱管、漏管。

2. 建立专人办理未成年人犯罪案件的办案机制

针对未成年人犯罪案件的特点制定不同的方案，进一步树立以教育为主、惩罚为辅的观念，运用批捕、起诉职能，协同有关部门做好青少年犯、初犯、偶犯的教育、感化和挽救工作，体现刑罚教育和惩罚相结合的目的，实现了法律效果和社会效果的统一。

3. 认真落实检察环节的社会治安综合治理工作

积极参与“省级平安先进县”的创建活动和打黑除恶等专项行动，促进社会治安秩序根本好转。结合办案分析研判社会治安形势，针对发现的社会管理漏洞，提出规范管理、完善制度、消除隐患的对策建议。开展了送法进社区、进企业、进学校、进机关、进工地活动，不断提高人民群众的法律意识。

（三）深入推进公正廉洁执法有新成效

刑事立案监督和侦查监督。开展立案监督2件3人，公安机关立案2件3人；监督本院自侦部门立案3件4人。坚持对重、特大案件提前介入，强化引导侦查取证工作，参加重大刑事案件讨论14件，现场勘查2件，向公安机关发出提供法庭审判证据意见书31份，发出检察建议3份。

刑事审判监督。依法对审判机关的庭审活动进行监督，共派员出席法庭支持公诉147件，建议人民法院适用简易程序审理51件；审查法院刑事判决、裁定205份，提出抗诉1件，检察长列席审判委员会1次。

民事审判和行政诉讼监督。进一步畅通申诉渠道，受理不服民事、行政判决、裁定案件18件，审查后提请抗诉1件，建议提请抗诉1件，提出再审检察建议2件；办理刑事附带民事诉讼、公益诉讼等非抗诉案件8件。对人民法院判决、裁定正确的申诉案件做好当事人的服判息诉工作，申诉人均表示息诉，不再上访和申诉。

刑罚执行和监所执法活动监督。检察看守所收押犯罪嫌疑人397人，检察出所322人，审查各类法律文书500份，检察加带戒具8人次。召开联席会议10次，给在押人员上法制课3次，受教育人数646人次。同在押人员谈话作笔录100人次，接待在押人员约见9人次，配合清监4次，进行安全检查10次，书面纠正刑罚执行和监管活动中的违规行为3件，均得到及时纠正。审查减刑、假释、保外就医案件3件3人，纠正提请减刑不当案件2件2人。

**二、强化自身监督，确保依法正确行使检察权**

（一）自觉接受人大、政协监督。不断强化接受监督意识，及时主动地向县人大及其常委会报告工作，认真落实人大的决议和要求，坚决维护人大的监督权威。制定了进一步加强与人大代表和政协委员的联系制度，邀请人大代表对反渎职侵权工作进行视察，邀请人大代表、政协委员随案视察重大案件的出庭公诉情况，向人大常委会报告关于反贪污贿赂工作情况。全面推行人民监督员工作制度，人民监督员对1件拟作不起诉的案件进行了监督表决。同时，更加主动地服务好政府经济工作，接受政协民主监督和社会各界监督。

（二）切实加强内部监督。认真执行职务犯罪案件审查逮捕报上一级检察院审查决定，撤案、不起诉报上一级检察院批准等制度，不断完善侦查、逮捕、起诉、控申相互制约机制。建立了教育、制度、监督三位一体的检察廉政风险防控机制，将检察工作岗位履职纳入内部监督体系，努力从源头上防控滋生腐败的问题。继续推行“一案三卡”、讯问职务犯罪嫌疑人同步录音录像制度，建立检察执法业绩档案，落实重点案件回访制度。一年来全院干警中未发现有违法违纪行为。

**三、狠抓队伍建设，提高检察人员整体素质**

始终把队伍建设作为检察事业可持续发展的根本，多管齐下，努力打造高素质检察队伍。

一是加强思想政治建设。积极开展“创先争优”、“三个一”主题实践活动，“建设学习型党组织、学习型检察院”活动，党组织的战斗堡垒作用和党员先锋模范作用进一步增强，涌现出一批先进集体和先进个人，3个部门被省、市授予荣誉称号，5名干警受到省、市级表彰。深入开展“恪守检察职业道德、促进公正廉洁执法”主题实践活动，引导检察人员始终坚持“三个至上”“四个在心中”，忠诚、公正、清廉、文明的检察职业道德得到进一步提升。

二是加强领导班子建设。把领导班子建设作为队伍建设的重点，4名班子成员参加了高检院组织的素能培训，服务大局和创新工作的能力得到进一步提高。加强对干部的管理和监督，严格执行述职述廉、重大事项报告制度，全面推行廉政档案制度，增强了班子的凝聚力、执行力和战斗力。

三是大力加强纪律作风建设。深入开展“反特权思想、反霸道作风”专项教育活动，认真落实党风廉政建设责任制，建立执法档案，对检察人员进行警示教育，严格执行涉案冻结、扣押款物管理规定，推行检察人员问责办法，坚持从严治检。

各位代表，过去一年我院检察工作成绩的取得，是县委和市院正确领导的结果，是县人大及其常委会的监督、县政府的支持和县政协民主监督的结果，是全体人大代表、政协委员和全县人民关心支持的结果。在此，我代表全院检察干警表示真诚的感谢！

回顾一年的工作，还存在着一些问题和不足，主要是：深入推进三项重点工作的办法措施还不多，特别是在参与社会管理创新方面思路不够开阔，成效不够明显；有的检察人员创新能力不强，服务大局的主动性、自觉性不够，服务尚有不到位的地方；法律监督工作中，有的职能发挥得不充分，监督力度不大；队伍的综合素质和专业化水平有待提高。以上问题，我们将在今后的工作中采取切实有效的措施加以改进。

## 2011 年工作意见

今年，我院检察工作的主要任务是：全面贯彻党的十七大、十七届五中全会、全国政法工作会议、省市检察长会议和县委十一届七次全会精神，以邓小平理论和“三个代表”重要思想为指导，深入贯彻落实科学发展观，以深化三项重点工作为着力点，以“三个强化”为总体要求，以深化检察体制和工作机制改革为动力，以加强检察机关党的建设和队伍建设为保证，全面履行监督职责，不断提高检察工作科学发展水平，更好地维护社会和谐稳定、维护人民群众权益、维护社会公平正义，为实现“十二五”时期呈贡新区经济社会发展良好开局提供有力的司法保障。我们将努力做好以下五个方面的工作。

### 一、更加注重维护社会和谐稳定，着力深化三项重点工作

进一步把三项重点工作摆在突出位置，着力建立健全检察机关深入推进三项重点工作的科学有效工作机制。

一要建立健全群众诉求表达机制。畅通群众控告申诉渠道，深入开展文明接待活动，完善检察长接待日和阅批群众来信制度，引导群众依法理性表达诉求。

二要建立健全执法办案风险评估预警机制。对办理的重大复杂案件、热点敏感案件、涉众型经济犯罪案件、群体性事件所涉案件等，在作出是否立案、批捕、起诉、抗诉和撤案等决定的每个环节，认真评估可能存在的不稳定因素，科学制定预案，有效防止因执法不当激化矛盾或引发新的矛盾。

三要建立健全贯彻宽严相济刑事司法政策的工作机制。推行未成年人犯罪案件品行调查、分案起诉、回访帮教等制度，建立对罪行轻微的老年人犯罪依法从宽处理机制，完善、规范轻微刑事案件快速办理机制和刑事和解机制，提高运用法律政策化解社会矛盾、促进社会和谐的水平。

四要建立健全社会矛盾化解机制。建立健全检调对接机制，对符合条件的民事申诉案件、轻微刑事案件，依托人民调解组织先行调解，正确处理人民内部矛盾，最大限度化解矛盾纠纷；建立不批捕、不起诉说理机制，依法释疑解惑，加强心理疏导，防止和减少涉检信访发生。

五要建立健全涉检舆情汇集、分析和应对机制。完善与新闻宣传部门沟通机制，网上舆情监测研判预警、舆论引导应对和新闻发布等机制。规范和改进检察工作新闻报道和案件报道工作，提高检察宣传舆论引导水平。

六要建立健全检察机关参与社会管理创新的机制。积极参与平安建设，充分发挥打击和预防犯罪等职能作用，促进社会治安防控体系建设。强化刑罚执行监督和社区矫正监督，加强对服刑帮教人员特别是监外执行罪犯、刑满释放人员等特殊人群的帮教管理。深入开展法制宣传、法律咨询等工作，要立足检察职能不断拓宽工作领域，针对执法办案中发现的社会管理问题，及时提出消除隐患、堵塞漏洞、健全制度、强化管理的检察建议，协同有关部门共同推进社会管理创新。

### 二、更加注重促进反腐倡廉建设，加大查办和预防职务犯罪工作力度

一要突出办案重点。严肃查办发生在机关和干部队伍中以权谋私、失职渎职犯罪案件，重点领域和关键环节中的职务犯罪案件，重大责任事故和群体性事件涉及的职务犯罪案件，发生在基层政权组织和重点岗位的贪污贿赂、滥用职权犯罪案件，继续加大对行贿犯罪的打击力度。

二要在加大办案力度的同时，更加注重办案质量和效果，更加注重坚持理性平和文明规范执法。正确处理打击与保护、实体公正与程序公正、执法办案与服务大局等关系，正确把握政策策略，注重改进执法方式方法，努力实现法律效果与政治效果、社会效果有机统一。

三要进一步加强预防职务犯罪工作。继续推进侦查工作与预防工作的紧密衔接。加强预防宣传和警示教育，深入开展预防工程建设领域职务犯罪专项工作，促进从源头上遏制和减少职务犯罪发生。

### 三、更加注重维护司法公正廉洁，进一步强化对诉讼活动的法律监督

一要进一步加强刑事诉讼监督。认真落实《关于刑事立案监督有关问题的规定（试行）》，建立健全与公安机关信息通报制度和信息共享平台，提高及时发现和准确纠正违法的能力。严格执行对不该立案而立案进行监督的条件、范围和程序，重点监督纠正违法动用刑事手段插手民事经济纠纷等行为。

二要进一步加强民事行政检察工作。坚持依法监督、居中监督、有限监督、事后监督等原则，做好提请抗诉、检察建议、服判息诉等工作。

三要进一步加强刑罚执行和监管活动监督。推进与监管场所信息联网和监控联网，严格落实日常巡视检察、安全防范检察、在押人员约见检察官等制度。规范监外执行检察工作，加强社区矫正法律监督，有效预防和减少脱管漏管。

四要坚持依法监督、规范监督。要坚持监督力度与监督质量、效果并重，坚持以事实为根据，以法律为准绳，依法履行法律监督职责，严格依法规范纠正违法、量刑建议、检察建议等工作，努力防止和纠正重监督数量、轻监督质量和效果的做法，切实维护法律监督的严肃性。

五是自觉接受人大监督。认真贯彻落实省人大常委会《关于进一步加强全省各级人民检察院对诉讼活动法律监督的决议》，全方位接受人大的监督，积极争取政府和政法各部门的支持，促进诉讼监督工作健康发展。

**四、更加注重群众工作，切实维护人民群众权益**

自觉践行执法为民宗旨，认真研究、把握新时期群众工作的特点规律，积极探索做好群众工作的新思路、新方法，进一步打牢检察工作的群众基础。切实加强对检察队伍的群众观点教育、群众工作能力培养。把群众工作贯穿到执法办案工作的全过程，真正做到走近群众、尊重群众、依靠群众、服务群众，更好地树立检察机关爱民、亲民、为民的良好形象，更好地保障民生，解决群众关心的突出问题。

**五、更加注重加强党的建设和队伍建设，切实提高公正廉洁执法水平**

要坚持把党的建设和队伍建设结合起来，持之以恒地加强教育、管理和监督，努力建设公正廉洁执法的检察队伍。

一要以党建带动和促进队伍建设。继续深入开展“创先争优”活动和“建设学习型党组织、创建学习型检察院”活动，充分发挥党组织的战斗堡垒作用和党员的先锋模范作用。按照中央政法委的统一部署，认真开展“弘扬传统、坚定信念、执法为民”主题教育实践活动，着力解决在理想信念、宗旨意识、执法司法等方面存在的突出问题。巩固“恪守检察职业道德、促进公正廉洁执法”教育活动成果，完善检察职业道德教育长效机制。

二要高度重视检察人才培养工作。以培养优秀公诉人、优秀侦查员、优秀侦查监督能手等业务尖子、办案能手为重点，大力培养中青年骨干，注重多岗位锻炼人才，全面提升检察队伍执法办案的综合素质和专业技能。

三要着力加强内部监督制约机制建设。认真落实《关于加强检察机关内部监督工作的意见》，坚持以干部教育为重点，以执法监督为核心，以制度建设为关键，不断加大内部监督力度。四要毫不松懈地抓好自身反腐倡廉建设。认真落实《廉政准则》，严格执行检察机关廉洁从检若干规定，着力解决和防止以权谋私、以案谋私、违反规定办案等问题，树立检察机关公正廉洁执法的良好形象。

各位代表，在新的一年里，我院将紧紧围绕呈贡新区建设十年成规模这一中心，认真贯彻落实县委十一届七次全会及本次会议决议，以更加坚定的信心、更加务实的作风，不断加强和改进检察工作，为促进呈贡新区科学发展、和谐稳定做出新的更加务实的努力！

# 呈贡新区（县）国民经济和社会发展第十二个五年计划纲要

——2011年1月19日经呈贡县第十四届人民代表大会第五次会议通过

## 前　言

“十二五”时期（2011～2015），是呈贡新区（县）实现科学发展新跨越和全面推进“一步城市化”的重要五年，是深入贯彻科学发展观、完成全面建设小康社会目标的关键五年。科学编制“十二五”规划，对于呈贡新区（县）更好地把握发展新机遇，应对国内外形势变化带来的新挑战，围绕建设昆明现代化城市示范区、科学发展示范区和品质春城示范区的总体目标，进一步激活思想思维，改革体制机制，完善政策措施，创新发展模式，转变发展方式，增强发展动力，提升区域核心竞争力，使呈贡县在城市建设、经济发展、环境保护和社会进步等方面发挥示范作用，具有十分重要的意义。

《呈贡县国民经济和社会发展第十二个五年规划纲要》（以下简称《纲要》），是以科学发展观为指导，根据国家、省、市关于制订“十二五”规划的总体部署和要求，按照县委《关于制订呈贡县国民经济和社会发展第十二个五年规划纲要的建议》制订的。《纲要》是“十二五”时期呈贡新区（县）国民经济和社会发展的战略性、纲领性和综合性规划，是政府履行经济调节、市场监管、社会管理和公共服务职责的重要依据。《纲要》重点提出了今后五年呈贡新区（县）经济社会发展的指导思想、发展思路、规划目标和主要任务，是未来五年的发展蓝图和总体安排，是编制专项规划和其他规划以及制定有关政策和年度计划的重要依据。

**规划编制依据**

1、《昆明市城市总体规划修编（2008～2020）》

2、《昆明市国民经济和社会发展第十二个五年规划纲要》（征求意见稿）

3、《中共呈贡新区工委（县委）关于制定呈贡新区（县）国民经济和社会发展第十二个五年规划的建议》

4、《呈贡新区（县）土地利用总体规划（2006～2020）》

5、《呈贡新区（县）城乡建设“十二五”规划》

6、《呈贡新区（县）生态建设与环境保护“十二五”规划》（终稿）

7、《昆明滇池国家级旅游度假区“十二五”规划》（意见征求稿）

8、《昆明高新技术产业开发区“十二五”国民经济和社会发展规划纲要（2011～2015）》（评审稿）

9、《昆明经济技术开发区“十二五”国民经济和社会发展规划纲要（2011～2015）》（意见征求稿）

10、《昆明阳宗海区域国民经济和社会发展第十二个五年规划纲要》（征求意见稿）

**规划范围和期限**

规划范围：呈贡新区（县）行政区划面积为461平方公里，其中，委托昆明国家高新技术产业开发区管理马金铺86.88平方公里、昆明滇池国家旅游度假区管理大渔24.83平方公里、昆明国家经济技术开发区管理洛羊71.44平方公里、昆明阳宗海风景名胜区管理七甸街道办事处117.85平方公里。本规划纲要重点规划呈贡新区规划控制面积160平方公里。

规　划　期：2011～2015年

规划基准年：2010年

## 第一章　发展基础与发展条件

### 一、发展基础

“十一五”是呈贡新区（县）发展史上具有里程碑意义的五年。五年来，面对国际国内宏观环境发生重大变化所带来的机遇和挑战，呈贡新区（县）以现代新昆明建设为契机，紧紧抓住城市化这条主线，围绕“三个集中”、“四大工程”、“五化战略”、“六大任务”的奋斗目标，创新发展理念，转变发展方式，破解发展难题，提高发展质量，圆满完成了“十一五”规划确定的主要任务，为实施“十二五”规划奠定了坚实的基础。

（一）经济总量不断扩大，综合实力明显增强

2010年，呈贡新区（县）实现地区生产总值70.3亿元，年均增长19.3%；地方财政一般预算收入7.03亿元，年均增长29.3%；社会消费品零售总额

17亿元，年均增长18.2%；固定资产投资176.77亿元，年均增长59.8%；城镇居民可支配收入19 313元，年均增长14.5%；农民人均纯收入7 648元，年均增长10.9%。2007年、2008年，呈贡新区（县）连续被省政府评为全省县域经济十强县。

（二）三次产业协调发展，经济结构不断优化

呈贡新区（县）经济发展基本形成以有色金属加工、建筑建材等为主的第二产业主导，旅游、商贸和房地产业为主的第三产业加快发展，以蔬菜、花卉等特色农业为主的第一产业不断提升品质的发展格局。三次产业结构由2005年的22∶44∶34调整为2010年的10∶51∶39，三次产业结构更为合理，特别是第二产业不断优化，对经济增长的拉动作用和支撑作用进一步增强。

（三）城市建设快速推进，核心区城市形态初步显现

以规划为指导，市级行政中心、春城财富中心、白龙小区等一批项目全面竣工，吴家营片区、雨花片区、乌龙片区建设快速推进。核心区路网基本形成，累计建成城市道路135公里，轨道交通、新区至机场公路、环湖东路、黄马公路呈贡段加紧建设，水、电、气、通信等配套设施建设同步进行。市级机关开始搬迁，总部经济、楼宇经济、金融CBD发展环境持续改善。9所高校累计完成投资95.4亿元，进入全面招生阶段，入住师生8万余人。新型社区规划工作完成，政策保障逐步完善，各地块建设有序推进。城北、城南污水处理厂和生活垃圾焚烧发电项目建设进展顺利，新区污水处理厂深度处理工程完工并正常运行。新区建设有序推进，城镇化率从2006年的49.5%提高到2010年的54.2%。

（四）生态环境持续改善，城市面貌焕然一新

在公园、道路、沟渠、新农村示范点、交通沿线面山、滇池湖滨湿地等大力开展增绿补绿和视觉补差工作。“十一五”时期，累计完成城乡园林绿化9 360亩，新增城市绿地面积5 130亩。城市建成区绿地率达37.12%，绿化覆盖率42.2%，人均公共绿地达18.87平方米。加强入滇河道重点整治，有序推进“四退三还”工作，湖滨湿地生态建设成效显著。强化对有污染排放企业的监督检查，确保各类污染物达标排放；万元GDP能耗同比下降4.2%，规模以上工业万元增加值能耗下降7%。以“四创两争”为契机，认真开展市容市貌综合整治工作，加大对私搭乱建、违章施工等不文明行为的查处力度。在进一步巩固和提升创建国家卫生城市、省级园林县城成果的基础上，创建国家环保模范城市26项考核指标已达标24项；争创国家生态城市、文明城市、节水型城市的工作积极推进；争创“中国人居环境奖”、国家森林城市步伐加快。城市形象明显提升，人居环境持续改善。新区先后荣获全市城乡绿化和生态建设工作一等奖、全省绿化工作先进单位、全国绿化模范县、全国绿化奖章等殊荣。

（五）推进体制机制创新，四区加盟开发彰显优势

2008年10月，呈贡新城党工委、管委会和呈贡县委、县政府合署办公，成立昆明呈贡新区党工委（县委）、呈贡新区管委会（县政府），为新区的开发建设提供了体制保障。积极支持昆明国家高新技术产业开发区、昆明滇池国家旅游度假区、昆明国家经济技术开发区、昆明阳宗海风景名胜区加盟新区开发建设。2008年5月，市委、市政府决定，委托昆明国家高新技术产业开发区管理马金铺乡86.88平方公里、昆明滇池国家旅游度假区管理大渔乡24.83平方公里、昆明国家经济技术开发区管理洛羊街道办事处71.44平方公里。2010年7月，委托昆明阳宗海风景名胜区管理七甸街道办事处117.85平方公里。四个开发区充分发挥政策、资金、人才、技术和管理等方面的优势，快速推进托管区域的开发建设。

（六）投资环境日益优化，招商引资成效显著

认真开展“效能呈贡”建设活动，健全责任追究体系，完善行政问责制度，形成紧张、快捷、高效运转的工作模式。强力推进“三最四低”投资软环境建设，为创业创富创造空间。新区行政审批项目由370项减为37项，行政事业性收费项目由128项减为34项，政府政务中心服务窗口增加到24个，建成了行政审批电子监察系统和视频监察系统。2010年，共引进内资项目62个，内资53.26亿元；引进外资项目4个，到位外资6 496万美元。三年来，累计完成招商引资内资159亿元，外资1.35亿美元，以云白药为代表一批产业项目入驻新区。新区先后荣获中国民营经济投资活力县和中国金融生态县等荣誉称号。

（七）社会事业全面进步，和谐发展局面良好

打造城乡统筹无障碍、制度衔接无缝隙的阳光医保，失地农民基本医疗保险个人承担部分由县级财政全额补助，参保率达98%以上，在全省率先实现全民医保的目标。城镇职工基本养老保险的人数达到7 200人；参加企业职工工伤保险的人数达5 682人，完成目标数的123.5%；参加企业职工生育保险的人数达4 044人，完成目标数的115.5%。参加农村养老保险参保人数12 020人。“十一五”期间，全县共转移培训失地农民26 884人，转移就业22 499人；扶持失地农民外出租地种菜、种花21 642人次，累计租地面积174 698.9亩，发放扶持补助资金4 522.49万元；上级补助、部门整合、社会帮扶、群众筹资（投劳）累计投入4 040万元，在14个社区和19个自然村，开展了以“试点村建设、整村推进、村容村貌整治、重点村建设”为主要内容的社会主义新农村建设，受益群众达12 224户3.58万人。实施“科教兴区”战

略，科技对经济增长的贡献率进一步提高。稳步推进教育综合改革，积极改善办学条件，“两基”成果不断巩固，各类教育协调发展。推进文化体制改革，培育文化产业，繁荣文化事业，丰富群众文化生活，以“呈贡新区我的家”为主题，搭建新区和高校文化互动平台，组织片区9所高校开展呈贡新区首届文化艺术节活动，历时一个多月，演出10场，新区群众10万人次观看了演出。积极探索精神文明建设的长效机制，以创建文明单位、文明村、文明小城镇、“十星级文明户”为载体，组织开展文化、科技、卫生“三下乡”活动，倡导健康、科学、文明的生活方式。人口自然增长率控制在6‰以内。党校、党史、工会、共青团、妇联、工商联、残联、老龄、民政、“双拥”、民兵预备役等工作得到加强。计生、卫生、新闻、广电、邮政、通信、档案、气象、统计、环保、滇保、林业、金融保险、民族宗教等各项社会事业取得新成绩，平安呈贡建设深入推进，新区社会稳定，社会治安良好。

过去五年，取得的成绩确实来之不易。这五年，是新区改革发展取得重大进展的五年，是综合实力和竞争力大幅提升的五年，是社会事业全面进步和人民群众得到更多实惠的五年，是城市品位和影响力明显提高的五年。这些成绩的取得，是市委、市政府正确领导的结果，是全面贯彻落实科学发展观的结果，是新区人民共同努力奋斗的结果，必将为新区“十二五”时期又好又快发展奠定坚实基础。

**表1　呈贡新区“十一五”规划执行情况**

| 序号 | 指　标 | 2005年 | 2010年规划目标 | | 2010年完成数 | | 指标属性 |
|---|---|---|---|---|---|---|---|
| | | | 绝对值 | 年均增长（%） | 绝对值 | 年均增长（%） | |
| 1 | 地区生产总值（2005年价，亿元） | 29.3 | 65.0 | 20 | 70.3 | 19.3 | 预期性 |
| 2 | 人均生产总值（2005年价，元） | 13711 | 30000 | | 30000 | | 预期性 |
| 3 | 地方财政一般预算收入（2005年价，亿元） | | 6 | | 7.03 | 29.3 | 预期性 |
| 4 | 全社会固定资产投资（2005年价，亿元） | 17.0 | 76.2 | 35.0 | 176.8 | 59.8 | 预期性 |
| 5 | 社会消费品零售总额（2005年价，亿元） | 7.4 | 13 | 10 | 17.0 | 18.2 | 预期性 |
| 6 | 非公经济增加值占GDP比重 | | 60 | | 40.8 | | 预期性 |
| 7 | 城镇化率（按常住人口计算）(%) | 50.2 | 80 | | 54.2 | | 预期性 |
| 8 | 高中毛入学率（%） | 66.3 | 100 | | 84.7 | | 约束性 |
| 9 | 人均受教育年限（年） | | 11 | | 13.3 | | 约束性 |
| 10 | 人口自然增长率（‰） | 3.8 | 6 | | 4.2 | | 预期性 |
| 11 | 农村居民人均纯收入（2005年价，元） | 4569 | 6000 | 5 | 7648 | 10.9 | 导向性 |
| 12 | 城镇居民人均可支配收入（2005年价，元） | 9807 | 13000 | 6 | 19313 | 14.5 | 导向性 |
| 13 | 平均期望寿命（岁） | | 75 | | 76.1 | | 预期性 |
| 14 | 环境空气质量优良率（分） | 100 | 80 | | 100 | | 约束性 |
| 15 | 全县森林覆盖率（%） | 48.5 | 51 | | 42.2 | | 约束性 |
| 16 | 建成区绿化覆盖率（%） | | 45 | | 37.1 | | 约束性 |
| 17 | 建成区人均公共绿地面积（平方米） | | 14 | | 18.87 | | 约束性 |
| 18 | 城镇生活污水处理率（%） | | 50 | | 76.6 | | 约束性 |
| 19 | 生活垃圾无害化处置率（%） | 城市 | 城市80 | | 100 | | 约束性 |
| | | 农村 | 农村70 | | 100 | | 约束性 |

## 二、发展条件

“十二五”期间，是呈贡新区加快开发建设、全面推进“一步城市化”的关键时期，呈贡新区的发展仍处于大有作为的重要战略机遇期，既面临难得的历史机遇，也面临诸多风险挑战，但总体来说，机遇大于挑战。

### （一）发展机遇

国家支持云南建设“桥头堡”战略带来的历史性发展机遇。国家在新一轮扩大对外开放战略中，进一步重视和提升沿边陆上开放。2009年7月，胡锦涛总书记在视察云南时明确提出了把云南建成中国面向西南开放的重要桥头堡，省委八届八次全会作出了“两强一堡”战略部署，昆明市委九届六次全会提出了加快把昆明建成云南绿色经济强省的龙头、民族文化强省的枢纽、中国面向西南开放的国际化门户和桥头堡城市。这样，昆明市将在桥头堡建设中发挥龙头和示范作用。呈贡新区作为桥头堡门户城市的主战场，具有显著战略地位和区位优势，将集聚更多的国内外生产要素，拓展更大的开放发展空间。呈贡新区“十二五”期间的跨越式发展、扩大对外开放、走改革创新之路正置身于大开放系统和历史坐标之中，这样的历史机遇和条件，将使呈贡新区这块宝地成为投资热土和发展的宝地。

新一轮西部大开发和扩大内需战略带来更多发展条件。扩大内需是我国经济发展的长期战略方针和基本立足点，国家财政政策将从集中于基础设施建设转向支持产业升级和结构转型，在实施地区振兴规划、加速城镇化进程、培育战略性新兴产业等方面将掀起投资浪潮。“十二五”期间，国家将深入实施西部大开发和扩大内需战略，更加注重基础设施建设、生态环境保护、经济结构调整和自主创新、社会事业发展、优化区域布局和体制机制创新。出台《深入实施西部大开发战略的若干意见》，加大对西部地区均衡性转移支付力度和中央财政资金支持西部大开发投入力度，实施有利于西部地区发展的财政、投资、税收、金融、产业、土地、价格、生态补偿、人才、帮扶等政策。呈贡新区的开发建设将有望继续获得中央和省市的政策支持。如，城市规划和建设、产业升级和结构转型、土地利用、矿产资源、放宽利用外资的条件等优惠政策。用好用足这些政策，有利于加快呈贡新区的经济社会发展，成为西部大开发的率先垂范区。

国内外产业加快转移与升级带来更加广阔的市场空间。当前，国际国内产业分工深刻调整，我国东部沿海地区产业向中西部地区转移步伐加快。呈贡新区作为全国加工贸易梯度转移重点承接地，拥有更加开放、更加灵活的政策优势，相对较低的土地、人力等生产要素成本，具有宜居的人文环境和城市条件，有利于加快吸引省外资金、人才、技术和管理经验，加速承接区外产业转移。呈贡新区充分抓住重点地区产业转移的机会，主动加强区域经济沟通与协作，市场拓展的空间将更加广阔。

滇中都市经济区加快推进带来新的发展契机。目前，国家已对滇中地区发展定位为省级增长极，昆明作为省域发展龙头和滇中区域核心的地位作用更加凸显。呈贡新区是现代新昆明的引擎和滇中都市经济圈层的增长极核，必将成为对周边地区具有辐射和带动作用的战略新高地。同时，呈贡新区又是昆玉一体化发展主轴（现代新昆明北城——呈贡新城——玉溪红塔区）中的一个重要节点。发挥呈贡新区在滇中都市经济区建设中的增长极和重要节点作用，凸显核心区位优势，蕴涵着重要的发展契机，发展前景不可限量。

现代新昆明建设“加速效应”带来良好的发展态势。“十二五”期间，呈贡新区将迎来现代新昆明建设的“加速效应”，即：市级行政中心搬迁到呈贡新区的带动效应；9所高校搬迁的聚集效应；轨道交通建设和铁路建设的拉动效应；以云南白药为代表的产业支撑效应；“四区”加盟开发建设的联动效应；省委、省政府推进现代新昆明建设的各项政策效应等。这些“加速效应”推进资源要素聚集，必将使项目、资金、人才、政策等发展性要素进一步向呈贡倾斜集中，加快呈贡新区的基础设施及商贸、房地产、金融等现代服务业和新兴产业的发展，而且人流、物流、资金流和信息流向呈贡新区汇集与融合，必然加速形成全市乃至全省“聚焦呈贡”的良好态势。

（二）面临的挑战

转变经济发展方式和调整结构面临新挑战。新区经济发展方式转变有待进一步加快。经济发展仍以投资拉动为主，消费和外贸发展滞后。产业发展总体上未形成集约化、高新化格局，三次产业结构依然是二、三、一的结构格局，传统产业比重偏高，服务业发展不够充分。工业经济依然占据主导，农业和农村经济未能融入城市经济，其发展方式仍然以传统的种植业为主，为城市发展配套服务为主的第三产业发展明显不足，产业结构亟待调整升级。

发展仍受土地、资源、环境和人才等战略性要素制约。土地资源紧缺矛盾日趋突出，“十二五”期间，新区经济社会的快速发展对土地资源仍将有较大的需求，预计需要新增建设用地33.8平方公里，根据新的土地利用总体规划，可供建设用地指标仅为18.29平方公里。新区生态用地、公共绿化用地、公共设施用地所占比例较大，可用于城市开发和建设、产业发展用地的建设用地指标有限，各类重点工程、民生工程和招商引资项目工程难以入驻新区。新区环境容量的承载能力不容乐观，节能目标面临诸多困扰，万元GDP能耗在“十一五”基础上进一步下降难度增大。减排任务艰巨，新增企业和人口将导致污染排放量逐年增加，企业的减排压力增大。预计“十二五”期末，新区常住人口将达60万人，新区处于流动迁移人口大量增加时期。高校入驻学生、外来务工人员持续增加，四个托管区聚集大量人流，对新区基础设施、资源环境、社会发展和公共服务的压力进一步加大。此外，“十二五”时期的人口结构性矛盾显现，预计2015年新区户籍人口中60岁以上老年人口将占总人口的13%以上，而新区建设需要的高层次、高学历、高技术人才十分紧缺。

社会稳定和就业面临新挑战。预计“十二五”期末，新区将有8万多被征地农民的就业、安置及社会保障问题需要解决。随着新区建设的不断推进，各项基础设施建设不断完善，土地相继被征用，出现了大量的失地农民。而且呈贡新区建设是在农业县的基础上进行的，失地农民具有集中、量大、面广、人多的特点。这些失地农民的生产生活问题已成为社会关注的热点和政府工作的难点。新型社区建设暨失地农民保障性住房建设任务艰巨，面临着巨额建设资金短缺的困难，土地、规划、招标等合规性手续办理难。大量的失地农民未能进入城市就业与创业，生产生活方式未能因新区村改居的实施而发生大的变化，社区经济发展薄弱，社会保障不健全，由此带来的一系列问题，将在一定程度上影响新区的和谐与稳定。

城市管理水平面临新要求。“十二五”期间，呈贡新区城市建设规模继续扩容，人流、物流、商流、交通流的持续增加，考量着新区城市管理水平和治理能力。而新区基本建设投资持续高位运行，存在“重建轻管”的现象，城市管理水平与新区城市化发展的要求严重不相适应。城市管理的难度增加，城市安全运行面临着各种显现和隐性、可预见性和不可预见性的问题。城市基础设施不足、公共设施不配套，教育、卫生、体育、文化、商业网点、环卫、公共交通等社会资源布局不合理且建设滞后。新区上学难、看病难、出行难、购物难、办事难等问题急需解决。

面对机遇和挑战，新区必须进一步增强发展意识、机遇意识和忧患意识，进一步增强推进科学发展的自觉性和坚定性，进一步增强实现富民强区的责任感和紧迫感，始终保持开拓进取、奋发有为的精神状态，始终保持开拓进取、奋发有为的精神状态，始终坚持干在实处、走在前列的工作要求，努力开创呈贡新区的科学发展新局面。

## 第二章　指导思想与发展目标

### 一、指导思想

“十二五”时期，新区经济社会发展的指导思想是：坚持邓小平理论和“三个代表”重要思想，深入贯彻落实科学发展观，围绕建设昆明现代化城市示范区、科学发展示范区、品质春城示范区的总体目标，争科学发展之先,创和谐社会之优，以“一步城市化”建设为主旋律，加快发展现代服务业，强势推进新型社区暨失地农民保障性住房建设，全面建设绿色低碳城市，着力保障和改善民生，共建和谐开放新区，打造行政中心、科教基地、产业高地、宜居新城、泛亚平台“五大功能区”。团结干事，敢为人先，齐心协力，攻坚克难。通过坚持不懈的努力，把呈贡新区建设成为现代新昆明城市核心区、中国面向西南开放的区域性国际城市新区。

### 二、基本原则

“十二五”时期，新区经济社会发展必须坚持以下原则：

坚持跨越发展的原则。实施大投资方略，强化大项目支撑，着力培育大产业，全力建设大平台，做大经济总量。调整需求结构，持续扩大投资需求和消费需求，增强经济增长的持久动力。加速新型工业化、拓展高端信息化，提升全域城镇化，增强新区的产业支撑力、要素集聚力、人心凝聚力、经济辐射力，不断提升新区综合经济实力和竞争力，实现追赶型、跨越式、超常规发展。

坚持创新发展的原则。充分发挥科技第一生产力和人才第一资源的重要作用。推动观念创新、制度创新、机制创新、技术创新，实现经济增长由主要依靠增加物质资源消耗向主要依靠科技进步、劳动者素质提高、管理创新转变。坚持科教引领，鼓励自主创新，促进现代服务业和新兴产业发展，调优产业结构，不断增强内在动力。深化各领域改革创新，提高对外开放水平，不断增强发展的活力和动力。

坚持绿色发展的原则。加快建设资源节约型、环境友好型城市，大力发展循环经济、低碳经济、绿色经济。树立生态意识、建立生态产业、生态环境、生态基础设施、生态制度体系，建设低碳城市。坚持环境保护优先，实现由“环境换取增长”向“环境优化增长”转变，做到经济建设与生态建设一起推进，产业竞争力与环境竞争力一起提升，物质文明与生态文明一起发展。

坚持和谐发展的原则。更加注重社会公平、社会建设、社会管理和社会稳定，更加重视发展的协调性和均衡性。努力实现居民收入增长和经济发展同步、劳动报酬增长和劳动生产率提高同步。建立健全基本公共服务体系，着力实现充分就业和人人享有社会保障，维护好人民群众的切身利益，使新区人民群众共享改革发展成果，提升新区人民群众幸福感与满意度。

### 三、发展目标

综合分析新区经济社会面临的形势和发展条件，“十二五”时期主要发展目标为：经济保持跨越式发展，综合经济实力和竞争力明显增强；城市功能不断完善，新区城市化水平显著提高；现代服务业和战略性新兴产业体系基本形成，主导产业支撑作用明显增强；建立较为完善的社会事业体系和优良的生态环境体系，自主创新能力、国际竞争力和可持续发展能力明显提升；发展环境不断优化，生活品质显著提高；社会事业全面进步，社会更加和谐稳定，新区人民生活更加富裕。具体目标是：

综合实力迈上新台阶。到2015年，实现地区生产总值年均增长15%以上；地方财政一般预算收入年均增长16%以上、全社会固定资产投资年均增长25%以上、社会消费品零售总额年均增长20%以上，城镇居民可支配收入年均增长10%以上，农民人均纯收入年均增长10%以上。

转型升级实现新突破。以服务经济为引领的三次产业比重进一步优化，总部经济、科技教育、现代物流、生物制药、新兴产业、花卉交易等产业建设取得重大进展，经济可持续发展支撑能力显著增强。

失地农民保障得到新加强。建立与经济发展相适应的新区居民收入持续增长机制，努力使被征地农民的住房、就业、医疗、教育、社保、社会治安等方面存在的突出问题得到切实有效解决。

生态建设取得新成效。单位生产总值综合能耗和二氧化碳排放进一步下降，主要污染物排放总量得到有效控制，生态建设和环境保护进一步加强，水环境和空气质量明显改善，低碳城市、山水园林城市和生态型城市建设走在前列。

社会建设迈出新步伐。社会事业加快发展，社会管理制度趋于完善，基本公共服务均等化基本实现，新区居民受教育程度稳步提升，文化更加繁荣，精神文明建设进一步加强，市民思想道德素质、科学文化素质和健康素质不断提高，民主法制更加健全，社会大局保持和谐稳定。

专栏规划指标属性

本规划确定的发展目标体现了人民的根本利益和长远利益，是凝聚人民意愿的战略意图，其中量化指标分为预期性和约束性两类。

预期性指标是政府期望的发展目标，主要依靠市场主体的自主行为实现。政府要创造良好的宏观环境、制度环境和市场环境，并适时调整宏观调控方向和力度，综合运用各种政策引导社会资源配置，努力争取实现。

约束性指标是在预期性基础上进一步明确并强化了政府责任的指标，是在公共服务和涉及公众利益领域提出的工作要求。政府要通过合理配置公共资源和有效运用行政力量，确保实现。

**表 2 呈贡新区“十二五”期间经济社会发展的主要标**

| 序号 | 类型 | 指 标 | 2010 年 | 十二五规划目标 | | |
|---|---|---|---|---|---|---|
| | | | | 2015 年 | 年均增长(%) | 属性 |
| 1 | 经济发展目标 | 地区生产总值（亿元） | 70.3 | | ≥15 | 预期性 |
| 2 | | 地方财政一般预算收入（亿元） | 7.03 | | ≥16 | 预期性 |
| 3 | | 全社会固定资产投资（亿元） | 176.8 | | ≥25 | 预期性 |
| 4 | | 社会消费品零售总额（亿元） | 17.0 | | ≥20 | 预期性 |
| 5 | | 非公经济增加值占 GDP 比重（%） | 40.8 | ≥40 | | 预期性 |
| 6 | 社会发展目标 | 三次产业比 | 10：51：39 | 5：50：45 | | 预期性 |
| 7 | | 城镇化率（按常住人口计算）（%） | 54.2 | ≥75 | | 预期性 |
| 8 | | 高中毛入学率（%） | 84.7 | 90 | | 预期性 |
| 9 | | 人均受教育年限（年） | 13.3 | 12 | | 预期性 |
| 10 | | 人口自然增长率（‰） | 4.2 | 4.5 | | 预期性 |
| 11 | | 城镇登记失业率（%） | 4.5 | 4.5 | | 预期性 |
| 12 | 人民生活目标 | 城镇居民人均可支配收入（元） | 19313.0 | | ≥10 | 预期性 |
| 13 | | 农民人均纯收入（元） | 7648.0 | | ≥10 | 预期性 |
| 14 | | 平均期望寿命（岁） | 76.1 | 77 | | 预期性 |
| 15 | 资源环境目标 | 环境空气质量优良率（%） | 80 | 90 | | 约束性 |
| 16 | | 全县森林覆盖率（%） | 42.2 | ≥50 | | 约束性 |
| 17 | | 建成区绿化覆盖率（%） | 37.1 | ≥48 | | 约束性 |
| 18 | | 万元 GDP 能耗（吨标准煤） | 1.43 | 下降 8% | | 约束性 |
| 19 | | 建成区人均公共绿地面（平方米） | 18.87 | ≥20 | | 约束性 |
| 20 | | 城镇生活污水集中处理率（%） | 76.6 | 100 | | 约束性 |
| 21 | | 生活垃圾无害化处置率（%） | 100 | 100 | | 约束性 |

### 四、发展思路

通过“提升核心区、拓展建成区，支持托管区、聚力建新区”，使经济快速增长，综合实力显著增强，城市品质大幅提升，社会和谐稳定，为实现新区科学发展新跨越奠定坚实基础。

提升核心区。重点完善基础设施和城市配套功能，为驻区企业提供便利的行政服务、优质的创业环境和舒适的生活氛围。提升城市形象和城市品位，增强带动力、影响力和辐射力。

拓展建成区。通过加大技术创新、产品创新、品牌战略等方面的扶持力度，实施“产业优化升级”、“产业品牌提升”、“城市功能扩容”战略，优化产业结构，提升产能效益。努力做到城市开发建设有力、有序、有效，老城和新区协同发展。

支持托管区。继续支持昆明三个国家级开发（度假）区和昆明阳宗海风景名胜区对洛羊、大渔、马金铺、七甸四个片区的托管工作，形成新区规划控制区域与托管区域功能互补、相辅相成、良性互动，协同发展的格局。

聚力建新区。聚集一切可以聚集的财力、物力、人力等发展性资源建设新区，调动一切可以调动的积极因素和力量服务新区。

## 第三章　空间布局与功能定位

### 一、空间布局

（一）“一核四片”空间布局

呈贡新区（县）行政区划面积为461平方公里，其中，托管区域301平方公里，规划控制面积160平方公里，城市建设用地107平方公里，2015年人口预计将达到60万人。“十二五”期间，结合呈贡新区（县）实际和发展优势，把新区（县）全域发展空间布局为“一核四片”。

“一核”，即位于呈贡新区中心地域的斗南、龙城、乌龙洛龙、雨花、吴家营等办事处共计160平方公里的城市核心区域。“四片”，即昆明国家经济技术开发区托管洛羊片区、昆明滇池国家旅游度假区托管大渔片区、昆明高新技术产业开发区托管马金铺片区、昆明阳宗海风景名胜区托管七甸片区，四个片区是支持新区城市核心区域的重要产业支撑片区。

（二）“一核”城市布局及发展重点

行政中心及中央商务核心区。以行政、商业、金融、居住为主的都市中心，是昆明市行政文化中心和昆明东部新城国际城市形象的集中体现区，也是环境优美，富于特色的生态型现代化城区。重点发展以楼宇经济、总部经济、金融、信息、会计、咨询、法律服务等为核心的现代服务业，构建中国面向东南亚、南亚的区域性国际行政中心和国际金融中心。

大学城及中央智力区。依托9所高等院校，全面整合昆明地区的教育资源，引进省内外知名大学，建设集“学、研、产、住、商”一体化的综合性城市区域。重点打造“中央智力区（CID）”，发展文化创意产业，构建面向东南亚、南亚的区域性国际教育基地和人力资源开发中心。

国际花卉总部及亚洲花都。以旧城改造提升为突破口，发展花卉蔬菜相关物流产业、现代商贸业。重点打造“亚洲花都”，构建面向东南亚、南亚乃至欧美的区域性国际花卉拍卖交易中心、文化旅游中心、研发中心和花卉总部。

（三）“四片”发展重点

四个托管片区是呈贡新区（县）的重要组成部分，也是呈贡新区（县）发展高新技术产业、新型工业和旅游业的重要支撑，与核心区功能互补、相辅相成，由四区管委会具体规划并实施，呈贡新区（县）要全力支持和服务好四个托管片区的发展。

昆明国家经济技术开发区托管洛羊片区。重点发展数控机床精密制造、机械制造、光伏装备、交通装备等制造业，现代物流及配送服务等产业。

昆明滇池国家旅游度假区托管大渔片区。重点发展休闲康体、高原体训、民族文化、高端商务等现代旅游业。

昆明高新技术产业开发区托管马金铺片区。重点发展生物、新材料、新能源、电力装备制造、电子信息和环保等产业。

昆明阳宗海风景名胜区托管七甸片区。重点发展康体休闲为主的高端旅游、新型工业、绿色食品加工、生物制药等产业。

### 二、功能定位

着力提升核心区行政中心、科教基地、服务业高地、宜居新城、泛亚平台“五大”功能。

（一）行政中心

市级行政中心是新区现代化城市发展的承载地，凸显新区国际城市形象的新地标，带动周边区域发展的辐射点。实施省会城市功能带动战略，即行政功能、商务功能、旅游功能带动，为驻区企业提供便利的行政服务，为新区提升人气、集聚商气、带来财气，带动新区文化、体育、教育设施、商业中心的建设，提升新区现代化城市的档次、规模和能级。

（二）科教基地

科技和教育是呈贡新区发展的核心竞争力所在。实施中央智力区（CID）战略，抓住9所高校搬迁新区、建设大学城的重大机遇，充分发掘大学城蕴涵的科技、教育、文化、人才、技术潜力；充分利用大学城丰富的创新资源优势，建立产学研基地、新技术孵化中心和重点实验室；充分释放自然科学和哲学社会科学领域的创新成果，发展创新型经济。积极构建带动全省乃至辐射东盟和南亚国家的“科教基地”和“智力硅谷”。

（三）服务业高地

服务业是城市竞争发展的核心。实施服务业优先发展战略，加快服务业结构调整和布局优化，推进服务业创新，扩大总量。提升传统服务业、提速现代服务业，依托新区商务楼宇、总部经济、文化创意、服务外包、现代金融、会展旅游、花卉拍卖交易、花卉总部等产业形态，构建由中央商务区（CBD）、中央智力区（CID）等功能组成的现代服务业聚集区。

（四）宜居新城

建设绿色低碳城市是呈贡新区城市化进程的必由之路。加快实施“低碳城市”战略，以“四创两争”为契机，建设“百湖城市”、“公园城市”为抓手，打造低碳、绿色、环保，集碧水、蓝天、绿树、鲜花于一体，融自然景观、建筑景观和历史人文景观于一城的现代化生态宜居“新城区”。以滇池湖滨生态环境建设和打造优美宜居新区为导向，营造城市功能完善、空间布局合理、生态功能良好、和谐发展的现代化、森林式、园林化、生态型的宜居新城。

（五）泛亚平台

呈贡新区战略地位和作用决定其开放合作的品质和态势。实施开放带动战略，依托中国—东盟自由贸易区、大湄公河次区域、“泛珠三角”区域经济合作，以规划和建设滇池泛亚永久性会址为契机，为中国—泛亚合作交流搭建一个具有世界一流水准的平台，打造政治、经济、文化交流的“桥头堡”。

## 第四章　主要任务与工作重点

### 一、加强规划建设管理

全面推进一步城市化化调整、拓展城市发展框架和发展空间结构，增强城市综合服务功能，加快推进面向西南开放的区域性国际城市新区建设，注重城市空间布局优化调整、拓展城市发展框架和发展空间结构，增强城市综合服务功能。强化城市基础设施建设，提高城市科学管理水平，同步推进老城区改造升级，进一步提高新区的区域承载能力、综合竞争力和聚集辐射力。

（一）实现城市规划全覆盖

坚持“高起点、高标准、高品位”原则，优化新区总体规划、专项规划、分区规划和控制性详细规划。重点抓好新区土地综合利用、城市功能优化、产业布局调整、基础设施建设、金融CBD设计。抓紧做好核心区城市形态设计、文化设施、文化创意产业、地下空间开发等规划，同步做好老城区改造规划和区（县）级行政中心规划。进一步完善道路交通、市政基础设施、社会服务设施、绿化景观等相关专项规划。重点完善对影响城市品质、规模能级、形象构建的规划与建设。理顺新区水网系统，形成新区的山水风貌，提升新区品质；加强滨水空间设计和景观塑造，注重景观绿化和亲水空间的建设。做好新区经济社会发展规划、城乡建设规划、土地综合利用规划、环境保护及生态建设规划的衔接工作。强化规划的法律地位，维护规划的严肃性，严格执行规划管理和督查制度，加大对违法建设的查处，确保项目按规划实施。

（二）强化城市基础设施建设

坚持“标准化、规范化、工艺化”要求，按照适度超前原则，构建功能完备的城市综合交通运输体系、市政基础设施体系和综合防灾减灾体系。

城市综合交通运输体系。加快新区交通系统建设，实施TOD交通导向的土地利用发展模式，建立主城与新区间高效率的城间交通系统，构建高效合理的换乘和转运体系，实现交通运输和管理一体化。核心区规划建成200公里骨干路网，道路均为城市一、二级主、次干道和二级支路。加快三期、四期路网建设，确保完成14条道路下穿中央公园工程建设。加密公交线网，完善公交专用线，逐步推行公交系统车辆燃气化改造，加快公共服务设施建设，创造便利投资条件和生活环境。积极配合主城至呈贡新区轨道交通线建设，在“十二五”期末建成联系主城与呈贡新区的快速、大运量轨道交通系统。规划建设呈贡中央火车站，形成以铁路客运站为主，集中市郊列车、BRT和常规公交的大型综合换乘枢纽站。同步规划建设轨道交通车场、公路长途客运站、城市内部公共交通车场、环湖水运码头。

市政基础设施体系。呈贡城市的供水水源规划为：黑、白龙潭泉水、大河、柴河、昆明主城调水、清水海调水。沿城市规划道路网络布局城市供水干管，利用现有管线为补充。同期建设中水设施。城市排水采用完全分流制排水体制。重点实施洛龙河截污及水环境治理工程、洛龙河和捞渔河污水处理厂及其配套管网工程、捞渔河综合整治工程、入滇河道洛龙河东段综合整治工程（一、二期）。城市气源确定为，近期：以人工煤气为主，液化石油气为辅；中远期：新建呈贡新区二号中压煤气干管，形成以天然气为主的供气格局。新区拟建8座液化石油气加气站。鼓励通信运营商加快通信传输网络硬件建设，为呈贡新区信息化发展筑牢基础。完善新区供电网络，提高供电保障能力。完善垃圾收集处理体系建设，新建垃圾处理场和垃圾中转站，推进垃圾无害化处理和资源化综合利用进程。

综合防灾减灾体系。主要依靠马料河、洛龙河、捞渔河、梁王河、南充河、瑶冲河作为呈贡新区（县）防洪河道，满足新区流域内的排洪要求。重点实施马料河、洛龙河、捞渔河景观和防洪工程项目。实施抗震减灾规划、消防工程规划和人防规划项目。

（三）提高城市科学管理水平

按照“精心、精品、精细”要求，统筹新区在新兴产业、公共设施、城市功能、生态环境、新型社区等方面的布局和建设。理顺新区城市管理体制，建立条块协调配合、上下联动的合理运行机制，推进管理重心下移和执法关口前移，形成齐抓共管的“大城管”格局。探索数字化城管工程和网格化管理，整合城管、公安、安监、消防、卫生、气象、环保等部门资源，做到网络互联、信息互通、资源互享，建立集监控、调度、指挥为一体的管理服务和应急指挥平台，实现全方位覆盖、全时段监控、网格化管理、人性化服务。切实加强对城市基础设施、市政公用设施和环境卫生的管理，继续深入开展道路交通、城乡环境、绿化管养、市场秩序和违法建筑整治工作，规范城市建筑外立面、广告、灯光管理，提升城市形象。坚持严格执法与热情服务并举、宣传教育和治理整顿并重，提高城市管理和服务的水平。

（四）同步推进老城区改造升级

系统推进老城区空间形态、功能布局和生态环境的有机更新，提高和完善综合服务功能，建设高品质的区（县）级行政、商业、居住区。规划和建设以龙城斗南为中心的商贸旅游片区，把村庄搬迁、新型社区建设、城中村改造和特色产业发展等结合起来，开发以花卉旅游为主，集花卉旅游、地方风俗旅游、休闲娱乐旅游和历史文化旅游等多种功能为一体的呈贡龙头旅游区和昆明环滇池旅游带示范景区。利用老城区的商业优势，提升传统特色街区，打造商业精品街区；通过城中村改造和旧城改造置换的空间，拓宽老城区发展空间，提升片区土地利用价值。改善老城区人居环境，解决片区广大群众日益增长的文化、休闲需求，创造体现呈贡地方特色及具有时代精神的高品质环境。老城区的功能更新要与新城建设协同发展，不断提升新区整体城市形象力和吸引力。

## 二、优先发展现代服务业，培育壮大新兴产业

推进生产服务业集聚化、生活服务业连锁化、基础服务业网络化、公共服务业均等化，形成覆盖城乡、布局合理、功能齐全、充满活力的服务业发展格局。到2015年，实现服务业增加值占GDP的45%。

（一）培育壮大生产性服务业

楼宇（总部）经济。按照“核心带动、轴线发展、优势集聚、突出特色”的思路，加快建设新区中央商务区。积极扶持现有企业总部，加快培育本地优势企业总部，大力引进国内外大型企业在新区设立区域总部，鼓励现代服务业、先进制造业、高新技术产业和优势传统产业的研发中心、销售中心、采购中心、营运中心、会展中心、软件中心落户新区。以云桂铁路云南有限责任公司总部、昆明移动公司总部、亚广传媒中心、上海东盟大厦、中置信商业广场、昆明市“金融产业园区”等商务、金融、总部企业中心为龙头，吸引一批金融、咨询、服务机构陆续进驻投资兴业。到2015年，总部企业增加值占GDP比重达到5%，对全区税收直接贡献率达到15%。经过5到10年的努力，争取一批世界500强，一批行业领域世界500强，一批全国500强聚集呈贡新区，形成总部经济集聚区。

金融业。规划建设以彩云南路为中心线，在彩云南路西侧建立总部基地，东侧建立以银行、保险、咨询业为主的金融片区，促进金融机构聚集。积极争取国内外银行、保险、证券等各类金融机构落户新区，同时，大力支持发展金融资信评估、信用担保、金融咨询、保险评估等中介机构。通过政府推动和市场导向，打造立足云南，辐射西部，服务东盟，面向东南亚、南亚的区域性跨境人民币金融服务示范区，发挥跨境人民币金融服务在新区经济发展和城市功能优化中的先行作用，争取到2020年，基本建成与昆明经济实力、地位相适应的区域性跨境人民币金融服务中心。

文化创意产业。在呈贡新区雨花吴家营片区，优先发展文化创意产业。坚持政府引导力、企业主体力和市场配置力“三力合一”的原则，以9所高校和亚广影视传媒中心等资源为依托，重点发展规划设计、教育培训、咨询策划和文化艺术四大创意产业，构建中介服务和电子商务两大创意平台，使之成为文化创意产业孵化器，打造有活力的个性空间和创意文化园，改善整个片区社会形象，丰富高校学生业余生活，保障呈贡新区城市可持续发展。建立以创作、创造、创新为手段，以文化内容、创意成果为价值，以知识产权实现或消费交易为特征，为社会创造财富，促进城市文化底蕴和居民综合素质提升的文化创意产业基地。建立以科技教育机构、高新技术产业和高智力人群高度聚集为载体，集学、研、产、住为一体的中央智力区（CID）。通过推进校区、园区、商务区、社区的“四区”联动，形成“城市的大学、大学的城市”发展格局。至2015年，通过错位发展，初步集聚一批有规模的创意企业和有竞争力的创意人才，促进创意成果向商业成果转化，积极打造国家级涉外文化交流及创意产业示范区，形成新区文化创意支柱产业。

会展业。加快滇池泛亚合作永久会址建设，重点打造滇池泛亚合作系列会展品牌。以斗南国际花卉交易中心为重点，按照国际标准规划会展设施和配套服务设施，开发建设会展商务旅游基地。依托云南白药集团等项目，建设生物制药科研基地和生物药品会展交流中心。建设集汽车文化展示、销售、4S售后服务等内容为一体的汽车博览中心。

物流业。抓住斗南花卉市场进行整体升级改造契机，建设国际花卉物流港。以斗南花卉交易市场、批发市场为基础，依托电子拍卖系统，以电子结算方式，完善软件配备，逐步实现花卉远程交易，建设国际花卉物流配送中心，建成带动全省、全国、辐射东南亚、南亚的现代花卉流通体系。把国际会展与花卉交易中心相连，打造“永不落幕”的国际花卉交易市场。支持和服务洛羊片区依托昆明铁路集装箱中心站、东盟

商贸港、新都国际物流中心等项目建设，大力发展第三方物流，推进物流配送中心建设。

服务外包产业。依托高校智力资源优势，优先发展软件服务外包业。重点发展信息技术服务、医药服务、物流服务、蔬菜花卉服务等领域的服务外包，加快发展区域性国际化教育、医疗、文化、物流、旅游、休闲、金融等服务外包产业群。依托高校科技文化优势，吸引有实力、有潜力、有战略眼光的投资主体投资系统操作服务、系统应用服务、基础技术服务等信息技术外包（ITO），企业内部管理服务、企业业务运作服务、供应链管理服务等业务流程外包服务（BPO），研发服务、动漫设计与制作、工业设计、检验检测服务、咨询服务、医疗服务、法律服务等知识流程外包（KPO）的产业项目。充分发挥信息化的“转换器”“助推器”的作用，加快推进智慧转化为财富战略，不断提升呈贡新区发展的科技文化和智慧艺术含量，从根本上提高呈贡新区产业抗风险能力和可持续发展能力。

（二）鼓励发展生活性服务业

商贸业。大力推进综合商场、连锁经营、大型超市、代理专卖店等现代经营方式，提升传统商贸服务业。重点加快中国—东盟商贸港、呈贡新区商业步行街等项目的实施，引进大型商贸企业参与中央商务区建设，完善社区商贸配套服务功能。尽快形成以财富中心为核心的商贸区，完善米兰园、惠兰园商业服务配套设施建设，提升新区商业形态。着力推进“双百市场工程”和“农超对接工程”。通过改扩建与升级改造，在集散地和主销区，培育一批功能完备、信息灵敏、运行高效的重点市场和骨干市场。推进“一网多用”，推动城乡经营网络对接，实现工业品下乡与农产品进城双向流通。抓住旧城改造契机，以新草房新型社区商业配套项目、龙城购物中心夜市街、晨光购物街建设项目为中心，以中泰农产品物流中心、梅子社区创业饮食文化街建设项目为重点，高起点推进沿街商业网点的增量、扩容与整合。通过多渠道招商，引进一批实力强、品牌响、档次高的特色餐饮业、商贸服务企业。

旅游业。依托斗南国际花卉交易中心，大力营造花卉文化氛围，进一步扩大“斗南花卉”的品牌效应，完善服务配套设施和提高服务水平，把斗南片区建设成为“亚洲花都”和旅游观光胜地。发展以花卉产业相关联的现代商贸业和旅游业，策划推进以斗南花卉和滇池风光、休闲娱乐为主的旅游产业开发。在乌龙片区完善商住、餐饮、文化娱乐设施配套，将其建成新区的旅游观光、体育休闲、运动健身集聚区。支持大渔片区培育康体娱乐、民族文化创意类产品，大力开发休闲度假、生态养生、高端商务三类新型优势旅游产品，培植休闲度假、商务会展产业集群。

房地产业。推进房地产业的持续健康发展，进一步打响“住在新区、创业在新区”品牌。在新区中心区域规划发展以楼宇经济为主的商业地产。结合轨道交通呈贡沿线建设，发展一定规模的商业、商务设施配套地产。结合老城区的改造和提升，规划发展集居住、购物、休闲、娱乐、商业为一体的多功能商业地产。调整住宅供应结构，加大中低价位、中小套型普通商品住房和保障型住房建设力度，完善面向不同消费群体的多层次住房供应体系。加快住宅建设从粗放型向集约型转变，发展省地节能环保型住宅，提高房地产产品的性能和质量。加强房地产市场监管，构建多部门参与、信息共享的预警机制和居民经济状况核对系统，建立规范、有序、公正、公平的房地产市场秩序。

公共服务业。加快发展公交、供水、供电、供气等公共服务业。积极推进股份制合作形式办学，广泛吸纳社会资金新建、扩建民办学校。鼓励社会力量举办民营医院，发展一批有规模、有质量、有技术、有品牌的民营医院。增加教育、文化、广播电视、社会保障、医疗卫生、体育、残疾人事业、老龄工作等社会公共服务事业的市场供给。

## 三、坚持集聚集群发展，强力推进新型工业化

按照优势资源高度集中、产业发展高度集群、土地利用高度集约的要求，在核心区重点培育发展生物制药产业，支持和服务托管区域发展新能源、新材料、电子信息、环保、装备制造业等产业作为新区的产业支撑。

动产业项目。充分合作片区，建设滇池泛亚论坛构的重点。实施传统产部意识，充分发挥金融总部在促进新区经济和提升新区城市功能的作用，

渠道。降低农民进城入市的门槛。通过经营土地、金马村物流片区现状生物制药产业。在雨花片区发展以生物制药为主的生物资源开发产业，形成优势资源链、科技链、产业链，做大做强优势产业，形成生物制药产业集群。以云南白药集团整体搬迁新区为契机，发展国内领先、国际一流的生物医药产业基地，打造生产制造、商业物流、工业文化旅游为一体的新型工业示范园区，实现生产规模超100亿元、商业物流规模超100亿元。支持和服务七甸片区发展绿色食品加工、生物制药产业。

新能源产业。支持和服务马金铺片区发展以晶硅材料为基础的太阳能、生物质能发电技术、智能电网设备及材料、风能发电设备制造、车用新型燃料等产业，支持新型储能材料、器件的研发和产业化。

电子信息产业。支持和服务马金铺片区发展具有自主知识产权的软件产品，发展应用软件、信息安全、信息集成等产品。

环保产业。支持和服务马金铺片区重点研发城市污水处理技术、湖泊河流污染治理技术、垃圾处理技术；研究控制和利用工业三废的新技术、新工艺、新装备；加强大气污染防治特别是烟气脱硫技术研究，推广节能环保技术、装备、产品和服务，利用高新技术，实现废弃物资源化。

装备制造业。支持和服务洛羊片区重点发展数控机床精密制造、机械制造、光伏装备、交通装备等制造业。支持和服务马金铺片区发展以高原电器为特色的大中型水电机组和铁路牵引变压器、500KV 及以下电压等级的电力变压器、配电变压器、干式变压器和各类线缆等输变电设备，以及高低压电器元件、成套开关设备、继电保护和自动化、电网稳定控制等相关或配套产品，形成相对完备的电力装备产业链。

新型材料。支持和服务七甸片区发展以铝铜深加工为主的新型材料制造产业，延伸产业链，做大做强产业优势，形成产业集群。

**四、积极发挥品牌优势，做强做优特色农业**

以现代都市型农业为方向，不断提升特色农业发展水平，着力将农业区域发展成为农产品精深加工及农业博览会展区。

（一）加快农业转型升级

突出农业结构调整、农业功能拓展、农业价值提升与农业空间优化。以高端特色品牌农业为导向，以研发、加工、流转为重点，提升蔬菜、花卉、林果等传统产业。调整优化农业结构与布局，拓展农业的经济、社会、生态、文化功能。大力发展品牌农业、观光农业、开放型农业和创意农业，推动农业向特色化、优质化、生态化、园林式、观光型方向转型发展。加快建设农产品信息物流中心、农产品精深加工中心、农业博览会展中心、农业科技研发推广中心，逐步形成都市型现代农业体系。

（二）拓展特色品牌农业

扩大斗南花卉、呈贡蔬菜和宝珠梨品牌效应，发展以创汇经济功能为主的花卉、蔬菜及林果业等特色品牌农业。实施新区创意农业富民计划，积极打造创意农业亿万产业。推进以花卉园区为载体的花卉生产及相关文化创意活动，带动关联产业发展。重点发展具有技术辐射、园艺产品集散、农业生态观光功能和地区专业分工的花卉创意农业生产体系。

（三）提升优势产业

推进鲜切花交易中心市场、花卉物流、加工中心、花卉产业园区等重点项目建设，发展采后处理保鲜、冷链运输和新产品研发。加快建设斗南国际花卉园区，打造与云南花卉产业发展规模相匹配、交易方式先进、功能齐全、带动推广力强，集花卉拍卖交易、物流、会展、信息指导、文化旅游和研发培训为一体、全国领先、亚洲一流的国际花卉交易中心。以呈贡宝珠梨生态园区为重点，建成花木供应、生态休闲、旅游观光、冷藏物流为一体的都市农业新亮点。

（四）开发建设失地农民就业园

完善产业发展规划、逐步配套基础设施，做好失地农民就业园的开发建设工作，力争用五年左右的时间，把失地农民就业园建设成为新区重要产业基地。通过对失地农民就业园的开发和建设，带动新区南部片区的开发建设，逐步解决新区发展空间不足的问题。

**五、健全社会保障体系，切实注重和改善民生**

深化以城乡就业、住房、社保、教育、医疗为重点的社会保障制度改革，健全城乡统筹发展的政策保障体系。重点解决好被征地农民的就业、安置和社会保障，进一步完善城镇居民社会保障体系和就业服务体系。

（一）加快新型社区暨失地农民保障性住房建设

加快新型社区建设步伐。按照城市社区模式，坚持无障碍规划、全覆盖设计和有界面建设，采取政府引导、企业参与、市场运作的方式，建设统一规划、统一标准、统一建设、统一分配、统一管理的新型社区，努力实现农民市民化和农民居住社区化。积极探索社区发展的运作机制，谋划社区产业支撑，不断增强社区的造血功能。强化基础设施、生活设施综合配套，规划建设幼儿园、学校和商业网点等基础配套设施，满足社区居民生活需求。“十二五”期间，按照统规统建的模式建设 13 个新型社区，预计总用地面积为 9 986 亩，总建筑面积 1 604 万平方米，总投资为 362 亿，共安置呈贡新区（县）6 个街道 29 个社区居委会的居民 66 277 人，社区绿化率达 40%。呈贡新区新型社区建设完成后，农村居民将全部迁入新型社区居住，实现从农村到城市，从农民到市民的转变。

争取建设新型社区的政策支持。依法推进“撤村并居”、“迁村并点”，争取规划、融资、土地等方面的政策支持，落实项目和配套资金，加快新型社区建设步伐。认真明晰地测算好规划空间帐、土地面积平衡帐、建设资金平衡帐、房地产市场容量帐，将项目用地划分为被征地农民安置区和可供市场开发的商住区。锁定新型社区暨失地农民保障性安置项目安置区建设成本与配套开发商住区土地收益,科学制定安置方案。对村民的农村住房、非住宅房屋和附属物实行评估作价，确权认定，置换成同值有价凭证。认真制定安置房标准和人均 15 平方米的经营性用房的获取方式。

引导农民参与支持一步城市化。坚持远近结合，立足当前，着眼未来，完善土地补偿款分配办法，引导集体经济组织和失地农民，在自愿的原则下，将集体资产和土地补偿款，以入股的形式注入社区股份制经济实体，参与新型社区暨失地农民保障性住房建设，参与片区园林、绿化、物管、市政基础设施建设等。

（二）加强就业服务和社会保障体系建设

建立健全就业服务体系。高度重视被征地农民的就业工作，整合现有各级各类人才市场、人力资源市场和培训机构，健全服务机构和服务网络，统一城乡就业登记、培训、推荐、服务和管理。深入实施“两后双百”工程，重点解决一步城市化迁移入城农民、失地农民就业问题，消除零就业家庭，千方百计保障“农民失地不失业、失地不失利”。成立失地农民创业协会，建立失地农民民生基金，做好“政策、法律、技术、信息”四个服务，使之成为促进失地农民创业、就业的桥梁和纽带。加大招商引资力度，大力发展民营经济，加快培育壮大二三产业，提供更多的就业岗位，拓宽农民创业就业空间。制定鼓励新区落户企业录用被征地农民的优惠政策，建立工业项目征地与安置失地农民挂钩制度，促进失地农村居民就业。

建立健全覆盖新区的就业普惠制度、人力资源动态管理制度、就业援助制度。积极推动以创业促进就业工程，从放宽市场准入限制、财政扶持、税收优惠、小额贷款、创业培训和创业补贴等方面加大政策扶持力度。不断完善就业培训制度，整合培训资源，多渠道、多层次、多形式、有针对性地开展职业技能培训工作。积极探索“培训券”模式，确保在劳动力年龄阶段有技能培训需求和就业愿望的人员实现100%培训。建立健全城乡就业“实名制”和城乡就业服务“网格化”管理机制，形成县、街道、社区三级就业服务网络。至2015年，城镇登记失业率控制在4.5%以内。

完善社会保障体系。重点完善被征地农民的社会保障措施，按照一步城市化的要求，对因新区开发和建设完全失去土地的被征地人员，实施城镇社会保障全覆盖。完全失地的被征地人员参加失地农民养老保险，对其个人缴纳部分适当提高补贴标准；对完全失地的被征地人员（含其抚养的未成年子女）参加城镇居民基本医疗保险，对其个人缴纳部分（含基本医疗保险和一份大病补充险）实施全额补贴。落实土地出让金、土地增值收益优先安排用于被征地农民基本生活保障和养老保障。

建立健全“广覆盖、保基本、多层次、可持续”的社会保障体系。加大城镇职工养老保险扩面力度，加快建立城镇居民基本养老保险制度。健全多层次的基本医疗保险体系和城乡一体的医疗保障体系，形成统筹城乡、覆盖全区的“大医保”格局。全面构建以最低生活保障、五保供养、特困救助、临时救济、医疗救助和灾害救助为主要内容的城乡社会救助体系。建立健全基本社会保障自然增长机制，逐步提高保障水平。加快廉租住房、公共租赁住房等保障性住房建设，改善中低收入群众基本住房条件，为新区人民群众安居乐业创造良好环境。

**六、加强生态环境保护，建设绿色低碳新区**

树立绿色、低碳、环保的理念，强化资源环境约束，以治污、增绿、节能减排、低碳、循环经济为重点，加快构建资源节约、环境友好的生产方式和消费模式，增强新区可持续发展能力。

（一）深入开展水环境综合治理

抓好以滇池流域为重点的水环境综合治理，加强新区入滇河道综合整治，继续实施和推进“四退三还一护”，巩固滇池流域全面禁养工作。实施综合亲水性整治，建设新区滇池生态景观湿地公园，形成沿河沿湖亲水型湿地带、绿化林木带、人文景观带、旅游观光带。保护好黑、白龙潭水源地，为新区人民提供优质饮用水源。采用雨污完全分流制排水体制，有效制止城市废水对滇池水生态环境的破坏，最大限度地控制洪涝灾害。完成呈贡南、北污水处理厂及配套管网建设和再生水处理站建设项目。在城市污水处理厂纳污范围，建设污水集中处理设施。到2015年，完成沿湖截污和捞渔河、洛龙河等重点河道截污。

（二）强化园林景观建设

打造“百湖城市”、“公园城市”，让绿化、美化、彩化、香化在新区得到充分体现，把新区建设为鲜花之城、山水之城、文化之城、生态之城。全力推进城市规划区绿地系统建设，强化城市中心地段绿化，大幅度增加绿地空间，建设绿地广场，保证市民步行5分钟500米就能到达绿地广场。努力实现森林覆盖率50%以上，城市绿化覆盖率超过48%，人均公共绿地面积20平方米以上，新增城市绿地面积2 000公顷以上。重点抓好面山绿化、城市道路绿化，完善现有公园绿化，用3年时间使城市面山绿化率达85%以上，交通沿线公路面山绿化率达80%以上。

（三）强力推进节能减排

严把环保准入关，从源头上防止高能耗、高排放项目进入。年能耗5 000吨标煤以上的耗能大户要全部达到国家节能减排标准。实施企业改造计划，淘汰落后产能。建立节能减排退出机制，坚决关停国家明令禁止和不符合产业政策的企业。在2012年前，淘汰限制类企业，工业污染物排放全面达标。严格执行污染物排放总量控制制度，实现排放总量控制目标。全面推行清洁生产，实现“增产不增污”。到2015年，万元工业增加值综合能耗进一步下降，二氧化硫、化学需氧量排放低于2010年水平，工业固体废弃物综合利用率达80%，工业用水重复使用率达80%，工业废水处理率达95%以上。

（四）积极发展循环经济

以节能、节水、节地、节材和资源综合利用为重点，从生产、流通、消费和回收四个环节全面推进循环经济。与城市开发建设同步建设中水设施，积极采用环保新材料，最大程度利用可再生新能源。2015年，中水回用率达100%，建成废弃物处理中心和日处理能力700吨以上的垃圾资源化综合利用处置场、垃圾焚烧发电厂。

（五）着力建设低碳新区

通过政策引导、科学规划、理念教育等手段，推动低碳产品、低碳技术、低碳服务的市场化，提高新区人民的生态文明意识，倡导低碳的生活方式、消费模式。积极推进产业低碳化，把推进节能减排与优化结构结合起来，坚持科技创新，从“制造”向“智造”跨越，提高新区碳生产率。建设“森林呈贡”，大力发展碳汇林，不断提高新区生态环境质量、富集生态碳汇。创建低碳机动化城市交通模式，大力发展地铁、快速交通、公交专用道、普通公交等建设，优化公交出行方式，减少交通的碳排放和城市空气污染。倡导绿色建筑和建筑节能，控制新建建筑能耗和碳排放。采用节能减排新技术和经济激励政策，促进企业采用节能新技术。着力将新区打造成为全省低碳经济的模范先导。

## 七、积极开展区域合作，着力提高对外开放水平

进一步加大对外开放力度，抓住桥头堡建设中昆明国际化拓展的有利机遇，发挥好呈贡新区的窗口作用，在更大范围、更广领域和更高层次上参与国际、国内的竞争与合作，提高新区国际化水平。

### （一）广泛参与泛亚经济合作

以“两强一堡”战略的深入实施为契机，立足新区的独特区位优势，加大对外经济、文化交流与合作，建立对外经济技术合作、引进外资、对外贸易三个支点，引进技术和资金，提高人力资本合作的水平，努力开创全方位多领域的外向型经济发展格局。以大湄公河次区域经济合作为契机，开展商贸、旅游、人力资源开发方面的经济合作。广泛参与亚太地区合作，开展以东盟国家为重点的对外交流合作，围绕货物贸易、信息产业、科技开发、旅游合作、会展经济和教育培训等领域，争取承担中国－东盟自由贸易区合作项目。逐步开拓中印缅孟合作市场，加强与南亚地区的商贸联系。以滇池泛亚合作永久会址选址新区为突破，搭建参与泛亚经济合作的世界一流平台，带动周围片区成为面向西南的特色风情、生态国际化功能集聚区和体验区。充分利用辖区大学城国际留学生资源聚集的优势，积极开展面向东南亚、南亚乃至亚太地区的国际学术、文化交流，建设面向东南亚、南亚国家的国际教育基地和人力资源开发中心，增强新区对外影响力。

### （二）加强国内区域经济合作

坚持国内区域合作与国际经济合作并重，抓住新一轮西部大开发、泛珠三角区域合作等重大机遇，通过承接发达地区加工贸易梯度转移，建立适合本区域特色的优势出口产业。强化以滇中城市圈的经济、文化的合作，有选择地主动承接泛珠区域发达省区转移的高新技术产业、绿色食品加工业和现代服务业，加强与国内发达地区在商务领域内的合作，推动新区产业升级和产业结构调整。积极吸引国内资金、技术投入能源、交通等基础设施建设领域，缩小与发达地区的差距；围绕生物医药产业开展区域合作，发挥新区资源优势和外来资金、技术优势，努力构建自愿参与、市场主导、开放公平、优势互补、互利共赢的区域合作新格局。

### （三）大力引进直接投资

进一步创新招商引资方式，促进由规模扩张主导型向规模扩张与质量提升并重型的转变，全面提升招商引资成效。以云南白药生物制药基地、滇池泛亚合作永久会址片区、金融片区、中央商务区、中央智力区、商业次中心等重点领域开发建设为载体，强化招大引强，加快引进经营规模、业绩、品牌在行业中排名前列的机构进驻新区。突出招商重点，主攻珠三角、长三角、环渤海地区，对重点行业、重点企业开展专业化、高频率招商，引进、培植具有核心竞争力的服务外包企业群，打造区域性国际化服务贸易品牌。强化以商引商、以外引外，以项目落地为突破口，建立与驻区对外机构、国际著名中介机构的联系，形成长期稳定、互助合作、信息交流机制，畅通投资促进渠道，促进国际投资开放度明显提高。

### （四）扩大对外贸易领域和规模

围绕商品贸易、服务贸易的提升和技术贸易的拓展，加强对外经济、技术、贸易合作，实现区域间优势互补、信息共享、产业链接。结合产业升级，逐步扩大生物医药、文化创意领域的商品出口，促进出口产品向精加工、高技术、高附加值产品转变。围绕商业、通讯、销售、教育、环境、金融、健康及社会服务、旅游及相关服务、文化娱乐及体育等重点，大力发展服务贸易。结合资源要素市场建设，加快建立规范的技术贸易市场，促进国内企业和东盟国家的技术交流。

## 八、全面推进社会事业建设，加快构建和谐新区

坚持以人为本，不断加大政府对社会事业和公共服务的投入力度，全面推进科、教、文、卫、体的和谐发展，努力构建覆盖广泛、分布合理的社会基本公共服务体系，促进公共服务均等化。

### （一）实施科教引领、人才强区战略

搭建科技创新和转化平台。落实好新区与有关高校签署的战略合作协议，利用高校云集新区，人才和智力聚集新区的优势，积极吸引知名科研机构加快聚集，争创昆明科技创新领航区和创新型新区。推动产学研合作和科技研发成果转化，形成创新集群与产业集群相互促进的发展格局。推动创新要素向企业集聚、创新政策向企业倾斜，增强企业在自主创新中的主体作用。加大政策和资金支持力度，鼓励科技人员领办、创办科技企业，培育一批创新能力强、细分市场占有率高的科技型企业。

全力打造人才高地。统筹推进干部人才队伍、经营管理人才队伍、专业技术人才队伍、高技能人才队

伍、农村实用人才队伍、社会工作人才队伍等各类人才队伍建设。建立健全人才开发制度，积极引进各类优秀人才和紧缺人才，加大创新人才、复合型经营管理人才、高技能专业技术人才培养力度。重点引进投融资管理、产业园区开发建设与管理、园林设计、现代城市规划建设及管理，以及教育、卫生等领域的高层次人才。到2015年，引进各类人才达到100名。同时加大人才培养四个“50工程”，即：选派50名有发展潜力的优秀年轻干部到发达地区或国外进行专题培训；选派50名紧跟科技发展前沿，创新能力强的中高级专业技术人才赴国内外高等院校和科研机构学习深造；选派50名技师和高级技师到国内外进行专业培训；资助50名企业家赴国内外知名高校和培训机构学习深造。

（二）优先发展教育事业

坚持教育优先发展，继续抓好“两基”教育，均衡发展素质教育，进一步完善由学前教育、义务教育、高中教育、职业技术教育和成人教育构成的现代国民终身教育体系。把发展学前教育纳入新区建设规划，进一步提高学前教育质量，构建更加完善的以公办幼儿园为骨干、以民办幼儿园为支撑的3~6周岁学前教育体系。以主城一批知名中小学的搬迁为契机，做好中小学布局调整，加快云师大附小、龙城第二小学、斗南中心小学、乌龙中心小学等重点工程的建设，在都市核心区和各大片区建设一批高标准、高起点、高质量的省市级优质示范学校。全面普及高中教育，建立以优质中学为中心，办学服务半径适当，打破行政区划局限的学区管理机制，推进优质教育的均衡、公平和普及。完善以就业、创业和技术创新能力为核心的职业教育培训体系。到2015年，完成18所中小学和幼儿园的建设工作，学前适龄儿童入园（班）率达到90%以上，义务教育阶段毛入学率达100%，高中阶段毛入学率达90%，大专以上人口占总人口的比重超过20%，新增劳动力人均受教育年限达到12年以上，民办教育机构占到全区总量的40%以上。教育发展的主要指标、教育综合实力进入全省县区前列。

（三）加强公共卫生和人口管理

建立健全疾病信息网络体系、疾病预防控制体系和医疗救治体系，构筑覆盖全区的疾病预防控制、健康教育、妇幼保健、精神卫生、应急救治、采供血、卫生监督等专业公共卫生服务网络，提高公共卫生服务能力和突发公共卫生事件应急处置能力。按项目为城乡居民统一免费提供基本公共卫生服务，逐步提高公共卫生服务经费标准，2011年起人均基本公共卫生服务补助标准确保不低于20元，并随着经济社会发展和公共卫生服务需要适时调整。至2015年，确保每个街道办事处有一所社区卫生服务中心，每个社区居委会有一所社区卫生服务站，每千人拥有全科医生1.5名，形成城市居民步行“15分钟医疗卫生服务圈”。

坚持计划生育基本国策，进一步完善计划生育家庭奖励优待政策，控制人口数量，提高人口素质，改善人口结构，引导人口合理分布和有序流动，新区人口自然增长率控制在5‰以内。

（四）繁荣文化体育事业

增强新区文化创造力、凝聚力和感召力，坚持历史文化与现代文化同城辉映、休闲文化与创业文化和谐交融、文化事业与文化产业共同发展。发展开放型多元化特色文化，加强基层文化阵地建设，推进人的文明素质与城市文明程度同步提高。提升民花灯之乡、农民画之乡品位，继承和发展地方特色文化艺术。完善公共文化体育设施，规划建设综合性文化体育场馆。开展全民健身活动，组织举办各类体育项目竞赛活动。到2015年，规划建设昆明市群众文化活动中心等综合性文化服务场馆，建成新区数字图书馆和综合档案馆，配套建设文化馆、体育馆、老年活动中心、展览馆、剧院、电影院等文化设施，逐步形成新区有文化馆、街道有文化站、社区有文化室、家庭有文化示范户的四级公共文化服务体系。至2015年，新区80%的社区将配置100平方米以上的文体活动场所，各街道将培育2~3支特色文艺队伍，扶植一批特色文化活动项目，并组织开展丰富多彩、形式多样的文艺活动。

（五）完善社会管理体系

不断推进全区社会管理创新，加快形成党委领导、政府负责、社会协同、公众参与的社会管理格局。按照社会管理人性化、公共服务均等化、司法服务高效化的要求，形成权责一致、条块结合、各司其职的社会管理新体制。改进社会管理方式，完善社会管理手段，不断推动建立政府调控机制和社会协调机制互联、政府行政功能和社会自治功能互补、政府管理力量和社会调节力量互动的社会管理网络。积极促进社会组织健康发展，重点发展公益性社会组织，支持发展行业性社会组织，引导发展社区民间组织，积极培育志愿服务组织。完善处理人民内部矛盾的方式方法，建立健全社会矛盾纠纷调处机制，及时妥善化解社会各阶层之间的矛盾。建立尊老爱幼、睦邻相处、济贫帮困、和谐共济的人际关系。“十二五”期间，力争完成新区老年大学建设，不断满足老年人日益增长的精神文化需求。

（六）加强法制建设

依法治区，努力建设法制健全、政治稳定、百姓安宁、社会和谐、群众满意的法治新区。自觉接受人大法律监督、工作监督和政协民主监督，完善行政决策专家论证、社会听证及合法性审查制度，严格落实行政执法责任制，完善行政复议制度和过错追究制度，为新区跨越式发展和长治久安提供重要保障。建立社会利益协调机制，畅通信访渠道，健全处理信访突出问题及群体性事件联席会议制度，落实信访工作目标责任制。完善大调解工作机制，最大限度地把矛盾纠纷化解在基层和萌芽状态，防止各类矛盾叠加升级。依法严厉打击严重刑事犯罪，继续深化“打黑除恶”专项斗争。完善公共突发事件应急处理机制，形成覆盖全区、反应灵敏、统一指挥、功能齐全、运转高效的应对管理机制，有效防范和及时处置自然灾害、事故灾难、公共卫生和社会安全等各类突发公共事件。严格落实安全生产责任制，强化对食品、药品、餐饮、饮用水等安全的监督管理，切实保障人民群众生命健康和安全。

（七）全力推进和谐社区建设

围绕实现“自治好、管理好、服务好、治安好、环境好、风尚好”的“六好”社区目标，扎实推进和谐社区建设。着力构建以社区党组织为核心，社区党组织、居委会、工作站、中介组织和民间组织“四位一体”的城市社区管理新格局。进一步健全社区组织体系，美化社区环境，深化社区服务，繁荣社区文化，维护社区稳定，创建满意社区、温馨社区、健康社区、爱心社区、平安社区、文明社区、花园社区、智能社区和民主法制社区。大力开发社区公共卫生保洁、公共环境绿化、公共设施维护以及文化、教育、体育、托老、托幼、助残、服务等公益性岗位，加快社区综合服务中心（站）和配套服务设施建设，推行“一站式”服务，构建社区“15分钟”生活服务圈、卫生服务圈、文化服务圈，逐步完善县（区）、街道、社区三级社区服务联网运作。积极推进“公建民营”、“民办公助”、“政府购买养老服务”的养老服务事业发展，到2015年，基本建立覆盖全区的以居家养老为基础、社区服务为依托、机构养老为骨干的养老服务体系。

# 第五章　发展措施

## 一、狠抓招商引资

推进招商引资工作，是实现新区科学发展新跨越的主要抓手。“十二五”期间，新区要强化“五个招商”。一是机制招商，建立和完善“熟地招商、产业招商、规划招商、环境招商”四个招商机制，创新招商方式，优化招商环境，明确土地收储、产业定位、规划条件及相应的招商政策，从政策机制上吸引投资，形成招商引资效益稳定增长机制。二是品牌招商，突出引入大项目，积极争取有品牌效益、有经济实力、有社会影响力的大公司、大企业来新区投资；突出引入附加值高、财税贡献率高的项目，增加财税收益。三是推介招商，加强宣传力度，广泛参与昆交会、泛珠洽谈会等知名招商引资项目洽谈会，增强新区在国内的知名度。四是项目招商，突出现代金融、总部经济、科技研发、教育培训、花卉与旅游会展、商贸物流、信息咨询服务、软件与服务外包等生产性服务业项目招商；突出生物资源开发及生物制药关联度配套产业的招商。建立健全项目库，精心包装，全力推介，使项目真正成为招商引资的重要抓手。五是楼宇招商，利用新区规划建设中央商务区契机，以专业楼宇、特色楼宇招商，吸引投资者建设写字楼、商务楼，完善配套服务设施，引进公司入驻。建立完善楼宇招商激励机制，调动全区干部群众的积极性，使楼宇经济成为新区地方税收的重要来源之一。

## 二、强力推进融资

做好融资工作，是实现新区科学发展新跨越的关键。“十二五”期间，新区要切实加大融资工作力度，力争实现融资额度大幅增加，为新区的发展提供资金支持。始终保持对国家和省市出台政策的敏感性，积极争取上级对新区基础性、公益性项目的支持。一是发挥融资平台的整合作用，以新都公司、昆明土地储备交易中心呈贡分中心等融资平台为重点，将融资与土地开发利用及建设项目有机结合，提高融资的效率和资金使用效益。二是继续完善融资机制，按照“政府主导，市场运作，法人经营管理，吸引社会资金参与建设”的原则，建立“科学规划、计划储备、深度开发、按需供应、高效融资”的运作模式，完善土地收益分配、投资补偿等机制，确保政府土地收益最大化。三是创新融资方式，推动各种项目以BT、BOT、资产证券等方式吸纳社会资本和民间资本，参与市政基础设施建设。四是优化融资结构，发展小额信贷业务，进一步拓宽中小企业融资渠道。

## 三、优化发展软环境

新区要坚持不懈加强软环境建设，营造良好的“亲商”、“安商”“富商”投资氛围，以“你投资、我铺路”的胆量招商；以“你赚钱、我保护”的气量扶商；以“你困难、我帮助”的度量亲商；以“你发财、我发展”的雅量安商，为项目投资创造良好条件。

切实化解企业难题，建立长效服务机制，使企业“进得来、留得住、能发展、带一片”。加强行政执法监察，切实减轻企业负担，对破坏投资环境、阻碍经济发展的行为，坚决从严处理。整顿和规范市场秩序，严厉打击欺诈、制假售假、不正当竞争等破坏市场秩序行为。继续实施“双比战略”，即与昆明市四个主城区和三个国家级开发区比，与全国省会城市的新区比，全力打造“创业最宽松、社会最文明、人居最安全和低交易成本、低生产成本、低行政成本、低社会成本”的“三最四低”投资环境，为投资者和项目建设提供高效、快捷、优质的“一站式、帮办式、全方位”服务。

## 四、大力发展民营经济

民营经济是新区经济发展的主导力量，是可持续发展的动力。“十二五”期间，新区要继续执行各项优惠政策，从政策、融资、土地、信息等方面支持农业龙头企业带领农民闯市场奔小康，积极鼓励和支持“斗南花卉”、“晨农蔬菜”、“龙城蔬菜”、“天外天矿泉水”、“云南山泉”等民营企业实施品牌扩张战略，以质量求生存，以信誉求发展。进一步放宽市场准入，鼓励和支持民间资本进入新兴产业、基础设施、市政公用事业、社会事业、金融服务、文化产业等领域，不断提高民间投资在全社会投资中的比重。依法保护民营企业的合法权益，加强信用体系建设，改善企业融资、担保环境，为民营经济创造良好的发展空间。规范对民营企业的管理，积极引导民营企业依法经营、健康发展。

**五、创新人才工作机制**

坚持以经济发展和社会需求为导向，以提高思想道德和创新能力为核心，构建人人能够成才、人人得到发展的人才培养开发机制。建立以岗位职责要求为基础，以品德、能力和业绩为导向，科学化、社会化的人才评价机制。促进人岗相适、用当其时、人尽其才，形成有利于各类人才脱颖而出、充分施展才能的选人用人机制。建立政府部门宏观调控、市场主体公平竞争、中介组织提供服务、人才自主择业的人才流动配置机制。建立健全与工作业绩紧密联系、充分体现人才价值、有利于激发人才活力和维护人才合法权益的激励保障机制。建立健全政府宏观引导、用人单位为主、个人积极参与、社会共同承担的人才工作投入机制。

**六、积极争取政策支持**

力争把新区现代服务业集聚区的重点项目和公共服务平台项目作为省市资金优先支持的重点，力争进上级规划盘子、项目盘子、资金盘子，并迅速包装项目、对接项目、推动项目。通过与昆明市规划部门对接，把新区现代服务业集聚区规划列入城市发展总体规划，争取国土部门对建设项目用地给予重点支持。在争取省市支持的同时，新区政府要在税收、土地出让金、房租及高管福利等层面出台相应的配套优惠政策，促进现代服务业集聚区又好又快发展。

## 第六章　规划的实施

“十二五”时期是呈贡新区（县）经济社会加快发展的重要战略机遇期，同时也必将是一个竞合格局加速调整、发展竞争更加激烈的关键时期。组织好“十二五”规划的实施，对于新区实现科学发展新跨越各项任务目标，意义重大。

**一、强化组织实施**

呈贡新区（县）政府在制定和执行国民经济和社会发展年度规划和财政预算时，综合运用规划、财政等手段，分年度落实《纲要》提出的目标和任务。有关部门要把本《纲要》作为制定政策措施的重要依据，认真贯彻落实本《纲要》的内容。各街道办事处要从本地实际出发，贯彻落实好本《纲要》的精神和主要任务。有关部门要跟踪检查规划执行情况，特别要加强对经济增长、产业发展、投资、重大项目、人民生活水平等目标的监测预警。

**二、实施重大项目**

突出重点，集中力量办大事，争取“十二五”时期有效解决一批交通、能源、水利、生态、城镇建设和科技、教育文化卫生、人口就业、社会保障等领域的重点项目。

搞好重大项目建设，是关系呈贡新区（县）经济社会发展的关键。要建立健全奖惩制度，完善协调制度，确保重点项目建设进度。要严格建设程序，规范招投标行为，加强执法监督，强化项目建设全过程管理，落实项目法人责任制、工程监理制和合同管理制，按照合理工期组织施工，确保建设工程质量。有关部门和项目单位，要拿出一定比例的资金，专门用于重大建设项目的前期工作。各重点项目建设所在地要以街道办事处为主体，层层落实责任制，负责协调解决征地、拆迁和建设遇到的各种问题，为重大项目建设创造良好的建设环境。

**三、完善规划体系**

区域规划和专项规划是“十二五”规划的重要组成部分，是规划纲要的细化和延伸，要依据规划纲要，编制实施好区域规划和专项规划，加强区域规划和专项规划的管理，促进各规划之间的衔接，为规划纲要的顺利实施提供有力支撑。各专业职能部门要在总体规划和控制性详细规划的基础上，加强对专项规划的指导，并加强与省和昆明市级相关部门的衔接联系，确保专项规划和重点建设项目进入省、市相关部门的规划盘子，确保规划项目的顺利实施。

**四、加强监督考核**

加强规划实施的民主监督，健全重大事件报告制度，定期评估规划执行情况，评价各部门责任落实情况，自觉接受人大对规划实施情况的监督检查。建立信息披露制度，整合部门信息资源，建立统一、透明、高效的政府公共信息发布平台，畅通信息渠道，及时披露相关政策和信息，加强社会监督。

本规划一经批准，由新区（县）人民政府组织实施。规划实施期间，遇到经济形势重大变化和其它原因，使实际经济运行和社会发展严重偏离规划目标时，新区（县）政府应提出调整方案，报请人大常务委员会审议批准实施。

# 呈贡新区（县）“十二五”规划项目投资计划表

| 序号 | 项目名称 | 责任单位 | 建设内容和规模 | 十二五期间建设内容 | 项目起止年限 | 估算总投资 | 十二五计划投资 |
|---|---|---|---|---|---|---|---|
| | 合计（124 项） | | | | | | |
| 一 | 基础设施类（43 项） | | | | | | |
| 1 | 森林防火体系建设 | 农林局 | 森林防火指挥系统建设，设施健全、功能完备；林区防火线，70 公里；防火通道，50 公里；滇池面山及部分重点林区中小型中水储备库，200 个（座）；维修 / 新建了望台，3（座）；新建滇池面山及重点林区看山房，10 间 500 平方米；完善交通、通讯设施。 | 完成计划任务 | 2011–2015 | 691.05 | 691.05 |
| 2 | 森林公安“三基”工程 | 昆明市森林公安局呈贡分局 | 呈贡新城林区森林派出所办公用房及民警宿舍，800 平方米；森林公安民警森林公安办公楼，800 平方米训练中心，1000 平方米。 | 完成计划任务 | 2011–2015 | 450 | 450 |
| 3 | 省道、高等级公路、县道公路绿化廊道 | 交运局、园林局 | 对已有绿化路段巩固、完善，无绿化路段重建绿化带，并长期维护、管理，保证树种良好生长 | 完成计划任务 | 2011–2015 | 680 | 680 |
| 4 | 高速公路绿化廊道 | 交运局、园林局 | 对已有防护林路段加固、无防护林段进行防护林建设，长期维护、营养，保证树种良好生长 | 完成计划任务 | 2011–2015 | 1399 | 1399 |
| 5 | 铁路沿线绿化廊道 | 交运局、园林局 | 在铁路沿线种植乔木，在经过村镇，居民聚集路段的绿化进行重点建设，长期维护，保证树种良好生长 | 完成计划任务 | 2011–2015 | 398 | 398 |
| 6 | 建成区绿化廊道 | 园林局 | 主干道、次干道，支道的绿化建设（行横道绿化，分车道绿化，基础绿带绿化）；城镇内节点景观建设，长期维护，保证树种良好生长 | 完成计划任务 | 2011–2015 | 7029 | 7029 |
| 7 | 道路廊道节点 | 园林局 | 交叉路口绿化，小面积绿化小品建设，涉及重点道路 8 个交叉路口、次要道路 33 个交叉口，对建成的绿化节点长期维护，保证生长良好 | 完成计划任务 | 2011–2015 | 2118 | 2118 |
| 8 | 农村公路 | 交运局 | 路基、路面四级公路 11.85 公里 | 实施路基、路面工程 | 2011–2015 | 2005 | 2005 |
| 9 | 三铝公路、昆峨公路、斗南配套道路 | 交运局 | 三铝公路 21 公里，昆峨公路 4 公里，斗南配套道路 2 公里。二级公路、路基、路面及附属设施 | 实施路基、路面工程 | 2011–2015 | 23760 | 23760 |
| 10 | 昆峨公路 | 交运局 | 13 公里。二级公路、路基、路面、安保工程、附属设施 | | 2012–2013 | 26000 | 26000 |
| 11 | 三板桥至射击场公路 | 交运局 | 2.5 公里。路基、路面、安保工程、附属设施 | | 2011 | 1000 | 1000 |
| 12 | 昆峨线至三岔口线 | 交运局 | 1.5 公里。路基、路面、安保工程、附属设施 | | 2012–2013 | 26000 | 26000 |

（续上表）

| 序号 | 项目名称 | 责任单位 | 建设内容和规模 | 十二五期间建设内容 | 项目起止年限 | 估算总投资 | 十二五计划投资 |
|---|---|---|---|---|---|---|---|
| 13 | 三台山西片区主入口建设项目 | 春都公司 | 对三台山公园中心轴按100米宽建设兴呈路至三台山公园西主入口景观视廊。对中心轴100米范围及周边建（构）筑物拆迁和搬迁，包括道路、绿化、台阶、景观石、牌坊建设75亩 | 完成计划任务 | 2011–2015 | 15600 | 15600 |
| 14 | 呈贡新区龙城斗南片区石龙路西段工程 | 春都公司 | 起于环湖东路，止于昆玉高速公路，2.55公里 | 完成计划任务 | 2011–2015 | 99800 | 99800 |
| 15 | 兴呈路改扩建工程 | 春都公司 | 路基挖方　桥涵　雨水工程　征地拆迁工程　绿化工程　亮化工程　交通工程　综合管线工程1.974公里 | 完成计划任务 | 2011–2015 | 33168 | 33168 |
| 16 | 呈祥街（春融街西段）建设工程 | 春都公司 | 起于环湖东路，止于春融西路，3公里 | 完成计划任务 | 2011–2015 | 77088 | 77088 |
| 17 | 斗南街建设工程 | 春都公司 | 起于规划环湖东路，东至龙城斗南32号路，2.8公里 | 完成计划任务 | 2011–2015 | 79000 | 79000 |
| 18 | 有线电视网络建设、数字电视整体转换 | 文体广电旅游局 | 有线电视网络建设、数字电视整体转换 | 完成计划任务 | 2011–2015 | 3600 | 3600 |
| 19 | 呈贡新区垃圾中转站建设 | 城管局 | 城市配套基础设施建设，每座日处理垃圾50–100吨 | 完成计划任务 | 2011 | 1000 | 1000 |
| 20 | 呈贡新区城市照明专项规划、呈贡新区数字化城市管理应用平台建设 | 城管局 | 城市配套基础设施建设规划编制，呈贡新区107平方公里城市照明专项规划；城市数字化管理指挥平台，107平方公里呈贡新区数字化城市管应用平台建设 | 完成计划任务 | 2011–2013 | 1562.7 | 1562.7 |
| 21 | 语音端口新建 | 呈贡县电信分公司 | 通过新建EPON等项目，新建6.6万线左右语音端口，6.6万线 | 完成计划任务 | 2011–2015 | 2640 | 2640 |
| 22 | 宽带端口新建 | 呈贡县电信分公司 | 通过新建EPON等项目，新建4.2万线左右语音端口，4.2万线 | 完成计划任务 | 2011–2015 | 3360 | 3360 |
| 23 | CDMA基站新建 | 呈贡县电信分公司 | 新建CDMA基站约80个，约80个 | 完成计划任务 | 2011–2015 | 4800 | 4800 |
| 24 | 光缆网建设 | 呈贡县电信分公司 | 新建光缆网，新建光缆网 | 完成计划任务 | 2011–2015 | 500 | 500 |
| 25 | 10KV线路绝缘化改造工程 | 呈贡供电有限公司 | 对呈贡县10KV线路进行绝缘化改造，50KM。配变及低压线路改造、线路分段控制工程（安装带配网自动化开关约100台） | 完成计划任务 | 2011–2013 | 2350 | 2350 |
| 26 | 节能环保“绿色光亮”工程示范 | 科技局 | 结合呈贡新区建设的实情，每年选择适宜的实施地点，作为实施“呈贡县节能环保‘绿色光亮’示范工程”的示范点，建设太阳能路灯、或公园、广场景观灯。每年建设100套（盏），共建设500套（盏）太阳能路灯或公园、广场景观灯。 | 完成计划任务 | 2011–2015 | 900 | 900 |

（续上表）

| 序号 | 项目名称 | 责任单位 | 建设内容和规模 | 十二五期间建设内容 | 项目起止年限 | 估算总投资 | 十二五计划投资 |
|---|---|---|---|---|---|---|---|
| 27 | 新能源和新光源工程 | 住建局、城管局 | 建设光电及风光互补清洁能源以及发光二极管光源，在交通信号灯、路灯、庭院灯等方面实施节能工程 | 完成建设项目 | 2011–2015 | 3000 | 3000 |
| 28 | 危险废物、医疗废物中转站 | 环保局、卫生局、住建局 | 危险废物、医疗废物中转站 | 完成建设项目 | 2011–2015 | 300 | 300 |
| 29 | 粪便无害化处理厂 | 新都公司 | 处理规模："十二五" 400t/d，远期 600t/d, | 完成建设项目 | 2011–2015 | 3100 | 3100 |
| 30 | 点源控制 | 斗南、乌龙街道办事处 | 设置垃圾收集点 20 个，定点投放，定时收运 | | | | |
| 31 | 环卫管理综合业务场所 | 城管局 | 需净用地 55.36 亩（36909 平方米），建筑占地 1013 平方米，15 层（地下负 2 层）环卫机构办公用房 1 幢；建筑占地 285 平方米，5 层环卫工人作息点 1 幢，建筑占地 35625 平方米，停车保养场 1 座。 | 完成计划任务 | 2011–2012 | 7975.3 | 7975.3 |
| 32 | 呈贡南（捞渔河）污水处理厂及配套管网 | 环保局，住建局 | 污水处理规模 4.5 万 $m^3/d$，管网 62km，出水水质按 GB–18918–2002 中一级 A 标 | 完成计划任务 | 2011–2015 | 5350 | 5350 |
| 33 | 呈贡北（捞鱼河）污水处理厂及配套管网 | 新都公司 | 处理规模 2012 年 6 万 $m^3/d$，至 2020 年 21 万 $m^3/d$；管网 80km.出于水质按 GB—18918—2002 中一级 A 标 | 完成计划任务 | 2011–2015 | 7735 | 7735 |
| 34 | 中水工程 | 新都公司、水务局 | 中水工程以呈贡新区内（捞水河、洛龙河）污水处理厂出水为原水，规模 3 万 m3/d 经中水处理后达杂用水标准；七甸片区中水工程规模 2.1 万 m3/d | 完成计划任务 | 2011–2015 | 7650 | 7650 |
| 35 | 环境卫生服务中心 | 吴家营街道 | 环卫中心办公楼 1200 平方米，车库 600 平方米，垃圾车清洗设备 2 套，垃圾清运车辆 8 辆；洒水车 4 辆；道路清扫车 4 辆。日清运垃圾 400 吨。 | 完成计划任务 | 2011–2012 | 8000 | 8000 |
| 36 | 科技场馆建设 | 文体广电旅游局 | 包括土建及装饰工程、公用配套工程及周边绿化、道路工程等。科技场馆拟建成占地面积 3-–5 亩，总建筑面积 5000 平方米，由科普（包括藏品、标本等）展示厅、学术交流中心（包括可容纳 300 人左右的学术交流厅、科技成果展示厅）、知识产权申报大厅、科技成果展示厅、"科技工作者之家"、青少年科技活动中心、临展厅、办公区等为一体的多功能场馆。 | 完成建设项目 | 2011.1–2012.12 | 1000 | 1000 |
| 37 | 呈贡新区博物馆建设 | 文体广电旅游局 | 1、陈列区：建筑面积 3000 平方米；2、文物藏品库区：建筑面积 2000 平方米；3、技术及办公区：建筑面积 1000 平方米；4、会议研讨及观众休息服务区：建筑面积 1500 平方米；5、绿化带、机动车、自行车停放场地等制作设计方案时确定。7500 平方米 | 完成建设项目 | 2011–2015 | 3345 | 3345 |

（续上表）

| 序号 | 项目名称 | 责任单位 | 建设内容和规模 | 十二五期间建设内容 | 项目起止年限 | 估算总投资 | 十二五计划投资 |
|---|---|---|---|---|---|---|---|
| 38 | 新区体育馆建设 | 文体广电旅游局 | 体育场、体育馆、游泳馆、综合训练馆，克容纳 2 万观众 | 完成建设项目 | 2011–2015 | 4000 | 4000 |
| 39 | 新区文化馆建设 | 文体广电旅游局 | 展览厅、排练厅、多功能演艺厅、教学工作室、占地面积 10 亩，建筑面积 5000 平方米 | 完成建设项目 | 2011–2015 | 3500 | 3500 |
| 40 | 呈贡新区数字图书馆建设 | 档案局 | 电子阅阅览室、藏书室、外借室、报刊阅览室、资料室、工作区、阅读区、停车场。15000 平方米，藏书 50 万册 | 完成建设项目 | 2011–2015 | 8000 | 8000 |
| 41 | 呈贡新区（县）综合档案室 | 档案局 | 总建设面积约 7400 平方米，需要土地 10 亩，其中，档案库房 3000 平方米，对外服务用房 1500 平方米，档案业务和技术用房 1500 平方米，办公用房 700 平方米，附属用房 700 平方米。 | 完成项目建设 | 2011–2015 | 4429.93 | 4429.93 |
| 42 | 文物维修 | 文体广电旅游局 | 文庙建筑修缮，文庙保护区内 8.34 亩 | 完成计划建设 | 2011–2015 | 1230 | 1230 |
| 43 | 昆明市公安局呈贡分局交警大队、乌龙派出所 | 昆明市公安局呈贡分局 | 建筑面积为 7000 平方米的办公办案业务用房；建筑面积为 2500 平方米的办公办案业务用房 | 完成计划任务 | 2010–2011 | 4500 | 4500 |
| 二 | 民生类（56 项） | | | | | | |
| 1 | 呈贡新区中心粮库 | 粮食局 | 建设现代化科技储粮粮仓 15 栋，库容量 5 万吨；建日产 100 吨的现代化精米生产车间 1 个。占地 45 亩，建筑面积 17350 平方。 | 完成计划任务 | 2010–2013 | 5285 | 5285 |
| 2 | 农业废弃处置 | 农林局 | 农田固体废弃物经加工处理或生物菌剂处理还田，规模 2200 亩；建农药包装物投放池 50 个，控制农业面源污染 | 完成计划任务 | 2011–2015 | | |
| 3 | 饮用水源地保护 | 农业局、水务局 | 农业面源防治、水源区坡耕地改造、水源区水土保持方案 | 完成计划任务 | 2011–2015 | 2250 | 2250 |
| 4 | 马金铺塘、三坝水库 | 水务局 | 坝体、坝基局部防渗灌浆、改建防水涵洞，小（1）型；坝体、防水涵洞防渗灌浆、坝体培厚加固，小（2）型 | 完成项目建设 | 2011–2012 | 846.81 | 846.81 |
| 5 | 大坝菁水库、白泥水库、清水塘水库、团结水库、观音寺塘、小塘子、豹子洞水库、大哨水库、卫星水库 | 水务局 | 坝体防渗灌浆，坝体培厚加固，小（2）型 | 完成项目建设 | 2011–2015 | 1795 | 1795 |
| 6 | 集雨水窖工程 | 项目社区居委会 | 修建集雨小水窖、小水池、小型 | 完成项目建设 | 2011–2015 | 220 | 220 |

（续上表）

| 序号 | 项目名称 | 责任单位 | 建设内容和规模 | 十二五期间建设内容 | 项目起止年限 | 估算总投资 | 十二五计划投资 |
|---|---|---|---|---|---|---|---|
| 7 | 马料河河道治理 | 斗南街道 | 河道水环境综合治理，小（1）型 | 完成项目建设 | 2011–2012 | 870 | 870 |
| 8 | 林业绿化 | 农业局 | 城市及滇池面山绿化工程，0.5 万亩；城市生态隔离带建设，0.5 万亩；“五采区”、石漠化及“难造林地”植被恢复工程，0.05 万亩；低效林分改造，0.5 亩；森林管护，58.85 万亩；义务植树，155 万株；村庄绿化，五个共 0.25 万亩；亩地基地建设，0.35 万亩；郊野公园建设，0.644 万亩。 | 完成计划任务 | 2011–2015 | 118325 | 118325 |
| 9 | 旅游厕所、旅游标识系统 | 春都公司 | 三星（18 座） | 完成计划任务 | 2011–2015 | 950 | 950 |
| 10 | 村落污水、农田回归水收集与处理 | 斗南、龙城街道办事处 | 9 个村庄的收集管网、处理装置及循环利用。集景观公园、污水处理、休闲于一体 | 完成计划任务 | 2011–2015 | 2000 | 2000 |
| 11 | 沟渠内部整治与管理 | 斗南街道、乌龙街道 | 清淤 3000 立方米，配套 11 名河道保洁员，负责日常管护工作 | 完成计划任务 | 2011–2015 | 165 | 165 |
| 12 | 沟渠生态化改造及非点源污染控制 | 水务局、斗南街道、乌龙街道 | 生态护坡、原有沟渠生态化改造、沸石处理系统 | 完成计划任务 | 2011–2015 | 125 | 125 |
| 13 | 入滇池口湿地系统、水龙沟周边景观 | 水务局、斗南街道、乌龙街道 | 天然湿地恢复、在入湖河道两侧种乔草植物 3.4 公里，灌草植物 1 400 平方米，水生植物 2 800 平方米，天然湿地 5 500 平方米；周边植被和花卉布置。整体面积约 2.4 万平方米，花卉造型 200 平方米。（管养） | 完成计划任务 | 2011–2015 | 130 | 130 |
| 14 | 入滇河道捞鱼河综合整治工程 | 新都公司 | 河道防洪、截污和景观绿化工程，捞渔河综合整治工程（呈贡新区内全长 10.57 公里） | 完成计划任务 | 2008–2013 | 115901 | 115901 |
| 15 | 洛龙河综合整治 | 春都公司、水务局、各街道 | 昆玉路－入河口下段 2～3 公里河段，截污、清淤、生态河堤整治，净化塘建设等 | 完成计划任务 | 2011–2013 | 11164 | 11164 |
| 16 | 马料河综合治理 | 春都公司、水务局、各街道 | 河道截污 1.97 公里，清淤 1 620 立方米，河道内生态恢复 1.8 公里，稳定塘工程以及河道日常管护。满足百年一遇洪峰过流量 | 完成计划任务 | 2011–2015 | 5681.19 | 5681.19 |
| 17 | 洛龙河入滇池口湿地工程、河道内部整治 | 省城投、新都公司 | 1 公里植被生态堤岸工程，复合植被型人工湿地 2000 平方米，水声植物的收割、清淤等。（管养）洛龙河清淤 1 万立方米，捞渔河清淤 2.5 万立方米；由 20～30 名保洁员负责日常河道维护。 | 完成计划任务 | 2011–2015 | 625 | 625 |
| 18 | 水体生态景观 | 水务局、农业局 | 湖岸游憩带、绿化带、植被缓冲带 | 完成计划任务 | 2011–2015 | 1770 | 1770 |
| 19 | 上游保护性水库公园 | 农业局、环保局、水务局 | 裸露山体绿化；水库周边居民点供水，排污及垃圾收集，天然湿地保护、改造；日常维护管理 | 完成计划任务 | 2011–2015 | 200 | 200 |

（续上表）

| 序号 | 项目名称 | 责任单位 | 建设内容和规模 | 十二五期间建设内容 | 项目起止年限 | 估算总投资 | 十二五计划投资 |
|---|---|---|---|---|---|---|---|
| 20 | 城市滨水公园 | 春融公司、中美二战公园建设管理委员会 | 洛龙公园基础设施建设、维护管理；中美二战友谊公园建设，对关山水库清淤，生态护坡建设。10大纪念林区建设飞虎军体休闲中心建设。 | 完成计划任务 | 2011–2015 | 1675 | 1675 |
| 21 | 呈贡县龙城第二小学 | 教育局 | 征净用地57亩，新建校舍14931平方米，校园总图以及相应的教学配套设施。新建42个班级的城市完全小学 | 完成项目建设 | 2012 | 4763 | 4763 |
| 22 | 呈贡县斗南中心小学 | 教育局 | 征净用地57亩，新建校舍总面积14931平方米，校园总图以及相应的教学配套设施。新建42个班级的城市完全小学 | 完成项目建设 | 2011 | 4763 | 4763 |
| 23 | 呈贡县乌龙中心小学 | 教育局 | 征净用地58亩，新建校舍14931平方米，校园总图以及相应的教学配套设施。新建42个班级的城市完全小学 | 完成项目建设 | 2013 | 4763 | 4763 |
| 24 | 斗南中学建设项目 | 教育局 | 征地90亩，新建校舍21600平方米，校园总图含运动场地。新建48个班级的城市初级中学 | 完成项目建设 | 2015 | 5280 | 5280 |
| 25 | 公务员小区幼儿园 | 新都公司 | 征地14亩，新建24个班级的幼儿园，新建校舍6600平方米及配套设施、设备购置 | 完成项目建设 | 2012 | 2160 | 2160 |
| 26 | 郎缪小学 | 教育局 | 征地32亩，新建24班级的完全小学，新建校舍8500平方米及设施设备配套 | 完成项目建设 | 2010–2011 | 2400 | 2400 |
| 27 | 公务员小区小学 | 新都公司 | 征地65亩，新48个班级的完全小学，新建校舍17000平方米及配套设施、设备购置 | 完成项目建设 | 2012 | 4800 | 4800 |
| 28 | 云大附属小学 | 云南大学 | 征地50亩，新建36个班级的完全小学，新建校舍12000平方米及配套设施、设备购置 | 完成项目建设 | 2012 | 3600 | 3600 |
| 29 | 云师大附小 | 云南师范大学 | 征地65亩，新建48个班级的完全小学，新建校舍17000平方米及配套设施、设备购置 | 完成项目建设 | 2011 | 4800 | 4800 |
| 30 | 扩建呈贡一中 | 教育局 | 征地40亩，扩建51个班级的初级中学，新建校舍6379平方米及配套设施、设备购置 | 完成项目建设 | 2014 | 5280 | 5280 |
| 31 | 新建吴家营中学、撤销一校 | 教育局 | 迁建吴家营中学，办学规模48个班，征地90亩，新建校舍21600平方米及配套设施、设备购置 | 完成项目建设 | 2014 | 5280 | 5280 |
| 32 | 公务员小区中学 | 新都公司 | 征地80亩，新建48个班级初级中学，新建校舍24000平方米及配套设施、设备购置 | 完成项目建设 | 2012 | 5700 | 5700 |
| 33 | 云大附属初级中学 | 云南大学 | 征地90亩，新建54个班级的初级中学，新建校舍24000平方米及配套设施、设备购置 | 完成项目建设 | 2012 | 6500 | 6500 |

（续上表）

| 序号 | 项目名称 | 责任单位 | 建设内容和规模 | 十二五期间建设内容 | 项目起止年限 | 估算总投资 | 十二五计划投资 |
|---|---|---|---|---|---|---|---|
| 34 | 新建呈贡一中高中部 | 教育局 | 征地203亩，建筑面积57 059平方米，剥离现呈贡一中高中部，使高中办学规模从30个班提高到60个班 | 完成项目建设 | 2011–2012 | 23892 | 23892 |
| 35 | 云大附属高级中学 | 云南大学 | 征地54亩，新建24个班级的高级中学，新建校舍12 000平方米及配套设施、设备购置 | 完成项目建设 | 2012 | 3200 | 3200 |
| 36 | 云师大附中 | 云南师范大学 | 征地135亩，新建60个班级的高级中学，新校舍40 000平方米及配套设施、设备购置 | 完成项目建设 | 2011 | 7500 | 7500 |
| 37 | 扩建呈贡高级职业中学 | 昆明市财经商贸学校 | 新建校舍4 940平方米及设备购置 | 完成项目建设 | 2011 | 988 | 988 |
| 38 | 失地农民就业培训 | 农林局 | 失地农民外出就业补助、技能培训 | 完成项目建设 | 2015 | 6400 | 6400 |
| 39 | 失地农民就业培训中心 | 雨花街道 | 对失地农民进行就业技能培训的实习基地 | 完成项目建设 | 2011–2015 | 2000 | 2000 |
| 40 | 呈贡县中医医院 | 县卫生局 | 选址新建，用地50亩，总建筑面积为13 000平方米 | 完成项目建设 | 2011–2012 | 2800 | 2800 |
| 41 | 县妇幼保健所 | 县卫生局 | 选址新建，4 200平方米 | 完成项目建设 | 2011–2012 | 1100 | 1100 |
| 42 | 县卫生局卫生执法监督局 | 县卫生局 | 选址新建，2 000平方米 | 完成项目建设 | 2012–2013 | 600 | 600 |
| 43 | 惠兰园社区卫生服务中心 | 县卫生局 | 选址新建，2 700平方米 | 完成项目建设 | 2011 | 700 | 700 |
| 44 | 昆明市中医院 | 新都公司 | 该项目规划总用地124.05亩，净用地93.9亩，总投资为7亿元，建安工程费4.47亿元。建筑面积11.8万平方米，1 000张 | 完成项目建设 | 2011–2015 | 70000 | 70000 |
| 45 | 沐氏家族古墓博物馆 | 文体广电旅游局 | 基础设施建设、陈列展览，保护范围160亩 | 完成计划建设 | 2011–2015 | 485 | 485 |
| 46 | 各级文物保护单位抢救维修 | 文体广电旅游局 | 1、张氏宅院；2、杨氏宅院；3、张近德故居；4、昆华工校（可乐土主庙）；5、万丰寺； | 完成计划建设 | 2011–2015 | 400 | 400 |
| 47 | 文化站室建设 | 新区各街道、文体广电旅游局 | 街道文化站、社区文化室建设，5个文化站、29个文化室 | 完成计划建设 | 2011–2015 | 220 | 220 |
| 48 | 呈贡新区新型社区（农村保障性住房）建设项目 | “三部”、住建局 | 按照统规筹建模式进行新型社区建设，共建设13个，总用地面积为9 986亩，总建设面积1 604万平方米，总投资为362亿，共安置解决呈贡县29个社区居委会的66 277位居民 | 完成计划任务 | 2011–2014 | 362亿 | 362亿 |
| 49 | 呈贡新区劳动和社会保障公共服务中心 | 人事劳动和社会保障局 | 以人力资源市场和劳动力市场为核心，65项劳动保障公共服务为一体的综合服务平台。建设用地15亩，建筑面积6 500平方米 | 完成计划任务 | 2011–2012 | 2900 | 2900 |

（续上表）

| 序号 | 项目名称 | 责任单位 | 建设内容和规模 | 十二五期间建设内容 | 项目起止年限 | 估算总投资 | 十二五计划投资 |
|---|---|---|---|---|---|---|---|
| 50 | 文化保护与开发工程 | 文体广电旅游局 | 翻修文庙建筑群和冰心默庐，建成县级历史博物馆。整理传统物质和非物质文化，编写保护志，建立非物质文化保护名录，在斗南花卉旅游路上建民族文化步行街。 | 完成计划任务 | 2011–2015 | 400 | 400 |
| 51 | 社区生态文化 | 文体广电旅游局、各街道 | 建社区文化活动中心，配备健身器材，开展经常性文体活动 | 完成计划任务 | 2011–2015 | 100 | |
| 52 | 教育与公众参与 | 教育局、环保局 | 高等院校生态实践项目，绿化教育项目，生态环境保护志愿者活动，环境管理热线电话，环境宣传 | 完成计划任务 | 2011–2015 | 375 | 375 |
| 53 | 吴家营街道老年康体服务中心 | 吴家营街道 | 康复中心、体育馆、健身馆、休闲娱乐场所，可容纳1万人。 | 完成计划任务 | 2012–2014 | 8000 | 8000 |
| 54 | 农民健身工程 | 新区各街道、县文体局 | 农民健身点，26个健身点 | 完成计划任务 | 2011–2015 | 130 | 130 |
| 55 | 昆明市救灾物资呈贡储备仓库 | 市民政局、县民政局 | 征地50亩，新建救灾物资储备仓库20000平方米 | 完成项目建设 | 2011–2012 | 6000 | 6000 |
| 56 | 呈贡县养老院 | 县民政局 | 征地110亩，新建一个拥有1250张床位的综合性养老院，建筑面积50000平方米 | 完成项目建设 | 2011–2015 | 12500 | 12500 |
| 三 | 产业类（25项） | | | | | | |
| 1 | 呈贡新区花卉物流体系科技建设示范 | | 包括：1.网络体系建设；2.营销体系建设；3.物流服务体系建设三个方面。 | 完成计划任务 | 2011.1–2013.12 | 1500 | 1500 |
| 2 | 中泰龙城农产品物流中心 | | 计划“十二五”期间投资额1.8亿元水果、蔬菜的冷藏、配送和物流。 | 完成计划任务 | 2011–2012 | 18000 | 18000 |
| 3 | 斗南花卉产业园区项目 | | 项目用地1000亩，建设面向东南亚的花卉交易中心、花卉博览中心、旅游文化中心、研发示范中心和花卉总部 | 完成计划任务 | 2012 | 300000（30亿,市场运作） | 300000 |
| 4 | 呈贡宝珠梨生态园区 | | 生态、休闲、体验、花木生产 | 完成计划任务 | 2013 | 8000 | 8000 |
| 5 | 农残、动检、植检防疫体系建设 | | 标准农贸市场、规模物流企业配套农残、动植物防疫体系 | 完成计划任务 | 2013 | 500 | 500 |
| 6 | 无公害蔬菜种植推广 | | 标准化种植示范1.05万亩、推广综合技术4.85万亩，实现无公害蔬菜6.3万亩 | 完成计划任务 | 2011–2013 | 300 | 300 |

（续上表）

| 序号 | 项目名称 | 责任单位 | 建设内容和规模 | 十二五期间建设内容 | 项目起止年限 | 估算总投资 | 十二五计划投资 |
|---|---|---|---|---|---|---|---|
| 7 | 斗南农业生态旅游精品区建设 | | 以隆格兰、芊卉公司为基础建观光花卉基地；新建一精品花卉供游客购买。建设游客接待中心、花卉零散托运、生态厕所，设指示牌、导游图。 | 完成计划任务 | 2011–2015 | 235 | 235 |
| 8 | 旅游观光农业示范区 | | 包括：一个观光采摘园区（万溪冲社区，面积800亩）；一个体验式观光农业园区（刘家营社区大坝冲，面积200亩）；一个花卉示范园区（前卫营张洼顶，面积500亩）；一个科技型观光农业园区（郎家营绿子冲，200亩；段家营大白箐200亩）；一个绿色蔬菜示范区（缪家营黑山脚，面积600亩）。涉及土地面积2500亩。 | 完成计划任务 | 2012–2014 | 8000 | 8000 |
| 9 | 环滇池旅游风景区建设 | | 对柳林景区改造、建设柳林休闲园、万亩荷塘游趣、黄金水道、柳林浴场；建设娱乐、饮食一条街。 | 完成计划任务 | 2011–2015 | 2000 | 2000 |
| 10 | 云南铝业铝电解综合节能技术 | | 炉底压降至320mv；钢板、碳块单块节约原料10.5公斤；交流电单耗达13000kwh/t·Al；电解槽寿命达2500天以上 | 完成计划任务 | 2011–2013 | 4800 | 4800 |
| 11 | 云南铝业脱硫 | | 氨法脱硫改进 | 完成计划任务 | 2011–2012 | | |
| 12 | 新区固体垃圾处理厂 | | 包括建筑垃圾固体废弃物处理场建设工程，厂房3000平方米，处理设备2套，垃圾处理运输车辆40辆，日处理建筑垃圾固体废弃物1500吨。 | 完成计划任务 | 2011–2012 | 2000 | 2000 |
| 13 | 梅子社区创业饮食文化街 | | 促进失地农民创业与再就业，占地约为200亩（梅子社区范围内选址规划） | | 正在进行规划选址 | 10000 | 10000 |
| 14 | 宾馆饭店 | | 五星1家、四星1家、三星1家、二星3家 | | | 145000 | 50000 |
| 15 | 云南中致远汽车展示中心 | | 预计建设40家品牌汽车4S店，并配套建设二手车置换服务区、新车博览区、汽车维修区等各种功能区域。占地面积约为534.062亩 | | 正在进行项目选址及可行性研究报告及申报阶段 | 280000 | 280000 |

（续上表）

| 序号 | 项目名称 | 责任单位 | 建设内容和规模 | 十二五期间建设内容 | 项目起止年限 | 估算总投资 | 十二五计划投资 |
|---|---|---|---|---|---|---|---|
| 16 | 生态旅游 | | 斗南花卉——民俗——传统文化，步行街5万平方米（内含餐饮，购物，民族文化表演）；梁王山——阳宗海生态旅游 | 完成计划任务 | 2011–2015 | 1750 | 1750 |
| 17 | 吴家营电子城 | | 建在郎家营旧址，含办公楼、会议室、停车场、营业厅。面积：2万平方米。 | 完成计划任务 | 2012–2015 | 8000 | 8000 |
| 18 | 经营性房地产开发项目 | | 多层、小高层建筑，50万平方米 | 完成项目建设 | 2012–2013 | 230000 | 230000 |
| 19 | 东盟商贸港 | | 1、主体结构完工，正在进行内墙施工。主体市场一期工程，地下一层，地上五层，总建筑面积为62911平方米。 | | 2008.10.11日开工 | 850000 | 850000 |
| 20 | 七彩云南第壹城 | | 住宅、商业、金融 | 完成项目建设 | 2011–2013 | 590000 | 590000 |
| 21 | 实力心城 | | 住宅、商业、金融 | 完成项目建设 | 2011–2013 | 269500 | 269500 |
| 22 | 大方居 | | 住宅、商业、金融 | 完成项目建设 | 2011–2013 | 67400 | 67400 |
| 23 | 裕顺鑫都 | | 住宅、商业、金融 | 完成项目建设 | 2011–2013 | 8917 | 8917 |
| 24 | 新南亚风情园二期 | | 住宅、商业、金融 | 完成项目建设 | 2011–2014 | 22900 | 22900 |
| 25 | 呈贡风电场 | 锋电能源技术有限公司 | 50MW风电场建设 | 完成项目建设 | 2011–2013 | 50000 | 50000 |

# 关于三部一委深化改革的实施意见

（2010年4月30日中共昆明呈贡新区工委、中共呈贡县委、昆明呈贡新区管委会、呈贡县人民政府以呈新工委发〔2010〕7号文件下发实施）

实体化改革以来，三部一委有力地推进了新区建设发展。为深化改革，完善体制机制，经新区党工委（县委）、新区管委会（县政府）研究决定，特制订本实施意见。

**一、指导思想**

本着突出重点，形成合力；改革创新，加快发展；理顺关系，明确分工；落实责任，明确奖惩的原则。深化三部一委改革，建设效能呈贡，全力推进新区征地拆迁、新型社区和重大项目建设等工作。

**二、具体措施**

（一）职能调整

1．龙城斗南片区建设指挥部更名为“呈贡新区征地拆迁工作指挥部”，主要负责组织开展和完成新区范围内的重点项目的征地拆迁工作。

2．洛龙乌龙片区建设指挥部更名为“呈贡新区建设工作指挥部”，主要负责新型社区、基础设施和重点工程建设工作。

3．雨花吴家营片区建设指挥部更名为“呈贡新区高校片区服务指挥部”。主要负责做好雨花片区征地、拆迁工作及驻呈各高校、云南白药迁建等项目的协调、联络、服务工作。

4．工业园区管委会名称、职能职责、机构编制和现有人员配置不变。

（二）人员组成

1．呈贡新区征地拆迁工作指挥部

指 挥 长　李荣华

政　　委　冉德涛

副指挥长　蔡继林、杨　雄、简　金、母正荣、韩小艳、赵　芳、黄忠伟、山　聪、齐超英、土绍波、王　兵

2．呈贡新区建设工作指挥部

指 挥 长　李俊民

政　　委　钟启锋

副指挥长　沙　敏

3．呈贡新区高校片区服务指挥部

指 挥 长　赵崇华

政　　委　杨绍斌

副指挥长　岳绍萍

三个指挥部下设综合办公室，专职人员10人，人员由指挥部在新区范围内（包括原新城管委会人员）按双向选择原则选聘。

（三）县领导负责街道征地拆迁工作制度

蔡继林、王　兵负责斗南街道；

简　金、齐超英负责洛龙街道；

母正荣、赵　芳负责龙城街道；

韩小艳、山　聪负责乌龙街道；

赵崇华、杨绍斌、岳绍萍负责吴家营街道、雨花街道；

郭　能、马宏途负责七甸街道。

（四）协调督查制度

成立呈贡新区总协调督查领导小组。负责重大事项的统筹协调和督查督办工作。负责对三部一委的工作开展情况进行督查、督办和考核，根据各项任务目标完成情况和考核结果兑现奖惩。

政　委　周峰越

组　长　吴庆昆

副组长　陈庆鸿、朱理学

成　员　刘　燚、杨友志、李建珊

（五）运转机制

1.三个指挥部为新区党工委（县委）、新区管委会（县政府）的派出机构，在履行其职能职责时，可以代表新区管委会（县政府）行使相应的行政权力，指挥部实行指挥长负责制，全面履行相应的职责。

2.按照责权统一的要求，由三部一委负责制定和落实推进工作的激励机制，由县财政列支征地拆迁、推进重大项目建设和加快工业突破方面的专项奖励经费，对工作任务完成较好的指挥部和工业园区管委会进行专项奖励。

3.对重点项目，指挥部可抽调相关部门负责人及工作人员服务项目推进，并进行奖惩。

（此件发至乡科级）

# 呈贡新区滇池湖滨生态建设“退人退房”部分村庄搬迁补偿及过渡安置指导意见

（2010年5月20日昆明呈贡新区管委会、呈贡县人民政府以呈新管通〔2010〕49号文件下发实施）

为加强呈贡新区滇池湖滨生态建设，保护滇池，做好“退人退房”工作，根据市委、市政府的要求，按照呈贡新区“一户两房”安置政策及《呈贡新区雨花片区部分村庄搬迁试点工作指导意见》（呈政发〔2008〕50号），结合实际，特制定本指导意见。

**一、搬迁范围**

滇池湖滨生态建设范围内涉及的村庄民房。

**二、搬迁补偿安置实施主体**

在呈贡新区（县）湖滨生态建设工作领导小组的统一组织领导下，由呈贡新区征地拆迁工作指挥部及涉及的街道办事处具体组织实施。

**三、搬迁补偿安置的原则**

1．依法搬迁与合理补偿、合理安置相结合的原则；

2．以房补房与货币补偿相结合的原则；

3．坚持以人为本，公开、公平、公正的原则；

4．周转房安置与过渡期租房货币补助相结合的原则；

**四、搬迁补偿安置的政策依据**

参照国务院《城市房屋拆迁管理条例》、《云南省城市房屋拆迁管理规定》、《昆明市农村住宅建设管理办法》（昆明市人民政府令第79号）、《呈贡县人民政府关于印发＜呈贡新区雨花片区部分村庄搬迁试点工作补偿安置指导意见＞的通知》（呈政发〔2008〕50号）制定。

**五、搬迁补偿安置办法**

因新型社区安置房建设需要一定的周期，为加快湖滨生态建设，做好“退人退房”工作，根据各街道、社区实际情况，对涉及搬迁的群众采取周转房安置与过渡期租房费货币补助相结合的方式进行安置。

（一）合法合规房的产权调换方式

1．房屋以旧换新的标准

根据房屋的结构及建筑面积，按以下标准折算：

框架结构：按1：1.1补给新房。

砖混结构：按1：1补给新房。

砖木结构：按1：0.9补给新房。

土木结构：按1：0.8补给新房。

2．安置房建设方式：

按照呈贡新区总体规划及新型社区建设要求，统一规划、统一设计、统一建设，建盖小高层及高层房。

3．农业户口的补偿安置

享受安置房面积：农村人口人均可享受安置房面积80平方米。办理过农村独生子女证的农村独生子女户，每户增加40平方米。

差额面积的找补办法：按以旧换新标准折算对应享受面积补给安置房后，老房拆算面积多于或少于应享受安置房面积的部分，按1 100元/平方米进行找补。

4．纯非农房住宅产权调换安置方式

搬迁范围内非农业户口的房屋，按照其房屋折算面积的多少，置换一套接近其房屋折算面积的安置房。折算面积比较多的，置换安置房面积每户最多不超过200平方米。老房面积按以旧换新的标准折算后，应补面积多于或少于认购安置房面积的部分，按每平方米1 100元进行找补。老房折算面积少于40平方米的不给予房屋安置，实行一次性货币补偿，标准按货币补偿的相应标准执行。

5．农业与非农混合户住宅产权调换方式

配偶是搬迁范围所属社区的农业与非农混合户，老房折算面积由夫妻双方平均分摊，农业人口一方按以上农业人口的安置办法执行，非农人口一方按以上非农业人口的安置办法执行。

6．过渡期租房补助标准

在新型社区安置房建成并交付使用前，对搬迁农户应优先安排周转安置房过渡，对暂时无周转安置房房源的，可实行过渡期租房补助。

农业户：每人每年补助租房费4 000元，先预付一年。

非农户：每户每年补助8 000元，先预付一年。

（二）合法合规房货币补偿安置方式

选择一次性货币补偿的，参照《昆明市主城区集体土地房屋拆迁补偿安置管理办法》中的相应标准，根据房屋的结构，实行房地合一作价，给予一次性货币补偿。补偿标准如下：

框架结构：2 500元／平方米。

砖混结构：2 100元／平方米。

砖木结构：1 700元／平方米。

土木结构：1 500元／平方米。

对选择一次性货币补偿的，按其拆迁房屋面积（不含简易房）给予10元/平方米·月共3个月的过渡安置补助。

（三）违法违规房的处置

1. 违法、违规房的界定：由房屋所在地的街道办事处及土地管理部门按我县农房批建相关规定界定。

2. 处理方式：无任何批建手续，自行乱占乱建的违法建筑一律不予补偿。

（四）附属设施的补偿办法

搬迁范围内农户的简易房、围墙、地坪等附属设施的补偿标准为：

1. 简易房：100元／平方米；

2. 混凝土地坪：45元／平方米；

3. 围墙：标准砖围墙280元／米、土围墙70元／米；

4. 石挡墙：135元／立方米；

5. 水井、水池：500元／眼；

6. 铁大门（院内）：1 200元／道；

7. 灶台：300元／眼；

8. 太阳能：平板式300元／平方米、管式70元／管；

9. 电话（宽带）移机：108元／户；

10. 有线电视迁改：250元／户；

11. 农户房前屋后种植的树木等植物自行处理；

12. 其他零星附属设施按相关政策标准补偿。

**六、搬迁补助及奖励**

1、在搬迁农业户口的房屋时，对严格遵守农房建设规定，保持原有住房现状或被确认为合法合规房、积极支持搬迁工作并按时搬迁腾空房屋的，在房屋搬迁后，农业人口每人奖励一万元；有违法违规行为的不予奖励。

2、在搬迁非农业户口的房屋时，对严格遵守农房建设规定，保持原有住房现状或被确认为合法合规房、积极支持搬迁工作并按时搬迁腾空房屋的，在房屋搬迁后，按实际拆除的合法合规房（不含简易房）面积，每平方米给予50元奖励；有违法违规行为的不予奖励。

3、在规定时限内按时搬迁腾空房屋的，每户给予1 000元的搬家费补助；

4、按照规定时限搬迁腾空房屋的，每人给予3 000元的提前搬迁奖励（纯非农户计奖人数每户最多不超过三人）。

**七、搬迁补偿、补助费的支付办法**

签定拆迁补偿协议、搬迁腾空房屋并验收、办理土地证、房产证交接手续后七个工作日内兑付所有奖励、过渡期租房补助、搬迁补助、附属设施补偿费。

差价找补费用待新型社区安置房建成安置时一并结算。

**八、其他事项：**

1. 办理拆迁补偿协议时，被拆迁人需提交建房许可证、集体土地使用证、户口册及身份证等相关证明材料。

2. 房屋有租赁关系的，出租人应与房屋承租人解除租赁关系。

3. 被拆迁人搬迁时补偿范围内的门、窗、水、电等设施不得擅自拆除。如擅自拆除或损坏，将从拆迁补偿费中相应扣除。

4. 被拆迁人搬迁腾空移交前必须自行结清搬迁前所使用的水费、电费、电话费等费用，如未交纳以上费用的，在补偿总款中相应扣除。

5. 拆迁中设有抵押权的房屋，依照国家有关担保法律执行。

6. 各街道结合本指导意见，结合实际制定具体的实施方案，并抓好组织实施。

# 呈贡新区促进创业和就业工作的实施意见（试行）

（2010年6月7日中共昆明呈贡新区工委、中共呈贡县委、昆明呈贡新区管委会、呈贡县人民政府以呈新工委发〔2010〕10号文件下发实施）

为认真贯彻落实《中华人民共和国就业促进法》和省、市促进创业、就业的有关文件精神，切实帮助呈贡新区被征地人员创业和就业，让新区被征地人员成为新区建设的主动参与者、积极支持者和最大受益者，为把新区建设成为昆明现代化城市示范区、科学发展示范区、品质春城示范区提供一个稳定和谐的社会环境，结合新区实际，现就促进新区被征地人员创业和就业工作提出如下意见。

## 一、指导思想

以科学发展观为指导，树立“政府创造环境、人民创造财富”的理念，坚持“政府引导、市场调节、鼓励劳动者自主择业和创业”的方针，从改革城乡就业管理体制入手，打破城乡就业二元化格局，逐步取消地域、身份、户籍、行业等对农村劳动力进入城镇就业的限制，统筹做好城乡就业工作；降低创业门槛，激活创业主体，优化创业环境，完善创业政策，形成支持创业的洼地效应，鼓励新区城乡居民充分就业和自主创业，实现城乡创业就业协调发展。

## 二、目标任务

将创建创业型城市作为扩大就业的重要途径和手段，通过政策导向、制度建立、资金扶持、环境营造等措施激发全社会的创业热情，形成全民支持、鼓励创业，以创业促进就业的良好社会环境。确保当年就业岗位比上年增加10%，城镇登记失业率控制在4%以内，全员创业活动指数、创业环境满意度等五项指标达到创业型城市标准。

## 三、主要措施

### （一）完善城乡统筹创业就业政策

1. 鼓励各类企业和驻呈单位吸纳新区被征地人员就业。对新区（县）范围内驻呈单位和缴税十万元以上的企业招用被征地人员签订1年以上劳动合同（含1年）并缴纳社会保险费的各类企业和驻呈单位，在劳动合同期限内给予每人每年1 000元的社会保险补助。

2. 鼓励被征地人员自主创业。被征地人员申请从事个体经营或合伙办企业自筹资金不足的，可申请5万元贴息贷款，并按国家规定享受税收优惠政策，免收属于管理类、登记类和证照类的各项行政事业性收费。

3. 做好城乡“零就业家庭”的就业工作。建立完善“零就业家庭”的动态“消零”长效机制，“零就业家庭”人员持居民身份证、户口簿及相关证明材料，向户口所在地的街道办事处劳动保障事务所提出申请，经县劳动就业服务机构审核后，对符合条件的城乡“零就业家庭”进行就业援助。一周内提供2个就业岗位，供“零就业家庭”人员选择。

4. 加大公益性岗位开发力度。县政府每年开发300个公益性岗位（其中争取市安排200个，县安排100个），并优先安排符合岗位要求的“零就业家庭”人员。

### （二）建立城乡统筹创业就业机制

1. 建立对应帮扶社区机制。为切实让新区居民共享新区建设和发展成果，由街道牵头，负责协调辖区的各驻呈单位和用地企业与社区开展结对帮扶活动，并制定结对子对应帮扶社区的实施方案，因地制宜，帮助社区策划产业发展项目，扩大被征地人员就业空间。年内各街道确保所辖的每个社区至少有一家结对子的用地企业或驻呈单位。同时，提倡用地单位发挥优势，结合实际，帮助社区开展形式多样、内容丰富结对帮扶活动，提高社区居民的综合素质，逐步实现从农村居民到城市居民的转变。

2. 建立开发就业岗位奖励机制。鼓励街道办事处、社区居委会自主开发就业岗位，每开发1个就业岗位安置被征地人员就业并签订一年以上劳动合同的，给予街道办事处或社区居委会200元的奖励。

3. 以新型社区建设为契机促进创业就业。把促进创业就业工作与城市新型社区建设结合起来，通过新型社区建设，用活每人15平方米经营性资产的相关政策，大力发展以股份制为主的集体经济，为被征地人员提供更多的就业岗位和收入来源，创造更优的创业环境，实现社区经济创业就业和谐稳定的良性互动。

4. 建立城乡统筹就业的信息网络。以“数据集中、职能下延、城乡联网、信息共享”为目标，完善街道办事处、社区居委会劳动保障工作平台信息系统建设，构建广覆盖、全畅通、高效率的城乡一体信息服务网络，实现人力资源信息共享。

5. 建立由政府有关部门、用人单位、职业技能培训机构等各方面共担责任、共促发展的职业技能培训联动机制。针对不同年龄、不同性别、不同就业能力、不同就业需求劳动者的实际情况，实行分类指导，分层次开展多种类型、多种方式的职业技能培训，引导劳动者积极主动参加职业技能培训，不断提高劳动者的就业能力。

6. 建立县属部门联系社区引导、指导和帮助被征地人员创业和就业机制。

（三）加大创业就业资金保障力度

1. 建立创业和就业基金制度。县政府每年安排800万元创业和就业基金，同时积极向上级政府、有关部门等多渠道争取资金，用于被征地人员创业和就业的补助及奖励。

2. 认真落实呈贡新区管委会、县政府《关于进一步扶持失地农民外出租地种菜、种花解决就业的实施办法（试行）》(呈新管发〔2009〕28号)的通知，多渠道促进新区被征地人员就业。

**四、组织领导**

为切实加强新区被征地人员创业和就业工作的组织领导，呈贡新区成立以新区党工委书记、县委副书记为政委，新区管委会（县政府）主任（县长）为组长，分管副县长为常务副组长，政府办主任、人事劳动和社会保障局局长为副组长，各相关部门和街道为成员的创业和就业工作领导小组，统筹安排新区创业和就业工作。领导小组下设办公室在县人事劳动和社会保障局，负责领导小组日常工作。

**五、有关部门主要职责**

（一）新区（县）人事劳动和社会保障局负责收集、提供就业岗位，做好用人单位和求职人员的对接协调工作，为用人单位和求职人员搭建就业服务平台，提供全方位就业服务；会同有关部门做好创业人员的创业培训和创业扶持工作，引导被征地人员积极参加职业技能培训；做好当年度被征地农民就业安置金成本测算工作，争取市级资金补助；做好各类企业吸纳新区被征地人员社会保险补助及街道、社区自主开发就业岗位奖励相关申报审核工作；做好公益性岗位开发工作，完成“零就业家庭”就业援助及劳动保障信息平台建设。

（二）新区（县）财政局负责依据鼓励创业带动就业和创建创业型城市工作需要，认真编制就业专项资金和创业扶持资金预算，合理安排创业专项扶持资金，加强资金监督管理，保证贷免扶补创业小额贷款贴息资金的拨付。

（三）新区（县）国土资源局、昆明市土地储备交易中心呈贡分中心负责配合县人事劳动和社会保障局做好当年度被征地农民就业安置金成本预算工作，积极向市级争取资金支持。

（四）县委宣传部负责做好宣传工作，在县级以上新闻媒体及《新区》期刊上广泛宣传新区创业就业的相关政策及典型事例，积极采取多种形式在全社会营造良好的创业就业氛围。

（五）县总工会、共青团、妇联、残联等群团组织负责参与创业型城市相关政策的制定和实施工作；充分发挥群团组织的监督作用，督促各项扶持政策落实到位，促进创业效率提高；发挥优势，为就业人员特别是青年、妇女、残疾人等提供服务；组织青年、妇女、残疾人等接受创业就业培训，努力拓宽青年、妇女、残疾人的创业就业渠道。

（六）新区（县）发展改革与经济贸易局负责将创业型城市工作纳入国民经济和社会发展总体规划及年度计划；根据新区产业发展规划，配合人事劳动和社会保障局征集、建立新区创业项目库；贯彻落实国家和省有关发展中小企业的法律、法规和方针政策，研究提出扶持中小企业发展的政策，建立健全中小企业服务体系。

（七）新区（县）教育局负责教育系统就业工作，积极为教育系统用人单位和高校毕业生搭建双向选择的平台；加强对职业教育机构、职业教育学校的管理，提高职业培训质量，完成好各项培训任务。

（八）新区（县）民政局负责指导社区建设，推进社区创业环境改善，扶持发展社区中有利于促进群众就业和社会和谐的民间组织（即民办非企业单位和社会团体），帮助支持街道办事处、社区居委会成立外出租地种菜种花协会。引导军队退役人员根据自身条件参加创业培训，通过自主创业自谋职业实现就业。

（九）新区（县）建设局、城市管理综合行政执法局负责会同人事劳动和社会保障局、发展改革与经济贸易局安排筹建创业孵化基地所需的经营场地，引导劳动者投身物业管理、环境卫生、园林绿化等劳动密集型行业创业活动。

（十）新区（县）农业局要按照呈新管发〔2009〕28号文件的要求，认真落实被征地人员外出租地种花、种菜的鼓励政策，多渠道促进新区被征地人员就业。

（十一）新区（县）国税局、地税局负责贯彻落实各项税收优惠政策，积极研究创业扶持政策的举措和建议，坚持依法治税，优化税收服务，降低创业企业的运营成本。

（十二）新区（县）工商局负责放宽市场主体准入条件，扩大创业领域，改善行政管理；设立专门窗口，为创业人员办理个体工商户和企业登记注册提供相关政策、法规和信息的咨询服务，简化相关手续。

（十三）中国人民银行呈贡支行负责引导、协调辖区内金融机构加大对各类创业主体信贷服务和支持，会同人事劳动和社会保障局、财政局研究解决小额担保贷款政策实施过程中的问题，配合财政部门做好担保基金的设立和财政贴息的工作，充分发挥小额担保贷款在推动创业促进方面的积极作用。

（十四）新区（县）统计局负责做好创业带动就业的统计工作，针对创业型城市的各项考核组织开展相关调查和统计，为开展创建工作和制定相关政策提供依据。

（十五）新区（县）广电局负责在呈贡电视台每月策划推出两期创业就业专题报道。

（十六）新区（县）审计局负责做好有关资金的审计，监督资金的合规使用。

（十七）新区（县）监察局负责对有关责任单位的督促监察，确保创业就业的各项工作责任落到实处。

（十八）新区各街道办事处负责组织落实好创业和就业的各项政策、措施和目标任务，帮助新型社区用活经营性资产，强化创业就业服务，落实用地单位结对子对应社区帮扶发展社区经济，为创业就业者提供全方位服务。

（十九）新区目督办负责对本实施意见有关目标、任务按年度进行分解立项督查，确保落到实处。

六、本意见自发文之日起执行，由新区（县）人事劳动和社会保障局负责解释。

# 呈贡新区(县)加快新型社区暨被征地农民安置保障性住房建设工作方案(试行)

(2010年6月10日中共昆明呈贡新区工委、中共呈贡县委、昆明呈贡新区管委会、呈贡县人民政府以呈新工委通〔2010〕17号文件下发实施)

为把呈贡新区建成“昆明现代化城市示范区、科学发展示范区、品质春城示范区”，切实解决呈贡新区被征地农民的住房问题，采取统规统建、疏堵结合的思路，有效遏制违法加层和无序建房蔓延行为，高起点规划、高标准配套、高效率建设好呈贡新区新型社区暨被征地农民安置保障性住房，促进新区的和谐、繁荣和稳定，根据国家法律法规和省、市的有关规定，结合呈贡新区的实际，特制定以下工作方案。

**一、指导思想**

以科学发展观为指导，紧紧围绕建设三个“示范区”的目标，按照呈贡新区总体规划要求，确保被征地农民的安置，结合呈贡新区开发建设中“迁村并点”、“四退三还”和“三房”改造的实际情况，以统规统建的形式，将新型社区建设暨被征地农民安置保障性住房建设结合起来，统规统建新型社区。通过新型社区建设，实施以房保障，壮大基层集体经济，扩大被征地农民就业面，为社区居民创造更加和谐优美的生产生活环境，全面加快呈贡新区城乡一体化进程。

**二、基本原则**

(一) 统一规划，和谐发展的原则；

(二) 政府主导，市场运作的原则；

(三) 公开公平，严格程序的原则；

(四) 因地制宜，多策并举的原则；

(五) 依法建设，投建管分离的原则。

**三、建设管理方式**

呈贡新区新型社区暨被征地农民安置保障性住房建设工作采取项目代建管理方式进行。

(一) 代建单位通过招标或新区管委会授权国有独资公司等方式确定。

(二) 代建单位负责项目的投资管理和建设组织实施工作，严格控制项目投资、规模、标准、质量、安全生产和工期，项目建成后交付业主单位。

(三) 项目代建的组织实施根据项目建设资金来源不同，可以按以下几种形式进行：

1.项目建设资金已由所涉及的土地一级开发单位筹备到位的，由土地一级开发单位或项目业主将工程所需资金拨付代建单位，代建单位按照昆政办文〔2009〕38号文要求组织工程施工，进行建设实施代建；

2.项目建设资金未筹备到位的，由代建单位负责面向社会开展融资工作，并与土地一级开发商、社会投资单位建立融资偿还机制，开展“BT”回购代建；

3.对土地具备招、拍、挂条件的项目，代建单位负责前期代建。前期代建工作自《可研报告》编制至修建性详细规划批准阶段；如土地一级开发单位在土地储备前需进行村民安置的则推进至安置房工程竣工验收交付使用及保修期满阶段。

(四) 上述各种代建工作经费计入项目成本，并最终纳入土地收储成本。

**四、项目业主**

新农投或通过招、拍、挂等方式取得土地使用权的开发商。

**五、用地保障**

根据各地块新型社区暨被征地农民安置保障性住房建设的实际，采取灵活的用地保障措施。

(一) 充分利用新型社区建设已获审批的用地，尽快启动土地供应程序。

(二) 对尚未取得建设用地指标的新型社区暨被征地农户保障性住房用地，积极采取批次报批、城增村减、原址改造及宅基地审批等多种方式，提供用地指标保障，确保在项目开工前完成建设用地手续。

**六、资金筹措及偿款机制**

按照《昆明市深化政府投融资体制改革整体方案》和呈贡新区土地一级开发的相关要求，呈贡新区(县)新型社区暨被征地农民保障性住房建设资金，由新农投、土地储备部门或土地一级开发单位筹集和纳入土地收储成本予以解决；采取社会融资等方式垫资建设的，由新农投、土储部门或新区土地一级开发单位作为偿款主体，与代建方建立偿款机制。

## 七、建设时序

按照先批先建、先急后缓的原则，有序推进新型社区暨被征地拆迁农户保障性住房建设。

（一）对急需建设的龙1地块、雨花片区村庄搬迁1号三期地块，土地获批或部分获批的雨花片区村庄搬迁2号地块二期、龙3地块，龙斗1号地块、龙5地块，用地约2000亩，在6月底前逐步开工建设。

（二）对土地未获批准的地块，抓紧报批或审批，同步做好勘察、规划、设计等前期准备工作，力争2011年3月底前完成建设用地指标审批，开工建设。

## 八、职能职责

（一）新区建设工作指挥部负责新型社区建设暨被征地农户安置保障性住房建设工作的组织、协调和督促。

（二）新区（县）建设部门具体负责新型社区暨被征地农民安置保障性住房建设管理工作，做好建设行政审（报）批工作。

（三）新区规划部门负责规划保障工作，确定项目选址、规划红线，做好规划行政审（报）批工作。

（四）新区国土部门负责土地的报批和供应，保障用地合规合法。

（五）新区（县）发改部门负责项目立项报批，协调落实相关扶持政策。

（六）新区（县）环保部门负责完成环评审批。

（七）新区（县）审计部门负责跟踪审计。

（八）新区（县）水务、林业、滇管等部门，按职能职责负责完成相关事项行政审批工作。

（九）新区（县）民政部门按和谐社区建设的有关要求，履行职能职责。

（十）新区(县)供电部门负责用电保障工作。

（十一）各街道负责做好新型社区建设和被征地农民安置等相关工作。

（十二）其他有关部门按新区建设工作指挥部的要求，负责做好相关工作。

## 九、政策措施

（一）把各社区“三房”（危房、水淹房、火烧房）改造、保障性住房和涉及“四退三还一护”的安置房建设纳入新型社区建设总盘子，统规统建，同步推进。

（二）坚持依法建设，合法用地。按照政府主导、市场运作、整体平衡的原则，对新型社区暨被征地农民安置保障性住房建设实行“三统一”，即统一规划、统一出让（划拨）土地、统一开发建设。

（三）新型社区暨被征地农民安置保障性住房建设，依照昆明市城中村改造政策执行。

（四）对新型社区暨被征地农民安置保障性住房建设项目涉及的权限内的行政审批事项，由昆明呈贡新区管委会按（昆发〔2005〕5号）文件权限审批。

（五）新型社区暨被征地农民安置保障性住房建设项目开工时，由相关部门核发立项批复、环评批复、项目选址意见书、用地规划许可证、土地使用权证、建设工程规划许可证、建设工程施工许可证。

## 十、议事机制

（一）BT商确认、垫资、回购、代建等由新区管委会主任办公会研究。

（二）涉及项目选址、建设模式、供地方式、修详规审查等技术类事项，由新区（县）规土委会议研究确定。

# 呈贡县人民政府机构改革实施意见

（2010年7月16日中共呈贡第十一届县委第84次常委会研究同意，中共呈贡县委办公室、呈贡县人民政府办公室以呈办发〔2010〕1号文件下发实施）

根据《中共中央、国务院关于地方政府机构改革的意见》（中发〔2008〕12号）、《中共云南省委、云南省人民政府关于州市县政府机构改革的实施意见》（云发〔2009〕10号）和《中共昆明市委办公厅、昆明市人民政府办公厅关于印发〈呈贡县人民政府机构改革方案〉的通知》（昆办发〔2010〕70号）的要求，结合呈贡实际，制定政府机构改革实施意见。

## 一、指导思想和基本原则

（一）指导思想

高举中国特色社会主义伟大旗帜，以邓小平理论和"三个代表"重要思想为指导，深入贯彻落实科学发展观，按照建设现代新昆明的发展战略要求，以转变政府职能为核心，以理顺职责关系为重点，明确和强化责任，优化政府组织结构，规范机构设置，完善行政运行机制，推进依法行政，提高行政效能。坚持以人为本、执政为民，着力解决制约地方经济社会发展的突出矛盾和问题，逐步建立起权责一致、分工合理、决策科学、执行顺畅、监督有力的行政管理体制。为将呈贡新区建设成现代化城市示范区提供机制体制保障。

（二）基本原则

精简统一效能的原则。调整部门职能，合理设置机构，改进管理方式，减少行政审批，降低行政成本，提高行政效率。

上下基本对应和探索大部门体制的原则。与市政府机构设置基本对应，有利于上下协调、政令畅通。加大机构整合力度，探索实行职能有机统一的大部门体制。

从实际出发、因地制宜的原则。科学合理设置政府工作机构，与呈贡经济社会发展实际相结合，构建符合呈贡经济社会发展要求的行政管理体制，把深化机构改革与加快推进呈贡跨越式发展结合起来。

统筹兼顾、突出重点的原则。处理好改革、发展与稳定的关系，按照中央和省、市的部署，统筹安排，稳妥推进；及时发现、认真处理改革中出现的新情况、新问题，妥善做好人员分流安置工作，确保机构改革顺利推进。

## 二、主要任务

（一）转变政府职能

一是按照政企分开、政资分开、政事分开、政府与市场中介组织分开的要求，全面梳理政府各部门的行政职能，将一些辅助性、技术性、服务性事务交给事业单位和市场中介组织，充分发挥市场配置资源的基础性作用。二是深化行政审批制度改革，规范行政审批，减少审批事项，更加注重社会管理和公共服务，着力解决人民群众最关心、最直接、最现实的利益问题。三是通过完善行政执法体系，促进执法权与管理权的有机统一，强化相关职能部门执法监督职责，增强处置突发公共事件和社会治安综合治理能力，促进社会公平、和谐、稳定。四是通过推进电子政务、健全工作制度、梳理工作流程、规范工作程序、强化社会监督等方式，进一步改进直接面向基层和群众"窗口"机构的管理方式和工作作风，提高政府服务水平和公信力，建设人民满意的政府。

（二）理顺职责关系

根据呈贡经济社会发展的需要，结合城市功能特点，按照决策权、执行权、监督权既相互制约又相互协调的要求，科学合理确定部门工作职责。坚持一件事情原则上由一个部门负责，重点梳理和解决部门间职责交叉和关系不顺的问题，对确需多个部门管理的事项，分清主办和协办关系，明确牵头部门，加强协调配合，形成工作合力。

（三）明确和强化责任

按照权责一致、有权必有责的要求，通过定职责、定机构、定编制，在赋予政府各部门职权的同时，明确其应承担的责任。并严格执行行政问责制度，做到有权必有责、用权受监督、违法要追究，不断增强政府的执行力和公信力。

（四）调整规范机构设置

新组建的机构：

1. 组建发展和改革局。将发展改革和经济贸易局的发展改革职责、物价监督管理职责，整合划入发展和改革局。粮食局调整为发展和改革局管理的部门。

2．组建经济贸易和投资促进局。将发展改革和经济贸易局的经济贸易职责，投资促进局的投资促进和招商引资职责，整合划入经济贸易和投资促进局。在经济贸易和投资促进局加挂中小企业局牌子。不再保留发展改革和经济贸易局、投资促进局。

3．组建科学技术和信息化局。将科学技术局、信息产业办公室的职责，整合划入科学技术和信息化局。不再保留科学技术局、政府信息产业办公室。

4．组建人力资源和社会保障局。人事劳动和社会保障局更名为人力资源和社会保障局。原与人事劳动和社会保障局合署办公的机构编制委员会办公室单独设置，列入党委机构序列，名称为中国共产党呈贡县委员会机构编制办公室，保留呈贡县机构编制委员会办公室牌子。

5．组建住房和城乡建设局。将建设局的住房保障、城乡建设职责、房产管理行政职责，公共投资建设管理服务中心的行政管理职责，整合划入住房和城乡建设局。不再保留公共投资建设管理服务中心。在住房和城乡建设局加挂人民防空办公室牌子（县人民防空办公室既是县国防动员委员会主管人民防空工作的常设办事机构，又是县政府主管人民防空工作的职能部门）。

6．组建城市管理综合行政执法局。将建设局及有关部门的相关城市管理行政执法职责，整合划入城市管理综合行政执法局。

7．组建园林绿化局。将建设局的园林绿化职责划入园林绿化局。不再保留建设局。

8．组建交通运输局。将交通局的行政管理职责划入交通运输局。不再保留交通局。

9．组建农林局。将农业局、林业局的职责，整合划入农林局。在农林局加挂畜牧兽医局、人民政府扶贫开发办公室牌子。不再保留农业局、林业局。

10．组建文体广电旅游局。将文化体育局、旅游局、广播电视局的职责，整合划入文体广电旅游局。不再保留文化体育局、旅游局、广播电视局。

11．组建人民政府政务服务管理局。便民服务领导小组办公室（政府便民服务中心、投资服务中心）更名为人民政府政务服务管理局，由议事协调机构的常设办事机构调整为政府工作部门。

保留设置的机构：

1．人民政府办公室（人民政府法制办公室、应急管理办公室）

2．教育局

3．监察局（监察局与纪律检查委员会机关合署）

4．民政局

5．司法局

6．财政局（加挂国有资产管理局、金融办公室牌子）

7．环境保护局

8．卫生局

9．人口和计划生育局

10．审计局

11．统计局

12．安全生产监督管理局

13．民族宗教局列入政府工作部门序列，不计入政府机构个数（民族宗教局与县委统战部实行“一个机构、两块牌子”）。

调整管理形式的机构：

1．县公安局和县国土资源局调整为市级部门的派出机构，不计入县政府机构个数。

2．建设局的规划职责上划市规划局。

3．工业园区管委会调整为县政府派出机构。不再保留省级工业园区管委会办公室。

4．省垂直管理的县食品药品监督管理局由县管理后，列为政府工作部门。

5．中共呈贡县委、县人民政府信访局为县委、县政府的工作部门。

6．滇池管理局的职责划入水务局，在水务局加挂滇池管理局牌子。不再单独设置滇池管理局。

经过上述调整，呈贡县人民政府设置工作部门24个，设置部门管理机构2个（具体机构设置详见附表）。

（五）做好部门“三定”工作

做好各部门定主要职责、定内设机构、定人员编制的“三定”工作，是机构改革组织实施的关键环节。在“三定”工作中，无论是调整变动的部门，还是保留的部门，都要高度重视，精心组织，抓好落实，做到机构调整一步到位，人员调整逐步过渡，改革工作有序平稳进行。

1．“三定”工作的范围。此次开展“三定”工作的县政府所属部门包括：县政府办公室，县政府工作部门、部门管理机构。

2．落实职能转变。一要参照市政府各相关部门的职责调整，结合我县实际，科学、合理地确定各部门的职责分工，进一步明确取消、划出、划入和增加以及加强的职责；二要着力解决目前存在的部门职责交叉、权责脱节等问题，理顺部门关系。

3．规范机构规格。县政府办公室，县政府工作部门的规格为正科级。

4．规范内设机构。部门内设机构的设置，要严格按照《云南省各级机关机构设置和管理暂行办法》的规定执行。坚持综合设置和精简统一效能的原则，着力优化内部结构，加强重点业务科室，积极探索职责有机统一的大部门体制。

5．规范领导职数。部门行政领导职数的核定，要严格按照《云南省各级机关领导职数管理暂行办法》的规定执行。部门核定正职领导职数1名；副职领导职数1至2名，任务较重的部门可根据工作需要增加1至2名副职领导职数。合并设置的部门，现有部门领导配备超出新核定领导职数的，按超职数配备予以保留，逐步消化，逐步调整过渡。

6. 重新核定人员编制。在县政府机构改革中，保留的部门、人员编制原则上可保持不变；合并设置的部门，人员编制合并后，调减20%左右，并做好人员的分流；部分机构职能划转的，人员编制坚持人随事走、编随人走的原则进行合并，合并后作适当调减；职能加强的部门，人员编制适当调增；新组建的部门，按照职能任务和精简的原则予以核定。

7. 所属事业单位改革。各部门要按照《中共昆明市委、昆明市人民政府关于加快推进昆明市事业单位分类改革的意见》（昆通〔2008〕30号）精神，与机构改革同步研究本部门所属事业单位改革方案，分步实施。对职责自然消失和有编无人的机构要予以撤销；对职责交叉重叠和人员编制在3名以下的机构要予以合并；中介服务性机构应与主管部门脱钩，进入市场；经营性机构必须转为企业。各部门管理的或涉及改变行政隶属关系的事业单位将在“三定”规定中予以明确。

8. 清理议事协调机构。工作中凡涉及跨部门的事项，均由主办部门牵头协调；确需设立议事协调机构的，要严格按规定审批。现有议事协调机构不必保留的，坚决予以撤销；确需继续保留的，明确承担具体工作的职能部门。今后，各类议事协调机构一律不再单独设立常设办事机构或实体性工作机构，不核定人员编制和领导职数。

9. 自上而下制定“三定”方案。各部门要结合实际，认真研究提出本部门的“三定”规定，职责分工涉及多部门的事项，要主动与相关部门协商。各部门拟定的“三定”规定，按程序经县机构编制委员会审核后，报县政府审批。经县政府批准的各部门“三定”规定，除涉及保密的部门和事项外，由县机构编制委员会办公室统一向社会公布。

（六）加强机构编制管理

认真贯彻《地方各级人民政府机构设置和编制管理条例》、《云南省机构编制管理条例》，严格执行《云南省各级机关机构设置和管理暂行办法》、《云南省各级机关领导职数管理暂行办法》，进一步加强机构编制管理。在此次政府机构改革中，各单位要建立机构编制实名制管理制度。严格编制使用事前审核程序，任何单位未经编制使用事前审核，一律不得进人；严禁机关混用事业编制、超编进人；规范内设机构规格和名称，严禁超职数、超规格配备干部，对违反机构编制法律法规规定的行为，必须严肃查处。同时，继续加大机构编制法律法规宣传力度，加快机构编制公开化进程，加强机构编制监督检查工作，巩固机构改革成果。

（七）深化机关后勤服务机构改革

机关后勤改革要与物业管理结合起来，可进行外包或实行物业管理，剥离为机关服务的职能。机关后勤服务及相关经济实体与机关彻底脱钩，实行社会化、市场化运作，政府购买后勤服务。此次机构改革不再为各单位核定工勤人员编制。各单位工勤人员实行“老人老办法、新人新办法”管理，“老人”逐步消化为零，新进人员一律实行劳务派遣制度，签订劳动合同。

**三、组织实施**

政府机构改革工作，在县委、县政府领导下，由机构编制部门具体组织实施。

在机构改革中，各部门要统一思想认识，切实加强领导，精心组织、周密部署，注重纪检监察、组织人事、财政、编制各部门之间的协调配合；严格执行机构编制法律法规，严明组织纪律，严格工作程序，严肃财经纪律，严守保密规定；严禁突击进人、突击提干，防止国有资产流失，确保干部队伍思想稳定和机关工作正常运转，确保县政府机构改革工作平稳顺利进行。

政府机构改革工作于2010年7月底基本完成。

附：《呈贡县人民政府机构设置表》

附件：

## 呈贡县人民政府机构设置表

| 人民政府办公室 | 发展和改革局 | 教育局 | 科学技术和信息化局 | 监察局 | 民政局 | 司法局 | 财政局 | 人力资源和社会保障局 | 环境保护局 | 住房和城乡建设局 | 交通运输局 | 城市管理综合行政执法局 | 园林绿化局 | 农林局 | 水务局 | 经济贸易和投资促进局 | 文体广电旅游局 | 卫生局 | 食品药品监督管理局 | 人口和计划生育局 | 审计局 | 统计局 | 民族宗教局 | 安全生产监督管理局 | 人民政府政务服务管理局 |
|---|---|---|---|---|---|---|---|---|---|---|---|---|---|---|---|---|---|---|---|---|---|---|---|---|---|

说明：

县政府设置工作部门24个。其中：监察局与纪律检查委员会机关合署办公，列入政府工作部门序列，不计入政府机构个数；农林局加挂畜牧兽医局、人民政府扶贫开发办公室牌子，水务局加挂滇池管理局牌子；经济贸易和投资促进局加挂中小企业局牌子；民族宗教局与县委统战部实行“一个机构、两块牌子”，民族宗教局列入政府工作部门序列，不计入政府机构个数。

此外，设置部门管理机构2个，人民政府法制办公室由人民政府办公室管理；粮食局由发展和改革局管理。

呈贡公安分局为昆明市公安局的派出机构，不计入县政府机构个数；呈贡国土资源分局为昆明市国土资源局的派出机构，不计入县政府机构个数。

# 2010年受国家、省、市和县级党政机关表彰的先进集体名录

## 一、2010年受国家级表彰的先进集体名录

| 被表彰单位 | 荣誉称号 | 表彰机关 |
|---|---|---|
| 呈贡县 | 全国绿化模范单位 | 全国绿化委员会 |
| 呈贡县 | 2007～2008年度全国县（市、区）科技进步县 | 国家科技部 |
| 呈贡县国家保密局 | 先进单位 | 国家保密局　金城出版社 |
| 呈贡县 | 平安畅通县 | 国家交通部　国家公安部等六个部委 |
| 呈贡县土肥站 | 全国土壤肥料信息工作先进单位 | 全国农业科技推广服务中心 |
| 呈贡供电有限公司 | 全国电力行业用户满意服务单位 | 中国水利电力质量管理协会电力分会 |
| 乌龙街道办事处 | 第二次经济普查先进集体 | 国务院第二次全国经济普查工作领导小组 |
| 呈贡县第二幼儿园 | 示范家长学校 | 全国妇联　国家教育部　中央文明办　中国关心下一代工作委员会 |

## 二、2010年受省级党政机关（部门）表彰的先进集体名录

| 被表彰单位 | 荣誉称号 | 表彰机关 |
|---|---|---|
| 呈贡县 | 云南省园林县城 | 云南省人民政府 |
| 中共呈贡县委组织部 | 《党的生活》征订工作先进单位 | 中共云南省委组织部 |
| 《新区》编辑部 | 云南省第三届连续性内部出版物金奖先进集体 | 云南省新闻出版局 |
| 中共呈贡县委办公室 | 全省党委系统信息工作一等奖 | 中共云南省委办公厅 |
| 呈贡县国家保密局 | 先进单位 | 云南省国家保密局 |
| 呈贡县 | 全省县域经济十强县 | 中共云南省委员会　云南省人民政府 |
| 呈贡县 | 计划生育优质服务县 | 中共云南省委员会　云南省人民政府 |
| 呈贡县 | 省级园林绿化县城 | 云南省绿化委员会 |
| 呈贡县人民检察院侦查监督科 | 省级巾帼文明岗 | 云南省妇女联合会 |
| 共青团呈贡县委员会 | 云南省第四届青年学艺大赛组织奖 | 共青团云南省委员会　少先队云南省工作委员会 |
| 呈贡县关心下一代工作委员会 | 先进集体 | 云南省关心下一代工作委员会 |
| 呈贡县 | 创建无毒乡镇工作先进县 | 云南省人民政府 |
| 呈贡县财政局 | 文明单位 | 云南省人民政府 |
| 呈贡县财政局机关宿舍 | 云南省园林小区 | 云南省住房和城乡建设厅 |

（续上表）

| 被表彰单位 | 荣誉称号 | 表彰机关 |
|---|---|---|
| 呈贡县疾病预防控制中心 | 云南省碘缺乏病防治工作先进集体 | 云南省卫生厅 |
| 呈贡县卫生局卫生执法监督局 | 卫生执法监督先进集体 | 云南省卫生厅监督局 |
| 呈贡县人口和计划生育局 | 省级计划生育优质服务先进县 | 云南省计划生育委员会 |
| 呈贡县工商行政管理局 | 云南省第十二批“省级文明单位” | 云南省精神文明建设指导委员会 |
| 呈贡县地方税务局 | 云南省园林单位 | 云南省住房和城乡建设厅 |
| 呈贡县第一中学 | 第四届云南省青少年学艺大赛优秀 □ 组织工作奖 | 共青团云南省委员会 |
| 呈贡县第一中学 | 云南省绿色学校 | 七彩云南保护行动领导小组 云南省环境保护厅　云南省教育厅 |
| 呈贡县第一中学 | 《云南省教育成果》系列活动——第七届云南省教育工作者优秀论文”征稿活动优秀组织奖 | 云南省教育工作者论文竞赛组委会 □ 云南省教育报刊社 |
| 呈贡县第一中学 | 第五批云南省绿色学校创建活动绿色学校 | 云南省绿色学校创建领导小组 |
| 龙城中心学校 | 云南省示范家长学校 | 云南省妇联　云南省教育厅 云南省文明办　云南省关工委 |
| 龙城中心学校 | 云南省文明单位 | 中共云南省委员会　云南省人民政府 云南省文明办 |
| 龙城中心学校 | 第四届云南省青少年学艺大赛组织工作奖 | 共青团云南省委员会 少先队云南省工作委员会 |
| 七甸学校 | 《云南教育成果》系列活动——第七届云南省教育工作者优秀论文征稿活动优秀组织奖 | 云南省教育工作者论文竞赛组委会 云南教育报刊社 |
| 呈贡县第一幼儿园 | 云南省第二届“三生教育”书画评比一等奖 | 云南省教育厅 云南省青少年书画艺术协会 |
| 呈贡县第一幼儿园 | 云南省示范家长学校 | 云南省妇联　云南省教育厅 云南省文明办　云南省关工委 |
| 呈贡县第二幼儿园 | 云南省园林单位 | 云南省住房和城乡建设厅 |
| 呈贡县文化体育局 | 2006~2009 年云南省群众体育先进单位 | 云南省体育局 |
| 呈贡县文化体育广播电视旅游局 | 2010 年全民健身先进单位 | 云南省体育局 |
| 呈贡县蔬菜办公室 | 农业科技推广一等奖 | 云南省农业厅 |
| 龙城街道文化站 | 云南省一级文化站 | 云南省文化厅 |
| 呈贡供电有限公司 | 云南省园林单位 | 云南省住房和城乡建设厅 |
| 呈贡供电有限公司 | 文明单位 | 中共云南省委员会　云南省人民政府 |
| 呈贡供电有限公司 | 云南省电力行业满意企业 | 云南省电力行业协会 |
| 呈贡供电有限公司 | 用户满意企业特别奖 | 云南省电力行业协会 |
| 呈贡供电有限公司 | 云南电网公司文明单位 | 云南电网公司党组 |
| 呈贡供电有限公司 | 2010 年度农电线损管理先进单位 | 云南电网公司 |
| 呈贡供电有限公司 | 先进基层 | 云南电网公司 |
| 呈贡供电有限公司 | 2010 年度电力行业用户满意企业 | 云南省电力行业协会 |
| 呈贡县农村信用合作联社 | 全省企业事业单位治安保卫工作先进集体 | 云南省公安厅 |
| 中国银行昆明市支行营业部 | 先进集体 | 云南省住房和城乡建设厅 |

（续上表）

| 被表彰单位 | 荣誉称号 | 表彰机关 |
|---|---|---|
| 中国银行昆明市呈贡支行 | 金融业务发展先进单位 | 中国银行云南省分行 |
| 中国银行昆明市呈贡支行 | 财务管理业务发展先进单位 | 中国银行云南省分行 |
| 中国银行昆明市呈贡支行 | 电子银行业务最佳进步奖 | 中国银行云南省分行 |
| 中国银行昆明市呈贡支行 | 电子银行业务指标完成突出奖 | 中国银行云南省分行 |
| 中国银行昆明市呈贡支行 | “开门红”保险销售计划完成奖第二名 | 中国银行云南省分行 |
| 中国银行昆明市呈贡支行 | “开门红”中高端客户新增计划完成奖第一名 | 中国银行云南省分行 |
| 富滇银行昆明呈贡支行 | 工人先锋号 | 云南省总工会 |
| 斗南街道办事处 | 云南省园林单位 | 云南省住房和城乡建设厅 |
| 乌龙街道办事处 | 第二次全国经济普查先进集体 | 云南省人民政府第二次全国经济普查领导小组 |
| 龙城街道办事处 | 省级园林单位 | 云南省住房和城乡建设厅 |

## 三、2010 年受市级党政机关（部门）表彰的先进集体名录

| 被表彰单位 | 荣誉称号 | 表彰机关 |
|---|---|---|
| 呈贡县 | 昆明市十二届人大代表建议办理先进单位 | 昆明市人大常委会 |
| 呈贡县人民政府 | 全市政务信息工作一等奖 | 昆明市人民政府办公厅 |
| 呈贡县人民政府 | 全市政务信息工作先进集体三等奖 | 昆明市人民政府办公厅 |
| 中共呈贡县委组织部 | 全市对口联系边疆党建长廊建设工作先进单位 | 中共昆明市委组织部 |
| 呈贡县人民政府“纠风”办公室 | 2010 年“春城热线”工作良好工作单位 | 昆明市“纠风”工作办公室 |
| 中共呈贡县委办公室 | 信息工作一等奖 | 中共昆明市委办公厅 |
| 呈贡县国家保密局 | 达标单位 | 昆明市国家保密局 |
| 呈贡县人民政府办公室 | 全市政务信息工作一等奖 | 昆明市人民政府办公厅 |
| 呈贡新区目督办 | 昆明市十二届人大代表建议办理先进单位 | 昆明市人大常委会 |
| 呈贡县信访局 | 2008～2010 年度昆明市平安创建先进集体 | 中共昆明市委员会　昆明市人民政府 |
| 呈贡县教育局 | 昆明市 2009 年中小学校园大课间评比活动级组织奖 | 昆明市教育局　昆明市体育局 |
| 呈贡县教育局 | 第 25 届昆明市青少年科技创新大赛优秀组织奖 | 昆明市青少年科技创新大赛组委会 |
| 呈贡县教育局 | 昆明市农村中小学标准化建设先进集体二等奖 | 昆明市人民政府 |
| 呈贡县教育局 | 教育信息工作先进集体二等奖 | 昆明市教育局 |
| 呈贡县教育局 | 2010 年普通高校招生考试目标责任管理工作一等奖 | 昆明市招生委员会 |
| 呈贡县教育局 | 昆明市 21 届学生艺术节“歌唱家乡放飞梦想”合唱比赛二等奖 | 昆明市教育局 |

（续上表）

| 被表彰单位 | 荣誉称号 | 表彰机关 |
| --- | --- | --- |
| 呈贡县教育局 | 昆明市中小学合唱比赛二等奖 | 昆明市教育局 |
| 呈贡县第一中学 | 2010年高考质量进步奖 | 昆明市教育局 |
| 呈贡县第一中学 | 第26届昆明市青少年科技创新大赛优秀组织奖 | 昆明市科技局　昆明市教育局 |
| 龙城中心学校 | 昆明市知识产权教育工作先进单位 | 昆明市知识产权局　昆明市教育局 |
| 古城小学 | 昆明市园林单位 | 昆明市人民政府 |
| 龙街小学 | 昆明市园林单位 | 昆明市人民政府 |
| 龙城中心学校 | 昆明市无吸烟先进单位 | 昆明市爱委会 |
| 龙城中心学校 | 示范家长学校 | 昆明市妇联　昆明市教育厅<br>昆明市文明办　昆明市关工委 |
| 斗南小学 | 先进教研组 | 昆明市教育科学研究院 |
| 斗南中心学校 | 昆明市中小学生合唱二等奖 | 昆明市教育局 |
| 斗南中心学校 | 昆明市中小学生运动会团体总分第四名 | 昆明市教育局 |
| 吴家营中心学校 | 第26届昆明市青少年科技创新大赛优秀组织奖 | 昆明市科技局　昆明市教育局 |
| 七甸学校 | 昆明市绿色学校 | 昆明市创建绿色学校领导小组 |
| 呈贡县第一幼儿园 | 家长示范学校 | 昆明市妇联　昆明市教育局<br>昆明市文明办　昆明市关工委 |
| 呈贡县第二幼儿园 | 先进教研组 | 昆明市教育科学研究院 |
| 呈贡县第二幼儿园 | 示范家长学校 | 昆明市妇联　昆明市教育局<br>昆明市文明办　昆明市关工委 |
| 呈贡县第二幼儿园 | 昆明市绿色学校 | 昆明市创建绿色学校领导小组 |
| 呈贡县第二幼儿园 | 昆明市第五届“海贝杯”《七彩童年》少儿故事大奖赛中荣获优秀组织奖 | 昆明市教育局 |
| 呈贡县信访联席办 | “四无”考核第一名 | 昆明市联席办 |
| 呈贡县县长热线办公室 | 先进集体 | 昆明市市长热线办公室 |
| 呈贡县保密局 | 达标单位 | 昆明市保密局 |
| 呈贡县人民检察院办公室 | 昆明市工人先锋号 | 昆明市总工会 |
| 呈贡县人民检察院反渎职侵权局 | 全市检察机关先进集体 | 昆明市人民检察院 |
| 昆明市第十二届人大代表呈贡代表小组 | 先进代表小组 | 昆明市人大常委会办公厅 |
| 呈贡县人民武装部 | 正规化建设先进单位 | 昆明警备区 |
| 呈贡县人民武装部 | 安全稳定工作单位 | 昆明警备区 |
| 呈贡县公安局 | 昆明市“五一”劳动奖状 | 昆明市总工会 |
| 呈贡县职工医疗互助活动代办点 | 昆明市工人先锋号 | 昆明市总工会 |
| 呈贡县“四创两争”办公室 | 昆明市工人先锋号 | 昆明市总工会 |
| 呈贡县信访局 | 昆明市工人先锋号 | 昆明市总工会 |
| 云南德华集团昆明有限公司 | 昆明市工人先锋号 | 昆明市总工会 |
| 呈贡县供电有限责任公司 | 昆明市和谐企业 | 中共昆明市委员会　昆明市人民政府 |
| 呈贡永益物资有限责任公司 | 昆明市和谐企业 | 中共昆明市委员会　昆明市人民政府 |
| 昆明碧磷矿业有限责任公司 | 昆明市和谐企业 | 中共昆明市委员会　昆明市人民政府 |
| 云南大山饮品有限责任公司 | 昆明市和谐企业 | 中共昆明市委员会　昆明市人民政府 |

（续上表）

| 被表彰单位 | 荣誉称号 | 表彰机关 |
| --- | --- | --- |
| 呈贡县计划生育服务站 | 昆明市女职工建功立业标兵岗 | 昆明市总工会 |
| 呈贡县劳动就业局 | 昆明市女职工建功立业标兵岗 | 昆明市总工会 |
| 呈贡县呈钢钢铁有限公司 | 昆明市“安康杯”竞赛优胜企业 | 昆明市总工会　昆明市安监局 |
| 呈贡县呈达玻璃厂 | 昆明市“安康杯”竞赛优胜企业 | 昆明市总工会　昆明市安监局 |
| 昆明世纪华丰基础建设有限公司 | 昆明市“安康杯”竞赛优胜企业 | 昆明市总工会　昆明市安监局 |
| 呈贡县人民法院执行工作局 | 清理执行积案先进集体 | 中共昆明市委政法委员会<br>昆明市中级人民法院 |
| 呈贡县人民法院执行工作局 | 先进集体 | 昆明市中级人民法院 |
| 呈贡县公安局刑侦大队 | 集体三等功 | 昆明市公安局 |
| 呈贡县公安局龙街所 | 集体三等功 | 昆明市公安局 |
| 呈贡县公安局城关所 | 集体三等功 | 昆明市公安局 |
| 呈贡县公安局政工监督室 | 构建和谐警民和谐关系先进集体 | 昆明市公安局 |
| 呈贡县公安局城关所 | 构建和谐警民和谐关系先进集体 | 昆明市公安局 |
| 呈贡县公安局 | 昆明市二级队伍正规化建设公安局 | 中共昆明市委员会　昆明市人民政府 |
| 呈贡县公安局 | 打防“两抢一盗”犯罪工作优秀集体 | 昆明市公安局 |
| 呈贡县公安局 | 全案全破单位 | 昆明市公安局 |
| 呈贡县公安局 | 昆明市三星级园林小区 | 昆明市人民政府 |
| 呈贡县财政局 | 昆明市财税系统先进集体 | 昆明市人民政府办公厅 |
| 呈贡县财政局 | 昆明市财政系统部门决算工作三等奖 | 昆明市财政局 |
| 呈贡县财政局 | 昆明市财政系统信息工作二等奖 | 昆明市财政局 |
| 呈贡县财政局 | 昆明市模范职工之家 | 昆明市总工会 |
| 呈贡县疾病预防控制中心 | 2008～2010年昆明市防治艾滋病<br>工作先进集体 | 昆明市防治艾滋病工作委员会 |
| 呈贡县政府政务服务管理局 | 2010年度昆明市政务服务系统政务<br>服务工作先进集体 | 昆明市人民政府 |
| 昆明市国土资源局呈贡分局 | 2010年度昆明市国土资源管理目标<br>责任一等奖 | 昆明市人民政府 |
| 呈贡县水务局 | 2009年度水务政务信息先进集体 | 昆明市水务局 |
| 中共呈贡县水务局支部委员会 | 2009年昆明市“共产党员抗旱先锋<br>行动”抗旱先锋党组织 | 中共昆明市委员会　昆明市人民政府 |
| 呈贡县水务局 | 水利工作先进集体 | 昆明市水务局 |
| 呈贡县水务局 | 昆明市园林单位 | 昆明市人民政府 |
| 中共呈贡县交通运输管理局<br>支部委员会 | 先进基层党组织 | 中共昆明市交通运输局委员会 |
| 昆明市国土资源局呈贡分局 | 2010年度昆明市国土资源管理目标<br>责任考评一等奖 | 昆明市人民政府 |
| 昆明市国土资源局呈贡分局 | 昆明市档案系统先进集体 | 昆明市人力资源和社会保障局<br>昆明市档案局 |
| 呈贡县审计局 | 昆明市审计系统文明行业创建工作<br>先进集体 | 昆明市审计局 |
| 呈贡县总工会 | 昆明市“红五月”职工艺术文艺调演<br>一等奖 | 昆明市总工会 |

(续上表)

| 被表彰单位 | 荣誉称号 | 表彰机关 |
| --- | --- | --- |
| 呈贡县总工会 | 昆明市“红五月”职工艺术文艺调演一等奖 | 昆明市总工会 |
| 呈贡县财政局 | 昆明市模范职工之家 | 昆明市总工会 |
| 呈贡县水务局 | 昆明市模范职工之家 | 昆明市总工会 |
| 斗南中心学校 | 昆明市模范职工之家 | 昆明市总工会 |
| 呈贡县民政局 | 昆明市模范职工之家 | 昆明市总工会 |
| 昆明碧磷矿业有限责任公司 | 昆明市模范职工之家 | 昆明市总工会 |
| 呈贡县公安局国保保障室工会小组 | 昆明市模范职工之家 | 昆明市总工会 |
| 呈贡县审计局 | 2009 年度审计统计工作先进单位二等奖 | 昆明市审计局 |
| 呈贡县审计局 | 昆明市级文明单位 | 昆明市精神文明建设工作指导委员会 |
| 呈贡县国家税务局 | 昆明市文明单位 | 昆明市人民政府 |
| 呈贡县国家税务局 | 昆明市园林单位 | 昆明市人民政府 |
| 呈贡县国家税务局 | 昆明市园林小区 | 昆明市人民政府 |
| 呈贡县工商局 | 昆明市园林单位 | 昆明市人民政府 |
| 呈贡县消费者协会 | 昆明市消协系统保护消费者权益先进集体 | 昆明市消费者协会 |
| 呈贡县地方税务局 | 全市财税系统 2010 年度先进集体 | 昆明市人民政府 |
| 呈贡县住房和城乡建设局建筑安全监督站 | 先进单位 | 昆明市住房和城乡建设局 |
| 呈贡县住房和城乡建设局 | 昆明市建筑安全教育先进单位 | 昆明市住房和城乡建设局 |
| 呈贡县住房和城乡建设局 | 2010 年度建筑安全生产目标考核优良单位 | 昆明市住房和城乡建设局 |
| 呈贡县广播电视局 | 昆明市园林单位 | 昆明市人民政府 |
| 呈贡县广播电视局 | 亚运安全播出先进集体 | 昆明市广播电视节目播控中心 |
| 呈贡县文化体育广播电视旅游局 | 昆明市毒品预防先进单位 | 昆明市人民政府 |
| 呈贡县蔬菜办公室 | 昆明市农业系统科技成果先进集体 | 昆明市农业局 |
| 呈贡县蔬菜办公室 | 昆明市农业系统抗旱救灾先进集体 | 昆明市农业局 |
| 呈贡县植保站 | 昆明市农业系统抗旱救灾先进集体 | 昆明市农业局 |
| 呈贡县农技推广站 | 昆明市农业系统抗旱救灾先进集体 | 昆明市农业局 |
| 呈贡县兽医站 | 昆明市农业系统科技成果先进集体 | 昆明市农业局 |
| 呈贡县植保站 | 昆明市农业系统科技成果先进集体 | 昆明市农业局 |
| 呈贡县民政局 | 昆明市民政工作综合评定二等奖 | 昆明市民政局 |
| 呈贡县民政局 | 昆明市退役士兵安置工作先进单位 | 昆明市退役士兵安置工领导小组 |
| 呈贡县民政局 | 2009 年度民政工作综合评定二等奖 | 昆明市老龄工作委员会 |
| 呈贡县交通运输局 | 2009～2011 年文明单位 | 昆明市人民政府 |
| 呈贡县交通运输局 | 昆明市第三批新农村建设指导员先进派出单位 | 中共昆明市委员会　昆明市人民政府 |
| 呈贡县交通运输局 | 爱国卫生先进单位 | 昆明市爱国卫生运动委员会 |
| 呈贡县交通运输局公路路政管理大队 | 路政管理工作优秀单位 | 昆明市交通运输局 |
| 呈贡县交通运输局 | 昆明市农村公路养护管理优秀奖 | 昆明市交通运输局 |

（续上表）

| 被表彰单位 | 荣誉称号 | 表彰机关 |
|---|---|---|
| 呈贡县环境监测站 | 先进环境监测站（二等奖） | 昆明市环境保护局 |
| 呈贡县质量技术监督局 | 目标考核先进单位 | 昆明市质量技术监督局 |
| 呈贡供电有限公司 | 昆明市一级诚信单位 | 昆明市人力资源和社会保障局 |
| 呈贡供电有限公司 | 2010年度职工书屋建设优秀组织单位 | 昆明市供电局工会 |
| 呈贡供电有限公司 | 2010年度昆明供电局文明单位 | 昆明市供电局工会 |
| 呈贡供电有限公司 | 2010年度工会目标责任制先进单位 | 昆明市供电局工会 |
| 呈贡县农村信用合作联社 | 治安保卫工作先进集体 | 昆明市公安局 |
| 呈贡县民族宗教事务管理局 | 昆明市第五次民族团结进步模范集体 | 昆明市人民政府 |
| 中国移动呈贡分公司 | 2010年度先进集体 | 中国移动昆明分公司 |
| 斗南街道办事处 | 青年文明号 | 共青团昆明市委员会 |
| 斗南街道办事处 | 昆明市经济普查先进单位 | 昆明市第二次全国经济普查领导小组 |
| 大渔街道办事处 | 2006～2010年度森林防火工作先进单位 | 昆明市人民政府 |
| 大渔街道 | 2010年昆明市“共产党员抗旱先锋行动”先进单位 | 中共昆明市委员会　昆明市人民政府 |
| 大渔中心小学 | 昆明市绿色学校 | 昆明市教育局 |
| 中国电信呈贡分公司 | 2010年先进部门工会 | 中国电信昆明分公司 |
| 中国电信呈贡分公司 | 先进集体 | 中国电信昆明分公司 |
| 中国电信呈贡分公司 | 2010年安康杯竞赛优胜企业 | 昆明市总工会　昆明市安监局 |
| 中国电信呈贡分公司 | 2009年先进集体 | 中国电信昆明分公司 |
| 中国电信呈贡分公司市场营销分部 | 2010年先进集体 | 中国电信昆明分公司 |
| 洛龙街道 | 无邪教乡（镇、街道） | 昆明市防范和处理邪教问题领导小组 |
| 洛龙街道办事处机关 | 文明单位 | 昆明市精神文明建设工作指导委员会 |
| 洛龙街道 | 昆明市无毒社区先进单位 | 昆明市精神文明建设工作指导委员会 |
| 洛龙街道 | 2008年度昆明市平安乡（镇、街道） | 中共昆明市委员会　昆明市人民政府 |
| 乌龙街道办事处 | 昆明市第二次全国经济普查先进集体 | 昆明市第二次全国经济普查领导小组 |
| 乌龙街道办事处 | 2009年创建“无毒社区”工作先进单位 | 昆明市人民政府 |
| 龙城街道办事处 | 2009年度政府消防安全责任制先进乡政府（街道办事处） | 昆明市人民政府 |
| 龙城街道办事处 | 2009年创建“无毒社区”工作先进单位 | 昆明市人民政府 |
| 七甸街道办事处 | 2009年创建“无毒社区”工作先进单位 | 昆明市人民政府 |
| 七甸街道 | 2009年昆明市“共产党员抗旱先锋行动”先进单位 | 中共昆明市委员会　昆明市人民政府 |
| 吴家营街道党工委 | “云岭先锋”工程先进基层党组织 | 中共昆明市委员会 |
| 吴家营街道 | “无邪教街道” | 昆明市人民政府 |
| 吴家营街道办事处 | 文明单位 | 中共昆明市委员会　昆明市人民政府 |
| 吴家营街道办事处 | 无毒街道 | 昆明市人民政府 |
| 吴家营街道 | 民族团结先进集体 | 昆明市人民政府 |
| 刘家营社区 | 文明单位 | 中共昆明市委员会　昆明市人民政府 |

（续上表）

| 被表彰单位 | 荣誉称号 | 表彰机关 |
|---|---|---|
| 缪家营 | 昆明市 1980～2009 年人口和计划生育工作先进集体 | 中共昆明市委员会　昆明市人民政府 |
| 刘家营 | 昆明市 1980～2009 年人口和计划生育工作先进集体 | 中共昆明市委员会　昆明市人民政府 |
| 柏枝营 | 昆明市 1980～2009 年人口和计划生育工作先进集体 | 中共昆明市委员会　昆明市人民政府 |
| 前卫营 | 昆明市首批“民主法治社区” | 昆明市普法与依法治市办公室<br>昆明市司法局　昆明市民政局 |
| 缪家营 | 昆明市首批“民主法治社区” | 昆明市普法与依法治市办公室<br>昆明市司法局　昆明市民政局 |
| 柏技营 | 昆明市首批“民主法治社区” | 昆明市普法与依法治市办公室<br>昆明市司法局　昆明市民政局 |
| 郎家营 | 昆明市首批“民主法治社区” | 昆明市普法与依法治市办公室<br>昆明市司法局　昆明市民政局 |
| 雨花街道 | 无邪教街道 | 昆明市人民政府 |
| 雨花街道 | 消防工作先进单位 | 昆明市消防安全委员会 |
| 雨花街道 | 无毒街道 | 昆明市人民政府 |
| 洛羊街道 | 基层正规化建设先进单位 | 昆明陆军预备通信团 |
| 黄土坡社区 | 昆明市充分就业社区 | 昆明市人力资源和社会保障局 |
| 小洛羊社区 | 零家庭暴力示范区 | 昆明市妇女联合会 |
| 小洛羊社区 | 巾帼示范社区 | 昆明市妇女联合会 |
| 大新册社区 | 巾帼示范社区 | 昆明市妇女联合会 |
| 洛羊中心学校 | 示范家长学校 | 昆明市妇女联合会 |
| 大新册社区 | 平安创建先进单位 | 中共昆明市委员会　昆明市人民政府 |
| 小新册社区 | 民主法治社区 | 昆明市司法局　昆明市民政局 |
| 中共马金铺街道工作委员会 | 2010 年昆明市“共产党员抗旱先锋行动”先进单位 | 中共昆明市委员会　昆明市人民政府 |
| 马金铺街道 | “十一五”森林防火工作先进单位 | 昆明市高新技术产业开发区管理委员会 |
| 马金铺街道 | 2009 年度招商引资先进集体 | 昆明市高新技术产业开发区管理委员会 |
| 马金铺街道 | 2009 年度目标管理考核先进集体二等奖 | 昆明市高新技术产业开发区管理委员会 |
| 马金铺街道 | 老龄工作先进集体 | 昆明市高新技术产业开发区管理委员会 |
| 马金铺街道 | 2009 年度社会治安综合治理工作先进集体 | 昆明市高新技术产业开发区管理委员会 |
| 马金铺街道农业综合服务中心 | 2009 年度昆明市农业系统先进集体 | 昆明市农业局 |
| 呈贡县交通运输管理分局 | 文明单位 | 昆明市人民政府 |
| 斗南小学 | 文明单位 | 昆明市人民政府 |
| 呈贡县司法局 | 文明单位 | 昆明市人民政府 |
| 呈贡县第三幼儿园 | 文明单位 | 昆明市人民政府 |
| 呈贡县第一中学 | 文明单位 | 昆明市人民政府 |
| 呈贡县人事劳动和社会保障局 | 文明单位 | 昆明市人民政府 |
| 呈贡县发展和改革局 | 文明单位 | 昆明市人民政府 |
| 呈贡县经济贸易和投资促进局 | 文明单位 | 昆明市人民政府 |

（续上表）

| 被表彰单位 | 荣誉称号 | 表彰机关 |
|---|---|---|
| 洛龙街道办事处 | 文明单位 | 昆明市人民政府 |
| 吴家营中心学校 | 文明单位 | 昆明市人民政府 |
| 呈贡县电信局 | 文明单位 | 昆明市人民政府 |
| 工商银行呈贡支行 | 文明单位 | 昆明市人民政府 |
| 可乐小学 | 文明单位 | 昆明市人民政府 |
| 吴家营派出所 | 文明单位 | 昆明市人民政府 |
| 呈贡县邮政局 | 文明单位 | 昆明市人民政府 |
| 马郎小学 | 文明单位 | 昆明市人民政府 |
| 殷联村 | 文明村 | 昆明市人民政府 |
| 洛龙村 | 文明村 | 昆明市人民政府 |

## 四、2010年受县级机关表彰的先进集体名录

| 被表彰单位 | 荣誉称号 | 表彰机关 |
|---|---|---|
| 呈贡县人民法院刑事审判庭 | 打黑除恶先进集体 | 中共呈贡县委员会 |
| 高校片区服务指挥部 | 党风廉政建设二等奖 | 中共呈贡县委员会 |
| 呈贡县财政局 | 党风廉政建设责任制工作先进单位 | 中共呈贡新区工委　呈贡新区管委会<br>中共呈贡县委员会　呈贡县人民政府 |
| 呈贡县财政局 | 党政信息工作先进集体 | 中共呈贡新区工委　呈贡新区管委会<br>中共呈贡县委员会　呈贡县人民政府 |
| 呈贡县财政局 | 庆祝“十一”暨建党八十九周年文艺演出组织奖 | 中共呈贡新区工委　中共呈贡县委员会 |
| 呈贡县水务局 | 办理建议、提案先进集体 | 呈贡县人民政府 |
| 呈贡县工商行政管理局 | 庆祝“十一”暨建党八十九周年文艺演出组织奖 | 中共呈贡新区工委　呈贡新区管委会<br>中共呈贡县委员会　呈贡县人民政府 |
| 呈贡县安全生产监督管理局 | 先进单位 | 呈贡新区管委会　呈贡县人民政府 |
| 呈贡县民政局 | 民主评议机关作风第二名 | 中共呈贡新区工委　呈贡新区管委会<br>中共呈贡县委员会　呈贡县人民政府 |
| 呈贡供电有限公司 | 2009年度安全生产工作先进集体 | 呈贡县人民政府 |
| 呈贡供电有限公司 | 2010年度安全生产工作先进单位 | 呈贡新区管委会　呈贡县人民政府 |
| 富滇银行昆明呈贡支行 | 民主评议机关作风二等奖 | 中共呈贡新区工委　呈贡新区管委会<br>中共呈贡县委员会　呈贡县人民政府 |
| 斗南街道 | 2009年度交通安全管理工作先进集体 | 呈贡新区管委会　呈贡县人民政府 |
| 斗南街道 | 2010年打黑除恶工作先进集体 | 呈贡新区管委会　呈贡县人民政府 |
| 乌龙街道征兵办公室 | 2009年征兵工作先进单位 | 呈贡县人民政府 |
| 龙城街道 | 2009年度打黑除恶工作先进集体 | 中共呈贡县委员会　呈贡县人民政府 |
| 龙城街道办事处 | 2008～2009年度社会治安综合治理暨平安创建目标责任奖 | 中共呈贡县委员会　呈贡县人民政府 |
| 龙城街道 | 2009年度安全生产工作先进集体 | 呈贡新区管委会　呈贡县人民政府 |
| 中共雨花街道办事处工作委员会 | 党风廉政建设年度考核一等奖 | 中共呈贡新区工委　中共呈贡县委员会 |

（续上表）

| 被表彰单位 | 荣誉称号 | 表彰机关 |
|---|---|---|
| 吴家营街道办事处 | 2009年度卫生工作先进集体 | 呈贡新区管委会　呈贡县人民政府 |
| 七甸街道办事处 | 2009年度卫生工作先进集体 | 呈贡新区管委会　呈贡县人民政府 |
| 呈贡新区（县）卫生局 | 2009年度卫生工作先进集体 | 呈贡新区管委会　呈贡县人民政府 |
| 呈贡新区（县）妇幼保健所 | 2009年度卫生工作先进集体 | 呈贡新区管委会　呈贡县人民政府 |
| 七甸社区卫生服务中心 | 2009年度卫生工作先进集体 | 呈贡新区管委会　呈贡县人民政府 |
| 呈贡县疾病预防控制中心 | 2009年度卫生工作先进集体 | 呈贡新区管委会　呈贡县人民政府 |
| 中共呈贡新区综合办公室总支部委员会 | “创先争优”活动先进集体 | 中共呈贡新区工委　中共呈贡县委员会 |
| 中共呈贡县便民服务中心支部委员会 | “创先争优”活动先进集体 | 中共呈贡新区工委　中共呈贡县委员会 |
| 中共呈贡县文化体育局支部委员会 | “创先争优”活动先进集体 | 中共呈贡新区工委　中共呈贡县委员会 |
| 中共呈贡县公安局刑侦大队支部委员会 | “创先争优”活动先进集体 | 中共呈贡新区工委　中共呈贡县委员会 |
| 中共呈贡县信用联社支部委员会 | “创先争优”活动先进集体 | 中共呈贡新区工委　中共呈贡县委员会 |
| 中共呈贡县永益物资有限责任公司支部委员会 | “创先争优”活动先进集体 | 中共呈贡新区工委　中共呈贡县委员会 |
| 中共呈贡县蔬菜办公室支部委员会 | “创先争优”活动先进集体 | 中共呈贡新区工委　中共呈贡县委员会 |
| 中共呈贡县基层供销社联合支部委员会 | “创先争优”活动先进集体 | 中共呈贡新区工委　中共呈贡县委员会 |
| 中共斗南中心学校支部委员会 | “创先争优”活动先进集体 | 中共呈贡新区工委　中共呈贡县委员会 |
| 中共斗南街道梅子社区委员会 | “创先争优”活动先进集体 | 中共呈贡新区工委　中共呈贡县委员会 |
| 中共斗南街道殷联社区委员会 | “创先争优”活动先进集体 | 中共呈贡新区工委　中共呈贡县委员会 |
| 中共吴家营街道吴家营社区委员会 | “创先争优”活动先进集体 | 中共呈贡新区工委　中共呈贡县委员会 |
| 中共乌龙城街道七步场社区总支委员会 | “创先争优”活动先进集体 | 中共呈贡新区工委　中共呈贡县委员会 |
| 中共乌龙街道三岔口社区支部委员会 | “创先争优”活动先进集体 | 中共呈贡新区工委　中共呈贡县委员会 |
| 中共吴家营街道段家营社区支部委员会 | “创先争优”活动先进集体 | 中共呈贡新区工委　中共呈贡县委员会 |
| 中共吴家营街道缪家营社区总支委员会 | “创先争优”活动先进集体 | 中共呈贡新区工委　中共呈贡县委员会 |
| 中共七甸街道大哨社区支部委员会 | “创先争优”活动先进集体 | 中共呈贡新区工委　中共呈贡县委员会 |
| 中共七甸街道马郎社区总支委员会 | “创先争优”活动先进集体 | 中共呈贡新区工委　中共呈贡县委员会 |
| 中共雨花街道机关支部委员会 | “创先争优”活动先进集体 | 中共呈贡新区工委　中共呈贡县委员会 |
| 中共龙城街道古城社区委员会 | “创先争优”活动先进集体 | 中共呈贡新区工委　中共呈贡县委员会 |
| 中共龙城街道工作委员会 | 抗旱先锋党组织 | 中共呈贡新区工委　中共呈贡县委员会 |
| 中共斗南街道斗南社区委员会 | 抗旱先锋党组织 | 中共呈贡新区工委　中共呈贡县委员会 |
| 中共吴家营街道刘家营社区支部委员会 | 抗旱先锋党组织 | 中共呈贡新区工委　中共呈贡县委员会 |
| 中共洛龙街道白龙潭社区支部委员会 | 抗旱先锋党组织 | 中共呈贡新区工委　中共呈贡县委员会 |
| 中共乌龙街道上可乐社区委员会 | 抗旱先锋党组织 | 中共呈贡新区工委　中共呈贡县委员会 |
| 中共雨花街道下庄社区委员会 | 抗旱先锋党组织 | 中共呈贡新区工委　中共呈贡县委员会 |
| 中共七甸街道野竹社区支部委员会 | 抗旱先锋党组织 | 中共呈贡新区工委　中共呈贡县委员会 |
| 中共吴家营中心学校支部委员会 | 抗旱先锋党组织 | 中共呈贡新区工委　中共呈贡县委员会 |
| 中共呈贡县委统战部机关支部委员会 | 抗旱先锋党组织 | 中共呈贡新区工委　中共呈贡县委员会 |
| 中共呈贡县林业局支部委员会 | 抗旱先锋党组织 | 中共呈贡新区工委　中共呈贡县委员会 |

（续上表）

| 被表彰单位 | 荣誉称号 | 表彰机关 |
| --- | --- | --- |
| 呈贡县教育局 | 2009年度安全目标管理责任制考核先进单位 | 呈贡新区管委会　呈贡县人民政府 |
| 中共斗南中心学校党支部委员会 | 优秀基层党组织 | 中共呈贡县委员会 |
| 呈贡县第一中学 | 教育工作先进集体 | 中共呈贡新区工委　呈贡新区管委会<br>中共呈贡县委员会　呈贡县人民政府 |
| 龙城中心学校 | 教育工作先进集体 | 中共呈贡新区工委　呈贡新区管委会<br>中共呈贡县委员会　呈贡县人民政府 |
| 斗南中心学校 | 教育工作先进集体 | 中共呈贡新区工委　呈贡新区管委会<br>中共呈贡县委员会　呈贡县人民政府 |
| 呈贡县第一中学高三文科2班 | 高考班级质量奖 | 中共呈贡新区工委　呈贡新区管委会<br>中共呈贡县委员会　呈贡县人民政府 |
| 呈贡县第一中学高三理科2班 | 高考班级质量奖 | 中共呈贡新区工委　呈贡新区管委会<br>中共呈贡县委员会　呈贡县人民政府 |
| 呈贡县第一中学 | 普通高考质量奖（一本录取） | 中共呈贡新区工委　呈贡新区管委会<br>中共呈贡县委员会　呈贡县人民政府 |
| 呈贡县第一中学 | 普通高考质量奖（总成绩） | 中共呈贡新区工委　呈贡新区管委会<br>中共呈贡县委员会　呈贡县人民政府 |
| 呈贡县第一中学 | 中考名次奖 | 中共呈贡新区工委　呈贡新区管委会<br>中共呈贡县委员会　呈贡县人民政府 |
| 呈贡育才学校 | 中考名次奖 | 中共呈贡新区工委　呈贡新区管委会<br>中共呈贡县委员会　呈贡县人民政府 |
| 呈贡新区高校片区服务指挥部 | 2010年上半年基础设施和重点项目建设先进单位 | 中共呈贡新区工委　呈贡新区管委会<br>中共呈贡县委员会　呈贡县人民政府 |
| 昆明新都置业有限公司 | 2010年上半年基础设施和重点项目建设先进单位 | 中共呈贡新区工委　呈贡新区管委会<br>中共呈贡县委员会　呈贡县人民政府 |
| 吴家营街道 | 2010年上半年基础设施和重点项目建设先进单位 | 中共呈贡新区工委　呈贡新区管委会<br>中共呈贡县委员会　呈贡县人民政府 |
| 乌龙街道 | 2010年上半年基础设施和重点项目建设先进单位 | 中共呈贡新区工委　呈贡新区管委会<br>中共呈贡县委员会　呈贡县人民政府 |
| 洛龙街道办事处 | 2008～2010年度先进平安街道 | 中共呈贡新区工委　呈贡新区管委会<br>中共呈贡县委员会　呈贡县人民政府 |
| 龙城街道办事处 | 2008～2010年度先进平安街道 | 中共呈贡新区工委　呈贡新区管委会<br>中共呈贡县委员会　呈贡县人民政府 |
| 雨花街道办事处 | 2008～2010年度先进平安街道 | 中共呈贡新区工委　呈贡新区管委会<br>中共呈贡县委员会　呈贡县人民政府 |
| 昆明医学院 | 2008～2010年度先进平安单位 | 中共呈贡新区工委　呈贡新区管委会<br>中共呈贡县委员会　呈贡县人民政府 |
| 云南中医学院 | 2008～2010年度先进平安单位 | 中共呈贡新区工委　呈贡新区管委会<br>中共呈贡县委员会　呈贡县人民政府 |
| 云南广播电视大学 | 2008～2010年度先进平安单位 | 中共呈贡新区工委　呈贡新区管委会<br>中共呈贡县委员会　呈贡县人民政府 |

(续上表)

| 被表彰单位 | 荣誉称号 | 表彰机关 |
|---|---|---|
| 云南化工学校 | 2008～2010年度先进平安单位 | 中共呈贡新区工委　呈贡新区管委会<br>中共呈贡县委员会　呈贡县人民政府 |
| 云南交通职业技术学院 | 2008～2010年度先进平安单位 | 中共呈贡新区工委　呈贡新区管委会<br>中共呈贡县委员会　呈贡县人民政府 |
| 呈贡新区综合办公室 | 2008～2010年度先进平安单位 | 中共呈贡新区工委　呈贡新区管委会<br>中共呈贡县委员会　呈贡县人民政府 |
| 呈贡国税局 | 2008～2010年度先进平安单位 | 中共呈贡新区工委　呈贡新区管委会<br>中共呈贡县委员会　呈贡县人民政府 |
| 呈贡地方税务局 | 2008～2010年度先进平安单位 | 中共呈贡新区工委　呈贡新区管委会<br>中共呈贡县委员会　呈贡县人民政府 |
| 呈贡县县级机关事务管理局 | 2008～2010年度先进平安单位 | 中共呈贡新区工委　呈贡新区管委会<br>中共呈贡县委员会　呈贡县人民政府 |
| 呈贡县邮政局 | 2008～2010年度先进平安单位 | 中共呈贡新区工委　呈贡新区管委会<br>中共呈贡县委员会　呈贡县人民政府 |
| 呈贡县人民法院 | 2008～2010年度先进平安单位 | 中共呈贡新区工委　呈贡新区管委会<br>中共呈贡县委员会　呈贡县人民政府 |
| 呈贡县人民检察院 | 2008～2010年度先进平安单位 | 中共呈贡新区工委　呈贡新区管委会<br>中共呈贡县委员会　呈贡县人民政府 |
| 呈贡县人大常委会办公室 | 2008～2010年度先进平安单位 | 中共呈贡新区工委　呈贡新区管委会<br>中共呈贡县委员会　呈贡县人民政府 |
| 中共呈贡县委宣传部 | 2008～2010年度先进平安单位 | 中共呈贡新区工委　呈贡新区管委会<br>中共呈贡县委员会　呈贡县人民政府 |
| 呈贡县农村信用合作联社 | 2008～2010年度先进平安单位 | 中共呈贡新区工委　呈贡新区管委会<br>中共呈贡县委员会　呈贡县人民政府 |
| 呈贡县交通运输局 | 2008～2010年度先进平安单位 | 中共呈贡新区工委　呈贡新区管委会<br>中共呈贡县委员会　呈贡县人民政府 |
| 政协呈贡县委员会办公室 | 2008～2010年度先进平安单位 | 中共呈贡新区工委　呈贡新区管委会<br>中共呈贡县委员会　呈贡县人民政府 |
| 呈贡县信访局 | 2008～2010年度先进平安单位 | 中共呈贡新区工委　呈贡新区管委会<br>中共呈贡县委员会　呈贡县人民政府 |
| 呈贡县第一中学 | 2008～2010年度先进平安单位 | 中共呈贡新区工委　呈贡新区管委会<br>中共呈贡县委员会　呈贡县人民政府 |
| 呈贡县财政局 | 2008～2010年度先进平安单位 | 中共呈贡新区工委　呈贡新区管委会<br>中共呈贡县委员会　呈贡县人民政府 |
| 中共呈贡县委组织部 | 2008～2010年度先进平安单位 | 中共呈贡新区工委　呈贡新区管委会<br>中共呈贡县委员会　呈贡县人民政府 |
| 呈贡县审计局 | 2008～2010年度先进平安单位 | 中共呈贡新区工委　呈贡新区管委会<br>中共呈贡县委员会　呈贡县人民政府 |
| 中国电信呈贡分公司 | 2008～2010年度先进平安单位 | 中共呈贡新区工委　呈贡新区管委会<br>中共呈贡县委员会　呈贡县人民政府 |
| 呈贡县司法局 | 2008～2010年度先进平安单位 | 中共呈贡新区工委　呈贡新区管委会<br>中共呈贡县委员会　呈贡县人民政府 |
| 呈贡县人力资源和社会保障局 | 2008～2010年度先进平安单位 | 中共呈贡新区工委　呈贡新区管委会<br>中共呈贡县委员会　呈贡县人民政府 |

（续上表）

| 被表彰单位 | 荣誉称号 | 表彰机关 |
| --- | --- | --- |
| 中共呈贡县委政法委员会 | 2008～2010年度先进平安单位 | 中共呈贡新区工委　呈贡新区管委会<br>中共呈贡县委员会　呈贡县人民政府 |
| 富滇银行呈贡支行 | 2008～2010年度先进平安单位 | 中共呈贡新区工委　呈贡新区管委会<br>中共呈贡县委员会　呈贡县人民政府 |
| 中共呈贡县纪律检查委员会<br>呈贡县监察局 | 2008～2010年度先进平安单位 | 中共呈贡新区工委　呈贡新区管委会<br>中共呈贡县委员会　呈贡县人民政府 |
| 呈贡供电有限责任公司 | 2008～2010年度先进平安单位 | 中共呈贡新区工委　呈贡新区管委会<br>中共呈贡县委员会　呈贡县人民政府 |
| 中共呈贡县委统战部<br>呈贡县民族宗教事务管理局 | 2008～2010年度先进平安单位 | 中共呈贡新区工委　呈贡新区管委会<br>中共呈贡县委员会　呈贡县人民政府 |
| 呈贡县城市管理综合行政执法局 | 2008～2010年度先进平安单位 | 中共呈贡新区工委　呈贡新区管委会<br>中共呈贡县委员会　呈贡县人民政府 |
| 呈贡县安全生产监督管理局 | 2008～2010年度先进平安单位 | 中共呈贡新区工委　呈贡新区管委会<br>中共呈贡县委员会　呈贡县人民政府 |
| 呈贡工商行政管理局 | 2008～2010年度先进平安单位 | 中共呈贡新区工委　呈贡新区管委会<br>中共呈贡县委员会　呈贡县人民政府 |
| 七步场社区 | 2008～2010年度先进平安社区 | 中共呈贡新区工委　呈贡新区管委会<br>中共呈贡县委员会　呈贡县人民政府 |
| 乌龙社区 | 2008～2010年度先进平安社区 | 中共呈贡新区工委　呈贡新区管委会<br>中共呈贡县委员会　呈贡县人民政府 |
| 白龙潭社区 | 2008～2010年度先进平安社区 | 中共呈贡新区工委　呈贡新区管委会<br>中共呈贡县委员会　呈贡县人民政府 |
| 洛龙社区 | 2008～2010年度先进平安社区 | 中共呈贡新区工委　呈贡新区管委会<br>中共呈贡县委员会　呈贡县人民政府 |
| 龙街社区 | 2008～2010年度先进平安社区 | 中共呈贡新区工委　呈贡新区管委会<br>中共呈贡县委员会　呈贡县人民政府 |
| 城内社区 | 2008～2010年度先进平安社区 | 中共呈贡新区工委　呈贡新区管委会<br>中共呈贡县委员会　呈贡县人民政府 |
| 回回营社区 | 2008～2010年度先进平安社区 | 中共呈贡新区工委　呈贡新区管委会<br>中共呈贡县委员会　呈贡县人民政府 |
| 郎家营社区 | 2008～2010年度先进平安社区 | 中共呈贡新区工委　呈贡新区管委会<br>中共呈贡县委员会　呈贡县人民政府 |
| 斗南社区 | 2008～2010年度先进平安社区 | 中共呈贡新区工委　呈贡新区管委会<br>中共呈贡县委员会　呈贡县人民政府 |
| 昆明市公安局呈贡分局 | 2010年度“打黑除恶”先进集体 | 中共呈贡新区工委　呈贡新区管委会<br>中共呈贡县委员会　呈贡县人民政府 |
| 呈贡新区（县）打黑除恶工作领导小组办公室 | 2010年度“打黑除恶”先进集体 | 中共呈贡新区工委　呈贡新区管委会<br>中共呈贡县委员会　呈贡县人民政府 |
| 呈贡县城市管理综合行政执法局 | 2010年度“打黑除恶”先进集体 | 中共呈贡新区工委　呈贡新区管委会<br>中共呈贡县委员会　呈贡县人民政府 |
| 斗南街道办事处 | 2010年度“打黑除恶”先进集体 | 中共呈贡新区工委　呈贡新区管委会<br>中共呈贡县委员会　呈贡县人民政府 |
| 雨花街道办事处 | 2010年度“打黑除恶”先进集体 | 中共呈贡新区工委　呈贡新区管委会<br>中共呈贡县委员会　呈贡县人民政府 |

（续上表）

| 被表彰单位 | 荣誉称号 | 表彰机关 |
|---|---|---|
| 乌龙街道办事处 | 2010年度"打黑除恶"先进集体 | 中共呈贡新区工委　呈贡新区管委会<br>中共呈贡县委员会　呈贡县人民政府 |
| 呈贡县人民法院刑事审判庭 | 2010年度"打黑除恶"<br>先进基层单位 | 中共呈贡新区工委　呈贡新区管委会<br>中共呈贡县委员会　呈贡县人民政府 |
| 呈贡县人民检察院侦查监督科 | 2010年度"打黑除恶"<br>先进基层单位 | 中共呈贡新区工委　呈贡新区管委会<br>中共呈贡县委员会　呈贡县人民政府 |
| 呈贡公安分局刑侦大队 | 2010年度"打黑除恶"<br>先进基层单位 | 中共呈贡新区工委　呈贡新区管委会<br>中共呈贡县委员会　呈贡县人民政府 |
| 呈贡公安分局国保大队 | 2010年度"打黑除恶"<br>先进基层单位 | 中共呈贡新区工委　呈贡新区管委会<br>中共呈贡县委员会　呈贡县人民政府 |
| 呈贡公安分局城关派出所 | 2010年度"打黑除恶"<br>先进基层单位 | 中共呈贡新区工委　呈贡新区管委会<br>中共呈贡县委员会　呈贡县人民政府 |
| 呈贡公安分局龙街派出所 | 2010年度"打黑除恶"<br>先进基层单位 | 中共呈贡新区工委　呈贡新区管委会<br>中共呈贡县委员会　呈贡县人民政府 |
| 呈贡县司法局公证律师管理科 | 2010年度"打黑除恶"<br>先进基层单位 | 中共呈贡新区工委　呈贡新区管委会<br>中共呈贡县委员会　呈贡县人民政府 |
| 上可乐社区 | 2010年度"打黑除恶"<br>先进基层单位 | 中共呈贡新区工委　呈贡新区管委会<br>中共呈贡县委员会　呈贡县人民政府 |
| 万溪冲社区 | 2010年度"打黑除恶"<br>先进基层单位 | 中共呈贡新区工委　呈贡新区管委会<br>中共呈贡县委员会　呈贡县人民政府 |
| 龙城街道办事处 | 2008～2010年度防范和处理<br>邪教问题先进集体 | 中共呈贡新区工委　呈贡新区管委会<br>中共呈贡县委员会　呈贡县人民政府 |
| 呈贡县610办公室 | 2008～2010年度防范和处理<br>邪教问题先进集体 | 中共呈贡新区工委　呈贡新区管委会<br>中共呈贡县委员会　呈贡县人民政府 |
| 呈贡县司法局 | 2008～2010年度防范和处理<br>邪教问题先进集体 | 中共呈贡新区工委　呈贡新区管委会<br>中共呈贡县委员会　呈贡县人民政府 |
| 乌龙街道办事 | 2008～2010年度防范和处理<br>邪教问题先进集体 | 中共呈贡新区工委　呈贡新区管委会<br>中共呈贡县委员会　呈贡县人民政府 |
| 昆明市公安局呈贡分局国保大队 | 2008～2010年度防范和处理<br>邪教问题先进集体 | 中共呈贡新区工委　呈贡新区管委会<br>中共呈贡县委员会　呈贡县人民政府 |
| 中共龙城街道龙街社区委员会 | 第三批基层党建示范点暨<br>"创先争优"活动示范点 | 中共呈贡新区工委<br>中共呈贡县委员会 |
| 中共斗南街道小古城社区委员会 | 第三批基层党建示范点暨<br>"创先争优"活动示范点 | 中共呈贡新区工委<br>中共呈贡县委员会 |
| 中共吴家营街道段家营社区支部委员会 | 第三批基层党建示范点暨<br>"创先争优"活动示范点 | 中共呈贡新区工委<br>中共呈贡县委员会 |
| 中共洛龙街道洛龙社区总支委员会 | 第三批基层党建示范点暨<br>"创先争优"活动示范点 | 中共呈贡新区工委<br>中共呈贡县委员会 |
| 中共乌龙街道上可乐社区委员会 | 第三批基层党建示范点暨<br>"创先争优"活动示范点 | 中共呈贡新区工委<br>中共呈贡县委员会 |
| 中共雨花街道下庄社区委员会 | 第三批基层党建示范点暨<br>"创先争优"活动示范点 | 中共呈贡新区工委<br>中共呈贡县委员会 |
| 中共吴家营中心学校支部委员会 | 第三批基层党建示范点暨<br>"创先争优"活动示范点 | 中共呈贡新区工委<br>中共呈贡县委员会 |

（续上表）

| 被表彰单位 | 荣誉称号 | 表彰机关 |
| --- | --- | --- |
| 中共呈贡县农业局种子站支部委员会 | 第三批基层党建示范点暨“创先争优”活动示范点 | 中共呈贡新区工委<br>中共呈贡县委员会 |
| 中共呈贡县永益物资有限责任公司支部委员会 | 第三批基层党建示范点暨“创先争优”活动示范点 | 中共呈贡新区工委<br>中共呈贡县委员会 |
| 中共呈贡县信用联社支部委员会 | 第三批基层党建示范点暨“创先争优”活动示范点 | 中共呈贡新区工委<br>中共呈贡县委员会 |
| 中共呈贡县文体广电旅游局支部委员会 | 第三批基层党建示范点暨“创先争优”活动示范点 | 中共呈贡新区工委<br>中共呈贡县委员会 |
| 中共龙城街道工作委员会 | 2010年度永葆先进性·“云岭先锋”工程目标责任制考核一等奖 | 中共呈贡新区工委<br>中共呈贡县委员会 |
| 中共吴家营街道工作委员会 | 2010年度永葆先进性·“云岭先锋”工程目标责任制考核一等奖 | 中共呈贡新区工委<br>中共呈贡县委员会 |
| 中共洛龙街道工作委员会 | 2010年度永葆先进性·“云岭先锋”工程目标责任制考核一等奖 | 中共呈贡新区工委<br>中共呈贡县委员会 |
| 中共呈贡县教育局委员会 | 2010年度永葆先进性·“云岭先锋”工程目标责任制考核一等奖 | 中共呈贡新区工委<br>中共呈贡县委员会 |
| 中共雨花街道工作委员会 | 2010年度永葆先进性·“云岭先锋”工程目标责任制考核二等奖 | 中共呈贡新区工委<br>中共呈贡县委员会 |
| 中共乌龙街道工作委员会 | 2010年度永葆先进性·“云岭先锋”工程目标责任制考核二等奖 | 中共呈贡新区工委<br>中共呈贡县委员会 |
| 中共呈贡县农业局委员会 | 2010年度永葆先进性·“云岭先锋”工程目标责任制考核二等奖 | 中共呈贡新区工委<br>中共呈贡县委员会 |
| 中共呈贡县县级机关工作委员会 | 2010年度永葆先进性·“云岭先锋”工程目标责任制考核二等奖 | 中共呈贡新区工委<br>中共呈贡县委员会 |
| 中共呈贡县发展和改革局委员会 | 2010年度永葆先进性·“云岭先锋”工程目标责任制考核二等奖 | 中共呈贡新区工委<br>中共呈贡县委员会 |
| 中共呈贡县供销基层联合社支部委员会 | 2010年度永葆先进性·“云岭先锋”工程目标责任制考核二等奖 | 中共呈贡新区工委<br>中共呈贡县委员会 |
| 中共斗南街道工作委员会 | 2010年度永葆先进性·“云岭先锋”工程目标责任制考核三等奖 | 中共呈贡新区工委<br>中共呈贡县委员会 |
| 中共呈贡县经济贸易和投资促进局委员会 | 2010年度永葆先进性·“云岭先锋”工程目标责任制考核三等奖 | 中共呈贡新区工委<br>中共呈贡县委员会 |
| 呈贡县气象局 | 文明单位 | 中共呈贡新区工委　呈贡新区管委会<br>中共呈贡县委员会　呈贡县人民政府 |

(续上表)

| 被表彰单位 | 荣誉称号 | 表彰机关 |
| --- | --- | --- |
| 十四冶小学 | 文明单位 | 中共呈贡新区工委 呈贡新区管委会<br>中共呈贡县委员会 呈贡县人民政府 |
| 十四冶一公司 | 文明单位 | 中共呈贡新区工委 呈贡新区管委会<br>中共呈贡县委员会 呈贡县人民政府 |
| 呈贡县妇幼保健站 | 文明单位 | 中共呈贡新区工委 呈贡新区管委会<br>中共呈贡县委员会 呈贡县人民政府 |
| 中国移动呈贡分公司 | 文明单位 | 中共呈贡新区工委 呈贡新区管委会<br>中共呈贡县委员会 呈贡县人民政府 |
| 吴家营中心幼儿园 | 文明单位 | 中共呈贡新区工委 呈贡新区管委会<br>中共呈贡县委员会 呈贡县人民政府 |
| 呈贡县烟草专卖局 | 文明单位 | 中共呈贡新区工委 呈贡新区管委会<br>中共呈贡县委员会 呈贡县人民政府 |
| 呈贡县军队离退休干部休养所 | 文明单位 | 中共呈贡新区工委 呈贡新区管委会<br>中共呈贡县委员会 呈贡县人民政府 |
| 洛龙小学 | 文明单位 | 中共呈贡新区工委 呈贡新区管委会<br>中共呈贡县委员会 呈贡县人民政府 |
| 雨花街道办事处 | 文明单位 | 中共呈贡新区工委 呈贡新区管委会<br>中共呈贡县委员会 呈贡县人民政府 |
| 野竹小学 | 文明单位 | 中共呈贡新区工委 呈贡新区管委会<br>中共呈贡县委员会 呈贡县人民政府 |
| 水塘小学 | 文明单位 | 中共呈贡新区工委 呈贡新区管委会<br>中共呈贡县委员会 呈贡县人民政府 |
| 七甸街道办事处 | 文明单位 | 中共呈贡新区工委 呈贡新区管委会<br>中共呈贡县委员会 呈贡县人民政府 |
| 呈贡县民政局 | 文明单位 | 中共呈贡新区工委 呈贡新区管委会<br>中共呈贡县委员会 呈贡县人民政府 |
| 呈贡县教育科学研究所 | 文明单位 | 中共呈贡新区工委 呈贡新区管委会<br>中共呈贡县委员会 呈贡县人民政府 |
| 回回营 | 文明村 | 中共呈贡新区工委 呈贡新区管委会<br>中共呈贡县委员会 呈贡县人民政府 |
| 下庄村 | 文明村 | 中共呈贡新区工委 呈贡新区管委会<br>中共呈贡县委员会 呈贡县人民政府 |

# 索 引

责任编辑：杨春富

## 说 明

一、本索引采用主题分类法编制，其范围为书中所载的各部类条目、表格。“特载”、“大事记”等部类的具体内容及“文中图片”未作索引，以其部类名称、署名或文献性质标引。如：“工委（县委）报告，周峰越”。

二、本索引按主题词首字汉语拼音音序（音序相同的按其音调）排列。若首字语音相同则按第二字语音音序排列，以此类推。首字为阿拉伯数字或英文字母者，作“非音序”排在本索引末。

三、读者可从主题入手按索引款目之标示查找所需资料在本书中的位置。索引款目由主题词加修饰、限制或说明性词语组成，并采取主题词在前，修饰、限制或说明性词语在后的形式来表达。修饰、限制或说明性词语是对主题词所标示的内容的限定、补充或说明，以逗号断开，使之与主题词相区别。索引款目后的阿拉伯数字表示该主题内容在本书中的页码；a、b 字母表示在该页码的栏别（从左至右）。如“气温 299b”，气温为主题内容，299 为其所在页码，b 为左起第二栏。

四、同一主题词的不同内容采取“附见”或“参见”形式标示。在主题词下退一字各占一行分别排列的款目为“附见”；索引款目后两个以上页码的为该主题的“参见”。如：“新农村建设”部类所列的“省级重点村，建设”、“头甸村，建设”均为“社会主义新农村建设”主题的“附见”，在该部类中直接用作索引款目；在二级目“宣传思想工作”中列有【对外宣传】85b 为“附见”，为该主题的“参见”。一级目“呈贡新区（县）概况”中的【气候】68b 款日，与二级日“气象”中的【天气气候事件】299b 款目为该主题的“参见”。

五、机构、单位及相关的专用名称，除正文中出现的全称外，在不产生歧义的前提下，本索引一般使用简称。

六、凡部类、栏目名称直接用作索引款目的以黑体字标引。

### A



### B

## D

## H



## J

## K



## L



## M

## 非音序

# 呈贡新区（县）

局领导班子：局长、书记张明华（左三），副局长李贵荣（右一）、张毅（左二），总工程师张红梅（左一）

局办公大楼

呈贡新区（县）住房和城乡建设局的前身是呈贡新区（县）建设局。2010年7月政府机构改革后职能调整，更名为呈贡新区（县）住房和城乡建设局，为新区（县）政府的组成部门。局内设办公室、城乡建设科、住房保障科、房地产管理科、建筑市场管理科、建设工程管理科、人民防空办公室5科2室，下设呈贡县防震减灾办公室、呈贡县工程质量监督站（呈贡县建筑工程质量检测中心）、呈贡县建筑安全生产监督管理站，呈贡县工程项目招标投标办公室、呈贡县建设局设计室、呈贡县房地产交易中心6个事业单位。机关行政编制12名，暂定编制8名，其中局长1名、副局长2名、总工程师1名（副科级）。现有干部职工47名，其中公务员13名、参公管理人员3名、专业技术人员24名（副高级工程师3名、工程师9名、助工12名）、事业工人6名（高级工4名、中级工1名、初级工1名）、管理人员1名。

2003年呈贡新区建设以来，新区（县）住房和城乡建设局在新区党工委（县委）、新区管委会（县政府）的正确领导下，紧紧围绕把呈贡新区建设成为昆明现代化城市示范区、科学发展示范区、品质春城示范区和低

工作会议

业务培训